戴逸文集

中国近代史稿（第一册）

中国人民大学出版社
·北京·

目　　录

第一册

第一章　1840年以前的世界和中国 ………………………………… 1
第一节　1840年以前的世界形势 ……………………………………… 1
一、英国和法国的资产阶级革命 …………………………………… 1
二、19世纪前半期的世界各国 ……………………………………… 5
第二节　1840年以前的中国………………………………………… 10
一、土地兼并 ……………………………………………………… 10
二、资本主义的萌芽 ……………………………………………… 19
三、政治情况和思想情况 ………………………………………… 35
第三节　鸦片战争前夕的中外关系和鸦片贸易 ………………… 48
一、中外关系 ……………………………………………………… 48
二、鸦片贸易 ……………………………………………………… 56

第二章　第一次鸦片战争和战后中国社会的开始半殖民地化 ………………………………………………………… 64
第一节　第一次鸦片战争和《南京条约》的签订 ………………… 64
一、林则徐的禁烟措施 …………………………………………… 64
二、琦善的卖国行为和广州战役 ………………………………… 71
三、三元里人民的抗英斗争 ……………………………………… 81
四、浙江和江苏的战役 …………………………………………… 84
五、《南京条约》的签订 ………………………………………… 92
第二节　第一次鸦片战争后中国社会的开始半殖民地化 ……… 95
一、赔款重担和鸦片的更加泛滥 ………………………………… 95

二、对外贸易的增长及其影响 …… 98
三、五口通商和买办商人的兴起 …… 104
四、广州人民反侵略斗争的继续 …… 110
五、中国知识分子学习外国的开始 …… 115
第三节 太平天国革命运动的酝酿 …… 118
一、鸦片战争后反封建斗争的高涨 …… 118
二、洪秀全和拜上帝会的初期革命活动 …… 127
三、金田起义 …… 136

第三章 太平天国革命战争的进攻阶段 …… 143
第一节 太平天国革命初期的胜利进攻 …… 143
一、太平军在广西的战斗 …… 143
二、太平军从广西到南京 …… 151
三、革命胜利发展的基本原因 …… 157
第二节 《天朝田亩制度》及太平天国前期的各项制度、政策 …… 164
一、《天朝田亩制度》及其评价 …… 164
二、太平天国前期的各项制度、政策 …… 172
第三节 清王朝为反对革命所采取的几项措施 …… 185
一、筹措军饷 …… 185
二、创办厘金 …… 188
三、滥发钱币 …… 192
第四节 1853年到1856年的战局 …… 195
一、太平军东战场的战局 …… 195
二、上海和福建的小刀会起义 …… 200
三、太平军的北伐 …… 205
四、捻军的兴起 …… 214
五、太平军的西征 …… 220
六、湘军的兴起及其出省作战 …… 224
七、两广天地会起义及石达开经营江西 …… 235

第五节 杨韦事件和石达开的出走——太平天国内部矛盾的爆发 …… 240
一、太平天国内部矛盾的发展 …… 240
二、韦昌辉的阴谋政变和石达开的出走 …… 251

第四章 第二次鸦片战争和太平天国革命战争的相持阶段 …… 257
第一节 第二次鸦片战争 …… 257
一、第二次鸦片战争的历史背景和修约交涉 …… 257
二、亚罗船事件、英法联军侵占广州 …… 262
三、广东人民反抗侵略联军的斗争 …… 268
四、英法联军侵占天津和《天津条约》的签订 …… 272
五、1859 年的大沽口战斗 …… 277
六、英法联军侵占北京和《北京条约》的签订 …… 282
第二节 太平天国革命战争的相持阶段 …… 289
一、杨韦事件后太平天国各战场的不利形势和江西战场的瓦解 …… 289
二、太平天国之所以能够支持革命危局的原因 …… 297
三、江北大营的覆灭和三河之战 …… 303
四、江南大营的覆灭和太平军进取苏、常 …… 309
五、太平军的西进，安庆保卫战的开始 …… 313
六、安庆保卫战的失败 …… 321
七、李秀成再克杭州 …… 326
第三节 50 年代末至 60 年代初各地人民的起义斗争 …… 328
一、石达开折返广西及其入川的失败 …… 328
二、李永和、蓝朝鼎在四川的抗清活动 …… 336
三、捻军在山东、河南的活动 …… 339
四、鲁西白莲教起义和宋景诗的黑旗军 …… 343
五、山东地区其他的人民起义 …… 349

第五章 太平天国革命战争的防御阶段 ………………………… 353
第一节 太平天国后期的经济和政治 ………………………… 353
一、根据地内封建残余势力的猖獗 ………………………… 354
二、革命队伍的严重不纯和纪律废弛 ……………………… 357
三、土地关系 …………………………………………………… 361
四、分散主义的倾向 …………………………………………… 370
五、洪仁玕及其《资政新篇》 ………………………………… 379
第二节 防御阶段的战局 ……………………………………… 383
一、汉族地主权力的扩大、太平天国安徽战场的瓦解 …… 383
二、中外反对革命势力的勾结和1861年北京政变 ………… 393
三、1862年上海战斗 …………………………………………… 399
四、天京会战和李秀成进兵淮南 …………………………… 405
五、太平天国苏南战场的瓦解 ……………………………… 413
六、太平天国浙江战场的瓦解 ……………………………… 420
七、天京失陷、太平天国革命的失败 ……………………… 426
第三节 太平天国革命的性质、失败原因和历史意义 ……… 436

第一章　1840 年以前的世界和中国

第一节　1840 年以前的世界形势

一、英国和法国的资产阶级革命

19 世纪是世界自由资本主义发展到顶峰并向垄断资本主义过渡的时代。世界的各个角落充满着斗争，资产阶级革命，封建主对革命的反攻，资本主义国家对殖民地的掠夺，争夺势力范围的战争，以及无产阶级和人民群众反压迫反侵略的斗争，这一切构成整个 19 世纪历史的中心。在这时，封建的中国开始被卷入到世界旋涡里，外国侵略者和中国统治阶级勾结在一起，吮吸着中国人民的血汗，使中国逐渐沦为半殖民地半封建社会。

世界资本主义的曙光早在 14 世纪便在地中海沿岸的城市中开始透露，当时佛罗伦萨和意大利的一些城市中出现了第一批资本主义手工工场。随后，资本主义生产关系在西欧封建社会内部逐渐成长起来。

资本主义在自己的发展道路上必须克服如下的一些困难：首先，要寻觅到一批失去了生产资料而准备出卖自己劳动力的雇佣工人；其次，要积累足够的资金以便建立较大规模的资本主义企业；最后，为了推销产品，必须打破中世纪狭隘市场的障壁。西欧国家的政权曾经采取一系列的暴力措施来加速资本主义的发展，这就是所谓的“资本的原始积累”时期。

西欧国家的原始积累时期大体上是从 16 世纪到 18 世纪，甚至一直延续到 19 世纪。当时，西欧的土地上发生了恐怖的大掠夺，农民从自己的土地上被赶走，变成无产者，他们的土地变成资本主义性质的农场和牧场，他们的生产资料和生活资料变成用来扩大资本主义企业的资金。掠夺殖民地也是原始积累的一个重要来源，美洲、非洲、印度以及其他许多地区都曾经是掠夺的对象。掠夺殖民地有各种形式，有的是大量利用殖民地的奴隶劳动，驱使奴隶去开矿、种地，因而贩卖黑人奴隶成为当时最赚钱的事业；有的是进行掠夺式的海外贸易，这种贸易的利润可以高达百分之几百。16 世纪以后的一二百年间，葡萄牙、西班牙、荷兰、法国、英国，彼此间展开了争夺海外贸易的斗争，在这场斗争中，英国是最后的胜利者。西欧国家的资本主义关系就是这样通过原始积累而迅速发展起来的。

由于资本主义的发展，到 16 世纪末和 17 世纪发生了尼德兰（荷兰和比利时）的资产阶级革命和英国的资产阶级革命，特别是英国资产阶级革命的影响更为深刻。

英国资产阶级革命从 1640 年开始，延续到 1660 年。这次革命首先是由苏格兰农民反对国王查理一世而引起的，接着反对国王的浪潮席卷全国。1640 年出现了农民和手工业者起义的高潮，国会中大部分议员和城市工商业者也卷入了反对国王的斗争中，不久国王被逐出首都——伦敦，国王军和国会军之间发生了两次内战。在战争中，出身于中等贵族的革命家克伦威尔建立了一支强大的武装，击败了国王的军队，英王查理一世被判处死刑，英国宣布成立共和国。但是在革命中获得利益的大资产阶级随即又向封建君主制度妥协来反对革命民主派。1660 年大资产阶级发动政变，拥戴查理二世登上英国王位，结束了革命。

当然，这次革命不是偶然发生的，它正是 16 世纪、17 世纪英国资本主义发展的产物。在这次革命中，封建特权受到一定的打击，例如，取消了“骑士领地制”，废除了对国王应尽的封建性义务。受益的当然不是人民大众，而是地主资产阶级。革命后英国的工业出现了高涨，新企业大批地建立起来，地主的土地经营也按着资本主义的方向发展。

到了 18 世纪，英国已是世界上经济实力最强大的国家，它拥有大批的新企业、雄厚的资金、广大的殖民地和海外市场。建立在手工劳动基础上的手工工场已经不能满足广大市场对于商品的日益增长的需要，资本家为了谋取更大的利润，要求提高生产力，扩大商业，这样就给机器的使用创造了条件，从而进入了所谓的“产业革命”时期。首先是1733年加伊发明织布机——飞梭，随后1765年哈格利夫士发明纺纱机，1769年阿克莱特发明水力纺纱机，1785年加特莱特发明自动织布机。特别是1784年瓦特发明了蒸汽机，开始使工业摆脱对自然能源的依赖，它为拥有许多机器和大量工人的大工厂的出现创造了前提。与此同时，运输、冶金、煤矿等的生产技术方面也有了巨大跃进。机器生产首先在英国推广这并不是偶然的，英国人发明了一系列机器，这并不是由于他们比其他各国人民更聪明些，而是因为英国比较早地扫除了封建障碍，它的资本主义经济发展得更早些、更快些，前述的17世纪英国资产阶级革命在这方面起了很大的作用。如拿蒸汽机来说，早在1763年俄国包尔松诺夫就曾经发明了蒸汽机，但在当时沙皇统治的社会条件与生产条件下，即使已经发明了，蒸汽机也不可能被应用与推广。由此可见，产业革命也是社会发展到一定阶段的产物。

这是18世纪以前英国的情况。

法国的社会发展程度是仅次于英国的。17世纪资本主义关系已经渗透到法国的农业和工业中：在农村里，已出现了富农、贫雇农和资产阶级化的地主；在工业上，正处在手工工场的阶段；在对外贸易上，法国一直是英国的强有力的竞争者。但18世纪初发展到顶点的法国专制制度开始变成资本主义发展的桎梏，封建政权蛮横地干涉着工商业者的活动，用苛重的捐税压抑农民和工商业者。法国封建制度的危机日益显露，18世纪中叶以后，农民起义和工人罢工连续不断，革命形势逐渐形成。

在人民群众反封建斗争的直接影响下，出现了以狄德罗、卢梭、米列为代表的资产阶级、小资产阶级和城乡贫民的思想代表，他们猛烈地抨击封建制度，为革命的发动做了思想准备。

1789年7月14日，巴黎人民打破了封建专制制度的象征——巴士底狱，开始了法国的革命。随后，革命烽火传遍全国，这个革命经历了三个阶段，一直延续到1794年。

革命的第一阶段（1789 年 7 月—1792 年 8 月）是立宪政体时期，代表大资产阶级和贵族利益的斐扬派利用人民起义高涨的时机控制了立宪会议。立宪会议通过了“八月法令”，制定了具有反封建进步意义的“人权宣言”，宣扬了资产阶级的自由平等信念。这些措施的结果归根到底是有利于大资产阶级的，在革命中付出了热血的工人、农民仍是一无所获，农民的废除封建地租的要求没有实现，工人则被宣布为“消极公民”，不能参加选举。这样，工农的反抗仍延续下去。斐扬派认为革命已结束，而人民群众认为革命才开始。

这时候，法国国内反革命势力到处猖狂活动，国王企图逃跑，勾结外国势力来镇压革命，四邻的封建国家要扑灭“革命的瘟疫”，奥地利与普鲁士对革命的法国发动了侵略战争。1792 年 8 月，人民群众起来推翻了君主政体，囚禁了国家叛徒国王路易十六，并英勇地打退了外国侵略敌人，法国宣布为共和国。

革命的第二阶段（1792 年 8 月—1793 年 5 月）是共和政体时期。代表工商业资产阶级利益的吉伦特派控制了新产生的国民公会，人民群众强迫国民公会判处国王死刑。这时法国的处境非常恶劣，国内许多地方发生君主派的叛乱，国外由英国所策动的全欧反法同盟包围着法国，国内经济在外国的封锁下日益恶化，粮食缺乏，投机商人乘机取利，人民生活陷于绝境。人民要求实现镇压投机活动的“最高限价”政策，吉伦特派坚决反对人民的要求，成为革命发展的绊脚石。1793 年 6 月，巴黎工人包围了国民公会，逮捕了吉伦特派，代表小资产阶级利益的雅各宾派执掌了政权。

革命的第三阶段（1793 年 6 月—1794 年 7 月）是雅各宾派专政时期。雅各宾派执行了革命的政策，把从前被地主夺去的公社土地还给农民，用优惠的条件把从国王、教会、贵族那里没收来的土地卖给农民，无偿地废除了封建义务，实行了普遍最高限价，并制定了法国革命史上最民主的宪法。这些措施加强了革命资产阶级和人民群众的联盟，鼓舞了人民的革命热情，战胜了国内外的反革命势力，保障了法国的独立自由，把法国革命推进到资产阶级革命所能达到的最高峰。但是，随着革命的发展，资产阶级与人民群众之间的鸿沟日益加深，雅各宾派为内部的派别斗争所削弱。1794年7月发生了大资产阶级策划的反革命政变，摧毁了雅各宾派专政的一切机构。大资产阶级的反革命专政开始。

18世纪末的法国资产阶级革命是最典型、最彻底的资产阶级革命。它横扫了法国封建制度，给法国资本主义的发展开辟了道路。这次革命的影响远达整个欧洲甚至全世界。列宁评论这次革命说："它为资产阶级做过的事这么多，以至赐给全人类文明和文化的整个19世纪，都是在法国革命的标帜下走过的。"①

法国资产阶级革命以后，就进入了拿破仑统治欧洲的时期。拿破仑靠着大资产阶级和军队中上层分子的支持而建立了独裁政权。这个独裁政权保留了有利于大资产阶级的某些革命成果，并把革命时期反对外国侵略的自卫战争变成了侵略外国的战争。19世纪就是在这种残酷的战争中开始的。最初，拿破仑的军队战无不胜，征服了除英国以外的整个西欧。但接着拿破仑侵入俄国的时候，在俄国人民的英勇反击下，全军溃败，拿破仑帝国也招致了可耻的覆灭。1814年，战胜国英、俄、普、奥召开了维也纳会议，安排了欧洲的局面。各国封建势力东山再起，但历史在急剧前进，法国以至欧洲的资本主义关系在迅速发展，封建主尽管费尽心机，却不可能把法国和欧洲拖回到革命以前的旧秩序里去。

二、19世纪前半期的世界各国

19世纪初，英国是世界上最先进的国家，它的工业得到很大发展。如煤产量1795年为1 000万吨，1836年增加到3 000万吨，生铁产量1800年为19.3万吨，1840年增加到140万吨，特别是纺织业发展更快，到19世纪30年代全行业都使用了蒸汽机，仅仅以加工的棉花计算，18世纪70年代是500万磅，1841年增加到52 800万磅。恩格斯在1844年谈到英国工业时说："六十年至八十年前，

① 转引自叶菲莫夫：《近代世界史教程》，上册，124页。

英国和其他任何国家一样，城市很小、工业少而不发达、人口稀疏而且多半是农业人口。现在它却是和其他任何国家都不一样的国家了：有居民达250万的首都，有许多巨大的工业城市，有供给全世界产品而且几乎一切东西都是用极复杂的机器生产的工业，有勤劳而明智的稠密的人口，这些人口有三分之二从事于工业”①。随着工业的迅速发展，1825年在英国爆发了世界资本主义发展史上第一次生产过剩的危机。马克思指出：“1825年危机；1826年，棉业工人陷于大穷苦中，发生暴动；1827年稍稍好转；1828年，蒸汽织机的使用与输出大增加；1829年，输出（尤其是对印度的输出）超过以往各年；1830年，市场过充，大危机；1831年至1833年，在继续的不振中……1835年，大繁荣……1837年与1838年营业不振，危机。1839年，复兴；1840年，大的萧条，暴动，军队出而干涉。”② 英国资产阶级企图摆脱经济危机，在国内加紧压榨工人阶级，在国外加紧掠夺殖民地。因此，国内工人斗争加强，紧随着1832年国会中选举制度的资产阶级性改革以后，1836年就爆发了英国工人阶级为实行“宪章”而进行的斗争。“宪章运动”延续十多年，这是无产阶级第一次独立地和资产阶级进行的战斗，列宁称之为“世界上第一次广泛的，真正群众性的，政治上形成了的无产阶级革命运动”③。正是在这个时候，世界无产阶级伟大的革命导师马克思和恩格斯在着手建立科学社会主义学说的体系。

由此可见，在中国近代历史开始的前夜，英国资本主义矛盾已经显露，资产阶级正陷在周期性的经济恐慌中。为了避免危机，英国发动了一系列掠夺殖民地的战争。1817年到1826年英国在印度征服了许多新地区；1824年侵占了东方重要战略据点新加坡，同年以武装力量侵入缅甸；1838年威胁伊朗订立不平等条约；1839年发动了对阿富汗的战争；1840年，又以查禁鸦片问题为借口武装侵略中

① 恩格斯：《英国工人阶级状况》，50页，北京，人民出版社，1956。

② 马克思：《资本论》，第1卷，553～554页，北京，人民出版社，1953。

③ 转引自叶菲莫夫：《近代世界史教程》，上册，28页。

国。英国资产阶级的这些侵略活动都是英国资本主义矛盾发展的必然结果。

法国自从经过资产阶级革命以后，虽然反革命波旁王朝复辟了，但是资本主义关系在迅速地发展。生铁产量方面，从1814年的10万吨提高到1840年的35万吨；煤产量方面，从1831年176万吨提高到1847年的515万吨；棉织业产量方面，从1815年到1840年增加了3倍。在资本主义迅速发展的情况下，1832年和1848年先后发生了两次革命，反革命的波旁王朝和奥尔良王朝被革命浪潮打得粉碎，1848年在人民群众革命高涨的时候成立了第二法兰西共和国，以后就进入了拿破仑第三统治的时代。

19世纪前半期的德国比英法要落后，当时在经济上德国资本主义已有相当发展，特别是19世纪30年代，生产的各个部门已开始使用机器。但它在政治上是一个四分五裂的国家，“德意志联邦”中有38个独立王国，各自为政，这种情况严重妨碍着资本主义关系的生长。19世纪40年代，欧洲革命运动的中心已经移往德国，德国处于资产阶级革命的前夕。这次德国资产阶级革命的基本任务是推翻德意志诸王国，把德意志变成统一的国家。在革命面前，德国资产阶级显得非常怯懦，一方面因为它和容克地主有密切的联系；另一方面因为当时德国工人阶级力量已壮大起来，1844年西里西亚工人曾发动起义，德国资产阶级害怕工人的力量，宁肯和封建主联合。所以在1848年的德国革命中起主要作用的不是资产阶级而是人民群众，当时人民还没有充分组织起来，因而德国封建主拉拢了资产阶级能够把政权保持在手中。至于德国对东方的关系，由于本身的落后，还不能起重大作用，只有在70年代德意志帝国统一、德国资本主义进一步发展以后，它在东方的作用才越来越显得重要。

19世纪前半期的俄国比西欧国家更落后些，在打败拿破仑以后，俄国以神圣同盟领袖的资格监视着欧洲的革命。在国内，沙皇政府执行着反动的政策，企图保持农奴制与专制制度。农民受着农奴法的束缚，工厂里的工人也大部分是农奴身份。尽管如此，资本主义关系仍在逐渐发展，棉织工业中已开始应用机器生产。19 世纪前半期的俄国还不具备资产阶级革命的社会基础，只有少数进步贵族（十二月党人）曾经在 1825 年发动了反对沙皇制度的起义，这次起义被沙皇政府所镇压。俄国资产阶级民主革命一直到 20 世纪初才爆发。由于中俄疆界相连接，俄国和中国的关系很早就发生。在鸦片战争以前，中俄两国商人长期进行着频繁的交易，那时候两个国家虽然也有一些商务、界务纠纷，但是两个国家的关系基本上是平等的。当时俄国和中国的经济条件都还不可能产生资产阶级侵略性的对外政策。

此外，美国早在 1774—1783 年反对英国殖民主义的独立战争以后，就建立了共和国，这给美国资本主义的自由发展提供了可能性。但一直到 19 世纪初，美国在经济上仍很落后，人口只有二三百万，特别是在南部诸州，奴隶制度占据着统治地位。随着欧洲移民大量迁入和西部的开发，资本主义在美国东北部和西北部发展起来。如美国机械纺织的纱锭数目，1805 年仅 4 500 锭，1815 年增至 15 万锭，1825 年增至 80 万锭。尽管如此，美国南部的奴隶制经济结构仍构成资本主义发展的巨大障碍，直到 60 年代南北战争之后，方才扫除了这个障碍。19 世纪初期的美国，在经济上还赶不上英法，但它对亚洲国家的贸易却很活跃。在鸦片战争中它积极追随英国之后，成为英国资产阶级侵略中国的主要帮凶；1849 年又和夏威夷签订通商条约；1854 年美国舰队开到日本，和日本订立《神奈川条约》。这些活动表明：美国资产阶级在它刚刚发展的时期就显露了对亚洲国家的侵略野心。

19 世纪初的亚洲国家都落后于欧美国家，成为西欧资本主义国家的侵略对象。

早在 17 世纪，英法殖民者就在印度沿海地区建立了据点，并设立了东印度公司，利用这个机构做杀人致富的买卖。后来英国逐渐排挤了法国，并蚕食印度内地，到 19 世纪 40 年代，整个印度已沦为英国的殖民地。印度尼西亚也在 17 世纪变为荷兰的殖民地，18 世纪荷兰侵略者灭亡了爪哇的马打蓝和万丹两个回教国家，并伸展其势力于外岛。英国、荷兰等国家的殖民主义者给印度、印度尼西亚人民带来的是贫困、饥饿和死亡。

19世纪初期的日本，是在德川幕府统治的时代，封建制度虽已在逐渐解体中，但经济上仍十分落后。19世纪50年代，日本被迫与外国订立了不平等条约，此后，日本急起直追，经过1868年明治维新以后，成为远东第一个资本主义国家。

19世纪初期的缅甸、朝鲜、越南都面临着资本主义国家侵略的威胁。1824年英国武装侵入缅甸。1831年英国武装远征队的轮船开到朝鲜的古代岛，此后，法、美等国接踵而来，要求朝鲜开放口岸。法国则利用商品和传教士侵入越南，获得了特权。

19世纪的亚洲历史，可说是西方殖民主义猖獗活动的历史，也是亚洲人民反对殖民主义的英勇斗争历史。人民斗争的继续发展，必然要导致殖民主义的可耻覆灭。

人所共知，中国和亚洲友邻各国，自古以来就保持着密切的经济和文化交流。中国的先进文化和生产技术给友邻各国以深厚的影响，丰富和提高了友邻各国人民的物质和精神生活。同样，友邻各国的文化传入中国，也丰富了中国人民的物质和精神生活。

以上是中国近代史开始前世界各国的情况。

试拿中国的情况加以比较，在14世纪到17世纪明王朝统治的时候，中国资本主义萌芽已经明显地存在，而在世界范围内当时也正是世界资本主义透露曙光并开始发展的年代。17世纪英国发生的资产阶级革命正相当于明末农民大起义和明王朝覆亡的时候，当时整个欧洲还是处于封建统治时代。因此，把16世纪以至17世纪初中国经济与欧洲各国经济相比较，中国仍处在世界先进国家的地位，至少并不是特别落后的。一直到17世纪下半期和18世纪，欧洲国家经历了产业革命和资产阶级革命而迅速前进，可是中国腐朽的汉族地主阶级却与满洲贵族勾结起来，给腐朽的封建制度注射了一剂强心针。从此，中国就愈来愈落后于西欧国家的发展。

第二节　1840年以前的中国

一、土地兼并

明王朝末年中国的土地兼并问题已经相当严重。15世纪末叶（明孝宗时）由皇帝掌握的官田达当时纳税田亩总数的七分之一。16世纪贵族官僚的庄田有20多万顷。17世纪爆发的李自成、张献忠所领导的起义，可以看做农民反对大地产集中的运动，但是腐朽的汉族地主为了维持自己的利益，和满洲的贵族勾结起来，镇压了农民起义。

17世纪所建立起来的满洲统治对中国社会经济起了很大的破坏作用：农村土地大量荒废，手工业城市遭到毁灭性的烧杀。以耕地面积计算，1578年（明万历六年）为7 013 976顷，到1661年（清顺治十八年）只剩下5 492 577顷。以人口计算，1623年（明天启三年）为51 650 459口，到1651年（清顺治八年）只剩下10 633 326口。这个数字虽然是不精确的，但大体上可以看出明清之际土地荒废和人口减少的趋势。

不管满洲有多么强大的军事力量和多么严重的民族偏见，他们仍不可能消灭比自己更先进的汉族的生产方式。为了长久统治下去，他们还必须恢复汉族原来的封建经济，并在这样的基础上建立统治。正像恩格斯所说："每一次当文明较低的人民是战胜者的时候，经济发展的进程不言而喻地就被中断，大批的生产力遭受破坏。可是在长时期的征服中，文明较低的征服者，在绝大多数的场合上，也不得不和那个国度被征服以后所保有的较高的'经济情况'相适应"①。因之，清政权采取了一系列措施，如奖励垦荒、免科减赋、地丁合一等政策，使生产力逐渐得到恢复，清政权也在恢复起来的封建经济基础上得到暂时的稳定。

---

① 恩格斯：《反杜林论》，189页，北京，人民出版社，1956。

经过一百多年的恢复阶段，到乾隆帝时是清朝统治的所谓“全盛”时期，社会财富大量增长，如《啸亭续录》所说：“本朝轻薄徭税，休养生息，百有余年，故海内殷富素封之家，比户相望。”

可是，这种财富究竟是怎样增长起来的？增长在谁的手里？假使作进一步的考察，便可以看到，财富都积累到皇室、贵族和官僚地主、大商人的手中。这些寄生阶级依靠政治和经济的特权，压榨农民和手工业者，通过地租、赋税、高利贷和商业利润剥削了农民、手工业者的生产物，更进而夺取了农民、手工业者的土地或其他生产资料。因此，乾隆时代所谓社会财富的增长，实际上就是统治阶级财富的增长，而这种财富的增长，正是建立在广大农民、手工业者日益贫困的基础之上的。这就是为什么在乾隆帝统治时期是清朝所谓“全盛”的、最富庶的“黄金时代”，而恰恰在这个时候土地兼并和农民起义也成为最严重的社会问题的原因。

那么，在乾隆时期及乾隆以后，土地分配的情况究竟怎样？它的发展趋势又怎样？据乾隆时漕督顾琮奏请限田，每户以30顷为限①，可见那时拥有3 000亩以上土地的地主已经不少。乾隆初期，湖南巡抚杨锡绂曾提到土地日益集中的原因是“贫而后卖，既卖无力复买；富而后买，已买可不复卖”。他还叙述了土地买卖造成的情况：“近日田之归于富户者，大约十之五六，旧时有田之人，今俱为佃耕之户，每岁所入，难敷一年口食。”② 当时的统治阶级正是这样通过土地兼并而积累起大量财富，至于农民却日益陷入贫困饥饿的深渊。

乾隆末年，我们已看到惊人的土地集中现象。如拿全国最大的地主——清朝皇帝直接和间接掌握的土地来计算，1753年（乾隆十八年）全国耕地面积是735万顷，其中内务府庄田、官田、宗室庄田、八旗庄田、屯田共43万顷，约占全国耕地面积的6%弱。到1812年（嘉庆十七年）全国耕地面积已有788万顷，而直接和间接掌握在皇帝手中的土地增加到83万顷，约占全国耕地面积的11%

---

① 《清朝文献通考》，卷四，《田赋考》。

② 《皇朝经世文编》，卷三九，杨锡绂：《陈明米贵之由疏》。

弱。60年间，全国耕地面积增加53万顷，而皇帝手中的土地增加40万顷，这不能不说是惊人的数字。①

不但皇帝掌握着大量土地，其他大地主大官僚掌握的土地数量也是很多的。如“怀柔郝氏，膏腴万顷”②；“有尉迟氏者居陕西……积资无算……仰给于其家者数万”③；“山右亢某，家巨富，仓庾多至千数”④。《红楼梦》第一百十九回说到乡间一个普通地主也是“家财巨万，良田千顷”。以上“万”、“千”等虽没有确切的数目，但其土地数量是相当多的。当时拥有100万亩土地的地主并不是没有，如嘉庆初年，权臣和珅被抄家，共有土地8 000余顷，他的两个家人也各有600余顷⑤，若以当时耕地面积700余万顷计算，则和珅一家就占了八百分之一。此外，据外文记载，鸦片战争中的大汉奸直隶总督琦善占地256万亩，更超过了和珅占地的3倍。⑥以上是北方的情形。

至于黄河淮河流域，官僚地主的大庄园也相当普遍，有寨、庄、堡、围（圩）、坞等名称。如河南“扶沟有孙家庄，惟孙姓者居之，性黠而鸷，多行不义，颇赡子财，危楼高台，构至百楹，周以缭垣，甃甓甚固，佃户之依以居者，茅舍三十余家”⑦。到太平天国革命时期，“长淮以北，迄于齐鲁，坞长民豪，皆曰围主，围主号令，百倍于有司”⑧。后人曾经在合肥调查清代围子的遗迹，围主的“每个邸第，所占面积，大者数百亩，小者亦百数十亩，邸第外围，先凿壕沟，沟内筑高墙如围寨，佃户环居于内，四周并辟花圃菜圃，广阔整齐……闻西乡最小之张圩子，曾经住五百余人，其他可想见矣……所住佃户，或兼卫士，或兼炮手，或兼

① 根据《清会典》推算。
② 昭梿：《啸亭续录》，卷一。
③ 徐珂：《清稗类钞》。
④ 马国翰：《竹如意》，卷下。
⑤ 参见薛福成：《庸庵笔记》，卷三。
⑥ 参见德庇时：《战时与和平后的中国》。
⑦ 钮琇：《觚賸》，卷五。
⑧ 《皇朝经世文续编》，卷九五，潘咏：《除盗篇》。

轿夫，或兼其他徭役，完全为佃奴性质，地主对佃户婚丧等事，有权过问，并有刑罚权，俨如古代领主之对农奴。现在此种现象，虽不复有，然吾人置身其中，触景兴怀，犹恍在中世纪之领主邸第焉”①。

长江以南的大地主也很多。早在康熙时，大官僚徐乾学、高士奇在江南购置的土地以万顷、千顷计。② 以后记载南方土地情况的书中都说“田地多属富家大户之产”③，“田主不知耕，耕者多无田”④，“阡陌开而田大半归富户，而民大半皆耕丁”⑤。有人记载湖南桂阳州的大地主邓氏“田数百顷，以富雄一方……乘马不牧，游食田野数十里”⑥，可以想见这个大地主豪富的气派。后人根据太平天国革命以前河北、江苏、浙江、山西、湖北、陕西、山东、河南、江西、福建、广东、广西以及东北地区估算，认为当时全国土地有40%到80%是集中在30%到10%的少数人手中，而60%到90%的多数人则没有土地。特别是山西、河北、江苏等省，甚至有万亩、十万亩、百万亩以上的大地主存在。⑦ 这个估算大体上是近似的。

和土地日益集中的趋势相适应，土地价格也日益昂贵。据钱泳的记载，“前明中叶，田价甚昂；每亩五十余两至百两，然亦视田之肥瘠。崇祯末年……每亩只值一二两，至本朝顺治初，良田不过二三两，康熙年间长至四五两不等。雍正间仍复顺治初价值，至乾隆初年田价渐长，然余五六岁时，亦不过七八两，上者十两，今阅五十年竟亦长至五六十两矣”⑧。

---

① 郭汉鸣、洪瑞坚编：《安徽省之土地分配与租佃制度》。

② 《东华录》康熙朝卷四四载，徐乾学“买慕天颜无锡县田一万顷……苏州、太仓、昆山、吴县、长洲、常熟、吴江等州县俱系徐府房屋田地”；又载，高士奇于本乡“置田产千顷”。

③ 《皇朝经世文续编》，卷四五，赵廷恺：《复夏干园先生兖沂曹济赈灾书》。

④ 同上书，卷三五，吴铤：《因时论十》。

⑤ 《清代文字狱档》，第5辑，吴英拦舆献策案。

⑥ 王闿运等：《桂阳直隶州志》，卷二〇。

⑦ 参见王瑛：《太平天国革命前夕的土地问题》。

⑧ 钱泳：《履园丛话》。

地主阶级用什么手段集中这么多的土地、积累这么多的财富呢？主要就是通过地租的剥削。封建地租不仅吞去了农民的剩余劳动，而且往往吞去了他们的一部分必要劳动。

根据史料记载，当时整个中国实物地租占着优势，剥削率约在50%以上。如拿清王朝所掌握的庄田来说，每个占地720亩的庄子，规定每年交纳地租250担，另外还规定交纳刍、豆、家畜、家禽等物。当时北方每亩土地的最高年产量不过一石，这些贡纳就要占产量的一半左右，此外没有明文规定的贡纳和徭役一定还很多。又如乾隆十年，御史胡蛟龄奏请将陕北官田"招民承种，照安西哈密佃种官田，官四民六之例，变通酌筹"①，这是为了招徕人民垦辟荒地，才有这种"官四民六"的优待办法。至于一般官田招农民垦种，租额就更高。如嘉庆年间，广东有屯田5 300余顷，"由地方官招丁佃种。因本系官田，征额较民田多至十倍，并有多至十余倍者"②。在官僚地主所掌握的土地上，剥削同样是苛重的，《红楼梦》第五十三回记载乌进孝庄头送给贾府的地租单子，除一部分粮食、牲口折成货币外，还有大批贵重的山珍海味以及杂果、粮食、柴炭等四五十种实物，其剥削既苛重又琐细。又如沧州一带"绅士田产，率皆佃户分种，岁取其半"③。南昌一带地租上则亩租"二石，中或一石五六斗，下则亩率一石"④（当时长江下游每亩产量，上田三石，下田一二石）。乾隆三十四年永安县租山合约中记载："其山木当日凭亲三面言议，俟培养长大之日，以作主佃平分：主对五分，佃对五分，若卖，价银亦照主佃均分。"⑤ 章谦说："上农耕田二十亩……以中年均之，一亩得米二石，还田主租息一石，是所存者仅二十石。"⑥ 可见大多数地区的租额都按实物计算，剥削率都在50%以上。据所存嘉庆朝34件有关实物地租租率的统

① 《皇朝经世文编》，卷三四，胡蛟龄：《推广垦荒疏》。
② 刘凤辉等：《仁化县志》，卷三。
③ 《畿辅通志》，卷七一。
④ 《皇朝经世文编》，卷三一，陈道：《江西新城田租说》。
⑤ 《大清律例汇辑便览》，卷一七。
⑥ 《皇朝经世文编》，卷三九，章谦：《备荒通论》。

计，其中租率在50%以下者为11件，50%者为19件，50%以上者为4件。①

租额虽按实物计算，但由于商品经济的发展，当时不少地区的实物租额已折合货币征收。如《红楼梦》第五十三回乌庄头交给贾府的2 500两银子，就是把实物折成了货币。此外福建《尤溪县志》载开山书院的租例："一僧耕东西边等田一十四亩八分二厘，租谷六千斤，窎远难运，议：每百斤折纳钱六百四十文，冬牲钱一千文……又土名东边田，又假马湾隔田载租二千二百斤，折纳钱九千六百八十文，冬牲钱三百六十文。"② 这个契约上已载明由于路远难运，实物折合货币征收。太平天国革命以后，陶煦谈到江南地租情况，"吴农佃人之田者十之八九，皆所谓租田……田中事田主一切不问，皆佃农任之……一岁仅恃秋禾一熟耳。秋禾亩不过收三石，少者只一石有余，而私租竟有一石五斗之额……最可异者，纳租收钱而不收米，不收米而故昂米之价，必以市价一石二三斗或一石四五斗之钱作一石算，名曰折价"③。这虽然是太平天国革命以后的情况，但估计这种货币折租制在江南必已流行相当长的时间。货币折租制可以看做实物地租向货币地租转化的一种形态。一方面，它和实物地租不同，因为它所征收的已有一部分或全部折成货币，这种情况只有在商品货币关系相当发展，征收货币对地主更为方便、更为有利的情况下才可能出现，而且实行这种货币折租以后，农民的生产物必须拿到市场上出卖，这也就大大推动了商品货币关系的发展。另一方面，它和货币地租也有差别，因为每年征收的地租是用实物数量来计算而不是用货币数量来计算的，这种情况又表明商品货币关系的发展程度尚不充分，市场价格很不稳定，地主阶级为了保持常年收入还不可能把地租收入经常固定在一定的货币数量上。

地租的货币化显然是和赋税的货币化在同样社会经济条件下出

---

① 参见李文治编：《中国近代农业史资料》，第1辑，73页。

② 《大清律例汇辑便览》，卷一七。

③ 陶煦：《租核》。

现的。当时赋税征收也存在着类似的情况。自明代实行一条鞭法以后，已有大部分的赋税折成货币征收。清代赋税规定米谷、银钱并征，在实施过程中大部分米谷也折价交纳。由此可见，当时货币关系已渗透到地租、赋税的征收中。

当然，社会历史的发展是错综复杂的。当时中国还存在着相当严重的劳役地租形态，特别是北方的庄田上人身依附关系甚至奴隶制度的残余还很普遍，我们到处都可以看到"卖身为奴"或"投充旗下"的记载。在北方民田上耕作的农民也要负担官府"按田起夫"的签派劳役，所以当时有"北方役重、南方赋重"的呼声。但这只能看做经济落后地区的残余形态。拿整个中国来说，当时实物地租最普遍，而有些地区已经开始向货币地租转化。

除了封建地租的剥削以外，商业资本和高利贷资本的剥削也是十分严重的。商业资本和高利贷资本都是很古老的资本形态，早在资本主义生产方式产生以前就已经存在了。在中国历史上，战国与秦汉时就看到这两种资本的活动。

到18世纪（乾隆帝时代），商业资本和高利贷资本十分活跃，特别以盐商、公行商、典当商、米商、木材商、丝茶商最为突出，有许多关于大商人骄奢生活的记载，如盐商"竞尚奢靡……凡宫室、饮食、舆马之费，辄数十万金"①；清江浦有一富典，"家产数百万"②；"京师米贾祝氏，自明代起家，富逾王侯，屋宇至千余间，园亭环丽，游十日未竟"③；泰兴季氏"一伎之饰，千金俱焉"④。据一个外国人估计，广东公行商的巨擘伍敦元拥有资产2 600万元，是当时全世界最大的富翁。这些巨大的商业资本正是在剥削农民和手工业者的基础上积累起来的，它利用农民和手工业者由于小生产地位而具有的不稳定性和经济依赖性（指小生产者易受偶然事件的打击，农业生产的季节性，市场情况不熟悉，不能和消费者直接打交道等等），从而掠夺农民和手工业者的大量剩余生产物。如道光十四

①② 徐珂：《清稗类钞》。

③ 昭梿：《啸亭续录》。

④ 钮琇：《觚賸》。

年山西寿阳县的情形是："逐利之徒，坐拥厚资，垄断左右，一见禾米空秕，度后日之收获孑虚，遂尔囤积居奇，致一时之市价腾踊。是岁事之歉犹未可知，而人事之歉已难救止！此风一倡，狡僧煽腾，借如粟米一囤，朝一商以钱八百买之，夕一商以九百买之，明日一商复以一千买之，辗转递买，愈增愈贵，而莫知所终极，而贫民之乏食者，虽籴升斗而不予。"① 当时那些富商巨贾，正是通过这种囤积居奇、操纵市场的手段来吮吸劳动人民的血汗，所谓"富厚之家，日与小民为市，小民卒困于穷约而无如何……遂至以商贾牧长，据其势于万民之上，与王公大人抗分庭之礼，而小民仰其惠，惟恐失其意"②。

商业资本的活跃引起农民分化，在一定条件下会促使封建制度早日崩溃，但必须指出：当时商业资本的活动还处在清王朝的控制和监督下，因此极度膨胀的商业资本并没有成为瓦解封建制度的严重威胁；相反，在很大程度上，两者互相利用、互相支持。如以盐业中的商业资本而言，清朝采取盐引政策，只有经过清王朝特许的盐商，才能领取盐引，每一道盐引交纳一定税款（"盐课"），并在指定的地区销售，假使领不到盐引，就不能贩盐。这样，一方面，清朝把贩卖食盐的活动完全控制在自已所许可的范围之内；另一方面，少数特许的盐商也利用政权的支持，进行垄断性贸易，积累起大量财富。其他行业（如茶业、对外贸易、木材等）中也存在着类似的情况。因此，大商人们剥削来的财富总有很大部分要无偿地献给皇帝，当时有所谓"军需报效"、"助赈报效"、"万寿报效"、"河工报效"等等名目。乾隆一朝单是两淮盐商"报效"的银子就有3 000万两。在当时的生产条件下，膨胀的商业资本中只能有一小部分和工业生产相结合，其绝大部分都转化成高利贷形式。

18世纪，中国高利贷资本的活动是十分猖獗的，全国各地开设着无数的当铺、钱庄和银号。乾隆初期，北京的官民当铺就有

---

① 祁寯藻：《马首农言》，23页。

② 《皇朝经世文续编》，卷四五，《荒政》。

六七百座①；嘉庆初期，和珅一人就有“当铺七十五座，本银三千万两；银号四十二座，本钱四千万两”②。所以，当税成为清王朝每年财政收入中的一个重要部分。

大量货币财富集中于地主官僚大商人手中，他们以极苛刻的条件对农民和手工业者放债。所谓“有为富不仁之人，肉视穷民，重利盘剥。或折数折色，少放多收；或抵物抵衣，虚银实契；或垂涎其妻女；或觊觎其田庐；又或贪其畜产，图其工器；预先放债，临时倍征。甚者串指旗丁，倚借豪势，偿不还契，索取无餍。乘其危急难还之时，合并盘算屡年之负，逼准妻子，勒献家私。穷民衔冤而莫伸，天心赫怒而降祸”③。所以贫苦农民“中稔之岁，人不宿饱，一遇凶荒，流亡道路……又有富商豪右操其赢缩，盘剥穷民，禾未苗而已贷于人，蚕未丝而已偿夫债”④。不但贫苦农民如此，就连富裕农民也免不了高利贷的盘剥。章谦曾把当时的富裕农民（所谓的“上农”）的生活作了一番描述：上农耕田 20 亩，中年可产米 40 石，其中 20 石以地租的形式交给地主，尚余 20 石，维持自己和妻儿的生活已经很困难，可是还有“耒耜有费，籽种有费，罱斛有费，雇募有费，祈赛有费，牛力有费”，这样就更加捉襟见肘，高利贷者就乘机活动，“当其春耕急需之时，米价必贵，折中计之，每石贵一千有余，势不得不贷之有力之家，而富人好利，挟其至急之情，以邀其加四、加五之息，以八阅月计之，率以二石偿一石，所存之二十石，在秋时必贱，富人乘贱而索之”。章谦在分析了这种情况之后得出结论：“其得以暖不号寒，丰不啼饥，而可以卒岁者，十室之中，无二三焉。”⑤ 这还是“上农”的情况，贫苦农民当然更加悲惨了。

高利贷资本不但要吸收干净农民的生产物，而且连农民的土地、房屋、农具也经常被抵押干净。正像马克思所说：“高利贷者是不会满足于只榨取他的牺牲者的剩余劳动的；他会渐次夺得他的劳动条

① 参见《东华录》，乾隆朝卷二〇，九年十月。
② 薛福成：《庸庵笔记》，卷三，《查抄和珅住宅花园清单》。
③ 魏际瑞：《四此堂稿》，卷二，《因灾禁逼债》。
④ 《皇朝经世文续编》，卷三四，汤成烈：《治赋篇》。
⑤ 《皇朝经世文编》，卷三九，章谦：《备荒通论》。

件自身，土地房屋等等的所有权”①。自耕农民被剥夺了土地，其中一小部分参加到城市的作坊和手工工场中，但大部分或者饿死，或者变为佃农奴婢，或者流浪各地，加入游民乞丐的队伍。假使把这一点和以上所说土地集中相联系，便可知道，高利贷资本正是起了加速土地集中的作用，而高利贷资本又是膨胀的商业资本流入农村的结果。例如乾隆末年，河南发生灾荒，乾隆帝的上谕里说：“山西等处富户，闻风赴豫举放利债，借此准折地亩……且将麦收在望之田，乘机图占，一经准折，即攘为己有……是富者日益其富，贫者日见其贫。”② 又如嘉庆十九年上谕称：“直隶大名等府属三十余州县，前因连年荒歉，民间地亩多用贱价出售，较丰年所值，减至十倍。本处富户及外来商贾多利其价贱，广为收买。本年雨水调匀，而失业之民，以无可耕之田，流离迁徙。”③

由于上述的土地兼并和商业资本、高利贷资本的活跃，造成社会财富分配的极端不均，一方面，少数剥削者（皇帝、贵族、官僚、地主、大商人）集中大量财富；另一方面，广大的农民、手工业者处在悲惨的贫困饥饿境地。这就是18世纪和19世纪初中国社会最严重的一个问题。

针对这种情况，19世纪初的一些开明知识分子曾经提出井田、限田、均田等等办法。如吴铤就说：“田制听民自卖，不为限制，故豪强兼并，一人而兼十数人之产，一家而兼十数家之产，田无定数，以其所入，与民为市，益附其富，而无田者半天下。”他提出“莫如行均田法而去其弊，限民田无得过五十亩”④。龚自珍则主张把土地分配给大宗、小宗、群宗，自百亩至二十五亩不等。他们的这些主张和腐朽统治集团的利益直接相违背，所以根本没有受到统治者的注意。

二、资本主义的萌芽

中国早在15世纪、16世纪（明王朝中叶），已经比较显著地存

① 马克思：《资本论》，第3卷，773页。

② 《东华录》，乾隆朝卷一〇三，五十一年五月。

③ 转引自黄彭年等：《畿辅通志》，卷四。

④ 《皇朝经世文续编》，卷三五，吴铤：《因时论十》。

在着资本主义的萌芽，到18世纪以后（清乾隆以后）资本主义有了更进一步的发展，许多工业部门中出现了手工工场或包买商人，农业中农产品商品化的程度也日益扩大。这种现象和上述土地集中，商业资本、高利贷资本活跃的现象联系起来，标示了封建社会已进入末期，封建的生产关系已成为腐朽的垂死的制度，它不再能给生产力提供广阔发展的余地。

那么，当时手工业中资本主义萌芽的状况如何呢？

当时，在丝织、陶瓷、煮盐、采铁冶铁、采铜冶铜、伐木、造纸、制糖等行业中已经有或大或小的资本主义性质的手工工场，其他一些行业中虽然没有直接找到手工工场的资料，但已经出现了包买商人或间接地可以断定它有手工工场。

首先，我们来看看历史悠久的丝织业，这在18世纪的中国手工业中是占极重要地位的。南京、苏州、杭州、湖州是丝织品的主要产区。在这些地区织丝机的数量很多，如南京“乾嘉间机以三万余计”①，到道光时“缎机以三万计，纱、绸、绒、绫，不在此数”②，其中有一户拥有五六百张机或四五百张机的手工工场，以此来估计这些手工工场中的雇佣工人当在一千数百人左右。苏州有织机一万数千张，并且有一个临时的雇佣市场，“织作，在东城。比户习织，不啻万家。工匠各有专能，计日受值，匠或无主，黎明林立，以候相呼，名曰唤找”③。此外杭州有织机3 000张，宁波有织机850张，绍兴有织机1 600张，湖州有织机4 000张，盛泽有织机8 000张。④ 这些织丝机器当然只有一小部分是属于手工工场的，但即使在场外的织机，也有很多是按照“以经纬交与织工，各就织工居处，雇匠织造”⑤ 或“散放丝经，给予机户，按绸匹计工资”⑥ 的

① 汪士铎等：《同治上元江宁两县志》，卷七，《食货考》。

② 《光绪续纂江宁府志》，卷一五，《拾补》。

③ 沈德潜等：《乾隆重修元和县志》，卷一六。

④ 参见尚钺：《中国资本主义关系发生及演变的初步研究》，113页，北京，三联书店，1956。

⑤ 《民国吴县志》，卷五一，《物产》，参见陈作霖：《凤麓小志》，卷三，《记机业》。

⑥ 徐珂：《清稗类钞》，第17册，农商类。

办法经营的，这实际上也是手工工场的“场外部分”或是在商业资本控制下的一种“资本主义的家庭工作”。规模巨大的丝织生产当然拥有很广大的市场，据记载南京的丝织品在全盛时，“北趋京师；东北并高句丽、辽、沈；西北走晋绛，逾大河，上秦、雍、甘、凉；西抵巴蜀；西南之滇、黔；南越五岭、湖、湘、豫章、两浙、七闽；泝淮、泗，道汝、洛”①，可以说是行销全国。其他如双林镇的丝市场，“吴、越、闽、番，至于海岛，皆来市焉。五月载银而至，委积如瓦砾。吴南诸郡岁有百十万之益”②。湖州的丝市场，“各直省客商，云集贸贩，里人贾鬻他方，四时往来不绝”③。可见其市场的广大。

制瓷也是中国历史上悠久的手工业之一，18世纪的制瓷业水平发展很高。据唐英说：“景德一镇，僻处浮梁，邑境周袤十余里……民窑二三百区，终岁烟火相望，工匠人夫不下数十余万，靡不借瓷资生。”④ 黄墨舫说，景德镇“列市受廛，延袤十三里许，烟火逾十万家，陶户与市肆当十之七八，土著居民十之二三。”⑤ 由此可见，景德镇已经成为一个规模巨大的手工业市镇了。

在景德镇的制瓷手工业中存在着分工很细的手工工场，并拥有数量众多的雇佣工人，所谓“陶有户、有工、有彩工、有作、有家、有花式，凡皆数十行人”⑥。手工工场称作窑户，有整个生产过程都在一个手工工场内部完成的“囫窑户”，也有只制坯不烧窑的“搭坯窑户”和只烧窑不制坯的“烧窑户”。在此以下又有两种分工形式：一种是按照产品的类别在各手工工场之间进行分工，亦即每个窑户专门生产某种瓷器，有的是圆器类（其中又分许多类，如大器作专门生产比饭碗大的圆器，小器作专门生产比饭碗小的圆器，脱胎器作专门生产精细的盘碗等等），有的是琢器类（其中又分许多类，如大件作专门生产大型的瓷瓶瓷缸，雕削作专门生产瓷人或玩具，汤

① 汪士铎等：《同治上元江宁两县志》，卷七，《食货考》。
② 《皇朝经世文编》，卷三七，唐甄：《教蚕》。
③ 《乾隆湖州府志》，卷四一，《物产》。
④ 唐英：《陶事图说》，见光绪《江西通志》，卷九三，《经政略》。
⑤ 黄墨舫：《杂志》，见蓝浦：《景德镇陶录》，《陶说杂编》上，卷八。
⑥ 龚鉽：《景德镇陶歌》。

匙作专门生产汤匙等等)，这种分工以户为单位，每户专门生产某种瓷器，该户即称某某作；另一种分工是按照生产过程中的不同工序在工人之间进行分工，大致分为“陶泥工，拉坯工（俗呼做坯)，印坯工（俗呼拍摸)，旋坯工（俗呼利坯、挖坯)，画坯工，舂灰工，合泑工（有配灰者，有合色者)，上泑工，抬坯工，装坯工，满掇工，烧窑工（俗呼把压，然分三手：有事溜火者，事紧火者，事沟火者)，开窑工”① 等。正由于在一个资本的指挥下，才可能产生这样精细的分工，而由于这种精细分工才显示了资本主义手工工场在生产上的优越性。

制瓷业中的雇佣关系十分明显地存在。一方面有“挟其技能以食力”的雇佣工人，他们的待遇极为苛薄，如拿挑土工人来说，从160里之外挑土到景德镇只给工资二分。除常年受雇的工人外，尚有临时受雇的工人，称为“满窑工”，“满窑一行，另有店居。凡窑户值满窑日，则召之至，满毕归店。主顾有定，不得乱召……共计满窑店三十二间”②（按：嘉庆时)。另一方面有“锱铢计较，遇老病者不能执业，辄屏弃之，虽平时曾资其力，亦莫之或恤”③ 的手工业资本家。在工人和资本家之间甚至已开始了小规模的斗争，如所谓“每窑一座需工数十人，一有所拂，辄哄然停工”④。又有所谓“除窑户外，其间碓房匠作，以及坯行、车坯行、画行、彩行、菱草行、柴行诸色人等，动以万计，率多别籍异民，秉负强梁，不纠于法，故历称景镇为藏奸纳污，逃亡逋窜之区。伊等锱铢必较，睚眦必复，即银色饭食之类，少有龃龉，动即知会同行罢工罢市”⑤。

煮盐也是中国历史上一项著名的手工业。尤以四川的井盐规模最大，盐井几乎普遍全省，据《四川盐政史》所说：“雍正八年（1730年）有井二千三百十九眼，乾隆时增为三千余井，其后复增至

① 蓝浦：《景德镇陶录》，《陶务条目》，卷三。
② 同上书，《陶务方略》，卷四。
③ 赵元谦等：《光绪江西通志》，卷九四，《经政略·恤政》。
④ 贺熙龄等：《道光浮梁县志》，卷二，《风俗》。
⑤ 凌焘：《西江视臬纪事》，卷四，《禁窑厂滋事》。

万余井”①。开凿盐井的工程很艰巨，“辟一井之工，以数年计，费以数万计，非强有力者弗能为”②。可是这些盐井大多是手工业资本家出资雇工开凿的，盐井的规模也很大，如严如熤说：“大盐厂如犍富等县，灶户佣作商贩各项，每厂之人，以数十万计。即沿边之大宁、开县等厂，众亦以万计。”③ 每个盐厂有垱首、掌柜、外场、经纪、灶头、管事、山匠等人。④ 李榕说：“担水之夫约有万……盐船之夫其数倍于担水夫，担盐之夫又倍之……盐匠、山匠、灶头，操此三艺者约有万……积巨金以业盐者数百家，为金工、为木工、为石工、为杂工者数百家，贩布帛豆粟牲畜竹木油麻者数千家，合得三四十万人。”⑤ 这些记载表明，正是那些“积巨金以业盐者”的数百家的资本才能指挥这样庞大的井盐生产。

冶铁铸铁业在中国历史上一向是和煮盐并称的重要手工业。当时在广东、湖北、陕西、安徽等省冶铁铸铁业最为发达，特别是广东佛山镇，俨然是全国冶铁、铸铁的中心，当时有“佛山之冶遍天下”⑥ 的美称。这个手工业市镇“烟火逾十万家”⑦，“四方商贾萃于斯，四方之贫民亦萃于斯，挟资以贾者什一，徒手而求食者则什九也”⑧。这里所说的十分之一的商贾，其中也包括一些工场手工业主。据屈大均记载这里冶铁工场的情形，“凡一炉场环而居者三百家，司炉者二百余人，掘铁矿者三百余，汲者烧炭者二百有余，驮者牛二百头，载者舟五十艘，计一铁场之费，不止万金”⑨。这当然已不是一般的小生产规模了。另如陕西冶铁也如此，“铁炉川等稍大厂分，常川有二三千人，小厂分三四炉，亦必有千人数百人”⑩。此外，汉口、芜湖冶铁也很发达，汉口“有铁行十三家，铁匠五

① 吴炜等：《四川盐政史》，卷二。
② 王守基：《盐法议略》，卷二，《四川》。
③⑩ 严如熤：《三省边防备览》，卷九。
④ 参见吴鼎立：《自流井风物名实说》。
⑤ 李榕：《十三峰书屋文稿》，卷一，《自流井记》。
⑥ 屈大均：《广东新语》，卷一六。
⑦ 叶汝兰：《重修佛山经堂碑记》。
⑧ 《乾隆佛山乡志》，转引自《道光佛山忠义乡志》，卷五，《乡俗志》。
⑨ 屈大均：《广东新语》，卷一五。

千余名”①，芜湖“居于廛治钢业者数十家，每日须工作不啻数百人”②。

铜矿也是规模巨大的手工业生产部门，都集中在云南，从乾隆以来全省每年经常有二三十个铜厂在采铜冶铜，最多时全省铜厂有 300 处③，每年可产铜 1 400 万斤。工人数目也很多，据檀萃说：“其人之多，不可算数。况总全滇诸厂而计之，则其数岂止七十万哉！”④ 据唐炯说：“从前大厂率七八万人，小厂亦万余人，合计通省厂丁，无虑数百十万。”⑤ 可见云南铜厂的巨大规模。

采铜冶铜的分工很细密，开辟矿井有专人，用槌的称“槌手”，用凿的称“凿手”。槌手的工作最劳累，需要有更替的人，称“挂尖”。一面矿井开进去，一面有人把矿砂背出来，称“砂丁”，大概一对槌凿需要配备五六个砂丁。此外开辟出来的矿井，需用木棍支架，以免坍塌，做这个工作的是富有经验的“镶头”。矿井出水时，还有“龙手”做排水工作。这些人通力合作，形成一个采铜的小组。等到矿砂取出来，又要由专人来捶洗、配矿、烧矿，才能够出铜。整个采铜冶铜的生产过程很复杂，分工也很细密。⑥

至于劳动者的身份，虽有一部分是自备生产工具共同合作采铜的小生产者，但大部分却是雇佣工人。这些雇佣工人分好几类，有的是“其初出力攻采，不受月钱，至得矿时，与硐主四六分财者，为亲身弟兄”，有的是“按月支给工价，去留随其自便者，名为招募砂丁”，也有“硐内偶尔缺人，临时招募添补，则雇工应用”⑦。所

① 包世臣：《安吴四种》，卷三四，《齐民四术》，《筹楚边对》。

② 陈春华等：《嘉庆芜湖县志》，卷一。

③ 参见周钟岳等：《新纂云南通志》，卷一四六。

④ 《皇朝经世文编》，卷五二，檀萃：《厂记》。

⑤ 《皇朝经世文续编》，卷二六，唐炯：《筹议矿务拟招集商股延聘东洋矿师疏》。

⑥ 参见严中平：《清代云南铜政考》。

⑦ 参见吴其濬：《滇南矿厂图略》，《滇矿图略》。

谓“硐主”，又称“锅头”，大多是挟有重资的手工工场主。唐炯说：“从前开办皆系川、湖、江、广大商巨贾，每开一厂，率费银十万二十万两不等。”① 这种分工和雇佣的情况说明云南铜厂实际上是规模巨大的资本主义手工工场。

采煤也是中国古代一个重要的手工业生产部门。邓拓同志曾经调查了北京西郊门头沟产煤区，发现了100座明清时代旧煤窑的遗迹，证明该地民办煤窑始于明万历时（16世纪末），至清乾隆时大盛起来（18世纪末）。② 这里的煤窑资本大多采取分股合伙的制度，也有若干个煤窑的联合经营。经过一二百年的发展，产生了焦姓、阎姓等较大的窑主，到乾隆时就看到大窑主有“垄断”、“鲸吞”的现象，把许多小民窑集中到大窑主的手里。民窑内部也已经初步具备分工协作的资本主义关系，一方面有自备工本、赴窑开采的“窑户”，有协助窑户管理窑务的“掌柜”和“管账”；另一方面有大批受雇佣的“窑夫”以及担任技术指导的“作头”。门头沟煤窑的情况显示了中国资本主义幼芽在封建社会母腹中缓慢发育的一个典型。当时北京郊区的小煤矿还很多，据乾隆二十七年大学士史贻直等奏称，近京西山和宛平、房山县的在采煤窑有273个。③ 其他各省也有很多煤窑，较著名的如山东峄县“煤矿最盛，岭阜处处有之。人采取者，任自经理，不复关诸官吏。方乾、嘉时，县当午道，商贾辐辏，炭窑时有增置。而漕运数千艘，连樯北上，载煤动数百万石，由是矿业大兴。而县诸大族，若梁氏、崔氏、宋氏以炭故，皆起家，与王侯埒富。间以其羡遗诸官吏，是为窑规，岁縻金钱无算，然未尝有税也”④。

采木业中也有手工工场，陕西一省采木工人很多，据1823年（道光三年）调查，陕西盩厔县山林中有“客民十五万有奇，兼有大木厢三处，板厢十余处，铁厂数处，供厢之人甚伙”，宁陕厅有“男女大小十二万九千余名口，内中木厢铁厂工匠甚多”，凤县有“十七

① 《皇朝经世文续编》，卷二六，唐炯：《筹议矿务拟招集商股延聘东洋矿师疏》。

② 参见邓拓：《从万历到乾隆——关于中国资本主义萌芽时期的一个论证》，载《历史研究》，1956（10）。

③ 参见彭泽益编：《中国近代手工业史资料》，第1卷，326页。

④ 王宝田等：《光绪峄县志》，卷七。

万三千四百余口……又有铁厂十七处，柴厢十三家，每厂雇工或数十人至数百人不等”①。这些工人很多是在手工工场中工作的。采木业中的手工工场按照规模的大小分成三种，最大的是圆木厂，组织分工很严密，“计大圆木厂匠作水陆挽运之人，不下三五千。其开伐以渐而进，平时进止皆有号令，号曰某营，与行军同”。较小的称“枋板厂”、“猴柴厂”，工人较少，但也是“大者每厂数百人，小亦数十人”。这些木厂大多掌握在资本家手里，有些较大的资本家甚至并不直接经营厂务，如严如煜说：“开厂出资本商人，住西安盩厔汉中城。其总理总管之人曰掌柜，曰当家；挂记账目，经管包揽，承赁字据，曰书办；水次揽运头人，曰领岸；水陆领夫之人，曰包头”；“冬春匠作背运佣力之人不下数万。偶值岁歉停工，则营生无资”②。

造纸业中的手工工场也是很显著的。如陕西“西乡纸厂二十余座，定远纸厂逾百。近日洋县华阳亦有小纸厂二十余座，厂大者匠作佣工必得百数十人，小者亦得四五十人”③。制糖业中也有“所谓蔗车糖廍者，同业异名，系各就田园设厂，雇工营作”④。在台湾制糖业极为发达，“全台仰望资生，四方奔趋图息，莫此为甚”⑤。陕西淘金业也有小规模的手工工场，“厂头出工本，佣夫淘簸，每厂约数十人”⑥。苏州踹布业中在18世纪初就有“踹坊四百五十余处，每坊容匠各数十人不等，查其踹石已有一万九百余块，人数称是”⑦。福建的茶厂在道光时“瓯宁一邑，不下千厂，每厂大者百余人，小亦数十人，大厂则万人，兼以客贩担夫，络绎道途、充塞逆旅，合计又数千人”⑧。鸦片战争前夕，广州佛山镇“从事织造各种布匹的工人共约五万人，产品需求紧迫的时候，工人就大量增加。工人们

① 卢坤：《秦疆治略》。

②③ 严如煜：《三省边防备览》，卷九，《山货》。

④ 《皇朝经世文续编》，卷四七，丁日昌：《请将台属各项杂饷分别豁除疏》。

⑤ 余文仪：《乾隆续修台湾府志》，卷一七。

⑥ 严如煜：《三省边防备览》，卷九。

⑦ 《雍正朱批谕旨》，第42册，《李卫奏折》。

⑧ 蒋蘅：《云寥山人文钞》，卷二，《禁开茶山议》。

分别在大约二千五百家织布工场做工，平时每一工场平均有二十个工人”①。广州附近又有一家制茶工场，男女童工有五百人。② 同时，直隶宁津县大柳镇的统泰升杂货店，兼营铁器、轧花等手工工场，在轧花厂中有一百多工人。③ 山东济宁有六个制烟工场，“每年买卖至白金二百万两，其工人四千余名”④。

以上事实证明，在外国资本主义侵入以前，中国封建社会按照本身的发展规律，已经在各个手工业生产部门中产生了资本主义性质的手工工场，这种手工工场是在封建时代手工业基础上发展起来的分工的结果，它虽然还以手工技术作基础，但已是拥有或多或少的资本，使用雇佣劳动而为市场制造商品的企业。马克思说：“较多数劳动者在同时，在同地（或在同一工作场所），在同一资本家的命令下，生产同种商品，在历史上，和在概念上，都是资本主义生产的出发点。”⑤ 所以上述的厂矿，按其性质来说，是资本主义的企业；按其发展阶段来说，则是大机器工业之前的一种工业生产形态。

随着手工业各部门中资本主义的生长，农业方面也开始产生了资本主义的关系，但是“资本主义之渗入农业却特别迟慢，并且是以极端多样化的形式”⑥。假使说我们在手工业生产中可以用专业性手工工场的组织规模来衡量资本主义发展高度的话，那么我们在农业生产方面却不可能找到这种明显的标志，正像列宁所说：“农业性工业则不分为完全独立的部门，而只是在一种场合下专门生产一种市场生产品，在另一种场合下专门生产另一种市场生产品”⑦。因此资本主义在农业中的生长情况，我们只能就商业性农业的一般发展情况加以考察。

---

① 转引自彭泽益编：《中国近代手工业史资料》，第1卷，257页。

② 参见安原美佐雄：《支那的工业与原料》，960页。

③ 参见《鸦片战争后五十年间中国社会经济的演变》，载《大公报》，1951-02-02。

④ 《皇朝经世文编》，卷三六，岳震川：《府志食货论》。

⑤ 马克思：《资本论》，第1卷，384页。

⑥ 列宁：《俄国资本主义的发展》，133页，北京，人民出版社，1957。

⑦ 同上书，249页。

那么18—19世纪商业性农业的发展状况如何呢？

首先，作为手工业原料的经济作物的种植逐渐扩大了。例如棉纺织业是当时最普遍的一种家庭手工业，棉花需要量很大，这样就促进了商业性植棉的发展而出现了几个主要产棉区，像松江、太仓、通州一带，“每村庄知务本种稻者不过十分之二三，图利种花者则有十分之七八”①；河北保定一带“种棉之地，约居什之二三”②；“宁津种棉者几半县”③。棉花收获以后主要是当做商品出卖，所以出现了相当活跃的棉花市场，“每当新棉入市，远商翕集，肩摩踵错，居积者列肆以敛之，懋迁者牵车以赴之，村落趁墟之人，莫不负挈纷如”④。又如某些地方的桑叶也已成为商品性的作物，广东南海顺德交界的桑园周围地方，“周回百余里，居民数十万户，田地一千数百余顷，种植桑树，以饲春蚕”⑤；湖州则已出现了“青桑叶行”，专门买卖桑叶，所以蚕农有“桑叶怕昂丝怕贱……卖丝不够买叶钱”⑥之叹。

除棉花、桑叶之外，烟草、甘蔗可说是最重要的经济作物。如陕南汉中一带（城固湑水以北）“沃土腴田，尽植烟苗”⑦；广西一带“种烟之家，十居其半”⑧；福建省“烟草之植，耗地十之六七”⑨；广州一带“蔗田几与禾田等”⑩；台湾地方“蔗田万顷碧萋萋……一望茏葱路欲迷”⑪。在这样广阔的土地上种植的烟草、甘蔗当然绝大部分是要当做商品出卖的。

除了作为工业原料的经济作物的发展外，某些地区出现了商业性的园艺业和水产业，如《红楼梦》中有拥有几十顷桂花园的“桂

---

① 《皇清名臣奏议》，卷六一，高晋：《奏请海疆禾棉兼种疏》。
②④ 《棉花图》，《收贩》。
③ 《畿辅通志》，卷七四，《物产》。
⑤ 张鉴等：《雷塘庵主弟子记》，卷五。
⑥ 《嘉庆于潜县志》，卷一五，《艺文·育蚕诗》。
⑦ 《皇朝经世文编》，卷三六，岳震川：《府志食货论》。
⑧ 《清代文字狱档》，第5辑，吴英拦舆献策案。
⑨ 《皇朝经世文编》，卷三六，郭起元：《议闽省务本节用书》。
⑩ 李调元：《南越笔记》，卷一四。
⑪ 郁永河：《台湾竹枝词》。

花夏家"①，《儒林外史》中有拥有二三百亩菜园子的于老者②。此外，广州附近有"连冈接阜，弥望不穷"③的水果园，北京丰台有"连畦接畛，担市者万余茎"④的芍药花园，广东有"家有荔枝千株，其人与万户侯等"⑤的荔枝园主，广东南海则有专门出卖鱼秧的九江乡⑥等等。这种商业性农业的出现表明资本主义关系已经缓慢地侵入农业，其进一步发展必然会引起社会分工的日益细密，引起农业加工性质的手工业的日益发展，引起农村阶级分化的日益剧烈。

综上所述，在18世纪和19世纪初，资本主义关系已经在工业农业的许多部门中出现了，中国封建社会按照自己的发展规律，也将走入资本主义社会。正像毛主席所说："中国封建社会内的商品经济的发展，已经孕育着资本主义的萌芽，如果没有外国资本主义的影响，中国也将缓慢地发展到资本主义社会。"⑦

某些反动的"学者"硬说：中国历史是静止的，只能永远停滞在一点上，欧洲历史则是运动的，中国社会只有借助外力的冲击方能发展到资本主义社会。根据这样的荒谬观点，他们向欧美资产阶级顶礼膜拜，感谢他们为中国带来了文明，这是一种十足的奴才言论。本来封建社会的基本特点就是生产发展速度缓慢，墨守成规，传统主宰一切，这在中国、外国都是一样的，但无论怎样缓慢，社会总是在逐渐进步的。这些"学者"们把一切封建社会所具有的共性硬指为中国社会所独有的特性，用片面的暂时的现象掩盖了本质，从而得出媚外、崇外的反动结论，这正是他们欺骗人民的一贯手法。

当然在考察这个问题时也应该注意事情的另一方面，从当时整

---

① 《红楼梦》，第七十九回。

② 参见《儒林外史》，第五十五回。

③ 范瑞昂：《粤中见闻》，卷二九，《物部》。

④ 《畿辅通志》，卷七三，《物产》。

⑤ 《广东新语》，卷二五，《木语》。

⑥ 参见上书，卷二二，《鳞语》。

⑦ 《毛泽东选集》，第2卷，620页，北京，人民出版社，1952。

个社会情况来看，农业和手工业相结合的自然经济结构还占着明显的优势。农民生产的粮食主要是自己食用或是以实物形式交纳地租赋税，种植经济作物或生产商品粮食的农户毕竟占很少数。如拿粮食来说，当时商品化的程度还是很低的，所以元、明、清三代都把漕运当做朝廷的一项大政，这是因为三代的京城都设在北京，北京成为一个人口众多的城市，却没有一个相应广大的粮食市场来供应北京的需要，因此朝廷不得不花很多钱来举办漕运，从南方各省每年运粮400万石到北京，称为“漕粮”。漕运制度的弊端很多，几乎是史不绝书的，但是封建统治者不可能废止漕运，这就是由于粮食商品化程度太低，统治者不得不使用行政力量来保障自己的食用。到19世纪初（嘉庆时），由于商品经济的进一步发展，漕粮的征收已经部分地折征货币，称为“漕折”，但是“漕折”还不是普遍的制度，只有在交通极不便利、运输粮食有困难或因灾荒粮食不足的地区，才允许改征货币，大体上折征货币的比例不超过20%，这就可见粮食商品化的程度仍是不高的。再拿其他日用品来说，当时农民除生产自己食用的粮食以外，还和妻儿们一起生产自己所需要的日用品，除江、浙、广东某些地区外，大部分农民跟市场的关系是很少的。我们在前面叙述了不少大规模的手工工场，那是就中国社会经济中新的、发展最高的、最有前途的因素来说的，和这些手工工场并存的是大量的农村副业、家庭手工业和手工业小作坊，农村副业性质的和小商品生产性质的手工业担负着社会手工业生产的绝大部分，它和手工工场比较起来，像是汪洋大海中的几座孤岛，如拿最重要的棉纺织业来说，还停留在家庭手工业阶段（虽然有些地区棉纺织家庭手工业已为包买商人所控制），许多农户都是又耕又织。我们翻开各种地方志，就能够看到这种农业和小手工业相结合的普遍现象，拿直隶为例：如《大名府志》称“民野处者，尚俭习劳，甘啖粗粝，终身不着纨帛。妇勤纺织，中夜不辍。夏秋禾熟时，妇则从事陇亩，佐夫收获”。《乐亭县志》称“民类椎鲁，其耕稼纺绩，比户皆然”。《广宗县志》称“男力稼穑，女勤纴织”。《隆平县志》称“地广人稠，男耕女织”。《曲阳县志》称“男勤耕凿，女勤纺绩”。《饶阳县志》称“农民力田而外，专事纺织”。类似这样的记载，在其他书籍中也俯拾皆是。这寥寥数字的记载，正是反映了中国社会经济的主流，即一方面是全国土地被分割为无数零碎的小生产单位，生产者被束缚在一小块土地上，受尽灾难和折磨；另一方面小手工业又强韧地附着在农业生产上，阻碍了劳动分工和商品经济的发展。即如江苏松江，是著名的棉织业中心，但该地布匹，也大多是出于农村的家庭手工业，如所谓“乡村纺织，尤尚精敏。农暇之时，所出布匹，日以万计，以织助耕，女红有力焉”①。一个外国人的调查报告说：

> 福建具备一种美好而简单的经济体系……一个福建农民除去种植其它作物而外，还生产某种数量的蔗糖。到春天，他把糖运到最近的一个海口去卖给商人……秋收以后，农家一切人手，老老少少，全都动手清棉、纺纱、织布，他们就用这种自家织成的材料。至于自用而有余，便运到最近的城市中去，城市的店铺则买下来，以便城里人和水上船户之需。这个国家十分之九的人都穿这种自织的布匹，其品质从最粗的到最细的，通统都是农舍里生产出来的……
>
> 中国每个小康之家都有织布机，这或许要算是世界各国中独一无二的特殊国家了。别的国家，人们只是清棉、纺纱，而把纱送给职业织工那儿去织成布匹，中国则自清、自纺、自织，并且很少光是为自己家庭需要而生产的，而是把这项生产当作季节活动的主要劳作，为供给邻近城市与水上人口生产一定量的布匹。就这样，福建的农夫不独是一个农夫，而且还是园艺家、制造家合而为一的人物。在庄稼收割以后，在下雨天，在田里无工可做，或不能做户外劳作的时候，总之，在全年中一切可以利用的空闲的时间里，这些农夫就动员自己的妻子儿女乃至雇工在家从事纺织。②

---

① 周建鼎等：《康熙松江府志》，卷五。

② 1852年3月密切尔报告书，转引自严中平：《英国资产阶级纺织利益集团与两次鸦片战争的史料》。

以上这个材料反映了中国大多数农户又耕又织，辛勤地从事农村副业生产和小商品生产的情况。

小商品生产和副业生产在其他手工业中也是很普遍的。如制瓷方面，景德镇的瓷业是手工业生产中的一个高峰，但那儿生产出来的瓷器大多是精细艺术品，至于广大人民所使用的则是各地小规模民窑土窑所生产的粗劣陶瓷。又如四川的制盐工场发展虽高，但沿海一带则有许多小规模的制盐业，有的甚至停留在“禾田既获，则以海水淋秆烧盐”① 的农村副业阶段。所以当时在不少行业中虽已产生资本主义的经济因素，但要冲破庞大自然经济的包围，还需要经历一段时间。当时资本主义经济因素发展前途上的主要困难是地主阶级对农民的残酷剥削，苛重的地租赋税压在农民身上，使农民在最好的年成里也只能维持极低的生活水平。如当时人记载农民生活情形说：“苏松土隘人稠，一夫所耕，不过十亩。倚山傍湖，旱潦难均，即丰稔之岁，所得亦自有限；而条银、漕、白正耗，以及白粮经费、漕赠、五米、十银、杂项差徭，不可胜计；而仰事俯育，婚嫁丧葬，俱在其中。终岁勤动，不能免鞭朴之苦。故苏松俗好浮华，独耕田输纳之民，艰难实甚”②；“农民治其业，自非岁时伏腊省祠墓、通亲戚，则晴事耕耘，雨勤织绩，赤背而薅草、跣足而犁冰，出入见星，工作常倍者，为上农。自耕其田，岁息钱不过十四五千文；其佃耕与罢弱者可知也。或有忿迫，奔呼吏门，受断明速而岁计已虚；略事迁延，常继横贷，滚垛之困，累世不复”③；“乡民佃耕多于自耕。约费枯饼、灰、粪、人工钱文一千，可得谷一石。佃耕计每石田须押规银三十两内外，岁租十石内外。资本不足家，贷银偿谷，谓之水租。而流卖田亩，相习以少作多。故佃耕农民，多形拮据。此乡间作苦情形，不患不勤而患不富，终岁勤动有不得养其父母者”④。农民群众在残酷的剥削下根本没有力量来改进和提

① 《乾隆广州府志》。

② 俞樾等：《川沙厅志》，卷四，《汤斌疏略》。

③ 包世臣：《安吴四种》，卷二五，《作力》。

④ 张先抡等：《善化县志》，卷一六。

高生产，因此整个社会生产力呈现出“停滞不前”的状况。

阻碍生产力发展的另一个因素是封建上层建筑竭力维护其旧基础的反动作用。为地主阶级服务的清朝专制政权，对工商业实行压抑和控制政策，把工商称做“末利”，有意贬低工商业在国民经济中的作用，并且实行高税政策，阻挠它的发展，例如苏（州）、松（江）、太（仓）、常（州）、镇（江）、杭（州）、嘉（兴）、湖（州）七府一州是工商业最繁荣地区，当地粮食经常不足，却要负担全国漕米贡纳的63%。又如广东的商业性荔枝园有一种“官租”，“不论荔枝结实与否，年年必需交纳”①。甚至“穷担小民，无地可耕，或灌园种菜，或磨豆为腐，力作肩挑，辛苦万状。至于小本经营者，皆系借贷微资，求觅蝇头，糊口赡家。摆设地摊者，无力赁店，就地铺排，朝此暮彼，移徙不常，晴摊雨收鬻售靡定。此等穷民，皆须完纳课程，实属艰苦，虽每人名下完银自八九分至二三钱不等，数似无多，而胥役借端扰累，种种难堪。或甫经生理，必先完课，方许开张；或两人合伙，同一经营，并令纳课；或岁春停卖，犹必勒完一岁之银；或年腊开张，亦务责纳满年之数。加以需索赊欠，不一而足”②。

不仅苛捐杂税压抑了工商业的发展，清政权还经常对某些行业直接禁止，这在矿业、采木业中最明显。例如雍正五年布兰泰奏请开矿事宜，遭到皇帝的严厉训斥，上谕说：“开采一事……人聚众多，为害甚巨。从来矿徒，率皆五方匪类，乌合于深山穷谷之中，逐此末利……尔果欲效忠荩，何必谆谆以利为言。”③ 第二年广东布政使王士俊奏请开放铜铁山场，也碰了一个大钉子。雍正朱批称：“附近居民，业俱往厂开采，其田地谁为之耕种耶？从来力作之事，系农所长，习劳服役，非士与商所能。使农夫咸离南亩，弃耒耜而事攻凿，夫岂敦本抑末之道欤？”④ 类如这种言论在清朝历代“圣

① 《广东新语》。

② 《清代钞档》，乾隆六年七月初六日吏部尚书讷亲等奏。

③ 《东华录》，雍正朝卷一〇，五年闰三月。

④ 《雍正朱批谕旨》，第19册。

训”中可以找到不少。不仅开矿会遭到统治者的干预，其他行业也如此，例如植茶是很繁盛的事业，可是地主阶级却声称茶山有藏奸聚盗、多耗食米和损坏田土等三大害，建议政府压抑茶商和茶农，使“厂户利尽，渐渐散归，数十年后，茶山可尽废”①。扬州有一家纸坊因为用有字的废纸作原料，被视为触犯了“圣贤典籍”，被勒令歇业②。又如“北京在前清时代，因迷信风水之故，限令距城四十里以内，不准经营烧酒及榨油业”③。总之，专制政权、封建观念以及种种陋规恶习不知道窒死了多少工商业。

清朝政府对手工业压价采买的政策也是使得手工业萎缩不振的一个重要因素。如潞绸的衰落即是一个明显的例证，该地织绸本来是很繁荣的，但是皇帝、贵族连年不断地压榨，用极低的价格采买潞绸，到乾隆时，“旧时之机户，大半逃亡，仅存在十数家，零丁雕瘵，欲逃不能，欲存不可，每岁织造之令一至，比户惊慌”④。再如云南的铜矿，清王朝为了铸钱的需要，云南各矿所生产的铜，90%都被官府低价收购去了，流通到市场的仅占10%，为了收购便利还设立了“官铜店”，实行了“官发工本”的办法，“矿民入山采铜，官必每百斤预发价银四两五钱，至铜砂煎出时，抽出国课二十斤，秤头加长三十斤，共交一百五十斤，此无本之矿民所由困也。其有不领官价，自备工本，入山开采者，至铜砂煎出时，令矿民自备脚力，驮至省店领银，每百五十斤，给银五两，又旷日持久，不能支领，于是有本之矿民亦困，其有私相买卖者谓之私铜，将铜入官，复坐以罚”，所以连大官僚李绂也不能不叹息说：“夫山海之利，公之于人则普而多，私之于官则专而少，公之于人则可以富国而裕民，私之于官则至于害民而病国，至民逃铜乏而官课亦亏，专利之弊，反至于无利，往往然也”；“自滇省设立官铜店而滇铜遂不出矣”⑤。

---

① 蒋蘅：《云寥山人文钞》，卷二，《禁开茶山议》。

② 参见李方赤：《视已成事斋官书》，卷三，《禁抄缸改造字纸示》。

③ 《北京之油业》，载《中外经济周刊》，第一五九号。

④ 于公元：《条议潞绸详》，转引自姚学甲等：《乾隆潞安府志》，卷三四。

⑤ 李绂：《与云南李参政谈铜务书》。

从以上所述，可见鸦片战争以前，中国确已有了资本主义的萌芽。当然，在它的发展前途上，还有着一条回旋曲折的道路，它在当时还是比较微弱的经济因素。但是，不管有多少困难和阻碍，生产力的进一步发展一定会导致封建经济基础及其全部上层建筑的覆灭。正像恩格斯所说："无论在什么时候，经济的发展，总是无情地、无例外地打通自己的道路"①。在生产关系显得已不能适合生产力发展的情况下，18世纪开始形成了全国范围的革命形势，行将到来的革命一定要发挥出震撼封建制度、促进资本主义发展的巨大作用。

三、政治情况和思想情况

在中国封建经济危机日益显露的情况下，阶级关系也呈现出十分紧张的形势。

在封建社会里，地主阶级和农民的矛盾是基本的矛盾，农民一直是载着社会一切阶层的沉重负担者，他们被地主阶级当做牛马来驱使，农民们反对封建制度的斗争是当时推动社会前进的主要力量。

但当时社会上还存在着满族和以汉族为主的其他各族人民之间的矛盾，特别是汉族人民由于社会经济的发展较高，汉族已经由部族向民族转变，在外族入侵过程中激发起来的民族主义情绪鼓舞着汉族人民的斗争，所以在清朝前期二百多年的历史中，农民反对地主的斗争经常和汉族或其他族反对满族的斗争错综结合起来，阶级的斗争往往掺杂着满汉斗争的因素，蒙着满汉斗争的外衣。

由于中国资本主义萌芽的增长，当时还存在着市民和封建主之间的矛盾，市民内的中等阶层（包括工场手工业主和商人）是比较软弱的力量，因为当时工场手工业的数量和规模还不多不大，即使有个别较大的企业及一部分大商业，也是处在封建政权的严格控制之下，他们对于封建政权的依赖关系掩盖了他们对封建政权的矛盾。一直到鸦片战争前，还很少看到中等阶层和封建政权之间的严重冲

① 恩格斯：《反杜林论》，189页。

突。应该说，中等阶层的政治积极性是比较低的，只有市民内的下层，包括手工业工人、小商贩和流氓无产阶级，他们在很大程度上具有农民气质，由于封建社会进入末期，他们的人数渐渐增加，在18世纪、19世纪，他们和农民一起进行过反封建的英勇斗争，他们的政治积极性较中等阶层高得多。

农民反对地主的斗争，汉族及其他被压迫部族反对满族统治者的斗争，城市平民反对封建主的斗争，这三者错综结合，在18世纪末形成了革命的高潮。

在这次革命高潮中起重要作用的是汉族的下层秘密结社和回、苗、瑶、维吾尔等少数民族。秘密结社分成两个系统：一个是大体分布在长江以南的天地会（洪门、三点、三合等都是它的别名或支派），一个是大体分布在长江以北的白莲教（清水、天理、八卦都是它的支派）。白莲教有很悠久的革命传统，元末的农民大起义就是白莲教所领导的，明王朝的创立者朱元璋曾经是白莲教香军中的一支，明王朝统治时，白莲教又发动过几次反封建起义（蒲台唐赛儿的起义、巨野徐鸿儒的起义）。白莲教经过几百年流传，有广大的群众基础。天地会是16世纪末新兴的秘密组织，据说是康熙年间的几个明朝遗老怀抱恢复汉族统治的志愿而在下层群众中创立的秘密组织。白莲教和天地会传布极为广泛，两者都是反对封建压迫、反对异族统治的组织，但白莲教是一个纯粹的农民组织，而天地会则较多地反映了城市平民阶层的要求。为什么这样说呢？因为：

第一，从参加组织的成员看，白莲教盛行在北方农村中，参加的群众绝大部分是农民。天地会盛行在南方城市中，尤以较大的工商业城市、矿区和交通运输线为最，它在城市中创设“码头”，参加的群众有很大部分是手工业工人（尤以搬运工人、船夫、纤夫、盐场灶丁、矿工为最多）和没有固定职业的江湖流浪者（医卜星相、卖艺者、乞丐、娼妓）。

第二，从两者的组织形式看，白莲教是宗教团体，迷信色彩十分强烈，它主要以烧香拜佛念咒画符等较为落后的方法来组织群众。天地会的组织已经开始染上近代民主主义色彩，《教门源流考》的作者陶成章说他们“政体主共和，同盟者一体看待”。他们彼此之间以兄弟相称，以“义气”、“信用”来保持成员之间的团结一致，这是较为进步的组织形式。

第三，从两者传布地区看，白莲教主要在北方，天地会主要在南方（还有海外华侨中）。陶成章曾经说：“今夫白莲之教非无南下者，然终不能比肩于洪门；洪门之会亦非无北上者，然终不能并提于白莲”。他解释这种南北区划的原因是“民情风俗之不同使然也”①。假使追问一句：南北“民情风俗”的差异因何造成？那就不得不归结于南北经济发展的差异和阶级结构的差异，由于南方经济发展水平较高，城市较繁荣，资本主义关系较发展，市民（特别是其中的平民阶层）的力量较雄厚，所以出现了一个适应市民要求的天地会组织。北方由于经济较落后，所以只有适合农民要求的几百年来流传的白莲教的活动。

以往研究中国近代秘密结社的人，总是用“反清复明”等反满斗争来解释天地会的发生发展，这显然有很大片面性。这不仅忽略了天地会在反封建制度方面的作用，而且也忽略了中国封建末期一支新的社会力量的出现。只有注意到天地会出现的经济条件和阶级基础，才能正确地理解近代秘密结社发展的全貌。

当然也应该指出，两个秘密组织在成员、组织形式和传布地区上的一些差异并不能抹杀它们在斗争方向上的共同性，两者都是下层群众反封建压迫、反满族统治的秘密组织，特别由于当时中国资本主义关系还十分微弱，天地会组织中不仅有很多城市平民参加，也有很多农民参加。在当时农民和城市平民的利益是完全一致的，两者都要求击破封建的满族统治的枷锁，因此农民的斗争经常是和城市平民的斗争互相渗透的。

在18世纪末19世纪初，农民、城市平民以及各少数民族人民曾经掀起一个巨大的反对清朝统治的斗争。1774年王伦所领导的清水教在山东临清起义，开始点燃了这次革命的火炬。接着在80年代

---

①　陶成章：《教门源流考》。

就爆发了以苏四十三、田五为首的甘肃回民起义和台湾的天地会林爽文的起义。回民起义绵延三四年，台湾的起义军占领了台湾的大部分地区，这两次起义虽然是在边远地区发生的，但打得清朝军队手忙脚乱，疲于奔命。到1796年在湖北、四川地区爆发了规模浩大的白莲教大起义，参加起义的群众有数百万。这次起义蔓延到鄂、川、豫、陕、甘等省，严重地打击了清朝统治，是清朝统治由极盛时期转向衰落时期的一个关键。在白莲教起义的同时，湖南、贵州又爆发了历时十多年的苗民起义，东南沿海又爆发了以蔡牵为首的渔民起义。

19世纪初清王朝的统治呈现摇摇欲坠的危境，清朝的常备兵（八旗和绿营）不可能扑灭人民的革命火焰，只能依靠各省地主阶级组织起来的地方武装——乡勇——勉强把白莲教起义镇压下去。但不久，1813年白莲教的支派天理会在李文成的率领下攻下了河南滑县，另一部分天理会徒在林清率领下潜入北京，攻入皇宫。天理会起义虽然仍被清朝镇压下去了，但起义人民勇敢机智地打进了皇帝的宫殿，给封建统治权威一个很猛烈的打击。同年陕西三才峡又有伐木工人的起义。

自从天理会起义失败后，北方白莲教的力量受到损耗，暂时潜伏在农村活动，在以后的将近七八十年间，白莲教及其支派的公开起义比较少了，而南方天地会及其支派日渐活跃起来。19世纪初，天地会的组织遍布于长江以南，清政府三令五申严禁结社，但仍旧无济于事。较大的起义，有1809年江西胡秉辉的起义、1817年广东梅县起义以及1832年广西天地会的起义。

19世纪初，汉族以外的其他民族人民的斗争也仍在继续，如1820年新疆人民的起义、1831年湘西瑶族的起义。从19世纪末年以来各族人民的反抗斗争日益剧烈，和汉族人民的斗争遥相呼应，这种情况表明：由于经济的发展使边疆和内地的联系日益加强，因此各族人民在政治活动上也日益积极起来，汉族和其他各族人民在反对封建压迫的共同斗争中建立起了深厚的兄弟般的友谊。

在以上所述的起义活动中，可以看出一个与前不同的明显的特点，这就是城市平民越来越多地参加了斗争。临清起义者中有很大部分是运河沿岸的纤夫、船夫。天理会起义的两个领袖，李文成是木匠出身，林清是药铺学徒，群众中有不少人是流浪江湖的人。天理会的各次起义中，城市平民占更大的比重。此外，三才峡的起义队伍则完全是由伐木工人组成的。起义队伍中城市平民数量的增加是当时资本主义发展的一个结果，这又必然给予革命重要的影响，使革命队伍组织更严密，政治主张更明确，因而使革命威力更加提高，这一点特别在以后的太平天国革命中表现得更明显。

在以上所述阶级矛盾尖锐的情况下，清朝统治机构日趋腐朽。在所谓“承平一百数十余年”之后，清朝统治者已经弄得暮气沉沉，不仅整个统治阶级跟人民的对立程度日益加深，而且统治阶级内部也存在着不可克服的矛盾。执掌清朝政权的满洲贵族虽然基本上是联合汉族地主共同统治着中国的，但由于部族习惯势力的影响以及其他原因，而对汉族官僚地主始终抱着极大戒心。满族的亲贵官僚执掌着大权，汉族官员的权力很有限，乾隆时杭世骏就说过：“天下巡抚尚满汉参半，总督则汉人无一焉。”在镇压白莲教起义中，汉族地主曾经卖过很大力气，但事后，汉族地主仍受到排挤，他们的武装力量乡勇也被遣散。严如熤的《乡兵行》后篇写道：“杀贼要乡勇，受赏偏说册无名。十年凯撤人已老，欲补新兵粮额少，赏金多被领旗抽，区区微劳谁见收？功不收，亦无愁，依然无面回乡里，甘心老向南山死！”这段诗句抒写了汉族地主阶级的武装部队对清朝莫大的怨恨情绪。

不仅如此，而且当时的国家事务完全由皇帝掌握着，上谕和诏书就是国家的法令，专制的淫威笼罩着整个中国。当社会矛盾日益尖锐，统治者越来越难于对付经济、政治的危机时，拥有绝对专制权威的皇帝也就更加暴露出他的愚蠢独断和闭塞无知。后来太平军刚起时，曾国藩从地主阶级的利益出发，指出从前“岂无一二嘉谟至计，究其归宿，大抵皆以无庸议三字了之”，希望皇帝“力图振作”，结果触犯皇帝之忌，大加申斥。在这种绝对专制与种族压迫的淫威之下，大官僚都是些八面玲珑的人物，只知道逢迎阿谀，苟且弥缝，一点没有政治眼光。如嘉庆、道光年间久任军机大臣的曹振镛，“晚年恩遇极隆，身名俱泰，门生某请其术，文正（曹振镛的谥号）曰：无他，但‘多磕头少说话’耳”①。这六个字流传下去，成为官场的金科玉律。当时有人写了一阕《一剪梅》：“仕途钻刺要精工，京信常通，炭敬常丰；莫谈时事逞英雄，一味圆融，一味谦恭。大臣经济在从容，莫显奇功，莫说精忠；万般人事在朦胧，议也毋庸，驳也毋庸。”又云：“八方无事岁年丰，国运方隆，官运方通；大家赞襄要和衷，好也弥缝，歹也弥缝。无灾无难到三公，妻受荣封，子荫郎中；流芳后世更无穷，不谥文忠，便谥文恭。”这首词生动地刻画了当时腐朽的官场。

乾隆以后，官场贪污案层出，如两淮盐引贪污案、甘肃侵冒赈粮案。到嘉庆时又有虚收税粮案、冒领库银案、河工贪污案等。每次案件，贪污的数目动辄几十万，甚至私刻假印、戕杀命官，奇闻怪事，不一而足，连上谕中也说：这些都是“从来未有之奇贪异事”。乾隆后期的军机大臣和珅就是当时最大的贪官。嘉庆时，和珅的财产被抄没入官，共有109号，其中经估价的26号即值二亿二千多万两，其全部财产约在8亿两左右，相当于当时20年的国库收入，数量之巨，实为惊人。故当时有“和珅跌倒、嘉庆吃饱”之谚。整个吏治，腐败得不成样子，这里可以举出刘蓉的一段议论以见官场腐败之一般。刘蓉说：

> 今天下之吏亦众矣，未闻有以安民为事者，而赋敛之横，刑罚之滥，朘民膏而殃民命者，天下皆是，此其患岂小故哉……国家牧民之吏虽取之不一其途，而由科举者恒居其半，彼固尝诵诗书而称仁义，未必皆蜂虿蛇蝎之性也，其所以丧其良心者，盖亦有故矣。其始取之也，以记诵词章而不必有德行道艺之实；其职之也，以科条律令而不必有慈祥仁爱之施；其课之也，以钱谷刑名而不必有抚字教化之效，是固已失出治安民之本矣。况夫科目之外，又杂以捐纳之途，是驱之使责偿于

① 李岳瑞：《春冰室野乘》。

民，而肆其贪婪之志也；法律之外，又加以条例之烦，是借之使挟以为奸，而制其死生之命也；考成之外，又责以苞苴之私，是教之使敛怨于下，而快其溪壑之欲也。是以才者既尽其所欲为，而不顾斯民之疾苦，不才者又茫然不省，一听猾胥之所为，而因以便其私计。至于时势之趋既定，即贤者亦转移其中，而不复有所顾惜，况贪残之吏，出乎其性者哉！国家设官分职，本以为民，而任事者匪惟不恤，又从而鱼肉之，使斯民之性命膏血，日呼号宛转于豺狼之吻而莫之救以死，斯亦极人世伤心之故矣！又有甚者，府吏胥徒之属，不名一艺，而坐食于州县之间者以千计，而各家之中，不耕织而享鲜美者，不下万焉。乡里小民，偶有睚眦之故，相与把持愚弄，不破其家不止，则夫玩法舞文，罗织无辜之苦，其尚可问也哉！夫以数十里弹丸之邑，主以豺狼之吏，而又纵百千鹰犬，螳捕而蚕食之，使毒归闾里，怨归朝廷……今之大吏，以苞苴之多寡，为课绩之重轻，而黜陟之典乱；今之小吏，以货贿之盈虚，决讼事之曲直，而刑赏之权乖……今州县之中，稍有洁己自好者，不惟白首下僚，无望夫官阶之转，而参劾且随之；而贪污者流，既以肥身家、乐妻子，而升擢之荣，岁且数至。彼此相形，利害悬绝；彼廉吏者，名既未成，利亦弗就，而独舍天下之所甚利，犯当世之所甚忌，此岂其情也哉！宜乎竞通私贿，煽起贪风，虽或负初心、亏素守，然犹每顾而不悔也！①

刘蓉当时站在不当权的中小地主阶级的立场上，对清朝的黑暗吏治形容得可谓淋漓尽致。

清朝统治的腐朽不但表现在吏治的败坏上，而且也表现在维持这个统治机构的费用日益增加，清廷财政濒临破产的境地。乾隆末年，由于皇室的挥霍，库存每年减少。嘉庆时，为了镇压人民起义，军费支出很大，再加以黄河屡决，盐务、漕务混乱，财政更陷于困窘，而各省上交赋税常因“滞纳”而锐减。如1812年，各省积欠钱

① 刘蓉：《养晦堂文集》，卷三，《致某官书》。

粮杂税即达 2 000 万两。解脱财政困难的唯一办法是加紧对人民剥削，因此人民所负担的地丁、漕粮和劳役一天比一天加重。清朝政府表面上不增加赋税项目，美其名曰“永不加赋”，实际征收的时候却加成色、打折扣，上下其手，大肆搜刮。如山东的情形，据陈肇说：“山东钱粮，嘉庆年间，每两收三千一二百文，今（道光八年）有加至四千文者，以市价二千六百文计之，折收几于加倍，穷檐小民，其何以堪。此外如逼富户之捐输，勒里长之摊派，养牛马者按头索息，作商贾者逐户敛钱，种种朘削，鸡犬皆空。”① 又如江苏收纳漕米的情形，据冯桂芬说：“今则斛不必甚大，公然唱筹计数，七折又八扣，而淋尖、踢斛、捉猪、样盘米、贴米等犹在其外，又有水脚费、花户费、验米费、灰印费、筛扇费、厫门费、厫差费，合计约米直一斗，总须二石五六斗当一石。”② 此外，官僚、绅士、书吏又要从中贪污，所谓“利归州县十二三、利归丁胥差役十七八”。每办一次漕粮，以中数言之，门丁漕书可以各得万金，书伙十数人共得二三万金，粮差正副三五十人共得三四万金，粮书二三百人共得三四万金，统算起来，每县的书吏粮差就要中饱十多万金；绅士生监又要求分肥，名叫“讼米”，每年要分二三万金③；上级衙门还要贪污，像江南一带每县陋规多至数十款、百余款，江西则有公开的价格，每个上等缺分的县对上司衙门每年馈送一万金，对同寅衙门馈送六七千金，中小缺分以次递减。这还是公开的贪污，至于偷偷摸摸的贿赂勒索当然更多了。这种或明或暗的贪污造成各地严重的浮收勒折。如安徽“浮收之数，有数倍于正额者，且有私收折价至十数倍者”，湖北“浮勒至于十倍”。负担这笔费用的当然是农民，至于拥有大量土地的大地主却可以用种种办法来脱卸这笔负担，如江苏的大地主该交一石的，实际只交几斗，农民该交一石的，实际却交三四石，结果是“以小户之浮收，抵大户之短价”。所以有人说：“漕务积弊，书不胜书，每届完纳，而污吏，而劣绅，而蠹书，上下其手，相与分肥，小民罄终岁之勤劬，犹不足衣食，乃典鬻

---

① 《皇朝经世文续编》，卷三二，陈肇：《敬陈民生吏治大概情形疏》。

②③ 冯桂芬：《显志堂稿》，卷五，《与许信臣抚部论苏松漕弊书》。

一切，以宽追呼于旦夕，泰山之虎，永州之蛇，此岂仁人所忍言者！”①

最后，清朝统治的腐朽也表现在武装力量的废弛上。19世纪初，八旗、绿营已经腐败不能用，军伍的废弛是和政治上的腐败相互联系的，政治上既然是贪污贿赂大盛，军队中必然是侵扣军饷公行。结果，“饷之及兵，十不余五，兵无以自赡，乃兼商兼贾，兼百工技艺，甚而诓赌窝娼，无非不为”②。

当时军伍中吸食鸦片、聚开赌场的情形十分普遍，因此士兵对作战完全成了外行，连弓箭、炮铳、盾牌等武器的使用方法也不知道。太平日子，士兵或者三五成群，游手好闲，或者忙忙碌碌地做生意，甚至城门、汛房等重要的驻地“日间几无一人，必待营生昼毕，夜间始来。来则劳乏酣睡矣。屡到城门、汛房一二人，呼之不醒，更何有于更柝，至于操练巡防，无不视为具文”③。作战之时，有的是“雇人代充”，有的是“临阵脱逃”，有的是“见贼则望风奔溃，贼去则杀民邀功”，也有的军队在作战时“视其将若仇雠，委而去之”。这样的军队，完全丧失了战斗能力，已不再能发挥其维护封建统治的作用了。也就是说，清王朝用以束缚中国人民手脚的最紧的一条绳索已经腐烂了，使中国人民有可能挣脱这条绳索，起来和封建统治者做有力的斗争。

鸦片战争前的社会思想状况是跟经济政治状况相适应的，由于当时资本主义已有萌芽，市民力量已经出现，所以社会思想方面早在17世纪（明清之际）就曾经产生了企求民主自由的思想潮流，这就是以王夫之、黄宗羲、顾亭林、颜元等大师为代表的各种学派，他们提倡唯物主义，反对空谈心性的宋明理学，主张民主平等，反对封建专制，主张自由发展工商业，反对钳制压抑工商业。并且由于满洲落后部族的入侵刺激了汉族人民捍卫本族利益的民族主义情感，这种正当的情感有力地影响着各个学派的发展，所以在这些学

① 《清朝文献通考》，卷二，《田赋二》。

② 谢章铤：《赌棋山庄文集》，卷二，《东南兵事策》。

③ 《皇朝经世文续编》，卷七六。

派里，民主平等的思想又和反抗满族统治的思想结合在一起，形成中国思想史上一簇灿烂奇异的花朵。

但是社会思想方面的情况也正如经济政治方面一样，由于当时中国资本主义的发展还比较微弱，市民力量（特别是作为资产阶级前身的中等阶层）的政治积极性还很不够，再加上清朝在文化思想方面实行钳制政策，一方面大兴文字狱，摧残具有进步思想的知识分子，另一方面开博学鸿词科，开四库馆，笼络知识分子，所以清初进步的唯物主义思想没有得到正常的发展，一部分知识分子继承了顾炎武的考据学而把它引上了歪曲的道路，变成埋头古书堆中、不问当代时务的烦琐学派——乾嘉汉学。

乾嘉汉学以精密的考据方法为其特点，对古代典籍逐字逐句地进行了个别的具体的研究，建立了音韵、训诂、辨伪、校勘、辑佚等专门学科，对古代典籍作了初步的整理。但是这种学派把自己的研究对象局限在古书中，而且对古书的研究也限于个别章句的孤立的研究，缺乏全面的认识和批判。这种“只见树木，不见森林”的研究方法使得当时的考据大师们沉溺在驳杂细碎的逆流中，与现实脱节，变成统治阶级的消遣品和装饰品。在乾嘉时代，考据学是日丽中天、盛极一时的。除了这个学派以外，理学中的程朱学派也具有极大的势力（称宋学），清朝的科举文字都以朱熹的注释为准，康熙帝更是理学的积极提倡者，如陆陇其、汤斌等皆以“理学宗师”身跻显职。汉学和理学用不同的方式为封建制度服务。社会的发展要求进步的知识分子创造另一个学术派别来和这些腐朽的学派做斗争，这就崛起了所谓的“今文学派”。

今文学派是一个具有悠久传统的学派。早在汉代就发生过今文学派和古文学派的一场大争论。西汉初年，古代经典都由老师宿儒口授，用当时通行的隶书写成，西汉曾设立五经博士，专门传授用隶书写成的经典，称为今文学派。后来，有些古代经典从墙壁中被发现出来，这些经典是用古籀字写成，这种文字在汉代已不通行，其中有《春秋左氏传》、《毛诗》、《逸礼》、《古文尚书》等，传习这些经典的称为古文学派。今古文两个学派争论的结果，今文学派遭到失败。在以后的将近两千年间，今文学派逐渐湮没，不被人所重视。正是由于这一点，它受封建名教观念的束缚较松，对于古代的典籍、制度、人物有一套不同于封建正统学派的看法。有人论述经今古文学派的区别时说道："字句有不同，篇章有不同，书籍有不同，书籍中的意义有大不同，因之学统不同，宗派不同，对于古代的制度以及人物的批评各各不同；而且对于经书的中心人物——孔子，各具完全不同的观念。"① 这样一个久被冷漠而活泼不拘的学派给陷在烦琐的考据泥潭中的知识界提供了自由思索的出发点。18世纪末庄存与、刘逢禄、宋翔凤等根据汉代经今文学仅存的一部书籍——何休的《公羊解诂》——来解释经典，近代的经今文学派开始兴起。

近代经今文学派的研究方法和乾嘉考据学派完全不同，经今文学派批评考据学派沉溺于训诂名物之间而遗弃了先圣著作的精髓实质，主张"探索微言大义于语言文字之外"，主张读书要"通于天道人事，志于经世匡时"。这种学派的出现反映了在封建的经济和政治危机下，知识界逐渐接近现实斗争并勇于探索现实的精神。19世纪初的思想家龚自珍可说是近代经今文学派早期的杰出代表。

龚自珍（1792—1841），浙江仁和人，又名定庵，出身于地主家庭，自己是个不得意的小官僚，幼年受著名汉学家段玉裁的熏陶，青年时代接受了刘逢禄的影响，成为今文学派的重要人物。

处在封建末期经济和政治的危机中，龚自珍第一个用自己的语言，表述了他对社会矛盾和时代变动的深刻体会。他说："六十载太平之盛，人心惯于泰侈，风俗习于游荡。京师其尤甚者，自京师始，概乎四方，大抵富户变贫户，贫户变饿者，四民之首，奔走下贱，各省大局，岌岌乎皆不可以支月日，奚暇问年岁？"② 龚自珍感叹于这种"衰世""末俗"，对政治制度、文化思想加以辛辣的鞭挞，他在四篇《明良论》中揭发官场的贪污、无耻、因循、拘谨等恶劣风气，指出这是封建异族的统治"积百年之力以震荡摧锄天下之廉耻，既殄，既狝，既夷"的结果。他感伤封建名教把人们的才智摧残净

① 周予同：《经今古文学》，经今古文的注释。

② 《定庵文集》，卷中，《西域置行省议》。

尽，他说：“当彼其世也，而才士与才民出，则百不才督之缚之，以至于僇之，僇之非刀非锯非水火，文亦僇之，名亦僇之，声音笑貌亦僇之。”这种无形的习惯势力压抑着新事物、新思想的成长，龚自珍朦胧地认识到新事物、新思想的成长将会排拒旧势力的顽抗，“才者自度将见僇，则蚤夜号以求治，求治而不得，悖悍者则蚤夜号以求乱……然而起视其世，乱亦竟不远矣”①。此外他对科举制度攻击最猛烈，他说：“今世科场之文，万喙相因，词可猎而取，貌可拟而肖，坊间刻本，如山如海，四书文禄士五百年矣，士禄于四书文数万辈矣，既穷既极。”② 他特别写了一本《干禄新书》来讥刺科举制度。有人说龚自珍家中“凡其女其媳其妾其宠婢，悉令学馆阁书，语人曰：我家妇人无一不可入翰林者”，这可以表明他对那些八股冬烘极端轻蔑的态度。

龚自珍的著作并不仅仅停留在对腐朽现象的揭露和鞭挞，更重要的是他能深入地探究产生各种腐朽现象的根源。他认为贫富不均是社会秩序混乱的根本原因，“浮不足之数相去愈远则亡愈速，去稍近，治亦稍速，千万载治乱兴亡之数，直以是券矣……贫相轧，富相耀，贫者阽，富者安，贫者日愈倾，富者日愈壅，或以羡慕，或以愤怨，或以骄汰，或以啬吝，浇漓诡异之俗，百出不可止。至极不祥之气郁于天地之间，郁之久，乃必发，为兵燧、为疫疠，生民噍类，靡有孑遗，人畜悲痛，鬼神思变置，其始不过贫富不相齐之为之尔，小不相齐，渐至大不相齐，大不相齐，即至丧天下”③。这种眼光确实是深远敏锐的。

在揭露和批判现实社会的同时，龚自珍提出了变革旧制度的主张。他在《农宗》篇里，描绘了理想社会的图案。他一方面反对封建制度下的贫富不均，主张把土地重新分配；另一方面根据自己对于未来社会朦胧的憧憬，企图把租佃关系纳入落后的宗法家族制的框子中。他主张根据人们的血缘关系把人类分成大宗、小宗、群宗、

---

① 《定庵文集》，卷上，《乙丙之际著议》，第九。
② 同上书，卷上，《拟厘正五事书》。
③ 同上书，卷上，《平均篇》。

闲民四等人：大宗有田百亩，闲民5人为大宗佃种土地；小宗、群宗有田25亩，闲民1人为之佃种土地。他希望整个社会能够按照宗法关系形成一个“宗能收族，族能敬宗”的严密整体，又希望在宗法关系下发展自由竞争，积累私有财产。他说：“上古不讳私，百亩之主，必子其子”，“有能以尺土出谷者以为尺土主，有能以倍尺若什尺百尺出谷者以为倍尺什尺百尺主”①，所以他竭力反对封建统治者“遏欲”的主张。

在封建社会的末期，平均土地的主张实质上是有利于资本主义发展的主张。龚自珍十分敏锐地看到在平均土地以后由于竞争的加剧而可能产生的强宗大族，他把自己的希望寄托在这些人的身上。有人质询他过分扩大宗族的势力，必然要引起“天下豪杰叛”的后果，他斩钉截铁地答复说：“此亡国之所惧，兴国之所资也。孟子曰：‘为政不难，不得罪于巨室，巨室之所慕，一国慕之，一国之所慕，天下慕之。’”② 从这里可以看到他对于行将兴起的资本主义社会势力的维护和向往。

当然，龚自珍的主张在当时是不可能付诸实施的。腐朽的统治者压抑着新的事物，不经过艰苦的斗争旧势力是不可能自行让步的。龚自珍处在社会大变革的前夜，处在新的方生、旧的未死的时代，他一方面恐惧这个社会变革将使自己的地位没落下去，另一方面又焦急地期待着大变革的降临，他描写自己的心情是“履霜之屩，寒于坚冰；未雨之鸟，戚于漂摇；痹痨之疾，殆于痈疽；将萎之华，惨于槁木”③。在后来的《尊隐》篇中，他更公开热情地歌颂“四山之民”，期望着“山中之民，有大音声起，天地为之钟鼓，神人为之波涛”。

对旧事物辛辣的嘲笑讽刺，对新事物热情的期待赞颂，这是龚自珍著作的特点，他反映了当时先进知识界的心理，反映了历史进步的要求。龚自珍著作中的辩证法因素，变法的政治观点和文章风

① 《定庵文集》，卷上，《农宗》。

② 《定庵文拾遗》，《农宗答问》，第四。

③ 《定庵文集》，卷上，《乙丙之际著议》，第九。

格，有力地影响了整个19世纪的中国知识界，为后来中国的资产阶级改良主义起了先驱的作用。

当然，龚自珍的思想也有一定的局限性。他在政治上虽然意识到社会变革不可避免地要来临，但他还指望统治者自行改革，“与其赠来者以勍改革，孰若自改革”。他在哲学观点上抱定灵魂不灭等唯心主义的观点，并和佛学相通。但是应该指出，在当时条件下，他思想中的消极方面并不是起主要作用的。

第三节 鸦片战争前夕的中外关系和鸦片贸易

一、中外关系

很早以前，中国和西方国家已进行一定规模的海上贸易。特别自16世纪以后，某些欧洲国家进入了资本主义的原始积累时期，劫掠殖民地成为积累资本的一个重要手段。许多商人、传教士、官吏以海外扩张的先驱者身份相继来到中国。

16世纪，葡萄牙商人最先来到中国，侵占了澳门。接着西班牙人也来到中国。17世纪，荷兰人排挤了葡萄牙人，在东方海上取得了优势，并用武力先后侵占了澎湖和台湾，一直到1659年才被郑成功所驱逐而退出台湾。随荷兰之后，法国、英国等也来到了中国。

英国虽然是一个后起的国家，但由于它经济和政治方面的迅速进步，逐渐取得了世界海上贸易的霸主地位。18世纪中，英国在印度的统治进一步巩固，东印度公司由一个商业的权威变为一个军事的和兼有领土的权威。在东印度公司的垄断经营之下，英国对华贸易蒸蒸日上，到1764年，英国对中国输入商品的总值为120万两，占欧美各国对华输入商品总值的63%。英国自中国输出商品总值为170万两，占欧美各国自中国输出商品总值的47%。① 这表明英国在

① 本节所用统计数字大多采自严中平等编《中国近代经济史统计资料选辑》。

华贸易已经获得了稳固的第一位。

尽管英国对华贸易蒸蒸日上，可是由于英国资本主义的发展一日千里，英国资产阶级剥削中国人民的贪欲日益增长，而从当时整个贸易情况来看，还远远不能使英国资产阶级称心惬意。因为，到19世纪初，中国在对外贸易中一直保持着出超，我们的祖先以精美的瓷器、灿烂的丝织品以及优质的茶叶，大量供应着世界各国的需要。例如在18世纪末，东印度公司自中国输出茶叶，每年平均在400万两左右，仅此一项就可以抵销当时英商输入中国的三项主要商品（毛织品、金属品和棉花）。此外，中国的土布也有很大的海外市场，自1795年至1804年中国每年输出土布100万匹，从1817年至1826年亦每年输出100万匹。特别是1819年输出土布达到300万匹之多。可是英国输入中国的商品呢？虽然由于英国资本主义的发展，机器产品大量运来中国，在鸦片战争前的七八十年间，英国输华商品总值增加了六倍多，但是自中国出口的商品也与日俱增，中国仍旧是个出超的国家。欧美国家为了获得茶丝，不得不支付大量的现金。在19世纪初，广州一地流入的白银，每年在100万两至400万两之间。一个清朝官吏描述18世纪的海上贸易状况说："彝船必待风信，于五、六月间到粤，所载货物无几，大半均属番银。"① 这是相当确切的描述。

对外贸易的状况表明了中国社会经济结构的如下特点，即：农业和小手工业相结合的自给自足的经济体系对外国商品有极大的抗拒力量，广大农民群众从事多种副业生产以补充自己低微的农业收入，纺织品和很多日用品都是靠着自己的双手制造出来的，整个说来，市场的规模还是很狭小的。对广大农民来说，当时的外国机器制造品不是急需的，并且也根本没有能力来购买它。正像马克思所说："前资本主义各国生产方式的内部坚固性和结构，对于商业的分解作用，是一种障碍；这种障碍，在英国对印度和中国的通商上，得到了切实的证明。"②

① 《文献丛编》，第17辑。

② 《资本论》，第3卷，412页。

对外贸易的状况又表明：即使在生产力水平很低的情况下，中国这样一个地大物博、人口众多的大国，增产的潜力也是十分巨大的。鸦片战争前的一个世纪内，中英商品可说是在进行着一场激烈的竞走，中国出口商品增长得很快，在对外贸易的刺激下，中国的丝茶业大大发展；英国商品即使依靠着机器大规模生产的优越条件，也不可能扭转对外贸易逆差的不利局面。

英国输华商品除了受到经济上的抗拒之外，还受到政治上的阻挡，这就是清政府采取的闭关政策，用政治力量限制进出口贸易。清政府为什么采取闭关政策呢？归根到底，这还是由经济制度决定的，因为中国封建的自然经济结构，不需要外来商品就可以自给自足，就像乾隆帝所说，“天朝物产丰盈，无所不有，原不借外夷货物，以通有无”①，这样才有闭关锁国的可能。其实，闭关政策不独为清政府所采用，在其他的封建国家和封建朝代里都曾在不同程度上采用过这种政策。不过，清政府执行闭关政策特别严格一些，这是由于另外两个原因。

一个原因是由于清政权是在 17 世纪满族入关以后建立起来的，它是一个以少数满洲贵族统治中国各族人民的机构，满洲贵族对于已经略具近代民族意识的广大汉族人民防范很严密。为了便于统治，他们力图加深汉族人民与其他各族人民间的隔绝状态，也力图使中国人民避免与任何外来势力相接触。人民力量的分散，人民知识的闭塞，与外界毫无联系，这是当时清政府巩固统治的秘诀。正像马克思所说，清朝“惟恐外国人会支持大部分中国人在被鞑子征服后大约最初半世纪所存在的那种不满情绪。由于这些考虑，当时除了经由一个距离北京及产茶区极为遥远的城市——广州以外，外国人被禁止与中国人发生任何往来”②。

清政府采取闭关政策特别严格的另一个原因是由于欧洲商人冒险家在中国沿海的海盗活动已经发展到十分猖狂的程度。外国侵略

---

① 乾隆帝给英王敕书。

② 马克思：《中国的和欧洲的革命》，见《马克思恩格斯论中国》，28～29 页，北京，人民出版社，1957。

者曾经侵占澳门、澎湖、台湾等中国领土，并且多次进行海上骚扰。如在19世纪初，英国几次和葡萄牙争夺澳门租借地，甚而派兵船驶近广州，“维时不但黄埔民人，戒严迁避，即省外商民，无不惊慌，纷纷徙居城内，并有地方烂崽匪徒，蜂聚数千人，竟欲乘势抢劫……几至酿成事端”①。又如1807年英船海王星号（Neptune）水手在广州酗酒闹事，打死打伤中国百姓数人，事后该船船长庇护凶手，拒不交出。1821年，英国水兵因践踏伶仃岛农民的番薯苗，引起争执，英国兵船陀巴士号（Topaze）船长“遣兵上岸助之，见土人聚一小市中，乃向市施炮”②，击毙农民黄亦明、池大河等，清政府要求交凶惩办，英国兵船置之不理，径自逃回英国。类似这种事件发生很多次，这就促使清政府在对外关系上更具备了戒心。

那么，清朝所执行的闭关政策的具体措施究竟是怎样的呢？

清初，东南沿海还有以郑成功为首的汉族人民的反清斗争，所以海禁最严格，曾有“片板不准下海”之令。1863年，台湾抗清政权被摧毁。第二年，康熙帝下令开放海禁，指定在广州、漳州、宁波、云台山四个口岸和外国通商。实际上，广州是当时对外贸易的集中地。到1757年，乾隆帝索性将通商地限定在广州一地，而且外国商人在华的贸易和其他事务都要通过清政府特许的公行商人来进行。所谓“公行商人”，是在明代废除“市舶提举”之后逐渐形成的一种制度。在明代以前，对外贸易都通过政府特设的市舶司来经营，随着对外贸易的发展，由官吏直接与外国交易的市舶司制度已经不能应付日益频繁的中外交易，于是废止这种制度而由政府指定几个商人，设立牙行，从事进出口贸易，称为“官牙”或“洋行”。到18世纪初，为避免相互竞争，洋行的商人们又组织了垄断性质的公行，成为当时全国经济生活中一个极有势力的集团，一直到鸦片战争时，对外贸易完全为公行所把持。洋行公行制度的兴起比起由官厅直接交易是进了一步，这种进步表明封建专制政权已不可能直接掌握对

① 《清代外交史料》，嘉庆朝，《百龄奏折》。

② 《中西通商原始记》。

外贸易，它不得不把贸易事务转让给商人们，而自己则躲在背后来控制它。但也正是由于这种恶毒的控制，商人们难于为自己的贸易事务开辟一条自由发展的道路。尽管公行商人们和封建统治者也存在许多矛盾，但它仍旧是一个只有乞求封建政权荫庇才能存在的附属物。

公行制度在清朝政府闭关政策中占着极重要的地位。公行一方面是个垄断的商业性组织，一切外国进口货物，由其承销，内地出口货物，由其代购，并负责划一进出口货物的价格；另一方面公行又代政府执行政治的职权，外国商人来华贸易，并不直接向海关纳税，一律由公行代收代纳，即所谓“承保税饷”。若有漏税欠税，行商须要如数赔偿。公行又负责代政府办理一切对外商的交涉事宜，外商不准和官府直接交往，一切命令、文书都由公行商人转达，所以公行实兼有商务和外交两重性质。

除此以外，清朝政府对外国商人在华的活动防范得很严密。乾隆时，颁布了根据李侍尧奏定的所谓“防夷五事”（1759 年）：第一是禁止外商在广州过冬；第二是责令公行对外商“管束稽查”；第三是禁止借款外商资本，禁止受雇于外商服役；第四是禁止代外商传递信息；第五是派兵在外国商船停泊所“弹压稽查”。条文尽管严密，但纠纷还是不断发生。特别是由于英国的两次图占澳门，使清朝政府增加了戒心。因此，嘉庆时又颁布了根据百龄奏定的“民夷交易章程”（1809 年），规定兵船不准擅入内港、外商不准久住澳门、清查澳门户口等等。到道光时又有李鸿宾的所谓“防范夷人章程”（1831 年）和卢坤的“八条章程”（1835 年）。这两个章程除重申以往的规定外，又增加了禁止外商偷运枪炮、禁止私雇买办、禁止外商坐轿、禁止外国妇女入城、外商住商馆中禁止擅自出入等项目。

除了以上的限制外，清朝政府对出口货物的品种、数量也加以控制，粮食、五金、军火、书籍均严禁出口，丝茶的出口数量也有一定限制。进口货物的正税（包括船钞货饷）虽然很轻，约为值百抽二，但由于清朝吏治腐败，贪污成风，官府所取的“规礼”和公行所取的“行用”很多。据 1759 年新柱、李侍尧等说：“外洋番船进口，自官礼银起，至书吏、家人、通事、头役止，其规礼：火足、开舱、押船、丈量、贴写、小包等名色共三十条；又放关出口，书吏家人等验舱、放关、顿牌、押船、贴写、小包等名色共三十八条。头绪紊如，实属冗难。”① 所谓“行用”是公行的办公费和拖欠夷债、亏空税饷后公行的垫赔费，本为值百抽三，但后来逐渐增多。1810 年英国大班剌佛（J. W. Roberts）向广东巡抚申诉：“始时洋商行用减少与夷人无大损益，今行用日伙，致坏远人贸迁。如棉花一项，每石价银八两，行用二钱四分，连税银约四钱耳。兹棉花进口三倍于前，行用亦多至三倍，每石约银二两，即二十倍矣，他货称是。”②

上述的通商制度和通商情况构成清朝政府闭关自守的政策，这种政策起着抗拒外国商品流入中国的作用。

怎样来评价闭关政策呢？当然，这种政策是产生在落后的经济基础之上的，它是为封建统治阶级服务的政策。它一方面限制中国人民出洋贸易，把中国人民封闭在一个自给自足的小天地里，看不到世界形势的发展，因此也就不可能及时地学习西方，赶上世界的发展，这是闭关政策对于中国社会发展的阻碍作用。这种阻碍作用在 18 世纪以前是较为显著的。当时世界资本主义制度刚刚处在发展的时期，它们已经在侵略印度、南洋等地。但以当时中国雄厚的国力而言，处在发展初期的资本主义国家还不具备大规模侵入中国的力量。在这种情势下，假使自由地开放贸易，鼓励中国人民出洋经商，就好像在闭塞的封建小天地中打开了一个通向资本主义的窗户，这对中国的经济文化发展是有很大好处的。但到 18 世纪和 19 世纪初，中国愈来愈落后于世界的发展，英、美、法等国已把中国当做一个重要的侵略对象，在这种情势下，清政府为了减少海上的骚扰活动而进一步加强闭关政策，客观上阻碍了外国资本主义的侵略，这时的闭关政策已转变成为弱者对抗强者的一种自卫手段。

---

① 《各关规礼名色请删改载于则例折》。

② 王之春：《国朝柔远记》，卷七。

可以想象得到：随着资本主义的发展，英国资产阶级的侵略野心愈来愈大，当然不能满足于对华贸易大量逆差的情况。开始，他们并没有认识到中国经济结构对外国商品的抗拒作用，却把全部愤怨情绪集中到闭关政策上了。长期以来，英国资产阶级千方百计地影响清朝，企图改变这个政策。

英国资产阶级企图打开中国门户的活动一直可追溯到18世纪中叶。当时，尚规定四口通商，有些英国商船嫌广州限制太严、规礼太重，曾开到宁波贸易。这种兼做海盗活动的商船携带着大批武器，如1755年开到宁波的“红毛夷船”“船内有护船鸟枪八杆，生铁红衣炮六位”，同年驶抵宁波的“荷特奈斯”号“装有大炮二十位，鸟枪四十杆，火药四担，刀三十把，铁弹二百出”①，这个情况引起了清朝政府的极大注意。1757年乾隆帝为巩固“浙省海防”，限定在广州一口贸易。可是英国资产阶级并不甘休，派遣当时的中国通洪仁辉（James Flint）径赴天津申诉，攻击广州官吏、行商的勒索，目的是希望增开通商口岸和改善广州的贸易事务，乾隆帝审慎地处理了这个案件，惩办了一些不法官吏和行商。但是英国资产阶级的愿望并没有满足，通商仍限一口，并且对外商的防范更加严格，洪仁辉也被以“勾串内地奸民，代为列款，希图违例别通海口”的罪名，在澳门圈禁三年。

英国资产阶级并没有因此而打消在北部开港的野心，1792年以补祝乾隆帝八十大寿为名派遣以马戛尔尼公爵（George Lord Marcartney）为首的使节团到达北京，要求开放宁波、舟山、天津等口岸，允许英国在北京派驻官员、设立商馆以及减轻税则、放宽限制等。这种要求是适合于英国资产阶级侵略中国的目的的，清朝政府委婉拒绝了这些侵略要求。1816年，以阿美士德（Amherst）为首的使节团又到达北京，重申二十多年前的要求，但再次被拒绝。

英国侵略者卑词厚币的手段没有取得结果，便越来越趋向强硬

---

① 《史料旬刊》，第十期，《武进升奏折》。

态度。1832年初，东印度公司密令礼士（H. H. Lindsay，化名胡夏米）和传教士郭士立（R. C. Gutylaff）乘船北驶，经厦门、福州、宁波、上海、山东等地，目的是刺探各地的情况，为开港做准备，沿途贩卖鸦片，散发《人事略说》、《通商事略说》等，攻击清朝政府，进行挑衅，郭士立甚至狂妄扬言“全中国的一千只师船，不堪一只兵舰的一击”①。这班侵略者的凶恶面目日益公开暴露了。第二年英政府取消了东印度公司对华贸易的垄断权，英国派出第一任驻华商务监督律劳卑（Lord Napier）到达中国，这位刚愎的英国官吏，为了执行英国资产阶级急进侵略的意志，一到中国就和清朝政府冲突起来，竟至派两艘兵舰闯入虎门、发炮攻击。这次冲突，虽然没有扩大为全面战争，但已经显示了英国侵略者不惜用武力来打开中国大门的野心。

综观中英贸易关系发展的历史，可以知道：第一次鸦片战争以前，中国和英国已长期处在僵持的关系中，产生这种僵持关系的根本原因是：急于寻找市场、掠夺殖民地的资本主义英国在侵略中国时碰到了自给自足、闭关自守的封建中国的抗拒。有些学者对中英僵持关系产生的原因解释得不够全面，有的简单解释为是由于资本主义制度和封建制度的矛盾；有的更片面地指责中国方面的知识闭塞，不知贸易的好处，风俗习惯野蛮、礼节烦琐等等。这种解释之所以不够全面，因为他们恰恰没有指明这样一点，即资本主义国家在和落后国家发生交往时，总是处在侵略者的地位。把中英两国长期的僵持关系，简单地归结到两个制度的矛盾，而不进一步指出英国方面的侵略、挑衅立场和中国方面的防御、自卫立场，这样就会给人一种错觉，似乎中英双方在这场纠纷中没有是非曲直可言，这样就不自觉地陷入了客观主义的错误。至于当时清朝官僚知识的落后和对外事务中的陋规和偏见确是事实，这在当时的社会条件下也是不足为怪的，不过这些细节远不是中英纠纷的真实原因，只有在英国侵略者的野心没有得到满足时，这些细节才会被提出来作为攻

---

① 郭士立：《中国沿海三次航行记》。

击清朝政府的借口。造成纠纷的真正原因掩盖在英国对华贸易的巨大经济利益的背后。1835年格拉斯哥工商联合会理事会向英国政府提出一个备忘录，其中就说："只要我们对中国的商务处在这样受限制的不稳固的状态中，所望于对这样一个人口众多、物产丰饶的帝国进行贸易的利益，就必然大受损害。但是对于我们这样商业国家的利益而言，目标是太重要了。备忘录提呈人深信陛下政府会采取各式各样的办法，来扫除妨碍达到目标的障碍的。"①

二、鸦片贸易

英国对华贸易一直处于不利地位，中英关系一直保持僵持局面，英国资产阶级也一直笼罩在焦急愤怨的情绪中。到了19世纪初，英国资产阶级终于找到了一种特殊的商品——鸦片。这种商品是吸上了瘾就不易戒绝的毒品，因而不管社会经济结构如何，只要吸上瘾，需要量就很大，而且还要不断增加。鸦片有效地帮助了英国资产阶级，使他们得以改变对华贸易逆差的不利局面，所以19世纪初的鸦片贸易可以看做中英长期僵持关系的一个发展，英国资产阶级可耻地利用这样的毒品来达到打开中国门户的侵略目的，结果就促使中英关系更加紧张起来，并最终爆发了战争。

那么，19世纪初，鸦片贸易的情况如何呢？

鸦片输入中国虽然很早，但以往是当做治病的药物，输入的数量也很少。直到18世纪初，才开始被当做嗜好毒品而输入中国。在18世纪中叶以前，每年输入不过200箱左右。1773年（乾隆三十八年）东印度公司独占了鸦片贸易，由印度来华的鸦片逐年增加。到19世纪初，每年平均输入鸦片4 000箱。清朝政府也曾经三令五申，禁绝鸦片，但正如英国侵略者自己的供称，"这笔出口生意，对于我们印度殖民地利益太优厚了，不能轻易放弃"②，因此他们用各种手段破坏清朝的禁烟命令，特别从1821年起，英国鸦片贩子为了便于

① 转引自严中平：《英国资产阶级纺织利益集团与两次鸦片战争的史料》。

② 宾汉：《英军在华作战记》，绪论。

走私，把鸦片趸船自黄埔移到伶仃洋面。鸦片走私贸易日趋兴旺，加尔各答英人日报描述伶仃洋面鸦片贸易的盛况说：“在这里停留的各种大小不同的船只，有些是趸船，所载的主要货物是鸦片，这些船只多少年就没有移动……自早至晚，走私船只从这些趸船上运走鸦片，来往不断……走到鸦片船上，到处都可以看到一个活泼的、发财的、买卖的气象。在甲板的一边堆着成列的来自摩拉瓦，另一面又有来自巴特那的鸦片……在船尾上，二千元一箱的洋银，不知多少箱……当你看到在这船上，这些财富充斥的象征，而且这些钱财在表面上看是如此不注意地分散着，你便对这部贸易的规模之宏大，价值之重要，得有很深的印象了。在这里边的投资是很大的，总不下二千万元左右。”① 鸦片走私贸易不仅有趸船作为总的集散地，而且鸦片贩子还向中国内地撒开了一张鸦片走私网。《清实录》记载了这个走私网的情况：“洋船私带烟土来粤，竟敢于附近虎门之大鱼山洋面，另设洋船囤积，称为鸦片趸，并有洋人兵船，名曰护货，同泊一处。勾通土棍以开设钱店为名，暗中包售烟土，呼为大窑口。如省城之十三行、联兴街，多有此店。奸商到店，与洋人议价立券，以凭到趸交货，谓之写书。又有包揽走漏之船，名曰快蟹，来往如飞，呼为插翼。其船星夜遄行，所过关津，遇有巡丁追逻，竟敢施放枪炮，关吏莫敢谁何，又不报官惩办，是以肆无忌惮。此种快蟹，现有一二百只之多。凡由趸送货至窑口者，皆系此等船包揽，各巡船通同作弊，按股分赃，包庇行私，其弊尤甚。其销售各路，如福建之厦门，直隶之天津，广东之雷琼二府，皆由窑口立券，到趸交货。其余各省私贩，入口出境，均系快蟹船包送……其由大窑口分销内地，悉因奸民串同各衙门蠹役，开设私局，名为小窑口，各处城乡市镇，所在多有。”从以上的记载里可以大略看出鸦片走私网广泛和深入的程度。

鸦片走私网之所以能广泛深入各地，也和清王朝的腐朽统治密切相关。清政府虽然三令五申，严禁鸦片，但是许多官吏接受贿赂，使禁令变成空文。陕西巡抚富呢扬阿说：“鸦片之禁，已非一日，其

---

① 宾汉：《英军在华作战记》，绪论。

风不息而愈炽者，非立法之不严，实稽察之不力……查夷船载运烟土，至广东黄埔、老万山二处停泊，内地奸商分设窑口接运。其大宗由海运到福建、浙江、江南、山东、天津、关东各海口，而各海口又有专司收囤转贩之户。其由内河兴贩至南北各省，盈箱累笥，载以舟车，实繁有徒。是兴贩者确有来踪，不难察查，而开馆者咸在通都大邑，更不能掩人耳目，如果各省大吏，督率僚属，认真查缉，何至不可遏绝。”正如马克思所指出的：“侵蚀天朝官僚政治的肺腑、破坏宗法制度的屏障的贿赂行为，和一箱箱鸦片一起从停泊在黄埔的英国趸船上偷偷运进了中国。”①

英国鸦片贩子通过走私网输入中国的鸦片一天天地增多起来。根据马士（H. B. Morse）的估计：1820—1824 年，每年平均输入 7 889 箱；1825—1829 年，每年平均输入 12 576 箱；1830—1834 年，每年平均输入 20 331 箱；1835—1838 年，每年平均输入 35 445 箱，1838 年为最多的一年，输入鸦片达 40 200 箱。另外，马士又估计，鸦片战前十几年间，中国消费鸦片共为 231 899 箱，价值 18 800 多万元。②

资产阶级学者硬要把英国政府装扮出文明绅士的风度，他们说，这种毒物贸易纯粹是私人的商务事情，跟英国政府无关。这种谰言是很容易拆穿的，因为从 1773 年到 1833 年间，东印度公司完全独占了鸦片贸易，而如大家所知道的，东印度公司正是英国政府统治东方的化身。鸦片贸易给英国政府带来了巨大的财政利益，从 1820 年到 1839 年，英属印度政府由专卖鸦片和抽取鸦片过境税，每年可获 15 万到 18 万卢比的收入。马克思指出：“必须注意到有关印度的情形，那里的英属政府的岁入足有七分之一依靠向中国人出卖鸦片”③。因此，英国政府兴高采烈地鼓励和支持鸦片贸易，帮助鸦片贩子增加生产并扩大销路，“强迫孟加拉省种植鸦片，使该省的生产力受到极大的损害；它强迫一部分印度农民种植鸦片，用垫款办法

① 马克思：《中国的和欧洲的革命》，见《马克思恩格斯论中国》，28～29 页。

② 参见严中平等：《中国近代经济史统计资料选辑》。

③ 马克思：《中国的和欧洲的革命》，见《马克思恩格斯论中国》，29 页。

引诱另一部分农民也去种植，用严格垄断的办法操纵这种毒药的大规模制造，派遣大批的官方侦探来监视以下的全部过程：种植鸦片，把它交到指定地点，熬制得使其适合中国吸食者的口味，装入特别便于走私的箱中，最后运往加尔各答，由政府标价拍卖，把它从国家官吏手中移交给投机商人，然后转入走私商人的手中，运入中国。英国政府在每箱鸦片上所花的费用约及二百五十卢比，而在加尔各答拍卖市场上却按每箱一千二百一十至一千六百卢比的价格售出"①。

应该指出：对中国输入鸦片的还有美国商人。据当时调查，在广州的美商，除了一家是例外，其余全都经营鸦片生意。美国贩运鸦片的船只，常悬挂美国国旗作掩护。甚至特别制造一种船只，叫做"鸦片飞剪号"，实行武装走私。美国人丹涅特（Dennett）承认"在鸦片贸易的这一方面，美商所得的好处，远较任何其他国家的商人为多"②。当时，美国在对华鸦片贸易中追随着英国而占第二位。

鸦片的大量输入给中国人民带来了严重的祸害。

第一，鸦片给予吸食者以生理上和心理上的极大摧残。据1835年估计，全国吸鸦片人数约在200万以上。当然，嗜食鸦片的人大多是统治阶级或其依附者，如1831年刑部奏称："窃查鸦片烟来自外洋，其始间有劣幕奸商，私自买食。浸浸而贵介子弟，城市富豪，转相煽诱，乃沿及于平民。臣每遇士大夫留心访查，据云：现今直省地方，俱有食鸦片烟之人，而各衙门为尤甚。约计督抚以下，文武衙门上下人等，绝无食鸦片烟者，甚属寥寥。"③ 据俞蛟说："近日四民中，唯农民不尝其味"④。鸦片的侵蚀更加深了统治阶级的寄生性和腐朽性，使他们更加残酷地剥削劳动人民。

第二，鸦片贸易打破了中国对外贸易方面的优势，为了抵偿鸦片的输入，每年要流出很多银两。中国本来是产银很少的国家，从

---

① 马克思：《鸦片贸易》，见《马克思恩格斯论中国》，87页。

② 丹涅特：《美国人在东亚》，第六章，"美国对华的鸦片贸易"。

③ 《史料旬刊》，查禁鸦片烟案，刑部折奏酌加买食鸦片烟罪名。

④ 俞蛟：《潮嘉风月》。

14 世纪中白银成为主要的价值尺度和流通手段以来，需要量是很大的，由于对外贸易的长期出超，几百年来从欧美源源不绝地流入白银，补充了国内经济生活上的需要。但是鸦片贸易发生后，白银的流向发生了根本变化，由流入变为流出。据统计：1814—1815 年中国对印度的白银出超已达 130 万两，以后逐年增加。至鸦片战争前夜，对印度的白银出超为 600 万两以上。这还仅仅是对印度的出超，加上对其他地区的出超，数量当更为庞大。估计在鸦片战争前的 20 年间，白银流出的总数不会低于 1 亿两。白银的大量外流，给中国经济发展带来不利的影响，中国发生了银贵钱贱的危机。按清朝规定，每两银子换钱一千文，而到 19 世纪 20 年代，直隶一带每两银子换钱一千二三百文，到 1839 年换钱一千六百七十几文。银价上涨使劳动人民首先蒙受其害，因为人民劳动成果的零星出卖只能换回铜钱，可是他们在交纳赋税时却要按银价折算，从前只要交出一千文就可抵银一两，而在 1839 年却须交一千六七百文。如包世臣说："各省现征钱粮，至少之处，每两收制钱一千八百文，经征官解司，一正一耗，加火工解费，每正银一两，须银一两一钱七八分方敷，而一千八百文不能得市价银一两一钱七八分，小民共知银一两钱一千之例，以千八百文输官，怨讟已起，而官每两尚须赔钱二三百文不等。"① 银贵钱贱不仅使人民的负担加重，而且也妨碍了正常的交易。因为货币的流通量和商品的流通量总是成正比例的，作为交换手段的白银货币大大减少了，这样就会影响到投入流通过程的商品的数量，使交易不能畅通。如林则徐奏称："臣历任所经，如苏州之南濠、湖北之汉口，皆阛阓聚集之地，叠向行商铺户暗访密查，佥谓近来各种货物，销路皆疲，凡二三十年以前，某货约有万金交易者，今只剩得半数，问其一半售于何货，则一言以蔽之曰：鸦片烟而已矣。"②

第三，鸦片大量输入，使中国银源涸竭，这又引起清王朝财政上的危机，由于收税困难，各省拖欠日多，国库存银日少，这就不

---

① 包世臣：《安吴四种》，《再答王亮生书》。

② 林则徐：《钱票无甚关碍，宜重禁吃烟以杜弊源片》。

能不引起清朝统治者的极大恐慌。正像马克思所说："鸦片取得的对中国人的统治权有多大，则皇帝及其迂腐的官僚集团所失去的自己的统治权也就有多大"①。清朝统治者从财政观点出发，不得不进行反对鸦片的斗争。

反对鸦片的斗争不是一件轻而易举的事情。因为，由于鸦片贸易的兴旺，在当时的统治阶级中已形成了一个贩烟、吸烟和受贿的腐朽集团，如林则徐所说："现任督抚，嗜烟者约占半数，若辈岂肯回扳石头压自脚，则阴持两端，模棱其辞，势所必然。"② 因此禁烟的命令不仅受到英国侵略者的抗拒，而且也受到这个与鸦片利益有密切联系的腐朽集团的反对。

1836年，这个腐朽集团的代表人太常寺少卿许乃济在"闭关不可，徒法不行"的借口下，反对从前的禁烟命令，提出"准令夷商将鸦片照药材纳税，入关交行后，只准以货易货，不得用银购买……文武员弁士子兵丁等，不得任令沾染恶习，致蹈废时失业之愆。惟用法过严，转致互相容隐，如官员士子兵丁私食者，应请立予斥革，免其罪名，宽之正所以严之也……其民间贩卖吸食者，一概勿论……宽内地民人栽种罂粟之禁……内地之种日多，夷人之利日减，迨至无利可牟，外洋之来者自不禁而绝"③。显然，这种主张实际上是鼓励鸦片的盛行，为鸦片贸易辩护，迫诱劳动人民种毒服毒，使鸦片的祸害更加扩大加深，所谓"外洋之来者自不禁而绝"，不过是自欺欺人的鬼话。果然，许乃济的奏折立即得到中外鸦片贩子的普遍赞扬，外国侵略分子把它捧为"立论至佳，文字也极清楚"的"聪明办法"④。广东官僚们称之为"胪陈时弊，均属实在情形……似应请旨照准原奏……实于国计民生，均有裨益"⑤。

中国人民是坚决反对这种荒谬的"弛禁"论的，就是在中小官僚里面也有许多人出来驳斥这种出卖民族利益的主张。如内阁学士

---

① 马克思：《中国的和欧洲的革命》，见《马克思恩格斯论中国》，23～24页。

② 林则徐：《与林元抡书》。

③ 许乃济：《鸦片例禁愈严，流弊愈大，亟请变通办理折》。

④ 宾汉：《英军在华作战记》，绪论。

⑤ 转引自郭廷以：《近代中国史》，第2册，86页。

朱樽、兵科给事中许球、御史袁玉麟、朱成烈、礼科给事中黎攀镠等纷纷上书，驳斥许乃济，并请严禁鸦片。特别是1838年鸿胪寺卿黄爵滋上了一个脍炙人口的“严塞漏卮、以培国本”折。在这个奏折里，黄爵滋从国家的财政观点着眼详细申述了鸦片的祸害，触目惊心地指出：“再数年间，银价愈贵，奏销如何能办？税课如何能清？设有不测之用，如何能支？”并检讨了历年的禁烟政策的失败，是由于和鸦片利益有关的集团的破坏，他说：“稽查员弁，未必悉皆公正，每岁计有数千余万之交易，分润毫厘，亦不下数百万两，利之所在，谁肯认真办理？”“其各府州县开设烟馆者，类皆奸猾吏役兵丁，勾结富家大族不肖子弟，素有声势，于重门深巷之中，聚众吸食，地方官之幕友家丁等，半溺于此，未有不庇其同好者。”根据这种情况，黄爵滋提出了“重治吸食”的新建议，主张：限期一年戒绝，过期不戒绝者，普通人处死刑，官吏加重治罪。这个主张主要是针对着一大批吸鸦片的官吏衙役而发的，因为假使这批人可以逍遥法外，他们必然利用职权包庇鸦片贩子，任何禁令势将成为空文，用严厉的刑法来对待这批吸食鸦片的官僚，是当时禁烟命令能否贯彻的关键问题。黄爵滋的主张提出之后，吸烟贩烟的腐朽集团大为恐慌。清政府令各省督抚“各抒所见”。很显然，禁烟是正当的，受到广大人民的热烈拥护，就是那些和鸦片利益有密切联系的集团也不敢公开反对禁烟，他们却用各种方式各种借口来拖延和削弱禁烟措施，以便达到破坏禁烟的目的。有的说是操之过急，虑生不测；有的说是白银外漏，未必尽由于鸦片；特别是直隶总督琦善大声疾呼：“一吸鸦片，即罹法网，将见缧绁之人载道，囹圄无隙地可容……一言之下，欲兴率土普天之大狱，此真断断乎其不可行者也。”①

另外一些主张禁烟的官僚支持黄爵滋的主张。特别是湖广总督林则徐具体拟定禁烟章程六条，补充了黄爵滋的禁烟办法。在他有名的《钱票无甚关碍，宜重禁吃烟以杜弊源片》中详细申论了鸦片

① 《溃痈流毒》，《琦善遵旨复奏禁烟折》。

的祸害和严禁的必要，他驳斥“吸烟无罪”的谬论说：“或谓重办开馆兴贩之徒，鸦片自绝，不妨于吸食者，稍从末减，似亦持平之论。而臣前议各款，请将开馆兴贩，一体加重，仍不敢宽吸食之条者，盖以衙门中吸食最多，如幕友、官亲、长随、书办、差役，嗜鸦片者十之八九，皆力能包庇贩卖之人，若不从此严起，彼正欲卖烟者为之源源接济，安肯破获以断来路？是以开馆应拟绞罪，律例早有明条，而历年未闻绞过一人，办过一条，几使例同虚设，其为包庇可知。即此时众议之难齐，亦恐未必不由乎此也。”这段话揭露了官吏们包庇鸦片、指出了当前“吸食者处死”问题上争辩的实质，使弛禁论的种种诡辩全被拆穿。

这场争辩的结果，禁烟派得到了胜利。其所以得到胜利是由于鸦片的利益不仅和人民利益相抵触，而且也和封建统治利益相抵触。清政府要按照原来的样式统治下去，便不能不采取严禁鸦片的措施，这个措施也是符合于民族利益而为广大人民所支持的。如在1838年底，广州当局处决一个中国鸦片贩子，外国鸦片贩子在物伤其类的情绪下，竟纠众阻拦，群众立即用石块驱走了他们。在整个反鸦片的正义斗争中，人民群众始终是最坚决的。

清政府采纳了禁烟主张，并派林则徐为钦差大臣，赴广州查办鸦片，禁烟问题从争论的阶段进入了行动的阶段。但是前途的困难是很多的，一方面，外国鸦片贩子在英国商务监督查理·义律（Charles Elliot）的教唆下，正在安排对策；另一方面，国内与鸦片利益相联系的集团也暗图破坏。当林则徐进京商谈查办鸦片事宜时，琦善竟对他提出威胁，“嘱文忠无启边衅”①。林则徐在京被道光帝召见19次，封赏极优，“枢相（指穆彰阿）亦为之动色，朝罢与同僚论不合，中外交构，有识者已为文忠危”②，这一点在林则徐给龚自珍的书信里也曾明显地提到。但是根除鸦片毒害的正义事业鼓舞着这位具有崇高气节的官员，使他勇敢地担承起了这一为民族争命的艰巨任务。

①② 雷瑨辑：《蓉城闲话》。

第二章　第一次鸦片战争和战后中国社会的开始半殖民地化

第一节　第一次鸦片战争和《南京条约》的签订

一、林则徐的禁烟措施

林则徐（1785—1850），福建侯官人，出身于官僚地主的家庭，受传统的封建教育，通过科举考试而参与了封建统治阶级的上层集团，但他不同于一般的封建士大夫，他为学“实事求是，不涉时趋……尽识先朝掌故及兵刑诸大政，益以经世自励”①。他一生担任过河工、漕运、盐政、屯垦等重要职务，对人民疾苦很关心，所以“一时贤名满天下，至儿童走卒，妇人女子，皆以公所莅为荣。辄曰：‘林公来，我生矣。’至以公所行政，播诸歌谣，荒村野市，传之以为乐”②。鸦片问题发生争论时，林则徐正在湖广总督任内，他是当时禁烟运动的领导者和实践者，他在武昌、汉口、长沙等地设立禁烟局，收缴大批烟土烟枪，配制戒烟药丸，禁烟运动在当地雷厉风行地展开，“不特开馆兴贩之徒，闻风远窜，并吸食者亦恐性命莫保，相率改图……并有耆民妇女，在路旁叩头称谢，据云其夫男久患烟瘾，今幸服药断绝，身体渐强等语”③。可见林则徐认真禁烟，确实收到很大成绩，也因此而深受人民的爱戴。

林则徐奉命去广州禁烟，在到达广州以前就仔细调查了鸦片贸易的情况。1839 年 3 月 10 日到达广州后，日夜传询行商、散商，又

---

①② 金安清：《林文忠公传》，见《续碑传集》，卷二四。

③ 《林文忠公政书》，湖广奏稿，卷五，《查拿烟贩收缴烟具情形折》。

借举行“观风试”为名，向当地知识分子了解鸦片贸易的情况。经过缜密的调查研究，林则徐知道当时尚有22只满装鸦片的趸船停泊在伶仃洋面，这些趸船是鸦片的策源地，要禁绝鸦片，必须消灭这个祸害的根源。但是林则徐又深知当时陈旧的广东水师太不中用了，假使直接派兵出海去搜缴趸船上的鸦片，英国鸦片贩子一定会利用船炮的优势，武装抗拒，广东水师在“洪涛巨浪之中，未能确有把握”①。于是林则徐从另一方面入手，于3月18日分别给中国公行商人和外国商人发出谕帖，一方面揭穿了中国公行商人包庇鸦片贸易的行为，指出“查节次夷船进口，皆经该商等结称并无携带鸦片，是以准令开舱进口，并未驳回一船，今鸦片如此充斥，毒流天下，而该商等犹混含出结，皆谓来船并无夹带，岂非梦呓？”② 并历数其暗立股份、谄媚外商、偷漏银洋等罪状，令公行商人在三天内向外商取得永不夹带鸦片的甘结禀复；另一方面，责令外国鸦片商“将趸船鸦片尽数交官……收明毁化，永绝其害，不得丝毫藏匿”，并要他们出具甘结，写明“嗣后来船永不敢夹带鸦片，如有带来，一经查出，货尽没官，人即正法”字样。林则徐又在谕帖中表示：“此次本大臣自京面承圣谕，法在必行，且既带此关防，得以便宜行事，非寻常查办他务可比。若鸦片一日不绝，本大臣一日不回，誓与此事相终始，断无中止之理”③。这种彻底认真的态度、公正严明的作风和坚定不移的意志，使中外鸦片贩子们大为恐慌。

当时英国商务监督查理·义律闻讯，立即从澳门赶到广州，教唆英商拒交鸦片，并企图携带通缉在案的大鸦片商颠地（Dent）逃出广州。林则徐早已警惕到这一点，预先做了布置，将颠地截回广州商馆内，派兵严密封锁，断绝了商馆和趸船的交通。林则徐周密的布置和迅速的行动粉碎了义律和鸦片贩子的诡计，迫使他们交出了所藏的20 383箱鸦片，另有两千余麻袋共重二百数十万斤（其中有美商的鸦片一千多箱）。从1839年6月3日起，鸦片都集中在虎

① 《林文忠公政书》，使粤奏稿，卷一，《会奏夷人趸船鸦片尽数呈缴折》。

② 《信及录》，转引自郭廷以：《近代中国史》，第2册，131页。

③ 《林文忠公政书》，使粤奏稿，卷一，《附呈谕夷原稿并夷禀二件》。

门海滩销毁，林则徐和两广总督邓廷桢同心协力，“督率文武员弁，公同查核，目击烧毁。俾沿海居民，及在粤夷人，共见共闻，咸知震詟”①。这一伟大行动向全世界表明了中国人民纯洁的道德心和反抗外国侵略的坚决性。

鸦片贸易是英国资产阶级积累财富的重要手段，也是英国政府重要的财政来源。英国资产阶级当然不会甘心歇手，他们施展一切办法来破坏中国的禁烟。首先，查理·义律命令英国商人拒绝具结，公开表示要继续进行鸦片贸易，并用各种卑污手段偷卖鸦片。据林则徐奏：“并闻义律宣言于众，更要大卖鸦片，现在拿获汉奸烟犯多名，皆已供明在某某夷船上买出，赃证确实可凭。且又分遣三板，东驶西奔，凡潮州、南澳、高、廉、雷、琼该夷船所不应到之地，无不窜往，每以劈柴作为招牌，明写鸦片一个洋银几元字样，于潮涨时随流送入各口内，诱人售买，遇有兵船驱逐，胆敢先放枪炮，恫吓抵抗。”② 其次，义律命令英国商船聚泊虎门口外之尖沙嘴一带，一概不准开入黄埔，停止正常贸易，企图造成中英之间的僵局，以制造武装侵略的借口。再次是放纵英国水兵在广东沿海行凶，殴毙中国农民林维喜，又拒绝交出凶犯。最后，当两艘英国兵舰从印度刚驶抵中国沿海，义律有了武装力量更加胆大妄为，竟于 9 月 4 日在九龙海口无理攻击中国水师，中国水师奋起抗击，从午刻相持至晚间戌刻，英国武装双桅船被击翻，英船退回海洋。

由于英国方面的挑衅行为，所以在虎门销烟以后，反对鸦片的斗争并没有结束，1839 年的整个下半年，林则徐和广东人民继续在和英国侵略者进行斗争。林则徐虽然是封建统治阶级的上层分子，但他和腐朽的官僚士大夫完全不同，他一方面抱着百折不回的禁烟决心，要“竭其愚悃，冀为中原除此巨患”③，“祸福死生，早已度外置之”④，但另一方面，也认识到这次斗争的艰巨复杂，并没有被收缴鸦片的

① 《信及录》，转引自郭廷以：《近代中国史》，第 2 册，184 页。

② 《林文忠公政书》，使粤奏稿，卷三，《会奏销化烟土已将及半情形折》。

③ 林则徐致沈鼎甫函，见《鸦片战争》（二），570 页。

④ 致姚春木、王冬寿书，见《鸦片战争》（二），568 页。

胜利而冲昏头脑。为了贯彻禁烟法令，他努力整顿广东海防，修筑炮台，添购外国大炮二百多尊，整饬水师，以防侵略者武装进犯。他清楚地知道，要在海洋中作战是没有把握的，所以主张“坚垒固军”，“以守为战”。他在布置防务中最主要的一点就是相信人民的力量。他到达广州以后，“察看民情，所有沿海村庄，不但正士端人，衔之刺骨，即渔舟村店，亦俱恨其强梁，必能自保身家，团练抵御”①。他又“具知夷人极藐水师，而畏沿海枭徒及渔船疍户，于是募丁壮六千人”②。他时时刻刻在警惕敌人的武装攻击，曾经五次请求朝廷“敕下沿海严防”。另外他又十分重视调查研究，《圣武记》说“林则徐至粤，日日使人刺探西事，翻译西书，又购其新闻纸”。他在禁烟过程中，开始接触并了解许多有关西方国家的新知识，一天一天地扩展着自己的眼界。例如林则徐初到广东，拟了一个给英国女王维多利亚（Queen Victoria）的照会，其中还说“大黄、茶叶、湖丝等物……贵国若不得此，则无以为命”，“天朝之所以能臣服万国，正有不测之神威”等等蠢话，但是半年之后，他修改了这个照会，以“己所不欲，勿施于人”的道理，反复劝说英国政府禁贩鸦片，所以外国侵略者的喉舌澳门报纸也不能不说林则徐留心外国事务，“观其知会英吉利国第二封信，好似初学知识之效验”③。

由于林则徐坚决的禁烟决心和在一定程度上依靠人民，又出于他肯努力了解西方国家的情形，因此他在对付查理·义律的挑衅行为时能够采取正确的对策。首先，他坚持英商必须具结不带鸦片，具结本来并不是一个可靠的保证，英国鸦片贩子即使具了结也难保不贩鸦片，可是，当前的问题是英国鸦片贩子连这种不可靠的书面保证也不肯做，这分明是公开蔑视中国的禁烟法令，要继续进行贩毒活动。具结是当时禁绝鸦片的最起码的条件，作为禁烟负责人的林则徐应该而且也必须争取外商具结。其次，林则徐坚持要英方交出殴毙林维喜的凶手，因为这不仅关系林维喜一个人的生命问题，

① 《筹办夷务始末》，道光朝，卷八，6页。

② 王之春：《防海纪略》，卷上。

③ 1839年12月14日澳门新闻纸，见《鸦片战争》（二），412页。

并且还关系着保障中国主权的问题，一个外国人在中国领土内犯了法，究竟应该受中国法律的制裁呢，还是可以逍遥法外？林则徐坚持交凶正是为了维护中国的独立主权。这两个要求完全是合理的、必要的。同时林则徐也逐渐认清英国和其他国家，英国政府和英国商人以及英国一般商人和鸦片贩子之间的区别，他认为英国商人一定不愿舍弃对华贸易的利益，所谓“贸易者彼国之所以为命……有断断不敢自绝之势”，“若果英夷惮于甘结，竟皆歇业不来，正米利坚等国之人所祷祠而求，冀得多收此利者”①。根据这个认识，林则徐采取分别对待的政策，提出“奉法者来之，抗法者去之”的办法，不管哪一国的商人，只要肯具不带鸦片的甘结，就允许继续贸易。美国商人看到有利可图，首先具结入口，截至1839年年底，具结开进广州贸易的商船已有62艘，其中美国船54艘。这说明林则徐分别对待的措施是正确的。

查理·义律的各种破坏活动并没有动摇林则徐坚决的禁烟意志，反而把英国整个的对华贸易拖入了绝境。大批英国商船被义律强迫长期停在尖沙嘴一带，船中装运的洋米、洋布、棉布潮湿霉烂，弄得一些英国商人对义律“怨怼同声”。这时，林则徐又下令断绝英国商船在海上的食物和淡水供应，使英国商人更为狼狈。有些英商就不愿遵守义律的命令，自己向林则徐要求具结进口，林则徐根据“苟知悔悟，尽许回头”的原则，批准了这个要求。1839年10月英商船担麻士葛号（Thomas Coutts）首先遵式具结入口。11月初，另一商船撒克逊号（Saxon）也准备具结入口。这两艘英国商船的具结入口，使查理·义律的破坏阴谋遭到破产，他便蛮不讲理地使用武力。11月3日，当撒克逊号入口时，义律率领兵舰两艘在穿鼻洋面阻止，并首先发炮攻击保护进口英船的中国水师。中国水师发炮回击，水师提督关天培“亲身挺立桅前，自拔腰刀，执持督阵”②，鏖战两小时，英舰一艘受伤，仓皇退走。

林则徐在广东努力筹划，费尽心血，一方面坚持“鸦片必须清

① 《筹办夷务始末》，道光朝，卷八，6、9页。

② 《林文忠公政书》，使粤奏稿，卷七，《会奏穿鼻尖沙嘴迭次轰击夷船情形折》。

源”，另一方面审慎地采取合情合理的对策，对一般贸易宽大对待，“使边衅不致轻启”，这种政策已经收到了初步的效果，使义律和鸦片贩子们的挑衅阴谋都成画饼。但是清王朝内部，上自皇帝，下至各省督抚，却和林则徐的态度不同，他们中间可以分为两种人：一种人以穆彰阿和琦善为代表，他们是根本反对禁烟的，这种人在以前就曾经发表过许多谬论，企图取消禁烟法令，当禁烟运动蓬勃开展时，他们散布谣言，中伤禁烟派，诬陷林则徐、邓廷桢，说他们“以查拿为希旨，以掩捕为贪功，以侦缉为诡谋，以推鞫为酷刑”，在6月公布的“查禁鸦片章程”三十九条中，反禁烟派更利用职权，规定“吸食之案，只准官弁访拿，不许旁人讦告”①。这种把群众排斥在禁烟运动之外的做法，实际上就是取消禁烟。另一种人以道光皇帝为代表，他们是清王朝的最高当权派，由于鸦片贸易侵犯了封建统治的利益，所以他们也主张禁烟，但是他们沉溺在腐朽专制制度的盲目自大气氛中，顽固傲慢，闭塞无知，不肯睁一睁眼看看实际情况。当9月初九龙海战以后，道光帝批示林则徐：“既有此番举动，若再示柔弱，则大不可，朕不虑卿等孟浪，但诫卿等不可畏葸。”② 林则徐采取分别对待的政策，允许愿意具结的英船入口贸易，道光帝则反对这个办法，说：“究系一国之人，不应若是办理”，“所办未免自相矛盾”③。当时顺天府尹曾望颜迎合道光皇帝的自大心理，主张断绝与一切国家的贸易关系，严格实行封关禁海，甚至“中国大小民船，概令不准出洋”④。到11月穿鼻洋海战胜利后，道光帝更加昏昏然了，认为“仍准通商，殊属不成事体，至区区税银，何足计论……著林（则徐）等酌量情形，即将英吉利国贸易停止，所有该国船只，尽行驱逐出口，不必取具甘结，其殴毙华民凶犯，亦不值令其交出”⑤。林则徐遵旨于1840年1月5日正式封港，断绝中英贸易。

---

① 《清实录》，道光十九年五月戊戌。

② 《筹办夷务始末》，道光朝，卷八，17页。

③ 道光十九年十月十六日会奏朱批，见《鸦片战争》（二），119页。

④ 《筹办夷务始末》，道光朝，卷九，617页。

⑤ 同上书，卷八，36页。

显然，道光帝的盲目自大和强硬傲慢的态度和林则徐不同。林则徐从捍卫民族利益出发，能够看到人民群众中潜在的反侵略力量，也愿意探究外国的情况，因此采取了合情合理的对策。而道光帝仅仅从维护自己专制统治的利益出发，不了解禁烟斗争的复杂性，也不了解国内国外的实际情况，因而采取了盲目强硬的对策。在禁烟运动中，由于林则徐的坚持，道光帝的指导政策虽然没有全部发挥作用，但是这种盲目强硬的态度本身就包含着转化到妥协投降的可能性，因为当道光帝盲目地把资本主义英国当做弱小的藩属国家看待时，他的强硬态度是必然的，但一旦他发现弱小的不是英国而是自己时，为了维护自己的统治，他就立即会装出摇尾乞怜的模样。历史证明，在后来的战争中，道光帝由于指导致策的错误而碰得头破血流，最后不得不向英国侵略者表示屈服。

1840 年初，中英两国实际上已经进入战时状态。林则徐本着以守为战的原则，一方面对聚泊海洋中的英国兵舰、商船采取经济封锁，断绝其食物和淡水供应，广东人民积极支持林则徐的措施，据《夷氛闻记》说："滨海村落，初尚利夷厚值，接济其食用；及是，以则徐出驻海澨，罔避风雪暑雨，辛勤筹办，群知感愧，相戒无复私售"①，这就使得英国侵略者大感威胁；另一方面，林则徐又招募一批疍户、渔民、盐工，组成突击队，"假装济夷办艇，作为内应，配合各队水勇"，"乘月黑潮退，出其不意，分起潜出，乘上风攻其首尾，火器皆从桅掷下"，又"潜伏岛屿，随时挐小船攻扑，先炼钉夷船四旁，使受火一时难脱，重给赏资。与兵勇约法七章，训练既娴，人知运用，踊跃争先"②，这种依靠人民的分散的突击的作战方式，是在当时条件下对抗外国侵略军的一种有效办法。1840 年的整个上半年，林则徐便是用这种办法来和英军周旋。据林则徐奏报：1840 年 2 月，烧毁英国大小船艇 23 艘，篷寮 6 处③；5 月间，又在小濠海边烧毁办艇 4 艘，篷寮 5 间④；6 月间，又在磨刀洋面"占住

①② 《夷氛闻记》，卷二。

③ 《林文忠公政书》，两广奏稿，卷一，《烧毁匪船以断接济折》。

④ 同上书，卷二，《焚剿夷船擒获汉奸折》。

上风，出其不意，火船闯进夹烧，各线民（按：为假装卖食物给侵略者、以为内应的人）亦于假办艇内，同时纵火……将火箭、火罐、喷筒等物，纷纷抛掷。又将载有烟箱之夷船，烧毁一只。另有夷船一只，桅帆着火，弃碇驾逃，经夷众将火扑救，先后延烧大小办艇十一只，又烧毁近岸篷寮九座。其冲突窜逃，各夷船彼此碰撞，叫喊不绝。夷人带伤跳水，烧毙、溺毙及被烟毒迷毙者，不计其数”①。英舰遭到火攻以后，“每日东飘西泊，莫定行踪，夜更游弋不停，深恐我兵复用火船，潜往烧毁”②。澳门新闻纸也胆战心惊地说：“中国若放得各火船得法，各船定必大受其害，此系算是第一次，后来恐怕中国人若一练熟，驶火船有准头，即更有危险之事，故我等切当小心提防之。”③ 由于林则徐和广东人民严密的防守，一直到1840年秋，英国侵略者在广东总是占不到便宜。

二、琦善的卖国行为和广州战役

当禁烟运动的消息传到英国以后，在英国国内引起了很大的波动。大资产阶级对战争很有兴趣，他们以此为借口展开了对华战争的狂热宣传，英国著名城市如伦敦、曼彻斯特、利物浦、格拉斯哥等地商会都要求英国政府采取“迅速的、强有力的、明确的对策”，“利用这个机会，将对华贸易置于安全的、稳固的、永久的基础之上”④。有些资产阶级更露骨地说：中国的禁烟运动“给了我们一个战争的机会，这对英国是很有利的，因为这可以使我们终于乘战胜之余威，提出我们自己的条件，强迫中国接受。这种机会也许不会再来，是不能轻易放过的”⑤。假使考察了1837年和1838年英国的经济危机，那就不难理解英国资产阶级这种狂妄叫嚣的意图。他们

① 《林文忠公政书》，两广奏稿，卷二，《焚剿夷船擒获汉奸折》。

② 转引自范文澜：《中国近代史》，上册，31页，北京，人民出版社，1956。

③ 1840年3月7日澳门新闻纸，见《鸦片战争》（二），453页。

④ 《英国蓝皮书》，1839年9月30日曼彻斯特商人致巴麦尊子爵，见《鸦片战争》（二），634页。

⑤ 《英国蓝皮书》，1839年10月21日安德晋·安德森致拉本特函，见《鸦片战争》（二），661页。

清楚地知道，侵略战争会给他们带来巨大的利润，以弥补在危机中所受的损失。他们久已期望用大炮来轰开中国的大门，以便鸦片和商品在中国通行无阻，他们狂热地盼望在劫掠战争中积累财富，正像马克思所指出的，“这些牧歌式的过程，是原始积累的主要要素……那种商战……在对中国的鸦片战争等等中，继续发生作用”①。当时，英国人民是反对这场龌龊战争的，有些正直的人们认为鸦片贸易“给英国国旗带来了莫大的侮辱”②，可惜这种正直的见解不可能影响英国政府的决策。当时英国政府积极进行战争准备，外交大臣巴麦尊（Palmerston）公开表示对中国的政策“就是先揍他一顿，然后再作解释”③。1840 年 2 月 20 日英政府任命乔治·懿律（George Elliot）和查理·义律为对华谈判全权代表，并指示了对华侵略的步骤和谈判要求。4 月初，英国议会里经过三天辩论，终以 9 票的多数通过了军费支出案。6 月初，乔治·懿律率领 48 艘船只和 4 000 名士兵，到达了中国沿海。英国侵略军最初在广东、福建进行封锁和骚扰活动，但由于林则徐和邓廷桢（时已调任闽浙总督）防范严密，未能得逞。随即英国侵略军遵照其政府的指示，要“先强占一海岛以要挟中国政府”，因而越过广东、福建北上，进攻舟山岛之定海。当时，清政府在沿海并无作战准备，7 月初，定海知县姚怀祥等力战牺牲，英军占领定海。英国侵略军一踏上中国的土地，便大肆掠夺。一个英国军官说：“军队登了岸，英国旗就展开，从这一分钟起，可怕的抢劫光景就呈现在眼前。暴力地闯入每一幢房子，劫掠每一只箱箧，街道上堆满了书画、桌椅、日用器皿和粮食……这一切都被席卷而去，剩下来的只是被无情炮火击毙击伤的死尸和伤员。有的被打掉一条腿，有的两条腿全失去了。好多人为榴霰弹所伤，肢体破碎，凄惨可怕。直到再没有什么东西可拿的时候，抢劫才停止。”④ 英国侵略军这种海盗式的掠夺作风一直贯串在整个战争过程中，这是和战争本身的性质

---

① 《资本论》，第 1 卷，949 页。

② 《鸦片罪过论》，见《鸦片战争》（六），554 页。

③ 丁名楠：《第一次鸦片战争——外国资本主义侵略中国的开端》，见《中国科学院历史研究所第三所集刊》。

④ 转引自《殖民地保护国新历史》，第 2 卷，261 页。

相联系着的，英国资产阶级进行这次战争的目的就是要剥削和奴役中国人民，他们在士兵中竭力鼓吹要“惩罚”、“鞭打”中国人民，英国军队的残暴劫掠行为正是反映了英国进行战争的侵略的和非正义的本质。

英舰占领定海以后，又开往大沽，把外交大臣巴麦尊的书信送交直隶总督琦善，信里面开列着赔款、割地等等侵略性的要求。

定海失陷、英军北上的消息引起朝廷里的极大震动。封建统治者想不到远在数万里外的“蕞尔小邦”会一下子打下定海，而且又跑到北京附近，当时由于政治、军事的十分腐败，清政府根本无法应付这种猝然而来的事变。在满朝恐慌的气氛中，反禁烟派又抬头了，他们纷纷出来指责林则徐“措置不当”。特别像琦善，他既是反禁烟派的首领，又担任着正当英国侵略军冲击前线的直隶总督职位。试看琦善在十年直隶总督任内干了些什么，他在自己的奏折中说：“天津存兵共止八百名，除看守仓库、监狱、城池暨各项差使外，约止六百余兵”①，“山海关一带本无存炮，现饬委员等，在于废弃炮位内，检得数尊，尚系前明之物，业已蒸洗备用”②。琦善一方面抱怨禁烟派给他惹来了灾祸，另一方面又在外国的坚船大炮面前恐惧万分，为了避免外国的攻击，又为了脱卸兵备废弛的责任，他就玩弄封建官僚惯用的狡猾手段，把来到大沽口外的凶恶的英国侵略军说成“甚属恭顺”，把英国的侵略要求说成是因遭林则徐攻击，含冤负屈，故来要求昭雪，他还恫吓清政府，“边衅一开，兵结莫释，我皇上日理万机，更不值加以此等小丑跳梁，时殷宸廑”③。“天津切近京畿，凡盐漕铜船，皆由此来，最为咽喉重地，设使边衅一开，该夷狡焉思逞，频相滋扰，致我劳师糜饷，所关非细。且海道处处可通……又安得有如许弁兵，旷日持久，无时无处，不加堵御，诚恐防不胜防”④。这些包含着恫吓实质的委婉言辞，深深触动了以道光帝为代表的清政府的当权派。从前，他们由于思想闭塞而小看了英国，

---

① 《筹办夷务始末》，道光朝，卷一二，7页。

② 同上书，道光朝，卷一四，34页。

③ 同上书，道光朝，卷一四，31页。

④ 同上书，道光朝，卷一三，37页。

没有料想到禁烟的斗争会发展到武装的斗争，英国的侵略炮火震惊了他们的幻梦，他们希望用最小的代价来止息干戈，换取“太平”幻梦的重圆。正像道光帝所说，要以“片言片纸，连胜十万之师”①，于是清政府的对策来了一个转变，从禁烟转到“抚夷”。道光帝下令把林则徐、邓廷桢撤职，另派琦善为钦差大臣赴广东进行谈判，并斥责林则徐：“外而断绝通商，并未断绝，内而查拿犯法，亦不能净，无非空言搪塞。不但终无实际，反生出许多波澜。思之曷胜愤懑，看汝以何词对朕也。”② 林则徐最后上了一个“密陈夷务不能歇手”片，劝告道光帝把禁烟斗争坚持到底，建议用粤海关税制炮造船，并愿赴浙江前线，随营效力，道光帝把这些正确主张一概斥为“无理可恶”、“一片胡言”③。这时候的清王朝完全转到妥协派的“抚夷”的立场上去了。

从1840年9月起，妥协派琦善受清政府的重用。据一个英国军官说，琦善在大沽口外初次跟英国侵略者接触时，就“坦白地承认英国人是受虐待了，假如我们在广州图报复而惩罚林，也是林的应得之咎”④。他在给英国侵略军的照会里，劝他们回广东谈判，“慷慨”地表示“要必能使贵统帅有以登复贵国王，而贵领事亦可伸雪前抑”⑤。英国侵略军得到了这个保证，就驶回广东。当英军返棹南下的时候，清政府的妥协派眉开眼笑，以为大功告成，道光帝在上谕中再三强调“立意羁縻”、“不开边衅”的政策，琦善说英国侵略者“情词恭顺”⑥，伊里布（两江总督）说他们“形尚恭敬”⑦，山东巡抚托浑布更荒谬地称“夷众数百人，一齐出舱，向岸罗拜……夷人如此恭顺，实出意料之外”⑧，妥协派陶醉在他们“片言退雄师”

① 《筹办夷务始末》，道光朝，卷一六，3页。
② 同上书，道光朝，卷一三，4页。
③ 同上书，道光朝，卷一六，21页。
④ 《英军在华作战记》，第二章，“赴白河口之行”。
⑤ 《筹办夷务始末》，道光朝，卷一四，39页。
⑥ 同上书，道光朝，卷一四，37页。
⑦ 《夷寇杂录》，卷三，转引自郭廷以：《近代中国史》，第2册，290页。
⑧ 《筹办夷务始末》，道光朝，卷一五，14页。

的"胜利"中。其实，英国侵略者并不是真正歇手了。满天雷雨即将降临，英国侵略者自己说，在大沽口退兵的"最大理由是季节已经太晚，湾中不能进行有充分而有适当效果的攻势，所以这个步骤并未耽误任何秘密行动"①。

1840年11月底，琦善到达广东，他索性向侵略者讨好到底，把林则徐设置的一切防御设备都拆除了，把招募的勇丁也解散了，还要惩责从前抗英有功的将领。他办事完全独断独行，"自以专办海口，无与他人，一切不复商诸巡抚，即司道以下，非召不得入谒"②，却特别相信汉奸鲍鹏，鲍鹏本是英国老鸦片商颠地的"幸童"，是英国鸦片贩子一手培养起来的奴才，禁烟运动展开，鲍鹏被通缉在案，潜逃山东，通过山东巡抚托浑布的引荐而成为琦善的心腹，琦善就是依靠着这个流氓汉奸和英国开始谈判。

这时，英国方面的全权代表乔治·懿律因病退职，查理·义律暂时代理其职务。义律对于鲍鹏"待如奴仆而寄以耳目"③，通过这个汉奸，"内地情形意见，悉为所泄"④。英国方面向琦善提出恢复中英贸易，赔偿货（烟）价，开厦门、福州为商埠以及割让香港等条件。显然，这些赔款割地的条件是有损封建国家的主权和尊严的，即使从封建统治的利益出发，也不可能轻易地接受这些条件的。查理·义律知道这一点，他一方面向琦善施加压力，不仅在谈判桌上"一启口而即言打仗"⑤，并于1841年1月初突然进攻虎门海口外的沙角、大角炮台，副将陈连升、陈长鹏父子均力战牺牲，这个突然的袭击使琦善大为震恐；另一方面，查理·义律又通过鲍鹏去收买琦善，据左宗棠说："去冬果勇杨侯（即杨芳）奉诏北行，有人自侯所来云：'侯言琦善得西人金巨万，遂坚主和议'"⑥。英国侵略者用威胁利诱的手段迫使琦善就范。1841年1月

① 《英军在华作战记》，第二章，"赴白河口之行"。

②③④ 《夷氛闻记》，卷二。

⑤ 《筹办夷务始末》，道光朝，卷一八，26页。

⑥ 《左文襄公书牍》，卷一，《与贺庶农书》。

25 日琦善竟丧心病狂地和敌人签订了“川鼻草约”，接受英国所提出的条件。

我们可以很清楚地看出：从大沽口的谈判一直到广州的谈判，琦善所执行的是为了一小撮人的利益而出卖国家主权的妥协退让政策，这一点连当时的许多士大夫都曾明确地指出过。但是在将近一百年后，蒋廷黻却出来大做翻案文章，说琦善是“下了一番知己知彼的工夫”，“把中外强弱的悬殊看清楚了，而且公开的宣传了”①；而林则徐“于中外的形势实不及琦善那样的明白”②，而且又“不肯牺牲自己的名誉去与时人奋斗”③。这种翻案文章完全是荒谬的，蒋廷黻所谓的“知己”实际是对中华民族反侵略伟大潜力的否定，所谓“知彼”实际是被外国的坚船巨炮所吓倒，夸大敌人力量，低估自己力量，这正是失败主义、投降主义的思想根源，而之所以产生这种思想，又是由其阶级地位决定的。琦善是代表当时封建统治中最腐朽最黑暗的势力，他们早已通过鸦片贸易和外国侵略势力联系在一起，为了维护自己的利益，就不惜出卖民族的利益。

“川鼻草约”签订以后，琦善故意向政府奏报防御的困难，说什么“地势无要可扼”，“军械无利可持”、“兵力不固”、“民情不坚”，总之，“藩篱难恃，交锋实无把握”，只有“暂示羁縻于目前”④，并且把私自割让的香港说成是“粤东外洋”一个无关紧要的小地方，其用意是想蒙混耳目，以便清廷容易批准。当时，清王朝虽然希望用微小的让步来换取“太平统治”，但在没有跟英国军队正式交锋以前，马上赔款割地，这也是封建统治者所不甘心的。在琦善和义律谈判的过程中，由于义律的需索无厌，道光皇帝的态度已逐渐从“主抚”转变到“主剿”。1840 年底的上谕中已经表示“著琦善一面与之论说，多方羁绊，一面妥为预备……乘机攻剿”⑤。1841 年 1 月

---

① 蒋廷黻：《中国近代史》，18、23 页。

② 蒋廷黻：《琦善与鸦片战争》，载《清华学报》，六卷三期。

③ 蒋廷黻：《中国近代史》，23 页。

④ 《筹办夷务始末》，道光朝，卷二二，12～16 页。

⑤ 同上书，道光朝，卷一八，16 页。

27日，沙角、大角炮台失守的消息传到北京，清廷即正式下诏宣战，派皇侄奕山为靖逆将军，户部尚书隆文、湖南提督杨芳为参赞大臣，从各省调集军队开往广东。恰恰在这个时候，广东巡抚怡良听从了林则徐的劝说，向清廷揭发琦善私割香港的罪行，岛上驻兵已被所谓“恭顺”的“英夷”出令驱逐，居民也将被逼归顺，成为英国臣民。一切全出意料之外，气得道光帝大骂琦善为“辜恩误国”，立即下令锁拿琦善进京。从此谈判停顿下来，双方进入了战争。

当奕山等还没有到达广东的时候，英方已风闻清廷的强硬态度，立即先发制人，进攻虎门要塞诸炮台。这里原有的防御工事已为琦善撤掉，防守力量很薄弱，提督关天培和士兵在强弱悬殊的情况下英勇抵抗，并派人到广州向琦善（时革拿之令尚未到广州）“哭求增兵，全省文武亦皆力求。琦善初仅允二百，继至五百”①。1841年2月26日，大批英舰围攻横档、永安、威远、靖远、镇远诸炮台，提督关天培、游击麦廷章等督率兵勇，发炮回击。可是，各炮台兵力薄弱，又都孤立水中，不能相互接应，琦善又隔岸观火，拒发援兵。当晚，炮台失陷，关天培等壮烈牺牲，炮台上的几百门大炮和无数粮秣弹药均被侵略军夺去。27日，英舰又开进内河，内河的防御更为薄弱，守卫乌涌炮台的兵将不战先走，乌涌失守。琦善又将二沙尾要隘的守军撤走，使得广州门户大开。3月，侵略军逼近了广州城郊。

这时候，参赞大臣杨芳已到广州。杨芳是镇压白莲教起义的大刽子手，积功封果勇侯，但是他在对外战争中却是一个十足的饭桶。侵略者是由水道入侵的，他却不在水路设防，偏偏在离河五六里的陆上安设许多大炮，炮弹打不到河面，所以英舰得以长驱直入。他还荒谬地以为“夷炮恒中我，而我不能中夷，我居实地，而夷在风波摇荡之中，主客异形，安能操券若此？必有邪教善术者伏于内。传令保甲遍收所近妇女溺器为厌胜具”②。这种指挥思想，当然不会

① 《夷艘入寇记》，见《鸦片战争》（六），114页。

② 《夷氛闻记》，卷二。

有取胜的希望，结果，杨芳的“厌胜具”不灵，英舰开到黄埔，破凤凰岗兵营、抢占猎得炮台。杨芳走投无路，只得走琦善的老路子，向侵略者乞降，要求朝廷批准英商贸易，被道光帝痛斥一顿。这时候，道光皇帝所指靠的靖逆将军奕山已经姗姗地到达广州了。

奕山是清王朝在广州战役中的最高负责人，却不可能把抵抗英国侵略者的任务寄托给他。在他身上充分反映了清王朝的政治腐败和军事混乱，充分反映了和人民大众相对立的腐朽阶级的思想行动，也充分反映了清王朝在战争中的盲目冒进政策。奕山到广州以后，给清廷第一个奏折就大谈“粤省情形，患不在外而在内”，他捏造一篇谎话把广东人都称为“汉奸”，甚至自己“一切奏稿及紧要公文，督饬随带司员，随时亲自检束”，制造火器的地方，也要“择其秘密处所，易于关防……凡匠役人等，准入不准出。即奴才等亲身试验，并不随带一人”。他最后的结论是“防民甚于防寇”①。我们知道，在以弱对强的反侵略战争的一般情况下，绝大多数人为民族气节所鼓舞，都会团结起来抵御外侮的，这种全民族团结对外的精神是以弱胜强的最重要的保证。而奕山呢？他不仅感觉不到全民族反侵略力量的支持，而且，如同陷入四面楚歌之中，疑神疑鬼，小心翼翼，把人民看得比侵略者还可怕，试问这样的统帅如何能团结人民、指挥战争的胜利？假使再把奕山和林则徐的看法对比一下，一年多以前，林则徐还说过“察看民情，所有沿海村庄，不但正人端士，衔之刺骨，即渔舟村店，亦俱恨其强梁，必能自保身家，团练抵御”。林则徐相信广东人民有着反侵略的坚决意志，以后三元里的抗英斗争证明林则徐的看法是正确的。但是奕山的看法却完全相反，为什么同是统治阶级而看法却完全相反呢？这是因为当时国内阶级矛盾已经十分尖锐，奕山代表着统治阶级中腐朽黑暗的势力，从思想深处对人民抱绝对的敌对态度，即使大敌当前的时候也丝毫没有改变他们的这种反动观点，他们瞧不起人民力量，不愿意也不敢于动员人民，甚至还摧残人民的力量。“广东商民呈诉冤词”中说：

---

① 《筹办夷务始末》，道光朝，卷二七，33～34页。

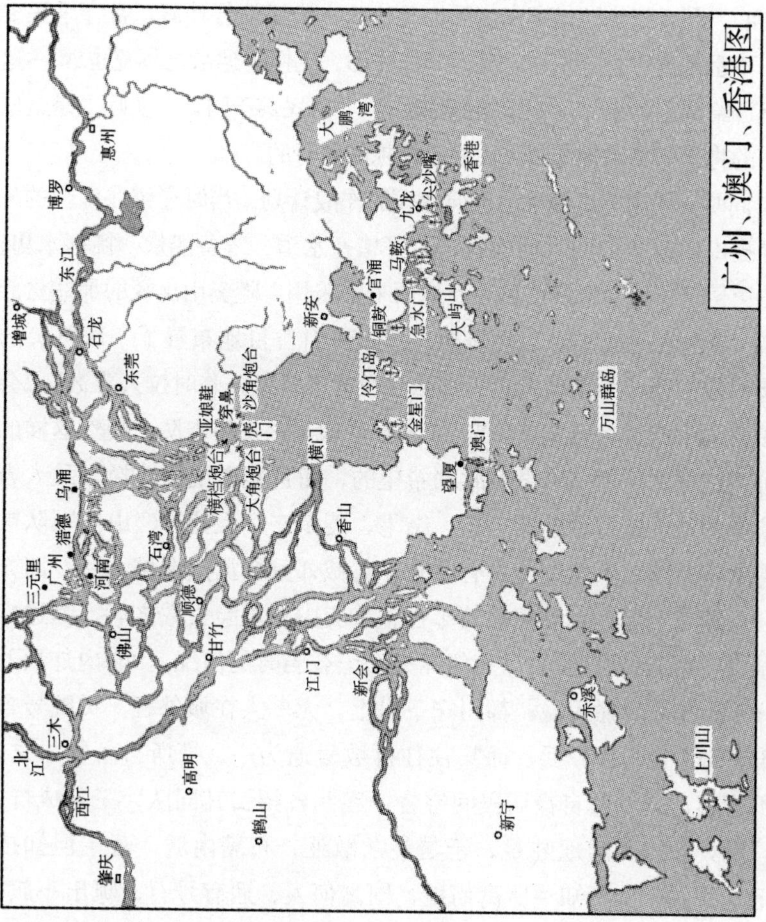

根据马士“中华帝国对外关系史”第一卷插图改制

在奕山指挥下的湖南兵“徒有剿夷之名，反有害民之实，动辄欺良害善，滥冒邀功，种种罪恶，发数难堪。且于本月初二、三日，当居民仓皇奔走之时，或乘机抢夺者有之，或乘势奸淫者有之，甚至以壮勇为汉奸，不容审讯，私自杀戮，削其骨，食其肉，剖其心，是可忍也，孰不可忍也？呜呼！壮士助兵以抗敌，而兵反将壮士作奸民。无罪受毒，见者伤心，闻者流涕。以湖南之兵如此作为，定必倚势作威，常存杀民之心，不奋杀夷之志，不祥之兆，早已先形，无怪乎遇敌之不克也”①。这段呈诉给奕山的话作了一个很好的注释，“防民甚于防寇”实际上是这些腐朽的将军们拿来掩饰对人民烧杀抢掠的罪行的。

同时，奕山等也提不出任何像样的作战计划。当时还留在广州的林则徐提出实行防御的六项建议，主张堵塞水道、筹备船炮、挑募水勇、探测夷情等，这个建议被目为迂迟而未曾采用。随奕山出征的那些贵族子弟“皆利在一战”②，以便得功，怂恿奕山盲目地布置了一次可笑的夜袭，他们连作为夜袭的主力部队也没有准备好，临时拉人凑数，“会四川营余丁四百，愿充其数”，才勉强凑成了一支突击队。当然这样的统帅、这样的指挥是绝没有胜利希望的，而且奕山偏偏选择了敌人力量集中的地区进行冒险的一击，结果，英军一个反扑，奕山的军队被打得七零八落，不但夜袭没有胜利，连城郊重要据点泥城炮台、四方炮台（即耆定炮台）等都被英军占领。奕山在冒险失败之后，缩进广州城内，军队乱成一团。《夷氛闻记》记载当时的情况：“时内外兵万七八千，军令皆撤入城，都司守备以上，无一人在城外者。贡院号舍八千有奇，令舍住一兵，而兵往往拆数号通为一，携所自备物居之，因不能容，则令其自择居民间空舍，客兵各招引其同队，三五成群，撬门挈具而入，随地驻足，于是夹杂散处，布满内城，营主但知按籍记其兵数，实不知兵所寓何地，同寓何人，遇有号召，辄出小旗，沿街市招呼，有畏征发，匿不出者，非领饷之期，无从见而问所驻地也。”③

英国侵略军乘胜包围广州城，在高处架炮轰击城内，“大吏茫然无

---

①《入寇志》，《广东商民呈诉冤词》。

②③《夷氛闻记》，卷三。

所措，围住于佛寺中，戈什哈哼鼻涕一声，督抚认为火箭，满座皆惊，旁观窃笑”①。后来奕山派广州知府余保纯与英军接洽投降，英方勒索赎城费600万元，并限令奕山等退出广州城。5月27日奕山接受了投降条件。

明明是战败投降，奕山等却谎奏“焚击痛剿，大挫其锋”，还编了一套鬼话，说英军攻城之际“正欲开炮，烟雾中望见白衣神像，立于城上，遂不敢轰击”②。清廷也明明知道奕山打了败仗，这时候，封建统治者第一次领教了外国大炮的厉害，不敢再坚持盲目的“讨伐”政策。好在英方只勒索600万元，就肯休兵退去，统治者乐得借势下台，上谕说：“该夷性等犬羊，不值与之计较。况既经惩创，已示兵威，现经城内居民纷纷递禀，又据奏称该夷免冠作礼，吁求转奏乞恩，朕谅汝等不得已之苦衷，准令通商”③。说了这一套门面话，就批准了奕山的投降。

三、三元里人民的抗英斗争

清王朝怯懦的行动和卑鄙的谎言恰恰和广州人民英勇抵抗外国侵略的行动形成鲜明的对比。广州人民认识到英国侵略者是自己的死敌，他们自发地联合起来打击英国侵略军。当英军占领四方炮台后，就四出骚扰，“大肆淫掠，奸及老妇”④，广州城郊的义勇丁壮自动起来参战，义勇领袖陈棠等曾经夜袭英船，并协助清军作战，杀死英国高级军官一人。新安县举人庾体群也率壮丁在穿鼻洋面袭击英船。在奕山宣布投降的前一天，广州各乡人民领袖在牛栏岗召开会议，商讨作战计划，并分头发动群众。奕山投降的第二天，几百个义勇乘敌不备，攻克龟岗炮台。广州人民机智地用各种突击方式来对付踏上祖国领土的强盗侵略者。一个英国军官懊丧地说：“我方人员曾经几次被人袭击，这些人显然是在田间作工的农民，一到他们以为有机可乘，可以攻打一个孤立者时，是会拿起一支火绳枪而试图射击他的。”⑤

---

① 佚名：《粤东纪事》。
② 《筹办夷务始末》，道光朝，卷三〇，3页。
③ 同上书，道光朝，卷二九，13页。
④ 《夷氛闻记》，卷三。
⑤ 《英军在华作战记》，第三章，“攻陷广州”。

1841年5月30日，广州人民的抗英斗争走向最高潮，三元里附近一百零三乡的人民在“三星旗”的指挥下，集合成一支浩浩荡荡的队伍，这支队伍中有普通农民，有秘密会党，有以“好义善斗”著名的纺织工人（时称“机房仔”），也有乡镇的一些爱国士绅，他们利用“社学”的组织，团结成一支反侵略的武装力量。当天早上，约有五千义勇荷枪携矛，逼近英军阵地——四方炮台。英军司令卧乌古率千人迎战，义勇们按计划退到三元里附近，人数逐渐增加，所谓“老弱馈食，丁壮赴战，一时义愤同赴，不呼而集者数万人”①，恰好雷雨大作，义勇们乘势将英军切成几段，进行肉搏，英军枪炮全湿，又加道路泥泞，“夷兵俱穿皮鞋，三元里四面皆田，雨后泥泞土滑，夷兵寸步难行”②。战斗多时，“夷兵方舍命突围出，无奈人如山积，围开复合，各弃其鸟枪，徒手延颈就戮，乞命之声震山谷”③。一直到下午四时，英军大队败回四方炮台，但一部分英军被围在牛栏岗高地上，英方派去的援兵也被包围在内。消息传出，人人兴奋鼓舞，准备展开更大规模的战斗。英方调军布防、慌张异常，三山乡和佛山镇等地的群众又乘英船调兵备虚的机会，突出袭击。最后，查理·义律只得向广州官府求救，奕山命广州知府余保纯至三元里解围。余保纯到三元里，一会儿向乡民打躬作揖，说好说歹：“现在已经议和了，洋人们不会再来侵犯了，你们放了他们罢”；一会儿又板起面孔，虚声恫吓：“将来万一有事，要你们负责”。这样做作了好多时候，于是“绅士潜避，民以官故，不复谁何”④。清朝官吏不但不能抵御外侮，反而帮助敌人逃出了重围。

三元里的抗英斗争是中国人民自发起来反对外国侵略的第一个战斗，虽然遭到了反动统治者的破坏，但它在中国历史上写下了光荣的一页，它鼓舞了广东和全中国人民的反侵略斗争，使人民知道“官兵不可恃”、“鬼子不足怕”。正像这次斗争的领导人之一林福祥所说：“三元里一战，我义勇只死二十余人，而夷兵已死二百余名。

---

①③④ 《夷氛闻记》，卷三。

② 林福祥：《平海心筹》，卷下。

夷兵俱有火枪火炮，而义兵只用长棍、短刀，又何尝见夷兵之可怕，又何尝见夷兵之利害，断无可胜之法乎?"① 甚至广州的有些官僚也肯定三元里人民的英勇斗争，如广东臬司王廷兰说："粤省此番用兵，所调各省之兵万有七千，不可谓不多；各库银款数百万，饷不可谓不足；木料买自广西，火药枪炮解自江西、安徽，军装器械不可谓不备；而卒至决裂溃败，一至于比，实由于当事既鲜有章程，用兵复漫无纪律……初十日，百姓虽有伤亡，然人众可恃，愈击愈多。斯时我兵在城者万余，齐参赞新到，有生力军五百名，近在金山。如其有令，两路齐出接应乡民，使其腹背受敌，纵不克聚而歼旃，亦剿杀过半矣，乃计不出此。不知义律何时将余守请出，属其弹压，又不知余守何时私书城外，为夷人解围……盖逆夷自破虎门以来，未有如此之受创者也。事机之失，至今扼腕!"②

英国侵略军连续遭到广州人民的打击，在广州城外站不住脚，于6月初退出虎门。在撤退的时候，还厚着脸皮出告示说："百姓此次刁抗，蒙大英官宪宽容，后毋再犯。"群众马上出示反驳："尔既妄夸厉害，何以不敢在林大人任内攻打广东?""若非我府尊为汝解围，各逆其能保首领下船乎?""不用官兵，不用国帑，自己出力……若不杀尽汝等猪狗，便非顶天立地男子汉。""汝等无避，卜日交战。"在这次广州人民的斗争中，侵略者开始尝到人民铁拳的反击，他们夹着尾巴，逃出了虎门，宁肯另选地方去威吓清朝官吏，在相当长的一段时间内，不敢再到广州来耀武扬威。

英国侵略军遭到广州人民的打击，狼狈地退出虎门，广州人民的武装得到进一步发展。1841年6月，升平社学成立，包括十三社八十余乡，团练数万人。7月，东平公社成立。升平社学和东平公社成为广州人民反侵略斗争的核心组织，"当是时，人人思奋，翘首企足，以款夷为辱，将待夷船之再入也，而尽歼之。广管数县，游手之众，收勇籍者十之八，缘是内河村落，盗匪亦无复窃发，盖丰其衣食，时其训练，日饱食于台墩，力无所用，无不摩拳擦掌，以待

① 林福祥：《平海心筹》，卷下。

② 王廷兰致曾望颜函。

一试"①。一直到鸦片战争以后，广州人民仍坚持着反对英国侵略者进入广州城的斗争。但是，这个斗争在一定条件下又必然会转化成反对清朝封建统治的武装起义，清朝官僚们也预先看到了，如曹履泰奏称："社学之民数万，一夫啸聚，顷刻即成事端；以之恐吓英夷者在此，而不受地方官约束亦在此。"② 封建统治者担心斗争锋芒会有一天转向自己，因此千方百计地阻碍和限制人民力量的发展，甚至后来公开地大规模地对广州人民进行屠杀。

四、浙江和江苏的战役

英国侵略军从广州撤退，糊里糊涂的清朝政府以为战争已经结束，命令沿海撤防。8 月间，广州方面忽然接到英方新任对华谈判全权大臣璞鼎查（Sir Henry Portinger）的通知，说要北上天津求见宰相。原来英国政府没有批准"川鼻草约"，而且责备查理·义律未能在战争胜利的形势下勒索更多的利益，所以，派璞鼎查代替义律，策划向中国中心地区发动更大规模的进攻。

1841 年 8 月 25 日，英军进犯厦门，金门总兵江继云力战牺牲，鼓浪屿、厦门相继失陷。十日后，英军离厦门北上。9 月 25 日，英军进攻定海，总兵葛云飞、郑国鸿、王锡朋率 5 000 士兵英勇抵抗，英舰 29 艘围攻定海六昼夜，"先有火轮船二，三板船一驶进竹山门，总兵葛云飞督施巨炮折其大桅，因窜去。十四日连樯来攻晓峰岭时，寿春镇总兵王锡朋率本镇兵八百名素称劲旅，为之防御，适当其冲，与逆夷鏖战相持四日，虽互有杀伤，逆不得入。十七日夷逆汉奸分番迭至，寿春兵已丧大半，寡不敌众，王锡朋被炮折一股阵亡，岭为逆夷所据，蜂拥登岸转攻竹山门。处州镇总兵郑国鸿身先士卒，麾兵奋拒，忽逢炮轰，甚至肢体糜烂以殉。逆夷乘势直犯东岳宫，葛云飞势孤莫支，遂以身殉"③。10 月 1 日，定海再度失陷。这次定海的英勇抗战，连英国军官也不得不承认"有些汉军军官表现得很

---

① 《夷氛闻记》，卷三。

② 《筹办夷务始末》，道光朝，卷七五，14 页。

③ 范锴：《花笑庼杂笔》，卷六。

英勇，汉军总司令葛将军在长列炮台中阵亡。他的僚属和我们的军队短兵接战，都英勇地与他同时殉节。高地上的旗手选了一个最显著的地位，站着摇旗，丝毫不怕落在他四旁的从轮船打来的炮弹。最后弗莱吉森号的一颗炮弹把他打倒，另一个人赶紧取其位而代之”①。

接着英国侵略军进攻镇海，扼守镇海城外制高点的浙江提督余步云贪生怕死，事前就说了“一家三十余口，可怜”② 的泄气话，英军登岸，他首先逃跑，钦差大臣、两江总督裕谦力战不支，投河而死。10月10日，镇海失陷，10月13日，英军又乘胜占领宁波。这次镇海战斗，虽然因无耻将领余步云的逃跑而影响了军心，但士兵们自发地进行了出色的战斗，跟侵略军多次肉搏。英国军官描述这次战斗的情况说：“在这些人之中，有许多人奋死决战，显然有不战胜而战死的决心。”③

英国侵略军侵占定、镇、宁三城之后，四出劫掠。据侵略者自供，占领宁波之后，就抢劫了“可供两年之用的谷和十二万元左右的现金和纹银，堆着大堆大堆的钱，其价值当不可胜数”④。据定海教谕金士奎等称：英军“成群结队，或数十人，或百余人，凡各乡各岙，无不遍历，遇衣服银两牲口食物，恣意抢夺，稍或抵抗，即被剑击枪打……或因伤殒命，或受伤沉重，痛苦颠连，不堪枚举……而夷船之在内港游奕者，遇女眷必被劫去，数十万生灵，如坐针毡，延颈待毙”⑤。残暴的英国侵略者还用骇人听闻的酷刑来对待浙江人民，“杀人者先以刀割裂其皮，纳入水银，周身灌注，遂活剥而悬焉”⑥。不管侵略者如何残酷地镇压，浙江人民仍奋起袭击侵略者，有些人组成黑水党，“于大江中，置八桨船，伺英人出，狙击之”⑦，英国侵略军时时处处都有遭受突击的危险。

浙江战争使得事态更严重了，清朝不仅丢失三个城池，而且死了一个封疆大吏，乘势下台的想法破产了，“太平”统治保不下去，清朝只好重整旗鼓，准备应战。10月18日派另一皇侄奕经为扬威将军，侍郎文蔚、蒙古副都统特依顺为参赞大臣，从陕西、湖北、江西、安徽、河南、

---

① 《英军在华作战记》，第五章，“厦门和舟山的陷落”。

② 《夷氛闻记》，卷四。

③④ 《英军在华作战记》，第六章，“镇海和宁波的陷落”。

⑤ 《溃痈流毒》，定海难衿金士奎等公牍。

⑥⑦ 转引自郭廷以：《近代中国史》，第2册。

四川等省调兵赴浙，其他沿海各省亦纷纷调兵设炮，团练治防。但是，奕经和奕山一样，代表封建统治的腐朽黑暗势力，他所走的也几乎是和奕山一模一样的失败主义、投降主义的老路。他从北京去浙江，一路上游山玩水，"随员杨熙、联芳、阿彦达，侍卫容照，并少年得志，苏城故金粉繁华地，歌阑舞榭，最足动人豪兴，所携仆隶，虽谙师中纪律，受供张率如平时，不及加意裁抑，一时人多费重，讹言四起"①，后来闹得太不像话了，江南一带人言藉藉，奕经等才不得不开往浙江，路上慢吞吞地走了四个月。他一到浙江，也和奕山一样，把当地人民都当做汉奸，说"曹江以东，到处汉奸充斥，商民十有七八。孰奸孰良，竟莫能辨"②。宿迁举人臧纡青建议"募选鲁汴江淮勇士万人，加以沿海渔疍，与近场盐枭，并及江湖土盗二万……不区水陆，不合大队，不克期日，水乘风潮，陆匿丛莽，或伺伏道路，见夷即杀，遇船即烧，重赏悬格，随报随给，人自为战，战不择地……然后应以大军，伏舟港口，内外交逼而尽歼之"③，这是在一定程度上依靠人民力量的分散作战的办法，也是当时以弱抗强的较好的办法。但奕经不用，却相信一些荒谬的情报，说："逆夷知大兵已到，中情畏怯，东驶西窜，来去无常……又定海有夷船开行时，各夷众俱流泪相送"④，而且奕经和文蔚"于腊之望夜，同梦夷党悉弃陆登舟，联帆出海，宁波三城已绝夷迹，迨侦探，果有运械归船之事，以为佳兆昭著，连城恢复，在指顾间。于是定议克期进剿"⑤。两个同梦人冒冒失失订了一个夜袭计划，当地人民曾积极地配合作战，宁波、镇海城内都有人民做内应，但是这班将领事先不做准备，携带火器很少，战时又大多逃跑，结果英军进行反攻，不但镇海、宁波未曾收复，连慈溪也被英军占领，奕经逃到曹娥江以西，再也不敢露面。

奕山指挥的广州战役和奕经指挥的浙江战役，是清朝在第一次鸦片战争中对抗英国侵略军的最大的两次战役，每次战役都有两三万人参加，并且有全国各地的支援，但是两次战役都在盲目、混乱

①③⑤ 《夷氛闻记》，卷四。

② 《筹办夷务始末》，道光朝，卷四四，19页。

④ 同上书，道光朝，卷四三，27页。

和错误的指导下归于失败。失败的主要原因在于清朝不敢相信人民，因而也不愿意动员、号召人民参加斗争，而且他们和人民一直抱敌对态度，当人民自发地起来反抗侵略时，清朝统治者反而加以限制、破坏，甚至把抗英人民诬蔑为汉奸而加以陷害。回顾中国历史上所有的对外战争，当社会矛盾比较缓和、政治比较清明之时，统治者就能够在一定程度上动员和利用人民的力量，战争也就会取得胜利，至少也会取得优势；相反，当社会矛盾非常尖锐、政治上十分腐朽之际，统治者时刻担心着人民武装力量的兴起会连自己的腐朽统治一起摧毁，在这种情况下，统治者就不愿意也不敢于动员、利用人民的力量，对外战争就必然出现失败、妥协、投降的结局，这几乎是一个规律。清朝到嘉庆、道光帝统治时候，国内阶级矛盾十分紧张，政治、军事都已腐朽透顶，人民起义频仍，封建统治者害怕人民武装甚于害怕外国侵略，所以奕山有“防民甚于防寇”的话，其他将军、官僚们的奏折中也一再诬蔑人民为汉奸。当然，在每次对外战争中都有些民族败类为虎作伥，趁火抢劫的事情也是有的，但这毕竟是很少数，清朝将军、官僚们几乎把全体人民当做汉奸，而且把明明是抗战有功的人也称为“游棍刁徒”①，这就不能不说是由于阶级本能而造成的。总之，封建统治的腐朽，和人民的尖锐对立，这是战争失败的主要原因。再加上军伍废弛、指挥混乱、武器落后等等因素，就使战争成为一败涂地、不可收拾的局面。

有人说，第一次鸦片战争失败的主要原因是由于中英两国社会发展程度的悬殊，因为当时英国已经是资本主义社会，中国还是一个封建社会，落后的封建社会不可能抵挡先进资本主义国家的侵略。这个看法还不够全面，不够确切。当然，英国在社会发展程度上是先进的，因此它在军队的训练、组织方面比清朝高明一点，指挥也好一些，并且拥有新式武器，这一些是战争中对英军方面的有利因素。但是英军对于一个地大物博、人口众多而又具有悠久革命传统的中国进行侵略战争，这样就产生了许多不利因素。它的军队很少，

① 刑部惩办抗英运动领导者钱江何大庚折。

当时英国分布在本土和殖民地的全部军队不过 10 万人，参加侵华战争的只有 1.5 万人；他们的“坚船大炮”只能在沿海沿江发挥威力，进行陆地战斗就有很多困难；又由于水土气候不习惯，军队中病亡率极高，在侵略军第一次占领定海期间，“军队中流行疫病，三四百人已被安葬，大约有一千五百人在医院中，英勇的苏格兰来福枪联队完全消瘦到皮包骨，勇敢的第四十七团的情形简直不见得好一些”①；再加上补给线太长，补充食物、军火非常困难，从英国本土到中国要航行四五个月的时间。由于这些原因，英军只能够集中兵力，攻打沿海沿江的某些城市，特别因为英军所进行的是侵略性的非正义的战争，1.5 万军队要和 4 万万人民为敌，它绝不可能深入中国内地。假使清朝统治不是那样的腐朽，而能够在一定程度上利用人民的力量，采用坚壁清海和分散突击的战略方针，那么当时是有可能把英国侵略军拖垮赶走的，至少也能相持下去，不至于惨败。社会发展程度的高低对于战争胜负有一定的关系，但是并不直接决定着战争的胜负。

也有人认为，在战争中，清朝廷时战时和，方针动摇，举棋不定，这是战争失败的主要原因，而清廷和战方针的不定又是由于最高统治者道光皇帝优柔寡断所致。这个看法显然是不正确的。和战不定固然是招致战争失利的一个因素，但所以和战不定主要并非由最高统治者个人性格所决定的，正因为封建统治者与人民对立，无从吸引人民中深厚的反侵略潜力，所以它在反侵略斗争中显得软弱畏怯，反映到政策上就是和战不定。假如当时国内矛盾缓和，统治者敢于从人民中找寻支持，那么道光帝本人也会像汉武、唐宗一样有勇气有决心来“宣扬国威”。在这里，个人的特点恰好受社会条件所制约，忽略这一点，便会陷入历史唯心主义的错误。

英军在浙东获胜之后，于 5 月间又攻陷乍浦。接着，侵略军为了集中兵力攻打清朝财富之区，于 6 月间进犯长江。

清朝统治者在两次大败以后，发现自己在对外战争方面是很不中用的，为了保全自己的统治，有些官僚又重提“抚夷”的主张，

---

① 《英军在华作战记》，第四章，“宁波与舟山”。

如浙江巡抚刘韵珂上书论“十项焦虑”，旁敲侧击地劝说朝廷“随机应变，妥协办理”，其中说：“去冬杭州、湖州、绍兴等府所属各县，匪徒聚众抢掠，势甚鸱张……当此人心震扰之时，难保不潜相煽惑，散而复聚。况上年雪灾之后……小民度日维艰……安保此外不另有不逞之徒，乘机而起。”① 这时，道光帝虽然还盼望败后求胜，要将军们“激发天良，申明纪律”②，“复振军容，激励将士……遇有可乘之机，尤宜痛加攻剿”③，但他也明知败局已经不能挽回，因此派遣耆英为钦差大臣带同原来因与英国妥协而被革职的伊里布赴浙江前线，试探投降的条件，上谕中遮遮盖盖地透露出求降的心理，他说：“朕至诚待物，从不以逆夷为怀，如果得利相安，不致别图滋扰，区区之施，实非所吝，蠢尔丑类，何足为仇。”④ 很显然，这时候作为清朝最高统治者的道光帝向侵略者求和是有一定顾虑的，因为他还是第一次和资本主义国家发生武装冲突，不了解资本主义侵略的性质和方式。按照中国封建社会的惯例，异族的战胜常常会迫使最高统治者称臣纳贡，甚至会引起改朝换代。道光皇帝最担心的是自己皇位能不能坐下去，所以他一方面再三诫谕大臣“勿存苟安之见”，要大家“和衷共济、鼓励戎行”，另一方面却向侵略者试探议和条件，准备在“不得已”时投降。

耆英、伊里布到达前线向侵略者投送照会，希望“两下即时戢兵，重开关市”，并主动送还英国俘虏，但是英国侵略者置之不理，他们知道要在中国取得更多的利益，便须把炮弹更多更远地打到清朝统治的要害地区。6月，英国侵略军进入长江，攻打吴淞口。

和清朝统治者的态度相反，江苏人民和一部分将领、士兵的反抗斗争却愈来愈激烈。英军进攻吴淞时，江南提督陈化成坚守西炮台，击毁敌舰两艘，侵略军绕攻侧面。两江总督牛鉴是个胆小鬼，战争激烈的时候，“急遣弁檄退兵，军门（军门即陈化成）不允，檄三至，弁伏地叩求，终不为动”⑤，结果牛鉴一溜烟儿地逃跑，影响

① 《筹办夷务始末》，道光朝，卷四四，31～32页。
② 同上书，道光朝，卷四九，2页。
③ 同上书，道光朝，卷四七，39页。
④ 同上书，道光朝，卷四九，1页。
⑤ 袁陶愚：《壬寅闻见纪略》。

军心，全军溃散，陈化成力竭战死，上海失守。牛鉴为了掩饰他怯懦逃跑的罪责，向道光帝报告："逆夷凶猛，迥出寻常意料之外，此次挫折，臣目击身经，方知凶焰非可猝制，委非将士不肯用命"①，其用意是夸大敌人的力量，催促朝廷赶快投降。

英军攻占吴淞、上海后，企图向西推进，遭到内地人民和部分士兵的英勇抵抗。它是孤军客军，不敢离开战舰深入硬战，只得退出吴淞，沿长江西上。这时候，清朝大官僚连应战的勇气也没有了，"入江所经各州县，制府（按：指两江总督牛鉴）皆令不许开炮，遗之牛羊，即扬帆经过，而牧令将弁，自幸无事，无不掩旗息鼓，先行回避……此等御敌之法，百姓不知，惟制府知之"②。一路上侵略者揹勒需索，向浏河居民征集"牛百、鸡千、鹅百、鸡子万，并蔬果等物"，向常熟索取"牛羊粟米蔬果等物，约数千金"③，但是中国人民并不是好欺侮的，"贼抵江阴时，别于靖江泊数十艘，征索牛米，一童子立城上，忿掷石击毙一白夷，贼遂飞炮攻城，乡民竞执耰锄迎敌，江口沙滑，贼屡跌，辄击毙之，凡三十余人，明日由小路潜进，土人于道旁积石罅中施枪，妇竖悉拾石奋击，又殪数十人，阅数日，又乘夜登岸，仅半里许，忽火把四起，锣声如雷，贼大骇奔走，殪沙石间者又数十人，遂扬帆遁"④。

7月中，英舰迫近镇江，驻防副都统海龄不分青红皂白，"纵兵杀人，目为汉奸。汉奸对夷匪言，副都统误以为对满洲、蒙古言，凡他邑人在城中习懋迁者、充工役者、作僧道者、为仆及行乞者，以非土音，均被缚去，略一诘问，即杀十三人于小教场，其众人具保状证为良民者，不得已竿掷城外，免于斧钺，复死于倾跌。而里巷中晓行者、暮行者与夫行城下者，不问何人，胥用鸟枪击毙草莽无算。闭城之先，副都统即疑满城皆是汉奸，日捉数人送邑令提讯，邑令钱燕桂讯明释放，即指钱令为汉奸，乘其出城，闭门不纳"⑤。所以英兵未至，镇江城内已经充满着恐怖的气氛。7月17日，英军

① 《筹办夷务始末》，道光朝，卷五〇，28页。
②③④⑤ 杨棨：《出围城记》。

开始进攻，参赞大臣齐慎、湖北提督刘允孝惧战逃跑，“率万众之师，歇马丹阳，解衣避暑矣”①。只有几百个青州旗兵自发地起来抵抗，和7 000名英军发生了一场约三小时的激烈巷战，英军损失极大。恩格斯评论这次战斗说：在镇江，英国人“才知道：满清军队虽然没有军事技术，可是决不是没有勇气和奋发精神的。那里的满清军队总共只有一千五百人，但他们却勇敢拼死地应战，直至全军覆没为止……在这次战斗中，英军损失了一百八十五人。为报复这个损失起见，他们在劫城的时候大肆屠杀，因为英军作战时那种极端残酷的手段，是和引起这次战争的贪欲无厌的私贩行动完全相符合的。如果英军在各地都遇到了同样的抵抗，他们就不会取得南京”②。

但是，由于清政府腐败，人民、士兵和个别将领的英勇抵抗没有能挽救战争失败的局面。镇江失守以后，官僚地主力主抚议，他们一面害怕英国的船坚炮利，一面又害怕中图人民反抗英军的行动会变成反对清朝的起义。镇江失守前夕，耆英、伊里布向朝廷陈说局势危急，要求执行“羁縻”、“绥寇”的措施：“查瓜州在镇江对岸，为南北往来要区，该夷堵塞口门，占据江面，居心实不可问。且文报往来隔绝，粮饷转运维艰，凡商贩米货等物，均不能由瓜州镇江进口，情形万分支绌。倘镇扬两郡骤被逆锋蹂躏，旋即开帆，直抵金陵，则省城重地可危；其余沿江沿海地方，亦必闻风震悚，自相扰乱，将见外患未除，内讧又起。言念及此，忧心如焚。”③ 同时，牛鉴也上奏说：“当此人心震恐之余，苏、浙、淮、扬，亦有不支之势。由长江而至安庆府城，水程不过六七百里，安徽亦将有风鹤之警。且连日以来，盐枭处处蠢动，放火肆抢，虽经查拿数起，不能禁止。伏乞皇上睿谟乾断，迅赐保全之策，以绥疆土而拯民命。如逆船驶至金陵，并恳圣恩，准臣设法暂事羁縻。”④ 的确，人民力

---

① 朱士云：《草间日记》。

② 恩格斯：《英人对华的新侵略》，见《马克思恩格斯论中国》，67页。

③ 《筹办夷务始末》，道光朝，卷五五，23页。

④ 同上书，道光朝，卷五五，26页。

量的兴起，这是腐朽的统治者最为担心的事情。这时候，不仅从前的妥协派大唱投降论调，就是从前那些盲目的主战派也噤若寒蝉，“自时事中变，识时务者，不复言兵”①。在这种情势下，道光帝授权耆英、伊里布“慎持国体，俯顺夷情，俾兵萌军戢，沿海解严……不必虑有掣肘，以致中存畏忌，仍于事无益”，妥协派毕竟压倒了主战派，获得全胜。

1842年8月初，英国侵略军陈兵南京城下，南京的大官僚们乱成一堆，派人接洽投降。英国方面开列条件，要求全部接受，并佯作攻城之势，“诸帅已胆裂，即夜复书，一切唯命”②。和约没有经过会商形式而全部被接受下来。

五、《南京条约》的签订

1842年8月29日，中国近代史上第一个不平等条约——《南京条约》——在英舰皋华丽号上签订，代表清朝政府签字的是耆英、伊里布，代表英国政府签字的是璞鼎查。

《南京条约》共13款，其中规定：中国永远割让香港给英国，由英国“常远主掌，任便立法治理”。从此以后，香港就成为英国在远东的军事和商业基地，这就给英国进一步深入侵略中国以极大的方便。

条约规定：中国开放广州、厦门、福州、宁波、上海等五个通商口岸，在这些通商口岸，英人可以自由居住，自由贸易，这便使封建中国的门户完全洞开在外国侵略者的面前。

条约规定：中国赔款2 100万元给英国，其中600万元赔偿烟价，300万元赔偿商欠，1 200万元赔偿军费。由于巨额赔款的压榨，中国人民更陷入了贫困的境地中。

条约规定：英国进出口货物纳税，“均宜秉公议定则例”，这是协定关税的开端。靠着这种特权，英国商品可以大批运到中国来，吮吸中国人民的血汗。

---

① 徐继畬致林树梅书。

② 魏源：《道光洋艘征抚记》，卷下。

条约规定：英国商人在各口岸可以自由和中国商人交易，不必通过“公行”。从此，英国侵略者可以越过“公行”制度的障碍，挑选和培养为自己利益服务的买办商人。

总之，《南京条约》是屈辱的、痛心的条约，是英国侵略者套在中国人民头上的第一重枷锁。它开始剥夺中国的主权，它标志着外国侵略者打开中国市场的开始，标志着中国从独立自主的封建社会逐渐走向半殖民地半封建社会的开始。

《南京条约》对于英国在华特权仅作了一般的规定，至1843年，英国又强迫清政府订立了《五口通商章程》和《通商附粘善后条款》（即《虎门条约》），具体规定了《南京条约》中的一些细则，其中规定船钞“每吨输银五钱”，货税中，茶叶每担纳税二两五钱，棉花每担纳税四钱，其他尚议定了133种进出口货物的税则，大多接近于值百抽五，此外内地通过税规定“照旧输纳，不得加增”。这种税率是世界上最低的，特别是由于《南京条约》内“秉公议定”这个含混而毒辣的措辞，中国方面就不可能自己修订税率。本来关税是保护本国工商业发展的重要工具，关税税率起着调整进出口货物、保障本国工业品获得市场的作用，任何一个独立国家都有自己的关税政策，关税主权的丧失就像掘开了江河的堤防，外国商品的洪流必然泛滥全国，淹没中国资本主义的新生嫩芽，这一点正是中国人民一百年来极大的恨事。

《五口通商章程》和《虎门条约》除规定实施《南京条约》的具体细则外，又另加了许多重要的不平等条款。

第一，凡中国人民和英国侨民交涉词讼，英国领事有“查察”、“听诉”之权，“其英人如何科罪，由英国议定章程法律，发给管事官照办”。这是所谓的“领事裁判权”的开始，从此，英国资产阶级不必遵守中国法令，也不受中国政府的约束，他们都能够爬到中国人民的头上，为所欲为。

第二，在《虎门条约》里规定：“英人携眷赴五港口居住，或租赁房屋，或租基地建屋一条。英人与家属所住房屋，准于何处租赁，何处建造，尤应各就地方民情，先行议定，彼此出于两愿，方可相安"。根据这个含混的规定，1845年英国又强迫清政府签订《上海地皮章程》，这就成为外国在华设置租界的开端。

第三，《虎门条约》规定："西洋各国商人，如准其一体赴各口贸易，即与英人无异。将来设有新恩施及各国，应准英人一体均沾"。这就是所谓的"最惠国条款"，根据这个条款，任何侵略者在中国获得特权，英国同样可以享受。

中英《南京条约》签订的消息，在欧美引起了极大的激动。美国、法国和其他各国的资产阶级十分垂涎英国的既得利益，他们纷纷追踪而来，向中国进行勒索。

美国是英国在侵华活动中的主要帮凶。在中英战争期间，它给英国偷运商品。英国侵华胜利后，美国第一个跟踪到来，一面派舰队到中国海面示威，一面派专使顾盛（C. Cushing）到澳门，要求清政府订约，"其意在仿照英夷，并欲驾出其上"①。1844年7月3日，清政府在美国侵略者的恫吓之下签订了《望厦条约》。《望厦条约》共34款，除了没有赔款和割地外，包括了英国在华享受的一切特权，并且所规定特权的内容更加具体，范围更加扩大。如关税税率方面规定，"倘中国日后欲将税率更变，须与合众国领事等官议允"，领事裁判权适用的范围，从刑事推广到民事，适用地域也从五口推广到全国。

随后，法国也派遣专使剌萼尼（Lagrené）对中国进行讹诈。1844年10月24日强迫清政府签订中法《黄埔条约》，除了获得和英、美同样的利益之外，又规定"倘有中国人将佛兰西礼拜堂坟地触犯毁坏，地方官照例严拘重惩"的条款。根据这项条款，法国侵略者要求清政府取消1723年（雍正元年）颁布的天主教禁令，清政府在威吓之下终于1844年12月宣布天主教弛禁。从此，西方各国的传教士紧随在大炮和商品的后面来到中国，利用宗教外衣，进行侵略活动。

此外，许多小国也纷纷要求和清政府订约，清政府根据"一视

① 《筹办夷务始末》，道光朝，卷七一，8页。

同仁”的可耻原则，一概答应，先后订约的有葡萄牙、比利时、瑞典、挪威、荷兰、西班牙、普鲁士、丹麦、俄国等，他们都获得了英、美、法国所享的特权。

这些侵略者（主要是英、美、法）虽然也存在着矛盾和分歧，但在当时，这种矛盾还没有充分发展起来，他们在中国问题上，主要是希望打开中国门户，以便剥削中国人民，在这一点上，他们的步调基本上是一致的。

第二节 第一次鸦片战争后中国社会的开始半殖民地化

第一次鸦片战争的失败和《南京条约》的签订给予中国社会极大的影响，使中国开始丧失独立国家的地位。从此，中国历史沿着半殖民地的轨道而演进，社会的各个方面发生了较之战前剧烈得多的变化，对外贸易不仅在数量上逐渐增长，而且贸易的性质起了根本变化，中国失掉了平等贸易的地位而逐渐变成资本主义国家的商品市场；由于对外贸易的发展，一批沿海城市畸形地发展起来，在这些城市中产生了买办阶层；随着外国侵略的加深，中华民族和外国侵略者之间的矛盾也渐趋激化，这个新的矛盾在一定条件下又触发了国内的阶级矛盾，使阶级矛盾呈现缓和或激化的形式。总之，第一次鸦片战争后，中国进入了政治经济和思想方面迅速变化的时代，进入了新与旧剧烈斗争的时代。

第一次鸦片战争后的八年间，中国社会发生了以下几方面的显著变化。

一、赔款重担和鸦片的更加泛滥

在战争中，清朝政府支出了大量战费，仅广东一省，战费即达四百余万两，这笔浩大的战费主要是由农民来负担的。所谓“粤东不靖、大兵自北而南，军书旁午，露布星驰无旦夕，官吏征民夫递送，军装、钱漕、力役三政并行，追呼日迫，卖儿鬻女，枵腹当差，道殣相望，流离之状，令人恻然”①。到了战争结束，《南京条约》中所规定的2 100万元赔款，又主要由农民来担负，这笔巨大款项分四年七批交清（还要加上5%的利息）。清王朝在付给第一次赔款时就公开表示不愿意拿国库贮存来支付赔款，上谕中说：“至现议先交之六百万元，自应付给，以示诚信，除现在民捐一百数十万两外，其不敷之处，准其暂于江、浙、安徽藩运各库通融借拨，统于捐输项下还款。”② 因此战争结束后，清政府便大力搜刮，以弥补因战争和赔款而带来的财政亏空，连下“筹划经费”、“开捐输”、“裁浮费归公”、“多追商欠”、“查明私垦隐赋，勒限照例升科”等一大串的搜刮命令，甚至为了勒索各省积欠的地丁、漕粮，对各省督抚大加申斥说：“该督等既为大清之官，不顾大清之事，试问是何人耶？……该督等仍敢狃于积习，贻误仓贮要需，国法具在，噬脐何及。”③ 后来索性定出层层朘削的办法：“所有各省着赔、分赔、摊赔、代赔、溢领、核减之款，着各省督抚河督于所属实缺司道府厅州县各员，无论本身应赔及代赔各项，俱着照该部所开清单，勒限催追完交”④，这个上谕实际上是发动全体官吏，加紧向人民搜刮，对于搜刮有功的知县，还赏加四品顶戴，以示奖励。人民在原有的苛捐杂税之外，又加上一笔战费和赔款的新负担。浙江巡抚刘韵珂述搜刮的困难情形说：“至于议给之款，各省分拨，承示：此项银两须勒绅富捐输归款（按：实际上绅富勒迫人民），浙省自军兴以来，商民捐助饷需，为数实亦不少……去秋收成本歉，冬间复遭雪灾，各属饥民滋事，即经动捐赈济，体察绅富情形，实已竭蹶从事，若责以赇夷之款，劝令捐输，勒必不应。若如川省之议增粮赋，江浙万不可行，必至忠义之心，渐成怨毒之气。故剿夷之银可劝捐，而赇夷之银不可劝捐。”⑤ 可见有一部分官僚也知道人民实在负担不起

① 邓文滨：《醒睡录》，初集，卷二，《苦雨》。
② 转引自郭廷以：《近代中国史》，第2册。
③ 《东华录》，道光朝，卷五四。
④ 同上书，道光朝，卷五八。
⑤ 刘韵珂：《致金陵三帅书》。

这笔赔款，而不以清政府的苛捐杂税为然。

《南京条约》中并没有提到战争起因的鸦片问题，这在清政府是不敢再提这个棘手的问题，在英政府是故意回避这个可耻的问题。条约中虽未提到鸦片贸易，可是，事实上，正像马克思所说：“从1843年起，它实际上享受了完全免受处罚的权利”①。以往还多少是偷偷摸摸进行的鸦片贸易，现在丝毫没有顾忌了。1842年鸦片输入33 000多箱，1850年增加到53 000箱，1855年增加到78 000箱。有人在《南京条约》订立时预测鸦片泛滥的情况：“杲杲白日，阒其无人，月白灯红，乃开鬼市，烟禁大开，鬼世将成”②，这是相当正确的预测。鸦片战后，仅广州一城，鸦片烟铺即增至“五六百家”③。

鸦片泛滥，使统治阶级更趋腐化。如战后徐子苓所感慨叹息的：“今第以一邑论，农之食烟者十之二，工之食烟者十之三，贾之食烟者十之六，兵之食烟者十之八，士之食烟者十之五，上至督抚仆隶之私，下及县门舆台之贱，其食烟者又十之八九。且夫今之所谓兵与士，平居教养之术，固已疏矣，而又毒之以烟，故其居尝靡事而不为。十余年之间，狱讼繁兴，盗贼蜂起，苞苴盛而请托公行，廉耻衰而风俗大坏，职是故也。”④

同时，鸦片泛滥使白银继续大量外流。据估计1843—1846年平均每年输出白银约3 500万两⑤，白银外流达到这样巨大的数目，银贵钱贱的老问题也更加严重。19世纪初银价一两换钱在一千文以内，由于白银外流，银价上涨，1840年河北一带银价涨至1 643文，1845年涨至2 024文，1849年又涨至2 355文。⑥农民和手工业工人出卖生产物或劳动力，只能得到铜钱，但是交纳地租、赋税时要换

① 马克思：《鸦片贸易》，见《马克思恩格斯论中国》，86页。

② 刘韵珂：《致金陵三帅书》。

③ 《广东探报》，见《鸦片战争》(四)，292页。

④ 徐子苓：《与邵位西拟言时事书》。

⑤ 参见余捷琼：《一七〇〇——一九三七年中国银货输入的一个估计》。

⑥ 严中平根据河北宁津县大柳镇统泰升记商店账册计算，参见《中国近代经济史统计资料选辑》。

成银两，实际负担增加很多，连曾国藩也说："昔日两银换钱一千，则石米得银三两，今日两银换钱二千，则石米仅得银一两五钱。昔日卖米三斗，输一亩之课而有余，今日卖米六斗，输一亩之课而不足，朝廷自守岁取之常，而小民暗加一倍之赋"①。所以鸦片泛滥和白银外流的结果，还是劳动人民最吃亏。

二、对外贸易的增长及其影响

鸦片战争后，由于中国大门被打开，对外贸易有相当增长。一方面，外国商人收购中国的特产丝、茶，这两项出口商品的数量飞速增加。1843 年由广州一口输出茶 17 727 750 磅，1844 年由广州、上海两口输出的茶激增至 70 476 500 磅，1849 年两口输出茶 82 980 500 磅，1856 年上海、福州、广州三口共输出茶 1.3 亿磅，十余年间增加 8 倍。丝在 1843 年输出 1 787 包，1845 年输出 13 200 包，1850 年输出 21 548 包，至 1856 年输出将达 80 000 包。像丝、茶这种带有农村副业经营性质的生产，在中国是有着巨大增产潜力的，一旦市场通道被打开，国外需求迅速增长，丝茶就像取之不尽、用之不竭的珍宝，这两项出口物在 19 世纪下半期维持对外贸易平衡上起了主要的作用。

除了中国出口丝茶有显著的增长之外，外国进口商品也有增加。如战前（1836 年）英国直接输华货物的总值为 130 万金镑，1841 年和 1842 年的战争时期，每年下降到 90 万金镑上下，1843 年增至 146 万金镑，1844 年和 1845 年是发展的高峰，每年输华货物总值达 230 万金镑左右。但是随着英国国内经济危机和英国商人的盲目倾销，对华输入量又回落到 1843 年的水平，此后五年间，输华货物总值停滞于 150 万金镑的数字，直到 1851 年才开始回升，至 1852 年达到 250 万金镑。② 当然，从总体上看，英国对华输入还是在增加的，但增加是回旋式的、不稳定的、极缓慢的，和自华输出丝茶的增加量相比是微小的，特别是相对于英国资产阶级迫切的侵

---

① 《曾国藩全集》，奏稿，卷一，《备陈民间疾苦疏》。

② 参见严中平：《英国资产阶级纺织利益集团与两次鸦片战争的史料》。

略要求来讲，对华输入的增加量简直太微不足道了。正像马克思所说：“中国市场所特有的现象乃是：自从根据1842年的条约而开放中国市场以来，中国出产的丝茶向英国的输出额不断在扩大，而英国制造品对华输入额，整个说来，却停滞不前。”① 直到50年代中叶，英国输华的商品总值仅占英国出口总值的1.79%，“其消费我们的制造品竟不及荷兰的一半，也不及我们那人口稀少的北美或澳大利亚殖民地的一半，赶不上法国或巴西，赶不上我们自己，不在西印度之上，只比欧洲大陆上某些小王国如比利时、葡萄牙或那不勒斯稍微多一点点”②。英国资产阶级本来对《南京条约》抱很大希望，条约签订后，璞鼎查得意地宣扬自己打开中国市场的功绩，说这个市场的广阔，“倾兰开夏全部工厂的出产也不够供给他一省的衣料的”，英国商人也“纷纷谈论我们可是一举而要为全世界三分之一人口的需要效劳了，这个消费我们货物的新市场的美景被人们在公共集会上和新闻报导上，广泛而动听地宣传开来——人们告诉公众说，只消中国人每人每年需用一顶棉织睡帽，不必更多，那英格兰现有的工厂就已经供给不上了”。可是，事情的发展并不那样美满，“市场的美景冲昏了商人的头脑，使他们看不见障碍……很快地供给就太多了，其结果就产生停滞……商人增多了，商业却萧条了……最后，形成了亏本生意，照小组委员会的意见，‘公平地说，亏本35%至40%’”③。

一个资产阶级作家叙述英国商品碰壁的逸闻说：“在一八四三和一八四四年，当北方口岸（按：指广州以北）刚刚开放，英国人兴奋若狂。西菲尔特的一个著名的商号曾运去一大批刀叉，并宣称他们准备供应全中国的需要。但是中国人不懂得刀叉的用途，而是用筷子扒饭，他们对这些器物连看也不看。这些东西的售价还抵不上运费，在香港商店中曾井井有条地陈列了好多年，好像军械库里的

① 马克思：《贸易与条约》，见《马克思恩格斯论中国》，91页。

② 1852年3月密切尔报告书，转引自严中平：《英国资产阶级纺织利益集团与两次鸦片战争的史料》。

③ 香港《中国邮报》，1847年12月2日社论，转引自严中平：《英国资产阶级纺织利益集团与两次鸦片战争的史料》。

枪和矛一样。另一个伦敦的著名行家，托运了一大批钢琴到中国销售，也许他们的看法是根据这样一种计算，即中国应有二亿妇女，而‘现在中国开放了’，最低限度每二百个妇女中会有一个人愿意学钢琴的。但是，中国人仍然热爱自己的锣鼓，不能接受这种‘美意’。因此发生了很大的困难，香港不能留下这些钢琴。最后，这些受托的商人都是社会上势力很大的人物，他们用一种令人苦恼的专横办法使自己解脱困难，他们坚持要每个欧洲人的住户买两部钢琴，价钱，可以想见，并不太高。但是这是出于私人情谊，而不是出于公平交易的买卖。这些制造商的冲动行为使得最好的钢琴制造者所制的钢琴，充斥于香港和其他四个口岸。”①

的确，当时英国资产阶级的冲动，制造了不少类似的笑话，就像这个作家在结束这则逸闻时所说：“大宗商品也有着同刀叉和钢琴一样的情况。”

为什么中国市场会呈现这种在英国资产阶级看来十分奇怪的现象呢？这主要还是由中国经济的农业和手工业相结合的特点所决定的。这种自给自足的经济结构“在对抗外国货的竞争上，是一种真正无从侵入的体系”，当时，外国商品虽然已经有了若干政治特权的保障，但还不可能一下子摧毁它，所以，战后十多年外国商品输入一直限制在不大的范围之内。此外，外国商品输入增加不快还由于鸦片输入增加太快所致，1847 年英国下院专门研究中英贸易的小组委员会认为：英国对华贸易不振，“既非因为中国对英国货物没有需求，亦非因为有其他国家与英国竞争，唯一原因在于中国可以动用的现银，被鸦片所吸收，从而对于自英国进口的制造品，即缺乏支付手段”②；1849 年 7 月 28 日的英文杂志《中华之友》也说：“鸦片贸易，不断地增长着。如果英国和美国对于丝茶的需要增大，那末这只是使鸦片贸易继续增长；销售工业品的机会是毫无希望的。”很明显，当时中国市场的购买力不可能同时接受鸦片和工业制造品，

---

① 转引自彭泽益编：《中国近代手工业史资料》，第 1 卷，493 页。

② 《英国下院蓝皮书》，1847 年小组委员会报告书，转引自严中平：《英国资产阶级纺织利益集团与两次鸦片战争的史料》。

鸦片的高额利润使外国鸦片贩子们在中国市场上大为活跃，反而把工业制造品的销售推到了次要地位。

既然在鸦片战争后，外国商品输入的数量增加并不很快，而中国的出口贸易却增加比较迅速，那么能不能说，鸦片战争有利于我国对外贸易的发展呢？当然不能够这样说的。因为这不仅应该从对外贸易的数量上来考察，而且更重要的是应从对外贸易的性质上来考察，当时假使除开鸦片贸易不计，中国在对外贸易的数量上是占优势的，可是由于《南京条约》等的束缚，中国已丧失了作为一个独立国家所应有的保护自己贸易的种种权利，中外贸易已不是平等的贸易，外国商品有各种特权的保障，占着有利的地位。随着时间的延续和特权的扩大，外国商品一天天地在转变到上风，而使中国对外贸易最后都控制在外国商人的手里。

而且，所谓战后外国商品输入不多，也是暂时的、相对的。对于当时迅速增长的中国出口商品来讲，对于外国侵略者的巨大贪欲来讲，外国输入的商品确实不多，增长不快。但这些被输入的外国商品已经在中国社会经济中起着一定的侵蚀作用，中国的封建经济结构正处在缓慢的分解过程中，这种情况从当时商品经济的活跃和手工业被排挤就可以看出。

首先，在制丝方面，由于丝货的大量出口，上海附近的制丝大大发展起来，如驰名遐迩的南浔镇辑里丝，“起于前明洪武年间，至逊清道光二十二年五口通商而后，销售上海洋庄，转运出口，其名始显”①。除了南浔以外，盛泽镇、震泽镇也都是产丝的中心。故冯桂芬说：“中国积岁兵荒，丝市减十之六七，而夷船所购，数倍往时。故蚕桑之利，近年更普。”②

其次，由于茶叶的大量出口，也引起国内茶叶生产和市场的扩大。如福建崇安的武夷山茶，在鸦片战争以前大多为山西商人收购，运销于国内，鸦片战争后，“下府（按：指厦门）、广、潮三帮继之以起。道光夷茶经营为此三帮独占”。这三帮收购的茶叶，大多是通

① 中国经济统计研究所编：《吴兴农村经济》，11页。

② 冯桂芬：《校邠庐抗议》，卷上，《筹国用议》。

过福州、厦门、香港、广州等口岸而输出国外的。而且茶叶的生产也开始扩大，“茶山先为山中和尚道士所据为庙产，至此乃先后转鬻而入茶客矣。茶客每家经营资本，辄百数十万元，茶叶之盛，可想而见”①。又如湖南平江，有所谓“道光末，红茶大盛，商民运以出洋，岁不下数十万金”② 的记载。湖南安化，本为国内黑茶市场，运销陕西、甘肃等地，鸦片战争以后，其生产转而面对外洋，开始创制红茶。左宗棠说：“安化土货之通商者，棕、桐、梅、竹而外，惟茶叶行销最巨，每年所入，将及百万，一旦江湖道梗，则山西引商，裹足不前，此间顿失岁计，有地之家，不能交易以为生，待雇之人，不能通工以觅食，今年崇阳小警，引商到此稍迟，而此间已望之如岁矣，苟其一岁不来，此十数万人者能忍饥以待乎?”③ 像左宗棠所说的，正是由于对外贸易扩大、商品经济发展而引起的新问题。又如容闳在50年代末观察内地商务情况说：“凡外国运来货物，至广东上岸后，必先集湘潭，由湘潭再分运至内地。又非独进口货为然，中国丝茶之运向外国者，必先在湘潭装箱，然后再运广东放洋。以故，湘潭及广州间，商务异常繁盛，交通皆以陆，劳动工人肩货往来于南风岭者，不下十万人。”④

并且，战后洋货的销售也增多了，1843年粤海关的告示中说：“乃自近岁以来，开设洋货店户者，纷纷不绝，以致漫无稽考。”⑤ 洋货的推广势必要影响到中国手工业品的销路，如1845年福州将军奏称，外国商人在厦门输入洋布、洋棉，“其物充积于厦口”，“其质既美，其价复廉。民间之买洋布洋棉者，十室而九。由是江浙之棉、布不复畅销，商人多不贩运。而闽产之土布、土棉，遂亦因之壅滞不能出口……今闽省向销江浙之棉、布及洋货等物，因被夷货所占，不克畅销……民间服用无多，又不克转需于他省。揆之事势，断不能华夷两货，并用兼行。是即有愿往江浙等省贩货之人，而销既不

① 林馥泉：《武夷茶叶之生产制造及运销》，8～9页。

② 李元度等：《同治平江县志》，卷二〇。

③ 《左宗棠全集》，书牍，卷一，《与贺蔗农书》。

④ 容闳：《西学东渐记》，54页。

⑤ 《广东探报》。

多，势必裹足。况现在商既疲乏，更属招之不前”①。类似这种棉、布受排挤的记载还很多，如苏松一带，本是纺织业中心，但战后包世臣说：“今则洋布盛行，价当梭布而宽则三倍，是以布市销减，蚕棉得丰岁而皆不偿本，商贾不行，生计路绌。”② 有人感叹江南纺织业的盛衰说：“雍正、乾隆之间，松江以织布富甲他郡，后夺于苏州之布而松民失其利，近洋布行而苏民亦失其利”③；又说：“松太利在棉花梭布，较稻田倍蓰，虽暴横尚可支持。近日洋布大行，价才当梭布三之一。吾村专以纺织为业，近闻已无纱可纺，松太布市，消减大半”④。此外广东顺德一带“斜纹布出桃村，夷舶四倍价令倍度织之，明年货至，洋织盛而土机衰矣，按女布遍于县市，自西洋以风火水牛运机成布，舶至贱售，女工几停其半”⑤。不仅沿海一带纺织业受到排挤，就是处在内地的湖北，“自通商互市以后，洋布盛行，各布销场乃为之大减”⑥。可见，中国纺织手工业被排挤，虽然在当时还仅仅是一个开端，但已经成为一个相当严重的问题了。

另一个最早受外国排挤的是中国的沿海航运事业，中国海运事业本来是靠旧式的沙船帮，刘锦藻说：“自康熙年间开海禁以来，商船往还关东天津等处，习以为常，凡驾驶之技，趋向之方，靡不渐推渐准，愈久愈精。”⑦ 海运事业本是大有发展前途的，但鸦片战争以后，外国商船横行于中国领海之内，战前外国商船每年来华平均不到200艘，战后增加到300多艘，50年代增至400多艘，而且在中国设立船坞、船厂（如1845年在黄埔设立柯拜船坞、1853年在上海设立浦东船厂），由于外国商船的横行，大大威胁了中国的沙船

① 转引自邵循正：《一八四五年洋布畅销对闽南土布江浙棉布的影响》，载《历史研究》，1954（3）。

② 包世臣：《安吴四种》，卷二六，《致前大司马许太常君》。

③ 《续皇朝经世文编》，卷三九，徐鼒：《罄辨篇三》。

④ 包世臣：《安吴四种》，卷二六，《答族子孟开书》。

⑤ 冯奉初等：《顺德县志》，卷三。

⑥ 《湖北通志》，卷二四，《物产》。

⑦ 《清朝续文献通考》，卷七七，《海运》。

业。当时的闽浙总督刘韵珂奏称："福建之漳州、泉州、兴化、福宁与浙江之宁波、台州、温州等府，地多滨海，民鲜恒业，沿海编氓，非求食于网捕，即受雇于商船……自外夷通商以来，商船大半歇业，前之受雇于该商者，多以衣食无资，流而为匪。"① 这还是战后不久的情况，到60年代，外国的汽船代替了帆船，并在各地广开商埠，设立轮船公司，中国沙船业终因外国的打击而完全垮台。

其他的手工业部门也遭到一定的破坏，如广东佛山镇冶铁本来很兴旺，其中铁钉、土针业工场已有数千人的规模，后来铁钉业因"洋铁输入……故制造日少"，土针业则因"洋针输入，销路渐减"②。

由此可见，鸦片战争后，外国商品输入虽然增加得不算很快，但它已经在一定程度上侵蚀了封建经济的体系，刺激商品经济活跃起来，并使一部分手工业破产。

三、五口通商和买办商人的兴起

《南京条约》既然规定了五口通商，1843年后，五口先后开放，广州最先在1843年7月27日开市。广州本是对外贸易的城市，但是在鸦片战后，由于上海和香港等地的开放，其贸易数字反而大为减少，如1837年，广州进口货物价值1 800多万元（不包括鸦片），出口货物价值3 600多万元；至1846年，进口货物价值减至1 300多万元，出口货物价值减至2 300万元。广州开埠以后，广州人民曾经进行了一系列的反抗，关于这些反抗活动，将在下一个问题中叙述。

继广州开埠之后，1843年11月2日厦门开市，但开市以来商务并不繁盛，刘韵珂说："因闽省与粤东江浙三省疆域相连，势同鳞次。今该夷虽四处开市，而内地贩运夷货之人不能加多；况闽中自省以南，均系陆路，省北又属滩河，他省商贾各趋近便，未肯迂道

① 道光朝留中密奏，刘韵珂奏附片六。

② 《民国佛山忠义乡志》，卷六，《实业志·工业》。

远来。所恃者仅止本省之人运赴各郡分售，销路无多，故税数骤难充裕。”① 英国侵略者对厦门开埠后的情况是颇为失望的，但是厦门地势“汊港纷歧，岛屿错杂”，是理想的走私场所，因此鸦片走私和非法的人口贩卖大肆猖獗。根据美国驻厦门领事布兰特雷的报告，自 1847 年至 1853 年 3 月，由厦门一口运往海外贩卖的中国人共 12 151人，在中国购买“苦力”每名只值 8 元，运到海外值 121 元，其利润之大，实为惊人。中国劳动人民遭到掠夺贩卖，惨状难于笔述。据美国专使巴驾说：“中国苦力贸易在过去数年中，由美国船只及悬挂其他国家旗帜的船只所经营者，充满着犯法、不道德及惨无人道的内容，极似过去非洲的黑人贸易一样。有些地方，其可怕的悲惨程度，远过于‘中渡’的惨剧。女人和孩子们是直接贱价买来的。其他劳动人员，或被骗来，或由暴力劫掠而来，根本不知道被送去的目的地何在，这些人被迫上船，送到别一个地方之后，永无生还之望……数以千万计的生命，惨无人道的被牺牲了……其偶而不死者，也不见得是幸运”②。从这段话里就可以看出人口贩卖是多么残酷、野蛮的罪行。

1843 年 11 月 17 日，上海接着开埠，上海本来就是棉布丝茶的集散地，而且地居中国海岸线的中部，有长江运河等交通干线，江河海洋，四通八达，又接近丝茶产所，拥有广大的商业腹地，因此开埠以后商务发展很快。以下的一些统计数字可以表明上海对外贸易的飞跃发展。

从上海进口的外国船只数目及货物载重表③

年份	进口船只数目	货物载重
1844	44 艘	8 584 吨
1849	133 艘	52 547 吨
1852	182 艘	78 165 吨
1855	437 艘	157 191 吨

① 《筹办夷务始末》，道光朝，卷八〇，刘韵珂奏折。

② 美国参议院档案，转引自卿汝楫：《美国侵华史》，第 1 卷，99 页。

③ 马士：《中华帝国对外关系史》，第 1 卷，401～402 页。

再拿贸易的货币价值来看，1846 年出口价值将近 600 万元，至 1853 年出口价值增至 2 400 万元。进出口的货物以鸦片、丝、茶为大宗，鸦片在 1853 年，进口 23 000 箱；茶叶出口的增长趋势也很明显，1846 年自上海出口的茶占全国出口比重的六分之一，1851 年增长到三分之一，而在紧接的以后几年中就大大超过全国出口的半数以上；至于丝的出口，由于上海接近产丝的市场，所以几乎垄断了全国丝的出口。

总之，在开市以后，上海的出口贸易扶摇直上，50 年代之初就超过了广州，成为全国最大的商业城市，原来在广州进行的贸易很多转到了上海，设在广州的外国洋行也纷纷迁来上海，或在上海设置分行。

随着上海商务的发展，英国领事巴尔福（George Balfour）根据《五口通商章程》向清政府提出租地的要求，1845 年底上海道宫慕久公布地皮章程 23 款，规定英人的租地办法，这个章程中虽然已经确定了“永租权”，但土地的主权仍属于中国，租地契约须经清政府加盖钤记，原业主每年可得一定的租金，英国只被允许进行简单的市政措施，中国政府仍有干预界内行政的权力，并且租界范围限制在东至黄浦江、南至洋泾浜（今爱多亚路）、西至界路（今河南路）、北至李家庄（今北京路）约 830 亩的地区之内，后来各种特权都扩大，租界的地域也一再延伸，而形成后来的公共租界。1849 年和 1852 年又先后形成了法租界和美租界，随着外国侵略势力的扩张，这些租界内先后形成了一套殖民地的管理制度。

1843 年 11 月 27 日和 12 月 19 日，宁波和福州也相继开埠，这两个口岸的商务极为萧条。1844 年内，宁波的贸易总值不过 50 万元，以后更逐渐减少，5 年后减至十分之一以下。浙江巡抚梁宝常就经济地理的角度探究宁波贸易不盛的原因说：“浙江十一府内，如台、金、衢、严、温、处六府，或土瘠民贫，或风俗俭朴，需用洋货无多。惟杭、嘉、湖、宁、绍五府，户口殷富，用物浩繁。五府之中，又惟杭、嘉、湖三府俗尚华靡，为销货最多之地。夷船进口货物，以呢羽、洋布为大宗，销路多在杭、嘉、湖三府。出口货物，以茶叶、湖丝、绸缎为大宗，而湖丝、绸缎亦多产于杭、嘉、湖三府。此外进出货物，应赴三府行销及产于三府者，亦十居其七。该三处地面，均与江苏一水可通，民间需用洋货及土产湖丝绸缎并一切货物，近则可赴上海口贩运，远则可由江浙两省长江转赴粤东，往来贸易。上海壤地相接，运脚极轻；粤东虽程途较远，而向为商贾聚集之区，交易甚速，货无停滞，则获利亦丰。至宁波口地处偏僻，自杭至宁，计程五百数十里，中隔钱塘、曹娥二江；又绍兴一带，河窄坝多，剥船狭小，装货有限，运脚多所耗费。通商事属创始，交易迟速不能豫定，较之上海口之路捷费轻，又粤东生理之确有把握者，均大不相同。是以杭州以北，客商鲜有来宁贸易之事。所藉以销卖洋货者，惟浙东之宁、绍、台、金等府，其内地贩来货物，仅有福建、安徽及浙省绍属茶斤，并宁、绍、金、衢、严等府土产油蜡、药材、麻棉、纸席、杂货等物。浙西湖丝一项，自开市至今，仅止贩来四千余斤，此后湖丝绸缎，有无贩运来宁，殊未可定。"①

福州的情形和宁波相仿佛。该地"港道口门最狭，沙浅复多，各国小船虽往来无碍，而大船易于搁浅"②，英国货船只能停泊港外，用小船拨货入口，极不方便，所以来船极少。1845年该埠的贸易价值为37万元，但至1846年、1847年，没有一只外国船进口，贸易完全停顿。后来，英国侵略者希望把福州口岸改至温州、台湾，或苏州、镇江，但未成事实。一直到1855年，由于战争的影响，福建茶叶运到上海的交通被阻塞，福州才成为当地茶叶出口的一个重要口岸。

总之，五口通商后，旧日的商业中心广州和新起的商业中心上海商务最繁盛，耆英说："统计五口，以广州为首，上海为尾，将来贸易，似亦惟该二口为最旺"③。初期情况确是如此，但到50年代以后，上海进一步发展起来，广州的商务逐渐被香港、澳门所夺，特

① 《筹办夷务始末》，道光朝，卷七一，梁宝常奏折。

② 徐继畬：《松龛先生奏疏》，卷上，《奉谕密防英夷疏》。

③ 《筹办夷务始末》，道光朝，卷七〇。

别经过第二次鸦片战争英法联军的破坏，广州的商务也不能和上海相比了。

随着通商口岸的兴起，随着外国侵略势力的深入，在中国沿海城市里就有一批为外国侵略利益服务的商业资产阶级出现，他们为侵略者推销商品，收购丝茶原料，把自己的命运紧紧和侵略者联系在一起，这就是近代买办阶级的先驱。

在鸦片战争前，对外贸易完全由清政府所特许的公行商人所控制，为了贸易上的方便，当时已经出现了买办，他们管理外国商馆内部的经济和其他事务，如贸易的账目、现银的存放、文件信件的保管等等，所以买办已经是外国商人来华贸易极为重要的助手，可是当时的买办是受公行商人控制的，充当买办的人必须由"行商作保，保证他的行为与能力"①，外国商人并没有自由选择买办的权利。

战后，外国侵略者扭断了公行制度的束缚，开始在沿海一带自由选择其代理人，于是买办的性质发生根本变化，战前的买办是受公行商人的控制，战后则受外国侵略者的控制，买办的权力也提高了，有一些以往的公行商人也改充买办，特别是上海的买办阶层发展最快。

鸦片战争后，买办商人兴起的详细情况暂难考明，据说在鸦片战争中，有一个宁波人穆炳元被英兵所掳，熟习了英语，颇得英人信任，后来他在上海为英商办理大宗交易，并且收了学徒，教习英语及对外贸易的手续，随着贸易的发展，穆炳元一个人兼顾不了，就让他的学徒居间经手，"此为上海洋商雇用买办之始"②。开始的时候，外商和买办之间是临时的雇佣关系，"一宗交易既毕事，则雇佣关系亦遂解除，犹延请律师办案者然"。后来对外贸易迅速发展，"外人之来沪者日多，所设行号，与华人之交往亦日繁。行号内所用之通事西崽人等，对外购买零星什物及起居饮食必需之品类，支付款项及种种往来，外人颇嫌其烦琐，于是新开行号每当延订买办时，并兼以行内琐务委任之，而买办与行号乃遂有垫款及代管行务之职

① 威廉·亨德：《广州番鬼录》。

② 姚公鹤：《上海闲话》。

务矣”①。

买办的主要事务是为外国侵略者推销商品和收购土产。因为初期对外贸易的大宗货物是鸦片和丝茶，所以买办商人也以这几个行业为发端。如“随同洋商第一次至沪贩土之人，即系潮州郭姓，郭能英语，又得洋商信用，来沪后始代洋商出售烟土，如今洋行之有买办然”②。又如《南浔志》称：该地因产丝甚多，“经商上海者乃日众。与洋商交易，通语言者，谓之通事；在洋行服务者，谓之买办。（南浔）镇之人业此，因而起家者亦正不少”③。至于经纪茶业的买办更为普遍，当时外国商人为了采购茶叶的方便，常常派遣许多买办商人，到内地产茶区直接购买茶叶，如1855年因交通受到战争影响，福建的茶叶不能运到上海出口，美商旗昌洋行派买办深入武夷山区，收购茶叶，经闽江而运到福州出口，使得开市以来十分萧条的福州，一跃而为茶叶贸易的中心。

买办们依靠外国，在沿海有很大的势力，如香港的卢亚景“素充英逆兵船金不多……俨然六品官员，且拖翎矣。金不多者，译言买办也。夫景不过英逆一买办耳，是英逆之役也，何足重轻？但逆船以火食为重，景能备供英逆牛羊鸡豕面头包干之等，无使不给，故英逆以景为能”④。19世纪50年代王韬谈到上海买办，“沪地百货阗集，中外贸易，唯凭通事一言，半皆粤人为之，顷刻间千金赤手可致”⑤。许瑶光说：“五口既开之后，沿海士民，嗜利忘义，习尚日非……妄自菲薄，争附洋人。其黠者，且以通洋语、悉洋情，猝致富贵，趋利若鹜，举国若狂。”⑥ 从以上这些记载，可以想见买办商人在沿海口岸的经济势力。

到50年代，买办商人们在政治舞台上初露头角，其代表人物是吴健彰和杨坊。吴健彰本名吴天垣，为广州公行商人，开设同顺行，

---

① 姚公鹤：《上海闲话》。
② 雷瑨辑：《蓉城闲话》。
③ 周庆云：《南浔志》，卷三三。
④ 《英夷入粤纪略》。
⑤ 王韬：《瀛壖杂志》，卷一。
⑥ 许瑶光：《谈浙》。

后来到上海，在旗昌洋行当买办，官至上海道。据《中西纪事》称："查该道出身之由，系粤东人，向在洋行充当公司帮办，与夷人来往颇密，后积赀援例得候补道，分发浙江，旋改调江苏，补上海道……吴道向年在粤，熟识公司领事人等，益以此有水乳之合……与本管之洋行商伙，往来酬酢，不知引嫌。"① 吴健彰在上海道任内的政治活动，充分体现了他的阶级性格。50年代之初，他是勾通外国侵略势力和中国封建势力的一座桥梁。上海小刀会起义时，他积极地拉拢外国侵略者，共同镇压了小刀会起义（吴健彰曾被起义军俘虏，后来由美国领事保护逃出）。在修约交涉和第二次鸦片战争中，他又是妥协派的灵魂，勾结了江浙的大官僚，向朝廷施加影响。继吴健彰之后的另一个显赫的买办商人是杨坊。据左宗棠说："杨坊以市侩依附洋商致富，十数年间，拥资百万，捐纳道员。从前在浙经手洋务，往往从中渔利，人所共知。即如咸丰六年为浙江抚臣借用英商啤哩火轮船一只，未及三月，竟开销洋银七万九千余元，名为供应洋人，实则取归私橐，其昧良嗜利如此。"② 杨坊的活动比吴健彰更进一步，他在上海粮道任内，勾结外国流氓华尔，组织臭名远扬的"常胜军"，对太平天国革命进行血腥的镇压。此外还有被左宗棠所信赖的胡光墉，也是当买办发了财，为左宗棠的西征军采办饷糈，以功赏穿黄马褂。这批买办逐渐形成为外国侵略者培养起来而又和官绅相通的一支恶势力。

四、广州人民反侵略斗争的继续

鸦片战争以后，中国封建统治阶级甘心向侵略者妥协，但是中国人民并没有表示屈服，各地的反抗斗争此起彼伏，正在继续展开，特别是广州人民在鸦片战争中曾经和英国侵略军进行激烈的斗争，以后出现了许多社学组织，这种社学本来是乡村中"兴贤育才"的封建教育机构，但是在资本主义侵略中国的时候，社学的性质有了变化，开始成为团结各个阶层、抵抗外国侵略的自卫性战斗组织。

---

① 夏燮：《中西纪事》，卷一一，《五口衅端》。

② 《左宗棠全集》，奏稿，卷六，《请勒追革员京米捐款，再行押解来浙捐输赈米片》。

当时除了著名的升平社学和东平公社之外，还有许多是从鸦片战争以前遗留下来的社学，但在鸦片战争后起着反侵略的积极作用①，他们“无事则负耒力田，闻警则操戈御侮”②。广州人民由于有了社学组织，他们的反侵略斗争进一步发展起来。

当《南京条约》刚签订不久，广州就爆发了一次群众性的反侵略自发斗争。1842 年 12 月，由于英国水手抢夺中国商贩的货物，并开枪伤人，群众大为义愤，把英国水手包围在商馆中，并放火焚毁商馆。“当火盛发时，闻万口齐呼杀贼，远近水车赴救，皆挺刃而止之，员弁以兵役至，将为扑灭，亦阻于万手飞石不得前”，“夷货迁出，尽为百姓推掷在地，无丝毫夺归己者”③，升平社学也派了 2 000 人入城助威。清朝政府不但不支持人民的正义斗争，反而站到侵略者方面，斩首了 10 个无辜的百姓，还给侵略者赔偿 26 万元。当时人民的斗争还处在很幼稚的阶段，但这一幼稚的自发的行动却标志着中国人民的反侵略斗争火焰并没有因清朝政府的投降而熄灭。

等到广州开市以后，英国侵略者以战胜者的姿态出现，“益肆骄矜，旧制大班不得乘肩舆入馆，至是散商出，率乘坐，遨游通衢，与内地人交易，动因口舌，陡起风波，愈以忿争为强。所留夷役，沿街攫掠布店货物，论值未成，径携以去。又挟流娼，招摇市上，遇平民，辄喝令急趋避，否则鞭扑随之。市井之民，受者已不可忍，特畏官之禁，虑因是滋为祸首，强自遏抑而姑容之。始则会城众怒难息，久而并所近村氓之来城就工贾者，无不积为深怨”④。在这种反侵略情绪的积集和高涨下，升平社学和东平公社等组织进一步发展起来，“富者助饷，贫者出力，举行团练，按户抽丁，除老弱残废及单丁不计外，每户三丁抽一，以百人为一甲，八甲为一总，八总为一社，八社为一大总。旬日之间，城乡镇集，灯楮旗布，为之一

① 当时可查知的社学有和风、联升、同升、西湖、兴仁、淳风、钟镛、同文、莲湖、恩洲、成风、佛岭、六顺、仁风、太平、东盛、太安、忠庸、观澜、平社、长涖、黄陂、长兴、横潭、浔峰、三江、从善、官桥、怀清、隆平、南平等社学。

② 《西湖社学碑记》，转引自广东省文史研究馆编：《广东人民三元里抗英斗争简史(节录)》。

③④ 《夷氛闻记》，卷五。

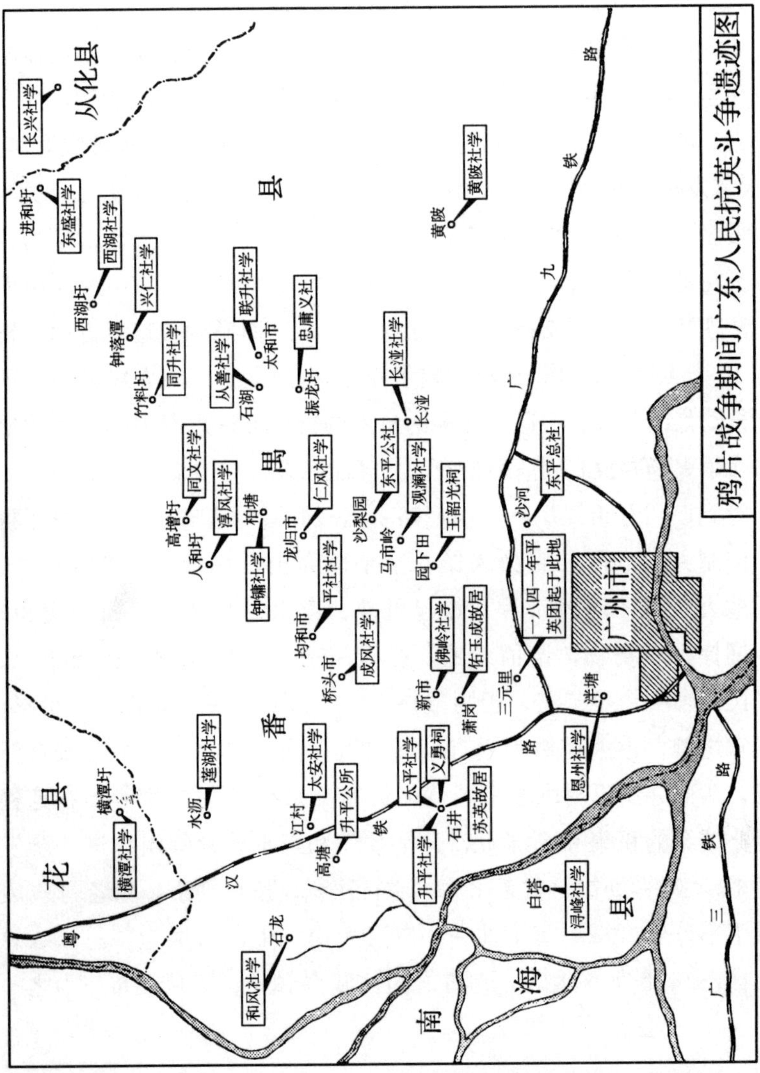

资料来源：《近代史资料》，1956（2）

空”①。广东人民面对着外国侵略而形成了伟大的团结一致。这种团结，不仅对于外国侵略者是很大的威胁，而且也使清朝官方感到恐慌。正像夏燮所说：“自是众议汹汹，不借官饷，亦不受地方官约束，薰莸杂处，重之于枘凿，浸浸乎与官为仇矣。”②

1844年香港总督德庇时强欲租借广州河南地，“自为丈量，插旗志界”，群众起而反对，发表告示说：“中国之地，无一非百姓用本置买之业，虽官亦不能夺以与人，即令给其价值，其间亦有愿卖不愿卖之别”③，致德庇时抗议书说：“今河南共四十八乡，烟户不下数万家……心既不甘于弃地，志即可激以成城……仍然恃强硬占，窃恐怨积日众，祸贻日深，其身与家相依为命者能不舍死相争乎?”④ 英国侵略者慑于群众力量，暂时停止了租地的行动。1845年，英国侵略者又企图进入广州城，与广州知府刘浔密商，群众闻讯，“一时乌合之众，乘衅而起，太守回署，则堂皇啸聚数千人，闯入宅门内，劫取太守衣笥，陈之堂下，破其镉，搜其朝珠公服而焚之，曰：‘彼将事夷，不复为大清官矣。’太守自后院毁垣出”⑤。

广州人民反对英国侵略者入城的意志非常坚决，“凡夷有三五为群，思进太平门、西门者，守者辄斥之退，民或遇见，顷刻聚千百人，鼓噪其后，必使其急遁返而后散”。有一次英人乘没有人的时候，悄悄进入太平门的状元坊，“过坊不数武，市民遇之大哄，夷举所持鞭竿劈人，于是万手齐动，几毙掌下”。广州人民斗争的浩大声势不仅遏制了侵略者的凶焰，也使清朝官僚们认识到“众怒难犯”，而不能不改变它对外一味迁就屈辱的态度。1847年4月，德庇时又率300名军队潜入虎门，占领炮台，钉塞炮眼，强占民房，向耆英重提进入广州的要求，并说“地从民出，议租权既在民，城为官守，议入权则在官”⑥，迫使耆英接受入城的要求。耆英等虽认为“夷人入城，不过以入署见官为荣，尚非别有他志”，但是又考虑到“粤民

①② 《中西纪事》，卷一三，《粤民义师》。

③ 《广东夷务事宜》，《告谕英商大略》。

④⑥ 《夷氛闻记》，卷五。

⑤ 《中西纪事》，卷一三。

过存轻视，屡向聚殴，该夷偶有所求，如租地建房等细事，亦复率众阻挠。地方官以民为本，又未便重拂舆情”①。介于“民”、“夷”两者之间，既不敢“与英结怨，以开边衅”，又不敢“强民之所不欲以从夷人之欲”，因此只好讲求所谓“驾驭控制之方”，对侵略者的要求以拖延来应付，耆英答复英国租地要求说：“倘缓其期，将来或分任租值，尚有可商”②，又和德庇时订了两年后入广州城之约，抱着拖一天是一天的打算；而另一方面却对人民斗争采取分化、破坏的策略，努力把掌握社学领导权的士绅拉到自己一边来，如耆英称：“粤中风气，搢绅之家，皆系读书明理，守法奉公。唯市井小民，嗜利尚气，好斗轻生，又系通商码头，五方杂处，多有造言生事之徒，从中煽惑，借以渔利。从前粤中习俗，既资番舶为衣食之源，又以夷人为侮弄之具，该夷敢怒而不敢言，饮恨于心，已非一日。近日夷情，不能再如从前之受侮，设有一言不合，即彼此欲得而甘心。遂有上年十一月间焚抢洋行之事，其实皆系无赖游棍及俗名烂崽等辈所为，一经查拿，旋即逃散。”③ 这样把参加反英斗争的上层士绅和下层群众分别开来，诱引上层士绅把社学变成“无事散处田间，有事听官调遣，法有类乎士兵，意不外乎保甲，有公正绅士为之钤束”④ 的官办组织，对下层群众则声言要“置之重典，以儆效尤”。耆英以为这种对内分化、对外拖延的策略可以使自己凌驾于“民”、“夷”两种势力之上，把两种势力的冲突调和起来，实际上，这种策略仍偏重于对外妥协，推行这个策略的结果反而把耆英拖进了一个尴尬的境地。一方面，人民群众对耆英的媚外行动极为愤怒，痛骂耆英是卖国贼；另一方面，侵略者也嫌耆英在出卖主权时忸忸怩怩，不够爽快。不久，耆英离职，徐广缙继任两广总督。徐广缙所执行的基本上是耆英政策的继续，但是由于广州人民力量的浩大，他不得不稍多一点地顺从民意，这样对侵略者的要求也就不能不更多地违背一点。

---

① 《筹办夷务始末》，道光朝，卷七七，穆特恩、耆英、官文奏折。

② 《夷氛闻记》，卷五。

③ 《筹办夷务始末》，道光朝，卷六六，耆英奏折。

④ 同上书，道光朝，卷七五，耆英奏折。

1849年，新任的英国香港总督文翰率兵船进入省河，要求履行耆英两年后入城的诺言，群众闻讯，纷起反对，"一时雷动云合，自老城而及新城，新城而及四郊……旬日间得十万人有奇"④。徐广缙鉴于"婉阻之未必遽开边衅，轻许之必至立启兵端，且阻其进城而有事，则众志成城，尚有爪牙之可恃，许其进城而有事，则人心瓦解，必至内外之交讧"①，在权衡利害轻重之后，徐广缙赴英船拒绝入城的要求。文翰还要依靠武力，强行入城，但广州人民已严密戒备，"省河两岸，义勇呼声震天"②，文翰畏惧群众声势，暂时放弃了入城的念头。当然英国侵略者是不会从此甘心歇手的，他们对英勇的广州人民恨得咬牙切齿，英国首相巴麦尊在给文翰的信中说："英国政府深知，如果情势需要，英国军队可以把整个广州城毁得片瓦不留，使该城人民受到最大的惩罚。"③

五、中国知识分子学习外国的开始

闭关时代，中国知识分子虽然曾经跟资本主义文明发生过接触，如明朝的徐光启，清初的梅文鼎、王锡阐，都以融贯中外学术而闻名于世，但当时仅限于学习西方的数学、历法、医术、火器等，当时士大夫并不真正了解西方资本主义文明的内容和意义，他们还被禁锢在整理旧典籍的狭窄范围内。一直到鸦片战争发生时，中国知识界对于世界情况可以说是毫无了解。

鸦片战争及其失败给中国知识界一个很大的刺激，"天朝大国"竟被一个远隔万里以外的"蛮夷小邦"打败了，这是一个出乎意外的耻辱。大多数知识分子仅仅把失败归结为个别人物的责任，不肯再多动动脑筋，少数先进的知识分子不但从自己方面来检查失败的原因，而且他们也渴望了解敌人，了解我方和敌方的关系，了解敌方怎样和为什么打败了我方，这就开始了向西方学习的运动。

应该说，"向西方学习"不是轻而易举的事情，当时的知识分子

---

① 《筹办夷务始末》，道光朝，卷七九。

② 《中西纪事》，卷一三。

③ 转引自马士：《中华帝国对外关系史》，第1卷，448页。

只是站在本阶级的立场上开始了摸索和探讨，他们还不可能窥见资本主义文明的整体和实质。

地主阶级里的顽固派没有也不可能从战争中吸收什么有益的教训，《南京条约》签订后，清政府虽然接连下令，改革海防，说是“必应大加整顿，毋庸拘泥旧规”，但事实上，仍是因循疲沓，改革的事始终停留在议论阶段。广东公行商人潘仕成仿照西法制造了水雷和一艘轮船，清政府赏给了一个布政使衔，并没有给予有效的支持，官僚士大夫们仍旧是浑浑噩噩地得过且过。

个别进步的思想家在总结战败的教训以后，开始对外国情况进行了解和研究，其代表人物是魏源。

魏源字默深，湖南邵阳人，生于1794年，死于1856年。鸦片战争前，他是和龚自珍齐名的今文学家，曾为贺长龄编辑《皇朝经世文编》，一反汉学家支离破碎的治学方法。1842年“海警沓至，忾然触其中之所积”，写成《圣武记》，这是从清朝战争历史的角度来检讨鸦片战争的一部大书。1846年，完成最著名的《海国图志》一书，是中国最早的有关世界各国地理、历史的系统著作。

魏源和一般士大夫虚骄自大、粉饰太平的态度完全不同，他认为战争的失败主要是由国内政治所决定的，他说：“官无不材则国桢富，境无废令则国柄强，桢富柄强则以之诘奸奸不处，以之治财财不蠹，以之蒐器器不窳，以之练士则士无虚伍，如是何患于四夷，何忧乎御侮!”① 他把“人心之寐”和“人才之虚”列为两个根本大害，所谓“寐”是糊涂，所谓“虚”是空洞，他看透了这两个官场与知识界的严重问题，提出“去伪去饰、去畏难、去养痈、去营窟”以克服“寐”；又提出“以实事程实功，以实功程实事，艾三年而蓄之，网临渊而结之，毋凭河，毋画饼”，以克服“虚”。② 这位热诚的爱国志士希望鸦片战争的失败会引起人心的“愤”与“忧”，会成为一个“违寐而之觉，革虚而之实”的关键，可惜这种呼吁并不为人理会，更不被人理解。

---

① 魏源：《圣武记》，叙。

② 参见《海国图志》，叙。

魏源研究了鸦片战争的过程，提出对外关系方面的几个原则。第一是“听互市各国以款夷，持鸦片初约以互市”，这就是允许合法贸易，反对鸦片贸易。第二是“师夷之长技以制夷”，魏源所指“夷之长技”虽然主要还是指枪炮武器，但《海国图志》中已指出“量天尺、龙尾车、风锯水锯、火轮机、水轮舟、自来火、自转碓、千斤秤之属，凡有益于民用者，皆可于此造之”，而且即使在船炮的学习方面，他也和唯武器论者不同，他说：“不讲求用炮之人、施炮之地，与攻炮守炮之别、陆炮水炮之宜，纷纷惟以畏炮为词，铸炮为事，不过只借兵而资寇。故曰城非不高也，池非不深也，兵甲非不坚利也，委而去之，是器利不如人和也。”① 第三，魏源认为与外国作战时应该重视“守内河”的原则，他批判当时那种“不战即降，不降即战”的思想，也批判那种强守海口的思想，主张诱敌深入，使敌人船炮火力在内河作战条件下不能发挥，而使我军得以利用广大的后方与激昂的民气。

魏源的这种思想和策略，基本上是正确的。但是，只有“师夷之长技以制夷”和“以夷攻夷”后来曾经被曾国藩、李鸿章等歪曲地继承下来，成为曾李辈的指导政策，至于其他对于内政、外交、军事各方面的思想和爱国主义热情都被那些高贵的继承人抛弃得干干净净。

作为今文学家的魏源虽然是个唯心主义者而热衷于鬼神圣教的宣传，但是剧烈变动的时代不能不使这位自命“经世匡时”的志士产生辩证的思想，他说：“三代以上，天皆不同今日之天，地皆不同今日之地，人皆不同今日之人，物皆不同今日之物”。既然一切都是变动的，那么顽固派所崇奉的所谓“祖宗法制”为什么就不能变革呢？所以魏源说：“执古以绳今是为诬今，执今以律古是为诬古。”②他对于事物的矛盾持有很深刻、卓越的见解，他把寒与暑、屈与伸、伏与飞、如意不如意、快意与忤意、祸与福、利与不利皆对待相举，“消与长聚门，祸与福同根，岂惟世事，物理有然”③。他用自己的语言，论述矛盾的斗争和转化：“天下物无独必有对，而又谓两高不

---

① 《海国图志》，《筹海篇》下。

② 魏源：《古微堂内集》，卷三。

③ 同上书，卷二。

可重，两大不相容，两贵不可双，两势不可同，重容双同，必争其功，何耶？有对之中必一主一辅，则对而不失为独”①，这种对于矛盾的对立、统一、转化、主从关系的论述，确实表现了他对于事物的敏锐的观察力。

当然，魏源的辩证法思想并没有形成完整的系统，甚至他还承认“其不变者道而已，势则日变而不可复者也”②，特别由于唯心论体系的羁绊，把鬼神说成是“有益人心”、“阴辅王教”的圣教；在政治上则拼命反对农民起义，晚年在苏北抵抗太平天国革命多年。这正是表现了他所受的历史和阶级的限制，但这些弱点显然不是他思想和行动的主要方面。

第三节　太平天国革命运动的酝酿

一、鸦片战争后反封建斗争的高涨

早在19世纪初，已经爆发了以白莲教起义为主流的人民反对封建统治者的斗争，清政府依靠地方地主武装的协助，勉强把起义镇压了下去，但是由于剧烈的土地兼并和贫富的日益悬殊，地主阶级和农民的矛盾并没有得到缓和，全国各地充斥着秘密结社的活动。鸦片战争前夕，黄爵滋说：“以臣所闻，直隶、山东、山西之教匪，河南之捻匪，四川之嘓匪，江北之盐枭，江西、福建之担匪、刀匪，及随地所有不着名色之棍匪、窃匪，地方官虑其生事，未尝不查察，而终莫能使之改革”③；据李桓说：“江苏地方，沿江滨海，水陆交冲，五方杂处，匪徒最易托足。如上海之闽广游民，苏松常镇之土匪棚民，淮扬徐海之捻匪盐枭，与跟随漕船之水手青皮，以船为家之渔户流丐，防范稍疏，每虞滋事。”④ 看来是很明显的，革命的农

---

① 魏源：《古微堂内集》，卷二。

② 同上书，卷三。

③ 黄爵滋：《黄少司寇奏疏》，卷五，《敬陈六事疏》。

④ 李桓：《宝韦斋类稿》，卷九一。

民正在酝酿积蓄力量，如处积薪之上的紧张的阶级关系必将有爆发的一天，统治阶级是没有办法来消弭这一场“大灾”的了。

第一次鸦片战争的失败给予已经十分紧张的阶级矛盾一个强有力的刺激。这首先是战后所订的屈辱条约使国内经济关系有了一定的改变，某些行业的手工业工人因外货竞争而破产，参加到了已经很庞大的游民失业者的队伍。1834 年英国商品输入中国总值不过 842 852 英镑（鸦片与现银不在内），广州的织工已经感到“棉纱输入的增加，剥夺了其妻子们靠棉纺纱所得的利益”。战后英国棉纱的输入增加很多，当然威胁更大。再像五口通商之后，运输线路改变这样一件看来很简单的事情，就引起了数十万搬运工人生计困难的复杂问题，“闻传说福建省之武夷，向有黑茶，由挑夫运来广，数十万之夫借此挑工，养活妻儿云云。今闻众夫喧哗，声言茶必由旧道运至粤东，百余年来，乃祖乃孙相承，世业挑工，今一旦少去，我们何以为生？倘黑茶仍由旧道则可，或新路别去，少了我们脚运营生，断然闹事云云”①。再加上水利失修，黄河屡决，1841 年河决祥符，洪水淹没开封城，1842 年河水再决于桃源，1843 年又于中牟决口，这几次决口所造成的灾害极为严重，河南、安徽、山东边界的土地多被淹没，人民死亡以百万计，清政府用帑 1 190 万两，历时两年，才勉强堵住了决口。特别是长江下游在 1849 年发生了百年未有之大水灾。据统计自 1846 年至 1850 年的五年之间，黄河流域的直隶、山东、河南、山西、陕西、甘肃六省因遭水、旱、虫、雹、风、霜、沙、潮等侵袭而受灾的共有 500 多个州县，长江流域的江苏、浙江、安徽、江西、湖北、湖南六省因遭水、旱、风等侵袭而受灾的共有 600 多个州县。武昌“城不没者止一版，城内水深至檐，外出皆须乘船”②，汉口“各行店尽成水府”③。此外由于运河梗塞，水手失业，社会上的饥民、游民队伍大量增加。这一危机清朝政府也是知道的，1849 年吴文镕奏说：浙帮船所雇纤夫水手“通计不下

---

① 《广东探报》。

② 《骆秉章自订年谱》。

③ 江忠源：《致郭筠仙书》。

数万人……此等无业游民，本非安分之徒，明岁停运船只既多，诚恐其回至灾区，路经江南一带，借端滋事”，清政府的处理办法是命令各省督抚把游帮短纤人等“概行遣令回籍，不准一名过淮，倘敢抗违不遵，立即严拿惩办”①。这种高压手段并不能够解决问题，这些饥民们根本是无家可归的，所谓“遣令回籍”不啻是被驱赶回去饿死，为了要活下去，人民就不能不起来与封建统治者作斗争。

鸦片战争又起了一个揭露清王朝武装力量腐朽的作用。战争时期，奕山和奕经率领的大军组织涣散，指挥失当，纪律腐败，兵器窳劣，一旦这个空具骨架的纸老虎被戳穿，人民斗争就像不可阻塞的洪流，汹涌而来。当时官僚中已经担心这一点，如广东臬司王廷兰给福建藩司曾望颜的信里说：“今日之兵如此则后日可知，一省之兵如此则天下可知。提库中之国帑，惟有伤心，树城上之白旗，能无发指？我既承乏于此地，想在众人清议之中，然实有不可活、不得死、不敢病、不能走之苦衷，袖手扪心，能无痛哭？……所患一蹶不振，从此为外夷所轻视，更恐无赖匪徒，渐生心于内地”②。王廷兰的这种担心并不是没有根据的。

且看看鸦片战争后阶级斗争的形势。

1842 年初（鸦片战争尚未结束），湖北崇阳钟人杰聚众数千人起义，攻占崇阳、通城两县城，杀死知县，立钟勤王名号，竖都督大元帅红旗，与清军相持一月多。

1843 年初，云南腾越南甸土司彝族人刁承绪聚众千余人起义。7 月，湖南武冈州曾如炷因阻止米谷运出境外，聚众起义，击毙武冈州知州，不久被清军所镇压。又本年内青海西宁一带，“番”民起义，战斗激烈。广东香山又有三合会高明远起义。

1844 年，台湾嘉义县洪协、郭崇高等两千余人起义，与清军激战六次，失败。7 月，湖南耒阳杨大鹏等千余人“抗不完粮”，并“持械攻城”，“拒伤官兵”。四川马边“彝匪”，出击清军。同年据曾

① 《东华录》，道光朝，卷五九。

② 王廷兰致曾望颜函。

望颜称，有人到广东香山各乡“诱人入会，始犹数十人于夜间结拜，后竟数百为群，公然白昼结拜，其结拜之处，凡有路口，俱有枪炮把守，以防官兵围拿……衙门兵差，皆其党羽，无知穷民，贪其小利，因被诬惑。即安分务农贸易良民，不堪其扰，实亦内有被胁从之后，仍常索诈……不特外府州县，勾结拜会者不可胜数，即省城白云山，近在咫尺，亦无时无匪拜会”①。

1845 年，浙江奉化知县张济先擅增粮价，勒索人民，生员张名渊等不服，上控于知府李汝霖，李回护张济先，责打张名渊等，因而激成事变。10 月间，云南永昌府清朝官吏挑拨汉回互斗，屠杀回民，杀戮城内回民 8 000 人，城外五十余个回民聚居的村庄，悉遭洗劫，激起回民的反抗。又广西藤县发生农民起义，领袖邓立奇称平地王，钟敏称高山王。又青海西宁一带战况激烈，清军屡败，统兵大员富呢扬阿、周悦胜、胡超等均受申斥。本年以来，起义四起，清廷屡次令四川、直隶、山东、河南查拿“教匪”、“捻匪”。上谕中说：“据称：广州府一带，土匪劫掠为生，结党聚会，数万余人，其著名积匪如香山、新会、顺德等处，姓名皆历历可数，上年查拿之卧龙、三合等会匪，搜捕未净，嗣复有新安、新宁各县匪徒在香山之港口及隆都乡引人入会，千百为群，肆行无忌，又香山下沙地面，近来匪类渐多，地方文武不肯实力查拿，以致农民不安耕作，又顺德、香山交界之处及南海、番禺、东莞、顺德、香山、新会、三水等处皆有盗贼巢穴，出没无常，抢劫多案，香山县城内外，自上年冬至今年春夏之交，报劫者不下数千案……并有香山司巡检鲁凤林被盗抢去，剃须勒赎……”②从广州一地的情况可以想见当时秘密结社的流行和起义斗争的普遍。

1846 年，云南起义的回民与清军相持于猛庭一带，云贵总督贺长龄以“谬妄无能”被撤职。10 月，江苏有昭文县金得顺的起义，

---

① 曾望颜：《沥陈广东祸乱之由奏稿》，见北京大学文科研究所等编：《太平天国史料》，524 页。

② 《东华录》，道光朝，卷五三。

湖南有新田王宗献起义。12月，广东有北流李二起义。本年，上谕称：山东省“峄县、兰山等处，盗劫频仍，并有掳人幼子、勒赎钱文之案，且该两县窝贼甚多，著名头目，纠合多人，扰害闾阎，与捕役声气相通，是以无从究办”①。

1847年，云南起义之回民在缅宁、云州一带抵抗清军。回民领袖丁灿庭、杜文秀等赴京控告滥杀回民之事。9月，喀什噶尔维吾尔族人民进攻英吉沙尔，清廷以布彦泰为平西将军，奕山为参赞大臣，调集大兵，出关镇压。10月，江西长宁谢嗣封起义，称平光王。据本年《澳门月报》称：“在上年度广州有一千二百名罪犯处斩，有数千名下狱。在初五日（指1847年阴历正月初五）省地方官吏开印后，又开始了处斩的工作。在中国人当中正在进行着种种活动，势必一年一年地继续扩大这恶潮和加速促成可怕的灾难。”② 本年10月，在湖南、广西边境果然爆发了影响极大的雷再浩、李世得的起义。雷再浩是湖南新宁黄背峒的瑶民，与广西全州李世得传习斋教(或称青莲教、棒棒会)，这种组织颇接近于天地会，招人入会时“先搭高台，以一头目为首居其上，称曰大哥，令新入会者拜伏于下，各赍钱一百八十文，焚香饮血为誓”③。这个秘密组织被清政府发觉了，“雷再浩忧事泄党散……率其死党数百人反于黄背峒，设将军等伪号，抄掠近村”④，清朝的长宝道杨炳坤联合了以江忠源为首的当地地主武装，进攻起义军，战斗两个月，起义军失败。自雷再浩起义后，广西、湖南一带的起义军风起云涌，如1847年12月广西平乐一带范连德、张八等围攻府城，同时湖南道州李魔旺在湘桂边境与清军作战，湖南乾州苗民也因抗租起义。到1848年以后，除了云南回民，喀什噶尔维吾尔族人民，山东、安徽捻民，四川彝民继续着斗争以外，起义斗争大多发生在矛盾最集中的广西、湖南和广东一带，其中规模最大的是雷再浩的继承者李沅发在湘桂边界的

---

① 《东华录》，道光朝，卷五四。

② 《澳门月报》，1847年2月号，转引自马士：《中华帝国对外关系史》，第1卷，439页。

③ 《宝庆府志》，《大政志》。

④ 郭嵩焘：《江忠烈公行状》。

起义。

李沅发是雷再浩的旧部，雷再浩“为官军所获，余党溃散，复归李沅发”①。1849年发生饥荒，清朝官吏却借着平粜为名，大肆勒索，李沅发率领群众攻下新宁城，杀死县令，“时匪等只二百人，乃开库、放囚、据城，官兵一二千离城十里，止屯弗前”②，相持一个多月。到1849年底，因粮食垂尽，起义军突围入湘桂边界的高山丛林中，连续击败江忠济、刘长佑的地主武装，并击毙清参将玛隆珂，军威大振，“楚粤之交，所在响应”③，队伍发展到四五千人，“窜兴安。三十年春复由城步窜龙胜……入绥宁，由怀远窜广西融县、永宁、永福、阳朔、荔浦等处，入修仁瑶山”④。清政府调集了湘桂黔鄂四省反动军队，由湖广总督裕泰、湖南提督向荣指挥，采取了大包围的战略，“粤西各处要塞，悉驻重兵，沅发屡为所挫，其徒多亡去，仅存死党二百余人”⑤，最后只好折回新宁，据守金峰岭险隘。在强大反动势力的围攻下，转战十余州县、支持半年多的李沅发起义终于失败了。

应该指出，李沅发的起义军并不是在孤军作战，当时在广西、湖南一带响应李沅发的小股起义军几乎所在皆是，特别是广西的浔江沿岸，开堂立会、聚众起义的最多。假使把桂平的金田村作为一个地理中心来看，其北方以平乐为中心，形成广西起义军的第一个势力圈。这个地区是雷再浩、李沅发起义军的活动地区，平乐堂会领袖罗三凤、何崧与邻近各县堂会联络，最早起来响应雷、李的起义，这个势力圈和湖南毗连，所以跟湖南一带的堂会关系最密切，许多领袖也是湖南人，例如后来著名的升平天国领袖朱洪英，是湖南公义堂的领袖，当时就在这一带活动。在金田村的东面，以梧州为中心，形成广西起义军的第二个势力圈。这里是广西最繁华的地区，有浔江和桂江两条大水道，又与广东毗连，所以这里最活跃的

① 苏凤文：《平桂纪略》，卷一，转引自谢兴尧：《太平天国前后的广西反清运动》。

② 《凌霄一士随笔》。

③ 《湖南通志》，《兵事志》。

④ 《平桂纪略》，卷一。

⑤ 《新宁县志》，《兵事志》。

是从广东溯西江而上的所谓“艇匪”。如道光“二十八年九月艇匪罗亚丙劫大乌。三十年八月任文炳结艇匪二千余人掠平南，是时浔、梧二府，沿江劫杀，水道不通”①。又如在太平天国起义前夕名声很大的陈亚贵也在这一带活动，并曾在1849年攻占修仁、荔浦县城。后来参加太平军的著名领袖罗大纲、女将苏三娘也是这个势力圈内堂会领袖，此外，曾与太平军发生很多关系的张钊、田芳也在这个地区活动。这地区很多起义军领袖都是广东人，50年代在广东佛山起义的陈开、李文茂的军队，后来转战进入这个地区，建立了大成国。在金田村的西面，以宾州为中心，形成广西起义军的第三个势力圈。其著名领袖如陶八，曾于1850年转战宾州、上林，围攻武缘县城和思恩府城。同年，黄晚率众5 000人攻克宾州，颜品瑶率众万人攻克隆安，颜八、李四攻克来宾，潘宝源攻克龙州，覃石养攻克迁江。还有，后来投降清朝成为太平军死敌的张国梁（本名张嘉祥）是这个地区最大的一股，也是当时清军追攻的最大目标。这个势力圈的特点是：所占面积很大，有壮、苗、瑶等兄弟民族参加，在初起时声势不及前两个势力圈浩大，但斗争潜力很雄厚，50年代末前两个势力圈被清军镇压下去，而这个地区的斗争一直坚持下去，直到60年代之末才最后失败。

由此可见，太平天国起义前夕，广西到处蔓延着农民斗争的火焰，这些斗争都是由三合会（天地会的支派）发动领导的，其特点是零碎分散，以下列举两节清朝官方文书对当时广西形势的叙述，其一为：

> 广西自道光二十七年，土匪纷起，南、太、泗、镇四府，道路阻隔者将及十年。弱肉强食，不独流贼土贼，即团练亦贼、居民亦贼，到处裹胁，转徙无定，乘虚窜扰，击散复聚。或旋起旋灭，或附外匪大股，是为“流贼”。逼胁村民，招纳亡命，负隅抗拒，少或数十人，多至数百人数千人者为“土贼”。始为团，终为贼。阳名为团，阴实为贼。官兵强则附官兵，弱则跋扈不听征调，其所为有甚于贼者。每乡团中，若有数等，居民

① 《股匪总录》，卷三，转引自谢兴尧：《太平天国前后的广西反清运动》。

之黠者出资招募，使心腹者数人统之，无头目姓名，但称某堂，已则置身局外，先议劫掠之所至而瓜分其所得，劫后即匿散，或遇官兵团练击之而后散。无一定主名，外匪至则供给其所食，借以保其家，且欲绪余其所劫掠，然有竟为外匪所夺而灭者，是为“米饭主”，即“堂匪”也。①

另一段是贵州巡抚乔用迁在1851年初的奏折：

所有广西各处股匪，均系随地纠聚，并听人自投入伙。由广东纠来者谓之“广马”，在广西纠合者谓之“土马”。其有枪炮器械并跟随多人者为大头目；随时自投入伙者，择有膂力胆量之人，派为小头目。平乐、思恩、柳州、浔州、太平等处，均有股匪滋扰，立有大胜、福义等堂名，各镌图章，以为记认。匪头有陈亚贵、大头羊（即张钊）、大鲤鱼（即田芳）、覃香晚、郑廷威、杨劳家、黄晚、钟亚春、颜八、陶八诸人，约有二三十股，姓名不能尽知。各股人数，多寡不等。每股各有暗号，或用竹牌布旗传信，或于衣带用红布红线作记。又据差探，南宁、太平二郡，蔓延最甚。来宾、贵县、宾州、宜山皆有贼匪窜扰。其余武宣、上林、平南、郁林州及所属之兴业县尚有另股贼匪，自千余至数千不等，沿村勒索抢劫。此外则浔州桂平县属金田村一带，有尚弟会匪，啸众万人，皆系乌合之众。②

由此可见在金田村周围各种起义军队伍繁多、堂号复杂的情况。当时广西的革命形势已经走入了高潮，而太平天国的拜上帝会组织正是在斗争走向高潮的过程中逐渐成长壮大起来的。在广西的各支起义军都是属于天地会系统，唯独太平军的拜上帝会是独树一帜的。天地会系统下的起义军，虽也有合作和联系，但彼此之间没有领导统属的关系，也没有经常的固定的联络，基本上是各立山堂、各自为战。陶成章说它“政体主共和，同盟者一律看待，多得与闻秘密之事，故党势最易扩张，其职员之升迁亦易，

① 《堂匪总录》，叙，转引自谢兴尧：《太平天国前后的广西反清运动》。

② 《东华录》，咸丰朝，卷一。

借是之故，起义者常连络不绝。然各山堂分歧，虽有交通，不相节制，故接应之者常寡”①。而且由于组织松懈，流传时间太久，地区太广，所以天地会原有的强烈反满意识在某些地区和某些支派逐渐模糊起来，敌友的界线分不清楚，斗争不能持久，甚至有些支派和有些天地会员帮助清军镇压自己的同党，如张国梁在投降清军后曾攻灭天地会潘宝源于龙州，败潘大于思恩，杀颜品瑶于南宁，两年内遭他反扑的天地会起义军共有二十余股②，后来又充当攻打太平军的急先锋。其他的三合会党张钊、田芳、陶八也对清军时降时叛，缺乏坚定的立场。据太平天国《颁行诏书》初刊本内以杨秀清、萧朝贵名义发布的奉天诛妖救世安民檄中称：“况查尔们壮丁，多是三合会党，盍思洪门歃血，实为同心同力以灭清，未闻结义拜盟而反北面于仇敌者也。”可见太平军初起时，曾有一部分三合会员与革命对抗。此外，三合会队伍的纪律有好有坏，紫荆山的一些老人说：“拜上帝天父是拜阿爸，拜三点是拜阿妈，大家总以为拜阿爸要比拜阿妈强一些”，又有人说：“拜三点会的人到处打家劫舍；拜上帝会的人，不抢人，不打劫，买卖公平，群众拥护他。”③ 广西的民谣说：“杀人放火大头羊，劫富济贫张嘉祥”，大头羊就是曾经和太平军合作后来又不满太平军纪律森严而叛降清军的张钊，张嘉祥也是一个可耻的叛徒，但这首民谣则可以反映三合会队伍的参差不齐。由于三合会组织松弛、敌我界线不明确，以及纪律不严，所以广西虽然具备了十分有利的革命形势，但是声势浩大的三合会组织却不能够把领导革命的任务担当起来，在当时许多三合会队伍中很难产生一个核心力量把群众吸收到周围，把零散细小的斗争汇集为一支革命巨流。由于三合会本身的弱点，所以不管它历史多么悠久、发展多么广泛，它在中国近代第一次轰轰烈烈的农民大革命中只能起先驱和配合的作用。

至于太平天国的拜上帝会呢？它是广西许多秘密结社中的一个，它的势力本来并不是很大的，当清朝政府从四面八方调兵到广西镇

① 陶成章：《教门源流考》。
② 参见过铸：《向张二公传忠录》。
③ 广西省太平天国文史调查团编：《太平天国起义调查报告》。

压各支起义队伍时，根本还没有注意到拜上帝会。1850 年秋，地方官才以“金田小寇”上报朝廷。1851 年清廷屡次追问“金田首逆姓名”，广西地方官还弄不清楚，有时说是韦正，有时又说是洪秀全。这虽然表明清朝官吏的糊涂透顶，但同时也由于清朝的注意力都被吸引在如何镇压支派繁多、声势浩大的三合会身上，根本没有力量也没有空闲来理会拜上帝会的活动。这样，太平军在许多起义军的掩护和支持之下成长发展起来了。但是拜上帝会和其他起义军不同，它是独立于天地会系统之外的一支崭新的队伍，它是没有沾染上像三合会那样某些陋习的一支生气勃勃的队伍，它是具有紧密的组织、优良的纪律、统一的宗教信仰、鲜明的斗争纲领的一支严整的队伍。正是这样一支被反动阶级称为“党坚交秘，其众聚而不散”的队伍才能够动员和团结群众，才能够发挥坚韧的战斗意志，才能够把革命推进到无与伦比的高度，在中国以至世界的农民战争史上写下了最辉煌灿烂的一页。

二、洪秀全和拜上帝会的初期革命活动

洪秀全，广东花县官禄㘵人，1814 年 1 月 1 日（嘉庆十八年十二月初十）出生于一个中等农民的家庭。父镜扬在当地同族中很有威望，“公正才能、众村举为堡尊，兼理尝事，处办乡党，甚公无私”①。长兄仁发，次兄仁达，三姊辛英，秀全居第四，其幼妹为洪宣娇。秀全 7 岁入塾读书，至 16 岁因经济困难而辍学，帮助父兄耕田，不久担任本村塾师。秀全从 16 岁起屡次赴广州应考秀才，都没有考上。

洪秀全的家庭出身和少年时代的经历与他后来的革命活动很有关系。一方面他是生长在农民家庭中的一个知识分子，自己也参加过农业劳动，对于封建压迫下的农民痛苦生活有切身体会，具备着农民阶级的思想感情；另一方面，他的家乡离广州仅 90 里，洪秀全又屡次去广州应考，当时广州是封建中国和资本主义外国接触的唯

① 简又文：《太平军广西首义史》。

一港口，当地人民对世界形势和新事物的理解在全国来说是最高明的，洪秀全生长在此时此地，就不能不受到资本主义潮流的影响。特别是鸦片战争发生时，奕山率领的清朝大军一败涂地，三元里人民的抗英斗争则坚决勇敢，这样，英国侵略军的残暴、清政府的腐败和人民英勇激昂的斗志，这一切都集中地在广州反映出来，广州成为内外矛盾集中的焦点，成为检验各种社会力量的演武场。当时洪秀全已经将近 30 岁，这一切对于聪慧刚强的洪秀全也不能不有所感触、有所启发。

1837 年，洪秀全在广州应考时，遇见中国基督教徒梁发在当街传教，且赠给秀全一部《劝世良言》，这是由梁发自编的宣传基督教义的小册子。梁发是英国伦敦宣教会教士马礼逊（Roberts Morrison）的助手，马礼逊早在 1807 年就来到广州和南洋一带传教，1815 年曾在马六甲主办《察世俗每月统纪传》，用中文出版，这是中文近代报纸的先驱。马礼逊和稍后来华的其他传教士（郭士立、裨治文、伯驾等）一样，其实际任务是给外国资产阶级提供中国情况，并向中国人民灌输有毒的思想，以麻痹中国人民，更便于侵略，梁发所编的《劝世良言》也不外乎是这一类的书籍。

洪秀全获得此书，最初并不重视，这次考试也名落孙山，怏怏而归，精神上受了极大的刺激，回家大病四十日，精神状态，类如癫狂，梦见自己上升天堂，会见天父。鸦片战争激起了他的反满和革命思想，此后他写了许多包含革命思想的诗歌，其中有一首说："手提三尺定山河，四海为家共饮和，擒尽妖邪归地网，收残奸宄落天罗，东南西北敦皇极，日月星辰奏凯歌，虎啸龙吟光世界，太平一统乐如何。"他曾对洪仁玕说："十八省之大受制于满洲狗之三省，以五万万兆之花（华）人受制于数百万之鞑妖，诚足为耻为辱之甚者。兼之每年化中国之金银几千万为烟土，收花（华）民之脂膏数百万回满洲为花粉。一年如是，年年如是，至今二百年，中国之民富者安得不贫？贫者安能守法？不法安得不问伊黎省或乌隆江或吉林为奴为隶乎？"① 1843

① 洪仁玕：《英杰归真》。

年，秀全再应府试落第，在抑郁中偶读《劝世良言》，被天父单一神权思想和基督教义中“平等”观念吸引住了，并且附会六年前病中的“奇梦”，因而革命的狂想进一步坚定起来，从此抛弃科举以救世的基督自命，自称是天父耶和华之子、基督之弟，下降凡间，拯救世人，劝拜上帝，斩杀妖魔，并按照《劝世良言》的启示，自行洗礼，皈依上帝，创立了拜上帝会。

为什么一本为侵略者服务的宗教小册子，在洪秀全手里却变成了革命的触媒剂呢？洪秀全究竟从这本书里向西方学到了些什么？

首先，洪秀全利用了基督教的一神教思想，利用了“独一尊神皇上帝”来反对传统的神仙圣佛；其次他又利用了基督教的“平等”思想来反对封建的等级制度。大家知道，基督教本来是产生于奴隶制时代下层被压迫群众中间的宗教，在后来逐渐转变成上层阶级统治和欺骗人民的工具，在资产阶级手里，他们宣传具有绝对权威的唯一天父，是要被压迫者相信天父对现实世界安排的合理性，要他们迷信天父的恩赐而抛弃自己的斗争，资产阶级也宣扬人在上帝面前的虚伪“平等”，其目的是掩盖剥削与被剥削的关系，蒙蔽劳动人民的阶级意识，拿着表面的虚伪的“平等”来为真正的不平等作辩护，资产阶级教会所宣传的就是这种为本阶级服务的思想。但是洪秀全并没有这样来理解基督教，他站在革命农民的立场上接受了基督教的宗教外衣和某些思想材料，却把它向相反的方向推进，发展成为一个与原来基督教迥不相同的革命的宗教。其之所以存在着使基督教推转方向的可能性是由中国国内情况决定的，因为当时中国基本上还是一个独立于资本主义体系以外的封建帝国，在帝国内部有自己的传统宗教，而传统宗教中的一切权威，如玉皇大帝、如来佛、太上老君、阎罗王，加上孔子、关、岳都是掌握在统治阶级手里的，这些神仙圣佛教训人们要忍受痛苦、相信命运的安排、忠于封建帝王和封建家族、服从现存的秩序。这种传统宗教只能成为农民革命的绊脚石而不可能成为反封建的武器，要反对封建制度就必须反对那种存在于人们意识中的神仙圣佛，也就是必须创造出另一套不同于传统宗教的新的宗教教义。我们看白莲教就很清楚，它是被统治阶级称作“邪教”的，是和传统的宗教不相容的，但农民们有了这种“邪教”，恰恰就能发挥出反封建的巨大力量。所以，当革命的客观形势已经具备，最迫切需要的是什么呢？就是需要一种违反传统宗教的精神力量，使农民们得以摆脱精神奴役的地位，摆脱深厚的封建习惯势力的羁绊。当时，在基督教的教义中恰恰可以提供这种精神力量。天父上帝不是封建中国的传统权威而是资本主义外国的传统权威，而当时的斗争锋芒主要是针对着封建统治而不是针对外国侵略。在这样的斗争形势下完全允许借用“天父上帝”来反对国内的一切封建传统，真正的上帝既然只有一个，因此就可以断然宣布一切传统偶像都是妖魔。而且在封建专制统治下，等级森严，连资本主义社会的表面的虚伪的平等都是没有的，资本主义社会的工人阶级假使竟接受了资产阶级的“平等”思想，而认为自己在上帝面前或法律面前是和别人平等的，那简直是非常糟糕的事情，因为那会模糊阶级的意识，削弱为争取自己获得真正平等地位的斗争。但是，在封建专制制度下，存在着森严的等级制度，劳动人民接触到资产阶级的“平等”思想，那就会激发起他们推翻封建制度的革命情绪。因此，“平等”思想在不同的历史条件下可以发挥不同的作用。

可见，基督教传入中国，它本来是一种侵略的工具，但在当时社会条件和斗争形势的基础上，洪秀全把它改造成了一种革命的工具，洪秀全手里的上帝和外国侵略者的上帝虽然名称一样，但所起的作用是不一样的。拜上帝会虽然脱胎于基督教，但它在自己的社会条件下，变成了和基督教恰恰是相反的东西。正像恩格斯所说：“宗教一经发生后，总是保存着前代遗留下来的某种东西，因为一般说来在一切思想体系领域内，传统都是巨大的保守力量。但是这种传统的东西中所发生的变化，是由造成这一变化的人们之阶级关系即经济关系来决定的。”①

洪秀全创立拜上帝会后，最早的信徒只有同学冯云山、族弟洪仁玕等寥寥几人，那时拜上帝会的教义还很简单，劝人拜上帝，不

---

① 恩格斯：《费尔巴哈与德国古典哲学的终结》，68页，北京，人民出版社，1954。

要信仰别的宗教，死后可登天堂，并规定了禁止奸淫、忤逆、偷窃赌博、游荡为恶等戒条。洪秀全等并因信仰虔诚而毁掉了书塾中供奉的孔子牌位，这个举动引起本村封建势力的攻击，使洪秀全几乎不能在本村立足。1844 年初，洪秀全和冯云山等就出外传教，遍游粤桂边界，抵达广西贵县赐谷村秀全表兄黄盛均家，在当地捣毁六窠神庙，并题诗斥妖①，这是洪秀全在广西向传统神权挑战的第一次激烈行动。是年秋，冯云山和洪秀全先后离开赐谷村，冯云山到了桂平县的紫荆山区，洪秀全回到了花县家乡，两人虽因交通阻隔，不通音信两年之久，但他们为着共同的革命事业而努力工作着，一个在紫荆山区艰苦地做着组织群众、缔造根据地的工作，一个在故乡埋头于进一步阐发宗教教义的工作。

冯云山以极大的坚忍力在紫荆山区为拜上帝会开辟地盘。最初一年，他完全靠做苦工生活，挑泥送炭，捡拾牛粪，或做短日帮工，在山区各处流动，深入到当地农民和烧炭工人中去，宣传拜上帝会的教义。后来又当了农家的教师，传教活动更积极展开，经常在深夜翻山越岭到各村落宣教，两年间在冯云山周围团聚了三千个信徒，绝大部分是农民和烧炭工人，后来的著名领袖杨秀清、萧朝贵就是从这批贫苦群众中涌现出来的英雄。经过冯云山两年辛勤的耕耘，一粒革命的种子成长茁壮起来了，它在劳动人民的心中扎下了结实的根。

和冯云山在紫荆山区辛勤工作的同时，洪秀全在家乡紧张热烈地进行着宗教作品的创作。两年间先后写成了《原道救世歌》、《原道醒世训》、《百正歌》、《原道觉世训》、《改邪归正》等一系列作品，奠定了拜上帝会革命思想的基础。他在这些著作中反复宣传“开辟真神惟上帝”② 的思想，他说：“天下凡间人民虽众，总为皇上帝所化所生，生于皇上帝，长亦皇上帝，一衣一食并赖皇上帝，皇上帝天下凡间大共之父也，死生祸福由其主宰，服食器用皆其造成。”③ 因

---

① 诗为“举笔题诗斥六窠，该诛该灭两妖魔，满珊（山）人类归禽类，到处男歌和女歌，坏道竟然传得道，龟婆无怪作家婆，一朝霹雳遭雷打，天不容时可若何”。

② 洪秀全：《原道救世歌》。

③ 洪秀全：《原道觉世训》。

此，天父皇上帝是人人应该尊拜的，也是人人可以尊拜的。他痛驳了独占天子称号和祭天特权的封建皇帝，也批判了为传统神权所束缚的一般人们，他说："天父上帝人人共……何得君王私自专，上帝当拜，人人所同，何分西北，何分南东，一丝一缕荷上帝，一饮一食赖天公，分应朝朝而夕拜，理应颂德而歌功，人而舍此而他拜，拜尽万般总是空。"① 根据这个民主和平等的原则，那么世界在上帝的安排之下应该是合理而平等的，所谓"天下多男人，尽是兄弟之辈，天下多女子，尽是姊妹之群。何得存此疆彼界之私，何可起尔吞我并之念？"② 可是，现实世界却充满着不合理和不平等，这是为什么呢？据洪秀全说，那是因为阎罗妖兴妖作怪，人们"被魔鬼迷蒙灵心，颠颠倒倒，自惹蛇魔阎罗妖缠捉"③。洪秀全自称是天父之子、天兄之弟，奉命来世间斩捉阎罗妖，劝告大家赶快参加拜上帝会，他满怀信心地说："乱极则治，暗极则光，天之道也。于今夜退而日升矣，惟愿天下凡间我们兄弟姊妹跳出邪魔之鬼门，循行上帝之真道，时凛天威，力遵天诫，相与淑身淑世，相与正己正人，相与作中流之砥柱，相与挽已倒之狂澜。行见天下一家，共享太平，几何乖漓浇薄之世，其不一旦变而为公平正直之世也！几何陵夺斗杀之世，其不一旦变而为强不犯弱、众不暴寡、智不诈愚、勇不苦怯之世也。"④

洪秀全提出的这种教义，从表面上看来，不能不说是荒诞不经的幻想，但我们却不能轻视在这种宗教幻想掩盖下所包含的战斗民主主义的实质，以及它在动员农民群众时所发挥的伟大作用。一百多年以前的中国农民群众，其经济和政治地位是十分低下的，同样，在文化上是十分落后的，为着要把千百万农民群众动员到斗争的最前列，就必须要用农民所能理解的语言阐明斗争的目标和后果，阐明为什么需要这场斗争以及为什么这场斗争必然会胜利，不阐明这些问题就不可能领导广大而分散的农民群众。形势已经到了"山雨欲来风满楼"的时候，但当时还没有任何人可能科学地阐明农民斗

---

① 洪秀全：《原道救世歌》。

②④ 《原道醒世训》。

③ 《原道觉世训》。

争的问题，于是在形势的要求下，宗教就来填补了这个空缺，的确，在当时除了宗教以外农民们不可能有更好的思想武器。宗教告诉农民们：赐给他们雨水、阳光和其他一切的最高主宰——上帝——怜悯他们的痛苦遭遇，策动并支持着这一场翻天覆地的斗争，于是斗争的正义性和胜利结果一下子都变得那样简单明了，农民群众进行斗争的时候也将勇气十足，信心百倍。正像恩格斯所说："群众的感情唯一是由宗教'食粮'来滋养的；所以，为了引起暴风雨般的运动，就必须使这些群众的自身利益穿上宗教的外衣。"① 洪秀全提出的教义并不能当做一般的神话和幻想看，那是深刻地渗透着当前阶级斗争现实意义的战斗纲领。他把革命农民所追求的、所歌颂的抽象为一定要实现的上帝的意志，而把封建统治阶级的残暴、腐朽、淫恶抽象为一定要被打倒的阎罗妖的罪行，在这里，神与妖的斗争直接反映了人与人的斗争、阶级与阶级的斗争，想象是多么丰富，是非是多么分明，界线是多么清楚。这种在宗教伪装下的战斗民主主义的思想一经在农民群众中传布而成为农民的普遍信仰，那将发挥出反对封建制度的多么伟大的力量啊！

洋溢着革命热情的洪秀全这时还不知道自己手里的上帝和外国传教士手里的上帝已经不是一回事了。1847 年，他还虔诚地拜访了居留在广州的美国牧师罗孝全（J. J. Roberts），要求受洗礼，罗孝全对洪秀全的思想大为怀疑，"彼之所言实令我莫名其妙……彼对于圣经之知识无多"②，拒绝给洪受洗。事实上，革命者的教义当然是罗孝全不能理解也不会理解的，同样，侵略者的《圣经》洪秀全也是不能理解不会理解的，两者之间存在着多么大的距离啊！

1847 年 8 月，当洪秀全知道了冯云山的消息而赶到紫荆山区后，他惊奇地发现，不能为罗孝全所理解的拜上帝会教义已经在劳苦群众中扎下了坚实的根，拜上帝会已经是一个拥有三千多人的群众组织。

为了进一步发展和巩固拜上帝会，洪秀全和冯云山一起制订了

---

① 恩格斯：《费尔巴哈与德国古典哲学的终结》，66 页。

② 罗孝全 1852 年的报告，转引自韩山文：《太平天国起义记》。

各种章程、宗教仪式和纪律，包括新教徒入会时简单的洗礼仪式，每天进餐及喜庆丧葬时的祈祷仪式和祈祷文，各种隐语，传布教义的做礼拜和讲道理仪式，以及模仿摩西十诫而订的十款天条（其内容为：一是崇拜皇上帝，二是不拜邪神，三是不妄题皇上帝之名，四是七日礼拜颂赞皇上帝恩德，五是孝顺父母，六是不杀人害人，七是不奸邪淫乱，八是不偷窃打劫，九是不说谎话，十是不起贪心）。① 这一切在保证革命的发动上显然是起重要作用的，宗教仪式不仅使人们的日常生活直接放在一个托名为上帝的统一领导之下，而且还给革命的宣传和组织活动巧妙地加上一层伪装，避免在力量尚不充分的时机被清政府所发觉和镇压。十款天条在平时是生活准则，在战时是军事纪律，据各方面的记载，太平军对于这些纪律奉行甚严，违者处重刑，全军过着一种朴实、艰苦的禁欲主义者的生活，这大大增强了革命队伍对奢侈腐化生活的抗毒能力，免受腐蚀。正像恩格斯在评论德国农民战争时所说的那样："为发展革命的力量计，为了解自己对于社会一切其它分子之对立的地位计，为团结成为一个阶级计，社会下等阶层必须从抛弃使他们对于现存社会制度发生妥协的一切事物做起。可以使他们降到忍辱负重的卑贱地位以获得的一切享乐，甚至为最大压迫所不能剥夺的一切享乐，都不可不抛弃之。"②

拜上帝会有了自己的教义、组织形式和纪律，发展得更快了，广西省东南的各州县，如浔州、郁林州，如平南、武宣、贵县、博白、陆川，都有分会组织，而且渗入了广东省的信宜、茂名一带。

拜上帝会建立起来，便和封建势力展开了斗争。开始还只是表现为反封建神权的斗争，最著名的就是《太平天日》所载洪秀全、冯云山等远至象州打毁甘王庙，洪、冯都题下诗句③，后来冯云山

---

① 参见《天条书》。

② 恩格斯：《德国农民战争》，解放社，58页。

③ 洪秀全诗为："题诗行檄斥甘妖，该灭该诛罪不饶，打死母亲干国法，欺瞒上帝犯天条，迷缠男妇雷当劈，害累世人燒（火）定烧，作速潜藏归地狱，腥身岂得挂隆（龙）袍"。冯云山诗为："奉天讨伐此甘妖，恶孽昭彰罪莫逃，迫我弟妹诚敬拜，诱吾弟妹乐歌谣，生身父母谁人打，敝首邪尸自我抛，该处人民如害怕，请从土壁读天条"。

等又打毁了紫荆山内的社坛。这种举动表面看来没有多大意义，实际上，这是对自己力量的检阅和对封建势力的示威。既然被封建势力所顶礼膜拜的神仙都可以打倒，那么，封建势力本身就更没有什么神圣不可侵犯的了！

神的斗争究竟只是人的斗争的反映，而且终究会赤裸裸地还原为人的斗争。果然，不甘示弱的紫荆山区的地主势力，以秀才王作新为首，向拜上帝会反攻了。1847年底，王作新等率领团练逮捕了冯云山和卢六，联衔以邪教惑众、践踏神明的罪状控告到桂平县，并以冯所作“暂借荆山栖彩凤，聊将紫水活蛟龙”的对联指为谋反的证据。洪秀全急忙赶回广州，想以朝廷已颁发允许人民信仰基督教的圣旨为理由，营救冯云山，但是圣旨起不了作用，因为洪秀全并无门路可钻，而广西一带阶级斗争的形势却起了营救冯云山的作用。当时正是雷再浩起义的时候，广西会党纷起，清朝官吏正被打得丢盔卸甲，眼青鼻肿，只指望大事化小，小事化无。担任广西巡抚的郑祖琛是一个“秉性庸懦，年老昏愦，最恨地方查拿匪徒”①的老朽，因此桂平县对于名声未显的拜上帝会淡然视之，虽然卢六在狱中病死了，冯云山却只得了个押解回籍的处理，王作新等反而也得了一个“捏饰大题架控，是否挟嫌滋累”②的申斥。一场天大的官司真的“大事化小，小事化无”了。地方士绅和官府的矛盾、官吏的昏聩怕事便利了拜上帝会的活动。

冯云山的被捕确是太平天国革命史上第一个危急的关键，不仅冯云山身陷囹圄，生死不明，而且洪秀全为营救冯云山而跋涉广州，远离了紫荆山，刚刚组织起来的拜上帝会陷于群龙无首的瘫痪状态。会众之中有的畏缩了，有的动摇了，也有人假托神灵附体“出言反对耶稣教训，且引人离道”③。神鬼附体在当时是为一般群众十分相信的，“因而在兄弟中生出纠纷及有分裂之象”④，忠实而机智的杨秀清也利用神鬼附体的方式，托言天父下凡传言，稳定了群众情绪，

---

① 汪堃：《盾鼻随闻录》。

② 转引自李滨：《中兴别记》。

③④ 韩山文：《太平天国起义记》。

使大局不致瓦解；萧朝贵为了同样目的也托言耶稣下凡。从此杨秀清、萧朝贵取得了代替天父天兄传言的权力，地位居冯云山之上。

很显然，紫荆山前的神鬼附体是以荒诞形式进行的一场阶级斗争，敌对阶级企图利用这种为群众所迷信的形式来瓦解革命队伍，杨秀清、萧朝贵当时不可能有更有效的形式来粉碎敌人的阴谋，因此同样也采取了神鬼附体的方式，“即以其人之道，还治其人之身”，这正是杨秀清革命机智的表现。有些历史学家把天父下凡方式归结为杨秀清为获得个人权力而进行的阴谋权术活动，这是很不恰当的。他们没有把天父下凡这件事和当时的历史条件、斗争形势联系起来考虑，甚至也没有认真地分析有关的文件，因为当时已有很多人以神鬼附体的方式来动摇革命群众的信念，“当其时真道兄弟姊妹多被妖人恐吓，若非天父下凡教导作主，恐伊等心无定见，安得不忘却真道，差入鬼路乎”①，而从传言的内容来看，也是高瞻远瞩，顾全革命大局，所谓“每次代天父上帝传言时，严厉肃穆责人之罪恶，常指个人而宣传其丑行。彼又劝人为善及预言未来，或号令人应如何做法，其言辞大概留极深刻之印象于会众”②。正因为杨秀清的这个功绩，所以他和萧朝贵的传言后来都“经秀全审判为真者”而授予极大的权力。把杨秀清的做法歪曲为个人野心的动机，这不能不说是对农民革命的无知和对杨秀清极大的侮辱。

三、金田起义

经过冯云山被捕的事件以后，紫荆山前的阶级营垒愈来愈分明，斗争也愈来愈尖锐了，就像李秀成所说：“团练与拜上帝之人两有分别。拜上帝人与拜上帝人一伙，团练与团练一伙，各自争气，各自逞强，因而逼起。”③ 较大的冲突有如下几次：一次是洪秀全的表侄王为正（即洪秀全到广西最早的居停主人王盛均之子）因传教毁庙

---

① 《天情道理书》。

② 韩山文：《太平天国起义记》。

③ 《李秀成自述》。

被王作新捕拿下狱，瘐死狱中；一次是在金田村附近的团练抢夺拜上帝会教徒的牲口，引起一场械斗，结果团练被打败；一次是金田村的壮族地主韦昌辉受到当地其他地主的欺压而参加上帝会，并率领会众抢割地主的庄稼。此外，还有许多零碎细小的斗争。在斗争中拜上帝会一天天地发展、巩固，大规模的武装冲突看来已经是不可避免的了，拜上帝会秘密进行着各种准备。

首先是创立军法，以便把群众用军事编制严密地组织起来。根据起义时已刊刻的《太平军目》来看，其全军的基本单位是军帅，其下有五个师帅，师帅下有五个旅帅，旅帅下有五个卒长，卒长下有四个两司马，两司马下有五个伍长，伍长下有冲锋、破敌、制胜、奏捷四个圣兵。全军共有 13 156 人。军帅以上另设监军、总制、将军、指挥、检点、丞相、主将、军师，以次上达于天王。军队的旗帜、衣帽、腰牌均有一定规格，初时所订纪律简明而又非常严格。

其次是筹措费用。为了保证革命队伍生活和军事上的需要，规定人人不得私有财产，参加革命的人“将田产屋宇变卖，易为现金，而将一切所有缴纳于公库，全体衣食俱由公款开支，一律平均。因有此均产制度，人数愈为增加，而人人亦准备随时可弃家集合”①。至今广西的老人们尚说：“太平军起义后，全家参加，财物都归入公库”，“战士不得私藏财物”②。这就是圣库制度的开始。

再次是军械的制造。据广西的老人们说：“冯云山被捕获释后，入金田和昌辉密谋起事，开炉打铁，日打农具，夜打武器，丢入犀牛潭，起义时，云山说得神人托梦，潭中有武器，发动村人车水，果然捞得刀枪不少。”③

准备到了将要成熟的时机，拜上帝会总部向各地教徒发出动员的号令，分散于各地的教徒纷纷向紫荆山区集中，先后“团营”，其中有紫荆山区的基本群众三千余人，贵县龙山的失业矿工千余人，桂平饥民千余人，博白、陆川一带教徒五六千人。此外有一支贵县北区客家队伍，因和当地土人团练发生了大规模械斗，结果失败，

---

① 《太平天国起义记》。

②③ 广西省太平天国文史调查团编：《太平天国起义调查报告》。

其中无家可归的两千人在石达开率领下投入拜上帝会。广东的高州、信宜一带教徒约数千人，由凌十八统率，赴金田团营，路上遭到清军阻拦，折回广东，未能和大队会合，至1852年被清军扑灭。

上述拜上帝会的基本群众是农民，而且大多是贫农雇农，即李秀成所说“十家之中，或有三五家肯从，或十家八家肯从，亦有读书明白之士子不从，从者俱是农夫之家、寒苦之家，积多结成聚众”①。金田村附近的老人们说：“参加拜上帝会的农民居多；组织团练的都是有钱的人。他们都是互相仇杀的。当时的农民都倾向拜上帝会，有功名有钱的人才拥护清朝。”② 在革命领袖中，洪秀全就是农民出身的领袖，萧朝贵也是“在家种田种山为业”的，后来的著名领袖李秀成则是“家中之苦，度日不能，度月格难，种山帮工就食”③的雇农。

手工业工人在拜上帝会中占着很大的数量和重要的地位。仅紫荆山区就有三百余家烧炭工人全部参加了拜上帝会，拜上帝会组织最初就是在这些烧炭工人中建立的，以后烧炭工人也是拜上帝会的骨干力量，所以有人干脆地把拜上帝会叫做“炭党”。此外在最初的一批教徒中间，尚有龙山的银矿工人。据现存于贵县的《禀请抚宪批示封禁开矿碑记》说：当地矿产，“道光年间，前县尊王济曾请设委员，招商试办，无赖之徒，纷纷而至。不一二年，深山穷谷，居住尽系游民。人壮力强，孑无家室，凶悍异常，抢劫掳掠，拜会结盟，种种不法，差壮不敢入而问焉。当是时，司事者因不能管束，已渐退散。至咸丰元年，会匪攻陷永安州，该恶等亦遂与合伙而去”④。拜上帝会的领袖中，如杨秀清就是手工业工人，李秀成说他“在家种山烧炭为业”⑤，地主阶级说他“为隶为佣，皆不称意”⑥。另如秦日纲则是龙山工人的领袖，宾福寿出身为木工，陈国良出身为铁匠，即萧朝贵、李秀成也曾以烧炭为生。

---

①③⑤　《李秀成自述》。

②　广西省太平天国文史调查团编：《太平天国起义调查报告》。

④　据碑文记载，龙山矿工在永安突围时始参加太平军，但据《浔州府志》，应于金田起义前参加太平军，未知孰是。

⑥　张德坚：《贼情汇纂》，卷一。

太平天国革命从其开始就有许多手工业工人参加，成为其骨干和核心，后来还有许多矿工、船夫参加，这是一个值得予以重视的特点。由于资本主义萌芽的增长和土地兼并的加剧，手工业工人逐渐团聚成为一支有实力的社会力量，差不多在19世纪初，手工业工人的斗争就日益频繁并日益重要起来。太平天国革命中，手工业工人的作用更加显著了。手工业工人的基本生产地位是和农民接近的，他们同样是劳动者和被剥削者，同样是小生产者，他们具有类似的性格和共同的命运，也有共同的反对封建制度的要求，因此他们在斗争中总是并肩前进的，但是手工业工人几乎是一无所有的赤贫者，手工业操作的性质把他们带进较为宽广的世界并使他们集中在某个地点和某个行业中，因此他们比起保守、分散和闭塞的农民前进了一步。在当时，手工业工人虽然并没有构成为一个独立的阶级，而且，“这种普遍地缺乏现代生活条件，缺乏现代工业生产方式，当然要随伴着一种大体同样普遍地缺乏现代思想”①，但是，他们对旧社会彻底决裂的态度，他们在斗争中的英勇坚决，他们较强的团结力和较远大的理想，就不能不把农民战争推到一个更高的阶段。由于这样一个萌芽无产阶级集团的渗入，“好象一袋马铃薯是由袋中一个个马铃薯所集成”② 的农民们也凝合成了一支坚韧的队伍，手工业工人在太平天国革命中是绝对不容忽视的一支力量。

拜上帝会中还有一批兵痞、盗贼、卜筮、星相等缺乏固定职业的游民队伍。领袖中间，如“素为海中剧盗、掳掠商贾”③ 的罗大纲，“亡命江湖，能以符水治病，趁钱糊口”④ 的何潮元都是此中的杰出人物。这些人也是压在社会底层的，一旦他们接受了正当的理想和严密的组织纪律，在他们心灵中同样会燃烧起反对封建制度的炽热火焰，但是他们在商业城市中沾染上游荡懒怠的恶习，在一定的时机下他们会为一己小利而破坏组织纪律，甚至极易堕落到背叛

① 恩格斯：《德国的革命与反革命》，12页，解放社，1949。

② 马克思：《路易·波拿巴政变记》，见《马克思恩格斯文选》，311页，莫斯科外国文书籍出版局，1954。

③④ 张德坚：《贼情汇纂》，卷二。

革命的地步。

此外，革命队伍中还有一批知识分子，如乡村教师和医生。初期参加革命的知识分子一般都担负着相当重要的工作。因为无论农民和手工业工人，由于他们缺乏接受教育的机会，所以不可能从历史材料里总结出经验教训，不可能承担全盘的组织工作和宣传工作。当时的知识分子中愿于和敢于参加农民革命的为数甚少，而且大多是生长于乡村的小知识分子，他们的人数虽少，知识虽窄，但是他们立足于广大雄厚的农民力量的基础上，因而在统治者看来这些仅仅“识字无多”、“粗知文义”的塾师、医生却能发挥出倒转乾坤的威力。在拜上帝会中，这一类领袖最多，洪秀全、冯云山就是塾师出身，后来的天官正丞相曾水源、副丞相曾钊扬都是“初为童蒙师”①。此外，“素精医理”的李俊良到了南京以后“收罗医士，采办医材，为典内医之首”②。

此外，也有一部分地主、商人参加了拜上帝会，如韦昌辉据说是“素业质库，兼饶田产，富甲一邑”③ 的壮族地主兼典当商，石达开则是“家富读书，文武备足”④，还有前期七王中的豫王胡以晃也是“家本素封，曾应童子试”⑤ 的乡村地主。这些人或者在清王朝的压迫之下没有权利，或者受当地其他地主的排挤倾轧，因而在反满一点上，或者在打击地主阶级的某些阶层一点上，可能和农民一致，可能和农民合作，甚至也可能背叛自己的阶级而向封建制度挑战。韦昌辉、石达开、胡以晃在初期都有极大的功绩，太平天国起义最初就是在金田村韦昌辉家发动，韦氏全族都参加了革命。石达开则是杰出的军事领袖，在他指挥下，后来的西征战事得到胜利发展，湘军最初也被他打得落花流水。胡以晃的家中在起义前密藏着洪秀全、冯云山等革命领袖，当清军掩捕洪、冯时，幸赖胡氏全

---

① 张德坚：《贼情汇纂》，卷二。

② 同上书。

③ 据一般文献记载，韦昌辉是一个地主富商，但据广西省太平天国文史调查团的调查，韦昌辉家是每年收二万斤左右租谷的中等地主。

④ 《李秀成自述》。

⑤ 张德坚：《贼情汇纂》，卷一。

族的抵抗，使革命领袖免遭毒手。正因为这些人对革命有很大贡献，所以他们的地位也是很高的，但是在他们身上带有浓厚的地主阶级意识，当革命向前推进得很远的时候，当革命已经超过了反满或反对地主某个阶层而接触到推翻封建制度、解放农民群众的时候，他们和农民之间的意见分歧便会日益尖锐起来。在这里，简单朴素的农民宗教思想是约束不住他们的。在一定的时机下，韦昌辉可以争权内讧，屠杀战友，石达开可以独立行动，分裂大局。胡以晃据说也在内讧中助韦作恶，出卖了杨秀清。① 由于阶级异己分子在内部的破坏，而使后来的革命停滞以致失败。

从社会成分来看，拜上帝会包括了各个不同阶层，而从族别来看，则包括了几个兄弟民族。在革命队伍中，除了汉族以外，最多的是壮族，还有瑶族和苗族。起义以前拜上帝会主要是在桂平的紫荆山区、贵县的龙山和平南的鹏化山区发展起来的。紫荆山区实际上是“无村无壮，且多壮村”的壮汉杂居地区，韦昌辉就是壮族领袖，据说起义时“韦正独自带其族人约有一千”②，一千人的大家族恐怕是不可能的，也许就是指韦昌辉率领附近地区的一千壮族。至于贵县，“县治之北一带，乡村星罗棋布……由山脚而六凌，而三八，至龙山，皆壮人居住”③，估计龙山工人中必有许多壮族，据说石达开率领的队伍就是由客家和壮人混合组成的。此外平南鹏化山毗连着瑶族聚居的大瑶山，记载说“平南瑶人在鹏化大同里万山中，所聚村落，与修、永、象诸瑶村接壤”④，胡以晃就是“住近瑶山，最得瑶民信服”⑤ 的领袖。统治阶级说太平天国的女军“瑶壮丑类，生长洞穴，赤足裹头，攀援岩谷，勇健过于男子”⑥，可见少数民族中的妇女也是站在斗争最前列的。在领袖中，除韦昌辉已确证为壮族外，据说，后来的北伐大将李开芳、林凤翔以及被誉为“飞将军”

---

① 参见罗尔纲：《太平天国领导集团内讧考》。
② 《太平天国起义记》。
③ 梁廉夫：《潜斋见闻随笔》。
④ 《平南县志》，卷八。
⑤ 罗尔纲：《太平天国史稿》，卷二二。
⑥ 张德坚：《贼情汇纂》，卷三。

的著名勇将曾天养都是壮族。

拜上帝会内部各民族相处得很融洽，像一个和睦家庭的成员一样。在“天下一家”的思想指导下，没有民族间的歧视和压迫，各兄弟民族和汉族在一起发动了革命斗争，创建了伟大的太平天国。

当拜上帝会从各地往金田村团营的时候，清廷虽还没有注目于拜上帝会，但因广西起义军纷起，已经采取了紧急措施，广西巡抚郑祖琛、提督闵正凤均遭革职，起用林则徐为钦差大臣兼广西巡抚，调向荣为广西提督，率领楚兵入桂，并令云南提督张必禄率黔兵皖兵会剿。可是1850年11月底林则徐行抵潮州病殁，接着张必禄也病殁，清廷最初布置的战略计划流产，从而给拜上帝会一段充裕的准备时间。清廷第二步令李星沅继任钦差大臣、周天爵署任广西巡抚，周凤岐接统黔军、皖军，但当李星沅到达广西已经在金田起义以后了。

当教徒团营的时候，金田村的形势十分紧张，拜上帝会和团练、清军屡次发生冲突。洪秀全、冯云山为避免清军的追踪，躲到离金田百里以外的平南县花洲山人村胡以晃家中，不料清廷得到了花洲有教徒聚会的消息，浔州协副将李殿元率兵包围花洲，花洲一带教徒奋起抵抗，但因寡不敌众，不能突围脱身。金田一带的教徒兼程往救，12月底和清军遭遇于思旺圩，清军大败，教徒们接洪秀全回到金田村。1851年1月11日（道光三十年十二月初十）是洪秀全的诞辰，拜上帝会在金田村正式宣布起义，建国号为太平天国，一个世界历史上无与伦比的伟大的农民革命开始了。

第三章　太平天国革命战争的进攻阶段

第一节　太平天国革命初期的胜利进攻

一、太平军在广西的战斗

金田村一带，群山环抱，地势险僻，清王朝在这里的统治力量比较薄弱，作为起义以前积聚力量的根据地是很合乎理想的。但当准备已经成熟，革命队伍就应该迅速地冲出山区，进入宽广的平原地带，广泛地展开活动，以便扩大革命影响，招集更多的队伍，积聚更丰足的物资。在这样的战略意图下，起义后的数日内，太平军立即全师东进，配合天地会罗大纲、苏三娘等的部队，占领了紫荆山区东出要隘江口圩（即大湟江口），随即补充军实，企图东下平南，至浔江地带活动。

可是太平军最初还缺乏经验，行动不够迅速，当占领江口圩后，为了补充军实，屯驻一个多月，给清方赢得了调动兵力的时间。钦差大臣李星沅恰在此时到达了广西，认清了太平军“实为群贼之尤”，主张“聚集精兵，全力攻剿，庶期扫穴擒渠，余匪闻而胆落”①，把主要兵力拿来对付太平军。一月之内，调集了桂、黔、滇、楚、粤、闽等军万余人，提督向荣亲至江口圩前线指挥，太平军东出之路遂被堵塞。

1851年2月中旬，大湟江口爆发了一场剧战。清军方面对太平军战斗力估计过低，在江口圩至屈甲一带发动了全面攻击，企图一举扑灭革命火焰，太平军英勇迎战，结果清军大败，据《浔州府志》记载：“十八日战于牛排岭，我师败退……贼益骄横”②，“荣（按指向荣）独

---

① 《东华录》，咸丰朝，卷七。

② 《浔州府志》，卷五六。

战于屈甲洲。贼佯败，先设伏兵于下游以抄我后，我军深入，前后受敌，遂败。士卒死者数百人，洲坑为满”。又说：“贼自屈甲之役益无忌，二月初五日攻扑向荣鱼鳞塘营垒甚急，一军皆失措。有以巨炮击之，贼稍却”①。这些记载反映出清军在和太平军交手的第一个回合中就被打得狼狈不堪。

太平军虽获全胜，但因缺乏火器，无法攻破清军营垒，相持日久，粮食告竭。《天情道理书》说：“金田起义之始，天父欲试我们弟妹心肠，默使粮草暂时短少，东王西王诰谕众弟妹概行食粥，以示节省”。为了立即摆脱缺粮的困难，太平军放弃了打破清营、全师东出平南的想法，3 月中旬从江口圩西撤，经新圩、金田，越山而西，占领东乡、三里，企图经过武宣而打开西出的路径。

这一次太平军的动作虽然很敏捷，但是在迫近武宣县城的时候，新任广西巡抚周天爵恰恰赶到这里，接着向荣的军队也绕道赶到武宣，太平军西出的通路又被阻拦。此后两个月间，双方相持于武宣城郊，一方面太平军还不可能打垮清军，突破重围；另一方面清军内部发生矛盾，周天爵、向荣互闹意见，士兵贪生怕死，加以浔江南岸有凌十八率领的太平军别支，赶来金田团营，清军备多兵分，因此也不可能扑灭太平军。清廷一个劲儿地催促前线进攻，钦差大臣李星沅连急带气病死于军营，清廷派了首席军机大臣赛尚阿为钦差大臣，并调广州都统乌兰泰等部开赴广西。1851 年 5 月中旬，正当李星沅病死、赛尚阿未到的时候，太平军突然撤离武宣，抢占象州之中平一带，企图经过象州而打开北出的道路。

太平军刚刚占领中平，乌兰泰的援军即已进抵象州，两军相持一个半月，北进的道路又遭堵截。7 月初，太平军复由原路撤兵，经东乡、猪蒽峡、金田而屯营于新圩，再作东出的打算。清军方面，乌兰泰部绕道至江口圩，堵截太平军，向荣则跟在太平军后面追击，赛尚阿的援军也抵达广西。

此时，紫荆山战场上，清军已陆续集中三万人，太平军方面连老

---

① 《浔州府志》，卷五六。

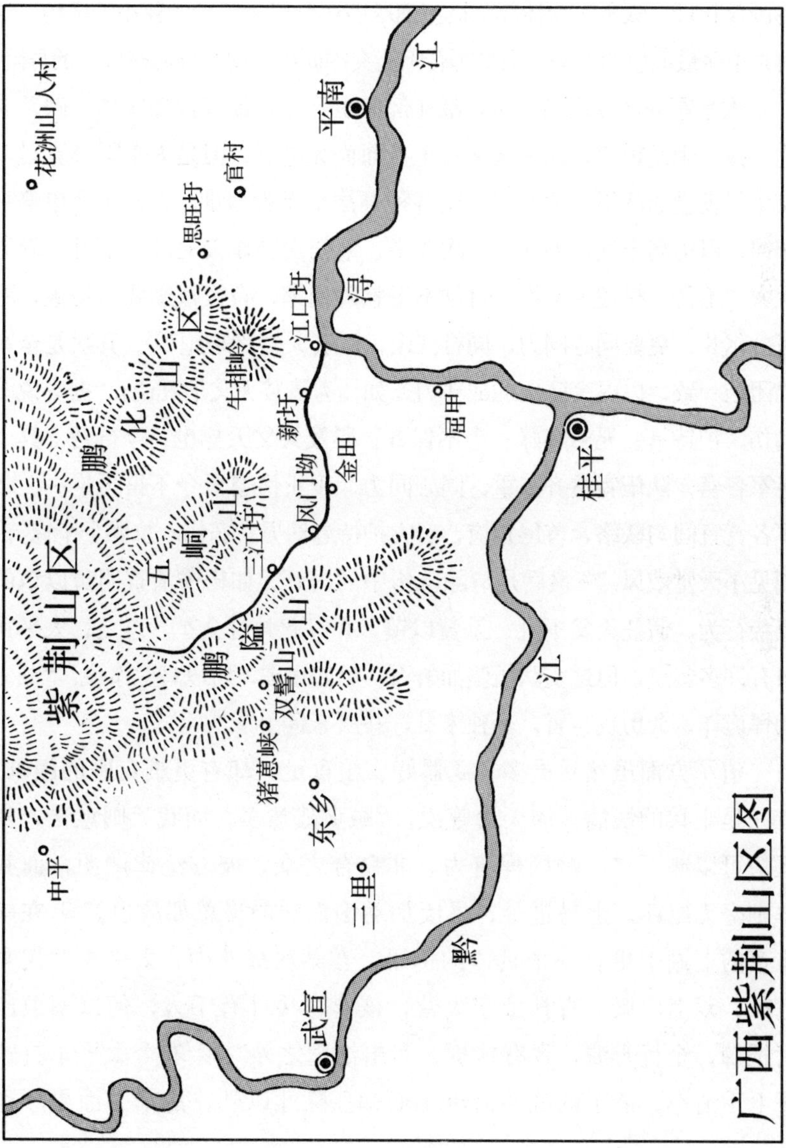
花洲山人村
思旺圩
官村
平南
江
浔
江口圩
牛排岭
鹏化山区
紫荆山区
五峒山
三江圩
新圩
屈甲
桂平
金田
风门坳
鹏隘山
双髻山
猪崽峡
东乡
中平
三里
武宣
黔
江

广西紫荆山区图

幼妇孺不到两万人，数量相差很悬殊。8月间，西路的向荣部陆续突破猪蒽峡、双髻山、风门坳等要隘，军锋直指金田村，东路的乌兰泰部正在围攻新圩，太平军全体部队被包围压缩在金田至新圩的狭小地区内。这时是革命最危急的关头，太平军若不能突围而出，便有全部被歼灭的危险。

太平军的战斗成员太少，战斗经验也不足，加以武器窳劣，缺乏火炮、盐、硝、粮食，因之起义八个月而尚无进展，但是太平军毕竟是一支生气勃勃的队伍，他们努力用各种办法来克服困难。首先是严申群众纪律，以提高士气，如在东乡战斗中，萧朝贵装作天兄耶稣下凡，教导大家“不得入村搜人家物，打仗不得临阵退缩，有银钱须要认得破，不可分尔我，更要同心同力，同打江山，认实天堂路来跑”①。其次是全军的团结一致，以提高队伍的战斗力，如杨秀清装天父下凡说：“据奏说多病伤，护持紧。兄弟姊妹一个不保齐，辱及天父天兄也。今行营，其令各军各营，队伍宜整齐坚重，同心同力，千祈恪遵天令不得再逆……各军各营宜间匀联络，首尾相应，努力护持老幼男女病伤，总要个个保齐，同见小天堂威风。”②最后是清除队伍中的内奸，如杨秀清查明黄以镇的反叛行为，假托天父下凡，杀黄以镇，并以此教育全军。总之，太平军虽有许多弱点，但这支队伍坚如磐石、勇如猛虎，所以乌兰泰说：“贼之凶悍诡诈，久历戎行者，不独未见，并所未闻。”③

清军方面虽然兵员多、武器好、粮食足，却有更难克服的困难，首先是士兵的怯懦，周天爵曾说：“贼愈战愈多，而我兵则愈怯，实无法可以剿灭之。贼凶悍有力，非乌合之众，彼方纪律严明，而我军则毫无纪律，退易进难，虽屡加劝谕而孱弱畏葸如故也。”④ 在咸丰帝的上谕中更有一个具体的例子。在某次战斗中，太平军“仅剩七贼，复上山梁，直扑威宁大营，该营官兵计有千人，何以不敢出营抵御，全行奔溃，致有挫折，实出情理之外”⑤。七个太平军打败了上千清军，清军的战斗力可想而知。除此以外，清军方面更严重

---

①② 《天命诏旨书》。

③ 乌兰泰：《致赛尚阿禀》。

④ 周天爵：《致鄂督书》。

⑤ 《东华录》，咸丰朝，卷九。

的困难还在于主将之间的矛盾。当周天爵与向荣共事的时候，周向朝廷密劾向荣“曲徇其子，军不用命”，闹得向荣灰心丧气，停战一月。清廷调来一个乌兰泰，希望他“调和诸将，使之尽释前嫌，共图决胜”①，不料乌兰泰和向荣的矛盾闹得更大了。当向荣在西路步步迫近金田村、清廷对向荣赏赉有加的时候，东路主将乌兰泰醋意大发，故意放松对新圩的攻势，太平军遂得移营金田，集中兵力，打退向荣。1851 年 9 月 11 日，太平军于夜间从山间僻路突围至思旺圩，乌兰泰率军后追，向荣绕道赶到官村堵截，太平军伏兵于此，突起袭击，向荣军大败，“几不能军，是所谓官村之败也，向之丧师失律未有甚于此役者”②。向荣经过这次战败，和乌兰泰的矛盾更大了，索性“称病晋省就医，竟置贼事于度外矣”③。

太平军经过九个月的战斗，终于突围北上，9 月 25 日占领永安州（今蒙山县）。清军在大败之后，内部一片争吵混乱，只有乌兰泰少数军队跟追到永安，这样就给革命方面赢得了补充休整队伍、采购粮食军火的时机，同时又颁行天历，制定各种政治制度，封杨秀清为东王，萧朝贵为西王，冯云山为南王，韦昌辉为北王，石达开为翼王，秦日昌为天官丞相（至南京后晋封燕王），胡以晃为春官丞相（至南京后晋封豫王），其余将士 800 多人皆晋升官职。又实行圣库制度，宣布“继自今，其令众兵将，凡一切杀妖取城，所得金宝绸帛宝物等项，不得私藏，尽缴归天朝圣库，逆者议罪”④。此外还努力肃清内奸，如太平天国官书中大书特书的军师周锡能事件就是在永安发生的。周锡能是被派遣回博白团聚教徒的，不意周投降了清军，返回永安，为清军做内应，杨秀清侦悉内情，假装天父下凡，揭露周锡能的逆迹，将周和他的妻子同伙一律斩首。这件事更加坚定了群众对天父的信仰，连临刑时的周锡能也说：“众兄弟，今日真是天做事，各人要尽忠报国，不好学我周锡能反骨逆天。”⑤

---

① 《东华录》，咸丰朝，卷九。

② 龙启瑞：《沅月山房诗集》，卷三，记事诗注。

③ 姚莹：《致乌兰泰书》。

④ 《天命诏旨书》。

⑤ 《天父下凡诏书》。

太平军在永安停驻约半年，清军陆陆续续地开到永安，将永安城包围起来。可是乌兰泰和向荣对于进攻永安的战略计划又产生了分歧，乌兰泰采纳部下江忠源的建议，称“贼尽聚一城，人数不及万，官军数倍过之，若以锁围法，深沟高垒困之，贼食尽援绝，必死矣”①。可是向荣鉴于屡次挫败的教训，反对围城硬攻，主张“攻城宜开放一路使逃，我兵紧紧追击，使其不复成队，不数战可以歼除”②。两个主将意见不同，旧恨加上新怨，矛盾更大了。下面的军队“楚兵与黔兵不和，镇筸兵又与常德兵不和，兵与勇不和，东勇又与西勇不和”③，在这样矛盾重重的情况下，清军根本不可能对太平军进行积极的攻击，因此，有人讥刺当时的战况是“孤城咫尺无人近，半载遥从壁上观”④。

清军仗着兵员众多，把永安城“四方围困，内外不通”⑤，城内“粮草殆尽，红粉亦无”⑥。1852 年 4 月初，太平军乘雨夜突围，东趋古苏冲、龙寮岭一带山路，乌兰泰率部紧追，在仙回岭遇到太平军的埋伏，“径仄地滑，人马拥挤，不能排队，枪炮亦不能施放，众贼赤脚短刀，前后围裹，肉搏鏖战，总兵长寿、长清、董光甲、邵鹤龄暨亲随兵弁数百名同时殒命，四镇俱百战之将，阖营丧气”⑦。这一役清军不但折损四个大将，而且死伤四五千。赛尚阿为了掩饰战败的过失，把被俘的一个天地会领袖焦亮，捏称是太平军重要领袖洪大全，向朝廷献俘报功。关于洪大全的真实性问题，在史学界争论了许多年。有人认为：洪大全是天地会的大首领，在太平军中地位是很高的，他在一定的条件下和拜上帝会合作，参加了太平军，由于洪大全的被捕，拜上帝会和天地会的裂痕逐渐扩大，以至分裂。⑧ 有人则认为：关于洪大全的身份和供词完全是赛尚阿等捏造

---

① 郭嵩焘：《江忠烈公行状》。
②③ 姚莹：《中复堂遗稿》。
④ 无名氏：《独秀峰题壁诗》。
⑤ 《李秀成自述》。
⑥ 《天情道理书》。
⑦ 汪堃：《盾鼻随闻录》，卷一，《粤寇纪略》。
⑧ 参见范文澜：《中国近代史》，上册。

的，洪大全实际上是太平军中一个犯人（因被俘时项上带着锁链，并根据洪大全供词）。① 关于洪大全个人的身份，我们认为很可能就是郴州天地会领袖焦亮，因为在 1856 年，湖南巡抚骆秉章曾有洪大全之妻许月桂、弟焦三自行投案的奏报②，太平军在广西、湖南作战，本有不少天地会员参加其中，洪大全就是其中的一个，洪大全在供词中把自己说成是和洪秀全并肩的领袖，这是不对的，显然是赛尚阿等作伪以冒功。供词本身有许多夸大作伪的地方，但可能是根据参加太平军的天地会员所供，而又加了很大篡改而成。洪大全个人身份是次要问题，这里牵涉到一个拜上帝会和天地会相互关系的问题。我们认为：第一，天地会本身并不是统一的组织，因此不会有一个最高首领（只有一个象征性的天德皇帝），洪大全最多是郴州一带天地会领袖，洪大全个人的被捕并不会对拜上帝会与整个天地会的关系发生重大影响，这一点有后来太平军进至郴州，天地会员纷纷参军可以作为佐证。第二，拜上帝会和天地会几乎是同时同地并存的被压迫群众的两个革命组织，他们的组织形式、斗争形式虽然有区别，但基本的阶级路线是一致的，彼此必然有相互影响、相互支持的关系。如太平天国中所谓"同家食饭"的圣库制度，显然是和当时广西天地会中流行的"米饭主"有关，太平天国所用的许多隐语可能也是模仿了天地会的，至于太平军的逐渐发展、壮大，更是和天地会员的大批参加分不开的。但要知道：跟同盟军合作，特别是跟散漫的天地会合作，必须有一定的原则，必须要想办法使拜上帝会教徒保持原来的思想、组织、纪律水平，而勿受天地会散漫习气的影响，太平天国领袖们在初期很注意这一点，凡是吸收天地会员参加革命，一定要求他们信仰上帝，服从指挥，遵守纪律，否则就拒绝他们。如金田起义初期，天地会的女领袖丘二嫂、萧三娘参加革命，丘二嫂因不愿服从拜上帝会纪律而率众退出革命，浪迹浔江之上，为清政府所杀。另如天地会首领张钊、田芳、罗大纲等，最初亦与拜上帝会合作，后来张钊等纪律太坏，影响军心，"兄

① 参见罗尔纲：《洪大全考》。

② 《骆秉章奏议》，《永明江华克复南路肃清折》。

弟间有不知天父权能凭据者，因一时困苦，遂易其操，欲改其初志，同流合污，跟随大头妖（按：指张钊，因张钊号为大头羊），利其货财，贪一时之衣食”①，萧朝贵不得不托词天兄下凡，出来干涉，与张钊、田芳决裂，只有罗大纲愿意服从纪律，留在革命队伍中，成为太平天国的著名战将。

对天地会采取严格的态度是必要的，因为，不这样就不能保持革命组织的纯洁性，不能保持思想、行动的一致，其结果会使拜上帝会像天地会一样陷入散漫习气而丧失战斗力。但是从整个战略观点来看，太平军确实也因此而损失了不少可以争取的群众，而没有能在最大程度上孤立清军，不少天地会员反而转到清朝立场，进攻太平军（如张钊等因与太平军反目，反而帮助清军横拦浔江，封锁了金田村向南的通道；又如清营中自广东募来的东勇都是天地会员；又如太平军进军桂林时，为清朝守桂林城的乡勇大多是天地会员）。

历史学家对太平军和天地会的关系有许多议论，有的说：太平军犯了宗派主义错误，没有注意争取天地会；有的说：太平军是始终注意争取天地会群众的，但后期没有注意教育、改造他们，以致后来有纪律败坏和分裂、叛变的现象，这是太平军（特别是负责招纳天地会的石达开）的错误，以致造成了悲剧。

我们同意太平军始终注意争取天地会的意见，但很显然，由于形势不同，太平军对天地会的策略在前期后期有所不同，在广西的时候，为了保持队伍的纯洁，尺度较严，因而使一些本可以争取的天地会员被排斥在革命队伍之外；可是在进入湖南及长江下游一直到后期，由于连续攻克大城市，革命影响大大增长，局面迅速扩大，从各个阶层出身的人大批倾向革命，为了跟上飞跃发展的形势，太平军不能不大量吸收群众，因而它和同盟军合作的尺度放宽了，使不少坏分子混入了革命队伍。

在这里暴露了农民革命中的一个严重矛盾，一方面要保持队伍的纯洁性；一方面又要跟上形势的发展，争取更广泛的群众参加革

---

① 《天情道理书》。

命。当时的农民们是不可能设想出一套行之有效的团结、教育、改造大批群众的措施的，因而这个矛盾，他们是不可能解决的，这是历史造成的错误、历史造成的悲剧，也不要把造成这种错误的责任完全让石达开等个人来负责。

太平军自永安突围北上，企图乘虚袭取桂林，但是在太平军前锋到达桂林之前的几小时，向荣已经轻骑简从，昼夜奔驰，到达了桂林，随后各路清军也陆续由永安集合到桂林城下。清军已经尝试过太平军的厉害，不敢也不能硬打猛战。当时战况是“省中各路兵已逾二万，益以绅民团练之勇又数千人，而抚军（按：指广西巡抚邹鸣鹤，时负责桂林战事）一意主守，惟督饬乘城之士卒，日夜击刁斗举烽燧以防贼之冲突。又自募本省勇五百人以为左右亲兵，城中勇日骄、赏日厚，而城外之兵奔命渐疲，亦谋为坚壁之守以困之。故一月之间，历水陆二十四战，未尝一创贼也”①。这一段话可说是很好地概括叙述了持续一月之久的桂林战役。

当清军陆续调到桂林，太平军再留在桂林分明是不利的。1852年5月中旬，太平军继续北上，6月3日攻克全州，但不幸太平天国的缔造者之一南王冯云山中炮牺牲。冯云山是太平天国杰出的宣传家和组织家，他不但最早帮助洪秀全创立了拜上帝会，而且一手缔造起紫荆山革命根据地，对革命的贡献极大，所以李秀成说：“谋立创国者出南王之谋……前做事者皆南王也”②，冯云山的牺牲是革命的不可弥补的损失。

二、太平军从广西到南京

太平军攻克全州后，立即弃城北上，进窥湖南。6月10日到湘桂交界的蓑衣渡，其地层峦叠嶂，树木参天，为湘江上游险隘所在。湘军悍将江忠源率所部湘勇预先埋伏于此，并请求清兵应援夹攻。太平军至，江忠源突起截击，太平军遭到出师以来最大的败仗，幸

---

① 夏燮：《粤氛记事》。

② 《李秀成自述》。

而江忠源军队不多，清兵则“乌都护因伤不起，向军门卧病未来，诸将无所统纪，互相推诿”①，太平军遂改变直下湘江的计划，向东折趋湖南道州。

在泄沓成习的情况下，清廷在湖南根本没有什么布置，加以将领怯懦异常，驻防衡州的湖广总督程矞采听到太平军入湖南的消息，“乃奏称省城紧要……微服乘小渔船由衡州折回长沙，各属惊传制军逃走，均疑永州已破，相率奔窜，数日不止”②。驻防道州的湖南提督余万清和他的上司一样，太平军到达道州，他早已溜掉了。6月中旬太平军在当地人民的热烈欢迎声中进克道州，接着分兵四出，攻克江华、永明，8月间又克宁远、嘉禾、蓝山、桂阳州、郴州等地。

太平军在湘南停留盘旋三个月，怯懦的清兵远远躲开太平军不敢靠近，北京特派的火器营兵员托词“水土不服，先行回京”③，广西所募乡勇“在途滋事，且多不愿越境”④，只有和春率领两万人在湘南摆摆样子，“定议以万一千人拦头，九千人追尾，无奈栏头之师，迟延不进，而所过州县，又皆开门揖盗，无能守住一二刻以待追兵之至者。自嘉禾以至桂阳、郴州，贼皆入无人之境”⑤。

太平军出广西后，以东王杨秀清、西王萧朝贵的名义发布“奉天诛妖救世安民”、“奉天讨胡”、“谕救一切天生天养”等文告⑥，内容是宣传上帝“无所不知、无所不能、无所不在”的权能，历数“胡虏妖人”的罪恶，如强迫汉人剃发改衣冠，破坏汉族的人伦婚配，胁制屠杀汉族，在清朝的统治下“官以贿得，刑以钱免，富儿当权，豪杰绝望”，“贪官污吏、布满天下”，“饿莩流离，暴露如莽”，所谓“罄南山之竹简，写不尽满地淫污，决东海之波涛，洗不净弥天罪孽”，号召“一切中国人民”特别是“名儒学士、英雄豪杰”，“各各起义，大振旌旗，报不共戴天之仇”。这几个布告把敌我

① 江忠源：《答刘霞仙书》。时乌兰泰已在桂林战死，向荣则装病。

②④ 《东华录》，咸丰朝，卷一六。

③ 同上书，咸丰朝，卷一五。

⑤ 江忠源：《答刘霞仙书》。

⑥ 《颁行诏书》。

双方分辨得非常清楚，文字也刚劲有力，在激发群众的阶级意识和民族意识方面起了很大作用。

有人批评太平军，应该在出广西以后强调反满，少提天父、天兄一类耶教迷信，像朱元璋在元末农民起义中所采取的策略那样，多照顾一般人的保守习惯和争取那些“反满不反孔”的士人，这个意见未必是正确的。我们认为，太平军每个阶段策略和口号的提出，基本上是适应于当前阶级斗争的形势，当时的形势是：农民、手工业者站在斗争的一端，而以清朝为首的整个中国的地主阶级站在另一端，而地主阶级则是利用孔孟学说作为统治工具的。问题并不是由于太平军反孔而引起了汉族地主士大夫的反对，恰恰相反，正是由于地主士大夫基于本身阶级利害关系而拼命反对革命，并在很早以前就用孔孟学说来压迫和欺骗群众，革命队伍才不能不提出不同于孔孟学说的拜上帝教作为动员群众的工具。洪秀全和朱元璋的时代不同，朱元璋生在种族矛盾占主要地位的元末，所以他可以联合汉族地主、尊崇孔孟以反对蒙古族统治者，而洪秀全生在阶级矛盾占主要地位的清代中叶，汉族地主基本上和满族统治者沆瀣一气，革命的锋芒不仅是反对满族，而且同时也反对整个封建制度，在这种情势下，提出“反满不反孔”的口号，不但不可能争取地主士大夫的同情，结果还会模糊敌我界线，打击群众的斗争情绪，而使革命陷入瘫痪。事实上，太平军并不是不注意满汉矛盾，并不是不努力争取汉族士大夫来参加革命，太平军一方面为了提高群众斗争意识，着重宣传上帝真神，斥责阎罗妖魔，严格区别“人妖”界线和“汉胡”界线；而另一方面对孔孟则采取比较缓和的办法，如《太平天日》中记载上帝鞭责孔丘，但最后“念他功可补过，准他在天享福”，又太平天国曾经刊行《改正四书五经》①，可知太平军对孔孟不像对阎罗妖那样的深恶痛绝。上述的几个布告中一再号召“名儒学士”、“读书知古之士”参加革命，也可以看出太平军对知识界既有一定原则又不放弃争取的策略。有些人偏信曾国藩在“讨粤匪檄”

① 参见汪士铎：《乙丙日记》。

中所说太平军激烈反对孔孟学说的事情，其实那是统治阶级的夸大宣传，不能代表太平军策略的全貌。太平军实行这种政策的结果，虽然也争取到一些知识分子，但当时地主阶级知识分子基本上站在反对革命的立场，这种情况的造成当然不应解释为策略的错误，这主要是由斗争形势决定的，太平军反对封建制度的轰轰烈烈的实际行动，不能不引起地主阶级知识分子反对革命的阶级本能。

太平军进入湖南，受到湖南人民特别是天地会群众的热烈欢迎。湖南南部本就是天地会最盛行的地区，他们纷纷起义，响应革命，如太平军在未入湖南前，即有郴州李年通“率领三百余人到广西入伙，愿为向导”①，进入湖南后“招得湖南道州、江华、永明之众，足有二万之数……入郴州亦招二三万众，茶陵州亦得数千”②，其中有刘代伟的余部，挖煤工人极多，组成土营，善于掘地道攻城，使太平军的攻坚能力大为提高。所以清政府方面说：“贼自湖南以至南京，遇有城池，则私挖地道、暗置地雷，以轰城墙，为伪土营指挥等，皆系湖南挖煤之辈，在逆党中，此贼之功最巨，论法实贼之魁。”③

太平军在进入湖南时，不过五六千人④，湘南的扩军增加了十倍，这是一个极大的胜利，所以曾国藩感叹说：“湖南会匪之多，人所共知，去年粤逆入楚，凡入天地会者大半附之以去”⑤。江忠源也说：“自入永州境，土匪之迎降，会匪之入党，日以千计，而地方文武又皆望风先逃，一至道州，势遂复炽”⑥。

太平军进入湖南后，农民队伍里有人“怀土重迁”，建议复回广西，显然这个主张是对革命不利的，因为当时清军已云集于广西，那里的回旋余地是很小的，太平军要回广西去，不啻是自投罗网。杨秀清看清了这个形势，所以反对这个意见，主张“直前冲击”⑦，派遣萧

① 汪堃：《盾鼻随闻录》，卷一，《粤寇纪略》。
② 《李秀成自述》。
③ 涤浮道人：《金陵杂记》。
④ 据广西巡抚邹鸣鹤奏报，参见《东华录》，咸丰朝，卷一四。
⑤ 曾国藩：《严办土匪以靖地方折》。
⑥ 江忠源：《答刘霞仙书》。
⑦ 《贼情汇纂》，卷一一。

朝贵、李开芳、林凤翔等千余人自安仁、攸县、醴陵进攻长沙，不幸萧朝贵在长沙城下中炮牺牲。萧朝贵是太平天国创始者之一，是著名的勇将，“勇敢刚强，冲锋第一”①，又是天兄耶稣的传言人，天父的女婿（其妻为秀全妹洪宣娇），在革命队伍中威信极高，地位仅次于洪、杨而居第三位，他的牺牲是革命的莫大损失。

萧朝贵死后，洪秀全、杨秀清率大军于10月中旬抵达长沙，太平军屡次挖掘地道攻城，但是长沙城“援兵四集，城中粮米充足，火药亦多”②，还有当地的汉族地主左宗棠等参加堵御，所以未能打下长沙。但清军方面，“城内及城外河东河西兵勇共六七万人，住城一中堂、三巡抚、三提督，总兵十一二员，在城外者两总督”③，集中了这样大的力量，仍不能包围太平军。1852年11月底太平军西渡湘江，离长沙北进，12月3日抵益阳，得到了大批船只，遂渡洞庭湖，进攻岳州。太平军的迅速行动使得清军如坠五里雾中，这时他们还在长沙附近寻找太平军的踪迹，岳州只有少数湖北派来的驻军，这些军队根本没有战斗准备，太平军临近岳州，岳州清兵一哄而散。12月13日太平军占领岳州，群众纷纷参加革命并获得了大批的军械、粮食、船只，太平军在益阳、岳州一带队伍扩充了一倍④，有许多纤夫、船户参军，立为水营，水战力量大大超过了反动派。

接着，太平军顺长江进入湖北，水陆并进，直抵武昌城下，首先利用水师优势，泊舟于长江中，切断了武昌、汉阳的联系，然后以优势兵力进攻清方防御薄弱的汉阳，12月23日太平军攻克汉阳，29日攻克汉口，于是移师武昌，控制了城东南洪山等制高点，又从汉阳搭造两座浮桥，直达武昌西城外，进行猛烈围攻。从长沙兼程

---

① 《李秀成自述》。

② 汪堃：《盾鼻随闻录》，卷二，《楚寇纪略》。

③ 根据《骆秉章年谱》，城内一中堂系指军机大臣赛尚阿，时已革职拿问，路经长沙；三巡抚指前任湖南巡抚骆秉章、新任湖南巡抚张亮基、江西巡抚罗饶典；城外两总督指前任湖广总督程矞采、新任钦差大臣兼湖广总督徐广缙。

④ 《贼情汇纂》称太平军在湘北“尽掳商民船只近十五万人”，但张书对于太平军数目常有夸大之处，此数目似亦不实。

来援的向荣部队被太平军阻击于城东南十里之遥，不得近城会师。1853 年 1 月 12 日，太平军开挖地道，轰塌文昌门城墙，占领武昌，击毙湖北巡抚常大淳等。这是太平军出师以来第一次占领省城，是太平军攻坚战斗的一次辉煌胜利。

太平军攻克武昌，使清朝统治者大为震动。清廷连下谕旨斥责钦差大臣徐广缙，其中说："览奏愤恨，莫可言喻……该大臣前次奏报，尚云武昌自可解围。乃数日之间，遽报失陷，岂军情缓急，但凭禀报，如在梦中耶"，"徐广缙调度失机，罪已难逭……至今株守岳州，一筹莫展……所有江面上下游及汉阳北路一带，全未筹及，是直以岳郡为藏身之固，拥重兵为自卫之谋，甘心失机，大负委任"①，后来将徐广缙革职拿问，派向荣为钦差大臣专管湖南湖北的军务。此外，为了防备太平军的北上和东下，破例增设两个钦差大臣，一个是琦善（即鸦片战争中的卖国贼），率军万余由河南进入湖北，以防太平军北上；一个是两江总督陆建瀛，扼守湖北、江西边境的长江江面，以防太平军东下。又先后命在籍侍郎曾国藩主办湖南团练，在籍侍郎吕贤基主办安徽团练，前闽浙总督季芝昌等主办江苏团练，前侍郎孙葆元等主办直隶团练，前巡抚周之琦主办河南团练，前巡抚梁萼涵主办山东团练，前侍郎戴熙主办浙江团练，前布政使程焕采主办江西团练，鼓励他们"自固闾里，为敌忾同仇之计"②。清王朝开始发现自己力量薄弱，不足以镇压革命，因此企图仿照 19 世纪初镇压川楚白莲教起义的办法，授权给士绅们，利用地方地主阶级的势力来阻遏革命。

太平军攻克武昌之后，眼前摆着三个进军的方向：一是北上河南，直捣清王朝的老巢；一是西入四川，凭险扼要，作革命割据的打算，长期和清廷相持；一是顺江东下，先取南京，徐图北上。太平军选择了最后一个方向。2 月初，太平军全师东下，清方钦差大臣兼两江总督陆建瀛率 6 000 人驻扎于湖北广济老鼠峡下巢湖，闻太平军至，建瀛夜间坐小舟遁归南京，清军不战而溃。

① 《东华录》，咸丰朝，卷一七。

② 同上书，咸丰朝，卷一八。

1853年2月18日石达开率太平军先锋队占领九江，24日又占领安庆，获饷银30万两，击毙清安徽巡抚蒋文庆。3月8日抵达南京城下。

清王朝在南京的兵力十分薄弱，而且官僚们十分怯懦，陆建瀛自上游逃返，即“称疾不出，凡闭阁谢客者三日”①，江苏巡抚杨文定“遂不敢居省城，退避镇江，文武劝阻不可，拜疏以顾苏省门户为辞”②。清廷催促向荣和琦善驰救南京，向荣推托船只未备，琦善推托驮马夫役不齐，逗留不敢东进。1853年3月19日，太平军挖掘地道，轰塌南京仪凤门（北门）城墙，发生激战，驻守南门和水西门、汉西门的清军纷纷逃走，太平军遂攻克南京。

三、革命胜利发展的基本原因

太平军从起义之后，仅有两年两个月的时间，就从紫荆山一隅之地而进入广西、湖南、湖北、江西、安徽、江苏，最后攻克了江南最大的城市南京，打击清军像摧枯拉朽一样。为什么太平军在短短的时间内能够获得这样大的胜利？要回答这个问题，必须从战争的性质、战争经历的时代和地区、进行战争的军事实力和士气以及双方的战略等各方面来考虑。

首先，太平军进行的战争是一个处在封建社会末期广大农民、手工业者起来反对封建压迫的革命战争，战争的这种正义性质就决定了太平军必然会得到广大人民的拥护和支持。太平军最初在武宣、象州、永安等地“多有老百姓攀山越岭秘密接济粮食及军用品”③，一入湖南，立即掀起一个参军热潮。张德坚说：“无恒产力作以谋衣食者，如郴桂挖煤开矿人，沿江纤夫、船户、码头挑脚、轿夫、铁木匠作，艰苦手艺，皆终岁勤劳，未尝温饱，被掳服役，贼必善遇之，数月后居然老兄弟矣”；“粗鄙无知识人……且皆强有力能耐劳苦，故每慰抚而任用之。蠢尔匹夫，一朝被掳，惊惶无措，不意竟

① 薛福成：《庸庵海外文编》，卷四，《书沔阳陆帅失陷江宁事》。

② 李滨：《中兴别纪》，卷五。

③ 简又文：《太平军广西首义史》。

获温饱，食未尝之食，衣未见之衣……莫不感惧交深……感恩怀惠，以为不世奇遇。战必当先，掳必尽力，虽纵不去”①。正是由于当时阶级矛盾尖锐和太平军根据平等的原则来对待群众，所以会形成这样“民至如归”的参军热潮。太平军进入湖北以前的半年，武昌人民就以“总理军机镇守湖北大司寇郭”的名义，张贴布告，欢迎太平军。太平军在湖北的情形也和湖南相仿佛，据后来到湖北的曾国藩说：“崇通两县向为匪徒啸聚之区，自正月以来，居民畏贼，多已蓄发，乐为贼用。其旁近州县如通山、蒲圻、大冶、兴国、咸宁、嘉鱼等属，皆已为贼所踞，官兵到境，无土人为之向导，无米盐可以供买办，人心之坏，实堪痛恨”②。据胡林翼说：湖北人民“兵至为民，贼来从逆……其未被贼扰之三十余州县，官仇民而且民仇官”，所以胡林翼心怀惴惴，“恐湖北之民，揭竿而起者，不必粤匪之再至而将盗弄潢池矣”③。其他如江西、安徽、江苏各省的情形也莫不如此。由于阶级矛盾的尖锐，地主阶级最初办团练也没有成效，因为“富户取利操赢，绅衿助官为虐，久为乡里侧目，贫户垂涎，素无恩义相连，安能守望相助，所以贼未至则群已离心，贼既至则转求快意，甚或乘机剽窃，消息潜通，虽曰莠民可诛，实则官吏驱迫”④。太平军在这样阶级矛盾十分尖锐的时代和地区，高举反封建大旗，所到之处，杀逐官僚地主，焚烧粮册、田契、借券，人民摆脱了封建制度的束缚，当然会像反对革命的张德坚所说的“贫者方幸贼来，借可肥己……甚至贼至则争迎之，官军至皆罢市”⑤。人民群众踊跃参加和积极支持革命，这是清政府最头痛的事情，曾国藩愤怒地说：“三四十年来应杀不杀之人，充满山谷，遂以酿成今日流寇之祸”⑥。他这句话除了表明他是人民的死敌之外，还反映了当时人民反封建火焰爆发的深度和广度，太平军胜利发

① 张德坚：《贼情汇纂》，卷一一。
② 《曾国藩全集》，奏稿，卷二，《报崇通剿匪胜仗折》。
③ 《皇朝经世文续编》，卷九四，胡林翼：《湖北军务急要三事疏》。
④ 同上书，卷九三。
⑤ 张德坚：《贼情汇纂》，卷一〇。
⑥ 曾国藩：《与冯树堂书》。

展的基础即在于此。正是由于太平军进行了符合人民大众反封建意愿的革命进军，因此有可能集中周围广大群众高涨的斗争情绪，把分散的细小的斗争汇集起来，使自己发展成为雄壮的反封建革命大军。战争的这种正义性和群众性是太平天国革命顺利发展的主要原因。

其次，从双方军事力量的对比来看，清朝军队虽然在数量上、装备上和作战经验上超过太平军，但是这两种军队本质上有所不同，太平军代表广大群众的利益，它不仅有统一的宗教信仰，而且组织很严密，清廷也不得不承认其“队伍之制，条目井井……蔓延数省……仍未见其穷蹙，所恃无它，盖始定军目，不愆于法，有以启之”①，“支梧十余年之久，则其军制有足恃者”②。至于太平军的纪律更是有口皆碑，李秀成说：太平军攻克南京后“安民者出一严令，凡安民家安民，何官何兵无令敢入民房者斩不赦，左脚踏入民家门口者即斩左脚，右脚踏入民家门口者即斩右脚”③。外国人的记载中说：太平军“行动极有规则，对一般老百姓严守军纪，军士所至，非有相当之值不妄取一丝一缕于民间”④。陈徽言说：“贼初军律极严，虽有逆戚属无敢犯者”⑤。由于坚强组织和严格纪律的保证，太平军士气很高，战斗力很强，张德坚说太平军“强悍善战，至死不挠”，就是“渡不测之渊，登壁立之山”还是“死者自死，渡者自渡，登者自登”⑥，所以清朝官僚说他们“如虎兕出柙”，“又吃迷药，受创不知”⑦。这种咒骂和诬蔑正透露了清朝官僚们在这支英勇坚强的革命军队面前的恐惧万分和无能为力。

至于清军的纪律则腐败不堪，从将领到士兵只会杀人放火，欺侮赤手空拳的老百姓，特别是向荣统率的“潮勇及广西捷勇俱极跋

---

① 张德坚：《贼情汇纂》，卷四。
② 杜文澜：《平定粤匪纪略》，附记卷三，《逆迹记》。
③ 《李秀成自述》。
④ 呤唎：《太平天国外纪》。
⑤ 陈徽言：《武昌纪事》。
⑥ 张德坚：《贼情汇纂》，卷五。
⑦ 周天爵：《致二南书》。

扈，沿途肆扰，抢夺财物，褫人衣履，淫妇女，强占村舍，濒行则焚毁，天寒所居左右林木伐尽”①，这种军队打起仗来，却又像耗子一样，“一闻敌方枪声即震惧莫名，如有一二受伤则全军思退”，“故临阵退缩为惯例，放弃防地为常事”②。江忠源检讨湖南的战局说：“军兴以来，法玩极矣。就湖南事言之，全州以失援陷而按兵者相仍，道州以弃城陷而效尤者踵起，事机之失，所争毫厘，如蓑衣渡之战，贼锋已挫，宜连营河东，斯贼右臂；道州之役，贼势本孤，宜分屯七里桥，扼贼东窜；长沙之围，贼路俱穷，宜扎兵龙回谭土墙头，堵贼西溃之路，此皆利害昭然，屡请不报。道州双牌莲涛湾六十里之奇险。贼自入死路而纵之使生，长沙驻兵四五万，围守有余而开之使逸，士卒以逃死为长计而临敌无斗心，州县以避贼为固然而守城无坚志。”③ 这种兵懦将怯的情况形成了一种风气，南京失守后，清廷颁发的上谕中也说：“上年逆匪自粤窜楚，所过郡县，望风溃散，地方文武，除蒲圻县知县周和祥外，从未闻一人婴城固守，以待援兵，而军营带兵及防堵各员，亦皆闻警先遁，赴援不前，以至岳州武昌，相继失守，此等庸懦畏葸之员，若不早正刑章，何以肃军律而厌民志？该督抚等于迭奉严旨，竟敢置之度外，延不覆奏，如刘长清、余万清等罪名早已审讯定拟，朕所以令其解交刑部者，原欲使供情确凿，共见共闻，并非谓情有可原，姑缓其死……岳州弃城逃避之博勒恭武，罪无可逭……乃逃回武昌之后，直至城陷，查无下落，该督抚等到省已将匝月，事事皆能经理，岂独于此一人，竟至无从查考耶？阿克东阿业已奉旨斩决，至今亦未遵旨具奏，尤出情理之外，似此瞻徇玩延，是直欲听若辈隐匿病故，然后援照廉昌、胡方谷之例，以业经身故，一奏了事，在朕则法无可加，而该督抚等则自诩阴功盛德，是何政体？是何居心？”④ 咸丰皇帝在这道上谕里把自己装扮成公正严明的执法者，把一切责任都推在地方督

① 陈徽言：《武昌纪事》。

② 乌兰泰奏，转引自简又文：《太平军广西首义史》。

③ 《江忠源遗集》，卷一，《与徐仲绅制军书》。

④ 《东华录》，咸丰朝，卷一九。

抚身上，实际上军律腐败、军令不行的风气是整个腐朽封建制度所造成的，而清朝皇帝应是主要的负责人，试看鸦片战争中卖国屈辱、丧师失律的琦善、奕山、奕经这时仍稳居高位，就可以知道“瞻徇玩延”的不仅有地方督抚，而且还有咸丰皇帝自己在内。

清军之弊，不仅是兵将怯懦，而且士兵和将领之间矛盾很深，有时士兵不听将帅的命令，在广西时，乌兰泰、向荣欲在某地扎营，“而军队则自行拔营开赴象州”，急得向荣直喊“如队伍不听命令，一至于此，吾唯有死而已”①。当向荣顺江而下，尾追太平军时，清军不愿也不敢追近太平军，向荣“饬亲信员弁，执持令箭，分头趱催；往往南岸之船开过北岸，不过里许，又复停泊，必须一夜数催，方肯前进，相率成风，即已可恨。追催至该游击（按：指湖南九溪营游击尽先副将郑魁士）船上，业已就寝，竟不遵行”②。清朝官僚将领之间也矛盾重重，他们中间有的是满人，有的是汉人，有的是文职，有的是武将，有的是科举出身，有的是军功出身，有的是佐杂出身，而汉人中有的是绿营，有的是团练，绿营中又有楚军、粤军、桂军、黔军、滇军之分，团练中又有东勇、西勇、潮勇、捷勇之分，彼此排挤，互相倾轧。“一军胜则争起而攘功，一军败即按兵而自卫，甚至左进而右先退，以隐为参商，前行而后反却，以互相抵忤，若再加以畸轻畸重之心，则戈矛起于左右，议论歧于目前。”③ 连清王朝的忠实走狗向荣也因被排挤而几度装病，不愿再干下去。清朝军队这种怯懦、混乱、腐朽的情况给予太平军的发展以良好机会。

最后，在军事指挥和战略部署上，太平军有极成功的地方，太平军的指挥大权集中在杰出的政治家和军事家杨秀清手中，“外似端绪纷乱而实总揽大纲，一无所紊，尤善抚爱伙党，有事传令，依次而下，奉令甚速，贼所依赖者，秀清一人而已”④。在杨秀清的指挥

---

① 乌兰泰奏，转引自简又文：《太平军广西首义史》。

② 《向荣奏稿》，卷二，《斥革副将郑魁士折》。

③ 《江忠源遗集》，卷一，《与徐仲绅制军书》。

④ 陈徽言：《武昌记事》，附杂论。

下，太平军往往抛开清军的大队，选择阶级矛盾尖锐而清军力量薄弱的地区进攻，运用虚虚实实、声东击西的办法，使敌人决战不得、防堵不能，最后疲于奔命而遭败北。如当太平军初起，清朝军队云集于紫荆山前，太平军避免决战，抄小路北上，直抵永安州，等到清军包围永安州，太平军出其不意，突围而出，大败清军，经桂林而进入清方军备空虚的湘南，追清军陆续开到湘南，太平军又北攻长沙，长沙久攻不下，清朝援军纷纷集中，太平军又以迅雷不及掩耳的手段，袭取岳州、武昌，然后又利用在益阳、岳州俘获的大量船只的优势，蔽江直下，攻克了防御薄弱的九江、安庆、芜湖、南京。清廷方面也承认“贼之奸黠，首在能审势度力……夫攻坚则力倍而多损，攻瑕则力省而效速，贼安知胜算，然能逞其巧作，毫无拘执，捷若转圜”①。太平军战略指挥的这种主动性灵活性，显然是他们获得巨大胜利的重要原因。

至于清军方面，将帅屡易，任用非人。第一任钦差大臣李星沅“情性乖张，不孚众望，到粤后拥兵自卫，纵贼不击，日事酣醉，妄自尊大，苛责仪节，喜谀信谗，将士离心”②。第二任赛尚阿以首揆、帝舅之尊，出而督师，清廷对他期望很大，特赐遏必隆宝刀，许以便宜行事之权，后来才发现他是个“调度乖方、号令不严、赏罚失当，以致劳师糜饷，日久无功，实属辜恩，大负委任”③ 的庸夫。有人讥刺他“半年贼踞永安州，袖手何曾展一筹，遏必隆刀锯也未，合教先试相公头”④。第三个钦差大臣徐广缙督师湖南，长沙激战时，他却远远躲在湘潭，不敢赴战，太平军出了湖南，又以“防贼回窜”为借口，拥兵不进。江忠源曾指出当时清军指挥混乱的情况：“大帅不在军中，距贼远者数百里，近亦八九十里，论地利则图绘甫明而险夷已易，论贼情则侦探甫确而虚实已殊，士卒之强弱既非探访所能知，将弁之贤否又因毁誉而多误”。由于统帅怕死，远

① 张德坚：《贼情汇纂》，卷五。
② 汪堃：《盾鼻随闻录》，卷一，《粤寇纪略》。
③ 《东华录》，咸丰朝，卷一七。
④ 海虞学钓翁：《粤氛记事诗》。

离战场，因此只得“于提镇之中另派总统，而其所总统者亦系提镇，素习等夷，相狎易玩，强相钳制，用法易离，又况大帅出一令，每因不便于军中而总统易之，总统出一令，又因不合于大帅而大帅易之，加以驿递之迟滞，刻期为难，函札之往来，会意多误。又其甚者，总统之名加之镇将，则提军易致猜嫌，总统之名加之两人，则号令尤多错误，名号既设，事势滋歧。不独此也，军中积习，打仗则以败为胜，获胜则以小为大，杀贼则以少为多，大帅但据总统文报入奏，功过不明，赏罚因之失当，士卒因之解体”①。这段话把清军指挥方面的弱点说得相当具体了。清王朝咬紧牙关把身临前线的提督向荣破格提拔为钦差大臣，向荣在清军中算是最有胆量的，但也并没有战略方面的通盘筹划，只知跟在太平军后面追赶，太平军跑到东，他也跑到东，太平军跑到西，他也跑到西。“迨追近太平军，一遭反击，则辄败，死亡枕藉，乃屠杀无辜人民，焚其铺宅，劫其财物。太平军愈逃愈远而愈近南京”②，清廷也有“所有带兵将官及兵勇等，一味尾追，从无一路绕出贼前者，相沿恶习，实属可恨”③ 的上谕。等到太平军由武昌扬帆直下长江，向荣还在南岸狂追，太平军坐的是快船，向荣军队靠两条腿跑路，这一次连跟也跟不上了，当太平军攻克南京，向荣才刚刚跑到九江，开始雇船东驶。这样一群胆小腐朽的统帅，这样一种混乱蹩脚的指挥，打败仗是必然的。

姚莹观察双方初期的军事力量对比，曾说：“窃谓人心齐、地利熟、胆气壮，此三者贼之所长而我之所短也。火器精、粮饷足、兵勇众，此三者我之所长而贼之所短也。”④ 这个概括的判断大体上是正确的。战争的正义性和群众性，军队的组织性和纪律性，战略指挥的灵活性和主动性，这是进攻阶段中在太平军方面起主导作用的因素，所以太平军能够战胜火器精、粮饷足、兵勇多的清军而获得重大胜利。但是这些因素是相对的，不是绝对的。它在战争过程中

---

① 《江忠源遗集》，卷一，《与徐仲绅制军书》。

② 密陀士语，转引自简又文：《太平军广西首义史》。

③ 《东华录》，咸丰朝，卷一八。

④ 姚莹：《中复堂遗稿》，《与严正基书》。

是要发展变化的。在攻克南京以后，虽然从全部战局看来，太平军仍保持着主动的进攻形势，但从前有利于太平军的因素已开始逐渐削弱。

第二节　《天朝田亩制度》及太平天国前期的各项制度、政策

一、《天朝田亩制度》及其评价

1853年3月，太平天国定都于南京，改名为天京，“开立军伍，整立营规，东王佐政事，事事严整，立法安民”①。在所建立的革命法制中间，《天朝田亩制度》是最重要的一个。这个文件系统地提出了废除封建土地关系的根本任务，阐明了达到这个任务的途径，描绘了农民千年理想中的太平乐园。

《天朝田亩制度》是关于土地分配的法令，是关于社会组织和政治组织的法令，是关于全体人民政治活动、经济活动、文化活动的方针、原则的法令，其中规定了平分土地的原则和具体办法，规定了社会的各种组织制度，规定了人民活动的各项准则。从其内容来看，它是指导人们从事生产和进行斗争的纲领，它是太平天国的根本大法。

《天朝田亩制度》规定：一切土地和财富都属于上帝所有，所谓“天下皆是天父上主皇上帝一大家，天下人人不受私、物物归上主”。这个废除私有制思想的提出，就根本否定了封建地主阶级的土地私有制度，因为根据《天朝田亩制度》的这个原则，一切土地财富的所有权都是上帝的，那么地主阶级当然就不应该拥有土地财产，而上帝对每个人又是平等对待的，因此每个农民就可以从上帝手里取得一份土地，在上帝的公正支配之下，每个人的生活权利和劳动权利就能得到保障。太平天国的英雄们就是在这样的宗教外衣的掩盖之下，做出了非常现实的结论，并且由此更进一步幻想出一个“有

---

① 《李秀成自述》。

田同耕、有饭同食、有衣同穿、有钱同使、无处不均匀、无人不饱暖”的美丽的社会图景。

至于具体的分田办法，按《天朝田亩制度》规定：把天下土地按产量分为九等，年产1 200斤者为上上田，其下年产每低100斤则递低一等，年产400斤者为下下田。“凡分田照人口，不论男妇，算其家口多寡，人多则分多，人寡则分寡，杂以九等……好丑各一半……凡男妇每一人自十六岁以尚，受田多逾十五岁以下一半”，这是按劳动力多少的原则来分配土地的。

《天朝田亩制度》又规定每家必须种桑织布，从事纺织业；每家必须养鸡蓄猪，从事副业；又根据公有制原则，收获不准私有。所谓“凡天下树墙下以桑，凡妇蚕绩缝衣裳。凡天下每家五母鸡、两母彘，无失其时。凡当收成时，两司马督伍长，除足其二十五家每人所食可接新谷外，余则归国库。凡麦豆苎麻布帛鸡犬各物及银钱亦然”。至于每家有“婚娶弥月喜事，俱用国库，但有限式，不得多用一钱”，“其余鳏寡孤独废疾免役，皆颁国库以养”。

以上就是《天朝田亩制度》关于土地的分配、使用以及社会生产和消费方面的规定，这是按照朴素的共产主义和平均主义原则来规定的。

在平分土地和公有生产物的基础上，《天朝田亩制度》还规定了以家作为基本细胞的社会组织，即所谓守土乡官制。其制以25家作为一个单位，设一两司马，4两司马设一卒长，5卒长设一旅帅，5旅帅设一师帅，5师帅设一军帅，一军共有13 156家，军帅以下的称乡官，军帅以上又有监军（相当于清朝的知县）、总制（相当于清朝的知府），称守土官。这种制度的特点有以下四点：

第一，守土乡官的制度是由太平天国的军事制度推衍而来，所以两者的系统和名称是一样的，创立者原来的意图可能是要使军事组织和行政组织统一起来，所以规定“每家设一人为伍卒，有警则首领统之为兵，杀敌捕贼；无事则首领督之为农，耕田奉尚”。但是太平天国始终处在作战期间，除了某些地区仿照团练办法由守土乡官组织了一些地方武装外，“寓兵于农”的理想并没有能够实现。行政组织和军事组织仅仅保留了名称的统一，实际上却是两个系统，而且由于处在战争环境，军事系统的重要性常高出于行政系统之上。所以张德坚说守土乡官“皆如军制。惟军中师帅所率二千五百人，守土师帅则二千五百家。下至两司马皆同。所辖人多以倍数，而职不如军中之尊，军中卒长则得治乡官军帅”①。

第二，太平天国所规定的社会组织，不仅企图使军事、行政统一起来，而且还企图使每个社会基层组织改造为自成体系的经济单位。其基层组织是 25 家，由两司马管理。凡 25 家有一国库，每家收入除口粮外全归国库，额外用途由国库开支，而且 25 家中还规定“陶冶木石等匠，俱用伍长及伍卒为之，农隙治事”。照这个规定，25 家就成为一个农业和手工业强固结合的农村公社组织。这种组织实际上是当时残存的古代公社制度的摹写，是农民、手工业者所能想象到的最好的社会制度，而太平天国的政权也就企图建立在这样的基础上面。

第三，天朝田亩制度不但提出了类似农村公社的组织，而且赋予这个组织以各种社会权能。两司马不仅是公社内部生产的组织者、财产的管理者、军事的领导者，而且又是教育、司法、宗教上的权威。《天朝田亩制度》规定：每 25 家除设一国库外，还设一礼拜堂，“童子俱日至礼拜堂，两司马教读旧遗诏圣书、新遗诏圣书及真命诏旨书焉。凡礼拜日，伍长各率男妇至礼拜堂，分别男行女行，讲听道理，颂赞祭奠天父上主皇上帝焉”。这是教育制度和宗教仪式。当公社内部发生争讼，亦必先由两司马“听其曲直”，若两司马不能解决争讼，再一层一层向上。两司马还掌握刑赏的权力，“民能遵条命及力农者则为贤为良，或举或赏；民或违条命及惰农者则为恶为顽，或诛或罚”。此外，两司马每年应保举人才；公社内部婚丧喜庆之事一概废除封建的繁缛礼节，而由两司马主持

① 张德坚：《贼情汇纂》，卷三。

祭告上帝。所以这25家就成为一个把土地、民政、军事、财政、宗教、教育、礼仪、司法、选举等各项社会权能统一起来了的基层组织，两司马则是这个基层组织的领袖，是各项权能的体现者和执行者。

第四，两司马及两司马以上的守土乡官虽然权力很大，但太平天国却规定着严密的保举升贬制度，以杜绝坏分子的弄权作恶。《天朝田亩制度》规定："凡天下每岁一举，以补诸官之缺。举得其人，保举者受赏，举非其人，保举者受罚"，"凡天下诸官三岁一升贬，以示天朝之公"，"监军以下官，俱是在上保升奏贬在下，惟钦命总制一官，天王准其所统各监军保升奏贬钦命总制。天朝内丞相、检点、指挥、将军、侍卫诸官，天王亦准其尚下互相保升奏贬，以剔尚下相蒙之弊。至内外诸官若有大功大勋及大奸不法等事，天王准其尚下不时保升奏贬，不必拘升贬之年"。事实上，有许多地方的乡官，并非由保举产生，而是由公举产生的。如清廷统治者所说，太平军攻克某地"先必大彰伪谕，声以兵威，令各州县并造户册，即于乡里公举军帅、旅帅等，议定书册并各户籍敛费，呈于伪国宗检点，申送江宁"①。这种保举，公举和上下互相保升奏贬的具有朴素民主主义的制度不仅可以防止某些坏分子滥用权力的偏向，而且在和封建统治阶级上下欺蒙、等级森严的制度相互对比之下，更显示出农民和劳苦大众酷爱民主、平等的本质。

以上就是太平天国革命英雄们所想象的理想社会的图案。我们对它应作如何评价呢？

首先应该肯定，在当时的历史条件下，《天朝田亩制度》是起着极其伟大的革命作用的。它曾经激发、鼓励农民和贫苦人民为争取自己劳动和生存的权利而奋勇斗争。几千年以来，亿万贫苦农民为争取这种权利曾经挥洒了无数的鲜血。《天朝田亩制度》的提出，标志着农民和贫苦大众的长期愿望经过千锤百炼而达到了极高的水平，变成了一个系统的、明确的、有力的纲领。这个纲领的个别方面在

① 张德坚：《贼情汇纂》，卷三。

以往的农民起义和农民战争中虽然也曾经提出过，例如“均贫富”、“平贵贱”的口号，但从来没有像《天朝田亩制度》对具体措施规划得那样细致周密、对封建制度抨击得那样勇敢猛烈、对未来社会描绘得那样美丽动人！很显然，太平天国提出了这样系统的纲领，使得农民和贫苦人民的斗争目标更加具体、更加明确，使得群众对将来抱着更大的希望和更高的信心，从而就大大增加了革命的战斗力量。因此，《天朝田亩制度》在动员和鼓舞群众去冲击封建势力方面，起着极为巨大的作用。

《天朝田亩制度》不仅具有政治动员的作用，更重要的是它在经济上的实际革命作用。当一百多年前，中国正处在封建社会逐步解体的时代，中国资本主义关系虽然还没有成熟、发展，但资本主义经济成分已经散见于各个地区和各个行业中，当时阻碍资本主义关系进一步发展的主要羁绊是封建土地制度和封建制度的维护者——清朝统治者。封建制度把直接从事生产的劳动人民压在最底层，把他们的生产条件和生活条件剥夺到最低限度，把他们分散束缚在小块土地上和小型作坊中，使他们的技术水平和操作方法长期停滞不前，使整个社会生产力得不到发展，从而又影响到分工、交换的发展。当时历史所提出的任务是打破束缚生产力发展的封建土地制度，而《天朝田亩制度》正好是反对封建土地所有制的一面旗帜、一支号角，它号召和领导着农民群众起来没收地主阶级的土地和一切私有财产。假使全体劳动人民按着这个纲领的精神行动起来，获得了土地和财富，那么他们的生产条件和生活条件将能大大改善，他们在耕作时将能投入巨大得多的资金，他们的技术水平和操作方法也将摆脱地主老爷们的阻碍干扰而有所改进，他们从事生产的兴趣也将大大提高，整个社会生产力势必会出现蒸蒸日上的气象，这样将会促进社会迅速发展而给正在成长中的中国资本主义关系开辟一条宽广的发展道路。所以列宁说：“平等思想一般是反对旧专制制度中，特别是反对旧农奴主大土地占有制斗争中最革命的思想，农民小资产阶级所持的平等思想是正当的和进步的，因为它表现着反封建反农奴制不平等关系的斗争。‘平均’地产的思想是正当的和进步的，因为它表现着一千万户农民的要求”①，“当人们说：‘平均分配办法是不会有任何结果的’时，马克思主义者就应该这样来理解，即认为所谓‘不会有任何结果’，唯一是对社会主义的任务而言，然而实行这种分配办法的企图，甚至单是主张这种分配的思想，都能产生出很多有利于资产阶级民主革命的结果”②。列宁的这些话是我们在评价《天朝田亩制度》时的极其重要的启示。

当然，《天朝田亩制度》也有其空想的落后的一面。这个纲领超越了历史客观过程的要求，超过了反封建的任务，企图废除一切私有财产，把整个社会经济改造成为清一色的小农经济，恢复起财产公有的农村公社组织。这样，也就是说，要以古老的、应该抛弃的生产关系来代替正在成长的新生产关系，要把萌芽状态中的资本主义强行圈制在几千年来顽固地残留下来的公社制度的框子里。按照《天朝田亩制度》的规定，社会上不能有任何性质的私有财产，不能有分工的发展，也不能有市场的扩大和商品经济的活跃。太平天国的英雄们天真地认为：消灭了这一切也就是消灭了贫困、不均和一切痛苦的根源。他们从来没有想到，自己所企求的没有贫富不均的太平乐园恰恰只有在资本主义私有制和分工、交换的发展以后才能够建立起来。他们企图用政治手段来达到目的，用脆弱的主观愿望来和铁的历史规律硬碰，这种愿望纵然是美好的，但仍不能不陷于空想。实际上，在当时的历史条件下，平分土地以后，绝不能连带地把私有财产消灭掉，绝不能永恒地把每个农民的小生产地位保持下去。太平天国的英雄们将会惊讶地看到，在自己的社会改革方案执行之后，绝不是什么太平乐园的出现，而恰恰是更悬殊的贫富不均和更剧烈的财产兼并。正像马克思在批判克列格对于美国平分土地运动所抱的小资产阶级社会主义观点时所说：“你所梦想用这种运动达到的目的是不会达到的，——结果不会是博爱，而会是小资产阶级的孤独性；不会是农民份地不可割让，而会是土地卷入商业周转范围；不会是投机强盗受到打击，而会是资本主义发展基础扩大

①② 列宁：《社会民主党在一九〇五年至一九〇七年第一次俄国革命中的土地纲领》，28页，莫斯科外国文书籍出版局，1950。

起来。但你所妄想避免的那种资本主义祸害在历史上是一种福利，因为它能异常加速社会发展，而使新的更高的共产主义运动形式实现的时机接近多倍。”①

《天朝田亩制度》正是这样一种纲领，它包含着革命的、合理的实质，但是这种革命的、合理的实质却披上了一件空想的、非现实的外衣。《天朝田亩制度》提出的公有思想和绝对平均主义是必要的和合理的，因为公有制度和绝对平均是冲击当时封建私有制的最有力的投枪，是农民、手工业者所可能想象到的保证美好生活的最有效的铁盾；《天朝田亩制度》提出的公有思想和绝对平均主义又是空想的和荒诞的，因为建立这种理想社会的经济条件还远不具备。当时历史发展所要求建立的社会制度和他们所梦想的正相反对，这是一个矛盾，产生这个矛盾的根源应该从太平天国的阶级基础上来寻找。太平天国革命是以贫苦农民和手工业工人为骨干的革命，他们一方面是劳动者和被压迫者，他们迫切要求消灭财富分配的不公平，消灭人压迫人的现象，从这一点出发，他们可以提出一个具有原始共产主义色彩的反封建纲领；但另一方面，他们又是没有独立经济地位的分散的小生产者，不代表新的生产力，他们不可能利用历史发展的客观规律来行动，他们最高度的智慧和最丰富的想象也不过是复写一下原始共产社会中农村公社的蓝本。正如恩格斯所说：“解决社会问题的方法既然还隐藏在不发达的经济关系中，那就不得不从头脑中来发明，来创造这种方法”，“它们愈是制定得详尽细密，就愈是堕入纯粹幻想的境域”②。

因此，《天朝田亩制度》所包含的进步方面和落后方面的矛盾，正是由农民手工业者的经济地位所决定的。正像毛主席所说：“绝对平均主义的来源，和政治上的极端民主化一样，是手工业和小农经济的产物”③。

① 转引自列宁：《马克思论美国“土地平分运动”》，见《论马克思恩格斯及马克思主义》，142页，北京，人民出版社，1953。

② 恩格斯：《社会主义由空想发展为科学》，见《马克思恩格斯文选》，第2卷，121～122页，莫斯科外国文书籍出版局，1955。

③ 《毛泽东选集》，第1卷，93页。

《天朝田亩制度》所规定的全部条文并没有实行，事实上也不可能全部实行。因为条文中的许多具体规定，包含着与当时历史要求相违反的许多因素。当时历史的要求是消灭封建剥削制度而发展资本主义关系，可是条文中却要求消灭任何形式的私有制，消灭商品生产和商品交换，而建立原始共产主义式的农村公社，这和当时的历史要求不相符合。大家知道，真正的公有制是不可能建立在小农经济的基础上的，只有大工业的发展才能消灭阶级压迫和贫富不均。超越历史条件的许可范围而把建立公有制度列为自己的政治纲领，这只是表明太平天国革命英雄们在受尽长期沉重的压迫之后对人剥削人制度的深恶痛绝态度，这只是显露了他们对于未来人类发展的一个天才的预期，实际上这个纲领从整个来说是缺乏现实意义的。除了一无所有的手工业者和最贫苦的雇农、贫农之外，其他社会各阶层并不欢迎这个纲领的全部规定。太平天国初期在占领一地、设置乡官之后，就出告示："天下农民米谷，商贾资本，皆天父所有，全应解归圣库，大口岁给一石，小口五斗，以为口食而已"，这个告示是和《天朝田亩制度》的精神吻合的。张德坚从反对革命的立场评价这个告示："此示一出，被惑乡民方如梦觉，然此令已无人理，究不能行，遂下科派之令"①。这里所说的"乡民"不仅包括地主阶级，而且也必然包括富裕农民和掌握较少土地财产的中下层农民在内。中下层农民作为被压迫者而言是具有反封建要求的，因而可以参加和支持革命斗争，所以张德坚说他们是"被惑乡民"；但是他们目光短浅，私有观念根深蒂固地种植在头脑中，要求他们把虽然为数很少却是现实的已经在自己手中的土地财产交出来以换取在他们看来是遥远的、荒诞的、不可靠的幸福未来，那将是多么困难的事情！这些人是不会跟随革命中最急进的萌芽无产阶级分子和最贫苦的农民去执行这个纲领的全部内容的。因此这个在头脑里被创造出来的系统纲领通过当时实际的阶级关系的三棱镜而产生了折光。那些适合于当时历史要求的因素在各种具体条件下实现了或被发展了，

① 张德坚：《贼情汇纂》，卷一〇。

那些不适合于当时历史要求的因素被抛弃了或被修改了。正像恩格斯在评价德国农民战争中的社会主义空想时所说："这种不仅超越现在而且超越未来的境界，必定成为狂暴的空想。在第一次实际应用时，它自然要退到为当时情形所许可的狭隘范围内。"①

二、太平天国前期的各项制度、政策

现在我们要进而考察《天朝田亩制度》通过现实的棱镜后究竟反射出什么折光，以及为什么反射出这些折光的问题，也就是要考察太平天国在实际斗争中所执行的制度、政策，其中包括圣库制度、土地政策、乡官制度、工商业政策、赋税政策等等。

1. 土地分配情况

平分土地、推翻封建土地制度，这是《天朝田亩制度》的主要精神所在。《天朝田亩制度》中所规定的平分土地的具体措施虽然没有实现，但是这次革命的使命既然是反对封建制度，因此在革命烽火所及的地区，都在不同程度上、以不同的形式给封建土地制度以一定的打击。

为什么说平分土地的措施没有实行呢？这不仅是由于汗牛充栋的太平天国史籍中从未提到过在某地实行平分土地的事情，而且事实上，军务倥偬之中也难以按照《天朝田亩制度》的琐屑条文把全部土地重新分配一次。

但是农民们却受到革命的赐益，在革命运动的影响下，他们自发地起来反对封建土地制度，不向地主交纳地租。如汪士铎所记离天京三十里的陈墟桥蔡村情况：

> 忆寓陈墟桥蔡村时，通村千余家……民皆不识字而仇恨官长。问："官吏贪乎？枉法乎？"曰："不知"。问："何以恨之？"则以收钱粮故。问："长毛不收钱粮乎？"曰："吾交长毛钱粮，不复交田主粮矣"。②

---

① 恩格斯：《德国农民战争》，31页。

② 汪士铎：《乙丙日记》，咸丰三年十一月条。

又如清朝江南河道总督潘锡恩在1858年自述自己在芜湖的两千多亩田产，自1853年后“籽粒无收”①。甚至在《天朝田亩制度》发布以前，太平军刚刚在金田起义，路经象州之后，“民失田契、官失粮册，讼狱繁兴”，统治阶级只得马马虎虎地“命民呈田数粮数总算符旧额而止”②。不管是农民的抗拒不交地租也好，还是地主因恐惧逃避而不收地租也好，或是田契毁失、地主丧失收租的法律证件也好，这都是在不同的形式上对封建土地占有制的打击。

太平天国革命虽然在许多地区对封建土地制度有所破坏，可惜还破坏得不够彻底。许多地区仍存在着地主阶级，据《贼情汇纂》载，太平军甚至“胁田亩多者充伪官，而以贫户充伍卒”③，在后期江浙地区的记载中，太平军在某些场合还允许地主收租（关于后期的土地情况在第五章中还要谈到）。为什么出现这种情况呢？为什么太平军在自己所控制的地区内没有将整个封建土地制度彻底打乱呢？这是因为农民手工业者单靠自己的力量在经济上是不能够彻底推翻封建土地制度的，这正如在政治上不能单独地战胜地主阶级一样。因为他们在打乱封建土地关系之后，不可能建立起新的土地关系，当时既没有条件在农村中树立资本主义关系，也没有可能建立像《天朝田亩制度》中所规定的空想的公社组织。所以，农民们虽然在抗租的形式下否定了封建土地关系，但那只能是暂时的、不稳定的。或者是当地主阶级的政权复辟，旧日的土地关系仍会随之而恢复；或者是当该地秩序稳定、经济恢复，在被打乱了的土地关系的废墟上从新生长起新的地主吸血虫。甚至有些地方，太平天国政权刚刚树立不久，还允许地主存在和收租。在革命的影响下，许多地方虽然出现了“田归耕者”的现象，但是小农单独地占有小块土地的形式在任何情况下都是一种不独立的不稳定的经济形式，它只有在进步到资本主义的大农场时才能够彻底与封建制度绝缘，否则就不能不陷入封建关系的网络而被吞噬。

---

① 《徽郡御寇案牍》。
② 缪荃荪辑：《续碑传集》，卷九七，《郑献甫传》。
③ 张德坚：《贼情汇纂》，卷一〇。

太平天国在某些地区禁止地主收租，在另一些地区又允许地主收租，这种矛盾现象是不足为怪的，这正反映着历史发展的一个重大矛盾。一方面历史的发展要求打击封建土地制度，以便给资本主义发展提供一些有利条件；但另一方面历史还没有发展到能够以资本主义来代替封建主义的时候。因此太平天国在土地制度方面所可能做的事情，也就是：破坏一些，打乱一些；保留一些，恢复一些。

太平军攻克南京之后所面临的一个最尖锐复杂的问题就是：太平天国这样一个革命政权究竟建立在什么样的经济基础上？因为在跟封建地主阶级进行尖锐剧烈的阶级斗争时，农民和手工业者建立了一个与封建上层建筑相对抗的政权，这个政权由于严格的宗教约束，由于群众高涨的革命情绪以及其他种种因素而相当长期地存在着，但问题是：这个政权怎样才能继续巩固下去？怎样才能更长期地支持下去？这个棘手的问题被提出来，就使太平军不能不倒退到被当时历史条件所许可的范围之内，即：打乱了封建关系，但随即在不同的形式下把它重建起来；或者保留旧关系而只作某些改革。所以有的地方禁止地主收租，有的地方又允许地主收租。

一个与土地政策密切相关而所碰到的困难也大体相似的例子就是田赋问题。太平天国要养活那么多的军队，军需给养从哪里来？假使《天朝田亩制度》已经完全实行，每个农户生产所得尽归国库，那么问题当然可以轻易地解决了。但是当前的情况不是这样，靠谁去征收田赋？向谁去征收田赋？这是一个很重要的问题。太平天国征收田赋仍旧沿袭清朝的制度，如杨秀清、韦昌辉、石达开在“征办米粮以裕国课”的本章中所说：“细思安徽江西，米粮广有，宜令镇守佐将，在彼晓谕良民，照旧交粮纳税。”① 土地既然没有重新分配，田赋的征收对象和办法也就不可能完全改变，太平军只能“搜查从前征册，索取钱漕”②，主要从地主手中取得钱粮。当然，要求地主交纳钱粮，在开始总会带着强迫的性质，不管地主收到地租没有，钱粮总是要征收的。但是，强迫手段不可能长期满足需要，太

① 张德坚：《贼情汇纂》，卷七。

② 涤浮道人：《金陵杂记》。

平军既然要地主交粮，便不能不对地主让步，允许地主收租，这样就出现了太平军允许地主收租甚至保护地主收租的记载，这种记载在 1861 年以后特别多，我们将在第五章第一节中叙述这种情况。这里，我们看到了这样的情况：太平天国企图改变整个社会关系的土地纲领，在实际斗争中不能不一步一步地倒退，最后不能不倒退到太平天国英雄们所反对的立场上去，这种情况的造成是决定于当时的历史条件、决定于当时阶级力量对比关系的，不能仅仅归结到某些领导人的动摇变节上去。

2. 圣库制度

《天朝田亩制度》的另一个主要精神是“人无私财”的公有制，这个原则在整个社会上虽然没有实行，但在革命队伍和某些城市内却是雷厉风行地执行过的，而且对革命的发展曾经起过推动的作用。

前面已经说过：广西某些天地会组织一向就有“米饭主”制度，参加这种组织的群众，衣食都由“米饭主”供给，但群众所得财物，必须全部交给“米饭主”，这种制度深得缺衣乏食的贫苦人民的拥护。太平天国的圣库制度就是继承并发展了这种制度，所以早在金田起义的时候，已有“同家吃饭”等记载，在永安、长沙等地，洪秀全一再通令全军，禁藏私财。到达天京以后，在天京城内实行公产制度，设立典圣库、典圣粮、典买办、典油盐等职官供给全军的生活需要。规定每 25 人每 7 天给米 200 斤，油盐各 7 斤，官兵之间只有吃肉多少之分，其他一律平等，很像《天朝田亩制度》所规定的情况。1853 年冬英国教士麦赫斯（W. H. Medhurst）曾记录一段他对于一个太平军士的访问：

> 关于全军不发饷事，我复问：“各军人自有私产否？”则答：“一概全无；如果查出某人藏有多过五两的款，即罪他不以此款归公而把他鞭笞了。所有财物一得到手即须交入公库，而凡有私匿不报的都有背叛行为的嫌疑。”“那么，公库里面一定有许多财物啦？”“啊！十分富足，无数无量的银子，都留为实行这大事业的应用的。”又问：“如果人人不许有私财，他们自己想买点好东西吃时又怎办呢？”他说：“那是无需的，每一个伍卒

> 的卒长都预备全体所需，放在桌上的时候，大家平等分享，即使最高级军官的盘碗也跟最低级的士兵一般”。①

太平天国在军事期间实行这种圣库制度，保证了参加革命的每个成员的生活需要，使他们免受饥寒的威胁，而且由于禁止私藏财物，消除了革命阵营内部的贫富贵贱之分，杜绝了贪污、盗窃、劫掠等不法行为，使革命队伍加强了团结，提高了战斗力，也使大批财富集中在圣库，有可能使大量财富应用于最迫切需要的地方。所以，这是有利于调动一切人力、物力为革命服务的军事共产主义制度。

3. 工商业政策

《天朝田亩制度》中所规定的工商业政策，在实际执行过程中改变很大。工业方面，《天朝田亩制度》本来是把农业和手工业密切联系在一起，手工业只是作为农闲时的副业，而没有独立地位，这种政策和经济发达的江南地区的情况是不相适应的，因此它和土地政策一样，不可能在社会上普遍推行。但是太平天国根据公有制原则和军事期间的需要，曾经在某些城市内集中管理各行手工业，如天京所设的诸匠营与百工衙就是公营的手工业生产组织，诸匠营共有七种，即：木营（建筑、木器）、土营（战时挖掘地道、平时为建筑工人）、织营（织绸缎）、金匠营（制造金银器饰）、金靴营（制鞋）、镌刻营（刻书籍和印章）、绣锦营（画工）。百工衙就更多了，有制造武器的典炮衙、铅码衙、典硝衙、典铁衙、弓箭衙、战船衙、旗帜衙等，有生产食品的豆腐衙、天茶衙、浆人衙等，有制造服装的缝衣衙、国帽衙、典妆衙等，此外，还有油漆衙、整舆衙、典竹衙、典石衙、钟表衙、风琴衙、铸钱衙、结彩衙等等。诸匠营组织都派指挥领导，百工衙则或派指挥、或派总制、或派监军领导。这种在军事期间的公营手工业组织和一般的手工工场是不同的，因为它只是为供应需要而生产，生产出来的货物直接分配到消费者手里，并不经过商业的媒介，因之也并不仔细核算成本和赚取利润，手工业工人吃饱穿暖之外也并不领取工资。但是这种集中管理的公有制手工业生

---

① 《华北先驱周报》，转引自罗尔纲：《太平天国史稿》。

产在满足革命的各种紧急需要方面起了很大作用，所以清廷方面这样评论这种制度："百工技艺，各有所归，各效其职役，凡军中所需，咄嗟立办"，"各贮其材，各利其器，凡有所需，无不如意"①。

商业方面，《天朝田亩制度》中本来没有商业的地位。刚进天京之时，本着"凡物皆天父赐来，不须钱买"的原则废除商业，这种办法显然是行不通的，结果是"所无者仍须添购，物又渐乏"，因此开始在各地设立一些公营商店。如天京"设肆于北门桥，转卖之各馆，人有愿为某业者禀佐天侯给照赴圣库领本，货利悉有限制。有杂货、玉玩、绸缎、布匹、米油、茶点、海味各店，其店皆有贼文凭，称天朝某店，不准私卖"②。这种公卖政策在供应革命需要和调节各地货物方面起过良好的作用，如《贼情汇纂》所载：

> 贼之交易，颇足资贼，盖掳得百货，凡不济用者，或所掳过多者，皆于村镇屯积，命三五贼目招徕交易，较常价倍减，乡民始犹疑惧，既见靡他，遂趋利争赴。或以钱买，或以米豆互易，不数日销售净尽，船载钱米赍送贼巢矣。百货之中，尤以淮盐及湖北布棉为大宗，载江淮之盐，运至兴国蕲黄买（卖）于民间，虏得湖北布匹、棉花复卖与安徽江南百姓。物系掳来，全无赀本，似贡献、虏劫、科派而外，即此所入，亦复甚巨。③

这种公营商店初期似颇盛行，但究竟不能长期采用此法，因此各地仍有自由市场存在。不过初期的自由市场并不广泛，1856 年以前，太平军"九江榷税一月不过数千钱，无非附近贫民，小贸于数十里之内。成载客船，实未经见"④。

到了后期，太平天国迫于形势而把市场开放，给商铺发给营业执照（称"商凭"），执行保护贸易的政策，商业方才呈现出繁荣的气象。

4. 乡官制度

乡官制度是《天朝田亩制度》的重要内容之一。在太平天国所

---

① 张德坚：《贼情汇纂》，卷四。

② 张汝南：《金陵省难纪略》。

③④ 张德坚：《贼情汇纂》，卷一〇。

控制的地区差不多都建立了乡官组织，由于天朝田亩制度没有完全实现，所以乡官也就没有完全承担所规定的各种社会职能，但是这种具有朴素民主主义色彩的基层政权组织，在支援革命战争、镇压反革命势力和维持地方秩序方面做出了很多贡献。太平天国的各种赋税大多由乡官征收，如《贼情汇纂》所说："得操征调之柄，催科理刑，皆专责成"①，"偶需锹锄千柄，或苇席千张、或划船百只，伪文一下，咄嗟立办"②，乡官并管理着当地诉讼事件，打击土豪劣绅，"自师帅至两司马悉设公堂刑具"③。有些地方的乡官还率领乡兵，协助作战和侦察。清廷方面称乡官的职权"得发民为兵，所辖为伍卒，有冲锋、勇敢之名，家备戎装，人执军械，盖寓兵于农，令军帅兼文武之任也"④。又称："乡民处处助贼打仗，似不致丧心如此，然有时贼为官军追剿，威胁乡民，使摇旗呐喊，以壮声势，又安能保其必无耶？"⑤"贼于所得之地，遍立乡官，每乡以数盗魁督领之，即役使乡官统下伪官伍卒，就其所习之业，如卖棉纱、布线、钱绳、茶叶之类，予以资本，遍撒多人，令其上下左右各探四五百里，限日期回报……无不竭尽心力"⑥。

从上述的记载来看，乡官虽然没有形成像《天朝田亩制度》中所规定的那样各项社会职能的集中者，但它所起作用是不小的。清朝统治者说，在这种制度下"土著生计，丝粟难隐，裹胁逃民，并得稽察，贼之牢笼人士，联络方域，计盖无谲于此者"⑦。而外国侵略分子则说："其实太平天国算不了什么国家，他们只是占据了城市，而让乡村的人们自己管理自己"⑧。假使把其中诬蔑的语调抛开，我们就可以看到乡官制度的民主主义的实质和它在联系群众、维护革命秩序方面所起的作用。

在太平天国后期，随着革命势力的衰落，某些地区的乡官组织出现了变质蜕化现象，这将在以后的章节中加以论述。

---

①③④⑦　张德坚：《贼情汇纂》，卷三。

②⑤　同上书，卷一〇。

⑥　同上书，卷五。

⑧　戈登：《苏州杀降的经过》，见《太平天国史料译丛》。

5. 妇女政策

太平天国所发布的各种文件里一再强调男女平等的政策，《天朝田亩制度》中也反映了这种精神。如在分配土地方面规定："凡分田照人口，不论男妇"；在婚姻问题上规定："凡天下婚姻不论财"，在最近发现的太平天国合挥（结婚证书）上只写明男女姓名、籍贯、年龄，完全废弃了封建的繁文缛节。太平天国还规定强奸妇女"斩首示众"，提倡"一夫一妇，理所宜然"①，禁止蓄娼、缠脚等等。

很显然，太平天国对待妇女的平等原则是从当时劳动人民中吸取来的，当时在贫苦人家中，妇女也是从事劳动的，她们的地位并不像在地主家庭中那样贬低到妾婢的地位。太平军接受并发扬了对妇女平等的优良传统，太平军中并有女官、女军以及开科考试妇女的事情，给妇女一定的政治地位。据清廷方面记载："贼素有女军，曾伪王亲属，瑶壮丑类，生长洞穴，赤足裹头，攀援岩谷，勇健过于男子。临阵皆持械接仗，官军或受其衄"②。外国方面记载："此处（天京）与全国吾所曾游之其他城市大异之点，即是妇女随便游行或乘马于通衢大道，而又绝不装模作样害怕外国人如其他中国妇女所常为者，亦不回避我们"③。

地主阶级对这种情形当然痛心疾首，他们攻击太平天国的政策是"灭绝人伦"，攻击在太平天国统治下的妇女是"凶悍泼辣"，但是，从这些攻击中，我们正可以了解到太平天国所推行的自由平等的原则和人道主义的措施。

6. 太平天国前期的对外关系

《天朝田亩制度》虽然没有规定外交政策，但在这里有必要把太平天国初期对外关系的实际状况略作说明。

要谈这个问题，首先要把19世纪50年代初的国际形势简单介绍一下。英国一直保持着世界资本主义先进国家的称号，它由于优越的经济地位和很早向海外掠夺的历史原因，在世界各地保持着大

---

① 张德坚：《贼情汇纂》，卷七，韦昌辉、石达开告示。
② 同上书，卷三。
③ 吴士礼：《太平天国天京观察记》。

块殖民地。法国在经济上无法和英国相比，但当时的执政者拿破仑第三却执行着疯狂的对外掠夺政策，以便转移国内各阶级的视线，保住自己刚刚窃夺来的皇冕。落后的沙皇俄国一直在监视着欧洲的革命运动，并想乘机扩张自己的势力，特别是觊觎着正趋崩解的土耳其帝国的“遗产”。沙皇政府首先想夺取达达尼尔和博斯普鲁两个海峡，以便沟通黑海和地中海，控制东西方的交通水道。这个企图遭到以殖民地商业利益为命脉的英国政府和具有疯狂扩张野心的法国政府的反对。50年代初，争夺近东的斗争成为国际关系中的首要事件。1853年爆发了沙俄和英法之间争夺土耳其的克里米亚战争，战争一直延续到1856年。太平天国革命运动发展到南京，正是在克里米亚战争即将开始的时候。

当然，外国侵略者对于中国的革命运动并不是漠不关心的，他们密切注视着中国的每一次政治变动，从各方面来估计这种变动对自己的侵略利益将会带来什么影响。据英国香港总督文翰（Sir George Bonham）报告：“革命军进逼南京一举之最弊的一点，乃在其令上海大小商人发生恐慌，因而影响到我等之商业亦受损害。现时几至无生意可做，现金亦甚缺乏……此时接近上海各地已陷入于无可如何之混乱状态中，而其最后结果如何，亦极难预料，如期望商业繁盛，直是戛戛乎其难矣。”① 当时恰好江苏的官僚买办两江总督杨文定、江苏巡抚许乃钊、上海道吴健彰无耻地请求外国干涉太平天国革命，于是有一些外国的冒险分子竭力主张“趁火打劫”。如驻上海的英国领事阿尔考向文翰献策：“法国为了宣传天主教，英国为了两千五百万英镑的商业投资以及九百万英镑的税收，应抓住这个时机，以无限制进出最僻远的禁区为条件，把皇帝从迫在眉睫的瓦解情势中援救出来，从而大大扩张自己的活动领域”，“趁中国皇帝还能订条约时，应向他取得干涉的报酬，通过干涉，我坚信无限制进入内地和沿海一切口岸，在北京建立直接外交关系以及鸦片的合法化，都是当前可以获得的权益，并且满可以在今后两个月内，

① 1853年3月28日文翰致罗塞尔报告书，转引自曹墅居译：《英国政府蓝皮书中之太平天国史料》。本段史料很多据此转引。

用正式条约获致之”①。呼应这种狂妄叫嚣的还有美国驻华专使马歇尔，他在1853年5月给国务院的报告中说：“我十分准备利用目前的事变发展，为我国夺取利益。”② 文翰接到这种冒险建议后匆匆忙忙从香港赶到上海，他自称：“吾等之干涉是否需要及是否正当，尤应决定，来沪目的，即在乎此。”③

当文翰到达上海，太平军神速攻克南京的消息传来了。这种无攻不克、无坚不摧的革命威力使外国侵略分子惊呆了，被侵略贪欲冲昏的头脑不能不稍稍清醒一下了。正当克里米亚战火弥漫之际，自己有没有力量来对付战斗力极强的太平军呢？据英国领事馆里一个长期搞情报工作的麦多士判断：“以事实而论，清帝在中国南半部之权力现已完全丧失，无可恢复矣。外国人如左袒满人而加以干涉，仅足以延长战争，益增扰乱以至无限期而已。”④ 在欲战不能、欲罢不舍的心理下，侵略者采取了暂作观望的策略，看看太平军的发展和内部情况，看看革命有无空隙可钻，看看是否能利用革命，是否能把革命引向有利于侵略的途径上去。这种心理在文翰当时给英政府的报告里透露得很清楚，他说：“有一件事情很明显，在叛军之中是具有相当的基督教知识的，如果有些聪明的传教士在叛军之中起影响作用，他们是可以改向好一方面的，而把他们坏的方面抑制住。将来他们成功，至少会允许我们在中国传教，同时当他们执政时，对于和他们宗教相同的国家，势必以善意对待，无疑的，他们那时将答应和我们通商。”⑤ 在这个文件里，把所谓“好的”和所谓“坏的”颠倒过来理解，文翰的用意就可以一目了然。因此侵略者一方面伪装“中立”，一方面就一个跟着一个地以考察为名去天京观望形势和进行活动。英国侵略头子文翰首先于1853年4月底去天京，他自称此行之目的“乃在向各方明白解释英政府现

---

① 转引自严中平：《太平天国初期英国的对华政策》，载《新建设》，1952年9月号。本段史料很多据此转引。

② 美国众院档案第一二三号，转引自卿汝楫：《美国侵华史》，第1卷，114页。

③ 1853年3月28日文翰致罗塞尔报告书。

④ 1853年3月25日麦多士致阿尔考领事报告书。

⑤ 1853年蓝皮书《中国的内战》。

时保守中立……或者此举可使革命军首领明白宣布彼等对于外国人之态度”①。接着12月间法国公使布尔布隆（A. de Bourboulon）也去天京，第二年5月美国公使麦克莲（Roberts M. Mciane）也去天京。文翰到达天京后立即给太平天国送了一个《南京条约》的译本，“使彼等各首领明了英政府与现时中国政府订有条约及该成约之详细条款以及英国之真正地位”②，其用意是要强使太平天国承认此项不平等条约，并向太平军威胁说：“敝国与中国政府曾签订条约，有在广州、福州、厦门、宁波、上海五口岸经商之权利。如贵军或其他人等在任何形式之下对于英侨生命财产有所侵害，英国亦必采取与十年前抵拒各种侵害之同样手段”③。这些话透露了在中立伪装下侵略者狰狞丑恶的面目。法国公使除了重申条约要求外，还提出保护天主教的问题。美国也提出：“美国国民居留中国境内的都有庄严的条约的保证，但因内战发生，其生命与财产现在大受威胁，公使决心要求交战的双方尊重其中立权”④。

太平天国的革命领袖们和外国侵略者还是第一次打交道，缺乏经验，特别是由于宗教形式的相同，因而产生了一种错觉，把那些利用基督教作为侵略工具的外国侵略分子当成了朋友。虽然如此，但是太平军的骨头是硬的，他们既没有被甜言蜜语所诱惑，也没有被巨舰大炮所吓倒，他们本着“天下为一家，四海之内皆兄弟也。彼此之间，既无差别之处，焉有主从之分”⑤的原则，允许英国人“自由出入，随意进退，无论协助我天兵歼灭妖敌，或照常经营商业，悉听其便”⑥。北王韦昌辉还告诫英国翻译官麦多士，“尔等如帮助满人，真是大错，但即令助之，亦是无用的”⑦，并且当文翰乘坐的何木斯号英国兵舰掩护清朝水师船只攻击镇江时，镇江的太平军不客气地用炮弹回敬了这些侵略者。所以当时的地主阶级知识分

① 1853年4月22日文翰致克拉兰登伯爵书。
② 1853年5月11日文翰致克拉兰登伯爵书。
③ 1853年4月28日文翰致革命军首领书。
④ 转引自罗尔纲：《太平天国史稿》。
⑤⑥ 革命军首领致文翰书。
⑦ 麦多士与革命军领袖叙话记实。

子记载："夷人去岁至省数次，与长毛贼意皆不合，夷人意思甚抗，贼又故作不惧之状。"① 特别是太平天国坚决反对鸦片贸易，使侵略者最为头痛。太平天国境内，禁烟运动雷厉风行，"凡吹洋烟者斩首不留"②，当麦多士经过镇江时，驻守镇江的太平军大将罗大纲当面告诉他"不应再卖鸦片"③。所以外国鸦片贩子的生意很惨淡。例如大批贩卖鸦片的怡和洋行上海分行向香港总行所发的信件中，就表明了太平天国革命期间鸦片贸易的不振，如1853年8月6日信中说："从上月起，风雨连绵，鸦片转运，时时受阻。上海对于鸦片的需要本来就不多，加以一般囤户急欲脱售，是以造成上等鸦片不断地跌价，即使减价到三百七十元一百斤，还卖不到现款。"1854年5月30日的信中说："最近我们有一个非常呆滞的鸦片市场，卖货实属困难，上品烟土的价格已继续下降到三百三十元一百斤，目前似乎没有上涨的希望。"1855年1月的信中说："最感遗憾的是：我得再向你们报告，鸦片市场仍然连续的不景气。"④

太平天国主张外交上的平等原则和坚持禁烟是革命农民们维护国家主权和民族利益的表现，这和当时清政府的政策是完全不同的。清朝官僚用尽一切卑污手段请求侵略者出来干涉革命，如江苏巡抚兼署两江总督杨文定给上海道吴健彰的私函中说："江宁贼船尚有数百只，闻其挑选各处美人数千人，搜抢各处银两数百万，均载船上，保护甚重，今被大军围攻，不能兼顾。若我之艇船再往攻击，彼必束手，而美女、银两可得也。惟贼船略多，我之艇船又恐无风，是必英国美国火轮兵船前来，乃能必胜。务望催令迅速前来，成此大功，获此厚利，时不可失，事不宜迟"⑤。后来杨文定在给英美两国领事的照会中又说："希念两国通商合好已久，今商民被扰，贸易不通；且贼匪禁烟甚严，一遇我国吸烟之人，无不杀害，统希速发火轮师船来江剿击，望速施行……倘蒙允发火轮师船前来洗剿贼匪，必当奏明皇上，重加

① 涤浮道人：《金陵杂记》。
② 张德坚：《贼情汇纂》，卷八。
③ 麦多士与革命军领袖叙话记实。
④ 《太平天国时代英国商人的鸦片贸易》，见《太平天国史料译丛》。
⑤ 杨文定函，见北京大学编：《太平天国史料》。

酬劳，而贵国借兵恤邻之声名，亦永传不朽矣”①。清朝官僚竟用美女、银两、鸦片来劝诱侵略者出兵干涉，可见其已堕落到何等地步！

尽管清朝官僚卑鄙龌龊，向外国侵略者做出了一副乞怜相，可是文翰等从天京归来，把太平天国清明的政治、昂扬的士气和清朝的腐朽无能作了对比以后，做出了如下的分析：

在事态更为明朗化以前，参加任何一方都是为时过早的。我看不出外国怎样能从根本上救助皇军。固然，有了英法两国在中国海的海军，无疑的，皇帝是可以重占南京和镇江的，但是这或许也并不是没有困难的。因为，很明显的，皇军已如此丧魂落魄，我们要不在陆上也采取行动，那么就是外国火力把南京城墙轰开了，他们也会不敢进城，就是进了城，占领了，等到我们军舰从城下撤走以后，他们也不能守住南京城……从任何观点看，中立乃最为切要的办法。因为如果我们援助现在的政府，而最后却是叛党成功了，那我们在中国的地位就极其狼狈了。

再没有比当前危机中商订新约更为不合时宜的了。和谁去签订新约呢？和皇帝订吗？假定一切进行顺利，他也和我们一样地急于要建立更密切的关系，订这个条约的头一个条件就是给他援助以压服叛党。我以为这乃是暂时还不能接受的要求，也全然和政府所规定的政策路线背道而驰。就说给皇帝援助罢，那也必须是很大规模的援助，而如果叛党的势力广泛而辽远地扩张起来，人民大众又普遍地愿意拥戴他们为统治者，这种大规模的援助也是没有效果的，同时我们也不能达到目的。花了大量的金钱，毫无目标，只不过面对叛党，把我们自己送上一个非常尴尬的地位而已。②

的确，侵略者当时的地位已经是非常尴尬的了，克里米亚战争拖住了自己的全部武力，自己没有本领来扶起摇摇欲坠的清王朝，没有本领来镇压发展迅速、深得民心的革命运动，所以文翰最后的

---

① 《向荣奏稿》，卷二，《夷人火轮驶过镇江并未炮击贼匪意殊叵测片》，附杨文定借英轮船助攻照会。

② 1853年8月4日文翰致克拉兰登书。

结论是："我们所可作为者，也只限于注意局势的发展。多等一些时候，如果不是唯一的政策，也是最聪敏的政策。"①

当然，外国侵略者并不是改变了对太平天国的仇视态度，也不是永远放弃干涉革命的政策，他们只是等待一个有利的时机。他们时刻没有停止对太平天国的恶意攻击，文翰从天京回上海后称太平天国"显得是一个比一向所想象的还要可怕的团体"②。美国专使麦克莲从天京回来，诬蔑太平天国"几乎完全由内地的无知识的、没有思想的群众所组成……他们的来源是内地的强盗群……他们是不值得文明世界之重视的"③。美国专使的随员在"华北先驱周报"撰文诽谤太平军说："这些统治天下的自尊自大是跟想同外国通商的宗旨不符的。这是无知与骄傲的结果。其为订立条约的障碍可以断言，是故各条约国应速行纠正这一点。"④

由此可见，只要时机到来，外国的干涉必然会发生。果然，在上海小刀会起义期间，侵略军就开始了行动，特别在克里米亚战争结束、通过第二次鸦片战争而迫使清朝政府屈服之后，外国侵略者便对革命进行了大规模的干涉活动。

第三节　清王朝为反对革命所采取的几项措施

一、筹措军饷

自从太平天国革命爆发以来，清朝政府除了调兵遣将的军事措施以外，几乎把全部注意力集中在筹集军饷上面。这笔军饷的开支是十分浩大的，在最初每年开支的军饷为 1 000 万两⑤，以后由于战事的扩大，军费开支逐年在增加。即以咸丰六年（1856 年）苏、皖、

① 1853 年 8 月 4 日文翰致克拉兰登书。

② 转引自严中平：《太平天国初期英国的对华政策》。

③ 美国参议院档案，1858—1859，51 页。

④ 转引自罗尔纲：《太平天国史稿》，卷一三。

⑤ 《东华录》咸丰三年六月上谕称："国家经费有常，自道光二十年以后，即已日形短绌，近复军兴三载，糜饷已至二千九百六十三万余两。"

赣、鄂四省兵营所需饷额而言，其中江南大营月饷 40 万两、江北大营月饷 10 余万两、福济的皖北军营月饷 18 万两、曾国藩的江西军营月饷 20 万两、胡林翼的湖北军营月饷 20 余万两。仅这五处的开支，每年就需要一千三四百万两的经费。清朝政府在“太平无事”的年景，常年收入才只三四千万两，这时候，举国烽火，因此“部库益形支绌，而各省应征地丁漕粮盐关各项，亦多不能征解足额，其被兵省份，更属竭蹶不遑”①，“被兵省份既已无可催征，而素称完善之区，如江苏则已请缓征，山东则早请留用，山陕浙江皆办防堵，是地丁所入万难足额矣。扬州久被贼占、汉口疮痍未复，淮南全纲不可收拾，是盐课所入去其大桩矣。芜湖、九江、江宁、凤阳先后被扰，夔关、苏关商贩亦多裹足，甚至崇文门亦尽收尽解，是关税收入仅存虚名矣”②。拿清朝户部的库存来说，乾隆末年（18 世纪末）户部存银有六七千万两，嘉庆中期（1814 年）减至一千二三百万两，道光三十年（1850 年）又减至 800 万两，以后革命兴起，战费激增，至咸丰三年（1853 年）六月库存银仅余 22.7 万两。从以上的情况，可见军饷问题的确是摆在清朝政府眼前的最为紧迫、最为棘手的问题。

军事力量的斗争，在某种意义上说，也是财政力量的斗争，清朝军队能不能维持士气、扑灭革命，在很大程度上取决于财政问题能否得到解决。事实上，清朝军队由于长期欠饷而哗变溃散的事例是屡见不鲜的。即以上述五处军营在咸丰五、六年间向清廷索取兵饷的报告来看，其缺饷情形是十分严重的。如曾国藩军营“水陆弁勇，有月余未给饷者，有两三月未给饷者”，胡林翼军营“官兵欠饷五六月不等，军中仅以糜粥度日，情形实甚窘迫”，江南大营“兵饷欠至四月有余，兵丁时有鼓噪，情形急迫”，皖北兵营“旱荒米贵，无款可筹，致各营兵勇索饷滋闹，势甚危急”，江北大营“粮台告匮，众兵待哺嗷嗷”③。清王朝招募了大批兵勇去镇压人民革命运

① 咸丰四年上谕，转引自《清朝续文献通考》，卷六九，《国用》。
② 咸丰三年六月十六日朱批户部大臣祁寯藻奏。
③ 以上皆转引自何良栋编：《十一朝东华录分类辑要》，卷一八。

动，为了维持这笔浩大的军费，又必须向人民群众加紧搜刮，结果人民群众又更深一步地陷入饥寒交迫的境地，不得不起来进行反抗斗争。就是这样，从人民的起义到清朝军队的扩大、军费的增加、搜刮的加紧、人民的破产，最后又复归到人民起义的进一步发展，清王朝在19世纪50年代和60年代，就深深地陷在这个恶性循环之中。

那么，清王朝究竟采取了什么措施来摆脱这个财政上的危机呢？

在原有的税收方面，几乎是没有办法可想的。因为各地的地丁、漕粮、盐课均有定额，而从嘉、道以来，在这方面的附加税已经增加得很多（名为火耗，意即折兑银两时之损失补偿）。咸丰时代虽然还尽量在这方面进行搜刮，实行地赋之按粮津贴、预借地丁、漕粮之漕折、盐课之增税等等，可是征收率早已达到了饱和点，而且大片富庶地区已被革命势力所控制，因此无论怎样穷凶极恶，要想搜刮到原来的税收总数也是不可能的。

另一个财政来源是各海关的关税。由于鸦片战争后对外贸易的发展，关税收入已较战前增加，清朝政府仰仗关税收入也的确稍稍补缀了各地的军饷。例如后来李鸿章淮军的兴起在很大程度上依赖这笔收入，但在太平天国革命的前期，所开口岸还不多、贸易数量还不大，因此关税收入亦甚有限。要靠这笔收入来豢养全军，还是类于杯水车薪的，只有在第二次鸦片战争以后，关税收入在整个财政中才越来越占着重要的地位。

第三个财政来源是“捐纳”和“捐输”，这种办法是清王朝行之已久的传统的生财之道。所谓“捐纳”就是出卖官职，所谓“捐输”就是硬向老百姓勒索苛派（有时以增广学额、增广乡试中额作为引诱）。正因为这是一种传统的老办法，所以实行起来也不很灵验，因为有钱捐官的老早就已经捐了官做①，没有钱捐官的到现在还是拿不出钱来，所以捐纳的油水也是不大的。嘉庆年间白莲教起义时，清廷曾开川楚捐例，每年可得1 000万两，道光年间，每开大捐，亦有千万之谱，可是咸丰三年户部捐纳银数只有67万两，其为无济于

① 道光初年“捐班之道府州县，已居天下之半”。

事可知。

至于“捐输”的收入，虽然较多一些，咸丰二年共捐得银550万两，但这种捐输名义上是自愿的捐助，实际上是挨户勒派，其政治影响十分恶劣，偶然勒派一次，多少还可以榨出些油水，年年来一次勒派，那正是“罗掘俱穷，民不堪命”，所以郭嵩焘说：“捐输可以救一时之急，而不可为经久之规”①，军饷当然也不可能以此作为主要的经常的来源。

除了以上的一些搜刮办法之外，清朝政府竭力开辟新的财源，这就是征收厘金和滥发钱钞的办法。这两种措施对于近代中国社会经济的发展起了十分恶劣的影响，兹分别叙述如下。

二、创办厘金

厘金是一种商业税。在创立厘金制度之前，封建王朝的内地商业税中已有牙帖税、落地税、牲畜税等名目，但这种内地商业税在整个国家财政收入中所占的比例极小，这种情况是和当时商品经济发展的不足相适应的。

到1853年，江北大营帮办军务大臣雷以諴采纳其幕客钱江的建议，首先举办厘捐。雷以諴的奏报说：

> 因里下河百产之区，米多价贱，曾饬委员于附近扬州城之仙女庙、邵伯、宜陵张网沟各镇，略仿前总督林则徐一文愿之法，劝谕米行，捐厘助饷，每米一石捐钱五十文，计一升仅捐半文……计自去年九月至今，只此数镇，米行几捐至二万贯。臣因此法商民两便，且细水长流，源远不竭，于军需实有裨益，是以现在复将此法推之里下河各州县米行，并各大行铺户，一律照捐，大约每百分仅一分。②

按照雷以諴的办法，厘捐分成两种：一种是行厘（又称活厘），

---

① 《皇朝经世文续编》，卷五六，郭嵩焘：《详陈厘捐源流利弊疏》。

② 《皇朝道咸同光奏议》，卷三七，雷以諴：《请推广厘捐助饷疏》。此折为咸丰四年三月所奏。

是通过税，抽之于行商；一种是坐厘（又称板厘），是交易税，抽之于坐商。其税率本为从价征收，值百抽一，但后来因抽厘的货物品类繁多，折价很麻烦，因此有一部分货物改为从量征收。

自从雷以诚在苏北创设厘金制度后，清廷即下令在各地推广。1855年，骆秉章、曾国藩、胡林翼在湖南、江西、湖北举办厘金，以后各省先后仿照办理，至50年代之末，厘金制度几乎已普及全国。

厘金制度推行后，清朝政府正好像在茫茫的大海中捞到了一块救生木板，因而勉强渡过财政难关，得以苟延残喘。厘金制度推广的初期，究竟全部收入有多少，因缺乏统计资料，难于确定。据说在60年代之初“苏境厘金，日以减色……现在散旺牵算，每月不过二十万两左右”①，每月20万两，每年就有240万两，这还是在“日以减色”之后的数目。湖南厘金初办时据说每年有140万两，湖北仅川盐外运的厘金一项即有100万两（王闿运语）。其他平常省份，每年多则抽厘数十万两，少则数万两。据罗玉东估计，在60年代全国厘金收数每年当在1 500万两左右。这笔大宗财源在镇压太平天国革命中起了很大作用，所以王闿运说：“湘军起贫苦，同饥饿，转战五千里，饷皆自厘金给之，虽复频奏征饷四川、广东，率为其督抚所持，所望十不偿一二。”②

清朝政府在太平天国革命期间的财政困难、军需亟急，这是厘金制度实行的发轫点。但是以往有些历史学家在解释厘金制度产生的原因时仅仅着眼于这一点，把这种税收制度的产生简单地归结为清王朝的军事与财政目的，显然，这种解释是不能令人满意的。我们认为，厘金是一种特殊的商业税收政策，它的产生原因，一方面是由于国内商品经济有了进一步的发展，因而有相当数量的商品在市场上流通，才能够产生这种商业税。即拿雷以诚初办厘捐的情形来说，他在仙女庙一带向米行抽厘，每米一石捐钱50文，半年的时间内捐得钱2万贯（即2 000万文），以此核算该地在半年之内成交

① 《清朝续文献通考》，卷四九，《征榷》。

② 王闿运：《湘军志》，筹饷篇。

了 40 万石的粮米交易，可见仙女庙已经形成了一个相当大的粮食市场。假使没有这样一个粮食市场，那么 2 万贯钱是捞不到手的，厘金政策也就失去了物质的依据。因此厘金制度的产生应该首先着眼于社会经济条件。假使单单从清王朝紧迫的军事和财政需要来着眼，那么在封建王朝两千多年的历史上经常有大规模的农民起义，也经常有军事和财政的紧迫需要，为什么在那个时候没有产生厘金制度呢？甚至在太平天国革命以前的 40 年，当时有白莲教的大起义，军事和财政需要几乎也是同样地紧迫，为什么也没有产生厘金制度呢？可见离开了社会经济的发展就不可能正确地理解厘金制度的产生。

但是仅仅从这一方面来解释厘金制度产生的原因，仍然是不够的，因为厘金制度一方面固然反映了商品经济一定程度的发展，但另一方面它又反映了商品经济的发展尚不充分，反映了新的经济因素和新的社会力量还没有成长起来，还没有力量去大力冲击腐朽的封建主义的外壳，因而产生了这种特殊的厘金制度。这种制度是封建上层建筑对工商业的公开掠夺和肆无忌惮的压榨，这种税收政策与资本主义国家中一般的工商业税是不同的。在资本主义国家中的工商业税虽然取之于工商界，但是用这笔税收来进行活动的国家政权，其根本任务是要保护资本主义工商业的发展和资产阶级的利益。而厘金制度就不是这样，它是封建势力对新兴工商业的无偿勒索，是半殖民地半封建社会中一种特殊的税收政策，只有在封建势力和新兴的社会势力之间力量对比悬殊的情况下，只有在封建统治者掌握着绝对的统治权力的时候，这种税收政策才能够产生并存在下去。郭嵩焘论述湖南厘金兴旺的原因时说：“民情之各私其财、各专其利，自古为然。但闻筹饷之说而已多阻难，一闻停撤之言而更加附会。湖南所以能尽其力者，专恃地方绅士，主持正论者为多，商贾百姓，不敢有所异同。”① 在这里所说的“商贾百姓”可以看做代表新的经济因素的社会势力，正是由于他们当时还处在十分幼稚、十分微弱的阶段，所以对于“绅士”们横加在自己头上的无偿的勒

① 《皇朝经世文续编》，卷五六，郭嵩焘：《详陈厘捐源流利弊疏》。

索“不敢有所异同”。

由此可见，厘金制度的产生一方面是反映了商品经济一定程度的发展，另一方面又是反映了商品经济发展的不够充分，反映了新的经济因素和社会势力的尚未发展成熟。也就是说，这种税收政策正是半殖民地半封建社会的特殊产物。

厘金制度从1853年（咸丰三年）创立以后，到1930年才正式废止，一共存在78年之久。这种吸血制度对于中国经济的发展妨碍极大。厘金通行之初名义上的税率是值百抽一，实际上绝不止于此，而且任何零星的物件都要抽捐，厘卡又密密麻麻，三步一卡，五步一关。1863年上谕称：“里下河一带，南北粮台，设立捐卡，大小约有百余处，有一处而设数卡者，有一卡而分数局者”①。1868年据郭柏荫奏：湖北省“现在酌留局卡八十六处，拟裁分卡分局五十四处”②，照这样看从前湖北一省竟有厘卡140处之多，这正是敲骨吸髓的剥削！

所以厘金制度创立不久，就有许多人抨击这种制度。如1855年罗惇衍称：

> 弁兵以盘拿奸细为辞，多方阻滞，官吏绅董以稽查偷漏为说，刻意刁难。概树捐厘助饷之旗，得遂假公济私之计，巧立名色，暗逞侵欺。商船初到，挨次停泊，索挂号钱；兵役上船，验视货物，索查舱钱；稽查已毕，盖戳放行，索灰印钱。稍不遂意，即以不服盘查，借辞穷究，委员任意威吓，则视商贩之肥瘠而鱼肉之。③

1857年尹耕云说：

> 抽厘之弊，尤不忍言。一石之粮，一担之薪，入市则卖户抽几文、买户抽几文。其船装而车运者，五里一卡，十里一局，层层剥削，亏折已多，商民焉得不裹足！百物焉得不涌贵乎！④

---

①② 《清朝续文献通考》，卷四九，《征榷》。

③ 《皇朝经世文续编》，卷五六，罗惇衍：《请严禁捐厘苛索疏》。

④ 尹耕云：《心白日斋集》，卷二，《请查捐输积弊停止抽厘疏》。

厘金制度弊端百出，就连清王朝也不讳言。1862年户部的报告中说：

近闻各省厘局，但有抽厘之名，实则抽分抽钱，有加无已。凡水陆通衢，以及乡村小径，皆设立奉宪抽厘旗号，所有行商坐贾，于发货之地抽之，卖货之地又抽之，以货易钱之时、以钱换银之时又抽之。资本微末之店铺、肩挑步担之生涯，或行人之携带盘川、女眷之随身包裹，无不留难搜刮，其弊不可胜言……一捐局设就，地方官绅，百计谋干，曰某货可抽厘若干，某铺可抽厘若干，多立名目，济其营私，利之所存，网罗殆尽。甚至茶房饼铺，各有例规，暮夜追呼，急于正课。豪奴猾吏，朋比为奸，劣官恶衿，朘削靡已。①

以上这些例证，已经足够让我们认识到厘金制度的滔天流毒。

三、滥发钱币

清朝政府另一条生财之道就是鼓铸大钱和滥发纸币，这种措施不言而喻，必然会引起通货膨胀和币值贬落，结果使人民群众大受其累。由于咸丰朝采用这种卑鄙的掠夺政策，其恶果影响极为深远，一直到20世纪，中国的币制还陷在极端紊乱中。

中国从明王朝以来，用银逐渐普遍，随着社会经济的向前发展，银两正在逐步取得本位货币的资格，政府的巨额收支都用银两计算，市场上也以银两作为计算物价的标准，清初并确定以“纹银”为“标准银”，作为全国通行的计值单位。而制钱则在逐渐下降为辅助货币，在大额支付中，制钱是不能适用的，银与钱也有了法定的比价，此外在市场上流行着银号钱庄的会票、钱票。这一切都说明中国的币制正开始处在一个向近代化货币发展的阶段上，货币制度方面的这个发展归根到底是适应于经济生活的需要的。

但是，也正像整个社会经济一样，货币制度方面还存在着严重的封建落后的性质。例如银两还没有摆脱以金属重量来计算价值的

① 《皇朝经世文续编》，卷五六，《户部遵议整顿厘捐章程疏》。

阶段，银与钱之间的主辅关系并无法律规定，银钱的实际比价常常发生波动，货币形式、名称、种类、平砝、成色极不统一，带有极其浓厚的封建地域色彩。①

以上货币制度的状况，是当时社会经济条件的一个具体反映，可以肯定地说，假使没有外国资本主义的侵略，中国的货币制度也将随着经济的发展而逐步健全、统一，走上货币近代化的道路。但是资本主义的入侵，首先使货币制度发生了剧烈的震动，中国的旧货币开始遭到三个灾难性的侵袭，以后银两制度一蹶不振，逐渐没落下去，这对近代经济的发展有极为不良的影响。

那么，中国的旧货币遭到了哪三个灾难性的侵袭呢？

第一，由于鸦片输入而引起的白银外流，使银钱比价发生剧烈的波动。这一点我们已在前面讲到过。

第二，随着资本主义势力的入侵，外国银元大批输入到中国，外国银元的铸造较中国银两为优，且计算简单划一，故沿海一带流行甚广，几乎把银两驱逐出了市场。外国银元是资本主义侵略中国的工具，它在给侵略者推销商品、收购原料方面起了很重要的作用，它的流行使中国的币制更加混乱，到了不可收拾的地步。市场上原以银两和制钱计值，由于其种类繁多，本来已够复杂的了，再加上资本主义各国的各种银元参加进来，于是银两与制钱的比价、银元与银两的比价、银元与制钱的比价，真是弄得头绪纷繁、莫可爬梳了。

第三，清朝政府又卑鄙地利用已经十分复杂的币制作为搜刮军饷的手段，使币制之乱更是“如水益深”。1853 年，清廷为筹措军需开始鼓铸大钱，颁发官票、宝钞。大钱有当千、当五百、当百、当五十、当十、当五等多种，并有铜大钱、铁大钱之分。官票、宝钞则是仿照当时钱铺所发的会票、钱票，官票以银两为单位，宝钞以制钱为单位。很明显，币制的这个改变，对清王朝来说是大有油水可捞的，如原来的 1 000 个制钱，含铜 60 两，把它收回来改铸当千大

① 如银两的形式有元宝、锞子、碎银等，名称和成色各地不同，有百余种；平砝大体上有库平、漕平、关平、市平等；钱的种类因私铸之风甚盛，种类繁多，不可究诘。这种混乱情况给货币的流通造成很大的困难。

钱，可铸30个（按：当千大钱规定每个含铜二两），一转手之间，就可以利市30倍。清王朝找到了一个大发横财的窍门。

但是清朝政府这种措施，犹如掉在水里抓到了一根稻草一样，并不能纾解它的财政危机。因为在铸大钱、发纸币的时候，既没有考虑到市场需要的数量，更没有考虑到必要的储备金，只是一味地滥制滥发。因此发行不到一年就“滞积不行”，清王朝三令五申，要按成搭放，但滞积情况依然如故。不久，当千、当五百、当百、当五十等大钱和以银两为计值单位的官票都销声匿迹了。因为这一类货币的币面价值太高，或者是和实际币值（含金属的量）相差太悬殊，或者是不能兑现的废纸，大家都不肯接受使用。只有当十、当五大钱和以制钱为计值单位的宝钞总算尚勉强通行下来，但即使是这种币面价值较小的货币，在流通后也是流弊百出。大体说来，其流弊有以下几点：

（1）私铸。私铸大钱，有利可图，因此各地有势力的恶霸土棍，纷纷开炉，趋之若鹜。如“通州河西务一带，奸民聚众私铸，竟敢于白昼闹市之中，公然设炉铸造，地方官畏其人众，不敢查问”①。私铸的大钱，质量更加低劣，这就不能不进一步动摇了大钱的信用。

（2）贬值。由于清廷大量鼓铸大钱和发行官票、宝钞，使得通货膨胀，物价飞涨，货币贬值。如“直隶市肆，前曾出示行使大钱二成，今春复推广行使三成，小民谨奉公令，原属行使，其实市中买卖，价值百文之物，因行使大钱二成，即索价百二十文，今行使大钱三成，即索价加三成”②。从这个例子来看，大钱的币值下降为零。宝钞贬值也很严重，1861年北京“票钱一吊仅得铜制钱五十二文”③，币值跌落到5.2%。外国资本主义侵略者却趁机渔利，趁着宝钞价值跌落时，“欧美商人乃贱价购之，以五成纳海关税，悉照原票价目计算，官吏无以难也”④。

---

① 《东华录》，咸丰四年七月。

② 《皇朝经世文续编》，卷五九，吴廷栋：《陛见恭记》。

③ 李慈铭：《越缦堂日记》，辛集上。

④ 罗振玉：《四朝钞币考释》。

(3) 壅塞。由于钱币的私铸、贬值，所以大家都不愿使用大钱、宝钞。朝廷虽然命令征收赋税时按成搭收，但实际上，地方官阳奉阴违，有的是拒收大钱、宝钞，有的根本不宣布按成搭收的办法。另一方面官吏们却暗中用低价购买了大钱、宝钞，去换取藩库中的制钱、银两，从中取利。如“河南省州县于征收钱粮时，专收银钱，不收票钞，解司之时则收买票钞，按五成搭解”①。1855 年，江北大营首先提出不要用大钱发兵饷，理由是兵勇“零用不便行使大钱”。这样一来，大钱失去了大宗去路，市面上就更形壅塞。

以上是清朝政府为筹措军饷而加紧搜刮的一些措施。在这些措施中，尤以创设厘金、滥发钱币两事对于经济发展和人民生活的危害为最大。

第四节 1853 年到 1856 年的战局

一、太平军东战场的战局

1853 年 3 月 19 日太平军占领南京以后，军事攻势并没有停顿下来。3 月 31 日罗大纲、吴如孝等率军占领镇江，4 月 1 日李开芳、林凤翔、曾立昌率军占领扬州。太平军正在乘胜东进的时候，清方的钦差大臣向荣率军三万余从上游追踪而至，扎营于天京东南钟山至七桥瓮一线，称为江南大营，并分遣提督邓绍良驻营镇江城外，接着另一钦差大臣琦善也进驻扬州城外，称为江北大营。江南大营的任务是攻打天京、镇江，保护清朝粮赋所出的苏常杭湖地区，截断太平军的东进道路；江北大营的任务是攻打扬州，屏蔽苏北皖北，截断太平军的北上道路。这两个大营是当时清王朝与太平军对抗的主力。

太平军鉴于清军主力集中东线，于是就利用清方攻复天京和屏蔽东南的迫切心理，在东线收缩兵力，坚守天京和镇江、扬州三城，

---

① 《东华录》，咸丰五年九月。

以牵制清军主力。另外于5月间分遣李开芳、林凤翔、吉文元率两万人北伐，赖汉英、曾天养率两万人西征。太平军在东线的守势依靠着两个优越的条件：第一是掌握着长江水面的绝对优势，清军虽然阻塞了天京、镇江和扬州三城之间的陆路交通，但太平军在长江上往来自如，不仅三城之间可以相互救援，而且可和上游的西征军相互策应，采取守势的太平军毫无兵单粮竭的顾虑；第二是天京、镇江、扬州，城大墙坚，很难进攻，就像向荣所说："攻城之法，城小可以合围，城大只宜声东击西，乘其不备。至于低有地道，高有云梯，或束藁以填壕沟，或囊沙以作阶级，此其大较也。今则九十六里之城，合围既力有不逮，其余各法，自五月以来，先后屡用，虽有小获，终未能破城大创。"①

清军面对着守城太平军这两个优越条件，简直是束手无策。而更主要的是清军本身有几个难以克服的困难：

第一是军纪腐败，士气不振，特别是江北大营，更是丑声四布。倪在田称江北大营"皆文吏，无将策，日夕招募，厚食以致之（勇一人月食逾五金有奇），乃皆枭、教、痞、丐、盗、贼、无赖，不足用（彼且曰：'吾辈月饷几六金，层递剥吸，月得才二百余钱，乌能死战乎?'）……官军衄后，惟轰大炮，按操期，捕间谍，应故事"，"军士屯壁者再岁矣，嗜鸦片，饰边幅，战气益失，而勇丁猥集，横杀私斗，错不可问"②。江南大营的名声也不见得好多少，像马寿龄《金陵城外新乐府三十首》，完全是讽刺江南大营的，其中所举大营兵将们的行为，栽花、种树、叠石、养鸟、蓄犬、抽鸦片、玩古董、看春宫、狎娈童、做买卖、聚赌、抢劫、烧房、佞佛作斋、抢粮、械斗，竟是无所不为。其中吸鸦片一首是"小兵草草灯一盏，对眠吐纳语声软；大帅岩岩灯两碗，左左右右免展转。吸烟未了又熬烟，烟鬼满营烟满天，翻羡贼人法令严，手乍持枪头已悬"③。这种纪律腐败的军队当然不可能打败太平军。

第二个困难是粮饷的供应不足，因为太平天国发展规模极广大，

---

① 《向荣奏稿》，卷三，《累攻金陵及镇江接仗折》。

② 倪在田：《扬州御寇录》，卷上。

③ 马寿龄：《金陵城外新乐府三十首》。

被太平天国占领的地区，清朝是无法收税的，而且清朝处处设防，时时增兵，军需本已浩大，加上将领的克扣，尽管清朝铸大钱、抽厘金、开捐输，拼命搜刮，也填塞不了这个无底洞。试看向荣的奏折，1853 年秋说："维时已交十月，各营官兵纷纷请饷……当此攻剿吃紧之际，又届冬令严寒，该兵勇等食薄衣单，断难枵腹从事，臣等焦灼万状，实无筹办之法"①；1853 年底奏："兵丁有一百余人……辄到臣营盘请领口粮银两，并以食物昂贵，备诉饥寒情状……并闻尚有兵丁在粮台索领，臣等恐其滋闹生事，当饬粮台将所存饷银，尽数提至大营合凑支放，将十月上半月兵勇口粮发给，其各营官弁盐粮，仍行停止"②；1854 年秋称："刻下事机紧急，兵饷已两月未放，又无款可支，万一贼复窜突，安能使枵腹兵勇，戮力戎行"③。情况简直像是在天天过年关，加上将领们贪污克饷、分配不均，哗饷兵变的事经常发生，所以马寿龄的"抢粮台"诗说："异乡瘠、同乡肥，粮饷不发难忍饥。轮囷白镪束高阁，戟手入夺缠腰归。红巾众虏不独食，作贼犹解无偏私。淑人君子正四国，可曾读过鸤鸠诗。"

第三个困难是由于江南大营的战略任务是既要攻打天京，又要保障苏、常，这样就产生了合兵和分兵的矛盾。为了攻打天京，就要求集中兵力于天京城下，但当太平军分兵四出，威胁苏、常，江南大营也就不得不分兵去堵御，太平军往往作一个佯攻姿态，就要累得清军奔走几百里。

太平军就是利用这种条件，以少数兵力坚守三城，牵制了清方十万兵力。清朝看到自己主力部队被拖住的情况，当然也万分焦急，咸丰帝一再催促，甚至对向荣说："若能迅克金陵，则汝功最大，前罪都无，若仍吃紧时巧为尝试，则汝之罪难宽，朕必杀汝，懔之。"④ 当向荣要求江北兵会攻天京，咸丰回答他："一派铺张，并非真能得手。汝自广西追贼至江南，徒费多兵，未见有寸尺之功，尚何面目拨江北之兵，断不准行。汝必要江北兵，可将汝首送来。"⑤ 可怜

① 《向荣奏稿》，卷五，《军饷告匮折》。

② 同上书，卷五，《筹饷无方请交部议处片》。

③ 同上书，卷八，《请饬广东江西督抚速解饷项片》。

④ 同上书，卷三，《饬令总兵崔腾龙带兵驰往河南山东一带协剿折》所附朱批。

⑤ 同上书，卷五，《请饬琦善派队渡江攻剿折》所附朱批。

向荣碰尽了这个青年暴君的大钉子，还是无法攻破天京。特别是1853年秋后上海小刀会起义，北战场和西战场的形势紧张，南北两大营的军队陆续调往上海、庐州、江西、河北、徐州、芜湖、东坝，兵力更少。镇江邓绍良又打了个大败仗，几乎全军覆没，混在天京内做内应奸细的张继庚也被太平军查获杀死，攻破天京的指望更渺茫了。太平军却趁机更收缩兵力，主动放弃扬州，改守与镇江隔江对峙的瓜洲，而把从扬州撤出的军队作为北伐援军，支援在北战场受挫的李开芳等。

一直到1854年夏，向荣把唯一希望指靠在广东红单船上，这是向荣在1853年奏调的船只，经过一年多才磨磨蹭蹭地调进长江。这种船只据说“大者可安炮三十余位，小者亦可安炮二十位，左右船头，三面轮放，周流不息”①。红单船虽然使太平军水上交通受到一些威胁，但并不能真正解除向荣的窘境，因为红单船一共只调来50艘，船身笨重，驾驶不灵，太平天国则拥有一万条小船，统率红单船的总兵吴全美“每次禀报，总以两梁山贼船过多为虑”。向荣命令他上驶太平，以断太平军粮道，吴全美“亦不禀请示遵，遽即带船折回浦口，经臣专弁严行檄斥，始以待解粮饷子药为词，继又以帆缆霉脆，应须更换，为推延之计”②。所以，一直到1855年，太平军坚守天京、镇江、瓜洲，仍然是屹立不摇。

1855年，天京的形势才开始有些紧张起来。因为一方面上海小刀会起义被镇压，江苏巡抚吉尔杭阿的大军从上海抽调到镇江；另一方面，曾国藩的水师出境作战，在1854年底的田家镇一役，太平军水师损失大半，水上的优势开始易手。太平军屡次欲从太平、高淳出东坝，援救镇江，兼向苏常挺进，均被清军击退。这时镇江、瓜洲太平军所受压力最大，有合围被歼的危险，天京以南的雨花台要塞亦失守，太平、芜湖处在剧烈的争夺中，镇江、瓜洲、天京的水陆交通都已断绝。1856年2月太平军调动

① 《向荣奏稿》，卷六，《肃清东坝收复高淳折》。

② 同上书，卷七，《迭攻贼营获胜亟筹合围并督催师船上驶折》。

了西战场的军队，由燕王秦日纲率领冬官丞相陈玉成、地官副丞相李秀成、春官丞相涂镇兴、夏官副丞相陈仕章、夏官又正丞相周胜坤等出天京，东援镇江，清军吉尔杭阿和提督余万清、张国梁于龙潭、下蜀、高资间连营三十里，激战十余日。一身是胆的青年将领陈玉成坐小舟舍死冲破层层阻拦的清军炮船，进入被困的镇江城内。4 月 1 日陈玉成又与镇江的吴如孝军合力冲出镇江城，东西夹击，冲破清军的阻挡而与李秀成等会师，立即由镇江渡江，4 月 3 日以迅雷不及掩耳之势扑攻围困瓜洲的江北大营。首先是驻在运河以西的“诸屯毕溃，炮械旗帐遗脱万计，托明阿夜以数十骑走（按：钦差大臣琦善已于 1854 年死，托明阿继其任)”①。接着，太平军又“攻河以东垒，金绶（指江北大营帮办大臣陈金绶）大溃，走沙头。以诚（指江北大营帮办大臣雷以诚）渡霍家河走杭家集仙女庙，所部勇卒列伍肩枪走殆尽”②。江北大营一败涂地，太平军乘胜再克扬州，连下仪征、江浦，进逼六合。向荣急忙派遣张国梁渡江援救六合。太平军于 5 月底仍折回瓜洲，渡江扑攻吉尔杭阿大营，大战于高资，张国梁回救不及，吉尔杭阿被困自杀，清军营“七八十座，军中无主自乱，不战自走”③，太平军得胜返京。

当太平军攻破江北大营之际，主持西线军事的翼王石达开已得知东线的紧张形势，率三万人回援天京，5 月初军锋直指皖南，6 月初进克大胜关、秣陵关、溧水等地，江南大营处于被包围形势中。6 月 17 日，秦日纲、陈玉成、李秀成等会合石达开、张遂谋、曾锦谦攻打紫金山、七桥瓮的江南大营，激战四昼夜，江南大营溃败，向荣退驻丹阳，又气又急，一命呜呼，由和春继任钦差大臣。太平军本来可以乘胜击溃江南大营的残余部队，可惜由于武昌军事形势紧张，石达开赴援武昌，加以内部矛盾尖锐化，韦昌辉等密谋刺杀杨秀清，因此没有能利用胜利形势，进占苏、常，而让江南大营有了死灰复燃的机会。

---

①② 《扬州御寇录》，卷上。

③ 《李秀成自述》。

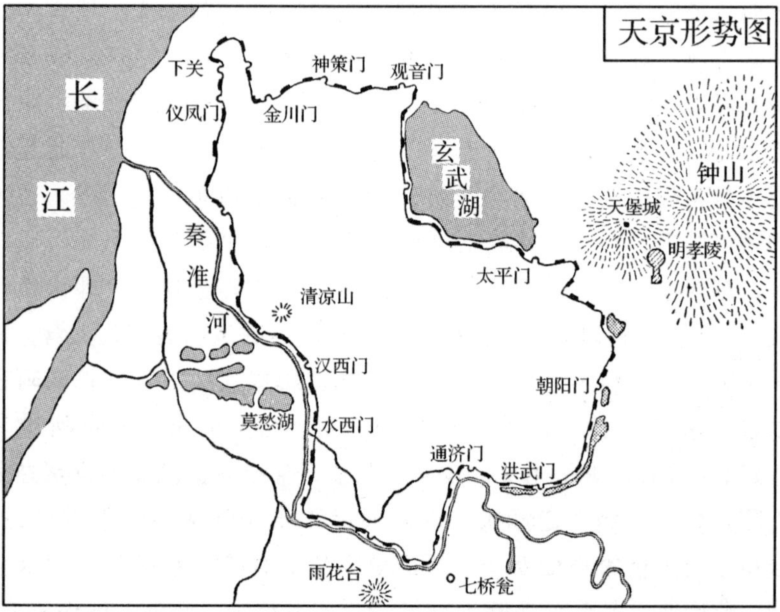

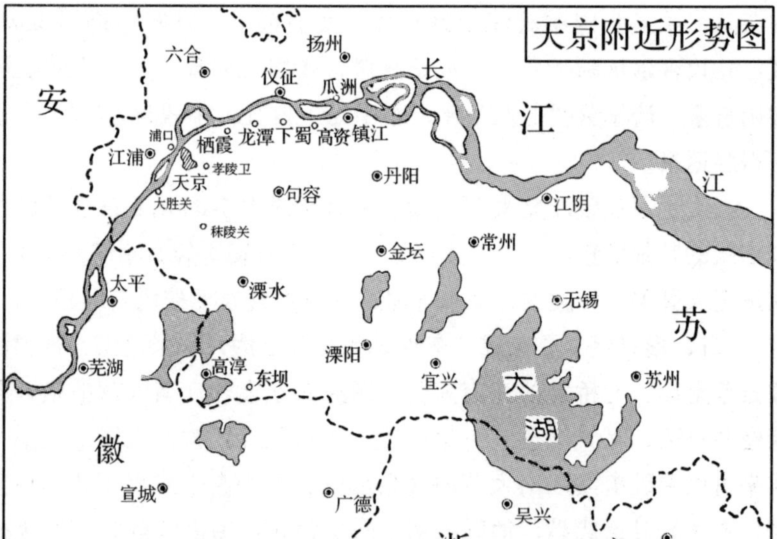

二、上海和福建的小刀会起义

应该指出：太平军的斗争不是孤立无援的，当它定都南京以后，从四面八方掀起了许多人民起义，这些人民起义显然是受太平军的影响和鼓舞而发动起来的，而当这些人民起义发动起来以后，它们又从各个方面配合和支持着太平军的革命斗争。

离太平军东战场不远的上海就发生了坚持18个月之久的小刀会起义。

上海自从开辟为通商口岸以后，19世纪50年代初，已经成为商务发达、人口众多的城市，居民之中除上海的土著之外，以广东、福建、宁波人为最多。据说当时“粤人之旅居上海者有八万、闽人五万”①，这些人大多是“居无恒产”的手工业工人、水手，或是“出无执业”的裁遣兵勇和流氓分子。这些城市中的贫苦人民为了对抗统治阶级的压迫和患难时团结互助，组成了秘密团体，有青巾会、编钱会、鸟党、百龙党、小刀会等，其中以小刀会的势力为最大。

当太平军起义后，清朝命令各地方办理团练，小刀会群众纷纷参加上海团勇，巧妙地利用了团练的形式来取得合法活动的机会，扩大自己的势力。1853年9月初，以周立春为首的青浦人民，在抗粮号召下攻克了嘉定，小刀会和周立春取得联系后，随即于9月8日孔子诞辰举行祀典的时候发动起义，杀死上海知县袁祖德，捉获上海道台吴健彰（后来吴在两个美国流氓的保护下逃入租界）。没有几天，小刀会分军四出，攻克宝山、南汇、川沙、青浦等地，参加的群众将近两万人。

小刀会起义军保持着良好的纪律，起义发动之后，“驰按街市，使各安业，禁抢夺及奸淫”②，“中下户一无缠绕，城门出进无难”③，除杀死一个知县以外，只杀了一个守北门的人，其他一无所伤。其领袖刘丽川以“大明国统理正教招讨大元帅”的名义发布安民告示，并向太平天国报告起义经过，请求“早命差官莅任”④。

小刀会起义之后，清朝就令江苏巡抚许乃钊率领从江南大营调

---

① 晏玛太：《太平军纪事》。

② 黄本铨：《枭林小史》。

③ 曹晟：《觉梦录》。

④ 刘丽川上天王洪秀全文。

拨来的军队向小刀会进攻。9月底，宝山、南汇、川沙、青浦、嘉定相继被清军夺占，小刀会被困于上海一城。

小刀会在上海外围的战斗虽然失利，但在保卫上海城的战斗中表现了坚韧不拔的英勇精神。10月初，清军大举扑攻上海城，被小刀会击退，清军的攻势从此受挫；又派奸细入城诱降，小刀会杀死奸细，表示与清朝决不妥协。从1854年2月到5月，清军又重新部署兵力，展开进攻，烧毁附郭民房，挖掘地道轰城，在小刀会的反击下清军仍旧不能取胜。由于战事不利，江苏巡抚许乃钊被撤职，吉尔杭阿接替了他的职务。

小刀会坚守上海城将近一年，危机开始发生了。一方面，小刀会内部发生分化，广东帮和福建帮彼此不和，外国侵略分子晏玛太很早就说："粤闽两帮人各怀妒心，意见不同，内部将有纠纷发生"①。不幸这种纠纷果然发展起来，1854年7月小刀会的福建帮领袖林阿福率部出走，接着参加小刀会起义的一些商人也动摇了，如李少卿、谢应龙、徐紫珊等都投降了清军。

小刀会起义的另一个危机是来自外国侵略者的公开干涉。当小刀会初起时，外国侵略者虚伪地装出"中立"姿态，披着宗教外衣的侵略分子罗孝全欺骗刘丽川：太平军奉基督教为军律，并表示自己"愿意照样施教于其部下之广东人"②，这分明是要牵住小刀会的鼻子跟自己走，刘丽川委婉地拒绝了这个要求。当小刀会被困在上海城内，外国侵略者看到干涉的时机已到，便撕毁"中立"面具而露出狰狞的面貌。首先是法国领事爱棠（Eden）荒谬地要求小刀会撤离上海，接着法、英、美三国公使和吉尔杭阿等商妥，在上海城和租界之间，筑造围墙，以切断小刀会的给养。小刀会为自卫计，也在城外开掘一条壕沟。法国方面却说这条壕沟威胁了法租界，"不由分说，立雇工人百名，挑土填平壕沟，并调武装，保护工人做工"③，由此双方冲突起来，法国侵略军二百余人竟无理地攀登城

---

① 晏玛太：《小刀会占据上海目击记》。

② 罗孝全：《小刀会首领刘丽川访记问》。

③ 晏玛太：《太平军纪事》。

墙，攻击小刀会，小刀会毫不示弱地给以还击，“当场有法军十三人阵亡，另有三十余人受伤”①。从此法国军队调动了许多军舰大炮配合清军作战，英国、美国也和法国采取一致行动，帮助清朝。

小刀会陷入了困守无援的境地，城中粮食、弹药日见缺少，“罗雀掘鼠及草根，悉无所得，不得已取死骸食之”②。这时太平天国的西征、北伐战事也在紧张关头，没有力量来援救上海。1855 年 2 月 16 日，清军和法国干涉军联合攻破上海城，刘丽川等牺牲，小刀会的残部在潘金珠率领下转战到达天京，参加了太平军，坚持 18 个月之久的上海小刀会起义结束。

外国侵略者在镇压小刀会起义中充当了刽子手，清朝统治者自然要给以优厚的酬谢。首先是当小刀会起义时，上海的海关被焚，上海道吴健彰逃入租界，企图在黄浦江边照旧设卡收关税，外国侵略分子却想趁火打劫，把上海改为不收进出口税的自由港，禁止清官吏收税。经过长期交涉，清朝政府急于获得税收，以充军费，便不惜引狼入室，允许外国侵略势力参加管理上海的海关。1854 年 6 月，英、美、法三国领事和吴健彰签订关于上海江海关组织的协定，其中最重要的规定是：“引用外邦人才于海关，由关道选择任用，授予权柄，以行使其职权”。从此殖民地式的海关管理制度开始实行，英、美、法各推委员一人主持上海海关税收，后因各委员离职，英国侵略分子李泰国（H. N. Lay）担任海关税务司，大权归于英国侵略者手中。

外国侵略者除了乘机窃夺上海海关管理权之外，又于 1854 年 7 月间非法地公布地皮新章程，在租界内设立自治的市政机关——工部局，严重地侵犯中国的主权，永久占领租界内的土地。这个地皮新章程经过英、法、美三国领事签字后，根本没有和清朝政府商议，就通知上海道照章办理。接着，完全由外国侵略分子组成的工部局董事会成立起来，设立巡捕房，向中国居民征税，租界内中国居民的民、刑诉讼，也全由工部局处理，租界从此发展成为一个真正的

① 晏玛太：《太平军纪事》。

② 黄本铨：《枭林小史》。

“独立王国”。

除了上海以外，福建也有小刀会的大规模起义，起义时间为1853年5月，比上海约早半年。

福建的会党组织本来就很活跃，其中以同安县黄得美、黄位所领导的小刀会和永春县林俊所领导的红钱会，实力最为强大。1853年，福建大批兵勇外调去对付太平军，内部空虚，小刀会和红钱会趁机而起。5月13日，黄得美、黄位率领两千人占领海澄，击毙漳州兵备道文秀、总兵曹三祝，连克石码、长泰、漳州、厦门、同安、安溪、漳浦、云霄。同时林俊也揭竿而起，攻克德化、永春、大田、尤溪等城市。此外台湾也有会众起义，围攻嘉义。几天之内，使得“山河变色、全闽震动”。

统治阶级手忙脚乱，赶紧动员当地的地主阶级，组织团练武装。一面又从广东调来红单船和潮勇，起用世袭壮烈伯李廷钰（李长庚之子）指挥战事。经过两个多月的部署，清军展开反攻，用水师进攻厦门。起义军声势虽然不小，但是他们内部不能够很好地团结，而且领导者缺乏远见。当时有一个名叫洪甲的人向黄位建议，一是“速采大木，赶造船只，以资水战”；二是太平军“已据有东南诸省，宜亟遣使赍表，遥结声援……乞一旅之劲，由浙温处袭闽”；三是“粮糈之供，毋取乎巷捐户派，倾李林二姓（两个大地主）家资，足经年食矣”①。这三个建议不失为当前最急要之策，可惜黄位不听，反而“唾其面逐之”。黄位自己不举不动，给清军腾出了准备反攻的时间，正不啻是坐以待毙。

清军从1853年7月底反攻厦门，起义军奋勇抵抗，激战两个多月，至10月中旬，厦门城内地主阶级开城做内应，厦门失守。黄得美退至龙溪，被团练俘获；黄位退到海上，仍坚持海上斗争五年之久，至1858年被镇压。

当厦门被陷，红钱会领袖林俊仍率领部众在闽南山区与清军相周旋，曾经大败清军总兵吕大升，先后曾占领仙游、德化、安溪等十余

---

①　沈储：《舌击编》。

个城池。林俊和当地人民群众的联系十分密切，因此他的兵力虽少，但忽东忽西，神出鬼没，弄得清军异常头痛。1855 年初，闽浙总督王懿德称："匪首林俊，叠剿被脱，恨深切齿……分头捕拿数月之久，穷乡僻壤，均无踪迹。"① 甚至王懿德捏称"林俊实已烧毙"，可是到了年底，林俊的大名又出现了，在南安一带大败清军，王懿德又老着脸皮说："匪首林俊，仍无实在下落。现饬该管营县，认真购拿。"林俊的活动确是神出鬼没，他所以能够如此，完全是依靠了群众的掩护。

但是林俊的队伍也有弱点，"俊诸将，陈湖最健，每克敌陷阵多得其力，未几以细故与俊党忿争，为所杀。俊大哭如失左右臂，自是势稍衰……俊所部至数万，然其下多起群盗，少远略……由是屡为官军及乡勇所摧挫。所陷城以数十计，然旋得旋失，鲜据之逾周年者"②。内部分裂、缺乏政治措施和没有建立根据地，这是林俊起义军没有能进一步发展的原因。

林俊起义军一直坚持到 1858 年，当时太平天国石达开、杨辅清路过福建，林俊北上与太平军会师，行至光泽，不幸为团练截击，中弹牺牲。

三、太平军的北伐

太平军攻克南京，把江南江北大营的兵力吸引在天京、镇江、扬州，随即分兵北伐和西征。5 月初地官正丞相李开芳、天官副丞相林凤翔、春官副丞相吉文元、殿左三指挥朱锡琨、殿右十六指挥黄益芸分起率军北伐。李、林由扬州出发西趋仪征、六合，5 月 16 日克安徽滁州，朱锡琨、黄益芸率部经六合时，碰到六合知县温绍源的顽抗，半夜，太平军军营起火，牺牲极大，朱等人随即率部追及北伐军大队。5 月底北伐军克凤阳、临淮关，会合吉文元所率军队。6 月初北伐军避开宿州、徐州一带清军集中之地，沿淮河西走，克怀远、蒙城、亳州，入河南境。这一带正是捻军最活跃的地区，太平军依靠捻军的向导和

---

① 《王文毅公年谱》。

② 《永春县志》，卷三，《大事志》。

配合，迅速攻取各城，捻军则依靠太平军的声威，积极活动起来，这两种交织起来的力量，使皖北的清军顾东失西，束手无策。

6月中旬太平军进入河南境，击败河南巡抚陆应谷的军队，杀伤清兵3 000人，得火药2万斤，占领归德府。太平军渡河北上的心理非常迫切，想在归德觅取船只渡河，可是船只缺乏，只得顺黄河西走，经睢县、杞县、陈留，6月21日围攻开封。太平军当时有足够的力量夺取开封，因为"省城防兵，通计不过二千余名，乡勇二千余名，城大兵单，万难支持，今日之汴梁，危在旦夕"①，但是太平军围攻开封时，"是夜忽大雷雨，风雨交注，太平庄等处十株大木皆拔，贼营火药尽湿，城外壕水深至数丈"②，太平军是打流动性的野战的，火药被淋湿，再加被壕水所阻，不能立即打破开封。接着从江北大营派来的江宁将军托明阿、提督善禄、都统西凌阿等率军至开封，周天爵的军队也从安徽蹑踪而至。太平军想在开封渡黄河，又找不到船只，只得折回朱仙镇屯驻二日，补充军实，仍沿黄河西北走，寻觅适当的渡口，接连攻克中牟、巩县、汜水，开始渡河。无奈船少人多，刚刚有一万数千人渡过了黄河，清军托明阿、西凌阿等追袭而至，于是未渡河的约数千人就南走密县、长葛、许昌、临颍、郾城、西平、确山、罗山而入湖北之麻城，和太平天国的西征军相会合。北伐军未能全师北渡，约三分之一的兵力被迫南走，因而削弱了北伐军的战斗力量，而南下的军队人少势寡，沿途遭到清军和团练的截杀，和西征军会合时剩下的人数已经很少了。

北伐大军渡河后，克温县、武陟，进围怀庆，而清朝追兵阻于大河不得渡越，清朝政府十分着急，一面催理藩院尚书恩华说："贼匪渡河，直隶山陕，随处震动。各路援兵惟该尚书相距最近，著即不分雨夜，飞速前进，即使锅帐未齐，马匹未到，亦须一面飞催，一面启程，万不可片刻耽延，此时贼匪初过黄河，势尚不大，乘此扑灭，当易得手，若有迟延，事势将不可问"③；一面任命直隶总督

① 陆应谷奏，转引自谢兴尧：《太平天国丛书十三种》。

② 姚宪之：《粤匪南北滋扰纪略》。

③ 《东华录》，咸丰朝，卷二一。

讷尔经额为钦差大臣，总统黄河南北各路清军，救援怀庆，沁河两岸成为主要战场。怀庆地绾燕晋，物产殷实，且多火药兵器，太平军为了补充给养，志在必得。怀庆知府余炳焘凭高临坚，固守待援，太平军屡次挖地道轰塌城墙，但是守军顽抗，未能入城。来援的清军号称“北直劲旅六万”① 又包围了攻城的太平军，但是这班“劲旅”“不过于距贼二百步外，以枪炮轰击，追贼炮一发，贼旗一动，遂多不敢前冲”②，所以太平军以一万多的兵力，内攻坚城，外御强援，从7月初到9月初，相持两个月，最后太平军粮弹不继，撤围西走，进入太行山内。清廷以怀庆解围，正在庆功颁赏的时候，太平军抄太行山小路，进入山西，连克垣曲、绛县、曲沃、平阳、洪洞，军锋逼近太原。这时太平军躲在山区活动，清军摸不着太平军的行踪，好像瞎子扑人一般，到处乱抓乱摸。山西巡抚哈芬以“调度乖方，畏葸无能”，“于贼情茫无闻知”③ 革职拿问；钦差大臣讷尔经额一直只管保全自己的直隶省，对邻省漠不关心，被免去钦差大臣职；被皇帝誉为“战功屡著，跟踪追剿，行走迅速，独能绕出贼前，杜贼北窜”的内阁学士胜保，被破格提拔为钦差大臣，并御赐神雀刀。其实胜保的伎俩也着实可怜，他顶多只像向荣一样，跟在太平军后面奔跑。《粤匪北犯纪略诗》注中说：“胜帅以兵寡不敢逼贼，常在后十余里安营”，“贼常刊本书胜保免送字”，这正是对于钦差大臣和御赐神雀刀的极大嘲讽。9月下旬，太平军从洪洞东走沁源、屯留、潞城、黎城，经河南之涉县、武安，出太行山区，9月底直趋直隶之军事重镇临洺关。太平军的先头部队已经越过临洺关北进，昏昏然如在梦中的讷尔经额一点也没有发觉，从怀庆慢吞吞地回防直隶，“督凯旋之军万余人、次临洺关……次临洺之日，贼众麇至，官军仓皇失措。车驰卒奔，万余人溃散略尽，讷相以数十人走入广平府城，尽失其关防、令箭、军资、军书等物，幕友吏仆皆星散……讷相奉旨革职拿问，贼焰由此大张”④。

① 陈善钧：《癸丑中州罹兵纪略》。
② 《钦定剿平粤匪方略》，胜保奏。
③ 《东华录》，咸丰朝，卷二二。
④ 薛福成：《庸庵笔记》，《讷相临洺关之败》。

太平军大获全胜之后，进克沙河、任县、隆平、柏乡、赵州、栾城，北京大为震动。清廷尽可能地把老家底都搬出来，以皇叔惠亲王绵愉为奉命大将军，科尔沁郡王僧格林沁为参赞大臣，统率驻京的健锐营、火器营、两翼前锋营、八旗护军营、巡捕五营、察哈尔兵、蒙古三盟的马队以及盛京、黑龙江、吉林官兵，严防保定、涿州一带，并且恐怕“北京快要失陷，已诏谕各省巡抚将皇帝的收入送到其老祖宗的封地和现时的行宫所在地热河”①，预先做了逃跑的准备。京城里的居民有 3 万户迁出北京，户口素称繁盛的北城，平日有 1 万户，这时只剩下 8 000 户，北京陷在一片兵荒马乱之中。

太平天国北伐军虽然作战勇敢，行动迅捷，可惜人数太少，而且粮食弹药缺乏，没有可能突破和击败云集于保定南线的清军。北伐军在滹沱河边转而向东，乘虚蹈隙，克藁城、晋州、深州、献县、交河、沧州，复循运河北上，10 月 29 日克静海、独流，前锋进抵天津西南数十里之杨柳青。当时胜保的军队跟追未至，僧格林沁的军队尚在固安一带，“津兵先已调赴大营，惟大沽兵数百名”②，形势十分紧迫。天津的地主富商们却大卖力气，在天津知县谢子澄的策划下组织起团练 4 000 人，招募天津市内号称“混混”的流氓无赖，释放狱囚，诱骗白洋淀上以打雁为生的船户，组成一支防守队伍。大盐商张锦雯捐输巨资 6 000 万文，供应军饷。他们丧心昧良地掘开运河堤岸，使“运河之水大至，环城数里，地洼下，皆成巨浸”③，用这种恶毒办法来阻挡北伐军的进攻。北伐军用木筏渡水，也被团练和雁户船打退。这时僧格林沁和胜保的军队赶到，太平军退守静海、独流，扎木垒守御。清军在各方面都居于有利地位，在人数上“各路大兵已有两万余众，逆党仅余数千”④；在装备上清军有几千

---

① 马克思：《列强侵略与中国革命》，见《马克思恩格斯论中国》，162 页。

② 《畿辅通志》，卷一三二，《前事略》。

③ 侯桢：《天津谢公庙碑》，见《续碑传集》，卷五七。

④ 《东华录》，咸丰朝，卷二四。关于北伐军的人数，众说纷纭，暂从《东华录》之说，此数目估计较低；《山东军兴纪略》称北伐军攻天津时有万余人，突围南走时为五六千人。

斤的大炮、众多的船只马群、充裕的粮秣弹药，太平军则“贼粮已尽，断不能久持”①，再加上缺乏棉衣，“时值冬腊，天严寒，冻毙者尸枕藉”②。太平军在这样不利的条件下，坚守静海、独流三个月。1854 年 2 月初，太平军突围西南走，占领河间东面的束城镇，又坚守一个月，3 月初又退守阜城，在阜城战斗中吉文元中流矢牺牲，北伐军在最不利的条件下坚守阜城两个月，等待天京派来的援军。

当北伐军在天津受挫的消息传到天京，天京方面就积极抽调兵力，组织援军。当时恰好上海小刀会起义，江南大营分兵赴沪，太平军就主动收缩东线战场，放弃扬州，以扬州撤出的军队为主干(约数千人)，派遣夏官正丞相黄生才③、夏官又副丞相曾立昌、冬官又副丞相许宗扬、丞相陈仕保等统率这支军队北上。但是这支队伍兵力比较薄弱，太平天国当时又没有更多的部队可资调遣，不得已采取大量扩军的办法，在皖北招集大批捻党、饥民、盐工、溃勇，经过桐城、舒城、六安、蒙城、正阳关，联合皖北捻军领袖张洛行、李三闹等，进入河南之永城，复折入江苏、山东交界，1854 年 3 月 10 日，在丰工抢渡黄河，入山东境。北伐援军所走过的这一地区，由于连年水灾和兵差支应，“流离转徙，饿殍满路……且凤、颍一带，盐枭、红胡，所在多有，乘此饥岁，使有桀黠者倡之，为乱尤易”④，北伐援军又努力扩充队伍，因此进入山东境内，声势大盛。当时山东防军都集中在北部防御李开芳、林凤翔的南撤，所以南部毫无防备。山东巡抚张亮基、提督善禄等从直隶交界撤下来，往南堵截，可是北伐援军的行动很快，十多天内接连攻克丰县、金乡、巨野、郓城、张秋镇、阳谷、莘县、冠县，3 月底兵锋已及临清州，就像咸丰上谕所说：这支援军“剽疾异常，渡黄后连陷金乡等处，豕突狼奔，意图北窜，自到山东，所过州县，毫无阻滞，如入无人

① 《东华录》，咸丰朝，卷二四。

② 姚宪之：《粤匪南北滋扰纪略》。

③ 一般书籍中均以黄生才为北伐援军之主将，罗尔纲则称黄生才系李开芳部下的普通将领，非北伐援军主将。未知孰是，暂从旧说。

④ 《李文清公遗书》，卷二。

之境”[1]。

临清州为“漕运咽喉……帆樯络绎，货贿盈街衢……民居市肆，栉比鳞次”，“城中米谷可给年余，仓库暨商民财物以亿万计”[2]，清廷方面集中山东的全部兵力，并调胜保的军队来守卫州城。但是这班军队战斗力差、纪律糟糕，提督善禄的军队“沿路劫掠，营城北，邻村皆被其害”[3]，“胜大臣兵亦由北至，抢劫与善兵同”[4]。当时有人写诗讥刺这些军队说：“兵贼浑难辨，纷纷遍四乡，登门呼酒食，入室劫囊箱”[5]，更有意思的是“胜大臣拨川勇四百，入城防守，每与贼作乡谈，是夜倒戈，人疑贼已登城，仓皇四窜，城遂陷”[6]。北伐援军就这样轻易地攻克了号称有一万多清军守护的临清州。

北伐援军攻克临清以后，应该使整个北伐战场的形势大大改观了，因为不仅北伐援军获得了这个坚固而粮药充足的重要据点，而且由于直隶清军的南下，李开芳、林凤翔所受的压力减轻了，从临清到李、林坚守的直隶阜城，只有200华里，两军的会师已经是计日可待。清朝统治者是尝够了李、林军队的厉害的，而北伐援军的数量这时更大大超过李、林的北伐军，“统计新旧裹胁者共五六万人”[7]。清朝统治者面对这种局势，又惊慌又悲观，用咸丰帝的话来说是“将毙之虎，又添双翼”[8]。一般士大夫则认为北伐援军“锋焰逼人，势难制其北上”[9]。

可惜北伐援军没有能够利用这个有利的形势，因为北伐援军中除几千名受过训练的太平军战士外，其他都是临时招募来的，没有经过整顿训练，组织散漫、纪律松弛。在攻打临清的时候，很多人只是站在旁边观望，所谓“时贼众甚多，攻城者仅十之二”[10]。攻破

① 《东华录》，咸丰朝，卷二六。

②④　马振文：《粤匪陷临清纪略》。

③⑥　《粤匪北犯纪略诗》注。

⑤　《粤匪北犯纪略诗》。

⑦⑨⑩　姚宪之：《粤匪南北滋扰纪略》。

⑧　《东华录》，咸丰朝，卷二五。

临清之后，在旁边观望的人却出来大肆抢掠，受过训练的太平军则“在外扎营，不能禁止，遂传令将城中妇女放出”①。抢掠得多了，“新裹郓、巨一带捻幅及各路土匪，每人腰缠金银，不愿随贼接仗，彼此暗约，千百成群，乘间陆续潜逃，贼众往追，转为所伤”②。原来从表面上看是浩浩荡荡的北伐援军，实际上是未受训练的乌合之众，他们目光短浅，不顾大局，没有组织纪律的约束，打了一个胜仗、得了一些钱财就不想干了，这是多么可痛心的教训啊！从这里可以看到太平天国初起以及至天京后，一再整顿队伍，严申军纪，并用拜上帝会宗教组织来约束部众是多么的必要，假使没有这些英明的措施，要领导这个巨大革命运动，简直是不可想象的。

北伐援军在军心涣散、指挥不灵的情况下，不得已撤出临清。腐朽的清军还没有发觉，“二十二、三日木城中渐不见贼……二十四、五日村民有胆者渐入木城掠物，见守者特草人，每城不过潜伏数贼，遇掠物者亦不甚喝阻。官兵令掠物者入城，始知贼全伙南窜，侦知无贼，然后入城”③。4月底太平军撤退到清水镇，“因有四贼目误传号令，以行作止，黄陈许曾命将四贼目斩首，众伪司马求情不准，各喧嚷欲散，贼恐众离心，遂置不问，由此号令不行，众司马亦不甚管束，任听裹胁者潜逃”④。北伐援军虽然在这样不利的局面下，但仍拥有两万余人。胜保等追到清水镇，太平军趁清军无备，于黑夜中携带火球，袭击清营，“火随风烈，各营盘顷刻延烧，官兵奔避，声如山裂”⑤，“顷刻烟焰塞空，官军不戒而溃”⑥。北伐援军取得胜利后，曾立昌提议“趁此追杀，不难将官兵一网打尽，从此返辙往北，直抵阜城，绝无阻滞，乃转败为胜之机也”⑦，可是许宗扬、陈仕保不顾大局，迁就散漫无纪群众的心理，认为“众心欲南趋，北行恐多逃亡，我则深入，不如南行，明旦迅发，官军未能追也”⑧，结果逃跑的路线占了上风。4月底北伐援军退至冠县，由于大家逃跑心急，行列不整，指挥不灵，被冠县团练所败，曾立昌怨

---

①②④⑤⑦ 姚宪之：《粤匪南北滋扰纪略》。

③ 马振文：《粤匪陷临清纪略》。

⑥⑧ 《山东军兴纪略》，卷一。

恨群众不听号令，既不乘胜进攻，又不整队撤退，主张整顿军纪，但是已经来不及了，因为北伐援军这时已经蜕变成一支乌合之众，反而引起“众哗噪，剚刃立昌”①。曾立昌愤而自杀，余部由陈仕保、许宗扬率领南撤，这时候的纪律更不成样子了，“各头目擅自分股，每人或带千余人，或数百人，分路四窜”②。分散活动的结果是更便于被清军和团练各个击破，仅山东之观城、莘县、阳谷、寿张、东平、郓城各州县团练俘虏杀伤的零散太平军即达五六千。退到汶上以南，已经变成“南行五六百人为大股，外此多则百余，少仅一二十，有匿废寺庐屋，有伏麦陇林麓”③的溃散部队。后来陈仕保退至凤台牺牲，许宗扬逃回天京，论罪禁锢于东牢中，北伐援军完全失败了。

北伐援军败退后，太平天国再次以罗大纲为主将，组织北伐援军，但是，那时候太平军已经无兵可派，而且西战场形势逐渐紧张，清朝在安徽的防御也加强了，所以罗大纲始终和清军相持于庐州一带，没有能离开安徽北上。李开芳、林凤翔的北伐军完全成为一支困守无援的孤军。

当北伐援军从临清撤退的消息传来，李开芳、林凤翔等知道坚守阜城无益，乃于5月初突围，走直隶东光之东西连镇，跨运河为营，立木栅，掘深壕，为固守计。5月底，李开芳又分兵向南突围，入山东，踞守高唐州，希望和已经南撤的北伐援军会合，可惜当时北伐援军已经败溃，退出了山东。从此林凤翔坚守连镇11个月，与僧格林沁相持，李开芳坚守高唐州一年多，与胜保相持。他们在十分艰苦的环境中表现了崇高坚贞的革命气概。僧格林沁围连镇，“筑短垣周四十里，极坚厚，外浚深壕……复引某河水灌之，亘长百余里，贼无可栖止，粮又绝……牛马食尽，掘被杀之死尸以为餐”④。1855年3月林凤翔率余部突围，不幸被流箭所伤，被俘，后被寸磔于北京，临刑时“刀所及处，眼光犹直视之，终未尝出一声”⑤。僧格林沁在攻破连镇以后，进攻高唐州（时胜保因师久无功、逮京

①③ 《山东军兴纪略》，卷一。

② 姚宪之：《粤匪南北滋扰纪略》。

④⑤ 潘士安：《玉珍河钓徒见闻杂记》。

治罪)，李开芳率残部800人突围至茌平县的冯官屯。僧格林沁的骑兵一万多人把冯官屯层层包围，却仍旧不敢冲进去，最后还是采用老办法，筑围墙，掘长壕，引运河水灌冯官屯，太平军"粮草火药尽失……柴米渐乏"①，势不能再守。李开芳等企图用诈降计，在清军受降的时候突围逃走，但是老奸巨猾的僧格林沁没有上当，他在受降时作了严密布置，李开芳等88人被俘，李开芳被俘后也表现出"仰面四顾，毫无惧色……笑语如常，旁若无人"③的镇定从容气概。1855年5月，李开芳与部将等8人被害于北京，临刑时，其部将黄懿端还把敌人踢死两个、踢伤两个。

到此为止，太平天国北伐军全部牺牲。北伐是太平天国历史上悲壮慷慨、可歌可泣的一页，北伐军经历了江苏、安徽、河南、山西、直隶、山东六省，在没有根据地、没有援军和缺乏粮食军火的情况下，转战几千里，不仅吸引了清朝的许多兵力，给长江流域太平军的活动造成有利的条件，而且连克府、州、县数十个，给清朝统治以严重的打击和威胁。最后，北伐军以极微薄的兵力，坚守孤城达一年之久，清朝方面集合了北方各省武装的全部精锐，才勉强获得到了胜利。这段北伐战争的历史表现了革命农民顽强旺盛的战斗意志和不屈不挠的高贵品质，为整个中国农民战争史上写下了光辉的一页。

在太平天国北伐战争史上也包括沉痛的教训，可以看出，北伐军和北伐援军的失败原因是极不相同的。据说北伐军在出发时，接受了洪秀全、杨秀清的指示："师行间道，疾趋燕都，毋贪攻城縻时日"③，北伐军基本上是按着这个原则来活动的，一路上采取流寇主义的进军方式，克复城市，随即抛弃，尽量避免作损耗实力的攻坚战，没有建立系统的政治工作，不注意发动和联络北方起义军，也不打算建立根据地。这种作战方式虽然迅捷夭矫，使敌人防不胜防，但缺点是兵力愈打愈少，粮食军火供应不上，所以北

①② 薛福成：《庸庵笔记》，卷一，《科尔沁郡王擒获林凤翔李开芳》。

③ 罗惇衍：《太平天国战纪》。

伐军完全失败于军队的减员和粮食的缺乏。北伐援军虽然也采用流寇主义的进军方式，但它在组织上一开始就无限制地扩大队伍，接受了皖北大批饥民、游民参加，这是和北伐军不同的。据说当时有人劝告北伐援军的主将曾立昌："新附者素质不良，心志不一，不足以言战，且新附之众，多于旧军，尾大不掉，倘一旦违令，将安从以善其后乎"，可惜曾立昌没有听从这个忠告。这支貌似强大的北伐援军，节节胜利，攻克了临清，可是在紧要的关头大家想回家了，军令和纪律约束不住他们，结果是不战自溃。

北伐军和北伐援军的失败，暴露了农民革命中的一个重大矛盾，那就是一方面要扩大革命队伍，要保持与群众血肉般的联系，要吸收新的力量来补充和增强革命队伍；另一方面又要保持队伍的纯洁，保持严格的组织纪律，不断提高革命队伍的政治认识和战斗意志。农民们没有能力来解决这个重大的矛盾，因为他们难于把政治和军事巩固地适当地结合起来。北伐军缺乏一个把军队和群众联系起来的纲领，缺乏一个做政治工作的据点；而北伐援军则控制不住队伍中落后、狭隘的意识，使自己的活动逐渐离开了一定的政治目的，真正变成了一簇"乌合之众"。北伐军和北伐援军的失败，包含着意味深长而值得深思的教训。

四、捻军的兴起

当太平军举行北伐时，起来响应和支持北伐军的有皖北的捻军。

皖北的"捻"，早在 19 世纪初就开始活动，最初是几十人或一二百人集成一队，谓之"成捻"，对地主富户强行乞讨，逐渐发展到"明火执仗，公肆抢劫"。"所居筑圩堡自卫，举豪猾主其事，谓之寨主，群寨互相雄长，其尤桀黠者为捻酋。每秋获农暇，捻酋招集乡里无赖，部署为兵，谓之装旗；所至，先以游骑四出放火，谓之边马，劫掠行旅，攻村堡城邑，归分其资，岁以为常，然无名号相统摄，恣为剽盗而已"①。咸丰初年，捻众愈来愈多，著名的领袖有

---

① 王定安：《求阙斋弟子记》，卷一一。

蒙、亳一带的张乐行，寿州的陆遐龄，颍州的陈学曾、纪黑壮，太和的龚得树，以及河南固始、息县、商城一带的李士林、任二皮、刘疙瘩等。此外，在江苏、山东边境则有失业的运河水手“恒以匹布分幅帕头，私相雄长，阴有部曲”①，别称为“幅”军。

为什么咸丰初年，结捻结幅的人越来越多呢？

首先，这和当时当地的社会经济情况有关。由于黄、淮屡决，清朝赋税、兵差的苛重，造成了大批游民、饥民，如记载所称：“三年春，江南被兵，南漕改折或海运，纤夫游民数十万，无可仰食，丰北黄河连岁溃决，饥民亦数万，弱者转沟壑，壮者沦而为匪，剽劫益炽”②，“浮收之数有数倍于正额者、且有私收抑价至十数倍者”③，“大河南北，地瘠民贫……兼之频年河决，吏不恤民，遂至蜂聚”④，“皖南北皆陆沉，戎马蹂躏，千里无人烟，田畴荒秽，民无所得食，从捻者日益众”⑤。这种记载说明捻军的兴起和当时当地的经济状况有密切关系，捻军的活动是人民渴望摆脱统治者的横征暴敛、企图解除灾害威胁的表现。

其次，太平军的活动给捻军的兴起以极大影响，太平天国的北伐军和北伐援军都在皖北与捻军合作，捻军在这支强有力队伍的影响下纷纷发动。而此后太平军在安庆、庐州一带吸引了清军的全部兵力，清军在皖北的统治力削弱，这些都给捻军的发展以极有利的条件。

当捻军逐渐活跃的时候，清廷派退职在籍的前广西巡抚周天爵办理皖北防务，周天爵虽然镇压了几小股捻军，但是他所能调动的兵力极有限，再加上太平天国的北伐军正在皖北横冲直撞，周天爵的薄弱兵力要担负不可能胜任的监视北伐军的任务，弄得他疲于奔命，计穷力竭，所以对捻军的活动无力兼顾。1853 年秋，周天爵病死，兵科给事中袁甲三代替周的职位，并起用败将牛鉴、徐广缙办理皖豫交界的防务，这时太平天国的西征军已经夺取安庆，舒城、

①② 《山东军兴纪略》，卷一七。

③ 《续碑传集》，卷二七。

④ 葛士达：《剿捻十议》。

⑤ 王定安：《求阙斋弟子记》，卷一。

桐城紧张，安徽的清军全力倾注于舒、桐一带，于是蒙、亳捻众进一步活跃起来，捻军领袖张茂称西怀王，另有五十八捻、四大天王等名目。皖豫交界的捻军领袖李士林、任二皮、刘疙瘩也活跃于固始、项城一带相互呼应。袁甲三勉强把张茂打败，太平军已经围攻庐州，北伐援军也在皖西活动，袁甲三回驻宿州应援，太和捻军领袖张捷三的势力又发展起来，称太平顺王，其下有都督、将军、太保等官号。同时，霍丘的捻军领袖李昭寿攻破河南的商城，淮河两岸的捻军大起。这时的捻军分散性很严重，而且刚刚起来，势力弱小，还容易各个击破，所以不久张捷三败死，李士林降于湖广总督杨霈，李昭寿降于道员何桂珍。各股捻军深感有被各个击破的危险，因此越来越有联合一致的趋势。1854 年秋，捻军首领张乐行与苏天福等联合，出没于皖、豫边界，其时安徽清军因皖南紧急，大部调到皖南，袁甲三也罢职离皖，安徽官吏请求河南“拨兵会剿”，河南官吏则主张“苏豫皖三省疆臣，各清各界”。张乐行等利用清朝官吏之间的矛盾，大举活动，“伙党蔓延颍、宿数百里，渐及徐、宋，皖之英、霍以北，江之萧、砀，豫之永、夏、商丘，几于民贼不分”①。驻防河南归德的徐广缙和当地的团练首领祝垲“各持意见，剿办不力”②，清廷撤走徐、祝，派道员张维瀚接替。1855 年秋，张乐行与张维瀚战于泥台店，张维瀚全军覆没，乐行军威大振，“引军涉颍而南，辇金帛如山，饥黎啸集，旬日数十万”③，遂以雉河集为据点。各路捻军都奉张乐行为盟主，张称为大汉明命王，其下分五色旗，张自领黄旗，龚得树领白旗，侯世维领红旗，苏天福领黑旗，韩万领蓝旗。此外又有五个边旗，由孙葵心、姜台凌等率领，每股“小者数千，大者数万”④。捻军自从这次大联合以后，战斗力大大提高，开始了大规模的攻坚战。1855 年 10 月，张乐行分兵四出，克蒙城，围亳州，清朝派湖南提督武隆额到归德，代替张维瀚的职位，并派河南按察使余炳焘率军进攻雉河集，谋解亳州之围。张乐行趁河南空虚，返兵袭永城，击败武

---

①② 尹耕云：《豫军纪略》，卷六。

③④ 张瑞墀：《两淮戡乱纪》，《张洛行叛迹本末》。

隆额军，其时“永、宿同时被围，三省无从呼应”，“商丘、夏邑、虞城、永城，上下数百里，焚掠一空，皖豫界上无行迹，井泉堙塞，蒙亳遍地皆贼，自豫至江淮，驿路梗阻，各路到防队仅三千，武隆额所部大半伤亡溃散；直隶大名兵尤不得力，江皖防兵粮饷久缺，其余征调兵未至，所在土匪蜂起”①。同年11月李昭寿第三次在英山起义，于是安庆以北，几乎全部燃点起农民战争的火焰。

应该指出，初期的捻军反映着在封建的农业经济条件下，地方势力对中央政权的一种反抗，这种地方势力包括该地区的农民，也包括该地区的不少地主在内。因为像在中国这样的大国，某些地区受到严重的水旱灾荒，而当时的中央政权又处在腐朽没落的阶段，在财政上不但不能蠲免赋税，相反还要加紧勒索，在军事和政治上也无能加强其统治控制力。在这种情况下，就不能不引起地方势力和中央政权之间的抵触和矛盾。初期的捻军就是这样起来的。由于这个特点，初期的捻军里不仅有大批农民参加，而且也有不少地主参加，例如周天爵称：“梁园西北七十里有谢家大户，族中不下千余户，聚集匪人，招纳亡命，联络十余村庄，以谢四老虎为首，抢劫焚杀之案，不可胜数”②，又称：“阜阳之西南，捻匪与蠹役合而为一，其匪首多系大族，平时恃役护庇，捕之极难”③；袁甲三称：“定远附近大族，如雍张朱单等姓，现请具结改过，立功赎罪，而恶习既深，现难遽信”④。初期捻军领袖如张乐行“席沃产数百亩……即后汉书所谓豪家屯聚宗贼者也”⑤，李昭寿家是个没落地主，李士林和知县有交情，赵廷群是知县的换帖兄弟，孙葵心是衙役出身。这种由地主和农民联合起来的反抗运动，有的是抗粮抗赋，结寨自保，如所谓“民筑土为圩，备枪械以自卫，嗣且甃以砖石，增以雉堞，棋列星罗，坚如城郭。于

① 尹耕云：《豫军纪略》，卷六。

②③ 《钦定剿平捻匪方略》，卷三。

④ 同上书，卷六。

⑤ 《涡阳县志》，卷一六，《兵事》。

是各圩自立圩主，违抗钱粮，擅操生杀，州县官除一城外，禁令不行”①；也有的以团练为名，不听节制，如所谓“假联庄以聚众，托减粮以要官”②。当然，初期捻军的基本群众还是农民，这个运动的农民革命的本质是完全应该肯定的，如所谓“结捻多系无赖穷黎……聚则为匪，散则为民”③，“寻常安业农民亦往往十数成群，拦阻短抢”④。但是由于初期捻军在很大程度上代表着一支反抗清朝的地方势力以及许多地主的参加在内，这就使它在组织上和政治上带着很特殊的色彩。在组织上，初期捻军不像太平军那样利用宗教为组织形式，也不像天地会那样以帮会、山堂相互维系着。初期捻军很多是按照血缘关系和地缘关系组织起来的，每一股捻军往往是某族或某村的领袖率其亲戚、同乡组成。如张乐行就是雉河集的大族，他的一族全都参加革命，他的哥哥张敏行号称闯王，他的儿子张闹、张喜和胞侄张瑨、张琛、张瑗和张琢都是战死的，他的族侄张宗禹是后来西捻军领袖，他的族戚张玉明、张振江、张从寻、张拴、张易、张从俭都是捻军领袖，所以他的雉河大营别称为张家大营。其他以某个族名称呼圩、寨、集、庄的更不可胜计。所以当时有“一庄有捻一庄安，一族有捻一族幸”⑤之说。这种以血缘、地缘关系相结合的团体，组织上是很散漫的，如所谓“捻首虽多，并无为众所推服者，往往勾结聚集，勒索得赃”⑥，即各星散，“贼党战罢则各自归田，拒官兵则号召立至”⑦，毛昶熙说得更具体：捻“各处各圩，无事之时，不惟此股与彼股未尝聚处，即一股之中，其股首与小头目亦各散居，故其势常分，其出窜也，故必先装旗；其装旗也，必先演戏，纠约各圩匪目及外股捻首，议定每圩出人若干名，马若干匹，约会于某日至某处聚齐，然后分股肆扰，故常十余日始能出窜”⑧。忽合忽分，时聚时

① 《钦定剿平捻匪方略》，卷二八〇，唐训方奏。
② 尹耕云：《豫军纪略》，卷二。
③⑥ 《钦定剿平捻匪方略》，卷一。
④ 同上书，卷五，袁甲三奏。
⑤ 方玉润：《星烈日记汇要》，卷三。
⑦ 徐宗干：《斯未信斋文编》。
⑧ 《钦定剿平捻匪方略》，卷一二七。

散，没有固定的经常的组织，这是初期捻军的一个重要特点。由于上述种种原因，它在政治上也就缺乏一个明确的目标，在饥寒交迫下，他们偏重于抢掠财货，如所谓“方捻寇之初起也，不过饥穷乌合之徒，所至遮略剽杀，过城寨不攻，遇大军则走”①，“捻之出掠而归，货财车挽担负，牲畜逐群而驱，半入捻首，半为众分，有掌捻者职其事，分必均，牲畜烹之，恣意大啖。族邻垂涎已久，更出则执械以从”②，“恒于春秋二时，援旗麾众，焚掠自近及远，负载而归，饱食歌呼，粮尽再出，有如贸易者”③。这些记载虽然包含着统治阶级的诬蔑在内，但可以看出，初期捻军不像太平军那样严禁私财，注意群众纪律，把群众的力量集中于冲击清朝统治的远大政治目标上。初期的捻军带有极严重的自发性、分散性、政治上的模糊性以及地方习气、宗族色彩。

当然，捻军在斗争过程中是经常在发展变化的，1855 年张乐行的联络各股捻军，表明他们在政治上组织上前进了一大步。清王朝鉴于捻军声势日张，派河南巡抚英桂和袁甲三专门镇压捻军，并调拨镇压过太平天国北伐军的骑兵助战。1856 年春、夏，清军和捻军展开了争夺雉河集的激烈战斗，捻军的战斗经验和能力终究还差，再加上清朝调来了大批骑兵，所以是年 6 月雉河集被清军占领，但是捻军在战败的形势下却能够巧妙地保存了有生力量，向南撤退，联络蒙城、霍丘捻众，“时褚家湖至蒙城数十里，捻匪号称三十八股，数逾万人，张乐行并为死党，势复张”④。7 月中旬捻军迅速地占领三河尖，作为活动的根据地，其地“水陆冲要，商贾辐辏，贼掳其人众，势复大炽”⑤。接着捻军又乘胜反攻雉河集，当时清朝以雉河集为捻军的老根据地，派河北镇总兵崇安驻守该地，崇安采行惨无人道的高压政策，“谓捻匪横恣，蒙亳人士实纵容之，于是杀亳绅张继唐，屠杨园子，所过

① 薛福成：《庸庵外编》，卷二，《治捻寇》。

② 方玉润：《星烈日记汇要》，卷三。

③ 《山东军兴纪略》，卷二。

④⑤ 尹耕云：《豫军纪略》，卷六。

之地，凡绅耆之迎师者皆诬以通匪，草剃而禽狝之，所杀凡数千百人"①，这样就激起了当地人民和部分地主对清兵的反抗。张乐行在这种形势下，于 8 月底再克雉河集，大败西凌阿和崇安的军队，于是"灵壁、凤阳戒严，怀远、寿州、宿州、阜阳、太和、颍上、霍丘、亳州，遍地捻踪"②。英桂、袁甲三再度纠集兵力，猛攻雉河集，1856 年底，清军复占雉河集，张乐行虽然又失去老根据地，但势力并未削弱，"亳州南至颍郡数百里，所在皆贼羽翼，邓家圩、孙村店诸处，各有逆党筑围死守，牵制我军，沙河北岸复屯聚大股，拒南追之师"③，并且新得的根据地三河尖地势扼要，防御巩固。那时霍丘捻军首领李昭寿已经参加了太平天国的李秀成军，太平天国这时处在内部分化以后，急欲联络其他起义军，以图再振，遂通过李昭寿的关系，"特通文报与张乐行来投"④。捻军经过雉河集的争夺战以后，也深感有联络强援、共同对抗清军的必要。从 1857 年初开始，捻军和太平军就进入了联合作战的时期。

五、太平军的西征

太平天国在派遣北伐军的同时，开始举行西征。1853 年 5 月中旬，夏官副丞相赖汉英以及殿左一检点曾天养、殿右八指挥林启容、十二指挥白晖怀等，乘船沿江西上。西征的目的一方面是为了巩固天京，解决粮饷的供应；另一方面是为了要切断清王朝和长江以南各省的联系，以造成席卷南中国的形势。这个战略计划可惜由于湘军的兴起而遭受到挫折。

1853 年 6 月初，太平天国西征军再占安庆，沿鄱阳湖岸挺进，6 月底，开始围攻南昌。清朝方面对于太平军的行踪和战略意图茫然无知，如蒙鼓中，向荣称这批西征军是"胁从思散"、"分帮逃逸"，"未便以精锐将士，徒事穷追，转致大营兵单，缓于攻城"⑤，正是等

---

①② 《重修安徽通志》，《武备志》，卷一〇三。

③ 尹耕云：《豫军纪略》，卷七。

④ 《李秀成自述》。

⑤ 《向荣奏稿》，卷三，《遣散船只沿江并未焚掠折》。

于梦呓。西征军一路无阻到了江西的时候，清朝才着了慌，从四面八方调集军队增援南昌，时新升按察使江忠源率楚勇 3 000 人“凡三昼夜，行五百里”①，先于太平军赶到南昌，协助江西巡抚张芾守御南昌，接着江南大营派遣的总兵音德布所率援军 1 000 人，湖北派来的都司戴文兰军 2 000 人，贵州派来的援军 2 000 人，以及湖南曾国藩派来的湘军罗泽南、郭嵩焘、夏廷樾、朱孙诒、江忠淑等 5 000 人，先后到达江西。太平军方面也派遣石祥贞、韦俊等由天京增援南昌，双方都集中了很大力量来争夺南昌。在太平军的影响下，赣南天地会纷纷起义，其中邹恩隆一支攻克泰和，并围攻吉安，整个江西省处在鼎沸的局势中，咸丰帝对当时战局十分悲观，上谕说：“现踞三城（指天京、镇江、扬州）之贼，未见有减于前，而各处分窜，几于策应不及，不知以后之局若何。唯有恳祈天鉴，速赦民劫而已。掩败为胜，军营通病，每获小胜，极力铺张，不知胜报到来，朕必降旨，独不虑及为贼所笑耶？”② 从这些话里可见清朝皇帝对战局悲观沮丧到了极点。

从 1853 年 6 月中旬到 9 月中旬，太平军围攻南昌整整有三个月，轰塌城墙三次，由于清军的全力抢救，没有达到破城的目的。劳师糜饷，顿兵坚城之下，这在一定程度上削弱了西征军的攻势，所以太平天国撤换了西征前线主将赖汉英，而以石祥贞代之，并派翼王石达开驻扎安庆，指挥西征的全部战局。

太平军虽然没有打下南昌，但仍保持着主动的进攻态势。在围攻南昌的同时，号称“飞将军”的曾天养率领一支偏师，神出鬼没地占领丰城、瑞州，与湘军江忠淑遭遇，湘军大败，接着又东占饶州、乐平、景德镇、浮梁。石祥贞等也大败罗泽南、郭嵩焘等，使第一次出省作战的湘军受到沉重的打击。9 月下旬，石祥贞等自南昌撤围，与曾天养合力攻克九江，在石达开的安排下，太平军开始大力经营九江，把九江建成一个屏障长江下游的据点和进兵江西、湖北的基地。

---

① 李元度：《江忠烈公别传》。

② 《东华录》，咸丰朝，卷二三。

1853年10月初，石祥贞、韦俊等自九江坐船西上，进逼湖北田家镇。湖北的清军水师是临时招募拼凑成的，由唐树义统率，战船“笨大不如法，其子母炮过长，船上不能安顿”①，特别在水师中大多是和太平军有联系的广勇、潮勇。当时，有的知识分子就说：“广勇最不可靠，食口粮即为勇，贼至即为贼，久已勇贼不分，而潮勇桀骜为尤甚”②。当然这样的腐朽战船、这样的“靠不住”的水师是不可能抵抗太平军劲旅的，果然太平军刚至，“潮勇倒戈相向”③，“水陆交讧，师遂溃”④，太平军乘胜攻克蕲州、黄州、汉口、汉阳，清军退守武昌城内，惊慌失措，各路清军又疲于奔命地增援武昌。

但是太平军从战争全局观点着眼，这时已经把注意力放在安徽的争夺上，所以暂时停止对武昌的攻势。这时太平军所以全力争夺安徽是由于如下的原因：第一，太平军虽然占领了安庆，并以安庆作为天京和西征前线之间的枢纽，但是在安庆以北的几十里外，都被清军控制着，安庆这个重要据点处在极大的威胁下，假使安庆被夺取，那么天京和西征军的联系被切断，战局便会出现很不利的形势。为了要巩固安庆，维护天京至九江之间水道的畅通，所以太平军宁可把进入汉口、汉阳的太平军暂时撤到黄州，在鄂皖边界采取防御姿态，而集中兵力以经营安徽。第二，这时太平军正在抽调和组织北伐援军，争夺安徽，就是为这支远征军打通北上的道路。第三，皖北的捻军，这时已经活跃起来，清军应付捻军已是计穷力竭，太平军在安徽活动，可以得到捻军的配合，取胜是较有把握的。基于上述的原因，太平军开始了经营安徽的军事活动。

1853年10月中旬，太平军占领安庆以北的集贤关，10月中旬克复桐城，11月底克复舒城，击毙安徽团练大臣吕贤基，威胁安庆的清军全部溃散。12月初太平军胡以晃、曾天养等围攻安徽的临时省城庐州（即合肥）。

---

①②　张德坚：《贼情汇纂》，卷一二。

③　《东华录》，咸丰朝，卷二三。

④　李元度：《江忠烈公别传》。

皖北紧张，清军又风尘仆仆地从四面八方向庐州增援，第一个赶到庐州的就是给清朝卖力最多的江忠源。江忠源是一个顽固地反对革命的汉族官吏，他在追逐太平军的战斗中屡立“功绩”，深受清王朝的赏识。清朝统治在哪里危急，就把他派到哪里。在短短的两年间，他已从七品知县升为安徽巡抚，打破了清朝官吏升迁历史的惯例，可见清王朝对他的器重。但是这一次江忠源却要碰壁了，他只率领数百人进入庐州，而庐州城内却是“糗粮军火，一无所有，守城兵仅元炜（指庐州知府胡元炜，胡元炜事先已密通太平军）腹心徐淮所募勇，及公所募六安勇，各数百人，皆新集不足恃，庐州城大而圮，兵勇人数，不敷一门之守”①。江忠源纠集团练，拼命抗拒太平军的进攻，太平军围城一个多月，清军各路援师，鉴于太平军的强大，不敢前进，“时陕甘总督舒兴阿，援师万五千人，驻冈子集，屡败不前。总兵音德布自六安驰援，亦败于枣林，公弟忠濬及今直隶总督刘公长佑，自湖南募勇至，营西平门外五里墩，贼众，勇止千，力战不得入，城益孤，贼攻益急”②。城内从徐淮募集来的勇丁，和太平军素有联系，1854 年 1 月中旬乘太平军轰塌城墙的机会，放火做内应，太平军遂克庐州，江忠源投水死。

太平军攻克庐州之后，随即把军队调到湖北。这时恰好清朝方面新任湖广总督吴文镕和湖北巡抚崇纶大闹矛盾，崇纶弹劾吴文镕“安坐衙斋，闭城株守”，吴交镕被迫率领万人东驻堵城，2 月中旬堵城大营遭太平军前后夹击，吴文镕败死。太平军经过庐州、堵城的两次大胜，击溃了清朝在鄂、皖两省的主力军，军威大张，第三次进占汉口、汉阳。

太平军在攻破庐州和击溃堵城大营后，产生了骄傲自满的情绪，以为清军在西战场的防御已经瓦解，对敌情估计不足，特别是对于龟缩在湘南的曾国藩的湘军缺乏戒心。2 月下旬太平军采取分兵掠地的战略，一支由韦俊等率领，攻打处在包围中的武昌；一支由曾天养率领，向西北荆州、襄阳推进；一支由石祥贞、林绍璋率领，南

---

① 薛福成：《庸庵笔记》，卷一，《江忠烈公殉难庐州》。

② 黄彭年：《江忠烈公墓表》。

入湖南。同时，分兵出没于兴国、大冶、咸宁、蒲圻、崇阳、通山一带，这些地区阶级矛盾极尖锐，人民纷纷起来响应太平军。①

经营西北路的曾天养军于4月中旬进克云梦、孝感、德安、应城、应山，4月下旬，折而西向，进占汉水旁的重要城市安陆，兵锋北逼襄阳，南及荆州，清朝在这里几乎没有什么可资抵抗的兵力，所以太平军所至，势如破竹。5月初，曾天养进克荆门，5月中旬占领长江上游的宜昌，开始与荆州将军官文对垒。可惜南路进入湖南的太平军和湘军作战失利，曾天养不得不撤出宜昌南援岳州，清朝才侥幸保持了长江、汉水上游的荆、襄两个据点。

韦俊、韦以德、石凤魁、黄再兴等负责围攻武昌城，围攻将近三个月，旧任的湖北巡抚崇纶和新任巡抚青麟又闹矛盾，“百端龃龉，求弁兵以护卫不与，请银两以制械不与，或军务不使闻知，或经旬不得相见”②。6月下旬，武昌人民开城欢迎太平军，崇纶、青麟都逃跑出城，太平军第二次攻克武昌。

太平军分兵三路后，两路都获得胜利，只有南路军进入湖南，占领岳州后，随即就碰到了凶恶的敌人曾国藩。

六、湘军的兴起及其出省作战

曾国藩（1811—1872），字涤生，湖南湘乡人，出身于地主家庭，1838年考中进士。他是一个深受封建传统教育的士大夫，特别崇尚理学，鸦片战争以前，他在北京就和唐鉴、倭仁、吴廷栋等一般道学先生研讨宋学。在前面我们已经说明，乾嘉时代是汉学占据统治地位的时期，汉学在它发展过程中逐渐走入了一条与世隔绝的死胡同，只把研究对象局限于古代典籍的章句训诂之间，对现实生活采取了漠不关心的态度。在清朝统治隆盛时期，这种学术派别极得朝廷的欣赏和支持，因为这种学派诱导知识分子脱离现实，粉饰太平，窒杀任何反清思想的滋长，对清朝统治者是很有利的。但是

---

① 据汪士铎《悔翁笔记》称：“癸丑、甲寅间，贼目曾天养至武昌、通城、蒲圻、大冶、嘉鱼、咸宁，旧钟人杰之余党十余万人来投降”。

② 《清史稿》，列传一八四。

在这种学术思想和社会风气的支配下，也造成了大批昏聩无能、缺乏应付突然事变能力的书呆子。清朝统治者为了巩固自己的统治而大力支持这个学派并提倡这种风气，引诱知识分子走上一条脱离现实的道路上去，想不到却在另一个方面削弱了自己的统治能力，它为自己培养起了大批因循苟且的官僚。当白莲教大起义时，清朝已经发现所谓“善谋刚强”的人才十分缺乏，并因而导致行政、军事机构的瘫痪无力。很显然，在阶级斗争最剧烈的时候，这种“书呆子哲学”就不能满足统治者的需要，封建统治要求产生出一种可以指导残酷斗争的学说，需要一种“刽子手哲学”以便应付人民的革命洪流。道光年间，讲究理学的风气就是适应这个需求而产生的，而曾国藩就是这种“刽子手哲学”的代表人物。这种哲学的特点，不仅在于阶级立场的十分鲜明，而且在于镇压农民起义的细密审慎和阴险毒辣，曾国藩给他朋友的信中经常表露这种态度，如说：“国藩入世已深，厌阅一种宽厚论说，模棱气象，养成不黑不白不痛不痒之世界，误人家国，已非一日”①，“二三十年来士大夫习于优容苟安，揄修袂而养姁步，昌为一种不白不黑不痛不痒之风，见有慷慨感激以鸣不平者则相与议其后，以为是不更事，轻浅而好自见，国藩昔厕六曹，目击此等风气，盖已痛恨刺骨。今年承乏团务，见一二当轴者，自藩弥善，深闭固拒，若惟恐人之攘臂而与其间也者，欲固执谦德，则于事无济，而于心亦多不可耐，于是攘臂越俎，诛斩匪徒，处分重案，不复以相关白”②。曾国藩要求黑白分明，痛痒相关，换句话说是要求政治立场的坚定和对时局的关心，这就是“刽子手哲学”和“书呆子哲学”的基本区别之点。曾国藩经常以“忠”、“诚”来号召知识界，他在《湘乡昭忠祠记》中写道：“君子之道，莫大乎以忠诚为天下倡……吾乡数君子所以鼓舞群伦，历九州而戡大乱，非拙且诚者之效欤？”③ 很显然，所谓“忠”就是对封建秩序的忠心耿耿，所谓“诚”就是执行封建统治的埋头苦干、细

① 《曾国藩全集》，书札，卷三，《与刘孟蓉》。

② 同上书，书札，卷三，《与龙翰臣书》。

③ 同上书，文集，卷二，《湘乡昭忠祠记》。

密审慎。他这种口号，都是针对当时清朝行政和军事方面的弱点而提出的。

当太平军于1852年由广西进入湖南的时候，曾国藩已经升到侍郎，恰好丁忧回籍，清朝责成他办理湖南团练。什么叫做团练呢？所谓团练是乡团和练勇的合称，乡团又有两种。据曾国藩的说法：“并村结寨，筑墙建碉，多制器械，广延教师，招募壮士，常操技艺”①，这是乡团的一种办法，这种办法花钱比较多。乡团另一种花钱较少的办法是“居虽星散，闻声相救，不制旗帜，不募勇士，农夫牧竖，皆为健卒，耰锄竹木，皆为兵器”②。所谓练勇是“于省城设立一大团，认真操练，就各县曾经训练之乡民，择其壮健而朴实者，招募来省，练一人收一人之益，练一月收一月之效”③。起初曾国藩着重办乡团，在乡团渐有成效的基础上才扩大练勇，创立湘军。

曾国藩创办团练的方针是，倚靠和组织地方性的封建势力。因为曾国藩认识到，当时清朝官吏不仅昏聩腐朽，而且已被太平军打得落花流水，指靠这些官僚和清朝军队不可能把革命运动镇压下去，只有地方士绅中间还潜存着一种抵拒革命潮流的实力，所以他主张加强地方士绅的权力，提出“用一方之良，锄一方之莠”的口号。他说：“保甲之法，不经书役之手，必须责成绅耆办理，当切实商访绅耆中之公正而肯任事者，令其认真举行一二处，行之有效，则他处皆取则矣。”④ 为了动员地方封建势力起来反对革命，他不仅对地主们反复进行封建说教，而且主张“奖之以好言，优之以廪给。见一善者则痛誉之，见一不善者，则浑藏而不露一字，久久，善者劝，而不善者亦潜移默化矣”⑤。要知道，湖南一直是阶级斗争最尖锐的地区，当地的清朝军队已经被太平军打垮，无力维系这个地区的封建秩序，自从太平军离开湖南后，人民纷纷起义。如曾国藩所说：“湖南会匪之多，人所共知，去年粤逆入楚，凡入添弟会者，大半附

①② 《曾国藩全集》，奏稿，卷二，《严办土匪以靖地方折》。

③ 同上书，奏稿，卷一，《敬陈团练查匪大概规模折》。

④ 同上书，批牍。

⑤ 转引自蒋星德：《曾国藩之生平及事业》，第七章。

之以去，然尚有余孽未尽。此外又有所谓串子会、红黑会、半边钱会、一股香会，名目繁多，往往成群结党，啸聚山谷，如东南之衡永郴桂，西南之宝庆靖州，万山丛薄，尤为匪徒卵育之区。”① 1853年春、夏之间的数月内，“四属匪徒，屡次滋扰，如常宁有白沙堡之案，衡山有草市之案，永兴有狮子寨之案，安仁有焚烧衙署之案，桂东有县城失守戕害把总之案，宜章临武有广东匪徒滋扰之案，永明江华有广西匪徒窜入戕害千总之案……七月二十七日又有广东土匪窜入兴宁县城……此外，四属中聚众倡乱，抢劫拒捕，为案甚多，未及一一上渎圣聪，皆由上年粤匪经过衡永郴桂一带，裹胁最众，或久受伪职，或饱掠潜归，以致莠民构煽，甘心从逆，动辄贴粤匪之伪示，张太平之逆旗，甚至乞儿偷盗，三五成群，亦敢倡言谋乱，毫无忌惮”②。在这种情况下，湖南的地主阶级迫切需要一种力量来保护自己，曾国藩所创办的团练不仅打着清王朝的招牌，更重要的是他重视一向未被清朝重视的汉族地方性封建势力的作用，扩大和加强汉族地方地主的权力，把各地的封建势力联络在一起，因而这种团练形成一支有深厚基础的最凶恶的封建武装。

曾国藩虽然抱着极大的野心，但他初办团练的时候，自知权轻位卑，势力不足，因此只把自己的活动范围限制在镇压湖南本地的零散的人民起义中，希望在镇压小规模起义中获得成效，吸收经验，扩大队伍并提高战斗力。所以整个1853年他把注意力都集中在对付湖南的地方性起义上。他一方面在长沙设立会审局，大批地捉人杀人，“重则立决，轻则毙之杖下”③，弄得湖南合省怨声载道，湖南人民把曾国藩称作“曾剃头”，连曾国藩自己也自认“若非严刑峻法，痛加诛戮，必无以折其不逞之志而销其逆乱之萌，臣之愚见，欲纯用重典，以锄强暴，但愿良民有安生之日，即臣身得残忍严酷之名，亦不敢辞”④。另一方面，曾国藩又把刚建立的湘军派到湖南

①④ 《曾国藩全集》，奏稿，卷二，《严办土匪以靖地方折》。

② 同上书，奏稿，卷二，《移驻衡州折》。

③ 同上书，书札，卷二，《复欧阳晓岑》。

各地，镇压当地的起义。1853年初，曾国藩派罗泽南率湘军会同江忠源等镇压了浏阳天地会征义堂周国虞的起义军，3月派王鑫率湘军镇压了常宁何六吴的起义军，4月又派罗、王镇压了衡山刘积厚的起义军。1853年夏，湘军更分路四出，在安化、桂东、宜章、临武、安仁、永明、江华、蓝山、零陵、永桂、郿州一带滥杀平民。1853年秋，除一部分湘军留在湖南和道州天地会何贱苟起义军作战以外，大部分赴援南昌，这次出省作战的对手是太平军的主力部队，不是地方性的起义队伍。湘军初遇劲敌，一败涂地，这次失败使曾国藩等不敢轻视太平军的实力，一心一意扩大和训练军队，造船购炮，添募水师，积聚力量，为和太平军进行决死战斗而进行准备，不敢再谈出省作战。1853年底湖北危急，清王朝一再谕令曾国藩出兵援助，曾国藩总是借故推诿，这倒不是曾国藩有意要放弃自己的镇压农民革命事业，恰恰相反，正因为他抱有极大的野心，要和太平军一决胜负，当自己的准备不足、力量未充时，他不敢轻易地去触撞强大的太平军。他在给朋友的信中说："此次募勇成军以出，要须卧薪尝胆，勤操苦练，养成艰难百战之卒，预为东征不归之计，若草率从事，驱不教之士，执盬脆之器，行三千里之远，以当虎狼百万之贼，未与交锋，而军士之气固已馁矣……故鄙意欲竭此两月之力，昼夜训练，凡局中窳苦之器，概与讲求而别为制造，庶几与此剧贼一决死战，断不敢招集乌合，仓卒成行，又蹈六月援江之故辙，虽蒙糜饷之讥，获逗留之咎，亦不敢辞"①。这是曾国藩的一片苦心所在。1854年2月太平军击溃堵城大营，占领汉阳、汉口，包围武昌，石祥贞、林绍璋偏师进占岳州，形势已经不允许曾国藩再拖延下去了，于是曾国藩率领刚刚训练成的1.7万名湘军，分水陆两路进兵，同时发布"讨粤匪檄"，对太平天国大肆诬蔑，利用知识分子和群众对孔、孟、关、岳、仙佛、鬼神的封建迷信心理，煽惑起一个声讨农民革命的巨大逆流。檄文中说：太平天国革命"举中国数千年礼义人伦诗书典则，一旦扫地荡尽，此岂独我大清

① 《曾国藩全集》，书札，卷三，《复夏憩亭》。

之变，乃开辟以来名教之奇变，我孔子孟子之所痛哭于九原，凡读书识字者又乌可袖手安坐，不思一为之所也”，“粤匪焚郴州之学宫，毁宣圣之木主，十哲两庑，狼藉满地。嗣是所过郡县，先毁庙宇，即忠臣义士，如关帝岳王之凛凛，亦皆污其宫室，残其身首，以至佛寺道院，城隍社坛，无庙不焚，无象不灭，斯又鬼神所共愤怒，欲一雪此憾于冥冥之中者也”。从檄文中反映出当时汉族地主阶级的这种心理，当面临着农民革命大风暴的威胁，面临着封建制度生死存亡的关头，汉族地主平日与满洲贵族、官僚的矛盾已经显得微不足道了，汉族地主们为了挽救整个封建制度的命运，宁肯暂时丢开平日的纠纷，和满洲贵族合作，共同来镇压革命。

1854年4月，湘军和太平军开始在洞庭湖边交锋。

和清王朝的常备兵比较起来，这支由汉族地方封建势力所建立的湘军具有以下几个特点：

第一，湘军的将领大多是知识分子和地方绅士，其士兵大多是落后闭塞的农民，如曾国藩所说“军营宜多用朴实少心窍之人则风气易于醇正”①，所谓“朴实少心窍之人”一方面是指未受革命思想熏陶的人，另一方面是指未受官场和营伍习气沾染的人。他认识到当时营伍中恇怯畏葸、妒功忌能的风气，以为“以今日营伍之习气与今日调遣之成法，虽圣者不能使之一心一气，自非别树一帜，改弦更张，断不能办此贼也，鄙意欲练乡勇万人，概求吾党质直而晓军事之君子将之，以忠义之气为主而辅之以训练之勤，相激相劘，以庶几于所谓诸将一心，万众一气者，或可驱驰中原，渐望澄清”②，所以湘军的将领几乎完全是从乡绅和知识分子中选拔出来的，并且利用封建的学统关系和亲族关系、同乡关系纠集在一起。例如初创湘军的罗泽南就是一个“假馆四方，穷年汲汲，与其徒讲论濂洛关闽之绪”③ 的失意知识分子，罗泽南的学生王鑫、李续宾、李续宜等后来都是湘军大将，罗、王、二李和曾国藩又都是湖南湘

① 王定安：《求阙斋弟子记》，卷二三。

② 《曾国藩全集》，书札，卷二，《与王璞山》。

③ 曾国藩：《罗忠节公神道碑铭》。

乡人，他们又各自利用自己的关系招罗亲戚、族党、同学、同乡、亲信，组成一支武装部队，所以这支武装具有一种为各种封建关系维系着的固结不解的精神。

第二，湘军在编制上采用一种完全不同于清朝常备兵的组织体系。王定安对清朝常备兵的组织体系和弱点说得很清楚："国家养绿营兵五十余万，岁糜二千万金，遇寇发，征调四出，率用本辖营弁统之，其部卒众寡不齐，少或百人，多至千余人，绾以提督镇将，而皆隶于专征之钦差、将军、都统、督抚，其由提督膺钦差者，他提督均听节度，本辖营弁或伤死退黜，则用他将兼领，将不必由帅选，一营士卒视调发多少无定额，二百年来，行之久矣。自洪杨倡乱，大吏久不习兵，绿营呰窳骄惰，闻羽檄征调则举室惊号，以为趋死地无生还理，比至前敌，秦越楚燕之士，杂糅并进，将与将不相习，兵与兵不相知，胜则相妒，败不相救，钦差疆帅，复时相龃龉，号令歧出，偏裨各分畛域，征兵日繁，迄不得一兵之用"①。曾国藩认为这种"天涯一百，海角五十"所调来的杂牌兵，"断无以制此贼之死命"②。曾国藩知道这种军队不能作战，所以他从军队成员、训练方法以及组织方法几方面入手，从事改革。王定安说："迨曾国藩以儒臣治军长沙，罗泽南、王鑫皆起诸生，讲学敦气谊，乃选士人，领山农，滑弁游卒及市井无赖摈斥不用。初立三百六十人为一营，已而改五百人为一营，营分四哨，哨官四人，统以营官，自两营迄十营数十营，视材之大小而设统领焉，统领径隶大帅，故营哨官所辖有定额，统领所辖无定数。钦差督抚，皆大帅也，帅欲立军，拣统领一人，檄募若干营，统领自拣营官，营官拣哨官，以次而下，帅不为制"③。这种组织体系的特点是"一营之中，指臂相连，弁勇视营哨，营哨官视统领，统领视大帅，皆如子弟之事其父兄焉"④。王定安的这番话，当然带有汉族地主们的自我吹嘘，但实行这种新的编制体系，的确在一定程度上缓和了地主武装的内部矛盾，从而提高了战斗力。

①③④ 王定安：《湘军记》，卷二〇，《水陆营制篇》。

② 《曾国藩全集》，书札，卷二，《与文任吾》。

第三，湘军的另一重大特点是重视水师，这是从战争中得来的教训。太平军在长江中作战，拥有一万多艘小船，“行则帆如叠雪，住则樯若丛芦，炮声遥震，沿江州邑，无兵无船，莫不望风披靡”，“贼仗船多惊我，所向无前，乘风急驶，飘忽靡常，一日行数十里，处处使我猝不及防。所欲城池，不战即得，遍地金帛粮米，恣意掳掠，任其载运，声势炫赫，我兵单薄，每不敢遽近。及其窜也，我无船只，不能追剿，是比年贼之蹂躏沿江，几无御之之法”①。这种情况，清朝方面早就看到了，所以向荣要求调广东红单船到天京助战，曾国藩比向荣看得更远，他要自造战船，自募水师，而不愿把希望寄托在他省的水师。他在衡州设立了造船厂，造了几百艘战船，都是仿照两广的长龙式、快蟹式、三板式制成的，并搜购洋炮，招募水手，建立了一支 5 000 人的水师并逐步扩充。后来的战争证明曾国藩的眼光看得相当准，劲悍的湘军水师屡次打败太平军的水师，逐渐夺得了长江水面的控制权。太平军由于水师优势的丧失而处于严重的被动地位，以致军事形势急转直下。湘军水师在镇压太平天国革命中的确发挥了极大的作用，所以清朝方面最后论功行赏，“以国藩创立舟师为首”②。

当湘军出兵的时候，石祥贞、林绍璋所率领的太平军已经占领岳州，并沿洞庭湖南进，集结于靖港。为了对长沙实行大规模的包抄，林绍璋率军从宁乡进占湘潭，包抄长沙的南路。1854 年 4、5 月间太平军在靖港、湘潭两地同时和湘军展开了激烈战斗。

靖港的战斗证明湘军这时还是羽毛未丰的，湘军一战而败，几乎全军覆没，只剩下 4 000 人，急得曾国藩要投河自杀。可惜的是进入湖南的太平军兵力太少，而且分兵到湘潭，没有集中力量把这支新起的封建武装一举歼灭，特别是湘潭的林绍璋军内部发生了矛盾，“老贼恶新贼之不为尽力，新贼疑老贼之暗泄军情……在潭城分党哄斗，自相屠戮”③，这样就给湘军以可乘之机，结果湘军败

① 张德坚：《贼情汇纂》，卷五。

② 王定安：《湘军记》，卷二〇，《水陆营制篇》。

③ 《曾国藩全集》，奏稿，卷二，《会奏湘潭靖港水陆胜负情形折》。

后复振，进攻湘潭。湘潭失守，林绍璋军溃败。因此太平军在靖港胜利以后也不可能乘胜追击，为了等待援军，反而退守岳州。曾国藩利用将近三个月的休战时间，重修战船，再募士兵，积极准备。

7月底，当湘军力量重新恢复，就对岳州发动了进攻。太平军主动退出岳州，扼守岳州以北的城陵矶要隘，这时，太平军为对付湘军，放弃了攻取荆、襄的计划，把曾天养的军队调到城陵矶。1854年7月底到8月底，曾天养六次反攻岳州，屡次打败湘军水师，但是在一次短兵相接的战斗中，曾天养不幸牺牲。曾天养是太平军中最勇敢的老将（死时年62岁），敌人极害怕他，曾国藩说他“威令素行于贼中，善用兵者自杨秀清外，曾天养为最”，“去年破田家镇、破庐州，今年破黄州、堵城，破岳常澧等属，皆曾天养为一军之主”①，在他阵亡之后，太平军“无所倚恃，窜败频仍”②，只好退出湖南。

1854年10月，湘军从湖南入湖北，经崇阳、蒲圻、通城，逼武汉之南，新任湖广总督杨霈和荆州将军官文也配合反攻，从安陆、京山，逼武汉之北。武汉的太平军约有两万人，本可据城坚守，以待援军，但守将石凤魁、黄再兴等胆小无能，畏惧敌军势大，开城逃跑，特别严重的是当时尚有4 000艘太平军战船在汉水中活动，石凤魁、黄再兴在逃跑的时候没有通知这些战船撤出汉水，因此湘军夺占武汉之后，4 000艘太平军战船完全被封锁在狭窄的汉水中，既无陆军支援，又无撤退道路，被湘军层层包围，施用火攻，大肆焚烧，火光隔着大别山，照耀得长江中波浪尽赤，4 000艘战船付之一炬。这都是石凤魁、黄再兴不战而走的罪恶。他们逃到天京，杨秀清立即把石、黄两人判处死刑。

1854年10月底，曾国藩等分三路向下游进兵，南路由提督塔齐布、道员罗泽南率领，北路由杨霈率领，水师由曾国藩和道员李孟群、参将杨载福、同知彭玉麟率领，其中南路进军尤速，连占大冶、

---

① 《曾国藩全集》，奏稿，卷三，《查明贼目歼毙状及贼中各情片》。

② 张德坚：《贼情汇纂》，卷二。

兴国。其时，太平天国的秦日纲、韦俊、石镇仑、韦以德、陈玉成等已在田家镇布防，在北岸田家镇和南岸半壁山之间安置拦江铁锁。1854年11月到12月，一场猛烈的战斗展开了。湘军首先夺占半壁山，破坏铁锁，杨载福、彭玉麟等率水师冲过铁锁，放火焚烧太平军战船，恰逢东南风大作，太平军战船不能下行，3 000艘战船俱被焚毁，“百里内外，火光烛天”①。石镇仑、韦以德也在战斗中牺牲。太平军水师经过汉阳、田家镇两次大败，损失惨重，清朝方面开始在长江水战中掌握优势，太平军永远不能再夺回水上控制权了。

太平军在田家镇失利以后，北岸军队退守宿松、太湖，南岸军队退守九江、湖口。12月湘军水师肃清九江江面，陆师包围九江、梅家州、湖口，杨霈的军队也进驻广济、黄梅。同时驻在英山的何桂珍、臧纡青等清军也进逼桐城，抚安庆之背，太平军处在危急的关头。曾国藩甚至得意忘形地宣称：“长江之险，我已扼其上游，金陵贼巢所需米石油煤等物各路多已断绝，逆船有减无增，东南大局，似有转机……臣等一军以肃清江面、直捣金陵为主”，甚至他狂妄地预计到太平军可能放弃天京，“请旨饬下诸路带兵大臣及各省督抚，择要堵御，预防流贼之患”②。反动派高兴得太早了一点，太平军的实力还没有削弱到这种程度，不但九江的防务十分坚固，而且石达开、胡以晃、罗大纲等从下游率领大军赶来支援。首先是1855年1月5日太平军黄玉崑部击败了围攻桐城的臧纡青军，臧纡青被打死，安庆的威胁解除了。接着1月29日，湘军萧捷三等率轻舟百余冲入鄱阳湖内，被太平军在湖口设卡筑垒断其归路，把湘军水师截成外江和内湖两段。2月11日太平军乘湘军被截成两段的机会，于黑夜焚烧湘军的外江水师，烧毁战船百余号，曾国藩急得几乎投水自杀，逃走到罗泽南营中。2月16日，拥有一万余人的杨霈大营被秦日纲等千余人所击破，杨霈大营中收罗很多捻军在内，捻军起来响应太平军，以至“一溃再溃，直奔八百里而后止”③。到此时为止，清军的攻势

① 《曾国藩全集》，奏稿，卷四，《官军攻破田家镇烧尽逆船复收蕲州折》。
② 同上书，奏稿，卷四，《请饬各路带兵大臣督抚择要防堵片》。
③ 《胡林翼全集》，书牍，卷九，《致郑小珊少卿》。

全部被瓦解。秦日纲、陈玉成乘胜克复广济、蕲州、黄州，2 月底进占汉阳，直逼武昌；韦俊则从田家镇渡江，循长江南岸克兴国、通山、崇阳、咸宁等地。湘军苦战几个月所争夺到的土地，复归太平军控制，围攻九江的湘军反而处在被包围的形势中。由于武昌紧急，胡林翼、罗泽南率领的陆师和李孟群、彭玉麟率领的水师不得不回援武昌，4 月初走到武昌城外又被击败，太平军第三次占领了武昌，曾国藩也不得不率领孤立的内湖水师逃奔南昌，他的胜利幻梦完全破灭。

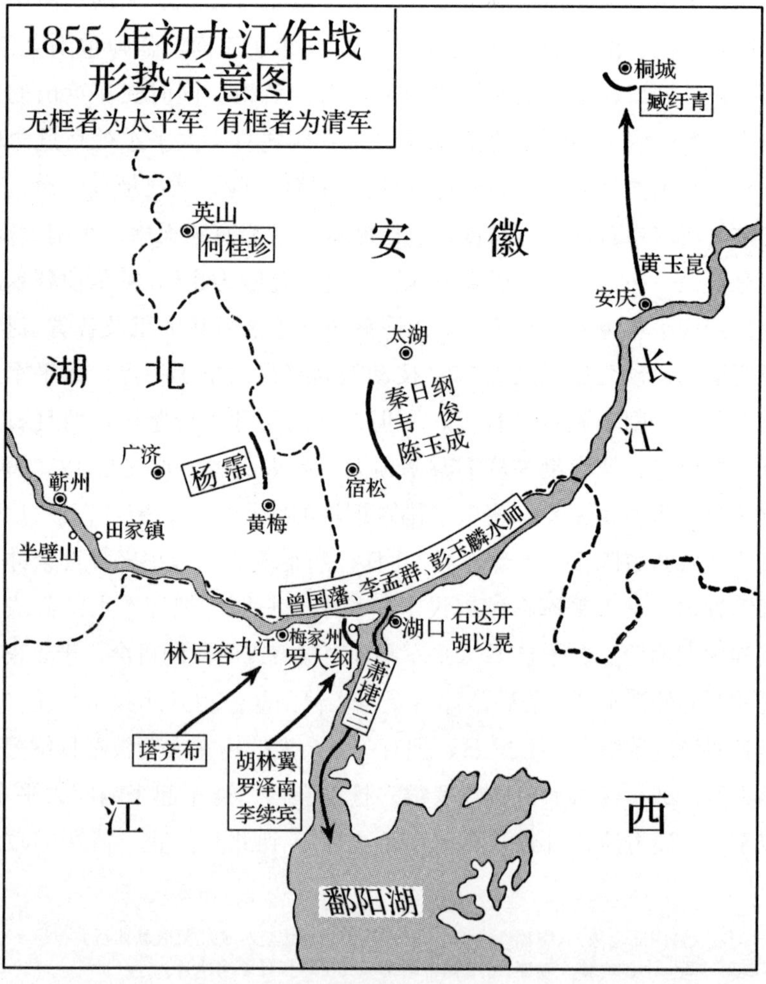

1855年4月以后，清军改变了自己的战略部署。屡次溃败的湖广总督杨霈被革职，新授官文为湖广总督、胡林翼为湖北巡抚，在湖北战场采取攻势。胡林翼围攻武昌、官文围攻汉阳，还调集了曾经镇压过太平天国北伐军的骑兵部队到湖北助战。太平军在湖北战场转取守势，利用武昌的险要形势婴城固守，使凶悍的湘军水陆师顿兵坚城之下，劳师无功，正像曾国藩所说："武汉之贼，坚守不出，我军攻城不与贼兵斗，但与炮子斗，伤亡甚多，攻坚良苦"①。但太平军在江西战场上却展开了攻势。1855年5、6月间，太平军范汝杰出入赣东、皖南，何名标活动于赣鄂边境，都以削除江西清军枝叶、孤立南昌为主要目的。1855年秋，广东天地会因围攻广州失败而陆续走入湖南边境，和太平军的西战场军队遥相呼应。9月韦俊在金口、汉阳、奓山一带大破湘军水陆师，曾国藩从南昌调遣罗泽南军西援武昌，清军在江西的防御力量更加削弱。趁着这个时机，石达开自武昌出发，去迎接南来的天地会起义军，沿途击败罗泽南军的阻拦，进入江西，和天地会起义军会师。从此江西战场就发生了极有利的变化。为了更清楚地了解这个变化，应该把当时广东天地会起义和进入江西的情况插入叙述。

七、两广天地会起义及石达开经营江西

天地会在两广传布已是由来已久的事情，据曾望颜说："溯自道光初年，已有三合会名目，其时仅暗相勾引，迹犹未彰著也。"② 鸦片战争以后，广东兵备废弛的情况彻底暴露，人民在反侵略斗争中组织起来，人民不仅痛恨侵略者，而且对于清朝统治者的腐朽无能也极为愤慨。这样，反对侵略的结果又转而触发了反封建斗争的高涨，以"反清复明"为号召的天地会势力大大发展起来。

参加天地会组织的都是下层人民，所谓"无知穷民，贪其小利，因被诬惑"③，其中有手工业工人（如佛山镇的铁工）、城市小商贩、

① 《曾国藩全集》，奏稿，卷七，《调罗泽南回援江西片》。

②③　曾望颜：《沥陈广东祸乱之由奏稿》，见北京大学等编：《太平天国史料》，523页。

乞丐（统治者称红巾多“卖菜丐食之流”）、伶人（如起义军领袖李文茂为广州著名伶人）、兵勇、僧道，但也有相当多的绅士、举人、秀才参加。① 应该指出：广东一带商业是比较繁盛的，麇集在城镇的游民、商贩特别多，他们沾染城市奢靡风气很深，这种风气带进了天地会中，给天地会后来的发展以极不利的影响。

在太平天国起义之后，革命风潮，鼓荡日烈，“不特外府州县，勾结拜会者不可胜数，即省城白云山，近在咫尺，亦无时无匪拜会”②。1854年，酝酿已久的大起义终于爆发了。首先在5月底，东莞天地会何禄等3万人，占领了东莞县城。接着在6月11日陈开等占领佛山镇，以佛山作为根据地，和清军对抗。李文茂、陈显良等也率众响应，击败清军并开始围攻广州。此后，广东各州县天地会纷纷起义，形成燎原之势。其中较大的有7月中旬肇庆府天地会领袖陈荣，联络水师兵勇起义，占领府城；同时梁培友等起义军占领德庆州。此后陈、梁联合作战，进入广西。7月底又有天地会陈金刚占领清远，连州勇目温佑占领三江、阳山。10月博罗天地会翟火姑占领县城。其他如鹤山、增城、从化、花县、英德、乐昌、乳源、甬源等城市俱被起义军所占，起义军此发彼应，声势极为浩大，自广州至湖南边境，“各州县市镇，处处有贼屯聚，商贾绝迹，文报不通”③。起义军分立洪胜、洪义、洪顺等堂，彼此不相统属。其中以佛山镇陈开、李文茂一支为最强大，从1854年7月即以全力围攻广州。广州官僚士绅率兵勇团练，拼命堵御，又得到外国侵略者从小吕宋、新加坡、印度运来粮米接济，勉强守住了广州。而起义军则因“粮草空乏，贼魁难以号令其众”，因而发生了“互相争竞，各怀二心”④的现象，围攻广州10个月的陈开、李文茂起义军遂撤围西走，进占广西浔州，建立大成国。广州以北的天地会也纷纷北走湖南，企图与太平军

① 赵沅英《红兵记事》载新会天地会情况：该地天地会首领张龙“家万金”，“亦有举人秀士甘为贼腹心者”，“举人李式金为匪会师长，诱诸生入议守御事，尽劫之拜会”，“潮连一带孝廉茂才尽入洪门”。

② 曾望颜：《沥陈广东祸乱之由奏稿》。

③ 《骆秉章奏议》，湘中稿，卷二，《两广匪徒滋扰南界筹防情形折》。

④ 《遐迩贯珍》所载有关太平天国史料、会党消息，见北京大学等编：《太平天国史料》，515页。

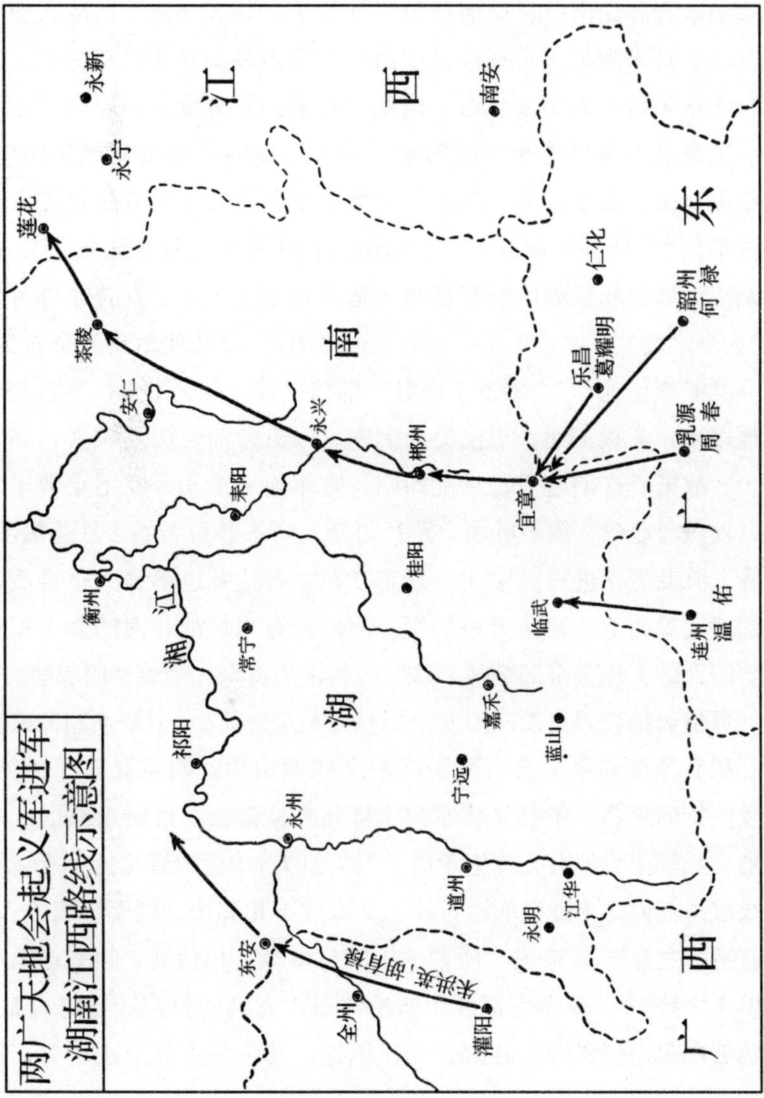

两广天地会起义军进军湖南江西路线示意图

会合，而长期活动于广西的朱洪英、胡有禄起义军亦应其旧日同伴罗大纲的邀请，从广西灌阳奔湖南境。1855年，两广天地会大批军队进入湖南南部，“民间喧传广东官军有剿洗村庄之说，山谷愚民，亦多结队奔赴湖南，逆贼何禄等裹其壮丁，胁其从逆，以故人数更增”①。6月朱洪英、胡有禄自广西灌阳进占湖南东安，葛耀明、邓象自广东乐昌进占湖南宜章，何禄、陈荣、陈金刚、周春自广东韶州、乳源进占湖南郴州、桂阳州。湖南当地的天地会又群起响应，据骆秉章说：从广东进入湖南的天地会军共有二十多支，每支人数一两千，“合计不下数万，声言由湖北、江西与金陵逆贼会合”；此外湖南天地会起兵响应的有郴州天地会首领王大才、女首领许月桂(洪大全之妻)、兴宁焦玉晶（洪大全之弟），以及桂阳州的李石保、永兴县的李华芝，“亦不下十余起，郴桂一带，乱民本多，又自楚粤道梗以来，商贩不通，小民失业无聊，以饥寒而流为盗贼者，亦复不少，故郴宜迭陷之后，从乱如归，官军前后擒斩，亦不止数千之多，而贼势蔓延，剿不胜剿，路径纷杂，防不胜防”②。9月葛耀明、周春、陈荣等又进占茶陵州，东走江西，石达开也率领大军自武昌沿湘赣边界南下，迎接天地会军。假使具有强韧战斗力的太平军和声势浩大的天地会全部会师，这对清朝说来将是一个致命的威胁。

可惜天地会起义军并未能全部与太平军会师。9月底西路的朱洪英、胡有禄被湘军王鑫击败于邵阳之四明山中，胡有禄被俘牺牲，朱洪英折回广西。王鑫又移军攻击郴州、桂阳州，这时东路的广东天地会和湖南天地会又发生矛盾，“称元帅者十余，皆相持不下，粤贼欲取道江西，土匪欲取道长沙，又以此不相和协，既无统驭之人，又有猜疑之意”③，造成了所谓“土匪与粤贼互相猜疑，颇有连鸡不能俱飞之势”④。革命内部的矛盾给清军以有利的机会。1855年底，王鑫破郴州，何禄败走临武，受伤牺牲，其余部由陈金刚率领，折

---

① 《骆秉章奏议》，湘中稿，卷三，《广东贼陷郴宜、广西贼陷东安、衡阳武冈土匪响应剿办情形折》。

② 同上书，湘中稿，卷四，《永兴茶陵失守分路剿办情形折》。

③④ 《左宗棠全集》，书牍，卷二，《与王璞山》。

返广东。因此东西两路天地会，仅有东路的一部分进入江西，在新昌和石达开会师。

即使只有一小部分天地会和石达开会师，这对太平军说来仍是极大的支援力量，而指挥全军的石达开的政治、军事才干都是第一流的，曾国藩说他“于诸贼之中最为凶悍”①；左宗棠说他“谋次杨逆而勇比萧朝贵，涤公上年湖口之败，实遭此贼毒手，若除此贼，则由江西而安徽江南，势如破竹矣”②；骆秉章是吃够了石达开的苦头，他说得更具体：“石逆在诸贼中能以狡黠收拾人心，又能以凶威钤制其众。每战辄选各部悍贼，厚其供给，录为死党，多至数千。其临阵也，以他部前驱，而以死党监督其后，层层设伏待之，遇败，则麾之赴援，类能转败为胜，胜则尽锐冲压，官军每为所乘。其止也，乍东乍西，倏隐倏现，冀乱吾之谋。其行也，忽驰忽骤，或合或分，冀伺吾之隙。验之所窜地方，历历不爽”③。1855 年底至 1856 年初，江西太平军和天地会在石达开的指挥下，连续攻克袁州、瑞州、临江、新喻、万载、吉安、永丰、抚州，清军在江西的防务很薄弱，罗泽南已经调到武昌，在武昌被炮子击毙，塔齐布在九江病死，周凤山接统塔齐布军，在樟树镇全军覆没，只剩下曾国藩一个光杆司令，靠着一支由亲身护卫扩充成的“平江营”（李元度统率）困守南昌。当时，石达开在江西的军队约有 10 万，“自陷瑞州、临江后，传檄远近，江西士民，望风而靡，千余里间，皆沦于贼，贼因兵因粮，附从日众，石逆抚其桀黠之民以钤制其士夫，迫之从逆，江西全局岌岌，涤公（即曾国藩）急呼罗山（即罗泽南，时曾国藩不知罗泽南已死）解鄂围以援江西，书寸纸畀健卒，置之伞柄中，昼伏夜行，二十日始得达，其艰如此。盖自章门（指南昌）数十里外，东抵吾乡（指湖南），北抵鄂，皆贼踪也”④，“江西事恐不可为，以民心全变，大势已去也”⑤。封建统治者的这些言词，不仅说

① 《曾国藩全集》，奏稿，卷九，《江西近日军情据实复陈折》。

②④ 《左宗棠全集》，书牍，卷二，《与王璞山》。

③ 《骆秉章奏议》，湘中稿，卷一二，《筹议分军援浙折》。

⑤ 同上书，书牍，卷三，《答署鄂抚胡润之中丞》。

明太平军几乎已奄有江西全省的城乡，而且说明石达开在这里实施了许多深入人心的措施，全省人民都卷入了反封建的斗争，曾国藩在南昌正是成了瓮中之鳖。

可惜石达开刚刚克复了大片土地，曾国藩在南昌正处在“道途久梗，呼救无从，中宵念此，魂梦屡惊”的时候，包围天京、武汉和庐州的清军发动了猛烈攻势，天京、武昌和庐州三地同时危急。1856年4月石达开不得不暂时搁下曾国藩，回援天京，与秦日纲、陈玉成、李秀成会合，大破江南大营，随即又上援武昌，在武昌与胡林翼军展开血战。石达开离江西后，黄玉崑和北王韦昌辉先后代替石达开主持江西军务。由于湘军头子处在危境，湖南湘军纷纷出援，刘长佑自萍乡进攻袁州，曾国华自新昌、上高攻瑞州，王鑫则进兵赣南，李元度也自南昌出攻抚州。石达开在江西经营的根据地是相当巩固的，各路封建武装长期被黏持在袁州、瑞州、抚州、吉安一带，没有多大进展。一直到天京内讧之后，斗争形势剧变，江西太平军处境日艰，其中原属于天地会的部队经受不住艰苦斗争的考验，有的溃散，有的退却，有的甚至叛降敌人，清军才陆续夺取了各个城市。

1856年秋，正当石达开与胡林翼激战于武昌、江西太平军与湘军相持于赣西、皖北太平军从庐州撤退的时候，天京却发生了韦昌辉刺杀杨秀清的事件，这个政治上的不幸事件极大地影响了战局，使太平军的各战场接连失利，太平军开始丧失了军事主动权，而陷入被动的局面。

第五节　杨韦事件和石达开的出走——太平天国内部矛盾的爆发

一、太平天国内部矛盾的发展

杨韦内讧是革命内部矛盾转化为对抗性矛盾的一个典型。

作为中国农民革命发展最高峰的太平天国革命运动，存在着一系列的内部矛盾。在革命初期，由于外部压力十分强大，太平军为了避免被歼灭的命运，各个成员通过宗教的形式，团结得非常紧密。在当时，足以引起内部纠纷的各种因素被尖锐的对敌斗争所掩盖着，内部矛盾是显得微不足道的。

但是在1853年建都天京以后，形势就大不相同了。首先是敌我力量的对比起了很大的变化，太平军建立了自己的政权，有了强大的陆军、优势的水师，也有了城市和根据地。从外部打败革命的威胁日益遥远，从内部破坏革命的危险也就日益逼近。其次，太平军自益阳、岳州以下，招收了大批的队伍，当1852年11月离开长沙的时候只有8万人，1853年3月攻克南京，骤增至近百万人。四个月的时间，队伍增加得这样快，这一方面标志着革命的胜利发展，但另一方面也带来了不少麻烦和困难，编制问题、训练问题、粮食问题、指挥问题，新问题一个跟着一个地产生了，而且变得越来越尖锐了。再次，太平军现在有了根据地，有了政权。从前他们的任务只有一个，就是跟敌人打仗，现在他们的任务有两个，不仅要在前线打仗，而且要在后方组织民众、安定社会秩序，这个任务比起打仗来要困难得多、麻烦得多。

由于以上所说三个方面基本情况的改变，太平天国革命的内部矛盾一天一天地尖锐起来。应该说，新矛盾的产生和矛盾尖锐化并不绝对是坏事情，因为正是革命顺利地发展了，革命在从初级阶段向高级阶段的过渡中，新的矛盾和困难才会逐个地被提到日程上来，而革命要继续向前发展也只有通过这些矛盾的解决才有可能。太平天国革命既然发展到了一个新的阶段，领导者和群众就不能不碰到现实斗争所提出的新问题、新要求。可惜农民英雄们受到阶级条件的限制，不可能正确地对待和处理新的矛盾，这样就使得他们在取得一连串军事胜利以后，仍不能不重演历史上出现了无数次的失败悲剧。

革命的胜利发展和大批群众参加革命，首先使军队成员复杂化了。特别是太平军进入了大城市，阖家阖户的人都来“拜上帝”，其中固然有很多是真心向往革命的人，但也有不少人是浑浑噩噩，对革命一无所知，或是大势所趋卷入了革命阵营，或是被太平军用强力逼胁而来，更有一些人是随风转舵，有心投机，企图浑水摸鱼。太平军本来是一支严整、朴实的革命队伍，这些人却把在城市沾染的许多不良习气带进了太平军。当1853年初太平军初克武昌的时候，某些封建知识分子已经看到太平军队伍中不巩固的迹象，说："凡为贼虏者，类多商贾力田之人，勇艺弗精，枪矢不能命中，本无长技可恃，驱之锋镝之际，未始皆心所甘，特惑于邪说，遂视阱镬如坦途。然此辈可行间使之携贰，亦可招抚使为我用。"① 这种队伍不纯的情形，太平天国的领袖们也感觉到了，所以太平军到达天京以后，停下来大力展开整训工作，但是整训工作主要是依靠宗教说理和严刑峻法。据《贼情汇纂》载，杨秀清曾经说："吾亦知新收兄弟，心不服而怨恨，全在绳以苛法，劫以严令，驱策而挫折之，使不遑有他志"②。这些话可能出于统治阶级的捏造，杨秀清未必会说这样的话，可是，太平军中确实存在着以棍棒来维持纪律的现象。这种办法虽然可以暂时生效，但不可能使革命内部完全纯洁起来，也不可能使群众的革命意志长久地得到鼓舞。因此在定都天京以后，军队中的逃亡、犯法、内讧、哗变、反叛等等事情，一天一天地增多了。《贼情汇纂》第十一卷中曾经把太平天国军队的成员作了一个详细的分析，这虽然是从反对革命的角度所作的分析，但其中却提供了不少资料，我们从其中可以看到许多真心向往革命、为革命奋斗到底的农民和手工业工人，但也可以看到许多不相干的人被强拉硬拖参加了革命，以后又千方百计地开了小差，也有些人是有意混入革命，企图从内部破坏革命。如有的人是"略涉经史，好谈古今，心高志大，自恃才具非常，目空一切……不幸裹入贼中，必有一二事足以服贼而惊众，渐至柄用……一朝毛羽丰满，则思别树一帜，不齐不楚，中立自雄……当求善间者多方以误之，使其自相鱼肉，而我可乘之以收渔人之利"，"亦有读书明理之人，失身其中，无计可出……未尝不欲谋内讧，通消息，顾力或不逮，不免曲意逢迎，渐谋亲信，庶可得当以报我军……若获一介相

① 陈徽言：《武昌纪事》，附杂论。

② 张德坚：《贼情汇纂》，卷一二。

通，未始非内间之一助”①。这两种人，一种是阴谋篡夺权力的野心家，一种是顽固知识分子，他们混进了革命，利用革命的内部矛盾而从中挑拨，对革命的危害是很大的。这里可以举出两个例子说明由于队伍复杂，再加上太平天国处理不当，异己分子从中挑拨而引起的风波。一件是在太平军出兵西征的时候，准备调大批船只随行，水营的成员是比较复杂的，大多是“两湖、安徽、江西装载贸易良民，甚至富家巨室士庶人等，全家男女，悉被掠入舟中”②，太平军本来答应他们到达天京后，可以夫妇团聚，各回原籍，“此至江宁，则不守前约”③，不但是男归男行，女归女行，把夫妇拆散了，而且编队工作进行得很乱，“本来之船户，并不一定仍在原船，被胁在船者，又非尽是驾船水手，可以念书贸易者亦强令持篙”④，所以水营队伍中很有不满情绪。恰好太平军派来的领导人是蛮横粗暴的北殿承宣张子朋，他所出的号令“忽行忽止，日凡数变，各水手无所适从，牌刀手又动辄擅杀，水手不堪其虐，势甚汹汹”⑤，“欲尽开船上驶投诚，抑或各散”⑥。幸亏杨秀清知道了这个情况，立即采取措施，“至北王府，将韦昌辉杖责数百，张子朋杖责一千，并传到唐正才重赐金帛，加封丞相衔，用好言抚慰。水营群贼悉听唐正才指挥，唐正才调停群下，始无叛心”⑦。这是水营队伍对领导不满的一个例证。

另一个例证，是由异己分子策划而起的一个叛乱。有一个名叫张继庚的人，本为清朝的廪生。太平军攻天京时，他曾经主持清朝的保卫局和筹防局，抵抗革命。太平军攻克天京以后，他混入北殿典舆衙，从事阴谋活动，到处窥探消息，联络人手，散布谣言，组织叛乱。当水营队伍对领导不满的时候，张继庚“遂倡伪东王待广西人厚、湖南人薄之议以激之，湖南人果煽动结盟，思投大营”⑧，后来他又串通了织营、瓦营、木营中的人以及朝阳门的部分卫戍部队，准备

① 张德坚：《贼情汇纂》，卷一一。

②⑤ 《向荣奏稿》，卷三，《遣散江宁观音门外船户水手折》。

③ 张汝南：《金陵省难记略》。

④ 涤浮道人：《金陵杂记》。

⑥⑦ 张德坚：《贼情汇纂》，卷一。

⑧ 《张继庚遗稿》，《致祁公子书》。

开城接应清军入城。这件阴谋被及时地发觉了，张继庚和他的许多同谋者被捕处死。据张继庚向清军报告，天京太平军队伍被他买通的竟有半数以上，虽然张继庚是尽量显耀自己的功劳，因而夸大了这个数字，但是这个案件牵连之广实在惊人。这说明了革命内部矛盾在处理不当而被敌人利用之后，会造成何等严重的危害。

革命的内部矛盾并不仅仅表现在队伍的不纯方面，由于太平天国经常处在战争的环境中，粮食和物资的供应非常紧张，为了保证每人最低限度的生活必需品，太平天国实行了圣库制度，规定军队所俘获的粮食和钱财，都要交给圣库，每人的生活必需品则按照标准由圣库供给。这种规定从保证革命的发展来说当然是必要的，如果从群众暂时的和日常的利益来衡量，则不免又发生了抵触。怎样使革命利益和个人利益很好地结合起来，这又是提到太平天国面前的一个重大问题。起初，太平天国通过宗教说服了群众，要群众"遵命令"、"和傩兄弟"，"有银钱须要认得破"、"同心同力、同打江山"，并且答应到了"小天堂"（即天京）以后，"凡一概同打江山功勋等臣，大则封丞相、检点、指挥、将军、侍卫，至小亦军帅职，累代世袭"，所谓"最小最卑尽绸缎，男着龙袍女插花"①。到了天京以后，虽然环境是好了一些，但是以往的诺言并未能兑现，因为周围的战斗很激烈，粮食供应仍有困难，特别是队伍大大增加，其中又包括了许多妇孺老弱，这个包袱实在太沉重了，天京的存粮很快就告罄，不得已几度削减口粮。"初入城，发粮无数，来取者即与之，既有名数可稽，始议每日发米数。男馆如泥水木匠一斤半，各伪衙一斤四两，各匠一斤，牌尾半斤。女馆湖南以前，每名一斤，湖北以前，每名六两"；到1853年底，"贼粮少，乃议发稻，凡各匠及牌尾妇女皆发稻"；过了半年，又减为"男子牌面，每日每名发米半斤，牌尾四两。女子每日每名，湖南以前，发米六两，湖北以下，发米三两，均以稻代，悉令人食粥，否则杀"；又隔了三个月，把男女馆中的人放出城外，"割稻自食"②。很显然，粮食的困难只有通

① 《天命诏旨书》。

② 谢介鹤：《金陵癸甲纪事略》。

过生产的发展才能够解决，而部分群众追求过高生活享受的错误思想又只有通过教育的途径才能够解决。可惜太平天国除了宗教之外，没有任何其他的思想武器，同时又缺乏边战争边生产的一套措施。这样，矛盾的发展就迫使他们不得不把人们赶到天京城外，这种简单粗暴的办法，不但削弱了自己的后备力量，而且也必然会在群众中造成不良的政治影响。

此外，太平天国为了保证战斗期间的组织纪律，严格实行禁欲主义，男女之间不得过夫妇生活。太平刑律规定："凡夫妻私犯天条者男女皆斩"①，这条法律虽然在提高士气和维护纪律方面起了很大作用，但是它用强制手段割断家庭人伦的关系，也是非常不得人心的一个措施。长期地执行起来，必然会引起很多问题，所以违犯这条法律而获罪的人很多。《天情道理书》说："故自一路以来所有不遵天令，夫妇私自团聚者，无不被天父指出，奉行天法，重究在案。"在高级领袖中，除天王、东王、北王、翼王、燕王可以有若干妻妾之外，其他人也不准夫妇团聚，所以地位较高的领袖也常常犯禁获罪。据说西王萧朝贵的父母在进攻长沙时，因犯禁被杀②，东王兄嫂也因反对这个规定、口出怨言而被黜革③，太平天国中很有地位的镇国侯卢贤拔也是"以夫妻犯天条革职，令在删书衙删改六经"④，东王的亲信秋官丞相陈宗杨也因私犯天条而被杀。到了1855年，杨秀清知道这种强制办法不能解决问题，就开放女馆，准许职位较高的领袖择配，但对于职位较低的干部和士兵，仍不准过家庭生活。

假使把以上情况和太平天国最高领袖的生活情况作一个对比，那就更加暴露出革命内部矛盾的深刻程度了。在革命初期，太平天国领导确实具有与群众共甘苦的作风，在从广西北上的长途行军中，太平军战士都是"布衣褴褛，囚首垢面，鹑衣百结"，"洪杨诸逆首亦自敝衣草履，徒步相从"⑤。当时的物资供应虽然困难，但大家的

---

①④　张德坚：《贼情汇纂》，卷八。所谓犯天条，即指夫妇同居。

②③　参见谢介鹤：《金陵癸甲纪事略》。

⑤　张德坚：《贼情汇纂》，卷六。

意见并不大。进入大城市以后，这种与群众共甘苦的作风逐渐减退，代之而起的是对权力、名位、奢侈生活的追求。太平军入天京之后，立即大兴土木，把清朝的两江总督衙门改建为天王府，“毁行宫及寺观，取其砖石木植，自督署直至西华门一带，所坏官廨民居，不可胜计，以广基址，日驱男妇万人，并力兴筑，半载方成，穷极壮丽……工甫成，即毁于火……四年正月复兴土木，于原址重建伪宫，曰宫禁。城周围十余里，墙高数丈，内外两重，外曰太阳城，内曰金龙城，殿曰金龙殿，苑曰后林苑，雕琢精巧，金碧辉煌……五色缤纷，侈丽无匹”。修建东王府时，也是“尽毁附近民居阛阓，开拓地基……穷极工巧，骋心悦目”①。其他如衣饰方面，诸王的金冠都是“雕镂龙凤”、“珠宝璎珞”，所谓“一冠袍可抵中人之产”②。仪卫舆马更是备极铺张，天王的轿夫有 64 人，东王的轿夫有 48 人，东王每出府，“开路用龙灯一条，计三十六节，以钲鼓随之，其次则绿边黄心金字衔牌二十对，其次则铜钲十六对……其次绿边黄心绣龙长方旗二十对，其次同上色绣正方旗二十对，其次同上色绣蜈蚣旗二十对，高对提灯各二十对，虽白昼亦用之，其次画龙黄遮阳二十对，提炉二十对，黄龙伞二十柄，参护背令旗骑对马约数十对，最后执械护卫数十人，绣龙黄盖一柄，黄轿二乘，杨贼乘坐，或前或后，盖仿古副车之义，而恐人之伺己也。轿后黄纛十余杆，骑马执大刀者数十人，更用鼓吹音乐数班，与仪从相间，轿后亦用龙灯钲鼓……每一出府，役使千数百人，如赛会状”③。此外，还学了封建帝王选秀女的恶劣办法，选女入宫。这种情况表明太平天国的领导已经受到封建阶级奢侈腐化习气的严重侵蚀了。

太平天国革命的内部矛盾，不仅表现在由于粮食缺乏、生活动荡、待遇悬殊而引起的群众的不满情绪上，同时也表现在太平天国所实施的一套强力集权制度上。应该说，权力的集中是任何革命时期所必需的，集权保证革命方面可以用全力来击破敌人，避免分散主义和无纪律的状态。假使没有高度的集权，太平天国革命的发动

---

①②③　张德坚:《贼情汇纂》，卷六。

和胜利进军是不可能的。但是太平天国的集权制度很大程度上是建立在强制和盲目的基础上的，强制和盲目的集权产生了许多副作用。一个庞大臃肿而等级繁多的行政机构形成了，行政效率随之而减低，惩办主义随之而滋长，在这个庞大的行政机构中，产生了争权夺利的派系斗争。

假使研究一下太平天国的中枢领导机构，其规模之大，令人惊异。据张德坚在1855年估计，太平军的士卒有107万，而卒长（按制度，卒长是应统辖一百多人以上的职官）有31.5万人，官兵数字的比例为三比十，形成官多兵少的严重局面。张德坚又说："先时，贼起金田，自伪王以下，仅有军长、侍卫诸名，至陷湖北，踞金陵，侈然自得，骄心盛而其官愈冗"，"尝一日封赏丞相、检点至数百人，如妇妪操饼以饵群嬉之儿"，"但从贼稍久，几无有不官者"。特别是在中枢领导机构中，充塞着很多职位高的干部，如供天王差遣的就有1 600多个指挥级以上的职官。东王府是发号施令的机关，职官更为冗多，有六部尚书、承宣、仆射、掌门、引赞、典东舆、大旗手、指使、参护、典东马、典东龙、典东彩、典东乐、典东锣、典东炮、典东更、典东牢、典东刑、典东袍、典东厨、典东水、典东柴等名目。他们执行东王府的秘书、警卫、仪仗、勤杂的职务，共有3 564人，都是检点、指挥、将军级的职官，他们这些人还有下级和士卒。据布列治门说："东王部下——各级官吏及兵士、仆役及随从，全体共有二万人至三万人"①，所以这个机构的臃肿庞大，实在是惊人的。其他的王、侯、国宗、丞相之下，也有很多部属。机构臃肿的后果，就是上下不通气，办事效率降低，所以"纤芥之事，必具禀奏，层层转达，以取伪旨"②，"曾于一日之内，发谕至三百件之多"③，造成了麻痹不灵的现象。特别严重的是，这样一个领导机构，很大程度是依靠强力来维系的，太平天国所立的刑法是很严峻的，它废除了烦琐的封建律例，只规定枷杖和死刑两种，其枷

① 布列治门：《太平天国东北两王内讧纪实》。

② 张德坚：《贼情汇纂》，卷六。

③ 同上书，卷七。

轻重无定式，杖责自5板至2 000板为止，死刑则有点天灯、五马分尸、斩首示众等数项。这种严刑峻法反映了阶级斗争的严峻程度，对于镇压异己分子和整顿军队风纪方面是起了作用的。但是太平天国所规定的死罪范围过分宽广了，赌博、演戏、口角、打架、饮酒、口出怨言、雇请民妇洗衣、私藏财物、不能熟记赞美天条的人，都要斩首，这未免太过分了。在革命斗争激烈进行的时候，用严格的纪律来维持风纪，是太平军不得已的手段。太平天国的弱点在于缺乏正规的思想教育工作，一些简单的宗教教条不可能负担起思想教育的任务，因此就不得不采用严刑峻法来约束一些败坏风纪的行为，但是棍棒和钢刀并不能够根绝犯罪行为，雷厉风行的惩办制度更容易把无辜的人错当成有罪的人，把犯小错误的人错当成犯大罪恶的人，因而带来许多滥打冤杀的情形。这样就使上级与下级之间、领导与群众之间不能不留下很深的裂痕。

这里，应该谈一下太平天国几个最高领袖的思想作风问题，因为这些主观因素对于客观矛盾的缓和或激化，无疑是有重大影响的。天王洪秀全在革命发动时期，表现了伟大的毅力和创造精神，但后来逐渐变成一个宗教迷，对于世俗的实际事务很少过问，所谓“僻处深宫，从不出户，人罕识其面”①，高高在上的宫廷生活使他和广大群众隔离了。太平天国的权力全部集中在东王杨秀清身上，杨秀清有出色的政治和军事才干，他的目光远大，见识过人，太平天国所以能有那样巨大的发展，这是和杨秀清的领导分不开的。但是随着革命的发展，杨秀清上升到权力的最高峰，开始流露出骄横跋扈的倾向。在他的周围，形成了一个掌握实权的“东府集团”。如东殿尚书侯谦芳、李寿春权势很大，杨秀清“信任之，凡有机密事，皆引侯谦芳及李寿春计议，权势在韦石二贼之上，伪侯相为之侧目”②。又如丞相林锡保、检点胡海隆、伸后正侍卫张维崑分别掌握着天京的警卫、巡逻任务，都是东王的心腹。东王杨秀清毕竟是一

---

① 张德坚：《贼情汇纂》，卷一。

② 同上书，卷二。

个农民手工业者，他不可能根据对事物客观规律的自觉认识来运用这个革命的强力机构，再加上杨秀清那种大权在握、雷厉风行的作风，容易刺伤其他领袖的尊严，也容易发生错杀、错关、错打的事情。据记载可以查明，丞相以上的领袖因罪而被杀、被关、被革职的就有燕王秦日纲，豫王胡以晃，卫天侯黄玉崑，镇国侯卢贤拔，国宗韦滨、石凤魁，丞相曾水源、黄再兴、林绍璋、曾锦谦、许宗扬、赖汉英等。至于受杖责的就更多（连天王洪秀全、北王韦昌辉都受过杖责），这种做法未免太过火了。而且有些案件的处理上不一定很公平得当，或是量刑过严，或是偏袒“东府集团”。以下可以举出杖责天王案以及洪仁发案、李凤先案、黄玉崑案作例证。

杖责天王案发生在1853年底，由于洪秀全处理宫廷事务不当，罪责女官太过，甚至脚踢嫔妃，引起杨秀清的干涉。杨秀清假装天父下凡，要杖责洪秀全，经过众人的恳求，方才免于杖责，这件事在洪杨关系上留下了不愉快的裂痕。事后，杨秀清似乎也觉察到自己做得太过分，再三劝慰洪秀全，尽力谋求和解。但据《金陵癸甲纪事略》说，杨秀清“尝假天父语，杖天贼四十”，又说太平天国“杀必请于天贼，然天贼曰杀，东贼必不杀，曰勿杀，东贼必杀之”。清朝方面的记载虽然未可尽信，但洪杨之间确实存在一定的矛盾，杨秀清借着一些细小事故，甚至要杖责一国之主，这反映了在杨秀清身上滋长起来的跋扈专横作风，这种作风不能不影响到内部的团结。

杨秀清的跋扈作风也表现在杖责洪仁发的案件上。洪仁发是洪秀全的嫡长兄，虽然庸愚无能，但在天国中的地位很高，且得天王宠信。“杨贼忌之甚，尊为国兄，而于军事无与焉。每诡称天父下凡附体，肆行谩骂，数数挫折。癸丑七月，杨贼传各伪官听令，仁发独后至，杨贼以为不敬，微讽于所属，洪逆稍稍闻之，内不自安，即出伪诏令仁发至杨贼处肉袒请罪，并请杖责，杨贼佯不欲杖，仁发固请而后杖之”①。从这个案件也可以看出，杨秀清和洪氏兄弟的关系，不能说是亲密无间的。

① 张德坚：《贼情汇纂》，卷二。

另外从李凤先案和黄玉崑案中，可以看出杨秀清偏袒“东府集团”的倾向。关于李凤先案，《天情道理书》有如下的记载：

有一参护李凤先，路遇东殿兵部尚书侯谦芳朝衣朝冠而来，适李凤先亦乘马而来，两人相遇，李凤先得意洋洋，胆敢恃强，故意纵马相撞。其时尚书侯谦芳即将良言劝导，谕其下次凡遇官长，不好如此。讵李凤先不惟不遵教导，反敢出言不逊，口说“尔不识本大人，尔眼盲了”等语。尚书官见他如此凶言，知是恃强自肆之徒，即将伊带至东府，传鼓禀奏。东王闻奏，遂发义怒，令员将他杖责教导，此东王体天父好生之心为心，海底之量为量，格外宽宥，赦伊死罪。乃李凤先不但不知感谢天恩，胆敢藐视天法，并无半言悔过，反出怨言，说打妖魔不是如此打法。尚书见如此强蛮，将其情由复禀奏东王。东王闻此禀奏，即命尚书将伊锁起，以便明早本军师亲自提审。不料尚书锁他，其胆敢说：“东王竟要锁我，尔好好同我收起此对刀，不然连尔尚书都难矣。”至次早，东王坐殿吊他质讯，他跪在殿下，心怀忿恨，言答不逊，得罪天父，大干天法，是以拟成死罪，请旨处决。

关于黄玉崑案件，在谢介鹤的《金陵癸甲纪事略》中有一段记载：

甲寅四月，燕贼牧马某甲坐门前，见东贼同庚叔未起。东贼叔怒，鞭某甲二百，送燕贼，未及问，又送付玉崑（按：时黄玉崑主管天京讼事），意欲玉崑加杖。玉崑谓既鞭可勿杖，转相劝慰，东贼叔愈怒，推倒玉崑案，诉于东贼。东贼怒，使翼贼拘玉崑，玉崑闻而辞职。伪兴国侯陈承镕、伪燕王秦日纲闻之，亦相率辞职。东贼大怒，锁发北贼，杖日纲一百，承镕二百，玉崑三百，某甲五马分尸。玉崑杖后，夜投水救起，削去伪侯为伍。

这两个案件都是由于细小的事故而兴起大狱，都是把革命的内部矛盾错误地当做敌我矛盾来对待。一个革命干部仅仅因为冲撞了侯谦芳——东王的亲信——而横遭死刑，革命还没有胜利，太平天国内部的专制等级却已经如此森严。至于说李凤先“口出怨言”，假使真有什么足以构成死罪的“怨言”，那么这一篇由“东府集团”编写的《天情道理书》绝不会不写上去的，文中所记李凤先的三句话，实在不足据以定罪。李凤先说“打妖魔不是如此打法”，这正是反映了一个出生入死为革命奔走，反而因细故而遭毒打的革命者的不平之鸣，哪里是什么“怨言”！特别是黄玉崑的案件，充分反映了东王同庚叔嚣张的气焰，黄玉崑身为执法官，按理量刑，据情劝慰，完全是正当的，杨秀清却为了维护其同庚叔的体面，把黄玉崑痛打一顿，而且不惜把许多最高级领袖牵连在内。由此可见，杨秀清在团结方面确实存在着严重的缺点，这种缺点正是反映了农民、小手工业者的狭隘性和宗派倾向，即使像杨秀清那样英明的英雄人物也难于摆脱这种阶级的局限性。

这样，太平天国领袖之间的关系就疏远了。掌握实权的是以东王杨秀清为首的“东府集团”，而北王韦昌辉、翼王石达开、燕王秦日纲、豫王胡以晃、卫天侯黄玉崑等这些职位极高、经常驰驱疆场的人物对杨秀清怀着不同程度的不满心理，他们自然而然地站在一条战线上，形成一个“非东府集团”。张德坚写道：“夫首逆数人，起自草莽结盟，寝食必俱，情同骨肉。且有事聚商于一室，得计便行，机警迅速，故能成燎原之势。今踞江宁，为繁华迷惑，养尊处优，专务于声色货利，往之倚为心腹股肱者，今乃彼此睽隔，猜忌日生。禁令则徒立科条，军务则全凭文告，气脉不通，已成麻痹不仁之象。贼之灭亡，可烛照而数计矣。”① 统治阶级总是竭力诬蔑革命，希望革命垮台的，但其中所说天国领袖“彼此睽隔、猜忌日生”这一点，真是不幸而言中。杨韦事件就是太平天国内部“东府集团”和“非东府集团”矛盾、冲突的结果。

二、韦昌辉的阴谋政变和石达开的出走

在阶级斗争剧烈展开的时候，革命的内部矛盾常常是和敌我矛盾

① 张德坚：《贼情汇纂》，卷六。

错综复杂地纠缠在一起的。农民们难于分清这两类不同性质的矛盾而给予不同的对待，有些明明是内部矛盾，却错误地采取了敌我矛盾的解决办法；有些明明是敌我矛盾，或者已有迹象表明它可能发展为对抗冲突，但又被轻易地忽略过去而没有加以必要的警惕。这样，潜藏在革命内部的阶级异己分子和个人野心家，就能够利用革命的这种弱点，进行阴谋活动，太平天国的内讧正是在这种情况下爆发的。

北王韦昌辉是内讧的发动者，他为人工于心计，对杨秀清长期怀有不满情绪，但表面上却装得恭敬驯顺、唯命是从的样子。杨秀清曾经说："即如韦正胞弟而论，时在弟府殿前议事，尚有惊恐之心，不敢十分多言。"《金陵癸甲纪事略》则说韦昌辉"事东贼甚谄，舆至则扶舆以迎，论事不三四语，必跪谢曰：'非四兄教导，小弟肚肠嫩，几不知此'，'肚肠嫩'浔州乡语，犹言学问浅也。其兄忘其名，与东贼妾兄争宅，东贼怒，欲杀其兄，发北贼议罪，请以五马分尸，谓非如此，不足以警众。"韦昌辉装得这样驯顺，正是他的阴险所在。实际上他对杨秀清衔恨甚深，他用这种姿态来使杨秀清丧失警惕，以便等待时机，进行谋害。韦昌辉的这个不可告人的心机，甚至已为敌方所看出，在内讧前的一年，封建文人张德坚就这样写道："杨贼与昌辉互相猜忌，似不久必有并吞之事。"①

参与韦昌辉阴谋活动的还有石达开、秦日纲等高级领袖。石达开是太平天国最出色的军事家，但相当长的一段时期，他待在天京，被闲置起来，清军方面幸灾乐祸地声称这是杨秀清"猜忌"石达开。"猜忌"的说法没有充分的根据，但石达开的才能在一个相当长的期间没有充分得到发挥，这的确是事实，一直到1855年太平军迭遭失利的时候，才把石达开放到西战场上。另外，石达开和太平天国的许多高级领袖关系很密切，如与黄玉崑是翁婿关系，黄玉崑对杨秀清的不满是很显著的，这一点可能会影响石达开，所以石达开在内讧发生七年之后，还留下一个杨秀清"平日性情高傲，韦昌辉屡受其辱"② 的印象。至于燕王秦日纲虽然出身于矿工，是革命的元勋，

① 张德坚：《贼情汇纂》，卷一。
② 《石达开自述》。

但是见识不足，才干较差，因此容易受人的迷惑，盲目地跟着韦昌辉走上一条错误的道路。还有胡以晃大概是跟韦昌辉一流的人物，他原先是靠近“东府集团”的，但是到了发生内讧的时候，做了韦昌辉的内应。这样，太平天国所有的高级领袖几乎都和杨秀清有不同程度的矛盾。正像李秀成所说：杨秀清“威风张扬，不知自忌，一朝之大，是首一人。韦昌辉与石达开、秦日纲是大齐一心，在家计议起首共事之人，后东王威逼太过，此三人积怨于心，口顺而心怒”①。杨秀清的权力愈加扩大，这种矛盾也就跟着尖锐化，他的地位也就愈加危险了。

小生产者地位和缺乏科学的分析方法，限制了杨秀清，他没有能够清醒地估计内部不满情绪的严重程度，更没有估计到这种不满情绪在个人野心家的挑拨之下转变为对抗行动的可能性，因而他既没有采取一些积极措施来消弭或缓和这种不满的情绪，也没有对韦昌辉保持一定的警惕，相反，他被一系列的胜利冲昏了头脑，竟在太平军打败江南大营、天京外部威胁解除的时候，要求洪秀全封自己为万岁。当时杨秀清实际的权力、地位已经超过了洪秀全，洪秀全仅仅保持一个最高领袖的名义，现在连这个名义也难以保持了。洪秀全虽然无可奈何地答应了杨秀清的要求，但他立即秘密地召回在江西督师的韦昌辉、在湖北督师的石达开以及在丹阳督师的秦日纲。洪、杨之间在封赠万岁问题上的冲突，给“非东府集团”一个好机会。一场燎原大火马上蔓烧起来。

韦昌辉接到天王召唤的命令，认为时机已到，立即率领心腹部队3 000人赶回天京。到达天京时，已是1856年9月2日的深夜。同时秦日纲也从丹阳回到天京。韦昌辉等进入天京，他的队伍立即按照预定计划分布在各要害地方，所有通达东王府的街道都为进攻军所占领。这是一个迅雷不及掩耳的行动，东王府内大多是妇女、小孩等服役人员，来不及召集卫戍部队反攻，只有少数侍从人员进行了绝望的抵抗。一夜之间，杨秀清和他的眷属、部下都被杀害。

---

① 《李秀成自述》。

在天京的东王杨秀清的部属有二三万人，很明显，杨秀清虽然猝不及防地被韦昌辉杀死了，但他的部属不会不起来进行反抗的，而狠毒的韦昌辉也不会放过这些人，于是一场激烈的战斗展开了。东殿尚书傅学贤集合了天京的卫戍部队“自峨嵋营扎营至虎贲仓，洪逆与韦贼亦扎营于小茔大行宫一带，闭城月余，互相自杀”①。傅学贤所统率的部队是很多的，韦昌辉不可能一下子把它消灭，于是韦昌辉又想出一条毒计，假称天王因韦昌辉杀人太多，下诏惩罚其罪，令受杖责，把东王的余部哄骗到天王府前观韦昌辉受刑，并且哄骗他们解除了武装，借这个机会，又出其不意地对他们大肆屠杀。韦昌辉就是这样卑鄙地取得了“胜利”，控制了天京。这场大屠杀历时一个月，死了两万多人。据清朝方面的记载：“见有长发尸骸，不可数计，由观音门口内漂流出江，内有结连捆缚及身穿黄衣黄褂者”②。太平天国的中上层干部，除了派在各战场作战的以外，大多在这场屠杀中牺牲了。

10月，远在武汉的石达开放下了紧张的对敌斗争，赶回天京。他看到天京大屠杀的情形，非常不满，责备韦昌辉不应该滥杀无辜。韦昌辉这时简直失去了人性，反而想把石达开一起杀死。石达开得知了韦昌辉的这个企图，连夜缒城出天京，残忍的韦昌辉竟把石达开在天京的一家老小都杀了。当时石达开掌握着西战场的指挥大权，在太平军中威信极高，他集合了自己的部队，进驻到宁国附近，要求洪秀全惩办韦昌辉。

群众的眼睛看得很清楚，大家都对韦昌辉滥杀无辜的行动表示愤慨，所以没有等到石达开率军回京，洪秀全在11月间就顺从大家的要求，杀了韦昌辉，这就是李秀成所说的“各众内外，并合朝同心，将北王杀之，人心乃定”③。与韦昌辉同时被杀的还有秦日纲、胡以晃等二百多人。韦昌辉对天京历时近三个月的恐怖统治才算结束了。

---

① 涤浮道人：《金陵续记》。

② 《钦定剿平粤匪方略》，卷一六二，德兴阿、翁同书奏。

③ 《李秀成自述》。

杨韦内讧是革命内部矛盾发展为对抗冲突的一个典型。韦昌辉利用了群众和其他领袖对杨秀清的不满，利用了洪杨之间的矛盾，用阴谋手段杀害杨秀清，这是一个罪恶的行为。特别是他把事件加以扩大，滥杀无辜，用对内镇压的办法来巩固自己的地位、权力，这更是一种不可宽恕的行动。这种行动实际上等于在帮助清朝统治者。杨秀清为革命立过大功，他虽然有专横的倾向，但罪不至死，后来太平天国为了纪念杨秀清，把杨秀清遇害的那一天（公历9月7日、天历七月二十七日）定为“东王升天节”，并有“七月念七东升节，天国代代莫些忘”的诗句，这表明洪秀全和太平天国全体群众对杨秀清的尊敬爱戴。至于韦昌辉这个阴谋分子，他死后仍被革命所唾弃，在后来颁发的太平天国文书上（如《太平礼制》、《太平历书》），都赫然列着东、西、南三王的名字，但没有北王的名字，《朝天朝主图》中也没有北王的位置。太平天国的这个态度，正是对于杨秀清、韦昌辉最好的历史评价。

经过内讧的一场残杀以后，太平天国的内部矛盾仍旧没有解决。1856年11月，石达开回到天京，管理天国的政务，大家对石达开很钦佩爱戴。可是洪秀全经过内讧之后，成了惊弓之鸟，恐怕石达开权力大了，对自己不利，因此封长兄洪仁发为安王，次兄洪仁达为福王，以牵制石达开。在石达开执政的一段时间里，洪氏与石氏的矛盾虽然没有留下什么具体的记载，但是两者之间存在着明争暗斗，那是可以肯定的。安王和福王都是庸愚无能的人，像石达开这样雄才大略而又掌握着实际兵权的人，当然不甘心受他们的挟制，这样，就使得石达开产生了脱离太平天国而独树一帜的念头。1857年6月，石达开离开天京，走往安庆，发出一个布告，剖白自己的心事。布告中说：

为沥剖血诚，谆谕众军民：自恨无才智，天国愧荷恩。惟矢忠贞志，区区一片心，上可对皇天，下可质古人。去岁遭祸乱，狼狈赶回京，自谓此愚志，定蒙圣君明。乃事有不然，诏旨降频仍，重重生疑忌，一笔难尽陈。用是自奋励，出师再表真，力酬上帝徒，勉报主恩仁。精忠若金石，历久见真诚，惟期妖灭尽，予志复归林。为此行谆谕，遍告众军民：依然守本分，照旧建功名；或随本主将，亦足标元勋，一统太平日，各邀天恩荣。①

这时候的石达开在太平军中的威望是极高的，安徽、江西根据地又都是他一手缔造的，将领士卒大多是他的旧部，他发出这个号召，结果就有很多人跟着他走。洪石矛盾虽然没有发展为流血冲突，但是，石达开不顾大局，脱离集体，单独行动，进行分裂，给革命带来了不可弥补的损失。清朝统治者对于石达开的出走是拍手欢迎的，咸丰皇帝甚至认为：石达开"穷蹙思降，抑或事之所有"，要曾国藩想法招降石达开。清朝统治者的算盘完全打错了，石达开虽然和洪氏集团有矛盾，但对革命仍旧是忠心耿耿、大节无亏的。石达开自己应该担负路线错误的责任：他的出走，一方面带走了许多精兵猛将，引导他们脱离革命整体、脱离有巩固基础的根据地，把这些精兵猛将引到一种孤立的、无后方的、长途疲劳性行军的困境中；另一方面，他带走许多军队，使太平天国原来的根据地处于兵员不足、无力防御的情况，大大便利了敌人的进攻。所以李秀成在后来谈到太平天国的失败原因时说："误翼王与主不和，君臣疑忌，翼起猜心，将合朝好文武将兵带去，此误至大。"②

总之，杨韦内讧和石达开的出走，都是对革命内部矛盾处理不当所造成的悲剧。经过这两次事件，太平军的实力大受损失，各个战场的攻势都停止下来，使清军获得了喘息的时机。从此，战争基本上进入了相持的阶段。

---

① 据《说文月刊》，三卷十一期，商承祚跋谓原件见《何桂清奏稿类编》，卷二七，《军务》。

② 《李秀成自述》。

第四章　第二次鸦片战争和太平天国革命战争的相持阶段

第一节　第二次鸦片战争

一、第二次鸦片战争的历史背景和修约交涉

正当太平天国内部矛盾公开爆发、革命的发展急剧变化的时候，外国资本主义侵略者对中国发动了第二次武装侵略，即第二次鸦片战争。战争从 1856 年 10 月开始，到 1860 年 10 月结束，断断续续地进行了四年。这次发生战争的根本原因和战争的性质都和第一次鸦片战争基本相同，所以马克思把这次战争称为第一次鸦片战争的继续和扩大。

首先，第二次鸦片战争是由于外国资本主义经济继续发展、要求进一步打开中国市场而发生的。19 世纪 40 年代到 50 年代对于欧洲资本主义来说是很不平凡的岁月。美洲和澳洲金矿的发现，殖民地市场的发展，生产技术的改革，资本的侵入东欧国家，这一切促成了欧洲新的工业高涨。以英国来说，到 1850 年已拥有纱锭 2 100 万枚，煤的年产量达到 6 150 万吨，钢铁每年输出的总值也达到 540 万镑。法国的经济发展稍次于英国，到 19 世纪中叶，煤的年产量为 500 万吨，铁的年产量为 60 万吨。与此相适应的是世界贸易的日益扩大，1850 年世界贸易的总值是 145 亿马克，其中英国占 33.8 亿马克（连殖民地是 52 亿多马克），法国占 15 亿马克，德国占 21 亿马克，美国则占将近 13 亿马克。

在这个时期，机器技术大大推广了，工厂中安装了蒸汽锤和重型机床。交通运输工具的发展更为迅速，全世界的铁路长度从 1840

年的 8 000 公里增加到 1850 年的 3.9 万公里，轮船也开始被广泛地用于海洋航行。在军事技术方面，也先后出现了后膛枪、装甲兵舰和水雷等。

在资本主义的生产下，每一次创业热潮的高涨，总是另一次经济危机行将降临的先兆。伴随着 19 世纪 50 年代资本主义经济的发展，1857 年至 1859 年又发生了一次经济危机，这次危机自美国开始，像传染病一样蔓延到欧洲大陆。所以第二次鸦片战争的过程，适当欧洲面临着全面的危机，加紧开辟和压榨殖民地市场是资本主义逃避国内经济危机的一个主要手段，所以英国和法国恰恰在这个时候下定了发动侵华战争的决心。

当西欧资本主义迅速发展、殖民地贸易在他们国内经济生活中越来越占有重要的地位时，列强之间对于东方市场的争夺也就日益加紧了。1853 年至 1856 年爆发了英法和沙俄之间争夺土耳其帝国及其附庸国家的一场残酷战争，这就是著名的克里米亚战争。沙俄在战争中失败，从黑海出口的通路被堵塞了，它就不得不转移方向经营中东和远东，大批的哥萨克移殖到黑龙江和乌苏里江沿岸，清朝和沙俄之间开始产生了国界问题的纠纷。另一方面，英法联军在对俄战争取胜以后，也腾出手来把视线更多地集中到远东，他们抱着进一步开辟中国市场的极大野心，不惜用武力来实现这个贪婪愿望。

这是第二次鸦片战争发生前夕简略的世界背景。

那么，在战争发生以前中国和外国的关系又是处于什么样的状况呢？我们在第二章第二节中曾经详细谈到第一次鸦片战争以后中外贸易的情况，第一次鸦片战争虽然打开了中国的大门，但是外国商品的输入还并不像外国侵略者当初所期待的那样迅速增加。马克思在 1858 年写道：“中国市场所特有的现象乃是：自从根据 1842 年的条约而开放中国市场以来，中国出产的丝茶向英国的输出额不断在扩大，而英国制造品对华输入额，整个说来，却停滞不前。”① 发生这种情况的原因，一方面是由于中国经济结构的顽抗性，不容易

① 马克思：《贸易与条约》，见《马克思恩格斯论中国》，91 页。

一下子就被外来经济侵略势力所摧垮；另一方面是由于中国人民连续不断的反抗，特别是当时广州人民的斗争，使外国的侵入遭受到极大的障碍。我们曾经在前面叙述过从升平社学一直到1849年广州人民反对英人入城的斗争，人民的斗争终于迫使英国侵略者一再推迟了进入广州城的日期。外国侵略者在这一连串的斗争中，开始觉察到中国人民反侵略的巨大力量，他们开始体会到不能用硬干的办法，硬干可能使自己碰壁。所以当太平天国革命起来，太平军攻克天京的时候，外国侵略者曾经企图用软的办法来软化太平军。英国的香港总督文翰和美国、法国公使都先后到过天京，进行“试探”。“试探”的结果使他们大失所望，因为他们所企图要取得的侵略权利不可能从革命人民的手里取得，而且甚至连他们已经取得的侵略权利都有可能丧失掉。太平天国在跟外国接触的过程中坚持了中国人民一贯的英勇、正直和不畏强暴的革命精神。

外国侵略分子发现，不论用硬的办法还是用软的办法，直接跟中国人民打交道并不可能使他们得到便宜，于是他们只好仍旧利用当时腐朽的清朝政府作为进一步侵略中国的手段。当时清朝政府虽然和外国侵略者也有矛盾，可是它在对外战争中表现得十分软弱，它的对外政策也是动摇不定。外国侵略者在广州入城问题和软化太平军的企图都失败以后，便抓住了清朝政府的软弱性和动摇性，进行恐吓和讹诈，这便是1854年和1856年的所谓“修约交涉”。

按照中法《黄埔条约》第三十五条：“日后若有应行更易章程条款之处，当就互换章程年月核计满十二年之数，方可再行筹议”；中美《望厦条约》第三十四条：“和约一经议定，两国各宜遵守，不得轻有更改。至各口情形不一，所有贸易及海面各款，不无稍有变通之处，应俟十二年后两国派员公平酌办”。法国和美国侵略者拿这两个条款作为根据，提出十二年修改条约的要求。至于英国则援引“最惠国条款”，认为可以“一体均沾”，同样要求十二年修改条约的权利。据英国所提出的修约要点是：

（1）争取广泛地进入中华帝国的整个内地，以及沿海各城。

（2）争取扬子江的自由航行，并进入沿江两岸直到南京为止

(包括南京在内）的各城以及浙江省沿海人烟稠密的各大城。

(3）实行鸦片贸易的合法化。

(4）规定不得在外国进口的货物和为向外国出口而购买的货物上，课征内地税或子口税。

(5）规定对中国沿海海盗行为的有效取缔。

(6）制定中国劳工向外移民的办法。

(7）规定外国使节常驻北京。①

以上这些要点显然是远远超过了修约的范围，实际上是要求再订立一个新的不平等条约。

1854年英国政府派包令爵士携带上述修约要点到广州，联合法国公使布尔布隆和美国公使麦莲，向两广总督叶名琛提出“修约”要求。

当时的清朝官僚在对外态度方面已经开始分化为两个派别：一派是以军机大臣端华、肃顺以及叶名琛等为代表的顽固派，他们仍坚持着第一次鸦片战争以前盲目自大和虚骄顽固的态度；另一派是以江苏巡抚吉尔杭阿以及上海的许多官僚为代表的妥协派，他们对外采取妥协、投降政策，希望外国侵略者协助自己镇压太平天国革命。这两个派别在维护封建统治、屠杀人民群众的基本政治立场上是一致的，但是在怎样维护这个摇摇欲坠的封建统治问题上抱着不同的看法。妥协派认为外国侵略势力并不是危害封建统治的一个重要因素，相反地，他们还认为利用这种外来势力，可以有效地遏阻国内革命运动的发展。顽固派的看法则略有不同，他们认为外国侵略势力的逐步深入是封建统治的一个绝大威胁，而且由于当时外国侵略者在清王朝和太平天国的斗争中伪装“中立”，给予清朝顽固派以一种态度暧昧的错觉，顽固派虽然因为力量软弱而不能对外“大张挞伐”，但他们却很不愿意让外国势力一步一步地深入，以妨碍自己的统治，他们希望维持第一次鸦片战争后的现状，一方面不去得罪洋人，避免在国内军事紧张的情况

① 参见英国外交大臣克勒拉得恩致包令爵士的信，见马士：《中华帝国对外关系史》，第1卷，767页。

下与洋人冲突，另一方面，也不肯轻易地答应外国的进一步的侵略要求，他们和外国之间尽可能保持一定的距离，认为接触愈少，麻烦也就愈小。顽固派的这种态度很鲜明地反映在两广总督叶名琛的身上。

当英、法、美三国公使向叶名琛提出修约要求时，叶名琛借口公务繁忙，避不接见，对于修约要求则答称：自己只有对于条约作细微修正的权力，并且认为对于条约也并无作重大修改的必要。叶名琛用这种消极敷衍的态度，希望一方面能够拒绝三国的要求，另一方面又不至于和三国闹得破裂。

三国要求遭到拒绝后，他们转而希望利用属于妥协派的江苏巡抚吉尔杭阿，以达到其侵略要求。1854 年 9 月，三国公使先后抵达上海。他们以帮助清朝镇压太平天国革命为交换条件①，引诱清朝修改条约。吉尔杭阿完全支持修约要求，并向清廷建议“钦派资深望重之大臣，前来议定妥协章程，允其所请”②。不过这时候清朝朝廷里的妥协派占着少数，军机处掌握在顽固派端华、肃顺的手里，咸丰皇帝本人也是倾向于顽固派的（他即位以后不久就斥退了第一次鸦片战争中的卖国老手耆英）。当时这些封建顽固派并没有跟外国侵略者进行合作的实际经验，他们担心按照吉尔杭阿的办法，会引起“夷船阑入（长江），致与贼匪（按：指太平军）勾结”的后果，所以把吉尔杭阿申斥一顿，责令他“劝导”三国公使回广东办理交涉。

外国侵略者当然不肯轻易干休。同年 10 月，英使包令和美使麦莲乘坐兵舰抵达大沽口。清朝政府根本不愿意在靠近京畿的地方和外国进行谈判，因此只派了官级不高的长芦盐道文谦和前任长芦盐政崇纶来听取英美公使的意见，并表示对条约不能作重大的修改。经过几次会谈，侵略者知道不可能用谈判的方式使清朝屈服下来，只得暂时南返。一个外国资产阶级史家写道：这一次北上交涉，已

---

① 英使的修约说帖中有“彼此会同设法肃清海滨盗匪”的条文，美使对两江总督怡良的谈话中亦称：“如蒙奏准，自当襄助中华，削平反侧”。

② 《筹办夷务始末》，咸丰朝，卷八，35 页。

经使得英国侵略者相信“除非有一个武力示威的支持和强迫，是得不到条约的修改或通商以及贸易情况的改善”①。但这时候近东战火方酣，英法和帝俄已在克里米亚的塞伐斯托坡里展开激烈的战斗，所以英法还腾不出手来经营远东，只得暂时把问题搁置起来。

美国虽然在当时还只能充当英国的小伙伴，但它对侵略中国却是雄心勃勃的。它看到英法两国忙于克里米亚战争，就企图利用这个空隙，出来扮演一次侵略中国的主角。所以在1856年，美国公使巴驾（P. Parker）单独又向清朝提出修约要求，其要点有四：

（1）三国派遣使节长驻北京。

（2）中国全境开放，准许三国无限制地前往通商贸易。

（3）全中国臣民信教自由。

（4）改造中国司法机关。

这次巴驾所采取的手段是利诱和威胁并施。他在和上海方面的妥协派官吏吴健彰（已革上海道）、蓝蔚雯（摄理上海道）谈话时说：“到了今日，只有让叛乱的人们知道，英法美三国联合一致，同情并支援满清政府，这样叛军将会看到，他们是无力抵抗这一巨大力量的”，“如果大皇帝拒绝西方国家之友谊的表示，则将来的发展是难于逆料的。而且，如果太平王今后对外国公使建议签订条约，各国公使接受他的建议，大皇帝是不能埋怨我们的了”②。吴健彰、蓝蔚雯虽然同意他的意见，但他俩职卑言轻，不能影响掌握大权的顽固派官僚。结果是会议接着会议，谈判接着谈判，在上海一直拖延了四个多月，巴驾的侵略愿望也未能达到。1856年11月他怏怏然返回香港，这时候广州已发生了亚罗船事件，中国和英法侵略者之间的第二场大战火已经燃点起来了。

二、亚罗船事件、英法联军侵占广州

1856年10月8日，一支名为亚罗号（Lorcha Arrow）的商船自

① 马士：《中华帝国对外关系史》，第1卷，468页。

② 1858年至1859年参院档案，转引自卿汝楫：《美国侵华史》，第1卷，160页。

厦门驶至广州，船为中国人苏亚成所有，船上水手全为中国人，为了走私方便，该船曾在香港英国政府登记，并聘用了一个英国人当船长。船上水手中窝藏着李明太、梁建富两个曾在海面行劫的强盗。船至广州后，负责巡缉海盗的广州水师到船上拘捕了12名水手。广州英国领事巴夏礼（Harry. S. Parkes）闻讯，要求立即释放被捕人犯，并捏称该船挂有英国国旗，被清朝兵勇扯下侮辱，要求两广总督叶名琛道歉，并限于48小时内答复。10月14日叶名琛把9名水手送还英国领事馆，并向巴夏礼解释，其余3名水手确系海盗，需由中国官厅审问；当搜捕亚罗船时，船上并未挂英国国旗，因此无从谈及英国国旗受辱和道歉之事。但巴夏礼态度蛮横，拒不接受9名水手。10月22日，叶名琛在英国的压力下，把12名水手全部送到英国领事馆。这时英国方面已决定要掀起一场轩然大波，借口礼貌不周，拒收人犯。

1856年10月23日，英国兵舰三艘驶入广州内河，占据猎德炮台。叶名琛不以为意，他说："必无事，日暮自走耳。但省河所有之红单船及巡船可传谕收旗帜，敌船入内，不可放炮还击。"① 叶名琛的这种不抵抗态度助长了侵略者的猖狂气焰。24日英军占凤凰山炮台，25日占海珠炮台，以后十多天内连续炮击广州城，企图占领广州，城内外人民死伤极多，民房亦轰毁无数，叶名琛逃入内城，移居巡抚衙门，以避炮击。广州人民是富有反侵略传统精神的，虽然叶名琛在1854年曾对大成国起义军大肆屠杀，使得广州的反侵略组织遭到破坏，力量大受损伤，但当英国侵略者进犯广州时，人民群众再一次起来，反对侵略军。如"南海大沥九十六乡绅董，练勇万余名，自备粮械，声言于十月中旬（相当于公历11月中旬），与英夷决胜负，受夷人佣雇，亦十回八九"②。一部分防守广州的清兵也不管叶名琛的不抵抗命令，奋起杀敌，如10月29日英军轰破广州城墙缺口，冲进城内，"抚标中军凌操督兵力御，手放枪毙敌数名，已亦创甚，舆回而殁"③，12月初侵略军再度攻城，

---

①③　琴阁主人：《触藩始末》，卷上。

②　《筹办夷务始末》，咸丰朝，卷一四，17页。

“千总邓安邦带东莞勇极力堵御，鏖战二时之久，伤毙敌兵数十名，乃遁回船”①。12月中旬广州乡勇烧毁十三洋行，拔除了侵略者在陆上的据点，迫使他们全部逃回船上。由于广州人民和部分兵勇的坚决抵抗，侵略者强占广州的贪欲未能如愿，他们不得不暂时撤退，等待援军，做再一次大规模进攻的准备。

从亚罗船这一琐小事件发展到一场大战的过程，足以暴露英国侵略者贪心不餍、无理挑衅的态度。当时英国议会中曾就此问题进行辩论，英国首相巴麦尊把问题大大渲染一番，他说：“我们认为，我国遭受了很大的侵害。我国国民在遥远的地方遭受了种种的侮辱、迫害和虐待，对于这些是不能置若罔闻的（欢呼声）。我国的条约权利已遭破坏，而责在保护我国在华利益的人员，不仅有理由，而且有责任竭其所能，来对付这些暴力行动。”② 当时政府的反对派曾提出反驳，下议院还对巴麦尊内阁提出了不信任案。可是资产阶级的侵略野心推动着英国政府要无所顾忌地硬干下去，巴麦尊断然地解散了下议院，通过了对中国发动侵略战争的提案。英国之所以选择这个时机发动战争，是由于当时克里米亚战争已经结束，它的视线正在转移到远东，亚罗船事件无非是用来掩盖其战争的侵略性质的一个借口。伦敦《泰晤士报》是积极支持侵华战争的，这个报纸说：“由于这次敌对行动之爆发，现存诸种条约就此废弃了，我们大可按照我们的意愿自由自在地和中华帝国安排关系了”③。又说：“英国营业精神的伸张，已与闭关自守的中国社会的结构相冲突。这种行为是否合法，那种行为是否适宜，这些琐细地方都用不着提起。在世界正常的和必然的发展过程中，势必有这样的时候，就是，如英国人这样以航海为生的具有营业精神的民族，要用暴力手段同软弱的、不善于谋进步的民族——如住在富足的、适宜于我们经商的国家内的中国人——发生来往关系。”④ 《泰晤士报》这种疯狂的叫嚣

① 琴阁主人：《触藩始末》，卷上。
② 转引自马克思：《英人在华的残暴行动》，见《马克思恩格斯论中国》，61页。
③ 转引自马克思：《划艇亚罗号事件》，见《马克思恩格斯论中国》，37页。
④ 转引自马克思：《中英冲突》，见《马克思恩格斯论中国》，54页。

正是代表着英国资产阶级迫切地要求在中国伸张其侵略势力的野心。

英国发动这次战争不是单干的，它邀请了克里米亚战争中的老搭档法国一起合作。法国在华的宗教侵略活动一向是很活跃的，常常有许多法国传教士私入内地，进行侵略活动。1853 年有一个法国天主教神父马赖（Auguste Chapdelaine）私自前往广西省西林县传教，和当地一些无赖地痞相勾结，抢掳奸淫，无恶不作。1856 年，当地清朝官府将他们逮捕，并斩决了马赖神父和两个罪恶极大的中国教徒。这时候法国正好是拿破仑第三执政时代，他希图通过对外侵略战争来安定自己不稳固的统治，因此以西林案件为借口提出了"为保护圣教而战"的口号，和英国沆瀣一气，携手合作。

除了英法两国之外，美国虽然由于国内多事，没有正式出兵，但它的侵略野心并不逊于英法，当亚罗船事件发生，因修约交涉失败而刚刚折返香港的美使巴驾就积极支持英国的侵略行为，保证要和英国"行动一致"，并派出军舰三艘，轰击猎德炮台。1857 年春，美国派列卫廉（W. B. Reed）为驻华公使，训令他要和英法两国联合行动，以逼迫清朝政府修订条约。美国这时候所使用的侵略手段，正如一个美国资产阶级学者丹涅特（Dennett）所供认的一样："美国的特命全权公使要派到世界的那一边（按：指中国），站在树底下，手里拿着筐子，等着接他的在树上的伙伴所摇撼下来的果子。甚至他还接到训令，万一树上的人和果园的主人发生纠纷，他应当出来调停。美国代表在国际政治中从来没有扮演过比这更无耻的角色了。"①

沙俄也在这时候出来趁火打劫。由于沙俄内部的经济发展，要求扩大其国外市场，特别是沙俄在近东和中东的出海口，被英国强行堵塞，所以它很注意经营远东。从 19 世纪 50 年代起，许多哥萨克和农民开始移殖到西伯利亚，并且逐渐渗入黑龙江、乌苏里江一带。按照《尼布楚条约》，该处本属于中国的领土，可是封建时代的划分国界大都是很含糊笼统的，中俄两国接壤极多，其中有一些尚

① 丹涅特：《美国人在东亚》，305 页。

未划定的界址，沙俄就利用这一点为借口，向属于中国的土地上大量移民。这里本是人迹罕至的荒野和原始森林，大批俄国人进入此地，可是清朝官吏还未觉察，一直到俄国人在黑龙江和海兰泡一带出现并盖房辟地，有久占不去的意思，当地官吏才把这个情况上报朝廷。1857年俄国派普提雅廷（Count Putiatin）从海道赴大沽口，要求清朝重划东北的国界，清朝政府拒不接待。普提雅廷就南去香港，和英、法、美合作，准备利用英法出兵的时机，威胁清朝，达到自己的目的。这样，第二次鸦片战争中，英、法、美、俄就结成了一个对华的四国侵略集团。

1857年7月，英国全权大臣额尔金（Lord Elgin）率英国侵略军至香港，10月法国全权大臣葛罗（Baron Gros）率法国侵略军至香港，两国侵略军队有五六千人。11月侵略军封锁了广州。12月英法公使照会叶名琛，要求修订条约、进入广州城、赔偿军费等项，限期答复。外国侵略者的声势和要求，咄咄逼人，可是叶名琛却好像没事人一般，安然处之。他一方面妄信一些不可靠的情报，认为英国正在印度和起义的士兵作战，绝无力量对中国开衅。他说："彼故作恐吓之势以逼和，我已悉其底蕴，决无事变"①，甚至主张"若再不乘此罪恶贯盈之际，适遇计穷力竭之余，备将节次要求各款，一律斩断葛藤，以为一劳永逸之计，则得陇望蜀，伊于胡底？"②

那么叶名琛的这种强硬态度是否有必要的武力后盾呢？可怜得很，自从亚罗船事件发生以来的一年中，叶名琛不但没有积极筹备防务，反而大举裁撤兵勇。据杨从龙称："七年五月，黄埔、陈村两处烧我水师兵船十分之八，以后不再补造，水面兵勇亦从此全撤矣。即陆路壮勇一万有余，亦裁撤十分之八。所存者林勇七百、东勇八百、潮勇数百，统计不及二千。"③ 至于各乡团练，早在上年年底烧

---

① 琴阁主人：《触藩始末》，卷中。叶名琛当时的情报来源，大多得自英领事馆通事张同云。叶名琛说："彼第作战势来吓我耳！张同云在敌中，动作我先知之，我不与和，彼穷蹙甚矣！"（薛福成：《书汉阳叶相广州之变》）实际上张同云是一个十足的大汉奸，故意拿些不可靠的情报来愚弄叶名琛。

② 《筹办夷务始末》，咸丰朝，卷一七。

③ 同上书，咸丰朝，卷一九。

毁十三洋行之后，即被叶名琛出示禁止，不准留在省城，以致“纷纷解体”。在这种毫无准备的情形下，“各官请添兵勇，坚拒不许。予（按：为《触藩始末》的作者华廷杰，当时为南海县知县）与星衢（按：指当时番禺县知县李星衢）请照六年冬旧章，招募两县乡勇数千，以备不虞，亦拒弗纳，并谓：‘尔等致意司道诸君，此事我确有把握，可保其无事，谁添兵谁给饷，如添兵勇，彼转有以借口，必示以不疑，大约过十五日便可了结。’”①

叶名琛的态度在今天看来是非常矛盾、非常奇怪的，但是结合着当时统治阶级顽固派的整个对外态度来看待，便不会觉得十分离奇了。第一，当时顽固派从维护自己的封建权力出发，对于外国侵略者的要求不愿意轻易地答应下来，所以英法公使的一纸照会吓不倒叶名琛；第二，封建顽固派对于外国情况都是毫无了解的，他们是中国社会最愚昧颟顸、闭塞无知的一个集团，所以汉奸张同云捏造的一些情报轻易地骗得了叶名琛的信任；第三，顽固派像一个纸老虎，表面强硬，内中空虚，他们极力避免与外国开衅，不敢得罪外国，所以叶名琛认为“如添兵勇，彼转有以借口，必示以不疑”，他摆出这种“和平”姿态，希望博得外国侵略者的谅解；第四，顽固派对于人民力量，深为畏惧。上年年底广州团练起来抗击外国侵略军，人民反侵略势力的兴起使得顽固派甚为震惧，他们恐怕又会闹出一场像大成国起义那样的“滔天大祸”，所以叶名琛急急忙忙要禁止团练，勒令解散团练组织。加以叶名琛个人又十分相信扶乩，供奉着吕洞宾、李太白等，凡事都扶乩请仙来决定，他根据“仙人”的乩语，相信“过十五日便可了结”，这样就更增加了叶名琛对外态度的荒唐离奇色彩。实际上，叶名琛的态度非常典型地代表着当时整个封建顽固派动摇不定、矛盾的政治立场。所以当时咸丰皇帝对叶名琛的措施十分赞赏，称“该督熟悉夷情，操纵得宜”。后来有人讥讽叶名琛“不战、不和、不守、不死、不降、不走，相臣度量，疆臣抱负，古之所无，今亦罕有”。其实叶名琛的基本态度并非是“罕有”的，甚至可

① 琴阁主人：《触藩始末》，卷中。

以说这种政治态度在当时还占着统治地位。

12月26日，英法又向叶名琛发出最后通牒，重申前述要求，叶名琛答称："通商可行，余皆不准"。28日，英法联军遂据海珠炮台，开炮攻城，"满城遂无清净寸土，百姓扶老携幼，街衢拥塞"①。叶名琛吓得逃往粤华书院。当夜，联军攻扑广州城，"千总邓安邦率粤勇千人殊死战，杀伤颇相当，以无后继，遂不支"②。29日，联军攻北门，"来都统（按：指都统来存）彻夜死守炮台，任飞炮迸裂，镇静不移，敌兵冒死扑台，为长蛇阵直进，将近二千人，我兵在台上对准放五千斤及八千斤大炮，连放三轮，伤毙敌兵数百"③。侵略军遂折而从小北门扒墙入城，抢占城内的制高点观音山。广州城内乱成一团，巡抚柏贵吓得"口噤手颤"，派绅商伍崇曜、梁纶枢与敌人议和，广州将军穆克德讷迫不及待地在城上竖白旗投降，叶名琛则躲藏在副都统衙门的后花园内。联军入城以后，大肆掳掠，劫去了藩库存银20万两，搜获叶名琛，把叶遣送到印度加尔各答拘留起来（1859年4月病死于加尔各答）。广东巡抚柏贵则甘心充当侵略者的走狗，在侵略者三人委员会的监督下当傀儡。在柏贵的合作下，侵略军"将督、抚、广协三标军器局查点封记，旗营抬枪全数收缴，并请抚宪（指柏贵）调回各巡船、拖船，交夷兵管带，跟同缉捕。各兵船勇在城内者，均不准穿号衣及持带器械，不准声称'番鬼'二字"④。柏贵还和侵略军联衔出告示，"大意言两国已和，百姓不许挑衅"，"如殴打洋人及擅敢借词团练等情，定照叛逆治罪"，"如遇洋人下乡，要以礼款待"⑤等等，事实上柏贵已经完全变成任凭侵略者摆布的汉奸。

三、广东人民反抗侵略联军的斗争

和统治阶级的态度相反，广州人民又一次地表现了他们坚决反抗外国侵略的伟大精神。当侵略军围攻广州时，广州附近各乡团练

---

①③　琴阁主人：《触藩始末》，卷中。

②　薛福成：《书汉阳叶相广州之变》。

④　《筹办夷务始末》，咸丰朝，卷一八，4页。

⑤　琴阁主人：《触藩始末》，卷下。

都争先恐后地去援救，但畏敌如虎的柏贵却命令“各乡约束子弟，不得来城滋事，并谕不准乡勇一人入城”①，遂使侵略军毫无阻挡地占领了广州。以后，英法联军在广州“拆毁民房，掳掠子女，恣睢暴戾，无所不为”②，“既蹂躏城中，复荼毒城外，（咸丰八年）四月二十一日率夷兵千余，往近村奸毙良妇二人，掳去处女三人”③，又“以大股攻扑石井，于八年十二月毁其村墟”④，英法联军在城内外“欺侮官民，奸淫妇女，掳掠财物军装，殆无虚日”。富有反侵略斗争光荣传统的广东人民对侵略联军进行了坚决的抵抗。广州城北的三元里、石井以及靠近佛山镇的九十六乡首先起来组织团练，设团练局于佛山镇，积极准备反攻广州。“首严清野，禁绝汉奸。又声言夷人入其界者，登时格杀弗论，英、佛（法）闻而惮之”⑤。1858年2月间，团练准备反攻广州，“城中汹惧，是时将军都统皆在城中，英人防其内应，悉收驻防兵械，胁旗民而降之”⑥，巡抚柏贵还为虎作伥，出示“有敢借口起义兵者，即依军法从事”。由于广州官僚们和侵略者合作，这次攻城计划遭到破坏。

1858年3月，清朝政府看到团练声势浩大，企图利用和控制这支力量，以作为与侵略者讨价还价的本钱，遂派前户部侍郎罗惇衍、前太常寺卿龙元僖、前工科给事中苏廷魁办理广东团练。团练武装由于争取到朝廷的承认，活动起来更加方便了。4月，团练局发动香港大罢工，规定凡广东人“在香港、麦高等处为外洋人教书、办理文案及一切雇工服役人等，限一月内概行辞退回家……一月之内，告归者二万余人。夷人身司炊爨，不堪其苦”⑦。同时，团练又对广州实行经济封锁，“省城内外商民，迁徙一空，西关白昼无人迹……敌人自香港载牛至省，以充食物”⑧。

6月初，广东团练与侵略军在广州郊外之榕树头展开激战。团练

① 《筹办夷务始末》，咸丰朝，卷二二，38页。

② 同上书，咸丰朝，卷二二，39页。

③ 同上书，咸丰朝，卷二六，33页。

④ 同上书，咸丰朝，卷五六，6页。

⑤⑥⑦ 《中西纪事》，卷一三，《粤民义师》。

⑧ 琴阁主人：《触藩始末》，卷下。

“预先于树林僻径节节埋伏，俟敌人深入，伏起截杀，敌兵大败，毙数百人。我兵跟踪追剿，彼众纷纷逃窜，陷入水田者均不能起，巴酋（指英领事巴夏礼）亦坠马，几被获”①。团练乘胜逼近广州城，6、7月间，“日夜皆有练勇到城攻打，时有斩获”②。7月下旬，“大冈安良局壮勇会同西北两路前进，环城而攻，齐施枪炮火具，伤毙夷兵多名，乘胜登陴，直上城垣西北角及通心楼两处。又北路各团，分队冲进西门，该夷拚命抵敌，其观音山之夷兵，省河之夷船，齐放飞炮，城上火盘火弹，抛掷不休”③，侵略军由于火力上的压倒优势，才勉强守住了城垣。自此以后，广州城内风声鹤唳，“敌人固守城内，挑诱不出……复弃新城不守，尽收兵入城内，非数十人不出”④，管制广州的三人委员会也撤销了，代之以“一个依戒严法行事的军政府”⑤。

广东人民群众利用团练形式，给予侵略者以极大的打击。在历史上团练一般都是地主阶级的反人民武装，但在民族矛盾特别尖锐的广州，团练的性质就有了不同。当时广州的团练，实质上是中华民族反对外来侵略的一种组织形式。一种反人民的组织形式之所以能够成为一种反侵略的组织形式，主要是由于以下两个原因：

第一，在反侵略斗争中，有不少官僚、地主，由于本身的利害关系，也会在一定程度上参加到斗争中来，所以人民群众就可能利用一直掌握在统治者手里的团练组织，使之转化成为一种反对侵略的组织形式。例如当时佛山镇团练局中就有不少官吏、士绅参加，甚至由于团练的声势日益浩大，还推动了广州城里一些傀儡官吏脱逃出来，投奔团练的阵营，其中还包括很高级的官吏如署理广东巡抚江国霖等。2月中旬，巴夏礼曾代表英法管制广州的三人委员会写信给额尔金说：“近两星期中，关于邻近村镇地方的人民武装的报

①④ 琴阁主人：《触藩始末》，卷下。

② 《筹办夷务始末》，咸丰朝，卷三一，5页。

③ 同上书，咸丰朝，卷三〇，4页。

⑤ 马士：《中华帝国对外关系史》，第1卷，597页。

告，纷至沓来……本会更注意到所有官宪都已离开他们的衙门，并发觉上层阶级的士绅也同样迟迟不返回他们城里的家宅”①。

第二，广州原来的反侵略组织——社学，在1854年被叶名琛大加摧残，社学组织一时难于恢复，因此人民群众就转而利用团练组织来进行反侵略斗争。团练是一种合法组织，利用它可以比较公开地进行活动，可以减少清朝政府和地主士绅的干扰和阻力，可以扩大团结面，更广泛地吸收各个阶级、阶层投入反侵略战斗中去。

就在以上两个历史情况下，团练转化成为一种具有反侵略性质的组织。但是同时应当指出，团练组织的领导权一般是掌握在地主阶级的手中，因此它在反侵略斗争中就不能不有很大的局限性，地主阶级经常害怕人民势力的发展会危及自己，所以他们在反侵略斗争中不可能、也不愿意把斗争进行到底。果然，在1858年，侵略联军在大沽获胜，并迫使清朝签订了《天津条约》之后，清政府就立即命令广东团练“暂事缓兵，以顾沿海大局”②。广东的地主、官僚们便千方百计地阻挠人民反侵略活动的发展。本来是慷慨激昂的罗惇衍等也主张“息事宁人”了，命令团练“不许附城驻扎”，甚至还异想天开地要把团练带到“西北两江助剿（指镇压天地会起义），以含愤未伸之勇，歼灭积年巨寇，谅有成效”③。新任的两广总督黄宗汉也是尽量限制反侵略活动，“约束各营壮勇，不得入城滋事”，并“饬令地方文武、铺户、居民协同查拿假冒义勇无端挑衅之人”④。到1859年，干脆下令将广东团练“归并裁撤”。

广东人民的英勇斗争在侵略者的严厉镇压和统治阶级的从中破坏之下，遭受极大的损失，但人民反侵略的怒火是不会就此熄灭的，广东人民仍旧在进行零散的斗争。1858年9月间，英法侵略军2 000名进犯广州附近的新安县，新安人民奋起截击，毙侵略军一百余人。

---

① 马士：《中华帝国对外关系史》，第1卷，596页。
② 《筹办夷务始末》，咸丰朝，卷三〇，5页。
③ 同上书，咸丰朝，卷三〇，17～18页。
④ 同上书，咸丰朝，卷三一，11页。

广州城内也到处埋伏着暗箭，狙击敌兵，满腔义愤的群众“骂罗惇衍等虎头蛇尾”①，甚至把匿名揭帖贴到黄宗汉的衙门前。广东人民这种正义斗争得到了无产阶级革命导师恩格斯的热烈赞颂。恩格斯写道：

但是现在至少在南方各省——迄今冲突只限于这些省分以内——，人民大众积极地，而且是热狂地参加了反对外国人的斗争。他们事先极冷静地筹划好，在香港欧洲人团体食用的面包里大量渗入毒药……中国人暗带武器乘上商船，在中途，就杀死水手和欧洲乘客并将船只夺取。凡落到他们手内的外国人，一概被他们掳去和杀死。连那些到外国去的苦力，也好像事先约定了的那样在每一只移民船上起来反抗，夺取船只，他们宁愿与船身一起沉到海底或者在船上烧死而不愿降服。甚至国外的华侨——他们向来是最驯顺的良民——现在也密谋起事，突然在夜间举行暴动，如在沙劳越（Sarawak）就发生过这种情形；而在新加坡，则用全副武力和严密戒备，才把他们压制下去。英国政府的海盗政策，已经引起了一切中国人反对一切外国人的这种普遍斗争，并使它具有歼灭性战争的性质。②

接着，恩格斯热情地肯定这种斗争的正义性质，他说：

我们最好还是不要像武士气味的英国报纸那样从道德上去衡量中国人可怕的残暴行动，而要承认这是一个卫国保家的战争，这是一个谋中华民族生存的人民战争……

华南人民在反对外人的斗争中所表现的那种狂热情绪本身，似乎表明对古老中国所处极度危险的一种觉醒。不要过多少年以后，我们就会亲眼看到世界上最古老的帝国作垂死的挣扎，亲眼看到全亚洲新纪元的曙光。③

四、英法联军侵占天津和《天津条约》的签订

正当广东人民在广州附近和侵略者进行英勇搏斗的时候，清朝

---

① 《筹办夷务始末》，咸丰朝，卷三一，10页。

② 恩格斯：《波斯与中国》，见《马克思恩格斯论中国》，77页。

③ 同上书，78、79页。

军队却在大沽口被打得丢盔卸甲，不得不向侵略军乞降。

当时英法联军攻占广州之后，除留一部分军队继续盘踞广州外，大部分军队在额尔金和葛罗的率领下乘船北上，准备在北方用武，以便对北京的清朝政府直接施加压力。美使列威廉和俄使普提雅廷也随同北上，企图趁火打劫。1858 年 2 月，四国公使在上海向两江总督何桂清投递照会，要求：(1) 赔偿军费；(2) 公使驻扎北京；(3) 外人自由往内地游历；(4) 增开通商口岸；(5) 改订关税税率；(6) 协助“剿匪”；(7) 保护教徒。清政府这时的态度和一年以前的叶名琛如出一辙，一方面对四国的侵略要求不愿考虑，只是命令何桂清“劝导”四国回广州办理交涉；另一方面，又不积极从事防务。是年 4 月，侵略联军到达大沽口外，清朝先派仓场侍郎崇纶负责交涉，英法认为他官职太小，拒绝谈判。清朝改派直隶总督谭廷襄负责交涉，英法仍借口谭廷襄非全权大臣，无便宜行事之权，拒绝见面。英法故意在这个全权问题上兜了将近一个月的圈子，实际上是在争取备战的时间。英法两国在大沽口摆出一副恶狠狠寻架闹斗的样子，美俄两国则打扮成“好心肠”的“和事佬”，单独和谭廷襄纠缠，以麻痹清朝方面的警惕。等到英法侵略军准备就绪，美使列威廉就训令其谈判代表：联军定于明日进攻大沽炮台，要谈判代表绝对保守秘密，并“用一种最和蔼亲切的方式，把一切谈判中止”①。美国使节不动声色地完成了欺骗的任务，以后就悄悄地躲在一边，“静候联军所采取的行动的后果，便可以得到他们所争取到的一切”②。

5 月 20 日上午，英法兵舰开炮轰击大沽炮台，掩护步兵登陆。大沽有炮台四座，安设大炮 30 尊，驻防的军队有八九千人，总督谭廷襄驻新城，提督张殿元驻西大沽，副都统富勒敦泰驻于家庄，署总兵达年、署副将德魁、游击沙春元、陈毅等分驻南、北炮台。侵略联军轰击炮台时，下层士兵奋起抵抗，与侵略军炮战两小时，游击沙春元、陈毅均英勇战死，守炮台的士兵群众“胆略甚壮，其坚守炮台之人，三次为英人炮台所中，三次去而复返。又有一弁于英

① 威廉士的生平及其书信。

② 马士：《中华帝国对外关系史》，第 1 卷，581 页。

人逼近炮台时，单身从炮台上跳跃而下，前来迎战”①。可是负责指挥战争的文武大员，“一闻炮声，心胆先怯”②，谭廷襄首先“乘轿西行”，张殿元、达年、富勒敦泰、德魁都随后逃跑，士兵没有指挥官，当然难以抵挡强敌的进攻，大沽遂失陷。

大沽失陷后，谭廷襄带着 2 000 个残兵败将，一路奔逃。侵略联军跟踪西进，直达天津。谭廷襄借口天津“郡城残破，内无一日之水，又无隔宿之粮，城外廛肆毗连，河路错杂”③，干脆自动放弃了天津，退驻到离城很远的地方。联军一路无阻地到达天津，占住望海楼等处房屋，谭廷襄还指派大盐商张锦文，设立支应局，专门供应侵略军队以牛、羊、鸡、鸭、乘马、肩舆等等。交战一方对另一方招待得这样殷勤周到，这还是战争史上破天荒第一遭，这种事情也只有卑鄙无耻的清朝官僚们才干得出来。

历史一再地证明，只有下层人民群众才是反侵略斗争中最坚决的力量。当统治阶级一再退让、侵略军长驱直入的时候，天津附近人民自发地起来反抗侵略。6 月初，清朝派遣大学士桂良、吏部尚书花沙纳赴天津，与侵略军谈判投降条件。桂良到津时，天津“军民遮谒道左，请率团练助官兵与夷人开仗”④，却被桂良拒绝了。联军盘踞天津后，经常掳掠抢劫，天津人民义愤填膺，“商议妥协，联为一气”，欲待其“入院搅扰”，“即行杀戮”⑤。有一次，一个英国军官在街上耀武扬威，天津市民怒气难遏，把他痛打一顿，他丢下一顶白绸帽和一只狮子狗，抱头鼠窜而去。不久，翻译李泰国（H. N. Lay）带一百多名英兵，前来寻斗，这时城门已关闭，他们竟爬城进来，城内的团练和群众准备迎击，李泰国见众怒难犯，才被迫退去。又有一次，外国侵略军十数人在深夜抢劫永泰耀杂货局和庆馨德钱店，他们“手持火枪短刀，撞开铺门，抢去首饰衣服等物，并刀砍万成号瓷器铺门。当时人众惊醒，随即登屋抛掷瓦砾，骤如雨雹，该国人烂头破额，纷纷逃窜”⑥。

---

①③④　《中西纪事》，卷一四，《大沽前后之役》。

②　《筹办夷务始末》，咸丰朝，卷二四，23 页。

⑤⑥　丁运枢等编：《张公襄理军务纪略》，卷四。

但是无耻的清朝统治者却畏敌如虎，他们事先在京津一带毫无防御布置，大敌当前，他们弄得惊魂失魄了。一部分顽固派官僚虽然还在吵吵嚷嚷，主张打下去，但是究竟怎样抵抗下去，依靠什么力量抵抗下去，他们心中完全无数，因此他们的主张只能流为纸上空谈。另一部分大官僚主张赶快投降，如主持谈判的桂良、花沙纳说："此后若再决裂，夷炮一开，不特津郡立时自乱，该夷带兵北窜，更觉可虞"①；主持军事的谭廷襄说："有不能战、不易守，而不得不抚者"②；此外两江总督何桂清也说："若用武则兵连祸结，断乎不可"③。咸丰帝在敌兵压境、门户洞开的情形下，也惊慌失措，不得不授权桂良、花沙纳，要他俩在尽量不损害封建统治利益的条件下，向英法乞降。

6 月初，谈判在天津海光寺举行，英法公使除了最初和桂良会见一面以外，一直把谈判的事情完全交给翻译李泰国和威妥玛（Thomas F. Wade）去办理。李泰国等对桂良、花沙纳竭尽了威吓侮辱的能事，桂良、花沙纳称他们"往来公所，咆哮要挟"，"骄狠之情，有目共见"④。连美国资产阶级学者马士也不能掩饰李泰国的横暴态度，他写道："李国泰（按：即李泰国）是性情暴躁的；既然作为一个强加战败国以种种条件的战胜国的代言人，他便任情逞性，满口作威作福的腔调，打算就凭着这种凶狠的腔调，而不凭借论辩的力量来打倒中国方面的抗衡。他在整个谈判中，从头到尾都是使用这种腔调。"⑤

谈判过程中，清朝政府对外使驻京、北方开埠和外人得入内地通商传教等条款是最感头痛的，努力想讨价还价。不过侵略者的锋芒咄咄逼人，好像已把绳索勒在脖子上，根本不容清朝政府有丝毫动弹的余地。统治阶级由于不敢相信人民群众的力量，所以非但找不到正确的抵抗侵略的办法，也根本没有抵抗侵略的决心，因此也

① 《筹办夷务始末》，咸丰朝，卷二四，33 页。
② 同上书，咸丰朝，卷二二，31 页。
③ 同上书，咸丰朝，卷三五，6 页。
④ 同上书，咸丰朝，卷二六，23、29 页。
⑤ 马士：《中华帝国对外关系史》，第 1 卷，587 页。

就不敢与侵略军决裂。就像桂良、花沙纳所说：

> 该夷枪炮迅利，前见夷兵在津郡爬城，其疾如梭，若抵都门，祸恐难测，此战之不可者一也。天津民情汹汹，数日不和，必将内变，附近天河两府土匪以及各属盐枭，久欲观衅而动，一闻有警，盗贼四起，官军应接不暇，此战之不可者二也。直隶府款支绌，运道各库，帑项皆空，兵勇见贼，多易奔溃，火药有限，炮械无存，天津以北，道途平坦，无险可扼，此战之不可者三也。国家内匪未净，外患再起，征调既难，军饷不易，此战之不可者四也。各夷就抚，迅议通商，则关税日充，兵饷有出，不抚而战，虽未闭关，而税课有限，南军待哺嗷嗷，无从筹画，此战之不可者五也。奴才等非不知后患可虞，必应求万全无弊之策，然进即不可战，退又不可守，于两弊相形之中，聊为避重就轻之法。①

害怕敌人的力量，夸大自己的困难，这是历来投降主义的思想根源，特别是清政府把主要力量集中在镇压内部的革命运动上，当然就不得不在对外方面作妥协让步。在这种情况下，清王朝乖乖地接受了侵略者的全盘要求。1858 年 6 月，清朝政府遂先后与俄、美、英、法订立《天津条约》。中国方面的代表是桂良、花沙纳，英、法、美、俄的代表是额尔金、葛罗、列威廉、普提雅廷。

中英《天津条约》56 款，中法《天津条约》42 款及补遗 6 条，其主要内容为：

(1) 外国公使入驻北京，与清政府外交往来用平等礼节。

(2) 开放牛庄（后改营口）、登州（后改烟台）、台湾（后选定台南）、淡水、潮州（后选定汕头）、琼州、汉口、九江、南京、镇江为通商口岸。从前的五口通商都是在长江以南的沿海城市，现在自南而北，达到东北地区，而且又伸展到长江内地的城市，这表明侵略者的势力一步一步深入中国了。

(3) 英人、法人可入内地游历、通商；英、法传教士可入内地

① 《筹办夷务始末》，咸丰朝，卷二七，1 页。

自由传教。

（4）详密地规定了领事裁判权：“英国属民相涉案件，不论人产，皆归英官查办”；中国人和英人涉讼，如为刑事案件则由被告国审理；如为民事案件，则由“中国地方官与领事官会同审办”。

（5）修改税则，并规定洋货运销内地，按时价抽 2.5%的子口税，以后即可免交厘金及常关税（按：此条为 1858 年 10 月上海会议所补定）。

（6）外国兵船得往来于各通商口岸。

（7）对英赔款 400 万两，其中军费 200 万两、商亏 200 万两；对法赔款 200 万两。

（8）条约经两国政府批准，于一年后在北京互相交付。

中英、中法《天津条约》使中国人民又戴上了一副沉重的新枷锁，外国侵略者根据所谓“条约权利”，得以更进一步地侵入中国。而且由于最惠国条款的规定，每一国所得的权利，他国可以“均沾”，所以美国和俄国实际上也获得了一切特权。而且俄国在签订《天津条约》之前，已经逼胁黑龙江将军奕山签订了《瑷珲条约》（1858 年 5 月在瑷珲订立），规定：黑龙江、松花江北岸，自额尔古讷河至松花江海口属于俄国，其南岸顺江至乌苏里江属于中国，乌苏里江以东至海之地为两国共管。俄国不出一兵，不费一弹，而其所得利益极为惊人，仅《瑷珲条约》中就“向中国夺得面积等于法德两国的领土和长度等于多瑙河的河流”①。

五、1859 年的大沽口战斗

《天津条约》签订之后，事情还没有就此完结。在清朝统治者方面，条约的签订的确引起了极大的忧虑和烦恼，当然，统治阶级并不是担心国家主权的丧失和人民利益受到损害，关于这些，他们倒是无动于衷的。统治阶级担心的是，条约中关于外使驻京、长江通商、内地游历等条款，将会形成颠覆自己统治地位的隐忧。一直到

① 恩格斯：《俄国在远东之成功》，见《马克思恩格斯论中国》，101 页。

这个时候为止，统治阶级中的大多数人尚无和外国侵略者共同合作的经验，他们只能拿封建时代对待边疆各族的旧经验来衡量当前的事变。大部分官僚认为，长江通商和内地游历将会使得外来势力和内地人民革命势力接近起来，弄得“内忧外患，连结不已”。特别是外使驻京一条，更是“千古未有之奇闻”（宗人府府丞钱宝青语），这不仅会大大降低封建统治的威信，而且“肘腋之变，防不胜防”，他们一提起“外夷驻京”的事，便自然而然地会联想到“晋之怀、愍，宋之徽、钦”，那种异族入驻京城、皇帝形同俘虏的局面确是有点难堪的。所以《天津条约》订立之后，统治阶级中间笼罩着一片忧心忡忡和惶惶不安的气氛。

1858年10月，继《天津条约》之后，清朝和英、法、美三国在上海举行改订税则及通商章程会议。清朝指望通过这次会议来作些补救和挽回，特派桂良、花沙纳、基溥、明善、段承实等前往上海，会同两江总督何桂清与三国谈判。上谕指示他们：“不但派员驻京，必须极力挽回。即内江通商及内地游行，赔交兵费退还广东省城各要件，贻害甚大，均不可不设法阻止”①，并且荒谬地要以“全免税课”作为交换条件。当然，统治阶级当权派的这种希望不过是梦想而已，侵略者对于已得的权利自然是不肯轻易松手的，而且实际主持谈判事宜的何桂清已经有了和侵略者勾结的经验，他并不把这些条款的危害性看得那样严重，而且他当时正是依靠上海的关税收入，才能够维持大量军队，对付太平军，所以何桂清也不肯放弃这笔重要的财源。至于桂良、花沙纳虽然是钦命大臣，可是在天津谈判中已经吓破了胆子，他们完全像木头人一样，听凭何桂清的安排。因此，上谕中三令五申要挽回条约的指示，在上海的会议桌上却从来没有以比较肯定、明确的形式提出来。

清朝政府除了希望通过上海会议对条约有所补救之外，同时在大沽口整顿防务，由科尔沁亲王僧格林沁与大学士瑞麟负责办理，在原来炮台的废墟上建立“南岸炮台三座，高自三丈至五丈不等；

① 《筹办夷务始末》，咸丰朝，卷三二，9页。

北岸炮台二座，一高三丈，一高五丈”，“周围坚筑堤墙，沿墙修盖土窨，密布炮门枪眼，堤外开挖濠沟，并置木栅”①，此外又在北塘、双港、新河一带设立炮台，增添兵额。应该指出，清朝统治者加强北方的防务，并不是已经下定决心要抵抗侵略，他们不过是因为上次战斗中被打得丢盔弃甲，面子上太不好看，恐怕人民群众从此要轻视自己的统治力量，所以不能不虚张声势，摆出一种不服输的架子，在人民面前夸耀一下自己的力量。

但是，清朝在大沽口设防的举动，又惹起了侵略者极大的不快。侵略者的目的是要使清王朝变为完全驯服的侵略工具，现在清王朝偏偏摆出这种不服输的架子，尽管这不过是虚张声势的空架子，但在侵略者看来，若不把这种架子彻底压垮，便谈不到进一步去控制这个政权。因此，侵略者就决定乘翌年换约的时机，再给清朝政府来个下马威。

1859年，英国公使卜鲁斯（F. W. A. Bruce）、法国公使布尔布隆、美国公使华若翰（J. E. Ward）乘船北上，赴北京换约。英国政府决心乘机对清朝政府施加更大的压力，事前就命令卜鲁斯“必须有一支充足的海军武力伴随着”②，因此，随同三国公使北上的有英国海军上将何伯（Admiral Sir James Hope）统率下的一支强大舰队，其中包括1艘大战舰、两艘巡洋帆舰和13艘炮艇，载有军队2 000人。另有美国兵舰3艘随行。1859年6月中旬，侵略舰队驶抵大沽口外。

清朝政府在大沽口的防务只是摆摆样子，根本没有要和侵略者真正动武的意思，所以一听到侵略者兴师动众地前来换约，又吓得手足无措，一面深恐大沽防军与侵略军发生冲突，所以命令僧格林沁“倘该夷虚放枪炮、入口试探……勿令官兵轻举妄动”③，一面又忙不迭地向侵略者进行解释，说是大沽河中已有障碍物，敦请三国公使改由北塘登陆，进京换约。外国侵略者正好借此口实，挑起衅

① 《筹办夷务始末》，咸丰朝，卷三二，12页。
② 转引自马士：《中华帝国对外关系史》，第1卷，648页。
③ 《筹办夷务始末》，咸丰朝，卷三八，18页。

端，拒绝由北塘登陆，派船闯进大沽口拦江沙的鸡心滩内，进行侦察，并照会天津道，限于三日之内撤去海口所设木筏、铁戗等障碍物。6月23日，直隶总督恒福致卜鲁斯照会一件，再度请三国公使由北塘去京，美国公使华若翰伪装成“和平使节”，乘船赴北塘，英法公使仍旧摆出一副蛮横寻架的气势，不理会清政府的请求。6月24日夜间，侵略军“以小杉板船，驶入铁戗内，用炸炮轰断拦河大铁链二根、大棕缆一根”，翌日晨“该夷火轮船十余只，排列铁戗门外，又傍南岸炮台下，驶入火轮船三只，直逼铁戗。旁以数人凫水，用丝绳系铁戗前柱，而引其端于该夷船尾，另以一船轮回曳之，一二时之久，拉倒铁戗共十余架。其排列多船，皆竖红旗，立意启衅用武”①。侵略者就是这样狂妄地闯入中国内河，擅自拆卸了中国的国防措施。僧格林沁本着清政府“隐忍静伺”的方针，“派员持天津道照会前往晓谕，该夷不准投递，竟将合船蜂拥直上，冲至第二座炮台，直撞铁链，两次皆被拦截，不能径越，该夷即开炮，向我炮台轰击”②。炮台守军在“郁怒多时，势难禁遏”的情况下，发炮还击。这场惊天动地的炮战延续了一昼夜，侵略军分乘舢板船，企图强行登陆，但遭到守军密集炮火的射击，伤亡惨重。美国资产阶级史家马士叙述这场战斗说：

> 在这期间，炮台和炮艇遂互相猛烈的轰击起来，而出人意外的是，炮台占到了优势，它们的轰射技术极为良好，事实上表现出对射程曾作过精密的测量，以致使英军的损失颇为重大。六只炮艇被打得不能作战，其中四只被击沉，二十五名水手和六十四名海军陆战队被打死，九十三名水手和二百五十二名海军陆战队受伤，伤亡总数是四百三十四人，占登陆军队的半数以上。在重伤之中的有海军司令何伯。法国巡洋帆舰“杜谢拉号”的一小支军队也参加了战斗。但对于中国的炮台似乎只产生了轻微的效果，河口的障碍物依然完整如初；英军的威望受到了严重的打击。③

---

①② 《筹办夷务始末》，咸丰朝，卷三八，40页。

③ 马士：《中华帝国对外关系史》，第1卷，653页。

英法侵略军正被打得前进不得、后退不能的时候，美国海军大佐达特纳尔（J. Tatnall）立即奔赴何伯的战舰，援救英法军队，并且出动了美国的水兵和兵舰道义丸号，提出“血浓于水”（意即同种族比异族更亲密）的口号，参加战斗。由于美国侵略者的援救，被打得七零八落的英法军队才能够逃出大沽口。

大沽口战斗中清朝军队的行动完全是合理的。因为大沽是中国的领土，中国政府在这里布置了防御工事，侵略者有什么理由要来擅自拆毁呢？白河是中国的内河，侵略者有什么权利硬要闯进来呢？清朝政府已经指定北塘为三国公使的登陆地点，侵略者为什么又偏偏要在大沽口逞强行凶呢？很显然，这是外国侵略者的无理挑衅。中国军队的抵抗纯粹是防御的、自卫的性质。甚至，有些外国资产阶级史家都不能为进攻大沽的无理行动作辩解，例如麦卡瑟（Justin Mccarthy）的《现代史》中写道：

> 这位英国海军上将早已了解炮台已经武装了，该河的通路已经阻塞了……有些英国官员，他们实际上参加了何伯海军上将的行动企图，曾公开的否认在中国方面有任何背信行为，或对他们自己有任何惊异的观念。他们说，他们完全了解，炮台对于公使们强行开路、沿河上驶的行动企图，将进行抵抗。①

当然，清朝军队是应该而且也必须进行抵抗的。由于清朝士兵和群众的英勇抗击，外国侵略军遭到了一次可耻的败北。可是腐朽的清朝政府却继续执行软弱妥协的政策，在大沽告捷以后，它不去进一步发动人民，加紧防务，却想鬼鬼祟祟地通过上海一些买办商人，和“英夷说合”。当然，英法侵略者决不会甘心歇手的，当战败的消息传到伦敦，英国资产阶级叫嚷咆哮，要求进行大规模的报复。伦敦的《每日电讯》写道：

> 大不列颠应攻打中国沿海各地，占领京城，将皇帝逐出皇宫并得到物质上的保证，担保以后不再发生袭击……。我们应

---

① 麦卡瑟：《现代史》，第3卷，266页，转引自马士：《中华帝国对外关系史》，第1卷，655页。

该鞭打每一个穿蟒袍而敢于侮辱我国国徽的官吏……应该把这些人（中国将军们）个个都当作海盗和凶手，吊在英国军舰的桅杆上。

把这般浑身纽扣、满面杀气、穿着丑角服装的坏蛋，吊在桅杆上示众，随风飘动，倒能警戒人心。无论如何应该实行恐怖手段，再不能纵容了！……应该教训华人重视英人，英人高出于华人之上，英人应成为华人的主人翁……。我们至少应该夺取北京，如果采取更勇敢的政策，则应于夺取北京以后永远占领广州。我们能把广州保留在自己手里，和我们现在领有加尔各答一样，我们能够把广州变为我们远东的商业中心，来抵抗俄国在中国东三省边境所已取得的势力，并奠定新领地的基础。①

以上那种狂妄的叫嚣充分暴露了英国资产阶级贪婪的侵略野心和残暴凶狠的面目。

六、英法联军侵占北京和《北京条约》的签订

1860 年夏，英国全权大臣额尔金和法国全权大臣葛罗再度率军北犯。侵略联军这次出动的规模极大，有战舰和运输舰 200 余艘，英兵 1.05 万名、法兵 6 300 名。1860 年 7 月底，侵略军开到大沽口。清朝方面虽然在上年打了一个胜仗，但是它把主要力量集中在镇压太平天国革命上，对外但求相安无事，根本无意作持久的抵抗，因此朝廷屡次命令僧格林沁等“不可因海口设防严密，仍存先战后和之意”，“总须以抚局为要”，“不可贪功挑衅”②。而且清朝官僚们还幻想可以在原来《天津条约》的基础上和侵略者握手言和，所以撤去北塘的防御设备，以便让外国使节在此登陆，进京换约。但是，事实并不如此，北塘的撤防不仅丝毫不会影响英法的侵略决心，反而在大沽防御线上造成了一个极大的缺口。8 月 1 日，英法联军就在

① 转引自马克思：《新的对华战争（一）》，见《马克思恩格斯论中国》，106～107 页。

② 《筹办夷务始末》，咸丰朝，卷五五。

这个不设防的口岸拔去木桩登陆，清军竟不加阻止，使侵略军在登陆以后又有十多天的时间从事进攻的组织工作。12 日，英法联军万余人分别由北塘进攻新河和军粮城。僧格林沁以骑兵迎战。僧格林沁镇压太平军时十分卖力，可是在对外战争中却是个十足的脓包，他愚蠢地以 3 000 名精锐骑兵，排成密集队形，向敌冲锋。侵略军排成一字阵，紧紧围裹住骑兵，用洋枪轰击。“骑兵人马相依，占地愈多且高，遂为众枪之的”①，结果是清军全军覆没，突出重围的只有 7 个人。侵略军乘胜占领新河、塘沽，包抄大沽口的后路，大沽炮台遂陷入孤立被围、腹背受敌的危境中。

清朝政府得知战败的消息，十分恐慌，一面派侍郎文俊、武备院卿恒祺往北塘海口，劝说英法公使去京换约；一面指示僧格林沁不要“拼命”抵抗，上谕中说：“天下根本，不在海口，实在京师，若稍有挫失，总须带兵退守津郡，设法迎头，自北而南截剿，万不可寄身命于炮台，切要切要。以国家倚赖之身，与丑夷拼命，太不值矣。”② 僧格林沁接到谕旨，有了逃跑的借口。8 月 21 日，英法联军 1 万人进攻大沽北岸炮台，守将提督乐善奋勇迎击，激战三小时，因火药库中炮炸毁，北炮台遂失陷，乐善阵亡。南炮台比北炮台更为坚固，但主持南炮台的僧格林沁一意作逃跑的打算，他见北炮台失守，就“传饬各营，竖立免战白旗”③，当夜就悄悄地逃出大沽，马不停蹄地路过天津，一口气奔跑了几百里。8 月 23 日，僧格林沁已经跑到了通州以南的张家湾。

僧格林沁逃跑后，直隶总督恒福就向侵略军接洽投降，把大沽南炮台交给侵略军，南炮台“未废一弹，就连同守军二千人全部投降。在各炮台上共掠获了上五百门的炮”④。接着，英法联军向天津进发。恒福倒像是侵略军的前导，先于联军抵津，办理投降事宜，并为联军张罗住食供应，联军不动刀枪就占领了天津，随即宣布将天津置

① 薛福成：《书科尔沁忠亲王大沽之败》。

② 《筹办夷务始末》，咸丰朝，卷五五，35 页。

③ 同上书，咸丰朝，卷五七，1 页。

④ 马士：《中华帝国对外关系史》，第 1 卷，669 页。

于军事管理之下，由巴夏礼监督政务，天津遂沦为第二个广州。

天津失陷以后，谈判又重新开始。投降老手桂良和恒福奉命为钦差大臣，投降的条件除了全盘接受 1858 年的《天津条约》外，还有增加赔偿军费、进京换约、增辟天津为通商口岸等项。咸丰皇帝对于这些新增的条款仍是犹豫不决。侵略军不愿在谈判上拖延时间，决定进一步增加压力，宣布谈判中止。1860 年 9 月上旬，英法联军由天津出动，进犯北京，13 日侵略联军的先头部队抵达河西务。清朝政府见事态严重，又改派怡亲王载垣、兵部尚书穆荫为钦差大臣，对侵略军竭力表示让步，请求再开谈判。联军方面坚持要在到达通州之后，再作谈判，以便逼迫清朝作“城下之盟”。载垣等接受条件，答应在通州谈判，于是联军就派巴夏礼、威妥玛等为代表，赴通州谈判。

但是通州谈判再度陷入了僵局，因为英法侵略者坚持要在换约时带 1 000 人的军队入京，并要求清廷撤除北京周围的防御，这种整个解除武装的办法是清廷所难于接受的。当时清朝一方面已经知道自己无力抗拒联军的入侵，所以尽可能地要争取达成妥协；另一方面，清朝已在通州附近布防，集中了 3 万人的军队，自以为尚有背城借一的力量。所以当时一些中小官僚纷纷上书，竭力主战，如户科给事中薛书堂上书说：“战则五胜，和则十害”，工科给事中何璟主张“饬僧格林沁等趁机进剿，各海口一律闭关”，御史朱潮提出“破夷”九策。这种主战的言论多少反映了人民反侵略的意志，但是这些官僚们带着阶级的和历史的偏见，不可能认识到人民群众中所蕴藏的反侵略力量，因此也不可能提出切实可行的反侵略办法。如像詹事殷兆镛提出以旧棉被抵挡枪炮之法①，典型地暴露了这班官

① 据《筹办夷务始末》咸丰朝卷六三殷兆镛奏称：“今令军中多采买旧絮被，愈旧愈妙，以水濡透，横张为蔽，上下贯以粗索，两旁缚以竹竿，竿末嵌小铁刃，可插诸地。上端之索紧系竿首，下端之索系于竿者，令长数尺，可收可放，以防敌人钩竿。每一被用两兵张之，各带长腰刀，马步各队随其后。遇夷匪则棉被军当先，前层蹲、次层立，将全军遮住，酌留空隙，为瞭视与放火之地。布阵既定，任敌人多方冲突，我军屹立不动，俟敌稍懈，则棉被军疾驰前逼，彼火器刀矛，都无所施……再炸炮落地时不能即时炸开，可亟以湿棉被盖之，总以多备为妙。拟请饬下各路统兵大臣，参酌施行。”

僚的昏聩糊涂。咸丰帝这时也倾向于主战，甚至说要“亲统六师，直抵通州，以伸天讨而张挞伐”①。主战派在朝廷中还保持着一定的优势，所以侵略者的要求遭到拒绝。9 月 18 日，英法代表巴夏礼等 39 人被僧格林沁扣押，送到北京囚禁起来，谈判又破裂。这时，英法联军以扣押巴夏礼为借口，立即向张家湾的清军阵地发动攻击，清军骑兵溃败，通州失陷。9 月 21 日，侵略军和僧格林沁、瑞麟等再战于齐化门（今朝阳门）外之八里桥，清军“马队在前，且均系蒙古兵马，并未打过仗，一闻夷人枪炮，一齐跑回，将步队冲散，自相践踏，我兵遂溃”②，副都统胜保督队策应，亦败，胜保负伤退入城中。咸丰帝嘴里老在念叨着要“御驾亲征”，心里面却时刻在作逃跑的打算。张家湾和八里桥战败以后，所谓“八旗劲旅”大半溃散，咸丰帝心胆已寒，立即于22日率领后妃和一些大官僚逃奔热河，而令他的弟弟恭亲王奕䜣留在北京，以接洽投降事宜。

9月底，英法联军逼近北京，但因粮弹告罄，暂时停止了攻势，等待从天津来的补充。清朝官僚方面乱成一堆，僧格林沁、瑞麟、胜保等率领残兵败将退驻安定门、德胜门外，他们已经被打得丧胆落魄，成为惊弓之鸟。城内官僚、富商纷纷逃避。据刘毓楠说：“初九日（按：为公历 9 月 23 日）官眷商民人等纷纷出城逃避，闻自彰义门至保定，一路车马行人，拥挤不断”③。《英夷和议纪略》中说：“十九日（按：为公历 10 月 3 日）彰义门亦半开，城外米蔬不得入，百物倍价。城中迁徙者十有七八，城门拥挤不得出者，索钱始放行，大车有索银百两者，近亦需数十两”④。在一片混乱之中，恭亲王奕䜣又出面求和，互换了几次照会，不得要领。官僚们又派“同仁堂乐宏宾、恒利木厂王海，邀众商等备牛五十只、羊五百只、梨果各三十盘，并南酒等物，赴夷营求和。甫抵营，即被抢去，受辱受惊，人人怨恨”⑤。侵略者决心要使清朝完全屈服，不愿意在占领北京以前举行谈判。

① 《筹办夷务始末》，咸丰朝，卷六〇，30 页。
② 吴可读：《英法联军时代之北京景象》。
③ ⑤ 《刘毓楠日记》，见《史学集刊》，第 2 期。
④ 佚名：《英夷和议纪略》，载《近代史资料》，1956（2）。

10 月 5 日，侵略军得到了兵员和粮弹的补充，再一次发动攻势。僧格林沁、瑞麟等望风败窜，奕䜣和一些留守京城的大官僚逃到长辛店。10 月 6 日，英法军到达海淀和圆明园。这时，北京城内城外的十多万清军“溃散十之八九”①，僧格林沁只剩 3 000 马队，瑞麟的军队“仅存千余名”，胜保“前统之兵，现在所存无几”。封建统治阶级在对外战争中充分暴露了他们的腐朽无能，只有人民群众才真正表现了高尚的民族气节和英勇的斗争精神，如：9 月间，天津有王兴邦、隋登初等焚烧敌船、截杀敌兵；10 月间，北京西郊谢庄的猎户冯三保打败了进犯谢庄的一百多个侵略军，其女冯婉贞为了防备敌军的报复，率领一批少年猎手在森林中埋伏，果然，侵略军五六百人拖着大炮，企图轰平谢庄，婉贞“挟刃奋起，率众袭之。敌出不意，大惊扰，以枪上刺刀相搏击，而便捷猛鸷终勿逮。婉贞挥刀奋斫，所当无不披靡，敌乃纷退。婉贞大呼曰：‘诸君！敌人远吾，欲以火器困吾也，急逐弗失！’于是众人竭力挠之，彼此错杂，纷纭拿斗，敌枪终不能发。日暮，所击杀无虑百十人。敌弃炮仓皇遁，谢庄遂安”②。

中国人民在反侵略战斗中是十分英勇、十分坚决的，可惜这种自发的小规模的抵抗还不能够扭转战争的全局。清朝官僚们见兵临城下，打定了投降的主意，留在北京的豫亲王义道首先释放了巴夏礼等人，要求迅速议和。北京城墙高大，城内尚有数万清兵，侵略者知道，“以他们所有的兵力来估计，要想攻破象中国京城这样伟大的城墙，并不是一件容易的工作”③，所以侵略者趁机提出，要占领一个城门，作为议和的条件。胆小如鼠的清朝王公大臣答应了这个要求。10 月 13 日，侵略联军不发一弹，占领了安定门，在城楼上设炮竖旗，分布岗哨。清朝官僚干脆自动地缴械，“各城上兵丁帐房军器及城门守兵，并枪刀弓箭等物，全行撤去”④。几百年来中国封建王朝的京城就这样未经抵抗地第一次被外国资本主义侵略者所占领。

---

① 《筹办夷务始末》，咸丰朝，卷六五，27 页。

② 徐珂辑：《海战轶闻》，《冯婉贞胜英人于谢庄》。

③ 马士：《中华帝国对外关系史》，第 1 卷，685 页。

④ 《刘毓楠日记》，见《史学集刊》，第 2 期。

侵略联军占领北京期间，还干了一件极其卑鄙无耻的勾当，这就是抢劫和烧毁了圆明园。圆明园是中国劳动人民精心创造的园林艺术的典范，是世界上最豪华瑰丽的宫殿之一。该园本是明朝的一个故园，历经康、雍、乾、嘉、道、咸六朝150年的大规模增修扩建，花费了无数的人力、财力而成。其中包括三园（圆明园、万春园、长春园）一百多景和无数楼、台、殿、阁、廊、榭、馆、轩，珍藏着古今中外许多历史文物——孤本秘籍、名人字画、鼎彝礼器、金珠珍品、铜瓷古玩。它不仅是中国封建时代建筑的精华，而且也是世界上最伟大壮丽的博物馆和艺术馆。正如一个侵略军官所说："在我们的欧洲，没有任何能给予我们那样豪华的观念的，在这几行文字中，要我描写它的华丽景象是不可能的。那些令人眩迷的奇迹，特别使我深刻难忘。"① 这样一个由中国劳动人民智慧和血汗所凝结成的名园，却遭到侵略联军的大肆蹂躏和抢劫。据英军书记官斯文侯（Robert Swinhoe）记载抢劫的情形说：

> 十月十七日联军司令部正式下令可以自由劫掠，于是英法军官与士兵疯狂抢夺，每个人都是腰囊累累，满载而归，这时全园秩序最乱。法国兵营驻扎园前，法人手持木棒，遇珍贵可携者则攫而争夺，遇珍贵不可携的如铜器、瓷器、楠木等物，则以棒击毁，必至粉碎而后快。②

后来帮助清朝镇压太平天国革命的"常胜军"头子戈登（Gordon）当时也参加了劫掠，他写道：

> 我们就这样以最野蛮的方式摧毁了世界上最宝贵的财富，这财富即使花费四百万镑也很难恢复。离开圆明园时，军中每个人都获得值四十五镑以上的掠夺品。我没有象其他的人那样抢，但所得的东西也很不少。英军中有一人以十六先令买进一串珍珠，第二天竟卖到五百镑钱。③

---

① 1860年10月8日孟德邦将军函，见马士：《中华帝国对外关系史》，第1卷，684页。
② 《文物参考资料》，1953（1）。
③ 贺翼柯：《戈登在中国》。

为了掩盖罪恶的劫掠行为，侵略者竟想出了一条放火灭迹的毒计。英使额尔金发表无耻的声明说：“只有焚毁圆明园一法，最为可行……至于此举之足以使中国及其皇帝生极大的震动，余尚有理由：圆明园乃是清帝所最宠爱的行宫，是他燕居之所，如焚毁足以稍戢其骄佚。今宫中宝物既已荡然无存，大军所到，非在掳掠，乃在初肆罪恶者能警惕耳。”这个万恶的主张得到法国侵略者的赞同。10月17日，侵略军有计划有组织地点火焚烧。一个参加了焚园的侵略分子记载说：

> 焚毁的命令发下后，不久就看见了重重的烟雾，由树木中蜿蜒曲折升腾起来。树木中掩荫着一座年代古旧的广大的殿宇，屋顶镶着黄色的瓦，日光之下光芒闪烁。鳞鳞的屋瓦，构造奇异，只有中国人的想象力，才能构思出来的。顷刻工夫，几十处地方，都冒出一缕缕的浓烟密雾……不久这缕缕的烟，聚成一团团的烟，后来又集合为弥天乌黑的一大团，万万千千的火焰，往外爆发出来，烟青云黑，掩蔽天日，所有庙宇、宫殿、古远建筑，被视为举国神圣庄严之物，其中收藏着历代富有皇家风味和精华的物品，都付之一炬了。以往数百年为人们所爱慕的崇构杰制，不复能触到人类眼帘了。这些建筑都足以表彰往日的技术和风格，独一无二。世上没有什么东西可以和它比拟。你们曾经看过一次，就永远不能重睹。

就在英法联军焚烧圆明园的同时，恭亲王奕䜣正在忙忙碌碌地和侵略军互换照会，接洽投降。俄国公使伊格那提业幅从中起了媒介作用，英法所提出的条件被全盘接受下来。

1860年10月24日，中英《北京条约》签订，共9条。25日，中法《北京条约》签订，共10条。除前年所订《天津条约》完全有效之外，又增加了以下内容：（1）开天津为商埠；（2）准许外国侵略者在中国拐骗贩卖人口出洋做苦工；（3）割让九龙司给英国；（4）赔还从前没收的天主教堂，“并任法国传教士在各省租买田地建造自便”；（5）赔偿英法军费各800万两，恤金英国30万两，法国20万两。

条约签订之后，沙俄以“调解有功”，要求续订条约。已经吓得丧魂失魄的清朝政府不敢违抗。11月14日，中俄《北京条约》签订，共15条，内容为：(1) 乌苏里江以东的广大地区划归俄国；(2) 开放新疆的喀什噶尔为商埠。

通过第二次鸦片战争，侵略者不但获得了他们所要求的一切权利，而且迫使中国的封建政权不得不驯顺地和自己合作，而这种合作，对于扩大侵略利益是绝对必要的前提。一个美国资产阶级学者在总结两次鸦片战争时得意地说："以前中国是处于命令的地位去决定国际关系的各种条件，而现在则是西方各国强把他们的意图加在中国身上的时候了。"① 侵略者对中国封建政权通过"打"的手段，达到了"拉"的目的，这样就顺利地完成了侵略中国的第一个步骤。接着，摆在侵略者面前的任务，是怎样来扶持这个遍体鳞伤的腐朽清王朝，使它足以维持下去，以便为自己的侵略利益服务。这样，外国侵略者和中国统治者的眼光就自然而然地转移到对付太平天国革命的问题上。在这个问题上，它们找到了初步进行合作的基础。

第二节　太平天国革命战争的相持阶段

一、杨韦事件后太平天国各战场的不利形势和江西战场的瓦解

杨韦事件发生在太平天国上游战局非常紧张的时候，它对各战场的形势产生了很恶劣的影响。

首先是在武汉战场上，武汉的太平军已和胡林翼、李续宾、杨载福的水陆师血战一年多。胡林翼等挖掘了长壕围困太平军，并烧毁了太平军仅有的200艘船只，隔断了武昌和汉阳之间江面上的联络，太平军已陷于"米粮既断，信息难通"② 的局面，日夜盼望下游援军。杨韦事件发生后，石达开把武昌城外的援军撤走，武汉太平军外援既绝，遂于1856年11月中旬突围，韦俊（武昌守将，韦昌辉之弟）等

---

① 马士：《中华帝国对外关系史》，第1卷，696页。

② 《胡林翼全集》，奏议，卷九，《奏陈官兵克复武昌并分兵迅取武昌县兴国州大冶县等处事宜疏》。

奋力冲出重围，入江西，钟廷生（汉阳守将）则在突围时牺牲，武汉第三次失守。从此以后，太平军再也没有力量规复武汉，而湘军却获得了一个最重要的据点，从这个据点，沿长江两岸水陆齐下。1857 年 1 月，李续宾和杨载福的水陆师抵达九江城下，而北岸多隆阿、鲍超的陆军也到达黄梅、广济，浸浸然逼近安庆。

淮南战场的形势比武汉更加严重，在杨韦事件爆发以前，由于太平军把主力放在湖北、江西，淮南战场已经有点撑持不住了，庐州重镇被清军夺去，太平军在巢湖西侧的三河镇筑垒苦守了十个月。杨韦事件发生后，军情大变，当地团练武装十分活跃，一个月之内配合清军夺取了三河、庐江、和州、巢县，其紧急情况就像李秀成所说："清朝帅将大小营寨，百有余座，自庐郡、三河、舒城、六安、庐江、巢县、无为等处，节节连营，处处严密，困逼桐城"①，只有李秀成率领着几千老弱残兵固守桐城，屏障安庆。到 1857 年，陈玉成由皖南移军皖北，开始了陈、李和捻军联合作战的时期，粉碎了淮南清军的攻势，才使淮南战场转危为安，而太平天国革命也得以渡过危急关头，战争转入相持局面。

至于东战场方面，虽然由于江南大营新败，暂时形势尚安定，但是清方不甘心撤去天京的重围，另派和春为钦差大臣、张国梁为帮办大臣，重整江南大营的旗鼓。1857 年 7 月张国梁连下溧水、句容，天京和镇江间的陆路交通又被切断。江南大营全力围攻镇江，由天京东出的四次援兵都被击退。12 月，镇江太平军守将吴如孝等得到从淮南来援的李秀成军的接应，突围西走，从此镇江易手，太平军再也没能夺回这个据点。清军夺取镇江后，进兵秣陵关，筑长壕包围天京。

争夺最激烈、形势最严重的要算江西战场，自从石达开联合天地会占领了江西大部分地区之后，曾国藩躲在南昌，四处求援。1856 年，湘军分数路援赣，北路曾国华、刘腾鸿由湖北入江西，经新昌、上高，扑攻瑞州；中路刘长佑、萧启江由湖南萍乡扑攻袁州、万载。武汉失守后，清方又把李续宾、杨载福的水陆师调到九江作

---

① 《李秀成自述》。

战，以后又陆续调王鑫、曾国荃从南路进攻吉安，约计清军投入江西战场的兵力共有十多万人。面对这样强大的敌对武装，江西太平军采取防御的方针，就像曾国藩所说："近来吉、袁、瑞、临、抚、建等府之贼，深壕密签，闭城坚守，近省之丰城、奉新、安义、靖安、建昌、德安等县，亦皆有两广老贼督率新附之匪，踞守城池，官兵不至之处，则掳粮催贡，民不堪命，官兵一往则援贼四集，该逆诡计盖欲坚守各城，使我疆土日狭，饷源日竭，省会成坐困之势"①。左宗棠也说：太平军"以守局疲我而挫其锐，俟我之锐气挫，则徐起乘之。近年因九江环攻不得，益悟守城之易，故江西诸郡既陷，辄拌死守之，贼为其易而官军好为其难"②。

江西太平军的防御布置大体上以九江、湖口、瑞州、袁州为第一线，以吉安、临江、抚州、建昌为第二线，第一线城市深沟高垒，阻扼敌人的进攻，第二线城市则从人力、物力各方面支持第一线的斗争，并且经常从第二线城市派遣军队，袭击敌人的背后，削弱敌军进攻第一线城市的兵力。敌方称江西太平军的布置像一个长蛇阵，"击其首而尾应，击其尾而首应，击其腰而首尾皆应"。应该说，江西太平军的防御战是打得非常出色的，一城一地往往经过经年累月的争夺，湘军不得寸进，连曾国藩也不得不说："林启容之守九江，黄文金之守湖口，乃以悄寂无声为贵……已无声而后可以听人之声，已无形而后可以伺人之形"③，而要他的部将学习太平军的这种防御战术。

可惜江西太平军人数不多，兵力不足。在杨韦事件发生以前，受过锻炼的老战士大部分跟随石达开回到皖南去了，留守江西的太平军包括妇孺在内，约有 7 万人④，其中大多是来自湖南、广东的天地会群众以及新参加革命的江西人民。这些人纪律松弛，缺乏锻炼，战斗力远不如太平军的老战士，曾国藩说："西路久没于贼，谣言宏

---

① 《曾国藩全集》，奏稿，卷七，《江西近日军情片》。

② 《左宗棠全集》，书牍，卷三，《与刘峙衡》。

③ 《曾国藩全集》，书牍，卷四，《与李次青》。

④ 据曾国藩估计：石达开未离开江西之前，江西共有太平军 10 万人（包括妇孺在内），石达开带走 3 万人，留守江西的太平军，老战士约 1 万人，自湖南、广东来的天地会群众约 3 万，新参加革命的江西人约 3 万。见《曾国藩全集》，奏稿，卷八，《专催昆寿赴江南并及江省军情片》。

大，裹胁众多。其实江西本地被贼掳掠者，及甘心前驱者，昔不能战。万载官兵，百战百胜，非尽官兵之强也，实江西从逆之民之不能打仗耳。即广东新附之匪，自茶陵州而来者，其打仗亦有头阵而无后劲，盖无人不吸食鸦片，与之鏖战稍久，则烟瘾发而不能打矣。若能用罗山之法，我军人人箕踞，如登厕者之状，与之相持一时之久，则万无不胜之理，我官军须明白此两层：一层江西百姓全不能战，见人抄尾则立败；一层广东新匪不能久战与之久持则必败”①。又说：“贼势亦实散漫，瑞州初一初四之战，众在二万以外，旗色杂而不纯，用黄布多绸少，物力已屈，军械不整。当其接战之时，后者徒知摇旗呐喊，虚声恫喝。迨前队既败，则狂奔大溃，倾山倒海”②。曾国藩的这些话主要是为了鼓励湘军的士气，包含许多诬蔑性言论，但是在某些点上却是看到了江西太平军的弱点。特别严重的是，新参加的天地会群众仍旧保留着自己的组织、自己的名号和自己的旗帜。左宗棠说天地会“所用旗帜多不用太平天国字，而仍书广东地名及单署一姓”③。他们和太平军并肩作战，但不受太平军的指挥和纪律约束，在当时的条件下，太平军要把这数以万计的天地会群众重新整编训练是不可能的，就像清方官吏所说，太平军为了利用这支力量，“乃阳示以羁縻，令其自树一帜于江皖间”，“借以牵制官兵”④。江西的每一个城市，总是有一部分太平军和一部分天地会军共同守御，他们彼此相处很近，关系很密切，但又不属于同一支队伍，因此在战略方针、军队纪律、军队待遇各方面都产生间隙。革命内部的不团结给敌人以可乘之机，曾国藩抓住了这一点，大肆宣传，给湘军打气，他声言：“广东新附之贼与真长发不合，看此岂可以长久者，吾辈若更坚忍数月，似当有豁然贯通之一日”⑤。老奸巨猾的曾国藩真的等到了这一天，太平军和天地会之间的矛盾后来日益扩大，竟使得整个江西的防御体系完全瓦解。

---

① 《曾国藩全集》，书牍，卷四，《与彭九峰》。

②⑤ 同上书，书牍，卷四，《与李次青》。

③ 《左宗棠全集》，书牍，卷四，《答王璞山》。

④ 夏燮：《粤氛纪事》。

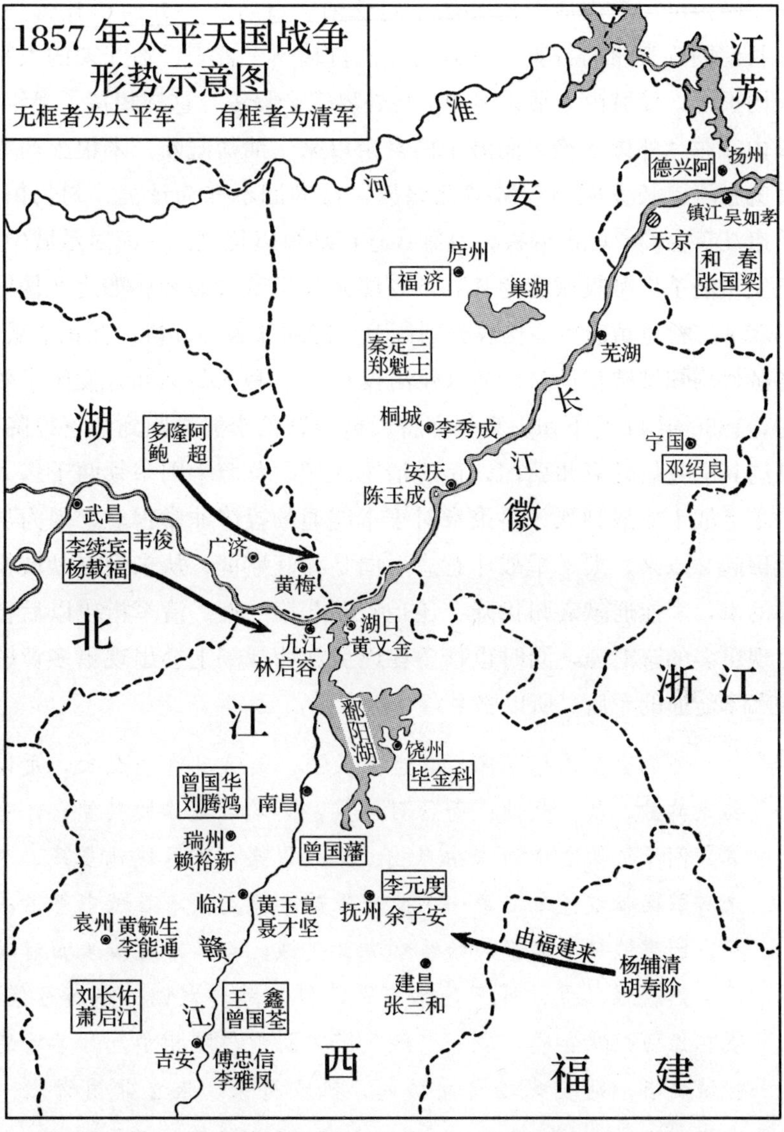

湘军援赣，首当其冲的据点是袁州。“袁州城垣三面阻水，自近年新修以后，楼堞森然，贼匪专以守为长策，地道云梯不能攻有备之城，肉搏仰攻不能敌俯击之势。而游兵四出，先清旁邑一策，各营将士又以兵分力薄为嫌”①。湘军对此坚城甚为懊丧，挖空心思想

① 《骆秉章奏议》，卷八，《援江官军克复袁州分宜郡县两城折》。

出“断接济，觅内应”的办法。刘长佑、萧启江一方面严扎营垒，作长期围攻袁州的打算，一方面打击自瑞州、吉安、临江来的太平天国援军，使城内太平天国守军与外界完全隔绝。这样相持了半年，城内守军“外援尽绝，而城中两月余以来，油盐既断，米粮火药亦日就匮竭，长发贼与广贼彼此怨愤，益汹汹不知为计矣。刘长佑、萧启江等会商，贼已困极，且耀兵昼夜环攻以扰之。一面射示城中，长发贼能杀广贼投诚者免死，广贼能杀长发贼投诚者亦如之。伪殿右四十二检点黄毓生、伪春分副侍卫李能通益各怀疑惧，互相猜贰，各贼目均知城破在旦夕，多冒死出投者”①。敌人的离间计发生了效力，1856 年 11 月下旬，袁州守将天地会领袖李能通跑到清营投降，并约其羽党偷开袁州西门，接应清军入城，黄毓生则率领两千多太平军老战士血战到死。骆秉章对于李能通的投降非常得意，因为从金田起义以来，太平军战斗意志一向是很旺盛的，从来没有献城投降的事，李能通献袁州投降，还是破题儿第一遭。清军指望以后会出现更多的李能通，同时也指望在以后江西战场上会出现更多黄毓生和李能通的矛盾。所以骆秉章对皇帝说：

> 逆贼金田倡乱以来，糜烂半天下，徒恃其党坚交秘，足以钤束群贼，就其驱使，而伪目凶渠，又各以威诈胁其党众，令其颠倒于锋镝之中而未由自拔。军兴以来，克复城池虽多，究未有贼渠献城乞命之事……此次降贼李能通，本系贼中著名头目，因袁城援尽食绝，始幡然决计投诚，与寻常自拔来归者有间。然密嘱其党，开门延纳官军，似其赎罪之诚，亦尚可信，现在江西距城各股，多系老贼与广东新附之贼相参，知李能通投诚之事，则彼此之猜端必起，机或可乘，未尝非用奇之一助也。②

骆秉章的指望在一定程度上实现了。当袁州失陷以后，湘军分路进攻，瑞州、临江、九江、湖口、吉安、饶州、抚州、建昌等城市，同时展开了激烈的争夺。在残酷的斗争中，不少天地会军队动

---

①② 《骆秉章奏议》，卷八，《援江官军克复袁州分宜郡县两城折》。

摇了。如吉安城内“自袁城克复，广码多死，粤贼每以此诮让长毛”，“吉安之贼，存城者闻不过数千，广码万余与长毛不洽，携所掳辎重，由太和万安而去”①。其他城市也发生类似的情况。江西的军情日益恶劣。

当然，无论如何困难，太平军也不会轻易放弃这些城市。当湘军以全力攻扑江西时，太平军也努力组织过几支援军。1857 年春，自武昌突围的韦俊联合朱衣点援吉安、临江，可是这时不但太平军和天地会之间有纠纷，在杨韦事件之后，韦俊以北王弟的身份杂处石达开的部队中，显然是不能协调的，所以这次援助并没有成功，不久韦俊就渡江去皖北。1857 年夏，杨辅清、胡寿阶自闽赣边境联合边钱会进援吉安，但这支军队的战斗力也不强，在吉安附近被击败，胡寿阶战死，杨辅清退往福建。两次援军失败之后，江西军情日益严重。1857 年 9 月，赖裕新自瑞州全军突围，在突围中击毙了湘军大将刘腾鸿，湘军围攻瑞州一年之久，只得了一座空城。10 月，湘军陆师李续宾、外江水师杨载福、内湖水师彭玉麟猛攻湖口，守将黄文金东撤，湖口失守，被隔断将近三年的湘军外江、内湖两支水师复合，清军的气焰更为嚣张，北路则猛攻九江，南路则猛攻临江、吉安，江西的局势更加险恶了。

这时石达开因为和洪氏集团不合，已经跑到安庆，准备脱离太平天国而“独树一帜”②。他在得知江西的情况以后，还想挽救这片他所一手缔造的根据地。1857 年底，石达开统率着十余万军队自安庆入江西，经景德镇、乐平、万年、安仁、贵溪、东乡至抚州，联合赣东之太平军、闽赣边之杨辅清，大举援赣。

但是石达开没有完成他的援赣计划，因为江西太平军在一年多的战斗中，精锐损失很多，内部的矛盾也越来越大，特别是抚州守军和太平军各路援军都有纠纷。例如胡寿阶的部队援吉安失败，退至抚州，抚州太平军“坚拒不纳”③；又如萧复胜援吉安，“所辖者，

① 《左宗棠全集》，书牍，卷四，《与王璞山》。

② 石达开布告。

③ 《骆秉章奏议》，湘中稿，卷一〇，《援江王道迭获大捷折》。

多湖南人，贼中所谓功勋者也，该逆等不愿合抚建之贼，欲从沙溪援吉安”①，甚至石达开在前线作战，清廷方面谣传“石逆眷属被抚州广码劫杀”②。抚州、建昌是太平军援赣的后方，后方与援军之间发生矛盾，当然对于战局有极坏的影响。除此以外，这时湖南、湖北的革命力量已经失败，湘军的兵力全部集中在江西，湘军在多年的战斗中扩大了、加强了，特别在夺取湖口以后，外江和内湖水师会合，水师占绝对优势。湘军沿赣江布防，利用水师，迎击援军。1857年底石达开军至丰城，谋援临江，为湘军水师所阻，不能渡赣江，改援吉安，又为湘军陆师所败。这时抚州发生内部纠纷，石达开退抚州，内部纠纷刚刚处理完毕，临江又发生内变，“城中粮食将尽，每贼日发米二两，以草根搀和煮食，人情汹汹”，甚至清军杀太平军俘虏后，“剖视其腹，皆草根糠屑，杂米少许”③。在这样的艰苦情况下，一部分人动摇了，太平军守将之一程瀛派人私通清军，欲开临江城投降，被另外两个守将聂才坚、易自能所杀。经过一番内部斗争以后，军心更加不稳。1858年1月，湘军攻陷临江。江西赣江以东的太平军阵地，只剩赣北的九江和赣南的吉安，好在太平军的有生力量大部分已撤到赣东，石达开知道赣西的局势已难以挽救，就采用乘虚蹈隙的战略，准备略取浙江以作补偿，兼可以分散江南大营兵力，减轻天京的压力。1858年2月，石达开东进，占江山、常山、开化，围攻衢州，石镇吉另率一军占处州，杨辅清则进入福建，占邵武、建阳。江西太平军大举进入浙闽，使清廷恐慌万分，清军在衢州驻防的约有两万多，并且陆续调集军队助防，石达开攻坚得地之志太急切，一个劲地围攻衢州，攻了三个月没有成功，不得已于7月中旬撤围南走，连下邵武、汀州。清廷对石达开的活动很重视，派曾国藩去福建。但石达开不可能久居福建，因为这年恰逢闽西灾荒，十余万军队的粮食大成问题，所谓“闽境山多水寒，米贵异常，贼之死于无食死于地气者动以千计，沿途狼藉，无人掩瘗”④。石达开入赣入浙入闽都不得

---

① 《骆秉章奏议》，湘中稿，卷一〇，《援江王道迭获大捷折》。

② 《左宗棠全集》，书牍，卷四，《与刘荫渠、萧濬川》。

③ 《骆秉章奏议》，湘中稿，卷一一，《援江官军克复临江府城折》。

④ 《曾国藩全集》，书札，卷四，《致胡宫保》。

志，于是提出远征四川的计划。这个计划遭到杨辅清、杨在田等的反对，因为石达开和天京的关系搞得这样不好，远征四川意味着石达开将远远脱离太平天国的集体，这必然会导致太平天国军和石达开军的两败俱伤。但是石达开坚持自己的计划，杨辅清遂率领着自己的部队，从福建回到了景德镇，石达开率领 8 万人于 9 月间再入江西。

就在石达开围攻衢州的时候，江西战场已经完全崩解，李续宾挖掘 30 里长壕，围困九江 1 年零 5 个月。1858 年 5 月，九江城陷，林启容率全军 1.6 万人展开巷战，九江城内打得“尸骸堆积，流水腥红”①，太平军全部牺牲，无一投降，湘军中号称最精锐的李续宾部队，也是“士卒多伤，兵气顿弱”②。同时，抚州太平军内部又发生纠纷，守将李旺保和余子安不睦，李率军东走建昌，“广东福建贼欲仍死守待援，长发贼欲弃城而遁，彼此相怨相尤，日相私斗，江军刘于淳等复设间构之，伪监军王维朋请为内应”。6 月，王维朋开城纳降，余子安东撤，合于石达开军。几天后，建昌府也被湘军打破。太平军在江西据点只剩一个孤悬敌中的吉安，吉安城内已经“米粮将尽，硝磺无多，油盐亦缺，蔬菜肉食洋烟早断”③。在这种危境中，太平军和天地会仍在闹纠纷。1858 年 9 月天地会在一次突围中未能成功，“反身入城，城中长发贼复急起截之，互相哄斗，盖长发贼与广贼积恨已深，又因官军用间诱之，故欲乘危而泄其忿也”④。湘军趁这个机会一拥进城，吉安遂失陷。太平军据守多年的江西根据地完全失守。

二、太平天国之所以能够支持革命危局的原因

从以上所述，可以想见太平军当时的困难，各战场的形势急转直下，大片土地被夺去，太平军勉强能把从安庆到天京的沿江地区

---

① 《胡林翼全集》，奏议，卷二九，《驰奏官军克复九江疏》。
② 同上书，书牍，卷三四，《复多都统》。
③ 《骆秉章奏议》，湘中稿，卷一二，《筹议分兵援浙折》。
④ 同上书，湘中稿，卷一三，《援江官军会克吉安府城折》。

保持在手里。李秀成说："那时朝中无将，国内无人，翼王将天王之兵尽行带去，杨辅清已在福建，韦志俊避逼林泉，林绍璋因在湘潭失军，革职闲居，林启容被困于九江，黄文金在湖口有清军制困，张朝爵、陈得才孤守皖省无兵，陈玉成那时虽旺而官亦小"；敌人方面，"斯时清军势壮，四面皆军，人心又乱，又无逃处"①。当时李秀成的军队是比较多的，但他自称只有六七千人，而且都是石达开不愿带走的老弱残兵。所以革命处在十分危急的情况下。但是太平军还是努力奋斗，渡过了难关，到 1859 年又进入一个新的发展阶段。为什么太平军能够坚持下来？为什么太平军能够渡过难关而再度发展？这主要是由两方面的情况造成的。一方面是受太平天国革命影响的人民群众，纷纷起来，反对清朝统治者。从 1856 年杨韦事件发生后到 60 年代初的四五年间，除了太平军坚持着长江下游的根据地外，尚有如下许多大股的起义军：如广西有朱洪英领导的升平天国，陈开、李文茂领导的大成国的活动；贵州有苗民高禾、张秀眉领导的起义，以及红号教、白号教、黄号教的起义；云南有杜文秀领导的回民起义；四川有李永和、蓝大顺的起义；赣、湘、桂尚有石达开大军的活动；浙江有金钱会的起义；山东有幅军刘双印、周韭，长枪会倪广和、王广继，白莲教张善继、杨泰，习文教宋继鹏，黑旗宋景诗的起义，特别是蒙亳一带的捻军，出没于皖、豫、苏、鲁各省，威胁着清朝统治者的腹心（各地起义军的情况将分别在以下章节中叙述）。清朝统治者动员了全部常备兵、满蒙兵、湘军、团练来对付起义军，常常是顾此失彼。譬如刚刚壮大起来的湘军，除用主力来对付江西、湖北的太平军之外，还要兼顾许多地方，如刘长佑、萧启江的追踪石达开，蒋益澧的对付李文茂，骆秉章、刘蓉、萧启江的入川，李孟群的防捻。当时黄河流域、长江流域、珠江流域，几乎没有一片土地是清朝统治者的"太平乐园"。各地人民起义军显然是由于太平军坚持反封建斗争，受太平军的影响、鼓舞而发动起来的，而当这些起义一旦发动之后就反过来成为太平军

---

① 《李秀成自述》。

的有力支持，他们或者和太平军联合作战，互为犄角，或者和太平军遥相呼应，牵制敌人，使太平军在经过内部残杀和各战场连连失利之后，还能够恢复实力，跟清军相持下去。因此，太平军能够坚持下去，正是依靠了群众的力量，是当时阶级矛盾尖锐的结果，是由于各地起义军的大力支持。太平军后期的主要将领陈玉成、李秀成，就是在这种群众斗争中涌现出来的英雄。在杨韦事件发生的时候，他们两人的职位都很低，但是他们却能够挽救危亡，力肩重任，这不仅是由于他们的英勇坚定，也不仅是由于他们的战略指挥是一流的，更重要的是他们能够辨认形势，体察人民内心的要求，密切地和同盟军合作，从周围群众斗争中吸取力量，这是陈玉成、李秀成之所以能够支持危局的主要原因。

太平天国之所以能够坚持下去，还有另外一方面的原因，这就是反对革命的阵营内部还存在着很大的矛盾，他们的内部关系没有调度好，力量没有全部集中起来。从 1856 年 10 月到 1860 年 10 月发生了第二次鸦片战争，外国侵略者和中国封建统治者时断时续地厮杀了四年，这时候，两个革命的死敌还没有来得及勾结起来，因此太平天国的公开的主要的敌人还只是本国的封建势力，革命的负担轻得多。而且，当时本国封建统治者内部也是矛盾重重，清朝的常备军——绿营——已经没有多大的力量，比较凶悍的是从战争中刚刚起家的湘军。湘军虽然替清朝立下了不少战功，可是满洲贵族、朝廷官僚以至各省督抚却非常妒忌它，他们害怕这批凶悍的汉族地主士大夫会把自己的地位挤垮。当湘军第一次打下武昌，咸丰帝惊奇地说："不图曾国藩一书生，乃能建此殊勋"，军机大臣祁寯藻接着就说："曾国藩一在籍侍郎，犹匹夫也。匹夫居闾里，一呼而起，从者万人，恐非国家之福"①。这几句话可以代表清朝官僚对汉族地主势力兴起的恐惧心理。所以曾国藩虽然卖力地干，清朝却长期不相信他，带兵多年，饷项的大部分须要自己捐凑，官职从礼部侍郎换了一个兵部侍郎，一直不给晋升。各省督抚非但不合作，而且事

① 转引自范文澜：《中国近代史》，上册，406 页。

事掣肘，曾国藩被困在南昌，就跟江西巡抚陈启迈大起纠纷，陈启迈甚至故意把曾国藩所信任的万载团练首脑彭寿颐“严加刑责，酷暑入狱，百端凌虐”①。这批汉族地主对朝廷和地方大吏意见很多，胡林翼骂胜保是“败保”，“每战必败，每败必以捷闻”②，骂朝廷的各部“毛举细故，苛察为明，烦碎自乱”③，又骂朝廷“东倾西跌，如扶醉汉一般。封疆将帅，皆循俗吏而得之，因缘显擢，貌似有为，临患难而先自遁走者，比比然矣”④。胡林翼是湘军头子中最早得巡抚职位的，可是清朝不相信他，在他头上加了一个昏庸的湖广总督官文，胡林翼为了镇压革命，忍气吞声和官文敷衍，“每遇收城克敌及保荐贤才，文忠（胡林翼）辄阴主其政，而推文恭（官文）首尸其名”⑤。还有像声名赫赫的左宗棠，他从50年代之初一直镇压革命，立了很多功劳，可是直到50年代之末，还在骆秉章幕下当一小师爷，连一官半职也没有捞上。他的悻悻不平之色也最显著，他骂官文是“媪相”，骂贵州巡抚蒋霨远是“冻虫”，骂向荣是“忌克而不爱惜人才”。他连曾国藩、胡林翼也要骂，后来被官文参奏一本，几乎送了性命。总之，统治阶级内部矛盾重重。1857年春，曾国藩因父丧回籍守制，灰心得不想干下去了，向皇帝上了一个“沥陈办事艰难仍恳终制折”，叙述三个困难，折中说：

> 定制军营出缺，先尽在军人员拔补，给予札符，臣处一军，概系募勇，不特参游都守以上，无缺可补，即千把外委亦终不能得缺，武弁相从数年，虽保举至二三品，而充哨长者仍领哨长额饷，充队目者仍领队目额饷，一日告假，即时开除，终不得照绿营廉俸之例，长远支领，弁勇互生猜疑，徒有保举之名，永无履任之实。或与巡抚提督共事一方，隶人衙门则挑补实缺，隶臣麾下则长生觖望，臣未奉有统兵之旨，历年在外，不敢奏

---

① 《曾国藩全集》，奏稿，卷五，《奏参江西巡抚陈启迈折》。

② 《胡林翼全集》，书牍，卷一七，《致郭筠仙太史》。

③ 同上书，书牍，卷二三，《致庄恶生方伯》。

④ 同上书，书牍，卷三〇，《复军机蒋叔起》。

⑤ 薛福成：《书益阳胡文忠公与辽阳官文恭公交欢事》。

调满汉各营官兵，实缺之将领太少，大小不足以相维，权位不足以相辖，去年会筹江西军务，偶欲补一千把之缺，必婉商巡抚，请其酌补，其隶九江镇标者，犹须商之总兵，令其给予札符。虽居兵部堂官之位，而事权反不如提镇。此办事艰难之一端也。

国家定制，各省文武黜陟之权，责成督抚，相沿日久，积威有渐，督抚之喜怒，州县之荣辱进退系焉，州县之敬畏督抚，盖出于势之不得已，其奉承意旨，常探乎心之所未言。臣办理军务，处处与地方官相交涉，文武僚属大率视臣为客，视本管上司为主。主宾既已歧视，呼应断难灵通，防剿之事，不必尽谋之地方官矣。至如筹饷之事，如地丁、漕折、劝捐、抽厘，何一不经由州县之手，或臣营抽厘之处，而州县故为阻挠，或臣营已捐之户，而州县另行逼勒，欲听之则深虑事势之窒碍，欲惩之则恐与大吏相龃龉。钱漕一事，小民本以浮收为苦，近年又处积困之余。自甲寅冬间，两路悍贼窜入江西，所在劫掠，民不聊生，今欲于未经克复之州县征收钱漕，劝谕捐输，则必有劲旅屯驻以庇民之室家，而又或择良吏以恤民隐，或广学额以振士气，或永减向日之浮收，或奏豁一年之正课，使民感惠于前，幸泽于后，庶几屡捐而不怨，竭脂膏奉公上而不以为苦，然此数者皆巡抚之专政。臣身为客官，职在军旅，于劝捐扰民之事则职分所得为，于吏治、学额、减漕、豁免诸务，则不敢越俎代谋，纵欲出一恺恻详明之告示，以儆官邪而慰民望，而身非地方大吏，州县未必奉行，百姓亦终难见信。此办事艰难之一端也。

……臣前后所奉援鄂援皖、筹备船炮、肃清江面诸谕，皆系接奉廷寄，未经明降谕旨，外间时有讥议，或谓臣系自请出征，不应支领官饷，或谓臣未奉明诏，不应称钦差字样，或谓臣曾经革职，不应专折奏事。臣低首茹叹，但求集事，虽被侮辱而不辞。迄今岁月太久，关防之更换太多，往往疑为伪造，酿成事端。如李成谋战功卓著，已保至参将矣，被刑辱于芷江县，出示以臣印札而不见信。周凤山备历艰辛，已保至副将矣，被羁押于长汀县，亦出示以臣印札而不见信。前福建巡抚吕佺孙曾专函驰询臣印不符之故。甚至捐生领臣处之实收，每为州县猜疑，加之鞫讯，或以为不足据而勒令续捐。今若再赴军营，又须另刻关防，歧舛愈多，凭信愈难。臣驻扎之省，营次无定，间有部颁紧要之件，亦不径交臣营，四年所请部照，因久稽而重请，六年所请实官执照，至今尚无交到确耗。此外文员之凭，武员之札，皆由督抚转交臣营，常迟久而不到，军中之事，实取信如金石，迅速如风霆，而臣则势有所不能。斯又办事艰难之一端也。

曾国藩提出这三个困难的用意，是要求清政府给自己更大的兵权、财权和升贬地方官的权力，要求给自己一个督抚的位置，所以他最后的结论是："细察今日局势，非位任巡抚，有察吏之权者，决不能以治军，纵能治军，决不能兼及筹饷。臣处客寄虚悬之位，又无圆通济变之才，恐终不免贻误于大局……若犹是目下平安之状，则由将军、巡抚会办，事权较专，提携较捷，臣仍吁恳天恩，在籍终制"。这不啻是向清政府提出带兵的条件，曾国藩的欲望已经是跃然于纸上了。可是清政府却不理这一套，抱着"你不爱出来就不出来"的态度，把他干搁在家里一年之久。最后，还是曾国藩部下的反动军队不答应，像李续宾就肉麻地说："涤公未出，湘楚诸军如婴儿之离慈母"，而且李续宾还坚持"若枢臣之议，不付涤公以重柄，则涤公亦决不可出"①。清政府因为不能不借重湘军，所以也不得不再请曾国藩出山，可是曾国藩和李续宾等所指望的"事权"、"重柄"，却仍旧没有。曾国藩仍以侍郎的资格在江西督师。1859年石达开进军湘南，清朝指派曾国藩援川，曾国藩指望捞一个四川总督的位置，胡林翼也竭力张罗，向官文陈说曾国藩任川督的八项大利。结果清朝派了一个不相干的黄宗汉任川督，气得曾国藩一佛出世，二佛涅槃，任凭清政府怎样催促，就不肯入川"做客"。清朝统治阶级内部矛盾很大，这对革命的进展是很有利的。

---

① 《李续宾遗书》，书牍，《又上胡宫保》。

正是由于各地人民起义的频繁和反对革命的阵营内部矛盾重重，太平军才能够渡过难关。也就是说，经过杨韦事件以后，对革命有利的因素虽然在下降，但还没有下降到绝对的劣势，清军的战斗力虽然增强了一些，但还不可能很快扑灭太平军。

三、江北大营的覆灭和三河之战

利用当时形势，把革命危局支撑下来的英雄是陈玉成和李秀成。陈玉成（1837—1862），广西藤县人，贫雇农出身，14 岁跟随叔父陈承镕参加革命，18 岁带兵当大将，在太平军二下武昌的战斗中，担任主攻任务，率领 500 人由侧面缒城而入，夺取了围攻三个多月的武昌城。以后，他在西战场和东战场上屡立战功，如城陵矶大战、田家镇大战、九江大战、镇江大战和打败江南大营的大战，在这些著名战斗中，陈玉成无不立下了赫赫战绩。特别是在 1856 年援救镇江的战斗中，他只坐了一条小船，冲破清军的水师、炮船，进入被围的镇江城中，然后和镇江守军冲出，内外夹击，击溃清军。这些战绩表明陈玉成是一个英勇善战、一身是胆的英雄。1856 年，他担任冬官正丞相的职位。

李秀成（1823—1864）和陈玉成是同乡邻居，贫雇农出身。1851 年 8 月太平军路过藤县时参加革命，曾在天京、安庆、庐州带兵治民，“勤劳学练，生性秉直，不辞劳苦，各上司故而见爱，逢轻重苦难不辞……修营作寨，无不尽心”①。在镇江战斗和打败江南大营的战斗中，他是主要将领之一。1856 年，他担任地官副丞相的职位。

杨韦事件以后，陈玉成、李秀成很受洪秀全器重，不久陈玉成晋升成天豫，李秀成晋升合天侯。1857 年他们共同在皖北作战，当时恰好捻军张乐行、龚得树的雉河集根据地失守，张、龚率众南走，李秀成的部将李昭寿是旧日的捻军首领，通过李昭寿的关系，陈、李与张、龚联合起来。1857 年春，陈、李、张、龚克霍丘、正阳关，

① 《李秀成自述》。

由张、龚作为根据地，并围寿州、颍上。随即陈、李、张、龚分别活动，陈玉成与多隆阿、鲍超的湘军大战于黄梅、广济，堵截湘军入皖之路，屏蔽淮南战场，兼与九江太平军相呼应；张乐行与胜保、袁甲三周旋于正阳关；李秀成往来于长江北岸，支援捻军，保卫天京。1857 年底，张乐行失正阳关南走，与李秀成合，东援镇江，救出被围半年的吴如孝军。江南大营合围天京，各路太平军为解天京的包围而努力奋斗，那时，天王封蒙得恩为正掌率、陈玉成为又正掌率、李秀成为副掌率。“蒙得恩是久日在朝，是天王爱臣，永不出京门……朝中内外之事，悉归其制，连我与陈玉成亦归调度……至蒙得恩手上办事，人心改变，政事不一，各有一心，主上信任不专，因东、北、翼三王弄怕，故未肯信外臣，专信同姓之重。那时各有散意，而心各有不敢自散”①。在这种纷乱的情况下，李秀成努力地整顿朝政，“恳我主择才而用，定制恤民，申严法令，肃正朝纲，明正赏罚，依古制而惠四方，求主礼而恤下，宽刑以待万方，轻世人粮税”②。李秀成忠诚的品质和英明的才干，终于博得洪秀全的信任，洪秀全革除了洪仁发、洪仁达的王爵，而任用李秀成，太平天国的政事逐渐由李秀成掌握起来，政治上逐渐有了起色。

1858 年初，陈玉成欲由皖北西上德安一带招兵，以回援天京，玉成与韦俊、韩狼子的捻军等进攻固始、麻城，与胜保、李孟群、张曜展开激战。另部陈仕荣出蕲州，牵制湘军。张乐行、龚得树、张隆夺取临淮、凤阳、怀远。另部捻众刘学渊、刘玉渊、孙葵心、赵浩然活动于鲁豫边境。李秀成出京，率部众 5 000 人占和州、滁州、全椒、来安。经过半年多分兵活动，仍旧不能够扭转局势。1858 年 8 月，太平天国各将领在枞阳镇召集会议，决定采取联合作战的方针，“各誓一心，订约会战”。随即陈玉成从鄂皖交界撤兵东走，进攻庐州，庐州清军不战而溃，陈玉成连克庐州、店埠、梁园等地，和临淮、凤阳的捻军相呼应。9 月，陈玉成联合捻军与李秀成会师于

①② 《李秀成自述》。

滁州，向东南推进，和德兴阿、胜保遭遇于乌衣，清军大败，损失4 000人。太平军接着又击败江南大营赶来赴援的冯子材军，围困浦口江北大营，天京的太平军也渡江助战，钦差大臣德兴阿吓得“愁急交攻，彻夜呻吟”①，狼狈突围，“入扬州之仪征，复弃之走泗源沟，又弃之走瓜州，又弃之走沙头，又弃之走五台山，奔弃百数十里。诸将

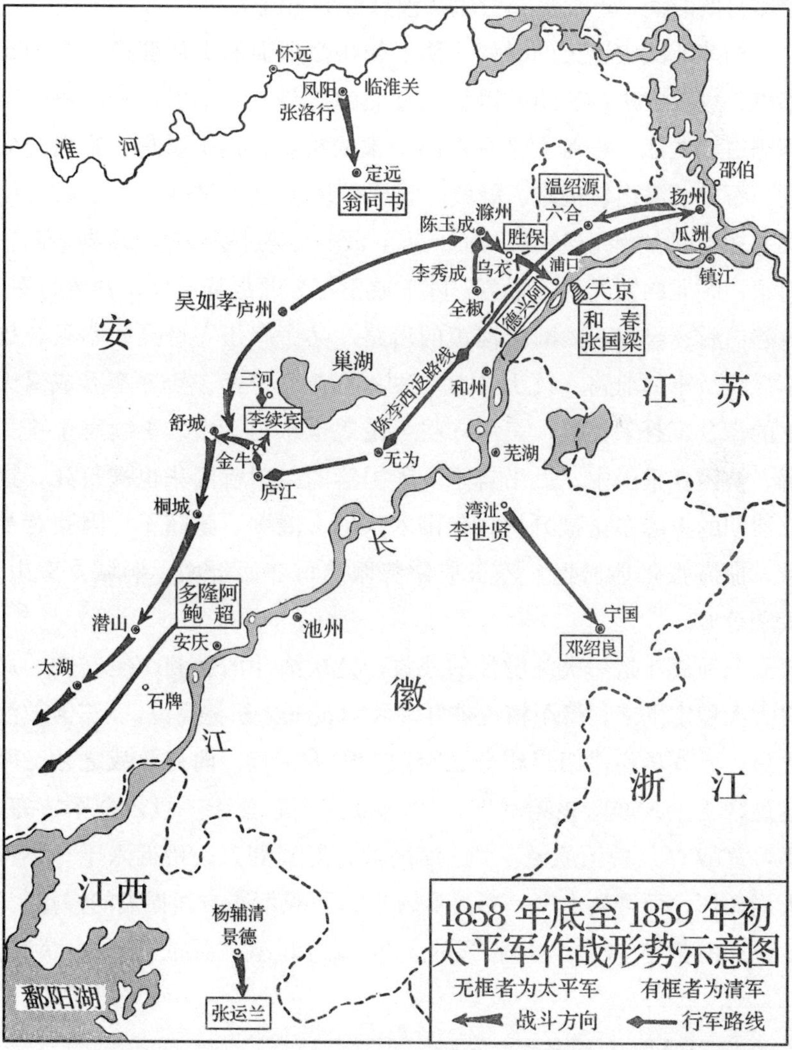

① 《钦定剿平粤匪方略》，卷二〇二，咸丰八年八月三十日鞠殿华奏。

富明阿、鞠殿华、张德彪、詹启纶则自陆路走扬州。军书令矢皆失，大炮重九千斤者十余门，皆自扬州携以往，至是没于贼”①，太平军乘战胜余威，连克江浦、天长。10月初，太平军前锋7 000人抵扬州，“德兴阿部复大溃，遂弃扬州，走仙女庙，止于邵伯埭”②，接着太平军又攻破六合，击毙了纠集团练顽抗革命的道员温绍源，一个多月的时间，苏北反革命军队被打得落花流水。

当苏北战火连天的时候，清王朝拼命催促湘军从鄂豫边界向东推进，进攻安庆、庐州，以缓和苏北的局势。湘军悍将李续宾当时刚刚占领九江，趁着太平军西路空虚的机会，连下黄梅、宿松、太湖、石牌、潜山、桐城、舒城，安庆外围据点全被夺去。以后李续宾遣多隆阿、鲍超逼安庆，而自率6 000人越过安庆进攻巢湖边的三河镇，皖北的情况十分紧急。陈玉成不等苏北战局结束，紧急行军，直趋白石、金牛，抄断三河镇的后路，又命庐州守将吴如孝联合捻军拦断敌军的前路。11月中旬，两军激战于三河。恰好李秀成奉天王的命令，赶来支援，三河守将吴定规也从内杀出，李续宾全军瓦解，被困在重围中，上吊自杀，曾国藩的弟弟曾国华也被打死，这支清朝的王牌军全被歼灭。包围安庆的多隆阿、鲍超军，因腹背受敌，慌慌张张地撤退，陈玉成乘势跟追，夺回舒城、桐城、潜山、太湖等城。

三河战斗是一次关键性的战役。这次战斗的胜利，使安庆的局势大大稳定下来，清军精锐被歼，大为丧气。胡林翼说：“三河败溃之后，元气尽伤，四年纠合之精锐，覆于一旦，而且敢战之才，明达足智之士，亦雕丧殆尽”③，“百战之余，覆于一旦，全军皆寒，不可复战”④。曾国藩说：“三河之败，歼我湘人，殆近六千，不特大局顿坏，而吾邑士气，亦为不扬”⑤。可见清军方面损失的惨重。

三河战胜以后，太平军的士气大为旺盛，各战场连续获胜。

---

①② 倪在田：《扬州御寇录》，卷中。

③ 《胡林翼全集》，书牍，卷一二，《复胜克斋钦使》。

④ 同上书，书牍，卷一〇，《致司道》。

⑤ 《曾国藩全集》，书札，卷一九，《复刘霞仙》。

1858年12月，李世贤在皖南宁国的湾沚镇大破清军，击毙清提督邓绍良，扭转了皖南太平军的不利局面。1859年2月杨辅清在江西景德镇打败了张运兰率领的老湘军，把曾国藩牵制在江西。3月陈玉成联合捻军在庐州城外再度击溃清军，俘获清方的署安徽巡抚李孟群，大大稳定了庐州的局面。在1858年8月枞阳会议以后的半年中，太平军各战场捷报频传，可谓战无不胜、攻无不克。

但是在相持阶段的太平军，已经没有可能取得连续进攻的胜利，因为当时敌我双方在政治、军事、财政上的力量对比已经接近于平衡，胜利和失败渐渐形成一种波浪式的推移形势。就在1858年底，发生了李昭寿的叛变。李昭寿本是皖北的捻军首领，他有时投降清朝，有时又反正起义，朝秦暮楚，反复无常。他的军队纪律很坏，李秀成说："至李昭寿之兵，最为多事，兵又扰民，逢到州县要任其支取，不支又扰于民，州县佐将被其打责"①，因此太平军各将领对他很不满，疾恶如仇的陈玉成对他更为憎厌。李昭寿奉令守御滁州、全椒、来安三城，知道自己作恶太多，不得人心，"益浚城壕，缮兵甲，为自守计"②，隐隐和太平军相对立。当时太平军戎事倥偬，忽略了对李昭寿的警惕。1858年11月，李昭寿全军2万人降于胜保，不久李昭寿的同党薛之元亦降，把江浦献于清军。由于李、薛两人的投降，天京第三次受困，李秀成急忙从西线撤兵，回屯浦口，暂时解除天京的威胁。不久，江南大营又派兵进逼浦口，四困天京。陈玉成、李秀成、李世贤又把西线和皖南的兵力，再次调到苏北战场上，奋斗将近一年，至1859年10月，在六合打败福建提督李若珠，在浦口击毙湖北提督周天培，才安定了形势，第四次解除了天京的包围。李昭寿叛变后所造成的严重局势，虽然由于玉成、秀成等的血战而再度稳定下来，可是太平军的主力被牵制在苏北战场上约有10个月，使得在三河镇大受挫折的湘军争取到了时间，进行整顿，再图进攻。

这时，太平天国内部又发生了一些不愉快的事件。在1859年4

① 《李秀成自述》。

② 张瑞墀：《两淮戡乱记》。

月间，最早的拜上帝教信徒——天王的堂弟洪仁玕从香港潜返天京。在金田起义的时候，洪仁玕没有来得及赶到广西，清朝官吏搜捕洪氏家族的时候，他避难到香港，认识了美国传教士罗孝全和其他外国传教士，由此也学习到了一些有关西方资本主义的知识。他几度冒险潜行，长途跋涉，通过封锁线，投奔革命，遇到很多阻难，直到 1859 年才到达目的地——天京。他的到来，使洪秀全非常高兴，因为一方面洪仁玕是最早的拜上帝会的信徒，是一个忠贞虔诚的革命家，另一方面洪仁玕是洪氏家族中最有政治头脑的优秀人物。经历了杨韦内讧和石达开出走事件之后，洪秀全既感到革命元勋凋残略尽，又对于异姓的后起之秀陈玉成、李秀成等不敢信任太专，洪仁玕的来临，洪秀全正是如获至宝。所以不到一个月，就晋封他为开朝精忠军师顶天扶朝纲干王（这时，安王、福王已被黜，翼王已出走，太平天国无王爵），总理全国政务。

洪仁玕的宗教资格虽老，但他毕竟到达天京太迟，没有什么汗马功劳，第一个把他封王，不免引起天国将领们的不满。因此隔了一个月，天王又晋封战功最大的陈玉成为英王，以平息大家的不满情绪。

这时，叛徒李昭寿知道了这个情况，便利用太平天国只封洪仁玕、陈玉成为王而未封李秀成这一点，进行挑拨，派人送书信给李秀成，劝李秀成投降清朝。送信的人被天王的侍卫捕获，一时天京人心惶惶，恐怕李秀成"封王不到，定有他变"①，天王甚至下令断绝了天京和浦口间的交通，不准李秀成及其军队进京。但是李秀成毕竟是一个忠心耿耿的革命英雄，李昭寿的卑鄙挑拨和诱惑，不可能动摇他的革命信念。隔了一二十天，天京方面看到李秀成并没有叛变的迹象，立即改变态度，"天王降诏封我为万古忠义，亲自用黄缎子书大字四个，称'万古忠义'四字，并赐绸缎前来，封我为忠王"②。李昭寿的挑拨阴谋完全破产。此后不久，杨辅清晋封辅王，李世贤晋封侍王，蒙得恩晋封赞王，林绍璋晋封章王。越到后来，

---

①② 《李秀成自述》。

太平天国的王爵就封得越多了。

当陈玉成、李秀成驰骋苏北、四解京围的时候，皖南局势也发生了变化。1859年7月间，杨辅清在景德镇为湘军张运兰所败，退走皖南，张乐行在皖北守卫的凤阳、怀远、临淮关也相继失陷，退守定远。1859年10月，驻守池州的韦俊又投降了清军，韦俊是太平军中很能作战的大将，初期颇有战功，杨韦事件以后他还没有立即投降敌人，假使太平天国的领导能给以妥善安排，这支战斗力量还是可以争取的。但是事情的发展却不是这样，韦俊因为背上了一个北王弟的身份，在太平军中处境是很孤立的，在江西和石达开部下不能合作，到了皖北和陈玉成的关系也不好，据说韦俊在和州曾和玉成部发生冲突。后来韦俊跑到池州，“地小而瘠，人多无所得食。且东有芜湖之贼，西有建德杨党，北有安庆陈党，皆与韦逆为仇，万分穷蹙”①，最后韦俊向湘军杨载福投降。从韦俊个人来说，这是丧失立场的变节无耻行为，但从太平天国领导来说，革命内部的矛盾没有很好地处理，使矛盾发展得不可收拾，为渊驱鱼，为丛驱雀，这只能对清朝统治者有利而对革命不利。幸亏在韦俊投降时，他的部下有不少深明大义的人，不愿跟随韦俊投降，他们在刘官芳、古隆贤、赖文鸿、黄文金等的领导下，反攻韦俊，夺回了池州，这样才使得皖南的形势没有立即陷于崩解。

四、江南大营的覆灭和太平军进取苏、常

经过李昭寿和韦俊的两次大叛变，太平军在三河战役前后的一些胜利几乎被抵消了，局面又转入了困难。1860年初，西线的湘军经过一年休整，又开始从龟缩的城垒里爬出来。曾国藩、胡林翼商定了四路图皖的策略，首先进攻安庆的前哨阵地——太湖城。同时东线上，张国梁也攻陷了天京城外的九洑洲，第五次围困天京。1860年1、2月间，陈玉成又把刚刚在苏北战罢的军队拉到西线，投入了保卫太湖城的战斗。陈玉成的军队虽然勇敢，但是几年来连续

① 《曾国藩全集》，书札，卷二〇，《致胡宫保》。

作战，没有休战间隙，因此被湘军打败，太湖失守。接着在6月间，叛将韦俊和杨载福、彭玉麟水陆并进，攻打枞阳。经过一次猛烈战斗之后，枞阳失守。枞阳为安庆的咽喉，枞阳易手，湘军遂逐步完成对安庆的合围。东线方面，洪仁玕和李秀成商定了围魏救赵的策略。1860年1月，李秀成离开天京至芜湖，会集诸将，激励士卒。2月秀成和李世贤率领轻骑绕过宁国，进克广德、四安，败清总兵李定太军。然后秀成和世贤分头活动，李世贤率领一军东袭湖州，牵制清兵，秀成自率六千余人轻骑急走，疾趋杭州。驻防杭州的清兵虽然不少，但是过惯了太平日子，没有什么战斗力，当太平军进抵杭州，清军都躲在城内，不敢迎战。1860年3月19日，太平军先锋部队一千二百多人攻破清波门，初克杭州。江南大营本来有保护苏、杭的责任，听到太平军入浙，连忙派提督张玉良率军赴援杭州，但张玉良行动迟缓，太平军克杭州五天以后，他才赶到。李秀成攻打杭州的计划本来就是要引诱江南大营分兵来浙，以便趁分兵机会攻打大营，解救天京。此时见目的已达到，立即放弃杭州，由小路赶回广德，在建平会集诸将，大事部署，对江南大营采取大包围的形势。4月，李世贤、刘官芳等攻克溧阳、句容，截断江南大营的东路；杨辅清攻克东坝、秣陵关，进逼江南大营的南路；李秀成军进抵淳化镇，担任主攻。石头城下展开了一场大规模的战斗。同时，陈玉成也从江北赶来助战。江南大营是当时清朝方面的主力军，拥有十万军队，围攻天京已经七年，可是大营中的腐朽情况十分严重，“大营每月需饷五十万，当有兵勇十二三万，实额不及半。玉良带兵援浙后，大营兵勇不及四万，非桀骜，即疲弱”①，主帅和春本贵族子弟，“虽曾任提督，素不娴军务”②，“诸帅均无远略，所部骄惰成习”③，只有一个被称为能战的张国梁，跟主帅和春又大闹矛盾。这样腐败的军队本来就很难抵挡太平军的全力进攻，而这时恰好军饷又发生了问题，江南大营军饷本来由江浙两省供给，“浙江告警，大

① 佚名：《东南纪略》。

② 《左宗棠全集》，书牍，卷五，《与李希庵》。

③ 过铸：《向张二公传忠录》。

营分兵驰救，骤加行费。浙江自顾不遑，饷亦不继，粮台收款骤绌，月短二三十万金。何帅（按：指两江总督何桂清，时驻常州，管理大营的后路粮饷）驰书告和张二帅，请自后阅四十五日发一月饷。是时顿兵日久，将卒虽习战事，实已骄佚，酗酒狎妓，酣嬉无度，月支足饷尚不敷用，及骤闻减饷事，则恨恨如有失。翼长提督王濬，为和帅所倚，把持军政，借势侵克，众情蓄恨，互相传播，贼若来攻，吾辈坚勿出战，任大帅、翼长自为之”①。而张玉良分援杭州的军队，贪恋苏、杭财货，慢吞吞地回兵，到达常州，又被怕死的两江总督何桂清截留下来，以便保护自己的性命。江南大营在那样腐败的情况下，再加上欠饷、分兵，更无法抵挡太平军的猛攻。1860年5月初，“诸营起火，王濬部下先遁，和帅部下继之，全军遂溃”②。糊里糊涂的和春“犹然酣睡，告以危急情形，尚复不起，请之再三，始穿衣上马出营……踉跄奔出，漏夜就道，雨湿路滑，一路颠扑，狼狈不堪……营内存银十余万，军火局内所存枪炮火药铅子等项，不计其数，尽以资贼”③。

江南大营的溃败，给太平军提供了进兵苏常的良好时机。于是陈玉成、李秀成、杨辅清、李世贤等乘胜组织东进，计划先彻底解决东线的敌军，攻取江南富庶之地，然后返兵西向，与湘军争夺上游。1860年5月中旬，在简短的天京会议之后，太平军立即向东出发。那时张国梁收集大营的败兵，企图盘踞丹阳，进行顽抗。5月下旬，太平军至丹阳，再败清兵，张国梁落水死，和春跑到常州。驻守常州的两江总督何桂清拥有两万军队，但腐败不能战，“见和春一到，即魂亡胆落，立思逃避。当时常州绅士闻督臣有退避意，共同进谒，涕泣慰留，督臣情急，遂于次日将亲军小队摆成队伍，黎明时突开东门，与和春、查文经冲突而出。是日常郡绅民耆老顶香跪留者不下数千人，督臣竟令小队开枪而逃。闻当时士民被击而死者十有一人，其被鸟枪及刀矛伤损更有百余名之多”④。5月下旬太平

①② 薛福成：《书昆明何师失陷苏常事》。

③ 萧盛远：《粤匪纪略》。

④ 《钦定剿平粤匪方略》，卷二三八，徐有壬奏。

军攻克常州，5月底又打败张玉良军，攻克无锡。

江南大营和江南各府县驻军，一败再败，溃不成军。有的分别向苏北、浙江、上海逃跑，有的流落在乡间当土匪，也有很大一部分投降太平军，太平军的声势更加浩大。和春跑到浒墅关，自知罪责重大，用手枪自杀。何桂清则从江北逃到上海，其他清朝官吏、将领，或死或降或走，太平军一路胜利，如入无人之境。6月初，太平军逼近苏州。那时苏州已在一片混乱中，清朝败兵抢掠居民的财物，"市上食物，强赊硬买，嚣然不靖"①，"夜间城外兵勇放火烧毁房屋，彻夜火光烛天，见者胆寒"②，苏州人民自发地起来反抗清朝败兵的骚扰。那时驻在苏州的清朝官吏、士兵，看到大势不妙，便在候补知府李文炳和何信义、周五等率领下投降太平军，太平军兵不血刃地占领了苏州，清江苏巡抚徐有壬自杀。接着太平军又在各地人民反抗清兵的配合下，攻克了宜兴、江阴、长兴、吴江、嘉兴、昆山、太仓、嘉定、常熟、青浦、松江、平湖。这些地区虽然都有团练组织，但毕竟都是一些非正规的武装部队，"其中军装不备，器械不齐，技艺不习，部伍不整，号令不听，统领者又不操生杀之权，不严约束之条，故未遇贼已惴惴焉不敢前，倘遇敌阵，前列者未见胜负，而后者已纷纷远遁"③，这种团练武装当然不可能阻挡太平军的强大攻势。特别在江阴、常熟一带，太平军把清朝团练大臣庞钟潞的团练武装痛快地打了一顿，各地的团练都不敢出头露面了，他们大多退却到乡村中去，以保存实力，待时而动。

当太平军的主力部队在苏南地区东进时，陈玉成另率一支部队自宜兴入浙，占领于潜、临安、余姚、富阳，威胁杭州，牵制了浙江的清军。

1860年夏秋间，太平军逼近上海。上海孤处海隅，危若累卵，"城中兵才二千余人，大营广勇数千人溃至。居民汹惧，商贾不前，饷立绌"④。上海的地主、官僚、买办大起恐慌，他们看到清朝的残

① 潘钟瑞：《苏台麋鹿记》，卷上。
② 吴大澂：《吴清卿太史日记》。
③ 徐日襄：《庚申江阴东南常熟西北乡日记》。
④ 钱保塘：《薛焕行状》。

兵败将不足以保障上海，便邀请华尔（Frederick Townsend Ward）教练了一支洋枪队。华尔是一个美国流氓，曾经在美国的鸦片趸船上工作，当太平军进逼上海时，他向上海的大买办兼清政府的粮道杨坊提出一个组织洋枪队的计划，这个计划又得到上海道吴煦、署理江苏巡抚薛焕的支持，于是在上海地主、富商的财力支持下，这支洋枪队组成了。其中收罗了很多外国的流氓、海盗和亡命之徒，他们都是抱着在战争中发财的目的而来的。1860 年 8 月清参将李恒嵩和华尔的刚组成的洋枪队进攻青浦。他们的第一回买卖并不很顺利，被太平军打得大败，"杀死鬼兵六七百人，得其洋枪二千余条，得其大炮十余条，得洋装一百余口，得其舟只数百余条"①。太平军乘胜下松江，进至上海郊外的泗泾、徐家汇，准备进取上海，李秀成并致书英、法、美公使，说明太平军保护各国侨民的政策，希望各国严守中立。外国侵略者到这个紧要关头，索性撕破了中立的假面具，英法公使正式宣布要"保持上海秩序"，组成了英法联合干涉军，英国的卡思克尼（Cascoigne）被任命为联军司令。当太平军击败清军、围攻上海城时，英法干涉军和所谓的"义勇队"突出袭击，停泊在黄浦江中的两艘英舰宁乐特号（Nimrod）和先锋号（Pioneer）也向太平军开火。李秀成没有想到英法侵略者居然这样无耻地撕掉中立伪装，公开参加作战，他当时还希望侵略者会"悔悟"过来，而且当时嘉兴被张玉良围攻甚急，所以 8 月底他暂时从上海撤退，回援嘉兴。

当陈玉成、李秀成胜利地向东南推进的时候，湘军却趁太平军西线空虚的机会，一步步逼近安庆。1860 年底，太平军还来不及结束上海附近的战斗，就不得不回援上游，一场激烈的保卫战在安庆开始了。

五、太平军的西进，安庆保卫战的开始

自从江南大营溃败，太平军连克苏常，清军被打得落花流水，

① 《李秀成自述》。

清王朝不能不把唯一的希望寄托到湘军身上了。1860 年 8 月，清王朝任命曾国藩为两江总督、钦差大臣，并再三催促曾国藩把西线的军队拉到东线去，救援江浙。曾国藩带兵八年，一直只是侍郎的官衔，到这时才是大权在握，踌躇满志。

但是曾国藩有一套自己的战略计划，他把安庆的得失看做“关系天下安危”的头等重要问题。他决心依靠湖北、江西的可靠支援，全力来争夺安庆，然后再步步为营，稳扎稳打地向天京推进，所以他不愿意服从清王朝在惊惶急躁中发出的援救苏常的命令。他向皇帝说：

> 苏常未失，即宜提兵赴援，冀保完善之区；苏常既失，则须通筹各路全局，择下手之要着，求立脚之根本。自古平江南之贼，必踞上游之势，建瓴而下，乃能成功。自咸丰三年，金陵被陷，向荣、和春等皆督军由东面进攻，原欲屏蔽苏浙，因时制宜，而屡进屡挫，迄不能克金陵而转失苏常，非兵力之单薄，实形势之未得也。今东南决裂，贼焰益张，欲复苏常，南军须从浙江而入，北军须从金陵而入，欲复金陵，北岸则须先克安庆、和州，南岸则须先克池州、芜湖，庶得以上制下之势。若仍从东路入手，内外主客，形势全失，必至仍蹈覆辙，终无了期。臣所部万余人已进薄安庆城下，深沟固垒，挖浚长壕，若一撤动，则多隆阿攻桐城之军亦须撤回，即英山、霍山防兵均须酌退，各路皆退，则军气馁而贼气盛，不但鄂边难以自保，即北路袁甲三、翁同书各军亦觉孤立无援。是安庆一军目前关系淮南之全局，将来即为克复金陵之张本。此臣反复筹思安庆城围不可遽撤之实情也。①

当时清王朝急于要夺回苏常，保护上海、杭州，不同意曾国藩争夺安庆的计划，甚至斥责曾国藩是“师心自用”。曾国藩不得已把自己的大营移驻皖南的祁门，装成要向苏常进兵的姿态，以敷衍清王朝的命令，实际上却仍旧把大军集中安庆，按照自己原来的计划

① 《曾国藩全集》，奏稿，卷一一，《通筹全局并办理大概情形折》。

行动。他以曾国荃所率 1.5 万人包围安庆城，以李续宜、多隆阿所率 2 万人屯驻安庆、桐城之间的乌石山、青草塥、挂车河一带，对付太平天国的援安庆军，胡林翼负责指挥安庆战役，率 1.5 万人驻潜山、太湖一带，作安庆围城军的后援，兼防山险，保湖北，另外还有水师、马队，共有 8 万军队集中在安庆外围。曾国藩到了祁门以后也逗留不进，以便隔江照顾安庆军务。清军倾全力于安庆，处心积虑布置成一个围点打援的形势，等待西来的太平军。

事实说明，曾国藩的见识确实比清王朝要高出一头。安庆是当时战略上具有头等重要意义的城市，它是太平天国和皖北捻军联系的纽带，是屏障天京、保证全军粮食供应的据点。安庆的紧急使太平军还没有来得及席卷江浙，就不得不西向和湘军争衡了。1860 年 9 月，以安庆为根据地的英王陈玉成军，首先自杭州附近西撤，回援安庆。10 月，忠王李秀成在嘉兴击败张玉良，也和侍王李世贤、辅王杨辅清、堵王黄文金、襄王刘官芳、奉王古隆贤、匡王赖文鸿、孝王胡鼎文、佑王李远继等联翩入皖南。太平军全力倾注于西战场，一场规模巨大、战斗激烈的安庆保卫战揭幕了。1860 年 9 月，陈玉成自浙江回军与杨辅清、李世贤联合，克广德州，败清提督江长贵军，接着进克宁国府，斩提督周天受，周军二万余全部溃散。杨辅清等留在皖南，陈玉成军渡江至皖北定远。当时定远是皖北捻军的唯一根据地，自从上年捻军在怀远、临淮关、凤阳连续失利之后，袁甲三的清军紧逼定远，捻军和太平军合作，守御定远已有半年之久。陈玉成的大军一到，袁甲三军闻风逃遁，定远复安。11 月陈玉成和捻军龚得树、孙葵心联合，号称十万人进驻桐城，与湘军大战于挂车河。太平军方面，从江南跋涉千里，披星戴月，又在定远、寿州连续作战，战士们十分疲劳；湘军方面，却经过长时期的养精蓄锐，士饱马腾。在战斗中，胡林翼又再三告诫将士：“援贼果到，我军总须坚忍，不遽战，凭垒静坐，安排枪炮，挫其气，俟审察贼情，并力大战，则我军之气，愈遏而愈盛”①，“军事到紧要之时，静者胜，

① 《胡林翼全集》，书牍，卷三四，《复多都统》。

躁者败；后动者易，先动者难；能忍者必利，不能忍者必钝。贼知安庆望援甚急，恐不能忍至一月二月之后，我军人力地势，可坚忍自持”①。果然，湘军靠着凭垒坚守的战术挫败了远来疲劳的太平军，捻军首领孙葵心在战斗中牺牲，太平军初援安庆失败。12月，陈玉成军退庐江。

初援安庆仅仅是安庆保卫战的开始，太平军当然不会因为一次战斗的失利而轻易地放弃安庆，他们只是接受硬攻失利的教训而改变作战计划。1861年3月，陈玉成率军攻霍山，败余际昌军，遂入湖北境内，连下英山、蕲水、黄州。3月底，太平军逼武汉，抄过了湘军的后路，攻打湘军的后方，以迫使湘军回援武汉，解除安庆的包围。太平军的这个包抄战略果然使清军惊惶失措。当时清朝军队都集中在安庆，黄州以西无一兵一卒，武昌“存城兵二千，马队八十，战不能战，守不能守”②。胡林翼急调彭玉麟、李续宜的水陆师上援武昌，但是太平军轻骑疾驰，上援的湘军跟追不及。武昌城中一片混乱，粮台管理人员纷纷逃避，主管粮台的阎敬铭想要辞职逃跑，总督官文吓得呆若木鸡，在安庆军中的胡林翼肝火大动，连连吐血，怨艾自己是“笨人下棋，死不顾家”③。恰好这时候，英国海军上将何伯、参赞巴夏礼带了舰队视察《北京条约》所规定开放的通商口岸。他们视察到汉口，听到太平军逼近武汉的消息，立即由巴夏礼到黄州会见陈玉成，声明要保护武汉的商业，劝陈玉成停止进攻。陈玉成对外国侵略者的干涉不得不加以考虑，而且南岸李秀成的西进军尚未逼近武汉，所以太平军停止攻势，转向武汉的西北方向推进。外国侵略者的横加干涉救了武汉的清朝反动势力，也间接地帮助了安庆的围城湘军，太平军的包抄计划被破坏了。1861年4月，陈玉成在攻占了德安、随州、应城、云梦等地后，分军把守，而自己则率兵入皖，第二次援救安庆。

---

① 《胡林翼全集》，书牍，卷三七，《复多都护》。

② 同上书，书牍，卷三九，《致曾沅浦观察》。

③ 同上书，书牍，卷三九，《复左季文京卿》。

当英王陈玉成初援安庆、进军湖北的时候，忠王李秀成等已经进入皖南，配合皖北的战斗，挥军西进。应该指出，李秀成因东南的新根据地尚未巩固，上海、杭州、湖州尚在敌人手中，对于全军西进孤注一掷地去争夺安庆是不赞成的。他主张首先经营苏浙两省，然后"即取百万买置火轮二十个，沿长江上取，另发兵一支，由南进江西，发兵一支，由北进蕲黄，合取湖北，则长江两岸，俱为我有，则根本可久大矣"①。但是太平军在上海遭到外国侵略军的干涉，席卷东南的计划还没有来得及告成，安庆已岌岌可危，英王陈玉成为了回顾自己的根据地，丢下垂手可得的杭州回去了。忠王李秀成则为了继续经营自己的苏常新根据地而迟迟不走，陈、李临分手时曾经在苏州会议一次，可惜会议的内容无可查考，估计一定是一场激烈的内部争论。现在所能看到的只有洪仁玕的一些不完整的记载，他说：

> 殊忠王既抚有苏杭两省，以为高枕无忧，不以北岸及京都为忧，故予行文晓之曰："自古取江山，屡先西北而后东南，盖由上而下，其势顺而易，由下而上，其势逆而难；况江之北，河之南，自称为中洲渔米之地，前数年京内所恃以无恐者，实赖有此地屏藩资益也。今弃而不顾，徒以苏杭繁华之地，一经挫折，必不能久远，今殿下云有苏浙可以高枕无忧，此必有激之谈，谅殿下高才大志，必不出此也。夫长江者古号为长蛇，湖北为头，安庆为中，而江南为尾，今湖北未得，倘安徽有失，则蛇既中折，其尾虽生不久，而殿下之言，非吾所敢共闻也。"后忠王复以"特识高见，读之心惊神恐，但今敌无可败之势，如食果未及其时，其味必苦，后当凛遵"云云。②

从这段记载中可以看出，干王是从安庆城的重要性着眼，主张先救安庆；忠王则从敌我力量的对比着眼，认为必须先打上海，积蓄力量，然后救援安庆才有把握。应该说，忠王的眼光是高出一筹的，但是忠王有他的苦衷，他既不能说服英王、干王听从自己的意

---

①② 《洪仁玕自述》。

见，放弃安庆的争夺；又因为苏常一带是自己的根据地，迟迟不出，有恋栈苟安的嫌疑。并且“天王严诏颁到，命我赴上游，催我领军而去扫北，那时正无良计，正逢有江西德安县以随州、义宁、武宁、大冶、兴国、蕲水、蕲州、武昌、江夏、金牛、宝安、蒲圻、嘉鱼、通山、通城等有起义四十余名具禀差使到苏，恭呈降表投军，是以将此情由，具本复奏，云我招集此等之人数十万，再行遵诏扫北，等因。主本不从，我强行而止”①。李秀成既以招兵为西进的主要目的，当然不肯用实力来攻打清军的要害（如祁门、南昌、九江、武汉），所以他的主力部队如陈坤书、陈炳文等都留守苏常，李秀成只率领一部分军队入皖南。应该指出，李秀成的意见纵然是正确的，但在自己意见未被采纳、而援救安庆的统一作战方略已经确定之后，他却表现出消极的态度，不用实力去攻打清军必救之点，因此曾国藩可以对李秀成的西进军不理不睬，安庆的压力没有多大减轻，这不能不说是李秀成的严重错误。

1860年底，李秀成自太平、繁昌至黟县，与鲍超相持，同时刘官芳、古隆贤、赖文鸿进至石埭，黄文金、李远继自东流至江西浮梁，切断曾国藩祁门大营的粮道，李世贤也从徽州西进。祁门陷在四面包围之中，曾国藩叙述当时情况说：“弟自移驻祁门，无日不在惊涛险浪之中，徽、宁失后，环祁之四面，常有十余万贼围绕，更番互进，扼我粮道，几于无日不战，无路不梗”②。当战事最紧张的时候，曾国藩甚至豁出了性命给弟弟写了遗嘱，说：“祁门老营，距贼仅八十里，朝发夕至，毫无遮阻。现讲求守垒之法，贼来则坚守以待援师，倘有疏失，则志有素定，断不临难苟免。回首生年五十，除学问未成尚有余憾外，余差可免于大戾。贤弟教训后辈子弟，总以勤苦为体，谦逊为用，以药佚骄之积习，余无他嘱。”③ 可惜李秀成一心一意要去上游招兵，并没有用全力攻打祁门，他和鲍超的军队稍一接触以后，就改道绕过祁门，从徽州往浙江，入江西，李世

① 《李秀成自述》。

② 《曾国藩全集》，书札，卷九，《致吴竹如》。

③ 同上书，家书，卷七，《致沅季弟》。

贤也随之而去。不久杨辅清、黄文金也渡江援安庆去了。皖南只剩下刘官芳、古隆贤、赖文鸿的军队，他们虽然在 1861 年曾经几度逼攻祁门，但是兵力薄弱，不可能击溃祁门大营。假使李秀成和太平诸王齐心合作，猛攻祁门，其结果不是祁门大营被击溃，就是清军方面调动安庆围城军来援祁门，不管哪一种结果，都是太平天国的极大胜利。可惜李秀成等人没有采取这个方针，轻易地放过了曾国藩。

1861 年 1 月，李秀成西进军由常山入江西，2 月攻广信，3 月攻建昌、抚州，皆未下。4 月进扎樟树、新淦，渡赣江，连克吉安、临江、瑞州、武宁、义宁，6 月入湖北。侍王李世贤则与左宗棠相持于景德、乐平一带，与李秀成的西进军相呼应。同时，在广西原属石达开的部队，因在广西无发展余地，也纷纷脱离石达开，前来与李秀成、李世贤会师。这批部队分四支进入江西。第一支汪海洋、谭体元等于 1860 年 9 月自湘南入赣南，经瑞金、建昌、铅山、广信，1860 年底合于李秀成和李世贤的大队。第二支谭星、周春等花旗队伍（天地会）于 1890 年 10 月由广东趋赣南，进至福建，占领武平，1861 年 4 月折入江西。第三支彭大顺、童容海、朱衣点等于 1860 年底自湘南经赣南入福建，占汀州、连城，1861 年 5 月复折经江西之宁都、建昌，与李世贤会合。第四支黄添理等则活动于闽赣边界。江西在许多支革命队伍的进攻之下，闹得翻天覆地。当时，清军全集中在淮南、皖南，江西十分空虚，淮南方面胡林翼、李续宜、彭玉麟、杨载福、曾国荃、多隆阿被英王陈玉成的军队吸引在安庆，“无日不在危机骇浪之中”，除非撤除安庆的城围，否则不可能分兵援江西；皖南方面“张运兰各军皆驻防徽境，断难移动，左宗棠军一半留江之景德镇，一半移皖之婺源，保障五六百里，不能再顾他处”①；保卫祁门大营的鲍超一军则被调到安庆，对付陈玉成去了。所以李秀成的西进军出入江西，如入无人之境，清廷方面极为紧张，皇帝给曾国藩下令说：“曾国藩统辖该省，且军营饷需，全赖江西接

① 《曾国藩全集》，奏稿，卷一四，《复陈华祝三胪奏折》。

济，自应亟筹扫荡，以免饷源告竭。南昌为省垣重地，尤不可稍有疏失。”① 可是老奸巨猾的曾国藩对形势的了解更为清楚，他知道英王陈玉成援救安庆的战斗是一次生死攸关的硬仗，而李秀成的西进军则是乘虚捣隙，虚张声势，所以他不管江西怎样紧急，坚持勿撤安庆城围的主张，他在许多书信中一再表示：

自徽宁并失，皖事大坏，江楚亦危，祁门四面，常有数十万贼，眈眈环绕。又分数支，上窜江西湖北，凡四府二十余州县皆陷。自去年冬至今夏，几无日不战，无路不梗，幸坚持初议，不弛安庆之围。②

逆党之救援安庆，其取势乃在千里以外，皆所以掣官军之势，解安庆之围。论者多思撤皖围之兵，回顾腹地之患；又有谓宜弃皖南祁黟等县，敛兵退保江境者。鄙意皖围弛则江北之贼一意上犯鄂境，祁黟退则江南之贼一意内犯抚建，故始终仍守原议。③

国藩之视北岸更重于南岸，南岸纵有大变，而江西省城必尚可保，北岸若有大失，即汉口武昌亦恐难保。④

他对李秀成西进军的行动，亦并不十分重视，他说：“忠逆党虽多而不耐战，侍逆党虽悍而不耐久”⑤，“忠逆一股并不凶悍，前在建昌，官军仅七百余人，围攻二十余日不下，是其明证”⑥。当然李秀成的军队并不是真的怯弱，而是因为李秀成对援救安庆并不积极，他根本不打算进行容易损耗实力的攻坚战。由于李秀成抱这种消极态度，清军才能逃过这一场大劫。

1861 年 6 月，李秀成进入湖北，连克通山、通城、兴国、大冶，其先锋部队于 6 月中旬占领了武昌县。当地人民纷纷响应，参加太平军的群众达 30 万之多。当时陈玉成已经从湖北折返安庆，正在二

① 《曾国藩全集》，奏稿，卷一四，《复陈华祝三胪奏折》。
② 同上书，书札，卷九，《复倭艮峰尚书》。
③ 同上书，书札，卷八，《复万篪轩》。
④ 同上书，书札，卷二三，《致李希庵》。
⑤ 同上书，书札，卷九，《致左京卿》。
⑥ 同上书，书札，卷二四，《致官中堂》。

援安庆失利的时候，南岸李秀成军的逼近武汉，使北岸军心大壮。而且武昌县与对江之黄州相呼应，黄州有英王部将赖文光镇守，太平军南北两军已经互通文报。胡林翼吓得从安庆前线星夜赶回武昌。假使南北两军戮力同心，齐攻武汉，那么武汉可能会第四次转入太平军之手，至少也能牵动安庆的湘军，减轻英王的压力。但是李秀成没有这样做，他仅仅和赖文光通了书信，叙述了自己行军的情况，根本没有提到会攻武汉的事，甚至也没有谈到下一步军事活动的安排。他听到英王二援安庆失利，态度更为消极，又听到李世贤在江西东北部的乐平被左宗棠打败，急于回军苏浙。再加上汉口英国领事金执安的干涉，以及清王朝长江水师的优势，所以太平军对武汉的佯攻姿态也没有来得及摆开。6 月底李秀成军退出武昌县，7 月初全军从湖北入江西回援李世贤。太平军南北两岸包抄武汉的全盘战略功亏一篑。后来，忠王被俘，曾国藩的幕僚赵烈文去看忠王，谈到这次战役，赵烈文记有当时的对话：

> 又问："十一年秋，尔兵至鄂省南境，更进则武昌动摇，皖围撤矣。一闻鲍帅至，不战而退，何耶？"曰："兵不足也。"余曰："汝兵随处皆是，何云不足？"又曰："时得苏州而无杭州，犹鸟无翼，故归图之。"余曰："图杭州曷不在赴江西之前，而徒行数千里无功，始改计耶？且尔弟侍王在徽，取浙甚便，而烦汝耶？"曰："余算诚不密，先欲救皖，后知皖难救，又闻鄂兵强，故退，抑亦天意耳。"①

正因为李秀成恋恋于自己的苏浙根据地，漠视安庆的紧急，不顾革命的全局，因此西进战事转战数千里，历时近一年，而得不偿失，无功而退，使上年辛苦斗争而得到的有利形势抵消了，也使安庆的战事成为不可挽回的败局。

六、安庆保卫战的失败

当李秀成进军江西、湖北的时候，陈玉成已早在 1861 年 4 月间

---

① 赵烈文：《能静居日记》，转引自陈乃乾：《阳湖赵惠甫年谱》。

回至安庆，准备第二次援救安庆。天王洪秀全也十分重视安庆战斗，派干王洪仁玕、章王林绍璋以及杨辅清、黄文金、吴如孝等联合捻军，马步二万人自桐城攻多隆阿军。英王则自率精锐从宿松、石牌直趋安庆，冲入湘军的重围，在集贤关、菱湖一带结垒二十里，拊曾国荃围城军之背，安庆城外展开了一场最激烈的战斗。战线可以分为六层：最南第一层是长江中提督杨载福率领的湘军水师；第二层是坚守安庆城的叶芸来、张朝爵太平军，这时为配合英王的援军，已在安庆城外菱湖南岸扎营，并用小船与北岸的英王大营互通消息；第三层是曾国荃围安庆城的湘军，这时已挖成内壕、外壕，内壕是包围安庆城的，外壕是对付英王援军的；第四层是英王陈玉成的精锐部队，屯驻集贤关内外，与叶芸来夹击曾国荃军；第五层是清军副都统多隆阿的军队，内围陈玉成，外拒洪仁玕、林绍璋等；第六层是洪仁玕、林绍璋、吴如孝等自天京、皖南、庐州来援的太平军。形势是犬牙交错，层层作战，内线外线，互围互包，形成太平天国战史上极残酷、极壮烈的场面。战斗从 4 月底延续到 5 月中旬，双方都是全力以赴，这次战斗是最有关键性的。假使太平军失败，天京就失去了可靠的屏障；假使湘军失败，其苦心经营数年的包围圈被打破，那么湘军势必走上江南大营的覆辙而一败涂地。所以曾国藩、胡林翼都怀着十分焦急的心情从各地抽调援军，来支援安庆战斗。曾国藩这时索性丢掉了祁门大营，回驻东流，以便与安庆隔江相呼应。大营中只留下五百名亲兵，把鲍超全军调往安庆，自己的大营则依靠长江水师来保护。胡林翼急得肺病大发，“神志昏瞀，元气大亏，阅案牍不过数行，眼目即为昏黑，行动须人扶持，乃能起立”①。他催调李续宜、成大吉从湖北回援安庆，可是李、成被德安陈仕荣、黄州赖文光的太平军所牵制，不得分身，气得他大骂这些脓包将领：

成镇十七日尚未拔营，岂迭次文书均失耶？狗逆实来自石牌，舍狗不打，而为城逆所疑缀，适中贼计。吾恐安庆之师覆

① 《胡林翼全集》，奏议，卷四七，《奏陈病势增剧恳请开缺调理疏》。

败，又为金陵之续耳。弟去年痛骂何桂清，此次安庆如不可支，人将何以议我？太湖尚能支三月，三月以后非我所能为也。安庆兵将本弱，地势亦艰，以五千人守前壕，以五千人守后壕，袤斜十余里，力已至薄，说者乃谓其多兵何也？不知此一万人围城，则一万人已为贼所缀，谓之无一兵可也。①

结果，在这场大战中，湘军从死里求活，他们比起太平军来具有几个优越的条件：第一是湘军在曾、胡统率下，内部尚能协调；第二是湘军水师占绝对优势，水陆可作掎角，安庆和集贤关之间，隔着一个菱湖，湘军水师“创立飞划营，抬划船入湖，合陆军大战”②，使陈玉成军和叶芸来军不能全部会合；第三由于湘军水师控制了长江，皖南的鲍超军立即渡江，赴援安庆，减轻了曾国荃的压力；第四，湘军在安庆城外经营数年，垒坚壕深，粮药充足，可以作持久的打算。相反，在太平军方面，各将领援救安庆的态度不同，不能很好地合作，如曾国藩说：“闻狗酋在贼中亦极孤立，章、干、忠、侍各逆，皆貌合神离，积怨甚深”③，又说：“忠、侍、章、干诸王，皆与狗逆不合，外畏之而中恨之。”④ 而且太平军各支部队的战斗力有强有弱，其中以英王的军队最强韧，其他各支战斗力较差。所以胡林翼说：“打璋、玕宜速，打狗宜迟，宜持重”⑤，“狗逆较狠较悍，且所带各起，颇经挑选，较他处整齐，贼目之妻孥，均在城中，其救援之心既切，则其死斗之力，亦必比平时为甚”⑥，又说：“贼中精锐，只四眼狗一支耳，他何足虑哉！”⑦ 太平军心志不一，队伍不齐，这是战斗失败的一个重要原因。加以太平军缺乏粮弹，援城心切，不利于作持久的战斗。湘军根据太平军的弱点，确定了合兵、坚守、持久和个别击破的方针，胡林翼叮嘱前敌将领：“剽悍贼头目，须并力，不宜分兵”，“此次贼匪，意在速战；务求尊处渐次

---

① 《胡林翼全集》，书牍，卷四一，《复蕲水蒋令》。

② 俞樾：《彭刚直公神道碑文》。

③ 《曾国藩全集》，书札，卷八，《复胡宫保》。

④ 同上书，家书，卷七，《致沅季弟》。

⑤ 《胡林翼全集》，书牍，卷四一，《致曾沅浦观察》。

⑥⑦ 同上书，书牍，卷四一，《复多都护》。

逼近，深沟高垒”，姑作不欲战之状，“则贼计必穷。待其逼近求战，而后从容应之，未有不大捷者也。贼无粮而我有粮，贼不能久而我能久，贼不能忍而我能忍，此机唯老兄能明察之”①。5月上旬，多隆阿首先击败了战斗力最弱的洪仁玕等，仁玕等退屯桐城，太平军的外线包围圈被打散，同时鲍超的援军也赶到安庆。陈玉成腹背受敌，但他仍旧不甘心放弃安庆，令部将刘玱琳、李四福率领最精锐的4 000战士守集贤关，在关内外筑垒17座，作死守计；令吴定彩率千余人冲入安庆城内，帮助叶芸来守城，而自率一部分军队突围走桐城，与洪仁玕等会合，准备第三次进援安庆。

很显然，二援安庆的失败已经充分说明敌强我弱的力量对比关系。湘军在安庆投入了这样大的赌注，安庆城的难以保全，已经是洞若观火的了。无论安庆有多大的重要性，这时也不应该硬拼硬战，唯一正确的是组织退却。以当时陈玉成尚保有的实力来看，组织一次安全的退却是完全可能的，当时曾国荃为了减轻压力，曾经撤去城围的一角，让安庆太平军突围。但是陈玉成却凭着血气之勇，不甘向湘军示弱，把自己的王牌军摆在集贤关这样一个四面受敌、孤立无援的地位上，妄想支持不可挽救的安庆围城，这不能不说是一个严重的错误。陈玉成刚刚退回桐城，鲍超、李续宜等援军就陆续开到，湘军用全部力量围攻集贤关太平军营垒，湘军水师也协助攻击，展开了一场激烈战斗。太平军都是英勇善战的老战士，“官军窥探，阒若无人，一近垒边，则枪炮如雨，官军拔签填壕四面猛扑，多被枪炮伤亡，迄不能前”②，激战二十日，在众寡悬殊的形势下，刘玱琳军援尽粮绝，全部牺牲。湘军胜利以后，欢欣鼓舞，曾国藩向皇帝报告说：

> 刘玱琳、李仕福、贾仁富、朱孔堂等均系广西老贼，与官兵历年接仗，每次首先冲锋。九年踞守太湖，数月不下。十年二月，逆首刘玱琳自安徽渡江，充作先锋，破我金陵围师营垒

---

① 《胡林翼全集》，书牍，卷四一，《复多都护》。

② 《曾国藩全集》，奏稿，卷一三，《官军围攻赤冈岭贼垒悍贼歼除折》。

> 数十座，连陷苏常等郡邑，皆系该逆等为首肆恶。查粤逆自滋扰以来，虽屡经挫败，然临阵率新掳之众，以当前敌，我军所斩长发老贼，至多不过数百名。此次陈逆见我大军云集，乘夜潜遁，而留此四垒于集贤关外（按：指集贤关外赤冈岭之四垒），原欲牵制我师，且垒中系其平日第一枝悍党，战守可恃者，希冀凭坚久抗，以便纠合余党，复来解安庆之围……四垒之贼，虽甚骁悍，而孤守二十余日，援绝势穷，无计可脱，鲍超、成大吉等昼夜环攻，歼除长发老贼至四千名之多，实为从来所未有。①

从曾国藩的报告中，可以看出太平军损失的惨重。

1861年8月初，陈玉成组织第三次援救安庆。这次除了洪仁玕已回天京之外，仍有林绍璋、黄文金、吴如孝参加，并且还从皖南调来杨辅清的军队。林绍璋、黄文金、吴如孝仍据桐城外线，与多隆阿军相持，陈玉成、杨辅清再度冲入集贤关，列营四十余座，奋力攻扑曾国荃围城军的后壕（时鲍超已调江西对付李秀成），安庆城内的太平军也“列队西门，遥遥相应”②。安庆城内粮食问题已经到了极严重的地步。本来还有一些贪图财利的外国商人从长江中偷运一些粮食进安庆，但曾国藩想出一条非常毒辣的办法，命令各营将领对洋商“好好款接，礼节宜谦恭，酒席宜丰厚，即有馈送水礼，亦不可过于菲薄……然后以重利啖之，彼买米与安庆城贼，每米一石，发贼可出价五两者，吾亦出五两买之，发贼可出价十两者，吾亦出十两买之”③。果然，外国奸商被曾国藩争取过去了，安庆无粒米入城。陈玉成、杨辅清尚在和曾国荃的后队激战，9月5日曾国荃的前队攻破安庆，叶芸来、吴定彩全军16 000人战死，张朝爵从水路突围出。陈玉成、杨辅清在集贤关遥望安庆城的烽火，无策援救，只得退出集贤关外。安庆保卫战结束，湘军勉强获得了胜利。

安庆失守，实是太平天国革命运动生死存亡的关键。就像洪仁玕所说：“我军最重大之损失，乃是安庆落在清军之手。此城实为天

---

① 《曾国藩全集》，奏稿，卷一三，《官军围攻赤冈岭贼垒悍贼歼除折》。

② 《钦定剿平粤匪方略》，卷二七三，官文奏。

③ 《曾国藩全集》，书札，卷八，《复杨厚庵》。

京之锁钥而保障其安全者。一落在妖手，即可为攻我之基础。安庆一失，沿途至天京之城，相继陷落，不可复守矣。安庆一日无恙，则天京一日无险。”① 更应该指出的是，在将近一年的安庆保卫战中，太平军硬拼硬战，力量损耗极大。英王陈玉成的军队是太平军的精华，经过这次大战，英王军精锐尽丧，士气低落。安庆失守后，陈玉成“欲上德安、襄阳一带招兵，不意将兵不肯前去。那时兵不由将，连夜各扯队由六安而下庐州，英王见势不得已，亦是随回，转到庐城，尔言我语各又一心。英王见势如此，主又严责，革其职权，心烦意乱，愿老于庐城，故未他去。坐守庐城，愚忠于国”②。可惜这样一支英勇盖世的军队就此一蹶不能复振，这是陈玉成过分重视一城一地的得失而不思保存有生力量所造成的严重恶果。

七、李秀成再克杭州

当湘军在西战场夺取安庆，并逐步逼近天京的时候，太平军忠王李秀成、侍王李世贤的军队也在浙江战场对清军展开猛烈攻势，席卷了浙西和浙东的大片土地，开辟了浙江根据地。浙江根据地的开辟，鼓舞了处在不利局面下的太平军的士气，分散了敌军的兵力，支援了天京的保卫战，延续了太平天国革命政权存在的时间。

太平军进取浙江的计划早在1860年打破江南大营的时候就已确定了。当陈玉成、李秀成联辔东进，攻克苏、常时，他们的军锋已经逼近了杭州。不过由于安庆的危急，迫使太平军暂时搁置了既定的计划，全力西向，以争夺安庆。安庆战斗的结果，太平军失败，陈玉成的军队损耗殆尽；李秀成进抵大冶、兴国的大军也未能纾解安庆的危急。这时候进取浙江的计划重新被提出，作为对太平军在西线损失的一个补偿。

进攻浙江的先锋是侍王李世贤的部队。1861年5月，侍王李世贤在随同李秀成进入江西以后，屡次被左宗棠的湘军所阻遏，未能

---

① 《洪仁玕自述》。

② 《李秀成自述》。

在江西打开局面，随即返军入浙。这时，脱离石达开回来的谭体元、谭星等参加了李世贤的军队，使李世贤的军力大为增强。迅速地打下了常山、江山等入浙的门户，长驱进入浙江，防守衢州的清军总兵李定太畏惧太平军的声势，退保城垣，不敢出来迎战。太平军绕过衢州城，进入浙江腹地，一路上如入无人之境，连下龙游、汤溪、金华、兰溪、东阳、义乌、遂溪、松阳、处州、严州、永康、武义、浦江、诸暨、萧山，进逼杭州。太平军另部范汝增、黄呈忠等则攻克嵊县、新昌、上虞、余姚、慈溪、象山。不到半年的时间，浙西和浙东的大部分地区已落到太平军手中，各地人民纷纷起来响应，如诸暨何文庆所领导的莲蓬党，协助太平军攻克浙东沿海的很多城市，赵起领导的金钱会自动起来占领了温州、福鼎、平阳等地。太平军所过之处得到人民群众的热烈欢迎和大力支持。

浙江战斗再一次暴露了清王朝统治的腐朽无能。浙江巡抚王有龄是一个“惟以暴敛为能”的大贪官，“其捐输之入，作为三分，一济军饷，一充私橐，一为交结馈遗之用”①。他手下的两个大将，一个是在江南大营中以丧师失律而臭名远播的张玉良，另一个是“嗜好洋烟、长灯不绝”的鸦片鬼饶廷选。这俩人是名副其实的“长败将军”，“张则战而溃，饶则不战而溃，张则营而溃，饶则不营而溃”②。当时有人讽刺这支腐朽的军队：“溃退之时，弃甲而并不曳兵，收集之后，免罪而更思图利，授食号称五六万，御敌不及五六千，威不知畏，整饬之法穷，恩不知感，策励之法穷，目前何以遏凶锋？驻省之外无他策，将来何以固省会？关城之外无他策”③。清

① 《曾国藩全集》，奏稿，卷一四，《查复江浙抚臣及金安清参款折》。

② 许瑶光：《谈浙》，卷二。

③ 何绍祺上王有龄书，转引自许瑶光：《谈浙》，卷二。另陆以湉《杭城辛酉记事诗序》称：“呜呼！观于杭城之亡而叹军政之失……其始不慎选将帅，师屡挫衄，陷城益多。其继不扼守险要，日逼日近束手坐困。其弊则由于积粮不广，教士无素，以致围城两月，群情瓦解，遽溃散而不可救。当是时，城中将士非不多也，然自提镇以至游都，无亲自督战者，是将不身先士卒矣。御寇不接仗，但索乡民食物，且强占妇女，或与接仗，惟遥施枪炮，是兵不遵纪律，不死其长上矣。密书约战，诡投贼营，是将不能驭下，转为下误矣。信贼诈降，连失营卡，是将不能防寇反为寇愚矣。甚至搜米之谕，出自军门，则将纵兵也。投贼之爨，启自亲军，则兵叛将也。处危急之秋而法不肃、令不行、情不洽、气不振，欲城之克保，岂可得哉！”

朝统治的这种腐朽情形，是太平军能够在浙江屡获大胜的一个重要原因。

1861年初，忠王李秀成的西进大军撤退下来，从江西入浙江，参加了解放杭州的战斗。李秀成在杭州城外筑木城，树坚垒，作坐困久攻之势。杭城“十门合围，饷道阻绝”①。数万清军困死在城内，如瓮中之鳖，不久粮食告罄。上海的大买办胡光墉和外国侵略者一起偷运二万石米粮，企图从钱塘江入城，被太平军截获。12月底，城内清军向居民勒索粮食，居民起来反对，清军得不到粮食，纷纷溃散。太平军于12月29日破杭州，浙江巡抚王有龄自缢，藩司林福祥、提督米兴朝等均为太平军所俘获。

第三节　50年代末至60年代初各地人民的起义斗争

太平军和清军的相持不是孤立无援的。在太平军的周围，有各地人民大大小小的各种起义活动，它们彼此掩护，相互呼应。为了叙述的方便，我们把西南和西北的少数民族起义放在以后专门论述，其他的起义将综合成三个方面：一是石达开的远征和广西天地会的活动，一是李永和、蓝大顺在四川的活动，一是山东、河南的人民起义活动。

一、石达开折返广西及其入川的失败

1858年底，石达开和杨辅清分道扬镳，石达开怀抱入川的雄图，率大军由福建入赣南。当时太平军在江西的根据地已经完全沦陷，石达开停留在赣南的南安府，整顿军队，把军队分成五旗，由赖裕新、傅忠信、余子安、陈亨容等分领，积极做入川准备。另部石镇吉、石镇常等由福建入广东，经大埔、嘉应州西走，计划在湘南和

① 华学烈：《杭城再陷纪实》。

石达开大军会合。

应该注意到的是石达开军在浙江、福建盘旋一年，屡战不利，锋锐已经大挫。这一方面是石达开执拗地要脱离太平天国的集体，企图另辟地盘，甚至和杨辅清失和，太平军的老战士对此深表不满，大大影响了士气；另一方面是石达开既失去了江西的大片膏腴之区，又未能在浙闽开辟新的根据地，失之东隅，却未收之桑榆，军队经年累月地进行无后方作战，疲劳而没有休整的机会。再加上闽西本来是贫瘠的山区，恰巧又碰上灾荒，几十万军队的粮食不能解决，因此军心涣散，士气低沉。曾国藩说："察看入闽出闽之贼，势乱而无纪，气散而不整，迥不似石逆往年情形"①，"在衢州数月而进不敢逼严、杭，东不敢窥宁、绍，在洋口数月而下不敢犯延平，其时制军（指闽浙总督庆端）虽在延平而兵不满万，气极散漫，以此卜之，贼无悍志，无远略"②。骆秉章也说："石达开由浙窜闽以后，气势顿衰……观近时贼踪纷纭杂乱，迥异从前。"③ 清廷方面这时开始把石达开放到次要的地位，不甚重视了，只让湘军的第二流将领萧启江蹑踪石达开，而把力量集中于安庆的争夺。当然石达开并没有像敌人所希望的那样轻易地垮下去，他乘敌人放松追击的机会，整顿队伍，确定了迅袭湘南、挥兵入川的计划。1859 年 2 月底，石军离江西，入湖南，迅速地打下兴宁、宜章、郴州、桂阳州。另部石镇吉军也由广东嘉应州急速向湖南推进，湘、桂、粤、赣边界人民群起响应。石达开的军势一度重振，趁着清王朝在湖南兵备空虚的机会，迅速通过湖南，疾趋四川。所以"所过之处，专取偏僻小路，夜间列炬疾行，骤如风雨"，"甫及一月，所行程途，几及千里，志在飙忽乘虚，亦不肯久顿坚城之下"④，石达开希望这场战斗的胜负取决于双方竞走的胜负，当时湘军远征皖赣，来不及赶回应援，石达开通过湘南而入川的计划似乎是有实现的可能。但是石达开没

① 《曾国藩全集》，奏稿，卷一〇，《陈明石逆情形片》。

② 同上书，书札，卷一九，《复左季高》。

③ 《骆秉章奏议》，湘中稿，卷一三，《皖军失利闽贼远窜敬陈管见折》。

④ 同上书，湘中稿，卷一四，《贼扑永州祁阳官军大捷筹办情形折》。

有足够地估计到湖南地主的组织力和战斗力，当他急走到永州、宝庆的时候，湖南地主官僚立即诱胁退伍湘军出来顽抗。十几天的时间内，竟纠集了六万多的军队，守住宝庆，拦住了石达开的进路。同时李续宜的湘军也迅速从皖北回援。1859年4月，石达开军的前锋抵永州，为刘长佑所阻，石部分兵四出，军略赖裕新、朱衣点攻东安，宰制傅忠信、余子安、陈亨容攻新宁、武冈，石达开自率一军攻祁阳，三路并进。5月底，会集于宝庆城下，“东西两路，占地广袤百数十里，或扎营垒，或踞村庄……人数尚不止十数万之多”①。6月间，大战开始。达开部人数虽多，但大多是在湘南刚参加的新战士，缺乏训练和战斗经验，所以曾国藩说：“在宝之贼，不甚善战，不逮陈狗远甚”②，“数甚多而能战者实少”③。而且石军千里急进，孤军深入，没有后方的支援，粮食只能临时征购，弹药只能随军携带，作战处处陷于被动，石镇吉和广东天地会的援军又被阻拦在湘粤边境，不能会合，因此迁延到8月，竟无法打退湘军，不能夺取宝庆，遂撤宝庆围南走，入广西。石达开军经过艰辛的长途行军，又在宝庆失利，入川的计划破灭，士气极为低落。曾国藩对他作了如下的估计：“贼党窥蜀自意中事，然既钝于浙、钝于闽，入湘后又钝于永祁、钝于宝庆，裹胁之人，愿从者渐少，且无老巢以为粮台，粮米须虏，子药须搬，行且自疲于山谷之间。”④果然，石达开以后在广西蹙处三年，再也不能恢复以往叱咤风云的气概了。

那么，在石达开宝庆战斗失利折返广西的时候，广西的情况怎样呢？

广西是太平天国革命的策源地，在太平天国起义以前，广西已经展开了如火如荼的斗争，太平军离开广西以后，斗争仍旧绵延不绝。其中较大的如活动于湘桂边界的朱洪英、邓正高、满庭科，活动于粤桂边境的梁培友、范亚英，活动于浔江两岸的起义军等等，

---

① 《骆秉章奏议》，湘中稿，卷一四，《贼势趋重宝庆官军剿办情形折》。

②④ 《曾国藩全集》，书札，卷五，《复胡宫保》。

③ 同上书，书札，卷一九，《复左季高》。

攻克城镇的事，屡见不鲜。1855 年，广东天地会陈开、李文茂入广西，占领了浔州，建立国号为大成国，改浔州为秀京，陈开称镇南王，李文茂称平靖王。又分兵克贵县、武宣、平南、梧州、柳州、象州、融县、庆远。广西各处会党纷纷响应，或参加大成国军，或和大成国军相联络，较大的如梁培友踞平南，称平东王，区润踞大黄江，称平西王，还有活动于平乐的杨西安黄金亮、转战于象州的张高友、盘踞于开建的陈金刚、坚持于容县的范亚英和苍梧的大米饭主罗华观。当时骆秉章有一段话，叙述广西的情况：

> 金田大股逆贼下窜以后，广东逋逃之贼，本省游惰之民，军营散遣无着之勇，各处倚众仇杀之团，及广肇惠潮嘉械斗之党，不知凡几。攻城掠野，戕官据城，聚则红布白梃，以劫杀为生涯；散则易姓更名，以投诚为出路。旋抚旋叛，倏匪倏良，官以抚愚贼，贼亦以抚误官，驯则通省良匪不分，情状日变，戡定之方，不知从何着手。①

那时候，清朝的常备军——绿营已经陷于瓦解，只好拨了一部分湘军，由蒋益澧统率入广西。蒋益澧的兵力虽然薄弱，但他却利用起义军分屯柳、浔、梧、庆，“各自为部，不相援应”② 的弱点，加以各个击破，1857 年底打败了盘踞平乐的杨西安和盘踞平南的梁培友；1858 年又从湖南调拨大批战船，攻下柳州，李文茂败走丛山中；接着又击败庆远的张彪、合浦的梁大昌、容县的范亚音，陈开亦被迫退出梧州。革命力量处于不利地位。而这时石达开恰好从湖南折入广西，石达开的返回广西，从全国革命的发展看来，是一个大的挫折，但从广西一隅来看，却给失利的广西起义军增添了一支巨大的生力军。从 1859 年以后，广西的人民斗争在石达开的领导下继续发展。

1859 年 8 月石镇吉首先由湘南入广西，击败堵截前路的胡铮的湘军，下兴安，围桂林。石达开的大军也随即赶到桂林城外会师。10 月石达开军攻克庆远，广西各地的天地会又纷纷活跃起来。同时

---

① 《骆秉章奏议》，湘中稿，卷九，《附陈广西贼势披猖片》。

② 朱孔彰：《蒋果敏公别传》，见《续碑传集》，卷二七。

石达开又分兵四出与各处天地会联络，攻克了许多城市。如石部大将陶金汤与莲塘会党张高友会合，攻克了阳朔、永安州；赖裕新和当地会党李锦贵、谢秉伸会合，占领宾州、上林；石镇吉则和壮人李文彩会合，西攻百色；石部谭星、周春、陈荣（本来都是广东的天地会）盘旋在粤桂边境，与广东的陈显良、浔州的陈开、开建的陈金刚等相呼应。此外，如广西东南部的范亚英军复夺容县，西南部的吴凌云军崛起陇罗，中部的黄鼎凤军转战贵县，这些起义军都尊奉石达开太平军为领导。

广西的起义军表面看来是如火如荼，实际上却有许多困难。第一，广西经过十多年的战争，“土地荒芜，民物凋敝”，这样众多的起义军缺乏粮食，所以部队只好经常分散活动。第二，石达开的军队“因伙众三江两湖人多，各有思归之念，不能管束”①。第三，石达开本来对太平天国的宗教和某些制度不满意，左宗棠就曾经说他“不甚附会俚教邪说”②，他在庆远逗留了一年半，“将真圣主官制礼文多更改焉”③，在石达开军中出现的元宰、宰辅、宰制、大中丞、大柱国、大军略等官名，就是他在出走以后陆续设置的。石达开究竟怎样修改了太平天国的制度，现在缺乏具体的史料来说明，但有一点可以肯定，他这种改变制度的措施引起部将和士兵的极度不满，所以他的部将吉庆元、朱衣点等后来说：“观其动静行为，多滋物议”④。第四，太平军和当地会党虽有一定的合作，但是会党的组织、纪律都比较差，有一些天地会军只在对自己有利时和太平军合作，石达开不可能对他们作统一的指挥和调遣，不仅如此，在一定情况下，会党还和太平军不和，以致发生火拼。以上这四种困难大大地影响了石达开在广西的发展。

1859年11月，石部陶金汤“既攻破阳朔永安，结莲塘张高友为助，高友利其所有，诱杀之。余党万余人，窜至武宣，不能渡河，

---

① 《石达开自述》。

② 《左宗棠全集》，书牍，卷四，《与王璞山》。

③④ 吉庆元、朱衣点等上天王奏稿，载《近代史资料》，1955（3）。

遂走平南，历藤县、昭平、富川，屡为团练截杀。辗转分股窜入湖南江华、广东连州，散亡殆尽”①。这是石达开入桂后第一次大的损失。1860 年 4 月，“石镇吉攻百色……因屯住日久，自相猜忌，清军知其内讧，亟乘之……石镇吉走安定土司，为土练阻截，前后险隘，伤亡甚众”②，最后，国宗石镇吉、石镇常、石镇发、石镇全和翼王甥黄贵生全部牺牲。这一支是翼王部下极强劲的军队，其残余部队在曾广依、李福猷的领导下北走贵州，尚能转战千里，支持数年，所以石镇吉的败亡实在是石达开返桂后的致命伤。同时活动于粤桂边境的谭星、陈荣、周春等也和盘踞开建的陈金刚反目相攻，谭星等败走广东，投奔陈显良，未能和石达开会合。石达开亲自统率的军队中也发生了不稳定情形，“有后旗宰辅余忠扶统下官兵先行起义出江（按：起义出江的目的是要和长江下游的太平军会合），该余侍官尊阻挠，已被下官所杀。又有武卫军宰辅蔡次贤亦率统下出江，事漏被元宰（指张遂谋）所杀。由是翼王之六部暨参护、承宣、仆射等官以及统下兵士，纷纷皆欲出江，有出到湖南被妖打散者有三班，仍在广西象州、宾州及下广东嘉应州者有两班，又有由云南到贵州黎平府一班”③，成了众叛亲离的状况。石达开只好弃庆远南走南宁、贵县。这个地方是石达开的故乡，石达开经过内部的严重分化和军事挫折之后，产生了消极情绪，“想要隐居山林”④，在当时清兵残酷地追捕起义人民的时候，退隐不仅是一种幻想，而且也会影响士气。他的部下彭大顺、吉庆元、朱衣点、汪海洋、童容海等纷纷脱离石达开，石达开的势力更加穷蹙了。1861 年夏，石达开部的大将李青靛倒戈叛变，另一大将余明富为叛徒余成义刺死，余成义也投降了清军，其他如周志公、鲁子宏、纪章生都叛降清军，倒转枪头来进攻石达开。这时石达开的二十万大军或走或散或降，达开只得依靠会党李锦贵、黄鼎凤，李、黄对石达开是很忠诚的，可惜实力不厚，在那样困难的环境中难期振作。不久李锦贵病死，与

---

①② 苏凤文：《平桂记略》，卷三。

③ 吉庆元、朱衣点等上天王奏稿，载《近代史资料》，1955（3）。

④ 《石达开自述》。

石达开遥相呼应的陈开所领导的大成国起义军也在 1861 年 8 月失败，其他起义军如范亚英在藤县被俘，陈金刚在开建战死，罗华观逃入山中，王全义投降清军。石达开不但心腹散尽，而且羽翼全失，株守广西等于坐而待毙。1861 年 9 月，达开奔融县、怀远，和陈开的余部会合，准备乘虚进四川，和四川李永和蓝大顺的起义军合作。1861 年底，石达开率领数万军队出广西，取道湘西山路北走，谋入四川。1862 年 2 月，石达开军自湖北之来凤、利川入四川之石柱厅，准备抢渡长江，与纵横四川的李永和、蓝大顺起义军联合。

四川是石达开早就留意的地方，还在太平天国定都天京以前，石达开就有意入四川为根本。石达开之所以重视四川，这在清廷四川总督骆秉章的奏稿中可以了解到："蜀境雄甲西陲，地险民富，天下常视以为安危，蜀境安则北而关陕，南而滇黔，东而楚豫，均可借其屏蔽，赖其转输，倘稍有损失，则滇黔粤西无可盼之饷，荆湖无可抽之厘，陕豫且有防不胜防之虑。"因此占领四川对于扩大革命范围、控制清朝财源、支持鄂皖的太平军是有着极其重要的意义。清王朝当然也非常重视四川的得失，抢先在长江北岸布防，石达开觅渡不得。1862 年 4 月，达开围涪州，屡次猛攻不下。骆秉章所派已革知府唐炯、副将唐友耕等各路援军已到达涪州。石达开急撤围趋重庆，清军也已倍道回防重庆。石达开只好又改道全军西趋綦江、合江，并绕入贵州仁怀境内，出清军不意由山径潜行突出叙永厅，打算攻长宁，下江安以抢渡长江。这时四川李、蓝起义军势已大衰，得知长江南岸有石达开部的太平军活动，于是联名修书上石达开恳请联合抗清。该书为石部前锋瑞天豫傅廷佐等到叙永厅所得。这时石大军尚未到叙永厅，所以傅廷佐答复他们请照旧驻扎，"俟翼王驾临之后，兄自当与弟面酌一切军机，以便定妥行为"。但后来石大军到叙永厅攻长宁，数次探渡长江不成，7 月只好退军于滇黔交界。不久，四川的李、蓝起义军全部瓦解，其残余部队北入陕西，石达开始终未能与李、蓝军会师，陷于孤军作战的境地。石达开自从脱离太平天国后，转战九省，跋涉万里，内部的矛盾、军事的挫折、士卒的离散、部队的缺粮，一系列的不幸事件大大磨损了军队的锐气和实力。

1863年春，石达开又分三路入川，以李福猷率军三万由黔境下趋，分散敌军兵力；以赖裕新率军数万由宁远冒险深入，一方面探路前进，一方面引敌军追踪北上，使无暇回顾；自己督大军疾驰踵进，使敌人猝不及防。但前军赖裕新已在3月败死，余众由郑永和率领北走入陕西境，李福猷亦失期。石达开尚未知前军败讯，5月率军自云南昭通府米粮坝出，急渡金沙江，至宁远，将抢渡大渡河。恐大路有清军阻截，探得宁远山中有间道北行，即可直趋大渡河。石达开先以重币送松林地各土司，请允让路，但这时清四川总督骆秉章侦知土司受石达开币将让路，急调重庆镇总兵唐友耕一军，驰防安庆坝至万江汛大小两路渡口，更以重资收买松林地土千户王应元率所部土兵扼守松林小河，命邛部土司岭承恩统兵伺石入险，即抄其后路，并答应把所获太平军财物全部赏给他们。清军正在部署间，石达开率众四万余人已经绕过越嶲、冕宁，由小径直趋王应元所管辖的紫打地（即安顺场）。石达开原以为土司已经答应让路，坦然信任他们，所以长驱入险。5月17日，当石达开到达紫打地时，北岸还没有敌军，石达开命诸军士赶造竹筏渡河。夜间忽降暴雨，第二天大渡河及松林河陡涨数丈，石达开以为山水暴发，一两天便可以退去，稍待无防。过了两天水势稍平，但敌军也已经到达北岸了。21日石达开选拔精锐五千人拼命强渡，不成。知大渡河难渡，便转攻松林小河，打算由上游泸定桥直趋天全、雅州，但被王应元所拒，伤亡极众。土司岭承恩又由后路抄人，切断退路，石军辎重尽失，粮食断绝。石达开只得射书王应元，请求让路，王不应。又请求岭承恩合攻清军，岭承恩却加紧进攻石军。石达开自知已经陷入绝境，便誓以死战。6月3日倾全军抢渡大渡河与松林小河。因为水势湍急，竹筏都随流漂没，加上对岸清军大炮轰击，死伤惨重，只好停止抢渡。6月11日又率军出击，但清军已合土司兵分路直扑紫打地，石达开率余众七千余人走老鸦漩，又被土司兵所阻，进退无路。石本想投河自尽，又转念假如自尽，则部众必全部牺牲，不如自缚于清军请死以救部众，资遣他们回籍。便写信给清将唐友耕，友耕想生得石达开，回信欺骗他，答应他的请求。石达开自带五岁子定忠、宰辅曾仕和、黄再忠、韦普成等入清营，唐友耕马上扣留了石达开，乘夜把所有太平军将领士卒屠杀净尽。石达开被解到成都遇害。在就义前，石达开谈十余年起义的经过，地主阶级说他“枭桀坚强之气，溢于颜面，而词气不亢不卑，不作摇尾乞怜之语。自言……今天亡我，我复何惜一死。临刑之际，神色怡然，实丑类之最悍者”①。把这些诬蔑性的言词剥开，倒可以看出石达开坚强不屈、慷慨就义的英雄气概。

二、李永和、蓝朝鼎在四川的抗清活动

1859年，李永和、蓝朝鼎（蓝大顺）开始在云南昭通府牛皮寨拜会结盟。当时正是太平天国金田起义以后的第九年，也是云南回民杜文秀建立平南国以后的第四年。以李、蓝为首的结盟群众在全国革命潮流的激荡之下，揭起义旗。是年10月，李、蓝率众入川，克筠连、高县、庆符，围叙州，1860年2月克自贡盐场，声势大盛。

李、蓝初起的时候，只是一支不到百人的队伍。进入四川、攻克自贡以后，队伍迅速壮大起来，当地的农民和盐场的盐工大批参加起义军，又缴获了地主和大盐商的许多物资贮存，实力大为增强。李、蓝起义军之所以能迅速发展，一方面是靠着以太平天国为首的全国革命斗争的掩护，另一方面又乘着四川统治力量的腐朽和内部空虚的机会。骆秉章从反动立场谈到李、蓝起义军从小到大的原因说：

> 土匪之兴，必非一朝一夕之故，果使文武官员，俱能实心任事，一邑之内情形，自易周知。乱之方萌，一州县了之而有余，乱之初生，一营汛制之而亦无不足……臣闻四川官场，贿赂公行，已成积习……明目张胆，视肥瘠为重轻，挟制上司，

① 刘蓉：《养晦堂文集》，卷六，《复曾沅浦中丞书》。

毫无忌惮……各怀罔利之心，无复相维之谊，民何由而治？乱何由而不生耶？至四川兵勇……多以游民充数，甚且滥收啯匪，兵贼不分，以致官兵举动，计甫定而贼已详知，而贼之踪迹，官兵转毫无闻见，往往贼窜数日，尚茫然莫测其去向。一经遇贼，前队接仗，后队已逃，坐使逆焰鸱张，几成燎原之势。①

在这种情况之下，李、蓝起义军迅速地发展壮大。1860 年春，起义军进入岷江之西，克井研、峨嵋、青神、洪雅、丹棱、名山、天全、荣径、彭山、蒲江，围邛州、嘉定、雅州，前锋达到川西平原上的新津、灌县一带，直逼成都。又派周绍涌率领一部分起义军纵横于川中、川南。清军没有力量阻止起义军的扩展，只好敛兵成都城内，闭门坐守，乡镇的地主富商也纷纷筑寨设团，聚居自保。是年 11 月起义军聚会于自贡、富顺一带，连营百余座，人数达 30 万。这是李、蓝起义军发展的顶点。

四川是物产丰富的地区，特别是长江下游被太平军占领后，四川更成为清朝财赋的主要来源。所以清政府对四川的局面极为焦急，开始要派曾国藩入川，但是曾国藩因为没有捞到四川总督的位置而不愿从命，清政府改派湖南巡抚骆秉章率湘军入川，其前队萧启江的 6 000 湘军先行启程，但萧启江走到川东，看到起义军声势浩大，逗留不敢前进。不久，萧启江病死，由黄淳熙代领其军。

1861 年，起义军分散活动。李永和、卯得兴的军队留在岷江流域活动，以青神为中心，集中力量攻打眉州，凡嘉、眉、邛、雅、叙、泸都在李永和起义军的控制下，这股起义军的人数最多，控制的地区最广。蓝朝鼎、蓝朝柱（蓝二顺）的军队发展到涪江流域，并深入川北，克射洪、江油、中坝、彰明、梓潼、绵竹，并集中力量围攻绵州，这部分起义军战斗力最强，人数有十多万。周绍涌、张第才、郭富贵、曹灿章等则各率散兵，驰骋于嘉陵江流域和川东地区。这三支军队蔓延整个四川，互相支持，互相呼应，使反动军

① 《骆秉章奏议》，四川稿，卷一四，《川吏治营务废弛折》。

队奔命不遑。

1861 年 7 月，骆秉章部主将黄淳熙恃勇深入，起义军设伏于合川，一战就把这个“不可一世”的反动头子击毙。湘军入川以前，大吹大擂，认为四川起义军不堪一击，经过这次大战，才知道起义军不可轻视，于是集中全部入川的湘军，先援绵州，对付最坚韧的蓝朝鼎军。是年 9 月，湘军与蓝朝鼎战于绵州城下，蓝军久顿坚城之下，战斗意志大为削弱，结果战败，向西南撤走，退守岷江西岸的丹棱，和青神、眉州一带的李永和、卯得兴军相掎角。

李、蓝起义军发展起来不到两年，就碰到了凶恶强大的湘军。当时起义军的活动还停留在比较原始的阶段上，政治上没有一套纲领、措施，各地区分散活动，不相统一，战略战术也处在散漫的流寇式的活动阶段。骆秉章称其“志本在掳掠，初无踞城掠地之图，每逢劲兵进剿，辄即弃而他窜”，“党虽多而东西分布，不常聚于一隅，即至临阵对敌，往往以数十百人为一队，错杂散布于峰峦堆阜之间”，所以骆秉章认为李、蓝起义军的弱点是“其党多而不整，其计狡而不悍，其情合而不固。此三者犹是乱贼草窃之故智，非若粤逆之坚悍难制”①。骆秉章的办法是对三个地区的起义军实行各个击破，在作战时则“先攻其首逆，捣其老巢”，以达到“巨魁被剿以难支，则余党不攻而自破”② 的目的。1861 年底，骆秉章倾全力围攻丹棱的蓝朝鼎军，而令四川提督蒋玉龙以及叛降清军的唐友耕牵制李永和军，使李、蓝彼此不能救援。骆秉章的这个计划果然很毒辣，蓝朝鼎军刚刚撤至丹棱，就遭到反动湘军的层层包围，城中缺乏粮食，无法坚守。1862 年 1 月蓝军突围北走，朝鼎在突围战斗中牺牲。他的从兄蓝朝柱（蓝二顺）率一小部分军队冲出重围，退入川北丛山中。

蓝朝鼎军失败，湘军就能以全力来对付李永和、卯得兴军。由于反动势力强大，李、卯军收缩兵力，由青神撤至铁山，铁山“为犍、乐、富、荣各井厂适中之地，山势绵亘陡绝，不利仰攻，又歧

① 《骆秉章奏议》，四川稿，卷二，《川省军务疏》。

② 同上书，四川稿，卷二，《先筹布置疏》。

径四出，随地可以掳粮”①，李、卯军凭借盐场工人的支持，凭借地理和经济的有利条件坚决抵抗。可是镇压革命的兵力愈来愈多，不但有湘勇、川勇，还有“富荼各属团练，纠合二三万人”②，而李永和起义军却散走很多。5月，在众寡悬殊的情况下，李永和突围走八角寨，余部只有几千人，和反动军队又相持四个月，经过大小二十余战，“每次冲扑，皆系李、卯二逆督队，虽伤毙甚多，贼众尚五千余名。逆首悍党，皆在重围，人人有必死之心，困而犹斗，俨然劲敌”③。1862年9月，湘军头子刘蓉派奸细潜入起义军中进行破坏。在内外交迫的情况下，起义军失败，李永和、卯得兴被俘牺牲。

战斗三年之久的李、蓝军主力部队失败了，但他的余部还很活跃。蓝朝柱自突围北走后，与郭富贵、张第才、曹灿章等会合，活动于川北、川东与鄂西，后来进入陕西和太平天国扶王陈得才的入陕军会合，直到1864年蓝朝柱在陕南阵亡，这一次绵延四省（云南、四川、湖北、陕西）五十余州县的起义斗争始告结束。

三、捻军在山东、河南的活动

初期捻军的活动本来就是采用圩寨战术和流动战术相结合的方式。在平时，捻军分散在各自的村庄中务农，为了抵御官府和团练的压迫，各在村中建圩筑寨。到了一定时期（特别在每年秋季），就集合起来，在各个领袖的统率下，装旗出征。后来，张乐行统一了各路捻军，在雉河集、凤阳、定远一带缔造了根据地，可是捻军的圩寨战、流动战的方式并未放弃，相反，这种战术得到进一步的提高和发展。因此，在太平天国革命战争的相持阶段，我们可以看到捻军的三种活动方式：在淮河以南，张乐行、龚得树等率领着捻军的主力，盘踞着几个城市，和太平军经常联合，对抗清朝的“剿捻”大军和湘军，这是一种方式。在淮河以北，这是所谓捻军的“老巢”，其间圩寨林立，密如繁星，人民执械守卫，打击反动力量，清

①② 《养晦堂文集》，卷六，《复郭意城舍人书》。

③ 《骆秉章奏议》，四川稿，卷五。

王朝虽然几次调集大军向各捻圩猛扑，可是各圩相互联络，此伏彼起，清军穷年累月，往往不得寸进，这是另一种方式。最后，捻军经常有一部分力量，轮流出征，驰骋于山东、河南、湖北、江苏一带，所过之处，人民纷纷起来响应，好比把革命的火种四处传布，愈到后来，出征的规模愈大，次数愈多，地区愈远。1858 年，清军在长江流域为太平军所败，江北大营危急，清廷调胜保的防捻大军南下助战，捻军所受压力减轻，遂于是年举行前所未有的大出征。一路入河南，由柘城、太康南进，克河南要埠周家口；一路入山东，连下丰、单、萧、砀、鱼台、金乡等城，清军顾此失彼，奔命不遑。1859 年初，捻军孙葵心入河南，克宁陵、睢州等城。总兵丘联恩率清军赴援，孙葵心率部向西南走，昼夜狂奔。丘联恩贪功心切，穷追不舍，追至舞阳县，孙葵心返旗设伏，大破清军，击毙丘联恩。丘是豫军中第一个悍将，外号丘老虎，丘军被击溃后，捻军士气大振。是年秋，捻军孙葵心、赵浩然、姜台凌又分道四出，东起沂蒙山区，西至伏牛山区，横扫千余里。清军当时的主力都放在长江流域，镇压太平天国革命，无暇顾及，再加上当时正在第二次鸦片战争期间，天津海口防务紧急，山东、河南的兵力极少，所以清廷对捻军的活动简直是一筹莫展。当时的“剿”捻头子袁甲三吐露苦衷说：“臣恭膺宠命，督办三省会剿，自应紧扼北边，力筹南剿，为一鼓聚歼之计，无如现在贼势，勾结之众，数倍臣军，兼之飘忽往来，边马四出，百数十里，乘虚捣隙，兵至即奔。窃计江皖两省毗连之所，西邻豫境，北接鲁疆，东西亘二千余里，平原四达，万马驰驱。臣一面之兵，即日夜穷追，若前无堵击之师，北窜西驰，何所底止？若面面设防，又苦兵力无多，裹粮莫及。即如此次臣军道经丰县，不得不先复县城，而贼则已分扰曹单，又有西扑周口之谣。贼锋愈趋愈远，臣军追逐而来，已距底营四五百里，兵疲粮尽，势处万难。”① 清军虽然也煞费苦心，一会儿主张“合军乘势，进捣捻巢”，一会儿又主张“画地分防，联兵合剿”，议论纷纷，但始终限于兵

① 《山东军兴纪略》，卷二。

力，无法阻遏捻军的发展。

1860年，捻军又大举出征。据胡林翼说：捻军“于本年三月十三日出巢掳掠，河南之祥符、陈留、杞县、兰仪、尉氏、洧川、新郑、密县、禹州、淮宁、商水、襄城、临颍、项城、鹿邑、柘城、睢州、汝阳、正阳、上蔡、西平、遂平、确山、汝州、鲁山、宝丰、南召、裕州、叶县、舞阳三十州县，焚掠村庄，不取城池；至闰三月杪，饱载而归，所过之处，无一兵一卒与贼接战，任其纵横，不知去向；胜保奏报，搪塞之词，欺谩之状，可复按也……计近二年来，每年春仲秋季，两次出巢，大掠河南。本年秋冬，将及湖北之襄阳、汉阳、德安等府，又必扰入陕西、山东、山西等省。再一二年，浸假而及于附畿州县矣。腹心之患，此为最大”①。

1860年秋，捻军入河南，在鹿邑、汝阳连败清军，击毙提督承惠、同知田玉梅等，复走入山东，由鱼台、嘉祥进逼济宁，“绵亘六十里，兵声火色，数百里皆震”②。随即渡运而东，分三支活动：一支攻克宁阳，进围泰安；一支经汶上、东平、巨野，进入河南；一支跨越沂蒙山区，进至山东沿海的日照、赣榆等地。这次远征获得重大胜利，据反动方面记载：“是役也，贼自八月出巢入东疆，由东南出西南，合股而至，分股而回，绕行千余里，陷两城，焚掠几二十县”，当捻军凯旋回皖北时，“夹护资粮累数百车，牲畜数万，歌呼而行”③。

1861年，捻军远征的规模更进一步地发展了。当时，安庆的战斗正处在白热化阶段，苗沛霖正在围攻寿州的清军，捻军诸领袖于本年初趁机入河南。第一支姜台凌、王怀义等三万人由归德直扑开封，因清军已有戒备，旋由中牟、许昌奔入伏牛山区，克唐县，围南阳、邓州，一直进抵湖北之襄阳，最后于5月间返皖北；第二支孙葵心等万余人，自六安入河南，由光州、息县、正阳、鹿邑，绕了一个大圈子返皖北。一支是由北而南，一支是由南而北，弄得河南的官僚们手忙脚乱。这两支部队刚返皖北，苗沛霖又“遣苗金开督西练十四营，合河南贼陈太和众号二十万，取道新、息，大掠而

① 《胡林翼全集》，奏议，卷四〇，《奏陈江浙军务并颖亳捻匪隐忧方大疏》。

②③ 《山东军兴纪略》，卷二。

西，犯汝宁、南阳、汝、陕，薄潼关而还。使苗天庆督东练二旗，合淮北贼张宗禹、孙葵心，亦号二十万，取道蒙城，大掠而东，犯丰、沛、萧、砀、曹、单、濮、沂，别出陷清江浦而还”①。本年秋，王怀义、刘狗率捻军再度逼开封，姜台凌等又从伏牛山区进入湖北境。连年以来，捻军此去彼来，东奔西驰，清军防不胜防，当时的河南巡抚严树森向皇帝诉述苦衷说：“豫省归、陈、汝、光，界连皖楚，粤捻氛逼，环而相伺。频年以来，或蒙亳之匪西犯，或曹单之匪南趋，往往驶近省垣，恣其窥探。军兴日久，饷需日绌，兵力日单，贼势日众，筹防筹剿，事莫难于今日者。从前豫军之病，在不能选将以练兵。存营马步兵勇向称二万余人，去其滥报之虚数，伤亡之空额，实存者不过十之六七；去其零星杂凑之队，老弱疲乏之卒，可用者不过十之三四。且统兵诸臣，专驻归德一隅，贼每出巢，遂得避实乘虚，狼奔肆扰，前不能遏截，后不能追蹑，贼踪所至，任其蹂躏。沿边一带，犬牙相错，路路可通，又无一旅分驻。我出贼归，此击彼窜，门户洞开，已成熟径。”② 这是1861年捻军在河南的活动情况。

同年，捻军在山东也是十分活跃的。是年春，赵浩然等自东平渡运而东，击毙清军副都统伊兴额、总兵滕家胜。经泰安、莱芜，“饱掠东行，人马逾万”③，复经过益都，攻破潍县、安丘，长驱至黄海边。这时候，刚在大沽口被英法侵略联军战败的僧格林沁已经开到山东。但是面对这场燎原大火，僧格林沁也无计可施。他的骑兵“疲于奔救，刍粮不继，士马疲羸，王忧形于色……王谓将佐曰：‘贼势如此，数几十倍官军，不能再与野战，惟当严固直北藩篱。’乃檄西凌阿回军济宁，扼北路，自统全军，扼东平之安山，凭河而守”④。

是年秋，僧格林沁的防线又被突破。张敏行、赵浩然率捻军首先在东平渡过运河，深入沂蒙山区，刘天福则自郯峄北走，与张敏

---

① 张瑞墀：《两淮戡乱记》，《苗逆叛迹始末》。
② 尹耕云：《豫军纪略》，卷九。
③④ 《山东军兴纪略》，卷三。

行合。山东巡抚谭廷襄亲至泰安部署防务，部署未定，“贼虏胁万余，奔腾驰骤而至，诸军几为所吞，不能御，全师旁逸”①。捻军直扑济南，僧格林沁赴援，经数日激战，捻军复全部东走。一支由赵浩然率领，经博山、益都、沂水、邳县，返皖北；一支由张敏行、李成率领，“由平度入胶东，下即墨，围蓬莱、栖霞、文登、胶州。贼氛亘数百里，东西股各二三万，分合不可辨”②。到年底，僧格林沁追入胶东，捻军方才分路返皖北。

四、鲁西白莲教起义和宋景诗的黑旗军

捻军在山东、河南经常活动，给予该地人民群众极大的影响和鼓舞，使该地人民中对统治阶级的愤怒情绪，很快就转化成为一场浩大的武装斗争。在山东、河南的人民起义斗争中，规模最大、影响最广的要算鲁西的白莲教起义和宋景诗的黑旗军。

很久以来，山东人民不仅遭到黄河决口的自然灾害，而且官僚和地主横征暴敛，穷凶极恶，人民无以为生。因此当地经常发生哄花斗争（即贫苦农民到地主的棉花地里拾棉花，因而发生斗争）和抗粮斗争。如1860年（咸丰十年）文煜奏：“平原东乡刁民聚众携械，逼城放枪，以筹团费为名，抗纳漕米。莘县各里庄民传单，纠结盐枭，携带枪炮来城。该县带役出城晓谕，竟敢放枪抗拒，互有杀伤。馆陶、冠县、堂邑等县，亦分送传单，聚众抗欠钱漕……现在东省只登州未据报有抗粮情弊，其余九府二直隶州，钱漕多半延抗。”③ 这种哄花和抗粮斗争还是局部的零散的斗争，到一定的条件下，这种局部的、零散的斗争便汇合起来，形成一场轰轰烈烈的农民大起义。

1861年3月29日（咸丰十一年二月十九日），鲁西北农民在白莲教的领导下，发动起义。首先是由杨泰、杨朋岭、宋景诗等潜入冠县城，劫放狱囚，焚烧衙署，并开仓取粟，救济穷民。接着就招兵买马，团聚群众，分路出动，攻打各县城。当时鲁西的白莲教大

---

①② 《山东军兴纪略》，卷三。

③ 转引自陈白尘：《宋景诗历史调查记》，7页。

概有三个中心：一个是以临清、丘县边界的侯家庄为中心，其总领袖为张善继，其下有五旗（黄旗张善继、红旗李兴德、白旗石天雨、绿旗杨福龄、黑旗宋景诗）；一个是以冠县七里韩庄为中心，其总领袖杨泰，其下亦有五旗（黄旗张玉怀、红旗郜老文、白旗程顺书、绿旗杨朋岭、黑旗宋景诗）；一个是以莘县延家营为中心，其领袖为从政、从世钦、延轮秀等，其中延家营一支当时尚未正式起义。宋景诗本人则并不属于白莲教，但他和各支白莲教的关系都很密切，经常合作。所以各地白莲教的黑旗均以宋景诗为首。白莲教中除了五大旗之外，尚有花旗（或称杂八旗），其著名领袖有雷凤鸣等。此外，在范县一带的长枪会也起来响应这次起义。

白莲教招集群众之后，立即迅速行动。从3月至5月，先后攻克冠、莘、丘、馆陶、朝城、观城、堂邑、阳谷、濮州、范县（按：濮、范为长枪会控制地区）、曲周、清河、广平等13座县城，声势大盛。清王朝这时把力量用在对付进入山东的捻军身上，对鲁西地区无暇兼顾，如丘县知县王准自诉："县城日夜警备，岌岌可危，屡请援兵不至。城汛马守兵十余名，一年无饷，形同乞丐；所募民勇，五日未发盐粮，势将溃散。乞发饷银五百，蒙批'自行捐办'；请拨临关税银二千两，蒙批'不准擅动'。兵民无不解体……竟令无兵无饷，徒手就死"①。清王朝根本毫无抵御能力，所以义军一起，各州县莫不望风披靡。"是时，东昌西南莘、冠、馆、朝、观、濮六州县，官吏不知存亡，惟观城令汝镜怀印入省乞援。七州县无官无兵，乡民良懦黠桀者悉从贼。教匪、盐枭、土匪、长枪会匪千百成群，莫可数计"②。

鲁西与直隶接壤，靠近京畿，所以清王朝把白莲教起义看做心腹之患，不得不腾出手来首先对付这个严重的威胁。胜保被任命为钦差大臣，由直隶进兵，担当西路和北路的主攻任务；新任山东巡抚谭廷襄率领地方军队，配合西凌阿等的骑兵，以东昌为据点，担任东路的攻击；清朝僧格林沁的王牌军队这时候被鲁南的捻军、幅军、习文教起义军拖住抽不了身，清廷命他移营曹州，兼顾

①② 《山东军兴纪略》，卷一二。

南路。

接着，卫河两岸展开了一场大战，起义军虽然英勇奋战，屡挫清军，但是白莲教领袖们缺乏远大的政治眼光，他们并没有把全力用在如何利用当前形势、推进革命发展的问题上，反而被暂时的胜利冲昏了头脑。在脚跟还很不稳固的时候，张善继和杨泰都先后做起皇帝来了，据说杨泰还扎了一个大席棚当金銮殿，给他的母亲拜寿、唱戏、赐宴。所以当时老百姓都说："你作皇帝，光在这儿插京城就行啦?"① 目光短浅，不作远大的打算，这显然是许多农民起义的致命弱点。

其次，在起义军内部存在着不团结，张善继和杨泰都分别当了皇帝，当然两支起义军之间就难于做到合作无间。另外宋景诗的部队打仗很出力，在胜保进逼的时候，他曾经抢渡运河，去威胁清军的后方临清，但没有得到张善继、杨泰的支援，因此失败退回。起义军指挥不统一，行动不协调，这也是失败的原因之一。

最后，起义军的队伍很散漫，缺乏组织纪律，也没有明确的政治纲领。战士们都想回家收割庄稼，就像当地的老人所说："庄稼人打了胜仗，认为官兵不敢再来了，都想回家去种地——庄稼人三天看不见庄稼就别扭嘛！这一来就散啦!"② 起义军的领导虽然提出了"反清复明"、"杀富济贫"的口号，但这种比较原始的口号并不能长期地鼓舞群众的斗志；另外起义军似乎也缺乏严密的组织，所以收割庄稼的季节一到，大家都想回家，军队大量减员，不能够抵御清军的四面围攻了。

从1861年5月到7月，起义军和优势的清军大战两个月，慢慢支撑不住了。清军把起义军圈制在鲁西北，逐步进逼，起义军的重要据点都先后沦陷。7月12日，杨泰在莘县战斗中牺牲。7月20日，宋景诗向胜保接洽投降。8月，张善继也被俘遇害。

杨泰和张善继虽然牺牲了，但起义军仍旧保持着相当的实力。首先，起义军的余部还很多，他们在杨朋岭、张玉怀、郜老文等的

---

① 转引自陈白尘：《宋景诗历史调查记》，56页。

② 同上书，63页。

领导下，仍在到处活动。据清方记载：“七月初二起至月既晦（按：相当阳历之8月至9月初），莘、堂、观、朝四境纷纭扰乱，忽去倏来，此击彼窜无虚日。”① 其次，宋景诗虽然表面上投降了胜保，但仍与起义军保持联系，时机一到，再次发动起义的可能性是可以预料到的。最后，尚未公开起义的延家营白莲教正在筑圩修寨，招兵买马，张善继和杨泰的残余部队纷纷进入延家营。胜保面对这种局面是非常焦灼的，因为一方面朝廷催促得很紧，自己早已夸下了“所向克捷，指日即可肃清”的海口，无法向上面交代；另一方面，自己兵力不足，而且鲁南、豫中的捻军、幅军非常活跃，清军待援甚急，自己难以在鲁西北旷日持久地拖下去。在这种情形下，胜保一意主张采取“招抚”的办法，以便赶紧收起鲁西这个摊子。起义军利用胜保的这个心理，跟他一边谈、一边打、一边拖。这时候“各县团长文武生监与胜营弁勇出入匪中，关说多方，行径诡密，朝欲纳款，夜复叛逃，东则乞降，西又攻剽，东军无可捉摸，按兵不动”②。这种情形一直拖到1861年底，胜保移军攻破了延家营，起义军失去了最后的依托，才最后达成了有条件的投降。起义军仍旧保持着实力，由宋景诗、雷凤鸣、张玉怀、程顺书、从世钦、杨朋岭等统率，名义上是属于胜保的官兵。胜保也明明知道这种“招抚”办法不可靠，就强迫这些军队渡过黄河，到皖北去作战，企图“调虎离山”，利用这支军队给清王朝冲锋卖命。

起义军的“投降”在很大程度上是出发于保存实力的策略考虑，当然不愿服从胜保的命令。1862年2月，正当要渡河的时候，张玉怀、杨朋岭部首先哗变，带着队伍奔回鲁西北。清朝官僚一面用甘言引诱，一面用兵力威胁，企图把张、杨骗过黄河去，张、杨坚决不从。清王朝当时实在也没有力量再发动一次“讨伐”，只得以张、杨“坚乞归农”为借口趁势下台，任凭张、杨重返鲁西。宋景诗等虽然被迫渡过了黄河，但也无时无刻不在作返乡的打算，宋景诗还派遣了宋景礼、杨殿乙等以“招勇”为名返回家乡，进行团聚群众

---

①② 《山东军兴纪略》，卷一二。

的工作。后来胜保奉旨入陕西镇压回民起义军，以无功被清廷逮问，宋景诗就趁机拉着队伍，从陕西跑回山东了。

1861年底鲁西北的五大旗起义军或散或降，表面上看来似乎是平静无事了，实际上革命风潮仍在继续酝酿发展。鲁西的第一个革命风暴迅速掠过之后，地主阶级钻出来向农民反攻倒算了，他们组织了许多团练武装，对参加过起义的农民群众进行反攻、屠杀。这时候起义军的大部队虽然解体了，但还有不少马匹、武器保留在分散的农民手里，因此地主和农民之间经常发生武装冲突。特别是张玉怀、杨朋岭、宋景礼、杨殿乙等回来之后，“官民互相恐动，重足而立，势不可终日”①。驻防鲁西北的副都统遮克敦布协助当地地主阶级，于1862年11月间下令收缴农民手里的马匹武器，张锡珠等抗拒不从。12月1日，他们重新举起义旗，奔驰各地，招集群众，掀起了鲁西平原上的第二次革命风暴。不久，张玉怀、杨朋岭也参加起义，声势大盛。“朝、观、莘，莠民复歆动，四乡宵旦金鼓震天”，“匪众多寡分合，不可数计……莘、堂、冠、馆乡团畏祸，与匪首鼠；惟柳林团为匪所欲甘心，无日不战……四五县令保孤城，文檄阻绝”②。

当鲁西的起义重新爆发以后，清朝撤换了一些镇压不力的官吏、将领，调集了三四万军队进攻起义军，清军中还有英国人克乃率领的天津洋枪队助战。此外，当地的地主团练武装有数十万人，其中有些团练（如杨鸣谦的柳林团）还特别凶恶顽强，所以起义军的处境是相当不利的。起义军这时采取迂回盘旋的战术，在直鲁边界流动作战，但终因力量对比悬殊，未能有更大的发展。1863年4月张锡珠在馆陶作战阵亡，张玉怀负伤，起义军失去领导人物，“于是匪股不下数十，争相雄长，益莫知其名”③。5月，起义军被逼走运河以东，势力大衰，不久，杨朋岭复降于清军，张玉怀被俘牺牲。鲁西地区的第二场革命斗争宣告结束。

到此为止，鲁西的斗争仍未结束。宋景诗的黑旗军已于1863年

---

①②③ 《山东军兴纪略》，卷一四。

2月中旬回到临清，这时正是张锡珠等在和清军激烈作战的时候。宋景诗当时的态度是所谓“不明不暗、半官半私”，一方面他没有和清王朝公开翻脸，表面上还在敷衍；另一方面，却在扩充力量，并和张锡珠等暗中合作。所以宋景诗虽然奉命镇压起义军，实际上是“遇贼不交锋，彼此吹唇唱吼而退”①，甚至“宋景诗……不惟不肯剿贼，而且潜与贼通，时常接济贼匪火药铅丸等物……竟与贼为犄角之势，官军受其牵制，民团受其倾害，虽欲剿贼，而势有不能。贼遂恃为护身符、逋逃薮，出没自如，毫无所忌”②。

宋景诗没有公开参加张锡珠的起义军，因而招致了起义军被各个击破，这不能不说是一个策略上的错误。一直到1863年4月，当时张锡珠的起义军已衰落，宋景诗才开始行动，先是攻打柳林和范寨的团练，杀死柳林团首杨鸣谦和冈屯团首王二香。柳林团在镇压起义军时是最卖力气的，清朝官僚对它十分器重，称之为“良团”，杨鸣谦的被杀必然会触发清王朝对黑旗军的公开镇压，何况清王朝老早就认为宋景诗等是“狼子野心，势难归正”，所以7月间，清军云集于运河、卫河一带，直隶总督刘长佑“谕宋勇造册听点”，企图威胁宋景诗解除武装，束手就擒。宋景诗毫不示弱，也陈兵于运河之东、卫河之南，公开反抗。刘长佑把宋景诗的实力估计得太低了。7月23日，他组织了一支1.7万人的大军，从馆陶冒冒失失地东进，直扑黑旗的据点——冈屯，结果中了黑旗军的埋伏，被打得落花流水。隔了两天，宋景诗又在冠县击败了山东臬司丁宝桢的军队。又隔了三天，直隶提督恒龄率领马步五千窥伺冈屯，黑旗军埋伏在青纱帐里突然袭击，清军“弃甲奔逃，直至（临清）州之头闸口始敢稍息”③。

清政府在这里集中的军队不下三四万人，却屡战屡败，最后不得不又把僧格林沁派到这里。僧格林沁当时刚在鲁南镇压了幅军和习文教起义军，气焰嚣张，不可一世，他带领大军直扑黑旗军

① 《山东军兴纪略》，卷一〇。
② 《剿平捻匪方略》，卷一八三，王谷兰奏。
③ 转引自陈白尘：《宋景诗历史调查记》，159页。

的根据地冈屯。1863年9月21日，两军大战于冈屯，宋景诗军连败清军大将恒龄、舒通额、苏克金、海群等，最后清军依靠着洋枪队的火力，才击退黑旗军，占领了冈屯和小刘贯庄。黑旗军鉴于敌军的强大，就转而采取游击作战的办法，把兵力分散，由宋景诗、杨殿乙、朱登峰等各率一支军队，驰骋于直、鲁、豫三省之交。僧格林沁、刘长佑、丁宝桢等的大军日夜穷追、不遑喘息，但可惜黑旗军始终也没有站住脚跟。10月中旬，杨殿乙在直隶枣强被俘，宋景诗亦退出鲁西北，潜渡黄河，奔皖北。后来，宋景诗合于捻军中。1865年，宋景诗与捻军合作，在曹州击毙了僧格林沁。

五、山东地区其他的人民起义

山东地区除了白莲教和黑旗军以外，还有很多支起义军的活动，简述如下：

1. 鲁南的幅军

在鲁豫农民起义的队伍中，幅军活动的历史是很早的。据记载：

> 溯自承平以来二百余年矣，南漕由江淮达运，连樯北上，岁逾千艘。江南徐、海、邳、宿，山东郯、兰、滕、峄之民，随漕逐末及游手好闲绝舟佣食者，累数十万。恒以匹布分幅帕头，私相雄长，阴有部曲。即嘉道间四方无事，江东两省南北孔道，山湖两路商旅，自徐宿出郯兰，出滕峄，已患剽劫……顾昼伏宵动，聚散不常，未敢显抗官军……咸丰元年，起幅结幅益多。
>
> 三年春，江南被兵，南漕改折，或海运，绝夫游民数十万，无可仰食，丰北黄河连岁溃决，饥民亦数万，弱者转沟壑，壮者沦而为匪，剽劫益炽。①

幅军的股数很多，每当捻军大队入境，则起而响应，到处游击，捻军出境，则又潜伏起来。清军忙着追击捻军，对于规模较小的幅军“视如疥癣，无暇搔抑”②，所以幅军的势力愈发展愈大，其领袖

①② 《山东军兴纪略》，卷一七。

马文标、翟三秃、周韭、刘双印等，各有数千队伍。至1861年春，刘双印、刘平、周韭、孙化祥等趁捻军入境的机会，攻占了鲁南上百个村镇，“择险筑圩，额巾蓄发，祭旗会食，四出攻钞，迫胁良民，俨袭蒙亳南捻故态，幅匪之势大张，为自昔所未有”①。僧格林沁派来两支“剿幅”大军，一支是由道员李麟遇所率领，被打得全军覆没；另一支由都统德楞额所率领，也被打得损兵折将。最后，僧格林沁追捻过鲁南，自率大军进攻，幅军内部不团结，周韭为部下杀死，刘双印走入云谷山分其众占领附近各山寨，阻击清军，而且与长枪会、习文教、水套人民等相互联络。德楞额和范正坦的清军停留在云谷山外将近一年之久，无法入山。1863年初，僧格林沁帐下的一名悍将陈国瑞攻扑长城幅寨，经过七昼夜的激战，清军攻拔了这个据点。幅军势力遂衰，刘双印放弃云谷山，投奔邹县习文教起义军。

2. 邹县习文教起义军

习文教（或称文贤教）是白莲教的一个支派，活动在邹县以东的群山中。其领袖宋继鹏，“故为邹东田黄社社长，粗识文义，能诵经书符，为人治病，乡愚多信之”②。当时捻军连年入境，习文教在人迹罕到的丛山中聚众设官，购置武器，密谋起义，并建立了“天纵”年号。1860年底，习文教的秘密活动泄露，开始起义。1861年春，习文教乘捻军入境的机会，攻邹县县城，势大盛，清军的援城部队都顿兵数十里外，不敢进。最后僧格林沁率大军至，经过半个月战斗，习文教退入云蒙山中。当时，山东起义军纷起，僧格林沁不敢在邹县旷日持久，遂和宋继鹏达成停战协议，宋继鹏借这个停战时机整顿队伍，修筑圩寨，做大举进攻的准备。

1861年秋，捻军又入山东。习文教乘机大出活动，攻泗水、曲阜一带的村庄，号称十余万人。山东巡抚谭廷襄调动大军，从邹、滕、曲、泗，四面八方包围云蒙山，企图把习文教一网打尽，但是习文教占据了有利的地形，而清军方面兵少粮缺，内部矛盾多，正

① 《山东军兴纪略》，卷一七。

② 同上书，卷一九。

像谭廷襄自己所说：习文教“地处万山之中，山岚重叠，外山诸峰低缺处，周遭数十里，皆筑长墙，重关设险，数万匪众，更替死守，山外数百民寨，存粮积草，皆略入寨中，我军几无驻足之地，无觅粮之所。臣军本属无多，初则分兵御捻，继则分剿幅匪于兰郯，分剿踞匪于淄博，德楞额一军日久不至，臣固无如之何也。筹饷之事，连年贼扰，财赋已空。僧格林沁、遮克敦布月饷不下四十余万，臣营各路之军亦月费数万。兵愈增而饷愈竭，每筹一款，不知几费经营，而数日即已告匮”①。这样，双方相持几个月，1861底，习文教联合了幅军和长枪会进行反攻，在邹县大败清军，谭廷襄苦心经营的包围圈完全被粉碎。

1863年，起义军的活动比较困难了。陈国瑞在攻陷幅军的云谷山根据地之后，移兵攻习文教。习文教退入云蒙山的白莲池，清军从四面八方包围白莲池。9月，白莲池被攻陷，宋继鹏战死，习文教起义军失败。

3. 淄川刘德培起义军

淄川起义军是乘捻、幅、习文教起义的机会而发展起来的。其领袖刘德培“假团胁众，自为团长……以催赔捻抢永和当货为词，集穷民淄川城外，城内永庆与永和一商，遂责偿永庆。麟盛（按：麟盛时为淄川知县）断偿本十备三，德培语众抽一成为团费，众莫敢忤。市兵弩，徒党渐众，入城踞般阳书院，比户勒捐，官不能诘……绅民吏胥多逃亡”②。

1862年秋，刘德培军公开和清军对抗，踞淄川，围博山，德培称汉王，并设官属，建龙凤旗。清廷看见事情闹大了，派道员陈显彝、副将范正坦率军6 000包围淄川。陈显彝用皮挡牌、木板屋、云梯、火箭、喷筒各种办法攻城，起义军只有2 000人奋勇迎战，“移二三百斤巨石，碎四五寸厚木屋，皮牌为炮所穿，匠役受伤八九”③。这样相持了半年之久，1863年春，僧格林沁亲督大队攻淄川，集民夫万人挖成一丈八尺的深壕，围困淄川，并在城外筑高台，

① 《山东军兴纪略》，卷一九。

②③ 同上书，卷二〇。

架五千斤大炮，日夜向城内轰击。是年夏，起义军粮尽援绝，开城突围，走至太白山，被清军追及，刘德培被俘牺牲。

4. 长枪会起义军

长枪会活动于鲁西黄河两岸的濮、范、郓城一带，其领袖王来凤、倪广和、刘占考、王广继等控制着黄河两岸十余州县的团练，数逾万人，平日就常和官府对抗。1861 年春，鲁西北白莲教大起，长枪会出而响应，攻占范县，并控制了黄河、运河的几处渡口，清朝的漕船、盐船都被长枪会所缴获。不久，僧格林沁追捻过境，和长枪会起义军发生遭遇战，长枪会军的战斗力虽然较差，但都是土生土长的当地人，地形摸得很熟悉，他们在山谷湖汊中迂回盘旋，把僧格林沁的大军拖住了两个多月，拖得僧军半死。是年秋，捻军再入山东，僧格林沁又离境对付捻军去了，长枪会军势力又盛，王来凤占濮县，刘占考占范县。至年底，捻军出山东，僧格林沁又腾出时间来。这一次清廷决心要对长枪会起义军大干一番，由僧格林沁、胜保分别在黄河南北进行大屠杀，连续攻陷竹口、簸箕营、莲花池等起义军的重要据点。在大兵压境的情况下，王来凤、刘占考投降了清军，其余不肯投降的起义军避入水套。所谓水套是黄河浸灌以后形成的湖汊淤地，南起微山湖，北至东平湖，南北绵亘五六百里。清廷虽然用了很大的兵力，但起义军凭借地形节节抵抗，战斗几年，清军仍不能扑灭起义军。一直到太平天国革命失败以后，捻军在黄河流域大规模活动，水套中的起义军还经常和捻军联系，特别是后来东捻军突破清军的运河防线，走入胶莱，更是得到了水套起义军的极大帮助。

第五章　太平天国革命战争的防御阶段

第一节　太平天国后期的经济和政治

在相持阶段，太平军虽然在几次重要战役中赢得了胜利（其中包括1858年8月击溃江北大营、11月三河之战击溃李续宾的湘军、1860年5月击溃江南大营、1860年秋席卷苏常以及1861年下半年的席卷浙江），但是，这一连串单纯军事上的胜利并不能扭转力量对比的劣势，并不能使革命方面转入主动的有利的地位。所以，1861年在安庆的战斗中，太平军不免又遭到惨败。而自从安庆失利之后，革命力量一蹶不振，革命开始从相持阶段进入了防御阶段。

革命从相持转入防御的根本原因是太平天国的政治经济和思想工作跟不上形势的发展。太平军虽然用军事力量解放了大片土地，但是如何在这片幅员辽阔、人口众多而又情况复杂的根据地上树立起革命的新秩序，把既得的胜利巩固下来，这就是一个更为细致、更为艰巨的工作了。农民英雄们虽然在军事战线上表现得相当出色，但是在政治战线、经济战线和思想战线上却不免大大落后。这样，也就不能不大大削弱甚至抵消了军事上的胜利。所以，太平天国在具体战役上虽然取得了不少辉煌战绩，但总的说来，革命局面在逐渐地萎缩、衰落。在相持阶段和防御阶段中，太平天国根据地内和革命队伍内的主要问题和主要困难大体上可以归纳为以下五个方面：（1）根据地内封建残余势力的顽抗；（2）土地的分配；（3）革命队伍中的严重不纯；（4）太平天国领导集团内部的矛盾；（5）思想情况。

一、根据地内封建残余势力的猖獗

1860年秋和1861年冬，太平军在苏浙两省组织进攻，其势如暴风骤雨，一时之间，清方措手不及，其主要武装力量和当地政权被打得冰消瓦解。但是，清方主要武装力量和当地反革命政权的垮台并不意味着破坏革命活动的绝对终结，在已经失去了武装力量和政权庇护之后的封建势力，就用各种方式来掩蔽自己，组织退却。一部分封建势力（主要是地方性的封建势力）从城市退到乡村，利用辽阔的乡村，利用乡村中当地农民群众尚未觉悟、尚未发动和尚未组织起来的弱点，成立团练武装，逼胁农民参加团练，继续进行顽抗；另一部分封建势力（主要是清朝派驻苏浙的官吏将领）则向太平军假归附、假投降，巧妙地钻入革命内部，暂时避开革命暴风雨的袭击。当苏浙地区军事上的暴风雨阶段过去之后，太平天国的政治工作、经济工作、思想工作却跟不上，以致残余的封建势力侥幸地保存了下来，并经过一定时期之后重新露头滋长。

在太平天国根据地的乡村中，地主阶级团练武装的活动是非常猖獗的，例如著名的浙江团练头子包立身在诸暨县包村“筑土城、建坛社、竖义旗，曰义军统领，包衣帜皆尚白，相约剃发，近村数十社，蹶然应之”①，“殷实之户，尽室入包村”②，“四方所聚之金不下数百万”③，封建势力在小小的包村组织了一支拥有“亲军二千、客师二万余”④ 的团练武装，顽固地跟太平军对抗下去。太平军付出了很大的代价，“东调宁波、西调杭州、南调金华……以数十万围包村，相持六月，大小数十战”⑤，方才打破了这个顽固的敌对堡垒。又如苏州附近永昌有团练大头目徐少蘧（徐佩瑗），“所居周围七八十里人家，皆仰给于徐，故人乐为用，贼（按：指太平军）不敢犯，至今完善。将至其家，报名开栅，栅以内军装器械，布置严密”⑥。又如太平军

① 杨德荣：《夏虫自语》。

② 同上书，杨葆彝的题跋。

③ 《微虫世界（节录）》，载《近代史资料》，1955（3）。

④⑤ 隐名氏：《越州纪略》。

⑥ 姚济：《小沧桑记》，卷上。

刚到苏常地区，江阴陆桥的王元昌“椎牛享士，纠合壮士数百人，会贼大队过祝塘，元昌尾击之，大捷，斩其渠帅伪千岁林，贼死三百余人，人心始奋。时各乡镇竞起立局应之”①。在王元昌的卵翼下，各地都成立了小规模的团练武装，所谓“义勇数万，呼吸相通，悉听陆桥调拨，王克仁（按：即王元昌）威声大振，俱恃为百里长城”②。离永昌和陆桥不远的无锡境内，团练也很猖獗，所谓“各乡团练号白头局者蜂起；东南界长洲之荡口镇局，已革江西永新县知县华翼纶主之。东北界江阴之河塘桥镇局，在籍户部陕西司额外行走员外郎杨宗濂主之。二局称最强，境内后桥、安镇至望亭，邻境东南至永昌，北至祝塘，曾一呼可集。余如礼社、顾山、六贤桥、甘露、方桥、谈家巷等处，皆集团”③。除了这种临时组织起来的团练之外，地主阶级还收买了一向活动在河湖港汊中的水上土匪，名为“枪船”，进行反对太平军的活动。姚济叙述这种政治性的水上土匪说：“闻北路枪船头目共有十八路，其最著费玉成、卜小二、孙七娘、顾顺发等，各自立旗号。部下枪船或四五百，或二三百不等。”④ 这种“枪船”在太湖附近最多，甚至浙江的海宁也有“枪船”的活动，如《花溪日记》所载：“七星党起，枪船数百，旗号星字，于各处开赌，招勇俱剃发，矢志敌贼，贼稍却。贼局不敢逼勒，故走投络绎，沈塘镇设一总局，渐集万余人，船数千。”

这批退却到乡村中去的残余封建势力，虽然并没有力量去夺取城市、重建封建政权⑤，但是他们在乡村中依然保持着往日的威风，一方面欺压农民群众，胁迫和引诱农民去参加团练武装，如《花溪日记》叙述团练出战时，“分众捉人，四散十余路，有不肯去者，吓称回来拆屋，于是每村每家出一人，约有二万余”，“王广陈三丫头为盗首，称盖天王，公然旗帜。凡硖川南来无村不为盗者，南塘桥、

---

① 谭嘘云：《常熟纪变始末》，卷上。

② 徐日襄：《庚申江阴东南常熟西北乡日记》。

③ 施建烈：《纪（无锡）县城失守克复本末》，卷二。

④ 姚济：《小沧桑记》，卷上。

⑤ 个别地方的团练曾经打进城市，如王元昌的团练一度窜入江阴城内，吴琮的团练曾攻陷浙江仙居。

价家新桥、花园坟、朱家桥等处凡善良家，皆被强迫入党。聚集王广及三官墩、马桥、斜桥诸地方，共万余，发逆亦畏势不敢动”。

另一方面，这些团练和枪匪每天打家劫舍，杀人放火，扰乱太平天国后方的治安。如有人叙述绍兴的情况：“短毛者土匪以别于长毛之称，逢贼（按：指太平军）杀贼，逢民杀民，逢官兵则义旅也。十百为群，所至席卷如风雨，尸枕藉道路，河水为之不流。”① 他们不但抢劫赤手空拳的老百姓，甚至由太平军护送的物资或由太平军守卫的据点，也常常遭到这批强盗的袭击和抢掠。有一个曾随太平军从苏州赴石门的知识分子叙述途上的情形说：“经太湖宝带桥东首，闻吹角声，倏忽小船纷集数十艘，枪弹雨下。同行贼艘（按：指太平军船）共十余，亦施枪炮，随敌随行……乃湖中枪匪，见贼船少，突来攫取财物耳。”② 又如吴江同里镇上，有枪匪公然聚赌，太平军屡禁无效，后来枪匪还“哄入军帅衙门，毁伤文书器用物件，并抢军帅衣庄，住宅一空，攫长发十余人，至渡船桥杀死”③。

很显然，残余封建势力这种猖獗的破坏活动极大地威胁着根据地的安定，威胁着革命的发展。不肃清这些团练和枪匪，一切革命措施根本无法贯彻，根据地的秩序亦将永远动荡不安。为了对付团练和枪匪，太平军也投入了不少力量，如击溃了包村的包立身团练和陆桥的王元昌团练等。但是由于乡区的广大性和团练活动的分散性，单纯的军事力量并不能彻底解决问题，更重要的是要在政治上造成封建势力的孤立和瓦解。可惜太平天国限于本身的弱点，他们并没有一套明确的政治纲领和行之有效的办法，来充分发动乡间的农民群众，打击封建势力，而且由于太平天国革命队伍本身亦有严重不纯的情况，更使团练、枪匪无法完全扑灭。特别严重的是，有些地区的太平军将领竟错误地采用了一种和残余封建势力和平共居的做法，较突出的就是永昌团首徐佩瑗，他一方面和薛焕、李鸿章勾结，暗中招兵买马，图谋大举，另一方面却接受太平天国抚天侯的封号，作为掩护。在徐佩瑗

---

① 《微虫世界（节录）》，载《近代史资料》，1955（3）。

② 李圭：《思痛记》，卷下。

③ 知非：《吴江庚辛纪事》，载《近代史资料》，1955（1）。

控制的地区，大批地主分子钻入太平天国的地方政权中，充当着乡官。另外，如荡口的团练首领华翼纶、周庄的枪匪首领费玉成也都向太平天国伪装归附，而暗中却在积极进行反对太平军的破坏活动。应该指出，某些太平军将领在敌我界线上存在着极其模糊的观点，对团练与枪匪的反动性和破坏作用估计不足。例如《李秀成自述》中说，在太平军克复苏州之后，“苏民蛮恶，不服抚恤，每日每夜抢掳到我城边”，这种抢劫破坏活动当然是团练武装干的勾当，李秀成的部将主张严厉镇压，李秀成不允，主张招抚。据说是“三日将元和之民先抚，七日将元和、吴县、长洲，安清平服，以近及远，县县皆从，不战自抚，是以苏常之民归顺”。李秀成过分被“不战自抚”的成绩所陶醉了，他把地主武装团练和人民混淆在一起，采取简单的“招抚”办法，使得封建残余势力稍加伪装就可以原封不动地保存下来。这种敌我不分、麻痹大意带来了极大的恶果，到太平天国革命转入防御的不利形势时，各地的团练便猖狂地活动起来，配合清军，进行反攻。例如 1863 年浙东宁波地区反动势力的反攻，就利用了大批的团练武装。苏常方面，团练也很卖力地配合清军的反攻，所以潘钟瑞在《苏台麋鹿记》中表扬团练的功劳，他说：“后来官兵之进，亦借民团未散之力。”

二、革命队伍的严重不纯和纪律废弛

太平天国革命根据地秩序的不能安定，不仅是由于团练的破坏活动，更重要的还在于革命队伍的严重不纯和纪律废弛。后期的太平军将领们似乎都存在着一种无限制地招兵买马、以便于在战斗中以多取胜的思想，所以后期太平军的数量大大地超过前期。前期像北伐和西征这两个主要战场，最初都只使用三五万人，后期的每次战役，动辄十万、数十万人。1859 年春，胡林翼就说：“近年贼计专以裹胁多人，分路包抄，以迷军士之目”①。后来，太平军席卷了苏杭，招收了大批清朝的败兵和广东、江西、湖北的天地会队伍，队伍越发庞大了，其中老太平军的人数已经很少了。据地主分子潘钟

① 《胡林翼全集》，书牍，卷一五，《致官揆帅》。

瑞说：太平军“在苏城号称二十万，其实真长毛不过数百，两湖籍者已是老贼，广西起事之人，十无二三……自大营被冲，我兵数万，大半从贼……复有巢湖船、长龙船、六合勇、广匪、捻匪诸类，从而附和之，乃见其众多”①。队伍毫无限制地大加扩充，一方面造成粮食和军械供应的困难，另一方面也降低了军队的质量，带来了队伍不纯、组织涣散、纪律松弛、士气低落等等一系列的缺点。

首先是后期太平军中成员复杂、队伍不纯的情况是很严重的，不少阶级敌对分子和投机分子混入到了太平军内部。例如太平军攻克苏州时，清朝的道员李文炳、何信义率领五六万败兵溃勇，降于太平军。太平军在浙江也“尽收官军降卒三四万人”②。这一大批武装力量的加入固然是值得欢迎的事情，但是其中鱼龙混杂，必定有不少奸细、敌探，也有不少是惯于杀人放火、打家劫舍的流氓、兵痞。太平军对这一大批投降过来的军队，没有进行认真的整顿和训练，因此使这些部队中隐藏着的坏分子和流行的坏风气没有被清洗、革除。像李文炳、何信义这两个头子原来就是心怀叵测的假投降分子。李文炳后来在太平军中授职文将帅，管理昆山县事，他却暗中和上海方面的反革命势力勾勾搭搭，在昆山战斗紧张的时候，阴谋策动叛乱，被太平军发觉处死。何信义则自称其投降是迫不得已的，是为了“偷生忍辱，受其伪职，分领其兵，使其信任；一面招集从前大营（按：指江南大营）之旧兵将，再寻机会，从中报效，以图恢复”③。这个处心积虑坚决与革命为敌的反动分子在1862年春就曾给上海道台吴煦投递了禀帖，进行勾结。到1864年初，他就以浙江桐庐城献给了清军。类似李文炳、何信义之流钻进了革命内部的阶级敌人并不是个别的，如统率一万人、踞守南汇的太平军什天安吴建瀛、淋天福刘玉林，在上海战斗紧张的关头突然献城投降清军，据李鸿章说，原来这两人“系败兵被胁，更非甘心从逆”④ 的清军

---

① 潘钟瑞：《苏台麋鹿记》，卷上。

② 《曾国藩全集》，书札，卷九，《复郭意诚》。

③ 何培英（何信义）禀帖，载《近代史资料》，1955（3）。

④ 《李鸿章全集》，奏稿，卷一，《招抚南汇城贼并克复川沙厅折》。

旧将领。又如曾经主管苏州政事的熊万荃，曾经主管常熟政事的钱桂仁、骆国忠，曾经主管太仓政事的钱寿仁（又名周寿昌），都是混入革命内部的阶级敌对分子和投机动摇分子，他们通过永昌的团练、周庄的枪匪，和上海的反革命势力眉来眼去，甚至胆敢趁着忠王李秀成远征的时机，企图发动大规模的叛变，以谋颠覆苏南革命根据地。一个参与叛变阴谋的地主写道：

> （咸丰十一年）十二月十一日，接吴藩司（按：指上海的吴煦）密札：饬费秀元（按：即费玉成，周庄枪匪的首领）整备船勇，堵御葑娄一带援贼。盖因苏城贼首李文炳、熊万荃、钱得胜（按：即钱桂仁）与永昌团董徐少蘧佩瑗，同谋内应，据称有兵六万，不用官军援剿，但请上海设局以济其饷，于是府尊吴平斋云至泖塔，倩清卿（按：指吴大澂）来镇候信，振甫亦自长渠至，将密调孙少襄之众为外应。不意忠逆于十七日率群贼自杭回苏，内外悚然，俱不敢动，然縻饷已十余万矣。①

忠王的返苏打乱了这个叛乱集团的叛变计划，而且忠王返苏之后，觉察到熊万荃政治立场不可靠而作了处理，所谓“忠逆甚疑其行事，遣之出，令拒守平湖、乍浦之间”②。但是李秀成的这种处理办法是很不够的，他既未去进一步查清这个叛乱集团，并给予狠狠的打击；也未严密地监视熊万荃，熊万荃虽然调离了苏州，却仍旧担当着独当一面的重要职责。这一次叛乱集团叛乱的时间表虽然被推迟了，但是叛乱集团的实力仍旧保存着，等到一有机会，他们便会东山再起。果然，1863年春发生了关系苏南根据地存亡的常熟叛变，同年年底又发生了熊万荃策动的平湖、乍浦、海盐、澉浦的叛变。本来是一场叛变的阴谋，一年以后变成了两场叛变的事实，这也是李秀成警惕不高、处理不坚决而招来的后果。李秀成的这种麻痹姑息态度，连敌人也感到有点奇怪，所以主持苏州阴谋的吴云说：“此绝大破绽，

① 陶煦：《贞丰里庚申见闻录》，卷上。

② 潘钟瑞：《苏台麋鹿记》，卷下。

居然瞒过。此必熊李从中播弄，然忠逆岂竟形同木偶，为熊李玩弄股掌之上也？此中实在底蕴，未能尽悉。”①

除了队伍不纯、经常发生叛变之外，后期太平军队伍的另一个重大弱点就是纪律废弛、组织涣散。当然，也有一部分太平军的核心队伍一贯保持着革命军队所应有的严明纪律和良好作风，如忠王李秀成的直属部队纪律就是很好的，连地主分子和外国侵略者也不得不承认这一点。如孙鼎烈说：“伪忠王李秀成之众下窜，旗帜鲜明，步伍整肃，弥望相属”②；又有一个外国传教士说：李秀成“在军功之外，他还有别的擅长，如他的军队，绝不许恣纵妄为；对于人民，善加保护，使不受侵扰”③。从总的方面来说，太平军的纪律比清朝军队要好得多。④

但是，太平军中也存在着为数不少的害群之马，他们破坏纪律、不遵命令，这些人一般都是新参加革命的，没有经过认真的训练，或者是招收来的清朝的败兵游勇。例如曾经当过太平军俘虏的《思痛记》的作者李圭，看到太平军某部破坏纪律的行为后说：“但如行此类事者，大抵以湘、鄂、皖、赣等籍人，先充官军，或流氓地痞，裹附于贼，或战败而降贼军——其真正粤贼，则反觉慈祥恺悌，转不若是其残忍也”；又说：“贼亦有令禁止骚扰百姓及劫掠衣物等，盖一恐行军累坠；一恐怠惰军心；兼亦以收拾人心也。顾贼众奉者少，而又以清军之降附者尤为凶残贪暴，绝无人心”⑤。太平天国将领们在接受清朝大批败兵溃勇归附的时候，把他们原来沾染的兵痞流氓习气一起带进了军队里，破坏了队伍的纯洁，而且也使纪律本来很好的部队受到了沾染。如陈坤书本来是李秀成的亲信爱将，李秀成远征江西、湖北的时候，派陈坤书坐镇苏州，苏州是封建残余势力保持得相当顽强的地区，而且招收的败兵特别多，陈坤书在苏州一

① 吴云：《两罍轩尺牍》，卷一二。

② 孙鼎烈：《四槐寄庐类稿》，卷八。

③ 艾约瑟：《访问苏州的太平军》。

④ 关于这方面的记载很多，可参见罗尔纲：《太平天国史记载订谬集》，“清朝统治阶级诬蔑太平军杀人放火奸淫掳掠考谬”。

⑤ 李圭：《思痛记》，卷上。

年多，被这种无形的恶势力所重重包围，他的队伍也逐渐腐化，对人民骚扰很大。所以李秀成说："后坏民是陈坤书、洪春元之害"①。在陈坤书的队伍里，甚至发生群殴械斗的怪事，据《苏台麋鹿记》的记载，在陈坤书指挥下的苏州某部太平军"分馆而居，偶有嫌隙，始而毒骂，继而老拳，甚而械斗，彼馆之人败去，此馆之人皆与贼首称贺"②。在其他太平军队伍里，劫取财物、掳人勒赎等等违纪现象，也时常发生。太平天国领导虽然三令五申，要士兵服从纪律，可是经常性的训练和教育工作跟不上去，仅仅靠一些禁令当然不可能杜绝违反纪律现象的发生。正像一些地主分子所说："贼目日禁放火，而烧者如旧，其不能约束可知"③，"贼伪示虽言之凿凿，然下不奉行"④。太平军领袖们对于军队中滋长起来的恶劣腐朽风气竟是束手无策，不能扭转。

军队是进行武装斗争的工具，也是联系群众、进行政治工作的工具，军队素质的下降不但会招致军事上一连串的失败，而且也在人民群众中造成极恶劣的影响，造成不可弥补的政治损失。所以侍王李世贤把浙江团练武装猖獗的原因，直接归结到自己军队的违反纪律上去。他说："闻各处土匪四起……非十万精兵不足以平之。自吾思之，皆因众兄弟杀人放火，势逼使然"，他谆谆告诫部将"从今以后，宜加意爱民，使民不以吾为仇"⑤。太平天国的领导虽然认识到这种现象的严重性，可惜却拿不出具体办法来使"爱民"的善良意图贯彻在全军的实践活动中。

三、土地关系

以上关于团练、枪匪的活动以及革命队伍内部不纯、纪律废弛的情况说明，即使在革命力量统治的地区和革命队伍内部也并不是平静无事的。在这里，也存在着严重的斗争，这种斗争当然也是整

---

① 《李秀成自述》。
② 潘钟瑞：《苏台麋鹿记》，卷上。
③ 鲁叔容：《虎口日记》。
④ 李圭：《思痛记》，卷上。
⑤ 侍王李世贤密札，见王崇武译：《英国档案馆所藏有关太平天国的史料》。

个阶级斗争的一个方面和一种表现形式。同时，这种斗争又直接或间接地影响到太平天国的经济、政治和军事，影响到太平天国在根据地内所采取的各项政策。

在土地关系方面，就非常鲜明地带着这种斗争的烙印。一方面，太平天国革命是农民反对地主的革命，被革命风暴所卷及的地区，地主阶级的利益或多或少地受到了打击，农民群众则或多或少地受到了革命的赐益，在后期的土地关系上不少地区的农民对地主不交地租或少交地租，正是鲜明地表现了这一点。另一方面，正因为这是一次农民革命，农民群众仅仅依靠自己，不可能在一切方面都把地主阶级打垮，不可能彻底肃清封建势力，不可能自己解放自己，所以表现在后期的土地关系上，封建势力仍然存在，并且仍旧在利用一切手段向农民搜刮，这种情况正是反映了农民革命的局限性。

最近几年来，历史学家对于太平天国的土地关系问题给予了充分的注意，注意的焦点集中在《天朝田亩制度》曾否实行的问题上。我认为：《天朝田亩制度》在某种意义上说是根本没有实行的；而在另一种意义上则又可以说在一定程度上实行了。

假使仅仅着眼于《天朝田亩制度》中的公有制幻想，着眼于其中土地分配和社会组织的具体方案，从这个意义上来说，那么，《天朝田亩制度》中的规定并没有付诸实践，而且在当时的条件下，根本也不可能付诸实现。

但是《天朝田亩制度》的精华，并不在于这种乌托邦式幻想的本身，它的精华在于这种幻想形式中所包含的反对封建剥削、要求获得土地的革命精神。这种革命精神是在长期历史发展中孕育出来的，是农民群众在几千年的战斗中锤炼出来的，《天朝田亩制度》之所以可贵，正因为它是体现了农民反封建革命精神的一个纲领性文件。从《天朝田亩制度》中所体现的反封建革命精神来说，毫无疑问，这在后期土地关系上是实现、贯彻了的。但是，在不同的时间、不同的地区和不同的条件之下，反封建革命精神的实现、贯彻也有程度上的不同。有些地区，地主的土地转到农民的手里；有些地区，农民虽然没有得到土地所有权，但是在革命的庇护之下，根本不向地主交租；也有的地区地主虽然可以收到少量地租，但地租额是受到严格限制的；贯彻反封建精神较差的地区，则也有太平军保护地主收租的事例。

这是一幅相当复杂、相当紊乱的画面。形成这种情况主要有以下两个因素的作用：一个因素是由于这次革命的性质，由于太平军的基本群众是农民，因此革命所过之处，自然而然地支持着贫苦农民的翻身斗争；另一个因素是封建势力并没有彻底肃清，根据地内和革命队伍内还存在着为数不少的阶级敌对分子，他们必然要公开地或隐蔽地维护封建的土地关系。这两种因素的对立斗争，决定着太平天国土地关系的复杂面目。

总括太平天国后期有关土地情况的史料看来，可以分成两类地区。

第一类地区：当地封建势力曾经猖狂地抗拒过太平军，太平军在该地大力地进行了扫荡，使封建势力受到严重的打击，官僚、地主死伤逃亡较多；或者是太平军虽然在该地没有大的军事活动，但是在革命的号召影响下，农民群众发动比较充分，他们自发地起来打击当地封建势力，把政权掌握到自己的手里。在这一类地区，斗争双方的力量对比是绝对有利于农民的，因此，农民当然不交地租。

例如常熟西北乡本是团练王元昌盘踞的地方，太平军曾经在这里投入极大的力量，击溃了王元昌的团练武装，当地封建势力受到严重的打击，地主豪绅或死或逃。这种形势是绝对有利于农民的。所以徐日襄记载这里的情形说："其豪富及素有财产者早已空室迁徙，所剩力田农民与市井无赖，恋土难迁"；地主既然逃跑，农民自然不交地租，"农民之力田者，窃利租不输业，亦依违其间"①。

另如常熟的塘市，那是在革命的影响下农民群众自发地起来，打垮了地主阶级的势力。归庆楠的《让斋诗稿》中有一首记叙塘市情形的诗句说："借言贼到肆凶威，打屋拿银任指挥，此际富绅多受厄，难民逃遁似禽飞。"下注："塘市逃难妇女五六人来说塘市曾经设局团勇御贼，贼恨甚，声言要烧毁塘市。塘市人惊恐，趁势即将

---

①　徐日襄：《庚申江阴东南常熟西北乡日记》。

本镇绅富房屋全行打坏，什物抢掠，租簿掷在污泥水中，故逃难者纷纷矣”①。这种情况表明了在革命影响下，农民群众较充分地发动起来，甚至在太平军尚未到达的时候，地主的租簿已经被掷到污泥水中。

类似上述情况的地区还有不少，如：

常熟：

出伪示，着旅帅、卒长按田造花名册，以实种作准，业户不得挂名收租……收租度日者及城中难民无业无资者，甚属难过。②

见稻堆蔽场，无路可走，知水田皆成熟矣。丰年景气，未免垂涎，惜租米不收，于我无分耳……中夜念业户二年无租，饿死不少。③

无锡：

各佃户认真租田当自产，故不输租，各业户亦无法想。④

吴江：

伪监军提各乡卒长给田凭，每亩钱三百六十。领凭后租田概作自产，农民窃喜，陆续完纳。⑤

浙江乐清：

地符庄账付焚如，官牒私牒总扫除。⑥

浙江绍兴：

去冬（按：指1861年冬）向佃户收租如乞丐状，善者给数斗，黠者不理。⑦

---

① 转引自罗尔纲：《太平天国史事考》，216页。
② 顾汝钰：《海虞贼乱志》。
③ 龚又村：《镜稚轩自怡日记》。
④ 佚名：《平贼纪略》。
⑤ 倦圃野老：《庚癸纪略》。
⑥ 林大椿：《垂涕集》。
⑦ 范城：《质言》。

浙江海宁：

该年秋收本歉，租户乘机挨延，每十不还一。①（按：此时在太平军到达花溪以前的一个多月）

江苏松江：

闻浦南田租大有生色，多者六成，少亦五成；浦北则彼此观望，未有粒米送仓。②

有平日严于课租者，避地时诸佃不纳。③

以上的情况，不管是地主逃亡，还是太平军禁止收租，或是农民把租田当自产，或是烧毁地契租簿，抑或是农民抗延不交地租，都说明了当时当地的形势是绝对有利于农民，所以农民可以根本不用交地租了。

在这样的第一类地区里，地主阶级既然大多逃跑了，太平军当然不能向他们去要田赋，而只能向农民去征收，所以《海盐县志》说："以粮户迁避，无可征收，遂责令佃户输纳"。其他地方也有"计亩造册，着佃收粮"④，或"随田派捐"⑤ 等等。这种情形说明在有利的革命形势下，土地所有权自然而然地转移到农民的手里，农民群众把自己的劳动果实以田赋的形式交给太平军，支援革命战争。太平军为了进一步团结贫苦农民，对那些把租田当做自产的农民发给田凭，以保障他们的地权。所以《庚癸纪略》记载 1862 年太平天国在江苏吴江发田凭一事说："伪监军提各乡卒长给田凭，每亩钱三百六十，领凭后租田概作自产，农民窃喜，陆续完纳。"⑥

上述土地关系的情况，可以看做斗争开展较顺利、农民发动较充分、打击封建势力较彻底之后所产生的结果。

第二类地区：当太平天国大军过境时，这些地区的地主、官僚

---

① 冯氏：《花溪日记》，卷上。

② 姚济：《小沧桑记》，卷上。

③ 夫斋旧主人：《庚申纪事诗注》，载《近代史资料》，1955（3）。

④ 《太仓州志》。

⑤ 龚又村：《镜稚轩自怡日记》。

⑥ 倦圃野老：《庚癸纪略》。

迅速地隐蔽下来，潜伏在农村保存力量；或者是伪装归附，钻进太平天国的地方政权和革命军队中去，从中保护残余的封建势力。在这类地区，斗争并未充分展开，地主阶级没有受到严重的打击，再加上有些太平军将领保护农民的利益不够坚决，幻想向地主阶级作一些让步，以换取根据地内的安定，或者有的将领已经蜕化变质，站到反动地主的立场上去，因此，农民群众仍然不同程度地受着封建势力的控制和压榨，不得不交纳地租。

有的地主是直接依靠武装强行收租的，例如1861年5月在浙江海宁就有“间有业主趁势收租，亦借枪船恐吓，追取甚紧”①。但是，更普遍的是太平军允许地主收租，甚至代替地主设局催租，如1862年浙江嘉兴洑镇的太平军守将符天燕钟良相所出告示中说：“住租屋，种租田者，虽其产主他徙，总有归来之日，该租户仍将该还钱米缴还原主，不得抗欠。”② 又如浙江嘉善一个地主，听到当地太平天国政府允许代地主催租的消息后，写信给人说：“据议此次收租，无论向例遥讨限收，各业户送票至局，由局盖戳，发旅帅等着佃亲送到业户处”③；又说：“俟长毛三日后发告示，再议取租章程，以长毛之威，不怕租米不还也”④。

更有些太平军将领，其立场模糊到了令人吃惊的程度。当农民自发地起来聚众抗租，反对当地的封建残余势力时，太平军将领不是去保护和依靠农民，乘势彻底摧垮地主的势力，而是去保护和依靠地主，镇压农民。如1861年底，无锡“安镇四图庄顾某聚众抗租，以青布扎头为记，各业户诉于城贼，十二月十四日贼使乡官引导至乡弹压，顾某鸣锣集众拒贼于苏家桥、安家坟，顾某奋勇当先，为贼所伤，乡众溃，焚村落，邻村无害，旋为乡官调停，一律还租”⑤。

为什么太平天国允许地主收租以及代替地主催租的现象较为普遍，甚至还有保护地主、镇压抗租农民的现象？太平天国各地政权

---

① 冯氏：《花溪日记》，卷上。

② 沈梓：《避寇日记》。

③ 《赵氏日记》，《复晓秋表弟书》。

④ 同上书，《又致晓秋表弟》。

⑤ 佚名：《平贼纪略》。

之所以采取这种态度，归根到底也是决定于当时当地阶级力量的对比。正像我在前面所说的，太平天国既来不及在军事上全部扫荡封建武装，更没有能力从政治上、经济上、思想上把封建势力完全肃清，在相当顽强的封建势力的包围下，太平天国的有些将领采取了妥协让步的方针，幻想使地主阶级的顽抗缓和下来（其结果不是地主阶级反抗的缓和，而是这些将领的步伐在一步一步地倒退），另一些将领甚至蜕化变质，变成地主阶级的俘虏。

当然，即使在第二类的地区，革命仍旧保持着相当强烈的影响。尽管地主阶级的活动很猖獗，尽管某些太平军将领已经完全变质，但是他们仍然不可能使革命的影响全部抵消掉，因此，地主阶级在剥削农民的时候仍不得不受不同程度的限制，最明显的就是表现在地租额的限制上。在以往苏浙地区的地租，每亩均在一石以上；现在，地主阶级虽然尚能收租，可是地租额被大大地压低了。如姚济说松江的情况："浦北各乡遭贼蹂躏……故上年（按：指 1860 年）租籽不过十分之三，且有粒米无收者。"① 就是被称为"大有生色"的浦南田租，也不过是"多者六成，少者五成"②。另如绍兴一带，租额均由太平军规定，所谓"有田者令输租，亩入三分，民家租额皆定于局"③。

江苏常熟的南乡，可以说是第二类地区中非常典型的一个，龚又村的《镜稚轩自怡日记》④ 详细地描述了该地的力量对比和土地关系。常熟南乡的情形和常熟东、西、北三乡迥然不同，东、西、北三乡，封建势力受到较大的打击，所以农民不交地租，但南乡则有团练徐少蘧、华翼纶的盘踞，封建势力相当顽强，因而出现了"南乡粮租并收，三乡但有粮局"的不同情况。太平军攻克常熟以后约三个月时间，南乡的大地主曹和卿（也是永昌团练头子徐少蘧的伙党和得力爪牙）就通过混进革命内部的假投降分子胡伯和⑤，结识了

---

①② 姚济：《小沧桑记》，卷上。

③ 隐名氏：《越州纪略》。

④ 该书系钞本，我没有看到过原本，仅看了其他同志所作的摘录。从摘录中看，该书内容极为丰富，为研究太平天国后期根据地内部情况的重要史料。

⑤ 胡伯和也是清朝的小官僚，龚又村说他"系徽州人，丙午孝廉，江苏拣发知县，被掳（按：指投降太平军）掌吏科"。

常熟的太平军守将慷天燕钱桂仁。钱桂仁本来就是个立场极不坚定的动摇分子，他对地主分子曹和卿竟是言听计从。“辛酉二月，邑绅曹和卿具禀钱伪帅：悯城士流落于各乡者度日艰难，每亩酌收三斗，立租局于吴塔左近”。从此常熟南乡出现了不少租局，据龚又村所记的就有平局、俞局、顾局、朱局、邹局、汪局等名目，地主阶级又在明目张胆地向农民进行剥削了。但是根据地内的农民群众毕竟是受过一度革命洗礼的，他们毫不犹豫地起来反抗这种封建阶级的政治复辟和经济剥削，所以在各租局设立之后不久南乡各处发生了许多农民的抗租暴动。如《镜稚轩自怡日记》咸丰十一年（1861 年）三月二十五日记“平局遭土匪之劫，屋庐多毁”，二十八日记“知俞顾两局亦停，所收租，勒作勇饷，业户未归”，四月初九记“邹氏设局于神祠，又被拆坏，局董俞儒卿被戕投水，收过租米之局，众佃竞欲索还”，有的地方农民群众还杀死了蜕化变质的太平军师帅、旅帅。这一场抗租暴动是根据地内农民群众对封建势力企图卷土重来的一个反击。可惜当地的太平天国政权竟从革命的立场一步一步倒退到了地主阶级的立场上去，它不但不去支持农民群众的正义斗争，反而对农民进行镇压。《镜稚轩自怡日记》四月初九记“遣长发驻局，土人乃不敢逞凶”，四月二十三日记“钱伪帅（按：即指钱桂仁）领伪官甘姓、侯姓至莘庄，拿办土匪，欲冲数村，师旅诸帅恐玉石俱焚，哀求始罢。访获周姓二人，熬审毁局一案，随带回城”。

1861 年秋，常熟太平天国政权对于因收租而引起的暴动，已深抱戒心。它一方面仍然决心要保护地主的收租权利，立下了“佃农匿田抗租……本人处斩，田亩充公”（《镜稚轩自怡日记》咸丰十一年十月初五日）的禁令；另一方面也不得不勒令地主减低租额，以缓和农民群众的反抗。《镜稚轩自怡日记》十月十四日记：“舣舟至洞港，见申参军监收租米，朱局纷嚣，定每石收九成，其佃户已完下忙银者，收七折二，加费钱一百十四，除粮三斗二升，局费一斗，田凭一斗，委员监局费一斗，业主约归一斗”。十月十八日记：“莘庄卡王×姓，分局收租漕，议定对折，粮居其三，租居其二，较师帅章程，减去二斗”。十一月记：“朱局被讦，现定减收八升”。这个地区往日的地租额每亩均在一石以上，太平天国只准收七斗二升，其中还包括田赋和各种费用，而且还一减再减，结果地主分子只能捞到年亩一斗的地租。所以地主分子仍旧大嚷大叫："实则七斗二升，连租在内，况兑斛大于收斛，欲减不能，城帅过听谤辞"，"租米只一斗，费大于租，业主几难糊口"。

常熟南乡这种复杂的土地关系正是反映了当时当地阶级力量的对比关系。在第二类地区，一方面地主阶级还有相当强大的势力，他们通过各种手段仍旧保持着剥削农民的权利；但另一方面，革命的影响、革命政权的存在①以及农民的反抗，又迫使地主阶级不可能照旧地保持剥削。这两种力量的斗争是决定该地区土地关系的最主要的因素。

以上就是第一类地区（不交租）和第二类地区（交租）土地关系的示例。整体说来，在太平天国根据地内，第二类地区多于第一类地区，这一点正是表明根据地的不稳定性和这次农民革命的不彻底性。由于阶级力量的对比是经常会发生变化的，因此，两类地区也不是固定不变的，第一类地区经过一段时期可能转化为第二类地区，第二类地区经过一段时期也可能转化为第一类地区。吴江同里镇土地关系的变化就是一个例证，在倦圃野老的《庚癸纪略》中有如下的记载：

咸丰十年十二月初七日记："闻长洲、元和、吴县及本县芦墟、盛泽、莘塔、北库等镇业田者俱设局收租息米，每亩四五斗不等，同里亦欲举行，旋为伪监军阻挠，遂不果。"②

咸丰十一年十一月初一日记："周庄伪乡官费玉存设收租息局于北观，每亩收租息米照额二成折钱，局费每千扣二成。至十月初旬，各乡佃户颇有还者，旋为伪监军见嫉，从中败事，从此瓦解矣。"③

同治元年三月记："伪监军提各乡卒长给田凭，每亩钱三百六

---

① 常熟的太平天国政权应该例外，因为这时钱桂仁等已经在酝酿叛变，政权已经逐渐被叛乱势力操纵。

② 据知非《吴江庚辛纪事》记载这次事件："同里业户公议，令各卒长发追租单，由局取租，每亩约四五斗，旋得钟监军文书，必先报明田数、圩名、花户存案，然后施行，各业因有或报或不报者，因循观望，事不果行。"

③ 知非《吴江庚辛纪事》记载这次事件："业主齐集，自备桌、凳、笔、砚、租簿收租，至十二月初十，各乡俱通，一日有千余户还数。"

十，领凭后租田概作自产，农民窃喜，陆续完纳。”

同治元年（1862 年）十一月二十七日记：“北观设收租息局，贼酋程令每亩收租息米三斗，伪董事十余人襄其事，三限已过，并无还者。十二月二十一日，忽有栋花塘农民百余哄入局，将襄理者十余人擒去殴打窘辱，至明年正月初一日，周庄费姓遣人说合，得放回家。”

以上史料说明，这个地区在咸丰十年底，地主阶级本来想钻空子收租，但是被太平天国政权禁止了。第二年底，地主阶级又倚仗枪匪头子费玉成（即费玉存，当时伪降于太平军，但仍保持着他的武装）的势力，企图再起，又为太平天国政权所禁阻。太平天国政权鉴于地主阶级一再卷土重来，故发给农民田凭，以确保他们的地权。可是，后来太平天国当地政权更换了一个程姓监军，地主势力的再起仍旧未能遏阻。农民在失去了革命政权的庇护之后，仍英勇地起来和封建势力作斗争。本来是第一类的地区，在某种条件下转化成了第二类地区，以后，在另一种条件下又转化为第一类地区。两类地区的相互转化归根到底仍是决定于该地区的力量对比的变化，决定于该地区阶级斗争的复杂性和反复性。

四、分散主义的倾向

太平天国后期的各级领导身上，也存在着致命的弱点，这就是分散主义愈来愈占着上风。分散主义的产生导源于农民手工业者的经济地位，而太平天国后期的分散主义又是和以下三个历史情况分不开的：

第一，在革命前期，天京领导拥有很大的权力和威信，各战场的各级将领都绝对听命天京的指挥，这对于保证全军的意志统一和行动协调起了很大的作用。但就是在那个时候，一切由天京“遥制”，对于各个战场上一瞬千变的复杂情况颇有应付不了的趋势。1854 年秋冬，曾国藩之所以能在武汉、田家镇一带耀武扬威，就因为远在千里之外的天京领导对于前线军事还来不及进行调整。太平天国在接受了这一次教训以后，似乎有给予前线将领更大权力的倾向，翼王石达开经营江西就是一个例证。给予前线将领更大的权力，这的确可以提高军事和行政效能，但是农民群众难于把中央和地方的关系调整得非常妥当，因此，随即又带来了尾大不掉、各自为政、不听天京指挥的危险倾向。石达开之所以能够从太平天国带走几十万大军，正是倚靠了正在抬头的地方将领的势力。

第二，杨韦事件和石达开的出走，给予天京领导最严重的打击，雄才大略、久经锻炼的革命领袖或死或走，后期参与天京领导集团的人物，除洪仁玕之外，都是腐化堕落之辈。如天王长兄洪仁发"贪冒聚敛、无所不为"，天王次兄洪仁达"嗜洋烟"，洪仁政"时携狡童，被艳服，往来于市廛间"，蒙得恩"与安福二王相狼狈，厌膏粱，从罗绮，穷奢极欲"①，此外章王林绍璋"无大本领"②，"内外阴结而务财用私设"③，幼西王萧有和"斗鸡走狗，为暴于闾里"④。这样一个腐朽集团，当然不可能把革命的重担挑起来。而洪秀全也失去了革命初期那种发奋进取的气魄，长期不理政事，李秀成说他"不问国中军民之事，深居宫内，永不出宫门"。李秀成找他去商谈国事，他"言天说地，并不以国为事"。由于宗教的侵蚀，他浑身散发着一种霉烂的气息，"靠实于天，不肯信人，万事俱是有天"⑤。其实，初期拜上帝教之所以有力量，那是由于概括了群众的意志，把群众的要求用宗教的抽象形式表达了出来。可是十年的宫廷生活使洪秀全越来越远地脱离了群众，脱离了现实斗争。洪秀全只知道被他所创造出来的上帝是有力量的，可是他认识不到革命初期的上帝何以能具有动员的力量，这种动员力量的根源何在。脱离了群众，脱离了人的因素，洪秀全手中的宗教只能成为荒诞愚昧的东西。从这里也就可以看到农民群众应用宗教作为斗争武器的局限性，拜上帝教本来是在一定程度上概括了群众的意志而创造出来的，但这种概括并不是科学的概括，它只是把群众的意志歪曲地反映在若干教

① 以上所引均见《太平天国野史》，国宗传、幸臣传。
② 庞际云手书李秀成答语。
③ 《洪仁玕自述》。
④ 《太平天国野史》，首事诸王传。
⑤ 以上所引均见《李秀成自述》。

条里，当它一经成为教条的形式，就固定僵化起来，不但不能适应形势的发展而发展，反而随着形势的推移，宗教开始成为一种腐蚀的力量，窒碍了人的能动性，窒碍了革命的生机。所以后期一些有才能的革命将领，他们并不信服洪秀全的拜上帝教，外国传教士何默斯（J. L. Holmes）和李秀成谈话后说："宗教信仰对他并无多大影响"①，另一个传教士艾约瑟（Joseph Edkin）则说：洪仁玕"曾试图用以正统派的基督教义来指示、劝告洪秀全，改正洪氏错误的宗教观点"②。这种情况说明后期领袖中已看到宗教的缺陷，但是李秀成摆脱宗教束缚的倾向，并不能使他获得另一个更有力的思想武器，至于洪仁玕企图以正统基督教修正拜上帝教，更是完全走上了一条错误的道路。总之，天京后期领导的腐朽，其威信和权力一落千丈，宗教失去了约束的作用，这是分散主义抬头的第二个历史背景。

第三，后期太平天国政权几乎全是依靠一些新提拔起来的将领在各地奋勇战斗而维持下来的。一连串辉煌的战绩使新起的地方将领如陈玉成、李秀成等的权力、威信大大地提高了，农民革命的领袖们在某种程度上都存在着散漫、狭隘和自私的弱点，在一片胜利的欢呼声中，他们开始飘飘然忘乎所以，对天京的号令不予尊重，散漫习气滋长起来，在天京的周围，一块一块小的根据地形成了。例如陈玉成在安徽（安福省）、李秀成在苏杭（苏福省）、李世贤在苏南和浙西（以溧阳和金华为中心）、杨辅清在宁国、刘官芳在池州、黄文金在芜湖（后转移到湖州）、古隆贤在青阳。各个小块根据地内各有自己的军队、自己的号令、自己的资财，自己的革命中心。虽然天京仍然作为整个太平军的最高领导而巍然在上，但是它的命令并不能顺利地贯彻到各个地方，它也指挥、调动不了各地的军队。甚至天京和各地将领的隔阂一天一天加深，开始发生了彼此之间的猜忌、埋怨和无休止的争吵，这就不能不使战斗意志和政治效力大大削弱下来。分散主义的邪气上升，可以说是太平天国革命后期最重大的祸害之一。

---

① 转引自贺翼柯：《戈登在中国》，"太平军起事"。

② 艾约瑟：《访问苏州的太平军》。

天京和各地方的矛盾表现在战略、物资供应以及官爵升贬问题上。可以看出，在天国后期，每一次重大的战略部署几乎都要发生天京和地方之间的争执，1861年安庆战斗前夕的用兵方向就发生了一次大争论，洪秀全、陈玉成、洪仁玕站在一边，主张救援安庆，李秀成、李世贤站在另一边，主张先取上海和浙江。这一场战略思想上的分歧甚至造成了军事行动上的分歧，李秀成违抗天王的命令，托词上江西、湖北招兵，“主本不从，我强行而止”①，他既不渡江赴援安庆前线，又不强攻祁门、南昌、武汉等清军必救之地，使得清军得以贯注全力于安庆，招致了安庆战斗中的严重挫折。1862年，洪秀全坚持要李秀成回援天京，在条件尚不成熟的时候，要李秀成去跟包围天京的曾国荃军硬拼硬战，天王甚至大骂李秀成“三诏追救京城，何不启队发行，尔意欲何为？尔身受重任而知朕法否？若不遵诏，国法难容”②。到革命失败前夕，天京和地方仍然是矛盾重重，李秀成主张突围出走，洪秀全坚不允许。从一系列的事件中可以看出，天京领导常常是在出些错误的主意，胡下命令，而地方则磨蹭、拖延，甚至违抗命令。

在物资供应问题上，彼此也有扯皮的情形。李秀成据有苏杭富饶之地，财力充沛，养活着百万人的庞大队伍，可是天京的财政却显得很拮据，连一支像样的军队也建立不起来，天京城内经常发生饥荒。就像洪仁玕所说：诸将领“各守疆土，招兵固宠，不肯将国库以固根本”③。天京征取地方的财富也常常不择手段，几近勒索（例如1863年李秀成出京，援救苏州，天王向他勒索饷银十万两）。至于皖南各军，人数不少，地方贫苦，粮食极缺乏，天京却又不支持他们。

分散主义表现得最为显著的还在于官爵的升贬制度方面。太平天国前期，功过赏罚，十分严肃，得封王爵者先后只有七人（东、西、南、北、翼、燕、豫）。洪仁玕说：“东王在日，即末秩微员，

---

①② 《李秀成自述》。

③ 《洪仁玕自述》。

升降必由天廷转奏，片文只字，刊刻必自京内颁行，故官虽少而足贵，从无越队求荣，印虽小而可珍，孰敢私镌伪铸，其郑重为何如也!”[①] 前期职官制度的有条不紊，正是天京强有力领导的一个鲜明标志，天京领导掌握着一个衡量功罪、鼓励将士积极性的重要武器，来推进革命。等到天京领导削弱，职官制度也逐渐紊乱，一方面，洪秀全不愿别人拥有大权，致蹈杨、韦覆辙，所以长期不设置王爵；另一方面，地方各将领的实际权力却在增长，他们赴汤蹈火，出生入死，为革命效力，天京方面又不得不对他们提高爵赏，以示鼓励。因此 1857 年和 1858 年就出现了“义、安、福、燕、豫、侯”六等封爵（如陈玉成 1857 年被封成天豫，翌年被封成天安；李秀成 1857 年被封合天侯，1858 年被封合天义），并且把天国前期由杨、萧、冯、韦、石兼任的主将衔赏给最有战功的地方将领（前军主将陈玉成、后军主将李秀成、右军主将韦俊、左军主将李世贤、中军主将蒙得恩）。但随即有一些建立了功勋的地方将领，他们认识不到维护统一政令和严格赏罚制度的重要性，产生了不尊重统一法制而追求权利、地位的散漫自私习气，纷纷要求天京领导给予更高的职位，“动辄以升迁为荣，几若一岁九迁而犹缓，一月三迁而犹未足”[②]。天京领导在地方将领的纷纷要求下也姑息因循，一概封官赏爵，太平天国的职官制度开始遭到破坏。1859 年，洪仁玕就已指出官爵冗滥的危险性，他说：“自兹以往，不及一年，举朝内外，皆义皆安，更有何官何爵，可为升迁地耶？……时势至此，再一隐忍姑息，我辈并无生理。”[③]不幸的是，说这些话的洪仁玕本人的封爵，又成了天京和地方之间失和的导火线。洪仁玕于 1859 年新从香港到天京，他虽然是天王的至亲，但既无汗马功劳，又无群众威信，来天京后，天王对其大为宠信，“未满半月，封为军师，号为干王，降诏天下，要人悉归其制”[④]，引起地方将领、革命勋旧们的不满。为了平息这场不满，不久天王又封陈玉成为英王、李秀成为忠王，随后又有杨辅清、李世贤、蒙得恩、林绍璋、吴如孝等获得辅、侍、赞、章、顾等王号，

---

①②③　洪仁玕：《立法制喧谕》。

④　《李秀成自述》。

而主将的衔号则转授低一级的将领，这是一次职官制度的大变动，也是职官制度进一步被破坏。现存的庚申十年（1860 年）幼主诏旨 16 件几乎全是升赏的命令，从诏旨中看来，短短三个多月就封了义爵 13 人、安爵 36 人、福爵 148 人、燕爵 1 人。大概天京领导也觉察到这样的滥封滥赏太不像话了，因此在是年 12 月 27 日的幼主诏旨中说："其应封属员，暂缓保封，以免偷安托庇，兼之人品良莠不齐，诚恐因逸生事，借差外出，倚势作威，欺压良善，有负爷、爹爹、朕救民本意，而理事府阁，碍难节制，致累各廷府声名。朕今诏其应封文武属员未足者，暂止保封，俟朕令理事时，再行遵制封设。业经保封者，宜听现在理事诸叔节制，以免假势妄行，希图庇护。"① 可是从后来的情况看，官制的破坏，犹如洪水决堤之势，不但没有堵绝，反而更加泛滥，正是弄得像洪仁玕所说："举朝内外，皆义皆安"。天京领导不得已又新添了天将、朝将、神将等名目，位仅次于王爵。虽然多设了这些阶梯，可是强大的来自地方将领的各种压力以及天京领导上希望利用职官封赏手段来牵制和平衡地方势力的措施，仍旧冲毁了这些阶梯，把太平天国的职官制度终于弄得一团糟。

王爵封赏的进一步冗滥发生于 1862 年 1 月李秀成从浙江回到苏州的时候。当时苏州守将陈坤书部纪律很坏，且和太平军别部寻衅，怕李秀成责罚，逃到常州。天京领导本来对地方势力的不遵调度非常头痛，这时竟利用陈坤书和李秀成之间的矛盾，加封陈坤书为护王，使其牵制和抵制李秀成。从陈坤书的战功、行为和声望来说，都够不上封王的资格，于是天京领导又不得不把那些功绩在陈坤书之上或与陈坤书相埒的地方将领，一个一个地加封王爵，从此越封越多。到 1862 年 10 月，封王的有 30 多人。② 到 1863 年 4 月，封王的达到 90 多人。③ 到太平天国失败时，封王的有 2 700 多人。④ 就像李秀成所说："然封这有功之人，又思那个前劳之不服，故而尽乱

---

① 北京大学编：《太平天国史料》，116 页。

② 参见《左宗棠全集》，奏稿，卷三，《攻剿龙游汤溪兰溪逆贼连胜、克复寿昌县城及各要隘折》。

③ 参见《曾国藩全集》，奏稿，卷一八，《沿途察看军情贼势片》。

④ 参见《黄文英自述》。

封之，不问何人，有人保者俱准。司任保官之部，得私肥己，故而保之。有些有银钱者，欲为作乐者，用钱到部，而又保之。”① 后来无王号可封，就一律封为“列王”，列王封得太多了，又在“王”字上加三点，成“𢀖”字，职官制度终于弄得一塌糊涂。天京这种浮滥的升官封爵，不仅不能鼓舞广大将士的革命积极性，而且还加深了天京领导和地方将领以及地方将领彼此之间的隔阂，如同李秀成所说：“无功偷闲之人，各有封王，外带兵之将，日夜勤劳之人，观之不忿，力少从戎，人心不服，战守各不争雄。”② 互不服气、互不团结的分散主义进一步增长，对革命形成了致命的危害。

分散主义的弱点，不仅反映在天京和地方的关系上，而且也反映在地方与地方之间的关系上。很多高级将领只关心自己所统辖的地区，对其他地区的军事困难和经济匮乏支援不够，形成一种“苦乐不均、败不相救”的风气。在安庆保卫战时，敌人方面已屡次提到章王、干王、忠王、侍王之间的矛盾以及英王、辅王之间的不协调。③ 随着军事上的多次失利，矛盾似乎在日益扩大。例如皖南地区，本有杨辅清、黄文金、刘官芳、古隆贤、赖文鸿等多支军队，自从皖南根据地丢失之后，只有黄文金的军队撤到湖州，依附李秀成，其他军队宁肯跋涉千里到江西“就食”，也不肯投依李秀成的麾下。④ 李秀成对皖南各军的印象亦不佳，称“刘、古、赖三将杨辅清害起，百姓死者此等之人”⑤。又如浙西地区，就有李世贤军、洪春元军与天地会军错杂相处，常发生摩擦。⑥ 1862 年秋，李世贤从浙江回援天京，参加天京会战，当时左宗棠俘获李世贤发给部下的

①②⑤ 《李秀成自述》。

③ 参见第四章第二节，“六、安庆保卫战的失败”。

④ 曾国藩称：“诸伪王中，如李世贤失金华，杨辅清失宁国，黄文金失芜湖，古隆贤失青阳，刘官芳失池州，巢穴虽破，丑类尚多，其意怏怏，不甚服伪天王忠王之调度，其行径亦与流贼相近”（《曾国藩全集》，奏稿，卷一八，《沿途察看军情贼势片》）；又说：“昔年古踞青阳，赖踞石埭，刘踞池州，今各失巢穴，又不肯依附忠侍等酋门户，常思就食江西，梦寐不忘。”（《曾国藩全集》，书札，卷一一，《复左中丞》）。

⑥ 参见本书第五章第二节，“六、太平天国浙江战场的瓦解”。

文告，称李世贤的眷属在溧阳受各王的欺凌，“不能不急回料理”，左宗棠获知这一情况后大加评论说：“贼中伪王可数者共三十余，惟伪忠王李秀成、伪章王林绍璋与李世贤尚称投合，余则彼此猜疑，势不相下。金陵逆首洪秀全之兄伪勇王洪仁达，尤为各贼所恨，似从前杨韦两逆互相吞噬之事，不久必将复见。”① 有些地区的军队战败了，想撤入别的辖区，也为该区太平军所拒绝，如左宗棠所说：太平天国的浙西战场崩溃后“金王（按：金王名钟英，为太平天国的驸马）欲回金陵而湖州贼拒之”②，“谭星（按：谭星为天地会队伍，时为主将，后封陪王）一股由浦江败窜，闻为李秀成之党所阻，不敢回窜杭州”③。即使在李秀成一人所统辖的区域内，这种互不协调的散漫习气也十分严重。例如陈坤书和陈炳文都是忠王的得力将领，忠王于1861年远征江西、湖北，令他们留守新开辟的苏浙根据地。不料忠王走后，两个人意见发生分歧，竟至在嘉兴城下演了一出全武行。④ 以后陈坤书的骄横气概进一步发展，又受到天京的支持，跑到常州去称王作霸，完全脱离了李秀成的统辖。又如从翼王石达开那里跑回来的童容海，一路上就“作威作福”，竟将同行的豫爵、侯爵等十多人“一并杀之，夺取各豫、侯官兵士，开作身边护将”，使得另外一些同行的将领（如吉庆元、朱衣点等）“敢怒而不敢言”。以后，这些部队都归李秀成统率，童容海被加封保王，吉庆元、朱衣点等67个将领联名上书不愿受童容海的节制。⑤ 童容海奉命驻扎在杭州，他又和归王邓光明发生冲突，据丁葆和《归里杂诗》说：“天兵留守邓光明，力战功多莫与争，顷刻内讧童主将，掳人拔队出杭城”，其下注称：“伪归王邓光明占据柴垛桥，与伪主将童容海争权。童积不平，拔队出城，掳去他队之贼不少。”据李秀成

---

① 《左宗棠全集》，奏稿，卷三，《攻剿龙游汤兰兰溪逆贼连胜、克复寿昌县城及各要隘折》。

② 同上书，书牍，卷六，《与曾节相》。

③ 同上书，奏稿，卷四，《连复武义永康等县城见筹布置情形折》。

④ 据《镜稚轩自怡日记》咸丰十一年八月记：“闻嘉兴之战系苏贼与石门贼争斗”。按：此时李秀成尚在江西，驻苏州者为陈坤书，驻石门者当为陈炳文。

⑤ 参见吉庆元、朱衣点等上天王奏稿，载《近代史资料》，1955（3）。

说，童容海之所以和邓光明争斗，以致不服忠王调度，跑出杭州，也是受洪仁达的挑拨。此外，苏州的情况也足以说明太平天国后期严重的分散主义习气。苏州是仅次于天京的重要城市，其驻军都是李秀成的嫡系部队，且有威望甚高的慕王谭绍光坐镇于此，但即使是这样，也未能免除散漫习气的侵袭。据美国侵略分子马惇(J. D. Morton)说："苏州政事完全由军事将领执行，这些军事将领每人带领若干军队，有带领一万人的，有带领五千人或三千人的，人数不等……每一军事将领都有生杀之权，而某些高级将领似乎与慕王居同等地位……关于军粮的处理，每一个将领有自己的仓库。"① 另一个为侵略头子戈登作传的资产阶级作家贺翼柯评论苏州的情况说："叛军方面的缺点，就是各个带兵将领有独立的指挥权，因此他们在会议桌上也就可以独执己见"②。这种分散的多头领导正是农民阶级散漫习气在政治上、军事上的表现。后来苏州发生了八个高级将领合谋刺杀慕王、投降清军的悲剧。这幕悲剧的产生，一方面是由于革命队伍的严重不纯，使得一些投机分子、动摇分子爬到了高级领导地位；另一方面也是由于革命所必需的统一权力已被散漫习气严重腐蚀，所以当忠王和慕王已经觉察到这八个叛徒的可疑行径时，却不能够迅速坚决地加以处理，忠王是一逃了事，慕王几乎是束手待戮。分散主义对革命所造成的危害真是太可怕了！

分散主义不仅腐蚀着太平天国的上层领导，而且也腐蚀着太平天国中下层的将领士兵。后期太平军中流行着一种"过馆"的风气，即一个战士可以随便地脱离一个队伍，而参加到另一个队伍中去③，这种不良风气说明后期太平军的组织是十分涣散的。更严重的是各个队伍之间彼此侵扰、彼此攻斗的记载屡见不鲜。例如张乃修记载了自己在无锡所经历的一次"卡贼"（是对镇守据点的太平军的诬蔑性称呼）与"野贼"（是对过境太平军的诬蔑性称呼）的争斗④，

---

① 美国驻上海领事在《航务商业日报》（1863 年 10 月 21 日）公布的钟思等人参加苏州太平军的志愿陈述书，见王崇武等译：《太平天国史料译丛》。

② 贺翼柯：《戈登在中国》，"谋杀太平诸王"。

③ 关于"过馆"的具体情形，参见李圭《思痛记》卷下的记载。

④ 张乃修：《如梦录（节录）》，载《近代史资料》，1955 (3)。

《花溪日记》在同治五年正月、二月条下记载了海宁太平军和屿城太平军争夺“馆卡”的情形①，胡长龄记载湖州和宜兴太平军到长兴“括粮”，长兴太平军“畏其声势，但能作壁上观”②。据一个被俘虏在太平军中的知识分子说：“长毛规矩，以大压小，如麻天安所安之民，倘狼天义过境，则仍欲掳掠；狼天义所安之民，倘将王等过境，则亦欲掳掠，倘遇爵位相埒者则或然或否，无一定之理，惟位卑者则不敢也。”③ 此外，李鸿章也说过：“各贼不能相统，此贼所踞，难免彼贼劫掠。”④ 这些情形都见于地主阶级的记载，其中当然有夸大诬蔑之处，但是从太平军后期的涣散情形来看，发生彼此侵扰的情形也是可能的。

分散主义是农民手工业者难以克服的严重弱点，也是历代农民战争导致失败的一个重要原因。历史反复地证明：统一的指挥和严格的纪律是任何一次革命所必需的。太平天国后期，分散主义的逆流泛滥成灾，这是革命运动濒临崩溃的一个征兆。所以曾国藩看到这种情况，不禁额手称庆，他在给部下的信中说：“贼势散漫，不似昔年凶悍，东南大局，似有廓清之望。”⑤ 曾国藩把希望寄托在革命内部散漫性的弱点上，这时候，他已经确信自己镇压太平天国革命的功业可以功成业就了。

五、洪仁玕及其《资政新篇》

在叙述太平天国后期的政治、经济时，不能不提到具有资本主义思想的革命知识分子洪仁玕。

洪仁玕（1822—1864）是洪秀全的族弟，又是拜上帝会最早的信徒之一。金田起义的时候，他没有来得及赶去参加。以后清朝统治者缉拿洪氏家族，他在1853年逃避到香港，在外国传教士处教

---

① 沈氏：《花溪日记》，卷下。
② 胡长龄：《俭德斋笔记》。
③ 顾深：《虎穴生还记》。
④ 《李鸿章全集》，奏稿，卷三，《裁减苏松太粮赋浮额折》。
⑤ 《曾国藩全集》，书札，卷一一，《致江味根》。

书。1854年，他到了上海，企图奔赴天京，因苏、常一带道路不通，未能如愿，只得仍回香港。由于他在香港和外国传教士有较长时期的接触，接受了西方资本主义的文化，所以他在太平天国诸领袖中是思想比较新颖、知识比较丰富的人物。1859年，他又从广州跋涉万里，到达天京。

洪仁玕到达天京后，深受洪秀全的器重，不久晋封干王，这是太平天国后期封王的第一人（按：先时封的安王洪仁发、福王洪仁达，由于大家不满已降革）。不久，他就写成了《资政新篇》，这是太平天国后期的一个重要文献。

《资政新篇》是作为太平天国后期施政的革新主张而提出的，全文分为四部分：（1）“用人察失类”，其中特别强调“禁朋党之弊”，这似乎是针对当时革命队伍中的分散习气，而要求统一集中。（2）“风风类”，这是针对封建主义的腐朽生活方式，提出移风易俗的改革。（3）“法法类”，这是《资政新篇》的最重要部分，提出各种带有资本主义性质的改革措施。（4）“刑刑类”，其中提出了健全司法制度的措施。

《资政新篇》中的“法法类”，可以说是洪仁玕政治思想最重要的结晶。其中首先指出了“立法”的重要性，他十分推崇欧美资本主义国家，认为这些国家之所以强大是由于它们“纲常大典、教养大法”的优越性。洪仁玕“立法”的要点，实际上是包括国家的经济政策和政治制度两个方面。

在经济政策方面，他主张发展交通运输事业，办铁路、造轮船、兴邮政，如所谓“兴马车之利，以利便轻捷为妙，倘有能造如外邦火轮车一日夜能行七八千里者，准自专其利，限满准他人仿做”；“兴舟楫之利，以坚固轻便捷巧为妙，或用火、用气、用力、用风，任乎智者自创”；“兴邮亭以通朝廷文书，书信馆以通各色家信”。他主张鼓励民间开矿，“凡金、银、铜、铁、锡、煤、盐、琥珀、蠔壳、琉璃、美石等货有民探出者，准其禀报，爵为总领，准其招民探取”。又主张兴办银行，发行纸币，使得“出入便于携带，身有万金而人不觉”。又主张奖励发明创造，“有能造精奇利便者，准其自售”。

在政治制度方面，他特别重视报纸的作用，认为报纸可以沟通群众的意见，使“上下情通，中无壅塞弄弊”，又可以“报时事常变，物价低昂”，所以他主张“兴各省新闻官……官职不受众官节制，亦不节制众官，即赏罚亦不准众官褒贬，专收十八省及万方新闻纸”，报馆则“准富民纳饷禀明而设，或本处刊卖，则每日一篇，远者一礼拜一篇，越省则一月一卷”。他还主张建立基层的税收机构，健全乡官、乡兵等地方政权和地方武装。此外，又隐约地提到了资本主义国家的投票选举制度，即所谓“暗柜”之法，他认为这种制度有助于“上下情通”。

洪仁玕政治思想的资本主义色彩是相当鲜明的，他在向西方学习这一点上大大超过了同时代的一些封建阶级中的开明知识分子，如魏源、冯桂芬等人。魏源、冯桂芬等人还限于对资本主义物质文明的推崇，他们所强调的是要学习西方的“船坚炮利”，顶多谈到要学习西方的火车、轮船、机器等等。他们的著作中极少涉及社会制度、政治制度方面，似乎他们从来没有想到过在这方面也有可以向西方学习的地方。这种局限性是和他们的阶级出身和政治立场密切相关的。洪仁玕的《资政新篇》是作为农民革命的一个纲领提出来的，它在反对封建制度的彻底性上远远超过魏源、冯桂芬，而且也超过几十年后的资产阶级改良主义者们。由于反对封建制度这样一个政治立场的不同，就促使洪仁玕更多地注意到了资本主义国家的政治制度和社会习惯方面，使他认识到在这方面也有值得学习的地方，这是他比同时代先进知识分子们高出一筹之处。

当然，洪仁玕的思想也有其局限性。他本人虽然是拜上帝教最早的信徒之一，但在1859年以前，他一直脱离了革命的实际斗争，跟担任侵略先锋的外国传教士们长期往来。这样，一方面使他沾染了侵略者宣传的某些毒素，他对资本主义文明高歌入云，几乎完全忘记了资本主义国家在侵略中国时的凶恶面目；另一方面，更为重要的是，由于长期脱离革命的实践，他对农民群众的强烈要求和革命斗争的迫切需要缺乏认识，因此在他的主张中甚至没有接触到土地这样一个最根本的问题。在他的方案里过分地推崇西方资本主义国家，而缺乏从革命斗争实际出发，与农民群众呼吸相通的精神，因此，这样一个方案也就不能为农民群众所接受，甚至李秀成这样一个杰出的人物，据说是“伪干王所编各书，李酋皆不屑看也”①。而且洪仁玕本人似乎也缺乏锻炼，从事革命斗争的政治才能、军事才能是不够的，他领兵打仗常常失败，他领导政治，政治却一直在走下坡路。由于没有建立什么显赫的功勋，因此他在太平天国的领袖中间也没有建立起崇高的威信。

除了洪仁玕曾经提出带有资本主义性质的政治主张以外，1860年11月，容闳曾经跟随英国传教士到过天京，向太平天国提出改善军队组织，设立军事学校、水师学校、实业学校，创设银行，制订教育制度和建立良好政府等等建议。1862年2月又有黄畹（王韬）向逢天义刘肇均上书，建议取得上海应采用“明告而严讨之，阳舍而阴攻之，徐以图之，缓以困之”的策略。容闳是第一个赴美学习的中国留学生，王韬则长期住在上海，与外国传教士接触很多，他们都是具有资本主义思想的代表人物，也是后来戊戌变法运动的先驱者，他们偶然地接近了革命，看到农民革命的浩大声势，企图利用农民革命来推行一些资本主义的措施。但是他们本身是跟封建势力密切联系着的，因此对于农民斗争的正义性和伟大力量不可能有正确的认识。在农民革命尚处在发展、高涨的阶段，他们像浮萍一样被革命潮流带进了斗争的漩涡里，企图在这里觅得一个立足之地。但是，当革命的发展不合于自己的脾胃，或者当革命逐渐走向低潮时，他们又飘然引去了，他们一飘就飘到了对立的方面去。像容闳不久就跑到了曾国藩那里去，帮曾国藩搞军火工业，搞留学生的派遣工作，想利用封建势力零碎地兜售他的资本主义主张；像王韬则跑到香港，托庇于侵略者的保护下，在报纸上宣传资本主义思想。正因为当时中国还没有出现一个近代的资产阶级，某些知识分子的资本主义思想得不到物质力量的支持，因此这些知识分子不能不依

① 《李秀成自述》，别录。

靠现成的社会势力，他们一会儿把鼻子探到革命农民的阵营里嗅嗅，一会儿又把眼睛转到地主阶级的阵营里望望。在当时，他们还不可能发挥独立的影响。

第二节 防御阶段的战局

一、汉族地主权力的扩大、太平天国安徽战场的瓦解

上节所讲的是太平天国革命内部的困难和矛盾，由于根据地内部反对革命的封建残余势力没有肃清，由于革命队伍的严重不纯和纪律废弛，由于平分土地的措施不能贯彻到底，由于太平军各级领导的分散主义，由于革命方面缺乏强有力的思想武器来动员群众，指明斗争方向，这样一系列农民所难以克服的弱点必然要影响到革命的军事发展，使一度颇有起色的军事状况再一次陷入停滞，陷入危机。

但是清王朝、汉族地主官僚和外国资本主义势力之间的关系却在进一步的调整中，鉴于革命的威胁，他们不能不缓和了彼此之间的矛盾，共同来对付太平军。反对革命的势力互相勾结，对革命形成一股极为强大的压力。

首先是清皇朝和汉族官僚地主之间的倾轧缓和了，汉族官僚、地主得到破格使用。

当1860年5月，太平军五解京围，击溃了清王朝在南方唯一的一支王牌军队——江南大营——之后，清王朝已经被闹得精疲力竭，不得不把镇压太平天国革命的担子全部交卸给汉族地主们。1860年8月，清王朝命令曾国藩担任两江总督。第二年，清朝统治在浙江瓦解，上海危急，清廷又命曾国藩统辖江苏、安徽、江西、浙江四省军务，所有四省巡抚提镇以下各官悉归节制。曾国藩不愧是第一号的阴谋权术家，一旦权力在手，他立即用各种手段排斥异己，扶植私人势力，他以“治兵非其所长，用人或受蒙蔽”① 奏参了皖南督

① 《曾国藩全集》，奏稿，卷一一，《斟酌进兵兼顾皖南军务折》。

办军务大臣张芾，以“不谙军情，朘削敛怨”① 弹劾了浙江巡抚王有龄，以“株守上海，莫展一筹，日享安富，娱情古玩”②驱逐了江苏巡抚薛焕，以“好谀恶直，专讲私情，赏罚颠倒，不胜封疆之任”③ 罢斥了闽浙总督庆端，又以“办理团练，未能振作”奏请撤销了江南团练大臣庞钟璐和江北团练大臣晏端书的职务。④ 把这些异己的大官僚扳倒之后，曾国藩就把自己夹袋中的人物一个又一个地荐引保举上去。清皇朝为了要借重湘军的武力，不得不表示让步，满足这批汉族地主升官发财的欲望。在曾国藩当权以后的一二年间，大批湘军将领被提拔为封疆大吏，如 1860 年刘长佑（追逐石达开入广西的湘军主将）任广西巡抚，严树森（湘军第二大头子胡林翼的幕僚）任河南巡抚，1861 年李续宜任湖北巡抚，彭玉麟任安徽巡抚（彭辞退未就职），江忠义任贵州巡抚。曾国藩对于自己的苏、皖、赣、浙的四省辖区，尤其视为禁脔，不准他人染指，他把原任的巡抚排挤掉以后，便陆续举荐沈葆桢为江西巡抚、左宗棠为浙江巡抚、李鸿章为江苏巡抚，形成了长江下游湘军的清一色局面。其他的湘军将领幕僚，武则提、镇、副、参，文则藩、臬、道、府，无不翎顶辉煌。从战争中起家的汉族地主们在分享到地方政权之后，行动起来就更加方便，镇压革命也就分外地起劲卖力。

从 1862 年起，曾国藩对太平天国摆下了一个合围的罗网，他准备了三支担任主攻的军队。第一支由他的弟弟江苏布政使曾国荃率领嫡系湘军，从安庆沿长江北岸向东推进，担当主攻天京的任务。第二支由四品京堂帮办浙江军务（后改浙江巡抚）左宗棠率领老湘军，从江西进向浙江，插入太平军刚刚建立的浙江根据地内，以杭州为攻击的目标。第三支由曾国藩的门生江苏巡抚李鸿章率领新练的淮军，用外国轮船从安庆运到上海，担当东线的攻击任务，其进军目标是苏州、常州。这三支军队是清军对太平天国合围的三大主力。此外，还有七支军队担任助攻和策应的任务。第一支是兵部侍

①② 《曾国藩全集》，奏稿，卷一四，《查复江浙抚臣及金安清参款职》。

③ 同上书，奏稿，卷一五，《查复闽浙总督庆端事迹折》。

④ 参见上书，奏稿，卷一四，《载撤江南团练大臣片》。

郎彭玉麟所统率的强大水师，跟随着曾国荃顺江而下，助攻天京。第二支是提督鲍超、同知曾贞干、臬司张运兰各率一部分军队，进攻太平天国的皖南根据地，和曾国荃军相呼应。第三支是利用叛徒李昭寿的兵力，屯驻滁州，紧逼浦口，扼断天京的咽喉。第四支是荆州将军多隆阿、安徽巡抚李续宜的部队继续追打陈玉成，扫荡皖北。第五支是由总兵冯子材死守住孤立在太平军根据地中的镇江，作为内线的呼应。第六支是道员张景渠在宁波和侵略者合作，向西推进。第七支是闽军总兵秦如虎、林文察出福建，攻浙东，与左宗棠相呼应。

1862年，淮南、皖南、浙西、上海这四条战线同时发生激战。

首先在淮南和皖南战场上，湘军沿长江两岸发动了攻势。多隆阿主攻庐州，与陈玉成争夺太平军在淮南的最后一个据点。曾国荃沿长江北岸东下，曾贞干、鲍超沿长江南岸东下，彭玉麟率水师巡行长江中，南北策应。太平军方面，自安庆失守后，精锐多伤，士气不振。陈玉成自己要去湖北招兵，可是他的部下不肯跟他去，陈玉成无可奈何只得回到庐州。天王洪秀全由于安庆失守，对于陈玉成很不满，恰好天京发生了一个“耘天燕案件”，陈玉成认为案件处理得不公平，“直奏回朝，致触圣怒，复命敬王、畏王恭捧圣诏三道、圣旗一道，责兄前退太湖，复退安省，又失挂车河之约，致章王退桐城、庐江、无为、三河等处，皆罪在兄。现已荷蒙圣恩，出以赏罚革黜，思处此之时，亦是万幸”①。这时候的陈玉成已是上下不协、心灰意乱了。可是，不幸的事情还接连地发生。庐州北面的定远本来是捻军的重要据点，自从1858年之后，捻军和清军争夺的焦点就集中在临淮关、凤阳、怀远、定远这几个城市。至1860年，临淮关、凤阳、怀远都丢失了，捻军只保有定远一城，定远城具有很重要的战略意义，进可以控制皖北，支持远征鲁、豫、苏北的捻军，退可以和庐州呼应，与太平军互作支援，互作屏蔽。清军对这个城市的争夺，不惜投入极大兵力，必欲得而甘心，捻军对于这一个

① 陈玉成致陈得才、赖文光等书。

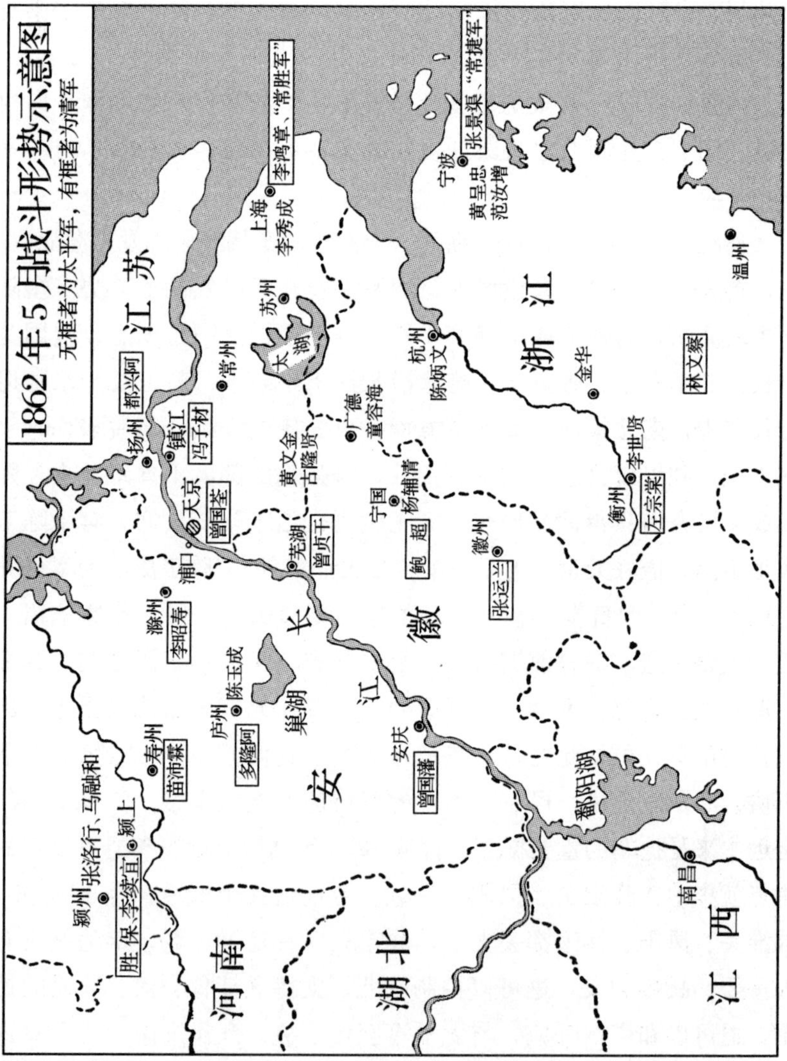
1862年5月战斗形势示意图
无框者为太平军，有框者为清军
江苏
扬州
都兴阿
镇江
冯子材
天京
曾国荃
浦口
芜湖
曾贞干
常州
苏州
太湖
上海
李秀成
李鸿章、"常胜军"
宁波
黄呈忠
范汝增
张景渠、"常捷军"
浙江
杭州
陈炳文
广德
童容海
黄文金
古隆贤
宁国
杨辅清
鲍超
徽州
张运兰
金华
李世贤
衢州
左宗棠
林文察
温州
安徽
长江
滁州
李昭寿
庐州
陈玉成
多隆阿
巢湖
安庆
曾国藩
寿州
苗沛霖
颍上
颍州
张洛行、马融和
胜保、李续宜
河南
湖北
鄱阳湖
南昌
江西

最后的据点也是全力守御，拼死争夺。从1860年后的一年内，袁甲三的清军和张乐行的捻军展开了无数次的恶战，张乐行屡次试图渡过淮河，联络淮北各捻圩，重振军势，但都没有成功。1861年底，由于太平军在安庆失利，影响了捻军的斗志，捻军中的叛徒吴殿元、吴永璧开定远城投降清军，定远遂失陷。张乐行率军西走，从此庐州就更加危险了，南面要对付多隆阿的主力军，北面要对付袁甲三军，东面要对付李昭寿军。庐州已经变成四面八方都暴露在敌人攻击下的孤立无援的城市。

可是，这时候皖北突然发生了苗沛霖事件，这事件看起来似乎很有利于革命。苗沛霖是凤台的一个落第秀才，太平军和捻军起义之后，皖北人民群起响应，清朝把兵力集中在长江沿岸，对于鼎沸的皖北无力兼顾，就号召当地地主出来兴办团练，结寨自保，于是皖北的地方性封建势力获得了一个乘时而起的好机会，苗沛霖就是这样一个代表人物。1856年，张乐行攻凤台，苗沛霖纠合宗族亲党在凤台的武家集筑寨抗拒，张乐行战败，从此苗沛霖趾高气扬，“聚有千余人，粮草马匹器械，皆于有余之家起之，不从者杀。遂以凤台、蒙城二属官练为名，命各处筑寨均仿其式样，不听者以军法从事。民（按：此处之民实指地主）亦频年苦寇思耕作，咸听指使。沛霖因令各寨年每两季纳粮以备军需，每寨置心腹一人监守其中，统名为先生，婚姻、田土、钱债细故悉主之，生杀予夺取决于沛霖”①。应该着重指出：苗沛霖的团练虽然和曾国藩的团练一样，都以镇压农民革命、凭借地方封建势力而起家，但两者有很大的不同之处。曾国藩的团练，阶级的界线划分得很清楚，只要是反对农民革命的势力，曾国藩都竭力地联络拉拢。作为全国性政权的清朝政府，在镇压农民起义中还有不少便利的条件，如整个现成的行政机构的配合、财政上的支持以及封官赏爵对士气的鼓舞作用，没有这样许多便利的条件，湘军就很难打败太平军，曾国藩对于这一点是看得很清楚的，因此，不管在客观上湘军和清政府存在着多大的矛

① 葛荫南等：《凤台县志》，卷七，《武备志》。

盾，曾国藩表面上总是忍气吞声，奉行朝廷的号令，尊重朝廷所派地方行政官的职权，而暗中把自己的势力渗透到各级军政机构中，这是曾国藩的做法。可是苗沛霖的做法就不同，他根本不把清朝政府放在眼里，完全无所忌惮地要在皖北"当家做主"，所谓"恶著朝廷冠服，擅专生杀，藐视印官，凌逼乡里"①。皖北之所以会产生苗沛霖这样的人物，是和当地的斗争形势有关的。因为在皖北，农民反对地主的斗争、汉族反对满洲亲贵统治的斗争以及地方势力反对国家暴政苛税的斗争，复杂地结合在一起，有时候阶级的界线就显得不很清楚。如初期的捻军里固然大多是农民群众，但也有不少地主参加，他们参加进去就是由于和清朝中央政权有矛盾，又如本来是为镇压农民革命而被组织起来的皖北团练，常常和清军发生冲突。这说明皖北的地主阶级为保持自己的利益而具有双重人格，一方面作为地主阶级当然就要镇压起义的农民；另一方面作为地方性的势力，常常企图对抗清朝中央政权，以逃避繁重的赋税。苗沛霖的所谓"首鼠两端"的两面派做法，正是反映了这种斗争的特殊形势。

清朝政府对于苗沛霖露骨地蔑视自己的做法，当然是很不满意的。但是为了拉拢这支未可轻视的地方势力，仍旧给苗沛霖封官升爵，一直升到四川川北道、督办安徽省团练。苗沛霖得到这个名义，索性放胆大干，网罗皖北的团练，都放在自己的控制之下，而且立了东练、西练的名目，区分为五旗二十四营，"于是苗练南通光汝、西薄归陈、东逾州来、北尽黄河之浒，连圩数千，众数十万。讼狱大小皆口决，臬令守符玺而已"②。苗练发展得这样大，气焰那样嚣张，难免和清朝政府发生冲突。1859 年，苗练助袁甲三攻陷凤阳，苗沛霖"连复数城，自以为功在不世，袁公计苗权日盛稍抑之……沛霖怒，悉众噪而还，袁数檄之攻定远，不奉命"③，这是苗沛霖和清朝公开摩擦的开始。清朝政府无可奈何，只好隐忍了事。不久，苗沛霖又和靠近清朝的士绅孙家泰、蒙时中、徐立壮发生冲突，孙、蒙、徐等踞寿州城，与苗练对抗。1861 年 2 月，苗沛霖发兵攻寿州，正式

---

① 葛荫南等：《凤台县志》，卷七，《武备志》。

②③ 张瑞墀：《两淮戡乱记》，《苗逆叛迹始末》。

反叛清朝。寿州城内只有很少的老弱残兵，当然经受不住苗练的大围攻，10月，寿州城破，苗沛霖杀死孙家泰全家，俘获安徽巡抚翁同书，并分兵掠取霍丘、颍上、怀远、正阳关等地，声势大盛。

苗沛霖攻破寿州的时候，正是太平军丢失安庆以后，也是捻军丢失定远的前夕，太平军和捻军都处在困境中，苗练和清军的冲突显然是恢复革命力量的好时机。因此，太平军派人和苗沛霖取得联络，封他为奏王，陈玉成还派他的部下扶王陈得才、启王梁成富、遵王赖文光、佑王蓝成春率三万人假道苗沛霖统治的地区深入河南，目的是牵制清方兵力，开辟西北战场，并招收兵马，积蓄力量，以便回来重振淮南的战局。这支远征军自1862年初自庐州出发，入河南，和捻军陈大喜、张宗禹等会合，经新蔡、南阳，深入陕西境内。同时，捻军丢失定远之后，张乐行也率部西走，抛开和苗沛霖的旧怨，与之通好。苗沛霖也装得似乎要跟太平军、捻军携手合作，一方面，派他的侄子苗天庆参加出征河南的捻军，另一方面把自己所占的颍上县让给张乐行和陈玉成的部将马融和，帮助张、马进攻颍州城。表面看来，太平军、捻军和苗练好像有合作的趋势，实际上，苗沛霖的阶级本性决定了他不可能和农民起义军合作到底，他对太平军、捻军的态度不过是一时的敷衍，暗中却通过被自己俘获了的清朝安徽巡抚翁同书，向清朝表示悔罪；后来又进一步和胜保谈判投降的条件。太平军和捻军对苗沛霖的本质缺乏认识，他们太天真了，结果不免要吃大亏。

1862年上半年，淮河南北同时掀起了决定着革命生死存亡的两个大战役，这就是颍州战役和庐州战役。颍州战役是在1月开始的，张乐行、姜台凌的捻军主力部队和马融和、丘远才的五万太平军围攻颍州，围攻颍州的目的，一方面是要牵制湘军的东进，减轻庐州的压力，另一方面是呼应深入河南的扶王陈得才和捻军苏天福、赵浩然、王怀义等。新任安徽巡抚贾臻死守颍州，颍州城是频年作战的地区，“人皆习守备，裕薪米，城外寨四，皆深沟高垒，环城为固”，太平军和捻军屡以地道攻城，都无效。清朝政府非常重视颍州的战斗，因为颍州假使被革命方面夺取，那么陈玉成、张乐行、苗沛霖势将连成一片，东可以支援天京，西可以呼应入陕的陈得才，事情将更加棘手，所以清朝从四面调集军队援颍州。1862 年 2 月胜保和湘军成大吉部开到颍州附近，援救城内被围的清军。同时，苗沛霖和胜保的投降谈判达成了协议，苗沛霖竟又背信弃义地从背后进攻张乐行。4 月，张乐行、马融和战败西走，颍州战役失败。

这时候，太平军在淮南的最后一个据点庐州也在激烈的争夺中。1862 年 2 月，多隆阿率部从西南方向逼近庐州，袁甲三的军队从北面配合进攻，英王陈玉成的军队经过安庆的大创伤后，已经成了强弩之末，而且陈得才、马融和又带走了很多军队，当然就难以抵拒强敌的进攻。陈玉成是深知这个情况的，他早就作了突围远走的打算，并且写信给陈得才、赖文光、张乐行、马融和等，希望他们分派军队到庐州附近接应突围。庐州的战斗持续了三个月。至 5 月间，陈玉成和导王陈仕荣、从王陈德隆从庐州北面突破清军营盘三座，连夜北走。北边是苗沛霖的地区，这时苗沛霖刚刚投降胜保，陈玉成还不知道，想借道苗区奔皖北。奸诈的苗沛霖佯作欢迎，并屡次发信邀请玉成，迎接陈玉成入寿州，但在暗中布置了埋伏，拘获玉成和陈仕荣、陈德隆，玉成所率的四千精锐也成了苗沛霖的俘虏。苗沛霖随即把陈玉成解往胜保的颍州大营，向清朝献功，胜保又把玉成槛送北京。途中，听到太平军和捻军准备拦截囚车，劫救玉成，于是清军匆匆忙忙地在河南延津将玉成杀害。陈玉成是太平天国最勇敢、最有才略的青年将领，他 19 岁当太平天国的第三十检点，在湖北身当大敌，英名远播，即有“三十检点回马枪”之称。后来，在上游作战，独力抵拒湘军，在下游作战，屡次解救天京，正像他自己所说：“何处官兵多，我即向何处救应。”① 敌对阵营则说：“粤贼据金陵，控长江，垂十二年，自杨秀清死，贼所杖以力抗官军者，惟陈玉成、李秀成最强。玉成黠猾与秀成颉颃，而鸷勇慓锐则过之。”② 清兵凡是听到英王的大名，没有不害怕的。他牺牲时年仅 26 岁，据《陈玉成被擒记》的记载说：“玉成既为苗沛霖所赚，解至胜

---

① 《陈玉成自述》。

② 薛福成：《书陈玉成苗沛霖伏诛事》。

保营。玉成入，胜保高坐瞪眙曰：‘成天豫何不跪也！’玉成曰：‘吾英王，非成天豫，奚跪为！尔本吾败将，何向吾作态！’胜保曰：‘然则曷为吾擒？’玉成曰：‘吾自投罗网，岂尔之力。吾今日死，苗贼明日亡耳！尔犹记合肥官亭，尔骑兵二万，与吾战后，有一存者乎？’胜保默然，予酒食，劝之降。玉成曰：‘大丈夫死则死耳，何饶舌也！’”① 这一段简单的对话，表现了陈玉成忠贞英烈、不屈不挠的革命气节。

英王陈玉成的牺牲标志着太平天国西线战场的完全崩溃，天京从此失去了屏障，完全暴露在敌人的攻击之下。就像洪仁玕所说："如英王不死，天京之围必大不同，因为若彼能在江北活动，令我等常得交通之利，便可获得仙女庙及其附近诸地之源源接济也。英王一去，军势军威同时堕落，全部瓦解，因此清军便容易战胜。"② 陈玉成的牺牲的确是革命方面不可弥补的损失。

当皖北的庐州和颍州发生战斗时，湘军的主力部队曾国荃、鲍超、彭玉麟、曾贞干等经过休整、添募以后，正在沿江东下。太平天国自从安庆失败之后，西线的防御体系已趋瓦解。自安庆至天京之间，兵力很薄弱，所以清军节节获胜，凶焰大涨。1862 年 3 月，曾国荃的主力军会合湘军水师，沿着长江北岸向东推进，和太平天国的顾王吴如孝大战于巢湖东岸，吴如孝战败。4 月中旬，曾国荃连续占领了巢县、含山、和州、裕溪口、西梁山，5 月初又占领了金柱关太平府，一步一步地逼近天京。5 月底曾国荃夺取天京外围据点江宁镇、板桥、秣陵关、大胜关、三汊河，进抵雨花台；彭玉麟的水师也夺取了江心洲、蒲包洲，逼扎天京的护城河口。这时候，天京对岸的天长、江浦、浦口的太平军守将早已向李昭寿（李世忠）纳降，李昭寿在浦口立了大营，扼住天京的咽喉。清军对天京的包围形势完成了。

在曾国荃逼近天京的同时，长江南岸的曾贞干军也配合东进，1862 年 4 月战败堵王黄文金、匡王赖文鸿，连续占领了繁昌、荻港、南陵、

---

① 佚名氏：《陈玉成被擒记》，转引自罗尔纲：《太平天国英王陈玉成自传》，载《历史教学》，1953 (4)。

② 《洪仁玕自述》。

芜湖等地，芜湖的太平军守将陈星斗等叛变投敌。同时，深入皖南的鲍超军猛攻青阳，与奉王古隆贤大战了四个月，古隆贤失败，其部下佐将张遇春等万余人降敌，鲍超连续占领了青阳、石棣、太平、泾县，军锋逼近宁国。这时太平天国的西战场完全垮了，队伍里呈现一片混乱景象，许多心志不坚的人逃跑了或者投降了。就像曾国藩当时所说：

> 沿江各城贼党投诚之说，盖亦有故。一则因上年安庆桐城斩馘极多，群酋寒心，不欲复受杨、黄（指杨铺清、黄文金）诸酋之钤束。一则芜（湖）、繁（昌）、南（陵）、宣（城）、泾（县）、太（平）、石（埭）、青（阳）等县，米粮甚少，金陵贼首不肯稍为接济，上游为水师所禁阻，又无民米偷买暗济，前此乡民之甘心从贼者，不得不急图反正，以为就食之计。现在鲍春霆（超）营次业经收降卒千人，编为春字中营。闻尚有泾县贼党二千余人，即日来降。舍弟（曾贞干）营次业经收降卒三千人，编为昆字等四营，闻尚有南陵等贼党数千人，即日来降。弟批令能打仗者当勇，每日百丈，不能打仗者当夫，每日七十文。若使办理顺手，源源而来，或如东汉初年，赤贼百万，同时归降，积甲齐山，则朝廷非常之祜也。①

曾国藩这种“同时归降，积甲齐山”的打算固然是痴人说梦，但是在太平天国西战场瓦解的时候，叛变投敌的现象的确是十分严重的。在农民革命接近尾声的阶段，由于队伍的复杂、士气的低落、纪律的松弛、粮食的困难以及内部的倾轧等等因素，叛变投降的现象的确是屡见不鲜的。

1862年5月底，当曾国荃逼近天京、扎营雨花台时，鲍超也逼近了皖南重镇宁国府。太平军方面辅王杨辅清会合干王洪仁玕、襄王刘官芳、循王魏超成、保王童容海等扼守宁国，力抗湘军的进犯。6、7月间，双方展开了争夺宁国府的激战。太平军人数虽多，但粮食很缺乏，内部意见不一，特别是保王童容海屯兵六万于宁国府的后路，不但不去帮助宁国前线的战斗，反而秘密地向鲍超通款乞降。7月中

① 《曾国藩全集》，书札，卷九，《致官中堂》。

旬，太平军战败，杨辅清、洪仁玕等退出宁国，退至天京郊外。接着叛徒童容海袭取广德州，投降了清军（不久，童容海的部将朱大椒等反对其叛变活动，倒戈反正，复夺广德州，归于太平军）。

到此为止，多隆阿、曾国荃、曾贞干、鲍超这四路湘军打垮了太平军西战场的防御体系，气焰嚣张地进逼到天京。

二、中外反对革命势力的勾结和1861年北京政变

当太平天国在西战场上屡遭失败的时候，东战场上也出现了对革命十分不利的因素，这就是中外反对革命势力达成了公开的勾结。太平军不仅要对付西线湘军的凶猛进犯，而且要对付东线外国侵略军的蛮横干涉。东、西两个战场像一把钳子一样紧紧地钳制住了太平军。

外国侵略者的蓄意干涉革命很早就已显露出端倪。特别是第二次鸦片战争中订立了《天津条约》，这个条约中规定了鸦片贸易的合法化和开放长江沿岸各口为商埠，这两点在很大程度上促使了外国干涉的早日实现。因为鸦片是当时外国侵略者输入中国货物中的最大宗，太平天国严厉执行禁止鸦片的政策，使得鸦片销路大减，外国鸦片贩子们对此极为仇恨。特别在清王朝允许鸦片作为合法贸易的对比之下，在侵略者的心目中，太平天国革命政权及其执行的禁烟政策便更加成为必须排除的障碍了。正像一个美国人卡希尔所说："满清政府虽然也许多年谈禁烟，但一八五八年……订的条约，他们把鸦片的贸易合法化了。鸦片被列入构成该约的一部分之关税条款内。满清政府承认了，他们不能拒绝鸦片入口。太平天国却不是这样。他们相信，他们有办法禁止鸦片贸易。明白了这些事实，我们就不难明白，为什么各通商口岸的领事及商人，都要反对太平天国。"①

除了从鸦片利益考虑以外，外国侵略者还从通商口岸的利益着想，清朝政府把长江航行权和沿江许多口岸（包括汉口、南京、九江、镇江）的通商权拱手送给外国，这些地区或是在太平天国的控制下，或是直接受太平天国军事力量的威胁。外国侵略者知道：他

---

① 卡希尔：《一个新英格兰浪人》，转引自卿汝楫：《美国侵华史》，第1卷，234页。

们在这些口岸上的侵略利益能否巩固，是依能否摆脱太平军的控制为转移的。1861 年，英国公使普鲁斯致书英外交大臣罗塞尔，即称："通商口岸如为太平军所占有，英国商业必受打击，关税减，赔款必不易收"①，从这句话里也可以看出当时侵略利益已经发展到非对革命动用武力不可的地步。1858 年俄国驻华的外交武官普提雅廷即写道："英约内的条款，规定长江沿岸于内战终止之后，沿长江帝国内部航行的开放，明白表示了英国内阁蓄意要居中镇压叛乱……这一乱事现在是英国扩张商业的唯一障碍了。"② 由于这些根本利害的冲突，第二次鸦片战争中的侵华头子英国全权大臣额尔金在 1858 年底视察长江时，即曾在天京和安庆乱闯太平军的防线，并开炮轰击太平军，对革命显露出一副狰狞面目，这是侵略者决心干涉的先声。1860 年 10 月，《北京条约》签订，清朝政府向侵略者彻底投降，侵略者就立即表示要支持这个已经屈服了的反动政权，共同来镇压太平天国革命。在《北京条约》签字后的宴会上，法国公使葛罗抢先一步，"自夸其船炮之坚利。谓：'大国如有所需，听从销售；若欲仿式制造，亦肯派匠役前来教习演试。'又请于海口助中国剿贼，所有该国停泊各口之船只兵丁，悉听调遣"③。后来俄国公使伊格那提业幅也不甘落后，面告恭亲王奕䜣："发逆在江南等处横行，请令中国官军于陆路统重兵进剿，该国拨兵三四百名在水路会击，必可得手。"④ 这时候的清朝政府虽然已经对侵略者公开屈服了，但是刚刚把自己痛打了一顿的凶手现在又对自己表示那样亲昵，不免也有一些犹豫不定，大臣中的意见也分歧不一。漕运总督袁甲三认为"借夷助剿"有害无利，必不可行；江苏巡抚薛焕认为应该"照会俄法二国使臣，迅速赶办"，"不但发逆即可立除，即各路土匪，亦必不敢窃发"⑤；曾国藩则主张"许其来助，示以和好而无猜，缓其师期，明非有急而求救"⑥。清朝反动官僚正在议论纷纷，英国对于俄法排除自己的

---

① 郭廷以：《太平天国史事日志》，789 页。

② 俄国外交文献，转引自巴拉罗夫斯基：《美英资本家是太平天国起义的绞杀者》。

③④ 《中西纪事》，卷二〇，《外夷助剿》。

⑤ 《筹办夷务始末》，咸丰朝，卷七一，薛焕奏。

⑥ 《曾国藩全集》，奏稿，卷一二，《复陈洋人助剿及采米运津事》。

行动很不满意，英国使臣威妥玛向恭亲王威胁说："剿贼本中国应办之事，若借助他人，不占地方，于彼何益。非但俄法克复城池，不肯让出；即英国得之，亦不敢谓必不据为己有。"① 当时掌握清朝政府实权的封建顽固贵族端华、肃顺等一向是以对外死硬态度著称的，再加上英国侵略者这一番恫吓，也就不敢再作借兵俄法的打算了。

英国侵略者反对清朝借用法国、俄国兵，当然并不是表明英国侵略者无意干涉中国的革命。事实恰恰相反，由于英国在华的经济利益占领先的地位，因此它干涉中国革命的要求也是最迫切的。它之所以反对清朝借用俄法兵力，不过是要在这桩有利可图的交易中抢在俄国、法国的前面。所以当借兵俄法之事搁置以后，英国侵略分子就进行活动，一方面由赫德（Robert Hart）出面，建议清朝购买英国的船炮，向这个已被革命烈焰烧得焦头烂额的腐朽政权频送秋波；另一方面，英国又故意对太平天国表示蛮横的强硬态度，活像一个流氓无赖，摆出一种惹事寻斗的架势。

1861年1月，英国海军上将何伯巡视长江通商口岸时，就向太平军提出"不得侵入上海、吴淞附近百里（三十英里）以内，否则武力制止"的要求，这分明是严重地侵犯中国领土主权的行为。太平军方面当时对侵略者的干涉意图还看不清楚，为了避免树敌过多，暂时姑息隐忍，允许在1861年内不攻上海。可是侵略者又得寸进尺竟欲干涉太平军对宁波的进攻，并由其海军大佐哇乐德克（Roderick Dew）拟订了一项防守宁波的计划，清朝方面也愿意出50万两银子雇英法兵船代守宁波。侵略者这个恶毒的计划还没有来得及付之实现，太平天国黄呈忠、范汝增的队伍就于1861年底挺进浙东，迅速地占领了宁波，使侵略者的干涉计划化为泡影。

当然，外国侵略者是不会因此而歇手的。恰恰相反，革命愈是向沿海地区蓬勃地发展，他们干涉革命的野心也就愈加赤裸裸地暴露出来。特别在《北京条约》签订之后，清朝政府已经逐渐体会到

---

① 《中西纪事》，卷二〇，《外夷助剿》。

外国侵略利益和自己的封建统治利益并不是全然抵触的，而且当人民革命浪潮正在猛烈地冲击封建统治的时候，这种外来侵略势力尚有被用来抵制革命的可能，1860 年上海的侵略军干涉李秀成的进军就是最好的证据。因此，清朝官僚中主张对外国“和好”的呼声一天一天地高涨起来。1860 年底，当英法侵略军从天津撤退以后，恭亲王奕䜣就说：“自换约以后，该夷退回天津，纷纷南驶，而所请尚执条约为据。是该夷并不利我土地人民，犹可以信义笼络，驯服其性……臣等就今日之势论之，发捻交乘，心腹之害也。俄国壤地相接，有蚕食上国之志，肘腋之忧也。英国志在通商，暴虐无人理，不为限制，则无以自立，肢体之患也。故灭发捻为先，治俄次之，治英又次之……若就目前之计，按照条约，不使稍有侵越，外敦信睦，而隐示羁縻，数年间即系偶有要求，尚不遽为大害。”① 在奕䜣这个荒谬的“隐示羁縻”的政策之下，他竟主动地向侵略者提供了进行侵略活动的许多便利条件，并且还拍卖了大量的国家主权。在奕䜣的建议下，清朝政府破例地设立了总理各国事务衙门和南北洋通商大臣，以便在更高级更专门的机构中跟侵略者打交道，奕䜣并且担任了总理各国事务衙门的大臣。在他的主持下，还把海关的行政主权出卖得干干净净，请来一个英国侵略分子李泰国当了中国的总税务司，管理中国所有通商口岸的海关，而且有权代表总理衙门巡视各海关口岸。李泰国在管理中国海关期间“从不曾报账，当中国人问到的时候，经常就说他们丝毫不懂他的账，因此也就无账可报”②。不仅如此，奕䜣还不顾中国船商的利益，把登州、牛庄两口豆货的运载权也出让给侵略者，尽管中国船商呼吁恳求，可是奕䜣还厚颜无耻地说：“因思各国既经换约，和好日敦，若将豆货解禁，于内地商民生计不致遽有窒碍，而于各国商船实有利益。”③ 奕䜣一反从前清政府对外国的抗拒、猜疑态度，对外国侵略者做到了“有

① 《筹办夷务始末》，咸丰朝，卷七一。

② 《俄国外交文献》，1863—1864 年驻北京代办格林克公牍。

③ 总理各国事务和硕恭亲王致英使照会，转引自王忠：《太平天国革命人民如何对付外国侵略者》。

求必应”，他的这种态度深深博得侵略者的赞赏。外国报纸上称赞他“极为明白清正，并深知通商之便”①，英国驻北京公使普鲁斯则说：“假如要从他们身上搞点什么，那是再方便不过了”②，所以“我们应以温和协调的态度获致恭亲王及其同僚的信任，消除他们的惊恐，希望迟早总会发生变动，使最高权力落到他们手里去”③。英国驻广州的领事罗伯荪也说：“皇帝的兄弟恭亲王现在北京，好象正在领导对外关系，处事表现很开明的手法”，“他们已开始重视外国同盟的价值，已看到中国利益如何深深地和别国利益缠在一起了。地方政府里还有一些死硬派开倒车的人物占据重要地位，可是自由派可望逐渐取代他们的地位”④。

果然，外国侵略者对恭亲王的支持和期望并没有落空，恭亲王一派人在政府中的影响逐渐增长。1861 年 8 月，咸丰帝在热河病死，其六岁的儿子载淳即位，开始的时候权力落在一向受咸丰帝信任的怡亲王载垣、郑亲王端华、协办大学士户部尚书肃顺的手里。这些人一向被侵略者视为排外的死硬派人物，他们以北京驻有外国公使为词，坚决反对皇帝“回銮”北京，企图挟持年幼的皇帝，抄袭“挟天子以令诸侯”的故智，在热河总揽大权。外国侵略者很讨厌他们的死硬态度，普鲁斯甚至说：“只消朝廷不在北京，怡亲王、端华、肃顺继续掌政，我们就不能说中国人民已确实承受了条约。各省当局看到国家重臣、实际掌权的人是偏向于不友好的，他们也就形成和我们为难的倾向。”⑤但是这种情况，随着恭亲王势力的增长而迅速地发生了变化。幼皇帝载淳的生母那拉氏（即慈禧太后，1835—1908）是一个很有权谋机智的人，咸丰帝生前她深受宠爱，被封为懿贵妃，常常代替皇帝批答奏报；咸丰死后，她企图爬上帝国统治的最高宝座，唆使御史董元醇上了一个“皇上冲龄，未能亲政，天步方艰，军国事重，暂请皇太后垂帘听决”的奏折。载垣、端华、肃顺等当然不肯放手，

① 上海会防局翻译新闻纸，载《近代史资料》，1955 (3)。

②③⑤ 普鲁斯致罗塞尔信件，转引自严中平：《一八六一年北京政变前后中英反革命的勾结》，载《历史教学》，1952 (4)。

④ 罗伯荪致阿斯登信件，转引自严中平：《一八六一年北京政变前后中英反革命的勾结》，载《历史教学》，1952 (4)。

以“本朝无太后垂帘故事”驳斥了这个建议。于是那拉氏暗中和奕䜣建立了联系，酝酿政变，奕䜣向太后保证，外国侵略者“并无可怕之处，这方面他对太后之回京负完全责任”①，那拉氏才排除载垣等的阻挠，决定启程回京。1861年11月1日抵达北京，第二日，在那拉氏和奕䜣的主持下发动政变，废除载垣、端华、肃顺等赞襄政务王大臣的职务，并将三人逮捕处死，由慈安（咸丰的皇后）和慈禧两太后垂帘听政，改第二年为同治元年，奕䜣则以议政王大臣的资格辅理政事，和外国侵略者经常打交道的桂良、文祥等都担任了军机大臣，并颁发上谕，历数载垣等的罪恶，其中有“载垣等不能尽心和议，徒诱惑英国使臣（指第二次鸦片战争中清朝拘禁英使巴夏礼之事）……以致失信于各国……皇考屡召王大臣议回銮之旨，而载垣、端华、肃顺朋比为奸，总以外国情形反复，力排众论”② 等语。外国侵略者对于北京的这场政变表示欢欣鼓舞，普鲁斯说：“恭亲王及其同僚之操权，乃是对外国人维持友好关系使然。这个令人感觉满意的结果，全是几个月来私人交际所造成的”，并把颁发的上项上谕称为“我们自和中国有关系以来最为有利的文件”③。法国公使布尔布隆夫人在日记中写道：“宫廷革命没有骚动的结束了，分取新思想的党派事业（指太平天国革命）将被彻底平定。恭亲王成为执政，以后的谈判将更易进行。”④ 经过北京政变，中国封建统治者公开和外国侵略势力共同来对付革命的人民。正像一个侵略分子马士所说：清朝政府“不得不放弃她的显著排外观点……他们明白，必须与外国和平合作，才有削平太平革命及恢复满清统治的可能”，而西方国家“为着保护他们自己的利益，也不得不一步一步地加紧干涉的步骤，来压平革命，并且一步一步地来支援帝国政府”⑤。

通过这场政变，中外反对革命势力的勾结终于达成了。侵略者完全撕毁了伪装的中立面具，英国驻华公使认为：“如英人不欲牺牲

---

①③ 普鲁斯致罗塞尔信件，转引自严中平：《一八六一年北京政变前后中英反革命的勾结》，载《历史教学》，1952（4）。

② 《清史稿》。

④ 转引自沈自敏：《太平天国期间中外反革命底勾结过程》。

⑤ 马士：《中华帝国对外关系史》，第2卷，61～65页。

在华利益，为自卫计，迟早将与太平军冲突，为避免严重纠纷，惟有维持现尚控有中国四分之三之北京政府”①。美国公使蒲安臣（A. Burlingame）认为：“对于清廷，不但应以合法政府视之，且因人道之关系，对于清廷之压平内乱，也应予以道义上之援助”②。英国海军上将何伯本来对于美国浪人华尔组织的洋枪队非常妒忌，甚至曾以雇用英国逃亡者的罪名拘捕过华尔，这时他也看到华尔所训练的这支军队可以充当一个十分合适的干涉工具，因为“与华尔的军队合作，英国可以非正式的支援满清政权，不致引起国际的政治问题……何伯变成了华尔的朋友和同盟，将英国的枪械、子弹、火药供给华尔的军队”③。外国侵略者干涉革命的一切条件都已酝酿成熟，革命者和外国侵略者之间的一场激战马上就要爆发。

三、1862年上海战斗

当太平军攻克杭州时，外国侵略者已经预料到，革命向上海的进军是必不可免的。为了争取主动，首先由何伯指令停泊在天京的狐狸号舰长班汉（M. Bingham）照会太平天国，要求太平军永远不得进入上海、吴淞周围的百里以内，不得进攻九江、汉口、镇江等地，英船有在长江上自由航行的权利，并且还制造了一些英国商船遇盗被劫的事件，要太平天国当局负责赔偿。这种要求分明是一种诬蔑革命、主动挑衅、企图扼杀革命发展的阴谋。幼赞王蒙时雍随即代表太平天国拒绝了这些无理要求，并向英国方面指出：英国商船被劫，无切实证据，太平天国不能负责；清朝船只，常悬挂英国旗冒充英国船在长江中航行，太平军不能容忍；太平军不进入上海，原只限一年的时间，过期无效；太平军占领九江、汉口、镇江，于英人并无不利。英国侵略者的无理要求被拒绝以后，即恶狠狠地表示“将相机采取英国所认为必要措置”④ 来对付强硬不屈

---

① 转引自郭廷以：《太平天国史事日志》，879页。
② 李抱宏：《中美外交关系》。
③ 卡希尔：《一个新英格兰浪人》。
④ 转引自郭廷以：《太平天国史事日志》，843页。

的太平军。

1862年1月，李秀成派慕王谭绍光、纳王部永宽、忠二殿下李容发分五路进兵上海。李秀成并向居留上海的全体外国人发出通告，劝他们不要帮助清朝，彼此两不相扰，以保全友谊，否则“大军一到，玉石俱焚”①。太平军在上海附近和清军的战斗十分顺利。“十二月庚午，陷奉贤，明日陷南汇，又明日陷川沙、金山，贼帜达于黄浦东岸隔一水，西南贼亦距城十里。于是江湾军亦溃。我远近防兵二十余军四五万人者尽矣”②。外国侵略军看到太平军从四面八方逼近上海，像滚汤泼雪一样地打垮了清军，便立即紧急行动起来，由上海义勇司令韦勃（Edward Welb）和清方的士绅代表潘曾玮等组成中外会防局，负责上海的防守和筹饷事宜，并宣布上海戒严。江苏巡抚薛焕、苏松太道吴煦和英国领事麦华陀（M. H. Medhurst）、法国领事爱棠（B. Edan）迭次会商上海防务，议定了分区防守计划，并挖掘护界河，赶造吊桥、炮台，外国驻沪的陆海军也全部出动。薛焕还向朝廷上了一个奏折，以江浙士绅公议的名义，请求朝廷批准借用外国军队。清朝政府也知道没有侵略者的帮助，上海万难守住，乐得顺水推舟，下旨允行，“所有借师助剿，即著薛焕会同前次呈请各绅士，与英法两国迅速筹商，克日办理”。

1862年1月，太平军前锋部队进抵吴淞，该处的清军没有什么抵抗的力量，但“有法国轮船驻泊，并在陆路建有炮台，该国兵头见逆氛甚炽，同时水陆均开大炮”③，太平军暂时撤退。2月底，英国海军司令何伯上将亲自出马，进攻浦东高桥镇和浦南萧塘镇。据一个外国人的记载，“高桥镇为太平军所据，守兵约数百人，其军械除竹枪外无他物。何伯率英水兵三百五十人、六磅炮一尊，华尔率其所练华兵六百人，法海军大将卜罗德（Protet）统法兵一百六十人、炮二尊，会攻高桥。太平军不能抵敌，死一百人……其克高桥

① 李秀成通告，转引自程灏译：《上海通商史》。
② 冯桂芬：《显志堂稿》，卷四，《沪城会防记》。
③ 董恂：《洋兵纪略》。

也，第一件事即纵兵抢劫。联军以多击寡，以强侮弱，既于高桥得极大之光荣，何伯、华尔益兴高采烈，于近郊四处巡游，寻觅战斗，终于萧塘得逞其志。萧塘距上海约二十英哩，太平守兵数千人。一八六二年三月一日，华尔所统华兵七百五十人，英国水兵三百五十人、炮兵三十五人、炮四尊、野炮一尊，法国兵二百人、炮二尊，向萧塘进攻。屠戮之惨，一如高桥之役”①。3 月中旬，何伯等又进攻上海西南之泗泾镇，毁太平军粮船三百艘。侵略者趁太平军准备不及、人数较少的时候，用优势的火力、残酷的屠杀，打了几次胜仗，他们趾高气扬，把华尔的洋枪队改名为“常胜军”。清朝统治者也感激涕零，赏华尔参将衔，还有一个无耻的大汉奸上海四明公司董事长记名道杨坊，向侵略者捧臂献媚，把自己的女儿送给华尔做老婆。北京方面，恭亲王奕䜣也亲自向各国公使致谢。

太平军本来并没有跟外国侵略者开火打仗的准备，慕王谭绍光甚至还天真地怀疑“太平军未取衅于外人，何英兵之处处扼我耶?”② 但是太平军毕竟是一支英勇坚强的革命军队，当侵略者公然站在清朝方面、拔刀相向的时候，他们勇敢地、毫不犹豫地起来抵抗。4 月初，侵略军得到了天津调来的大批炮队、船只的增援，出动 3 000 军队、24 尊大炮，进攻沪西七宝、王家寺等处的太平军，“此处太平军极勇悍，乘战胜余威，死抗联军，不避炮火，华尔三次进攻，均被击退”③，而且还把英国侵华大头子海军上将何伯的右腿也打伤了。4 月中旬，大批外国干涉军又进犯周浦，大肆劫掠，据英国官方报纸供认：“兵士搜索着房屋，发现大量的珍宝——钻石、金银、钱币、贵重衣服。这一切就成为兵士和军官们的合法的战利品。一个英国兵带走一千六百银元，若干兵士每人带走约五百银元，那时其他的兵士掳走金手镯、金耳环、嵌满珍珠和各种玉石的金饰品……”④ 这种疯狂的抢劫，使全体干涉军的眼睛都发红了。4 月底

①③ 呤唎：《太平天国外纪》。
② 《太平天国野史》，慕王谭绍光传。
④ 转引自巴拉罗夫斯基：《美英资本家是太平天国起义的绞杀者》。

他们决定要扩大抢劫范围，攻打嘉定、青浦、松江、南桥、柘林等城镇，还唯恐分赃不匀，竟丝毫不知羞耻地公开规定："攻占之地，不许单独抢掠，应平均分配"①。5月1日，外国干涉军4 000人，配备大炮30尊，进犯嘉定，在嘉定战斗中，干涉军更淋漓尽致地施展了烧、抢、杀的本领。据《小沧桑记》说："初五日洋枪队自嘉定回。言嘉定贼拒守坚固……火箭射着民房，烟腾火烈，城门顿开……四门有夷兵，见贼即杀，少有脱者。百姓沿街求救……然玉石难分，死者已过半……闻城中有三年之粮，金银亦不少，悉为西兵守住，不容携带分毫。"② 干涉军除了就地烧、杀、抢劫之外，还教唆清朝军队卑鄙地残杀俘虏，"被屠杀的不幸者之中，有老幼男女和壮年人，从初生的婴孩到八十岁的老太婆，从壮年妇女到十多岁的姑娘"③。刽子手们用尽一切残酷的、惨无人道的杀人花样，剖腹挖心，割掉妇女的乳房，从怀孕的妇女肚子里掏出胎儿，从俘虏身上割下一块一块的肉，"有时塞到他们嘴里，有时则抛向喧哗的观众之中"④。这种残杀行为被揭露以后，曾经引起世界公众舆论对英国政府的强烈抗议，可是"有教养的"外国资产阶级作家还辩护说："我们必须注意到，我们是从我们对痛苦的高级的感受力出发，才会觉得中国人的刑罚过分残酷。神经系统发达的欧洲人所认为是剧烈的酷刑的，对于感觉迟钝的土耳其人不见得是这样。可以肯定，中国的刑律，如他们所实施着的，以这一人种的性格而论，一点也不比任何欧洲国家的刑律更残酷一些。每一个诊视过中国人的医生都知道，和别的敏锐的种族比起来，中国人的痛苦感受是少得多的。"⑤ 看看！这是多么荒谬无耻的诡辩！侵略者不但从实际行动中对中国人民施展了惨绝人寰的兽行，而且还厚颜无耻地要从"理论"

① 郭廷以：《太平天国史事日志》，885页。

② 姚济：《小沧桑记》，卷下。

③ 1862年《莫斯科消息》，第242期，转引自巴拉罗夫斯基：《美英资本家是太平天国起义的绞杀者》。

④ 英国外交大臣罗塞尔致麦华陀信函的附件，写给印度《泰晤士报》的一封公开信，转引自王崇武等译：《太平天国史料译丛》。

⑤ 威尔逊：《常胜军》，115～116页。

上来证明他们兽行的合理性。

从1862年1月至5月，外国干涉军在上海附近大肆烧杀，凶焰高涨。当时驻守上海附近的太平军只有慕王谭绍光等少数部队，由于兵力很少、武器相差悬殊，外国侵略军得以猖獗一时，经过激烈的抵抗以后，太平军放弃了许多据点，一直退到太仓州。但是外国干涉军错误地以为中国人民是容易受欺侮的，他们嚣张地追踪太平军，把军垒扎到太仓城下，企图一举消灭太平军。他们这种狂妄的企图立即遭到太平军强有力的回击。忠王李秀成这时正在苏州，听到东线失利的消息，立即率领精锐万余人赶到太仓。5月17日，两军战于太仓城下，据李秀成叙述这次战况说：

> 那时鬼兵（指外国干涉军）已至太仓开仗，我到来，外有清兵万余众，鬼兵三四千人，清兵自松江、泗泾、青浦、嘉定、宝山、上海连营一百余座，城城俱有鬼兵把守。我到太仓，当与其见仗，两边立阵迎战，自辰至午，胜负未分，两家受伤千余士卒。次早又立阵于东门，开兵大战，自辰至巳，力破鬼阵，当斩数百，追其下水死者千余，当破清营三十余座，得其大炮洋枪不计其数。①

同日，浦南奉贤方面的太平军也在南桥战斗中获得辉煌的战果，击毙了法国干涉军总头子卜罗德上将。接着太平军在忠王李秀成的亲自指挥下，从四面八方逼近上海。5月下旬，太平军围攻嘉定，英国陆军提督士迪佛立（Charles W. Staveley）和法国水师提督格尔森（de Kersanson）从上海率军增援，在南翔、嘉定一带和太平军激战多日，“鬼兵大败，又斩千余，其救嘉定未得，被我追杀大半，克复定城”②。5月底，太平军进围青浦，干涉军会合华尔的“常胜军”从松江来援，6月9日太平军大败之，毁其火轮一艘，城内的干涉军和清军尽焚城内房屋米粮，狼狈突围，“常胜军”副领队法尔思德（Edward Forrest）被俘获（后来太平军主动释放了他）。太平军再一次进抵上海郊区的徐家汇、虹桥、法华镇等地。

①② 《李秀成自述》。

太平军在一个月来的战斗中连续大胜。李秀成说，外国干涉军和清军的“大小营寨一百三十余营，概行攻破……那时洋鬼并不敢与我见仗，战则即败”①。李秀成这些话的确是事实，就是左宗棠、李鸿章也不得不承认这一点。左宗棠说：“青浦嘉定二处，发逆麇至，夷兵遽遁，夷人之畏长毛亦与我同，委而去之，真情毕露。”② 李鸿章说：“嘉城复失，逆焰大张，西兵为贼众所慑，从此不敢出击”③，“沪中官民向恃洋人为安危，乃援贼未来之先，洋人分兵四出，援贼大至之后，洋人敛兵不动。臣揆度夷情，似非暗与贼通，坐观成败，实系慑于贼众，不敢向前”④。太平军一连串的胜利，也在侵略分子中间引起了惊惶、恐惧和公开的争吵、埋怨。据李鸿章说：“闻上海洋商众议，因嘉、青败退，颇损外国兵威，私相诟怨，以英法提督办理不妥。”⑤ 甚至当时的英国驻上海领事麦华陀也表示“叛军（指太平军）的势力仍然非常强大……我们支持上海当局（指上海的清军）到什么程度才算适当，也是一个难题”⑥。

从以上各方面的反映中可以看到太平军的强大威力，不管外国干涉军的装备如何齐全、武器如何精良，在太平军全体将士英勇顽强的抗击之下，他们被逼得退守一隅之地，已经到了山尽水绝、走投无路的地步，上海已是指日可下的了。可是恰恰在这个时候，由于安徽根据地的破灭，太平军在西战场连连失利，曾国藩的湘军已经抵达天京城下，革命的根本之地又告危急，天王屡次派人召唤李秀成回援天京，于是忠王李秀成不得不暂时搁置东线的战事，停止了对上海的进攻，带兵去援救天京。这样又使得上海方面的中外反动势力获得了喘息整顿的机会。

① 《李秀成自述》。

② 转引自《曾国藩全集》，奏稿，卷一六，《议复调印度兵助剿折》。

③ 《李鸿章全集》，奏稿，卷一，《西兵退出嘉定折》。

④ 同上书，奏稿，卷一，《权衡沪镇缓急片》。

⑤ 同上书，奏稿，卷一，《上海西兵情形片》。

⑥ 麦华陀致普鲁斯信件，转引自王崇武等译：《太平天国史料译丛》。

四、天京会战和李秀成进兵淮南

1862年6月，李秀成接到回援天京的诏书，立即从上海前线返回苏州。6月22日召开第一次苏州会议，参加会议的有听王陈炳文、纳王郜永宽、慕王谭绍光、孝王胡鼎文、航王唐正才、相王陈潘武以及主将蔡元隆、汪海洋、吉庆元，天将刘肇均等。会议商讨了援救天京的战略步骤，估计到湘军在新胜之后其势凶悍，且有优势水师的配合，骤与交锋，难操胜算，所以决定暂时避免决战，只是坚守住天京，“总是解粮多多回京，将省府（苏州）财物、米粮、火药、炮火，俱解回京，待二十四个月之后，再与交战解京围，其兵久必无斗战之心，然后再与其战等议”①。可是洪秀全对这个迂缓的战略计划大不以为然，又严令李秀成即日回援天京。8月6日，李秀成又召开第二次苏州会议，除第一次与会的将领之外，更广泛地邀请辅王杨辅清、襄王刘官芳、奉王古隆贤、堵王黄文金、首王范汝增、来王陆顺德等参加了会议，决定立即行动，回援天京，同时也估计到湘军的强悍兵力，会议特别强调团结的重要性②，并且为了增强兵力，还邀约远在衢州的侍王李世贤以及和李秀成存在嫌隙的护王陈坤书等参加战斗。战斗的具体计划是：以李秀成的大军攻扑曾国荃包围天京的湘军主力，李世贤助攻；以杨辅清、黄文金等的军队攻击驻屯宁国的鲍超湘军，目的是夺回皖南根据地；以护王陈坤书的军队攻打金柱关，以隔绝天京和宁国之间湘军的联系。除此之外，恰好扶王陈得才、遵王赖文光、启王梁成富、祜王蓝成春等进入陕西的远征军这时候听到太平天国西战场失败、陈玉成被俘的消息，星夜从陕西驱军东出，已经到达鄂豫边界，会合了从皖北来的马融和、张宗禹，从豫西来的陈大喜，以及从陕南来的蓝二顺等，拥有20万大军。1862年9月，这支军队进入湖北，连续攻克随州、应山、德安、孝感、京山、应城，准备越过大别山，回援天京。这支远征军的回援，大大壮大了天京会战

---

① 《李秀成自述》。

② 据目睹此次会议记录的许瑶光说，会议记录中特别强调了“以同心为是，以分心为非”，“如欲奋一战而胜万战，必须联万心而作一心”，见《谈浙》，卷三。

的声势。这场会战动员人力之多①、规模之大，是太平天国战史上所仅见的。

10月初，战斗行动开始。杨辅清、黄文金等分路进逼宁国，陈坤书抬战船数百自东坝出湖，直趋金柱关。10月13日，李秀成的大军也抵达天京城外。这时候，湘军各部恰好大闹传染病，“鲍超营中疾疫大作，勇夫病者万余人，死者日数十人。张运兰、朱品隆、唐义训各军亦十人而病其六七……曾国荃金陵营中病者亦逾万数”②。太平军在这个时机大举进攻，正是打中了湘军的弱点，使湘军方面胆战心惊。曾国藩就向朝廷诉苦说：湘军“不特不能出队迎战，并不能坚守城垒，不特不能坚守以待外援，并不能预逃以待再振”，“数年来千辛万苦战争之土地，由尺寸而广至数百里，倘有疏虞，何堪设想。若皖南藩篱一坏，则江西内地空虚，毫无足恃。兴言及此，忧心如焚”③。他给李续宜的信中更是悲观到极点，甚至嘱托李续宜料理自己战败后的善后，他说：“鄙人心已用烂，胆已惊碎，实不堪再更大患”，“两月以内，久知其大有奇变，无法预防，将来变故已成之后，尚求阁下大力挽回，能保徽州固好，否则亦须保全江西，如咸丰十年之局，亦是支一日算一日”④。

在大敌当前的紧急形势下，清军匆匆地布置了防务，臬司张运兰抱病赶入宁国府，与提督鲍超合营固守。水师提督杨载福和侍郎彭玉麟率水师退保金柱关。曾国荃、曾贞干等则遵从曾国藩“缩营自保”的原则，凭借深沟高垒，作负隅顽抗的打算。忠王李秀成的大军到达天京后，先作了几次小规模的进攻。到了10月19日至22日，开始对湘军的东路营垒和西路营垒展开猛烈攻势。这时，李秀成由于在上海屡获胜仗，缴获了外国侵略军的一批洋枪洋炮，在火力上超过湘军。曾国藩描写当时战况，所谓“洋枪洋炮、骤若飞蝗，

---

① 据《谈浙》。曾国藩《缕陈金陵各营苦守情形折》谓是役李秀成等军号称60万。但曾国藩致官文函称太平军实数为20万。又曾国藩致李续宜函称太平军人数十余万（见《曾国藩全集》，书札，卷一〇）。

② 《曾国藩全集》，奏稿，卷一六，《近日军情片》。

③ 同上书，奏稿，卷一六，《请简亲信大臣会办军务片》。

④ 同上书，书札，卷一〇，《致李希庵中丞》。

开花磞炮，横飞入营，烽燧蔽天，流星匝地”，太平军奋不顾身地直前冲击，“前者拽尸，后者更进”，“束草填壕，岌岌欲上”①。湘军在这生死关头也拼命抗拒，连曾国荃的脸颊亦为枪弹打穿，战斗结果，清军勉强守住了营壕。10 月 23 日，侍王李世贤率 3 万人自衢州赶到天京助战，并力攻湘军营垒的东端。曾国荃把一部分西路湘军并入东垒助守，太平军“若蝇若蚁，倏往倏来，多用箱箧实土于中，排砌壕边，明防炮子于上，暗筑地道于下”②。可是湘军对付地道战是卓有经验的，因此太平军的地道战术也未能奏效。这时曾国藩自各地调派了大批援军，从安庆派出了喻荣升一军，从芜湖派出了王可升一军，从扬州派出了杨心纯一军，先后到达天京，投入战斗，粮食、火药也源源不绝地从水路运来，并且还准备陆续调遣悍将多隆阿、陈学启、蒋益澧和洋将白齐文去援救曾国荃。③ 曾国荃在一部分援军到达后，曾经在西路组织反攻，烧毁了太平军的 13 个营垒。但是东路的情形仍然很紧张，11 月 3 日，秀成、世贤等在雨花台后挖掘地道，炸塌湘军的壕墙，太平军“乘隙直上，万弩齐发，排炮雷轰，踊跃争先，呼声动地”，涌进了壕墙的缺口，清军方面死中求活，展开肉搏。可惜太平军的后继部队没有跟上，缺口被湘军侥幸地堵住了。

太平军这次发动大战，虽然在人数上和火力上占优势，但也存在许多困难。首先是作战时已入深秋，转瞬之间隆冬即至，太平军远道而来，缺乏棉衣。其次是十余万人聚于一地，觅食困难，所以曾国藩在信中安慰曾国荃说：“贼数闻以十万计，每日须食米千石，若无大舟搬运，何能持久。吾在徽用兵二载，深知陆路运米之难，即在金陵城内运至谷里村一带，数十里之内，月运三万石，经理亦极不易。况城贼（按：指天京城内太平军）之米未必肯多搬出”，“从此益加谨慎，再过十日，贼若无如弟何，自必溃而至他”④。再

①② 《曾国藩全集》，奏稿，卷一七，《缕陈金陵各营苦守情形折》。

③ 后多隆阿在襄阳被陈得才军所牵制，陈学启因李鸿章不愿派赴天京，蒋益澧因浙江紧张，均未成行。白齐文则要求占领天京后，分润天京财富，条件未谈妥，亦未成行。

④ 《曾国藩全集》，家书，卷八，《致沅弟》（同治元年九月初二日）。

次，上游准备回援天京的陈得才军被清军阻拦于大别山前，不克东下，11 月陈得才放弃回援天京的打算，再度远征陕西，所以天京太平军失去了一个强有力的远应。最后，主攻金柱关之护王陈坤书军亦连日战斗，但被湘军水师所击败，而辅王杨辅清等攻打宁国府亦相持未下，所以天京太平军的近援亦未能作有效的支持。由于以上几个因素，李秀成、李世贤只好暂时收兵，包围天京的湘军主力侥幸地避免了被击溃的命运。

这次天京会战，历时 46 天。清军真正是千钧一发、死里逃生。曾国荃叙述当时情况说：

> 弟自去夏秋在安庆经过恶风巨浪，以为贼不足以制我，敢于悬军深入，不意事与愿违，多、鲍大军皆不能并集于二百里内，初则以为可以自强，不望他人来援，而亦可以自立。迨后天灾流染，军中疾病孔长，摧折我精锐几有三成，存者不过七成，又将有四五成久病不痊者，其幸而能执干戈以御贼者仅二三成。病愈之勇，倏来强寇，实数满二十万，孤立无援，实所难堪，竟遂为贼所制，寸步难动。占地五六十里，前后左右皆贼环伺……濒于危者屡矣。幸天气晴朗，将士齐心，勉强支持已二十余日，惟二十九、初一、初三皆最险，初五一战而西路乃有转机，初六、七、八、九东路亦极危险，至十二日又几殆哉，幸克转危为安，贼中死者伤者实逾六七千人，至此而守局乃大定也……贼之火器精利于我者百倍之多，又无日不以开花大炮子打垒内，洋枪队多至二万杆，所以此次殒我精锐不少，伤我士卒不少。①

甚至太平军猛烈的攻势已经过去，李秀成等已有退兵迹象的时候，曾国藩犹有余悸，告诫曾国荃乘势撤天京之围，他说：

> 我轻心深入，以侥幸于不可得之城，弟之骤进，余之调度，皆轻敌而不能精审。此次经一番大惊恐，长一分大阅历，如忠

① 曾国荃致郭崑焘书，见《八贤手札》。

侍等酋解围而去，弟当乘势退兵……若长扎雨花台，以二三万劲旅屯宿该处，援贼不来，则终岁清闲，全无一事。援贼再来，则归路全断，一蚁溃堤。此等最险之着，只可一试再试，岂可屡屡试之，以为兵家要诀乎?①

从以上两段话，可以想见这次战况的激烈和湘军所处的危险地位。

由于李秀成未能打破湘军、解除天京的包围，受到了“严责革爵”的处分。天王复命令秀成渡江北征，以便扯动南岸的湘军去北岸作战，从而减轻天京的压力。同时，为了配合李秀成的活动，侍王李世贤、辅王杨辅清、堵王黄文金等也深入皖南，分别进攻金柱关、宁国、泾县、黟县一带。太平军放弃了在天京硬打硬战的做法，而采用这个所谓“进北攻南”的战略，但是这个战略计划的根本意图仍然是要解除天京的包围。

1862 年 12 月，太平军的先头部队在章王林绍璋、对王洪春元的率领下渡江至浦口，打败清军江南提督李世忠（即李昭寿）的军队，占领了江北的江浦、含山、巢县、和州等城市。1863 年 1 月初，曾国藩立即从淮南和天京两地调动一部分湘军水陆师到无为州拦截，由于太平军渡江的先头部队人数不多，因此，双方胶着于巢湖边上。这时候，东线的形势发生了一个突然变化，常熟的太平军守将骆国忠于 1863 年 1 月叛变投敌，把县城献给了李鸿章。常熟本来处在太平军东战场的后方，距苏州仅一百里。常熟城的突然沦陷，使清军得以插入太平军的心脏，大大影响了太平军东线的防御体系，东线太平军陷入了腹背受敌的境况，所以忠王李秀成的大军不得不暂缓渡江，先救常熟。

1863 年 2 月，忠王李秀成、慕王谭绍光等率大军进攻常熟，叛徒骆国忠凭借着城内米粮充足、军火齐全的有利条件，顽固地进行抗拒。同时，李鸿章对于常熟事件十分重视，认为这是使太平军“自相残杀，且使目前上窜大股，各思回救”②，从而破坏太平军作战

① 《曾国藩全集》，家书，卷八，《致沅弟》（同治元年九月二十一日）。

② 《李鸿章全集》，奏稿，卷二，《收复常熟昭文攻克福山浒浦折》。

计划、动摇太平军军心的好机会，所以一面密令游击周兴隆混入常熟城中，帮骆国忠守城；一面派总兵程学启、郭松林会同“常胜军”代理统领奥伦（John Yate Holland）进攻太仓，派总兵鞠耀乾率水师会同“常胜军”管带勃兰（Major Brennan）进攻福山镇，后来又陆续派提督黄翼升、编修刘秉璋、道员潘鼎新、副将刘铭传等到福山助战。进攻太仓和福山就是为了呼应和援助常熟的防守战，清军方面几乎投入了东战场的全部力量来争夺常熟，因此太平军虽然英勇地在太仓、福山等地连续给清军以重大的打击，但是到底仍未收复常熟。那时，太平军的渡江先头部队已经在巢湖边上和湘军展开战斗，忠王李秀成的大军势不能久攻常熟。1863 年 3 月，李秀成又不得不暂时搁下东线的战斗，西返天京，从天京渡江北进。

李秀成的大军在西战场和东战场之间一往一返，这就耽误了时机，影响了原定的作战计划。曾国藩已经争取到了时间，在淮南地区层层设防。4 月，李秀成渡江西进大举进攻巢湖边之石涧埠，包围了清军道员毛有铭的营垒，“营中文报不通，粮运汲道，一时俱绝”①，这支军队屡濒于危，但没有几天，湘军的水陆援军陆续开到，李秀成只得撤围西走。5 月，李秀成攻庐江，庐江有新练的淮军吴长庆部扼守，故不下；李秀成又攻舒城，舒城有湘军道员蒋凝学的抗拒，又不下；李秀成转攻桐城，桐城又有湘军提督周宽世的阻拦，又不下；李秀成又向北攻打六安州，六安州又有湘军道员曾广翼的抵御，又不下。清军在淮南地区一味采取防御的方针，“专守为稳，以逸待劳”，使李秀成的大军“攻又不下，战又不成”②，从而挫伤李秀成的锐气。太平军这个“进北攻南”的战略本来有三个意义：第一是扯动围攻天京的湘军，使其回援淮南，以减轻天京的压力；第二是淮南产粮颇多，占领这些地区可以缓和革命内部的饥荒；第三是想重振皖北残破的革命局面，与扶王陈得才、捻军张乐行等取得联系。可惜许多主客观条件限制了太平军，这些战略目的一个都没有能够达到。首先是老奸巨猾的曾国藩很不容易上钩，他亲自

---

① 《曾国藩全集》，奏稿，卷一八，《石涧埠六安州庐江等处战守情形折》。

② 《李秀成自述》。

从安庆到天京前线视察了军情，决定仍用主力对付天京，在天京发动一连串攻势，把雨花台和聚宝门外为保护天京安全而设的石城石垒全部攻破，而在江北地区却采取坚守的方针①，不去跟着李秀成追踪寻斗。这一方面使李秀成的大军在淮南地区形成求战既不能、攻坚又不下的局面；另一方面在天京形成紧张形势，使李秀成不得不回顾根本之地。其次，李秀成进入淮南地区“正逢青黄不接……此地正无粮，被苗沛霖之兵久害，民苦万分，官兵（指太平军）又未得食，饿死者多，食不充饥，如何为力”②。李秀成本来想在此地搞一些粮食接济天京，可是跑到这里，连从征军队都吃不上饭，哪里还有粮食去接济天京。第三，当时皖北的斗争形势进入低落阶段。1862 年底，僧格林沁在镇压了山东、河南一带的人民起义军之后，率军入皖北，张乐行集合残败的捻军进行抵抗，可是这时的捻军既无太平军的支援，又无山东、河南起义人民的呼应，成了孤军作战，而且新败之后士气不振，难以抵抗僧格林沁强大的骑兵部队。1863 年 3 月，捻军战败，僧格林沁夺取了雉河集、尹家沟等捻军的据点。张乐行率其子张席、义子王宛儿等突围走西洋集，投奔当地捻首李加英（李勤邦），当时他还不知道李加英早已投降了清军，这一去分明是自投罗网。李加英捆缚乐行父子献于清军，张乐行遂被杀害。皖北捻军自张乐行败后，呈现土崩瓦解的局面，一部分捻军在张宗禹（张乐行之侄）、任柱的率领下，和太平天国远征军陈得才、赖文

---

① 曾国藩在给沈葆桢的信中说：“弟此次察看前敌各军，本拟金陵若成久顿之势，即当另筹退兵之计。及至各处，反复察度，势已万难撤动，而南岸如芜湖、金柱关、湾沚、宁国，北岸如西梁山、裕溪、运漕、无为州等处，皆筋脉必争之地。从前贼中米粮百物，皆取给于此数处。今大小河道皆为官兵所有，谷米日用之需，丝毫皆须肩挑入城，故贼中大以为不便。屡搜获伪文及生擒贼供，群贼皆图争此数处。故伪忠王去年苦攻金陵官营，今年大股北渡，图犯西梁、无为，伪侍王屡攻金柱关，伪堵王辅王久犯宁郡芜金一带，皆以无粮之故，较之昔年和张在金陵时，贼取全皖之米者，局势迥不相同。以是观之，果能坚守此数处，实足以制贼死命。”（《曾国藩全集》，书札，卷一一，《致沈中丞》）又他在给郭嵩焘的信中说：“如皖南所守九城五隘，皖北所守九城四隘，皆山川筋脉必争之地。我守之则足以制贼，贼得之则非旦夕所可收复。忠、侍、杨、黄诸酋，自去秋至今，始终力争沿江各郡县，卒未得一逞其志，亦未尝不由坚守之功。”（同上书，书札，卷一一，《复郭筠仙》）。

② 《李秀成自述》。

光等合作，西走河南，一部分捻军如刘玉渊、刘学渊、姜台凌、苏天福均失败被杀，还有一部分捻军如王怀义、杨瑞瑛、赵浩然等都投降了清军。等到忠王李秀成的大军开到皖北，皖北地区除了一个反复无常的苗沛霖外，全都归入了清朝的掌握之中。由于以上所述的种种情况，太平军的三个战略目的一个也没有达到，李秀成无可奈何，只得懊丧地折返天京。1863 年 6 月，李秀成的大军回到江浦浦口渡江，“斯时正逢大江水涨，路道被水冲崩，无处行走。那时和州又败，江浦失守，官兵纷乱，然后将舟只先渡将官、战兵、马匹过河，将已过尽，尚有老小以及不肯上舟马匹落在江边。此时九洑洲又被水没，官兵无栖身之所，有米无柴煮食，饿死甚多，正逢杨帅、彭帅（杨岳斌、彭玉麟）水军前来攻打，下关又被水师攻下，失此之营，九洑洲因而退守，余有未过来之兵亡者甚多……此举前后失去战士十数万人”①。李秀成从天京会战以来，并未打过大败仗，可是他长期奔波于长江两岸，疲劳困顿，饥寒交迫，他的战略计划又屡次不能实现，因此弄得士卒散亡，锐气大伤，特别是在这次渡江战斗中，遭到惨败，这支号称百万的大军，竟然一蹶不振。当时李鸿章就幸灾乐祸地说：“伪忠王李秀成自十年（咸丰十年，即 1860 年）春间攻破金陵长围，迭陷苏、常、杭、嘉、湖各处，上窜江西、湖北，先后掳胁溃兵游匪，众以百万计，分置各城，又尽得东南财赋之区，取精用宏，日以强大，几至不可收拾。自去岁屡战屡败，及招降各城，精锐散亡，不下二十余万。今年春夏间，窜皖北失利，经上游官军截杀解散又十余万众。其自九洑洲过江，仅存四五万人。”② 这不能不说是由于战略计划的错误而招致的不良后果。

当李秀成渡江入皖北之际，长江南岸也有大批太平军配合西进，但这些队伍零星分散，战斗力较弱，所以也未能取得显著的战绩。其中侍王李世贤于 1863 年初曾经屡次进攻芜湖金柱关，但均被湘军击退，以后李世贤就退回广德去了。辅王杨辅清于 1863 年初曾经联合皖南的太平军各王，在宁国、泾县和鲍超再

① 《李秀成自述》。

② 《李鸿章全集》，奏稿，卷五，《筹办大略片》。

度作战，又失败。3月间，天国诸王分路西走，湘军在皖南也同样采取守势，任凭太平军进入江西不加阻拦。6月，天国诸王先后抵达鄱阳湖边（最先入江西者为堵王黄文金、孝王胡鼎文，鼎文不久即战死，此后奉王古隆贤、匡王赖文鸿、跟王蓝仁得、随王杨柳谷、佑王李远继、爱王黄崇发、襄王刘官芳以及自浙西来之花旗队伍金王钟英、感王陈荣、天将谭星等均先后进入江西），这些队伍在皖南和江西边境此往彼来，像穿梭一样。这些军队数量虽不少，但是指挥不一，战斗力弱，既不能选定几个重要城市进行大规模的攻坚战，又不能联合起来跟皖南湘军作一次有效的野战。因此他们的声势虽然不小，但始终不能造成对清军的严重威胁。直到1863年7月，湘军臬司刘典、道员席宝田、提督江忠义、盐运使李榕合兵进攻，太平天国诸王又被迫纷纷折返皖南。

五、太平天国苏南战场的瓦解

忠王李秀成联合天国诸王在西线战斗了将近一年，始终没有纾解天京的危急。可是就在这一年的时间内，上海方面的李鸿章军和浙江方面的左宗棠军却获得了一个乘虚直入的机会，在东线对太平军发动一连串攻势，逐步地逼近了苏州和杭州。

李鸿章（1823—1901），号少荃，安徽合肥人，出生于官僚地主家庭。青年时代从学于曾国藩，1847年考中进士。太平军到达长江流域，李鸿章即在故乡办团练，先后随从吕贤基（安徽团练大臣）、江忠源（安徽巡抚）、福济（安徽巡抚）等和太平军作战，这时安徽团练力量非常薄弱，常常打败仗，李鸿章在这支倒霉的军队里也长期抑郁不得志。1858年底他离开安徽，到江西投入他的老师曾国藩的幕府，帮曾国藩起草奏折和各种文件。

1861年，李鸿章的运气来了。那时太平军席卷了东南，声威极盛。江浙一带的官僚、地主、富商都灰溜溜地跑到上海租界内，以求靠外国侵略者的荫庇。这些逃亡在上海的官僚、地主、富商们拥有极大的经济力量，他们要求建立一支强大的军队，以保证自己安乐窝的安全。那时外国侵略者虽然已经尽力地提供了这种保证，但是毕竟外国侵略军人数有限，难以抵挡强大革命军队的进攻，而江苏巡抚薛焕临时雇募的军队又是散漫无纪，战斗力十分薄弱，不能满足上海士绅们的要求。① 于是他们宁可抛开这支腐朽的军队，而用自己雄厚的经济力量去支持曾国藩。1861 年 11 月，江浙士绅的代表钱鼎铭等至安庆谒见曾国藩，要求曾国藩派兵到上海去保护他们，同时以在上海预筹粮饷作为交换条件。这对于曾国藩来说倒是一件有利可图的买卖，于是曾国藩痛快地把这桩买卖承揽下来，命令他的得意门生李鸿章招募人马。李鸿章随即纠集了张树声、周盛波、潘鼎新、刘铭传等安徽籍地主，在从前安徽团练的基础上编成了淮军，曾国藩还派遣湘军将领程学启、郭松林等去帮忙。1862 年春，淮军在安庆整装待发。上海的士绅们也果然不食前言，不仅给淮军准备了丰厚的军饷，而且为了使淮军及时而又安全地到达上海，还不惜花费 18 万两银子的重价雇了几艘英国轮船，从长江上把淮军迎接到上海。同时，曾国藩又向清廷保荐李鸿章“劲气内敛，才可大用”，李鸿章在各种反对革命势力的积极支持下，一跃而成为署理江苏巡抚。

1862 年 4 月李鸿章到达上海，这时正是忠王李秀成二攻上海的紧张阶段，这支被上海士绅们奉若神明的淮军也照样被太平军打得落花流水。不过太平军由于天京危急，7 月间即停止了对上海的进攻，于是李鸿章能够腾出手来整顿队伍，拉拢中外反对革命的势力，组织反攻。

李鸿章在上海的军事、政治措施，主要是以下几方面：

第一，尽力巴结外国侵略者，博取其欢心，以支持自己镇压太平军。据李鸿章自己说，“鸿章之营，无日不有洋人过从”②，“华尔打仗实系奋勇，洋人利器彼尽有之，鸿章近以全神笼络，欲结一人之心，

---

① 冯桂芬说：“江浙孑遗，无不趋上海洋泾之上，新筑室纵横十余里，地值至亩数千金，居民殆不下百万，商贾辐辏，厘税日旺，官中益得以招将募勇，逾年兵至五万四五千，然皆市井无赖，或窃盗，或通贼。贼窥伺日益甚，每至，我兵辄溃。”（冯桂芬：《显志堂稿》，卷四，《皖水迎师说》）。

② 《李鸿章全集》，朋僚函稿，卷一。

以联各国之好”①。他甚至坦率地承认，在他自己的媚外政策之下，“沪城内外各事，皆洋人主持，为所欲为”。李鸿章的这种媚外政策正是得之曾国藩的亲授，曾国藩曾经教导李鸿章说：“与洋人交际，丰裁不宜过峻，宜带浑含气象，渠之欺侮诡谲，蔑视一切，吾若知之，若不知之，恍似有几分痴气者，亦善处之道也。”② 李鸿章恪守着他的老师所发明的这个汉奸“理论”，果然大大受到外国侵略者的赏识。

第二，扩大、整顿“常胜军”。“常胜军”原来的统领华尔在浙江被太平军击毙后，继任的统领白齐文有极大的个人野心，对财富的掠夺根本不择手段，对清朝官僚也一概瞧不起。而且白齐文是一个美国浪人，在外国人眼里地位比较低，李鸿章老早就想撤换白齐文，代之以一个地位较高的外国人。有一次，白齐文竟然在光天化日之下闯到上海粮道杨坊家里，抢走了四万两饷银，并且还把杨坊痛打一顿。李鸿章便决心把白齐文撤职，请求英国政府派遣一个正式军官来担任“常胜军”统领的职位，以便和外国侵略者更进一步地合作，于是英军工兵队指挥官戈登（Charles George Gordon）接统了“常胜军”。戈登是英法联军中进攻北京的一个侵略分子，参与过抢劫和焚烧圆明园的罪恶活动，这时又在李鸿章的邀请下出来一显身手，屠杀中国的革命人民。在戈登的主持下，“常胜军”扩充到四千人，全部配备洋枪、洋炮，并有大批外国军官参加，这支军队一直是太平军在东战场的最凶恶的敌人。

第三，用洋枪、洋炮武装淮军。李鸿章在和外国侵略军配合作战中，体会到洋枪、洋炮的厉害，他一面称赞“洋兵数千，枪炮并发，所当辄靡，其落地开花炸弹，真神技也”③，一面就“日戒谕将士，虚心忍辱，学得西洋一二秘法”④。自 1863 年起，淮军各营都聘请了外国教练，购置了大批西洋枪炮。侵略者卖给清朝军队的武器大多是陈旧坏烂的前膛枪、前膛炮之类，但是清朝军队拿这些武器

---

① 《李鸿章全集》，朋僚函稿，卷一。

② 《曾国藩全集》，书札，卷一九，《致李少荃中丞》。

③ 《李鸿章全集》，朋僚函稿，卷一，《上曾相》。

④ 同上书，朋僚函稿，卷二，《上曾相》。

来对付手执刀矛的太平军，也就感到“颇为得力”了。淮军是中国各种军队中最早采用外国武装的，它在向侵略者学习屠杀中国人民本领这一点上，可说是“开风气之先”，因此它后来能够代替湘军成为统治阶级最重要的一支反动武装。李鸿章后来扶摇直上也是靠着这支反动军队作为政治资本。

李鸿章虽然在上海得到了外国侵略者的大力支持，但在他到上海半年多的时间里，军事上尚无转机。李秀成带走了大部分太平军西援天京去了，他在临走以前在东线布置了严密的防御体系，慕王谭绍光总管着这个防御网，调度得宜，使得李鸿章和外国干涉军长期以来无隙可乘。谭绍光还数次出兵，以攻为守，1862 年 8 月底曾抵达上海西郊之法华镇、北新泾，给敌人以严重的威胁。10 月间又在嘉定四江口围攻淮军参将刘士奇的营垒，打得刘士奇几乎全军覆没。可惜太平军队伍很庞杂，根据地内又有地主团练武装的猖獗活动。太平军中一部分投机分子勾结团练策划叛乱，因而发生了 1863 年 1 月的常熟事件，叛徒骆国忠以常熟城降于李鸿章，这样就使得太平军东线防御网上留下了一个缺口。1863 年初，太平军集中了极大的力量希望复夺常熟，李秀成并因此而延迟了出兵皖北的时间，可是清朝方面也调来了淮军和“常胜军”的大部分兵力，以确保这个插入太平军后方的据点。1863 年 4 月，常熟战斗结束，清方侥幸地守住了常熟城。由于常熟的失陷，太平军东线的太仓、昆山都变得孤立地突出在敌前。5 月，太仓守军太平天国会王蔡元隆部大败淮军统领李鹤章（李鸿章之弟）及总兵程学启，鹤章腿部中枪，几乎被俘，“常胜军”也在这次战斗中死伤将近三百人，其第四队管带柏伦（Bannen）也被击毙。太平军获胜后，主动放弃了太仓。5 月下旬，双方又在昆山展开激战，慕王谭绍光等亲自率军赴援昆山，把程学启围困在昆山的东门外，戈登率4 000名“常胜军”赴援，也大吃败仗。[①] 后来，还是外国侵略者

① 据《太平天国野史》慕王谭绍光传：“太平十二年，学启陷太仓，会洋将戈登进攻昆山，绍光即遣一军当学启，自率精锐并力战戈登，杀‘常胜军’数百人。戈登遁松江。绍光曰：‘此小创耳，犹不足以释我恨也’。”这个记载略有小误，戈登实未回松江，但约有两千“常胜军”遭到太平军痛击，溃退松江。英国贺翼柯所著《戈登在中国》中说：“‘常胜军’在昆山胜利以后反而逃散大半，以致使戈登不得不从俘虏中挑选人来补充”，实指此事。

开来了 80 艘汽轮和小炮艇，控制了河汊港湾，才迫使太平军退出了昆山城。

清方夺取了常熟、太仓、昆山以后，气焰更加高涨。1863 年夏，李鸿章制订了进攻苏州的战斗计划，总兵程学启当中路，进攻苏州；同知李鹤章、总兵刘铭传当北路，进攻江阴、无锡；戈登的“常胜军”和总兵李朝斌的水师当南路，进攻吴江；编修刘秉璋、道员潘鼎新和副将杨鼎勋等屯兵于金山卫一带，专门对付浙江方面听王陈炳文等的太平军。

1863 年秋，苏州附近展开了大规模的争夺战。7 月，戈登用汽轮和炮队攻陷吴江，太平军扬王李明成败退，吴江失守。吴江为苏浙两地太平军联系的纽带，戈登夺取了吴江，使得苏浙两地太平军的联络被隔断。浙江方面的太平军（荣王廖发寿，时驻嘉兴）虽曾多次努力希望夺回吴江，但都没有成功。同时李鹤章、刘铭传等进逼江阴的军队也和太平军方面的护王陈坤书、潮王黄子隆、广王李恺顺、趋王黄桂章、武王汪有维等，在江阴城外展开了战斗。太平军诸将领在大敌当前的时候，内部仍旧在闹意见分歧，陈坤书作战不肯出力，想回常州，李恺顺“给粮万石，留其协攻，限七日定破杨库”①，其他天国诸王对陈坤书的态度很不满意，因此在杨库战斗中不能很好地合作，结果太平军战败。9 月中旬，江阴失守，广王李恺顺奉忠王之命，“与城存亡，誓不逃弃”，英勇牺牲。清军在吴江和江阴得胜后，立即进兵无锡，企图扼断苏州的后路，困死苏州的太平军。

这时，忠王李秀成已经从皖北渡江回到天京，东战场上希望李秀成火速援救，每日有求救文书到京，但是天京也在清军的包围中，人情惊慌，天王不准李秀成离开。后来，李秀成再三请求出京，天王命李秀成出饷银 10 万两，并留其母子为质，方才准许他去救援苏州，而且还限令 40 日内必须返回天京。1863 年 9 月底，李秀成偕李世贤至苏州，进攻城外宝带桥清军营垒，不胜。这时候，“常胜军”的前统领白齐文，由于跟李鸿章分赃不均闹翻了，他就带了几个外国流

---

① 《李鸿章全集》，奏稿，卷四，《杨库长泾先后获胜片》。另施建烈《纪（无锡）县城失守克复本末》卷三中亦有类似记载。

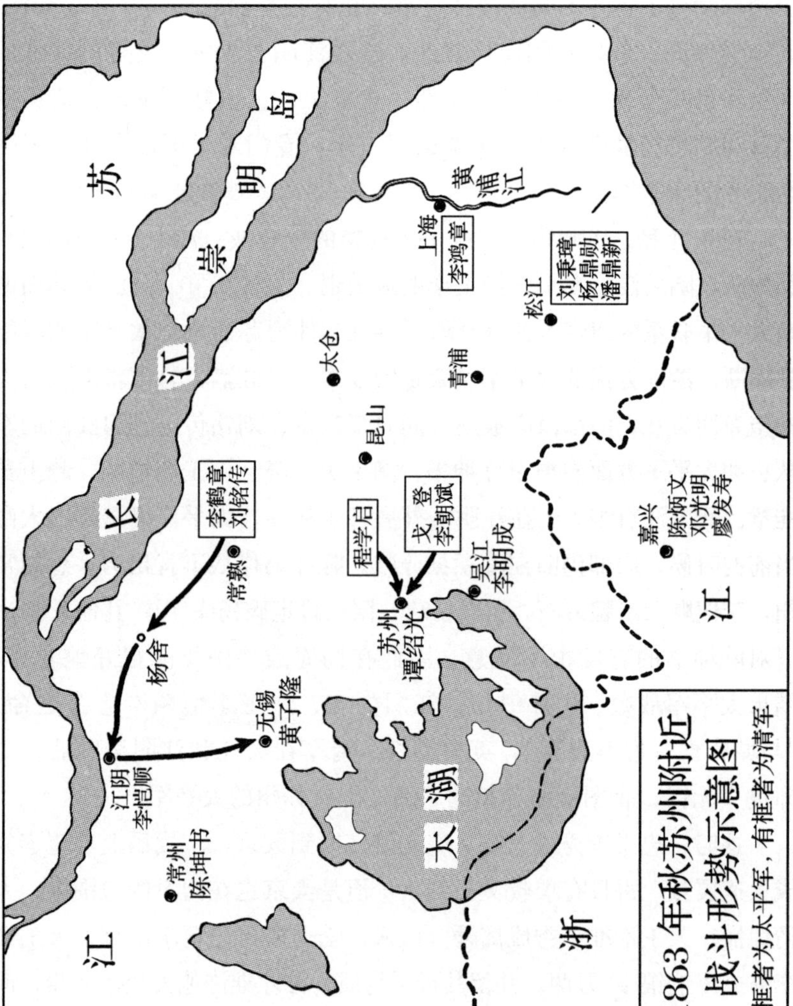

1863年秋苏州附近战斗形势示意图

无框者为太平军，有框者为清军

氓分子跑到太平军的队伍里来。这个投机冒险分子在觐见洪秀全的时候，表示愿意帮助太平天国打倒清王朝，条件是他和太平天国平分中国，并且狂妄地说："尔天王兵而虽众，不及洋兵万人，有我洋兵三二万众，又有火舟，一手而平"，"尔不与合，尔天朝不久"①。太平天国农民英雄们的骨头是硬的，他们虽然处在困难之中，但是绝对不肯牺牲祖国的领土、主权来换取外国侵略者的支持。洪秀全认为"事成平定（分），天下失笑，不成之后，引鬼入邦"②，因而断然拒绝了白齐文这个荒谬的建议。据当时随同白齐文去天京的美国军官钟思（C. F. Jones）说："南京之行，白齐文并没有得到预期的结果，虽然他极希望做一支军队的统帅，以便单独行动，但太平将领没有给他独立的统帅权，只命他带领自己原有的军队。"③

1863年10月和11月，苏州附近的战事进入白热化阶段。淮军李鹤章、刘铭传等在打下江阴之后，全力进攻无锡，企图切断苏州的后路，李秀成即从苏州赴援，双方大战于无锡之大桥角，太平军失利，苏州遂成死困之局。刚刚投入太平军的白齐文看到革命的不利形势，又暗中向戈登接洽投降。这件事被太平军查获，慕王谭绍光立即把白齐文软禁起来（不久，白齐文即被太平军驱逐回上海）。这时候，守在苏州城内的一批太平军高级将领在危急关头也发生了动摇，其中包括纳王部永宽、康王汪安钧、比王伍贵文、宁王周文嘉以及天将汪有为、范起发、张大洲、汪怀武等八个高级将领，他们开始是拒绝慕王谭绍光的调度，多方牵制谭绍光，不肯积极抵抗敌人，李鸿章谈到苏州太平军的防御情形说："城内贼众，唯慕逆一股，守志甚坚，余皆解体。"④ 他们都拥有自己的一部分军队，不但

①② 《李秀成自述》。

③ 钟思的志愿陈述书，见王崇武等译：《太平天国史料译丛》。外国侵略者要求与太平天国平分中国之事，见于《李秀成自述》之篇末，唯自述中未载明是哪一个侵略分子提出的，也未载明时间。据罗尔纲先生考证，这事发生在1861年，是英国海军上将何伯与参赞巴夏礼视察长江时提出的。何伯与巴夏礼都是英国的重要官员，根据当时英国政府对革命的仇恨态度和对清朝的扶植政策，何伯、巴夏礼提出这个建议，很不符合他们的身份。我认为，这个荒谬建议可能是冒险分子白齐文提出的，因为白齐文是美国浪人，他在中国的活动反映着外国资产阶级冒险分子的要求，他和李鸿章、戈登都有矛盾，长期以来就想在中国建立一个"独立王国"。1863年8月、9月间他曾去天京，住了15天，而且觐见过天王。

④ 《李鸿章全集》，奏稿，卷五，《克复苏州折》。

谭绍光没有办法对付他们，连李秀成最后已经洞察到他们企图叛变的阴谋，但是也没有能坚决地处理他们。最后，他们竟偷偷摸摸地和程学启、戈登进行投降谈判。这八个叛徒长期以来和谭绍光有积怨，而且知道谭绍光是个宁死不屈的硬汉，“宁可拼掉最后一滴血，也决不投降”①。他们布置了一个阴谋，1863 年 12 月 4 日在一次会议上突然刺杀谭绍光。谭绍光是太平天国后起的优秀将领之一，对革命非常忠诚，作战很勇敢，他主持东战场的军事，屡次打败外国干涉军。威尔逊所著《常胜军》一书叙述他和戈登夜战情况说：“太平军所防守的长行列栅堡宛如一条火线……慕王在前面的栅堡上，跣足而立，未著鞋袜，奋勇作战，宛如普通士兵”，又说：“慕王为人勇敢而聪敏，在困难之中从未示弱”②，李鸿章称其“坚忍凶狡，百倍寻常”③。可见敌人也不能不承认慕王的坚强英勇。郜永宽等八个叛徒阴谋刺杀了谭绍光之后，立即开城投降。但是这些叛徒最后还是落了一个悲惨的后果，嗜杀成性的李鸿章、程学启自食他们对郜永宽等的诺言，把郜等八人一起杀死。叛徒们得到这样一个收场，也算罪有应得。

六、太平天国浙江战场的瓦解

当李鸿章和外国干涉军在一起，从上海向苏州进攻的时候，另一支反革命的主力军，即左宗棠所率领的老湘军，也从浙西向杭州进攻。在苏州失陷以后四个多月，杭州也被清军攻陷。

左宗棠（1812—1885），字季高，湖南湘阴人，出身于地主家庭，考取过举人，但以后就屡试不售，一路蹭蹬，生活颇为潦倒。不过左宗棠究竟是封建阶级中的高等知识分子，他和当时不少官僚都有师友关系，所以被荐到湖南巡抚张亮基的幕府里当一个师爷。这时正好太平军从广西进入湖南，围攻长沙，左宗棠协助张亮基防守长沙，开始显露出他的军事才干。以后骆秉章任湖南巡抚，左宗

① 贺翼柯：《戈登在中国》，“谋杀太平诸王”。
② 威尔逊：《常胜军》，第十一章，“苏州的占领”。
③ 《李鸿章全集》，奏稿，卷五，《克复苏州折》。

棠又当了骆秉章的幕僚。当时湖南是湘军最重要的后方，饷源兵源差不多都出在湖南，左宗棠在组织湖南反革命力量方面，出了不少力气。所以反动派对左宗棠揄扬备至，甚至说："国家不可一日无湖南，湖南不可一日无左宗棠。"（潘祖荫语）左宗棠名头太大了，不免遭到满洲贵族的猜忌，湖广总督官文借故弹劾左宗棠，左宗棠几乎落了一个"就地正法"的结果，以后他便跑到曾国藩、胡林翼那里去避难。一直到60年代，曾国藩升任两江总督，汉族地主的权力大大提高，曾国藩便以"思力精专、识量闳远，其才可以独当一面"①，保荐左宗棠为四品京堂襄办皖南军务。以后太平军长驱入浙江，浙江全省望风而下，曾国藩又保荐左宗棠为浙江巡抚，主持全浙的军事。这个潦倒大半辈子的不第举人一跃而为封疆大吏，对于清皇朝感恩知遇，镇压起太平军来也格外的卖力。

1862年春，左宗棠率领军队自江西入浙江。左宗棠的军队绝大部分是老湘军②，其主力有1万人，后来又归并了衢州李定太军8 000人、江山李元度军7 000人，又调来了藩司蒋益澧军1.5万人、总兵刘培元等6 000人，总数将近5万人，实力不为不厚。但浙江太平军高垒深沟，严密防御，在很长的时间内，使左宗棠顿兵于浙西，不能越雷池一步。1862年初，左宗棠和侍王李世贤、对王洪春元等相持于江山、衢州一带，左宗棠用尽全力，始终没有多大进展③，到1863年初，仍旧停留在浙西的龙游、兰溪、汤溪一带。可是，相持日久，太平军的内部又发生了问题。浙西地区的太平军本有好几支，最强大的一支是侍王李世贤的部队，另外还有两支较小的队伍，一支是天地会将领谭星（主将）、谭体元（主将）、陈荣（崇天安）、曾亨贵等的部队，这支部队虽然接受了太平军封号，和太平军并肩作战，可是他们的组织系统、军事指挥都跟太平军不一样，甚至旗

---

① 《曾国藩全集》，奏稿，卷一一，《请留左宗棠襄办江皖军务折》。

② 老湘军是由王錱训练的，其成军时间较曾国藩的湘军为早，其营制亦与后来的湘军略有出入。王錱因为和曾国藩有矛盾，所以始终别树一帜。后来王錱在江西病死，这支军队大部分归左宗棠统率。

③ 李秀成说："左自乐平以后，无能战矣，兵皆老病故也。"（《李秀成自述》）这是批评左宗棠军战斗力之弱。乐平指1861年4月左宗棠与李世贤在江西乐平的战斗。

号也是别树一帜（太平军树黄旗、天地会树花旗）。花旗队伍战斗力较弱，纪律也不好，太平军和花旗之间常闹摩擦。左宗棠说：花旗“系广东无赖匪徒，前年由广东、湖南、江西入浙皖者也。人数最多，无甚伎俩，为金陵贼党所不齿，时尾贼后，游行掠食，踪迹靡常”①。左宗棠的话带着极大的诬蔑性，当然不可全信，但是花旗队伍战斗力弱以及和太平军不能很好合作，这却的确是事实。另一支是对王洪春元所率领的太平军。洪春元是天京洪氏集团中比较有军事才干的人，常常带兵出征，可是由于洪氏集团和秀成、世贤兄弟矛盾很大，所以不能够很好地合作。这三支系统的队伍混杂在一起，不能够做到团结一致。特别是 1862 年 7 月，洪春元率军回天京去了②，这时候正是左宗棠在猛攻浙西之际，这不免就削弱了浙西太平军的战斗力。10 月，李秀成在天京举行会战，邀请世贤助战，李世贤只好暂时放下浙西的军务，回援天京。李世贤临走的时候，在浙西战场作了周密的布置，以龙游、汤溪、兰溪为前哨阵地，派遴天义陈廷香驻龙游、忠裨天将李尚扬驻汤溪、天地会领袖谭星驻兰溪，正面抵抗左宗棠的进攻；以金华为后方，派练业坤、刘政宏驻守；以严州（今建德）、处州（今丽水）为两翼，天地会部队谭富守严州，谭体元守处州。此外还有许多军队分布在其他城市。这个防御体系由李尚扬负责主持。③ 特别是龙游、汤溪、兰溪这三个前哨据点，防御工事建筑得非常牢固。左宗棠派总兵刘培元、道员王德榜攻龙游，派布政使蒋益澧、总兵高连升攻汤溪，派按察使刘典、副将黄少春攻兰溪。一直打了半年多，三个据点仍旧屹立不动，弄得左宗棠简直毫无办法。就像左宗棠自己

① 《左宗棠全集》，奏稿，卷四，《水陆各军攻剿大胜见筹办理情形折》。

② 据左宗棠称，他在 1863 年俘龙游太平军主将遴天义陈廷香，陈廷香供：1862 年夏季李世贤和洪春元“在浙江争讧”，洪春元归天京，控告李世贤。见《左宗棠全集》，奏稿，卷四，《审办龙游首逆片》。

③ 据左宗棠说：“李尚扬一犯，自道光二十九年即入粤西会匪，与匪首萧朝贵、李来芳、李世贤等为死党，伪官至忠裨天将，所部老贼多至十数万，巨逆李世贤赴溧阳，倚其固守金华为老巢，密嘱其以龙、兰、汤三城为犄角，严、处为爪牙，以抗大军。”（《左宗棠全集》，奏稿，卷四，《连克汤溪龙游兰溪三县并金华府城生擒首逆折》）

所说：

各城及附城诸垒，坚不可拔，每猛攻一次，将士之奋勇最著，多带枪炮子伤，或登时殒命。缘猾贼知官军不可力敌，遂以死守城垒，穴墙开炮为得计。城垒之外，濠沟深阔，木桩地针，环濠数十丈，遍地密布，不能容趾。官军逼攻愈猛，伤亡愈多。而龙游、汤溪两城为金华要道，必两城下，后路清，而后可攻金华。兰溪一水直达严州，必兰溪下，饷道通，而后可攻严郡。此三城者如骨在喉，非探取之不快。而各营业已逼近贼之城垒，相距不过一里半里，势亦难舍此他图。臣前奏所以虑其旷日持久之局者此也。①

但是，堡垒是最容易从内部攻破的，浙西战场上的太平军虽然战斗非常英勇，可是内部的纠纷使太平军最后仍不免于失败。最初是1862年7月间，屯驻永康的太平军王宗李仁寿部和屯驻义乌的天地会崇天安陈荣互相冲突，竟至发生战斗，结果陈荣战败，跑到严州和谭富会合。永康和义乌处在浙西防御体系左翼据点处州的后方，这一场内讧大大影响了处州和整个左翼战线的形势，许多花旗队伍都不安心在此坚守下去。1862年8月，主将谭体元放弃了处州以及外围的松阳、宣平、缙云等地，清军总兵秦如虎、林文察等趁机夺取了这些城市，太平军浙西战场的左翼首先垮台了。其次是在同年10月间，罗埠的太平军守将戎天义李世祥叛变投降，罗埠正当龙游、汤溪之间，为两城之间联络的要冲，罗埠的失陷，使浙西太平军的正面防御体系开始发生了动摇。再次是1863年1月间，太平军的右翼防御据点严州又告失陷。严州处在龙游、汤溪、兰溪的侧后方，前有三城屏蔽，且城垣高大，本来是最容易坚守的，但是守严州的都是花旗队伍，战斗力较差，而且太平军和花旗之间的成见已深，彼此援救不力，因此这个最易守御的坚城反而最先被攻破，连左宗棠都说，用偏师打下这样一个坚城，“实非始愿所及”②。

① 《左宗棠全集》，奏稿，卷三，《逼攻龙游汤溪县城贼垒情形折》。

② 同上书，奏稿，卷三，《攻剿严州克复郡城折》。

所以，到1863年初，太平军在浙西的防御体系已经是枝披叶尽。但是，浙西太平军在非常困难的形势下仍旧顽强地坚持到最后，龙游城内物资缺乏，“油盐薪炭俱缺，现已拆屋为炊”①，汤溪、兰溪的情形也差不多。1863年2月底，投降清军的李世祥与太平军中的异己分子彭禹兰勾结，乘李尚扬在前敌督战之际，突出埋伏，将李尚扬俘获。同时彭禹兰又开汤溪城引入清军，汤溪失守。汤溪失守之后，龙游、兰溪的军心不固，龙游城内垒天燕张可成主张向清军纳降，遴天义陈廷香坚决反对，叛徒张可成竟煽动兵变。3月陈廷香退出龙游，在突围时牺牲。同时兰溪的花旗队伍见两城已失，主动放弃兰溪。

至此，太平军在浙西的防御体系完全崩溃。清军意气嚣张地继续占领了金华等城市，军锋直逼杭州。

当太平军在浙西和左宗棠的老湘军进行生死斗争的时候，浙东方面的太平军也和中外反动联军展开鏖战。恶毒的外国侵略者不仅在上海附近参加了对太平军的屠杀，而且他们为了要在更大的规模上帮助反动势力，镇压人民革命，又在浙东地区开辟了第二个战场。早在1862年初，太平军刚刚攻克宁波，侵略分子就在这里一再无理挑衅。当年4月间驻守宁波的太平军开会鸣放礼炮，外国侵略者竟毫无理由地硬说太平军的礼炮威胁了宁波的外国租界。英国呿乐德克大佐和法国海军上尉耿尼（Lieutenant Kenney）要求太平军道歉并拆除炮位。太平军方面戴王黄呈忠和首王范汝增据理拒绝，答复说，放礼炮之事，业已解释明白，炮位系防清军而设，不能拆除。侵略者竟无事生非，借此取闹，谓答复不能令人满意，荒谬地要求太平军退出宁波。太平军严正地拒绝了这个要求，同时向全体战士进行动员，准备抵抗。1862年5月，侵略者出动军舰6艘（内有英舰4艘、法舰2艘），并勾结蹙处定海的清军道员张景渠部，向宁波展开进攻，太平军进行了英勇的抵抗，击毙法军侵略头目耿尼，最后在敌人强大火力的压迫下退出了宁波。外国干涉军夺取宁波之后，

① 《左宗棠全集》，奏稿，卷三，《逼攻龙游汤溪县城贼垒情形折》。

很快就从上海调来了一部分“常胜军”，并就地组织了有英法两国流氓分子参加的中英混合军（又名“常安军”、“定胜军”）和中法混合军（亦称“常捷军”），中英混合军的统领是呿乐德克，中法混合军的统领是法国侵略分子宁波税务司日意格（Prosper Giquel）与法国少佐勒伯勒东（Le Brethon），两军准备对浙东太平军进行更大规模的镇压。宁波的英国领事夏福礼（F. Harvey）还公开叫嚣：“太平军实质上是一种破坏的力量，而我们英国人则是建设的力量，因此，让我们永远各自分开生活吧！我们既不能在同一个空间内呼吸，也不能共同经营一个事业。我不相信，我们将来还有可能再遇见太平军”①。这位夏福礼先生把概念完全弄颠倒了，他所说的“建设力量”实际上就是侵略力量，他所说的“破坏力量”实际上就是反侵略力量。的确，这两种力量是不能够共同生活在一起的，一切侵略势力必将在人民革命的洪流中被最后冲毁。夏福礼指望以后不再遭到革命人民的反抗，这种想法未免狂妄得太过分，事实恰恰相反，就在夏福礼说这些话之后不久，浙东的太平军便开始组织反攻。1862 年 9 月，太平军从慈溪和奉化两地进逼宁波，清军中的天地会布兴有队伍起来反正，给侵略军以沉重的打击。臭名远扬的美国流氓华尔被击毙于慈溪城外。② 以后由于浙西战事紧张，浙东太平军纷纷回援，外国干涉军在优势火力的掩护之下，一步一步扒近了绍兴。他们到了绍兴之后，太平军又组织了一次有效的攻击，法国侵略头子达尔第福（Capt. Tardif de Moidrey，时刚代替勒伯勒东为“常捷军”统领）以及英国海军参将定龄（Jinling）均被击毙，干涉军遭到惨败，死伤百余人，呿乐德克也因这次战败而被撤职。1863 年 3 月，由于浙西太平军失利，影响了浙东军事，太平军遂退出绍兴。那时候，被打得焦头烂额的外国干涉军蛰伏在营垒中，太平军撤离绍兴几天之后他们还不知道，“二十六日有乡民自城逃归，黄头

---

① 夏福礼致普鲁斯函件，转引自王崇武译：《太平天国史料译丛》。

② 华尔在镇压太平天国革命中掠夺了大批财富，其遗产有 6 万英镑（合 18 万两银子）。此外他临死的时候还进行讹诈，其遗言：“上海道台欠我十一万两海关两，杨坊欠我三万两海关两”。后来历任的美国驻华公使都不断催讨。一直到八国联军以后，才合并于美国庚子赔款中偿清，计本利共 368 237 美金。

(指“常捷军”)获之,始知贼出稽山已久,爰入城,括遗物餍而告于总镇”①。

至此,太平军的浙西和浙东战场完全失败,战火遂燃及杭州近郊。

杭州是忠王李秀成的部将听王陈炳文、归王邓光明及康王汪海洋的守地。当左宗棠军和“常捷军”分别逼近杭州的时候,太平军在富阳、余杭、杭州三处重点设防。1863 年 5 月,双方大战于富阳,康王汪海洋大破左宗棠、蒋益澧军,击毙总兵熊建益,左宗棠被迫停顿在富阳城外,托词疾疫流行不利进攻,作坐困之计。一直到 9 月底,左宗棠军和“常捷军”再度发动攻势,才夺取了富阳。10 月左宗棠和“常捷军”包围了杭州和余杭城。太平军虽然处在劣势地位,但仍殊死战斗,屡败敌军。1863 年底,“常捷军”用优势的兵力、火力扑攻杭州,“洋将德克碑以炸炮击凤山门,城坍三丈,洋兵踊跃先登。(陈)炳文回战缺口,大呼曰:‘彼洋将枪队利击远,吾当肉搏以驱之。’遂率所部驰入敌阵,杀洋兵数百人,清将高连升、王联芳俱重创,率军退去,城复完”②。1864 年 2 月初,汪海洋与左军道员杨昌濬激战于余杭,该地港汊纵横,溪河回绕,地势狭险,杨昌濬军久在旷野作战,惯作雁行排列,至此竟不能列阵。汪海洋趁机冲杀,大败杨军,斩其副将余佩玉等数百人。太平军虽然屡次得胜,可是这时候清军的包围圈已经愈拉愈紧,城中粮药俱尽,军心涣散,听王陈炳文、比王钱桂仁等在困难面前表示动摇,派人接洽投降,只有汪海洋毅然不屈,坚持抵抗。汪海洋立即采取措施把城内谋叛分子坚决镇压下去,逼迫陈炳文继续抵抗下去。一直到 1864 年 3 月底,清军的攻势愈益猛烈,汪海洋、陈炳文遂冲出杭州武林门,退守德清一带,比王钱桂仁则投降清军,杭州为清军所夺占。

七、天京失陷、太平天国革命的失败

当苏州、杭州失陷的时候,太平军虽然还拥有几十万军队,但

① 隐名氏:《越州纪略》。

② 《太平天国野史》,陈炳文传。

是清军的包围圈一步紧一步，太平军已经被逼得既无立足之地，又无果腹之粮。在面临失败的时候，许多领袖对革命前途悲观失望，有不少领袖甚至发生动摇，叛变投敌。1863年10月底，皖南太平军在青阳、泾县打了败仗，奉王古隆贤竟以七万人之多投降了清朝，并献出太平、旌德、石埭、广德等四个城池（后来古隆贤的部将江会义、申法喜不肯跟随古隆贤投降，复夺广德，归太平军）。古隆贤的叛变引起严重的影响，一些不坚定的、贪生怕死的人，群起效尤。11月中旬，太平军高淳守将杨友清，东坝守将杨柳谷、黎立新，建平守将张胜禄，溧水守将杨英清纷纷投降清军。同时曾国荃在天京城外陆续夺取了上方门、高桥门外石垒，占领了七桥瓮、秣陵关、孝陵卫。天京城外太平军的防御工事悉被破坏，天京陷入四面受敌、毫无屏蔽的危境中。

西战场的投降逆流很快影响到了东战场，苏州部永宽等八个高级将领的叛变即发生在这个时候。苏州失陷之后，李鸿章分兵进攻无锡、常州、宜兴、嘉兴等地，李秀成和李世贤联合天国诸王，勉力支撑其间。俗话说得好："兵败如山倒"，不管这些农民英雄们多么机智，多么骁勇，也难于挽救这个残破局面。1863年12月，淮军打下无锡城，潮王黄子隆被俘牺牲，同时处在东战场最前线的平湖守将陈殿选、乍浦守将熊建勋（即熊万荃）以及海盐、澉浦等地陆续投降清军。1864年初嘉善太平军守将陈占榜，以及驻在海宁的会王蔡元隆、驻在石门的归王邓光明、驻在桐乡的忠莱朝将何培章、驻在溧阳的佐将吴人杰也纷纷向清军纳款。3月底杭州失陷以后，太平天国的大据点只剩下天京、常州和湖州三处。

在这种情况下，摆在太平天国农民英雄面前的道路只有两条：一条道路是放弃天京，放弃江浙根据地，组织兵力，突破敌人的包围圈，把战火燃点到敌人的后方；另一条道路是坚守天京，和敌人硬拼到底。很显然，前一条道路是唯一正确的，因为这时候的各支太平军，有的战败，有的投降，已经处于绝对的劣势地位，存留下来的尚有几十万太平军，则被压缩在几个孤立的据点里，既无回旋之地，又无果腹之粮，士气极为低沉，想用这些军队来抵挡中外反革命军队的进攻，其结果只能使革命遭到覆灭。在当时敌强我弱的形势下，重要的任务是尽一切可能来保全革命的有生方量，避免被敌人所分化、所击溃、所歼灭，应该组织革命的退却，把军队转移出包围圈，把没有希望的内线的、防御的阵地战，变为有希望的外线的、进攻的运动战。根据当时的形势来看，突破包围圈、把革命的有生力量转移出去是完全可能的，转移出去之后革命局面的坚持和发展也是有可能的。因为，第一，清军虽然气焰很高，但是它的包围网撒得太大太宽，东起海边，西至皖南，南自钱塘，北至长江，方圆千里，时时处处，防不胜防，清军把包围网撒得这样大，它的全部兵力几乎都站在第一线，没有什么后备力量来防止太平军的突围。第二，清军虽然竭力缓和自己的内部矛盾，可是由于内部派系极多，有湘军、有老湘军、有淮军、有绿营，还有外国的干涉军，彼此利害冲突，嘁嘁喳喳的幕后摩擦正在加剧，李鸿章和外国干涉军头子戈登由于争功夺利，大闹起来。戈登竟至以李鸿章杀死在苏州投降的八个太平军将领为借口，“带着手枪去找李鸿章，决心要惩罚这个谋杀太平诸王的凶手”①，这场风波后来由清朝出面赏赐戈登白银一万两才告平息。李鸿章跟曾国藩、左宗棠之间也在狗打架，清朝因为曾国荃久攻天京不下，命令李鸿章助攻，曾氏弟兄视天京为其禁脔，生怕别人染指，对李鸿章的西进很不快。李鸿章也恐开罪了曾氏弟兄，自己担当不起，遂驻足常州以东，把军队调头向南，进入了浙江，结果惹恼了左宗棠，说李鸿章是“越境掠功”。从这件纠纷开始，左宗棠跟李鸿章做了一辈子的对头冤家。曾国藩和左宗棠之间也是彼此忌妒，左宗棠打下杭州后，曾国藩参劾一本，说杭州太平军“十万之众、全数窜出”②，左宗棠对曾国藩也是一辈子的耿耿在心。此外，曾国藩和僧格林沁之间互相猜忌，激成李昭寿部（受曾国藩指挥）和陈国瑞部（受僧格林沁指挥）的私斗；曾国藩和沈葆桢因争夺江西厘金互相攻讦，形诸奏牍。封建势力之间这种由于利害关系而引起的摩擦纠纷是无法完全克服的。第三，清朝军队

① 贺翼柯：《戈登在中国》，“谋杀太平诸王”。

② 《曾国藩全集》，奏稿，卷一〇，《近日军情片》。

虽然因装备和供应上的优势而打了一些胜仗，但是他们进行的这场战争的反人民性质，决定着他们不可能经常保持高昂的士气和严明的纪律，到了太平天国革命的后期，湘军已经普遍地滋长起封建官场的腐朽习气，战斗力大为削弱，连曾国藩也不得不承认“暮气已深”① 所以湘军在后来常采取坚守城垒以断绝太平军粮道的战术，很少打硬仗。② 清军方面战线太长、内部矛盾、士气不旺，这是它的三个主要困难，太平军在包围圈内还有大批久经战阵的部队，抓紧时机，利用敌人的困难，组织突围是完全可能的。清军方面也预料太平军必将突围，他们纷纷议论，企图寻求对策，可是限于本身的困难，竟无一策可施。③

假使太平军能够及时地冲出包围圈，革命的继续坚持和再度发展也是可能的。因为当时长江下游的革命根据地虽然已被压缩包围起来，但是全国其他地区仍处在高涨的革命形势中，西南地区有云南的回民起义和贵州的苗民、教民起义，西北地区有陕西、甘肃的回民起义。特别是扶王陈得才、遵王赖文光的远征军，他们联合了残败的捻军、从四川过来的蓝二顺军和郑永和军，于 1863 年 1 月再度入陕。这时候，陕西回民军大起，西安附近皆在回民军的控制下，

---

① 如曾国藩自称：“军兴日久，诸将视贼如先世之夙债，得偿固佳，欠亦不恶，催之不动，责之不畏，敝部观之，殆无可以平贼之理。沪军较敝处锐气稍胜，然闻骄矜扰民。”（《曾国藩全集》，书札，卷一二，《复左制军》）又湘军道员李榕称：“兵勇贪取贼财，近日军营，已成痼疾……嗣后出队，先申禁令，临阵以排刀压其后，有发洋财者砍之，除此更无他法”（李榕：《十三峰书屋全集》，卷三，《上曾节帅》），“霆营旧部，濡染已深，不但侵饷为其分内事……每次发饷，但云老勇若干，新勇若干，囫囵发哨”，其头目人等，任意折算，“兵勇埋头吃亏，其强而黠者，以洋财赌博为安身立命之本”（同上书，卷三，《致穆海航》）。又刘蓉称：“鲍君无意西来，所过又多残暴，诚不愿其复至，恐如梳如篦之后，遂至如剃。”（刘蓉：《养晦堂文集》，卷七，《致曾相国书》）按：“霆营”、“鲍君”系指湘军中最凶悍的鲍超“霆营”的军队。

② 如曾国藩说：“贼称曾某之兵，守则有余，战则不足，此实忠酋确有所见之言。盖两三年来，除鲍春霆在丰城一战外，我军从未与忠党痛打一仗，即雨花台、石涧埠两次亦皆仅能坚守。故忠酋欺我全不能战，叮嘱群贼，如遇曾某之兵一到，即与交锋，该酋自信战有把握也。”（《曾国藩全集》，书札，卷一，《一致彭杏雨》）

③ 1863 年底，清廷已侦知太平军有突围之意，令曾国藩、左宗棠“预筹截堵”，曾、左都不愿意干这个苦差使，曾国藩以“别无大支游击之师”，回绝清廷的要求，左宗棠则建议抽调李鸿章正在进攻常州、嘉兴的军队，担任“截堵”，李鸿章因此对左大不满意。

陈得才率军走陕南，围汉中。湘军道员张由庚等 1.7 万人自四川援汉中，10 月初，与太平军在油坊街遭遇，湘军大败，溃不成军。① 太平军乘胜占领了汉中，并分兵攻克了城固、西乡、石泉，蓝二顺部并向北挺进，攻克了盩厔，声势极为浩大。1864 年春，太平军在汉中经过了一段时间的休整，再度出陕，以解救天京的危急。大军分两路出发，扶王陈得才、遵王赖文光、祜王蓝成春出商南，入河南；主将马融和、天将倪隆怀、丘远才等出镇安，入湖北。此外，蓝二顺仍留守盩厔，曹灿章仍留守洋县，坚持陕南的根据地，启王梁成富、昭武王蔡昌荣、旗帅郑永和等则回旋于陕鄂边境，接应大军的东进。

1864 年 4 月，陈得才等的太平军浩浩荡荡地进入湖北，这时，和清军相持在襄阳附近的河南捻军陈大喜首先参加了大军。被清军围攻半年之久、蛰伏在豫西伏牛山中的安徽捻军张宗禹，也和大军会合。太平军的人数增加到几十万，这支回援天京的雄厚的军队给清军以极大的威胁。清朝手忙脚乱地在鄂东组织一道防线，以僧格林沁的内蒙古骑兵担任主力，另外抽调了河南、湖北、安徽等省的军队，摆在鄂皖边界的大别山前，利用有利的地形，拦截陈得才军的东下。自 5 月起，鄂东的应山、麻城、黄州、罗田、蕲水掀起了一场血战。的确，这是一场关键性的决战，要是僧格林沁在鄂东阻拦不住陈得才的东进，曾国藩在下游苦心经营起来的包围圈就立即会遭到腹背夹击，这个包围圈肯定会完全垮台。退一步说，即使僧格林沁阻拦住了陈得才的东进，只要处在包围圈内的几十万太平军努力争取主动，利用清军所存在的困难跳到包围圈的外面，和陈得才军取得联系，长江下游有久经锻炼的几十万太平军，加上陈得才所率新近发展的几十万太平军，以这样雄壮的革命有生力量回旋在革命形势高涨的黄河流域地区，革命的局面必将完全改观。

从以上的情况可以说明，当时太平军冲出清军包围圈是可能的，冲出了包围圈之后，革命的继续发展也是可能的。

---

① 当时的新任陕西巡抚刘蓉称油坊街之役，“良将锐卒，大半销亡，楚军自三河之役之后，以此次为最酷矣”。(《养晦堂文集》，卷七，《与李希庵中丞书》)

可惜，革命没有循着这一个有利的方向发展，农民英雄们在决定性的关头再一次犯了战略上的错误。历史证明，每当客观形势发生变化，人们应该执行一种重大战略转变的时候，总有一些人跟不上客观形势的发展，不承认战略转变的必要性，起来反对和阻挠这种转变。特别是由于农民群众的保守性和目光短浅，这种情形在农民革命运动中屡见不鲜，而且往往成为革命内部难以克服的矛盾，以致把革命带上了绝路。太平天国革命失败前夕关于战略问题上的争论，就是一个很好的例证。

当时，充分认识到局势的严重性、主张执行战略退却、放弃天京、突围远走的是忠王李秀成和侍王李世贤等人。早在苏州失守以前，李秀成就建议："京城不能保守，曾帅兵困甚严，壕深垒固，内少粮草，外救不来，让城别走。"① 但是天王洪秀全昧于大势，对于这片根据地恋恋不舍，没有毅力和勇气来丢掉这个已经成为革命包袱的天京城。他反而对李秀成严加斥责，说："朕奉上帝圣旨、天兄耶稣圣旨，下凡作天下万国独一真主，何惧之有？不用尔奏，政事不用尔理，尔欲外去，欲在京，任由于尔。朕铁统江山，尔不扶，有人扶。尔说无兵，朕之天兵，多过于水，何惧曾妖者乎？尔怕死，便是会死。政事不与尔相干，王次兄勇王执掌，幼西王出令，有不遵幼西王令者，合朝诛之。"② 除了天王洪秀全的反对以外，还有一部分在长江流域土生土长的将领表示反对。③ 在苏州失守以后，李

---

① 《李秀成自述》。

② 同上书。其中勇王指洪仁达，初封福王，后改封勇王；幼西王指西王萧朝贵之子萧有和。

③ 关于李秀成准备突围远走之事，清朝方面在占领苏州之后就获知了这一情报，当时李鸿章的奏折中说："忠逆党羽已孤，巢穴已失，据擒贼佥供，该逆踉跄西走，随行仅两万余人，将赴金陵设法解围……无法解救，则挟伪天王洪秀全及其母妻眷属，由浙皖交界上窜江西、福建，以寻回粤之路。臣驻苏省，遍察贼中城守，规划布置，极有条理，深以未得擒杀此酋为恨，若逸出江闽，恐仍蔓延为患……溧阳伪侍王李世贤，战守俱悍，人数尚多，与忠逆同宗素好，似皆听忠逆为进退。杭州之听逆陈炳文，系安徽人，归逆邓光明系湖南人，闻忠逆有回粤之志，多不愿从。"（《李鸿章全集》，奏稿，卷五，《筹办大略片》）由此可知，像陈炳文、邓光明都是反对突围的，邓光明不久即在浙江石门投降清军，陈炳文也早有和敌人谈判投降的行动，但因条件未谈妥，故随汪海洋突围，走到江西，终于也向清军鲍超投降了。

世贤主张不管天王反对与否，一定要把军队转移到包围圈外，甚至要出兵强迫李秀成同行，但是李秀成不忍舍弃天王和他留在天京的母亲，因此轻骑连夜回京。这样，由于洪秀全坚持错误路线，就使得突围的计划受到破坏，太平天国的大部分军队仍留在包围圈内，遭到歼灭或击溃，只有小部分军队突出了包围圈。

这小部分突围的太平军，是分成好几批行动的。最先突围的是沛王谭星、天将林正扬等的花旗队伍约五万人（他们一直是在浙西和李世贤联合作战的，浙西战场失败之后，他们退到溧阳，仍和李世贤联合），此外还有李世贤的直属部队三万人（由王宗李元茂、李仁寿率领）参加第一批突围。1864 年 2 月初，他们奉李世贤之命，从溧阳、广德、宁国走入浙西之天目山区。清军道员席宝田、副将韩进春等在赣东北之婺源、玉山设防，2 月底谭星等在玉山、婺源展开激烈的战斗①，胜利地完成突围的任务。3 月中旬，谭星等进入江西腹地，一度进克金谿、南丰。4 月又克新城，进入福建，连下闽西之建宁、将乐、宁化。以后就一直逗留在闽赣边界等待后续部队的到来。在首批突围部队深入江西腹地之后，太平军第二批突围部队自浙江之德清出发，这支部队人数较多、战斗力较强，其中包括侍王李世贤亲自统率的大军（其中有戴王黄呈忠、首王范汝增等），忠王李秀成在浙江的部将听王陈炳文、康王汪海洋、来王陆顺德等以及宁王张学明、奖王陶金会、平东王翟天凤等，共约二十万人。他们在皖南打败了拦截的湘军总兵唐义训、道员毛有铭，然后分别行动，李世贤等翻过怀玉山，直扑赣东的门户玉山，陈炳文、汪海洋等从皖南强入赣东北之门户婺源、德兴。这时候，江西防军大部分被谭星的首批突围部队吸引到赣南去了，所以这第二批突围部队比较容易地进入江西。5 月，李世贤自玉山向西疾行，经铅山、金谿，攻抚州，不克，遂转而南走。6 月，克宜黄、崇仁，与闽浙交界之谭

---

① 据当时江西巡抚沈葆桢叙述突围战斗的情况说："该逆知江西腹地空虚，掩我不备，岭路积雪数尺，曾不少阻。我军与之对仗，辄以前队交锋，以后队旁窜。迨扼其要害，则死中求生，拼命决斗，败又翻山而逃，仍绕入腹地。我军无往不成尾追之势。"（《沈葆桢政书》，卷二，《发逆分股内窜截剿获胜折》）

星、李元茂等相呼应。陈炳文、汪海洋等亦盘旋于弋阳、贵溪、金谿、东乡一带，等待后续部队到来。这时候，清方对于形势的发展非常担忧，就像沈葆桢所说：论兵则江西省“勇数寥寥……顾此失彼，疲于奔命……群逆铤走，固无一时尽歼之理，亦断不能使其绝无可窜之路”，论饷则“民穷财尽，丁漕两款，征解不前，而京饷出其中，协饷出其中，兵饷勇饷均出其中。闻警以来，各郡县之募勇者均请留用正款，靳之则城邑不保，何有丁漕？许之而库藏空虚，何从挹注”①？可是突围到江西的太平军没有能够抓紧这个清方极为狼狈的时机，展开暴风雨般的打击，他们反而驻足在江西，要等待天王和忠王的到来，结果又让清军得以从容布置，从江浙前线和湖南省陆续调派援军入江西，道员王德榜、总兵江忠朝、臬司刘典、道员王沐，以及湘军中的悍将彭玉麟、杨岳斌（载福）、鲍超都陆续来到江西，江西清军的力量大大增强了。

当第三批突围的太平军进入江西，就遭到清军的严重打击。第三批突围部队是忠王李秀成的军队约三万人，由凛王刘肇均、列王林彩新、利王朱兴隆所率领。1864年5月上旬，他们从丹阳出发，经皖南扑婺源、德兴、弋阳等地，赣军道员王德榜已在弋阳设伏。6月初，两军接触，太平军败绩，列王林彩新落水牺牲，刘肇均等率残余部队南下与李世贤会合。天京失守以前，太平军突围而出的就是这三批队伍②，人数约二三十万。在天京失陷以前，他们一直停留在江西的赣江以东以及赣闽边境，等到天京失陷后，清军已在赣江布防，他们没有办法渡赣江西进去会合陈得才军，就走入福建。以后在福建、广东又开辟了新的根据地，一直坚持到1866年。

太平军分批突围，江浙战场一天天更形紧迫了。1864年4月，左宗棠攻陷武康、崇德（归王邓光明以石门崇德降）、鲍超攻陷句容、金坛。5且，李鸿章攻陷常州，护王陈坤书、佐王黄和锦被俘牺牲；冯子材（广西提督）攻陷丹阳，格王陈时永战死，柬王赖桂芳

① 《沈葆桢政书》，卷三，《江西税厘仍归本省经收折》。

② 天京失守后，尚有天京、湖州与广德等地残败的太平军拥幼主突围，是为第四批，详于本书第二册中。

被俘牺牲。

这时天京的粮食问题和军心问题格外严重了。由于执政的洪氏集团没有能及早地贮备粮食（有些王府虽然贮备了粮食，但不愿意拿出来充饷），从 1863 年夏季起，天京就处在普遍的饥荒中。天王曾经命令“合城俱食甜露，可以养生”（甜露系指野草），并且自己带头以野草充饥，但是长期以野草作食当然是不可能的。李秀成只好把十几万群众放出天京，让他们自谋生路。所以到天京失守的时候，天京城内只剩三万人，除居民之外，太平军不过万余人，而能够守城作战的战斗人员只有三四千人。

另外，由于各个战场的相继瓦解，大大地影响到天京的军心。许多人明明知道，死守光秃秃的天京是毫无希望的，但是由于天王洪秀全的坚持，没有法子摆脱这种坐待宰割的命运。就像李秀成所说：“灰心而藏京内，又逼气而陪其亡”。再加上天京内部矛盾，即使在濒临败灭的前夕，也没有缓和下来。李秀成对洪秀全的固执和洪氏集团的专横极为不满，洪氏集团又怀疑李秀成可能投降敌人①，此猜彼疑，弄得天京人心惶惶，甚至“守营守城，无人可靠”②。5 月 30 日，洪秀全诏令“大众安心，朕即上天堂，向天父天兄领到天兵，保固天京”③。实际上，洪秀全已经知道大势已去，准备以死殉国。6 月 1 日，洪秀全服毒自杀。6 月 6 日，幼主洪福即位。7 月 3 日，湘军占领地保城（龙脖子），逼近天京城脚，连日挖掘地道进攻。太平军竭力堵御，伤毙敌军极多，但太平军人数极少，天京城墙又长，毕竟防不胜防。7 月 19 日，湘军从地道轰塌龙脖子附近城墙二十余丈，抢入缺口，天京城内展开了激烈的巷战。湘军包围天京两年多，对于天京城内的财富极为眼红，一旦进了天京，便施展出抢劫烧杀的本领。曾国荃带头搜劫了天王府，将领士卒也争先恐

① 天京失守前夜，松王陈德风、忠王舅宋永祺与敌人接洽投降，被太平军查知，事连忠王李秀成，几乎再一次发生内讧。忠王在处理这件事情上，敌我界线极为模糊，事前知情不报，事后又行贿为陈德风、宋永祺开脱。可见洪氏集团对忠王的怀疑并非是毫无根据的。

② 《李秀成自述》。

③ 转引自郭廷以：《太平天国史事日志》，1073 页。

后地大肆抢劫。据当时目睹这场大抢劫的赵烈文说："各军入城后，贪掠夺，颇乱伍。又见中军各勇留营者皆去搜刮，甚至各棚厮役皆去，担负相属于道"，"各员弁自文案以至外差诸人，则人置一簏，有得辄开簏藏纳，客至则倾身障之，丑态可掬"①。除了抢劫之外就是屠杀，太平军的战斗人员城破后有的已跟随洪福和李秀成转移到清凉山上，有的已缒城而出，湘军屠杀的都是老人和幼孩，所以"精壮长毛除抗拒时被阵杀外，其余死者寥寥……沿街死尸十之九皆老者。其幼孩未满二三岁者亦斫戳以为戏，匍匐道上。妇女四十岁以下者一人俱无。老者无不负伤，或十余刀，数十刀，哀号之声，达于四远"。同时城内各王府和民居起火，其中一小部分王府是太平军为了不给敌人留下物资而烧毁，大部分则是湘军为了掩盖抢劫的痕迹而纵火焚烧的，如赵烈文说："时城中伪天王府、忠王府尚在，余王府多自焚。贼呼城中'弗留半片烂布与妖享用!'官军进攻，亦四面放火，贼所焚十之三，兵所焚十之七，烟起数十道，屯结空中不散，如火山紫绛色"，"萧孚泗（按：为曾国荃部下提督）在伪天王府取出金银不赀，即纵火烧屋以灭迹"②。这场大火延烧了七天之久，天京这个素称富庶繁华的著名城市变成了一片瓦砾堆。一直到32年后（1896年），改良主义思想家谭嗣同访问天京后说："顷来金陵，见满地荒寒气象。本地人言发匪据城时并未焚杀，百姓安堵如故……不料湘军一破城，见人即杀，见屋即烧，子女玉帛扫数入于湘军，而金陵遂永穷矣。至今父老言之，犹深愤恨。"③ 湘军干了这场滔天的罪行，曾国藩还说："毙贼共十余万人，秦淮长河，尸首如麻"④，"克复金陵老巢而全无货财，实出微臣意料之外，亦为从来罕闻之事"⑤。其实，秦淮河里如麻的尸首都是老弱幼孺，而天京的货财已经全入了湘军将领们的私囊，曾国藩的这种强词辩解，正是所谓做贼心虚，欲盖弥彰。

---

①② 赵烈文：《能静居日记》。

③ 《谭嗣同全集》，卷三，《上欧阳瓣薑师书第二十二》。

④ 《曾国藩全集》，奏稿，卷二〇，《金陵克复、全股悍贼悉数歼灭折》。

⑤ 同上书，奏稿，卷二〇，《贼酋分别处治粗筹善后事宜折》。

湘军在天京城内抢掠烧杀，大发洋财，连破城时轰塌的缺口也顾不得防堵，这就给退在清凉山上的洪福、李秀成等一个突围的机会。当夜三更，洪福、李秀成等千余人由缺口冲出，不幸在突围时洪福与李秀成失散。洪福跑到广德，和洪仁玕会合，以后又和湖州太平军一起突围，9月底走到江西广昌，被清军追及，洪福和洪仁玕都被俘牺牲。李秀成走入天京东南的荒山中，被清军所俘。他被俘后在很短的几天内写了一个数万言的“供状”，完整地保存了太平天国的信史。1864年8月7日，秀成在天京被杀。至此，轰轰烈烈的太平天国革命运动遂告失败。

第三节 太平天国革命的性质、失败原因和历史意义

太平天国革命是中国历史上规模空前的一次大规模农民战争。成百上千万的农民群众动员起来，参加了反对封建主义的战斗。他们以严明的纪律、英勇艰苦的作风、主动灵活的战略，把腐朽的清朝军队打得七零八落。他们解放了南中国的大片地区，组织起强大的武装，建立起革命的政权，和封建专制主义的清皇朝对峙了14年(1851年至1864年)。革命军队的足迹遍及大半个中国（包括今之广西、湖南、湖北、江西、安徽、江苏、河南、山西、河北、山东、浙江、福建、广东、贵州、云南、四川、陕西、甘肃等18省），先后攻克城市600多个。其规模之大、时间之久，是以往封建社会中任何一次农民起义都比拟不上的。

不仅如此，太平天国革命正发生在中国开始走上半殖民地半封建社会的时代，这就不能不使这次农民革命带上资产阶级民主主义的性质。农民群众不仅严重地打击了腐朽的封建势力，同时也英勇地反击了穷凶极恶的外国资本主义侵略者，他们在遍地荆棘中为行将发展起来的中国资本主义开辟着道路。

太平天国革命既是一个农民战争，又是一个带有资产阶级性质

的革命，这样看来似乎是矛盾的现象，却是非常合乎历史的逻辑的。因为，当时的历史条件是：一方面，中国还没有形成一支资产阶级的队伍，太平天国革命就其参加的成员来说，还仅仅是一个农民革命；另一方面，判断革命的性质不应该仅仅从革命队伍的组成因素着眼，而应以产生革命的社会性质和革命所负担的任务着眼，在这样一个处在半殖民地半封建社会条件下的以反封建反侵略为其任务的农民革命，客观上必然是为资本主义发展开辟道路的。

有个别历史工作者把太平天国革命的资产阶级性质进行了不合分寸的渲染，在他们的笔下，太平天国革命的组织、制度、思想和人物都不分青红皂白地镶添上"资产阶级性"的花边，特别是对于手工业工人在太平天国中的作用过分地加以夸大，使太平天国革命似乎有点像无产阶级萌芽分子领导下的资产阶级革命了，这种历史观点显然是不适当的。

确实，在太平天国革命时代，中国已经有了资本主义的萌芽，在社会上也已经有了一定数量的无产阶级萌芽分子。在太平天国革命前期，无产阶级萌芽分子曾经对革命起着积极的推动作用。但是，正像列宁所告诉我们的，无产阶级萌芽分子和真正的产业无产阶级之间是存在着极大区别的。列宁说："在资本主义发展的低级形式下……零散的单独的小规模的剥削把劳动者束缚于一个地点，使他们彼此隔绝，使他们无法理解自己的阶级一致性，使他们无法统一起来"①。因此，假使把无产阶级萌芽分子的作用不适当地夸大，说成仿佛和产业无产阶级一样，这无疑是不符合事实的。

特别是在具体考察手工业工人对太平天国革命的态度以后，更能觉察到这是一个极复杂的问题，还需要我们做长期的研究和讨论，简单化地加以解决是不行的。

在革命初期，手工业工人对革命极力赞助，起了很大作用。如广西的烧炭工人、龙山矿工、郴州挖煤工人以及益阳船户，依靠了这些人，太平军大大提高了攻坚力量和运动速度（指土营在攻城时挖掘地道，水营在长江上的战斗作用和运输作用）。但是在以后的记

① 《列宁全集》，第1卷，277页，北京，人民出版社，1955。

载中，手工业工人对革命的态度似乎一天天地冷淡下来。当太平军攻打南京时，抵抗最激烈的是一千多个筲行工人（赶驴骡运米者，见《金陵癸甲纪事略》、《金陵省难纪略》、《张继庚遗稿》等记载），入南京以后，水营的闹事次数最多。织营本来是南京机匠的队伍，太平军很优待它，可是织营队伍被敌对分子所控制了，“士绅富人多来隐于此”，因而成为敌对分子的逋逃薮。清朝廪生张继庚曾经在天京组织叛乱集团，阴谋策划叛乱，他的叛乱串连活动的重点就放在织营、木营、瓦营等手工业组织中。张继庚在给向荣的信中说：“惟机营三千余人，木营七百余人，瓦匠营九百余人，无长发管领，且皆江南人，可以说通，以备内应。”① 后来张继庚果然拉拢了一大帮人，准备打开朝阳门迎接向荣的军队入城，幸被太平军发觉，张继庚的阴谋才没有得逞。另一个阴谋策动叛乱的吴长崧就是织营的总制。这种史料不能不令人深思，假使把当时手工业工人的历史作用和觉悟程度不适当地加以夸大，那么，为什么在手工业工人组织中会混入那么多的敌对分子？为什么恰恰是手工业工人的组织会变成敌对分子策划叛乱的中心？

在太平天国革命后期，手工业工人虽然也有零散地参加革命的，但是很少看到成批地参加革命的记载，相反，倒有成批地起来反对革命的记载。如1860年李秀成初攻杭州时，就有杭州的锡箔工人帮助清军守城，据《花溪日记》记载：“巡抚罗遵殿本庸懦，又未谙军旅，向吊（调）福勇及本城兵不过万余，束手无策，惟城内锡箔工作数千，俱绍兴人有力者，于是按察段光清、将军瑞公亲自向各锡作召募之，俱踊跃。”② 在李秀成的大军破杭州之后，杭州的数千机匠还成群结队地出来抢劫太平军的物资。③ 浙江石门也发生过盐工和太平军的冲突，因太平军抽取盐税太多，盐工“因大亏本，与撕打，贼（按：指太平军）败逃尽，盐徒即邀我宁兵去守”。又如冯桂芬曾建议把苏州的油车、踹坊、钢坊、染坊、纸坊等行业中的手

① 《张继庚遗稿》，《上向帅书》。

② 冯氏：《花溪日记》，卷上。

③ 参见许奉恩：《转徙余生记》。

工业工人组织为团练，以抵抗太平军。①

后期的手工业工人对革命不持热烈赞助的态度，这并非是偶然的事情。这种情况表明，当时手工业工人虽然已有一定的组织，并且正在形成一支社会势力，但是它的发展程度和觉悟程度还很差，它不能够判明什么是自己的历史利益，它只能根据暂时的利益（如要求安定的生活）而自发地行动，因此会发生反对自己农民兄弟的事情。这同时也表明单纯的农民革命并不能经常地保持对手工业工人的吸引力，特别是农民进入城市之后，内部矛盾尖锐了，腐化现象滋长了，领导者与被领导者之间日益疏远，在这种情况下，本来有一定组织和一定力量的手工业工人不满足现状，因此最容易受到敌人的挑拨而发动叛乱。很显然，过分地夸大无产阶级萌芽分子的作用，把他们描绘得俨然是农民革命的领导者，这种说法跟历史事实是并不符合的。

太平天国革命的性质和无产阶级萌芽分子的作用是最近历史学界争论的两个重要问题，除此以外，太平天国革命失败的原因也是历来的史学家们着重探究的中心。说完了这一段轰轰烈烈、惊心动魄的太平天国革命史后，人们不禁会发问：为什么这一场规模浩大的革命运动没有能推翻清朝封建统治？太平天国农民革命暴露出来的弱点究竟有哪些？

关于这个问题，我在前面叙述太平天国革命运动发展的过程中，已经比较详细地探讨过。在这里，我再把它概括为以下几个方面：

第一，太平天国英雄们没有科学的理论和科学的方法来总结革命经验，指明斗争前途。在革命初期，拜上帝教的教义虽然对于革命的发动起了一定的积极作用，但是宗教毕竟只是现实世界的歪曲的反映，它不可能正面地、及时地、确切地反映生动、丰富和不断发展的现实斗争，因此，它就不可能满足指导革命实践的需要。恰恰相反，革命局面在一日千里地发展，宗教教义却一经形成就停滞不前，成为僵化、凝滞的宗教教条，这足以妨碍群众的创造性和主

① 参见冯桂芬：《校邠庐抗议》，《寓兵于工议》。

动精神，这样就导致了太平天国后期政治方向上的模糊混乱和摇摆不定。由此可见，缺乏科学的理论和方法，便不可能把革命斗争引向胜利。

第二，太平天国英雄们没有一套系统、明确而行之有效的纲领、制度和政策，以之来动员群众，打击敌人，巩固自己的根据地。太平天国虽然也拟定了不少政治、经济方案，如《天朝田亩制度》、《资政新篇》等等，但这些方案或者是从农民落后眼光出发所描绘的平均主义图案，或者是脱离实际、脱离群众的知识分子的幻想。随着形势的推移，这些方案一个一个都落了空。缺乏行之有效的纲领、制度和政策，这就不能不使革命运动日益流为无目的的盲动。

第三，太平天国英雄们没有一个坚强的核心组织和持久严明的纪律，以永远保持英勇艰苦的革命作风，防止各种坏分子的破坏和各种坏习气的侵蚀。特别是在进入城市和建立根据地以后，从革命领导到下层士兵，很多滋长起骄傲麻痹情绪和享乐腐化作风。这样，不仅影响了军队的士气和战斗力，而且影响到与人民群众的相互关系，使革命队伍应有的革命朝气逐渐消退。

第四，太平天国英雄们缺乏一种团结一致、和衷共济的精神。革命的前期，领导集团内部相互排挤、猜忌，因而爆发了一场致命的内部残杀。革命的后期，散漫情绪和地方主义又占着上风。整个革命队伍缺乏统一的调度、统一的步伐。内部难以克服的矛盾和纠纷使得革命不可能集中一切力量来对付外部的敌人。

第五，太平天国英雄们不能总结战争的经验、教训，创造出一套适合斗争需要的战略原则，以永远保持革命战争的主动和有利地位。在革命的进攻阶段，他们过分急躁地企图取胜，把兵力分散到几个战场上，结果是分散了自己的力量，而敌人在哪一个战场上也未受到致命的打击。在相持阶段，他们在敌我力量悬殊之下死守安庆，盲目决战，结果不但安庆守不住，而且消耗了革命的精锐力量。在防御阶段，他们又固执地守着天京，不肯及早突围，因此招致了大批军队被围歼的命运。

以上种种，便是太平天国革命不能不归于失败的原因。

如果进一步问：太平天国的英雄们为什么有这样和那样的缺点？为什么会犯这样和那样的错误？为什么不能够克服种种缺点、错误而把革命引导到胜利？最根本的原因是：太平天国革命还仅仅是个农民革命，当时中国还刚刚进入半殖民地半封建社会，中国的工人阶级还没有产生，农民人数虽然众多，他们在反封建反侵略斗争中虽然表现得很英勇很坚决，但是单单依靠他们自己的力量是不可能推翻封建制度的。恩格斯在《德国的革命和反革命》中写道："农民……是永远不能企图得到一个胜利的独立的运动的；他们需要城市里更集中、更有知识、更易动员起来的人民的领导和推动。"① 可是，由于历史条件的限制，太平军却得不到这种领导。由于农民群众分散的落后的经济地位，这就决定了他们的散漫性、狭隘性、保守性以及私有观念、政治浅见等等的缺陷。没有先进的工人阶级的领导，他们根本不可能克服这些缺点。太平天国革命所以存在着这样或那样的弱点，所以会出现这样或那样的错误，其原因就在于农民群众的这些根本缺点。尽管许多具体弱点看来似乎是偶然发生的，有些具体错误看来似乎是某个领导者一时的错误，但是这些弱点和错误长期不能够克服，不能够纠正，而且还发展到了影响革命工作的一切方面，最后使革命归于失败，这就绝不是什么偶然发生和一时的错误了。偶然性是必然性所赖以表现的形式，正像恩格斯所说："不过凡表面上是偶然性在起作用的地方，这种偶然性本身始终是服从于内部的、隐秘的法则的。"② 因此，太平天国革命中有许多看来是偶然的弱点和一时的错误，归根到底，仍然是农民群众根本缺点所派生出来的。

农民群众内部存在着许多缺点，可是他们所面对的敌人却是很凶恶、很强大的，他们所面对的是满洲贵族、汉族地主和外国资本主义侵略者相互勾结起来的反动敌人。这三种反动势力之间虽然也有矛盾，但是他们对人民革命都是敌视的。当革命发展，他们的利

① 恩格斯：《德国的革命与反革命》，14页，北京，人民出版社，1955。

② 恩格斯：《费尔巴哈与德国古典哲学的终结》，55页。

益受到严重威胁，就必然会联合起来反对革命。太平天国农民英雄们不但肩负着反对封建主义的任务，而且同时又必须担当起反对外国侵略的任务。当然，农民英雄们是没有能力来完成这双重历史任务的。我们学习太平天国革命的历史，可以得出这样的结论：农民在反封建反侵略的斗争中是十分英勇、十分坚决的，广大的农民群众是中国资产阶级革命中争取独立、争取民主的主要力量，但是农民群众存在着许多自身难以克服的弱点，假使没有工人阶级的领导，单单依靠农民的力量，就不可能消灭封建剥削和打退外国侵略，不可能把革命引向胜利。这一点，正是太平天国革命运动提供给我们的一个最重要的历史教训。

太平天国革命虽然失败了，但是它在中国历史上留下了极其光辉灿烂的一页。这个革命运动是中国几千年来封建社会中农民战争发展的最高峰，它沉重地打击了中国的封建专制制度。在太平天国革命以后，满族皇帝所拥有的专制主义的绝对权力已大大削弱，他不得不把更多的权力交给各地的汉族地主。当然，不论满汉地主，他们对人民的剥削都是穷凶极恶的，但是皇帝权力的下移，这表明了长期以来统治着中国的封建专制帝制已经表现出没落瓦解的明显征兆。从形式上看，清王朝的统治还延续了将近半个世纪，但是在这半个世纪中，人民受到了太平天国革命的影响和鼓舞，起来和清朝封建专制统治做斗争。清王朝在革命洪流的冲击下，一直呈现摇摇欲坠的形势，即使有外国侵略者的帮助，也不可能出现一个稳定的局面。在半个世纪之后，终于爆发了辛亥革命，封建专制帝制终于被人民革命的怒潮完全冲垮。

太平天国革命不仅打击了中国的封建势力，同时又沉重地打击了外国资本主义侵略势力。当外国侵略势力刚刚进入中国，它就碰到了这样一次规模浩大的中国人民的反抗，因而侵略者想把中国变成殖民地、变成第二个印度的狂妄企图在革命的打击下不能不遭到破产。外国侵略者开始领会：中国人民是不可轻侮的，自己不可能来直接统治中国人民。从太平天国革命以后，外国侵略者日益与中国的封建势力相结合，借助中国的封建政权，作为它侵略中国的工具；而中国的封建势力以后也没有力量单独来统治中国，它也不得不借重外国的援助。中外反动势力一步进一步地勾结起来，统治着中国。从此以后，人民群众中再发生革命运动，就不能够单纯地反封建，就必须要把反对外国侵略提到第一位。从此以后，政治家们要寻找解放中国的道路，反帝的问题就是一个首要的问题，谁要是离开了这一点，或者是不重视这一点，谁就要犯最严重的政治错误。

最后，太平天国革命还具有重大的世界意义。19 世纪中叶，正是欧洲资本主义国家对亚洲各国疯狂地推销商品和掠夺原料的时代，相应地在这时候就爆发了亚洲各国争取解放斗争的第一个洪峰。其中包括波斯的巴勃教派起义（1844—1852）、婆罗洲华侨和当地人民反荷兰统治的斗争（1851—1856）、马辰起义（1857—1859）、印度的“土兵”起义（1857—1859），以及太平天国革命运动。太平天国革命是这次亚洲反对殖民主义斗争高潮中规模最大、时间最久的一个。虽然，当时亚洲的反殖民主义斗争还是孤立的、缺乏联系的，但他们所反对的是资本主义侵略者这样一个共同的敌人，因此，他们之间的斗争就不能不是相互支持、相互影响的。正如俄国的杰出作家冈察洛夫在 1853 年时所说，太平天国革命“对香港、新加坡、印度、英国和美国说来，好象是地震似的打击”①。由此可见，太平天国革命对于正在开始的近代亚洲的民族解放斗争，无疑是具有很大的推动、鼓舞作用的。

太平天国革命虽然失败了，但是人民的革命运动却仍在发展。将近一个世纪以来，中国人民继承了太平天国的革命传统，奋不顾身地和帝国主义、封建主义展开了英勇的斗争。特别是在 1919 年五四运动以后，中国有了工人阶级和共产党的坚强领导，使得革命的面貌焕然一新。到今天，不仅帝国主义和封建主义在中国的统治终于被推翻了，长期笼罩在中国天空上的黑暗阴霾被一扫而净，而且中国人民在共产党的领导下已经取得了社会主义革命的基本胜利，

---

①《冈察洛夫全集》，第 3 卷，413 页，转引自鲍罗金：《太平天国时期的俄国报刊论太平天国运动》。

祖国的伟大建设正在一日千里地突飞猛进。解放了的中国人民将永远不会忘掉一百年前艰苦斗争的岁月，永远不会忘掉太平天国英雄们争取解放、争取独立的伟大斗争。太平天国英雄们的革命业绩将永垂不朽！

戴逸文集

中国近代史稿（第二册）

中国人民大学出版社
·北京·

目　录

第二册

第六章　太平天国革命失败后全国各地人民反封建反侵略斗争的继续、清朝政权的逐步半殖民地化 …………… 445

第一节　东南沿海和中原地区人民武装斗争的继续 ………… 446

一、李世贤、汪海洋部在闽粤边界的斗争 ………………… 446

二、1864—1866 年捻军的抗清斗争 ………………………… 452

三、东捻军和西捻军的抗清斗争及其失败 ………………… 459

四、山东黄崖山的抗清斗争 ………………………………… 468

第二节　西南地区各族人民的抗清起义 …………………… 472

一、广西壮族人民的抗清起义 ……………………………… 472

二、贵州的苗民和斋教、号军的抗清起义 ………………… 477

三、云南回民起义 …………………………………………… 485

四、云南哀牢山彝民起义 …………………………………… 495

第三节　西北各族人民起义 ………………………………… 502

一、陕西、甘肃的回民起义 ………………………………… 502

二、新疆回族、维吾尔族的抗清斗争及其蜕变 …………… 512

第四节　外国侵略的加深和清政权的逐步半殖民地化 …… 514

一、列强的“合作政策”、外交官和海关税务司的侵略活动 ……………………… 514

二、十国缔约、阿思本舰队、蒲安臣出使、修约交涉 …………………………………………… 523

三、地方性封建势力的兴起，清政府军事权力、财政权力和司法权力的下移 …………………… 535

四、奕䜣集团的兴起，初期洋务派的政治路线 …………… 543
五、顽固派和洋务派的矛盾，奕䜣
和慈禧太后争夺权力的冲突 ………………………… 551
第五节 中国人民反洋教运动的兴起 ………………………… 558
一、帝国主义传教士在中国的侵略罪行 ………………… 558
二、60年代初期川、黔、湘、赣的反洋教活动 ………… 567
三、1868年和1869年反洋教运动的高涨………………… 571
四、震动中外的“天津教案” ……………………………… 575

第七章 19世纪70年代列强对我国东南、西南、西北地区的侵略和中法战争 ……………………………………… 581
第一节 列强入侵我国东南、西南和西北地区的危机 ……… 581
一、19世纪60年代到90年代的国际形势 ………………… 581
二、日本对台湾的武装侵略 ………………………………… 587
三、马嘉理案件和中英《烟台条约》的签订 …………… 594
四、左宗棠收复新疆与中俄伊犁交涉 …………………… 603
第二节 在70年代外来侵略危机下的清朝统治阶级………… 623
一、海防争论和海防措施 …………………………………… 623
二、李鸿章北洋集团及其内外政策 ……………………… 632
三、清流派的兴起和衰落 …………………………………… 641
第三节 中越人民早期的并肩抗法斗争 …………………… 646
一、法国入侵越南，越南人民和黑旗军的
早期抗法斗争 ………………………………………… 646
二、纸桥之战，怀德、丹凤之战和清政府内部的
和战分歧 ……………………………………………… 654
第四节 中法战争 ……………………………………………… 661
一、中法战争的爆发，山西、北宁之战
和法国的诱降骗局 …………………………………… 661
二、观音桥之战和列强的“调停”骗局 ………………… 668
三、马尾海战和台湾、浙江的抗法战争 ………………… 673

四、镇南关、谅山大捷 …………………………………… 683
五、清政府在胜利形势下屈膝投降 ……………………… 690
六、中法战争的失败原因和历史意义 ………………… 695

第八章　外国侵略下中国自然经济的逐步解体、中国近代工业的产生和新阶级的出现 ……………………………… 701
第一节　外国资本主义经济侵略的深入 ………………… 701
一、19世纪后半期中国对外贸易的发展趋势 ………… 701
二、对外贸易中的几项主要商品 ……………………… 707
三、甲午战前外国资本主义在中国的投资 …………… 715
第二节　外国侵略下的中国农业 ……………………… 728
一、近代农村的阶级关系和土地兼并 ………………… 728
二、近代农村中的剥削形式和剥削率 ………………… 738
三、近代农村中的雇佣关系 ……………………………… 747
四、农村手工业的破产和农产品商品化 ……………… 752
五、农产品的商品化 ……………………………………… 756
六、自然灾害对农业的危害 ……………………………… 759
第三节　中国近代工业的产生 …………………………… 763
一、中国近代工业的早期发展 …………………………… 763
二、若干重要工矿企业介绍 ……………………………… 773
第四节　中国早期工业发展中的几个问题 …………… 794
一、旧式手工业和近代工业的联系 ……………………… 794
二、近代工业发展的阻力 ………………………………… 805
三、官办军事工业的性质及其内在矛盾 ……………… 813
四、官督商办形式普遍流行的原因 …………………… 819
五、官督商办形式对资本主义的阻碍作用 …………… 824
第五节　中国资产阶级和无产阶级的产生 …………… 829
一、一部分商人、地主和官僚向资产阶级转化 ……… 829
二、中国工人阶级的产生 ………………………………… 842
三、中国工人阶级的早期斗争 …………………………… 848

第九章 中国人民反侵略斗争的继续，早期的资产阶级改良主义思想、学术和文化的发展 …………………… 852
第一节 中法战争后的外交交涉和西藏人民的抗英斗争 …… 852
一、取缔香港走私鸦片的谈判 …………………………… 854
二、《中葡里斯本草约》的谈判 …………………………… 856
第二节 19世纪70年代到90年代的反洋教运动 ………… 860
一、70年代和中法战争时期的反洋教运动 ……………… 860
二、90年代初长江流域的反洋教运动 ………………… 868
三、1891年热河金丹道的反洋教起义 ………………… 875
第三节 中法战后的清朝统治阶级 ……………………… 880
一、关于修筑铁路的争论 ……………………………… 880
二、顽固派和洋务派的合流，张之洞集团的兴起 ……… 886
第四节 早期的资产阶级改良主义思想 ………………… 890
一、资产阶级改良主义思想的先驱——冯桂芬 ……… 890
二、资产阶级改良主义思想的产生和初步发展——薛福成、马建忠、王韬、何启、郑观应、陈炽、陈虬 ……… 895
三、改良主义的“君民共主”说 ……………………… 902
四、改良主义的“重商”思想 ………………………… 906
五、早期资产阶级改良主义思想的一些特点 ………… 911
第五节 19世纪下半期的学术和文化 …………………… 914
一、19世纪下半期的经学和史学 ……………………… 916
二、19世纪下半期的科学和技术 ……………………… 930

第十章 中日甲午战争 ……………………………………… 938
第一节 东亚的国际形势和列强对朝鲜的侵略 ………… 938
一、沙俄向东亚扩张和日本资本主义的发展 ………… 938
二、日本和其他资本主义列强侵入朝鲜 ……………… 942
三、朝鲜成为东亚矛盾的焦点 ………………………… 947
第二节 日本发动对朝鲜和中国的侵略战争 …………… 953
一、日本为发动侵略中、朝的战争而制造衅端 ……… 953

二、俄、英的“调停” …………………………………… 957
三、中日甲午战争的性质和李鸿章的投降主义路线 ……… 963
四、日本对中国突然袭击，中日甲午战争的爆发 ……… 965
第三节 中日甲午战争（1894年8月至11月）…………… 971
一、平壤战斗 ……………………………………………… 971
二、黄海战斗 ……………………………………………… 976
三、主战、主和两派的斗争和清政府求降 ……………… 985
四、日军窜渡鸭绿江和慈禧祝寿 ………………………… 991
五、旅顺口陷落 …………………………………………… 997
第四节 中日甲午战争（1894年11月至1895年4月）…… 1003
一、主和派对主战派官吏的压制 ……………………… 1003
二、清政府使节张荫桓、邵友濂求和被拒 …………… 1009
三、海城争夺战 ………………………………………… 1014
四、威海卫陷落和北洋海军的覆灭 …………………… 1020
五、牛庄战斗 …………………………………………… 1026
第五节 中日议和与《马关条约》的签订 ……………… 1031
一、中日议和前夕的列强态度 ………………………… 1031
二、李鸿章赴日议和 …………………………………… 1034
三、中日马关谈判 ……………………………………… 1037
四、《马关条约》的签订 ……………………………… 1044
五、俄、德、法三国干涉还辽 ………………………… 1047
六、台湾军民反对日本占领的斗争 …………………… 1052

原第一册后记 ……………………………………………… 1058
后　　记 …………………………………………………… 1059

第六章　太平天国革命失败后全国各地人民反封建反侵略斗争的继续、清朝政权的逐步半殖民地化

1864年天京失守，太平天国革命失败，中国近代史上第一次农民革命的高潮走向低落。革命力量遭受了极大的损失，长期经营的革命根据地全部沦陷了，久经锻炼的革命战士大部分牺牲了，号令和影响全国革命运动的中心覆灭了，全国的革命形势正在逐步转入低潮。同时，随着外国资本主义势力的进一步侵入中国，新的斗争开始勃兴，这就是全国范围内正在广泛地展开的反洋教运动。英勇坚强、不屈不挠的中国人民为阻止中国社会的殖民地化而开始了新的艰苦战斗。

19世纪60年代是中国近代革命史上的一个过渡时期。国内阶级矛盾正逐步趋于缓和，但引起革命的各种条件以及这次大革命的影响依然在发挥作用，革命余波仍在大幅度地荡漾回旋，特别在边疆地区急剧地发生革命的连锁式反应。同时，中国人民和外国资本主义侵略者之间的矛盾逐步上升，人民群众从反封建的行列迅速地转移到反侵略的行列。新的斗争火花四处迸溅。

这是一种特别复杂的形势，反封建的斗争和反侵略的斗争错综地交织地进行。在复杂的斗争中，中国人民锻炼得更加坚强、更加团结、更加觉醒了。

天京失守以后，第一次农民大革命遗留下的战火仍在熊熊不息地燃烧，革命队伍被分割在各个地区内继续战斗着。闽粤边界有从江浙转移来的，由李世贤、汪海洋领导的太平军余部在活动；黄淮流域有从安徽撤出的、由赖文光领导的太平军余部以及张宗禹、任

柱领导的捻军在活动。这两支队伍继承着太平军的革命传统和革命事业。此外，云南、陕西、甘肃、新疆、贵州以及东北地区有许多支以少数民族为主干的起义军，他们在太平天国革命的影响和推动下，发动起义，和太平军保持着直接或间接的联系，并和太平军共同具有推翻清朝统治的目标。1864年后，革命的中心虽已瓦解，但各地的革命队伍依然高举着反清的革命大旗，为完成太平军所未完成的革命事业继续苦斗。

第一节　东南沿海和中原地区人民武装斗争的继续

一、李世贤、汪海洋部在闽粤边界的斗争

天京失守以前，江浙太平军中相当大的一部分已经分批陆续突围。他们翻过了崇山峻岭，跨越了急流湍水，冲破了敌人层层的包围圈，转移到敌人的后方。其中第一批突围队伍由沛王谭星等率领，已经穿过江西腹地，盘旋于闽赣边界之新丰、建宁一带；第二批突围队伍由康王汪海洋、听王陈炳文率领，进入了江西的腹地抚州；第三批突围队伍由侍王李世贤、来王陆顺德率领，屯兵于抚州以南的崇仁；第四批突围队伍未能穿过敌人的包围圈，他们刚刚进入江西，便遭到清军的拦击，列王林彩新战死，全军溃散，凛王刘肇均率残部合并入李世贤军。这四批突围军队的总数约有三十万①。他们逗留在赣江以东，期待着天京主力部队突围，以便就近接应，因此拖延了进军的时间，失去了抢渡赣江、挥师西向、与大别山前陈得才军会合的机会。

以上四批军队都是在天京失陷之前突围的。到了天京失陷之后，处在包围圈内的太平军有生力量也没有被完全消灭，残余的太平军都转移到了湖州、广德一带。湖州是太平天国革命的最后一个据点，

① 此数是根据曾国藩的估计，见《曾国藩全集》，书札，卷一二，《复左宫保》。

这个据点在堵王黄文金的领导下，一直顽强地屹立在敌人的层层包围之中，它在革命失败的关头光荣地担负着掩护革命队伍实行退却的艰巨任务。先后转移到这里来的有从天京突围出来的幼天王洪福以及干王洪仁玕、恤王洪仁政；有从皖南撤退来的辅王杨辅清、匡王赖文鸿、佑王李远继；有从浙江撤退来的偕王谭体元、首王范汝增等的部队。1864 年 8 月，清军从四面八方对革命的这一个最后据点发动进攻，企图将太平军余部一网打尽。太平军奋起抗击，大败湘军蒋益澧部。8 月底，十万太平军乘胜转移，撤离湖州，经广德、宁国西走。据后来洪仁玕说，他们准备拥幼天王入江西，再会合李世贤、汪海洋部，进向湖北，与陈得才军会师，然后“据荆襄以窥长安”①，重振太平天国的革命事业。

可惜事与愿违，形势对太平军愈来愈不利。当最后这批太平军开始突围的时候，大批清朝军队已开到江西，他们步步设防、层层拦截，太平军从铜墙铁壁似的包围圈中勉强冲杀开一条血路，大部分将领和战士在恶战中牺牲或被冲散了。更不幸的是，在突围战斗中，堵王黄文金和匡王赖文鸿先后战死，辅王杨辅清与部队失散，这三个人都是身经百战、独当一面的大将，也是这次突围的实际指挥者。军队在这个严峻的时刻失去了自己的统帅，开始呈现出混乱现象，一部分意志不坚定的人在困难面前动摇了，有的人脱离了革命队伍，也有的人投降了清军。最后只有洪仁玕、谭体元、李远继等率领着一万多军队保护幼天王进入了江西，这时已经是 1864 年的 9 月底了。

经过艰辛血战而突围到了江西的这支队伍，立即遇到了更加严重的新困难。当时江西的局势发生了很大的变化，李世贤的队伍已经从江西崇仁向南转移，进入广东的平远、蕉岭、大埔一带，然后又折入福建，兵锋指向漳州；汪海洋的部队在许湾和湘军鲍超打了一个硬仗，受到挫折，也被迫撤到江西南部的宁都；还有陈炳文的六万军队是太平军余部中装备精良的部队（其中有 7 000 杆洋枪），

---

① 沈葆桢：《沈文肃公政书》，卷三，《席军生擒首逆折》。

但陈炳文听到天京失陷的消息后，可耻地背叛了革命，向清军缴械投降。因此，幼天王等进入江西境内，得不到一兵一械的接应，而清政府方面却大军云集，气焰方张，或迎头邀击、或衔尾穷追，革命队伍处在十分严峻的情况中。幼天王等“昼不落村庄，夜用香火照行”①，“昼夜不停趾，所至一餐即行”②。他们自玉山南奔，取道武夷山中的小径，兼程前进，寻找和追赶汪海洋的部队。清军也穷追不舍，湘军席宝田部“舍辎重，轻装而进，昼夜紧追，人不释甲，马不解鞍者，凡五昼夜”③。1864年10月9日，幼天王等行至广昌、石城交界处，这个地方离汪海洋的宁都大营不过百里路，眼看着就有脱险的希望，幼天王的部队连日行军，饥疲不堪，正停下来休息煮饭的时候，席宝田的追军忽然赶到，双方展开了一场浴血战斗。幼天王的军队人数既少，而且劳累困顿，饥不得食，抵挡不住清军的突然袭击，结果队伍被冲得星散，幼天王和干王洪仁玕、恤王洪仁政、昭王黄文英等均被俘获，后来被解到南昌杀害。只有佑王李远继、偕王谭体元率领一部分军队，冒死突围出来，投入了汪海洋的队伍。幼天王和干王遇害，革命失掉了号召人心的旗帜、失掉了整顿局势的杰出的决策人，重振太平天国的计划成了泡影。

革命虽然碰到了一次又一次的严重挫折，但是李世贤和汪海洋所率领的太平军余部，仍在坚持战斗。这时，大批清朝军队集中到了江西，太平军不可能在这里开辟局面，于是他们相率向粤东、闽南转移。这里的阶级矛盾十分尖锐，福建的同安、诏安、龙岩，广东的潮州、嘉应州，台湾的嘉义，都是人民起义活动极为频繁的地区，清朝统治力量也十分薄弱，吏治军政，腐败不堪。据左宗棠叙述福建的情形：“一省之大，筹兵则无一卒之恃，筹饷则无一月之储，问守令则朴干者难得数人，察局员则练达者未能指数，而民俗则悍戾几若性成，罔识法纪，所在匪盗蜂聚，官司莫敢谁何；其在

① 沈葆桢：《沈文肃公政书》，卷三，《截追窜逆片》。

②③ 同上书，卷三，《席军剪除湖逆搜获伪酋折》。

都邑率畏贼而不畏官，其在乡团则抗官而兼通贼，制兵率虚存册籍，训练久荒，武职则但事营求，胆技均弱”①。左宗棠的这段话表明了这个地区统治力量的薄弱和革命力量的活跃。1864年10月，太平军相继入闽，一路自广东大埔翻山入福建，直趋永定、龙岩，一路自粤赣边界攻武平。当时湘军悍将、福建按察使张运兰率六千精锐屯驻该地，张军贪攻心切，企图迎头拦截太平军，结果被太平军全部歼灭于武平，张运兰也被俘毙命。太平军进入福建，旗开得胜，打了一个大胜仗，声势骤盛。10月中旬，李世贤扑攻漳州。漳州的清军正开到台湾嘉义去镇压人民起义，来不及回援，漳州守备空虚。当地人民起而响应，李世贤很快就攻克了漳州。同时汪海洋也屯扎在汀州、连城、上杭一带，闽南各州县如武平、永定、龙岩、漳浦、平和、诏安、云霄也相继落入太平军之手，“时值岁饥，无业者归之日众，连营数百里，号称百万，西窥南赣，东瞰汀、泉，北趋连城，南扰东粤，据有形势。各省之师皆为贼牵制不得前，势危甚”②。11月，福建陆路提督林文察、水师提督曾玉明督率大军从台湾赶来，和太平军大战于漳州城外。群众起来协助太平军作战，当两军激战方酣，漳州人民“面擦烟煤，潜袭后路，瞰官军出队，即将营帐抢劫一空”③，清军因而大败，号称“闽中第一良将”的林文察被击毙，曾玉明的水师船只也被打得稀烂。太平军连战皆捷，声威远播，控制了整个闽南山区。当时左宗棠奏称：“自永定、上杭、龙岩以至漳州，纵横数百里，一片贼氛”④，“而粤之潮、嘉，闽之泉、漳、汀、龙、永、春等府州，向称匪盗渊薮。此次从乱如归者，其数盖不可得而知”⑤。

太平军余部虽然在闽南暂时站住了脚跟，但他们提不出远大而明确的政治目标，也缺乏一个积极的战略步骤，而且各部分散流动，其中“惟李世贤之众为最盛，而以汪海洋之众为最强。其次则黄旗

---

① 《左宗棠全集》，奏稿，卷一二，《沥陈闽省困敝情形请调员差委折》。

② 朱用孚：《磨盾余谈》，卷一，《潮嘉防剿纪略》。

③ 《左宗棠全集》，奏稿，卷一一。

④ 同上书，奏稿，卷一一，《攻守龙岩漳平迭胜及由连城进剿先胜后挫情形折》。

⑤ 同上书，奏稿，卷一二，《连城漳州剿贼获胜情形折》。

之丁太洋，花旗之林伯泰。此外则江、淮、楚亡命之徒，各拥渠帅，如朱利王（按：即利王朱兴隆）、谭天将（按：即陪王谭富），或数千人、或数万人，附于汪、李”①。“盖残败之余，意见未定，其众虽盛，其势实分，随处剽掠就食，并无一定趋向”②。这支分散而无远大目标的革命余部，孤军作战，已陷于无希望的困斗之中。

这时，清朝政府已令左宗棠率军入闽。左宗棠的老湘军分三路推进：西路攻汀州，东路攻漳州，中路攻龙岩。同时闽军、粤军、赣军也全数出动，配合进攻。左宗棠自统亲兵，指挥策应。1865 年春，整个闽南山区展开了一场剧烈的搏战。左宗棠的军队虽然十分凶悍，但在太平军的英勇抵抗下也占不到多大的便宜。经过四个多月的战斗，清军只占领了龙岩、永定几个城池。左宗棠没有办法只好请求李鸿章帮忙，把全副西式装备的淮军用外国轮船运到了漳州。外国侵略者也大力支援清朝军队，封锁了厦门海口，断绝了太平军从海上来的军火接济，福州税务司美里登（De Meritens）还给左宗棠供应了大批开花炮。在当时的条件下，这批开花炮所能发挥的破坏杀伤作用是很大的，就像左宗棠所说：“闽边各处，多土楼山寨，坚峻异常，非开花炮不能速破”③。清政府各种势力通力合作，革命方面军队虽然不少，可是组织性和战斗力已远逊于从前，武器、弹药、粮食的供应也极其困难。在这样严峻的情况下，李世贤和汪海洋又彼此不和，不能协同作战。1865 年 5 月初，汪海洋自上杭南撤，行至大埔，为清军所败。5 月 15 日，李世贤亦放弃漳州。湘淮军紧追不舍，李世贤军退至漳溪，又与拦击的粤军遭遇，李世贤军全部溃散，世贤只身躲入丛山中。漳、汀之间各州县又全部被清军抢占，汪海洋、陆顺德、谭体元等退入广东，闽南根据地刚刚开辟了半年，又全部丧失了。

汪海洋等转移到广东，局势尚有可为。因为粤军战斗力较弱，而且左宗棠和广东的官僚们嫌隙甚深，广东大官僚内部也矛盾重重，

---

① 朱用孚：《磨盾余谈》，卷一，《潮嘉防剿纪略》。

② 同上书，卷一，《收武平》。

③ 《左宗棠全集》，书牍，卷七，《答郭子美杨少铭》。

彼此正在乱吵乱咬。左宗棠说：“粤将凶狡素著，与湘军素有积怨，湘军楚军与粤军每避道而行”①。所以左宗棠把太平军从福建挤到广东之后，就按兵不动，隔岸观火。这时候恰好湘军中由鲍超率领的霆营，因清政府拖欠军饷而在湖北金口哗变。这部分变兵在哥老会领袖欧阳辉的率领下，远道跋涉，南下广东，投入了汪海洋部。这样，汪海洋得以利用统治阶级的矛盾和这部分新参加革命的变兵，来重振旗鼓，把斗争坚持下去。

1865 年 6 月，康王汪海洋部攻镇平，粤军郑绍忠部全军覆没，太平军克镇平。8 月，来王陆顺德又击败粤军卓兴部，克长乐。太平军两战皆捷，粤东大震，清朝政府催促左宗棠迅速入粤。在大敌当前、形势还很不稳定的时候，汪海洋却起了邪恶的念头，他趁着漳溪战败、李世贤暂时失踪的时候，想把李世贤的余部完全并吞过来。他的手段极其恶劣，以“救护世贤不力”的罪名，把世贤部下著名的战将李元茂等杀害。不久李世贤却只身出现在汪海洋军中，原来李世贤战败后，在山谷内藏身了几个月，听到攻克镇平的消息，特来投奔。李世贤在太平军中威信很高，“旧部闻李之再至，皆欢呼震野”②。李世贤的到来引起汪海洋的猜忌，他假意设宴款待李世贤，席间竟把李杀害，还诬蔑李世贤“已降官军，兹入镇平复结党图为内应也”③。汪海洋这种残忍狠毒的行为引起广大战士的强烈不满，从此士卒离心，斗志瓦解，汪海洋虽然作战骁勇，天京失陷后，转战闽粤一年半，为太平天国革命延续了一线余脉，但他为了满足个人野心，不惜用卑鄙的手段残杀同志，结果促使了革命的最后瓦解。汪海洋的个人野心害死了李世贤，同时也葬送了革命，毁灭了自己。

李世贤被杀后，革命队伍出现了严重的混乱，许多人脱离了队伍，也有人可耻地投降了清军。清军从四面八方包围镇平，有人劝汪海洋放弃镇平，摆脱清军的包围，汪“自恃其强，嗜酒愎谏，不纳其言”④。

---

① 《左宗棠全集》，书牍，卷八，《答江西巡抚刘岘庄中丞》。

② 朱用孚：《磨盾余谈》，卷一，《潮嘉防剿纪略》。

③ 《左宗棠全集》，奏稿，卷一五，《复陈侍逆李世贤实为汪逆所杀片》。

④ 朱用孚：《磨盾余谈》，卷一，《镇平复》。

实际上汪海洋已经成了不能穿鲁缟的“强弩之末”了。1865年9月，清军攻陷镇平。汪海洋突围出走，流动于江西、广东交界，至12月又克广东嘉应。

左宗棠采取了“分地筑围”的办法来对付这支势穷力竭的革命残余部队，“下令合三省之师，分地筑营，戒贼至无与浪战，第谨守关隘，毋令逸出”①。1866年1月，汪海洋正与清军作战，“有李世贤心膂欲为世贤报仇者，是日方战，以洋枪击海洋，中其颅，至夜创甚而死”②。汪海洋杀害了李世贤，李世贤的部下又杀害了汪海洋。总之，在汪海洋野心和阴谋的促使下，内部残杀，冤冤相报，终于葬送了革命事业。

汪海洋死后，余部在偕王谭体元率领下仍继续战斗。1866年2月，谭体元放弃嘉应州，率部突围，走入黄沙嶂，迷途不得出，队伍大乱。清军乘势掩杀，谭体元堕崖牺牲。革命失败的最后时刻不可避免地到来了，太平军“势如山颓，尸骸枕藉，血满蹊径，涧水尽赤”③，英勇的太平军余部为革命而战斗到底，他们用自己的鲜血为太平天国革命写下了最后一个壮烈的篇章。

二、1864—1866年捻军的抗清斗争

太平军余部在东南沿海的斗争失败了，但英勇的捻军仍在中原地区与优势敌人继续搏战。

1864年春，天京危急。以扶王陈得才、遵王赖文光为首的西北太平军，联合张宗禹、任柱、陈大喜的捻军，大举东下，“由汉中而还师东征，图解京师重困”④。1864年7月，当西北太平军和捻军正在鄂皖交界和清军酣战之际，天京陷落了。这个不幸的消息传到军队中，严重地挫伤了战士们的士气。9月，这支联军在麻城白果镇战败，11月又在霍山黑石渡战败，联军顿时呈现瓦解之势。扶王陈得才服毒自杀，祜王蓝成春被俘殉难，启王梁成富退回陕西，后来进

---

①② 朱用孚：《磨盾余谈》，卷一，《嘉应复》。

③ 《东华录》，同治五年正月十五日上谕。

④ 《赖文光自述》。

入甘肃，在阶州败亡，还有一些动摇分子如马融和等投降了清军。

太平军和捻军的联合队伍被击溃了，但他们并没有全部被消灭。这时，遵王赖文光已转移到鄂豫边界，和张宗禹、任柱的部队会合，他们重新在河南南部集结起来。就像赖文光所说："其时江北兵士无可依归者共有数万，皆是蒙、亳之众。其头目任化邦、牛宏升、张宗禹、李蕴泰等誓同生死，万苦不辞，请予带领，以期报效"①。从此，太平军和捻军结合成为一支统一的革命军队，转战黄河、淮河流域，继续进行英勇的抗清斗争。

捻军的主要领袖有赖文光、任柱、张宗禹等。赖文光，广西人，金田起义时参加革命，初任文职，杨韦事变后改任武职，隶英王陈玉成部下，后封遵王。安庆失守后陈玉成派他随同陈得才等远征西北。陈得才失败后，他和捻军合作，用太平天国的革命思想教育捻军，用太平军的兵制部勒捻军，使捻军改变了"忽分忽合、不相统属"的分散状态，成为一支统一的勇敢善战的革命军队。任柱又名化邦，安徽蒙城人，封鲁王。他是捻军中最英勇杰出的少年英雄，"将骑得法，飘忽善战"②，屡次把敌人打得落花流水，敌人十分惧怕他，李鸿章曾说："任化邦骁勇善战，项羽之俦、人中怪杰也，吾与将士不幸而遇此磨难"③。张宗禹，安徽雉河集人，是张乐行的族侄，封梁王。他沉静好谋，常能出奇制胜，"备战有暇，手不释卷"④，是一个天才的军事家，敌人称他"智似刘邦"⑤。捻军在这些智勇过人的领袖们的领导下，继续着太平天国英雄们所未完成的革命事业。

在1864年到1868年的抗清斗争中，捻军出色地创造了以弱敌强的高速流动战术。由于当时革命形势正在低落，力量对比已不利于革命方面，捻军就必须在大踏步前进和大踏步后退的流动之中，才能够消灭敌人，发展自己；又由于捻军"易步为骑"，大大提高了军队的运动速度，就有可能采用流动战术，在辽阔的黄淮平原上大幅度地回旋

---

① 《赖文光自述》。

② 周世澄：《淮军平捻记》，卷六。

③ 转引自罗尔纲：《太平天国史稿》，390页。

④ 王大球：《张宗禹传》，载《史学工作通讯》，1957（3）。

⑤ 转引自罗尔纲：《太平天国史稿》，391页。

驰骋，把敌人拖疲拖死。捻军领袖张宗禹说，“敌能战，应不与战，专以走疲之，则可常活”①，这是对捻军作战原则的生动概括。

那些和捻军交过仗、吃足了流动战苦头的清军将领，常常胆战心惊地提到这种战术。如曾国藩说：“捻匪势极猖獗，善战而不肯轻用其锋，非官兵与之相逐相迫，从不寻我开仗。战则凶悍异常，必将马步层层包裹，困官军于核心，微有不利则电掣而去，顷刻百里。故我有大挫之时而贼无吃亏之日。其难办有数倍于长毛者”②。河南巡抚吴昌寿描写捻军在战斗中迅捷勇猛的态势说：“当其万马奔驰，舰飞电掣，虽至勇之夫，当之色变，故年余以来，只有尾追而无迎击……尾追而近，则猛一回噬，立见伤亡。当此之际，虽韩、白复生无所用其勇，良、平复出无所用其智”③。捻军英雄们就是用这样的战术对付敌人，因而取得了一连串辉煌的战绩。

从 1864 年 9 月到 1865 年 5 月，捻军的主要对手是僧格林沁。骄横不可一世的僧格林沁率领大批骑兵尾追捻军。捻军则利用“打几个圈”的战术，东奔西走地引诱僧军穷追，使僧军疲于奔命，以便寻找适当的战机，全部歼灭僧格林沁军。由于捻军的高速度流动，“凡捻所至，数日而僧格林沁至，或一日再接战，辄有斩杀，然莫能大创之”④。僧格林沁抓不到捻军的主力，反而把自己的军队拖得疲惫不堪，捻军却在流动中一次又一次地设下埋伏，一批又一批地消灭追军，达到了削弱僧格林沁军队的目的。1864 年 9 月捻军败僧格林沁于河南罗山，“都统舒通额等皆战殁，将士死者甚多”⑤；十二天以后又败僧军于光山，毙总兵巴扬阿等；10 月捻军在湖北杀提督石清吉，围湘军成大吉部；12 月捻军又在河南邓州大捷，“官兵大挫，损伤将卒无算”⑥，“僧格林沁率数十骑入邓州，收集败军”⑦；1865 年 1 月，捻军设伏于鲁山，大败僧军，僧部悍将恒龄、舒伦保被击毙，僧格

① 转引自《李鸿章全集》，朋僚函稿，卷八，《复陈作梅观察》。

② 曾国藩：《与李元度书》，转引自《霆军纪略》，卷一二。

③ 同治三年十一月吴昌寿奏，转引自尹耕云：《豫军纪略》，卷一一。

④ 王闿运：《湘军志》，卷一四，《平捻篇》。

⑤⑦ 尹耕云：《豫军纪略》，卷一一。

⑥ 《湖北通志》，卷七三，《兵事》。

林沁的骨干将领凋零殆尽。接着捻军又围河南巡抚张之万于开封，败豫军汤聘珍于信阳。4月捻军越黄河故道，长驱入山东境，准备和僧格林沁进行主力决战。

当时清朝政府已看到尾追捻军的危险性，屡次告诫僧格林沁，要他“择平原地休养士马”，“勿轻临前敌”①，曾国藩也写信劝他“不可久劳，宜稍假休息，养锐气”②。但是，贪功冒进、刚愎自用的僧格林沁已经被捻军安排下的钓钩牢牢地牵住。他错认为实行流动战的捻军是害怕自己，他像发了疯一样，强迫士兵日夜穷追，企图抓住捻军的主力，一举而消灭这支革命军队，反而弄得“军士疲怨”，“益惧且恨”③，连僧格林沁本人也“寝食俱废”，“手疲不能举缰索，以布带束腕系肩上驭马”④，追赶不动时，就“解鞍小憩道左，饮火酒两巨觥，辄上马逐贼”⑤。

捻军入山东后，由宋景诗任先锋，经曹县、城武、定陶向东南转进，到江苏的赣榆、海州，又转向西北，再入山东。僧格林沁看到追不上，就抛下步兵，率五千骑兵，一昼夜狂奔三百里，不断有人马在路上倒毙。

1865年5月18日，决战的时机终于到来了。捻军到达山东菏泽西北的高楼寨，在寨外设下埋伏，僧格林沁尾追不舍，中设入伏，被捻军层层包围。僧格林沁几次突围，都被四周密集的捻军击退，只得率领残兵败将退到一个名叫葭密寨的小圩寨里，进行绝望的抵抗。捻军在圩寨周围环筑营垒、挖掘长壕，并在远处柳林中设下埋伏，以防敌人突围。

当天夜间，僧格林沁集中洋枪火力，死命突围。僧军冲过长壕，向柳林深处逃走，捻军伏兵尽起，僧军全部就歼，僧格林沁本人也死在长矛之下。

在高楼寨的辉煌战斗中，捻军歼灭了凶悍的僧格林沁骑兵，缴获了大批武器与战马，武装了自己，一时声势大振。

---

①②④　王安定：《求阙斋弟子记》，卷一一，《剿捻上》。

③　王闿运：《湘军志》，卷一四，《平捻篇》。

⑤　《菏泽县志》，卷一八，《杂记》。

僧格林沁的军队是清朝朝廷直接掌握的唯一一支武装力量，它的被歼就是清朝满洲贵族嫡系军队的彻底被消灭。惊惶失措的清朝朝廷深恐捻军乘胜北进，直捣北京，不得不再次求助于曾国藩的汉族地主武装，命曾国藩"赶紧赴援"，以"现有兵力，带领北上"。但是，老奸巨猾的曾国藩，一方面慑于捻军"战马极多，驰骤平原，其锋甚锐"，不敢匆促出兵；一方面趁僧格林沁失败、清朝朝廷失去防御盾牌的时候，进行要挟。他一本又一本地上奏"万难迅速"的原因，直到清朝朝廷不得不给他"节制直隶、山东、河南三省旗绿各营及地方文武员弁"大权。他的要挟完全满足以后，才慢吞吞地督师北上。

曾国藩吸收了僧格林沁失败的教训，制定了从政治上和军事上对付捻军的双管齐下的方针。

在政治上，曾国藩懂得，捻军同广大农民的血肉联系是清军不能彻底消灭捻军的重要原因，因此，他提出"坚壁清野"与"查圩"的毒辣办法。所谓"坚壁清野"，就是在捻军活动地区，将乡村的原有圩寨，"大加整顿，墙子要高，濠沟要深"，"人丁与牲畜、米粮、柴草一一搬入圩内"。各圩派地主分子充当圩长，人民有"阴从捻匪者，圩长捆缚，送官正法"。所谓"查圩"，就是将各圩人民分成"良民"和"莠民"，凡革命意志坚决的人都列入"莠民册"，没有参加革命的人列入"良民册"。列入"莠民册"者，"在外则到处追剿，在籍则擒拿正法"。列入"良民册"者，"五家具保结于圩长，有事则五家连坐；圩长具保结于州县，有事则圩长连坐"。而且鼓励检举告密，"如有以邻境之匪名单来告者，赏银三十两，如有以巨捻藏匿之踪迹来告者，赏银四十两"①。他用这种恶毒的办法企图收买叛徒，分化革命。

这些措施的推行，在一定程度上使捻军和广大农民的联系被隔断了，捻军逐渐陷于政治上的孤立，兵员补充和粮食来源也越来越困难了。

---

① 王定安：《求阙斋弟子记》，卷一一，《剿捻上》。

在军事上，曾国藩改变了僧格林沁的一味穷追的办法而实行重点设防，在安徽的临淮、江苏的徐州、山东的济宁、河南的周家口，“四路各驻大兵，多贮粮草子药，为四省之重镇。一省有急，三省往援，其援军之粮药，即取给于受援之地”①。他把力量专注在苏、鲁、皖、豫边区十三府州（淮、徐、海、兖、沂、曹、济、归、陈、庐、凤、颖、泗）捻军最熟悉的地区，企图以“点”来控制“面”，以“驻军”来阻止流动，使“四省有首尾相应之策，而诸军无疲于奔命之虞”②。

从长远来说，曾国藩的办法是相当毒辣的，但这种办法不可能在短时间内奏效。从当时来说，曾国藩却有种种不可克服的困难。首先，捻军是一支继承了太平军革命传统的人民军队，纪律严明，深受群众爱戴，曾国藩恶毒的圩寨政策虽然造成了捻军活动上的一定困难，但是并不能够把捻军和人民的联系完全隔断。在圩寨政策推行不久后，曾国藩曾这样说：“民圩仇视官兵，于贼匪反有恕词，即从贼亦无愧色”③。圩寨政策推行一年后，曾国藩军中的一个知识分子又这样说：“东豫民俗顽悍，各立圩寨，贼至献粮纳款，兵至反闭关绝市，甚有乱放枪炮，击伤弁勇”④。另一个知识分子说：“贼既起，从逆者数万人……其壮丁均在贼中也。贼来其村，不特不掳掠，反以财物与之，所以人乐从贼”⑤。可见圩寨政策起不了决定作用，捻军仍然和人民保持着密切的联系。相反，清朝军队是一支到处和人民为敌的反动军队，“官军既集，颇多掠商民居市。直隶民患之，相约格杀，日有狠斗，戎服乘马者十余人，犹不敢轻行，枉杀者不可胜计”⑥。“直东从贼各村，妇女亦刁悍异常，每遇官兵列队而来，妇女悉持竹帚铁锨从上风扬土，杀之不惧”⑦。得道者多助，捻军处处得到人民的帮助；失道者寡助，清军处处遭到人民的反对。战争的人民性和正义性，是捻军能够在革命低潮时期和优势敌人相

---

①② 《曾国藩全集》，奏稿，卷二二，《贼众全萃皖境先赴临淮折》。

③ 同上书，奏稿，卷二二，《钦奉谕旨复陈折》。

④ 葛士达：《远志斋稿》，卷二，《尉氏军中寄呈贾云阶师书》。

⑤⑦ 杜松年：《知非斋琐记》。

⑥ 王闿运：《湘军志》，卷一四，《平捻篇》。

持四年之久的根本原因。其次，捻军在消灭僧格林沁军以后，不论在兵力上、装备上还是在声势上都空前地壮大起来；而曾国藩所统率的虽然是拥有大批新式装备的淮军和一部分裁撤未尽的湘军，甚至还有外国军官指挥的“天津洋枪队”，但是湘军“暮气已深”、淮军“骄气方盛”，这支军队实际上是一支银样腊枪队，连曾国藩的幕僚也说：“中堂（按：指曾国藩）初北上时，声威甚壮……后诸军与贼战，渐见绌，贼捻见官军拙滞，益藐之。北去统将多尊官抚仕，重腿难用，而其下习于南中老样，所至辎重累累；淮军专恃火器，尤笨重。贼专以飘疾见长，且莫测其踪迹，遑能设算”①。再次，曾国藩所统军队中，派系复杂，矛盾重重，除曾国藩的嫡系武装湘军之外，既有代表长江下游地主阶级和买办利益、使用新式武器的淮军，又有代表各省地主阶级利益、只肯在本省作战的地方部队——豫军、东军、皖军等，还有曾国藩根本无权过问的洋枪队。所谓“剿捻”大军是一盘名副其实的大杂烩，曾国藩无法调动指挥它们，它们之间争权夺利，常常闹摩擦，甚至常常私斗。如淮军刘铭传和僧格林沁余部陈国瑞就在济宁“以私嫌互斗，杀伤颇众”；皖军英翰、郭宝昌“亦与陈国瑞有隙”②。曾国藩统率这样一支既不能直接指挥、又充满内部矛盾的杂牌军，想消灭善于运用流动战术而又有统一指挥的捻军，自然是得不到结果的。

曾国藩上任将近十个月，捻军“西逼楚豫，东趋海岱。相去动三千里，马步以数万计。官兵步多骑少，每失之不及”③。统治阶级内部指责曾国藩的办法“迂缓”，曾国藩也不得不向清政府报告：“捻匪奔突六省，久成流寇之形，虽人众不及发逆，而马队则数倍过之；其凶狠之性，狡诈之谋，亦不亚于发逆……臣受命剿捻，已逾十月。制寇之方，尚无把握。终夜以思，且忧且愧”④。曾国藩感到没有“把握”了，他对镇压捻军已经失去了信心。

---

① 赵烈文：《能静居日记》，同治六年四月二十五日，转引自《捻军史料丛刊》，第1集，138页。

②③ 王定安：《求阙斋弟子记》，卷一一，《剿捻上》。

④ 同上书，卷一二，《剿捻中》。

为了挽救自己的失败，曾国藩竭力想把捻军的活动限制在黄河以南、运河以西。1866 年春，他在山东境内修浚运河，增堤置栅，防止捻军向东流动。是年夏，捻军全部入鄂豫皖边界。曾国藩又提出防守沙河、贾鲁河的政策，动员大批人力、物力，在这两条河上修筑堤墙、开挖深壕，分兵设防，层层把守。这条防线南自安徽正阳关起，沿沙河西北向经槐店至河南周家口，又从周家口沿贾鲁河北向，经朱仙镇、开封而达黄河南岸。曾国藩企图利用地形条件。设置一条贯通黄淮，分割苏、鲁、豫、皖、鄂大平原的长达千数百里的警备线，把捻军压缩在警备线西南“山多田少之处”①，以限制捻军流动的区域，削弱捻军骑兵驰逐的威力。

但是曾国藩的如意算盘很快就落了空。1866 年 9 月 24 日深夜，捻军大队自中牟猛扑开封至黄河南岸间的堤墙。这段警备线仅长三十里，但并无天然河道可以扼守，而且全是沙地，浮沙壅塞，堤墙不坚，是整个警备线上最薄弱的一段，守卫这段堤墙的又是战斗力较薄弱的地方部队——豫军。当地人民协助捻军，以“锹、镢、棉被毁平墙濠”②。捻军顺利地冲破警备线，突入山东河套地区，自由地驰骋在苏鲁豫平原上。曾国藩挖空心思的“圈制”政策彻底破产。

曾国藩“剿捻”失败，地主阶级对他“谤议盈路”，清朝统治者命令他“交卸钦差大臣，仍回两江总督本任”。这个竭力为清政府效劳而使其“精力久已消耗”的老贼，也感到自己没有完成他主子交托的任务，自称是“打捻无功之人”，只好带着“意甚悒悒”的不快情绪，把钦差大臣的关防交给了“亟于任事”的李鸿章。

三、东捻军和西捻军的抗清斗争及其失败

1866 年秋，捻军击败曾国藩的“圈制”政策，顺利地进入山东河套区，取得粮食补给后，又转军西上。但当时的形势日益对捻军

---

① 《曾国藩全集》，奏稿，卷二四，《汇报军情，调各军防剿折》。

② 尹耕云：《豫军纪略》，卷一二，《皖匪二》。

不利，中外反动势力已进一步勾结，外国侵略者以大量新式武器供应清军，并派遣大批教练、顾问进入清军内部，协助镇压人民革命。这时，李世贤、汪海洋的军队已经失败，边疆地区的各民族起义军也相继转入防御态势，中原地区只有捻军在孤军奋战。

为了改变这种“独立难持，孤立难久”的不利局面，1866年10月，捻军在河南许州分成东、西两支，一支由遵王赖文光、鲁王任化邦率领，仍留在中原地区，坚持战斗，是为东捻军；另一支由梁王张宗禹、幼沃王张禹爵率领，“前进甘陕，往连回众，以为犄角之势”①，是为西捻军。

捻军分军的目的，本是为了分散清军的兵力，减轻压力，便于互相策应，并可以西联回民起义军，共同抗清，但分军的结果也使捻军自己的兵力分散了，而且清军很快就切断了东捻军和西捻军的联系，迫使它在两个战场上孤立作战，最后被清军各个击破。

李鸿章接任后，基本上仍继承曾国藩的“圈制”和“分化”政策，所谓“为今之计，自应用谋设间，徐图制贼。或蹙之于山深水复之处，弃地以诱其入，然后各省之军合力，三四面围困之；或阴招其饥疲裹胁之众，使其内乱残杀，否则投降免死，给资遣回，以解散其穷蹙致死之心而披离其党羽”②。这个政策并没有什么特别高明之处，要贯彻这个政策也存在着许多困难，因为执行“圈制”政策需要大批兵力，需要修筑浩大的工事，还需要造成对方的失误，使它落入圈中，李鸿章徒然抱着这个恶毒的念头，但暂时还搞不起一个圈圈，也无法使捻军投入圈圈里去，即使捻军投进圈圈里去，只要漫长的包围圈上出现一个薄弱环节，出现一个缺口，“一蚁溃堤”，捻军就可全部逸出。曾国藩就是这样失败的。

捻军虽然以矫若神龙、迅若电掣的流动战，一次又一次地挫败了清军，但是它本身存在着不可克服的弱点。它在政治上不建立政权（所谓“捻无大志”）；在经济上不搞生产，专靠抢粮过活（所谓“因地就食”）；在军事上处于无后方的长期流动中（所谓“流窜无

---

① 《赖文光自述》。

② 《李鸿章全集》，奏稿，卷一〇，《谢署钦差大臣沥陈大略折》。

定”)。因此它不能够把根子深深地扎到群众之中，不可能得到充足的粮食和军备，也不可能持久地保持旺盛的战斗力量。造成这种状况的原因，一方面是敌我力量的对比太悬殊了，在优势清军四面追逐的情况下，捻军无法在某个地区站住脚跟，它除了高速度流动之外，别无办法；另一方面是破产农民和游民的生活方式，决定了捻军饥饿谋食的流寇主义意识，他们对于建立根据地的重要性缺乏认识。捻军中的某些领袖（如赖文光）接受了太平天国的思想，颇有“以期复国于指日”的远大思想，但是从流动战向根据地的战略转变，需要条件和力量，还需要决心和办法。捻军没能完成这样的战略转变，长期的流寇主义进军不免要落入清军布置的圈圈里。因此，捻军虽一次又一次打破过圈圈，但最后仍失败在“圈制”政策之下。

“圈制”政策收效，需要有足够的时间，暂时捻军仍是生龙活虎一般出没在中原和关中的平原上。

1866年10月，东捻军挥戈东指，准备抢渡运河，进入山东半岛去“觅粮”，但被曾国藩设置的运防堤墙所阻。东捻军“全无火器，不善攻坚”，在运河西岸回旋一个多月，无法突破运防，而清军却全被吸引到这里来了。11月，东捻军突然折而西向，甩脱敌人，以急行军经河南入鄂东北。

鄂东北山岭重叠，对捻军的骑兵不利，半年前曾国藩就是想把捻军“圈制”在这个地方，但没有成功，半年以后，东捻军之所以再来这里，是因为东捻军也希望改变无粮贮、无后方、无友军的不利局面，“谋以一枝越襄河躏蜀疆，一枝屯湖北为声援，一枝闯武关联西捻张总愚（宗禹）”①，并“共趋秦中，勾连回匪，以成负嵎之势”②。为了联络友军，开辟川陕根据地，东捻军不得不进入这个险地。李鸿章喜出望外，立即把搞圈圈的办法掏出来。于是鲍超的湘军拦其前，刘铭传等的淮军蹑其后，还有湖北巡抚曾国荃、安徽巡抚英翰的军队杜塞旁出之路，企图把东捻军围困在大别山和长江、

---

① 薛福成：《庸庵内外编》，《书霆军铭军尹隆河之役》。

② 陈昌：《霆军纪略》，卷一二。

汉水之间的狭小圈圈里，“趁地势以图聚歼”①。

李鸿章未免高兴得太早了，这时东捻军号称十万大军，士气旺盛，战斗力很强。李鸿章的“圈圈”虽然搞成了，但手下军队战斗力不济，无法吃掉锐气方盛的东捻大军。1867年初，一场猛烈的围攻与反围攻战斗开始。1月11日，东捻军首先在湖北钟祥之罗家集打了一场漂亮的伏击，湘军提督郭松林部中伏溃败，郭本人被俘，捻军战士“用洋枪捶之，股背青黑，乃纵之归”②。26日东捻军又在德安府杨家河围歼淮军的一部分，击毙淮军大将张树珊。2月19日，东捻军在尹隆河与淮军进行主力决战，淮军的王牌刘铭传部铭军轻敌躁进，东捻军“排列三十里，密布数十层”，淮军被“马步包裹，军士纷纷败溃，损折将弁兵勇甚多，辎重亦失”③，悍将唐殿奎被斩，“总统（指刘铭传）、营官与幕僚等俱脱冠服，坐地待死”④。东捻军方获大胜，不料凶悍的湘军鲍超部冷不防从背后袭来，东捻军仓促迎战，遭到失败，淮军绝处逢救，幸免被歼灭的命运。3月23日，东捻军又在蕲水六神港包围记名藩司彭毓橘的湘军，彭被击毙，湘军“全军覆没，存者无几”⑤。捻军在反围攻斗争中连续获胜，清军的包围圈被打得七零八落。5月中，东捻军又在德安大败淮军悍将杨鼎勋，淮军“被冲四散”，杨鼎勋“失马步战，易骑得脱，厥后半载，犹不能军”⑥。5月下旬，东捻军突出包围圈，返师北上，进入河南。

鄂东大战，历时四个多月，东捻军屡战屡捷，湘淮军被杀得落花流水，淮军“屡次失利，先后伤亡提镇将二十三员，张树珊、唐殿奎，其尤著也”⑦。李鸿章也说尹隆河之役是“淮军第一次丢脸”，“真大耻辱”⑧。特别是曾国荃的新湘勇和鄂军，共有七十余营，被

---

① 周世澄：《淮军平捻记》，卷三。

②⑤ 赵烈文：《能静居日记》，同治六年四月二十八日。

③ 陈昌：《霆军纪略》，卷一二。

④ 薛福成：《庸庵内外编》，《书霆军铭军尹隆河之役》。

⑥⑦ 陈锦：《南师平捻纪略》（中）。

⑧ 《李鸿章致潘鼎新书札》，38页，同治六年二月十九日。

歼灭殆尽。“曾国荃所用大将，唯毓橘与郭松林。松林前败，创发告归，及毓橘死，新军尽熸”，曾国荃急得“郁郁发病”①。但是东捻军在尹隆河战役中先胜后败，没有赢得主力决战的胜利，损失也很大，特别是进军川陕的计划因而放弃，歼灭淮军主力的机会也因而失掉，这对东捻军以后的活动造成了很大困难。

捻军自湖北突围、进入河南后，最迫切的问题是要取得粮食。当时山东半岛长期没有战争，号称“完善之区”，而且地方富庶，时当麦熟，容易得到粮食，但这里三面环海，是个容易受包围的绝地。捻军觅食心切，顾不得危险，又一次投进更小的“圈圈”里去。1867 年 6 月 13 日，东捻军到达山东郓城水套区。在水套地区起义人民的引导下，在戴庙抢渡运河，一直向东，直抵山东半岛的滨海地区。6 月底，东捻军逼近烟台，外国侵略者再一次帮助清军，干涉革命。当地道员潘霨“募勇五百，与英吉利、法兰西两国兵官率洋兵为守御”②，东捻军到达烟台附近，“夷人以炮却之”③。东捻军遂折入登州、莱州。

东捻军走入狭小的滨海地区，李鸿章又赶紧使用“圈制”政策，采取“先布运防以杜出路，次扼胶莱以断咽喉”④ 的办法。具体地说，这次李鸿章的“圈圈”，不是一个而是两个，大圈圈之内还有一个小圈圈，大圈圈北至黄河、南至苏北六塘河、西至运河、东至大海，东、南、北皆利用天然地形，由三口通商大臣崇厚、直隶总督刘长佑守黄河，漕督张之万守六塘河，主要防务则在西线运河上，由李鸿章调各省军队，将运河墙栅从东岸移置西岸，分段把守；小圈圈以胶莱河为线，其他三面均临海，由淮军、山东军、河南军扼守，河上修筑长墙，阻止捻军西出。这样，突入滨海区的东捻军便陷入了两层包围圈里。

但是，李鸿章把东捻军圈制在山东半岛，选定这里作为战场，

---

① 王闿运：《湘军志》，卷一四，《平捻篇》。

② 《山东军兴纪略》，卷六，《皖匪十一》。

③ 陈锦：《南师平捻纪略》（中）。

④ 《李鸿章全集》，奏稿，卷一一，《行抵济宁筹防运河折》。

无异是以牺牲山东地主阶级的利益，来换取整个地主阶级统治的稳定。这个“以邻为壑”的作战计划，引起以山东巡抚丁宝桢为首的山东地主阶级的极大愤懑，山东军队作战时故意违反这个战略方针，希望把东捻军逐出包围圈了事。1867 年 8 月，东捻军从昌邑北的海神庙突破山东军防地，跳出了李鸿章的“小圈圈”，胶莱河防失守。清廷以“扼守胶莱之策，竟成画饼”，将“李鸿章、潘鼎新交部议处，并将丁宝桢摘去顶戴，革职留任，以示薄惩”①。

李鸿章的小圈圈成了泡影，就把希望寄托在“反守运河”的大圈圈上。所谓“北黄、西运、东胶莱、南六塘，三省千余里、五十余邑。胶莱有墙，民反守之；黄河无墙，水为之限；六塘以南，地势洼散，贼所不习，注重究在运防。运河号称千里，半属湖水，所严防者数百里耳！集湘、楚、江、淮水师，皖、豫、江、鄂营勇，重墙睥睨，碉燧相闻。中间郡邑，坚壁清野，拒以民团”②。李鸿章的布置貌若天罗地网，其实这个包围圈拉得太长，处处都有薄弱环节，连首倡运防政策的曾国藩都没有信心。他说：“此次大举，以余度之，必不能制贼。夏秋水大之际，贼方纵掠于东，必不即出，至秋冬，则黄、运水落，时时结冰，河本不宽，安能制其奔逸。且贼东渡之时，官军望风披靡，未有一日之守，他日安保其必能立定脚跟”③。

由此可见，东捻军虽然处在包围圈里，但包围圈本身并不是什么致命的威胁。千里运防完全有可能在某一点上被突破，即使暂时不能突破，只要能在包围圈里坚持一段时间，等到冬天，黄河运河水落冰封，李鸿章的大圈圈也注定要完蛋。

可惜东捻军在几次扑渡运河受阻以后，显得心慌意乱了，在军事步骤上，摇摆不定，盲目行动，忽而想抢渡黄河，忽而想入海逃走，忽而又想南渡六塘河，回到皖北家乡去。在这个紧要关头，它没有能就地坚持、分散活动，隐蔽力量，以待时机，而仍然保持庞大队形，东奔西走，结果在一个圈圈里，就容易被敌人发现主力所

① 王定安：《求阙斋弟子记》，《剿捻下》。
② 陈锦：《南师平捻纪略》（中）。
③ 赵烈文：《能静居日记》，同治六年六月十三日。

在，进行拦击和追袭。在从前，捻军的回旋余地大，可以充分发挥骑兵的威力，敌人抓不到捻军的主力所在，反而因尾追捻军，被拖得精疲力竭；而现在，捻军的回旋余地已缩小，骑兵威力不能充分发挥，敌人据守某些要点，可以随时随地袭击东捻军。1867 年 11 月 12 日，东捻军败于潍县松树山；11 月 19 日，又败于赣榆，在这次战斗中，鲁王任化邦被叛徒潘贵升所害，壮烈牺牲。东捻军失去一个英勇善战的领袖，不利的形势更加难以挽回，队伍中出现了“军心自乱”①、“心已不固”② 的现象。12 月初东捻军已经“辙乱旗靡，队伍不整”，“于潍县昌寿之间，来往乱走，几于无路非兵，情势已极穷蹙”③。12 月 5 日战败于潍县之安堌，12 月 15 日再败于胶州小南沟，12 月 24 日三败于寿光之南北洋河巨弥河之间，其高级领袖首王范汝增、奏王赖世就均壮烈牺牲。遵王赖文光率少数残余部队冲过六塘河防线，沿运河南下，1868 年 1 月 5 日在扬州附近的瓦窑铺失败，被俘牺牲。东捻军的抗清斗争至此结束。

当东捻军在中原纵横驰骋的时候，由梁王张宗禹、幼沃王张禹爵领导的西捻军也在关中和陕北点起了革命的燎原大火。

这时西北的广大回族人民正掀起抗清大起义。起义首先在陕西爆发，然后扩展到甘肃。西北回族人民革命运动的发展，给西捻军进入陕西的军事活动创造了有利的条件。

1866 年 11 月，西捻军运用熟练的流动战术，由河南迅速西进，直扑华阴。这时受陕西巡抚刘蓉湘军的压迫而退到甘肃去的陕西回民军，趁着刘蓉返回阻拦西捻军的机分，又从甘肃进入陕西。西捻军和回民军像一把铁钳一样，从东西两路，钳住了清军。

1867 年 1 月 23 日，西捻军在西安城东灞桥之十里坡摆下口袋阵，刘蓉的湘军撞个正着，进入口袋里。西捻“突以马队包裹湘军”，湘军三十营“全行覆没”④，总兵萧德扬被击毙。西捻军乘胜围西安城。清廷统治者赶忙下令，命左宗棠督办陕甘军务，提督刘

---

① 《赖文光自述》。

②③ 周世澄：《淮军平捻记》，卷六。

④ 王定安：《求阙斋弟子记》，卷一三，《剿捻下》。

松山、郭宝昌率新式武器装备起来的老湘军和皖军先行星夜赶到西安。西捻军和刘松山、郭宝昌军交战失利，便放弃了对西安的进攻，转入渭水北岸。

1867 年 7 月，左宗棠率领大批军队，分三路入陕。左宗棠看到了“鄂陕之捻殆数十万，马匹之多，奚止万余”的强大力量，他既害怕西捻军西走而与回民军完全联合起来，又害怕西捻军东出而与东捻军重新会师，因此提出“先捻后回”、“先秦后陇”的政策，企图集中力量，把西捻军圈制在泾、渭、洛三水之间，截断它西走和东出之路，加以歼灭，然后再去对付回民起义军。左宗棠和曾国藩、李鸿章一样，都想用“圈制”政策把捻军圈死。

西捻军已经警觉到左宗棠的诡计，于 9 月间渡泾水而东，经蒲城、白水北上，冲破渭北山区清军的防线，进军陕北。左宗棠的围歼计划宣告破产。

西捻军进入陕北后，陕北和甘肃的回民军纷起响应。这时，西捻军尚有三万人，一人“或兼数马，更替乘骑，故飘忽尚如常态”①。回民军则和西捻军“时离时合”，此外还有当地人民的零散起义队伍。革命大火在整个陕西熊熊不息地燃烧着，“陕省几无完土，贼踪之密，以北山为尤甚”②。

西捻军用流动战术，把左宗棠的大军拖进陕北。11 月间，连败左军于甘泉、同官、中部，斩总兵李祥和，克安塞、延川、绥德等城市，急得左宗棠叫嚷：“时事殆不可支，自入关以来，无一事顺手”③。这时候，西捻军已接到被困在山东的东捻军的求援书，又鉴于陕北地区“荒瘠殊甚”，不易得到粮食，而且群山缭绕，骑兵的活动受到很大限制，于是决定全军东出，去援救危在旦夕的东捻军。

1867 年 12 月 17 日，西捻军趁黄河冰冻之际，从宜川之壶口踏冰渡河。山西按察使陈湜“专河防三年，縻饷巨万”④，自己吹牛

---

① 《左宗棠全集》，书札，卷八，《与蒋芗泉》。

② 易孔昭：《平定关陇纪略》，卷三。

③ 《左宗棠家书》，卷下。

④ 王闿运：《湘军志》，卷一四，《平捻篇》。

说，河防“安如磐石”，然而西捻军的大队一到达，河防立时瓦解。西捻军日夜奔驰，马不停蹄，取道晋南、豫北，直插直隶，1868 年 2 月初到达保定附近。

北京城已处于西捻军的威胁之下，地主阶级大为恐慌，清廷赶紧命“各路统兵大臣，并各省督抚带兵入直”。可惜这时候东捻军刚刚失败，西捻军向直隶的挺进晚了一步，已来不及援救东捻军。而各路清军纷纷向直隶集中，左宗棠的湘军从陕西跟踪而来，李鸿章的淮军从山东掉头北上，东军、豫军和皖军也络绎不绝地到达前线，还有恭亲王奕䜣统率的“京师神机营”、三口通商大臣崇厚统率的洋枪队在涿州、天津一带布防，“并会知英国领事官孟甘、法国领事官德彻理雅，将英国炮船在海口协守东南面濠墙，法国炮船驶至南运河西北濠墙”①。西捻军成了一个孤立的暴露的目标，不得不承受着从各方面来的打击。

清朝军队麇集，西捻军继续北上的道路受阻，就在直、鲁、豫边界流动游击，和优势的敌人进行搏战。西捻军战士发扬了英勇顽强的战斗作风，一再击败优势敌人的进攻，2 月间打败东军王心安部，一度攻克祁州、献县、饶阳，随即南走豫北，3 月败皖军郭宝昌于封丘，郭宝昌受伤，提督周盈瑞被击毙，4 月又在滑县大败淮军，斩提督陈振邦。清军仍用“圈制”政策对付西捻军，想把捻军挤到黄河、太行山、沁水之间，但西捻军突然在东昌抢渡运河，迅速北上，4 月底，军锋逼近天津附近之稍直口。

但在敌强我弱的形势下，西捻军在连续战斗中力量已大大削弱，幼沃王张禹爵和怀王丘远才均在冀中战斗中牺牲，当渡过运河以后，更进入了一个易受包围的危险地区。清军遂北以减河为线，南以黄河为线，西以运河为线，把西捻军包围在滨海的狭长地区内，十几万装备精良的反动军队密集线上，更番出击。地主的团练武装日益猖獗，“自交河下至沧青，运西团练十数万，齐集协防……景州以西……民练亦甚悍众。加以约束，责以保卫，可当十万兵之用”②。西

① 《崇厚奏折》，同治七年四月初四日，载《光明日报》，1955 年 9 月 1 日。

② 李鸿章：《致官秀峰函》，见《捻军史料丛刊》，第 2 集，83 页。

捻军南奔北走，处处都遭到阻击；再加上“黄汛陡涨，灌运河三尺，官军炮船驶集；又阴雨弥月，海（海）、漳（河）、运（河）汇为泽国，马尺雨不能骋”①，捻军马队的威力也削弱了。5月，西捻军抢渡减河不成，在东光扑运河渡口，又失败；7月，与淮军战于海丰，再败。李鸿章又在马颊河上添筑长墙，西捻军活动的地区越来减缩小了。7、8月间西捻军连败于商河、济阳、茌平，主力损伤殆尽，梁王张宗禹率领数十骑突围北走，至徒骇河边“穿秫凫水，不知所终”②，西捻军完全失败。至此，轰轰烈烈的捻军抗清斗争，遂告结束。

四、山东黄崖山的抗清斗争

在荡漾未息的太平天国革命余波中，山东肥城的黄崖山事件是迸溅出来的一个颇为独特而令人注目的浪花，这个事件是在全国大革命高潮中，一些知识分子和农民共同反抗封建专制政权迫害的一首悲壮插曲。

要叙述黄崖山事件，不能不先从太谷学派说起。大约在道光初年，有一个知识分子名叫周星垣，号太谷，在扬州讲学，他的学说以《周易》、《中庸》为主干，阐发“性命之理”，颇像是王学左派（以王阳明的学生王艮为代表）的发展，比较注重“致用经变”，还掺杂了佛家和道家的主张。这种学说是和占统治地位的宋学、汉学不一样的，“其教中五经四子书，皆别有注疏，而语秘，世莫得闻”③。这种学说的出现反映了在封建社会矛盾日益尖锐的情况下，一些知识分子不满足于流行的陈旧学说，而要别寻蹊径、另树旗帜的一种尝试。可惜太谷学派的大量遗书尚未整理出来④，因此对这种学说的详细内容和师承渊源尚难做出全面的评论。封建统治阶级是不喜欢这种学说的，所以这个学派一直受到歧视和打击，周星垣

①② 《涡阳县志》，卷一五，《兵事》。

③ 《小三吾亭随笔》，《又泰州教》。

④ 太谷学派因遭清政府迫害，后转入秘密活动，其著作多未刊行。现尚存遗书一百种三百余卷，保存于周星垣的再传弟子黄葆年的后人手里。

本人也被清政府以“妖言惑众”的罪名囚死在监狱里。

此后传习太谷学派的有周星垣的学生张积中和李光炘。张积中是江苏仪征人，号石琴，出身于官僚地主家庭。他的哥哥张积功曾任山东临清州知州，1853年太平天国北伐援军克临清，张积功进行顽抗，一门均毙命。积功无子，清廷即以张积中的儿子张绍陵袭荫为山东候补知县。张积中一直在扬州讲学，学生很多。他和很多封建名士如钱江等交谊甚密，和一些封建官僚，如周天爵、雷以諴等也有往来。1856年张积中迁居山东，卜居于肥城县西北之黄崖山中，隐居讲学。张在山东的名声很大，听他讲学的人很多。当时山东地区捻军和其他农民起义军纵横驰骋、烽火连年，张积中在黄崖山中建立了一片远离战火的“乐园”。有一些官家子弟和知识分子跟着跑到黄崖山去“避难”，同时也有许多农民团聚在张积中的周围。

张积中是个地主阶级大知识分子，他的思想有反动的一面，他反对农民起义，曾向山东巡抚张亮基献策攻打捻军，他跑到山东去主要是为了躲避农民革命风暴的打击，他的讲学可能带有一点神道设教的迷信成分①；但另一方面，他是一个不得意的地主阶级分子，不满当时的腐朽统治。太谷学派被统治阶级斥为左道旁门，这种学说具有一套独特的政治理想，包含某些同情下层群众的因素，“自言其法平等，无贵贱皆弟子”②。所以张积中的学生中既有地主阶级的大知识分子，也有一部分是乡村小知识分子和所谓“乡农”。张积中在黄崖山中将“处理村事”和“讲学”合而为一，山内辟地筑宅，耕垦自给，“农民嬉嬉安业。俗尚穴居”③。村中设公局，处理全村

---

① 太谷学派是否带有神道设教的迷信成分，是颇为复杂的问题。据现在流传的张积中的几篇诗文书札，并没有迷信色彩；亲自到黄崖山访问过张积中的汪宝树所写《黄崖游记》也丝毫没有谈到张积中的神道设教。但据说张积中在黄崖山上筑有祭祀堂，并有“张圣人夜祭”等传说，又可能带有宗教迷信成分。至于《山东军兴纪略》，则特别强调太谷学派的宗教性，说周星垣“能炼气辟谷，明于阴阳奇赍之数。符图罡咒，役鬼隐形。又教人取精元牝，容城秘戏”，说张积中“益修师术，风角占候旸雨颇验，惑者寖众”，简直把太谷学派中的人都写成邪恶淫秽的“妖道”。这是出于统治阶级的诬蔑，是不足信的。假使能看到太谷学派的遗书，那么它和宗教迷信的关系，就可以迎刃而解。

② 蒋庆第：《友竹草堂随笔》。

③ 汪宝树：《黄崖游记》。

事务，备有刀矛弓石，以为防御之需，还办理施粥、施药等公益事业。在济南、潍县、肥城、东阿、利津等城镇，开设许多店铺，所得盈余，供山内用途。张积中在群众中威信极高，“千里间，指麾使令，奉若神明，远近称张七先生而不名”[①]。黄崖山的情形颇有点像陶渊明所描写的桃花源，张积中把历代知识分子的美妙理想试行起来，企图使黄崖山变成一小片世外的桃源。

但是美妙的理想不可能逃避开冷酷现实的冲击。封建统治阶级不允许有任何脱离自己统治范围的所谓“世外桃源”，黄崖山的乐土不可避免地卷入了阶级斗争的漩涡。1865年潍县人王小花准备把全家搬进黄崖山去，引起清朝官吏的猜疑，逮捕了王小花，并派人入山侦察。第二年益都冀宗华等谋划起义，事泄被捕。冀宗华等曾师事张积中，于是官僚们张大其词，把“叛逆”的罪名加到张积中身上，说他要在阴历九、十月间大举起事，攻打济南和青州。其实张积中和这些起义人民有联系，这是事实，他的学生、庄客中很多是农民或下层知识分子，他们可能参加过山东起义军和捻军，黄崖山上也收留着一部分起义的盐民，在淄川起义的刘德培、司冠平等也和张积中交往甚密，但从当时亲访黄崖山的汪宝树的《黄崖游记》中，一点也看不出山中正在准备起义的迹象，甚至官府第一次派出的侦察人也说黄崖山中“比户耕读相安”。张积中等只希望保全这个小乌托邦，无意与清政府决裂，可是清政府却并不允许，它一定要蹂躏和糟蹋这个“世外桃源”，灭之而后快。山东巡抚阎敬铭先用软化的手段，屡次派人入山诱胁张积中到济南去投案自首，张积中坚决拒绝。于是阎敬铭亲率1.2万名步骑兵，将黄崖山团团围困。黄崖山中号称有一万人，但大多是老孺妇弱，能够参加战斗的只有2 000人[②]，且缺乏武器军火，力量对比悬殊。黄崖山人民在这个紧要的生死关头，表现了誓死抵抗封建专制政权迫害的英勇精神。当阎敬铭诱捕张积中不成，又企图进行分化，传示山中居民“自行投首，概不加诛……能缚献张琪（即张积中）者，破格给赏……大兵已

① 《山东军兴纪略》，卷二一。

② 2 000人的数目是据阎敬铭说的，实际数目可能更少。

集，勒限两日各自谋生”，还用大白旗写上“胁从罔治，投降免死”的字样，树立在黄崖寨前。但是阎敬铭白费了心思，他的挑拨分化的诡计完全破产。黄崖山人民为保卫自己的家乡，宁肯玉碎，没有一个人畏死乞降。阎敬铭在一封私人的书信里说：“所尤异者，招降解散数日，无一出者。中有书生，何其愿从之死？大惑不解”①。人民在抵抗封建专制压迫中的团结和牺牲精神，是那些屠夫们永远不能理解的。

1866 年 11 月 23 日，清军发起总攻击，用猛烈的炮火射击山寨，步兵从东西两路，登山进扑，黄崖山中展开一场血战。人民用刀矛、棍棒、石块英勇地抵抗。清军用开花炮轰塌寨墙，一群豺狼从四面八方冲进了这片“世外桃源”。寨内发生激烈的巷战，清军以压倒优势的兵力，血洗黄崖山。张积中一家和他的许多学生都举火自焚而死，黄崖山的群众和清兵肉搏到最后，“堕崖颠谷无算，流血成川，合寨死斗，无一生降”②，张积中的学生们被俘，“皆愿从师死，讯无异词”③。清朝军队得到了可耻的“胜利”。

张积中是个博学多才的学者，黄崖山人民是善良而刚强的人民。他们最初在黄崖山创业，不过是为了躲避战争灾难和统治者的压迫，他们虽和山东起义人民有联系，但并不想和清朝统治者对抗，他们只想有一片安身立业的小园地，与人无争，这是他们的天真幼稚之处。事实证明：在阶级社会中，统治阶级和被统治阶级的矛盾是不可调和的，人民不可能建立自己的“桃花源”，统治阶级不允许有这种超脱尘世的“桃花源”存在。当清朝大兵压境，黄崖山人民坚持了人民的气节，他们并没有屈服投降，而是拿起武器来对付豺狼们的侵犯，全寨万余人，团结一心，视死如归。黄崖山的血腥屠杀给予我们沉痛的教训：被剥削群众为求得安居乐业，就只有跟剥削者战斗到底，“不是东风压倒西风，就是西风压倒东风”，所谓“世外桃源”、“和平共居”、“互不侵犯”都是虚无缥缈的幻想，迷信这种幻想，就只能得到“人头落地”的悲惨结果。

---

① 《山东近代史资料》，第 1 分册，143 页。

②③ 《山东军兴纪略》，卷二一。

第二节　西南地区各族人民的抗清起义

一、广西壮族人民的抗清起义

广西是太平天国革命的发祥地，在太平天国革命发动时期，广西人民踊跃地参加革命，成为太平军的骨干；在太平军离开广西以后，广西人民仍高揭反清斗争的义旗，响应和支持着太平天国革命。广西人民反清斗争的热潮从19世纪40年代末开始，到60年代末结束，延续了二十多年。在这场持久的斗争中，壮族人民是一支极其重要的革命力量，像永淳的黄可经，贵县的黄鼎凤，上林的李锦贵，新宁的吴凌云、吴亚终，都是壮族人民的重要革命领袖。

永淳县壮族人民的斗争早在1851年就已经开始，斗争是直接从反对封建剥削引发起来的。壮、汉农民们最初因要求不交地租和地主分子进行诉讼。农民们说："一县田地，皆我屯人祖业，业户毫无凭据，何得历代收租"①。农民们提出"革租承粮"的办法，要求废除封建地租剥削，由农民向政府直接交纳田赋。这个正义的要求自然不可能通过诉讼的途径来得到满足，结果几个农民领袖反而被捕入狱，地主阶级和清朝政府对农民的迫害更变本加厉。壮、汉农民在斗争中认识到团结一致和武装起来的重要性，据统治阶级的记载说："（咸丰）元年秋，永淳客民佃户相仇杀，佃贼黄可经等倡议免输，连村结会，啸聚数千人"②。1852年春，永淳各乡镇义军纷起，逐杀地主，屡败团练和清军。后来这支起义军占领了永淳县城，并和横州、贵县的起义军合作，转战各地，一度攻克南宁，西攻桂西的百色，东进广东的灵山。这支从抗租斗争发展起来的农民军，在广大的地区上和清朝反动军队进行搏战。1855年，起义军在广东战败，退回永淳。当时广东起义军陈开、李文茂等进入广西，在浔州

① 《永淳县志》，抄本，转引自古芦：《太平天国时代广西壮汉各族农民的反剥削斗争》，载《历史教学》，1958（12）。

② 苏凤文：《平桂纪略》，卷四。

建立大成国，永淳的壮族起义军全部参加了大成国起义队伍。

稍后一点的壮族起义军，有上林李锦贵的一支。这支起义军的特点是和太平天国保持着亲密的关系。在广西汹涌革命浪潮的推动下，李锦贵等逐步走上反清起义的道路。1855年李按照天地会的惯例，组织大勇堂，后又建立三军师（司）命旗帜，称大元帅。1857年，李锦贵联系谢秉彝、黄鼎凤等攻克宾州、上林，“蓄发易服，遍张告示，用太平年号”①。1859年，石达开大军返回广西，李锦贵倾心归附，参加太平军，封为纯忠大柱国体天侯，成为石达开在广西的得力臂助。1861年李锦贵病殁。

与李锦贵同时活动的还有贵县的黄鼎凤。黄鼎凤出身于贵县覃塘乡贫苦农民家庭，幼年时，父亲被当地恶霸打死，他自己当牧童佣工，也受尽地主的压迫，后来参加了张嘉祥的抗清武装。1849年张嘉祥叛变降清，攻打太平军，黄鼎凤在张的队伍里，被胁跟随到武昌，在一次战斗中逃脱。1853年他回到贵县家乡，团聚了一批群众，组织洪顺堂，设立英雄馆，招兵买马，开始揭起抗清的旗帜。1855年以后，黄鼎凤参加了大成国起义军，与别支队伍合作，攻克贵县、宾州、上林等地。黄鼎凤被封为隆国公，他领导的起义队伍成为大成国西南方面的重要屏障。

1861年大成国起义军失败，黄鼎凤军退处覃塘。第二年趁大批清军离广西赴援浙江的时机，又重整旗鼓，一举攻克贵县（改名怀城），并颁布约法十二章。其中说：

> 田地为务农之本，天下旱畲水田，均为我农所辟，田主历代收租，实干天怒。自此之后，仍照旧制，田主不得借故收租。②

在这寥寥数十字中，壮、汉农民们反对封建地租剥削和要求获得土地的愿望表现得何等明确、何等强烈！此外约法十二章中还规定了“乡举里选，共图大业”，“所有田赋，特加减轻”，商贾“不得囤积居奇”，“耕种之夫，宜多耕多种”，“纺织之妇，宜以纺以织”，“龙头诸

① 李锦贵：《股匪总录》，卷一。

② 转引自罗尔纲：《壮族革命英雄黄鼎凤》，载《广西日报》，1961年11月6日。

山，银矿至丰，特准商民开采，富国裕民”，“洋烟为害之烈，甚于猛虎，如有吸食贩卖者斩”，“所有官兵将帅，不得擅入民房，擅取民物”。这些革命的制度、政策，充分体现了起义军鲜明的阶级路线。

1863年黄鼎凤军占领了贵县周围的七百多个村镇，并在小平天山建立寨栅，制定各种制度，分封部属，刊刻《尧天五典》，又驰檄远近，宣言出师长江，响应太平天国革命。清政府对这支起义军特别重视，派刘坤一率领湘军，大举进攻。经过长期的斗争，清军逐步完成对平天寨的合围，断绝了起义军的粮路交通。但平天寨地势险要，设防严密，起义军英勇不屈，坚持抵抗，清朝军队遭到重大的打击，屯兵在平天寨下，师老无功，一筹莫展。直到1864年5月，刘坤一施用卑鄙的伎俩，诱杀黄鼎凤，平天寨的防御方告解体。

在广西的各支壮族起义军中，还有新宁吴凌云和吴亚终父子领导的一支，这支起义军坚持的时间最久，影响也最大。吴凌云是秀才出身，但他在当时义军蜂起的革命环境的推动下，很早就产生了反清的思想。① 1851年他因和起义人民有联系而被捕入狱，后来从狱中逃出。“凌云既归，村人拥为四大哥，竖旗聚众，号曰全胜堂”②。在清朝政府的高压政策下，吴凌云终于走上了武装抗清的道路。1852年他以陇罗为根据地，“招纳亡命，结垒山中”③，附近壮、汉农民，纷起响应，起义军势力逐渐壮大起来。

1857年，吴凌云联合了以梁日高为首的另一支起义军，攻下了新宁县城，1860年又连克养利州、太平府。④ 在控制了左江一带的

---

① 据《新宁州志》卷四的记载：“道光末年，路多伏莽，凌云世为窝主，代赃消赃，家以致富”，剥开统治阶级的诬蔑言词，可以看到吴凌云和广西起义军是早有联系的。又据调查资料说：“（吴凌云）自小就抱有大志，自考取秀才后，眼看清政府政治日趋腐化，上至皇帝，下至州里的官吏，都互相勾结，残害民生，向群众进行残酷的剥削和压迫，弄得民不聊生。当时吴凌云看到这种情况后，就产生了革命思想”。（《壮族民间故事资料》，第3集，85页）

② 光绪五年《新宁州志》，卷四，12页。

③ 苏凤文《平桂纪略》载：“（咸丰七年）吴凌云陷新宁，土贼梁日高据之”。（卷二，14页）

④ 《广西昭忠录》卷四载：“吴凌云者，故新宁盗，据土忠州陇罗村，屡寇太平……十年八月，复寇太平，城中无粟，协镇兵半与贼通，贼围亟，守陴者皆走散，贼逾墉入”。

重要地区以后，便建立政权，号曰延陵国。吴凌云称延陵王，“铸印文曰延陵玉玺，修建宫室，蓄发变服”①，并命其长子吴亚终守太平、次子吴守元守养利。这支起义军兴起后得到壮、汉人民的热烈拥护，据统治阶级的记载：“太平府各属村墟，并忠江、迁隆、罗白诸土属，皆……胁从留发，月纳钱米”②，起义军在人民群众的支持下，发展成为广西西南部最强大的抗清武装力量。

随后，广西革命形势逐渐低落，其他各支起义力量先后失败，清政府腾出了更多兵力来对付吴凌云的起义军，起义军进入了艰苦作战阶段。1862 年 3 月，太平府陷于清军之手，吴凌云回据陇罗坚守。1863 年 1 月，清军乘胜围攻陇罗，“大小数百围，重重防守，水泄不通”③。在清军“昼夜环攻”④ 下，起义军的根据地陇罗终于被清军攻陷，吴凌云在突围的战斗中不幸中炮牺牲，其部下亦多阵亡。吴凌云长子吴亚终突围后，率领残余的部众，继续坚持抗清斗争。

陇罗根据地的丧失和吴凌云的牺牲，使起义势力一时受到很大挫折。1864 年末，吴亚终到小镇安，同小张三率领的一支起义军会合后，又重整旗鼓，继续与清军抵抗。当时，当地各小股起义军“黄二晚、邓佩锦、卢裕伦、黄景贤，闻阿（亚）终复振，群起应之”⑤，起义军又迅速地恢复发展。据《平桂纪略》记载当时的情况说：“自此左右两江，贼匪纷据，各自雄长，不可胜纪。吴经（即吴亚终）、黄崇英，据归顺郎家墟，梁天锡据北岩，黄付腾据马隘，皆天保县属，黄十据山老坡，牛头二据洪波塘，皆奉议州属，群贼推吴终（吴亚终）为长，张三次之”⑥。可见这时起义军势力已遍及左右江一带，形成了一支重要的反清起义力量。

吴亚终的起义军所以能够很快地恢复壮大起来，这同起义军的纪律严明以及广大壮、汉人民的支持是分不开的。据记载：吴亚终

① 苏凤文：《平桂纪略》，卷一。
② 《新宁州志》，卷四，19 页。
③ 同上书，卷四，22 页。
④ 苏凤文：《平桂纪略》，卷四，7 页。
⑤⑥ 同上书，卷四，12 页。

的部下同百姓“交易公平”①，无恃强凌弱之处。调查的资料中也说：“吴亚终的部队在靖西驻扎，纪律比清朝军队好得多，和老百姓交易，平买平卖，那时因世乱日久，大多数人都搬到岩洞里去住，吴亚终来了，只要愿交钱粮，就受到保护”②。如吴亚终及其部下刘永福率起义军进驻归顺时，“吴亚终见人马扎驻拥挤，分扎各处，遣公（指刘永福）带部队三百余人往那猛、那永两墟驻扎。公到保护乡民，四乡服从，供给粮食，编发门牌，各村乡按月应送伙食，视家之大小，以定等差。在此驻扎，该处风鹤无警，卧犬无惊”③。由于起义军实行平买平卖和保护人民的措施，因而受到当地壮、汉人民的拥护。如起义军驻扎在归顺以后，各乡人民就“纷纷送银米粮食”④，供给起义军。所以这支起义军在全国和广西革命形势逐步低落的情况下，尚能于左右江一带和清军坚持较长时期的斗争。

这样一只强大而深得群众拥护的革命武装，对清政府在广西的统治不能不是一个严重的威胁。1867年，清政府已把广西其他各支起义军镇压下去，便集中兵力，命广西提督冯子材率领，大举进攻吴亚终起义军。清朝军队接连攻陷了起义军的天保、郎家墟等据点，并合围归顺。清朝军队在“将近归顺数十里地方，满山遍野，沿路砍伐竹木，无论山之高下，低湿各处，步步搭盖棚栅，安营驻扎，声势极其浩大”⑤。起义军在吴亚终领导下，英勇抗击敌人，“竭力死战，各皆奋不顾身”⑥，屡败清军。但由于起义军的兵力薄弱，又加上当时军粮“亦将告匮”⑦，吴亚终不得不放弃归顺，退守三台山和德安墟。1868年6月，清军又进占三台山。同年7月，吴亚终弃德安墟，进入越南，被清军追击，吴亚终中炮牺牲。

吴亚终的起义军失败后，其部将刘永福在越南境内，仍坚持斗争。后来在中法战争中，刘永福所率领的黑旗军与越南人民并肩作

---

① 苏凤文：《平桂纪略》，卷四，17页。

② 广西通志馆编著：《中法战争历史调查记》（初稿），上集，5页。

③④⑤⑥⑦ 黄海安撰：《刘永福历史草》，见《中法战争》（一）。

战，在抗击法国侵略者的斗争中，取得了辉煌的战绩。

二、贵州的苗民和斋教、号军的抗清起义

贵州是我国多民族聚居的地区，各族人民在地主阶级和清朝政府的残酷统治下蕴集起革命的怒火。太平天国革命点燃和引发了这场反封建的怒火，贵州各族人民在太平天国革命的影响下掀起了巨大的反清运动。

首先揭开贵州各族人民起义序幕的是杨元保和杨龙喜。杨元保是独山县布依族人、当地的斋教领袖，其父因领导群众抗捐，被囚死在狱中。1854 年，清王朝为了镇压太平天国革命，在贵州“设防筹饷”，官吏们乘机“派捐苛敛”①，杨元保遂于 1854 年 3 月领导群众起义反抗，起义群众“愈集愈多”，清朝官吏“纷纷逃亡”②。4 月间起义军围攻独山，但由于“无一定计划”，在大批清军和地主团练的围攻下，很快被镇压下去，杨元保被捕牺牲。

杨元保起义失败后不久，1854 年 9 月，桐梓斋教领袖苗族人杨龙喜又率众起义，很快攻克桐梓县城，进扼娄山关，宣称受湖北太平军的命令，改元为“江汉元年”，更桐梓县名为“兴州”，其势力发展到二怀、安南、普安、绥阳、正安等广大地区。杨龙喜亲率大军驻扎雷台山，围攻遵义。起义军力量逐渐壮大，并深得人民拥护。地主阶级诗人郑珍有诗记遵义之役说：“城外笑搠掌，城中振摇腿。徐徐雷台山，突兀布重垒。游惰日景从，纷如肉附蚁。遣徒劲四乡，谓我不汝伤。助我一石米，免汝三年粮。愚民顾身首，何惜竭盖藏。担负日麇至，露积高于冈……官军在西岸，坐甲遥相望”③。作者站在反对革命的立场上，使用了“游惰”、“愚民”等等诬蔑的词句，但剥开这些词句，起义军的严明纪律、人民群众的热烈支持以及清朝军队的丧魂落魄等情况，犹跃然于纸上。

这次起义坚持了八个月时间，人数发展到万人以上。据统治阶

---

① 《平黔纪略》，卷一，1 页。

② 空六居士：《独山平匪记》，见《振绮堂丛书初集》。

③ 郑珍：《巢经巢诗后集》，卷一，《十一月廿五日挈家之荔波学舍避乱记事八十韵》。

级的记载："西南至普安、安南，东北至正安，方千里之地，贼踪遍满。遵城外雷台山、大因保二处，贼营棋布，其势浩大"①。但是起义军久攻遵义不下，消耗了不少战斗力量，给清军以调动兵力、及时增援的时机，而且，起义军领袖之间因战略意见的分歧而发生龃龉，领袖之一李七分军出走，严重地削弱了起义军的力量。

这时，清朝黔军和川军向起义军反扑，攻陷仁怀、温水、桐梓等地，进迫义军的据点雷台山。起义军战斗失利，遂放弃对遵义的围攻，"由遵义而西，由黔西而西北，由毕节而西南，由永宁而东南，由罗斛而东北"②，在贵州境内绕圈子作战。但在清军的追击下，起义军始终未能站稳脚跟，而且由于缺乏粮食，队伍严重减员，最后在石阡府葛彰司地方，被清军击败，杨龙喜牺牲。

清朝统治者虽然血腥地镇压了杨元保和杨龙喜的起义，但它不能抑制住贵州各族人民反抗斗争的继续燃发。1855 年春，台拱的苗族人民首先举起了反清的火把，接着贵州各族人民纷起响应，一场燎原大火燃遍了贵州的全境。

台拱起义是由苗民要求减轻赋税的斗争开始的。本来，在清朝官吏、地主和土司的压迫下，苗民生活已非常贫困，而且台拱一带"号为高坡，山高气寒，谷收寥落"，全靠把"木植运售吴楚诸省，得银自赡"。太平天国革命爆发后，"江湖道阻，木积如山，朽烂无用"③，致使苗民生计更加贫乏。但清朝政府为了筹措军费，横征暴敛，有增无已。台拱收粮本来已将折价标准刻在石碑上，但清朝官吏为了滥收的方便，竟磨掉了碑文。当地苗民请求减轻赋税，到台拱来"查办"的黄平知州杨承照不但不理睬苗民的呼吁，反而向各苗寨勒索投降费，每寨数十两至百余两不等，还拔刀威逼来请愿的三个苗民书写"照旧输将甘结"，宣称"如不具结先诛汝三人，随调得胜之韩军（按：指刚刚镇压了杨龙喜起义的黔军韩超部），剿灭尔

① 陈昌运：《南溪韩公年谱》，见《振绮堂丛书初集》。

② 凌惕安：《咸同贵州军事史》，第二编上。

③ 韩超：《苗变记事》，见《振绮堂丛书初集》。

类”。苗族人民已按不住心头的怒火，第二天就集合数千人，到台拱城寻找杨承照。可是这个狗官看到形势不妙，早就夹着尾巴悄悄地溜回了黄平。

4月17日，苗民再度集合，包围台拱，要求减免赋税，“声言须永免征收，并将汉人田宅（按：指汉人地主的田宅）概与苗人，方肯退去”①。清朝官吏用血腥的镇压手段作回答，支持汉族地主组织团练，声称要“来苗清产，安屯设堡”。面临着屠杀、死亡威胁的苗族人民不能不做武装反抗的准备，于是“以刻木加鸡毛火炭，遍告诸寨，约以齐起……千里苗疆，莫不响应”②。长期压抑在苗民心中的反抗怒火，终于转化成武装起义的行动。

处在清政府残暴统治下的苗族人民一旦拿起了武器，就像决了堤的河水一样，汹涌奔泻，冲垮了当地的封建统治秩序。1855年至1856年间，广大苗民群众在自己的领袖张秀眉、高禾的领导下，连续攻克了丹江、凯里、古州、施秉、清江、台拱、黄平、清平等城市，1858年又攻克了黔东的门户镇远府和麻哈城，很快控制了贵州东南部的广大地区。1860年，贵州西北部的苗民也起而响应。起义领袖金大五以黔西为根据地，称“英明王”；陶新春以“山水险恶”，“地为蜀、滇、黔三省交会之区”③ 的猪拱箐为根据地，称“水师”，“有众数万，时掠川滇边池”，“蔓延三省，屡挫官军”④，与张秀眉、高禾领导的苗民起义军东西呼应。从1855年到1865年，苗民起义处在胜利发展的阶段，清政府在贵州的统治在苗民和其他起义军的打击下，几乎完全垮台。据统治阶级自供：当时贵州的苗军、教军与号军“延袤千余里，不可爬梳。贵阳孤立贼中，巡抚号令不能出城外”⑤。苗民起义所以能这样胜利地发展，是和以下的情况分不开的。

第一，苗民起义军采取了符合广大苗族农民利益的革命措施，在一定程度上满足农民的土地要求，把清朝政府用“屯垦”、“设治”

①② 韩超：《苗变记事》。

③ 杨玉科：《从军纪略》，卷上。

④⑤ 王安定：《湘军记》，卷一四，《平黔篇》。

名义所占的土地归还给农民。据当时地主知识分子莫友芝说："台拱、清江、都江、下江、丹江五厅，为百年前鄂文端公部署，张广泗、哈元生所开置，其他界在都匀、镇远、黎平三府之间，即分隶于三府，今皆尽为苗据。其都、镇、府、卫城及附近之八寨、平越、麻哈、黄平、清平、施秉等厅县七八城，苗概拆毁，耕成田地。重山复岭中，纵横盘踞七八百里，安居乐业，以抗官兵，官兵往往失利"①。这段记载清楚地表明，正是由于起义军代表着广大苗民的利益，受到苗民的热烈支持，获得了土地的苗族农民为保卫"安居乐业"的生活，英勇地抗击清朝反动军队，才使清军连连遭到可耻的败北。

第二，苗族人民和全国其他各族人民一样具有反抗精神和革命传统，在战斗中勇敢机智，坚强不屈。由于苗族多山居野处，自幼从狩猎生活中锻炼出强悍的战斗力。当时人描写他们"不履不冠，脚板如铁，走岭崎若坦途，其鸟枪夹于腋下，四面俯仰，随所指发，以击飞走，无不中"②，因而在战斗中能够发挥熟练的射击技能。同时，苗民起义军能够正确地运用分散作战和包围、突袭等朴素的游击战术，往往使清军中伏被围，全军覆没。吃过苦头的清军将领唐炯说："苗贼甚狡，官军至则散伏林谷，去则尾随，号呼动地，尚或惊乱，因而乘之，无不败者"③。莫友芝说："苗性狡诈，每官兵初至，常示弱以诱其深入，前后皆伏悍苗，以迎敌而断其归路……其长技在劫营，其利器在鸟枪"④。苗民起义军就这样机智而勇敢地狠狠打击清朝反动军队，使起义不断地取得胜利。

第三，贵州苗民起义军的胜利发展，和全国和全省的革命形势有极为密切的关系。当时太平天国、捻军和其他各地各族的起义力量，正在和清军作殊死战斗，清朝的兵力、财力分散在全国各战场上，不可能集中力量来镇压苗民起义军。就像一个地主分子所说：贵州当时的情况是"兵饷两空，寸筹莫展，待毙而已"⑤，太平天国和全国其他起义力量有力地推动和声援了苗民起义军，反过来苗民

①②④⑤ 莫友芝：《上李中堂书》，见《咸同贵州军事史》，第三编上。

③ 唐炯：《成山老人自撰年谱》，卷四。

起义军也支持了太平天国和其他起义军的斗争。特别是1858年大成国余部李文茂和1860年石达开余部曾广依、李福猷等进入贵州，打乱了统治阶级在贵州的军事部署，为苗民和贵州其他起义军的发展创造了良好的条件。

再从贵州全省来说，在苗民起义爆发后不久，各族人民相继起而响应。1855年4月，有郎岱布依族农民的起义①；1855年7月，汉族斋教领袖罗天明等在上江起义；1855年11月，有铜仁府红号教的起义；1858年1月，有思南府白号教的起义；1858年3月，有思州黄号教的起义；1858年12月又有普安的回民起义。② 据《湘军记》的作者王定安说："黔乱之兴……总其名有六：曰苗匪、教匪，曰黄号、白号，其小者曰杠匪、狆匪（按：即仲家，今称布依）。其他滥练游勇、逆回悍夷，揭竿踵起者，不可枚举"③。贵州各族人民同时奋起，打击封建统治，彼此相互推动、相互支持，共同创造了轰轰烈烈、如火如荼的革命局面。王定安又说："每出掠，教七苗三。战则倚苗铳为助，得上腴地，则苗徙家耕焉；食匮，则苗输之粮；有小挫，则苗教大出，钲声满山谷"④。清朝军队作战时"攻苗匪则号匪梗其中，击号匪则教匪继其后"⑤。从这些记载中，可以看到苗民军和汉族的号教军在战斗和生产中亲密合作，结成一体，正

---

① 1855年郎岱布依族人马阿奴举行起义，但不久即被安顺知府刘书年所镇压。此后各地布依族人不断起义反抗：1860年安南布依和倮倮族人民联合回民据木角、三宝寨起义；1861年归化布依人叶桂林响应石达开的入黔部队，攻打安顺；1862年布依族和回族的联军攻克安南、兴义，1863年又攻克普安；1865年布依人卢阿代联合苗民军攻定南，并攻克镇宁州城。布依族人民的反清斗争一直坚持到1875年，才最后失败。参见《咸同贵州军事史》，第三篇下。

② 居住在贵州西南部的回民，在滇黔各族人民起义的影响下，于1858年12月在普安厅大坡铺、华家屯一带举行起义。起义是在回民领袖张凌翔、马河图的领导下发动的。起义军提出"打富济贫"的口号，并四处联络群众。1859年8月，"新城竹山砦以陆王松、王巨林为首的一支布依族队伍，参加了起义军；粑粑铺以张有六为首的一些回民和贞丰州杨九领导的苗族队伍，也起而响应"。同年11月，起义军攻克新城，推张凌翔为大元帅，并分兵攻打贞丰、安南、兴义、普安、归化等地，先后攻占10个县城。正当起义军胜利发展时，不幸义军内部遭到敌人挑拨离间而发生裂痕，张凌翔、马河图均死于内讧之中。1870年清政府纠集滇黔兵力十余万人，大举进攻，经过两年激战，至1872年普安的回民军才告失败。参见《白旗起义始末》，载《近代史资料》，1958（3），及民国《贵州通志》、《咸同贵州军事史》等书。

③④ 王定安：《湘军记》，卷一四，《平黔篇》。

⑤ 严树森语，转引自王安定：《湘军记》，卷一四，《平黔篇》。

是各族人民的这种团结力量有力地推动了贵州革命的胜利发展。

这里需要把和苗民军相互策应的斋教和号军的起义情况插入叙述。1855年7月，上江斋教首领罗天明、罗光明首先起来响应台拱苗民起义军，揭起了抗清义旗，汉、苗人民纷纷参加，势力逐渐壮大。罗天明称“天明王”，其下设“军师、元帅诸名号”①。8月，斋教军攻打都江厅，都江人民在余老科率领下起做内应，攻克厅城，接着又攻下八寨、古州、都匀，和台拱的苗民军连成一片。1858年斋教军在进攻独山的战役中失败，罗天明阵亡。此后斋教起义军与李文茂的入黔部队会合，继续坚持斗争，一直到1865年，在清朝反动军队的强大压力下，斋教军放弃都匀，与苗民起义军合作。

与斋教军同时崛起的还有号教军，号教是白莲教的一个支派，参加的人有汉族，也有苗族。由于各支号教军使用不同颜色的头巾、号褂，因此又分成红号、黄号和白号三种。当时，铜仁府知府葛景莱贪墨苛征，“收粮章程轻重不一”，每斗粮折征二千文，激起群众的愤慨。1855年11月，红号教领袖吴劬劳等，率领群众“突入府城，毁文武各署”②，杀了贪官葛景莱，宣布起义。起义军占领铜仁后，当地汉、苗人民踊跃参军，连克松桃、思南、印江、石阡、玉屏等十余府县，声势大振。这里靠近湖南边界。湖南是地主阶级势力萃聚的中心，是清朝政府赖以抵抗太平天国的据点，因此清军十分重视铜仁的得失，立即派大批湘军、黔军进行反攻，结果红号军战败，铜仁复为清军占领。但是斗争还没有结束，双手染满起义军鲜血的反动军队在当地“日肆劫掠”③，因而再度激起人民的反抗。1856年夏，红号教领袖田瑞龙等联合当地苗民，再次起义，红号教的势力一度复振。但由于起义军只顾“准备秋收，收获屯粮”④，未能及时扩大力量，故清朝军队一加反扑，红号军又被击败。此后，红号军

---

① 《咸同贵州军事史》，第二编上，参见《平黔纪略》，卷二、卷五。

② 刘书年：《黔乱纪实》，见《刘贵阳遗稿》，卷一。

③ 《咸同贵州军事史》，第二编上。

④ 《平黔纪略》，卷三，12页。

余部在包茅仙的率领下，合入白号军中，继续抗清。

白号教的起义是1857年底在思南府北40里的鹦鹉溪发动的。起义领袖刘义顺原系湖南宝庆人，后迁居四川宜宾，倡立灯花教，“燃灯拜，吃素传徒”①，“党徒遍川、黔、秦、陇、两湖，为绅团捕获，知涪州某牧得其贿，纵之，遂逃于黔”。刘义顺在贵州继续传教，贵州教民“奉为老教主，称以刘祖祖”②。白号军起义后的几年间，势力不断发展。1858年克思南府、印江县，1859年克偏刀水和湄潭，即以偏刀水作为起义军的据点，到1864年又攻克桐梓、仁怀、黔西、大定、正安等地，控制了贵州北部的广大地区。

1858年3月，思州（即岑巩）灯花教徒在胡黑二（胡海胜）领导下起义，仍奉刘义顺为教主，同年5月克婺川县，据荆竹园为根据地，这支起义军以黄巾裹首，故名黄号军。1859年6月，平越黄号教在何得胜的领导下也发动起义，以尚大坪为根据地，何得胜并与贵定一带的苗民军合作长期包围贵阳。60年代初，整个贵州的起义斗争如火燎原。大体上，贵州的东南部被张秀眉、高禾的苗民军以及一部分斋教军所控制；贵州西北部被金大五、陶新春的苗民军所控制；贵州的东北和北部是刘义顺等号教军的据点；贵州的西南部有回族和布依族起义军的活动。此外，李文茂、曾广依、李福猷等则在贵州全省到处流动。清朝官吏困守贵阳孤城，束手无策，一筹莫展。

但是1864年太平天国革命失败以后，清朝政府开始腾出手来对付各地的起义军，大批清朝军队陆续进入贵州，贵州各支起义军转入了艰苦战斗的阶段。1864年，刘岳昭率川军自四川合江进入黔西北，攻陷正安、绥阳，打通了从四川进入贵州的通道。1866年春，清廷又命湖南巡抚李瀚章派湘军二万人大举“援黔”，一路由兆琛、周洪印率领，一路由李元度率领，矛头首先指向号教军的黔东据点荆竹园。号教军与苗民军并肩作战，英勇地抵抗清军的进攻，据反动统治者的记载，起义军“负嵎固守，官军勇无所施，或时出战，

---

① 《关于刘义顺的史料》，载《历史研究》，1956（10）。

② 唐炯：《成山老人自撰年谱》，卷四。

见大军出，则皆走险阻自保，时乘雨夜盗掠士卒”；“或塞坚巢险，一夫当关，万夫莫越；或蚁聚蜂屯，一人响应，万丑景从。湘军血战于荆棘之丛，效命于虎狼之穴，即使尺攘寸收，间有所得，而朝取暮失，退守无从”①。反动湘军长期顿兵荆竹园，无法夺取这个强固的据点。清廷又陆续命岑毓英自云南进入黔西、冯子材自广西进入黔南、席宝田自湖南进入黔东、唐炯自四川进入黔北，反动军队从四面八方来攻打贵州的起义军，起义军的处境更加困难、更加艰苦了。进入黔西的岑毓英军和苗民军激战半年多以后，攻陷了黔西苗民军的据点猪拱箐，苗民军领袖陶新春被俘牺牲。进入黔南的冯子材军则打下了荔波等城。1868年2月，在黔东的席宝田、李元度等猛攻荆竹园，荆竹园亦失守，刘义顺等退至湄潭偏刀水。这时，席宝田、李元度的湘军跟追而至，唐炯的川军亦来偏刀水会师，形势十分危急。反动军队拥有大量洋枪洋炮，外国侵略者从上海、汉口源源不断地给它接济军火弹药，并且军队中还有外国的教练，如唐炯供认：“英商麦士尼自去秋到营，于今一年，教练‘安定’、‘果勇’亲兵洋炮。每遇接仗，亲兵洋炮队一进，贼无不望风披靡”②。清朝反动军队就是这样，仰仗外国侵略者的帮助，疯狂地屠杀起义人民，获得了极其可耻的胜利。

在优势敌军的进攻下，贵州各支起义军奋力抵抗，苗民军张秀眉等为解救号教军据点偏刀水之围，一度进入湖南，攻晃州、麻阳、沅州，在外线作战，迫使湘军撤围回援。可惜苗民军缺乏在外线作战的经验，远离根据地之后，粮械供应不上。1868年4月，张秀眉在沅州战败，退回贵州。5月，偏刀水又失守，刘义顺退平越尚大坪，进行最后抵抗。1868年8月，尚大坪被川军攻陷，刘义顺被俘遇害，号教起义军失败。

这时，清军的全部力量都倾注到贵州东南部，“楚师进镇（远）施（秉）为左路，川师进清（平）黄（平）为中路，黔师进都匀为右路”③。席宝田还使用恶毒的“雕剿法”，深入苗疆各砦，

---

① 王定安：《湘军记》，卷一四，《平黔篇》。

②③ 唐炯：《援黔录》，卷四。

“行不持帷帐，居不依城寨，因敌粮，宿敌垒”，“或越大寨攻小寨，或已过复还”①。这种战术实际上就是轻骑突袭，对分散的各个苗寨实行肆无忌惮的屠杀和抢劫，反动军队用这种残酷战术连续攻陷镇远、清平等城。苗民起义军在强大敌人的进攻下不屈不挠地战斗到底，给敌人以狠狠的打击。1869 年 5 月，湘军悍将提督荣维善、按察使黄润昌、道员邓子垣等率一万余人，向台拱推进，路过黄平县的黄飘，苗民军在山径设伏，引诱敌人进入包围圈，突出袭击，湘军全部覆没，荣维善、黄润昌、邓子垣均被击毙。在都匀方面的黔军三十余营，也在苗民军的奋勇打击下全部溃散。

但是，全国的革命形势日益低落，清军源源不绝地得到补充。苗民起义军在黄飘、都匀得胜后，“方幸休息”，没有及时地扩大胜利。敌人实行大抢大杀，使苗寨大受破坏，“沿江至施秉数百里，苗寨尽焚。苗众集施洞口、革东汛一带，不能耕，众多饥。宝田获苗尸，剖其腹，往往皆糠粃云”②。不久清军就卷土重来，1870 年 4 月陷黄飘，6 月陷岩门、瓮谷诸寨，台拱周围几百个据点都失守。1870 年 11 月清军攻入台拱，第二年 4 月又攻入丹江。起义军退到最后一个据点——凯里。苗民军在保卫这个最后据点的战斗中表现了英勇不屈的精神，“官军火枪仰攻，苗抛石下击”，打得反动军队“死伤枕藉”③。1871 年 5 月凯里又失守，苗民军领袖张秀眉、高禾、金大五等走入重山密林中，继续抵抗。1872 年 4 月张秀眉被围于乌东山中，还率领苗民四五百人“持短刀殊死战”，结果张秀眉被俘牺牲。5 月间，高禾、金五大也被俘遇害。至此，坚持 18 年之久的贵州苗民起义被镇压下去。

三、云南回民起义

云南是我国多民族杂居的地区。在清朝封建统治下，云南各族人民同全国人民一样，受着残酷的封建剥削和压迫。清朝政府为了

①③　王定安：《湘军记》，卷一四，《平黔篇》。

②　《咸同贵州军事史》。

维护自己的统治，采取挑拨各民族关系的卑鄙政策，人为地制造汉族和回族之间的冲突。1856年，回汉之间因争夺楚雄府石羊银矿而发生纠纷，清朝官吏“郡首”崔治中，“不持公平判决，见临人（指临安之汉民）势强，则召临人杀回人，见回人势强，又使回人以杀临人。暗中挑拨，意在两伤，藉邀功利”①。这样就使得回汉纠纷发展成为武装械斗，而且事态日益严重，“始而波及近厂村庄，继而扰及外府州县，甚至延及省城”②。

清政府对各民族挑拨离间的结果，是搬起石头砸了自己的脚，因为回汉劳动人民在长期的生产斗争和阶级斗争中结成了兄弟般的友谊，这种友谊绝不可能因暂时的细小的纠纷而破坏。清政府企图利用纠纷，制造混乱局面，是枉费心机的；恰恰相反，同处在清朝封建统治下的回汉人民，一旦意识到“汉回互斗，起于细微……咎多在官而不在民”③ 的时候，他们便立即把斗争的矛头转向了清朝封建统治，“始而寻仇雠，继且戕官吏”④。回汉械斗在一定的条件下发生了性质的转化，变成了回汉人民联合反对清朝统治的斗争。

1856年，云南各地回民相继举起抗清的旗帜。马金保、蓝平贵起于姚州，杜文秀起于蒙化，马复初起于新兴州，马如龙起于建水，徐元吉起于澂江，马凌汉、杨振鹏起于昆阳，马联升起于曲靖，马荣起于寻甸。这些分散的小股武装，很快地联合成两支强大的势力，一支是以马复初、马如龙为首的抗清武装，活动于云南的东部和南部；一支是杜文秀领导的起义队伍，活动于云南西部。

1857年，东部和南部的回民武装围攻昆明，屡败清军，云贵总督恒春束手无策，“忧惧”自杀。清政府向掌握着这支武装力量领导权的回族上层分子马复初、马如龙等“疏通”议和，暂时休战，昆明始得解围。但以后云南巡抚张亮基屠杀回民，再次激起回民的反

① 马观政：《滇垣十四年大祸记》，见《回民起义》（一），293页。

② 《钦定平定云南回匪方略》，卷五，见《回民起义》（一），321页。

③ 李元丙：《永昌府保山县汉回互斗及杜文秀实行革命之缘起》，见《回民起义》（一），7～8页。

④ 许印芳：《五塘诗草》，卷二，《怀故少保林文忠公》。

抗。1861年，回民军又包围了昆明。新任巡抚兼署云贵总督徐之铭再次使用卑鄙的收买手段，他通过宜良知县岑毓英的关系，以高官厚禄作为钓饵，招降了马复初和马如龙。马复初得到“二品伯克滇南回回总掌教”的衔头，马如龙得到“署理总兵”的官职。此后，马复初、马如龙便成为帮助清政府镇压回民起义军的忠实走狗。不久，马如龙消灭了马荣和马联升的回民军，使云南的中部和南部复为清政府所控制。岑毓英也因“诱降”有功被擢升为护理布政使，后来成为镇压回民起义军的最凶恶的刽子手。

滇西的回民军在1856年起义以后立即就进攻大理。起义军虽然缺少武器，“只有刀箭戈矛以及农具和刀叉等项”，但由于清军兵力空虚、起义军英勇奋战以及大理回汉人民的响应，1856年9月起义军击败张正泰的地主武装，攻克了大理。杜文秀被推为总统兵马大元帅，马金保为总理行营军务大司军，杨荣为彪旗大将军（后升大司衡），起义军在大理着手建立起政权。

杜文秀（1827—1872），云南永昌府保山县回族人，世代经商。杜文秀自己考中过秀才，“精力强壮，忠贞廉直，素为众人所敬仰”①。1845年，保山县发生汉族地主官僚屠杀回民的大惨案，杜文秀的未婚妻亦遭掳劫。刚满18岁的杜文秀和丁灿廷等曾赴北京控告，但清政府并未公正处理。以后杜文秀潜身蒙化，革命的思想日益坚定起来，他曾说：“屡因小节，回汉起衅，酿成祸端。满官不惟不以公判决，反于其间播弄，以图封功。余晋京时，往思我汉人锦绣山河，只因李自成之屈，闯而失于胡人，难道李是男而杜是女乎？亦须一闯而复之”②。可见他这时已以李自成为榜样，立下了推翻清朝政府的雄心壮志。

杜文秀进入大理后，在“校军场”登台拜师，宣布“遥奉太平天国”，并严词拒绝清朝官吏的诱降。③ 在杜文秀领导下，滇西回民军在军事上节节胜利，攻克了五十余座城市。这个胜利的取得，一

---

① 罗舍著，李耀商译：《云南回民革命见闻秘记》。

② 《咸同滇变见闻录》，卷下，319页。

③ 清政府曾通过杨振鹏、马复初、马如龙等几度诱降杜文秀，杜文秀坚决拒绝。他说“马云峰（马如龙）做马云峰的官，我杜文秀造我杜文秀之反，想我杜文秀归顺，除非黄河水清，不然，万万不能”。见《回民起义》（二），376页。

方面是因为当时全国正处在革命高潮中，太平天国和其他起义军牵制着清朝军队，清朝政府没有力量来镇压滇西的回民起义军；另一方面，大理政权执行了正确的政策，把回汉人民团结在自己的周围，因而保证了革命局面的发展。

在很早以前，杜文秀对于回、汉、官三者之间的关系就得出了比较正确的认识。他说："汉回互斗，起于细微，实由永昌文武官并云南大吏酿成屠杀之惨祸，而殃及全省。咎多在官而不在民"①。起义之初，他又指出："欲作大事，必须收拾人心，不宜专尚威力，且汉众回寡，尤须重用汉人"②。因此大理政权采取了"回汉一视同仁"③，"不分回汉，一体保护"④ 的正确政策；同时对回、汉以外的民族，也是"无分汉回彝，一以公平处之"⑤。这种平等地联合各族人民的政策，鼓舞了各族人民反对清朝封建统治的积极性。在这个正确的民族政策下，回、汉以及其他各族人民并肩合作，共同抗击清朝统治力量。如滇西回民军起义之初，就"有大多数汉人愤清廷不讲人道，自愿执戈相从，驱杀清吏"，帮助起义军"不战而入大理城"⑥。后来，汉人参加起义军的人数很多，杜文秀的得力助手大司冦李芳园就是汉族人。统治阶级说杜文秀"厚待之（按：指李芳园），汉民始纷纷附逆，以致迤西城池沦陷殆尽"⑦。据记载：滇西起义军中"汉人三分，回只一分"⑧。如大司衡杨荣率领的军队中，"汉兵十之七八，回民十之二三"⑨。其他如彝族、白族、傣族、傈僳族、纳西族、景颇族也纷纷参加起义军，所谓"汉之受职者数万，十八土司，俱各袭职，文则划策，武则立功，三教同心，联为一体"⑩。清朝官吏也说：

---

① 李元丙：《永昌府保山县汉回互斗及杜文秀实行革命之缘起》，见《回民起义》（一），7～8页。

② 周宗麟：《大理县志稿》，卷八，见《回民起义》（一），29页。

③ 《咸同滇变见闻录》，《杜氏文秀小史》。

④⑥ 王鼎臣：《清咸同间云南回变纪闻》，见《回民起义》（二），300页。

⑤ 《新兴河西纪闻》，见《回民起义》（二），65页。

⑦ 《钦定剿平云南回匪方略》，卷三八。

⑧ 赵清：《辩冤解冤录》，见《回民起义》（一），47页。

⑨ 马如龙：《复大司衡杨荣书》，见《回民起义》（二），142页。

⑩ 杜文秀：《复杨振鹏书》，见《回民起义》（二），106页。

“滇省彝人最多，十居其七。汉民不过二分，回民仅止一分。回民之敢于滋事者，全仗勾结彝民，以为党与”①。由此可见，大理政权所实行的民族政策和清朝统治者的民族歧视政策是根本不同的。这个正确的政策在一定程度上改善了民族关系，广泛地动员起各族人民参加抗清斗争，因而推动了革命的胜利发展。事实上，滇西起义军已成为以回族为领导的回、汉、彝各族人民反抗清朝统治的一支联军。

大理政权还实行了一系列有利于恢复生产、安定社会秩序的措施。首先是减轻赋税，“取消地方苛派”②，“凡一切钱粮课税等项，一月造报帅府一次，一季汇解帅辕一次”，“不得私加名目，妄自征收，如土产等类，亦不准勒逼抽收”③，“每年征粮一次，其余大小苛敛，一律豁免”④。其次是扶植农业生产，“为农者给耕牛以助之”，“迎春东郊，播种南亩”⑤，多田归公者，岁给赴仓领谷，以养其家。杜文秀的部下虎应龙镇守永北时，曾领导农民开山凿洞，引水浇田，农民“念其恩德”，“咸称颂焉”⑥。第三是保护工商业的发展，当时，起义据点大理有通往缅甸和四川的两条商路，保证了滇西地区与国内外的物资交流，活跃了人民的经济生活。据英国人布洛克斯（Bullocks）说：杜文秀“十分明了发展商业的利益”，因而“他大力促进商业的发展”，和四川省及缅甸都“建立频繁的贸易关系”⑦。法国侵略分子罗舍（Rocher）也说：“滇西方面的商务，停顿已久。如今又开始活动了，大理与缅甸之间，照常有商队转运货物，并且滇西与川省之间的商路，也被杜文秀恢复了……滇西方面的回军，竭力保护川省与滇西边境往来商务，因此云南各商都利用这条商路，购运四川的货物。每天夕阳西下，滇川边境的山谷间，

① 《钦定平定云南回匪方略》，卷九。
② 《元谋纪闻》，见《回民起义》（二），215页。
③ 《管理军政条例》，见《回民起义》（二），112页。
④ 《腾越杜乱纪实》，见《回民起义》（二），229页。
⑤ 赵清：《辩冤解冤录》。
⑥ 《滇西变乱小史》，《应龙小史》，见《回民起义》（二），92页。
⑦ 转引自《云南回民起义史料》，载《历史教学》，1951（5）。

便充满了通行的商队，在连夜寂静无声的道中，通过了无数的货驮，万一滇西商人货物被劫，回军不惟负责追究匪赃，并且负责赔偿商人一部分的损失”①。大理政权不仅发展商业贸易，同时也很重视采矿和制盐，如开采乔后盐井，蒙化、凤仪的石磺矿，并将矿石运往缅甸，换回棉花，以发展纺织业，使大理成为滇西的纺织业中心。在起义军的保护下，“各盐场营业发达，税收也随之丰旺”，所以，起义军东征昆明时所需“军费一项，只须动用各盐井税收”，就“已敷应用”② 了。

大理政权对吏治、军纪也严加整顿，颁布了《管理军政条例》，作为起义军官兵行动的准则。其中规定：“勿论文武，须以廉洁自持。若有私受贿者……自十两以至五十两以上者，追缴，倍罚，罢职；自五十两以至百两以上者，罢职，抄家；自百两以至二百以上者，除追缴外，拟绞”。还严禁士兵欺压人民，规定“带兵官攻破城池，三日内招抚流离，不准奸淫抢掳，焚烧民房，亦不准擅自杀人，藉故复仇”；军队的夫役都有定额，不准随便拉夫派役；文武官员“不准估娶民间妇女，为妻作妾”；严令士兵，不得“无故下乡，滋扰良民”或“故意纵放牧畜，践踏田禾”；并禁止官兵“强买估卖”，“倘有以官压市，轻价估买，使百姓含冤不服，屡投屡反，一经查觉，不论大小官员，拟斩”。

综上所述，大理政权所实行的民族政策和政治、经济、军事各项措施基本上是符合于各族人民的利益的，使长期处在清廷暴虐统治下的云南人民获得了暂时的安定。当然，我们也应该指出，大理政权的性质是很复杂的。它的领导人很多是办过团练的地主分子或出身举、贡、生、监的地主知识分子，这些人在政权中拥有很大的权力和影响，因此大理政权打击的对象主要是清朝统治，而并没有提出反对封建土地制度这样的根本问题③，它还不是一个完全代表

---

① 罗舍：《云南回民革命见闻秘记》，22～23页。

② 同上书，46、51页。

③ 据《辩冤解冤录》载：“多田归公者，岁给赴仓领谷，以养其家”，这可能是将地主的一部分多余土地“归公”，但地主仍能从公仓中领取粮食，以作补偿。

贫苦农民利益的政权。但无论如何，大理政权的各种措施是应该肯定的，它努力地恢复和发展生产，安定了社会秩序，连仇视回民起义的地主阶级也不得不承认杜文秀“待士恤民，外饰仁义，以故人乐为之用”①。正是由于滇西回民起义军采取了基本上正确的政策，得到了广大人民的拥护，它才能够在军事上节节胜利，发展成为一支雄壮的革命力量，才能够和清朝政府坚持18年之久的长期斗争。

1867年，杜文秀趁岑毓英率清军去贵州镇压苗民起义的时机，对昆明发动总攻势。杜文秀的女儿蔡杜氏担任元帅，杨威将军蔡廷栋（杜文秀的女婿）为大经略，调集大军二十余万，由十八大司分别统率②，浩浩荡荡，直攻昆明。为了阐明这次出师的目的，争取各族人民的支持，杜文秀发布《誓师文》说：

> 此次出师，本为兴汉，戒勿滥杀。如临其境，如遇其民，各当发明宗旨。但得汉回一心，以雪国耻，是为至要……我军有三事焉：始则锄满，次则拊汉，三则除奸……战胜攻取之际，毋肆掳掠，毋贪财货，毋凌妇女。遇官吏顽梗不服者，杀之。良善被挟者，抚之。诸恶元凶，法所必诛，严加惩办，理宜不赦。

同时又发布《兴师檄文》，揭露清朝政府的残暴统治和挑拨民族仇杀的恶毒政策，“妖官穷谋诡计，倒行逆施”，“始也助汉以杀回，今也助回以杀汉；继也助汉以杀汉，今则助回以杀回”，因此弄得云南全境“百姓危若倒悬”，“民不聊生，人心思乱”，并提出这次出师的目的是“志在救劫救民，心存安回安汉”，号召人民起来推翻清朝的统治。

东征的回民起义军在广大人民的支持下，分数路进逼昆明。大司衡杨荣、大司勋米映山由定远、罗次进抵富民，直叩昆明之北；大司政刘诚、大司令马清、大司藩安长兴等取道禄丰，进扎昆明以

① 张中孚：《碌云纪事稿》，见《回民起义》（二），475页。

② 十八大司是大理政权中十八个高级职官，其中著名的如大司寇李芳园、大司戎马国春、大司疆段成功，大司衡杨荣，大司平马兴堂等。

西的碧鸡关；大司戎马国春攻克楚雄，败滇军悍将李维述，屯驻昆明城南万寿宫，负责指挥围攻昆明的战斗。杜文秀的女儿蔡杜氏担任东征军的元帅，和杨威将军蔡廷栋、大司寇李芳园、大司平马兴堂等绕道元谋、禄劝，进攻昆明以东的高明、寻甸，以切断昆明的后路。东路的回民军如昆阳杨振鹏、新兴马国梁、澄江张元龄等“悉举所据地方响应”，连叛徒马如龙的部下合国安、马连升等也准备为起义军做内应，“省垣至是孤立，危若累卵”①。当时回民起义军声威大振，势力发展到顶点。据罗舍说：“云南全省，再经过数个月，可能完全为革命军所占领，滇西及西南部，由思茅厅至永北厅，已在革命军旗帜之下，滇东方面，已有若干府县，揭扬革命军的旗帜”，而被起义军紧紧包围的昆明，经过“几个月的包围战，使清军穷于应付，城内难民麇集，物价飞腾”②。

但是，当回民起义军大举东征的时候，全国的革命形势已趋于低落，清政府正向西南各省增调兵力，调整部署。一方面依靠云南土生土长的地方武装，提拔岑毓英为云南巡抚，令其迅速回援昆明。岑毓英回到昆明后，立即发动“殷实富户商民，告以明局艰难，令其出资供给军用”③，并对昆明一般居民大肆搜刮，仅同治七年(1868年)冬季，即搜刮了20万两军饷，昆明居民有以首饰、衣服、布匹抵捐者④；同时回族叛徒马如龙也大卖力气，死力抗拒回民起义军的进攻，并捕杀了起义军在昆明的内应合国安、马云龙。另一方面清政府又派湘军将领刘岳昭为云贵总督，率2万人，从四川黔南进入云南，与岑毓英、马如龙等合力救援昆明，并指定川、粤、苏、浙、鄂、湘六省协拨云南军饷每月共8万两。还有企图打入我西南边疆的法国侵略者，也积极支持清朝政府，派“原在福州造船厂供职”的罗舍到云南，帮助购买洋枪和开花大炮，后来还在昆明设立兵工厂。清朝方面积极地增兵、筹饷、购械，外国

① 《大理县志稿》，卷八。

② 《云南回民革命见闻秘记》，50、52页。

③ 同上书，56页。

④ 参见张涛：《滇乱纪略》，见《回民起义》(一)，276页。

侵略者、清朝政府和云南的回汉地主武装通力合作，侥幸地守住了昆明城。

然而在起义军方面，因长期顿兵坚城之下，师老无功，内部日益滋长起不利的因素。军队的士气低落，斗志不扬，连负担着攻打昆明主要责任的大司戎马国春，也因“夏季天气炎热”，“遇有重大军事计划都交与部下协商办理”①，这样就使得军事行动大大松弛下来。同时起义军将领之间在这紧要关头，不仅没有团结一致，反而相互猜怨，造成分裂。大司疆段成功“粮尽，贷于蔡廷栋”，而蔡廷栋因“与成功素有嫌隙，弗与。又贷于大司令马清，亦不得。成功独立，暗地致降书于如龙。八月十三日，如龙戒备出城，见成功。是夜，成功所属部下，尽立赤帜”②。不久，安长兴亦叛变。段成功等的叛变严重地削弱了起义军的力量，破坏了起义军的整个阵线。1869 年秋，清军发动反攻，起义军屡遭败绩，马国春、刘诚战死于昆明，军队“无人统御，各大司互相疑忌”③，在清军强大攻势面前，立即土崩瓦解。统帅蔡杜氏和李芳园、马兴堂等在嵩明被俘遇害，蔡廷栋和杨荣退回大理。昆明附近“尸堆如山，血流成河”④，二十万东征军由于统率无人、各将领互相矛盾以及叛徒的降清而招致了全军覆没的结果。

清朝军队在昆明解围后，乘胜西进。杨玉科出姚州、宾川为北路，李维述经楚雄、镇南为南路，两路会攻大理，岑毓英督师后应。1870 年 5 月，杨玉科攻下姚州，大司军马金保被俘牺牲。1871 年 1 月，杨荣与杨玉科战于宾川，失利，大理以东的城市亦陆续沦陷，起义军进入了极为艰苦的奋战阶段。1871 年夏，清军越过大理，攻占永昌，1872 年春又夺取了大理外围的漾濞、赵州（今凤仪）、永平、蒙化等据点，直逼大理城下。

1872 年下半年，大理城厢，战云密布。大理城东临洱海，西依

① 《云南回民革命见闻秘记》，53 页。

② 马观政：《滇垣十四年大祸记》。

③ 徐元华：《咸同野获编》。

④ 张涛：《滇乱纪略》。

苍山，南扼下关，北控上关，是一个易守难攻的天然堡垒。杜文秀、蔡廷栋等竭力守御，清军围攻数月不下。清朝政府又使用卑鄙的分化手段，诱降了下关守将董飞龙，下关、上关先后失守。杜文秀仍督率起义军坚守大理城，“城内皆百战余生，誓死抵抗”。1872 年底，清军挖掘地道，“东南、东北城垣轰塌多处，官军入城，于莲花池、校军场等处掘地为营，尚复死拒，嗣至子弹告竭，食用俱尽”①。1872 年 12 月 27 日，杜文秀见大势已去，愿意牺牲自己生命以保全大理全城的居民，命令起义军停止抵抗，自己则预先服毒，到清营去议和，尚未到达清营，即毒发牺牲。② 嗜杀成性的岑毓英佯允议和，诱使起义军放下武器，并借祝捷为名，大开宴会，邀集回民的领袖杨荣、蔡廷栋等，“岑毓英笑逐颜开，殷勤慰劳、嘉奖的态度，颇惹群众注视。不料来宾刚入饭厅时，突然被岑毓英的伏兵，举刀破入，登时有十七个头颅滚落地上。岑毓英并下令发大炮六响，这是清军约好了开始屠杀的信号……大理城住民，料不到在这秩序已安定时，清军突然演出屠城惨剧，逢人便杀，就是连他们所熟识的人，也不能饶恕一个”③。据《滇西变乱小史》说：“五里桥号炮一响，城内外老幼男妇一概被杀。壮年者，新薙头的，即是降卒，尽被杀。尸骨堆山，死者十余万众。今洛阳村东有二‘万人堆’在焉”。这次杀俘屠城的卑鄙行为，连岑毓英、杨玉科自己也无法掩饰。如杨玉科说：大理议和之后，“余皆诱其出城谒公（按：指诱回民军领袖见岑毓英），因执而为诛之，又令诸将搜其强悍者，尽诛

① 《大理县志稿》，卷八。

② 杜文秀临死以前，尚惓惓顾念人民。据《滇西变乱小史》描写：“……杜公曰：‘大司衡，你说的到是，若是决一死战，将来鸡犬不留，亦是实事。本帅出城，救其合城老小。若红旗（按：指清朝军队）进城，多少也要留得几个油香根，是本帅一人前去顾众。大司衡，本帅顾了百姓十八年，今日当着两位师长，两班文武，将全城百姓交代于你，好歹二字，满城百姓同你考算……’。杨荣曰‘卑职甘愿担负。’……同治十一年冬月二十六日黎明时，杜公全家沐浴毕……将所畜孔雀宰了，孔雀胆杜公挂在胸前，眼望全家服毒后，将有辰时，文武两班送行，元帅升大座，再嘱大司衡：‘满城百姓交代与你了，本帅是去了。’杨荣曰：‘大元帅宽心，勿以百姓为念。’于是升坐黄呢小轿……轿出大理北门……在南五里桥下首会杨玉科。杜公曰：‘杨大人，本帅凑你成功，不干城中老小之事，你要另眼相看。’……渐渐低头于胸……渐渐气绝”。

③ 《云南回民革命见闻秘记》，86 页。

之。贼尚狂窜死斗，搜剿连日，始将逆酋悍匪，一律诛除……斩首万余级”①。清军疯狂地血洗了大理城，坚持18年之久的云南回民起义被镇压下去。大理沦陷后，尚有一部分残余起义军在大司空李国纶的领导下，辗转腾越一带，与清军作战达数年之久，1874年，李国纶因叛徒的出卖，被捕遇害。②

四、云南哀牢山彝民起义

差不多和云南回民起义同时，云南哀牢山区的彝族农民也发动了一次反清起义运动。在这次运动中，彝、汉、哈尼、傣、白、回、苗、傈僳等各族的劳动人民联合起来对清朝封建统治展开了英勇的

---

① 杨玉科：《从军纪略》，卷下。

② 关于杜文秀与英帝国主义的关系问题，目前史学界尚有不同的意见。有些同志认为，杜文秀曾勾结英帝国主义，进行分裂祖国的活动；另一些同志则不同意。事实上，英法侵略者虽曾先后在大理进行阴谋活动，但至今未发现“杜文秀勾结英国”的确凿证据。1870年秋，刘道衡《上杜公书》说“英法欲交我大元帅而传命犹未通”，可见迟至1870年英国拉拢杜文秀的企图尚未实现。外国的一些书籍中称杜文秀为Panthays苏丹，称大理政权为Panthays王国，外国人所绘地图甚至把云南省划出中国之外，这表明了外国侵略者企图把云南省从祖国分裂出去以达到其侵略的目的。（如Anderson：*Mandaly to Momien*；Bromhall：*Islam in China*；及安邺《东京问题》等书）但查考现存杜文秀所出告示、文件，从来只称大元帅，并未称“王”或“苏丹”。很可能像安邺所说“此项名称是英人给与这省回教人的”（《东京问题》，见《中法战争》（一），413页），并不是杜文秀和大理政权自己的称呼。但大理被围时确有一个使团到英国去求援，一些外国记载中都提到这件事情，还说这个使团是由杜文秀的儿子艾山所率领，并“携带着从山的四角砍下来的岩片，以正式表明愿做英国的臣属”（Bromhall：*Islam in China*，p140）。杜文秀有三个儿子，年龄都很小，大理沦陷时均被清军所俘，因此“艾山”绝不是杜文秀的亲生子。外国侵略者抱着分裂我国云南省的目的，记载这些事情总要渲染以至捏造。在没有看到可靠的史料以前，对于外国侵略分子所记这个使团的情况是难以尽信的。有的同志怀疑“艾山”即是向杜文秀上书自荐、愿往英法联络的刘道衡。刘道衡在1870年秋曾建议杜文秀联合英法，攻打清朝，给英法的酬报条件是“永为二大国不侵不叛之臣”（刘道衡：《上杜公书》，见《回民起义》（二），169页）。这个建议是十分荒谬的，而杜文秀对这种荒谬主张不但没有驳斥，反而在批语中大加赞扬，杜文秀在这个重大的对外关系问题上不能不说是抱有错误思想的。当大理危急时，杜文秀可能派出使团，向英国乞援，但并未取得结果。这件事在清方记载中亦可找到旁证，如李鸿章给丁日昌的信中说：“滇回乞师于英，未闻有密助军械之说。”（《李鸿章全集》，朋僚函稿，卷一二，《复丁雨生中丞》）至于赴英使团的详细情况，尚待进一步搜集资料，进行研究，以便对杜文秀和大理政权做出恰当的评价。关于这个问题的争论可参看吴乾就：《试谈杜文秀的评价问题》，载《光明日报》，1961年12月1日；李青：《谈谈杜文秀的几件史料》，载《光明日报》，1961年12月19日；高鸿志：《略论杜文秀》，载《合肥师范学院学报》，1962（3）。

斗争。彝民起义早在 1853 年 2 月就爆发了。当时哀牢山区南华县（旧名镇南）属波罗村锈水塘的彝族人民，在“罗罗泼”彝族杞彩顺的领导下，首先发动了起义。杞彩顺率当地彝、汉农民千余人，攻取县城。① 后因进攻不利，退守山区。1855 年“卡堕”彝人田四浪与“尼苏泼”彝人普顺义，也在新扶、恩乐、阁者、按板井、者干一带率众起义，起义的彝族人民占领了整个镇沅县境。② 但这两次起义，由于缺乏比较明确的起义口号和纲领，因而进展不够迅速。直到 1856 年李文学发动起义后，哀牢山区的彝民起义才迅速蓬勃地发展起来。

起义领袖李文学，又名李正学，是哀牢山区弥度县瓦卢村的彝族，出身于贫苦的农民家庭，他从小就给“蜜滴潘云溪（地主）当奴仆，备受鞭笞之苦”③，对地主阶级有着深刻的阶级仇恨。1856 年 5 月 10 日，李文学在王泰阶（汉族）和李学东（彝族）的影响下④，率领彝族人民五千余人，于瓦卢后山天生营誓师起义，树起反清起义的大旗。起义群众共推李文学为“夷家兵马大元帅”⑤，李文学委任王泰阶为参军，杞绍兴为副参军，李学东为上将军，鲁得盛为副上将军，形成了起义军的领导核心。

为了阐明起义军的反清起义目的，起义军随即发布檄文如下：

> 我哀牢夷氏，历受汉庄主欺凌，僻居山野，贫苦为生，几十世矣。自满贼入主，汉庄主与之狼狈为奸，苛虐我夷汉庶民，食不就口，衣不蔽体；白发爹娘，呻吟于床；幼弱子女，扶门饥啼。方今刃及颈项，岂容奢冀免死？矛逼胸膛，何望乞怜求生？本帅目睹惨状，义愤填膺，爰举义旗，驱逐满贼，除汉庄主。望我夷

---

① 参见《近代史资料》，1957（2），61 页。

② 参见刘尧汉辑：《云南哀牢山区彝族反清斗争调查纪录》，载《近代史资料》，1957（3），140 页。

③ 夏正寅：《哀牢山夷雄列传》，载《近代史资料》，1957（2），22 页。

④ 王泰阶、李学东曾参加过太平军石达开部，1854 年从广西到云南哀牢山区，“行堪舆兼行医”，进行革命酝酿活动。“李学东佯为其徒，出入夷汉贫富之门，入富室行堪舆，得资购药；入贫户为郎中，愈病不取资；与李学东亲为贫者侍汤药，贫者莫不感其德。未及一载，哀牢山川，为其所悉；富室内幕，为其所知；贫门痛苦，为其所晓。”1856 年 4 月李文学率众起义。详见《近代史资料》，1957（2）。

⑤ 参见《近代史资料》，1957（2），23 页。

汉庶民，共襄义举，则天下幸甚！我哀牢庶民亦幸甚！①

起义发动后，彝民起义军立即攻入蜜滴村，杀死了汉族地主潘云溪等，“收积粮万石，银万两、金千两，悉入帅库供粮饷”②。为了进一步明确起义的目的，并号召广大彝、汉农民参加这次反清运动，起义军还提出了“铲尽满清赃官，杀绝汉家庄主”的反封建的鲜明口号，这一口号的提出，不仅清楚地阐明了彝民起义的反封建性质，同时对“历受汉庄主欺凌”，过着“食不就口，衣不蔽体”的贫苦彝族农民及其他各族农民来说，也是一个极大的鼓舞，因此，起义“未及旬月”，就有“哀牢、蒙乐、六诏之夷、汉、苗、回、傈傈庶民，咸操刀持矛来归附”，共四千多人，起义军的势力日益壮大起来。③ 以后，杞彩顺、田四浪、普顺义的彝民起义军，刀成义的傣族起义军和杨承熹的白族起义军，也参加了李文学的队伍。田四浪被推为副元帅，杞彩顺、普顺义、刀成义、杨承熹分别被委任为都督，这样，就使原来分散的各族人民反清力量，汇合成为一支以彝族为主体，联合哈尼、白、傣、汉、回、苗、傈傈等族人民共同参加的庞大的革命队伍。

哀牢山区的彝族农民起义军，在协助杜文秀领导的回民起义军对清作战中，起了很好的配合作用，取得了一系列的胜利。

在起义发动不久，清朝军队二万余进攻回民起义军的根据地大理。1856年6月，李文学亲自率彝军三千余人，“渡江北上，兼程急进”援救大理，和清军相遇于红崖，双方展开激战，“李军直闯贼阵，文学亲杀满统领”，大败清军，并攻克了鹿城，“尽收贼军械与城绅财物”，清军“怆惶逃遁，不能战”④。因此，李文学被杜文秀加封为“第十八大司藩”，“镇守蒙乐、哀牢之地”⑤。从此以后，彝、回这两支起义军更加紧密地合作，共同进行反清斗争。

---

① 《近代史资料》，1957 (2)，23～24页。
② 同上书，1957 (2)，24页。
③ 参见上书，1957 (2)，24页。
④ 同上书，1957 (2)，25页；1957 (3)，60页。
⑤ 同上书，1957 (2)，23页。

1857年7月，李文学又应回民军扬威大都督蔡发春之约，“夹攻蒙化”，李文学命上将军李学东“率众五百人，沿江而上”，攻占了蒙化城南重镇南涧，回、彝联军又合攻蒙化，“合围两月余”，清军“数度从弥度来援”，都被起义军击退。在同年9月，回、彝联军便攻占了蒙化。在这次战役里，彝民军表现出英勇顽强的斗争精神，狠狠地打击了清朝的军队。就连地主阶级文人也不得不供认说：“夷匪凶勇，王师数倍其众，犹不能敌，常受其挫”①。1865年春，李文学、李学东、杞绍兴等又率起义军协助回军大司阃马旭攻克了景东。彝民起义军在战斗中不断地发展成长起来，起义势力已控制了云南蒙化、弥度、南华、楚雄、双柏、景东、镇沅、新平、元江、墨江10个县的全部或部分地区。起义军以蜜滴为中心，设立帅府，并于帅府之下，在猫街、鼠街、者干、新抚、阿雄、碍嘉、戛色、固远等地，设立了八个都督府，分别由杞绍兴（彝族）、徐东位（哈尼族）、罗自美（彝族）、普顺义（彝族）、杞彩云（彝族）、杞彩顺（彝族）、刀成义（傣族）、杨承熹（白族）等人率军驻守。这样就在哀牢山区形成了仅次于回民起义的一支强大的反清力量。

在彝民起义过程中，起义军领袖们充分注意到彝、汉农民的土地要求，提出了没收地主土地归农民所有的政策。在起义后不久，李学东、王泰阶、杞绍兴等人就倡议，把“帅府督府近郊之庄主田亩，悉收为军耕；庶民原耕庄主之地，悉归庶民所有；免租薄赋，按岁所获，课赋二賥（成），荒不纳”②。

这个土地政策反映了彝汉贫苦农民的迫切要求，是对封建制度的彻底否定。根据文献与调查资料的记载，起义军在实践中已贯彻了上述的土地政策。据曾参加过彝民起义的汉族知识分子夏正寅在《哀牢夷雄列传》里记述杞绍兴革命事迹时说：“凡夷军所辖之地，绍兴力行‘庶民原耕庄主之田亩归庶所有，不纳租，课赋二賥（成）’之则”③。

① 《近代史资料》，1957（2），62页。
② 同上书，1957（2），28页。
③ 同上书，1957（2），57页。

从调查的纪录中也证实了这点。彝族老人姚正说："从杞都督（彩顺）占住碍嘉后，就把地主的地夺过来给我们种，我们原耕地主的田地，就不再纳了，只是收一斗两升粮给杞都督做衙门开销。给地主纳租，就得一斗要纳四升多，最少也得纳三升米"①。彝族老人李正为也说："当杞彩顺都督占住碍嘉，管辖到我们这里的时候，我们不必给地主纳租，不给地主当伕役，大地主逃走了，小地主要自己盘庄稼过活"②。由于起义军实行了没收地主土地归农民所有的土地政策，因而深得各族贫苦农民的拥护与支持，据夏正寅的记载，当彝、汉农民"闻得庄主之地，不纳租，薄赋二𨓜（成），差不纳"的消息以后，莫不额手称庆，相聚而喜曰："不图今日后见天日，德勒米③可王矣。"④ 可见，久处于封建剥削下的彝族农民，一旦摆脱封建剥削，是多么欢欣鼓舞而热烈地拥护他们自己的革命队伍！

在解决农民土地问题的同时，李文学还采纳了鲁得盛的建议，实行了寓兵于农的措施。这一措施的具体内容，即"帅府得养常军二千，都督府养常军一千，常军总数不得逾五千；收庄主田亩耕之，则军不忘农，可以战；粮不全取于民，民得以养"⑤。据调查的资料说："田四浪、王泰阶等曾让他们部下的兵士"自己盘庄稼吃饭，就把都督衙门旁边的地主土地夺过来，给兵耕种。⑥同时起义政权又把普通群众组织起来，"十八、十四龄间之男女，必练战阵，战则集之，不战则耕，男任战，女任运，男女各有其职，力可专"⑦。这个措施不仅保证了军粮的来源，减轻了农民的负担，同时也组织和锻炼了一般的彝民群众，增强了对敌作战的能力。

起义军为了克服因清政府的封锁而造成的经济困难，改善各族

---

① 《近代史资料》，1957（3），138页。

② 同上书，1957（2），139页。

③ "德勒米"，即指李文学而言，"德勒米"系"罗罗泼"彝语，"德"义为大，"勒米"义为肚脐，"德勒米"即大肚，李文学"大脐腹鼓"，彝民多以"德勒米"称之。

④⑦ 《近代史资料》，1957（2），28页。

⑤ 同上书，1957（2），27～28页。

⑥ 参见上书，1957（3），137页。

人民的经济生活，还实行了其他一些措施。如没收了清政府和汉族地主经营的铅铁矿、铁厂和盐井等，由帅府公营。① 杞绍兴“常巡督磦嘉铁业之经营与江边崖穴炼制火药之事业”②。彝族老人说：“从李正学元帅得势，管辖了南山后，就叫杞彩顺都督去把磦嘉县的庄主铁厂夺过来，派我们老爹（祖父）那一辈子去跟磦嘉铁厂的汉家铁匠，学开铁矿、铅矿，学打锄头、斧子、砍刀、鸣火枪、三须叉、杆子（矛），学铸犁头、犁铧、铁锅”③。帅府和各都督府还向农民收购皮、毛、麻、麻布等农副产品和猎产品，用马帮驮到普洱、下关等地出卖，然后换回盐铁等人民生活必需品。起义军的这些经济措施，改善了彝汉农民的生活，促进了哀牢山区的经济发展。

哀牢山彝民之所以能够暂时摧垮地主的势力，实行分配土地和其他经济措施，使农民获得比较安定的生活，这是和全国革命的掩护、特别是和云南回民起义的掩护分不开的，那时地主阶级为了集中力量，挽救垂危的统治，不得不从一些地区撤退。不幸到60年代之末，全国革命形势日益低落，云南的局面也逐渐改变，地主阶级当然没有忘记对哀牢山区的彝民起义军实行反攻。从1870年以后，清朝军队和地主团练武装把战火燃遍了哀牢山区，彝民群众为了保卫胜利果实，和优势敌军展开了搏战。

1870年秋，清军勾结思陀、瓦渣的土司，“合满军二万众攻通关哨”，王泰阶、普顺义等率军奋勇抵抗，为清军击败，通关哨失守，王泰阶、普顺义战死。清军乘胜攻打阁者，田四浪副帅率起义军从按板井去抵抗清军，被清军“包围在阁者江边崖顶上”，田四浪在跳江突围时牺牲。

王泰阶等牺牲后，李文学以杞绍兴为参军。杞绍兴是起义军中“能战能谋”的大将，他利用清军新胜后骄而不备的时机，命徐东位、刀成义、杞彩云三路合击清军于恩乐，大败清军。恩乐战役虽

① 参见《近代史资料》，1957（2），29页。

② 同上书，1957（2），57页。

③ 同上书，1957（3），124～125页。

然取得了胜利，但起义军在几次大战中实力消耗很大，而清朝方面却不断增兵，从四面八方扑向哀牢山区，斗争愈来愈艰苦了。1872年，杞彩云在汉族地主团练头子刘宇清的诱说下，背叛革命，投降了清军。李学东闻讯后，立即“率军千人讨之”，杞彩云“领三千之名，犹不能敌而溃”①。尽管李学东击溃了杞彩云的叛军，但杞彩云的叛变，却使起义军的实力遭到重大的损失。

1872年春，清军围攻回民军据点大理的下关，李文学亲率“李学明、李明学三千余，赴下关解杜文秀之危，军溃，李学明战死”②。起义军退至南涧时，李文学被其部将李明学擒住送交了清军，被清军“凌迟处死”了。

1873年，清政府派出大批军队，进入哀牢山区，“围剿”起义军。清军参将李芳梅、张宗久率军七千余，直攻起义军根据地——蜜滴，李杠材率清军千余进攻猫街，苏仲、刘宇清率清军千余进攻者干，坚守蜜滴的李学东率领起义军及蜜滴的男女老幼群众数千人英勇抵抗。在坚守半个月之后，由于叛徒刘柄贤的内应，蜜滴终于被反革命攻陷，许多起义领袖牺牲了，李学东仅率二百余人冲出了重围。

李学东突围后，又招集残余的部众，“复得五百余，深匿山林崖穴”，利用流动的战术，“东流西窜”，继续与清军苦斗。在琵琶箐战役中，屠杀哀牢山区彝民的刽子手李芳梅被李学东设伏击毙。直到1876年，李学东因病死于哀牢山中大古木村的大涧洞。至此，彝民起义军最后失败了。

哀牢山区的彝民反清起义运动，从1856年天生营起义，直到李学东最后失败，一共坚持了21年。起义虽然最后失败了，但彝族农民英雄们的英勇斗争在祖国历史上写下了辉煌的篇章，他们可歌可泣的英雄业绩，永远为哀牢山区和全国各族人民所景仰。

---

① 《近代史资料》，1957（2），48页。

② 同上书，1957（2），33页。

第三节 西北各族人民起义

一、陕西、甘肃的回民起义

在西南各族人民起义蓬勃发展的同时，陕西、甘肃（包括今甘肃、青海与宁夏回族自治区）两省的回民，在太平军、捻军及四川农民军的推动下，先后发动了大规模的反清起义运动。

陕西、甘肃是我国回族聚居较多的省份。陕西向有“汉七回三”之称，甘肃更有“汉三回七”之称。居住在陕甘两省的回汉劳动人民，长期以来，交错杂居，在经济上、文化上相互交流，相互合作，结成了“平日里党之谊”。他们同受地主阶级和清朝反动政府的残酷压迫，特别在太平天国革命运动爆发以后，清朝政府为了筹措军饷，在西北地区穷凶极恶地进行搜刮，“西北协饷加重，正税不够供给，于是苛捐杂税，相继繁兴……每征赋粮一升，附加军面四五斤，以至六七斤，威逼人民交纳。民力既竭无以应，则委严酷州县敲骨髓以取之。州县刑威竭，亦穷无以应，则委凶悍武弁拥重兵以胁之。朝指一官曰催面不力，夕而黜其名；夕指一堡曰抗而不供，朝而屠其地……民皆相向而哭，以早死为祝”①。在这种普遍的残酷剥削下，人民无法生活下去，只得起来和清朝统治者进行你死我活的斗争，当时有一首诗写道：“谓盗所自染，尽以输官粮，官粮无定额，里胥任取得，诛求到骨髓，积逋终难量，赋繁田亩啬，岁入那堪偿，纵剜心头肉，莫医眼前疮，相率宁为盗，暂免里胥戕”②。这首诗形象地描述了西北各族人民起义的根本原因。

但是，发生在尖锐的阶级矛盾基础上的西北人民大起义却表现为民族运动的形式，这是和清朝政府的民族挑拨政策以及汉族地主

---

① 《甘宁青史略》，见马霄石：《西北回族革命简史》，8页。

② 《甘肃通志》，卷一六，《又秋月郊行记事四首》。

阶级的剥削和压迫分不开的。清朝政府对国内各民族的关系，故意挑拨离间，使之互相冲突，以达到分而治之的目的。清朝官吏处理讼案时，对回民“意存歧视，凡系回民，一切从严，不辨是非曲直”①。连陕西巡抚瑛棨也说：回汉纠纷所以愈演愈烈，是由于地方官未能持平办理，积怨填胸，此际争端突起，“杀戮横加”②。而且当时汉族地主阶级为抗拒太平天国革命而组织了团练武装，他们即以团练武装力量来压迫回族人民。陕西团练大臣张芾（泾阳的汉族大地主，曾任江西巡抚、都察院左都御史）就是以残杀回民著称的大屠夫，“杀的回民最多也最惨，他也不分好坏男女，抢东西是更不用说了，这样子更动了回民的公愤，人人都想杀张芾”③。在清政府和张芾的指使和支持下，各地的地主团练气焰嚣张，“时以‘剿回’、‘灭回’，信口大言。其官宦巨室诸少年子弟好事者，招养艺勇，纵酒论兵，睥睨一世”④，甚至“自潼关以西，凡往来回民，非铡即杀，无得免者”⑤。由此可见，造成陕甘这场大斗争的罪魁祸首是清朝政府和汉族地主阶级，正是由于统治阶级的残酷剥削和压迫，使得陕甘地区的阶级矛盾和民族矛盾分外地激化，达到了一触即发的程度。

1862年春，蓝大顺起义军自四川分道入陕，攻克洋县；太平军西征部队在陈得才的率领下也进入陕西，攻打西安。这两支农民武装部队把革命的火种点燃到了布满干柴的八百里秦川，一场燎原的大火立即燃烧起来。

清政府为了抵抗太平军的进攻，强迫“回勇”数百人防堵渭南刘峪口，带队的绅士赵炳堃沿途刁难回勇，回勇不服，杀赵炳堃，聚众回家，行至华州圣山，回勇因买竹竿和汉民发生争执，汉族地主团练借这个细小的争执，竟打死回勇二人，使事态扩大，华州知州又无理判决“回伤汉民，一以十抵，汉伤回民，十以一抵”⑥，更激起回民

①② 《钦定平定陕甘新疆回匪方略》，卷一四。
③ 单化晋：《陕甘劫余录》，见《回民起义》（四），315～316页。
④ 余澍畴：《秦陇回务纪略》。
⑤ 东阿居士：《秦难见闻记》，见马霄石：《西北回族革命简史》。
⑥ 刘东野：《壬戌华州回变记》，载《近代史资料》，1957（2）。

的愤慨。渭南、华州的团练武装，又到处残杀回民，焚烧回民村庄，造成一片恐怖景象。面临死亡威胁的回族人民不能不起而反抗，渭南仓头镇回民领袖洪兴派人到长安尹家卫与太平军联系，太平军在回民的指引下东进。1862 年 5 月下旬克渭南、华州，回民在太平军的支持和推动下，同地主团练展开武装斗争，攻克孝义镇、羌白镇、八女井等地。5 月底，太平军为营救英王陈玉成而离开陕西，但回民起义势力仍在迅速发展，渭南、大荔一带基本上已被起义的回民所控制，其他东府各属的回民也纷起响应，地主团练被打得落花流水，恶霸豪绅望风逃窜。

眼见回民起义力量迅速发展，而省内军队大部被调去镇压太平军，无力对付起义的回民，张芾只好亲往东府地区进行“调解”。6 月 3 日，张芾在临潼油房街与回民谈判，回民要求解散团练武装，保障回民生命财产的安全，张芾拒不接受，反而要求交出回民领袖任武，要严惩“造衅者任老五一人而已”①，同时在张芾的轿座中又发现“剿灭回民”的传帖，于是起义军逮捕了张芾，押往仓头镇处死。

处死张芾的消息传出后，更加鼓舞了回民群众的斗争，进一步推动起义走向高潮。这时起义军组成了十八大营②，任武、赫明堂、洪兴担任最高指挥，以渭南的仓头镇和大荔的王阁村、羌白镇为主要据点，整个关中地区插遍了回民军的义旗，西安、凤翔、咸阳、泾阳、三原都处在声势浩大的回民军的进攻下。清朝官吏描写当时的形势说：

> 回匪啸聚，渭河南北，响应日多，旗帜器械，枪炮马匹，日见添备。我兵困守孤城，外援不至，加以东西北三路蔓延数百里，逆焰鸱张，道路梗塞。③

---

① 据曾毓瑜《征西纪略》的记载，起义领袖任武、赫明堂“尝倡乱云南，谋泄，亡匿仓渡镇。至是，乘机煽乱，潜造军火旗帜，各回目皆听命焉”。

② 十八大营的领袖，据《陕甘劫余录》和《西北回族革命简史》所载，有任武、赫明堂、邹玉龙、关阿訇、冯阿訇、白彦虎、禹得彦、马生彦、孙玉宝、马正和、马德有、蓝明泰、余彦禄、于振奎、二河州、马义等人。

③ 《钦定平定陕甘新疆回匪方略》，卷一五。

渭南迤西以至西安，如梁大坡、临口、灞桥、舆桥等处，该回匪据为巢穴，肆行焚掳，与高陵、三原等县及同州属蒲、朝两邑，渭河北岸之王阁村、仓头等处老巢，声息相通，互为勾结，并于渭河南岸，不时出没，飘忽靡常。①

从1862年5月回民在东府发动起义，到1864年春为止，是西北回民起义的第一阶段。在这个阶段中，回民军和太平军陈得才部、川滇军蓝大顺部配合作战，势力迅速发展。起义由东到西发生连锁式的连续反应，6月间，西安、泾阳、三原地区的回民在统治阶级"见回格杀勿论"的迫害下，也举起义旗，与东府回民军合攻西安，在金胜寺和六村堡战斗中，全歼西安地区团练数万；8月底，凤翔回民在崔伟的率领下起而响应，围攻凤翔达一年之久。陕西回民军已发展到30万人。接着，起义浪潮向西波及甘肃，"甘肃自宁夏发难，踵而兴者马化龙反灵州，马彦龙、马占鳌反河州，马桂源反西宁，马文禄反肃州……甘境之靖者，盖十无二三"②。1863年春，太平军陈得才部自湖北再度入陕，和蓝大顺部攻汉中，取周至，与回民起义军相互呼应。

面对着西北地区如火如荼的革命局势，统治阶级"寝食不安"、"忧心如焚"。清廷命胜保率军入潼关援陕，1862年8月底，胜保的先锋部队直隶提督成明所率京兵五千人，在大荔与回民军初次接战，全军溃散；9月初，胜保的大军在临潼又遭回民军截击，"军火器械，皆为贼有"③。胜保逃入临潼城内，等到半夜里才悄悄离开临潼，绕道奔向西安。胜保进入西安后"日以淫乐为事"④，他的军队以"搜回"为名，到处抢劫。在清朝的再三催促下，胜保进兵咸阳，起义军打了一个漂亮的伏击，清兵大败，胜保只身逃回西安。1863年1月，屡战屡败的胜保被革职逮京，赐令自尽，清廷另派湘军悍将多隆阿为钦差大臣，率兵入陕。多隆阿到达陕西后，立即向大荔、渭

---

① 《钦定平定陕甘新疆回匪方略》，卷一九。

② 杨毓秀：《平回志》，卷三，见《回民起义》（三），107页。

③ 谢恩诰：《再生记》，载《近代史资料》，1957（2）。

④ 王定安：《湘军记》，卷一七，《平回上篇》。

南一带的回民军发动进攻，并使用分化手段，向回民军中的一些动摇分子诱降。在军事进攻和政治分化下，东府的回民军阵线发生动摇，王阁村、乔店、羌白镇等主要据点沦陷于敌手。1863 年 5 月，东府回民军与多隆阿军在仓头镇进行决战，在这重要关头，回民军领导集团内部发生内讧，任武被杀害，马彦英向清军投降，回民军作战不利，撤出仓头镇，退到西安地区。这时回民军主力并未受到严重损失，东府和西安地区回民军合计尚有 20 万人，“由渭河直至泾河，绵亘十余里”①，西安仍处在回民军的包围中。同时陈得才在汉中击败从四川援陕的湘军，蓝大顺又攻克了西安以西的重要据点周至，形势尚十分有利。可惜回民军中的一些动摇分子破坏了大局，西安地区回民军大元帅孙玉宝竟被清朝的“三品花翎顶戴”所收买，叛变降清，多隆阿遂乘机进攻苏家沟。回民军英勇抵抗，损失颇大，苏家沟失守。在清军的疯狂追杀下，数十万回族人民扶老携幼，被迫离开陕西，会合凤翔地区的回民军，撤往甘肃的董志原②。不久，陈得才因天京危急，分道自汉中回援天京，离开了陕西；蓝大顺军在周至和多隆阿军激战，击毙多隆阿，蓝大顺亦被俘牺牲。各支革命队伍暂时都退出了陕西，结束了陕甘回民起义的第一个阶段。

从 1864 年春到 1868 年底是陕甘回民起义的第二个阶段。这时陕西的回民军虽然遭到了相当的损失，但甘肃的回民军风起云涌，其势力方兴未艾。陕甘的两支回民军并肩作战，共同抗击清军。陕西的回民军屯驻在董志原上，重建新十八大营（后来归并成四营），由白彦虎、马正如、马生彦、禹得彦、崔伟、于彦禄等率领，边耕边战；甘肃的回民军主要有金积堡的马化成、河州的马占鳌、西宁的马桂源、肃州的马文禄四大支。这时，战斗的中心已移至甘肃境内，清廷以都兴阿、杨岳斌、穆图善先后指挥甘肃军务，回民军和清军在平凉、固原、泾州以及金积堡外围展开了长期的拉锯争夺。清军自多隆阿死后，分别由其部将雷正绾、曹克忠、陶茂林统率，

① 《钦定平定陕甘新疆回匪方略》，卷五三。

② 董志原是甘肃庆阳府所属的地方，当泾河与马连河之间，纵约一百五十里，横约二百八十里，该地“北通灵州，南达陕疆，地平旷饶沃，可耕可守”。

指挥不统一，而且士兵远征甘肃，水土不服，又缺少粮饷，经常发生哗变，统帅都兴阿是个庸碌无能的木偶，继任者杨岳斌虽然是湘军中的悍将，但只习水战，“始来督军，声威甚盛……居数月，不闻进兵，惟仿江南水师，造战船数百艘，欲由黄河顺流为攻取宁夏计，后见事无济，复沉其船于河”①。在这种形势下，陕甘的回民军展开流动游击，使得清朝军队顾此失彼，奔命不遑。就像清方记载所说：当时“河（州）狄（道）之贼扰于南，平（凉）固（原）之贼扰于东，宁（州）灵（州）之贼扰于北，凉（州）肃（州）之贼扰于西，几于剿不胜剿，防不胜防”②。同时，太平军余部在启王梁成富的统率下也西进甘肃，据守阶州达8个月，牵制了大批清军。1865年，由董福祥、高万镒率领的甘肃固原的汉族饥民，同由扈彰率领的环县饥民联合，组成“老营”和“新营”，这支抗清力量以花马池为据点，吸收各地饥民、会党以及溃败哗变的散兵游勇，活动于陕东和陕北，声势极大。清军只能坐守兰州孤城，一筹莫展。1865年夏，雷正绾、曹克忠强攻金积堡，希图侥幸得胜，后路被回民军切断，“转运不继，粮饷缺乏……于是人马踣毙相望，而雷军兵弁皆携眷属，部曲不齐，回乘之，遂大败，曹军因之亦败”③。同时，陶茂林军在安定哗变，陶茂林带着残剩部卒，狼狈逃窜。9月间，雷正绾的军队又在三汊河哗变，哗变军队和回民军合作进攻泾州、平凉。1866年4月，兰州城内督标兵亦因待遇不公而哗变。④ 甘肃的反动军队接连地溃败和哗变，完全失去了战斗力。

趁着甘肃反动军队溃败和哗变的时机，1866年春，董志原上的回民军大举向陕西发动反攻，提出“并力陕疆，誓不回顾”的口号，自凤翔抵扶风、武功，军锋直逼咸阳，与陕西巡抚刘蓉的军队相持半年之久。1866年底，西捻军张宗禹部自华阴入陕，与回民军配合，

① 杨毓秀：《平回志》，卷三，见《回民起义》（三），126页。

②③ 曾毓瑜：《征西纪略》，卷一，见《回民起义》（三），27页。

④ 杨岳斌对湘军和甘肃的地方部队待遇极不公平，“楚勇则月给粮饷盐茶外，日食稻米；制兵则月给杂粮数升。汉回兵各怀怏怏”（《平回志》，卷三）。于是甘肃督标兵趁杨岳斌赴泾州的机会，占领兰州，不久被清军镇压。

在西安十里坡全歼刘蓉的反动军队，回民军自西而东，而捻军自南而北，陕甘地区的革命之火愈燃愈烈，清朝政府不得已派左宗棠为陕甘总督，带兵入陕。

在第二个阶段中，西北的形势是对革命相当有利的。但起义军本身存在着一些弱点，首先是各支起义军之间，存在一定的内部矛盾，汉民军和回民军之间，陕西回和甘肃回之间，甚至甘肃回军自身之间没有能更好地合作，各自分散活动，独立作战，缺乏统一的领导和指挥，没有能更加有效地打击敌人；其次是起义军未能提出明确的政治主张和纲领，严重的民族色彩在一定程度上掩盖了斗争的政治目的，妨碍了各支起义军的联合和起义力量的巩固和发展；此外回民军的不少领导人出身于上层，对清朝统治者抱着“议和”“就抚”的幻想，斗争不够坚决，在形势有利的时候存在着保守地盘的消极打算，而不是积极主动地进攻。由于这种弱点，陕甘的回民起义军没有能趁着有利形势，进一步打击清朝在西北的统治。

1867 年左宗棠率军入陕，他的战略方针是“先捻后回”，主力用来对付西捻军。这年年底，西捻军为了援救被困的东捻军，踏冰渡河，向山西、直隶进军，离开了陕西，左宗棠的主力也跟追出陕，清方一时还抽不出主要力量来镇压回民军，回民军仍具备较有利的活动条件。1868 年，回民军在泾、渭一带出入流动，获得多次胜利。到了 1868 年底，西捻军失败，左宗棠率领大批部队再度入陕，陕甘地区回民军与清军的力量对比骤然发生变化。从此，回民军的斗争进入了一个新的艰苦阶段。

从 1868 年底到 1874 年 1 月金积堡沦陷，是陕甘回民军斗争的第三个阶段。这时，由于力量对比的变化，回民军已转入了防御，战斗主要在金积堡的外围展开。左宗棠二次入陕，向英国汇丰银行借了大批军饷，购买洋枪洋炮，用来屠杀回民军。1868 年底，左宗棠派刘松山军进入陕北，经过两个月战斗，董福祥率领的陕北抗清武装瓦解，董福祥投降了清军，部下被改编成三营，随左宗棠镇压回民军。1869 年春，左宗棠分三路进攻陕甘回民军，北路由刘松山率领，由陕北进向定边、花马池、灵州，以金积堡为攻击目标；南路由李耀南、吴士率领，从宝鸡趋秦州（后调周开锡统南路军）；中路由左宗棠自己率领，从泾州进向平凉、固原。北路采取攻势，南路则采取守势。这时董志原上的陕西回民军因董福祥降清和在邠州战败，立不住脚，撤往金积堡。

金积堡地势险要，“居秦、汉二渠之间”，黄流分酾，旧称沃壤，“足以阻水自固”①。陕甘回民军在这里建筑五百多个堡寨，凭险扼守，并不时出兵奇袭清军。1869 年底，刘松山军攻陷吴忠堡，左宗棠的中路军也从平凉、固原北进，断回民军粮道，对金积堡形成包围之势，回民军奋力抵抗。1870 年 2 月，刘松山强攻马五寨，被炮子击毙，清军大乱。回民军乘机反攻，一路收复吴忠堡，一路突入陕北，一路夺回金积堡的通道峡门。“于是，雷正绾、周兰亭、徐文秀、张文齐四军粮路皆断，同时溃退”②，左宗棠坐困平凉，一筹莫展，清廷甚至已派李鸿章来代替左宗棠（后因发生天津教案，李鸿章率军北上）。但是，进入陕西的回民军流动作战，没有坚强的据点，各支队伍又不能很好地合作，因此不久以后，入陕回民军仍陆续收回金积堡。左宗棠在清廷的“严旨斥责”下，重新部署进攻，派刘锦棠统率北路军，猛攻金积堡。清军再次包围金积堡，一面用大炮向堡内轰击，一面又对回民军分化诱降。这时，金积堡外围据点均被清军攻陷，“仅五寨未破，粮且尽，城中煮草秸、麦根、杂牛皮死尸为食”③。1871 年 10 月，对清朝统治者尚抱妥协幻想的金积堡回民军领袖马化龙，向清军议和，交出武器、马匹。④ 但嗜杀成性的左宗棠，最终屠杀了马化龙全家，血洗了金积堡。这样，陕甘回民斗争的第三个阶段就以金积堡的沦陷而告结束。

从 1871 年初到 1873 年底，陕甘的回民起义已转入尾声，这时

---

① 杨毓秀：《平回志》，卷四。

②③ 曾毓瑜：《征西纪略》，卷二。

④ 马化龙是回族的大地主和大教主，他被回民起义的高潮推入反抗清朝的斗争洪流中，并以大教主的资格取得了领导权，但对这场斗争并没有坚定的决心，所以曾屡次和清军“议和”。他说：“吾本念经人，遭逢乱世，为众推戴，不得不维持桑梓，苟延残喘，俟东南军务平定，甘肃重见天日，必有贤明长官，主持西北大局，届时吾即投诚，当一个太平百姓，吾愿足矣”。（见《甘宁青史略》，20 页）

一部分陕西回民军已从金积堡转移到河州，与马占鳌合作，在洮河设防固守。清军由于在金积堡伤亡很大，经过半年多的休整，才慢慢爬过洮河。1872年初，回民军将主力撤到太子寺，湘军四十余营在太子寺南新路坡连营立寨，回民军派突击队数百人，插入敌阵的核心，树立营垒，内外夹击，湘军大败，全军覆没，提督傅先宗、徐文秀等均被击毙，吓得左宗棠魂惊胆落，坐卧不宁。但是河州回军领袖马占鳌并无抵抗到底的决心，反而出卖回民军流血牺牲所取得的胜利果实，以换取自己的高官厚禄，竟向清军投降，还把主张抵抗的回民军领袖赫明堂等缚献给敌人。由于马占鳌的叛变，河州回民军的抗清斗争遂告失败。

1872年秋，刘锦棠率清军又向西宁回民军发动进攻。这里早在1862年因地主团练无理殴毙回民，回民群众在马文义的领导下，起义反抗，攻克碾伯，断绝了西宁和兰州的通道。当时西宁办事大臣玉通束手无策，就委派回族绅士马桂源署理西宁知府，企图缓和回民的反抗。马桂源在回民群众的拥护下，遂据西宁以抵抗清军。后来，白彦虎率领一部分陕西回民军从金积堡退到西宁，和马桂源合作。1872年下半年，回民军和刘锦棠的军队大战于西宁。据清方记载："土回与客回仍联络一气，每战则弥山塞谷，四出绕我。累日，官军皆历重险"①，清军的伤亡惨重，提督朱南英、陈凤源等均被击毙。这时，左宗棠又采取一面进攻一面诱降的办法，招降了回民军重要将领马永福。马永福乘马桂源、白彦虎在城外作战的时候，将西宁城献给了清军。在清军和叛徒的夹攻下，回民军不得不撤退，白彦虎率军退大通，后来又退到肃州和马文禄会合；马桂源退到巴燕戎格厅，这时左宗棠再一次利用叛徒马占鳌，欺骗马桂源，"令尽缴马械，齐赴城外乞抚……密遣马步环伏东山要隘。比贼至，遂俯首就缚"②。马桂源兄弟皆被"凌迟处死"。左宗棠又一次屠杀群众，在自己的战功簿上留下"先抚后剿"的可耻记录。

甘肃各地回民军相继失败，最后只剩下肃州一个据点。当河州

①② 杨毓秀：《平回志》，卷六。

战斗结束后，左宗棠已陆续派徐占彪、陶生林、宋庆、杨世俊、金顺、张曜等军队进攻肃州。马文禄和白彦虎等合力抗拒清军，后来白彦虎战败，退入新疆。清军六十余营把肃州城层层围困，用大炮不断向城内轰击。回民军奋力坚守，屡败清军，杨世俊被击毙，徐占彪受重伤。左宗棠在回民军的顽强抵抗之下，不得寸进，又采取“先抚后剿”的卑劣手段，诱使马文禄出降。1873 年 11 月，清军蜂拥入肃州，大肆烧杀抢劫。至此，陕甘的回民起义最后失败。

左宗棠镇压陕甘回民起义的手段极为卑鄙，极为残酷。他一再利用回民军上层领导分子的妥协动摇倾向，用假招抚的办法欺骗回民军，引诱他们放下武器，然后大肆屠杀。有人揭露说：“其奏疏铺排战功，半属子虚。所以奏廓清之续者，纯恃招降以集事耳。肃州之役，一败涂地，几不能军，幸虏酋无远志，涎降人待遇之优，排众议而就抚”①。但是左宗棠怎样对待“就抚者”？他布置了一次惨绝人寰的大屠杀，“中军号炮三响毕，金顺、宋庆、徐占彪、刘锦棠，立将各起凶悍客回一千五百七十三犯，悉数骈诛。是夜，诸军入城纵火，枪轰矛刺，计土回五千四百余名，除拔出老弱妇女九百余口外，尽付焚如……尸骸枕藉，即老弱妇女，亦颇不免”②。一个办理肃州善后的清朝官吏也说：“其遁饰之隐，屠戮之虐，搜刮罗织之苛，使九边泣血之死声，千秋暴骨之惨状，一旦而毕呈于足下之前，亦足下之所不忍闻也”③。肃州一地如此，其他各地的情况也可想而知，左宗棠甚至公开鼓励部下“以发财而论，攻破城池，歼灭首要各逆，何愁洋财不能到手”④。这种论调正是无耻之尤。

经过清军的残酷屠杀，陕甘地区一片荒凉。陕西地区原有回民近一百万人，战后只剩下六万人被安插在甘肃；甘肃一带“平、庆、泾、固之间，千里荒燕。弥期白骨黄茅，炊烟断绝，被祸之惨，实为天下所无”⑤。反革命用欺骗和屠杀的手段把陕甘回民群众投入血

---

①③ 李岳瑞：《春冰室野乘》，卷一，《左文襄遗议》。

② 易孔昭等：《平定关陇纪略》，卷一二。

④ 《左宗棠全集》，书牍，卷一三，《与徐昆山》。

⑤ 同上书，奏稿，卷三一，《追剿回逆大胜折》。

泊之中。

二、新疆回族、维吾尔族的抗清斗争及其蜕变

1864年新疆各族人民在陕甘回民起义的推动下，也爆发了规模巨大的抗清斗争。斗争是由清朝政府的横征暴敛所引起的①，最初发动于库车。库车的回民马隆，联合田满拉、苏满拉等人，在1864年6月领导当地回民起而反抗，杀死清政府驻库车的办事大臣萨凌阿等，相继占领了东四城②，并推黄和卓为领袖。

差不多和库车斗争的同时，当清军调出、城内空虚的时机，乌鲁木齐的回民在妥明（即妥得璘）和索焕章的领导下，也起来反抗清军。妥明本为陕西的回民阿訇，据说他“贫无业，略识汉字，以星禄卜筮游金积、河、湟间，与各回目相识”③。陕西回民起义发动后，“乘机出关，客乌鲁木齐参将索焕章家”中。而索焕章（回族）素有反清之志望，遂“师事妥明”，暗中准备反抗清朝统治。当库车回民发动斗争后，妥明和索焕章就率领回民群众攻占了乌鲁木齐的汉城，“推妥明为清真王”，索焕章为元帅，建立起清真王朝。接着又攻克了满城、奇台，并“分掠绥来、昌吉、阜康、古城、哈密、吐鲁番、呼图壁、库尔喀喇、乌苏”等城，势力逐渐扩大。④

1865年，塔城的回民在塔城副将米庆（回族）和阿訇伊玛木的率领下，起而杀死了清参赞大臣锡霖，领队博尔果苏等。⑤

库车、乌鲁木齐、塔城等地的斗争很快影响到整个新疆，长期处于清朝政府残酷压榨下的维吾尔族人民，也掀起了风起云涌的反清斗争。维吾尔族人民的斗争首先在伊犁地区发动。

---

① 杨毓秀《平回志》卷七载：“（同治）三年春，红庙子满城都统平某，假防堵为名，檄各州县加征民粮……按亩勒征，严刑催比。”

② 按《平回志》记载，天山南分东、西各四城，东四城即乌什、阿克苏、库车、辟展。

③ 杨毓秀：《平回志》，见《回民起义》（三），194页。

④ 参见曾毓瑜：《征西纪略》，卷四，见《回民起义》（三），43～44页。

⑤ 参见魏光焘：《勘定新疆记》，卷一，见《回民起义》（四），331页。

当时，伊犁将军常清为了更多地榨取当地人民，曾命维吾尔族阿奇木伯克迈孜木杂特征收捐税，迈孜木杂特因抗拒常清命令而被捕下狱，激起当地广大维吾尔族人民的不满，库车、乌鲁木齐的回民发动斗争后，伊犁北部惠宁的维吾尔族人民首先响应，常清忙派领队大臣穆克登额率军镇压，可是这支腐朽的清军，在群众的反击下，被打得“官军尽覆”，而穆克登额也自焚身死。①

惠宁人民的胜利，鼓舞了伊犁维吾尔族、回族人民的反清斗争。他们推迈孜木杂特为领袖，举起“官逼民反”的大旗，坚决地打击清军，据清朝官书上记载：“‘回匪’聚数万之众，连营截拦……人心摇动，汉回尽难辫发，归附缠头。推迈孜木杂特为主，与官兵为难”②。接着，维吾尔族抗清队伍相继攻占了惠远、绥定、广仁、瞻德、塔兰齐等地，控制了伊犁附近的几个主要城市。

1865 年秋，马里坤的维吾尔族领袖苏皮盖联合吐鲁番的维吾尔族军，攻巴里坤。③

新疆北部各地人民的斗争迅速地影响到南疆各地，1866 年吐鲁番维吾尔族人民五六千人，起而响应妥明的回民军，攻占了吐鲁番城。④同年，喀什噶尔的回族封建主金相印，乘各地人民反清斗争处于高潮时，也起而抗清，并联合布鲁特（柯尔克兹族）封建主思的克，占据了喀什噶尔、叶尔羌、和阗等地。

就这样，抗清斗争的烈火迅速地燃遍了天山南北，清朝政府在新疆的统治已完全崩溃。但这个时候，各支抗清武装的内部却日益滋长着不利于斗争发展的因素。

新疆各族人民的抗清起事，本是以回族和维吾尔族农民大众为主体的反抗清朝封建统治的阶级斗争，同时也是新疆各族人民反抗满洲贵族专横统治的民族斗争，当时新疆各族的上层分子（如封建主、阿奇木伯克、阿訇、清朝官吏等）也被斗争的洪流给卷入进来，在反对满洲贵族统治这一点上，各族上层分子和农民大众虽有一致

①④ 参见王树枏撰：《新疆图志》，卷一一六。

② 《钦定平定陕甘新疆回匪方略》，卷一〇六。

③ 参见杨毓秀：《平回志》，卷一。

之处，因而在一定程度上、在一定时期里，两者是可以合作的，然而这种合作只能是暂时的、有条件的，因为各族上层分子和农民群众之间存在着尖锐的阶级矛盾，各自站在对立的立场上，两者反清目的根本不同：伯克、封建主等上层分子是在“反清”的冠冕堂皇的口号下，企图恢复过去被清政府削减的或夺去的剥削和统治本族人民的特权；而各族农民的反对清朝统治则是为了推翻以清政府为代表的封建势力的压迫与剥削，这是两条根本不同的路线。新疆反清斗争刚一开始，斗争的领导权就落入上层分子的手中，上层分子的路线占了上风，反清运动逐渐地歪曲变形。于是上层分子之间的内部斗争开始了，并且日益发展，原来的抗清武装变成他们争权夺利的工具。上层分子为了发展自己的势力，不惜采用种种卑鄙的手段，甚至把外国的野心家引进到祖国来。1864 年，喀什噶尔的布鲁特封建主思的克向浩罕国（在原苏联境内）的摄政王阿立木库尔求援，请求把早已背叛祖国的张格尔后裔布士尔克派到喀什噶尔来。浩罕的政治野心家阿古柏便在思的克的导引下，随着布士尔克一同来到了新疆。阿古柏进入新疆标志着新疆抗清斗争的蜕化变质，从此人民的斗争发生了转变，从反抗清朝的统治转变成反对阿古柏分裂我国新疆的活动。

第四节　外国侵略的加深和清政权的逐步半殖民地化

一、列强的“合作政策”、外交官和海关税务司的侵略活动

19 世纪 60 年代以后，中国国内各族人民的革命运动逐渐低落，外国资本主义趁着这个时机，加紧其对华侵略活动，威胁引诱清朝反动政府分批地出卖民族利益和国家主权，中国社会走向半殖民地的脚步正在逐渐加速。

第二次鸦片战争以后，外国侵略者强迫清朝政府签订《天津条

约》、《北京条约》，夺取了大批权利。从沿海到内地，从城市到乡村，整个中国的门户被侵略者的暴力完全打开，现在外国侵略者所考虑的是怎样消化和巩固条约中所规定的权利，怎样扩大这些权利，进一步夺得条约中所没有规定的东西。侵略者的贪欲是永远不会满足的，缺口既被打开，就得向纵深发展；但是中国人民也不会屈服于暴力侵略，侵略者走到哪里，哪里就会激起反抗，侵略愈是深入，反抗也愈是激烈。因此，条约的签订并不是斗争的结束，而是斗争的开始。从侵略者方面说，是为巩固“条约权利”并攫夺“约外权利”而进行斗争；从中国人民方面说，是为保卫国家主权、反对野蛮侵略而斗争。

看吧！一批又一批的外国侵略分子以不平等条约作为护身符志得意满地爬上了中国的领土，穿堂入室，自由往来，进一步骑在中国人民的头上，举止粗野的外国公使们根据外使驻京的规定跑进北京，指名索取王公邸第，作为公使馆和住宅①，紧靠着紫禁城长期安居下来；天津、镇江、汉口、九江等处的外国租界也根据条约而很快地开辟，侵略者忙忙碌碌地划界、筑路、建楼、设署，在中国各地出现了一个一个俨然殖民主义的小王国。窃掌中国海关权力的李泰国（H. N. Lay）、赫德（R. Hart）等人往返于各通商口岸，把商定的殖民地海关制度推行到全国；气概森森的十字架插到了穷乡僻壤，高大的教堂建筑耸立在低矮的茅屋土墙之间；还有列强的军舰也根据条约的规定在中国海口停泊巡回，向中国人民进行示威恐吓。总之，侵略者用不平等条约束缚了中国人民的手脚，穷凶极恶地进行掠夺和剥削。

外国侵略者把他们在中国的种种胡作非为叫做行使“条约权利”。1863年著名的英国侵略分子赫德向总理衙门呈递了一篇“局外旁观论”，其中说“现在某事当行，某事不当行，已有条约可凭”，又说“民间立有合同，即国中立有条约，民间如违背合同，可以告

① 北京东交民巷房屋本多为王公邸第和各部衙门，后被外国侵略者强租硬占，如英国使馆系强租奉恩镇国公奕梁的邸宅；如第一任总税务司英人李泰国蛮横地“指明要肃王府，或分给一半居住，如王府不能让给，即要詹事府衙门居住”（见《同治朝筹办夷务始末》，卷二二，30页；卷二一，47页）。

官准理，国中违背条约，在万国公法准至用兵，败者必认旧约，赔补兵费，约外加保方止”[①]。1866年另一个著名的英国侵略分子威妥玛（T. F. Wade）又呈递了一篇“新议略论”[②]，内容大体相同，词气则更加咄咄逼人，他们异口同声地坚持执行条约，把条约说成是“中外和好”的表征，说成是神圣不可侵犯的契据，告诫清朝政府要不折不扣地付诸实施，否则就有“动兵之举，国乱之灾”，这真是道地的强盗逻辑。大家都知道，不平等条约是外国侵略者强加在中国人民身上的锁链，假如要用“合同”来比拟的话，那就是一伙明火执仗的强盗闯进了人家，还要强迫被害事主订立一个“合同”，承认这些强盗们永远有抢劫的权利，永远不准反抗。可笑的是，后来有些中国的官僚、政客和“学者”，也把条约视为神物，说中国人只要遵守条约，就可以避免和外国冲突，他们丝毫不责怪帝国主义的侵略，反而责怪中国人民的反抗斗争是破坏了条约，这真是匪夷所思的谬论。

事实上，外国侵略者会不会满足于既得权利，信守条约的规定呢？不会的！得寸进尺，无止境地扩大其侵略利益，这是帝国主义的本质。当时总理衙门中的一个官吏揭露说：“彼族于约所已有者挟之甚坚，所未有者图之不已”[③]。恭亲王奕䜣也说：“洋人与各国连和，所以必重条约者，盖以条约为挟持之具，故一事也，但使于彼有益，则必出全力以相争，不载入条约之内不止，迨至入约之后，字字皆成铁案，稍有出入，即挟持条约，纠缠不已……自十年（咸丰十年）换约以后，臣等与各国办事，彼族深险狡黠，遇事矫执，或系约中本系明晰，而彼必曲申其说，或条约中未臻妥善，而彼必据以为词，极其坚韧性成，得步进步。不独于约内所已载者难稍更动，且思于约外未载者更为增添”[④]。侵略者正是这样以一只手紧抓住既得的权利，而另一只手则伸向尚未得到的权

① 《同治朝筹办夷务始末》，卷四〇，16、17页。
② 同上书，卷四〇，24～36页。
③ 唐家榈：《期不负斋全集》，卷一。
④ 《同治朝筹办夷务始末》，卷四，96页。

利，连帝国主义史家马士也说："商人们更倾向于把条约作为一个起点，依照它们的精神来解释，使他们成为取得进一步的各种特权的手段，而这些特权并未曾明确地给予他们"①。马士倒是比较坦率地承认了条约的侵略性质，承认了破坏条约的不是别人，正是口口声声要中国人恪守条约的外国侵略分子们。

资产阶级的侵略本质不会改变，侵略野心永无止境，但是他们采取什么手段来达到侵略目的，则会随着形势的推移而改变，有时候用战争进行勒索，有时候在谈判桌上讹诈；有时候是各个国家分别行动，有时候是联合起来施加压力。《天津条约》和《北京条约》签订以后，外国侵略者之间对于侵略中国的步骤和策略出现过分歧，一部分资产阶级（主要是在华的英国商人）主张采用"勒住中国咽喉"的急进政策，他们要求英国政府凭借武力，"甚至在需要时凭借不时的'小规模战争'，把中国全部开放成一个巨大的通商口岸；在整个中国负起保证英国侨民人身和财产的安全的责任，并且在必要时把'治安'制度扩展到扬子江流域；对抗中国人的死硬的闭塞和其它国家的竞争，以确保英国在华的商业优势"②。另一部分资产阶级（主要是英国本土的资产阶级和英国、美国政府）主张缓进的"合作政策"，所谓"合作政策"包含两方面的内容，一方面是侵略者跟清朝政权"合作"，帮助清政权镇压人民起义和实行改革，以便于侵略权利的巩固和扩大；另一方面是许多侵略国家彼此"合作"，共同对中国进行敲诈勒索。③ 结果，缓进派战胜了急进派，"合作政策"成为列强对华交涉的指导方针。

---

① 马士：《中华帝国对外关系史》，第2卷，171页。

② 伯尔考维茨：《中国通与英国外交部》，2页。

③ 蒲安臣在1864年6月15日给上海总领事的信中说："简短地说来，那个政策是这样的：在中国，对于一切重大问题要协商合作；在维护我们（美、英、法、俄）的条约权利所必需的范围内保卫条约口岸；在纯粹的行政方面，并在世界性的基础之上支持在外国人管理下的那个海关，赞助中国政府在维持秩序方面的努力；在条约口岸内，既不要求也不占用租界，不用任何方式干涉中国政府对于他自己人民的管辖，也永不威胁中华帝国的领土完整"（见《美国外交关系（1864）》，第3卷，426页）。

“合作政策”的积极倡导者是美国公使蒲安臣（A. Burlingame）。早在1862年美国国务卿西华德（W. H. Seward）就训令蒲安臣，要他“和英法公使们协商并且合作”①，美国资产阶级称赞蒲安臣“在他任期内对中华帝国国际关系的最大贡献则是在1863、1864和1865年等这几个困难年头中对合作政策的身体力行”②。英国也是“合作政策”的热烈支持者，英国公使阿礼国（B. Alcock）相信，“外洋各国的实际政策是要等待……让（清朝政府）自己去搞，将会前进得更快更好”③。俄法两国也接受这个政策，俄国公使巴留捷克（L. TH. Baluzeck）表示，他“若是能在把西方文明象接枝那样接在东方文明之上的政策中与他人合作，那么就觉得太愉快了”④；法国本来在处理贵州教案中单独行动，但1863年柏尔德密（J. F. G. Berthemy）担任驻华公使以后也看出“采取合作办法，就可以收到莫大的利益”⑤。四个主要的侵略国家对“合作政策”达成了默契。

“合作政策”的产生是由国际和中国各种力量对比关系所决定的。60年代，列强在华势力暂时维持均势，英国的势力占绝对优势，美国忙于国内南北战争，两国政府都不愿意采取可能改变现状的突然行动；法国、俄国势力较小，德国是刚与中国建交，日本则尚未兴起，这些国家的对华事务，在一定程度上尚需仰赖英国帮助，他们都不能采取改变均势的单独行动。因此，这些侵略者趋于联合，以保持力量的暂时平衡。更重要的是侵略者在两次鸦片战争和太平天国运动中尝到了中国人民反侵略铁拳的滋味，他们害怕人民革命的怒潮会冲掉自己的特权，他们迫切需要把清朝政权控制起来，作

---

① 《西华德致蒲安臣函》（1862年3月6日），见《美国外交关系（1862）》，第1卷，839页。

② 丹涅特：《美国人在东亚》，315～316页。

③ 《阿礼国致司丹立函》（1867年11月15日），转引自马士：《中华帝国对外关系史》，第2卷，233页。

④ 《蒲安臣致西华德函》（1863年6月30日），见《美国外交关系（1863）》，第2卷，859页。

⑤ 《美国外交档案》（1863年），第2卷，861页，转引自卿汝楫：《美国侵华史》，第2卷，64页。

为自己的代理人。当时的清朝政府还保持着封建传统政策，不大能适合侵略者的脾胃，甚至在许多场合还并不驯服，但是侵略者也看到了这个政权对内镇压、对外妥协的本质，所以他们要竭力支持这个政权，从革命潮流中把它搭救出来，从各方面施加压力和影响，促使清朝政府实行一些改革，以适应于自己的侵略要求，并一道合作，建立起一条遏抑革命洪流的堤墙。一个美国作家威廉士说："在中国的统治者或人民有预备以前，对于中国皇帝的臣民之经济及社会生活，强迫地加以改变，只会引起革命"①，而防止革命的办法就是通过清朝政府的"合作"，执行缓进的侵略政策。英国的台湾领事波郎曾经转述政府的这个意图说："我们所能达到的合意目的，应该是通过北京政府所施加的压力来强制各地方官员遵守条约并保护英国属民，使其能行使自己的特权"②。美国国务卿西华德也主张"我们对于这些应有的变更"（按：指外国侵略权利的扩大）不应操之过急，以致危及该国现政府的安全或中国内部的和平与安全。③

因此，"合作政策"实质上是列强在维持均势的原则下联合掠夺中国的政策，也是列强为防止人民革命、培植驯服走狗而采取的利用清朝政权以有利于自己侵略的政策。

"合作政策"的执行人是分布在中国各地的公使、领事、税务司、顾问、传教士，这批牛鬼蛇神钻到中国的各个角落，接触中国的各个阶层，构成一面控制中国各级政权的巨网，其中各国驻京公使是张弛这个巨网的枢纽，"他监督条约的全部执行，他断定和反对一切违背条约的事件，总理衙门经常要把与外国人有关的立法，在没有公布以前，交给外交团审查，征求他们的同意，许多时候，这样的法案都被批驳了。外国公使无限地注意任何不利于本国人民的

① 威廉士：《蒲安臣充任中国使臣记》，76页，转引自卿汝楫：《美国侵华史》，第2卷，57页。

② 《波郎致摩里斯贝函》（1863年11月25日），转引自《中国通与英国外交部》，37页。

③ 参见《西华德致劳文罗斯》（1868年9月8日），转引自卿汝楫：《美国侵华史》，第2卷，94页。

关税变动……就保护本国的侨民说，自然，他是活动的、积极的，不论任何损失，他都要求赔偿……他常常努力为本国的‘创业者’攘夺各种各样的让与权利”①。实际上，外国公使的干预不仅限于外交方面，他们还时常粗暴地干预中国的内部事务，他们告诉清政府什么事一定要做，什么事一定不许做，几乎成了“太上政府”，“对于那些对待外人不称职的中国官吏，随时随地随事排斥之”②，连一个担任驻华公使 14 年之久的美国公使田贝（C. Denby）也承认：“在欧洲国家里，如果一个外国公使敢于些微地表现这种行为，他早就会被驻在国驱逐出境了”③。

除了公使以外，以各色身份踏上中国领土的大小侵略分子，动辄挟制官吏、胡作非为。例如 1872 年美国的一个特派监督官兰多福·基姆供认：美国领事们都是“能力低劣，习惯卑鄙和行为粗野”，他们“一般的理论就是在可能不太长的任期内能捞到多少，就捞多少”，因此，“举凡规费的征收，司法权的行使，美国公民营业事宜的调整……美国旗的出售……美国海外居留区的建立，非法护照的发放……以及中国移民的课征等等方面，无不流弊百出”④。至于外国商人，则把中国看做发财致富的乐园，他们的信条是，只要有利可图，便可不顾一切。执行政府政策的外交官多少还要考虑侵略的长远利益，有时要装出一副伪善面孔，而商人们则肆无忌惮，赤裸裸地暴露出狰狞的强盗本相，他们故意制造争端，“动向公使陈诉，虽临以大臣而无济”，凡遇交涉事件，“州县所不允行则挟制督抚，督抚所不允许行则挟制总理各国事务衙门”⑤，直到饱尝贪欲而后已。还有披着宗教外衣的传教士们，他们强占房地，包揽词讼，欺压人民，罪行更是擢发难数。⑥ 马建忠对这批侵略者的活动作了这样的概括：“其公使傲睨于京师以陵我政府，其领事强梁于口岸以抗我官长，其大小商贾盘踞于租界以剥我工商，其诸色教士散布于

---

①②③ 田贝：《中国及其人民》，转引自卿汝楫：《美国侵华史》，第 2 卷，525 页。

④ 兰多福·基姆：《美国领事工作报告书》，转引自丹涅特：《美国人在东亚》，567 页。

⑤《同治朝筹办夷务始末》，卷九〇，18 页。

⑥ 关于传教士的侵略罪行参阅本章第三节。

腹地以惑我子民”①。总之，这批侵略分子把整个中国搅扰得地无净土，民不聊生。

这里，还应该提到海关和税务司的作用。在上海小刀会起义期间，外国侵略者窃夺了上海海关的管理权。1859 年《通商章程善后条约》中有一句“各口划一办理”的含混条款，侵略者抓住这句话，硬说各口岸的海关都要照上海那样的办法。于是在几年之内，上海式的殖民地海关制度推广到各地。② 总税务司先由英人李泰国担任，1863 年由英人赫德继任，赫德担任这个职务达 46 年之久，直到 1909 年才去职回国。在总税务司下面，各口岸的税务司、副税务司、关长、帮办全都是外国人，中国人只能充当海关中的低级职员，“洋员内班入关试用六月，即有二百两薪俸；华员如系税务学校出身，亦须十二三年始得此数，设非学校出身，则最速十七八年，普通须在二十年以后”③。郑观应在一篇《保主权》的诗中咏叹：“财政大权在海关，商征邮税供天府，专司总钥为赫德，副以华员亦不许，海关税司用西人，不是西人不许雇”④。海关大权旁落，为外国商品输入大开了方便之门，从此外国的商品，滔滔汩汩，泛滥于中国。

海关的恶劣作用并不仅限于对外贸易方面，它又是外国侵略者控制清政府的一个工具。我们知道，太平天国革命以后，清朝政府的财政状况十分困难，地丁、漕粮、厘金、盐税的征收权力都掌握在各省督抚手里，由于地方势力的兴起，各省督抚对中央朝廷的解款不很积极，解款既不足额，又不及时，中央朝廷别无固定的大宗收入，可是它的财政支出却日益增加，这样下去必然要弄到财政的总崩溃。这时候，外国侵略者却投给清朝中央政权一个救生圈，这就是关税收入。由于对外贸易的增长，关税收入也大大增加，如

---

① 马建忠：《适可斋记言》，卷四。

② 全国各口岸设关时间如下：1859 年广州；1860 年汕头；1861 年镇江、宁波、天津、福州、九江；1862 年厦门、汉口、淡水；1863 年烟台、基隆、高雄；1864 年牛庄。

③ 杨德森：《中国海关制度沿革》，103 页。

④ 郑观应：《罗浮待鹤山房诗集》，转引自阿英：《读书札记》，载《人民日报》，1960 年 11 月 20 日。

1891年“洋税”收入达1 800万两，该年中央和地方的财政总收入为8 900万两，“洋税”即占总收入的20%以上，这批关税收入不经过地方政府之手，由海关直接交给中央朝廷。对侵略者来说，他们付出很便宜的关税，不过是把侵略中国、饱食珍馐以后的一点残羹剩饭留给了清朝政府，却起到了支持和拉拢这个政府的作用；对清朝政府来说，它在行将没顶的时候抓到了这个救生圈，可以苟延残喘，不由得刻骨铭心，感恩戴德。就是这样，海关在中外反动势力“合作”的过程中起了重要的纽带作用。海关洋员地位很特殊，一方面是“洋人”，是帝国主义的代表；一方面又算是清朝政府雇用的人员。这种地位使他们既为清朝官僚所畏惧，而又容易取得官僚们的信任，因此他们比起外交官、传教士有着更合适的身份来参与和支配中国的政治。帝国主义分子马士这样说：“总理衙门在那时还没有经验，因此一切国际问题上，从商议一个条约到解决一个土地纠纷，都常常依赖北京的总税务司的意见并求得他们的帮助。各省的总督、巡抚和道台也经常地和各口岸的税务司商议，并照着他们的意见而行动”①。又说：“帝国大臣们的亲信顾问赫德和海关的税务司们，因为能使各个总督、巡抚和道台们言听计从，他们在出谋划策方面是处在一种最好的地位”②。的确，赫德在中国政治舞台上确实可以左右一切，他的建议往往为清政府所全部接受。60年代初的长江通商章程、内地通过税章程、海关服务章程都是赫德一手拟定的，上海实行会审制度是他全力促成的，中国第一批外交使臣在他的保护、向导下出国，清政府购买军火兵舰是由他经手办理的。70年代马嘉里案件的谈判、80年代中法战争的谈判和中葡里斯本草约的签订，都是赫德一手包办的。甚至中国许多大官僚的进退升黜也在赫德的掌握之中，他的秘书葛德立（W. Cartwright）说起过这样一件事：有一次赫德“把日记中的记录指给葛德立看，他曾劝告任命X为云贵总督，Y为四川总督，这两个地区都是没有对外贸易的，X已经被任命（按：

① 马士：《中华帝国对外关系史》，第3卷，416页。

② 同上书，第2卷，288页。

即云贵总督张凯嵩），一个月以后，Y也被任命了（按：即四川总督吴棠）”①。可见当时赫德的权势已可对清朝的内政、外交进行随心所欲的控制。

中外反动势力对于赫德的作用都十分重视。从1864年到1908年，各帝国主义政府给赫德的勋章、爵位有24次之多②，清政府给赫德的奖励也有8次，并给予一品尚书的官衔。这个侵略分子对于推行帝国主义侵略政策、促使清朝政权半殖民地化起了重大的作用。改良主义思想家陈炽对他作了这样的描绘：“海关厘税，岁人三千万，仰其鼻息以为盈虚，引党类数百人，縻工资三百万，渐而阴持朝议，显绾邦交，偶或侵之，颠蹶立至……家资之富，可以敌国……阻挠税则，左袒西商……貌类忠诚，心怀鬼蜮……英君主授以男爵，功在彼国，其事可知”③。这一段话刻画了赫德显赫的政治、经济权力，也揭露了赫德卑劣的侵略野心。

二、十国缔约、阿思本舰队、蒲安臣出使、修约交涉

19世纪60年代初，外国资本主义确定了侵略中国的“合作政策”，通过外交官、传教士、税务司进行频繁的活动。侵略权利逐步扩大了，从前在战场上没有得到的一些特权，如今在谈判桌上取得了；清政府也在一步一步地向侵略者靠拢，政府的政策路线、组织机构、人事任免都作了一些对侵略者有利的调整。

从60年代初到70年代初，一系列外交事件都贯彻着“合作政策”的精神。其中比较重要的事件有：十国缔约、阿思本舰队、蒲安臣出使、修约交涉和觐见皇帝等等。

十国缔约是反映了外国之间联合携手、共同侵略中国的事件。第二次鸦片战争以后，许多国家（主要是欧洲的资本主义国家），

---

① 马士：《中华帝国对外关系史》，第3卷，425页。

② 英政府三次授予勋章，并封男爵，此外比利时、法国各三次，瑞典、奥地利、意大利各二次，葡萄牙、荷兰、普鲁士、日本、俄国、挪威、丹麦各一次，连罗马教廷也授予了上级爵士勋章。

③ 陈炽：《庸书》，外篇卷上，《税司》。

纷纷要求建交缔约。从1861年起的14年间，清政府和10个国家缔结了条约，包括：1861年和普鲁士订立的条约，1862年和葡萄牙订立的条约（未批准），1863年和丹麦、荷兰订立的条约，1864年和西班牙订立的条约，1865年和比利时订立的条约，1866年和意大利订立的条约，1869年和奥斯马加（奥匈帝国）订立的条约，1871年和日本订立的条约，1874年和秘鲁订立的条约。其中大多数国家都依靠英、法、美、俄的帮助，向清政府勒索了特权，其中如中普立约时，英国的威妥玛威胁清政府“不可不与换约”①，美国公使则“两边见好，从中调处”②；中葡立约时，“一切由哥士耆（法国人）来往商议”③；丹麦则“恃有英国为援”，“以威妥玛主谋”④；比利时也“恃有强邻，颇有奢望”⑤。清政府在外国的联合压力下，只好遇事屈服，当时办理交涉的薛焕、崇厚等说：各国“既预求英、法等国为伊主谋，以故中有所恃，愈形倔强，倘再严为拒绝，势必立成决裂，恐一朝起衅，英、法国亦从而生心，关系尤巨，不得不审时度势，以期顾全大局”⑥。当时清朝官僚确实被蜂拥而来的许多国家闹得昏头昏脑，连这些国家的名字、地理位置也弄不清楚，实在不愿意陷在这样复杂的外交事务中。但是由于英、法、美、俄四大国的压力，清政府只好来者不拒，逐个地与之缔结了条约。

和十国缔结的条约，大多以《天津条约》、《北京条约》为蓝本。但是英、法、美、俄从中撮合，自然要得一些好处的，所以条约中增加了一些新的条款，规定了一些新的特权，四大国以“最惠国”的资格也就可以分享这些新的特权。最突出的是和丹麦缔结的条约，其中准许各国在中国通商口岸贩运土货，规定了复进口半税制度，又取消了外商从东北、登州贩运豆货的禁令。⑦ 由于这些规定，外

① 《咸丰朝筹办夷务始末》，卷七四，26页。
② 《同治朝筹办夷务始末》，卷一，2页。
③ 同上书，卷六，20页。
④ 同上书，卷一五，15页。
⑤ 同上书，卷五，37页。
⑥ 同上书，卷二八，33～34页。
⑦ 参见上书，卷一六，35～49页。

国商人进出中国口岸就更加方便了，而且可以插足到中国国内商业方面，进一步排挤和控制中国商人。

和十国所订的条约中，只有跟日本缔结的条约比较特殊些。1870 年（明治维新后的第三年），日本派柳原前光来中国谈判，经过反复争议，于 1871 年 9 月议定中日“修好条规”和“通商章程”，清朝政府并未给予“最惠国”特权，其他关于通商、税则、兵船来往，新的规定也比较合理一些。在当时日本还是一个尚未摆脱外国奴役的国家，第一个中日条约还没有包括像后来中日条约那样多的侵略性条款。但是刚刚上台的日本资产阶级对这个条约很不满意，不久又派柳原前光来华，要求修改条约，被清政府拒绝。日本资产阶级完全忘记了自己在西方列强侵略下的屈辱地位，竟然处心积虑地要把己所不欲的奴役性条约强加到中国人民头上，这充分表明了资本主义世界弱肉强食的规律和资产阶级的侵略本质。日本政府改约未成，就准备诉诸武力，1874 年，中日条约签订的墨迹未干，日本就对台湾发动了武装侵略。

“合作政策”的另一个方面是列强对清朝政府的支持和控制。早在第二次鸦片战争结束之后，外国侵略者就对清朝政府秋波频送，供应枪炮军火，帮助训练军队，组织“常胜军”、“常捷军”，以镇压太平天国革命。侵略者和清政府之间首先在军事方面勾结起来。1861 年，太平军在苏南战场节节胜利，赫德向总理衙门建议购买外国兵舰，用于长江作战，以遏阻太平军的攻势，这个建议被清政府所接受，当即委托告假回英国休养的总税务司李泰国办理。这对英国侵略分子来说是从军事上控制清朝政府的大好机会。李泰国在英国政府的协助下，购得兵舰七艘，聘请海军大佐阿思本（Captain Sherard Osbarn）管带舰队。这一次李泰国的野心太大，事情搞得太过火，清政府本来的命令是“此船办就，驶赴上海听候拨用”，并没有委托阿思本招募军队，但李泰国擅自募集士兵六百余人，组织了一支完全受他个人控制的军队，而且他伪造了十三条合同，说是他代表清政府和阿思本订立的，要求清政府接受下来。这个合同包括这样的条款：

第二款，阿思本任管带时对于欧洲制造之船只，以及由欧洲人充当船上官兵之中国船只，不拘为中国皇帝所雇用，或在皇帝授权下为当地行会所雇用，均应有完全指挥之权。

第四款，阿思本承担依照李泰国此行传达之皇帝一切谕旨行事，阿思本并约定对于经由其他途径传达之任何谕旨可置而不理。

第五款，李泰国方面约定对于任何谕旨，其合理程度不为其本人认为满意时，将拒绝居间传达。

第九款，此项海军即属欧洲化，则行动时所用旗帜自须具有欧洲之性格。①

按照这些条款，将要建立起什么样的舰队呢？它挂着“欧洲性格”的旗帜，从军官到士兵都是英国人，只服从李泰国的命令，不服从中国政府的指挥，皇帝的命令也不能约束它，清政府拿出大量经费，豢养一批不听命令的暴徒，这真是闻所未闻的怪事。

1863 年这支舰队开到中国，引起各方面的指责。曾国藩本想抓到这支舰队的指挥大权，甚至他已预先派定蔡国祥统率舰队，如今不但舰队落空，而且长江下游的自己势力圈内，插入了这样一支由李泰国指挥的武装，来跟他争夺镇压太平天国的功劳，所以曾国藩坚决表示反对，他向清廷陈述，“前此奏准配带楚勇，并无专用洋人之议”，他认为按照合同的办法，“未收购船之益，先短华兵之气”②。曾国荃则干脆指出：镇压太平天国已有把握，用不着英国人来分功劳。他说：“江边之城仅金陵省会尚未恢复，然长江水师，帆樯如林，与陆军通力合作，定可克期扫荡，实不藉轮船战攻之力”③。其他国家看到英国单独控制这支船队，也心存醋意，美国公使蒲安臣说：“我必须承认，当我闻悉该合同的某些条款时非常惊讶……就令中国政府不抗议……我为着美国的利益，也要反对的”④，“我深

① 参见马士：《中华帝国对外关系史》，第 2 卷，39～40 页。

② 《同治朝筹办夷务始末》，卷二一，5 页。

③ 同上书，卷二一，6 页。

④ 《美国外交档案》（1964 年），第 3 卷，345 页，转引自卿汝楫：《美国侵华史》，第 2 卷，70 页。

信当那个能干的阿思本取得中国海军统帅权之时，我们的工作就很困难了。因为我们美国人对于海关税务的规则，从来是不遵守的”①。在几方面的夹攻中，清政府弄得左右不是，进退两难。还是曾国藩提出“两全”的办法，他说：“以中国之大，区区一百七万之船价，每年九十万之用款，视之直轻如秋毫，了不介意，或竟将此船分赏各国，不索原价”②。最后，这支舰队终于被遣散，舰只驶回英国出售，以支付解散费用。在曾国藩等说来，解除了英国人分享功劳的隐忧；在其他国家说来，搞垮了英国独揽军权的企图；在英国说来，虽然如意算盘没有完全打成，但也趁此机会，敲诈了一批钱财；只有清朝中央政权落得舰财两空，舰队没有抓到，白白地“花费了1 295 000两，此外，为了解散人员，遣送船只回到英国，又招致了375 000两的债务”③。但是清政府还是认为对待外国人“必须事事妥协，预作牢笼之计”④，那个阴谋家和敲诈犯阿思本因此额外得犒赏银一万两。

英国控制中国海军的企图没有实现，它从这个事件得出了结论：与其冒各方面的反对去直接揽夺中国的军权，倒不如通过清朝各级政府，进行间接的控制。于是它派出军事教官，代清朝训练军队，供应枪炮船舰，还帮助中国官僚制造军火。用这个办法不但不会引起各级官僚的反对，而且还受到欢迎，同样也能够间接地控制中国的军事。在以后的中国近代历史上，帝国主义对中国军事的控制，基本上都采用这个办法。

除了军事控制以外，外国侵略者对中国的政治控制也逐步加强了。外国侵略者的政治控制是从各方面着手的，催促清政府遣使出国是一个重要的方面。在今天看来，出使是一种普通的正常的国际交往，但当时的情况却不是这样简单。在清政府来说，对于遣使出国毫无经验，既派不出合适的人，也不知道这件事情的利

① 《美国外交档案》(1864年)，第2卷，841页，转引自卿汝楫：《美国侵华史》，第2卷，71页。

② 《同治朝筹办夷务始末》，卷二一，18页。

③ 马士：《中华帝国对外关系史》，第2卷，45页。

④ 《同治朝筹办夷务始末》，卷二一，5页。

弊如何。外国侵略者则把遣使出国看做控制清朝政权的一个重要步骤，以便把中国拉入世界资本主义的殖民地体系内，就像赫德所说：可以把清政府更加“牢靠地和西方缚在一起”，使它“欲退不能”①。从这个企图出发，外国侵略者屡次威胁劝诱，要求清政府遣使出国。

1866年，清政府在外国压力下，派出一位使臣随赫德去欧洲，这算是第一次试探性的遣使。使臣是一个64岁的退职知县斌椿，清朝派这样一个糊涂的老头子，不过是敷衍之计。斌椿到了伦敦、柏林、巴黎等大城市，他所看到的无非是高楼大厦、奇装艳服、珍禽异兽以及光天化日之下袒臂裸胸的外国妇女，这个具有封建礼教观念的老头子实在看不下去，“他从一开始便感到苦闷，并切盼能辞去他的任务而回到北京去”②。第一次的遣使就像这样笑话式地结束了。

此后，外国要求遣使的压力仍不放松。1867年美国公使蒲安臣任满返国，在辞行会面时，他向总理衙门毛遂自荐，表示“嗣后遇有与各国不平之事，伊必十分出力，即如中国派伊为使相同”③。恭亲王奕䜣接口说了一句：“我们很愿意派你充任我们的使节”，“这一句话，使蒲安臣感到前面正展开着一幅可悦的光明图景……蒲安臣并未直接回到他们家中，他立刻去找赫德，他发现：赫德……准备促成这事情的实现”④。这两个侵略分子一搭一档，一吹一唱，促使清政府派蒲安臣为使臣，反动昏聩的清政府竟接受了这个荒谬建议，任蒲安臣为“办理各国中外交涉事务大臣”，代表清政府出国；为了拉拢英、法，又派英使馆翻译柏卓安（J. M. Browu）为左协理，海关法籍职员德善（E. de Champs）为右协理；又为了使它有点中国味，加派记名海关道志刚、礼部郎中孙家谷两个中国官员参加，志刚和孙家谷名义上是和蒲安臣“一体平行”的钦差，实际上是一对

① 转引自丁名楠等：《帝国主义侵华史》，第1卷，173页。

② 马士：《中华帝国对外关系史》，第2卷，205页。

③ 《同治朝筹办夷务始末》，卷五一，27页。

④ 丁韪良：《中国春秋》，375页。

点缀场面的傀儡。

这样一个由清政府派遣的出使团，领头的却是美国人，成员包括英国、法国和中国人，真是一个闻所未闻、非驴非马的大杂烩。

这个使团于1868年2月离开上海赴美，4月到达旧金山，6月到达华盛顿，蒲安臣煞有介事地谒见美国总统，呈递国书，忙碌地参加宴会，发表演说，他“代表”清政府向美国资本家保证：“向你们迎面走出，并向你们伸出它的双手……准备将你们的文化嫁接在它的古老文明上面……愿意和你们通商，向你们买，向你们卖，帮助你们扫除贸易上的障碍。它欢迎你们的商人，它欢迎你们的传教士，它告诉你们的传教士，把光芒闪耀的十字架树立在每一个峰峦和谿谷……几百年来像百川朝海般地流入中国而迄今依然保存着的白银，将再出现于世界”①。蒲安臣名义上是清政府的“代表”，实际上是侵略者的本色。他把中国描绘成一个殖民主义者的乐园，鼓励美国资本家到中国来发财。

蒲安臣还利用他的身份，和美国政府订立了一个“蒲安臣条约”(即“中美天津条约附约”)，这个条约以推行“合作政策”为主旨，在伪善的字眼中包含着扩大美国在华势力的阴谋，并且规定了美国资产阶级贩卖和剥削华工的合法权利。这个条约由美国国务卿西华德一手拟定②，蒲安臣和他这个老上司鬼鬼祟祟地密谈几次，就算完成了缔约工作。实际上，美国政府玩弄的这套“自拟、自谈、自签”的鬼把戏，是根本没有法律效力的，因为清政府并没有授予蒲安臣缔约的权力，而且清政府明令规定，若遇到重要的事件，必须“开具情节，咨明中国总理衙门候议，再定准否”③，蒲安臣在签约时既未向清政府请示，连志刚和孙家谷也被蒙在鼓里，缔结这个条约是蒲安臣的非法行为，是一个史无前例的大骗局，连一个为蒲安臣吹捧立传的美国作家威廉士也承认：“根据欧洲所遵守的外交惯

---

① 转引自丹涅特：《美国人在东亚》，328页。

② 据威廉士说：“这一条约……系由西华德根据他自己在当时环境下所认为正确而适当的看法草拟的”。转引自马士：《中华帝国对外关系史》，第2卷，214页。

③ 《同治朝筹办夷务始末》，卷五二，4页。

例，蒲安臣先生参与缔结此约是不正当的。他并未得到明令在外商订条约，而且如果他在离北京之前讲出订约的意图，总理衙门是绝不会任用他的"①。

1868年10月蒲安臣等从美国到达伦敦。起初，英国对这个打着"中国钦差"幌子的美国人颇含醋意，"伦敦的一般人，都认为这个新约（指"蒲安臣条约"）是美国牺牲英国利益，对中国所获致的成就"②，所以蒲安臣等遭到了冷淡的待遇。是年12月，英国自由党内阁上台，格兰斯米（Gladstone）任首相，克拉兰敦（Lord Ularendon）任外交大臣，自由党的对华政策更倾向于执行"合作政策"，蒲安臣方才有机会见到克拉兰敦，商讨侵略中国的政策。会谈结果，克拉兰敦宣称："中国应忠实地遵守各种条约义务"，在这个基础上，英国可以不对清政府施加"不友好的压迫"，但为了保护英商利益，仍保留"使用武力"的权利。③

1869年1月蒲安臣到达巴黎，随后又去北欧各国和柏林、圣彼得堡，协调各国对华侵略政策和步骤。1870年2月，蒲安臣病死于圣彼得堡，这幕荒唐的"遣使"丑剧才告收场。

蒲安臣出使是国际交往史上绝无仅有的奇闻怪事，美国侵略者利用清政府的昏庸愚蠢，骗取了"中国钦差"的头衔，在世界上招摇达两年之久，它趁此机会扩大了侵略中国的特权，俨然以中国的"保护者"自居，向各国推销"合作政策"。披上羊皮的豺狼，仍旧是一匹豺狼，美国侵略者即使有"中国钦差"的幌子，它也绝不是中国政府的代表，而只能代表美国侵略者自己，蒲安臣出使的丑剧典型地反映了美国侵华历史上一贯的奸诈虚伪的作风。

差不多和蒲安臣出使同时，英国向清政府进行修约交涉，在修约交涉中英国政府也遵循着"合作政策"的精神。

---

① 威廉士：《蒲安臣充任中国使臣记》，转引自丁名楠等：《帝国主义侵华史》，第1卷，173页。

② 威廉士：《蒲安臣充任中国使臣记》，转引自卿汝楫：《美国侵华史》，第2卷，95页。

③ 参见《克拉兰敦致蒲安臣函》，转引自马士：《中华帝国对外关系史》，第2卷，216页。

原来在1858年中英《天津条约》中曾有“以十年为限，酌量更改”的规定，这一条款分明是侵略者为以后新的勒索预先打下的埋伏。果然，在条约实施过程中，侵略者越来越感到不能满足，他们希望进一步扩大侵略的范围，到非通商口岸去做生意；希望把中国的内河完全打开，使外国轮船通行无阻；希望获得贩卖食盐的特权；希望在中国开采煤矿、架设电线、修筑铁路。这些特权在以往的条约里是没有规定的。在侵略者看来，条约不过是为中国人而设置的，中国人的行动一定要受条约的约束，至于骑在中国人头上的外国老爷们是无须考虑什么条约规定的。因此，当时侵略者的违约行为层出不穷，有的“屡到不通商口岸，私作买卖”，“历年如祁门县、安宁州，以及通州、海口硖石镇、张家口向不通商之处，私开行栈，层见叠出”①。有的外国轮船侵入内河，中国“兵役近船，迭以洋枪见拒，擒之则以凌虐为词，防以枪炮，又迟速悬殊，每被远飏而去”。其余走私偷运，抗捐逃税，更是司空见惯的事情。侵略者企图把这些违约的既成事实，用法律的形式固定下来，使之合法化，所以对修约抱着极大的希望。英国公使阿礼国为了给修约做准备，很早以前就亲赴各口岸，听取英商的意见，于是五花八门的要求都提出来了，“烟台商人希望将该口岸作成自由贸易的中心，以便使它成为中国北部的香港。九江方面极为主张开放鄱阳湖及其支流，准轮船通航。而浙江方面则强调司法上的秕政，并建议开放食盐贸易，准外商参加经营”②。上海英商特别强调在中国内地居住和设立货栈的权利，还要求扩大领事裁判权的范围和取得食盐贩运权。福州、厦门的商人抱怨税收“不合理”，要求减税、免税。天津商人希望开采煤、铁矿，修建铁路，开放北京为通商口岸。英国商人们的侵略胃口大得很，他们一致要求英国政府利用修约的机会，强迫清朝政府进行巨大的改革，甚至使用武力也在所不惜。

清政府也老早在为修约做准备，它知道这是一场逃不脱的灾难。

---

① 《同治朝筹办夷务始末》，卷五〇，33页。

② 莱特：《中国关税沿革史》，222页。

“转瞬修约届期，彼必互相要约，群起交争，甚至各带兵船，希冀胁制，务满所欲，若不允准，无难立启衅端。”① 为了保全封建统治，让步是必不可免的。问题是在哪些问题上可以让步？让步到什么程度？总理衙门列举出修约时一定会涉及的许多具体问题，要求各省将军、督抚各抒己见，“必如何而后可不决裂，必如何而后决裂亦无所畏”②。从这次讨论中可以看出，清朝官僚大多认为必须在一定程度上满足侵略者的要求，如关于觐见、遣使、传教，都可以让步，但架电线、筑铁路、内地设行栈、内河驶轮船、贩运食盐，应该拒绝。

1868 年 1 月，中英开始修约谈判，双方交换节略，并派员会议数次。英公使阿礼国于 1 月间所递第一次节略中提出五项要求，包括免除厘金、修改税则、内河准行轮船、长江添开码头、海关设立官栈等。5 月间阿礼国又递第二次节略，增加新的侵略要求，包括：退还前收洋商厘金，通商口岸三十里内免征厘金，洋人在内地开栈常住，长江增辟商埠十处，沿海增辟温州为商埠，准外商在宛平、句容挖煤，准许洋盐进口，准许贩运台湾樟脑等。9 月间又有第三次节略，特别着重在“内河轮船、内地栈房、开挖煤窖等事，始终坚执，志在必行”③。经过长期的谈判，英国公使威胁利诱，美国公使劳文罗斯（J. R. Browne）和总税务司赫德从旁帮腔，草约大体完成。1869 年 10 月中英签订新定条约 16 款及新修条约善后章程 10 款。其主要内容为：开放芜湖、温州（代替琼州）为商埠；外国棉、毛织品交纳正税；子口半税后在有通商口岸的各省免除一切税捐；中国出口土货所交厘金，超过子口半税部分，发还英商；香港获得转口贸易的权利；英商可在内河行驶木船，在鄱阳湖准许用轮船拖带木船；中国在南方采煤准许英商购买，洋煤和某些货物免税减税；此外还规定鸦片进口税从每百斤征银 30 两增至 50 两，生丝出口税从每百斤征银 10 两增至 20 两。但清政府对外人开煤矿、架电线、筑铁路、贩食盐、内地设行栈、内地行驶轮船等都没有答应。

---

① 《同治朝筹办夷务始末》，卷五〇，25 页。
② 同上书，卷五〇，30 页。
③ 同上书，卷六三，3 页。

看来外国侵略者所讨的价钱和清朝政府所还的价钱，距离是不小的，但他们之间还是达成了协议，英国侵略者没有强迫清政府全盘接受它所提的条件，这是什么原因呢？

我们知道，资本主义世界的国际条约，归根到底无非是反映着当时当地的力量对比。在修约交涉中的双方，一个是贪欲无厌的英国侵略者，一个是屈辱昏庸的清朝政府，主子和奴才之间本来是很难有什么讨价还价的余地的，但是在修约过程中，还有一个隐蔽在舞台后面的重要力量起着作用，这就是中国人民的伟大反侵略力量。中国人民并没有参加修约谈判，甚至根本不知道有“修约”这件事情，可是无论清朝政府还是外国侵略者都不能不考虑到这支力量的存在，都不能不估计到强制修约会在人民群众中所引起的反响和后果。1868 年正是中国人民反洋教斗争方兴未艾之际，这些斗争虽然被中外反动势力逐个地破坏、镇压了，但是人民的英勇精神、斗争的巨大声势不能不使反动派触目惊心，有所畏惮。曾国藩说：“军兴以来，中国之民，久已痛深水火，加以三五口通商，长江通商，生计日蹙，小民困苦无告，迫于倒悬。今若听洋人运盐，则场商贩运之生路穷矣；听洋人设栈，则行店囤积之生路穷矣；听小轮船入内河，则大小舟航水手舵工之生路穷矣；听其创办电线铁路，则车驴任辇旅店脚夫之生路穷矣”①。曾国藩看到了这些侵略要求将对中国社会发生什么影响，他当然不是“为民请命”，而是害怕“中国亿万小民，穷极思变与彼为仇”，将会又一次点燃起革命火焰，刚刚逃过太平天国革命的封建统治者尚在惊魂未定之际，他们经受不起革命人民的再一次打击，因此抱定了“窒碍最甚者应行拒绝，其可权宜俯允者，仍与羁縻相安”的交涉方针。实际上，清朝政府处在人民和侵略者两大势力之间，它既不敢全盘接受英国的要求，以免引起人民的反对；又不能不零碎地出卖国家主权，以取得侵略者的谅解。这就是清朝政府所抱的修约方针。

对侵略者来说，那些分散在中国各地的英国商人，只知道牟取

① 《同治朝筹办夷务始末》，卷五四，2 页。

眼前的暴利，他们对修约寄予很大奢望，漫天要价，提出五花八门的条款，要求英国政府用武力作为修约的后盾。他们并不瞻望政治前景，并不考虑高压政策可能引起的后果。至于老奸巨猾的英国政府，它的侵略中国的基本立场自然和商人们是一致的，但是在英国高级决策人的脑海里时时浮动着中国人民的巨大身影，他们清楚地知道，中国人民的大规模斗争一旦触发，就可能埋葬掉自己在华的一切侵略特权，他们既要最大限度地扩张侵略特权，又要避免引起中国人民的大规模反抗，好像一个人在旁临悬崖的迂回山径上爬行，既要尽最大力气爬向高处，又要小心地保持身体的重心，一有不慎就有跌落崖底、粉身碎骨的危险。英国外交大臣克拉兰敦说："不打算对中国施加不友好的压力，促使中国政府在它对外国的交往上，以超过合乎安全要求和适当照顾其臣民情绪的速度迈进"①。美国国务卿西华德也说："不能用危及中国现政府的稳定或内部的和平与安谧那样的紧张手段来压迫行事"②。在这些冠冕堂皇的外交辞令背后，掩盖着侵略者对中国人民革命的极大恐惧，也透露出侵略者利用清朝政府来统治中国的险恶用心。

在英国政府看来，在华英商那种强硬的激进的主张反而会把事情弄糟，是不足取的。英国贸易部次长马莱特（L. Mallet）反驳那些商人的意见说："由于使用武力而造成的后果和牺牲一定要落在英国国家的头上，而不会落在从事中国贸易的那一部分人头上"③。因此，1868 年的修约虽然没有满足英商的全部要求，而英国官方却认为应该适可而止。事实上，修约中所规定的新特权，已经大大地扩展了英国的商业势力，并且在政治上进一步拉拢和控制了清朝政权。英国公使阿礼国这样说："这件条约对于促进贸易是有所裨益的，除非有偏见的人才会予以否认……没有一个国家或西方政府前此曾经对于对外贸易给过如此慷慨的特许"④。但是英国商人对新修的条约

① 《克拉兰敦致蒲安臣函》，转引自莱特：《中国关税沿革史》，238 页。

② 《西华德致蒲安臣函》，转引自马士：《中华帝国对外关系史》，第 2 卷，234 页。

③ 1869 年 5 月 19 日马莱特函件，转引自伯尔考维茨：《中国通与英国外交部》，88 页。

④ 《阿礼国备忘录》（1870 年 5 月 3 日），转引自莱特：《中国关税沿革史》，244 页。

并不满足，他们抱怨政府没有给他们带来一个大发横财的机会，他们纷纷上书，反对官方的见解，商人们露骨地声称："我们不论怎样的假装，但我们在中国的地位是由于武力造成的，任何改进或保持那种地位的明智政策，其结果仍必须依靠某些形式的武力为定"①。由于英国政府和商人之间在侵华的策略、步骤方面有分歧，英政府就没有批准这个条约。条约虽然没有批准，可是条约中规定的特权还是要享受的，英国外交副大臣哈蒙德（E. Hammond）给继任驻华公使威妥玛的信中，要威妥玛向清政府委婉宣布不批准条约，但又要"努力诱使中国政府采取自动的单方面的行动以实行在条约中规定的一些措施"②。吃了羊肉不留腥膻气，这是英国政府的"精明"的算盘，它既在这次修约中取得了实际利益，又保留了日后勒索更大利益的借口。

三、地方性封建势力的兴起，清政府军事权力、财政权力和司法权力的下移

随着19世纪60年代革命运动的低落和外国侵略势力的深入，中国封建统治阶级和统治机构在迅速地发生变化，梁启超有一段话叙述这种变化说：

> 本朝以东北一部落，崛起龙飞，入主中夏，以数十万之客族，而驭数万万之主民，其不能无彼我之见，势使然也。自滇闽粤三藩以降开府，成尾大不掉之形，竭全力以克之，而后威权始统于一。故二百年来，惟满员有权臣，而汉员无权臣……计历次军兴……出师十数，皆用旗营，以亲王贝勒或满大臣督军。若夫平时，内而枢府，外而封疆，汉人备员而已，于政事无所问……自余百僚，更不足道，故自咸丰以前，将相要职，汉人从无居之者。及洪杨之发难也，赛尚阿、琦善皆以大学士为钦

① 密其：《阿礼国旅华记》，第2卷，221页，转引自马士：《中华帝国对外关系史》，第2卷，240页。

② 《哈蒙德致威妥玛函》（1870年6月30日），转引伯尔考维茨：《中国通与英国外交部》，107页。

差大臣，率八旗精兵以远征，迁延失机，令敌坐大，至此始知旗兵之不可用，而委任汉人之机，乃发于是矣。故金田一役，实满汉权力消长之最初关头也。①

的确，太平天国革命以后，满汉地主阶级之间的力量对比有了很大改变，汉族地主阶级势力在战争中兴起，特别是以湘军起家的曾国藩系、以老湘军（一名楚军）起家的左宗棠系、以淮军起家的李鸿章系势力为最大。这三个派系的头面人物，衣锦缠紫，出将入相，控制着19世纪下半期的政治舞台。一个英国资产阶级历史学家包耳格曾经说：曾国藩“是中国最有势力的人，当他死去的时候，所有的总督都曾经做过他的部下，并且是由他提名的人。如果他曾经希冀的话，他可能已经成为皇帝”②。这段话虽然夸张失实，但可以代表外国侵略者的一种看法。左宗棠、李鸿章都是曾国藩荐举提拔的人，后来左、李都别树一帜，自成派系。李鸿章说：“左宗棠、曾国荃两政十载（按：指左、曾在南京担任两江总督职），湘楚旧部，视如家乡，而随宗棠者尤多且久”。左宗棠则说：“李瀚章（按：为李鸿章之兄）一门，遭际圣时，以功名显。其亲党交游，能自树立，文员自监司以上，武职自提镇以下，实不乏人……勋伐既高，依附者众，当时随从立功，致身富贵者，又各有其亲友，展转依附，实繁有徒，久之倚势妄为，官司碍难处置则姑容之，乡里受其凌藉则隐憾之”③。从这些相互的攻击中可以看出，汉族地主中的曾、左、李三系，势力之大，气焰之盛，确乎是炙手可热的。

但是，湘、楚、淮三系的兴起，并不像梁启超所说的那样，仅仅反映“满汉权力消长”，这个历史现象还表明了封建统治阶级内部中央和地方势力的矛盾，以及地主阶级的逐步买办化。

中国很早以来就实现了封建专制主义中央集权的制度，一切权力集中在皇帝手中，但由于农业经济的分散性，中央政权和地方性

① 梁启超：《李鸿章》，11页。

② 包耳格：《马格里传》，185页。

③ 《左宗棠全集》，奏稿，卷五八，《复陈奉旨查办事件大概情形折》。

封建势力经常发生矛盾冲突，时而也出现割据或半割据的政治局面。在清朝的前期和中期，政治天平的优势显然是在中央方面，控制着中央政权的皇帝和满族贵族官僚掌握着大权，他们的法令和意志一直贯彻到全国各地，太平天国革命给予这个中央封建政权极大的打击，揭露了它貌似强大、内实腐朽的弱点，摇摇欲坠的清朝政府不得不依靠各地的地主武装来镇压革命，湘、楚、淮三军就是在地方性团练武装的基础上发展起来的。太平天国革命以后，皇帝和满族贵族官僚虽然仍掌握着全国性政权，拥有任免官吏、调动军队、统筹饷税的大权，保持着大一统的架子和表面的尊严，但实际上权力已在下移，地方对中央的号令开始表露出磨蹭敷衍、阳奉阴违的迹象，所谓“满汉权力消长”，实质上反映了中央和地方势力的消长，不过由于历史的原因，中央和地方的矛盾始终披着一件满汉民族矛盾的外衣。

政权的力量首先在于它的军事力量、财政力量和司法权力，因此，中央权力的下移也首先表现在兵权、财权和司法权的下移。按照清朝定制，北京旗兵有 12 万，驻防各地旗兵有 13 万，绿营兵有 64 万。这是在中央政权掌握中的武装力量，人数达九十万，军费开支达三千数百万两，但究其实际却不过是只纸老虎。各地军营，空额很多，有饷无兵，实有人数不到一半，只有在发放俸饷的名单上仍俨然是九十万精兵，其中，死去几十年的人还保留着领饷的权利；小孩子甚至还在哺乳的婴儿，被报作强壮的战兵。饷银发到士兵手里，经过层层克扣，所余无几。一个外国人说：在北京的旗兵，每月应得俸米一份，饷银四两，但实际拿到手的俸米“已不及定额之半”，饷银“只勉强剩定额四分之一”①。士兵的职务不是训练作战，而是给官吏扛旗伞，打锣、抬轿子，甚至还要打扫、做饭、哄孩子，偶尔要出操的时候，雇一些人去站站队就行了。由于克扣太多，士兵无法生活下去，好一点的兼做小商小贩，坏一点的窝娼聚赌，无所不为。他们的号衣、兵器、马匹老早就抵押掉了，手里剩下的武器大概只有扇子、伞、鸟笼、骰子和鸦片烟枪。连总理衙门也承认：“粮多空

---

① 何天爵：《中国的海陆军》，转引自《洋务运动》（八），464 页。

名，兵兼杂役，老弱充数，汛隘分防，操演不勤，器械不备，号衣庐帐，亦并不全，名为制兵，要之非游民即萎民，非惰民即穷民而已”①。这是一支完全失去了战斗力的乌合之众，清朝政府每年花费的大量军费，等于是白白送给一批无业游民的“救济金”。

稍有战斗力的当然不是那些八旗兵、绿营兵，而是掌握在地方势力手中的“练勇”。所谓“勇”是临时雇募的军队，但是在常设的八旗、绿营完全腐朽的情形下，临时雇募的“勇”也就成了常设的正规军了。太平天国革命以后，曾国藩害怕清朝朝廷的妒忌，已把自己掌握的“湘勇”裁撤掉，剩下来的左宗棠的“楚勇”和李鸿章的“淮勇”是两支最大的军队。此外各省还有许多支小军队，合计五十余万人，每年军费 3 400 百万两。这些军队是维持封建统治的主力，但它只服从某个个人，甚至军队的名称、旗号也用个人的名义，中央政权一定要通过特定的个人才能够调动这些军队。一个外国人这样说：“整个的帝国军力都隶属于省，每一个总督和每一个自主的巡抚都有他自己的军队，这些军队由他征募，由他装备，并由他自己的行政机构节制。换言之，全中国有大约十五支不同的军队，各自独立，对朝廷只是名义的忠诚”②。

清朝朝廷对于这种军权旁落的情况感到不安，千方百计地想收回权力。它的办法有两个，一个是整顿、加强八旗兵和绿营兵，另一个是控制和削弱各省练勇。在第二次鸦片战争后，清朝就把被英法联军打得七零八落的京营残兵收容起来，成立神机营，由醇亲王奕譞负责整顿，同时分批派京兵到天津去，接受外国教官的训练，改用洋枪洋炮，成立“威远队”。但这些军队同样是有名无实，“督其事者，多半赵括、黄子澄一流人物，棘门灞上，直同儿戏，英雄皮相，殊乏精神”③。1866 年又有创设直隶练军六镇之议，但不到两年西捻军长驱入直隶，刚刚建立的直隶练军一触即溃，完全垮台。1885 年奕譞又奏请加饷训练京兵，同时又增加东三省军队，也没有

---

① 转引自《洋务运动》(三)，526 页。

② 何天爵：《中国的海陆军》，转引自《洋务运动》(八)，466 页。

③ 柴萼：《梵天庐丛录》，卷二，《醇亲王与神机营》。

办出成绩来，有人弹劾东三省军队的统帅安定“老眊昏庸，练兵无纪，专讲虚文，不求实际”，他练的所谓“精兵”，“足穿厚缎靴，身戴荷包出入”，“有一种在官人役油滑气象”①。这样一支老爷兵怎能上得阵、打得仗？清朝朝廷一直在叫嚷要“强干固本”，搞了几十年，到它灭亡为止，它手中掌握的武装仍是一支银样蜡枪头。

清政府集中兵权的另一个办法是控制和裁减各省的军队。清朝政府为此三令五申，要各地裁勇，但这个命令始终不能贯彻。清朝政府对各省督抚说：八旗、绿营是国家常备正规军，勇是临时性的，招勇是战争时期的不得已办法，现在国家养两套军队，支出两套军费，怎么得了呢？还是把勇裁撤了吧，留下我手里的八旗、绿营，给他们加饷训练，就可以练成“劲旅”。各省督抚回答：养两套军队，确实不是办法，你手中八旗、绿营太不中用了，现在都靠勇丁在维持秩序，如果裁撤勇丁，你的八旗、绿营又练不好，岂不要天下大乱？还是保留我的勇丁，干脆把你的八旗、绿营裁撤了吧。究竟裁勇留兵，还是裁兵留勇，争论几十年，始终解决不了。1880 年，朝廷下了决心，颁发一道上谕说：“军兴以来，各省招募勇营，设立各局，原属权宜之计，事平以后，留防各营，迭经谕令裁减，现在水陆勇数尚多……至每办一事，动辄一局，徒有局务之虚名，并无应办之实事，实属不成事体……迭次降旨，令各省迅即裁并，仍多视为具文，似此年复一年，饷源何由充足……各省将军督抚，务将该省勇营，详细斟酌，大加裁减，详晰奏报”②。这道命令下去，各省都拿“伏莽四起”为要挟，说自己辖境内如何如何不太平，着力渲染一番，异口同声地答复“无可裁之勇、可并之营、可减之局、可省之费”。李鸿章还说：“枢部诸公，未历艰危险阻之状，顿忘远虑隐患之萌，欲速见小，空谈无补，溃决即在目前”③。北京的亲贵大臣们受了这番恫吓，目瞪口呆，无话可说，裁勇节费之议仍是不了了之，兵和勇两套军队，依然保持原状。

---

① 《洋务运动》(三)，587 页。

② 《光绪朝东华录》，光绪六年正月庚寅上谕。

③ 《李鸿章全集》，朋僚函稿，卷一三，《复李雨亭制军》。

地方势力的兴起，除了表现为军权的下移以外，还表现为财权的下移。本来清朝的财政大权也掌握在朝廷手里，户部“经制天下之经费”，全国实行一套“估、拨、协、解”和“奏销”制度。各省奉朝廷之命征收赋税，它的收入和开支需在前一年冬天做出预估，送户部批核，称为“冬估”；户部根据“冬估册”，于每年春秋两季指定各种款项的用途，称为“春秋拨”；各省收支相抵，若有盈余，一部分接济其他经费不敷的省份，称为“协饷”①；另一部分上交给朝廷，称为“解饷”或“京饷”；财政年度终结，各省布政使就该省收支协解的全部款项，造册报告户部，户部有监督查驳的权力，称为“钱粮报销”。总督和巡抚虽然是一省的行政军事首脑，但布政使、按察使有相对独立的权力。布政使综理一省的民政和财政，直接和户部联系，并有专折奏事的权利。中央朝廷通过这一套财政制度和财政机构得以控制各省财权，调整、平衡和监督全国收支。从各省来说，每一笔款项的收支都要由户部来最后决定，财政结余也不能留在本省，并没有自己的独立财政体系。

太平天国革命运动把这套财政制度完全打乱了。各个省份收入骤减、支出激增，不可能继续执行常规的协款、解款制度。在战争中起家的湘、楚、淮各地方势力都是自己募勇、自己筹款，不能指望朝廷来协拨饷需，大宗的战争费用也不能够按照户部规定的呆板则例来报销。② 同时财政收支的内容也发生很大变化，收入方面，增加了大宗的关税、厘金；支出方面，增加了大宗的勇饷、洋款。户部的旧程式、旧则例，势不能适合新的财政内容。因此，财政制度陷于极度混乱，户部连各省收支的总数和项目都弄不清楚，更谈

---

① 盈余省份有江苏、浙江、山东、山西、湖南、湖北、江西、直隶，须协济邻省和解送京饷；不敷省份有陕西、甘肃、四川、云南、贵州，可不解京饷，且可得到盈余省份的协饷；广东、广西、福建为自足省份，不解不协。

② 太平天国革命以后，各省的军费报销成为财政上的大问题。据 1864 年户部尚书倭仁奏：“军需报销，向来必以例为断。然其间制变因时，亦有未能悉遵之处。各省军需，历年已久，承办既非一人，转战动经数省，则例所载征调，但指兵丁。而此次成功，半资勇力，兵与勇本不相同，例与案遂致歧出。”后得旨：“所有同治三年六月以前，各处办理军务未经报销之案，惟将收支款目总数，分年分起，开具简明清单，奏明存案，免其造册报销”（刘锦藻：《清朝续文献通考》，卷六九，8261 页）。这是“奏销”制度破坏的开始。

不上控制和监督了。各省布政使原有的权力也日益削减，如厘金、善后、军需、筹防、支应、土药等大宗收支均另行设局，由督抚直接掌握，布政使不能过问。督抚集军权、财权于一身，布政使不但不能起牵制作用，反而沦为督抚的附庸。清朝中央也想改变这种尾大不掉的局面。1876年户部请求总核天下度支。1880年户部奏筹饷办法十条。1881年张观准奏“外重内轻，渐不可长”，请求把军饷、厘金、盐课归户部掌握，各省用款“请先俟部议，督抚不得擅去”①。1886年户部又议筹备饷需办法。1889年颁发的一道上谕，说得更加露骨：“近数十年来，各省藩臬除谢恩及奏报到任交卸外，绝无陈奏事件，殊非朝廷兼听并观之意。朕总揽万机，惟期明目达聪，以裨庶政。嗣后各该藩臬如遇督抚有营私骫法、骄恣乖张、贻误国计民生等重情，即行据实指款参奏。若有必应整顿革除之事，该督抚狃于私见，沮格不行，或必不可办之事而督抚任性妄为，不听劝阻，均著具折密陈，候旨定夺。不得因仍故习，缄默不言”②。这分明是煽动藩臬两司去拖住督抚的后腿。但是中央朝廷的权威这时已经扫地以尽，各地方一旦夺得了权力，决不会再拱手奉还给清朝朝廷，几张纸上的命令和办法当然不可能改变“内轻外重”的已成局面。

中央和地方对于司法权力的争夺也是很激烈的。按照旧制，各省凡是判处死刑的一般案件都要由督抚分别题奏，经刑部审议批准，用“钉封”行知外省，方能用刑，生杀大权操在中央的手里。太平天国革命时期，各地人民纷纷起义，统治阶级为了加强镇压的力量，修改原来的刑律，规定各地“盗案”，可以“不分首从，就地正法”，事前可不奏报，事后再行奏闻。这一修改给统治阶级的残酷屠杀制造了法律根据和方便条件，同时也把生杀的最后决定权转移到了督抚的手里。“从此各省相沿，即寻常盗案，亦不待审转复核，概行就地惩办，题奏之件，十无一二”③，“似此年复一年，安于简便，致

① 《光绪朝东华录》，光绪七年二月戊戌，张观准奏。

② 同上书，光绪十五年十月壬辰上谕。

③ 同上书，光绪七年十二月甲子，庆裕奏。

令杀戮之权，操之臣下”①。清朝中央也三番五次要收回司法权力，废止“就地正法”章程，但屡次遭到地方势力的反对。1869年御史袁方城奏请“将盗案照旧核办”，因曾国藩的反对而作罢；1873年御史邓庆麟奏请“将盗贼土匪仍照旧例办理”，各省都以“游勇马贼，根株未尽”为借口，称未便恢复旧制。1881年，御史陈启泰、胡隆洵奏称：“就地正法章程，流弊甚大，请饬停止”，这一次引起地方势力的联合反击，据刑部说20个省区的奏折，都众口一词，坚决反对，清朝中央对此毫无办法，它所能做的就是通过个别“京控”案件，插手到各省司法事务中，并借此压抑督抚。所以同光年间，“告御状”和“冤狱”显然特别多，如杭州的杨乃武案，南京的三牌楼案，河南的王树汶案，四川的东乡案。就个别案情来说，清朝中央平反了冤情，揭发了地方势力的纳贿营私，草菅人命，但是清朝中央之所以有兴趣插手这些地方性讼案，正是因为它已失去了对地方司法权力的支配作用；它之所以热衷于受理京控、出头平反，正是想要借此打击日益上升的地方势力。至于“关心民瘼，平反冤狱”，这不过是它在政治斗争中抓到的一个题目而已。

地方性封建势力对封建中央的态度虽还没有发展到公开对抗，但是暗地里的攻击、埋怨是不一而足的。李鸿章说：“都中群议，无能谋及远大，但以内轻外重为患，日鳃鳃然欲收将帅疆吏之权，又仅挑剔细故，专采悠谬无根之浮言”②。他又告诉别人：“农部（按：指户部）喜作深文之笔。向来由部垫拨之款，多令外省拨还，而各省财力窘乏，十不还一……部中动舞空文……嗣后遇此等部议，勿过拘泥，是为至幸”③。曾国荃也说：“内意专图节饷，花样翻新，上策者亦别出心裁，往往计利而不计害，而外间之支绌，未由见谅于人”④。类似这种言论，在当时地方督抚的书简、文稿中所在皆是。

封建性的宗派集团必然具有排他性。地方势力既然形成了湘、

① 《光绪朝东华录》，光绪八年四月丁巳，刑部奏。
② 《李鸿章全集》，朋僚函稿，卷六，《复郭筠仙中丞》。
③ 同上书，朋僚函稿，卷一五，《复沈幼丹制军》。
④ 《曾国荃全集》，书札，卷一九，《致陈舫仙》。

楚、淮等各个派系，他们除了和封建中央闹摩擦之外，各个派系之间也必然要发生严重的矛盾。曾国藩和左宗棠因彼此揭露虚报战绩，一生不通音问；曾国藩和沈葆桢因争夺江西厘金，弄得势如水火；左宗棠和李鸿章为海防塞防问题，吵得不可开交；曾国藩和李瀚章为淮盐川盐的争销而面红耳赤；左宗棠因沈葆桢反对借洋债而责沈背信弃义；刘坤一因李鸿章袒护招商局员而斥李信任奸人。这些政治派系，分合聚散、反复无常，甚至朝为密友，暮成仇敌，究其实际，无不是为了抢夺自己的权力和地位。

由于封建性地方势力兴起而出现的中央和地方矛盾以及地方各派系的矛盾，贯串在整个中国近代历史中，这是中央集权的君主专制制度濒临覆灭的前奏，也是整个封建政治制度趋于没落的征兆。在封建统治阶级内部出现的这种政治离心力影响着历史发展的进程，制约着近代政治斗争的内容和形式，以后统治阶级的内部矛盾更进一步发展，辛亥革命推翻了清朝政府，封建性的统一象征消失，地方割据势力进一步发展，这就演变成为军阀之间的公开割据和连年混战的局面。

四、奕䜣集团的兴起，初期洋务派的政治路线

中央和地方矛盾的加深，这是19世纪下半期中国统治阶级内部发生变化的一个重要方面。除了这个方面以外，还有一个更加重要的变化，其影响更要深远得多，这就是中国统治机构的逐步半殖民地化和洋务派官僚的产生。

世界殖民主义者普遍采用的一个手法就是：利用当地的人，利用当地现成的统治机器，来统治当地的人民。他们在中国也采用这个办法，致力于造成一个假手清朝政府、奴役中国人民的局面。这种局面对侵略者的确是格外有利的，一方面可以利用清朝政府的表面独立来欺骗和麻痹中国人民，另一方面又可以通过清朝政府而源源不绝地取得利益、特权。美国资产阶级历史学者丹涅特（Tyler Dennett）就说过："对于列强来说，以支持一个它们所能威胁、控制的懦弱政府，自是最为有利，各外国政府的政策就是要迫使中国人依从外国人的每一项要求，而只以不造成为革命成功的原因为度。

中国的懦弱无能、四分五裂，才使得领事裁判权、低到不合理程度的税则以及千百种类似的特权，有继续下去的可能”①。

要造成一个称心如意地控制在手的傀儡政权，并不是一朝一夕就能够完成的。外国侵略者为了达到这个目的，首先就要使清朝政府对自己有所畏惧。对于一切剥削阶级来说，只有畏惧才会产生服从。两次鸦片战争中，清朝政府尝到了外国“坚船利炮”的威力，“天朝上国”的威风被打垮了，清朝官僚一提起外国人就谈虎色变，浑身哆嗦，不敢有所违拗；但是仅仅畏惧还是不够的，一个只知道畏惧外国的政权，如果不能够灵敏地适应侵略者的各种要求，那仍然算不上是得心应手的工具，因此侵略者还有必要“改造”这个政权，改变它传统的政策路线，加强它某些方面的行政效力，以培养更加驯服的奴才，使它能够担当起保障外国利益的鹰犬职责。这就是清朝政权的逐步半殖民地化的由来。在19世纪后半期，清政府内部历次的调整改组、历次的政策辩论，各个派系的起伏离合、冲突斗争，都是围绕着政权的半殖民地化这一个轴心而旋转的。

清朝政权的半殖民地化早在第一次鸦片战争以后就已经开始。外国侵略者用战争和讹诈的手段，和清政府缔结了很多不平等条约，缔结这些条约是为了奴役中国人民，同时也是为了约束清朝政府。它在一定程度上控制和改变了清朝政府的政策和行动，使得这个政权某些方面的职能被限制和削弱（对外国侵略不利的方面），而另一些方面的职能则得到加强和发展（对外国侵略有利的方面）。这些条约所以不平等，正是因为它彻头彻尾地反映了外国侵略者的意志。侵略者拿这些条约当做玲珑如意的绳索，既用来套在中国人民的脖子上，又用来拴在清朝政府的鼻孔里。

随着不平等条约的签订，有一些清朝官僚开始成为侵略者的政治代理人。上海地区的一批官僚，如吴健彰、杨坊、吴煦、何桂清、薛焕，都是侵略者属意培养的对象，但是这些官僚不能控制中央政权，本身的力量后盾也不足，对于清政府的政策、行动尚不能施加

① 丹涅特：《美国人在东亚》，551页。

很大的影响。所以，一直到50年代之末，外国侵略者对清政府的“改造”还没有什么成效。

60年代初，轮子迅速地转动起来了。第一个明显的标记就是总理各国事务衙门的设立。清朝本来并没有掌管外交事务的专门机构，与外国的往来最初是由礼部和理藩院兼管，东南沿海与资本主义国家的贸易则由两广总督管理。第一次鸦片战争以后，清朝设立了一个五口通商大臣的职位，管理对外事务，但这个职位一直由两广总督、两江总督或江苏巡抚兼任，并无专人负责。外国侵略者要和清政府打交道，只能到总督、巡抚这一级为止，不能和清朝中枢机构直接交涉。外国侵略者一直在要求改变这条不方便的交涉线路，希望和清朝中央政府直接打交道，以便影响并逐步改变它。1858年的中英《天津条约》中规定清政府指派大学士、尚书一级的官吏管理对外交涉事务。1861年1月，恭亲王奕䜣为了博得侵略者的欢心，提出六条章程：(1) 设立总理各国事务衙门；(2) 设立南北洋通商大臣；(3) 规定各口岸关税的管理办法；(4) 各省办理外交事件应咨报总理衙门，各省亦应互相知照；(5) 设立同文馆，挑选八旗幼童入馆学习外国语言文字；(6) 令各海口采访外国商情。清政府很快批准了奕䜣的建议，并派奕䜣和他的两个亲密助手桂良、文祥担任总理衙门的大臣。

总理衙门最初是军机处的一个分支机构，其组织大体上仿照军机处，设立大臣和章京两级。大臣由皇帝指派，由军机大臣、大学士、尚书、侍郎等兼领，没有专任人员，名额也不一定，最初只有3人，后来陆续增加，最多的时候有12个大臣；章京是做具体工作的人员，由各衙门保送。1877年总理衙门内分设英、法、俄、美四股，分别掌管对16个国家的外交事务。1883年增设海防股，掌管南北洋海防、长江水师、北洋海军以及制造、学校、电线、铁路、矿务等。此外，南北洋大臣、海关税务司、同文馆、驻外公使在名义上都属于总理衙门管辖，所以它的职权是很广泛的，不但掌管外交事务，而且还掌管一部分军事（办理海防）和财政（稽核关税）权力。总理衙门只对皇帝负责，不隶属于军机处，它实际上是和军机处平行的机构。这个机构从1861年设立，至1901年改为外务部，存在了

41 年，始终掌握在皇族的手里，领导这个衙门的最高负责人是奕䜣和奕劻兄弟两人。

和总理衙门同时设立的南北洋大臣，其职权的性质和总理衙门大体相同。南洋大臣管理长江以南的交涉通商事务，北洋大臣的职权略为广泛些，除北方的交涉通商外，还负责北洋的海防、招商、电线等。南洋大臣例由两江总督兼任，一直落在湘系的手里，由曾国藩、沈葆桢、左宗棠、曾国荃、刘坤一等相继担任；北洋大臣则由直隶总督兼任，实际上是被淮系李鸿章一人包办，他担任这个职位达 25 年之久（从 1870 年到 1895 年）。这样，全国的外交和洋务权力就分别为皇族、湘系、淮系三个主要的派系所掌握。从后来的演变情况说，淮系李鸿章的势力发展得最大，超过了其他两个派系。

总理衙门的设立，对于外国侵略者来说自然是再好不过的事情，从此以后的交涉事务，可以摆脱地方官吏的层层拖延和重重阻碍，可以对这个专设的高级机构直接施加影响和压力，促使清政府的政策和活动做出更多更大的改变，以便于进行广泛、深入的侵略活动。所以设立总理衙门的消息刚刚传出，英国的威妥玛就表示："如能设立专办外国事处（务）地方，则数十年求之不得"①。法国公使布尔布隆则说："此实中外各国永敦睦好之最妙良法"②。

掌管总理衙门的奕䜣、文祥、沈桂芬，早期的北洋大臣崇厚以及曾国藩、左宗棠、李鸿章是最早出现的洋务派，也是外国侵略者在各级政权中物色和培养的鹰犬。早期的洋务派以恭亲王奕䜣为重心。奕䜣（1832—1898）是道光帝的第六子，英法联军攻陷北京的时候，咸丰皇帝逃到热河，把奕䜣留在北京，和侵略者进行投降谈判，从此他和侵略者勾搭上了，关系越来越密切。1861 年他又和慈禧太后共同策划了政变，推翻政敌端华、肃顺，造成了慈安和慈禧两太后垂帘听政的局面。他和幼年的同治帝是叔侄关系，他的地位

① 《咸丰朝筹办夷务始末》，卷七一，28 页。

② 《咸丰朝筹办夷务始末补遗》（钞本），册四上，680 页，转引自丁名楠等：《帝国主义侵华史》，第 1 卷，132 页。

是亲王，在第二次鸦片战争和北京政变中又稳定了清朝统治，为清朝统治立下了“功劳”，而且外国侵略者又大力支持他，所以他是60年代最显赫的人物。1861年他担任总理衙门的管部大臣，1862年又破例入军机处（按清朝成例，亲王不得任军机大臣），成为领班的军机大臣，可以说是集内政、外交之权于一手。但是奕䜣是一个纨绔子弟，虽然有一些小机智，却没有政治头脑和实际才干，出谋划策和处理具体事务的实际上是文祥和沈桂芬两人。①

这个刚刚兴起的洋务派集团的政治路线，和从前执政者的路线比较起来，有一个最显著的不同，就是如何对待资本主义列强。道光、咸丰时代，对待资本主义列强的侵略是“战败而降”，对待资本主义国家的文明是“深闭固拒”，典型地表现了封建统治者的盲目性和顽固性；洋务派对待资本主义列强的侵略是“不战而降”，对待资本主义国家的文明是“师夷长技”，表现了封建统治者在另一种条件下的对外投靠和卑怯软弱。这两个派别以不同的方式维护腐朽的封建统治，都是祸国殃民的蟊贼。

在洋务派看来，资本主义国家的“坚船利炮”是不可战胜的，中国对外来侵略进行抵抗，是自取失败。资本主义列强的入侵不过是要求“通商”，并不要推翻清朝统治，因此和资本主义列强的矛盾并不是主要的矛盾。奕䜣说：“自换约以后，该夷退回天津，纷纷南驶，而所请尚执条约为据。是该夷并不利我土地人民，犹可以信义笼络，驯服其性，自图振兴”②。因此，和外国作战不但力所不及，也没有必要。不但没有必要作战，而且还可以利用外国的兵力，来共同镇压太平天国革命。奕䜣把当时形势比作魏、蜀、吴三国鼎立之势，他把自己一方比作西蜀，把资本主义国家比作东吴，把太平天国比作曹魏，他认为，蜀和魏是敌对的不两立之势，而蜀吴则可以联合以共抗曹魏，这种不伦不类的比拟典型地反映了他的妥协媚外的政治主张。所以他要求改变“战败而和”的对外

---

① 如陈宝琛说：“其竭力办事者，始则文祥一人，继则沈桂芬一人”，又说：“文祥常请恭亲王不须常到总署”。见《陈文忠公奏议》，卷上，《条陈讲求洋务六事折》。

② 《咸丰朝筹办夷务始末》，卷七一，17页。

路线，对待外国，应该“按照条约，不使稍有侵越。外敦信睦，而隐示羁縻，数年间即系偶有要求，尚不遽为大害”①。汉族中的地主洋务派也抱着同样的看法，如曾国藩说：对待外国的侵略要求“宜示豁达大度，片言立定，断不宜若吐若茹，稍涉犹豫之象”②。又说：“吾辈着眼之地，前乎此者，洋人十年八月入京，不伤毁我宗庙社稷；目下在上海宁波等处，助我攻剿发匪。二者皆有德于我，我中国不宜忘其大者而怨其小者”③。总之，洋务派认为：自己和外国侵略者有共同的根本利益，矛盾是次要的，可以用让步来求得解决；和外国侵略者妥协和合作，这是维护封建统治的最好的办法。

洋务派不但要求改变对待外国入侵的态度，而且还要求学习资本主义国家的某些长处。资本主义国家的长处何在？早期洋务派所能看到的就是“船坚炮利”，他们把两次鸦片战争的失败归因于外国武器的精利。奕䜣说：“外洋如英法诸国……惟恃此船坚炮利，以横行海外”。又说：“治国之道，在乎自强，而审时度势，则自强以练兵为要，练兵又以制器为先”④。他把武器制造列为第一要政，实际目的是为了镇压太平天国革命，所以他说：“得此利器，足以摧坚破垒，所向克捷，大江以南逐次廓清（按：指镇压太平天国革命），功效之速，无有过于是也”⑤。至于曾国藩、左宗棠、李鸿章更比奕䜣先走一着，他们不但抱同样的看法，而且已经付之行动，在自己的势力范围内建立起军火和船舶工业，这些工厂的情况，将在本书的第八章中叙述。这里应该指出：洋务派学习资本主义文明的主张，最初仅仅是在制造武器这一点上，几乎没有涉及其他方面，在他们眼睛里，外国的“长技”也只有船、炮两项而已。1862年李鸿章给曾国藩写信说：“中国但有开花大炮、轮船两样，西人即可敛手”⑥。1865年开办江南制造局的时候，李鸿章又说：“中国文物制度，迥异

① 《咸丰朝筹办夷务始末》，卷七一，19页。

② 《同治朝筹办夷务始末》，卷五四，1页。

③ 《求阙斋日记类钞》，卷上，《治道》，同治二年五月。

④⑤ 《同治朝筹办夷务始末》，卷二五，1页。

⑥ 《李鸿章全集》，朋僚函稿，卷三，19页。

外洋獉狉之俗，所以郅治保邦，固丕基于勿坏者，固自有在。必谓转危为安，转弱为强之道，全由于仿习机器，臣亦不存此方隅之见，顾经国之路，有全体，有偏端，有本有末，如病方亟，不得不治标，非谓培补修养之方，即在是也”①。按照李鸿章的说法，中国的封建旧制度和外国不同，这种制度是立国的根本，不能改变，用机器仿制武器，不过是治标的办法。他的这种说法和后期洋务派的“中学为体、西学为用”是前后一贯的。洋务派为挽救封建统治而采取的“治标”办法，最初只限于武器制造，所以整个 60 年代，“洋务”的重点就是开设许多军事工业，在这方面投入了很多财力和人力。北京同文馆虽然在 1862 年就设立了，但最初目的也只是为了培养通晓外国语言文字的翻译人才，以便于和外国进行交涉谈判，并没有要学习资本主义文明的意思。等到军火工厂逐步开设，洋务派才开始觉察到，依靠封建社会中原来的浮猾员司和冬烘先生，没法把机器运转起来；仿造外国武器，不仅仅是采用机器的问题，而且必然涉及学习科学技术和培养人才的问题。这样继学习制造武器之后，自然而然地又提出了一个培养人才的问题。洋务派眼中的人才，除了通晓外国语言文字的翻译人才之外，就是懂得声光化电的科学技术人才。培养这种人才的目的仍然是要为腐朽的封建制度服务。在这个目的下，1866 年，北京同文馆增设了天文算学馆。同年创设的福州船政局附设了前后学堂，招收幼童，学习英法语言文字，准备进一步深造驾驶、造船等术。1868 年江南制造局附设译书局，释译西方科学技术方面的书籍。1871 年曾国藩又奏请派遣幼童，到美国学习“军政、船政、步算、制造诸学”，从 1872 年起分四年连续派遣 120 名，每年派出 30 名，学习期限定为 15 年。洋务派的这些开工厂、办学校、译书籍和派遣留学生等措施，无非是为了获得制造武器的本领以维护其反动统治，但是结果却出乎反动派的始愿之外，科学知识一旦传布，不会成为封建腐朽阶级独享的专利品，封建阶级培养的那些经受欧风美雨洗礼的知识分子，也不甘心永远充当它

① 《李鸿章全集》，奏稿，卷九，《置办外国铁厂机器折》。

的奴仆，陪它一道进入坟墓。资本主义文明的逐渐传布，却有利于革命斗争的发展，先进的志士在其中寻找救国救民的道理，把斗争一步一步地推向前进。事情恰恰走到了它的反面，统治阶级为了维护旧制度而向西方学习，采取这样和那样的新措施，殊不知所有这些措施都在缓慢地侵蚀旧制度的基石，统治阶级正在为自己挖掘坟墓，这是洋务派官僚们所始料不及的。

洋务派实行的政策路线的转变，当然投合外国侵略者的意愿。外国侵略者焦急地期望出现一个既肯驯顺地服从自己、又有一定能力为自己出力办事的买办性政权。在60年代初开始执行的对华“合作政策”的目的，就是要造成这样一个买办性政权。因此，他们对恭亲王奕䜣极尽笼络之能事，为奕䜣的“政绩”喝彩叫好，鼓励奕䜣作更多的转变，并千方百计加强奕䜣的地位。一个侵略分子说：“政治家中，如恭亲王（奕䜣）、文祥诸人是满清帝国中唯一亲外派的领袖。不管他们对待白种人的真正情绪如何，他们至少在这个时期，已经走上诚实地对待外人的道途。这个事实，使他们孤立起来，他们需要我们的帮助，去反对国内的反对派”①。另一个侵略分子把奕䜣称为“皇族中表现得有点政治家品质的仅有的一人”②，又说：“中国的学者和官员们，只需予以学习西方现代行政方法的优点的机会，他们便会迅速的采行一些可以使这个帝国的辗轧着的机器与现代世界相协调的改革”③。

但是，后来的事实说明，侵略者对奕䜣集团寄予的希望太大了，要把清政府这样一个庞大的封建国家机器“改造”得适合侵略者的脾胃，要使它与世界殖民主义政治体系“相协调”，这并不是轻而易举的事情。奕䜣开始了这个工作，却没有能够彻底地完成它，他没有力量来担负外国侵略主子所期待于他的使命。

---

① 威廉士：《蒲安臣充任中国使臣记》，转引自卿汝楫：《美国侵华史》，第2卷，58页。

② 马士：《中华帝国对外关系史》，第2卷，66页。

③ 同上书，第2卷，203页。

五、顽固派和洋务派的矛盾，奕䜣和慈禧太后争夺权力的冲突

19 世纪 60 年代初期的奕䜣集团为中外所注目，其地位之尊崇，声势之显赫，无人能望其项背，他的权力似乎是不可动摇的，但这仅仅是表面看问题而已。坚厚的外壳中间包裹着腐烂的内容，平静的河水底下潜伏着汹涌的激流。奕䜣集团在掌握政权之后，很快就遭到来自各个方面的挑战。

首先，人民群众痛恨封建统治者，更加痛恨媚外卖国的奕䜣集团。60 年代风起云涌的反洋教斗争固然是严重地打击了外国侵略者，但也严重地打击了奕䜣洋务集团，坚决保护洋教、反对人民斗争的奕䜣集团到处遭到唾弃，群众给奕䜣加了“鬼子六”（按：因奕䜣是道光帝的第六子）、“鬼子王爷”等不体面绰号。甚至，许多地方的中小官吏也反对奕䜣的媚外路线，1862 年法国教士文乃耳拿着加盖恭亲王印章的文凭，在贵州省开州知州的公堂上无理取闹，开州知州戴鹿芝对他说：“恭亲王乃久蓄异志、私通外洋之人，其人何足道哉，其印花又何足道哉！”① 可见奕䜣集团不仅遭到人民群众的唾弃，在稍具民族意识的中下级官吏中间，他的声名也是狼藉不堪的。

其次，奕䜣集团学习造船造炮等主张也受到顽固派官僚的反对，很多官僚和知识分子骂他是“用夷变夏”。在 60 年代，洋务派刚刚兴起，羽毛未丰、爪牙未成，顽固派在中央和各省尚有很大的势力，所以奕䜣的各种洋务措施常遭碰壁，一个外国侵略分子说：“北京政府处在一种孤立无援的情况中。就是政变以后，它对于各省也不能作有效的控制：有许多省份，并不在它的权力之下，此外在其他省份里，它固然能够把一位巡抚或将军革职或斩首，但是不能推行它的命令”②。

第三，曾国藩、李鸿章的路线虽然和奕䜣一致，但曾、李是掌握地方军政实权的汉族地主，奕䜣则是满族亲贵，两者又有矛盾，不能捏合在一起。曾国藩说：“时局尽在军机恭邸、文、宝（按：指文祥和

---

① 《同治朝筹办夷务始末》，卷六，43 页。

② 马士：《中华帝国对外关系史》，第 2 卷，124 页。

宝鋆）数人，权过人主，恭邸极聪明，而晃荡不能立足，文柏川正派，而规模狭隘，亦不知求人自辅，宝佩蘅则不满人口，朝中有特立之操者尚推倭艮峰（按：指大学士倭仁），然才薄识短，余更碌碌”①。在这里，曾国藩看到了奕䜣等不过是一个处境孤立、地位不稳的宗派集团，所以说他们“晃荡不能立足”，“亦不知求人自辅”，他反而推崇顽固派领袖、奕䜣的政敌倭仁“有特立之操”，曾国藩的亲信幕僚赵烈文说奕䜣“非尊彝重器，不足以镇压百僚”，“身当姬旦之地，无卓然自立之心，位尊势极而虑不出庭户，恐不能无复（覆）悚之虞”②，这些话是赵烈文和曾国藩闲谈时所说，曾国藩也同意这些评论。至于李鸿章的态度更加明显，1865年他告诉部下潘鼎新“崇公（按：指崇厚）及总理衙门，庸鄙无远识”③，1873年又挖苦总理衙门的大臣太多，说：“总署大臣十人奚为，若得力，则一二人足矣”④。曾国藩和李鸿章对奕䜣集团的评价如此，所以尽管两者在对外路线上基本一致，可是奕䜣集团在对付各方面的攻击时，却不可能得到湘淮系实力集团的援助。

第四，奕䜣的地位虽然高，但是在他头上还有两个更高的统治者——慈安太后和慈禧太后。慈禧太后叶赫那拉氏在对外路线上和奕䜣是一丘之貉，同样是个慷慨地拍卖国家主权的投降派，美国公使田贝说：“摄政的太后，在他的族人中，一向是第一个最能了解中国与其他国家的关系问题的人物”，又说，60年代以后美国在华利权的扩充，都是“由于慈禧太后的意愿及行使其统治权力的结果”⑤。但是慈禧太后为人阴险猜忌，有强烈的权力欲，她在夺取政权的北京政变时不过是个“孤家寡人”，并未形成自己的心腹势力，所以不得不依靠奕䜣，这种合作关系只是暂时的、脆弱的，她绝不会允许足以威胁自己权力的奕䜣集团的长期存在。一个外国人说当时的局势是“两个当权者，慈禧和恭亲王，在谨慎地互相监视着”⑥。慈禧太后

① 赵烈文：《能静居日记》（摘抄），转引自《曾国藩未刊信稿》，393页。
② 《曾国藩未刊信稿》，380页。
③ 《李鸿章致潘鼎新书札》，23页。
④ 《李鸿章全集》，朋僚函稿，卷一三，13页，《复沈幼丹船政》。
⑤ 《美国外交档案》（1889年），转引自卿汝楫：《美国侵华史》，第2卷，523页。
⑥ 马士：《中华帝国对外关系史》，第2卷，67页。

的政治手腕高出奕䜣之上，她善于看风使舵，利用各个政治派系错综复杂的矛盾，来操纵局势。所以她后来终于排挤了奕䜣集团，在不平静的政海波澜中终身保持着权力。

60 年代，奕䜣和慈禧之间、洋务派和顽固派之间进行着错综复杂的斗争。1865 年，慈禧和奕䜣第一次交锋，慈禧太后以“信任亲戚，内廷召对时有不检”的罪名，撤去奕䜣的议政王及一切职务。事实上，奕䜣被撤职后，满族亲贵中并无可以替代他的人，其结果或者是起用汉族地主，或者是留下政治真空，这对于满族亲贵极其不利，因此亲贵们大为恐慌，竭力从中调和，结果是奕䜣谢罪“痛哭引咎”①，慈禧太后也只好让步，奕䜣仍复职。

1867 年，奕䜣集团和以大学士倭仁为首的顽固派发生了激烈的冲突，起因是由于同文馆的招生问题。北京同文馆创设于 1862 年，本来只有英文、法文、俄文三馆，学习三国语言文字，所招学生是十三四岁左右的八旗子弟，这种学校只相当于小学程度，要从这中间培养什么有能耐的人才，不啻缘木求鱼。1866 年底奕䜣等奏请增设天文算学馆，并提高入学条件，招收三十岁以下之秀才、举人、进士、翰林及科举出身的官吏入学。顽固派从极端保守的立场，对于一切新事物都是厌恶的，从前的同文馆只相当于小学程度，似乎不值得公开反对，现在居然要招收科举中人做学生，这对热心保卫圣道的冬烘先生们是一个很大的刺激，沉默不能再保持下去了。充当急先锋的是监察御史张盛藻，他坚决反对招收正途人员入馆，理由是科甲正途人员应该“读孔孟之书，学尧舜之道”，“何必令其习为机巧，专明制造轮船洋枪之理”②。接着顽固派主将理学家倭仁亲自出马，他说：立国之道，在于礼义人心，天文算学是没有多大用处的，如今让外国人来做正途人员的老师，这种办法“上亏国体，下失人心”，把读书人引入歧途，甘心“从夷为师”的人，必不能“存心正大，尽力报国”③，即使要学习天文算学，尽可以请中国人

① 《清史稿》，列传八，《恭忠亲王奕䜣》。

② 《同治朝筹办夷务始末》，卷四七，15 页。

③ 同上书，卷四八，11 页。

任教，何必要“奉夷为师”？他认为：学习西方文明，对巩固封建统治不仅无益，反而有损。顽固派既然摆开了攻击的阵势，奕䜣等也不甘示弱，立即反驳说，制造轮船火器，学习天文算学，这是巩固封建统治的要政，是“自强”的急务，忠信礼义等空话是不能拿到战场上打仗的，所以要招收正途人员，正因为事关“自强”大计，“读书明理之士，存心正大……必能卧薪尝胆，共深刻励，以求自强实际”①，倭仁持反对论调，想必他有更好的“自强”妙策，请他提出来；倭仁反对请外国人做老师，那就请他另设一馆，找中国老师试一试。这自然是将顽固派的军，倭仁哪里有什么“妙策”？又哪里去找中国老师？接着于凌辰、杨廷熙等又出来声援倭仁，这场争论持续半年之久，结果奕䜣集团得到表面的胜利，奕䜣等故意令倭仁参加总理衙门工作，意思是要他学学外国的事情，开通开通头脑，气得这个顽固老头子眼泪滂沱，几乎从马上跌下来，卧病不起，“颜色憔悴，饮食甚少，相互唏嘘”②。奕䜣尽管可以折磨这个老头子，但是在这个老头子后面的顽固派仍有浩大声势，北京城里议论纷纷，出现了很多讽刺奕䜣集团的对联和揭帖③，据奕䜣说：“自倭仁倡议以来，京师各省士大夫，聚党私议，约法阻拦，甚且以无稽谣言，煽惑人心，臣衙门遂无复有投考者”④，该年同文馆考试时，报考的只有72人，其中科举出身的人极少，“词馆曹郎，皆自以下乔迁谷为耻，竟无一人肯入馆者”⑤。由此可见，顽固派势力尚相当强大，洋务措施有推不动、行不得之苦。

不管奕䜣等的主观动机是什么，学习西方科学技术终究是有利于中国进步的一件好事情，顽固派的反对论点是迂腐而荒谬的，他

---

① 《同治朝筹办夷务始末》，卷四八，2页。

② 《翁同龢日记》，同治六年四月十八日。

③ 据《翁同龢日记》同治六年二月所记：“同文馆之设，谣言甚多。有对联云：‘鬼计本多端，使小朝廷设同文之馆’，‘军机无远略，诱佳子弟拜异类为师’”。“京师口语藉藉；或粘纸于前门，以俚语笑骂，‘胡闹之教，人都从了天主教’，或作对句‘未同而言’，‘斯文将丧’，又曰‘孔门弟子，鬼谷先生’”。

④ 《同治朝筹办夷务始末》，卷四八，14页。

⑤ 李岳瑞：《春冰室野乘》。

们像是躲在密封器内的一堆蛆虫，不愿意有一点新鲜空气透进来，但顽固派模糊地意识到学习科学技术未必能够巩固封建统治，这是很对的。从长远来看，科学技术的发展，对于人民的觉悟和知识的提高有利，对于人民斗争的发展有利，而对于封建统治则不利。洋务派企图使科学技术永远屈从于自己，只为封建统治服务，这是办不到的幻想。同文馆的这场争论，反映了日益深刻的封建社会的危机，两个政治派别各自提出他们挽救的方案，顽固派主张仍然采用旧办法来统治正在改变着的社会，这当然是行不通的，他们的喧嚷叫嚣只不过是没落阶级无可奈何的哀鸣；洋务派想用新办法来维持旧统治，但是他们采取新措施的结果，恰恰会起来反对他们所追求的目的，会进一步产生一个反抗旧制度的更大的力量。无论顽固派还是洋务派都不能够为日暮途穷的封建制度找到可靠的出路。

此后，奕䜣集团和各方面的矛盾继续在发展。1869 年，奕䜣联合地方势力对慈禧太后进行了一次小小的反击。是年太监安得海奉慈禧的命令赴广东采办龙衣，沿途招摇。安得海是太后的亲信，据说“往岁恭亲王去议政权，颇为所中，近日士大夫渐有凑其门者”①。按照清朝的祖制，不准太监擅出京城，山东巡抚丁宝桢根据祖制拘留安得海，奕䜣纠合一批满族亲贵极力主张把安得海就地正法，慈禧太后无可奈何，只得依议执行。这次奕䜣借丁宝桢的刀子，剪除了慈禧的羽翼，也使慈禧丢了面子。但是杀了一个安得海，并不能丝毫动摇慈禧太后的地位，反而激起了这个残忍暴君强烈的复仇怒火。

不久，在重建圆明园问题上，慈禧太后和各派政治势力再次发生冲突。自从圆明园被英法联军烧毁之后，慈禧太后少了一个游乐宴息的场所，她一直悒悒在心，希望再建这个园林，重圆她奢侈豪华的旧梦。当时清王朝刚从革命大风暴中挣扎过来，财政方面千疮百孔，要兴建如许豪华的建筑，谈何容易。这不仅要搜刮到亿万人

① 薛福成：《庸庵文续编》，卷下，《书太监安得海伏法事》。

民的脂膏，而且也要影响到各级各地大小官吏的收入，自然是不得人心的措施。何况妇女执政，大兴土木，从封建的道德观点来说也是不体面的事情。1873年慈禧太后借同治帝亲政的机会，用皇帝名义下令重建圆明园，以表示皇帝对皇太后的“孝养”。命令发布后，御史沈淮、游百川首先反对，太后大怒，“沈、游两公召对时，闻诘责颇严”①。接着奕䜣又出头阻拦，慈禧太后气得索性撕破面皮，1874年谕：“每逢召对恭亲王时，语言之间，诸多失仪，著革去亲王世袭罔替，降为郡王”②。奕䜣集团都出来说话，“恭亲王以阻圆明园工程，忤旨罢斥，文祥涕泣毕同列力谏，几同谴”③，一时举朝内外，惶惶不安，连远在甘肃的左宗棠也自称“半载以来，忧惧靡已”④。在这次斗争中慈禧太后充分眩示了自己专制权力的淫威，但是这个争执的题目太不体面，而且重修圆明园就不能不从各级官吏搜刮所得的腰包里分出一点来，因此内外官吏大多同情奕䜣集团，军机处和总理衙门更完全站在反太后一方，这场纠纷几乎无法收场。当时正好日本发动了对台湾的侵略战争，东南海防紧急，饷需急如星火，圆明园工程也无力开始，特别是被慈禧太后派出来采购园工所需木材的李光昭和外国奸商发生了一段不光彩的讼事，几乎把太后本人拖进讼案中去，弄得秽声四播，议论盈廷。⑤ 慈禧太后在这种不利形势下，只好退却，圆明园工程停下来，奕䜣、文祥等不久

---

① 《左宗棠全集》，书牍，卷一三，《与李筱轩》。

② 刘锦藻：《清朝续文献通考》，卷二八七。

③ 《清史稿》，列传一七三，《文祥》。

④ 《左宗棠全集》，书牍，卷一四，《答李筱轩》。

⑤ 候选知府李光昭奉慈禧太后之命，向法国、美国商人购买洋木一批，供建筑圆明园之用。李光昭是个财迷心窍的大骗子，所购洋木只值54 000元，他却报称值银30万两(合42万元)。当洋木运到天津，李光昭只付过10元定银。法国、美国奸商也存心蒙骗，运来的木材质量低劣，尺寸不符原议，不适园工的需用，因此李光昭不肯给价收货。法商、美商控告到天津海关道衙门里。李光昭在和洋商签订的合同里，有“圆明园李监督代大清皇帝立约”字样，并刊刻“奉旨采运圆明园木植李”的衔条，洋商一口咬定李光昭是太后和皇帝的代表，这样就弄成了外国奸商和太后、皇帝打官司。当时北洋大臣李鸿章为了取得海防经费，也不同意修建圆明园，就把这桩讼案和盘托出，公开宣示，请求朝廷指示处理办法，弄得慈禧太后大出其丑，尴尬万分，只好拿李光昭开刀，说他“诈称内使近臣”，定了斩监候的罪名，主持圆明园工程的内务府大臣也被革职，圆明园工程就此取消。(关于李光昭案，详见《李鸿章全集》，奏稿，卷二三、卷二四)

也复职。

奕䜣和慈禧太后的政治路线是基本一致的（对外投靠帝国主义，对内镇压人民群众），他们之间的斗争完全是争权夺利的狗打架，斗争的题目也都局限在宫廷事务方面。由于慈禧太后在相当长的一段时期中还物色不到新的鹰犬，因此奕䜣几次被斥革，又几次被起用。统治阶级的这场内部斗争表现得相当隐蔽、相当曲折，这场斗争对于后来政治局面的演变是很有影响的。在这些斗争中表现了中央政权内部第一个买办化亲贵官僚集团的脆弱性，奕䜣集团虽然煊赫一时，并且得到外国侵略者的支持，但是由于当时封建顽固势力还非常强大，又由于统治阶级内部矛盾的复杂性，奕䜣集团寻找不到可靠的实力后盾，来推行"洋务"措施，他在历次斗争中往往屈居下风，这是初期洋务派集团脆弱性的表现。奕䜣集团经常要应付来自各方面的攻击，它陷在各种矛盾所交织成的泥坑里，不能自拔，政府内部，互相监视，互相牵制，无人敢于负责，也无人能够负责，一种模棱敷衍的腐朽习气笼罩着这个日益没落的王朝。李鸿章在1874年曾经向奕䜣陈说建筑铁路的好处，"邸意亦以为然，谓无人敢主持，复请其乘间为两宫言之，渠谓两宫亦不能定此大计，从此遂绝口不谈"①。美国公使蒲安臣也老早就看到了这种苗头，他说："此间还有一个很大的排外党派，可是主持外交的机构中却也有这样一些人，他们如果能够自行其是，就会立刻使中国和我们建立圆满的外交关系；但是他们却被人阴伺左右，凡和我们有所作为，必遭掣肘，以致往往行动无力，食言失信。他们由于懦弱，往往敷衍搪塞，因而招致威胁，并使我们在盛怒之下，几乎不想再和他们保持任何有体面的往来"②。

经过圆明园修建问题上的一场斗争以后，奕䜣集团开始认识到慈禧太后的狠心和辣手，只得低声下气，唯太后之命是从。③ 但慈

---

① 《李鸿章全集》，朋僚函稿，卷一七，《复郭筠仙星使》。

② 转引自丹涅特：《美国人在东亚》，321～322页。

③ 据《张佩纶行状》说："时恭忠亲王（即奕䜣）有大功社稷而勋望日高，宵小构谗，或疑两宫实有所猜忌，恭忠亲王倍遇事敬畏"（见《涧于集》）。

禧太后仍不放弃每一个机会来打击奕䜣。1878 年华北大旱，慈禧硬要奕䜣对这场天灾负责，把奕䜣“交宗人府严加议处”，集团中的宝鋆、沈桂芬、景廉等也受了处分。1884 年中法战争中，清军在北宁战败，舆论对清政府大肆抨击，这时，奕䜣又被捉来当了替罪羊。奕䜣集团全班人马被清洗出军机处和总理衙门，在慈禧太后卵翼下的奕譞、奕劻集团掌握了中枢权力机构。

在这场统治者内部狗咬狗的斗争中，慈禧太后充分显示了她蛮横、毒辣的专制淫威，但是这种专制淫威的发挥要有一定的条件，就是必须得到帝国主义的认可和支持。慈禧太后所以能把一切官僚当做鹰犬使唤，正因为她自己首先是帝国主义的最大鹰犬，奕䜣固然和帝国主义很早就拉上了关系，但这个集团只有作为帝国主义和慈禧太后之间的桥梁才有其存在的价值。它实力有限，办事动受牵制，不能够为外国侵略者更好地服务。外国侵略者希望找到一个更有能力为自己出力的新走狗，希望通过一条更便捷的途径通向深居宫廷而权倾一世的慈禧太后。果然，这个对象应外国侵略者的需要而出现了，这就是从 1870 年起担任直隶总督兼北洋通商大臣的淮系领袖李鸿章，以及从 1884 年起掌握军机处和总理衙门的奕譞（奕䜣之弟，光绪帝生身父）和奕劻。

于是外国侵略者把押在奕䜣桌面上的赌注拿走，转押到李鸿章以及奕譞、奕劻的桌面上。

第五节　中国人民反洋教运动的兴起

一、帝国主义传教士在中国的侵略罪行

在外国资本主义侵略势力面前，中国的统治阶级正在分化和改组，正在逐步地适应外国侵略势力的需要，变成外国的侵略工具。但是，中国人民，在外国资本主义的恶风逆浪前，仍然昂首不屈，坚持着英勇的斗争。整个 19 世纪下半期，全国反洋教运动风起云涌、此起彼伏，表现了中国人民伟大的反侵略精神，蔚为绚丽灿烂

的历史壮观。

宗教是人民的鸦片烟、是统治殖民地的工具。教会和大炮、商品一样，在资产阶级殖民事业的肮脏历史上起了极为重要的作用。资产阶级反动学者惯常吹嘘基督教“传播文明、拯救人类”的作用，他们诬蔑中国人民的反洋教运动是愚蠢和野蛮的产物。好吧！洋教士在中国的所作所为是有历史记录可查的，且看看这些披着宗教外衣的豺狼怎样在“传播文明”、怎样在“拯救人类”，且看看他们在“神”的名义下干了些什么伤天害理的勾当。马克思说得好：“当我们把自己的目光从资产阶级文明的故乡转向殖民地时，资产阶级文明的极端伪善和它的野蛮本性就赤裸裸地呈现在我们面前，因为它在故乡还装出一副很有体面的样子，而一到殖民地它就丝毫不加掩饰了”①。

在鸦片战争以前，西方基督教曾经三度在中国传播。第一次是在公元 7 世纪至 9 世纪之间（唐太宗至唐武宗时），基督教的支派——景教从波斯传来，当时的首都长安和其他地方设有景教教堂，景教的经典被译成汉文，以后唐政权衰落，景教的传播也中断。第二次是在 13 世纪至 14 世纪间（元朝统治时期），随着元朝武力的向西扩张，基督教再度东来，当时的北京、泉州、杭州等地均设有基督教堂，罗马教皇几次派人到中国来传教，不久元朝统治瓦解，东西交通阻塞，基督教的传播再次中断。

基督教的两次东来并没有得到广泛的信徒，它在中国留下的影响是不大的。但是中国人民以好客的态度接待了西方传教士，唐朝和元朝统治者也对西方宗教表示优容。当时并没有发生像中国近代史上那样频繁的“教案”，因为，那时候的基督教还没有成为西方资产阶级侵略中国的工具。

基督教的第三次传播是在 16 世纪至 18 世纪间（明朝万历至清朝雍正时）。当时，西方国家的资本主义势力正在抬头，资产阶级的海外殖民事业正在发展，基督教日益成为资产阶级麻醉人民、统治殖民地的得力工具。1582 年天主教（基督教中的旧教）教士意大利

---

① 马克思：《不列颠在印度统治的未来结果》，见《马克思恩格斯全集》，第 9 卷，251 页。

人利玛窦首先来华，接着著名教士庞迪我、阳玛诺、罗雅各、艾儒略、汤若望、南怀仁、徐日昇等接踵而至，这些传教士以伪装驯服的姿态和科学技术的知识骗取了明朝和清朝统治者的信任，传教事业日益扩展，各地设立了很多教堂，据说在1700年全国已有三十万天主教的信徒。

西方资产阶级对中国的侵略野心日益增强，传教士的狰狞面貌也日益显露。1704年罗马教廷竟干涉中国的礼仪风俗，禁止中国教徒祀孔祭祖，外国传教士又公然参加清朝统治阶级内部的政治斗争，这些情况引起康熙帝和雍正帝的警惕。1724年（雍正二年），清廷正式禁止天主教的活动，各地教堂一律没收，基督教的传播又告中断。清朝政府对天主教从优礼到严禁的政策转变，正是由外国传教士日益露骨地干涉中国内部事务而引起的。

基督教虽然被禁止了，但外国传教士的野心和活动并未停止。他们经常随着商船来到广州，并以葡萄牙强占的澳门和东南亚为基地，印刷书籍，招收教徒，在中国沿海进行传教和谍报活动，有时还违禁潜入中国内地。外国传教士渴望打开中国的门户，他们是对华战争的鼓吹者和积极参加者。一个经常在中国沿海进行谍报活动的英国传教士郭士立（G. Gutzlaff）扬言："全中国的一千只师船，不堪一只兵舰的一击"①。就是这个狂妄的郭士立，后来在鸦片战争中充当英国侵略军的向导，当侵略军攻陷宁波后，他还被派管理宁波的政务。和郭士立狼狈为奸的传教士小马礼逊（J. R. Morrison）是英国侵略军的顾问和翻译，第一个破坏中国独立主权的不平等条约——《南京条约》，就是小马礼逊的手笔。1844年美国强迫清政府签订中美《望厦条约》，美籍传教士巴驾（P. Parker）、裨治文（F. G. bridgman）、卫三畏（S. W. Williams）都是幕后的策划人。一个美国人写道："美国传教士存心得寸进尺、以图强迫帝国开放的情形是昭昭在人耳目的。这和传教界自从最初时起就一直盛行的那种精神是完全相符的"②。

① 郭士立：《中国沿海三次航行记》。
② 丹涅特：《美国人在东亚》，477页。

就是这样，从中国近代史一开始，传播基督教就和侵略战争、不平等条约密切地联系在一起，西方传教士把战争当做昭示神意的一种手段，在隆隆的炮声中开始了“传播文明”和“拯救人类”的事业。一个传教士恬不知耻地宣称：“不管正当不正当，这个战争（鸦片战争）是按照神意用以开创我们与这个广大帝国关系的新纪元的”①。传教士们积极地鼓吹和参加了侵略战争，战争的结果也没有辜负传教士们的希望。1844年中法《黄埔条约》规定了可以在通商五口进行传教的特权，从雍正以来维持了一百二十年之久的传教禁令解除了。1846年清政府又被迫下令发还从前被没收的天主教堂。广大而富饶的中国的大门开放了，东方的乐园展现在身披基督道袍的冒险家们的面前。“在1844年订约之后，不论新教（耶稣教）或天主教，美国或欧洲的传教士，都同样很快地散布到新辟各口，并且不顾上谕中的明文规定，常常环游四乡，公开违犯帝国法律。最恶劣的一面是：不问他们的活动合法与否，传教士一律借领事裁判权为护符而不受中国的管辖……在此后十年之中……在那数量虽说不大却也颇有几件的索赔要求之中，足足半数都是传教士因违反中国人对于条约的解释，前往各处建立布道工作，致惹起各地官员、士绅或平民的愤慨而酿成的案件”②。

第二次鸦片战争给外国传教士的侵略活动打开了一个新局面。《天津条约》和《北京条约》都重申了对传教士的“保护”，允许教士们持盖印执路进入中国内地活动，并扩大发还没收教产的范围。一个担任翻译的法国教士还利用清朝官僚的昏庸糊涂，在中法《北京条约》第六款内偷偷地增添了如下一段：“任法国传教士在各省租买田地，建造自便”。从此，传教士们深入中国内地，如水银泻地，无孔不入。历史就是这样记录着所谓的“神圣”基督教在中国传播的肮脏过程，借助于侵略战争的炮火，基督的十字架才得以在中国的城市和乡村普遍地树立。

传教事业是帝国主义侵略中国罪行的一个侧面，传教士在帝国

---

① 转引自丁名楠等：《帝国主义侵华史》，第1卷，43页。

② 丹涅特：《美国人在东亚》，476页。

主义各种侵略活动中是一个不可缺少的活跃因素。美国公使列卫廉说道："传教士和那些与传教事业有关人们的学说，对于我国的利益是非常重要的……我在这里尽责办事，若不是他们从旁协助，就一步都迈不开"。美国反动作家丹涅特补充说："列卫廉所说的这种情况依然存在，并且在十九世纪的余下期间，除去极短暂的间隔外，驻华使领馆中总雇有几名美国传教士担任重要职务，在大多数情形下，实际和中国官员们打交道的也正是这些人，而不是他们的那些名义上的上司"①。

传教士不但在侵略战争和外交谈判中是重要的帮凶，而且他们又是情报的搜集者、商品的推销员。他们深入到中国的穷乡僻壤，建立据点，搜罗徒党，形成一个谍报活动和经济侵略的庞大网络。"在美国领事与美国传教士之间，有一种具体的谅解存在，即后者受命把其所在地的一切情况向领事汇报"②。所以美国国务卿斯汀生说："我们对中国最普遍的消息，都来自……这个巨大的传教运动"③。传教士走到哪里，西方的商品也就跟到哪里。美国驻华公使田贝曾经把传教士称做"商业的先锋"，赞扬他们在打开中国市场方面的"功绩"要超过总税务司、外交官、商人和海军之上。④ 另一个美国驻上海的总领事说："从商务观点来说，传教工作于我们对华商务的发展，是大为有利的……在传教士已经跨过的平原和土地上，工程师正在为建造铁路而进行测量。借着这些铁道，商人的货品就可以大量运入内地了。要是我们没有传教士所供给的报告，中国大陆上许多地方到今天还关闭着呢！当记住！我们的商旗是紧跟着十字架的旗号的，谁打击那高举着十字架旗帜的手，必然损伤我们商旗的利益"⑤。

传教士的更加重要的作用，还在于文化侵略方面。毛主席这样指出：帝国主义在对中国人民进行政治、军事和经济侵略的同时，

---

① 丹涅特：《美国人在东亚》，472 页。

② 美国教士斯贝杰语，转引自卿汝楫：《美国侵华史》，第 2 卷，252 页。

③ 转引自卿汝楫：《美国侵华史》，第 2 卷，253 页。

④ 参见上书，第 2 卷，255 页。

⑤ 巴顿：《传教士及其评论者》，19 页。

“对于麻醉中国人民的精神的一个方面，也不放松，这就是它们的文化侵略政策。传教，办医院，办学校，办报纸和吸引留学生等，就是这个侵略政策的实施。其目的，在于造就服从它们的知识干部和愚弄广大的中国人民”①。

传教士手中的基督教是愚弄中国人民、对中国人民实行精神统治的工具。所谓“基督精神”就是宣扬资产阶级统治全世界的合理性，它劝导殖民地人民驯服地忍受外国侵略者的剥削和压迫，它把人民的苦难说成是上帝给予的慈祥拯救和赎罪考验，从而一笔勾销了帝国主义侵略者的滔天罪行；它宣称受侮辱、受损害的人们可以到天国里得到补偿，从而掩盖了人世间的不平；它颂扬顺从、怯懦、自卑和屈辱，企图摧毁中国人民伟大的爱国心和革命精神。总之，传教士在中国传播的“基督福音”是伪善和残忍的结合，是花言巧语和假仁假义的典型。在“传播文明”、“拯救人类”的幌子下，实际上是企图从精神上统治和奴役中国人民。有一个比较老实的美国传教士，直截了当地把传教工作比作军队工作，他说：“基督教的工作目标……乃在征服整个中国，使之服从基督”②。英国教士韦廉臣则干脆地说：“我们奉上帝命令以征服者的资格来到中国……我们所从事的战争是真正的战争”③。

的确，帝国主义通过传教士之手，在中国办了不少“慈善事业”、“文化事业”、“教育事业”。到1889年时，外国新教在华所设医院和诊疗所有105处，同年，新教所属各级学校中的在校人数有16 800余人。④ 从60年代到90年代，新教在华发行报刊达76种之多。⑤ 此外还有各种“恤贫”“赈灾”的机构。但是所有这一切丝毫不能证明帝国主义对中国人民的“友谊”和“亲善”。恰恰相反，物质财富和科学技术只抓在资本家手里，不抓在人民手里，其用处就是对内剥削和压迫，对外侵略和杀人。侵略者为什么要办“慈善事

① 《毛泽东选集》，第2卷，624页。

② 转引自卿汝楫：《美国侵华史》，第2卷，275页。

③ 转引自上书，第2卷，274页。

④ 参见上书，第2卷，304页。

⑤ 参见上书，第2卷，295页。

业”呢？一个牧师回答：“为着收买一个人的灵魂，必须利用他的肉体作桥梁”①。侵略者为什么又要办“文化、教育事业”呢？另一个教士回答：“这样的学校……常常起着尖兵的作用，是布置轰炸敌人堡垒的工兵和弹药手”②。一切都按照资产阶级对殖民地确定不移的侵略原则发生。帝国主义手中的财富和科学技术就是这样起着诱惑和腐蚀作用，正像毛主席所指出的：“送是可以的，要有条件。什么条件呢？就是跟我走。美国人在北平，在天津，在上海，都洒了些救济粉，看一看什么人愿意弯腰拾起来。太公钓鱼，愿者上钩。嗟来之食，吃下去肚子要痛的”③。

但是帝国主义的算盘彻底打错了，愿意死心塌地跟着帝国主义走的中国人不过是极少数。中国人民是有骨气的，其中包括大多数受西方教育的中国学生在内。外国传教士的活动并没有带来他们所预期的从精神上征服中国的结果；事情正好相反，传教士们所碰到的是中国人民越来越激烈的反抗，一种基于伟大爱国主义精神的反抗，这就是从60年代以后绵亘半个世纪之久的汹涌澎湃的反洋教运动。外国传教士虽然深入了中国内地，设立了据点，招收了一些教徒，但是由于反洋教运动的开展，侵略者到处受到打击，无法实现对中国的“精神征服”。狂妄而狡诈的侵略计划可耻地破产了。一个资产阶级学者在叙述传教历史时也无可奈何地承认：“基督教在中国的传教事业……并未取得显著的胜利”④。

反洋教运动是中国人民反对帝国主义侵略的早期的自发性斗争。当时，中国人民对外国侵略者的认识还停留在感性的阶段，还缺乏本质的科学的认识，但是，人民从实际生活中体会到洋教士是自己的敌人。作为侵略先锋的洋教士，深入中国内地，广泛地接触各个阶层，他们专横跋扈，无恶不作，利用特权，欺压中国人民。连外国侵略者自己也承认：“传教士都是坏蛋，他们来到中国，为着享

① 转引自卿汝楫：《美国侵华史》，第2卷，278页。

② 转引自上书，第2卷，286页。

③ 《毛泽东选集》，第4卷，1499页。

④ 兴登：《中国与日本的主要问题》，转引自《外国资产阶级是怎样看待中国历史的》，第1卷，132页。

乐，为着抓钱”①。这一群披着宗教外衣的豺狼到处霸占中国人民的房产田地，有的利用发还没收教产的名义，实行霸占②；有的依靠政治特权和欺骗手段，进行强夺。③ 拿四川省来说，天主堂在川西平原占地15万亩（土改时资料），是该地的第一名大地主；1881年，新都县教堂有街房一院，铺面十八张，水田三百余亩；1889年彭县四个教堂有田产千余亩，房屋七十所。这些房地产无非是从中国人民手里巧取豪夺来的。至于传教士们飞扬跋扈、为非作歹、奸淫虐杀、包揽词讼的罪行，简直擢发难数。在他们周围还有一批中国教徒，其中一部分人甘心认贼作父，为虎作伥④，“一入教中，即成化外，官且无可奈何，乡党亲戚更无忌惮”⑤，“凡教中犯案，教士不问是非，曲庇教民；领事亦不问是非，曲庇教士。遇有民教争斗，平民恒屈，教民恒胜。教民势焰愈横，平民忿郁愈甚，郁极必发，则聚众而群思一逞”⑥。外国传教士和一部分中国教徒，横行不法，鱼肉良民，把自己的所在地区变成了一个独立王国，“直如一国之中，有无数自专自主之敌国者”。这对于中华民族是何等严重的威胁！

外国资本主义的侵略，破坏了中国的政治和经济独立，使广大中国人民陷于饥寒交迫的绝境。但是，从前外国的军事、政治侵略和商业活动都在沿海地区和通商口岸进行，军队、外交官、商人和

---

① 丹赖特：《亚洲的民主运动》，转引自卿汝楫：《美国侵华史》，第2卷，257页。

② 据总理衙门给各国《议办传教章程》中说：“各省地方，抵还教堂，不问民情有无窒碍，强令给还。甚至绅民有高华巨室，硬指为当年教堂，勒逼民间让还。且于体制有关之地以及会馆、公所、庵堂，为阖境绅民所最尊重者，皆任情需索，抵作教堂。况各省房屋，即实属当年教堂，而多历年所，或被教民卖出，民间辗转互卖，已历多人，其重新修理之项，所费不赀，而教士分文不出，逼令让还，此等情事，如何不令百姓怒目眈眈，视同仇雠，而激生事变”（徐家干编：《教务辑要》，卷二）。

③ 陈秉和奏：“洋人爱某处房宅，其人不卖，则寻一无业奸民，先指为己物卖于洋人，并串通书吏，窃印文约，洋人即据为己有，驱逐业主，地方官不敢科以盗买盗卖”（沈桐生：《光绪政要》，二十二年，《总理衙门遵议教士不遵约章请饬申明条约事》）。

④ 外国传教士经常用金钱收买无赖流氓，充当教徒，买价不一，有时“白银四两”（《中西纪事》说），有时“给银一百三十两”（《海国图志》说）。据罗德克夫《义和团记》说：“教士们袋子里藏着大批的金钱，收买中国人民中间的无赖分子，来者不拒，总是临时的或经常的发给金钱”。

⑤ 《清季教案史料》，56页。

⑥ 《沈葆桢政书》，卷六，《议结皖南教案分别示惩折》。

中国人民之间直接接触的机会还不算多。而宗教侵略的情况则与此不同，通过传教士深入内地的活动，侵略势力的网撒到了全中国。从城市到乡村，从腹地到边疆，到处是阴森森的教堂建筑。侵略者的据点星罗棋布，外国传教士在各地长期定居，广泛地接触各个阶层，又有无赖教徒为之推波助澜，其恶势力楔入各个角落，直接地、经常地侵犯广大人民的日常利益。人民根据切身的体会，万分憎恶这一群披着宗教外衣的豺狼，所谓"百姓始而抱怨，继将成恨，终且为仇"①。这样一个由外国政治、经济、军事侵略所造成而又由于宗教侵略而激化了的形势，犹如满布的一堆干柴，一个偶然的导火线就可以触发起一场斗争，而斗争的锋芒，势必是针对着最直接、最广泛、最经常地侵犯人民群众利益的外国传教士们，这就是反洋教运动的由来。

表面上看来，反洋教运动直接的起因错综复杂，有一些是起因于教士、教徒的不法行为，有一些是起因于偶然事件，也有一些起因于侵略者残害婴儿的传言（如挖目剖心的传言），但所有这一切的背后，还有一个更加深刻的原因，这就是外国资本主义的侵略威胁了中国人民的生存，正是在这个巨大、广阔的背景上，一个火星的飞溅，才会燃起反侵略斗争的熊熊大火。

表面上看来，反洋教运动似乎是地方性、宗教性的冲突，实际上这个运动远远地超出地方范围和宗教范围，它是帝国主义和中华民族这个根本矛盾的直接表现，它是中国人民被迫起来反抗侵略和挽救危亡的伟大革命运动。中国人民从来不歧视外来的宗教，在历史上许多外来宗教的传教徒，都曾受到中国人民友好的接待，而近代早期的反侵略斗争所以表现为反洋教的形式，是因为传来中国的基督教已经成为侵略者的工具，而那些横行霸道的洋教士们则是侵略势力的尖兵。

对于近代反洋教运动的起因和性质必须这样来理解，这也是唯一正确的理解。

---

① 总理衙门：《议办传教章程》，见徐家干编：《教务辑要》，卷二。

据尚不完全的统计，从 1860 年（咸丰十年）到 1907 年（光绪三十三年）的 48 年间，全国反洋教的大小斗争共达 370 起之多。①近代反洋教运动像一条咆哮翻滚的长河，流了半个世纪之久。这条长河，有的段落是轻波微澜、涡漩隐现，有的段落是激流澎湃、浪涛涌天，任何时候都没有完全平静过。从整个运动来说，出现了六次高潮：第一次高潮在 60 年代初出现在川、黔、湘、赣地区；第二次高潮在 60 年代末，出现了以“天津教案”为中心的地区广泛的斗争；第三次高潮在 70 年代中出现在安徽、四川和福建；第四次高潮从 70 年代末到 80 年代中在东南沿海和西南边疆出现了频繁持久的反教运动；第五次高潮在 90 年代初表现为长江流域和热河的武装斗争；第六次高潮在 19 世纪末表现为以义和团运动为中心的全国性革命高潮。斗争此伏彼起，一次比一次更加深入。在斗争中，人民群众的觉悟和组织程度日益提高，人民群众的力量日益增强。反洋教运动的全部历史显示了中国人民的英勇坚强，证明了中国是不可能被征服的。武装到牙齿的帝国主义强盗在几乎是赤手空拳的人民的痛击下，遭到了失败，它们瓜分中国、灭亡中国的狂妄计划彻底地破产了。

二、60 年代初期川、黔、湘、赣的反洋教活动

反洋教运动的第一个高潮发生在 19 世纪 60 年代之初。这时候，《北京条约》签订不久，洋教士刚刚取得进入内地传教的特权，人民立即给予激烈的抵抗。这次抵抗的风潮集中在川黔湘赣地区。

风潮首先在贵州发生。进入贵阳的天主教教士胡缚理趾高气扬，“坐紫呢大轿，变易法国衣冠，仪从甚多，谒见各官”②，引起贵阳各阶层的反感。贵州巡抚何冠英、提督田兴恕密令全省抵制天主教：“如有来自外方之人，谬称教主等项名目，欲图传教惑人，务望随时驱逐”③。田兴恕部下的士兵在贵阳附近进行了反对洋教的活动。

---

① 参见吴盛德、陈增辉合编：《教案史料编目》。
② 《同治朝筹办夷务始末》，卷一三，24 页。
③ 同上书，卷六，44 页。

1861年6月，田兴恕命团务道赵畏三等焚毁贵阳南青岩晁家关的教会学堂，并处死教徒四人。事情发生后，法国公使馆向总理衙门和两广总督施加压力，议结赔恤的条约，但新任巡抚韩超拒不执行。事情尚拖延未了，1862年2月，贵州开州因教徒破坏礼俗，与群众发生冲突，开州知州戴鹿芝逮捕法教士文乃耳等，文乃耳在公堂无理取闹，被处死刑。同时，湖南的地主豪绅印发反对天主教的公檄，相约"有卑屋居住者火之，有容留诡寄者执之，有习其教者宗族不齿，子弟永远不准应试"①。公檄传入江西，江西官绅"一日夜印刷数万张，遍揭省城内外通衢"②。1862年3月间，湖南的湘潭、衡阳、清泉和江西的南昌、进贤都发生群众拆毁教堂的事件，其中，南昌事件尤为突出。先是，法国传教士罗安申到南昌，江西巡抚毓科竟"传谕升炮开中门，如督抚相见之仪，江省绅民闻而骇之"③。其后，天主教在南昌设育婴堂，群众中出现了"采生折割"的传言。1862年3月正值考试之期，考生聚集南昌，有人向教堂赎领幼童，教堂坚执不许，"各属生童云集，众论哗然"④，于是印发了大批传单，斥责教堂。3月18日，群众拆毁教堂两处，教士和教徒均闻风逃匿。1863年风潮波及四川的重庆，传教士强索长安寺改建教堂，该寺坐落在重庆的险要之地，为八省绅首的办公地方，又是保甲总局的所在地。重庆绅首请求官府另外拨给地方，教会不肯。群众忍无可忍，起而捣毁天主教堂。

这一系列斗争的锋芒全都针对着法国的天主教传教士，矛盾的双方仿佛只有中国和法国。而实际上，其他侵略国家同样从传教活动中得到好处，它们抱着"物伤其类"的情绪，全部站在法国方面，向清政府施加压力。法国提出的条件极其苛刻，不但要求"赔恤"大批银两，进行经济勒索，而且坚持处死田兴恕等，为法国教士偿命，企图"杀一儆百"，借清朝高级官僚的头颅来平息日益增强的反洋教风潮。当时尚在太平天国革命期间，清朝政府为了迅速扑灭太平天国革命的火焰，不能不依靠外国的武装干涉，因此唯恐各地的

---

①②③　夏燮：《中西纪事》，卷二一，《江楚黜教》。

④　《沈葆桢政书》，卷一，《教堂被拆查拿各犯折》。

反洋教运动会妨碍"中外合作"的局面。它三令五申，保护外国的传教特权，"勿令滋生事端"，"以期相安无事"，一再催促各地方从速议结"教案"，以免斗争进一步扩大。

但是清朝政府并不能够按照自己的愿望来控制局势。因为第一次反洋教运动高潮中的力量配备十分复杂，各地的斗争既有人民群众参加，又有官僚、士绅的倡导和参与。在贵州"教案"中，法国公使公然要求把巡抚韩超革职，把提督田兴恕处斩，而据说田兴恕背后还有四川总督骆秉章的支持；南昌的斗争发生后，江西巡抚沈葆桢"挺身任之，至谓此二百年养士之报"①；清朝想严厉镇压湖南的反洋教运动，湖南巡抚毛鸿宾回答："民犹水也，顺其性以导之，可冀渐渍而消，逆其性以障之，恐将溃决横溢"②。在地主阶级看来，基督教是违背儒家学说和破坏封建礼仪、风俗的异端，外国传教士的专横行为也损害了地主阶级的利益。因此，地方性的封建势力几乎全都站在反对基督教异端的立场上，特别是当时地方封建势力是镇压太平天国革命的主要力量，在某些地区甚至已形成了封建的半割据局面，清朝政府并不能对全国实现有效的控制。即使当权的奕䜣洋务派集团愿意巴结外国主子，但也不能不考虑这种错综的形势和复杂的斗争特点，不敢一味采取高压政策。

这样，川黔湘赣的反洋教风暴一掠而过了，留下来的是一大堆棘手的外交谈判和内部争吵，事情拖延了很久，清政府陷于左右为难的尴尬局面，它既不敢得罪外国侵略者，又无力执行严厉的镇压手段。③ 法国使馆代办一再向总理衙门咆哮取闹，但它不能强使清朝政府去做自己做不到的事情。在这种僵局下，最后法国方面只好

---

① 郭嵩焘：《养知书屋文集》，卷一〇，《与曾中堂》。

② 《同治朝筹办夷务始末》，卷一二，24页。

③ 就拿田兴恕来说，他在贵州掌握着武装力量，清朝政府不敢处以死刑。成都将军崇实、四川总督骆秉章都袒护田兴恕，以"川中楚军云集"，将领营弁多系田兴恕旧日曾与共事之人，"武人不知大体"，来恫吓清政府。云贵总督劳崇光和贵州巡抚张亮基也不敢处理田兴恕案，他们说："其私人之在黔省者尚多。此辈平日倚势横行，梯荣牟利，一朝失势，心怀不甘……今旧帅（指田兴恕）重来，难保不造作言语，唆诱愚民，别生事端，枝节横添，愈难收拾"。（见《同治朝筹办夷务始末》，卷一八）

放宽苛刻的条件，放弃为被杀法国教士偿命的要求。清政府将田兴恕充军新疆，韩超交部议处，并勒令各地赔恤银两，贵州赔 12 000 两，湖南赔 45 000 两，江西赔 18 000 两，四川赔二十余万两，这笔赔款也较法国原来索偿的数目略为减少。

法国之所以稍稍放宽苛刻的条件，当然并不是对中国怀有什么“善意”，这是在全国农民革命高潮尚未过去的形势下，侵略者唯一可行的政策。当时，以太平天国为中心的革命浪潮尚在猛烈地冲击外国侵略势力和中国封建势力的统治，中外反对派刚刚达成了军事勾结，正处在蜜月期间。对于侵略者来说，当前的首要课题是全力扶植清政府，使它不致在革命浪潮中倾覆，并进一步控制和改造这个政府，使它适合于侵略的需要。在这个政策、方针下，侵略者对于正在交织进行的两种斗争分别采取不同的手段。对于太平天国农民革命，侵略者实行武装干涉，坚决帮助清朝迅速扑灭革命的火焰。对于有官僚士绅掺杂其间的早期反洋教运动，侵略者采取“以外交而不以地方威逼”的手段（英外相克拉兰敦语）。它对总理衙门施加政治压力，希望通过清朝政府来迫使和引诱官僚士绅退出运动，以达到软化官僚士绅和分化反侵略运动的目的，并且，对清政府施加的压力也以不损害这个政权的统治威信为限度，就像美国政府对驻华公使的一个训令中所说：“不能用危及中国现在政府的稳定或内部的和平与安谧那样的紧张手段来压迫行事”①。

各个资本主义侵略国家在对付中国人民的反抗运动时经常是联合一致的。当反洋教运动刚刚发生，作为当事人的法国一度表示强硬态度。显然，这种态度足以激起人民群众更大的反抗，对于各国的侵略利益是不利的，因此立即受到其他国家的批评。法国很快就改变了态度，1863 年法国新任驻华公使柏尔德密（Berthemy）到北京，调整了外交方针，和其他国家合作，在得到了一定的补偿之后，迅速地结束了“教案”交涉。美国公使蒲安臣称赞柏尔德密“是一位度量宽宏又有经验的政治家，他立刻看到抛却一切猜忌并在一个

① 转引自马士：《中华帝国对外关系史》，第 2 卷，234 页。

重要的关于中国问题上采取合作政策的利益……他坦率地将（贵州省传教士被杀案）各项事实通知给他的同僚们（指其他各国的驻华公使）知道，他们就和他共同行动起来，以致这个用别的方法去办便会有战争威胁的问题，在几个星期以内就解决了”①。

太平天国革命的有力掩护和反洋教运动的浩大声势使得侵略者的既定政策不能得逞，但是侵略者通过清政府进行软化和分化的恶劣行径发生了作用。官僚士绅接受了“教训”，表现得怯懦畏惧。太平天国革命失败以后，反洋教运动进入了孤军作战的境地。尽管前途是崎岖曲折的，可是中国人民的反侵略意志是坚定的，并没有因此有所削弱。恰恰相反，官僚士绅的怯懦表现激起人民群众更大的义愤，艰苦的斗争环境锻炼了人民群众百折不挠的坚韧精神。人民的愤怒之火用任何手段也是扑灭不了的，更大的反侵略风暴正以排山倒海的声势冲卷过来。

三、1868年和1869年反洋教运动的高涨

第一次反洋教运动的高潮过去之后，各地的零星斗争仍陆续不断地发生，特别在1865年内接连发生了几起重要的斗争。四川酉阳州人民打死了横行不法的法国教士玛弼乐；贵州永宁的民团殴毙了为非作歹的天主教杨司铎；还有河南省的南阳、鹿邑、桐柏、武安也先后发生风潮，人民“传帖聚众，其势汹汹”②，反洋教运动长河中的波涛在不息地翻滚、奔流，1868年至1870年间终于再次出现了惊涛骇浪的大高潮。

这次高潮从1868年4月在台湾开始，不久波及江苏的扬州。第二年，大规模的群众性斗争不断发生，有四川的酉阳事件，福州的川石山事件，贵州的遵义事件，安徽的安庆和建德事件，1870年爆发了中外闻名的“天津教案”。这次，卷入斗争的地区极为广泛，除以上列举规模较大的斗争以外，其他如湖北的武昌、天门，江西的

① 马士：《中华帝国对外关系史》，第2卷，125～126页。

② 徐家干编：《教务辑要》，卷三，《豫苏闽省教案未能中外相安筹办情形疏》。

庐陵、九江，山东的芝罘，广东的九龙、罗源，广西的柳州，东北的盖州以至西藏都发生了各种形式的斗争。仅贵州省内，围绕着遵义的反洋教斗争，在兴义、永宁、安顺、桐梓、都匀、绥阳、贵阳共发生了八起“教案”；仅直隶省内，与“天津教案”先后发生的就有任县、献县、永年、丰镇、保定、广平等地的斗争。中国人民的反侵略怒火是压抑不住、扑灭不了的，革命的熊熊大火再度在祖国的大地上普遍地燃烧起来。

以下将 1868 年到 1870 年间几起较重要的斗争简述如下：

1. 台湾的反洋教斗争

英法传教士在台湾府横行不法，残害人民。1868 年 4 月当地出现教会“用迷药诱人入教”的传言，并发生了捣毁英法教堂的事件。当时英国正企图夺取收购台湾樟脑的利益，遂以此为借口，派两艘军舰进攻台湾的安平港，当地人民和驻防士兵奋起抵抗，终因寡不敌众，安平炮台被英军占领，副将江国珍等二十余人阵亡。清政府在侵略者的武装挑衅面前完全屈服，不但允许英商采购、贩运台湾的樟脑，而且赔款五万元，承认英侨在台湾自由地居留和工作的特权。

2. 扬州的反洋教斗争

外国传教士在江苏扬州设立育婴堂，不少婴儿因受虐待而死亡，引起群众的愤慨。1868 年 9 月正值扬州府考时期，考生们发布揭帖，揭露传教士的罪行，一个大规模的群众运动开始了，大约有一万人集合起来，捣毁了教堂，救出了婴儿。事情发生后，英国驻上海领事麦华陀竟率领军队到扬州镇压，并诱捕了扬州知府；后来又带着四艘军舰到南京，对两江总督曾国藩施加军事压力，甚至还抢走了曾国藩的一艘小汽轮。结果，曾国藩表示屈服，卑怯而可耻地接受了侵略者的条件。麦华陀对自己的强盗行径感到洋洋得意，他向英国公使报告：“这种夺取的效果是神速的……这位总督本人简略的但是坦率的保证承认我的一切条件，这些条件他认为是完全合理的”①。

---

① 转引自马士：《中华帝国对外关系史》，第 2 卷，250 页。

3. 酉阳的反洋教斗争

天主教传入四川酉阳州，教会招收了一批恶霸教徒，准备在这里生根立脚。外国教士和中国无赖教徒横行不法，经常发生殴辱群众、逼勒退婚和烧杀抢劫的行为。群众忍无可忍，零星地进行反抗，外国传教士让无赖教徒覃辅臣出头，竟修筑起炮台寨堡，企图建立军事的恐怖统治。当地人民在何彩的领导下组织民团，坚决反抗洋教会的统治。1869 年 1 月，教会和民团之间发生大规模械斗，法国传教士李国安在械斗中被击毙。酉阳的官吏害怕冲突扩大，令双方缴械息斗，群众天真地服从了命令，交出自己的武器，但是狠毒的洋教士和覃辅臣等趁群众缴械无备时，突出掩袭，群众被杀一百七十余人，受伤七百人，其中很多是老弱妇孺，“内有肢解、燃烛、轮奸之惨不忍言者”①，同时还焚烧了民房 150 间。这群披着宗教外衣的豺狼，干出了这场惨绝人寰的大屠杀，而法国使馆代办罗淑亚（De Rochechouart）居然还向总理衙门咆哮取闹，要求抵命和赔偿。杀人的凶手要求被杀者抵命，放火的强盗要求被烧者赔偿，这是多么新鲜的帝国主义的逻辑！它们对中国人民欺侮到了何等的程度！当时，正好湖北发生了天门教案，安徽也发生了安庆和建德教案，罗淑亚亲自率领军舰，沿长江西上，经安庆、九江至汉口，一路上对地方官吏威胁要挟，无所不用其极，还扬言要到酉阳去“查办”。清朝政府内自总理衙门，外至湖广总督、奉旨专办川鄂黔“教案”的李鸿章以及四川将军崇实等都吓得丧魂落胆，一味逢迎侵略者，不但不敢追究和惩办造成九百人伤亡的惨案凶手，反而把领导群众进行自卫反抗的何彩逮捕斩首，还勒令酉阳被难者赔偿教会银两 18 000 两。至于惨案的主凶外国传教士范若瑟和无赖教徒覃辅臣都跑到了国外，始终逍遥法外。

4. 福州川石山的反洋教斗争

在酉阳惨案发生的同时，福州也发生了反洋教风潮。先时，有英国教士胡约翰强租川石山土地，在此盖造教堂。川石山是闽江口的一个小岛，形势险要，“遥瞰海口，北岸炮台即在其下”②。当地

---

① 刘锦藻：《清朝续文献通考》，卷三四九，《外交十三》。

② 《同治朝筹办夷务始末》，卷六五，20 页。

群众反对把这个海防要地租给外国人，英国驻福州领事星察理竟用武力镇压，出动军舰，派水兵在川石山登陆，并放火烧房，开枪打死乡民王克明。闽浙总督英桂“曲事洋人，极意卑顺”①，不但不抗议侵略者的暴行，反而认为租地建屋，载于条约，“未便强阻”。但是广大的福州人民不畏强暴，他们组织起团练武装，准备抵抗到底。侵略者的武力镇压并没有吓倒英勇的福州人民，反而激起人民群众爱国情绪的更加高涨。英国侵略军知道群众已武装起来，不敢轻举妄动，只好夹着尾巴悄悄溜走，放弃了在川石山建筑教堂的要求。

5. 遵义的反洋教斗争

1869 年夏，贵州遵义人民按照传统风俗，演戏迎神。外国传教士和无赖教徒无理取闹，打毁了庙宇神坛。群众以牙还牙，也打毁了教堂医院。这场风波成了贵州全省反洋教运动的导火线，人民合订反教誓约十条，“境内全行反教，团众团结莫解”②，洋教士和无赖教徒成了人人喊打的过街老鼠。事情发生后，法国使馆代办罗淑亚又向清政府勒索，把一个明明是病故的法国传教士硬说是被遵义人民打伤致死的。他要求严厉镇压贵州各地的反洋教斗争，“逐案索赔，数至二十多万”，甚至还要逮捕贵州巡抚曾璧光，解京审讯。总理衙门又吓得心惊胆战，说：“该使生性桀骜，又难理喻，若不早为了结，将来一旦决裂，收拾为难”③。这桩事件也由李鸿章、崇实处理，法国指名要亲法派汉奸、已革贵东道多文前往办理。多文以包庇教会臭声四播，早已被革职。但崇实认为“际此教案棘手，不得不先派该革员前往”。结果，法国的无理要求，通过这个老牌汉奸之手，都如愿以偿。群众傅有元被无辜斩首，另一些群众分别被充军、枷责。贵州人民还被强逼给教会赔款七万两。

6. 安庆、建德的反洋教斗争

1869 年英法传教士在安庆以低价强租民房 15 间，引起群众的愤慨。安庆街头上出现反洋教揭帖，号召“士农工商，务必敌忾同仇，

---

① 《同治朝筹办夷务始末》，卷六九，21 页。

② 同上书，卷七三，3 页。

③ 同上书，卷七二，6 页。

群起报复”①。外国传教士要求官吏们进行镇压，闯到知府衙门里取闹。当时安庆正当考试的时候，“各属考童及在城居民纷传不愿传教”，群众和考生在知府衙门前掀翻了传教士的坐轿，又打毁了英法教堂，教士们在官府的保护下逃出了安庆。安庆的反洋教运动影响到建德。1869 年底，该地发生群众与教徒之间的械斗，彼此各有杀伤。事情发生后，英国公使阿礼国带着兵舰到安庆，要求赔偿，但安庆人民聚众结队，准备抵抗。在群众的压力下，阿礼国被迫退走。接着，法国使馆代办罗淑亚率六艘兵舰，沿长江西上，以酉阳、天门、遵义、安庆、建德等处的教案为借口，进行武力勒索。清朝政府完全接受侵略者的要求，还按照教士的指名，把无辜的群众当做“祸首”惩办。

四、震动中外的“天津教案”

在 19 世纪 60 年代的一系列教案交涉中，清朝政府每一次都屈服于侵略者的政治压力和炮舰威胁之下。清朝政府愈是畏惧退让，侵略者的气焰就愈是跋扈嚣张，而人民群众的反抗斗争也愈是激烈高涨。到 1870 年，人民的反洋教运动达到了一次大爆发，发生了轰轰烈烈的“天津教案”。

“天津教案”的导火线仍是教会附设的育婴堂虐待婴儿。教会办理育婴堂并不是对中国人有什么“好感”，所谓“慈善事业”不过是达到其侵略目的的一种手段。一个传教士坦白承认：“我们的慈善事业，应该以直接达到传播基督福音、设立礼拜堂为目的……因此，作为一种传教手段，慈善事业应该以能被利用来引人入教的影响及可能性为限度”②。教会甚至出卖婴儿，引诱人们入教。另一个传教士称：“单是为着希望从育婴堂获得一个女婴作媳妇，往往全家都来受洗”③。教会把育婴当做传教的手段，收容婴儿，多多益善。“对于每一个送去婴儿的，都给奖金。于是一般的都相信，这种奖金对于当时中国人诱拐婴儿送往育婴堂发生了鼓励作用”④。在这种卑鄙

---

① 夏燮：《中西纪事》，卷二一，《江楚黜教》。

② 转引自卿汝楫：《美国侵华史》，第 2 卷，281 页。

③ 转引自上书，第 2 卷，280 页。

④ 马士：《中华帝国对外关系史》，第 2 卷，265 页。

目的下开办的育婴堂，自然不会对婴儿正常地照顾抚养，因此婴儿的死亡率极高。1870 年 6 月初，天津仁慈堂的婴儿中发生传染病，一次死去三四十个婴儿，引起群众的怀疑和愤懑；同时，天津发生多起迷拐小孩的案例，拐犯供词说是教堂看门人指使的。于是群众中出现了教会“迷拐婴儿，挖眼剖心，以制药物”的传言，攻击教会和育婴堂的揭帖飞遍天津的街巷。

6 月 21 日，天津官吏押带拐犯前往仁慈堂查验对质，传教士含混抵赖，群众包围了教堂。法国驻天津领事丰大业和秘书长西蒙荷枪执刀，闯到三口通商大臣崇厚的衙门里，大肆咆哮，要求迅即镇压群众，而且蛮横地向崇厚开放两枪，没有命中。丰大业和西蒙又闯出衙门，遇到天津知县刘杰，竟开枪打死刘杰的随从高升，又对路上群众拔刀乱砍，放枪射击。两个侵略分子像发疯的野兽一样，蔑视中国法纪，公然白昼行凶，群众忍无可忍，殴毙了丰大业和西蒙，接着又焚毁了天主堂、仁慈堂、法国领事署。压抑已久的反侵略情绪像火山喷发一样突然地爆发。在这场斗争中，打死了法、俄、比、意和爱尔兰籍的教士、商人、职官等 20 人。

天津的这次反洋教斗争，对外国侵略者打击之重，远超过以往的历次斗争。侵略者当然不会善罢甘休。法、英、美、俄、德、比、西等七国联名向总理衙门进行威胁，形成一条压迫中国的联合战线。外国军舰一艘又一艘地向天津集中，侵略分子组成武装志愿队，在租界中巡逻，大规模报复的呼声喧嚷成一片。① 法国是这次事件中的主角，法国使馆代办罗淑亚提出非常苛刻的条款，甚至要把与这次斗争并无直接关系的提督陈国瑞和稍有爱国正义感的天津知府张光藻、知县刘杰等斩首抵命，还威胁要撤退法国使馆和法侨，“把全部问题交给海军司令，海军司令在他认为必要的情况下可以采取强

---

① 1870 年 8 月 11 日《北华捷报》称：“这次悲惨的和万恶的天津残杀案，是涉及一切同中国具有关系的国家的一个事件；并且，除非强使作一种严重的赔偿以外，每个人都要对容忍那样的残暴行为而得不到惩处的冷酷态度感到懊丧。赔款并不能满足正义的要求，一切有关的官吏应当偿命，特别是崇厚必须处死……如果允许他逃脱的话，那么在这个国家中的每个欧洲人都要遭到灾祸”。（转引自马士：《中华帝国对外关系史》，第 2 卷，274 页）

迫要求并保持法国光荣的行动”①。美国则是法国的主要帮凶。由于当时普法战争已经爆发，美国恐怕法国和德国之间的战争会影响对中国的侵略，“通过美国政府的调停，于是商定了在中国海上的敌对国家的武力必须合作，以便保护一切外人的利益”②。对中国实行武力讹诈的锣鼓已经敲响了，远东的上空布满着战争阴云，侵略者竭力在制造紧张气氛。

帝国主义的战争威胁吓坏了清朝政府。事情发生后的第三天，清政府立即把崇厚以及天津地方官“交部分别议处”，并令曾国藩赶到天津处理这个事件。恭亲王奕䜣屡次去法国使馆登门道歉，并“筹商办法”。平日残杀人民、凶横不可一世的慈禧太后一伙竟是“恸哭流涕，恳求朝廷诸王要知道她们——两个女流——是寡妇，幼帝是一个孤儿，而皇位正在存亡的关头”③。至于曾国藩，在调查案情之前就已经抱定了屈辱了事的方针，“即使曲在洋人，而公牍中亦必浑含出之”。他称天津人民“结党成群，好乱乐祸，必须佐以兵力，乃足以资弹压”，“况伤害外国多命，几开边衅，刁风尤不可长”。慈禧太后、曾国藩等当权派全都坚持对外投降、对内镇压的反动方针，准备牺牲国家主权和无辜群众的头颅来和侵略者妥协。当时虽然也有一些官僚主张对法抵抗，“先与绝和，略示薄惩”，但这种主张不符合清朝政府的立场，不可能为清政府所接受。

实际上，拒绝法国的苛刻条件，这不仅是正当的，而且在当时形势下是完全可以做到的。因为天津的这场斗争，已经大大促进了各地普遍的爱国主义高涨。南京、上海、广州以及山东的芝罘、登州，江苏的镇江，直隶的保定，江西的吴城、抚州都发生了反对洋教的风潮，人民群众的奋起使得侵略者触目惊心，英国的老牌侵略分子赫德就担心地指出：“中国人正准备——他们这样说——在战场上同法国相会，如果法国一定要打的话，冬季的展望是不能适意的”④。而且，当

①② 马士：《中华帝国对外关系史》，第2卷，279页。

③ 同上书，第2卷，281页。

④ 同上书，第2卷，280页。

时普法战争已爆发，法国被强敌普鲁士打得节节败退，根本无力出兵中国，其他国家虽然助法为虐，但并不愿意出动自己的实力，来为法国火中取栗。① 所以法国的力量是软弱的，它只能虚声恫喝，吓唬那些胆小鬼，而并没有真正发动战争的力量。

但是所有这些有利的形势，在妥协成性的清政府面前都化作乌有。曾国藩抱定了“立意不与开衅”的既定方针，根本不愿意对当前形势和敌我力量作一番切实的估计，却闭着眼睛大弹失败主义和投降主义的低调。② 他一方面竭力为侵略分子的残暴不法行为辩护，“彼以仁慈为名而反受残酷之谤，宜洋人之忿忿不平也”③，在他看来侵略者反倒是无罪的羔羊，一切责任要由中国人民来承担；另一方面，他的交涉就是向侵略者试探究竟用多少个无辜人民的头颅，可以换得妥协，他在调查案情以前就宣称“其行凶首要各犯及乘机抢夺之徒，自当捕拿严惩”，“按名拟抵”④。但谁是“行凶首要”呢？法国领事丰大业首先行凶，开枪打死了天津知县的随从，这难道不是“行凶首要”吗？这个罪魁祸首罪有应得地死在群众的拳头之下，这难道不是公正合理的“严惩”吗？但是曾国藩故意颠倒黑白，把真正的“行凶首要”当做受难者，把受难反抗的群众当做“行凶首要”，连曾国藩也说，群众殴毙丰大业，“当时非有倡首之人，预为纠集，正凶本无主名”⑤，既无“主名”，又怎样“捕拿严惩”呢？曾国藩为了讨好侵略者，“但冀和局之速成，不顾情罪之当否”⑥，只好乱抓无辜群众16人斩首抵命，其他二十余人和天津知

① 当时其他国家对法国所提的条款也感到太苛刻。英国首相格兰威尔勋爵说法国使馆代办罗淑亚“在提出他的各项要求方面，竟有些轻率了”。参见马士：《中华帝国对外关系史》，第2卷，279页。

② 在天津教案的交涉中，曾国藩丝毫不考虑抵抗法国侵略的实际可能性。他说：“目下中国上海，船炮全无预备，陆兵则绿营固不可恃，勇丁亦鲜劲旅，若激众怒，使彼协以谋我，处处设防，年年议战，实属毫无把握”。又说：“今年即能幸胜，明年彼必复来，天津即可支持，沿海势难尽备。朝廷昭示大信，不开兵端，此实天下生民之福”。当普法战争的消息传来，曾国藩对这种有利的形势也视而不见，他认为“只有尽其在我，电线新闻纸所传，亦皆不足深信”。见《同治朝筹办夷务始末》，卷七三，及曾国藩给奕䜣、宝鋆的信件。

③④⑤ 《曾文正公奏稿》，卷三五，《查明津案大概情形折》。

⑥ 《同治朝筹办夷务始末》，卷七六。

府、知县被判处充军，并赔恤银 50 万两，派崇厚为钦差大臣赴法国请罪。结果就像曾国藩自己所说："凡法国使臣所请，苟可依从，臣皆应允"。天津人民的反侵略正义斗争被曾国藩的屠刀镇压下去了。广大人民对曾国藩同声唾骂，所谓"中外公论，群起而非之"。连曾国藩自己也承认："津案办理过柔"，"外惭清议，内疚神明"，"不可为人"。这些自白证明了他在舆论抨击下的做贼心虚和寝食不安。

19 世纪 60 年代的反洋教运动，至"天津教案"而告一段落。这一系列斗争不是什么西方思想的输入引起了"骚动和不安"，而是帝国主义的侵略引起了反抗，中国人民完全站在自卫的正义的立场上。当时，斗争虽然还带有严重的自发性和幼稚形式，带有简单排外主义的色彩，但是群众处在赤手空拳和倏聚倏散的劣势下和外国敌人进行搏斗，既没有快枪利炮，也没有稍微有效的组织形式和思想武器。所有这一切并没有难住中国人民，中国人民敢于蔑视强大而凶恶的侵略者，敢于和侵略者进行坚决的斗争。他们沉重地打击了侵略者不可一世的嚣张气焰，表现了中华民族英勇不屈的崇高精神。

在早期的反洋教运动中，曾有一些地主阶级分子参加其中。但是随着斗争的逐步深入，地主阶级越来越暴露出反动而怯懦的本性。在运动中，地主和官吏日益退缩，清政府中的投降派日益得势，清朝政权把投降主义奉为根本国策，它为了迎合外国侵略者，不惜出卖国家主权，屠杀无辜人民。"天津教案"的交涉是统治阶级卑劣性格的一次大暴露，它越来越倒向帝国主义一边，成为帝国主义统治中国的鹰犬。

侵略者在对付中国人民的革命运动时，可能采取各种不同的方式。当反洋教运动初起，他们主要是通过清朝中央政权来压迫地方官吏，企图达到分化运动、扑灭斗争火焰的目的，60 年代初期的教案交涉大多属于这种类型；当运动的发展已非清朝政府所能控制的时候，他们就公开露面，派兵调舰，进行威胁，60 年代末期的教案交涉大多属于这种类型；当形势对侵略者有利时，它也不惜发动局部战争，直接进行干涉，如 1868 年台湾安平的战争就是这样。不管侵略者使用外交压力、炮舰威胁还是局部战争，中国人民既没有被软化，也没有被吓倒。中国人民没有被征服，反洋教运动长河中的滚滚浪潮越过了无数礁石，冲破了层层堤防，继续不息地奔流向前，它的声势和力量正在日益壮阔地发展起来。

关于 19 世纪 60 年代以后反洋教运动的进一步发展，将在本册第九章内再作叙述。

第七章　19世纪70年代列强对我国东南、西南、西北地区的侵略和中法战争

第一节　列强入侵我国东南、西南和西北地区的危机

一、19世纪60年代到90年代的国际形势

当19世纪60年代，中国人民革命逐步转入低潮的时候，世界资本主义正在迅速地发展。

1861年俄国废除了农奴制度，1861年至1864年美国爆发南北战争，1868年日本发生“明治维新”，19世纪70年代初德国和意大利统一了内部，世界各国所发生的一系列事件都在不同程度上为本国的资本主义发展扫除了障碍。这时候，垄断前期的资本主义已经发展到了最高峰，从此开始了自由资本主义向帝国主义的过渡。世界资本主义进入了腐朽、没落的阶段。

从自由资本主义向帝国主义的过渡，是由生产力和生产关系的全部发展进程所准备起来的。

19世纪的最后三十年中，生产技术有了巨大的改进和革新。新炼钢法的采用、新发动机的发明、电力和化学工业部门的出现等等，都促进了工业生产的急剧增长。世界工业总产量从1870年到1900年增加了两倍。在同一时期内，世界钢产量增加56倍，生铁产量增加3.3倍多，煤产量增加3.5倍多，石油产量增加25倍，铁路里程

几乎增加4倍。

生产的急剧增长引起了资本的集中。在发展成熟的资本主义国家里，以新技术装备起来的大企业，不断地鲸吞中小型企业，垄断了生产和销售。垄断逐渐代替了自由竞争，垄断组织逐渐控制了资本主义国家的经济命脉。

随着工业的发展，银行投资于工业的资本也日益增加，银行的利益和工业企业的利益日益结合。银行资本和工业资本融合成为财政资本。到20世纪初，财政资本的触角已伸入各个生产部门，成为发达的资本主义国家全部经济生活的基础。

随着自由资本主义向帝国主义的过渡，世界资本主义政治与经济发展的不平衡也越来越显著。19世纪中叶，英国是首屈一指的工业强国，它的钢、煤、棉织品的产量几占全世界总产量的三分之二，它垄断着世界贸易，统治着最广大的殖民地。但是，在19世纪最后三十年中，以新技术武装起来的美国和德国的工业突飞猛进，终于赶上并超过了英国。19世纪后期，英、法、美、德四国工业力量的对比发生了如下表所列的变化。

年代 地位	1860年	1870年	1880年	1890年	1900年
第一位	英	英	美	美	美
第二位	法	美	英	英	德
第三位	美	法	德	德	英
第四位	德	德	法	法	法

世界资本主义国家经济力量对比的改变，不可避免地要引起一系列政治冲突。德国的兴起严重地威胁到法国的利益，也威胁到英国和俄国的利益，从此，战争的阴影一直笼罩着欧洲大陆，列强陷于一系列武装冲突和无休止的扩军竞争中。随着经济和政治力量的加强，德国也开始向亚洲、非洲扩张其势力。在中国，它一方面企图攫取一个军港或商港，作为侵略的据点；另一方面又竭力和英国争夺控制中国海关和军队的权力。但总的来说，德国的主要力量仍用在争夺欧洲大陆的霸权，还不可能把争夺远东放在首要地位。

美国的崛起改变了西半球的政治形势。它一方面用蚕食邻国和重新分割殖民地的办法，大大扩展了自己的领土，1800年美国的领土只有86万平方英里，到1900年已达363万平方英里，一个世纪内领土扩展为原来的四倍多；另一方面，它用种种手段，加紧了对拉丁美洲各国的控制，从通商贸易、政治渗透一直到武装侵略。美国实际上成了西半球的主宰，中美洲、南美洲和加勒比海地区沦为了美国的“后院”。早在1823年，美国提出“美洲是美洲人的美洲”的口号，宣布了阻止列强插手美洲事务的“门罗主义”，到19世纪末，在“门罗主义”旗帜下，美国基本上已达到“美洲是美国人的美洲”的目的。

由于欧洲列强林立，美国的力量还不可能问鼎于欧洲，因此，它的侵略矛头很早就指向太平洋西岸，特别是指向中国。正像19世纪一个美国作家所说：“称霸太平洋的野心，是由早期从事中国贸易的商人所引起的”，“争取太平洋霸权及控制其商业财富的野心，贯串了全部美国历史”①。

但是，美国和亚洲隔着一个辽阔的太平洋，同时它的国内发展和它对西半球的控制尚未完成，对亚洲的争夺颇有鞭长莫及之势。因此，美国资产阶级采取了逐岛推进和扶植日本的双管齐下的侵略方针。

1867年美国攫夺了太平洋中的中途岛，同年从俄国沙皇政府手里购买了阿拉斯加。1878年又占领了萨摩亚岛，1884年侵占了珍珠港，并逐步完成对夏威夷群岛的兼并，一直到1898年美西战争以后，又从西班牙手中夺取了菲律宾和关岛。美国通过逐岛推进政策，建立了一座连接美洲大陆和亚洲大陆的侵略桥梁，铺平了向中国进攻的道路。

为了加强自己在亚洲的势力，为了避免和英、法、俄、德的正面冲突，美国积极地扶植日本作为侵略帮手。它不但通过许多外交官和顾问帮助日本发展商务，推进维新运动，而且还和日本共同侵略朝鲜和我国的台湾。美国把日本当做实现自己侵略目的的工具，

---

① 弗·尔·杆勒斯：《美国在太平洋的扩张》，1、2页，转引自卿汝楫：《美国侵华史》，第2卷，16页。

而日本则把美国当做自己对外扩张的靠山，两者相互利用，狼狈为奸。一个美国作者承认：从70年代起，美国“已经在没有任何形式或文件担保之下，开始同日本合作”①；而1887年一家日本报纸更肉麻地说：“当我们想到：我们的成功和我们得以达到现在的值得骄傲的地位，都是由于美国，我们不能不对美国怀着特别深切的重视和尊敬。但是，美国人民使我们感到可爱……在于他们对我们的待遇”②。美日反动派在向亚洲和中国人民开刀的基础上勾结起来了，这就是19世纪70年代后朝鲜、琉球被侵略以及中国沿海边疆出现危机的原因。

在当时的全部国际事件中，对我国影响极为重大的一桩就是日本的崛起。

在19世纪60年代以前，日本还是一个封建国家，遭到资本主义列强的侵略。日本的门户被打开，关税不能自主，侵略者取得了领事裁判权、驻兵权和租借地等等，日本和其他亚洲国家一样，面临着沦为殖民地的危机。

1868年日本发生了“明治维新”，这是一场不彻底、不完全的资产阶级革命。日本资产阶级利用了农民起义的力量，在一定程度上打击了某些妨碍资本主义发展的封建关系，采取了一些有利于资本主义发展的措施，如废藩置县、允许土地买卖和土地私有、废除士族特权、废除寺院神社特权等等，因而使日本资本主义得到了比较迅速的发展。但是封建势力并未彻底铲除，明治维新以后所建立起来的是地主和资产阶级的联合专政，天皇拥有无限的权力，贵族和武士仍居于特权地位，工业力量非常薄弱，国内市场十分狭小，农民和工人阶级痛苦地呻吟在封建主义的和资本主义的双重剥削下。

由于明治维新的不彻底性，维新以后日本国内阶级关系仍然十分紧张。广大农民非但没有得到分配土地和减轻赋税的利益，反而，在政府颁布的土地可以自由买卖的命令中，确保了富农、高利贷者、武士、商人的土地占有权。同时，统治阶级内部矛盾重重，经济不

---

① 丹涅特：《美国人在东亚》，573页。

② 魁特：《美日外交关系史》，第2卷，240页。

景气，米价急剧下跌，租赋连年上涨。大批破产农民被抛掷到市场上，形成了广大的产业后备军。资产阶级用很少的工资和很长的工作日，穷凶极恶地榨取劳动人民的血汗，工农生活日益恶化，国内斗争依然尖锐。

从1868年至1877年间，日本农民发动了近两百次起义，规模较大的起义有二三十万人参加。从70年代起，日本工人阶级也举行了一连串罢工斗争。此外，在维新中有一部分失去特权的诸侯和武士，也发动叛乱，来反对当权的地主资产阶级。

日本政府面对着国内高涨的斗争形势，又面对着外来的侵略，但它不是把全国人民团结在反对外国侵略势力和发展国内经济的目标下，却反而屈从于侵略势力，确定对外扩张的国策，甘心充当英美侵略者的帮凶，以图转移国内斗争的视线。其主要的侵略目标，就是和日本仅有一水之隔的广大而衰弱的中国。要侵略中国就必须首先占领朝鲜、琉球和中国的台湾。以后的全部历史证明，“日本帝国主义利用其和中国接近的关系，时刻都在迫害着中国各民族的生存，迫害着中国人民的革命”①。

由此可见，19世纪下半期，德国、美国和日本的兴起，正在改变着世界和远东的政治力量对比，同时也更加加重了中国和其他落后国家人民的灾难。

帝国主义迫切需要输出其大量的过剩资本，迫切需要掠夺原料和获得廉价劳动力，对殖民地、半殖民地人民无限制的剥削已经成为帝国主义维持自己生存的重要基础。因此，在世界范围内争夺殖民地的斗争无比地加强了，老牌的和新起的殖民强盗，仗剑策马，驰骋在世界的各个角落，正像列宁所说：“各资本主义国家在十九世纪末，特别是从十九世纪八十年代起拼命争夺殖民地，乃是外交史和对外政策史中有目共睹的事实”②。

19世纪末，富饶的非洲是帝国主义殖民强盗争夺的重要对象。1876年时，非洲十分之九的土地还没有被瓜分，但到19世纪末，几

① 《毛泽东选集》，第2卷，616页。

② 《列宁文选》，第1卷，986页，北京，人民出版社，1956。

乎整个非洲都变成了英、法、德、比、意等国家的殖民地。

在中近东方面，英俄争夺土耳其、伊朗和阿富汗的斗争特别尖锐。1877年爆发了俄土战争，当俄国军队兵临君士坦丁堡时，英国军舰出现在黑海上，逼迫俄国吐出战争的果实。1885年，英俄又在中东地区发生冲突，两国为争夺阿富汗而处于战争的边缘。英俄在中东的殖民掠夺，导致了两国争先入侵中国新疆的斗争，造成了中国西北边疆的危机。

在印度支那半岛上，英国又和法国进行着殖民竞争。英国以印度为基地逐步控制了不丹、尼泊尔、锡金和半个缅甸，并向我国西藏和西南各省挺进。它和正在蚕食越南、入侵中国的法国殖民者面面相对，英法为抢先打开中国西南“后门”的竞争，造成了中国西南边疆的危机。

还有太平洋上星罗棋布的各个岛屿，对于保障帝国主义通商安全、争取优势战略地位以及作为向亚洲大陆进攻的跳板，都具有极大的价值。英国、法国、德国、美国、荷兰、西班牙都全副武装，驰逐在大洋上，这里也变成了许多殖民强盗掠夺和对垒的演武场。

帝国主义在全世界加紧分割殖民地，这正是突出地反映了自由资本主义向帝国主义过渡时期的时代特点，刚刚经历两次鸦片战争打击以后的中国，发现周围的形势越来越不妙了，帝国主义的魔爪相继扼住了四邻的友邦，同时又伸进了中国，正像帝国主义历来公认的：侵占中国的邻邦就是为进攻中国开辟道路，这是一件事情的两个方面。

帝国主义的侵略愈是加紧，人民的反抗斗争就愈是激烈。19世纪下半期，世界各个地方的反殖民主义潮流正在迅速地高涨。1868年到1878年有古巴人民争取民族独立的十年战争；1871年有阿尔及利亚几十万农民牧民参加的抗法游击战争；1878年到1880年有阿富汗人民的抗英斗争；1881年有非洲东苏丹人民的抗英战争，这次战争中，英国将军希克逊和戈登（就是在中国镇压太平天国革命的刽子手）率领的侵略军被歼灭，人民创建了东苏丹共和国；1882年有埃及军官阿拉比（Aradi Pasha）领导的抗英战争；1884年，中国因援助越南、保卫西南边疆而与法国侵略军交战，同年，印尼华侨联合当地人民开始了坚持三年之久的反抗荷兰殖民者的斗争；1894年中国又因援助朝鲜、保卫东北边疆而和日本侵略军交战；1899年非洲布尔共和国进行了抗英战争；1900年中国爆发了义和团人民反抗八个帝国主义国家侵略联军的战争。在这一连串斗争中，人民的力量虽然还没有强大到足以击退武装到牙齿的帝国主义侵略者，斗争总是以失败告终，但是殖民地半殖民地的人民却在武装斗争中锻炼得更加英勇、更加坚强。帝国主义的残酷镇压消灭不了人民争取自由解放的决心和信心，世界反殖民主义运动像扑不灭的火焰一样在继续燃烧。19世纪下半期世界各个角落的斗争虽然还缺少组织上的联系，但所有的斗争都指向一个共同的敌人——帝国主义，因此这些斗争在实质上是彼此支援、息息相关的。

二、日本对台湾的武装侵略

随着国际形势的变化和资本主义列强分割世界斗争的加剧，中国日益陷于侵略者的四面包围之中。海疆边疆，警报迭传，中国人民为反对外国资本主义侵略而进行了英勇的斗争，这个斗争已成为革命人民压倒一切的首要任务。

19世纪70年代初，东南海疆首先出现了危机，新起的日本武装侵入了我国台湾。

1871年12月，琉球渔民因风飘流到台湾，被当地人误杀。这个事件本来可以通过中国和琉球两国之间的谈判而合理地解决，但日本政府认为这是推行侵略扩张政策的好机会，毫无理由地插手干预。1872年日本片面宣布琉球隶属日本管辖，接着就发出“惩治台湾”和“先取台湾和福州两地”① 的侵略叫嚣。1873年日本外务相副岛种臣率领柳原前光与美国人李仙得（Le Gendre）以换约和庆贺同治帝亲政为名来到中国，窥探清朝政府的意向，并伺机进行讹诈。副岛种臣并不亲自出面，却派柳原前光和郑永宁向总理衙门质问琉球

① 王芸生：《六十年来之中国与日本》，卷一，58页。

渔民被杀的问题，还别怀鬼胎地提出要派人到台湾“说话”。总理衙门大臣毛昶熙指出：这是琉球和中国之间的问题，“何预贵国事而烦为过问？”① 日本侵略者的无理干预碰了一鼻子灰，它进行外交讹诈的目的并未达到。

日本在玩弄外交讹诈的同时，正在加紧军事入侵的准备。日本对台湾的侵略得到美国的积极支持，早在1867年美国军队就侵入过台湾，被台湾高山族人民所击退，以后美国就转而利用日本的力量，作为入侵台湾的工具。1872年，日本染指台湾的野心日益显露，美国驻日本公使德朗（C.E.Delong）表示：“我友邦如占他国土地而有所扩张，正投我所好”②。为了使日本了解台湾的情况，德朗还推荐了曾任美国驻厦门领事的李仙得充当日本政府的顾问③，为日本政府出谋划策。日本政府“事无大小，均采用其意见”④。李仙得狂妄地鼓吹台湾“非中国版图，事实上为无主之地”的谬论，鼓励日本政府“收为领土”⑤。在美国的支持下，日本政府加紧战备，“在美国定购林明敦后门枪子八千万，在纽约地方装兵船二只”⑥。美国人机慎与日本军官非法潜入台湾，查看地形，绘制地图。一直到日本侵略军在台湾琅琊登陆时，“美国人帮助带兵，雇与商船，装载弁兵军装”⑦，并且还有美国军舰停泊在琅琊，为日军助威。

1874年初，日本政府自以为战备已有眉目，急于“把国内不稳的形势，导向对外，发生转移目标的作用，同时还要对外国显示国威”⑧。由大久保利通和大隈重信制定了“征台要略”，设立了“台

① 王芸生：《六十年来之中国与日本》，卷一，59页。

② 转引自井上清：《日本的军国主义》，33页。

③ 李仙得是美国的退休军官。曾任驻厦门的领事，专门收集和刺探我国台湾等地的情报。1867年美国武装侵略台湾失败后，李仙得以与高山族谈判为名，曾经深入台南，进行间谍活动。他“会说台湾话”，以“台湾通”自居。当他到日本时，“随身携带了一整套有关台湾海岸、内地及人民的地图、图表及照片等等”。见《近代史资料》，1954（3），183页。

④⑤ 田保桥洁：《关于台湾事件的考察》。

⑥ 《李鸿章全集》，译署函稿，卷一，43页，《筹办日本换约并美国优待学生事》。

⑦ 同上书，译署函稿，卷二，24页，《论日本图攻台湾》。

⑧ 东亚同文会编：《对华回忆录》，67页。

湾事务局”，大隈重信任局长，西乡从道任都督。日本入侵台湾已进入行动阶段，“日本的目的，欲在台湾岛东部开辟居留地，永久占领”①，而美国则希图日后“得地分肥”②。1874年5月7日，西乡从道率领三千侵略军在台湾东南部琅琊登陆，随即向当地牡丹等社提出无理要求。台湾高山族人民昂然不屈，答复日本侵略军“定期在东方四重溪隘路附近决战”。5月下旬，战斗开始，日军向风港、石门、四重溪等地进犯，台湾各族人民“顽强抵抗”，“誓死不退”，凭借有利的地形和巧妙的战术，用弓箭、大刀、火枪、长矛和侵略军展开搏战，给敌军以重大的杀伤，连日本方面的记载也承认：“我军损伤极多，而对方好像没有损失”③。在台湾人民的英勇抗击下，日军一直滞留在琅琊、龟山一带，既无力前进，又不甘撤退，形成骑虎难下的尴尬局面。

日本侵略者一面在台湾实行军事进攻，一面又派柳原前光出使中国，向清政府展开外交攻势。5月28日柳原前光到上海，扬言“专为通商和好而来，与西乡从道之往台湾，各办各事”④。他在上海、天津、北京和清朝官僚潘霨、李鸿章以及总理衙门的大臣们接触频繁，清政府就日军入侵台湾的挑衅行为提出质问，他时而装聋作哑、推诿搪塞，时而厉言疾色、恫吓威胁，施展出纵横捭阖的手段，和清朝政府纠缠。

在日本侵略台湾的整个过程中，清朝政府的昏庸无能和投降主义本质彻底暴露了。事前，清政府对日本为侵略台湾而进行的长期准备毫无所知；事情发生以后，清政府“恐惧”、“震惊”，除了给日本外务省发出一个软弱无力的照会以外，迟迟不采取措施，只是派船政大臣沈葆桢和福建布政使潘霨率领兵轮到台湾“巡阅”，还特别声明“此次调用轮船……非因用兵起见”⑤。潘霨还专程迂道往上海会晤柳原前光，请求日本撤兵，柳原前光荒谬地提出捕杀台湾抗日人民的要求，潘霨竟答应“照办”。一直磨蹭到6月中旬，潘霨和沈

---

① 转引自东亚同文会编：《对华回忆录》，46页。

② 《李鸿章全集》，译署函稿，卷二，46页，《采集台事众议》。

③④ 《同治朝筹办夷务始末》，卷九四，18页。

⑤ 同上书，卷九三，28页。

葆桢才先后到达台湾，这时已在日军登陆台湾后的四十天。

此后，清政府的求和活动日益加紧。一方面总理衙门和柳原前光在北京进行谈判，柳原前光态度蛮横，再三逼问清政府：日本"定不退兵，中国究欲如何办法?"① 总理衙门低声下气，要求"现在不再辩论曲直是非，只应想一了结此事之法，须两国均可下场"②，日本抓住清政府惧怕战争的弱点，并"恃美国暗中资助"③，大耍无赖，威逼清政府屈服。另一方面潘霨又跑到西乡从道的台湾军营中，乞求日本退兵，西乡从道开始企图否认中国对台湾的不可争辩的主权，但潘霨出示台湾人民纳税的证据，西乡理屈词穷，又"断断以所用兵费无着为言"，流露出敲诈勒索的意图。

日本侵略者虽然声势汹汹，但它当时力量毕竟有限，贸然地出兵台湾的行动已造成了很多困难，使自己处在极端被动的地位。

首先，日本无理进攻我国台湾，激起了全中国人民的愤怒。台湾各族人民纷起抵抗，要求清政府坚决把日本侵略军赶下海去，表示"用兵之日，各愿先行"④，"中国沿海一带，民情激昂"⑤。清政府虽然不愿作战，但陆续调到台湾的淮军、粤勇已近万人，多数人义愤填膺，"深怀敌忾之心"⑥。日本侵略者已陷在广大中国人民反侵略愤怒火焰的包围之中。

其次，由于台湾各族人民的抵抗，又由于台湾的气候、地形条件，使侵台日军陷于十分狼狈的处境，伤亡病员，日见增多，在战斗中"死伤六百余人"⑦，至于发病的人每天总有八九个，最多时达14人，日本政府曾两次装运伤病员 1 100 人回国，军队严重地减员。而且后勤供应十分困难，粮食弹药，时有告竭之虞。⑧ 因此，日军

---

①② 《同治朝筹办夷务始末》，卷九六，31 页。

③ 同上书，卷九四，4 页。

④ 同上书，卷九四，23 页。

⑤ 丹涅特：《美国人在东亚》，377 页。

⑥ 《同治朝筹办夷务始末》，卷九七，23 页。

⑦ 王芸生：《六十年来之中国与日本》，卷一，97 页。

⑧ 日本方面"弹药粮食的输送，其艰苦更不可名状"，只好让士兵们"分头去挖芋头，捕捉豕豚，借以充饥"，"有时，只能靠已经腐烂发着恶臭的饭菜充饥"（《对华回忆录》，81～87 页）。

士气低落，人人“皆涕泣思归”①，据日本的记载中说：“很多人精神忧郁，缺乏生气……意志消沉，希望早日归国，几乎成了口头禅，不断地谈论着。偶然遥见海上一缕黑烟，便纷纷爬上棚屋的顶巅张望，连病骨支离、起身不得的人也不肯例外”，许多士兵大骂日本政府，“原来政府欺骗我们，送到这样的岛屿来”，“冷潮热骂，忿忿不已”②。

最后，日本武装侵略台湾，虽有美国的支持，但由于列强对台湾各抱野心，因而引起各国的不满。英国表示“由于英国在华商人与台湾有密切关系，英国不能坐视日本占领台湾”③；德国则因“觊觎台湾较之他国为尤甚”，故对日本“甚嫉之，不与其党”④；西班牙为了本身利益，向日本提出抗议；俄国与意大利也提出质询。帝国主义在中国的矛盾错综复杂，日本出兵台湾，打乱了列强的均势，牵涉到各国的利益，故而在外交上陷于孤立。

由此可见，三千侵台日军（实际上因战死或伤病回国的已达半数）已深深地陷入泥淖之中而不能自拔，痛歼侵略军不仅是全中国人民的正义要求，而且也有了现实的可能。但是有利的客观形势还需要有能够正确动用它的主观力量。清朝政府自始至终抱着妥协求和的打算，根本不想运用有利形势，痛惩侵略者。李鸿章说：“彼虽无礼在先，我未便失礼在后，姑且忍气耐烦，实为保全和局”⑤。他指示援台的淮军将领唐定奎“进队不可孟浪，西乡苟稍知止足，断无以兵驱逐之理”⑥。他对入侵我国神圣领土的强盗军队，是多么的讲礼貌、讲客气。负责前线军务的沈葆桢和李鸿章一样，他说：“费数百万帑金，歼此贪主所陷溺之数千兵民，不特无以体皇上遍覆之仁，抑且不足示天朝止戈之武……但宽其称兵既往之咎，已足见朝廷逾格之恩”⑦。这位前线的指挥官在阿Q式的“遍覆之仁”、“止戈

① 《同治朝筹办夷务始末》，卷九八，36页。

② 《对华回忆录》，95页。

③ 丹涅特：《美国东亚外交史》，443页。

④ 《清季外交史料》，卷九，20页。

⑤ 《李鸿章全集》，译署函稿，卷二，53页，《与美使艾忻敏问答节略》。

⑥ 同上书，译署函稿，卷二，41页，《论台防》。

⑦ 《同治朝筹办夷务始末》，卷九七，3页。

之武”下面，竟然给敌军讲情“乞恩”了。至于清廷中重要大臣，也主张“兵端不可遽开……与李鸿章、沈葆桢用意相符”①。这一批惧战的大臣，姑息容忍，其所作所为，正好是鼓励了侵略者得寸进尺的无餍贪欲。

时间一天一天地过去，入侵台湾所带来的一系列困难压在日本政府的肩膀上，一天比一天沉重。日本政府越来越恐慌起来，企图用政治手段扭转不利的军事形势，尽可能地向清政府敲诈一顿而结束这场可能给自己带来灾难的侵略战争，于是大久保利通被任命为特命全权大臣，到中国来谈判。事实上，日本当时无力和广大的中国作战，大久保利通“奉命几乎在任何条件下去求得一个解决”②。

大久保利通的讹诈使命，得到美国的全力帮助，这次不但有李仙得随同前来，充当谈判顾问，而且还有美国驻华公使艾忻敏、驻天津副领事华德格等从旁帮腔。大久保利通的目的是尽可能多地勒索赔偿，华德格就制造气氛，扬言“不给兵费，必不退兵，且将决裂，扰乱中国各口”③。李仙得则串通外国人在华所办报刊，散布谣言，说什么“长崎屯兵三万……遣兵北犯津沽”，“日人添购铁甲船二只，并广购精利枪炮及英美轮船，以便装兵西来”④。美国公使艾忻敏假扮成和事佬模样，力促清政府“通融办结”⑤。还有英国公使威妥玛和法国公使热福里也插手干预，这次谈判变成一场充满威胁恫吓和引诱欺骗的丑剧。

9月间，谈判在北京开始。最初大久保利通做出否认中国对台湾领土主权的姿态，稍后又以“即行返国”为要挟，逼迫清政府提出解决台湾问题的办法，后更以“令日本兵不致空手而回”的理由，勒索赔偿500万元。清朝政府把妥协投降作为既定的国策，愿意赔偿了事，只是碍于广大人民和一部分主战派官吏的反对，而且日本索价过高，面子上不大好看。于是当权的官僚一方面挖空心思

---

① 《同治朝筹办夷务始末》，卷九七，35页。

② 马士：《中华帝国对外关系史》，第2卷，300页。

③ 《李鸿章全集》，译署函稿，卷二，43页，《述美国副领事毕德格面议节略》。

④ 同上书，译署函稿，卷二，45页，《采集台事众议》。

⑤ 同上书，译署函稿，卷二，53页，《与美使艾忻敏问答节略》。

地制造妥协投降的口实，说什么“海疆武备不足恃”，“明知彼之理屈”，也“不能不姑示羁縻”，以堵塞主战派的指责；另一方面，和大久保利通讨价还价。日本方面因急于要下台，只得大大削减索赔的数目。经过一个半月谈判，中日两国政府终于达成协议，1874年10月31日订立了《中日北京专约》，清政府给日本抚恤银10万两，偿给“修道造房”银40万两，并承认日军侵略台湾是“保民义举”。

日本政府侵占台湾和勒索大宗赔款的目的虽然没有完全达到，但得到的好处是极大的。它用政治外交手段，使自己摆脱了军事困境，而且迫使清政府屈服投降，赔款50万两，这是明治维新以后在外交和军事上的第一次重大胜利。大隈重信说：“日本出兵台湾结果是各国认识了我兵力之效用，英法二国撤去幕末迫害外人以来驻扎横滨的军队，明治外交上所受间接利益甚大”①。清政府无原则的妥协不但没有缓和中日两国的矛盾，反而鼓励了日本政府采取更加积极的侵略中国的政策。

这个事件也再一次暴露了清朝政府的腐朽无能。它完全被外国的军事入侵所吓倒，不肯稍稍动员广大的民力和军力，错过了痛惩外国侵略强盗的时机。一个古老而广大的国家在形势有利的情况下，被一个新兴小国利用蹩脚的外交和并不强大的军事手段所打败，这在政治上的深远影响的确是无法估量的。一个侵略分子写道：“这种和解的确注定了中国的命运。它向全世界宣告着，这是一个富有的帝国，它准备给钱，但却不准备打仗”②。从此以后，各国侵略者纷纷寻找机会，以各种借口采取外交和军事行动，掀起了掠夺中国边疆和邻近国家的狂潮。因此，日本武装侵略台湾成为列强加紧侵略中国的一个信号。

日本侵略台湾得到了便宜，它的侵略矛头随即指向朝鲜和琉球。1875年，日本对琉球实行军事占领，逼迫琉球奉日本明治年号；1879年正式吞并琉球，劫走琉球国王，改琉球为冲绳县。

---

① 大隈重信：《开国大势史》，转引自张雁深：《美国侵略台湾史》，80页。

② 马士：《中华帝国对外关系史》，第2卷，301页。

琉球曾一再派人向清政府求援，腐朽的清政府自然不可能给琉球以有力的援助。清政府把希望寄托在“谈判”上，梦想“以情理二字相驳诘”，取得日本的让步，“而琉人借以图存”①。最初是和日使宍户玑进行毫无用处的辩论，其后又依靠美国前任总统格兰特的“调停”，格兰特包藏祸心，趁机要求清政府在即将开始的中美新的谈判中对华工问题做出让步，并且公开地袒护日本，说什么“日本君臣亦有难处”，“日本确无要与中国失和之意”，还指责中国驻日公使何如璋“文书措语太重，日人心颇不平”②，甚至要清政府撤换何如璋。这个自称“公正”的美国“和事佬”把清政府置在被告的地位上，清政府依靠美国“调停”的幻想成了泡影。

以后，日本又先后派竹添进一和宍户玑到中国，提出荒谬的“分岛改约论”，其内容是日本吐出琉球的南二岛宫古与八重山，交换条件是要清政府修改中日商约，准许日人进入中国内地通商，并增加“一体均沾”的最惠国条款。糊涂的清政府以为日本肯吐出琉球南二岛，可以“存琉球一线之祀”，后来才从琉球人那里了解到“南岛贫瘠僻隘，不能自立，而球王及其世子，日本又不肯释还”③。日本侵略者用心险诈，以“分岛”换取“改约”，口头上说“分岛”，实际上琉球仍不能独立。清朝政府几乎又中了圈套。

琉球交涉就这样无休止地纠缠下去，日本早已完成了对琉球的吞并。到了80年代，法国发动了侵略越南的战争，并有进一步侵犯中国西南边境的企图，清朝政府自顾不暇，琉球问题亦就搁起不谈了，于是日本就顺利地并吞了琉球。

三、马嘉理案件和中英《烟台条约》的签订

1874年底，日本侵略军刚刚从台湾撤退，1875年初，由于英军入侵云南又发生了马嘉理被杀的事件，英国侵略者借端兴风作浪，向清朝政府进行讹诈。

---

① 《清季外交史料》，卷一五，13页。

② 《李鸿章全集》，译署函稿，卷九，39页，《译美前总统来函》。

③ 同上书，奏稿，卷三九，《妥筹球案折》。

早在19世纪中叶，英国已侵占了印度和缅甸的南部，企图进一步打入我国的西南地区。1858年，一个英国退休军官斯普莱（R. Sprye）提出了勘察由仰光到云南思茅的铁路线计划，得到英国商界和报界的强烈支持。1867年，英印政府调查了缅甸境内的斯普莱路线和另一条沿伊洛瓦底江经八莫入云南的路线。1868年，英印政府派遣以曼德勒政务官斯兰登少校（Sladon）为首的探路队，勘探经八莫入云南至广州的商路，这个探路队曾进入云南，因云南人民的反对，被迫折返缅甸。

这时英国和法国正为争先打开中国西南门户而进行着激烈的竞争。法国以越南为基地，曾先后派特拉格来、安邺、堵布益等勘探由湄公河、红河进入中国的通道。英国的注意力也从中国的沿海转移到中国的西南①，积极进行探路活动。中国西南边疆的形势，一天比一天更加紧张起来。

1874年，英国组织了一个庞大的探路队，由陆军上校柏郎（H. A. Browne）率领，探测从曼德勒经八莫至云南的通道。英国驻华使馆为配合这次侵略活动，派使馆翻译马嘉理（A. B. Margary）前往迎接。1874年8月，马嘉理从上海启程，沿长江西上，经湖南、贵州、云南，于1875年1月到达缅甸八莫，和柏郎的探路队会合。

1875年2月初，马嘉理和柏郎先后带领193人的武装“探路队”闯入中国，“并不先行知会地方官，遽行入境”②。这种无视中国主权的侵略行动理所当然地引起云南人民的疑虑和愤慨。云南人民纷起组织团练，准备自卫抵抗。这支“探路队”刚刚走到腾越厅西南的蛮允即被当地群众所阻，群众“聚集多人，围之鼓噪，责以大义，动以危言，使之不能施其伎俩”③。但“探路队”依恃武力，强欲过境。2月21日英国侵略分子首先动手，向群众开枪射击，打死群众

① 据四川总督丁宝桢说：“臣窃揣英人之意，从前专注意海疆。今则二十余年，船炮既极坚利，而河海之地势人情已极熟悉，自以为经营就绪，惟不通海疆之四川、云南、贵州、广西……未能水路相通……故又欲以向之致力于海疆者，转而用之于西南各省”（《清季外交史料》，卷一二，17页）。

② 《李鸿章全集》，译署函稿，卷四，48页，《与英国梅正使问答节略》。

③ 《清季外交史料》，卷五，27页。

一人，因而激起众怒，马嘉理被杀死。第二天，柏郎等又行凶枪杀群众数人，并放火焚烧山林，云南人民义愤填膺，把这支侵略性的“探路队”驱逐出云南。

马嘉理案是英国无视中国主权、悍然侵入中国领土而造成的，其责任当然完全在英国方面。英国“探路队”所持总理衙门发给的护照上明确载明，只限“三四官员”入境。英国有什么理由组织193人的武装队伍强行闯入我国边境？当地群众劝阻“探路队”离境，马嘉理等为什么首先开枪行凶？云南人民为自卫计，为保卫国家领土主权计，不能不对猖狂的侵略者进行还击，这是完全正当的行动。但英国侵略者却以马嘉理被杀为口实，兴风作浪，蓄意扩大事态。3月24日，英国公使威妥玛向总理衙门面递节略，要求惩办抗英群众，并提出派英国人去云南“观审”、先交赔恤银15万两等无理条件，接着又一步紧逼一步，在八天之内提出照会十余次，“牵涉觐见、税务及各口未结等案，内称若弗照行，从此绝交，该馆所住各员，全行出京等语，词意极为激切”①。事实上觐见、税务和各口未结案件，与马嘉理案件风马牛不相及，但却是英国长期以来屡次提出而尚未完全实现的侵略要求。它不过是借马嘉理案为口实，再一次提出从前勒索未遂的侵略性条款，“强迫要求对两国政府间的一切显著问题作一种有利的解决”②。所以，这次历时一年半之久的交涉远远超出了马嘉理案本身的范围，英国侵略者的注意力着重在案外勒索。

清朝政府一开始就抱着妥协息事的想法，令署理云贵总督岑毓英“确切查办”滇案，“毋稍含糊”，并答应英国提出的“观审”要求。威妥玛在第一轮的交涉中占了便宜，4月3日就以赴上海派员去滇观审为名，离京南下，一方面利用上海和伦敦间的电报通讯和英国政府联系确定了进一步的讹诈方针，另一方面又邀柏郎到上海，共同编造一套滇案的情节，作为进一步讹诈的口实。

6月间，清政府派湖广总督李瀚章为钦差大臣，前往云南查办滇

---

① 《清季外交史料》，卷一，14页。

② 马士：《中华帝国对外关系史》，第2卷，324页。

案，威妥玛即遣使馆参赞格维讷去湖北面见李瀚章。李瀚章在谈话中说，只奉旨查办马嘉理被杀，不调查柏郎被阻，这句话也成了英国侵略者指责清政府无意解决滇案的“证据”。威妥玛在上海逗留将近四个月（曾去福州、汉口），滇案的情节已编造停当，讹诈的计划已详细制定，所谓的“证据”已搜罗齐全，便大摇大摆地北上，开始了第二轮谈判。

8月初，威妥玛到达天津，他首先给李鸿章一个下马威，在谈判中态度蛮横，出言不逊。他说：“自咸丰十一年到今，中国所办之事，越办越不是，就象一个小孩子，活到十五六岁，倒变成一岁了。我在此耽搁几天，就进京住一个月，与总署商议，看他怎么办法。不但云南一事，内外各处官与官、商与民交涉各样规矩情形，俱要认真整顿，改变好法，如没有一个成事的把握，改变的凭据，那时候我只好出京，把云南事交与印度节度大臣办理，各口通商事交与水师提督办理。英商税饷，概不准完纳”，又说“中国改变一切，要紧尤在用人，非先换总署几个人不可”①。李鸿章感到威妥玛“愤激不平之气，狂妄无理之言，殊堪骇异”②。在谈判中威妥玛又陆续提出：派“一二品实任大员”赴英道歉；“明降谕旨”处分岑毓英和云南地方官；谕旨中凡遇“英国”字样，必须抬写；护送格维讷到云南“观审”；明令各地“遵守条约”；“缅滇交界道路须任英人通行”；“妥商边界贸易章程”；英国商品免纳厘金；觐见皇帝；允许外国公使与王公大臣往来；等等。

威妥玛的讹诈姿态果然把李鸿章和一班大官僚吓唬住了。李鸿章向总理衙门报告说：“此案其曲在我，百喙何辞，威使气焰如此张大，断非敷衍徇饰所能了事”，“若果决裂，不仅滇边受害，通商各口先自岌岌莫保，南北兵力皆单，已有之轮船炮台，断不足以御大敌，加以关卡闭市，饷源一竭，万事瓦解”。他大肆宣传战争的可怕，灭自己的志气、长敌人的威风，并且还把云南人民正当的抗英自卫行动说成是“其曲在我”，主张对威妥玛的无理要求“酌量允

① 《李鸿章全集》，译署函稿，卷三，32、33页，《与英国威使晤谈节略》。

② 同上书，译署函稿，卷三，26页，《论滇案》。

行，以慰其意”①。

这时，英国为了加强对清政府的压力，一方面加紧拉拢美、法、德、俄，共同对付中国，这些国家恐怕威妥玛提出的无穷尽的案外勒索，会损害自己的利益，因而有一定的顾虑，但是英国敲诈得来的特权，对他们又有“一体均沾”的好处，所以在基本态度上是支持英国的②；另一方面，英国又故意频繁地调动军队，摆出准备作战的姿态，作为谈判的后盾。8 月下旬，英国军舰集中于烟台，威妥玛结束和李鸿章的第二轮谈判匆匆赶赴烟台，和英国驻华海军司令赖得（A. P. Ryder）会商武力要挟的问题，9 月初又趾高气扬地到北京，开始与总理衙门进行第三轮谈判。

威妥玛的谈判得寸进尺，第三轮谈判中除了坚持以前提出的各项要求外，对于商务、税务又进一步提出四点要求：（1）子口税单对于中外商人应一律有效；（2）整顿厘税，租界内先禁抽厘；（3）鸦片烟税各口岸划一章程；（4）沿海沿江沿湖增设通商口岸。清政府害怕谈判破裂，表示愿意让步，除了加派薛焕到云南帮助李瀚章查办滇案外，又令赫德将商务税务情形“详议呈核”，愿意进一步妥协。但威妥玛仍然不满，10 月 11 日又停止谈判赴上海，一方面命格维讷以赴云南“观审”为名，考察滇缅通商的前景，一方面又派使馆秘书爱德华回英国汇报谈判情形，并要求英国政府多派炮舰作为谈判的后盾。

12 月威妥玛又回北京，谈判进入第四轮。威妥玛这时一反骄横粗暴的常态，故意装得不慌不忙，被威妥玛吓破了胆的清朝官吏们处在暴风雨前的平静中，更加觉得恐慌，奕䜣的奏折中说：“威妥玛此次到京，时已三旬有余，仅诣臣衙门一次，且于晤时故置滇案不提。于本案未能确有归结，则案外所议通商各端，无从定局。然若

① 《李鸿章全集》，译署函稿，卷三，46～47 页，《论滇案不宜决裂》。

② 美国公使艾忻敏给国务卿的信中说：“我同我的俄国、德国和法国同僚们意见相似，在关于残杀马嘉理的赔偿要求上，亟愿给英国公使以道义上的支持……但是我断然反对把这个案件同其他各项问题混杂在一起。如果认为那些问题有提起必要的话，不如以它们本身的理由，分别提出来处理，要比较好一些”。参见马士：《中华帝国对外关系史》，第 2 卷，324 页。

概从缓议，威妥玛又得以不准不办为词。且其性情躁急，此次除照会辩论外，并未面为催迫，亦难必其别无诡谋”①。清朝官僚摸不透威妥玛的葫芦里卖的是什么药，急忙主动令赫德将商务税务问题详细复议，元旦时，许多大官僚和各国公使互致祝贺，以满足威妥玛所提优待公使的要求，同时又催促李瀚章、薛焕赶紧查办滇案，大批抗英群众被拿解昆明“质讯”，腾越厅的文武官员均被革职审问，善良的老百姓被打死囚死几十人。总理衙门说“中国自问，办理此案，似已不遗余力”②，李瀚章也说“若就案情而论，臣等在实事求是，无可再查”③。尽管清朝政府为取媚侵略者而对抗英群众尽力迫害，株连极众，但威妥玛成心要从这里找碴，掀起更大的风波。在查办滇案过程中，威妥玛只是冷眼旁观着，对清政府愿意主动解决案外勒索的表示不予理睬，谈判停顿了很长时间。

直到1876年4月间，李瀚章、薛焕等查办滇案告结，提出详细报告。威妥玛抓住这个报告，指为毫不真实，大肆刁难。他从前指责岑毓英查办迟缓，这次又挑剔李瀚章、薛焕“查奏太速”，“复奏情节，与印度访查各节迥不相符”，“滇省问案，直同儿戏”④，硬说马嘉理被杀是参将（副将衔）李珍国直接布置的，而李珍国是奉了岑毓英的命令，岑毓英又是奉了清朝政府的命令。威妥玛提出“岑毓英以及各官各犯，必须提京审讯，李瀚章、薛焕查办不实，亦应一并处分”，“中国如不照办，是国家愿自任其咎，自取大祸”⑤。威妥玛提出这种咄咄逼人的要求，无非是加强对清政府的威胁，以达到其勒索的目的。清政府自然不能把岑、李、薛等大官僚“审讯”、“处分”，于是威妥玛又于6月2日提出“补救之法”六条：（1）由总理衙门奏述“惋惜马嘉理”和“保护洋人”，“晓谕各处，张贴告示，请旨后通行各省”；（2）由英国派人到各地查看所贴告示；（3）凡有伤害英国人的案件，准英国派人观审；（4）滇缅边界商务，

① 《清季外交史料》，卷四，28页。

② 同上书，卷五，25页。

③④ 同上书，卷六，6页。

⑤ 同上书，卷六，7页。

派员会商；（5）准英国派员在大理、重庆驻居；（6）中国和外国商人都可领子口税单；开大孤山（在辽宁）、岳州、宜昌、安庆、芜湖、南昌、温州、水东（即广东的电白）、北海为口岸；各种外国商品，在本口完纳正税，可以在各口销售，不再重征（即口界免厘）；等等。以上六条议定后，中国派钦差大臣到英国道歉，并赔偿抚恤、损失、兵费，数目由英国核定（以后遣使和赔款亦作两条，成为八条办法）。

此后，中英围绕八条办法而进入第五轮谈判。双方文移往来，威妥玛步步紧逼，毫不退让，且时时重提审讯岑毓英作为要挟，总理衙门则节节让步，基本上已接受了八条办法，只是对第六条办法稍持异议，只肯添开宜昌、温州、北海三口，口界免厘也没有接受。这时，威妥玛忽又威胁要离京赴沪，中断谈判。6 月 14 日，英使馆秘书梅辉立到总理衙门，又节外生枝地提出赔款数目问题，声称“无论索偿数目或少至数万，或多至数百万数千万，中国必当应允，无可商量”①。第二天威妥玛离京南下，“将从前所议，全为罢论”。谈判再度破裂。这次破裂的原因是由于威妥玛看到清政府很容易被吓倒，不过十多天的时间，八条办法已大体被接受，因此他中断谈判，考虑提出进一步的勒索条款，可是总理衙门的官僚们还莫名其妙，奕䜣说：“此次议办滇案，实已不遗余力，乃该使臣于议论已就之际，忽而全翻，殊出意表”②。他们被威妥玛捉弄得昏天黑地，如坠五里雾中。

威妥玛路过天津时，李鸿章竭力奉承，表示可以进一步出让权利，请威妥玛留在天津继续谈判，威妥玛声言“滇案除提京外别无可商”，态度极为强硬。

英国的态度虽然蛮横得无以复加，但实际上仍是虚声吓人，它不可能动用大量军队入侵中国，因为当时英俄在中东的矛盾已达到白热化的程度，俄国和英国附庸土耳其之间的战争已迫在眉睫，英国被深深地卷在争夺中东的漩涡里，无力顾及远东事务，英国政府已电促威妥玛从速解决滇案。假使清政府稍能坚持，威妥玛既已自

---

①② 《清季外交史料》，卷六，11 页。

绝于谈判，又无力挑起战争，势将进退失据。但是清政府被威妥玛的威胁所吓倒，唯恐谈判决裂，赶紧命赫德去上海“转圜”。于是赫德这个英国侵略分子便大做手脚，竭力促成了对英国有利的谈判。

通过赫德的“斡旋”，威妥玛指名要李鸿章到烟台谈判，并且“须奉有全权便宜行事之谕旨”。7月28日，清政府接受此项要求。威妥玛立即把“吴淞铁甲兵船数只，均调烟台对面之大连湾海口驻泊”①，使谈判地点处在英舰大炮的威胁之下。同时各国公使也齐集烟台，注视谈判的进展。1876年8月21日，第六轮谈判在烟台开始，威妥玛提出的条款共分三部分：关于滇案本身的六条，关于优待公使的三条，关于商务税务的七条，此外还有赴西藏探路专款，这些侵略要求比两个月以前的八条办法又进了一步。威妥玛首先通知李鸿章“所议条款，须全答应”，不然另商办法，条件就“更多更重”，又说“有允有不允则即停议”。李鸿章除了对口界免厘和增开口岸稍作争辩外，其余全盘接受。9月13日，《烟台条约》正式签字。

《烟台条约》就其丧权之严重，影响之深远，可以和1842年《南京条约》和1858年《天津条约》相比拟。这个条约大大地加强了英国在长江流域的地位，满足了英国和其他侵略国家长期以来的侵略要求，并且还把我国西南各省和西藏置在侵略者的魔爪之下，它是帝国主义加在中国人民身上的又一副沉重的枷锁。

《烟台条约》的内容包括三部分：

第一部分，关于马嘉理案本身（所谓昭雪滇案）：

（1）把关于马嘉理案的谕旨折稿，张贴全国，两年内英国得派人查看张贴的情形；

（2）中英继续谈判滇缅通商章程，英国得派官员驻居大理，考察通商情形；

（3）赔款二十万两；

（4）派钦差大臣到英国道歉。

---

① 《清季外交史料》，卷六，26页。

第二部分，关于优待外交官的条款（所谓优待往来各节）：

（1）由总理衙门会同外国公使商订中外官员会晤及来往行文的礼节条款；

（2）议定通商口岸的承审章程；

（3）内地及通商口岸有关英人的讼案，得由英国派人观审。

第三部分，关于商务税厘的条款（所谓通商事务）：

（1）通商口岸租界内，对外国进口货免征厘金，凡租界界址没有划定的口岸，由地方官与有关国家的领事会同划定界址；

（2）为了稍稍弥补清政府因租界免厘所造成的巨大财政损失，英国答应改变鸦片烟税的征收办法，进口的鸦片，将关税和厘金一齐交纳（即鸦片税厘并征），以减少走私，至于鸦片厘金征收多少，由各省酌定；

（3）子口税单应核定划一款式，中外商人都可以请领；

（4）增开宜昌、芜湖、温州和北海为通商口岸；

（5）英国派人驻居重庆，查看四川英商事宜；

（6）沿长江的大通、安庆、湖口、武穴、陆溪口、沙市等处，准许轮船停泊，装载客商货物。

除上述三部分内容外，又另立专条，允许英国人在翌年派人探查西藏的道路，由北京启行，“遍历甘肃、青海一带地方，或由内地四川等处入藏”。不久以后，英人吉为里和贝德禄就根据此项专条，在西南地区“查看道路形势，探明风土人情”，并“沿途秘密绘图”①。英国侵略分子入侵西南和西藏的活动日益猖獗。

此外，烟台的谈判中还附带解决了英商在上海擅筑的淞沪铁路问题，这条铁路由清政府以28.5万两收购拆毁。

这样，马嘉理案的交涉从1875年3月起到1876年9月止，经过一年半时间和六轮谈判，方告结束。在谈判中，威妥玛态度蛮横，言语狂傲，“一语不合，动辄拍案”，提出条件就限期答复，稍有不遂，即以提审岑毓英、下旗离京、中断谈判等等作威胁。由于清朝政府惧外怯战的投降主义立场，英国的外交讹诈才能够得逞，它在

① 《清季外交史料》，卷一二，15～16页。

谈判桌上攫取了只有通过一场侵略战争才能攫取到的巨大特权和利益。整个谈判过程，是帝国主义用外交手段压迫落后国家的典型。

但是清朝政府即使出卖主权再多一些，也不会满足帝国主义无止境的欲望。《烟台条约》签订以后，清政府已陆续履行了条约规定，而英国政府竟然拒绝批准条约。原来侵略者对条约中规定的租界免厘和鸦片税厘并征感到不满，英国商人们特别反对洋货免征厘金仅限于租界，而要扩及全中国；英国的印度政府则害怕鸦片税厘并征后，会增加鸦片的进口税，影响自己在这桩肮脏贸易中所获得的财政收入。还有美、法、德、俄各国也不满租界免厘的规定。于是英国政府再次玩弄1869年修约交涉中的手法，一方面享有《烟台条约》中规定的各项特权，另一方面却又拒绝批准条约，不履行条约的义务，并积极地打算修改条约，以便进一步扩大侵略权利。

此后，帝国主义侵略者仍和清政府纠缠不休，要求在《烟台条约》的基础上扩大侵略权利。1880年3月签订了中德续约和善后章程，其中除重申开放《烟台条约》所规定的四个通商口岸和六个停泊码头外，又增开吴淞为停泊码头，还做出了范围很广的“德国商船厂应用杂物”的免税规定。1885年7月18日，经过长期谈判以后，中英之间又签订了《烟台条约》续增专条，剔除了鸦片税厘并征后厘金数字由各省酌定的条款，统一规定进口鸦片每百斤税厘并征一百一十两(其中正税三十两，厘金八十两）即可销行全中国，此项规定满足了鸦片贩子和英国印度政府的意愿，英国政府才批准了《烟台条约》。

四、左宗棠收复新疆与中俄伊犁交涉

（一）新疆阿古柏反动政权的建立

19世纪60年代，我国新疆各族人民爆发了抗清起事。但这场斗争由于新疆各族上层分子和分裂主义者的大量涌入，而使斗争变质。他们为了争夺权位，加强各自的实力，竟引狼入室，向国外乞求援助，将浩罕国的野心家阿古柏请到了喀什噶尔。

阿古柏是浩罕王国的政治野心家。1825年生于浩罕皮什干的小官僚家庭中。稍长，和塔什干总督之妹结婚，因缘这种关系，阿古柏逐渐爬上了浩罕的政治舞台。起初，阿古柏在塔什干总督纳尔·穆罕默德所属军队里只担任一个下级军官职务。不久，在镇压哈萨克人民的暴动中，由于他表现出屠杀人民的强盗本性，因而被提升为浩罕军队中“库什别吉”（相当于团长），并被委任为阿克美且梯据点的指挥官。他担任这个职务时，对当地的哈萨克人民进行残酷的掠夺，引起当地人民的愤恨。浩罕国王为了缓和民愤，只好把阿古柏从阿克美且梯调到霍占据点去担任指挥官。

1853年，阿古柏爬上了更高的统治地位，做了浩罕国王的“多斯大尔汗启”（掌管国王饮食起居工作的官吏），后来又被提升为“里亚什凯尔帕夏”（总司令）。阿古柏为了满足他更大的权势欲望，从1853年开始，便和浩罕的摄政王阿立木库尔进行篡夺浩罕王位的阴谋活动。可是不久，阿立木库尔在一次防御俄国进攻的战役中死去，阿古柏感到势单力孤，因而产生另谋出路的打算。1864年思的克派人到浩罕求援，请张格尔后裔布士尔克返归新疆。这正给阿古柏离开浩罕别图发展提供了机会。1865年，阿古柏便挟持着布士尔克，纠合了六十余个亡命匪徒，组成了一支不大的队伍，进入了我国新疆的喀什噶尔。

阿古柏进入新疆后，便展开了对各支封建武装力量的征伐，到1865年秋征服了南疆，攻陷了和阗、叶尔羌和阿克苏。同年末，阿古柏为了进一步扩张其势力，以朝拜麦加圣地为借口，把“昏于酒色，军民嗟怨”的布士尔克放逐出国，从此大权完全落到阿古柏手中。支持阿古柏的伊斯兰教的教长们授予阿古柏“巴达乌别特”（意为最幸福的人）的称号，布哈剌王赠予他“阿塔米克格兹”（意为教主）的名衔。1867年，阿古柏便自立为汗，建立了反动的汗国——“哲德沙尔”。

“哲德沙尔”建立后，阿古柏更进一步扩张势力。1869年，派兵攻库车，“杀回目黄和卓”。1870年又击败妥明的军队，“追入吐鲁番，围攻其城”。同年10月“马仲举吐鲁番降帕夏（指阿古柏），帕夏即领导缠回、安梯，来取乌垣，土回多被杀戮”，据守乌鲁木齐的妥明，因“不能敌，亦举城降”。当时除了镇西、哈密、奇台、古城、济木萨等城为清军和汉族团练所固守，伊犁为俄国军队所占据外，阿古柏的反动势力已控制了天山南北的大部分地区。

阿古柏政权给新疆各族人民带来了巨大的灾难。它把许多肥沃土地分给了封建主和伊斯兰教的教长们，对贫苦农牧民征收极为苛重的赋税，并强迫所有的人改宗信奉伊斯兰教，不愿改宗的人都被杀死，被杀者共约四万人，包括军人平民在内。并勒令全体军民“髡发，易回服”①。

阿古柏为了巩固其反动统治，建立了大批骑兵（“基各特”）和步兵（“萨尔巴什”），实行恐怖的血腥统治。一个俄国旅行家根据亲身见闻描写说：“在目前的‘哲德沙尔’中，生活异常艰难。无论人身财产都没有保障，特务发展到了惊人的规模。每个人都为明日担心。管理机关的各个部门都横行霸道，真理和法庭是没有的”，“目前哲德沙尔的血腥的恐怖只有巩固皇帝（指阿古柏）本人的政权的目的，而对人民是毫不关怀的。人民只是被看作可以压榨出最好的液汁来的奴隶”②。在阿古柏的残暴统治下，新疆的生产力遭到严重的破坏，“某些沙漠地区的人口比从前减少了一半，耕垦面积也到处减缩”③。

新疆各族人民对阿古柏反动统治十分憎恨，连做过阿古柏大臣的米查尔、阿赫买特也不能不承认：“人民不喜欢阿古柏，因为他征收沉重的赋税”④。人民群众屡次发动反对阿古柏统治的起义。1867年由于推行新税而引起的吐鲁番人民起义就是其中最大的一次。尽管阿古柏调集大军，屠杀了六千多居民而把这次起义镇压下去，但各族人民的强烈反抗，已从根本上动摇了“哲德沙尔”的统治基础，给阿古柏反动政权埋下了覆灭的种子。

阿古柏不仅是残暴的统治者，而且又是英帝国主义侵略我国新疆的代理人。当时，英国已经并吞了印度，企图进一步向北扩张侵略势力，而俄国正在侵入中亚细亚，英俄两国在中亚地区形成尖锐的对峙，同时，又都虎视眈眈地窥伺着我国的新疆。一个英国侵略分子写道：“（新疆）对我国贸易开辟了一条新的途径，东土耳其斯

---

① 曾毓瑜：《征西纪略》，卷四，见《回民起义》（三），44页。

② 《为正确阐明苏联中央亚细亚各民族底历史问题而斗争》，230页。

③ Skrine：*China Central Asia*，p. 59.

④ 《为正确阐明苏联中央亚细亚各民族底历史问题而斗争》，220页。

坦（指新疆）可能成为通向布哈尔和库里札市场的最方便的门户，至于其他的一切，更不用提了。它同我们距离最近，可以使和阗的玉石营业复活起来，而仅仅塔塔里早已驰名的羊毛一项，已够得上贸易的主要目标。此外，曼彻斯特和印度的商品，也可以在人口密集的亚尔肯德和喀什噶尔地区找到广大的销路”①。阿古柏侵入新疆正好为英帝国主义创造了好机会，英国立即把侵略新疆的赌注押在阿古柏身上，企图利用阿古柏达到自己的目的。

1868年，阿古柏派穆罕默德·纳查尔去印度联系，英国政府随即派特务分子萧伍（Shaw）假扮成商人，与纳查尔一起回喀什噶尔，同阿古柏进行谈判。阿古柏表示希望得到英国的支持，并愿做英国的臣属。阿古柏对萧伍说：“英国女皇宛如温暖着它所照耀的一切的太阳。我感觉寒冷，我希望即使只有几线阳光落到我的身上。我非常卑微，是一个昨日的人。这几年神给了我这个幅员广大的国家。阁下来到我们这儿，是我的极大光荣，我在我们的国家里指望阁下的援助，只要我这里能为阁下尽的义务，我一定遵照阁下的命令尽到。而在阁下方面，也该同样待我”②。从这段谈话中，阿古柏向英国谄媚的丑态暴露无遗。

阿古柏虽然同英国建立联系，但南侵的俄国势力，特别是1871年俄国出兵占据伊犁的举动，不能不给阿古柏政权带来很大的威胁。为了缓和俄国的压力，阿古柏在投靠英国侵略者的同时，也曾派赛亦德·密尔查去彼得堡联系。1872年，阿古柏同俄国派到喀什噶尔的库尔巴斯谈判，并订立了一个通商条约。但不久，在英国侵略者的怂恿下，阿古柏采取了反俄的态度。

1873年，英国任命以浮士脱（Farsyth）为首的使节团来喀什噶尔。随浮士脱前来的有英国陆军中校戈登（Gordon）、军医少校柏郎（Bellew）、大尉查普曼（Champman）和三百名士兵。这些侵略者，名义上是使节团，实际上是一支武装军队。浮士脱使节团把英国维多利亚女皇承认阿古柏为合法国王的亲笔信交给了阿古柏，送给他大炮和一万支步枪。英国侵略者分裂我国新疆的阴谋，通过阿古柏

① 斯捷比利格著，林源译：《英国侵略中东史》，132页。

② 《为正确阐明苏联中央亚细亚各民族底历史问题而斗争》，224页。

而加紧进行。1874年，阿古柏政权与浮士脱使团签订《通商条约》十二款①，公开出卖新疆各族人民的利益。条约中规定：

（1）英国人可以在新疆“自由”地居住、经商，享受当地人和最惠国公民的特权与便利。

（2）英国商品在交纳2.5%的进口税以后可以在新疆各地自由运销，甚至英国商品可以不受任何检查。

（3）英国政府派代表驻在阿古柏的宫廷和其他城镇，直接控制新疆各地。

（4）英国在新疆取得了领事裁判权和其他特权。

《通商条约》的签订实际上使中国新疆成了英国的殖民地。阿古柏积极为英帝国主义效劳，得到了英国主子的欢心。英国政府除赠与大批武器外，还帮助阿古柏建立枪炮厂和火药厂，阿古柏已成为英帝国主义的忠实走狗。

英国除了直接控制阿古柏之外，还通过其附庸国家土耳其来加强与阿古柏的勾结，利用土耳其和新疆人民都信仰伊斯兰教的关系来麻痹新疆各族人民。土耳其政府给阿古柏送来大批枪炮和军事教官，土耳其苏丹赠给阿古柏以“爱弥儿”的尊号，并命令阿古柏为土耳其国王“哈利法祈祷，以哈利法名义铸币，并能高悬与我们同一颜色、同一形式国旗”②。阿古柏和土耳其政府之间肮脏关系的幕后牵线人，当然仍是英帝国主义。

（二）清军收复新疆

英国利用其傀儡阿古柏侵入新疆，控制了新疆的广大地区，1871年俄军也侵占了伊犁。新疆除济木萨至哈密之间的一条狭长通道外，已全部沦陷。1873年清政府镇压了陕甘回民起义以后，开始把注意力集中到新疆。清朝政府内部有两派意见：一派以李鸿章为首，在加强东南海防的借口下，主张放弃新疆，这种出让祖国西北大片领土的主张是十分荒谬的；另一派以左宗棠为首，主张加强西北塞防，

① 参见《英国同喀什爱弥儿所订通商条约》，载《民族研究》，1959（6）。

② 转引自包尔汉：《论阿古柏政权》，载《历史研究》，1958（3）。

收复新疆。经过一场争论之后，清政府同意左宗棠一派的主张。1875年5月，清政府命左宗棠为钦差大臣，督办新疆军务，进兵新疆。

要完成收复新疆的任务并不是轻而易举的事情，在军饷、运输、军事、外交各方面都存在着一系列困难。在出兵新疆以前，左宗棠首先着手来解决军饷筹措和粮食购运问题，这两个问题是用兵大漠、收复国土的先决条件。

军饷的筹措是个极大的难题，左宗棠自己在西北的军队有一百三十多营，约七万人，每年需军饷六百余万两，加上出关粮运经费每年二百数十万两，一年共需八百数十万两，此外金顺和张曜等军队的军饷还需四百数十万两。这笔军饷，都依靠各省的协饷，但各省协饷经常拖欠短解，在镇压陕甘回民起义时左宗棠军每年已亏挪军饷一百数十万两，寅吃卯粮，无法弥补。特别在日本武装侵略台湾时，东南海防紧急，各省移缓就急，都先解海防军饷，左宗棠军实收饷银更加短少，1875年底只收到该年协饷二百六十余万。如今要大举出关，军饷筹措成为必须解决的大难题。左宗棠最初提出的解决办法是举借洋债一千万两，但沈葆桢等激烈反对，以后清政府采取折中办法，由户部在所收海关洋税项下拨给二百万两，由各省在应负西征协饷项下尽先解足三百万两，另由左宗棠向英国汇丰银行借到五百万两，共凑足一千万两之数，出关军队方得成行。

还有粮食的采购和运输也是必须解决的重大难题。当时新疆广大地区在阿古柏的控制之下，清军出关，无法得到粮食，大部分粮食须在甘肃、内蒙古采购后，长途运往新疆。经过详密筹划之后，左宗棠确定了南北两条粮运路线。南路在肃州、甘州、凉州采购民粮，于肃州设粮局，用大车、驮驴、骆驼运到哈密、古城子。这条道路从凉州到古城子全程达三千五百里，沿途大多是荒碛沙漠，兵荒马乱之后，人迹稀少、缺少台站，而且要翻越天山，运输极为困难。当时凉州粮价每石约四两，但全程的运价每石高达十七两。①

① 据《左宗棠全集》载："关内之粮，由凉运至安西，即需十一两有奇（原注：合粮价运脚计算）。若再由安西运哈密，运巴（里坤）古（城子），尚须加运脚十两有奇也"（书牍，卷一六，35页，《与金和甫都统》）。

北路粮局设于归化、包头，采购河套、宁夏一带粮食，经内蒙古小草地，运达巴里坤。计各地段动员的运输工具约有大车五千辆，驴五千五百头，骆驼三万头。此外还在新疆就地采购粮食，并在哈密、巴里坤一带垦田耕种。经过一系列艰苦复杂的组织工作，方才保证了军队的粮食供应。

当时，新疆的形势是：西北部伊犁在俄国军队的占领下；天山北路的乌鲁木齐由阿古柏派马人得、马明据守；乌鲁木齐外围古牧地、红庙子、玛纳斯等处由白彦虎据守；阿古柏本人控制着天山南路；清朝军队则退守在哈密、巴里坤、古城子、济木萨的狭长地区内，但这个地区却是从甘肃通往新疆的孔道。左宗棠派金顺、张曜、徐占彪等首途出关，屯驻于哈密、巴里坤、济木萨一线，又派刘锦棠统率大军继进，左宗棠自驻于肃州，为后路接应。左宗棠用兵的方针是“先北后南，缓进速战，严备后路，防敌四窜”。其主力由刘锦棠、金顺率领指向敌军较弱的北路乌鲁木齐，行军必待粮食贮存充足，方稳步前进，作战则力争速决，避免旷日持久的消耗战。又令张曜守哈密，防阿古柏从天山南路东犯，切断清军的后路，令徐占彪驻巴里坤、古城子一带，防敌军四出分窜。此外还有锡纶扼扎沙山一带，孔才、徐学功等屯军玛纳斯附近，防敌西窜北窜。1876年7月，刘锦棠、金顺自济木萨进抵阜康，攻古牧地。马明和白彦虎等在阜康和古牧地之间的黄田筑卡树栅，阻截清军，阿古柏亦自天山南路遣军助战。但这时阿古柏集团内部发生矛盾，阿古柏怀疑马明和清军相通，将马明逮捕。8月10日，刘锦棠等强攻黄田，敌军溃败，“弃辎重，相与狂奔”①。清军追击，17日克复古牧地，缴获乌鲁木齐马人得的信件，其中说：“乌城精壮已悉数遣来，现在三城（指乌鲁木齐、迪化州和王城）防守乏人。南疆之兵，不能速至”②。清军得知乌鲁木齐空虚，立即发兵进攻。8月18日收复乌鲁木齐，马人得和白彦虎逃往天山南路。盘踞在昌吉、呼图壁的敌军

---

① 魏光焘：《戡定新疆记》，卷二。

② 《左宗棠全集》，奏稿，卷四九，《详陈攻拔古牧地克复乌鲁木齐、迪化州城战状，请奖恤出力阵亡各员弁折》。

也弃城逃遁，只有玛纳斯城延至 11 月初方才攻克。天山北路的军事行动，经过一年多的周密准备，但主力决战自黄田之役到收复乌鲁木齐，只花了短短九天的时间，即胜利结束。

当清军胜利地进军天山北路的时候，英国为保护阿古柏，阴谋阻挠清军的前进。左宗棠为筹措军饷，举借外债五百万两。英使馆“闻中国有借银之说，已有电信回国，诫禁国人，如滇案未结之前，不准出借”。左宗棠指出：英国“有与安集延（即阿古柏）潜通之事，大约不欲出借，为缓兵之计”①。上海的外国报纸上还大叫大嚷：要西进的军队“不可轻动”，甚至造谣说左宗棠已“败退关内”②。英国通过各种途径，暗中阻挠我国收复新疆之举，但它的阴谋并未得逞。到了清军在天山北路告捷，英国更加恐慌。威妥玛乘《烟台条约》议结的时候，公开出面阻挠清军的前进。他向李鸿章提出，愿“居间调停”③，让阿古柏“投诚”，条件是新疆“作为属国，只隶版图”，而仍保持阿古柏傀儡政权的存在。这个荒谬的调停建议被清政府拒绝。左宗棠说：英国调停是为了“沮官军深入，与前此嗾上海申报局刊播谣言、禁止洋商息借洋款同一机局”，其目的是分裂我国领土，制造与俄国之间的缓冲地带，“图保其印度腴疆”④。英国的阴谋又一次碰壁。

清军在天山北路因强攻玛纳斯耽误了一些时间，未及向天山南路进军，转眼已到冬季，大雪封山，遂停止军事行动，进行休整。到第二年春季又分两路出动，指向吐鲁番。西路刘锦棠军自乌鲁木齐翻山向东南，攻达坂城和托克逊；东路张曜军从哈密西进，徐占彪军自巴里坤西进，会攻辟展。东西两路像一把钳子一样，夹住吐鲁番。这时，阿古柏在吐鲁番地区重新部署兵力，命马人得、白彦虎守吐鲁番，自己的次子海古拉守托克逊，大总管爱伊德尔呼里守达坂城，阿古柏本人则退守喀喇沙尔，以为后援。1877 年 4 月，吐

① 《左宗棠全集》，书牍，卷一六，18 页。

② 同上书，书牍，卷一七，25 页，《答曾沅浦》。

③ 同上书，译署函稿，卷六，28 页，《述威使代喀乞降》。

④ 《左宗棠全集》，书牍，卷一七，30 页，《上总理各国事务衙门》。

鲁番会战开始。西路刘锦棠军乘敌不备，于夜间“衔枚疾趋达坂，期五鼓会城下，立合锁围，杜贼窜逸”①。敌军全军被包围在达坂城内，海古拉从托克逊发兵来援，亦被清军击退。4月20日，清军用大炮轰开达坂城，敌军全部被歼，爱伊德尔呼里被俘。东路张曜、徐占彪军亦于4月22日收复辟展。这时清军所向克捷，军威极盛，阿古柏的军队望风胆落，白彦虎已从吐鲁番遁逃。4月26日，清军东西两路会师吐鲁番，马人得势穷力竭，献城投降。海古拉亦弃托克逊逃走。吐鲁番的会战，在几天之内结束，阿古柏的主力部队被歼灭殆尽，清军胜利地打开了进入新疆南部的门户。

这时英国侵略者包庇阿古柏、阻挠清军前进的阴谋活动仍在继续。1877年威妥玛因事回伦敦，以“调停”清政府和阿古柏的关系为名，和清廷驻英公使郭嵩焘屡次谈判，并怂恿阿古柏派到英国求援的赛亦德、雅古布与郭嵩焘直接往来。但当时清军在新疆节节胜利，全疆的收复已可计日而待，清政府拒绝了英国的调停阴谋。英国由于俄国和土耳其之间的战争已经爆发，自己的全部力量投入了近东方面，已不可能挽救阿古柏在新疆的灭亡。

在清军的强大攻势面前，由阿古柏残暴统治所造成的各种矛盾逐渐激化。各族人民闻清军西进，纷纷出来欢迎；白彦虎也不受阿古柏的约束，被阿古柏胁迫来的士兵也不愿给这个残暴的统治者卖命打仗，清军释放回去的九百多个被俘维吾尔族士兵被阿古柏“杀数十人，余多羁押各城”，维吾尔族士兵愤恨阿古柏的残杀行为，“愈不受其约束”②。阿古柏兵败势穷、众叛亲离，于5月间在库尔勒服毒自杀。其次子海古拉带着阿古柏的尸体向西逃窜，到达库车，又被其长兄伯克胡里所杀。这时阿古柏反动集团已土崩瓦解，伯克胡里逃回喀什噶尔，库尔勒一带只有白彦虎的部队仍在踞守顽抗。

英国侵略者不甘心自己的势力被逐出新疆，更积极地出面干涉，要求清政府给其傀儡政权保存喀什噶尔数城，俾以“立国”，而且还说要派人到新疆和左宗棠直接交涉。左宗棠痛快地驳斥：“安集延本

①② 魏光焘：《戡定新疆记》，卷三。

浩罕四部之一……侵我回部（指新疆），谄附英人。英人阴庇之十余年，明知为国家必讨之贼，从无一语及之。上年官军克复北路，乃为居间请许其降，而于交回各城、缚献叛逆节目，一字不及。经总理衙门向其辩斥乃止。兹复以此絮聒于郭嵩焘，以护持安集延为词，以保护立国为义……然安集延非无立足之处，何待英人别为立国？即别为立国，则割英地与之，或即割印度与之可也，何为索我腴地以市恩？兹虽奉中国以建置小国之权，实则侵占中国，为蚕食之计。且喀什噶尔即古之疏勒，汉代已隶中国，固我旧土也。南八城富庶，素以喀什噶尔、和阗、叶尔羌为最，此中外所共知者。英人以保护安集延为词，图占我边方名城，直以喀什噶尔为帕夏（阿古柏）固有之地，其意何居？彼阴图为印度增一屏障，公然向我商议，欲于回疆撤一屏障，此何可许？”① 左宗棠并嘱咐前线将领刘锦棠：“喀什噶尔是我旧有疆宇，安集延不得强行占据……应即蹑踪追剿，尽复旧疆，岂容他人饶舌？如果英官淑姓已到安集延，或前来说话，尊处可以此意告知……若必以无情无理之词，来营混渎，尊处尽可置之不理”②。

由于中国士兵、群众的英勇作战和新疆各族人民返回祖国大家庭的强烈愿望，阿古柏傀儡政权迅速崩溃，这更坚定了清朝政府中主战派收复新疆的决心。英国侵略者屡次三番地阻挠清军进兵的阴谋终于可耻地破产。

1877 年秋，清军向南疆挺进。南疆自乾隆以后，设立八城，自吐鲁番而西，有喀喇沙尔、库车、阿克苏、乌什，称为东四城；从阿克苏而西南，是叶尔羌、英吉沙尔与喀什噶尔，叶尔羌的东南是和阗，称为西四城。8 月底刘锦棠军从托克逊出发，至曲惠（楚库尔）后分两路前进，一路自大道而西，直指喀喇沙尔和库尔勒的正面，一路绕博斯腾湖，取库尔勒之背。其时敌军为阻止清军前进，掘开都河水，使库尔勒一带成为一片泽国。清军跣足涉水，塞流修道，毫不停留地前进。10 月上旬，收复喀喇沙尔和库尔勒，白彦虎

① 《左宗棠全集》，奏稿，卷五一，18 页。

② 同上书，书牍，卷一八，62 页，《与刘毅斋》。

退往库车。清军穷追不舍，六日夜驰九百里，10月18日克库车，白彦虎逃向拜城。拜城群众不愿意跟随逃窜，敌军用武力威胁，杀当地维吾尔族领袖阿克奈木厘，“城外庄堡烧掠一空。裹胁回众，与之俱行，城内回众见事急，即闭城门”①。敌军进攻拜城，幸亏清军及时赶到，敌军急撤城围西走，拜城群众开城迎接清军。清军留方友升驻守拜城，大队于翌日出发，继续追击。追至穆肃尔河边，敌军正在半渡之际，清军乘机进攻，大获全胜。10月24日，清军到达阿克苏，“城内缠回十数万，则皆守城以待官军”②，敌军败残部队分路逃窜，白彦虎西走乌什，阿古柏的残余部队逃奔叶尔羌。刘锦棠率军紧追白彦虎，10月27日收复乌什，白彦虎又逃向喀什噶尔。这两个月间，阿古柏的军队已经瓦解，清军驰逐三千里，出入于荒漠泽国之间。所过之处，各族人民纷纷起来反抗阿古柏的军队，大大地加速了清军的胜利，南疆的东四城得以顺利地收复。

这时，西四城敌军内部进一步分化，和阗军首领伯克尼牙斯举兵反正，进攻叶尔羌。阿古柏长子伯克胡里自喀什噶尔率军援叶尔羌，伯克尼牙斯战败，和阗又失守。同时留守喀什噶尔的阿里达什和白彦虎产生矛盾，不让白彦虎进城。喀什噶尔内部又有何步云等率数百人据汉城反正。阿古柏的残余势力面临灭亡，已陷入一片混乱。清军闻各地反正消息，急忙分路出发。余虎恩、黄万鹏从阿克苏、乌什会攻喀什噶尔，刘锦棠进取叶尔羌。12月17日，余虎恩、黄万鹏军到达喀什噶尔，大破敌军，当天克复喀什噶尔，伯克胡里和白彦虎向西逃入俄国境内。21日刘锦棠军收复叶尔羌，24日又收复英吉沙尔，1878年1月2日又收复和阗。至此，阿古柏反动势力被全部消灭，新疆南北两路除伊犁仍被俄军占据外，已全部收复。

清朝政府出兵新疆，收复了祖国的领土，消灭了阿古柏反动统治，粉碎了英国侵略者分裂我国新疆的阴谋，使新疆各族人民重返祖国大家庭中，免于英国殖民主义的奴役，这是一次正义的战争。

---

① 《左宗棠全集》，奏稿，卷五二。

② 同上书，奏稿，卷五三。

战争的迅速胜利首先应归功于士兵、群众的英勇奋战和新疆各族人民的热烈支持。从此以后，新疆和全国各地更加紧密地联系在一起，政治上、经济上、文化上凝成一体。帝国主义和一切反动派的任何阴谋诡计都不可能破坏这种亲密无间的关系。

阿古柏反动势力被消灭后，收复伊犁的任务提到了日程上来。19 世纪 70 年代末，中俄之间的外交谈判进入了频繁而紧张的阶段。

（三）中俄伊犁交涉

当英国利用阿古柏反动势力侵入新疆以后，俄国也以替清朝政府“代收”、“代守”为名，于 1871 年 7 月 4 日派兵进占伊犁①，镇压了当地的反清起事。

俄国侵占伊犁后，在这里设官分治、建造市舍、移民垦殖，有久踞不去模样。俄军对伊犁人民任意欺压、横征暴敛，“中户每年纳丁畜税银十数两，上户数十百两，最下亦需数两，兵役通事人等，供应需索在外。日朘月削，劳扰不堪”②。俄军强占伊犁十年，仅税收一项，就掠夺了数百万两银子。后来又得寸进尺，向北进入塔尔巴哈台一带，向东一度占领了库尔喀喇乌苏，并且向清政府表示：“中原要是兵力不足，俄国可以帮助，各处地方，中原不取，俄国能取”③。它对新疆的侵略野心暴露得十分明显，但表面上却说“只以中国回乱未靖，代为收复，权宜派兵驻守。俟关外肃清，乌鲁木齐、玛纳斯各城克复之后，即当交还”④。当时，清朝军队尚在陕甘边境鏖战，离伊犁迢迢万里。俄国侵略者以为：中国的军队是不可能回到新疆的了，自己可以长期地侵占伊犁这片广大肥沃的土地，所谓“代为收复”、“即当交还”等等花言巧语不过是掩盖其侵略行为的一块遮羞布而已。

最初，清政府还以为俄国真的会交回伊犁，于 1872 年 5 月派伊

---

① 伊犁府包括伊宁、绥定、惠远、广仁、惠宁、熙春、拱宸、瞻德、塔兰奇九城。

② 《清季外交史料》，卷一五，29 页。

③ 《同治朝筹办夷务始末》，卷八六，37 页。

④ 《新疆图志》，卷五四，《交涉志二》，4 页。

犁将军荣全到色尔贺鄂普勃地方会晤俄国代表博呼策勒傅斯奇，商谈接收伊犁，可是俄国代表“置伊犁不论，仅议新疆各处如何平定”①，还提出割地、赔款、通商和办结边界旧案等一大堆无理要求，把荣全挡驾回去。

荣全的交涉活动失败后，谈判转移到总理衙门和俄国驻华公使倭良嘎哩（A. G. Ulangali）之间进行。总理衙门表示：关于赔款、通商、办结旧案均可通融商办，但必须先交伊犁，后谈通商等事，倭良嘎哩坚持要先议通商，后交伊犁，进行无理纠缠，谈判未取得结果。1872年底，清政府已认识到俄国对于交还伊犁“一味狡展……断非空言所能有济。必须中国兵力足以震慑，先发制人，方能操纵自如，杜其觊觎之渐……倘能先复玛纳斯，再……复乌鲁木齐，勿使该国续有占越，庶可挽回大局”②。

1873年初，俄国新任驻华公使布策（Butzoff. E. C）到北京。他的态度更加专横，把俄国侵略军在新疆任意拘捕、驱逐中国官员的挑衅行为说成是俄国的“分内事”，要总理衙门转咨荣全“本国（俄国）伊犁官决不让中国官干预其事”。还企图扩大俄军占领范围，宣称“塔（塔尔巴哈台）、库（库尔喀喇乌苏）两城大路迤南及极西地方，均归本国（俄国）以兵力办理”③。俄国这种蔑视中国主权的公开表示，不啻向清政府砰然关闭了谈判伊犁问题的大门。

此后，中俄之间为收复伊犁的交涉停顿下来。清政府深感“中国不图规复乌鲁木齐，则俄人得步进步……虽欲闭门自守，其势不能”④。因此，把力量专注于平定阿古柏反动势力的军事行动方面。1875年左宗棠奉命西征。俄国政府派遣带兵侵入伊犁的军官索思诺福斯齐（Sosnouski）到甘肃刺探军情，他伪装支持清军西征，表示愿意卖给西征军一批粮食，还向左宗棠保证“俟中国打开乌鲁木齐、玛纳斯，即便交还（伊犁）”⑤。实际上，俄国在暗地里却用大批军

① 《同治朝筹办夷务始末》，卷八六，39页。
② 同上书，卷八八，37页。
③ 同上书，卷九三，33～35页。
④ 《清季外交史料》，卷一，4页。
⑤ 同上书，卷二，13页。

实接济白彦虎，它的如意算盘是：清军征讨阿古柏，正是鹬蚌相争、渔翁得利的好机会，它预料经过这次大战，左宗棠军和阿古柏军的实力都将大大削弱，一定会弄得两败俱伤。

但是，事情的发展超出了俄国侵略者的意料，1876年秋，清军进兵天山北路，神速地克复了乌鲁木齐和玛纳斯，翌年春又收复吐鲁番地区。总理衙门知会俄使布策，要求其实现“收复乌鲁木齐后交还伊犁”的诺言，布策无词可对，仍拿“先议通商、后交伊犁”的陈腔滥调，推托延宕。1878年，新疆全境收复，俄国再也找不出继续占据伊犁的借口，于是便唆使逃入俄国境内的阿古柏残余匪帮回窜新疆，扰乱新疆的治安，俄国便以新疆秩序不安为名，要求缓交伊犁。但这个阴谋随即也被粉碎，清军连续重创进犯边境的匪帮，擒斩阿古柏残余匪帮的头子阿里达什等，打得这批匪帮不敢再越境东犯。从俘虏身上还搜获俄国官员发给的路票，俘虏供词都说是出于俄人指使，匪帮败退俄境，俄国也公开收容。清政府向俄国政府提出质问，俄国无词辩解，强占伊犁的一切借口都不存在了。但俄国政府仍咬定“先议通商，后交伊犁”，企图抵赖不还。1878年6月，清政府派崇厚为全权大臣，赴俄国谈判伊犁问题，这年年底，崇厚到达俄京圣彼得堡。

当时，俄国内部对交还伊犁有不同的意见。军界方面认为“伊犁为形势之区”，“咸谓必不可还”①。但俄皇和俄国外交部的手法更加阴险，他们想趁此机会，向中国勒索更多更大的特权，他们以伊犁作为香饵，居心险恶地安排好了钓钩，专等着崇厚来上钩。

崇厚是一个贵族出身的纨绔子弟，自命洞悉洋务，实际上除了奉迎洋人之外对任何事情都一窍不通，他在清朝官场中素有“至愚极庸”的评语。他的谈判对手是俄国外相吉尔斯（Giers）和俄国驻华公使布策，吉尔斯是老奸巨猾的外交家，布策被称为“阴险狡狠，本有入水不濡、近火不热神通”②。像崇厚那样只知媚外的官僚，在这种环境中和这样的对手进行谈判，要不落入陷阱中去几乎是不可能的。

---

① 《清季外交史料》，卷一五，32页。

② 《曾惠敏公（纪泽）文集》，卷四，4页。

当俄国方面向崇厚提出赔款、通商、分界三条款，崇厚对这些条款的十分露骨的侵略性质竟视而不见，电告清廷：俄国“尚无图利之心”①。总理衙门觉得事情不对头，对其中分界、通商两项认为不可接受，指出俄国“欲于西境南境各划去地数百里，并伊犁通南八城之路隔断，致伊犁一隅，三面皆为俄境，弹丸孤注，势难据守，此万不可许之事”②。但是丧心病狂的崇厚却已于1879年10月2日在黑海里瓦机亚匆忙草率地和俄国签订了条约十八款。其主要内容如下：

（1）俄国将伊犁交还中国，但中国须付给俄国收守伊犁各费500万卢布（约合银280万两）。

（2）伊犁附近陬尔果斯河以西及伊犁以南帖克斯河一带割让给俄国。并将塔尔巴哈台和喀什噶尔的中俄边界作有利于俄国的修改。

（3）除根据旧约俄人得在伊犁、塔尔巴哈台、喀什噶尔及库伦设领事通商外，又可在嘉峪关、乌里雅苏台、科布多、哈密、吐鲁番、乌鲁木齐、古城子七处设立领事；凡设立领事的地方和张家口均准设栈；俄商在蒙古、新疆贸易，一律免税；中俄陆路贸易除原由恰克图经库伦、张家口到天津的通商路线外，新开辟两条路线，一由科布多经归化（今呼和浩特）、张家口至天津，一由嘉峪关经西安或汉中至汉口，这些通商路线上的税率较沿海关税减少三分之一；俄人得在松花江内航行至吉林的伯都讷。

《里瓦机亚条约》的内容实在是骇人听闻。中国本来是为了索还伊犁而进行谈判，其结果赔了大批金钱，割了大片领土，丧失了大量主权，却换回三面临敌、形势尽失的伊犁空城，本为索债而去的债权人反而成了负债而归的债务人。这是国际关系史上闻所未闻的丧权辱国的典型。美国历史学家马士说：“这些条件，只会是战胜国强加于战败国的，但绝不能是由两国普通交涉的结果所产生的”③。

条约签订的消息传回国内，仿佛一阵飓风掠过海面，立即掀起

① 《清季外交史料》，卷一五，16页。

② 同上书，卷一六，3页。

③ 马士：《中华帝国对外关系史》，第2卷，356页。

愤怒的巨浪，群众纷纷谴责这桩肮脏的外交买卖，决心抵抗侵略者，“街谈巷议，无不以一战为快”①。清朝官僚中的很多人在群众反侵略情绪的推动下，也反对批准《里瓦机亚条约》，清流派的中坚分子王仁堪、盛昱、黄体芳、张之洞等上书，要求把条约交付廷臣讨论，并治崇厚以“专擅误国”之罪。清朝政府在主战派官僚的压力下，于1880年1月将崇厚革职拿问，交刑部治罪，3月间定崇厚为斩监候。

从1879年末到1880年，清朝政府内部展开了一场热烈的争论，清政府把对俄交涉的方针屡交廷议，许多大小官吏都卷入了这场争论中，全体官僚都认为《里瓦机亚条约》是一个丧权辱国的条约，但如何对待这个条约，却有三种不同的态度。

第一种态度是以李鸿章、郭嵩焘等为代表的主和派。他们认为《里瓦机亚条约》损失的权利固然很大，但要求俄国修改条约，“此万做不到之事”，如果不批准条约，中俄势将决裂，中国“军心不固，外强中干，设与俄议决裂”，“后患实不可思议”②。他们夸大敌人力量，主张和侵略者妥协，说“崇厚所订俄约，行之确有后患，若不允行，后患更亟”③，要求清政府接受《里瓦机亚条约》。

另一种态度和前一种相反，主张修改《里瓦机亚条约》。抱这种态度的在京官中以清流派为代表，在疆臣中以左宗棠为代表。他们历举条约中对中国方面的严重危害，指出俄国侵略者无止境的贪欲，“兹一矢未闻加遗，乃遽议捐弃要地，餍其所欲，譬犹投犬以骨，骨尽而噬仍不止，目前之患既然，异日之忧何极”④，因而竭力反对批准条约。他们说“必改此议，不能无事，不改此议，不可为国”⑤。他们认识到要求修改条约并不是轻而易举的，这场艰难的对俄交涉，必须以军事力量做后盾，“先折之以议论，委婉而用机，次决之以战阵，坚忍而求胜”⑥。他们并要求清廷立即处斩崇厚

---

① 《清季外交史料》，卷二一，10页。
② 《李鸿章全集》，译署函稿，卷一〇，17页。
③ 同上书，奏稿，卷三五，18页。
④ 《左宗棠全集》，奏稿，卷五五，36页。
⑤ 《张之洞全集》，奏议，卷二，2页。
⑥ 《左宗棠全集》，奏稿，卷五五。

以坚定改约备战的决心。

接受条约还是不接受条约？这对清朝政府来说真是个不易确定的难题。不接受条约吧，很可能会爆发中俄之间的战争，在清朝政府看来这是十分可怕的前途。接受条约吧，人民群众的反侵略怒潮和主战派官吏的忿激情绪会发展到不可收拾的地步，这同样也是十分可怕的前途。清朝最高统治者犹豫踟蹰，它的政策像钟摆一样在主和、主战之间来回摆动，成为对《里瓦机亚条约》的第三种态度。曾国荃说："俄事议论之兴一年矣。发言盈廷，莫执其咎，大抵朝廷于和战两无成心，而枢府怵于众议，相率依违退听，无复能力持一说，于是，国是之大，视众说之胜负为推移，相驱相迫，积而成此既不能令、又不受命之势"①。这是对清政府忧心忡忡、决策不定的真实写照。

《里瓦机亚条约》的签订和清廷的拒批条约、逮捕崇厚，在外国侵略者中间也引起了很大的波动，俄国驻京代办凯阳德知道崇厚治罪的消息以后，立即质问总理衙门"是何用意"，并指责"中国有藐视俄国之心"②。接着俄国政府调兵遣将，摆出战争姿态，先后集结了陆军9万人、军舰23艘进行威胁，清政府也不得不命令沿边、沿海筹备防务，加强戒备，中俄关系呈现剑拔弩张之势。

其他外国侵略者也都反对清政府将崇厚逮捕治罪，因为这在国际交涉史上是没有先例的。1880年初，英、法、美、德、意、奥等国分别向清朝政府提出了抗议。"英法两使请保全崇厚以维系中国对各友邦之好感与信用，德使则申称：关于严处崇厚之不幸谣传，为中国近数年来推行新政不利之象征，希望清廷善于处置。美使则直以严处崇厚，若系排外派所激成，对于清廷之对外关系，必有极不幸之结局"③。

但是，帝国主义之间又存在着深刻的矛盾，因此对《里瓦机亚条约》又抱着不同的态度。德国一贯致力于把俄国的侵略矛头引向东方，使俄国深深地卷入东方的斗争旋涡里，无暇西顾，以减轻自

① 《曾国荃全集》，书札，卷一六，23页，《复郭筠仙》。
② 《清季外交史料》，卷一八，11页。
③ 转引自陈复光：《有清一代之中俄关系》，185页。

己在欧洲东线上的压力。它抱着“唯恐天下不乱”的心情，在中俄之间煽风点火、扩大矛盾。德国公使巴兰德公开表示希望中俄之间爆发战争。当德国的阴谋活动被揭发后，巴兰德和李鸿章的亲信、德国顾问德璀琳一再剖白，“彼非一意为俄”，“英法皆疑其为俄谋战事，实系离间之言”①。不过这种剖白恰像“此地无银三百两”的招贴一样，愈加证明其情实而心虚。

英国的态度和德国不同，一方面它因俄国在《里瓦机亚条约》中获得过多的利益而感到不安，希望清政府在一定程度上对俄国进行抗拒；另一方面，它只允许清政府的抗拒限制在一定范围之内，最好是通过英国斡旋的外交谈判途径，避免发生足以危害英国贸易利益的战争。1880年5月，英国女王维多利亚亲自出面，电令威妥玛要求宽免崇厚的罪名，威妥玛并表示愿意“从旁调停”。法国也不愿意俄国缠身在东方而减轻对德国的压力，法国公使宝海也“力为中俄调解”②。总之，英法两国既要俄国吐出一部分利益，又要清政府进行妥协，以免使自己的利益受到损失。

国际和国内的各种力量在和战问题上产生严重的分歧，清政府既不能全盘接受《里瓦机亚条约》，又不敢与俄国决裂，它把唯一希望寄托在和俄国重开谈判上。1880年2月，驻英法公使曾纪泽被派为使俄钦差大臣，要求和俄国重新谈判。经过英国的从中活动，6月下旬清政府首先做出让步，宽免崇厚的“斩监候”罪名，以换得俄国对曾纪泽入境的许可。7月30日，曾纪泽到达圣彼得堡。

曾纪泽改约交涉的使命，有其困难的一面，也有其有利的一面。困难的一面是：俄国对《里瓦机亚条约》中所攫得的利益视为既得利益，不肯轻易让步。当曾纪泽到达俄京后，俄国的态度极为粗暴，俄国外相对他“面冷词横”，指责清政府“罪其全权之使，增兵设防，有意寻衅”③。清政府再次让步，着手处理俄国所要求的办结边界积案。8月22日，曾纪泽方得向沙皇呈递国书。同时曾纪泽的困

---

① 《李鸿章全集》，译署函稿，卷一一，21页。
② 《清季外交史料》，卷二一，4页。
③ 《曾惠敏公（纪泽）使西日记》，卷二，17页。

难还在于清政府的决策犹豫，举棋不定。事前曾纪泽虽然已有“总论七条”作为交涉的依据，但交涉过程中仍时时要受各方面的影响，就像曾纪泽所说的那样：“总署有总署意见，京官有京官意见，左帅有左帅意见，俄人有俄人意见，纪泽纵有画策于无可着棋之局，觅一劫路，其奈意见分歧，道旁筑室，助成者鲜，而足毁者多，盖不蹈地山（即崇厚）覆辙不止也”①。国内缺乏统一的意志和明确的交涉方针，大大增加了这次谈判的困难。②

但这次交涉的时机也有有利的一面，即当时中国人民拒约抗俄的情绪十分高涨。左宗棠的大军，乘战胜余威，布置于新疆各地，成为对俄交涉的实力后盾，俄国的战争威胁并不能完全发生作用。俄国刚刚经历了俄土战争，已弄得筋疲力尽，国际上孤立无助，国内民穷财竭，人民群众对沙皇统治极端不满，民粹派的活动日益活跃（在曾纪泽交涉结束后的几天内，俄皇亚历山大第二即被刺身死）。沙皇统治面临这些困难，事实上，它除了在谈判桌上进行恫吓、讹诈之外，也不可能发动大规模的对华战争。

于是，谈判就在这样错综复杂的情势下进行。8月23日，曾纪泽会见俄外相吉尔斯，表明改约之意，第二天就提出了措辞委婉的照会，要求交还伊犁全境，中俄界址大体仍旧（不作《里瓦机亚条约》所规定的修改），商务税务也要求改议。8月28日，俄国答复：要派布策带兵到北京交涉。不愿和曾纪泽商谈，这分明又是恫吓的伎俩。经过力争，俄国才答应继续谈判，但表示“如欲商办，须将原约作为根本”，如果修改原约，就要求清政府做出“补偿”。曾纪泽的交涉方针是“分界之局，宜以百折不回之力争之，通商各条则宜从权应允”③。抱着这个原则和俄国周旋，反复说明中国的立场，表示“中国不愿有打战事，倘不幸而有此事，中国百姓未必不愿与

---

① 《曾惠敏公文集》，卷三，7页。

② 据曾纪泽所带随员英人马格里说：“外交就象钟摆一样摆动在‘全给’和‘全不给’之间。有一个时候看上去好象我们会作出那种最可耻的屈服；在另一个时候好象我们宁可接受学校里一位严师的职务（译者按：意即一点不放松）而不让步分毫”。转引自马士：《中华帝国对外关系史》，第2卷，372页。

③ 《曾惠敏公文集》，卷二，3页。

鄂（俄）一战。中国坚忍耐劳，纵使一战未必取胜，然中国最大，虽数十年亦能支持，想贵国不无损失”①。纠缠了很长时间，俄国的欺骗无效、威胁失灵，只能向清政府多勒索一些赔偿费。清政府也表示让步，可以多给一些钱，但在赔偿的名义上双方又发生争执，俄国要求赔偿“兵费”，而清政府只肯多赔一些俄军在伊犁的“代守费”。但既然在多赔钱这一实质问题上清政府作了让步，俄国也就在赔偿费的名称上不再坚持了。1881 年 1 月，双方就改约问题达成协议。1881 年 2 月 24 日，曾纪泽和吉尔斯签订了中俄新约二十条、陆路通商章程十七条和赔款专条。条约的主要内容如下：

（1）关于界务：俄国把伊犁及伊犁南境的特（帖）克斯河一带交回中国，但伊犁西境霍（陬）尔果斯河以西地区仍割让给俄国；喀什噶尔西边边界，照两国当时的实际边界线派员勘定，安设界碑，塔尔巴哈台边界则较同治三年已定界线有损，但较《里瓦机亚条约》中所规定的损失略轻。

（2）关于商务、税务：俄国照旧约在伊犁、塔尔巴哈台、喀什噶尔、库伦设立领事处，又准在嘉峪关、吐鲁番设领事，其余哈密等五处，以后由两国陆续商议添设；准俄人在新疆贸易“暂不纳税”，以后“议定税则，即将免税之例废弃”；俄商可照旧经张家口、通州至天津贸易，并准在嘉峪关贸易，但不能经西安或汉中至汉口贸易；由陆路运往嘉峪关的货物，照运往天津办法，减税三分之一；废去俄人在松花江行船可到伯都讷一条，沿江贸易仍照 1858 年《瑷珲条约》的规定办理。

（3）关于赔偿：中国赔款增至 900 万卢布（约合白银 500 万两），分六次付清。

如果把《里瓦机亚条约》和圣彼得堡新约两相对照，两者虽然同样都是不平等条约，但后者比之前者显然是争回了若干领土和主权。曾纪泽的交涉使命仿佛是“探虎口而索已投之食”，在一定程度上索回了已经失去的领土和主权。

---

① 《伊犁订约中俄谈话录》，第 14 次会议，见曾纪泽：《金筹笔》，卷二。

应该指出，帝国主义有它的两面性，它有强大而凶狠的一面，从来不放松对落后国家的侵略，但帝国主义自身有各种各样的矛盾和困难，有其虚弱和怯懦的一面。帝国主义并非是永远不可战胜的，关键问题在于被侵略国家的态度和办法，有没有反对帝国主义的勇气和决心，有没有反对帝国主义的正确策略，如果只看到帝国主义强大的一面，在帝国主义面前诚惶诚恐，膜拜唯恐不及，那就谈不到保卫国家的主权，被侵略国家的每一步退让决不会使帝国主义贪欲从此满足，恰恰只会刺激起它的更大贪欲。

修改《里瓦机亚条约》的交涉，中国方面虽然并没有全部挽回已失的权利，但在交涉过程中，中国人民和主战派官吏抱着不惜与俄一战的决心，这种举国一致的反妥协浪潮暂时地压倒了妥协派，成为曾纪泽对俄交涉的有力后盾，同时曾纪泽也执行了比较积极的交涉方针，据理驳斥了俄国的侵略要求。俄国由于国内外的种种矛盾和困难，它在欺骗无效、威胁失灵之后，并不敢真正发动侵略战争，只好在占得一点便宜之后，适可而止。这就是曾纪泽能够在一定程度上争回领土主权的原因。

崇厚和曾纪泽的对俄交涉是颇有意义的对比。一种交涉方针是惧敌媚敌，其结果是鼓励了俄国的侵略野心，莫名其妙地丧失了大批领土主权；另一种方针是采取比较严正的立场和比较积极的态度，其结果是打退了俄国的战争威胁，挽回了某些已失的领土和权利。封建统治阶级内部的两种交涉方针和两种交涉后果，不是恰恰驳斥了投降主义者所鼓吹的只有对帝国主义妥协退让才能够避免战争、获得和平的谬论吗?

第二节 在70年代外来侵略危机下的清朝统治阶级

一、海防争论和海防措施

在19世纪70年代中，外国侵略者一系列的挑衅侵略活动纷至沓来，令人触目惊心，中国置身在四面包围的严峻局势中。

中国人民一次又一次地以英勇的斗争回击了外来的侵略者，中国人民对侵略者的态度从来是明确而坚定的。但是掌握着全国统治权力的清朝官僚们却在剧变的形势下心惊胆战，他们为了应对欧风美雨的袭击而提出各种意在巩固封建统治的措施。基于各个官僚派系利害关系的不同，出现了各种互相对立的“应变图存”的主张，统治阶级各派系就这些主张进行着无休止的争论。

清朝政府为保持自己的腐朽统治而进行挣扎，一方面要在不损害或少损害自己统治权力的条件下，满足外国侵略者的要求，和侵略者妥协，另一方面又要防止人民革命的兴起，平衡统治阶级内部各派系的力量均势。它犹如在惊涛骇浪中漂流着的一条破船，一边在修缺补漏，一边在逐步改变自己的航线，向着外国侵略者所要求的殖民地化的方向驶去。

1874 年，日本用武力侵入我国台湾，一个新兴的东方小国，步西方资本主义列强的后尘，敢于向庞大的中国挑衅，这对麻木不仁的清朝政府来说，也不能不是一个相当重大的刺激，于是自强问题再一次被提到日程上来。清政府的着眼点是怎样加强沿海的军事力量，以应付类似的突发事变，清政府仍然是从军事上考虑问题。因此，60 年代关于训练士兵、改进武器、制造轮船等老调子仍要拿出来再弹一次，但是清朝政府不能不自问一下：60 年代自己说了那么多“自强”的好听话，也练了军队，造了枪炮轮船，为什么没有成效？清政府的回答是因为缺乏经费、缺乏人才，而且各方面的意见分歧很多，事情不能够持久下去。所以，这次讨论仍以军事为主题，但牵涉到财政、教育、工商业以及如何协调各方面矛盾等问题。总理衙门提出六个题目：练兵、简器、造船、筹饷、用人、持久，要求官僚们发表意见。

参加这次讨论的人很多，重要的大官僚都发表了意见，有满族亲贵和各省督抚，有文官、有武将，也有中级官吏主动上书，还有知识分子背地里议论，意见是形形色色的。既有色厉内荏的吆喝，也有激昂慷慨的空谈，既有指桑骂槐的攻击，也有模棱两可的遁词，这场争论可以说是映现了清末官场各种意见分歧、利害对立的一具五光十色的万花筒。

李鸿章在这次争论中扮演了主角，他的《筹议海防折》[1] 是洋务派的一篇政治纲领，他认为：当前的形势，“实为数千年来未有之变局”，仍旧采用老办法是应付不了这个“变局”的，“居今日而欲整顿海防，舍变法与用人，别无下手之方”，这是洋务派第一次公开提出“变法”的要求。变法的内容是什么？概括起来有三个方面。

第一是军事方面。李鸿章的主要着眼点是设立北洋、东洋、南洋三支海军，每支海军应有铁甲舰两艘，“六船联络，专为洋面游击之师，而以余船附丽之”，他承认从前办的军火厂、造船厂成绩都不好，“费银数百万有奇，物料匠工多自外洋购致，是以中国造船之银，倍于外洋购船之价。今急欲成军，须在外国定船为省便”。这是开始改变自制武器的方针，而转回到向外国购买。陆军方面，李鸿章不但主张废弃弓箭刀矛等旧式武器，而且反对购买前门枪小炸炮，主张采用最新式的后门枪和后门炮。

第二是财政方面。购买一艘铁甲舰，需银一百数十万两，其他练兵置械，耗费也极大。这样浩大的经费，从何筹集？这自然是个关键问题。不解决这个问题，海防措施仍是纸上空谈。李鸿章提出四项办法：一是放弃正在积极准备中的收复新疆的军事行动，他说“新疆不复，于肢体之元气无伤；海疆不防，则腹心之大患愈棘”，主张把用兵新疆的费用移充海防，这不但是和主持西征的楚军头子左宗棠争夺饷银，而且是为了扩充个人势力而不惜割弃大片土地的卖国主张；二是向外国借款，“息银以七八厘为度，归本以十年八年为度”；三是设立工厂，修建轮船铁路，开采煤铁各矿，应用耕织机器，“或由官筹借资本，或劝远近富商凑股合立公司，开得若干，酌提一二分归官，其收效当在十年以后”；四是废止禁种罂粟的命令，提高鸦片烟的进口税，以增加税收。这四项办法中除了第三项之外，都是祸国殃民的办法。

---

①　参见《李鸿章全集》，奏稿，卷二四。

第三是教育方面。李鸿章对科举考试制度表示不满，主张设立洋学局，他说："以章句弓马，施于洋务，隔膜太甚"，"臣愚以为科目即不能骤变，时文即不能遽废，而小楷试帖，太蹈虚饰，甚非作养人才之道。似应于考试功令，稍加变通，另开洋务进取一格，以资造就"。很显然，从八股文章里翻滚出来的冬烘先生是不符合办洋务要求的，洋务派希望培养自己需要的人才，他们十分重视这一点，认为"节省冗费，讲求军实，造就人才，皆不必拘执常例，而尤以人才为亟要"，至于李鸿章心目中的人才，除了懂得"格致、测算、舆图、火轮、机器、兵法、炮法、化学、电气学"等自然科学和工程技术方面的人才之外，还需要能够逢迎外国侵略者意志、执行外国侵略者命令的一批洋奴走狗。

李鸿章的这篇奏折是洋务派为挽救封建制度危亡而制定的行动纲领。洋务派的活动在各个时期内的重点有所不同，60年代着重在制造船炮；70年代中期以后着重在建立海军、开采煤铁矿；80年代中期以后又着重在修筑铁路，开设炼钢、纺纱工厂。但全部洋务活动基本上并没有超出这篇奏折所论述的范围。

这次海防争论中，李鸿章的意见占少数，和李鸿章意见完全一致的只有丁日昌一人，反对的意见可以分为几种类型。

第一种是泼皮骂街的类型，以通政使于凌辰、大理寺少卿王家璧等为代表。他们站在极端保守的立场上，拒绝学习一切新事物，认为开煤矿只对外国人有好处，使外人可以"资煤于我"；学"洋学"若是为了培养"船主、通事、匠作"还可以，"体国经野之才"则必须从科举出身；对付外国兵舰，可以用舢板船环攻其烟筒，烟筒本来冒着烟，"金受火制，其坚易摧，环攻必能得手"；派人到外国购买铁甲船，"或如徐福求仙，一去不返，奈何?"他们一本正经地发表这一类只能令人发笑的谬论，并且严厉攻击李鸿章集团，斥李鸿章"位高心汰，自无知人之明，又好谀恶直，不能虚心求士"，骂丁日昌是"丁鬼奴"，说他"心术不正，实为小人之尤"①。这批

① 以上所有均见王家璧奏折及附片，转引自《洋务运动》(一)，124～135页。

人除了擅长破口大骂，有时也确实能骂到洋务派的某些痛处，此外是丝毫没有价值的。

第二种是旁敲侧击的类型，以醇亲王奕谖、惇亲王奕諒、礼亲王世铎为代表。他们也反对进行改革，基本思想和上一类人一样，不过他们的地位很高，说话不能不克制一点，不好意思破口大骂。他们对李鸿章的主张提出各种怀疑和修正。尽管说话比较客气，但他们是掌握着中央政权的满族亲贵，因此说话比第一种人更有力量，对李鸿章集团起着重要的钳制作用。

第三种是釜底抽薪的类型，如左宗棠和一部分地方督抚。他们自己也是洋务派或准洋务派，但是和李鸿章集团属于不同派系，具有不同利益。他们害怕海防大权被李鸿章一手包办，因此急忙抢到头里，希望分享权力。左宗棠提出塞防（收复新疆）问题，反对“起东边、倒却西边”，又主张把江南制造局（李鸿章所控制）合并到福州船政局（左宗棠所控制），以便扩大规模，仿制铁甲舰；盛京将军都兴阿提出巩固东北的问题，要扩充自己的洋枪队；长江下游的督抚着重长江水师，东南沿海的督抚强调南洋防务。每个人都把自己鼻子底下的事情说成是全国最重要的事情，来代替李鸿章集团的主张。

第四种是八面玲珑的类型，对于纷纭复杂的各种主张，既不同意，也不反对，发表一些模棱两可、不痛不痒的意见。像江苏巡抚吴元炳就干脆答复朝廷说：我对于海防问题完全不懂，所以没有什么意见可说。

总之，这场争论中，每人所持的观点和态度，形形色色，光怪陆离，大家都承认“自强”的必要性，都提不出切实的方案，又都不服气别人提出的办法。任何一个没落中的王朝，由于危机深重和内部分化，往往会出现这种六神无主的混乱现象，腐朽阶级不可能正确理解当前的事变，不可能提出正确的应变方案，也不可能集中本阶级的意志和应变力量，因此从根本上说，它是最动摇、最懦怯、最脆弱的势力，不可能避免灭亡的命运，这是历史发展所一再证实了的铁律。

在海防争论中，可注意的不是各个派系提出了什么主张，而是他们进行争论和解决争论采取什么方式。当各种意见提出以后，清朝政府在各个派系的牵制下，也不可能做出什么明确的结论，它所注意的是怎样在派系斗争中保持自己的控制权。1875 年 5 月总理衙门总结这次争论，提出“三人占，从二人”的原则，即少数服从多数，其实各方面提出的办法，都是各说各的，很少有哪个措施得到多数人赞成，这样无形中就把许多具体措施一笔勾销，最后只任命李鸿章督办北洋海防、沈葆桢督办南洋海防；由各海关四成洋税及江、浙、鄂、赣、闽、粤六省厘金中每年拨款 400 万两，充海防经费；又派郭嵩焘为出使英国大臣，许钤身为副使；陈兰彬为出使美国大臣，容闳为副使。这就是海防争论的全部结果。无怪翁同龢说这次争论“不痛不痒”①，形同儿戏，而顽固派方濬颐听到海防“遂作罢论，读竟拊掌称快”②。

1875 年后，海防问题的斗争仍未结束，清政府指拨了每年 400 万两海防经费，大家都觊觎这笔财利，因而发生激烈的争夺。原来户部在指拨海防经费的时候，采取一女二聘的办法，拨给李鸿章的海防费和拨给左宗棠的西征费同出于一个来源③，这样就首先引起李左之间的争夺，1876 年左宗棠的军队已经进入新疆，和阿古柏反动军队作战。左宗棠说：“饷项来源，尽为洋防所占”④，要求举借一千万两外债，户部不同意举借外债，但又不得不移缓就急，命令各省各关尽先解足西征协饷，气得李鸿章大骂左宗棠“奸伪”，“枢垣无主持大计之人，农部尤甚愦愦”，“但四成洋税，不可再分，余则听其搅扰”⑤。其次是被指定拨款省份的督抚，收入只有此数，无术可以点金，而且也不甘心把自己省区的收入，全部送给左、李两

---

① 《翁同龢日记》，光绪元年二月廿五日。

② 方濬颐：《二知轩文存》，卷一八，《答陈小航书》。

③ 当海防拨款确定后李鸿章就说：“部拨四百万，有名无实，各关四成，除去协饷借款，所存无几，各省厘金，指拨要款，久已入不敷出，断难如数解济”。见《李鸿章全集》，朋僚函稿，卷一五，21 页，《复沈幼丹制军》。

④ 《左宗棠全集》，书牍，卷一五，59 页，《答李筱轩侍御》。

⑤ 《李鸿章全集》，朋僚函稿，卷一五，34 页，《复沈幼丹制军》。

人，因此敷衍拖欠，截至 1880 年底，西征欠饷约 3 000 万两。而李鸿章所收海防经费头三年共收到 300 万两，后两年（1878 年和 1879 年）每年只有 30 余万，还不到原定数目的二成。塞防和海防两头都成吃不饱、饿不死的情形。第三，400 万海防经费，名义上是办理南北洋防务，由李鸿章一人经手，但是李鸿章只顾扩充北洋集团的实力，置南洋于不顾。1878 年南洋大臣沈葆桢奏准从海防费中挖出半数，归自己处理。这笔海防费就这样欠解短交，你争我夺，所余无几。这时候帝国主义又插上一手，英国在 60 年代搞了一次阿思本舰队的骗局（见本书第六章第四节），以后一直想把清政府的军事力量完全控制起来，英国资产阶级学者季南（Kiernan）说："对英国来说，最重要的事情在于支配中国的军事力量，特别是支配他的舰队"①。所以，从 60 年代起中国向外购置小型军舰，几乎全部由英国垄断。海防议起，总税务司赫德就积极活动，唆使总理衙门和李鸿章购买英国蚊子船，这桩交易很快就谈妥，从 1875 年到 1881 年，通过赫德之手共向英国阿姆士脱郎船厂订购碰船（即快船）两艘，蚊子船十艘。② 买来的蚊子船质量如何？据王韬说：船小炮重，容易沉没；炮身不能转动，无法瞄准射击；铁皮太薄，日久生锈，损坏必速；速度太慢，不能攻敌，反易被敌追袭。③ 清朝花了大量经费，搞了这样一批宝贝船，每艘船价实际只有七八万元（合 5 万两），而赫德报销 15 万两，这个侵略老手继阿思本之后玩弄了一次更大的骗局，清政府在海防名义下搜刮来的民脂民膏，大部分落到赫德和英国军火商之手，连李鸿章后来提到这批子蚊船，也"闭目摇头，似有悔意"。总计海防争论以后的五六年间，实收的海防费绝大部分用于购买蚊子船，其他措施并没有认真举办过。

1879 年，因中俄伊犁争端，局势趋于紧张，朝廷内外惶惧不安。

---

① 季南：《英国对华外交》，213 页。

② 十艘蚊子船为：龙骧、虎威、飞霆、策电、镇东、镇南、镇西、镇北、镇中、镇边，两艘碰船为超勇、扬威。

③ 参见王韬：《弢园尺牍》，卷一一，《上郑玉轩观察》。

海防问题像一根松朽的发条，又被拧紧了一把。这时新疆阿古柏叛乱已被平服，清政府已有可能腾出一点力量来注意海防，赫德又想趁机大捞一下，他向总理衙门递交一个海防章程，建议由他自己来包办海防，大购英国的蚊子船和碰船，赫德的野心确实不小，他干脆想把李鸿章撇在一边，越俎代庖。李鸿章本来和英国关系很密切，但从 70 年代担任直隶总督兼北洋大臣以后，和德国的关系日益亲密，他聘请了德国军官李劢协担任淮军教练，并于 1876 年派遣卞长胜等七人到德国去学习陆军，天津税务司德国人德璀琳成了北洋衙门的重要顾问。随着德国经济和政治的迅速发展，它在清政府内的势力和影响正在日益加强，所以赫德这种独揽大权的企图遭到德国势力和李鸿章集团的反对，李鸿章告诉总理衙门："琳总税司前议，此间文武幕吏多不以为然，谓其既有利权，又执兵柄，钧署及南北洋必为所牵制……若初讲自强，仅倚一赫德，恐为东西洋人所轻视"①。在德国和北洋集团的压力下，总理衙门只好放弃赫德的建议，把各省购船事宜统统交给李鸿章一手办理。这时李鸿章好像犯了"铁甲船迷"，不惜巨额经费、不顾各种反对，坚持要买铁甲船，他说："中国永无购铁甲之日，即永无自强之日"②，又说："非有铁甲船数只，认真练习，不足以控制重洋，建威销萌，断无惜费中止之理"③。1880 年，李鸿章抛开英国，转向德国，通过出使德国大臣李凤苞向德国伏耳铿船厂订购定远、镇远两艘铁甲舰，济远穹甲快舰，三船共价 408 万两，此外又向德厂购买了南琛、南瑞二船及鱼雷艇多艘，同时在天津设立水师营务处和水师学堂，提拔了一批留学生来办理海军，如马建忠负责水师营务处，严复任水师学堂总教习，刘步蟾、魏瀚、陈兆翱等派赴德国监造船只，又陆续派遣李鼎新、刘冠雄、伍光建等船政学堂学生数十人出洋留学，大沽、旅顺、威海的防务也开始着手经营，疏浚海港，建造船坞，修筑炮台，设立水雷学堂、管轮学堂、海军医院等。特别是旅顺要塞的工程，规

① 《李鸿章全集》，译署函稿，卷一〇，5 页，《论海防》。

② 同上书，译署函稿，卷一〇，25 页，《议定购铁甲》。

③ 同上书，译稿，卷三七，《定造铁甲船》。

模浩大，由德人汉纳根、法人德威尼承办，仅旅顺船坞工程一项，费用即达一百三十余万两。

德国在北洋海军中的势力浸浸日上，从1880年到1885年，海军船只炮械全部从德国购买，但英国仍保持着重要的影响。1880年李鸿章聘请英人葛雷森担任海军总教习，1882年又聘用英国军官琅威理（W. M. Lang）任水师总查，北洋海军的实际事务均由琅威理负责，海陆军各部门的教习和顾问也大多是英国人。到了中法战争时，德国势力又进一步增长，因为英国和法国是友国，法国对中国发动侵略战争，英国政府不愿让英国人留在中国海军里，和法国为敌。琅威理和英国教习们遂纷纷辞职，德国人立即进来填补了空缺。德国军官式百龄和大批德国教习取代了琅威理等的职位。英国当然不甘心失掉在中国海军中的传统优势，中法战争刚结束，英国势力又卷土重来，和德国展开激烈的争夺。1885年清政府成立海军衙门，醇亲王奕譞为总理，庆亲王奕劻和李鸿章为会办，善庆和曾纪泽为帮办。这个衙门是各派势力的杂烩，而尤以后党占优势。这时慈禧太后和奕譞、奕劻等勾结在一起，声势滔天，在和恭亲王奕䜣集团的斗争中取得彻底胜利。英国势力就竭力拉拢奕譞和曾纪泽，奕譞一直是以顽固死硬著称的，但这时候赫德却说“七爷（即奕譞）和他的朋友反倒是主张和平和进步的……在中国有时须应用颠倒的法则。我想七爷将控制这政府，所以很可能中国真正地能够进步”①。在帝国主义眼中，和平啊，进步啊，一切好听的名词，都没有什么固定的意义，可以颠而倒之，倒而颠之，谁能够驯服地听从帝国主义的指挥，谁就是和平与进步的化身，奕譞从一个著名的顽固派摇身一变，被赫德捧成一个“进步分子”，其道理就在于此。

在英国的教唆下，后党和湘系官僚发起对北洋集团的攻击，揭露济远快船的种种缺陷（穹甲低于水线、炮子能入不能出、船底轻、煤柜小、机舱窄等等②），集矢于经手人李凤苞的贪污行为。此后，海军船械由曾纪泽和出使德法大臣许景澄等向英、德两国购买，向

① 《赫德致金登干书简》，1884年4月27日，转引自《中国海关与中法战争》，149页。

② 参见曾纪泽：《曾惠敏公遗书》，文集，卷五，《伦敦复李傅相》。

英国购买的有致远、靖远两艘穹甲快船（船上大炮又用德国克虏伯工厂产品），共价170万两；向德国购买的有经远、来远两艘穹甲快船，共价174万两。这些船只在中法战争后陆续开到中国。

19世纪80年代初，海军建设煞有介事地热闹了一场，但是政治上的腐朽预先决定了海军建设不可能办好，也不可能持久，主持海军事务的李鸿章北洋集团，虽然挂起“御侮图强”的招牌，说了不少冠冕堂皇的话，但实际上他们把办理海军当做扩充自己实力以梯荣射利的工具，例如以后统率北洋舰队的归国留学生们彼此曾商议：“创办铁甲，正我辈富贵之日，苟非高官厚禄，切不可就”①。他们真正关心的是升官发财，图强御侮根本置之脑后，李鸿章本人，对于抵抗外侮就从来没有半点信心和半点决心。

二、李鸿章北洋集团及其内外政策

从70年代开始，李鸿章北洋集团取代了奕䜣集团的位置，成为国内最重要的一个政治派别。凡是清朝的军事设施、外交交涉、教育事宜，以及轮船、矿山、工厂、铁路的建设，都掌握在北洋集团的手中。北洋集团几乎是代行着清朝政府的职能，在中国近代历史上的影响极大，所以日本德富苏峰说：“世界之人，殆知有李鸿章，不复知有北京朝廷”②。

李鸿章北洋集团是半殖民地中国的特殊产物，是官僚、军人和买办的复杂混合体。它在阶级本质上和奕䜣集团并无差别，同样地被称为“洋务派”。但是北洋集团规模庞大、势力雄厚，远非奕䜣集团所能比拟。奕䜣集团实际上只是飘浮在北京中央机构上层的几个人物，地位虽高，但声势不广，实力不强，所以它和顽固派、后党经过几个回合的交锋，就声销迹敛，被排挤出政治舞台；而北洋集团则羽翼众多，形成一个分插到各要害部门的网络，声势浩大，它虽然也遭到顽固派、其他地方实力派、清流派等各方面的攻击，但仍能保持屹

---

① 《李鸿章全集》，朋僚函稿，卷二〇，《复黎召民廉访》。

② 转引自梁启超：《李鸿章》，第十二章。

立不摇的地位达二十多年之久。从奕䜣集团到李鸿章集团的交替，反映了洋务派力量的日益发展，反映了帝国主义在控制和改造清政权方面取得了日益显著的成效。

李鸿章北洋集团里包括些什么样的人物？

第一部分人是在镇压革命中立下了血腥“功劳”的军人，其中有的已经爬升到封疆大吏，担任总督、巡抚等地方行政、军事的首脑，如张树声、刘秉璋、刘铭传、潘鼎新；有的仍然没有离开军队，终生是鞍马戎装，如吴长庆、周盛传、叶志超、卫汝贵。① 这些人崇拜外国武器到了五体投地的地步，但无论从知识、训练还是从习惯来说，他们都是封建旧军人，并不真正懂得近代的战争，他们所统率的是用外国枪炮装备的一支腐朽恇怯的乌合之众，金玉其表而败絮其中。他们之中虽然也有若干临危授命、值得敬佩的爱国将军，如甲午战争中的丁汝昌，八国联军侵华时的聂士成、罗荣光，但大部分将领被辉煌翎顶和优厚薪饷所腐蚀，而且腐蚀得刻骨透心，他们在“防夷御侮”的堂皇借口下扩大了个人的军队，得到了高官厚禄，可是心里最恐惧的就是和外国军队打仗，他们唯一的拿手戏是屠杀手无寸铁的老百姓。在本国人面前是凶狠的豺狼，在外国军队面前却变成了最软弱的绵羊。在这些将领身上充分地体现了半殖民地的统治者欺软怕硬、吃里媚外的卑劣性格。

第二部分人兼有官僚和买办双重身份，有的本来是官僚，后来和侵略者结成密切关系，如郭嵩焘、丁日昌、盛宣怀、周馥、杨宗濂、张士珩、李凤苞、刘瑞芬，有的本来是买办，后来用金钱捐买了官衔和翎枝，如唐廷枢、徐润、朱其昂（前期的郑观应也可以算进这一类）。这些人分布在外交和财经部门，工厂、矿山、铁路、轮船局、电报局以及军事后勤机构都掌握在他们手里，他们既是机智圆滑的官场老手，又是精明狡诈的洋场市侩，为了塞满自己的钱袋，从不放过任何机会，从不拒绝使用弄虚作假、翻云覆雨的手段。像盛宣怀这样的人，连外国侵略者都说他“付账时是从来不

① 北洋集团内部也有很多叽叽喳喳的矛盾，如张树声、刘秉璋、吴长庆等以后都与李鸿章不和。

守信用的”①。洋务措施以“富国强兵”作为标榜，而实际上只是养肥了这一小撮人，给这些人开辟了一条升官发财的捷径。他们利用减税免税、国家贷款等权利以及贪污舞弊手法，来开设自己的工厂矿山，他们逐步地、不自觉地在向资本主义的方向转移，而又始终不放弃官僚地主和买办身份，始终醉心于土地购买和政治、商业的投机事业。他们懂得：在当时社会里，单纯的工业投资不仅意味着风险，而且简直就是破产和失败的同义词，自己的前途与其说决定于工矿企业的兴旺，还不如说决定于政治运气和商业行情。这些人处身在政治和商业的翻滚旋涡里，只有依靠浊流的冲击，只有依靠帝国主义和封建主义的支持，才能够飘浮到上层。在他们的发家史上特别留下了依赖帝国主义的深刻烙印，他们开始是和帝国主义打交道，啜吸帝国主义剥削中国人民的残羹剩汤而变得脑满肠肥，以后又因为他们和帝国主义的亲密关系而为封建政权所器重，李鸿章就是通过这些人而跟帝国主义挂上了罪恶的钩子。他们既是李鸿章的部属和助手，又是李鸿章的主宰和灵魂，李鸿章的权力由于这个集团的经济后盾而大大地加强，李鸿章执行的路线政策也不过是这个集团通过官方而曲折地反射出来的回声。一个上海商人评论怡和洋行大买办、轮船招商局和开平矿务局的总负责人唐廷枢时这样说：“他在思想上与其说是中国人，毋宁说是外国人。他是李鸿章关于西方思想的一切事情上的机密顾问”②。

以上两种社会势力是北洋集团的基础，是李鸿章权力的支持力量，他们的利益和意志也就是李鸿章的对内对外政策的依据。李鸿章在近代历史事件中所持的立场，根本当然不在于他的天性、癖好、才干等等，关键在于他的脚跟是站在什么基础上，支持他的集团具有怎样的利益和怎样的意志。通过对北洋集团的具体剖视，才能够理解李鸿章的路线政策产生的原因及其实质。

应该提到，影响李鸿章政策的除了上述两部分人以外，还有一批接受了西方文化的知识分子，其中有从封建知识分子转而皈依新

---

① 《中国海关与中日战争》，100页。

② 寿尔：《田凫号航行记》，“七，招商局”。

学的薛福成、黎庶昌，有从欧美留学归来的学生魏瀚、陈兆翱、马建忠、严复、罗丰禄、刘步蟾、林泰曾。这些人眼界比较广阔，有一副敏锐的头脑和专门的知识技能，特别是那些留学生更是按照西方资产阶级知识分子的模式而锻铸出来的"高材生"，其出身经历、思想气质和旧式官僚士大夫大不相同。他们之中一部分人被安置在教习（即教授）、翻译、管带（即舰长）或其他技术工作岗位上，他们虽是北洋集团为推动洋务事业所不可缺少的"专家"，但却处身在一个不协调的环境中，淹滞于下僚，接受极不称职的官僚的领导。他们的"新式"带来了旧社会的嫉妒、敌视和排挤，许多人连一个啖饭栖身之所也捞不到①，久而久之，他们奉行了"人在矮檐下，谁敢不低头"的哲学，收敛起锋芒，磨平了棱角，和环境妥协。像博通西学的严复就捐买了监生，屡次参加举人考试，希望经由科举的道路，攀登更高的地位。② 也有一些人被险恶的环境吞噬，与封建官僚同流合污，自己也当上了官僚和准官僚。只有少数的幸运儿被李鸿章网罗入幕，待若上宾（如薛福成、马建忠），他们希望拿从西方国家学来的一点尚属皮毛的知识，借大官僚的实力支持，一展自己的抱负，今天上一个条陈，明天递一个说帖，编织起许多富国强兵的美丽幻想，但是幻想随即被残酷的现实所粉碎。由于时代和阶级的局限，他们根本没有接触到社会的症结，离解决中国问题的道路还极其遥远。他们只着眼于财政、经济、军事、教育等若干细枝末节，并没有把问题提到改革政治体制的高度，他们的思想尚未超越"中学为体，西学为用"的圈子，因此，在政治舞台上也就只能够成为洋务派的助手，不能独立地登台，扮演主要的角色。只是

---

① 据总理衙门的奏折说："日本现在执政大臣多与我第一届出洋学生同堂肄业……闻船政学生学成回华，皆散处无事，饥寒所迫，甘为人役，上焉者或被外国聘往办事，其次亦多在各国领事署及各洋行充当翻译"。见《皇朝经世文三编》，卷一九，《遵旨议复福建船政折》。

② 王遂常《严几道年谱》称："先生自归国后……自维出身不由科第，所言多不见重，欲博一第，以与当事周旋。既已入其壳中，或者其言较易动听，风气渐可转移，乃发愤治八比，纳粟为监生，应试"。严复诗称："咸云科目人，转瞬皆台阁，不者亦清流，师友动寥廓，忽而大动心，男儿宜此若，私携媲皇坟，背人事钻钓，更买国子生，秋场期有获，谁知不量分，铅刀无一割"。

在中法战争以后，一部分知识分子才逐步觉醒，提出了政治改革的要求，从而脱离了洋务派的羁绊，走上了资产阶级改良主义的道路。

综上所述，李鸿章北洋集团可以说是一个复杂的混合体，其中有杀气腾腾的军人、钻营逢迎的官僚、锱铢必较的掮客，也有懂得一点西方文化的政客或知识分子。这几种社会力量的利益和意志形成了错综复杂的交叉，从交叉中产生一个汇集点，产生一个合成的利益和合成的意志，这就是李鸿章内外政策的出发点。李鸿章是科举出身的封建士大夫，单凭进士及第的荣耀已经可以使他在旧社会里青云直上，更何况他在镇压太平天国和捻军的战争中为清廷立了大功，挽救过垂亡的旧世界，在长期的戎马生涯中，他控制了当时独一无二的“精锐”武装，锻炼出一副残忍性格和一手屠杀本领，一时重臣名将几乎都曾经是盘旋在他脚底下的晚辈后生。在对外关系方面，他承继了曾国藩的衣钵，而且是青出于蓝，他在可以出卖国家主权的场合决不犹豫，虽被群指为汉奸而亦无内愧，他只是遵循着由腐朽统治集团的物质利益所填筑起来的那条政策道路向前走去。整个19世纪下半叶，李鸿章是个举足轻重的头号反动人物，“外国论者，皆以李为中国第一人”，“或有称李鸿章为东方俾士麦者”①。这种评论反映了外国侵略主子对其得力鹰犬的称心满意的赞赏。

怎样评论李鸿章所奉行的洋务政策？这可以分为对外和对内两个方面来说。

李鸿章的对外政策，一言以蔽之，是投降主义的外交政策。他认为：外国的兵力和财力是如此巨大，要用武装反抗外国侵略者是根本不可能的，丝毫不会有获得胜利的希望。在李鸿章心目中，自己是外国老师手下坐在最末一张课桌上的钝劣学生，老师要揍，那就让他揍一顿吧，又有什么办法反抗呢？唯一的出路是出让国家主权以博取侵略者的欢心。李鸿章清楚地懂得：从根本上说，外国侵略并不会威胁到自己的统治，恰恰相反，只有依靠外国，才能够维

① 梁启超：《李鸿章》，第一章绪论与第十二章结论。

持和加强自己的统治。他说："驭外之法，征战者后必不继，羁縻者事必久长"①，"惟念办理洋务，以了事为要义"②。在天津教案发生时，他说："目前只求不开兵端，免得中外骚动，牵掣大局"③；当马嘉理案件发生时，他说："目前必以力保和局为紧要关键"④；当筹议海防时，他说："目前固须力保和局，即将来器精防固，亦不宜自我开衅，彼族或以万分无礼相加，不得已而一应之耳"⑤；当伊犁交涉时，他说："伊犁其实即久假不归，于大局无甚关碍，今成蛇足，进退两难"⑥；当中法战争爆发时，他说："各省海防，兵单饷匮，水师又未练成，未可与欧洲强国轻言战事"⑦。总之，他把对外国侵略者妥协当做高于一切的原则，在他一生中的任何时刻，都是不惜一切代价，来谋求这种屈辱的"中外和好"局面。

的确，对于半殖民地的腐朽统治者来说，李鸿章的对外政策是完全合乎逻辑的，而且只有这种政策能够带来最大的好处。在他们的眼睛里，只有本阶级、本集团的力量和利益是最重要的，一提起对外战争，他们眼前就浮现出一幅自己的懦怯军队被装备精良的外国侵略军打得头破血流的画面。对他们说来，反抗和战争就意味着失败和自己力量的被消灭，至于人民群众，预先就被排除在对外战争的外边，甚至被看成是负的力量。李鸿章说："朝廷选将练兵，制器设备，为百年自强计……未有不恃兵而专恃民者"⑧，"虑伏莽四起，内患与外侮迭乘"⑨，"直累到四海困穷，内变浸作，而外侮益不支矣"⑩。这种敌视人民、把人民排除在外的态度，就等于是排除了对外战争取得胜利的可能性。由于站在这个反动立场上，就必然

① 《李鸿章全集》，朋僚函稿，卷一〇，27页，《复曾相》。
② 同上书，译署函稿，卷一一，5页，《请总署奏减崇厚罪名》。
③ 同上书，朋僚函稿，卷一〇，12页，《复李雨亭中丞》。
④ 同上书，译署函稿，卷四，1页，《议酌允威使各节》。
⑤ 同上书，奏稿，卷二四，12页，《筹议海防》。
⑥ 同上书，朋僚函稿，卷一九，6页，《复曾劼刚星使》。
⑦ 同上书，译署函稿，卷一四，10页，《论海防兵单未可轻言战事》。
⑧ 同上书，朋僚函稿，卷一〇，25页，《复龙宝生总宪》。
⑨ 同上书，朋僚函稿，卷二〇，62页，《复丁稚璜宫保》。
⑩ 同上书，朋僚函稿，卷一九，14页，《复丁稚璜宫保》。

把反抗外国侵略看成自我的毁灭，他们口头上虽然也大谈国家存亡、民族安危等等，但这一切不过是抽象的不可捉摸的漂亮话，他们看不出有什么理由要为保卫这些抽象的东西而放弃实在的利益，有什么理由要把强大得无与伦比的外国朋友当做敌人。李鸿章的亲密朋友和高级顾问郭嵩焘就一再发挥这种汉奸理论，他认为："西洋各国，环集中国，无可战之机，无可战之势，直亦无可战之理"①。他把一切抗战言论说成是南宋以来"嚣张无识之徒"的不负责任的空谈，"宋之弱，明之亡，皆此嚣张无识者为之也"②，"枢府之意，非必乐出于战，正坐南宋以来，以战为名高，有所蔽而不悟耳"③，他向那些尚没有认清形势的统治者担保，外国侵略者是一个可以信赖的朋友，决不会危及自己的统治，用国家主权、民族利益作代价，可以换取外国朋友的帮助而巩固自己的统治，这是有利无害的交易。他说："彼（指外国侵略者）固无求倾中国之心，何为激之使狂逞焉"④，"处置西洋，始终无战法，彼其意在通商，即以通商应之"⑤。"常使理足于己，而后感之以诚，守之以信，明之以公……则以诚信相孚，万不可以虚伪相饰，可以借其力以图自强，万不可忮其强以求一逞"⑥。不但和李鸿章志同道合的郭嵩焘这样主张，就是李鸿章的政敌也抱同样的论调，如湘系头子刘坤一说："和则钱货流通，每年二三千万之洋税，于国计不无禅补；战则沿海数千里皆无安枕之日"⑦。由此可见，李鸿章的投降主义外交政策，在北洋集团的内部和外部都颇有市场。他们走上卖国求荣、认贼作父的罪恶道路并不是偶然的，而是出于本阶级本集团的实际利益的需要。殖民地半殖民地的腐朽统治者，尽管有各色各样的变形和伪装，尽管他们中间为争权夺利而有这样那样的冲突，但在对外方面基本上遵循着同样的路线，李鸿章如此，李鸿章的朋友和政敌如此，李鸿章

①⑥　《郭侍郎奏疏》，卷一二，《因法事条陈时政疏》。

②　郭嵩焘：《养知书屋文集》，卷一一，4页，《伦敦致李伯相》。

③　同上书，卷一二，4页，《致李伯相》。

④　同上书，卷一二，19页，《致彭宫保》。

⑤　同上书，卷一二，2页，《致李伯相》。

⑦　《刘坤一遗集》，书牍，卷六，1824页，《复郭筠仙星使》。

的老师曾国藩，他们的徒子徒孙袁世凯、段祺瑞、吴佩孚、张作霖一直到蒋介石也无不如此。他们实际上是衣钵相承、本质相同的一丘之貉。

那么李鸿章的对内政策，又包含着怎样的意义呢？

在对内方面，李鸿章提出了“变法”的主张，他说：“处今时势，外须和戎，内须变法”①，他把投降主义的外交政策和谋求“富强”的洋务措施作为应变图存的两个基本方针。当然，李鸿章的所谓“变法”并不是要改变封建制度，恰恰相反，他的一切措施和一切努力都是为了防止封建制度的崩溃。他宣布自己的改革仅仅是治标性的，只准备对军事、经济、教育等几个部门进行某些次要的改革，在他看来，关键问题是增强军事实力，至于其他方面的改革，自己是无力承担、也不愿意承担的。他说：“兵乃立国之要端，欲舍此别图其大者远者，亦断不得一行其志”②。梁启超也说他“知有兵事而不知有民政，知有外交而不知有内治，知有朝廷而不知有国民”，“以为吾中国之政教文物风俗，无一不优于他国，所不及者惟枪耳、炮耳、船耳、铁路耳、机器耳，吾但学此而洋务之能事毕矣”③。

军事改革和技术改革，这当然是殖民地半殖民地国家的重要课题，没有强大的军事力量和技术力量，中国就只能永远沦为帝国主义的俎上之肉。但是军事改革和技术改革首先是个政治问题，人民群众为摆脱落后的、被奴役的地位，需要进行军事的和技术的改革。这种改革必须是政治先行，只有彻底的、不妥协的政治变革，才能够为其他方面的改革扫清道路。至于正在买办化的洋务派官僚，为了维护自己的统治，也需要改变封建制度的若干细节，进行军事和技术改革，但他们必然小心翼翼地使改革限制在一定的圈子里，避免触及政治领域。两种不同的立场、两个不同的目的，决定着改革的内容、范围、方法、步骤、速度和效果。李鸿章那种虚假的、脆

① 《李鸿章全集》，朋僚函稿，卷一九，43页，《复王壬秋山长》。

② 同上书，卷一七，14页，《复郭筠仙星使》。

③ 梁启超：《李鸿章》，第六章，“洋务时代之李鸿章”。

弱的枝节改革，当然不可能致国家于富强，相反，这种改革在帝国主义的教唆和监督下进行，恰恰符合于帝国主义改造并控制中国的需要。对于这一点，李鸿章是颇有自知之明的。他对外一贯抱不抵抗态度，这正好证明他长期从事的洋务措施是外强中干、虚有其表的。

李鸿章的洋务措施，只有当帝国主义在华力量暂时处于均衡状态、他们需要维持中国的现状时，才能够存在。一旦帝国主义的均势被破坏，它们要求更直接地控制中国，虚有其表的洋务架子，立即会被帝国主义践踏在脚下。中日甲午战争中帝国主义果然通过日本侵略者之手，彻底粉碎了洋务措施，为以后的资本输入和划分势力范围铺平了道路。李鸿章自己也承认："我办了一辈子的事，练兵也，海军也，都是纸糊的老虎，何尝能实在放手办理？不过勉强涂饰，虚有其表，不揭破犹可敷衍一时。如一间破屋，由裱糊匠东补西贴，居然成一净室，虽明知为纸片糊裱，然究竟决不定里面是何等材料；即有小小风雨，打成几个窟窿，随时补葺，亦可支吾对付。乃必欲爽手扯破，又未预备何种修葺材料，何种改造方式，自然真相破露，不可收拾，但裱糊匠又何术能负其责？"① 在这里，李鸿章承认自己不过是旧制度的"裱糊匠"，承认洋务事业不过是"纸糊的老虎"，不过他把洋务破产的责任推到主战派身上，以为主战派在甲午战争中迫使自己不得不和日本作战，这就"爽手扯破"了"纸糊的老虎"。其实腐朽的封建统治已经到了"日薄西山、气息奄奄"的地步，任何"涂饰"、"补葺"都是徒劳的，"纸糊老虎"迟早要被戳穿，洋务改革的失败决定于这场改革本身的虚假性和脆弱性，即使没有日本侵略者的进攻、没有主战派的压力，李鸿章的洋务活动仍逃避不了彻底破产的命运。

洋务措施并没有达到巩固封建统治的目的，而且它的客观效果恰恰和洋务派官僚所预期的相反。封建官僚们在各地设工厂、采煤铁、行轮船、筑铁路、设学校、译书籍，这些活动实际上是在塑造

① 吴永：《庚子西狩丛谈》，卷四。

一个异己的新世界的雏形。在洋务派中，中国的第一批资本主义近代企业创设起来了，一部分地主、官僚、商人开始了新的经济活动，慢慢地熟悉它，逐步地向资产阶级转化；很多农民手工业者在重重压榨下变得一无所有，他们失去了田园庐舍而跨进工厂的门槛；知识分子也开始觉醒，从礼教伦常的旧书堆里爬出来。新的经济关系和新的阶级力量一旦产生，就必然要在斗争中成长壮大，直到取得最后的胜利。在这里，事情走向了它的反面，巩固旧秩序的愿望带来了埋葬旧秩序的条件，历史运动就是这样地充满着复杂的矛盾。

三、清流派的兴起和衰落

洋务派和后党分别掌握着地方和中央政权，统治阶级内部斗争愈演愈复杂。这时候，在各个政治派系的夹缝里钻出了一个“清流派”，这是一群不当权的官僚士大夫批评黑暗腐朽政治的舆论力量。

“清流”的发端大约在19世纪70年代的中叶（光绪初年），当时太平天国和边疆少数民族的起义已被镇压下去，清朝统治刚刚度过了最危险的岁月，但随之而来的是外国资本主义在中国邻邦和边疆地区所蓄意制造的一系列挑衅冲突，形成了“强邻环伺”的紧张局势；同时，华北广大地区发生了前所未有的奇荒大旱，真正是赤地千里，民无噍类。清朝政府为了缓和国内矛盾，假惺惺地下诏罪己，节膳裁费，轻描淡写地把自己责备一通，并允许中下级官吏上书言事。这样，在清政府钳制言论的堤墙上就出现了一道缺口。一时御史、翰林等衙门里的青年官吏纷纷上书，评论朝政，表面上造成了统治阶级内部一种政治批评的风气。

类似“清流”的政治现象在中国历史上长期地、反复地出现过。当社会矛盾尖锐，当权派官僚日益腐朽、不能再照旧统治下去的时候，经常会出现这种内部的政争。像东汉末年有以陈蕃、李膺为首的党锢，唐朝末年有牛僧儒、李德裕的党争，北宋有元祐党人，明末有东林党人。历史上的这些政争虽然各有其不同的环境和不同的特点，但都是不当权的官吏和知识分子在反对暴政的口号下缓和社会矛盾的企图，“清流派”实质上是封建制度面临危机时进行自我调节的一个工具。

“清流”的出现一般总是在政治趋于腐朽、统治者很不得人心的时候，在这种时候，封建制度才需要这个自我的调节工具，以便在一定程度上遏抑腐败现象，挽回正在失去的人心。“清流”的出现一般又是在人民革命斗争暂时低落的时候，在这种时候，封建阶级所进行的内部批评和自我调整，才不至于根本危及现存的统治，统治者在一定时期内还可以容忍这种无害的政争。但是“清流”的出现，往往又是大规模斗争高潮即将来临的征兆，剥削阶级的当权派总是无比地顽固和无比地愚蠢，“清流派”的一切努力，终归徒劳，不可能制止当权派一天一天地腐烂下去，相反他们后来总是招致当权派的严厉镇压。在当权派举手推开“清流”的同时，他们的脚步就在迈进灭亡的泥潭而不可自拔。

当70年代末近代“清流派”刚刚兴起的时候，他们所议论的还仅仅是关于当前灾荒的严重性和赈灾的办法，后来话题逐渐转向对腐败政治的批评，锋芒针对着某些大官僚的贪赃不法和营私舞弊。其中如黄体芳揭露户部尚书董恂勒索贿赂①；张佩纶、宝廷等弹劾军机大臣宝鋆滥用私人、保荐亲弟②，工部尚书贺寿慈勾结书商、朋比为奸③，四川总督文格和提督李有恒草菅人命、屠杀乡民④，军机大臣王文韶“老猾贪庸”、报销受贿等⑤；廖寿恒奏参北洋大臣李鸿章“侈泰因循，左右无一正人”⑥；陈宝琛指摘南洋大臣刘坤一

---

① 当时因华北旱灾，有人建议停禁“烧锅”（用粮食制酒），董恂每年收受酿酒业的贿赂三万两故不予批准，黄体芳揭发此事，斥董恂为“奸邪”，结果，黄反受朝廷申斥。事见《光绪朝东华录》，光绪四年二月丁未。

② 四川总督丁宝桢保荐宝鋆之弟宝森，被张佩纶所劾。事见张佩纶：《涧于集》，奏议一，《大臣子弟不宜破格保荐折》。

③ 贺寿慈认书商李钟铭为干婿，以之为收受贿赂的媒介，黄体芳、宝廷、张佩纶等交章劾之。事见《光绪朝东华录》，光绪五年三月戊申、六月辛亥等。

④ 1875年，四川东乡农民袁廷蛟等三千人反对官府派捐，进行集体请愿。护理四川总督文格令提督李有恒“督兵痛剿”，无辜农民被大肆杀戮。后来人民一再控告，清政府不得不惩处文格、李有恒等，这就是有名的“东乡惨案”。

⑤ 光绪八年，云南运铜至京报销，户部索贿，军机大臣景廉、王文韶均受贿甚巨。陈启泰、洪良品、邓承修、张佩纶交章弹劾，王文韶因此暂时退出军机处。事见《光绪朝东华录》，光绪八年八月庚辰、九月甲申，及张佩纶《涧于集》，奏议二。

⑥ 徐珂：《清稗类钞》，第11册，58页。

"嗜好过深，广蓄姬妾"①；邓承修举发湖广总督李瀚章贪污纳贿、"声名最劣"②，大学士文煜"才识庸暗，赃私累累"③；等等。当然"清流派"大量的揭发和弹劾，大多在"查无实据"的借口下不了了之，丝毫不能改变当时的腐朽政治，但他们的言论在晚清的黑暗官场中却也造成了暂时的震动，所以后来有人说："光绪初年，言官最盛，上自朝政之缺，下及官方之邪，微及闾阎之困，无不朝闻事目，夕达封章，公会至戒偶语，官师相规，动以恐登白简为戒"④。

"清流派"对清政府的投降外交也表示不满，在历次对外交涉中他们都是主战派。1879年崇厚在伊犁交涉中擅自签订了屈辱的条约，这批"清流"名士纷纷上书，要求斩崇厚以谢天下。⑤当日本并吞琉球、并在朝鲜制造颠覆政变时，"清流派"主张大治水师，东征伐罪。中法战争中，"清流派"又主张援助越南，支持刘永福的黑旗军，抵抗法国的侵略，竭力反对清朝政府和李鸿章的投降妥协政策。

"清流派"攻击腐败政治和投降外交，在一定程度上揭露和打击了官场的黑暗腐朽势力和媚外的投降派，客观上是符合人民群众的利益的，他们那种不畏权贵、评议朝政的风气也对后来的戊戌变法运动有一定的影响。但是应该指出："清流"议政仍属于封建统治阶级内部斗争的范围，它的作用和影响是很有限的。尽管"清流派"揭发了大官僚的许多贪污不法事件和投降卖国罪行，但他们所揭露的仍只是千百桩类似事件中的一桩或两桩。当时腐朽的封建专制制度是产生一切罪恶的根源，而"清流派"是不可能认识到这一点的。

---

① 原文谓刘坤一"嗜好过深，广蓄姬妾，日中始起，稀见宾客……昏惰颓靡，不可收拾"。见《陈文忠公奏议》，卷上，《星变陈言折》。

② 李瀚章为李鸿章之兄。光绪七年十一月邓承修劾李瀚章"凭权借宠，久居高位，荒淫酷虐，黩货无厌，盐船番船络绎于江海间，扬州芜湖等处质库相望，皆嫁名商贾而阴收其利，所受属员馈礼，穷奢极靡，如佛像八仙寿星，皆用黄金镕造，有高至五六尺者"，"与湘鄂士大夫谈者则无不人人切齿，饮恨吞声"。语见邓承修：《语冰阁奏议》，卷二，《缕陈鄂省积弊疏》。

③ 光绪九年，阜康银号倒闭，邓承修劾文煜在阜康银号存银七十余万两。事见邓承修：《语冰阁奏议》，卷五，《论大臣贪污溺职片》。

④ 震钧：《天咫偶闻》，卷六。

⑤ 如张之洞称"崇厚误国媚敌，擅许擅归，国人皆曰可杀者也，伏望拿交刑部，明正典刑，治使臣之罪，即可杜俄人之口"。《张之洞全集》，奏议二，《熟权俄约利害折》。

这批“清流”名士虽然感觉到自己立脚在其上的封建制度已经千疮百孔，摇摇欲坠，其中一些人也模糊地意识到了西方资本主义文明的优越性，但是在他们活动的年代里，经济还没有发展到产生出一种足以把他们推送上资本主义轨道的力量，而他们自己又都是科举出身的金马玉堂人物，完全靠旧社会的乳汁哺育成长，不可能离开自己生长的基础而另外去寻找新出路。他们只是缅怀封建制度鼎盛的昨天，复述旧时代“圣君贤相”治国平天下的一套旧道理，而这些旧道理却完全不能适合已经变化了的新形势。“清流派”虽然慷慨激昂地主张抵抗外国侵略，却没有人能够提出有效的抵抗侵略的办法；尽管他们也大声疾呼，指摘当权官僚这样或那样的罪行，但所有的指摘都着眼于细枝末节，并没有触及腐朽封建制度的根源。一旦“清流”们挤进了当权派的行列，他们所作所为和自己昨天所抨击的那些腐朽官僚一模一样，根本没有什么区别。①

“清流舆论”对于当权派官僚所能发挥的制约作用也是非常微弱的。这班无权无柄的书生除了弹劾制度和舆论力量之外，别无其他的武器，因此他们不可避免地要依附一定的派系而成为政争的工具和牺牲品。“清流舆论”所以能够暂时造成一种政治声势，主要还是由于整个统治阶级的分崩离析，嘁嘁喳喳的派系斗争造成了一种空隙，使得“清流”可以存在下去并发生影响。“清流派”和奕䜣集团保持着密切的关系，奕䜣集团的成员军机大臣李鸿藻是他们的幕后操纵者，所以在清政府和地方实力派的矛盾中，“清流”总是站在清政府方面，对地方实力派施加舆论压力②，在慈禧太后和奕䜣集团

---

① 张之洞和张佩纶都是“清流”领袖，又是激烈的主战派。但后来张之洞官运亨通，青云直上，久任湖广总督，成为清末最重要的反动派头子和卖国老手。张佩纶在中法战争中被派会办福建海防，事前漫无布置，敌炮一响，张佩纶即狼狈窜遁，成了可耻的逃兵。后来张佩纶又与李鸿章勾结，李鸿章招张为婿。八国侵略联军侵占北京，张佩纶赞助东南互保，清廷又派张随李鸿章参与《辛丑条约》的谈判。

② 地方实力派对“清流”均表示痛恨。如李鸿章说：“言官制度最足坏事，故前明之亡，即亡于言官。此辈皆少年新进，毫不更事，亦不考究事实得失、国家利害，但随便寻个题目，信口开河，畅发一篇议论，藉此以出露头角，而国家大事已为之阻扰不少。”（见吴永：《庚子西狩丛谈》，卷四）又刘坤一说：“言官从而鼓舌摇唇，动辄为其所制。”（《刘坤一全集》，书牍，卷七，《复李若农》）

的矛盾中，“清流”又对奕䜣集团寄予同情。① 中法战争以后，统治阶级内部斗争进入一个转折点，慈禧太后和奕譞、奕劻等勾结起来，把奕䜣集团全部驱逐出了军机处和总理衙门，同时李鸿章洋务集团也逐步向后党靠拢，洋务派和顽固派合流为一，经过将近三十年钩心斗角的斗争，后党完全取得胜利。“清流”对于奕䜣的垮台不免有兔死狐悲之感，而专制腐朽的慈禧太后也不能容忍这批文人学士老在自己耳边絮聒不休，于是80年代中叶，“清流”和后党之间的斗争逐渐激化。

很显然，这场斗争的一切优势都在后党方面，“清流派”所能利用的弹劾制度和舆论力量在封建专制制度下都不过是一种政治点缀品，他们攻击后党的题目都是些琐屑的细节，甚至为了避免触怒最高统治者，他们只敢半吞半吐，委婉曲折地陈述意见。尽管这样，他们仍逃脱不了被后党踩在脚底下的命运。从中法战争之时起，后党开始施展排挤打击的手段，“出通政使吴大澂会办北洋事宜，内阁学士陈宝琛会办南洋事宜，侍讲学士张佩纶会办福建海疆事宜，阳示为国用人，阴纳诸罟擭陷阱之中而莫之避”②。果然，不久张佩纶因战败逃跑而被遣戍，陈宝琛因保荐非人而降五级，同时盛昱、锡钧等因谏阻奕譞参政而被驳，吴珣因弹劾阎敬铭执拗刚愎而受处分，黄体芳因奏参李鸿章治兵无效而降职，樊恭煦、邓承修等因请求宽容言路而被交部议处。上谕中指斥“清流”们“分别门户，标榜攻讦，为前明恶习。我朝纪纲严肃，讵容有此等风气，不得不示以惩诫”③。在后党的高压政策下，“当时清流党大受掊击，几于尽绝，朝臣皆以言事为戒”④，后党的头子奕譞也非常得意地说：“言路至近年庞杂已极，辩给者深文曲笔，恣意所为，庸暗者随波逐流，联

① 光绪初年，奕䜣屡受慈禧太后的打击，张佩纶上书支持奕䜣。据张志潜的《张佩纶行状》说：“时恭忠亲王有大功社稷，而勋望日高，宵小构谗，或疑两宫实有所猜忌，恭忠亲王倍遇事敬畏。府君（即张佩纶）疏请竭诚专任，词婉而意尽，皆言人所不能言”。

② 转引自顾廷龙：《吴愙斋先生年谱》，181页。

③ 《光绪朝东华录》，光绪十年十二月丁丑谕。

④ 徐珂：《清稗类钞》，第11册，58页。

衔沽誉。自甲申以来（即中法战争以来），圣明独断，甄别整饬，浇风为之顿敛”①。

有一句著名的话说得好：如果几何学定理触犯了统治阶级的利益，统治阶级也一定要推翻它。尽管“清流”们指摘的腐败情形全是确凿不移的事实，但是统治阶级当权派反而斥责他们“标榜攻讦”、“深文曲笔”。一个正在没落中的阶级总是失去了进行自我调整和自我改革的一切能力，不可能阻遏腐败现象的继续发展，直到自己腐烂得干干净净，死而后已，这是历史发展的必然规律。

“清流派”虽然被“压”下去了，但是社会矛盾一天比一天更加尖锐，统治阶级继续在一天一天腐烂下去，统治阶级内部也总有一些人对现实怀着更强烈的不满，所以中小官吏议论政事、弹劾大臣的风气也就不会根绝。不久以后，光绪皇帝长大亲政，这批不满现实政治的“清流”残余又集结在皇帝的周围，企图夺取权力、进行政治改革，这就形成了中日甲午战争前后帝党和后党的斗争。

第三节　中越人民早期的并肩抗法斗争

一、法国入侵越南，越南人民和黑旗军的早期抗法斗争

越南在印度支那半岛的东部，土地肥沃、物产丰富，人民淳朴、勤劳而勇敢。越南的北部边境与我国的广东、广西、云南相毗连。红河（其上游即中国之元江）像一条美丽的玉带，蜿蜒流泻，把两国人民紧密地联结在一起。自古以来，越南和中国保持着密切的政治联系和频繁的经济、文化交流。中越两国是唇齿相依、休戚与共的邻邦。

当西方资本主义国家在全世界掀起了殖民侵略的惊涛恶浪，富饶的越南和中国一样，成了资本主义殖民强盗的掠夺对象。

早在16世纪末，法国的传教士就进入了越南。17世纪中叶，法

① 光绪十五年一月十四日奕谭奏，转引自《洋务运动》，六，231页。

国传教士从葡萄牙人手里夺得了在越南传教的垄断权。法国资产阶级企图在这个通往远东和中国的道路上建立强大的据点，以便和它当时的对手英国进行殖民竞争。①

18世纪末，越南爆发了轰轰烈烈的西山农民起义，封建旧王朝被英勇的农民军推翻了。法王路易十六和越南旧王朝的阮福映签订了“法越凡尔赛条约”，法国答应用刺刀帮助阮福映复辟，阮福映则以出让国家主权作为酬报。这个奴役性条约因1789年法国资产阶级革命的爆发而未曾批准。但革命以后，法国资产阶级却更加积极地执行路易十六的殖民政策，屡次派遣远征舰队，威胁越南，要求履行凡尔赛条约。越南人民以坚决的斗争来答复入侵者。19世纪中叶，越南各地普遍燃烧起反洋教斗争的火焰。

1848年拿破仑第三执掌了法国政权，他代表着金融和工业资产阶级的利益，对内建立独裁统治，对外加紧侵略活动。1857年，法国舰队无理轰击越南的土伦港。1858年，法国又以护教为名，勾结了西班牙，对越南发动武装进攻，侵占了土伦港和西贡。越南人民和军队在爱国将军阮知方的领导下，奋起抗击侵略者。当时，法国正和英国共同出兵侵略中国，只能以一部分兵力兼顾越南。1860年春，法国侵略军被越南军民驱逐出了土伦和西贡。

法国侵略者自然不甘心自己失败。第二次鸦片战争以后，法国对中国的军事行动结束，双手沾满中国人民鲜血的法国侵略军大批

---

①　法国资产阶级对越南的殖民政策很早就反映在百多禄主教给法皇路易十六的奏议中。百多禄的奏议写道：“在目下印度政治势力的抗衡上，似大有利于英国人。如果认为恢复（双方势力的）均衡，不是一件容易的事，这看法也许是有道理的。按着我的意见，在交趾支那建立一个法国的殖民地是达到这个目的最稳妥、最有效的方法……伤害在印度的英国人的最稳妥的方法，就是摧毁它的商业……在和平的时候，因为我们地位较近中国，我们定然可以吸收很多它的商业。航程较印度短，运输费用较印度便宜……在战争的时候，将更容易隔断中国和一切敌国的商务；我们海港的位置将使我们能够禁止任何船只出入中国的埠口……由这样一个有利的地位，我们将不难妨碍英国人显欲将边界更向东扩展的计划。此外还有其他的利益。虽然这些利益在今天也许不甚急切，但是在将来将更为重要。这些利益就是从这个国家的天然富源以及从建设一条达到中国中部去的商道，所将获取的莫大的利益。建设中国中部的商道，将使我们获得那个人们不认识的国家（中国）的富源。”（转引自《中法战争》（一），363～364页）这个奏议表明了法国企图以越南为跳板，向中国进行侵略的目的。

涌到越南，侵占了嘉定（西贡）、边和、定祥等省和昆仑岛。越南军民誓死进行抵抗，但阮氏王朝却采取妥协投降政策。1862 年 6 月 5 日，阮氏王朝的代表潘清简、林维浃和法国签订了“第一次西贡（柴棍）条约”。条约共十二款，主要内容有：越南割让边和、嘉定、定祥三省和昆仑岛给法国；越南开土伦、巴喇、广安为商埠；允许法国和西班牙在越南自由传教；法国商船和军舰可自由航行于湄公河；越南赔偿法国和西班牙 400 万法郎。

阮氏王朝的投降政策导致了法国的进一步侵略。1863 年法国强迫越南和暹罗承认柬埔寨（高棉）为法国的保护国；1867 年法国又以阮氏王朝镇压抗法起义不力为借口，侵占永隆、河仙、昭笃三省。越南的南圻六省全部沦为法国的殖民地。

“第一次西贡条约”的签订和法国对南圻六省的侵占，改变了越南国内的阶级关系和政治形势，越南人民大众和法国侵略者的矛盾上升为主要矛盾，反对法国的侵略和奴役成为越南革命的头等重要任务。从法国侵略军踏上越南国土的时候开始，越南人民就连续不断地进行武装反抗。1860 年爱国官吏张定在鹅贡建立了抗法根据地；1861 年贫农出身的阮文历（阮忠直）在新安燃起抗法斗争的烽火；1868 年阮有勋在新安举起抗法的义旗；1872 年黎功诚等在永隆、龙川、芹苴发动了抗法起义。在这些斗争中，越南人民显示了英勇顽强、不屈不挠的反侵略精神。阮有勋在斗争中三次被俘，最后被俘牺牲时写下了“纵死已惊胡虏魄，不降甘断将军头”的壮丽诗句。①阮文历被俘后严词拒绝了敌人的诱降，临刑时宣称：“法国侵略者不除尽，越南人民便抵抗法国到底”②。这些豪言壮语一直印记在越南人民的心坎上，成为越南人民抗法斗争的鼓舞力量。

法国侵略者一手在越南南部镇压人民起义，加强殖民统治，另一手就向北伸展，寻找通往中国西南边疆的合适商道。当时英国也在积极探索从缅甸通入中国的商道，英法侵略者争先打开中国西南门户的竞争，使得商道问题成为侵略日程表中的一个突出项目。

① 参见越南巢南子述，见梁启超：《越南亡国史》。

② 转引自《史学译丛》，1957（3），170 页。

1866年6月，以特拉格莱（Doudart de Lagree）为首的法国调查团沿湄公河（其上游即中国之澜沧江）上溯，经柬埔寨、暹罗而抵达云南。这次调查的结果证明澜沧江不宜于航行，于是法国侵略者的注意力从湄公河转移到红河，企图利用红河作为进入中国云南省的通道。

1871年法国冒险家堵布益（Dupuis Jean）继承了特拉格莱的事业，从云南昆明出发，在元江中试航，到达越南的安沛，并探知元江的下游红河可通汽船，直抵于海。这个冒险家兴高采烈地和云南的清朝官吏商定，要从红河上溯直达昆明，供应清军在镇压回民起义中所需的军火武器。1872年秋，堵布益在法国政府的支持下，拼凑起一支一百数十人的远征队，法国政府供给他船只和枪炮。越南官吏反对堵布益上溯红河、侵犯越南主权的行动，但堵布益不顾反对，强行沿红河运送军火入云南。法国海军部长并指示堵布益："我们将非正式地尽力扶助你。如你遇到抵抗，并觉自己武力够大，闯得过去的话，即以兵开辟一条通路"①。1872年底，堵布益等从河内出发，沿红河入滇，把军火运交给清朝军队；1873年4月又满载铜锡，仍沿红河返回河内，因而大获暴利。法国驻交趾支那总督杜白蕾（Dupre Marie Jules）听到堵布益打通红河航道的消息，高兴地向政府报告："堵布益的事业欲打开了东京（即河内），这对英国、德国和美国的贸易产生了很大的效果，我们必须占领东京，必须保证法国这个特有的道路"②。法国驻海防领事土尔克说得更加明白："法国必须占领北圻（即越南北部）……因为它是一个理想的军事基地。由于有了这个军事基地，一旦欧洲各强国企图瓜分中国时，我们将是最先在中国腹地的人"③。

堵布益的冒险事业煽起了法国所有殖民强盗的贪欲和遐想。堵布益准备把冒险事业进行到底，彻底打开中国的西南后门，他忙忙碌碌地在筹备第二次航行。越南官吏对于堵布益擅自在红河中航行、侵犯越南主权的非法行为提出抗议。堵布益非但不知敛迹，反而撕

---

① 堵布益：《东京问题的由来》，"一、从巴黎到柴棍入云南"。

② 转引自柯杰托夫：《东南亚及远东各国近代和现代史讲义》，第1卷，296页。

③ 依罗神甫：《法国—东京回忆录》，25页。

毁越南官方的告示，囚禁越南官兵，平毁越军防御工事，在河内和红河上横行不法。越南王朝不是依靠人民来抵抗侵略者，反而向法国总督杜白蕾申诉，请求杜白蕾制裁和驱逐堵布益，这个与虎谋皮的荒唐请求给法国的进一步侵入越北创造了机会。杜白蕾总督立即派遣极富侵略野心的安邺（Francis Garnier），以查办堵布益为名，率领一队士兵进入河内。安邺到达河内后，向越南提出开放红河的无理要求。这个要求被拒绝后，安邺即进攻河内，越南抗法名将阮知方奋起抵抗，被俘殉国，河内沦陷。接着侵略军又侵占了海阳、宁平、南定诸城。安邺是一个"建立法兰西东方大帝国"的积极鼓吹者，他和堵布益的队伍合在一起，尚不到三百人，但他到处收买越南的叛国匪徒，又勾结了流窜越境的中国匪帮黄崇英（外号轮盘四）①，准备以越北为据点，向中国扩张。安邺曾经说："我们如能从这里开辟一条经济又迅速的路径，通往云南和四川，则我们在商务上所能取得的利益，将是不可估计的"，"如果北圻有法国军队驻扎，并且有铁路通往云南，英国人将无奈我何，如果我们能得到有力的支持，整个印度支那不难全入法国掌握"②。杜白蕾甚至指示安邺"竭力寻找在北圻是否有篡夺皇位的人"，侵略者已经在大谈如何使"人民归服"，并为组织傀儡政权而物色人选。他们高兴得未免太早了一些。

当时，越南王朝正集中力量镇压农民起义，无心抗击法国侵略。清朝政府也应越南政府的请求，派兵驻扎越北的某些地区，帮助镇压起义军，对法国的侵略活动不愿也不敢过问。这时候，只有刘永福的黑旗军表现了援助友邦的高尚道义和不畏强暴的英勇精神，毅然地走上了抗法斗争的最前线。

刘永福（1837—1916），广东防城人，出生于破产了的农民家庭，随父母流亡于广西上思州。幼年就上山打柴烧炭为生，又曾当

---

①　黄崇英和刘永福同属于广西起义军吴亚终部下，又同样流亡越南，但黄崇英"与法国暗暗通气联络"（《刘永福历史草》，87页），对侵略者"低首服从"（《东京问题的由来》），"同治十二年，法人破河内，酋安邺，勾结逆首黄崇英，谋吞全越"（唐景崧：《请缨日记》，卷二）。这支队伍已蜕化成为勾结法国的叛国匪帮。

②　转引自《中国海关与中法战争》，12页。

过船上的雇工、滩师。1857年参加农民起义军，率领一支小部队活动，后隶广西壮族革命领袖吴亚终的部下。刘永福率领的部队，在战斗中“英勇绝伦，每阵争先”①，立了不少战功。他的部队以七星黑旗为战旗，故称“黑旗军”。1867年，清军大举围攻吴亚终起义军，刘永福率汉、壮部众二百余人流亡越南。刘永福是一位智勇双全、具有出色军事才能的领导者。他治军井井有条、赏罚严明，战斗英勇，具有爱国主义的品质。当时，广西一带失败了的农民起义军纷纷前来投奔，黑旗军逐渐扩大到两千余人。

法国侵略军侵占河内，越南政府对这样的严重威胁不能置之不理，因而求助于黑旗军。黑旗军对法国的侵略活动早已义愤填膺，毅然肩负起抗法斗争的艰巨任务。刘永福即率军出发，与越南驸马黄佐炎的军队会合，列阵于河内郊外。气焰嚣张的法国侵略军没有把这支“乡下佬”军队放在眼里。1873年12月21日，侵略军头子安邺出兵挑战，刘永福挥军猛进，耀武扬威的侵略军遇到出乎意料的猛烈打击，陷入混乱状态，争先向城内逃窜。黑旗军乘胜追杀，大获全胜。安邺逃跑不及，当场被击毙。这个殖民冒险家终于在黑旗军的战刀下结束了自己肮脏的一生。

尝到了中越人民反侵略铁拳滋味的法国军队从此龟缩城内，“胆破心寒，并无声息，只死守城池，不敢出而接仗”②。2月间，法国不得不和越南签订一个草约，草约规定：法国从河内等新侵占的地方撤退。一个法国历史学家懊丧地写道：“1874年2月6日，他（指法国代表霍道生）签订一个新的专约，规定（法国人）从红河撤退，河内被交给了安南人，在那里法国旗被拔掉，撕成碎块，堵布益被赶出。安邺和堵布益的努力所遗留下来的唯一的纪念是：一些焚烧了的村庄，殉难的基督教徒，和四十个（法国）人和霍道生的继任者黎那不甚安全地在海防扎营”③。这就是侵略者在黑旗军初次打击下的狼狈相。

---

① 黄海安：《刘永福历史草》，“一、刘永福与太平天国及天地会”。
② 同上书，“四、刘永福之助越抗法”。
③ 高第辑：《1874年越法和平同盟条约》。

当时越南的统治阶级不敢坚决抵抗法国侵略者，法国侵略者更得寸进尺，于1874年3月15日强迫越南政府签订了《法越和平同盟条约》(第二次西贡条约)。这个条约中法国口头上承认越南“主权”与“独立”，但却规定：越南对外政策必须适应法国的政策，越南与其他国家缔结条约必须得到法国的允许。这个条约还规定了开放河内、宁海、施耐为通商口岸，开放红河水道，取消对天主教的例禁并优待传教士，法国得在通商口岸派驻军队，以及其他种种特权。

法国的侵略一步紧逼一步，越南的形势已非常危急。1876年和1880年，越南国王阮福珊曾两次派遣使节到北京，向中国求援。当时，清朝政府对于法国侵略越南和威胁中国西南边疆的活动也感到不安，不承认法国强迫越南政府所订的侵略条约，原应越南政府的请求而驻在越北的清军也得到了增援。但是清政府怯懦腐朽的本质决定了它不可能坚决地担负起抗法援越的责任。

清朝军队虽然驻在越北，却不敢过问法国的猖狂侵略活动，清朝官吏虽和黑旗军有联系，却又不放弃对黑旗军的敌视，总之，回避不了矛盾但又不敢正视矛盾，在帝国主义的威胁下缺乏勇气，丧失信心，无所行动。这就是70年代和80年代初清朝政府对越南问题的态度。它唯一的希望就是和法国进行谈判，幻想侵略者会大发慈悲，放弃侵略行为。甚至清政府恐怕提出谈判也会触怒侵略者，因此一直拖延到1880年1月，才由中国驻法公使曾纪泽向法国政府正式提出了质问。

清朝政府因畏敌如虎而把事情拖延了很久，法国政府也很乐于这种对自己有利的拖延，因为当时普法战争刚刚过去，巴黎公社的余威犹在，法国资产阶级已被欧洲和国内斗争弄得精疲力竭，无力在越南大举进攻，因此它暂时隐忍河内的惨败，法国外交部长费丝内（M. de Freyinet）并虚假地答复曾纪泽“法国对东京（即河内）并无野心”。但是18个月之后，当曾纪泽声明中国不承认第二次西贡条约时，同一个外交部长“竟然推翻了自己以前的决定而通知中国公使说，关于仅属于法国和越南之间的事情，他没有对中国作任何解释的必要”①。

质问和解释、声明和保证、抗议和抵赖，事情始终在外交骗局中打圈子。交涉丝毫不得要领，清朝政府对越南的所谓“援助”一直停留在口头上。

在困难的时候，真正和越南人民同患难、共生死的是黑旗军战士们，他们在漫长的岁月里坚持不懈地守卫在红河上。

1875年，黄崇英匪帮在法国唆使下，围攻山西白楼社。越南政府向黑旗军求援，黑旗军与越南军民配合出击，全歼黄崇英部，收复了黄匪盘踞的越北广大地区，拔除了法国安置在越北的内应。越南政府为酬谢黑旗军的累次战功，授刘永福为三宣副提督。

1878年，法国侵略军又无理侵占北宁，越南政府屡次派人交涉，要求法军撤出，法国蛮横地拒绝。黑旗军闻讯出动。法国侵略军在黑旗军面前已成惊弓之鸟，听到黑旗军出兵的消息，慌忙夹着尾巴溜逃，北宁人民重新获得了自由。

黑旗军像一个巨人一样屹立在红河上，阻挡着法国侵略者的殖民进军。一个美国反动学者写道：黑旗军“留驻在越南，越南人欢迎着这些保护他们的强悍战士们”。另一个英国反动学者说：“1874年的条约所造成的形势，远不能令人满意。尽管订了商务条约，法国不但在北圻没有什么进展，而且它的领事们还受到故意的侮辱，他们大部分时光消磨于被包围的状态中”②。还有一个法国的反动学者更是恨恨连声：“如果在红河两岸，我们只和安南人遭遇的话，则东京问题今天已明确地解决了……但是不幸，我们还要和其它更可怕的敌人作战。这些敌人就是中国人。当他们是号称黑旗军的匪帮的时候，我们要武装作战”③。

从侵略者的这些反面记载中可以看出黑旗军援助越南人民、抗击法国侵略的巨大作用。在将近十年的时间内，黑旗军支撑着越北大局，保障了祖国西南边疆的安全。“法人寝谋，不敢遽肆吞并者将一纪”。

---

① 马士：《中华帝国对外关系史》，第2卷，384～385页。

② 肯特：《中国铁路发展史》，153页。

③ 高第：《中法的冲突》，转引自《外国资产阶级是怎样看待中国历史的》，630页。

二、纸桥之战，怀德、丹凤之战和清政府内部的和战分歧

八年时间已经过去了，法国侵略势力在越北并无寸进。但它并没有忘情于此，它在等待时机，准备卷土重来。

19 世纪 80 年代初，法国资产阶级从普法战争的创伤和巴黎公社工人阶级铁拳的打击下逐渐恢复过来了，它重又挺起殖民主义的罪恶之剑向世界各地进行扩张活动。被恩格斯称为“巴黎公社最卑鄙的刽子手中的最无耻者”的茹费理（Feeny，Jubes）两次组阁（1880—1881，1883—1885）。他一方面在突尼斯伸出血腥的手，强行建立了法国对突尼斯的所谓“保护权”；另一方面又积极地鼓吹、组织侵略越南和中国的肮脏战争。1881 年法国议会决定拨款 250 万法郎，以增强驻越的海军力量。法国驻河内领事“已经有两年了，秘密受命研究突然夺取这个城池的方法”①。法国官员不再谈什么越南的“独立”、“自主”了，法国海军部长明确地宣称：“我以为（在越南）建立一个极确定的保护国”，应该是我们冀望立刻达到的目标。②

1882 年春，侵略者自以为准备已就绪，立即付之行动。法国驻交趾支那总督卢眉在“驱逐黑旗军”的借口下，命驻交趾支那舰队司令李维业（Riviere Henri）率军进攻河内。1882 年 4 月 25 日。法军再度侵占了这个城市，越南的河内总督黄耀率兵抵抗，光荣地战死在自己的岗位上。

越南人民并没有屈服，法军侵占河内后，河内每天都发生袭击法国侵略者和传教士的事件，“李维业简直象囚犯一样困守在城内要塞，差不多一年”③。第二年，李维业又率领两千人进攻南定。南定总督武师晏“召华勇五百并越兵万人守之”④。法国侵略军七战七败，安南军在满填死尸的城墙后面，“死守到最后一刻，提督与按察司都战死了”⑤。南定城经过光荣的抵抗后陷落于侵略者之手。

---

① 马罗尔：《李维业远征记》，“二、远征军出发”。

② 参见丁名楠等：《帝国主义侵华史》，第 1 卷，229 页。

③ 诺曼：《远东的人物与政治》，28 页 。

④ 唐景崧：《请缨日记》，卷二，光绪九年二月十八、十九等日。

⑤ 马罗尔：《李维业远征记》，“七、攻取南定”。

清朝政府对法国的无数次声明、照会和抗议，换来的却是法军重占河内的结果，这是一个多么大的讽刺。但是懦怯腐败的清朝政府仍然不敢采取行动，河内沦陷时，驻在越北的清朝军队竟坐视不救。清政府把“谈判”奉为解决问题的唯一途径。在巴黎、在北京、在上海，这种外交把戏在热烈紧张地进行着。1882年12月，李鸿章居然和法国公使宝海（Bouree）达成三点协议，用牺牲黑旗军的办法来换取法国不侵犯越南领土主权的空头保证。这三点协议是：（1）中国军队撤出越南，法国声明不侵犯越南的领土、主权；（2）开放保胜为商埠，中国应“驱除盗贼”，保证法国侵入云南通道“畅行无阻”；（3）中法两国在越北划分界线，各自“巡查保护”。

我们知道：黑旗军驻居的地方就是保胜，而且这个地方又是从越北通向我国云南的孔道。李鸿章不但要放弃对越南抗法斗争的支援，而且引狼入室，为法国侵入云南扫清道路。这个协议中说的“驱除盗贼”，不言而喻，当然就是要驱除在抗法斗争前线的黑旗军。法国侵略者狡诈狠毒，企图借刀杀人，让清王朝替自己剪除掉横梗在侵略道路上的绊脚石。李鸿章也“视刘永福为眼中钉”①，把浴血抗法的黑旗军看做投降妥协的主要障碍，必欲拔除而后快。协议达成后，清政府还命令“驻越各军酌退若干里，以示和好”。但是，不久以后的事实证明：愚蠢怯懦的清朝政府不过是落进了帝国主义的骗局，法国资产阶级并不满足于协议中所得到的权利，时机一到，他们立即撕毁协议，敲响战鼓，在清朝军队“以示和好”的无备状态中突然发动了袭击。

1883年2月，茹费理二次组阁，他决心要把侵略战争进行到底。他上台以后，杀气腾腾地宣称：“必须征服那个巨大的中华帝国……而我们必须站在那个富庶区域的通道之上”②。他立即召回了宝海，三点协议的墨迹未干就被撕得粉碎。同时，李维业也受命开始行动，要直捣保胜，消灭黑旗军。

黑旗军和清王朝所抱的态度恰恰形成一个鲜明的对比。清王朝

---

① 《翁同龢日记》，光绪九年正月十五日。

② 鲍维：《茹费理与法兰西帝国主义的复兴》，168页。

千方百计要保全“中外和好”之局，黑旗军却“坚持主战，与法人势不两立”①；清王朝希望通过谈判与侵略者妥协，黑旗军却认为“法鬼贪心无厌，非武力不能解决”；清王朝以退兵若干里献媚于侵略者，黑旗军却以进军河内、约法军于十日内决战来回答李维业“直捣保胜”的叫嚣。

当黑旗军抵达河内附近，李维业即调动大批侵略军于 1883 年 5 月 19 日向黑旗军阵地发动进攻。刘永福将全军分成五队，划定防区，每队各自为战而又相互支援。战士们痛恨法寇的横行，个个摩拳擦掌，斗志昂扬。右翼统将杨著恩慷慨地说：“见洋人而能忍者，非人也！虽死愿任先锋”②，他率部众守卫在河内城西纸桥的关帝庙前，紧扼着法军进攻的必经通道。法国侵略军用密集的火力轰击，一时“枪炮齐举，瓦飞栋折，人语不闻”③，法军在火力掩护下反复冲锋。杨著恩和他的战士们用简陋的武器，屡次打退敌人的进攻，“法队退转，席地吸酒，乘醉复起。十人一队，连环施枪，鱼贯过桥”④。杨著恩身中数弹，仍坚持在战斗岗位上，直到有一颗子弹射穿他的胸部，夺去了这位抗法英雄的宝贵生命。法军以为黑旗军已经战败，蜂拥过桥，占领关帝庙，不料左翼统将吴凤典埋伏在附近村庄里，待敌人深入时，突然出击。一个参与这次战役的法国军官写道：

> 在我们右边的大村镇……发出即素有训练的欧洲军队亦不能做得更好的迂回包抄作战运动。首先一阵带快枪的敌人冲锋兵行列整齐地穿过干涸的稻田，轻快前进，他们枪在腰间，直至距我军百公尺之远，方始开枪。这个时候是对着司令，他们伏下，砰砰的激烈枪火向我们打来，立即使我们队伍发生混乱。⑤

乘着法军混乱之际，刘永福指挥全军，“直前猛攻，势如波涛翻滚，一齐奋臂大呼，枪弹击射，甚似飓风暴雨”⑥。法军大溃，有的中弹身亡，有的堕毙河中，有的抱头鼠窜，有的伏地乞命。侵略军

---

① 倪文蔚：《复陈妥筹边备情形折》，见《清光绪朝中法交涉史料》，60 页。

②③④ 唐景崧：《请缨日记》，卷二，光绪九年四月十九日。

⑤ 马罗尔：《李维业远征记》，“九、战争经过”。

⑥ 黄海安：《刘永福历史草》，“六、刘永福之二度抗法”。

司令李维业也没有逃脱应得的惩罚，在混战中被击毙。

李维业的丧命和远征军的覆没吓得河内城里的法国侵略者丧魂落魄。据唐景崧说："当是时，河内城虏，夜辄自哗，惊呼黑旗来，敌胆已落，一鼓可克"①。据一个吹捧李维业"远征"功绩的法国侵略分子说："市中的欧洲人及传教会的传道师，他们舍弃一切，忙急地躲到租界来"。法国军官"甚至提出放弃河内及退至海上的问题"。侵略者无可奈何地哀鸣："总之，这是一个失败，使我们丧失体面，并使我们无力保卫河内市"②。可惜越南王朝胆小如鼠，再三阻止黑旗军进攻河内，因此，河内的法国侵略军才侥幸地免遭被歼灭的命运。

当李维业失败丧生的消息传到法国，法国资产阶级决定投入更大的赌注，来夺取越南。他们在"为李维业复仇"的叫嚣下，煽动全面战争。法国政府定谋划策、调兵遣将。一方面派大批军队到越南，在越南开辟南、北两个战场，北战场由波特（Bouet）任指挥，进驻河内，以攻击并消灭黑旗军为目的；南战场由孤拔（Courbet）任指挥，向越南京城顺化进发，以恐吓越南王朝、迫使其完全屈服为目的。另一方面，又对清朝政府和越南政府展开外交攻势，派遣使节和中、越政府进行谈判。法国侵略者企图用军事优势和外交压力来扑灭中越人民抗法斗争的烽火，斗争进入了更加艰苦的阶段。

但是，英勇的黑旗军战士们并没有被敌人的军事优势所吓倒，纸桥大捷以后，刘永福被越南政府升为三宣正提督，并加封义良男。

黑旗军驻守在河内西边的怀德府，警觉地注视着敌军的活动，随时准备着迎击侵略者。

1883年8月15日，法军四千人分水陆两路猛攻怀德府黑旗军驻地。刘永福运用以静制动的战术，"令各军坚伏，不发一枪"，等到法军逼近营垒，"黑旗军枪声始举，开壁驰出"③，法军大败。无耻的侵略者屡战屡败，惭愤交集，竟趁连日大雨、红河涨水的机会，

① 唐景崧：《请缨日记》，卷二，光绪九年五月。
② 马罗尔：《李维业远征记》，"九、战事经过"。
③ 唐景崧：《请缨日记》，卷二，光绪九年七月十三日。

掘开河堤，淹灌黑旗军营地。幸黑旗军早有预防，而且越南人民“竞渡龙舟数只，彻夜往复救渡”①，法军卑鄙的淹灌阴谋也没有得逞，黑旗军退驻于丹凤。

9月1日，法军又以陆军三千、兵船十一艘进攻丹凤，黑旗军将领黄守忠、邓士昌等据堤迎敌，受到优势法军的水陆夹攻。“船俯击营中，开花如雨”②，邓士昌牺牲，黄守忠“握刀坐地不退”③，战斗坚持三昼夜，刘永福率后队发动反攻，法军大败，刘永福率军追击到距离河内只有二十里的地方。“自经此仗以后，法人与公对敌，仗仗皆败，一闻公名，心胆俱裂，不敢回首一视”④。

法国侵略者在北战场上屡战屡败，但却在南战场上获得了丰厚的“补偿”。1883年7月17日，越南国王阮福玬病死，顺化的宫廷中为王位继承问题爆发了一场内部斗争。8月18日，法国侵略者趁势发动进攻，越南军民虽然英勇地进行了抵抗，但统治阶级无心作战，至8月20日，顺化的外围均被法军占领，顺化朝廷不得不作城下之盟，与法国侵略者签订了第一次顺化条约。条约规定：越南受法国的保护；越南外交由法国掌管；越南割让平顺省给法国；允许法国驻在越南；停止在越北对法国侵略的抵抗，允许法国在红河两岸通商和驻兵，驱逐黑旗军等等。这个奴役性条约实际上是把越南完全置在法国的军事管制之下。

条约签订以后，顺化王朝竟令黑旗军退到山西，并派遣钦差胁迫越南人民遵守卖国条约，停止反抗斗争。越南人民和爱国官吏并没有理睬反动王朝的命令，他们在黑旗军大捷的鼓舞下，奋起抗击侵略者。南圻人民在安江等两省发动抗法斗争，沉重地打击了法国的殖民统治；北圻也是义军蜂起，阮善集、范忠直、阮廷智、梁俊秀等分别在各地聚众据法。法军到处受阻击，连“胁民遵和”的越南卖国官吏也常被杀死，法国侵略者到处挨打，惴惴不安，仿佛是坐在火山口上。

---

① 无名氏：《关外随营笔述》。

②③ 唐景崧：《请缨日记》，卷三，光绪九年八月初一日。

④ 黄海安：《刘永福历史草》，“六、刘永福之二度抗法”。

在这越南全境遍遭蹂躏、抗法斗争汹涌澎湃的时候，清朝政府却仍滞留在谈判桌上，力诫驻在越北山西和北宁的清军“不可轻动”。1883年6月，法国侵略军在越南的两个战场即将发动进攻，李鸿章却和法国特使脱利古（Arthur Tricou）坐在上海的谈判桌边慢条斯理地重开谈判。脱利古提出的条件十分苛刻，要求中国承认“越南全境均归法国保护”，要求在中越之间划定一个中立区、开云南蛮耗为商埠以及驱逐黑旗军等等。实际上，法国政府根本没有谈判的诚意，谈判不过是军事行动之前放出的一种烟幕。在谈判过程中，法国外交部长沙梅拉库给总理茹费理的信函中非常确定地说：“除非有一种决定性的军事成功，我们没有可能与中国达成协议”①。战争已经如箭在弦，一触即发，但清朝政府深深陷在法国缓兵之计的圈套里，以十分虔诚的心情，幻想谈判成功，避免战争。

中国人民对侵略抱着反抗到底的决心，高涨的抗法情绪弥漫于全国，统治阶级在人民的压力下分化成为主和与主战两派。主和派在朝廷里以奕䜣为代表，在地方实力派中以李鸿章为代表，他们都是买办的官僚和地主，他们的权力、地位和利益深深地和帝国主义势力联系在一起，宁可屈辱地出卖国家民族的主权，也不肯丝毫触犯帝国主义。对于他们来说，帝国主义的支持是保持自己统治权的重要保证，他们看不出为了“不相干”的越南有什么必要去破坏自己和帝国主义的亲密关系。李鸿章丧心病狂地主张完全抛弃越南不管，“即使废置其君，灭绝其国，亦与汉之捐弃珠崖等耳”②，“中法联交有日，不值干预以承越人之敏，尤不可挑以失法人之欢”③。在他的眼睛里，“挑衅”的不是法国侵略者，反倒是坚决进行抵抗的人民，这是何等奇怪的逻辑！在战争尚未爆发的时候，他就极力宣扬“战则必败”，认为人民的抵抗是“螳臂挡车”，当黑旗军屡传捷报，这个卖国贼却认为胜利的后果“不可思议”，并且还因前线的胜利而

---

① 《法国外交文牍》，第5卷，第80号，《沙梅拉库致内阁总理茹费理（1883年8月19日）》。

② 《清光绪朝中法交涉史料》，卷四，24页。

③ 同上书，卷五，39页。

“焦灼莫名”。总之，按照主和派的意见，不抵抗比抵抗好，打败比打胜仗好，中国人民只有放弃抵抗，任人宰割，此外就无出路。可惜的是中国近代历史上当权执政的正是这一群奴颜婢膝的软骨头！

这一群软骨头虽然掌握着政权，但是他们没有力量完全遏制住人民的抗法怒潮。主和派尽管在谈判桌前向侵略者乞哀告饶，但黑旗军却在越北前线一次又一次地痛击法军，在人民的压力和黑旗军的胜利鼓舞下，有不少清朝官吏也倾向于抵抗，形成了统治阶级中的主战派。

主战派在朝廷里有醇亲王奕譞，在地方实力派中有湘系的左宗棠、彭玉麟，在外交界有曾纪泽，在言论界有号称“清流”的黄体芳、盛昱、张佩纶、陈宝琛、邓承修等。主战派在法国的侵略面前主张抵抗，反对主和派的妥协投降，这一点多少符合于广大人民群众的愿望。但是，主战派的出发点和动机形形色色，其中虽有一部分人激于民族义愤，主张重用刘永福，坚决回击法国的侵略，但他们处在不当权的地位；另有一部分具有地位和实力的官僚，他们也混入主战的行列，其动机和出发点却是形形色色的。如奕譞和湘系官僚的主战在很大程度上是为了和当权的奕䜣、李鸿章争夺权力，他们慷慨激昂地大发议论，其主要目的不过是借此提高自己的政治身价，打击那些主和派政敌，实际上，他们并不知道真正的抵抗侵略的力量在哪里，也不知道切实的抵抗侵略的办法是什么。他们有的人把希望寄托于湘、淮“名将”身上，却不料这班“名将”大多是“内战内行、外战外行”的𡳞包；也有的人把希望寄托于外交干涉，认为法国的死敌德国一定会对中国“倾心相助”①，而实际上德国首相俾斯麦（Bismark）这时正向法国频送秋波，他“对于法国政府很表示一种普遍的好意”②，“他很愿意在东京的问题上帮助我们（指法国）”③；还有人把希望寄托在法国议会，幻想使是非曲直“令议院知之，庶彼国公悟其执政之非，可再更换”④，实际上资产阶级

① 《清光绪朝中法交涉史料》（上），121页。

② 《法国外交文牍》，第5卷，第166号，《顾赛尔致茹费理》。

③ 同上书，第5卷，第164号，《顾赛尔致茹费理》。

④ 《曾纪泽与总理衙门往来电信》，光绪九年三月初八日。

的议会和资产阶级的政府一个鼻孔出气，这种诉诸法国议会的可笑办法好像是到强盗面前告状一样，哪里会有什么效果。主战派中的很多人发表了许多意见，甚至对战争的各个细节都说到了，但是明明有一支最坚决最强大的抗法力量——人民群众——站在面前，他们偏偏视而不见，“明足以察秋毫之末而不见舆薪”，这就是主战派的阶级局限所在。主战派瞧不起人民，甚至仇视人民，因此，他们的抵抗只能成为口头上的空谈。当局势发生变化，或者是战争形势急转直下，或者是依靠其他国家的干涉落空，或者是主战派从在野转变到当权地位，他们的言论、行动也会发生完全的变化，从主战一变而为主和，从装模作样的抵抗一变而为道道地地的投降。奕谖代替奕䜣掌握大权以后，就从坚决的主战变成彻底的投降；张佩纶在马尾战败，就戳穿了自己爱国志士的假面具而暴露了惜命逃跑的狼狈相。“主战派”中的不少人就是这样并不具备抵抗到底的信念，他们的言论和行动远不是表里一致、前后一贯的。

清朝朝廷中，主和、主战两派争论不休，主和派奕䜣、李鸿章等掌握着权力，且有帝国主义的支持；而主战派则是人多势众，特别是抵抗的主张受到全国各阶层的广泛支持，声势浩大，“主战派的要求即中国皇太后亦被逼承受”①。主和与主战两派，激烈地进行着斗争，有时主战派占上风，有时主和派占上风，但谁也不可能完全压倒对方。清朝的政策也随着主和、主战两派力量对比的变化而摇摆不定，既想妥协又不敢妥协，既在抵抗又不肯抵抗。中法战争的全部进程就在这种谈谈打打、打打谈谈、边谈边打、边打边谈的情况中拖下去，一直拖到主和派最后得势，清朝政府就完全倒向妥协投降的一边。

第四节　中法战争

一、中法战争的爆发，山西、北宁之战和法国的诱降骗局

1883年12月，被清朝官僚幻想为可以牵制其政府侵略政策的法

---

① 《法国外交文牍》，第5卷，第101号，《瓦定敦致沙梅拉库》。

国议会，竟然两次通过了共达 2 900 万法郎的侵越军费和派遣 15 000 远征军的提案，“决议夺取山西、北宁，将不和中国谈判”①。茹费理也宣布以武力侵占红河三角洲。清朝政府在法国咄咄逼人的战争讹诈下，不得不增援驻越北的清军，并向法国政府表示，如果法军发动进攻，中国军队将不得不进行自卫抵抗。

法国进攻的矛头首先指向山西。这里是黑旗军的驻地，又是清朝滇、桂两军联络的枢纽。除黑旗军 2 000 人外，尚驻有滇、桂军五营（约 2 000 余人）和黄佐炎率领的越南军队 2 000 人。1883 年 12 月 14 日，侵略头子孤拔率法军 6 000 人、战舰 12 艘，携大炮 200 门发动进攻，中法战争就此爆发。

黑旗军的装备极为简陋，既无战舰，又无大炮，水上只能以木筏拦江，陆上只能以壕栅御敌，武器是一些土枪笨炮，甚至“无布缕制衣衾，强忍夜寒，仓米不多，军苦乏食”②。清政府给的很少一点犒赏银，被广西巡抚徐延旭克扣；接济黑旗军的枪械粮食，被清将赵庆池截留。即使在这样艰苦的条件下，黑旗军仍英勇作战，重创法军。他们负责防守山西城的东、北两面，担当法军的主要攻击面，人数不到法军的一半，但却用巧妙的隐蔽迂回战术屡次击退进犯的法军。据一个参与战斗的法国军官说：“虽然法军大炮和小枪的火力是猛烈的，而且黑旗军用作抵抗的武器仅是来福枪而已，但是黑旗军固守着他们的工事”，而且法军一度“被混踏地驱逐到一个狭隘的漏斗形地带，在那里将不断地受工事的苛酷炮火的射击。此时，法军方面一时确乎恐慌，事后有些军官们毫不犹疑地说，他们那时想一切都完了”③。

但是山西前线的军队太庞杂了，有黑旗军，有滇、桂军，还有越南军，指挥不一，战斗力不齐，心志不一。特别是负责指挥山西军事的云南巡抚唐炯是个不可救药的投降主义者。清朝命令他进兵越北，他心里一百个不愿意，他说“悬军深入，转运艰难，水土恶劣，瘴疠甚盛，在我已非立于不败之地……耗三省之力，

---

① 《中国海关与中法战争》，42 页。

② 唐景崧：《请缨日记》，卷三，光绪九年十一月廿一日。

③ 斯各特：《1884 年法国进军越南记》，“一，山西之役与法军的残暴”。

而为越南守土，在彼无丝毫之益，在我有丘山之损，窃谓出境兴师，甚非长算……今军锋未交而出关各营疾病死亡已数百人矣，长此不已，师老财匮，民穷盗起，何以善后?”① 昏庸的清政府偏偏选定这样一个怕死鬼来挂帅，催他“迅速出省”。唐炯不得已，慢吞吞地到了越南，他统率的滇军一直躲在黑旗军的后面。法国侵略军尚未开始进攻时，他就把原驻山西的大部分滇军撤回大滩，自己更一溜烟跑回云南。唐炯的逃跑行动严重地影响了士气，滇、桂军将领都主张撤退，“而刘永福则主张战斗到凄烈的最后”②。经过两昼夜激战，滇、桂军和越南军相继退走，黑旗军亦不支，山西遂失守。

法国侵略军虽然占领了山西，但损失惨重，无力再发动进攻，前线沉寂达三个月之久。1884 年 3 月，法国增派的援军陆续到达越北战场，法国政府派眉胪（General Millot）为侵略军总司令，调孤拔指挥海军，重新部署兵力，矛头指向清军的大本营——北宁。

1884 年 3 月 8 日，法军 12 000 人向北宁进攻，这里驻有清朝的桂军 50 多营，约 5 万余人，还有一部分北宁总督张登坛率领的越南军队相配合，人数超过山西守军 10 倍，“快枪、兵枪、洋药、土药、逼码、开花炮、水雷，经年之久，人负马驮，一概运赴北宁”③。可是负责指挥前线战事的广西巡抚徐延旭是个年近七十的老鸦片鬼，自己驻在几百里以外的谅山，不赴前敌，前线事宜一概交付给广西提督黄桂兰和道员赵沃。黄和赵都是“昏庸无识”的酒色之徒，在弥漫战火中“日夜酣酒，夺民间妹崽，恣为荒淫，不恤军事，部下益相习无纪律”④。各级将领，只知钻营逢迎，克扣粮饷。军队虽不少，“率皆乌合，仓卒添募，尤多乞丐游民，不晓洋枪如何施放”⑤，甚至“并勇有室家者居半，吸食洋烟者居半”⑥，“一闻警至，营官

① 唐炯：《成山老人自撰年谱》，光绪八年九月初十日。

② 斯各特：《1884 年法国进军越南记》，“一，山西之役与法军的残暴”。

③⑤ 无名氏：《关外随营笔述》。

④ 李岳瑞：《春冰室野乘》，《甲申越南战事杂记》。

⑥ 《清光绪朝中法交涉史料》（上），455 页，《潘鼎新奏接据谅山军报请饬催后军继进及筹划饷械各情形折》。

向住居觅哨官，哨觅什长，转觅勇丁，数时尚难成队，事急各谋护眷先避”①。这分明是一群乱糟糟的流氓无赖，哪里像是一支军队。当法军未到之前，清军全都挤在北宁城里，外围要地，弃不设防。法军进攻北宁，先断后路“遥遥相击，并未逼近城池，该勇丁等已经先携妇女逃走”②。庞大的清军就这样未作抵抗，一哄而散，无数军械物资，悉以资敌，经营数年、屯兵五万的北宁重镇，拱手让与敌人。黄桂兰和赵沃“早日预约，同时逃走”③，事后两个月，赵沃逃到哪里去，连清政府也查不出下落。至于那些兵痞，“自北宁败后，有妇女者四处逃散，全不归伍，无妇女者只归得十营”④，在逃跑过程中还到处抢劫，成了一群名副其实的土匪。

1884 年 3 月 19 日，法国侵略军乘胜进攻太原城，把太原烧为一片废墟。

接着，法军又向滇军驻地兴化推进，原驻兴化的云贵总督岑毓英向他的同僚唐炯看齐，他推托“兴化城小”、“难御炮弹”，自行撤兵，4 月 12 日，法军占领了兴化。

越北前线的败绩，在清朝朝廷里引起了震动，负责越北军事的唐炯、徐延旭、黄桂兰、赵沃被“革职拿问”。1884 年 4 月，奕䜣集团也被撵出了军机处和总理衙门。奕䜣集团当权二十多年，对于这次失败自然要负重大的责任，但保持更高控制权的后党和实际负责军国要政的李鸿章集团应该负更多的责任。奕䜣集团内受制于慈禧太后，外受制于李鸿章北洋集团，大权实际上由后党和北洋集团平分秋色，奕䜣集团已逐渐成了一具没有灵魂的躯壳，它的被逐不过是统治阶级内部斗争的一个必然结果，不过是慈禧太后为了推卸失败责任而捉来的一只替罪羊。

奕䜣集团被逐后，太后的死党奕谖、世铎、奕劻、孙毓汶等掌握了军机处和总理衙门，清朝中央机构成了清一色的后党的天下。

---

①③　无名氏：《关外随营笔述》。

②　王方伯（德榜）：《越事备考》，《上左侯相书》。

④　《清光绪朝中法交涉史料》（上），455 页，《潘鼎新奏接据谅山军报请饬催后军继进及筹划饷械各情形折》。

奕譞原来是一个慷慨激昂的假主战派，1883年7月间，赫德的密信中说："七爷（皇帝的父亲）全心主战，他的势力很大，并且日在增长"①，可是随着他势力的增长和权力的提高，他的态度却在日益软化，在他上台以后二十天内，赫德的密信中又说："七父和他的朋友反倒是主张和平和进步的"②。

正当清朝政府中枢改组、假主战派上台的时候，已经看透真相的法国侵略者又把手里的橄榄枝招展起来了。法国舰长福禄诺（Four-nier，E.）通过李鸿章的亲密顾问德国人德璀琳（Detring G.）向李鸿章提出议和。

法国侵略者为什么在北宁战斗后重提谈判？因为北宁之战，清军虽然失败，但法军在越北战场上一时也无力进攻了。当时，黑旗军和滇军仍扼守着红河上游，湘淮军已经开到广西边境，而法军的人数只有15 000人，运输不便，供应困难，士兵厌战。一个法国士兵写道："我们遭受各种缺乏，尤其是饥饿，能够活着，这是运气"③。当法军发动山西、北宁战役前，"众兵不愿，佥称久当苦差，情甘回国入狱"④。而且法军在山西、北宁的平原地区作战，可以发挥近代武器的威力，并可得到海军的支援，再向前进军就是越北山区，这里群山绵亘，茂林蔽日，路窄河湍，地势崎岖。法军的武器优势将大大削弱，供应困难将更为严重。在战场上难于得到进展的时候，它就重新回到谈判桌边，进行欺骗，施加压力，这是侵略者一贯的伎俩。

福禄诺的诱降试探得到李鸿章的积极响应，李鸿章给清朝的奏折中竭力为法国侵略者辩护，主张恢复谈判。他认为，法国要求在云南通商，"于国民决无大损"，法国侵占了越南，"形隔势阻，岂能遽入滇粤？但使妥订约章，划界分守，当能永久相安"。假使战争再继续下去，"中国风气初开，强弱不齐，未必各省皆有劲旅"，"中国

① 《中国海关与中法战争》，143页。
② 同上书，149页。
③ 加尔新：《在侵略东京时期》，"二、宣光解围及对中国俘虏的杀害"。
④ 《清光绪朝中法交涉史料》（上），175页，《徐延旭奏据越将刘永福禀报军情片》。

兵燹水旱之余，闾阎困苦，财力殚竭，未必商民能输巨饷”。他用“徐图自强”的幌子来掩饰可耻的投降立场，说什么“中国诚能先结此案，以其闲暇，选将练兵，通商裕饷，造船简器，内外同心，切实经理，何尝不可争雄于各国”？他还斥责主战派“议论愈多则是非愈淆”，要求清朝坚持投降立场，“庶几国是衷于一定，不致为众论所摇”①。总之，在李鸿章看来，外国侵略者不但是不可战胜的，而且它对中国并无侵害。出路只有一条，就是向这个“强大而善良的朋友”屈膝投降。

一部分主战派对于李鸿章的投降主义谬论进行了正当的驳斥。李鸿章认为议和对中国无害，主战派正确地指出帝国主义反复无常的手段和得寸进尺的贪欲，给事中孔宪谷等说：“如谓定约之后，必能永久相安，则当日西贡之于越南，岂无成约？何以至今日而背盟不恤？”② 御史吴峋说：“此时隐忍议和，不需三年，英必夺缅甸，倭必夺高丽，俄必夺黑龙江，此若有券可操者”③。李鸿章认为法国侵略军是不可战胜的，主战派举出刘永福连战皆捷的例子，编修王濂说：“刘永福僻处一隅，至今尚与争锋，堂堂中国，岂一蹶而遂难复振？则审势量力，并非孱弱不支”④；御史刘恩溥更痛快淋漓地说道：“刘永福奋力杀贼，中国统兵各大员对之当愧死无地，李鸿章二十余年办理海防，糜费数千万，曾杀过鬼子一名否！一味献媚于洋人，以为固宠地步……且痛恨刘永福之阻挠和局，使伊不能保全令名，是其天良丧尽，毫无人心，已可概见”⑤；御史冯应寿也指出，战争的失败，正是由于李的恐敌病作祟，“李鸿章既豫设一必不能胜之成心，即驱之战，亦断无不败之理”⑥。至于李鸿章那种“徐图自强”的遁词，更被驳斥得体无完肤。主战派问道：你们在那里搞“洋务”、“自强”已经二十多年了，到底什么时候才能强起来？“南

---

① 《清光绪朝中法交涉史料》（上），466页。
② 同上书，485页，《孔宪谷等奏和局断不可恃折》。
③ 同上书，500页，《吴峋奏筹杜议和流弊折》。
④ 同上书，527页，《王濂奏沥陈议和流弊折》。
⑤ 同上书，809页，《刘恩溥奏参李鸿章贻误全局折》。
⑥ 同上书，502页，《冯应寿奏会议法事请饬速筹备豫以防后患折》。

北洋岁费八九百万，北洋之淮军器局岁约五百万，以十四年计之，不下七千万。李鸿章整顿者何事？训练者何人？自强者何术？乃首倡和议不为怪！倘朝廷究问所糜库帑，臣不知其应得何罪！”① “今事机孔迫，宵旰独忧，危急艰难之际，而内外诸臣，犹复涂饰观听，不能推诚相与，安望其以后之卧薪尝胆哉？”② 主战派虽然提不出更好的抵抗侵略的具体办法，但他们反对妥协，主张抵抗，这是符合于国家和民族利益的，他们对卖国言论的无情揭露和尖锐驳斥，在一定程度上打击了投降派的气焰。

主战派的口诛笔伐毕竟抵不住帝国主义的军事压力和外交诱惑。清朝最高统治者在保卫国家利益和保卫自身统治两者之间，必然是选择后者，假如抵抗到底的话，小朝廷的统治将在“内外交讧”的形势下受到威胁，甚至有倾覆的危险；假如屈膝投降的话，虽然因出卖民族利益而得来不好的声名，但总可以换取帝国主义的支持而继续统治下去。腐朽阶级的自身利益决定了它在对外战争中总是挺不直腰杆。当时，刚刚上台的醇亲王奕譞，秉承慈禧太后的意旨，一反其以往的主战态度，同意李鸿章的主张，认为趁福禄诺诱降的时机，“可就此转圜，诸公（指军机处和总理衙门的大臣们）议皆一辙”。投降的方针确定了，于是命令李鸿章“设法毋损国体，且与讲说”③，并且接受法国提出的恢复谈判的先决条件，撤换了主战派曾纪泽的驻法公使职务，以此向主战派示威，向侵略者讨好。

1884 年 5 月 6 日，李鸿章与福禄诺在天津会谈，“这两位谈判者谈得情投意合”④，在短短的一个下午，就全部达成了协议。5 月 11 日，双方正式签订了中法《天津简明条约》。

条约规定：中国对越南与法国已定或未定各条约概置不问；中国内地与越北边界货物运销听便，“期于法国商务极为有益”；驻越清军“即行调回边界”，并规定两国应在三个月后会议详细条约。这

---

① 《清光绪朝中法交涉史料》（上），500 页，《吴峋奏筹杜议和流弊折》。
② 同上书，494 页，《张佩纶奏和战当以敌情兵力为定请饬李鸿章等量度奏闻折》。
③ 《翁同龢日记》，光绪十年三月廿七日。
④ 马士：《中华帝国对外关系史》，第 2 卷，389 页。

个条约对法国侵略者侵占越南和打入云南、广西的野心全部给予了满足，连李鸿章也承认："中国已让到极头地步，法国已占尽便宜"①。简明条约签订后，法国总理茹费理对李鸿章大加吹捧，说"他是卓越的政治家，目前对中国的命运影响极大，在这次谈判中，他眼光清楚，果断非常"②。法国《政治文学杂志》更露骨地说："虽然李鸿章有他的许多弱点，但在中国人中，谈判上，他是对我们最有利的，他是最能给我们服务的，我们应当尽我们一切的努力，重新树起他的威望"③。李鸿章在卖国谈判中的"果断"赢得了侵略者的一片颂声。

简明条约签订后不到两个月，法国又强迫越南王朝缔结第二次顺化条约，越南承认法国的"保护"，一切对外关系上法国将代表越南，法国在越南设置"总监督"，行使保护权，在各地设置"监督"。通过这个条约，法国进一步巩固了对越南的统治权。

二、观音桥之战和列强的"调停"骗局

清朝政府一次又一次地对帝国主义妥协让步并没有换来和平。《天津简明条约》中本有越北清军"即行调回边界"的规定，但没有商定具体的撤兵日期，原定三个月后尚需再定详细条款。但法国代表福禄诺离开天津的前一天，即 1884 年 5 月 17 日，突然通知李鸿章，片面规定中国军队在 40 天内必须从越北撤退，李鸿章并未同意。而法国即按这个片面规定行事，故意再次挑起衅端。

6 月初，法国上校杜森尼（Dugenne）率军向谅山进发，企图按照片面规定"接防"清军的驻地。侵略军进抵观音桥（即北黎），该地驻防清军未接撤退命令，自然不能交出防地，即派人与法军交涉，要求法军暂停前进，待接到清政府的命令后即行撤兵。杜森尼不但不允，还凶残地杀害了清军派去交涉的三个军官，并狂妄地叫嚷：

---

① 《李鸿章全集》，译署函稿，卷一六，《与美使杨约翰问答节略》。

② 马伯乐：《中国》，转引自《外国资产阶级是怎样看待中国历史的》，第 1 卷，640 页。

③ 转引自谢满禄：《北京四年回忆录》。

“我奉有开赴谅山的命令，我要前去，有了象我这么一支军队，我能够直捣北京”①。1884 年 6 月 23 日，杜森尼向清军发动进攻，清军被迫进行自卫还击。这个口出大言要“直捣北京”的狂徒竟是个不堪一击的脓包，被中国士兵打得抱头鼠窜。他“从富林详（浪张府）前进时用了六天，在回来时是三十六小时”②。

观音桥的冲突明明是法国方面的蓄意挑衅行为，连帝国主义的反动历史学家马士也不得不承认：“对中国的不公正行为开始于北黎（即观音桥）”③。但厚颜无耻的法国政府却倒打一耙，反而一口咬定清朝政府违背了条约，以此作为扩大侵略战争的口实。法国政府一方面照会清政府，除要求立即撤兵外，并索赔军费 2.5 亿法郎；另一方面命令孤拔率军舰北上，抢占中国一两个港口，作为“担保”。7 月 12 日，茹费理内阁向清政府发出最后通牒，限七日内照办，同时，法国舰队开进福州和基隆港，做好作战的准备。

清政府在侵略者的威胁下步步退让，委曲求全。它对冲突表示遗憾，进行解释，表示愿意履行《天津简明条约》的规定，命令驻越北的清军撤退到边境，甚至当孤拔率领法国舰队驶进闽江的中国海防要塞准备偷袭时，不但没有遭到阻拦，反而受到清朝官吏“最友好的款待，当他是一个不久与中国解决一些外交问题后即将和好国家的代表”④。清政府尽一切可能做出亲善和解的姿态，希望通过其他帝国主义的“调停”，可以消弭这场战争。

那么，英、美、德、俄以及日本在中法战争中抱什么样的态度呢？这些侵略强盗在侵略中国的时候具有共同的利益和共同的立场，他们希望在法国取得侵略利益的同时，自己也能够分尝一杯羹，他们竭力劝诱清政府进行妥协，千方百计地阻挠中国人民起来反抗，所有的帝国主义国家在中法战争中都起了帮凶的作用。但是由于帝国主义之间的矛盾，他们彼此也倾轧排挤，尔虞我诈，各怀鬼

① 加尔新：《在侵略东京时期》，“一、北黎的惨败”。

② 斯各特：《1884 年法国进军越南记》，“六、北黎的退却”。

③ 马士：《中华帝国对外关系史》，第 2 卷，394 页。

④ 转引自《中国海关与中法战争》，26 页。

胎。他们争先恐后地要来“调停”中法两国，装扮出伪善面目，耍弄各种外交花招，以便借此扩大自己的侵略势力，达到自己的侵略目的。

在这场错综的“调停”把戏中，最最活跃的自然是老牌的英帝国主义。英国方面出面“调停”的角色包括外交大臣葛兰维尔（Gelan Ville）、老牌的中国通赫德以及赫德的助手金登干（J. D. Campbell）等人。英国和法国，一方面是争夺海外殖民地的老对手，当时英国正想以缅甸为据点，侵入中国的西南，法国的活动妨碍了它的进一步扩张，因此对法国抱有一定的妒意；而另一方面，英国也乐于让法国充当一个急先锋，把清政府的注意力完全吸引在越南，以便自己在缅甸为所欲为。特别由于英国当时在中国对外贸易中首屈一指，它害怕中国人民的反抗斗争会影响自己的利益，因此千方百计阻止中国人民的反抗斗争，希望在一定程度上满足了法国要求之后，赶快结束这场战争。英国外交大臣葛兰维尔说：“英国一方面不愿意中国的市场因长期敌对行为而耗竭；另一方面中国的任何胜利，一般说来对欧洲人会有严重的后果”。他又说：“在中国问题中，法、英两国的一致行动，将是走向对于其它各点的谅解的第一步，并将便利我们回到我们愿意重新结合的一种亲密关系”①。葛兰维尔的这些话表明了英国进行“调停”的险恶用心。英国的“调停”早在1883年秋季即已开始，当时北京、巴黎、伦敦之间函电交驰，北京方面对英国调停寄托着很大希望，巴黎方面却把它当做一种政治烟幕。因此，当法国的军事准备就绪，这个“调停者”也就抽身引退，暂时袖手旁观。

美国的态度甚至比英国更为恶劣，它一向以伪善的手段来达到自己的侵略目的，中法战争正好给它提供了一个扩大自己侵略势力的机会。它甚至认为，根据1868年那个臭名昭彰的《蒲安臣条约》，只有自己才有包办“调停”的权利。据赫德说：在1883年8月间“美国公使杨约翰（J. R. Young）正在按美国路线操纵这事（指调停中法战争）”②。所谓“美国路线”就是威胁清政府不得抵抗，并向

---

① 《法国外交文牍》，第5卷，第101号，《瓦定敦致沙梅拉库》。

② 《中国海关与中法战争》，144页。

法国无条件投降。据一个美国资产阶级学者说："美国公使杨约翰力主谈和，杨氏和李鸿章的关系非常亲密，和总理衙门的关系也很恳笃。根据他所试做的解释，问题并不在于中国有理或无理，而在于它能否经得起一次对外战争……战争的结果则似乎是凶多吉少"，"美国公使认为不惜以法国所能要求的任何代价言和，都会比冲突要好一些"①。总之，有力者就能胜利，管你有理或无理，弱小者只有投降，管你付出什么代价，这就是美国按照强盗逻辑所执行的"调停"路线。

积极参与"调停"的还有德国，德、法两国是逐鹿欧洲的势不两立的对头。德国的政策是鼓励法国向远东扩张，使它在远东陷入冲突，以转移法国对欧洲的注意力。德国首相俾斯麦一再向法国表示亲善，"他曾经很留心东京事件的发展。此外，他用对法国有很大好意的语调来谈这事"②。但是狡猾得像老狐狸一样的俾斯麦最善于施展两面三刀的手法，他既对法国表示亲善，又对中国佯作支持，他既对中国的主战派花言巧语，又跟中国的主和派紧密勾结，因此在主战派心目中，德国是可以依靠来抵抗法国侵略的好朋友，而在主和派的活动中，德国又成了葬送中国抗法斗争、撮合中法直接谈判的牵线人。当中国在北宁战败，德国立即抓紧时机，抢在英国、美国头里，通过北洋集团中德国顾问德璀琳的拉拢，迅速地促成了李鸿章和福禄诺的谈判。这种八面玲珑的态度和闪电式的行动大大提高了德国的地位，连赫德也惊叹"德国的势力将因他（指德璀琳）而高涨，英国的势力却衰沉下去，但是每个人都有它得意的时候，我的得意日子也许快完了罢"③。

俄国和日本虽然在调停中起不了重大作用，但它们也没有放松自己的活动。早在1883年秋，赫德的密信中就说到"德国和俄国正以极大的兴趣注视它（指越南问题）的发展"④。日本更巴不得中国

---

① 丹涅特：《美国人在东亚》，418～419页。

② 《法国外交文牍》，第5卷，第166号，《顾赛尔致茹费理》。

③ 《中国海关与中法战争》，158页。

④ 同上书，144页。

纠缠在对法的谈判和战争中，以便自己浑水摸鱼，可以在朝鲜玩弄阴谋。当80年代初中法关系紧张的时候，日本也趁机在朝鲜进行阴谋颠覆活动，法国驻日公使还以私人名义借给日本在朝鲜进行阴谋活动的经费，以便分散清政府的注意力。总之，在这场“调停”把戏中，帝国主义各抱野心，纷纷插手进来，利用各种关系，施展各种手段，以便在中法的冲突中乘机扩大自己的利益，正像八仙过海，各显神通。调停的主角赫德和金登干的信中这样写道：“谁能够抢就抢，谁能够抢到手就算是他的”①，这两句话是对“调停”把戏惟妙惟肖的概括。

1884年夏季，法国以片面规定的撤兵条款为借口，在越北观音桥再次燃起战火，帝国主义的“调停”也跟着发展到高潮。英国阴谋家赫德眼明手快地抢在头里，他携带着总理衙门的书信，专程跑到上海去拜访法国新任驻华公使巴德诺（J. Patenotre），促成了巴德诺和曾国荃之间的上海谈判，巴德诺提出2.5亿法郎的巨额赔款，赫德从旁帮腔，他认为“付赔款而避免战争是上算的”，并且“为了实现这目标而辩论和活动”②。在讨价还价之后，法国已把赔款数目减到5 000万法郎，而这个“好心肠”的和事佬赫德却提出赔款8 000万法郎的建议。在赫德的诱惑下，曾国荃逐步就范，答应赔款白银50万两（合330万法郎），但为了掩人耳目，不用赔偿军费的名义而用抚恤法国士兵的名义。这个消息被主战派知道，舆论大哗，清朝政府在主战派的压力下，只得佯装对曾国荃申斥一顿，法国也不肯满足于区区50万两之数。到7月底，谈判破裂。

谈判破裂后，法国立即诉诸军事行动，企图占领中国的一两个港口，以便进一步要挟。它的第一个目标就是台湾的基隆。8月5日，法国海军上将利士比（Lespes）率军舰四艘偷袭基隆，轰毁了基隆炮台。但台湾军民奋起抵抗，法国的陆战队陷入重重包围，伤亡惨重，只得退回海上，巴德诺给政府的电文中沮丧地说道：“基隆最近消息不佳，利士比海军提督不得不放弃其陆上的阵地，海军陆

① 《中国海关与中法战争》，150页。

② 同上书，161页。

战队遇到众多兵力开展逆袭，只得回到舰上"①。

"战争"这一手占不到便宜，"谈判"这一手就再次出笼。战争和谈判，像走马灯一样反复地轮换着。法国偷袭基隆未逞，又装出愿意谈判的模样，不过这一次谈判是由美国驻华使馆参赞何天爵（Chester Heloombe）按照"美国路线"操纵进行。1884年7月31日，正当曾国荃和巴德诺的上海谈判濒于破裂时，何天爵跑到总理衙门，表示美国愿意居间调停。在法国炮轰基隆的那一天，何天爵仍在拍胸脯保证"法国断无遽行开战之理，如果开仗，不但有悖万国公法，且对不起美国"②。甚至当法国军舰做好了一切准备，就要向中国海军发动突袭的时候，美国还在大放"一国调处"、"三国调处"的烟幕。中了"调停"圈套的清朝政府还蒙在鼓里，把这种为法国打掩护的"调停"骗局当做救生圈。当福州上空战云密布之际，它还在那里痴心等待美国的"调停"，说什么"美国仍拟调处，用意颇善，未可辜负，致失与国之好"③。清朝政府在这种发昏的呓语中自我陶醉，不做抵抗的准备，法国就在虚伪"调停"的掩护下，进行可耻的偷袭。经过20年时间、耗费无数金钱所建立起来的福建海军就这样葬送在美国的调停骗局和清政府的调停大梦之中。

三、马尾海战和台湾、浙江的抗法战争

1884年8月23日，法国舰队向闽江内的中国舰队发动突然袭击，这就是著名的马尾海战。

参加这次战斗的法国军舰共有10艘，由海军中将孤拔统率，都是最新式的装甲战舰，拥有大炮77门，水兵1 830名，中国的军舰有扬武、伏波、济安、飞云、艺新、福星、振威、福胜、建胜、永保、琛航等11艘，由扬武舰管带张成统率，但都是木质小型舰艇，没有装甲，共有炮45门，水兵1 200人。法国方面船坚炮利，军事

① 《法国黄皮书》，《中国与东京事件》，第29号，《巴德诺致茹费理（1884年8月10日）》。

② 《清光绪朝中法交涉史料》（上），955页，《军机处奏呈览各国事务衙门与何天爵问答片》。

③ 同上书，1066页，《军机处寄沿江沿海各将军督抚谕旨》。

组织较好，占着明显的优势。

但是军事力量的对比并不是法国取胜的主要原因。因为福州海口形势险要，闽江两岸炮台林立，法国单靠10艘战舰，实行正面强攻是十分困难的。当时有人说："天下滨海诸省，独福州海口奇险天生，当事者苟未雨绸缪，虽铁舰亦难飞渡"①。但是昏庸腐朽的清朝政府迷信各国"调停"，不做战斗准备。早在7月中旬，法国舰队就开进了闽江，清政府恐怕妨碍谈判，不加阻拦，甚至还"严谕水师不准先行开炮，违者虽胜亦斩"②。这样一个天险的军港，任凭敌舰随意出入，沿岸炮台等于虚设，两支敌对的舰队错综地停泊在一起，面对面地共处将近四十天，法国侵略头子孤拔还被清朝官吏当做上宾，殷勤款待。这种奇怪现象，真是战争史上破天荒的先例。法国侵略者正是利用清朝政府急于谈判、惧怕战争的心理，闯进了闽江大门，准备发动可耻的偷袭。

在前线指挥战争的都是些什么样的人物？闽浙总督何璟和船政大臣何如璋都是李鸿章的追随者，不可救药的投降派。战争前夕，何璟"蠖屈署中，拜佛念经，以冀退敌"③。何如璋"日事宴饮，擅作威福，对于目前敌患，绝不预防；且下令严禁各军舰，战期未至，不准发给子弹，并不准无命自行起锚"④。福建巡抚张兆栋也是一段不可雕的朽木，"只恐城被围困，署中绝粮，多购柴米及咸鱼等物，存积署中"⑤。钦差大臣张佩纶表面上是个激昂的主战派，实际上只会说大话，纸上谈兵，而且"矫情傲物，达于极点"，"非三品以上之官吏概不在眼"⑥，甚至"督抚畏其气焰，事之维谨排日上谒，直如衙参，竟未筹及防务"⑦。还有藩司沈葆靖"尤以战事为非，凡属防饷，辄扼不发款"⑧。当时福州有一首童谣说："大清气运未曾倾，闽省缘何出佞臣？船政有心私法国（指何如璋），制台素性爱夷人（指何璟），贪心巡抚图自己（指张兆栋），舍命将军感鬼神（指福州将军穆图善），可笑钦差无用辈（指张佩纶），空悬圣诏误朝廷"⑨。

---

①② 转引唐景崧：《请缨日记》，卷五，光绪十年七月初九日。

③④⑤⑥ 采樵山人：《中法马江战役之回忆》。

⑦⑧ 《光绪朝东华录》，光绪十年八月辛丑，编修潘炳元奏。

⑨ 采樵山人：《中法马江战役之回忆》。

这寥寥八句诗就是对那些昏庸怯懦的指挥者们的绝妙写照。

对这次战败负责的还要算上那些更高级的人物。战前，主战派要求南北洋舰队全部出动支援福建，南洋大臣曾国荃声称“兵轮不敷守口”，北洋大臣李鸿章声称“现有兵轮较法人铁甲大船，相去远甚，尾蹑无济”。他们只管保全自己的实力，对闽江口的危急情形坐视不顾。这种卑劣行径还得到后党的赞同。奕劻曾说李的意见“均系实在情形”①，醇亲王奕譞说“所虑诚是”②，清朝政府上上下下弥漫着妥协气氛和失败主义情绪。当时，福建前线将领主张堵塞闽江，对法舰“先发制人”，但这个合理建议被清政府拒绝，就在马尾海战的前五天，李鸿章还急电张佩纶“阻河动手，害及各国，切勿孟浪……仆不以决战为是”③，皇帝的上谕中也胆战心惊地告诫：“现经美国调处，局势未定，所称先发，尤须慎重，勿稍轻率”④。在这种指导政策下，正确的自卫主张被安上“孟浪”、“轻率”的帽子，中国军舰只有被动挨打的份儿，却没有自卫抵抗的权利。所以身临前敌的张佩纶叹息说：“株守遂已一月，请先发不可，请互援不可。机会屡失，朝令暮更，枢（按：指军机处）、译（按：指总理衙门）勇怯无常，曾、李（按：指曾国荃、李鸿章）置身事外，敌在肘腋，犹且如此，国事可知”⑤。更无耻的是清朝政府还把自己那套临阵逃跑的惯技，公开传授给初出茅庐的张佩纶，据张佩纶的家书中说：“醇邸（奕譞）嘱勿冒险，乃小棠（周家楣）来电，译署（总理衙门）亦劝勿拘守，合肥（李鸿章）及伯潜（陈宝琛）均劝弃厂，均劝避炮，用意有厚薄浅深之不同，大都为爱惜鄙人起见”⑥。对于负有指挥前敌重任的钦差大臣，不是指示他奋勇抵抗，而是教唆他“弃厂”、“避炮”、“勿冒险”、“勿拘守”。后来张佩纶不负教诲，炮声一响，果然“弃厂”、“避炮”，赤脚狂奔了二十里。总之，清朝政府投降主义、

① 《清光绪朝中法交涉史料》（上），846页。

② 《醇亲王奕譞致军机处尺牍》，75页。

③ 《李鸿章全集》，电稿，卷三，《急寄福州张会办（光绪十年六月十九日申刻）》。

④ 《清光绪朝中法交涉史料》（上），953页，《军机处电寄何如璋谕旨（光绪十年六月十六日）》。

⑤⑥ 张佩纶：《涧于集》，书牍，卷三，《致安圃侄》。

失败主义和逃跑主义的指导政策是造成马尾海战惨痛失败的主要原因。

马尾海战中，其他帝国主义、特别是美帝国主义竭力帮助法国，美国使馆参赞何天爵一直在和总理衙门进行纠缠，忽而说“调停”确有把握，忽而说法国必不首先开火，要清政府耐心等待，使清政府对闽江口一触即发的局势漫不在意，失去戒备。据说，法国偷袭的那一天，美国侵略分子“仍在总督何璟署中言和，甫出署，炮声雷起，守江各船尽没矣”，所以有人写了一首诗，其中说“半渡不击渡难当，要盟始悔堕其术。公使犹未出辕门，海上舟师已尽失”①。

各帝国主义不但在政治上使用缓兵之计，来麻痹清政府，并且在军事上也明目张胆地帮助法国侵略军。法国舰队所需的军火、粮食、燃料，都由英美商人运购供应。香港和日本的长崎是法舰的修理场所和供应基地。法舰进入闽江是由英国人引水。当中国方面准备堵塞闽江、以困法舰时，各国公使“议论纷呶”，出来阻止，英美军舰居心叵测地停泊在闽江战地，为法国打掩护。孤拔还乘坐“英商冰厂小轮，夜间作教士装，上驶林浦对岸之魁岐测水，登里山审形势，越马尾二三十里”②。据福州电报局的消息：“英美领事与法人同恶相济，其诡谋半出自领事星察理，法船粮煤亦英美为之购买”③。这就是英美等国在“和事佬”假面具掩盖下的帮凶本色。

1884年8月23日下午1时56分海战开始。在前一天法舰准备偷袭的一切迹象已经暴露出来，各国领事侨民纷纷离开。翌日上午10点钟，法国领事向闽浙总督发出作战通知，由于清政府的妥协政策，这场战斗已不得不在仓促无备的不利形势下进行。但是假使前线的指挥官勇敢果决，在这千钧一发之际还可以捕捉战机，争取较

---

① 许鋆：《丛桂山房新乐府》，《美公使》。

② 《清光绪朝中法交涉史料》（上），982页，《会办福建海疆事宜张佩纶来电（光绪十年六月十九日）》。

③ 《中法越南交涉资料》（上），《会办福建海疆事宜张佩纶电（光绪十年七月廿六日）》。

有利的形势，与法舰一决胜负，因为在闽江内，我舰居于上游，法舰居于下游，两国军舰均以船首系泊，船身随着潮水的涨落而转移方向，即涨潮时船头向下游，我舰的舰首大炮恰恰对准法舰薄弱的舰尾，反之落潮时船头向上游，我舰薄弱的舰尾恰恰暴露在法舰炮口之下。如果中国官吏接到作战通知之后，立即果断地行动，趁上午正在涨潮的时候，捕捉住良好战机，进行攻击，必将予法舰重大的打击。参与这次海战的一个法国军官写道："提督（指孤拔）决定于退潮移转船身时，开始作战行动，对于敌人取得一种完全有决定性的战略优势……只有一个危险，就是：迟延了开火的时间，这样便给中国方面可能于二十三日满潮的整个早晨里回转船身时攻击我们……如果他们于潮水来时进攻，那地位便完全倒转，提督所打算可得到好处的所有优势，都将转到他们手中去，反而对我们不利。但是中国人一直到现在，不敢首先发动战事，我们有理由希望他们不至于比从前大胆，提督又可以估计到，他对他们所引起的惊惧，将使他们不敢妄动。总之，这是一种碰运气的事情，作战要勇敢，但同样要有运气"①。

果然，法国遇到的对手是一群胆小如鼠的腐朽官僚，侵略者算是交上了好运气，据说官僚们接到战书，"谓我国军舰今日未备完妥，不能开战，须请其改至明日"，并派福州船政局工程长魏瀚"往法舰回递战书，请其改期"②。昏庸的清朝官僚竟错把凶恶狡诈的法帝国主义当成了具备蠢猪式仁义道德的宋襄公了。

8月23日下午1时56分，法舰趁落潮时船身转移方向的时候，首先发炮轰击，我舰尚无准备，甚至各船锚链尚未拉起，仓促应战，我旗舰扬武号仅仅发出了第一阵尾炮，就遭到敌鱼雷艇的突袭，在开战27秒钟后即告沉没，负责指挥舰队的管驾张成坐小船逃走。伏波号和艺新号闻炮声一响，驶向上游逃跑，停泊在船厂附近的永保、琛航上的官兵也弃舟登陆，这两艘无人驾驶的小舰也很快被击沉。我上游八舰已失其五，其他三舰福星、福胜、建胜进行了英勇的抵

---

① 罗亚尔：《中法海战》，"二、福州海战"。

② 采樵山人：《中法马江战役之回忆》。

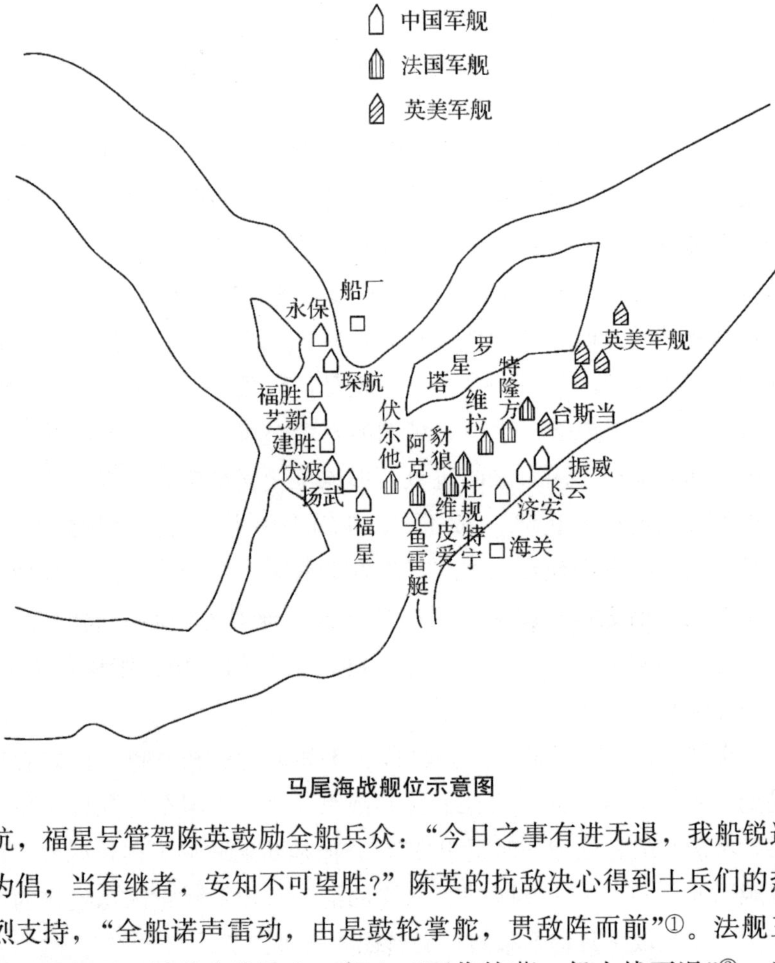

马尾海战舰位示意图

抗，福星号管驾陈英鼓励全船兵众：“今日之事有进无退，我船锐进为倡，当有继者，安知不可望胜?”陈英的抗敌决心得到士兵们的热烈支持，“全船诺声雷动，由是鼓轮掌舵，贯敌阵而前”①。法舰三艘围攻福星，陈英中炮阵亡，舰上“死伤枕藉，仍力战不退”②，法国鱼雷艇几乎被福星击沉，这艘鱼雷艇逃到停泊在附近的美舰事业号后面，靠着美舰掩护，才免于覆没。福星号船小炮少，在法舰围攻下，英勇地沉没。福胜、建胜在福星号的带动下也竭力抵抗，该两舰船身很小，只船头上装有唯一一门威力强大的 18 吨大炮，但时当落潮，两舰无大炮装备的船尾正对着下游，暴露在敌舰火力下，而船头大炮反无用武之地。经历这场战争的闽海关税务司说：“假如船头装有十八吨大炮的建胜和福胜，是用船尾系泊的，那么法国人

①② 郑丙炎：《福州马江战事大略情形》，见《普天忠愤集》，卷七。

这一天战争的代价将是远为严重的”①。结果，两舰在竭力抵抗之后，亦被击沉。

战斗最猛烈的要算停泊在下游三舰中的振威号。当法炮始发，振威号管驾许寿山果断地“传呼砍锭开炮”，它力挡法舰中最巨大的特隆方、台斯当和维拉三艘装甲舰的攻击。舰身为敌舰的重炮烈火所洞穿，头尾都已着火，船已失去控制，但是它仍然奋战到底，一次又一次地发射炮火，“就是在它最后沉没的一刹那，这勇敢的小船，还以最后一炮击中它的敌人，重创了敌舰舰长和士兵两名”②，连法国侵略分子也不能不承认振威号“表现出勇敢和英雄的优美榜样”③。当振威号沉没时，和它停泊在一起的“济安、飞云二船锚链尚未断”④，也立即遭到法舰的毒手。

马尾海战，以中国的惨败告终。开战后7分钟，中国军舰或沉、或伤、或逃，30分钟后海战结束，中国军舰被击沉9艘，经营十余年的福建海军全部覆灭。法舰获胜后仍向坠入水中的中国伤兵和停泊江上的帆船扫射，继而又用大炮轰击福州船政局和两岸炮台，船政局被轰得荡然无存，闽安、长门、金牌等陆路炮台的炮位都是固定的，只能向海口发射，不能向闽江内发射，因此也被法舰轰毁。负责福建战场的清朝官僚们吓得魂不附体，总督何璟、巡抚张兆栋瑟缩在福州城内，将军穆图善从长门炮台逃到马连江，还有惯说大话的钦差大臣张佩纶和被福州人斥为大汉奸的船政大臣何如璋同驻马尾，“甫闻炮声，即从船局后山潜遁”⑤，张佩纶逃时慌张，连鞋子也丢了，赤脚狂奔二十里，第二天还惊魂不定继续逃跑，“适有廷寄到，督抚觅张佩纶不得，遣弁四探，报者赏钱一千，遂得之”。何如璋的逃跑本领也不亚于张佩纶，“奔快安施氏祠，乡人焚祠逐之，夤夜投洋行宿；晨入城，栖两广会馆，市人又逐之，复踉跄出”⑥。在这样一些逃跑专家的指挥下，无怪乎这次战斗落到舰沉台毁、一

① 《中国海关与中法战争》，218页。

② 同上书，217页。

③ 罗亚尔：《中法海战》，“二、福州海战”。

④ 郑丙炎：《福州马江战事大略情形》。

⑤⑥ 《光绪朝东华录》，光绪十年八月辛丑，编修潘炳元奏。

败涂地的结局。可惜天险的马尾军港、宏大的福州船厂以及耗资无数的福建舰队，白白断送在这批腐朽无能的官僚手里。

法舰偷袭马尾，把战火引向中国本土，清政府再也不能装聋作哑了。8月26日清廷被迫下诏宣战，命令各海口见法船进口，即行轰击，陆路各军亦即迅速前进。9月3日，慈禧太后还特降懿旨称“战局已成，若有以赔偿等词进者，即交刑部治罪”①。清政府纸面上的强硬不过是在法国的威逼和国内人民群众、主战派的压力下保持面子的假姿态，并非发自内心。就在慈禧太后表示决心后的第三天，赫德又在那里进行议和试探，据翁同龢说：“昨日递赫德及邵道（邵友濂）电，邸（奕譞）似明白，闻上意亦有松动语”②。李鸿章也在倡言“但使交战一二年后，亦须议和了局，设再夺据要地，更恐收拾为难”③。曾国荃更大捧李鸿章：“早从公言，岂有今日之事？……旋之任，非公而谁？”④ 前敌高级指挥大多是和曾、李一个鼻孔出气的人物，负责云南边境军务的岑毓英要求内调，“希图卸肩”，反而诬蔑屡立战功的刘永福“畏葸不前”；负责广西边境军务的潘鼎新“安坐龙州，不肯出关”⑤，“决计纵敌，不许乘机进剿”⑥；奉命募勇增援前方的杨岳斌和鲍超，蹲在湖南和四川，托词饷械不齐、兵勇未全，迟迟不肯启行。还有驻在前线的各将领，由于派系矛盾，闹得不可开交。在闽台前线，湘系左宗棠诬劾淮系刘铭传“失地辱国”；在广西边境，淮系潘鼎新构陷湘系王德榜“违令丧师”。在大敌当前的情势下，将领畏葸怯战，部队混乱无纪，内部纷争排挤，清朝政府政治和军事的黑暗腐朽，可说是暴露无遗了。

当清朝政府内部忽和忽战、尔倾我轧、纷纷吵嚷不休的时候，法国侵略军已经选定了下一个攻击目标。1884年10月初，台湾和云

---

① 《翁同龢日记》，光绪十年七月十四日。

② 同上书，光绪十年七月十九日。

③ 《李鸿章全集》，译署函稿，卷一六，《陈美使劝和》。

④ 《曾国荃全集》，书札，卷一八，《复李中堂》。

⑤ 《中法越南交涉史料》（中上），《国子监祭酒盛昱等奏折（光绪十年九月十三日）》。

⑥ 胡传钊：《盾墨留芬》，卷一，《王方伯来函》。

南、广西边境同时告急。

1884年10月1日，大批法国舰队蜂聚在台湾的基隆海口，强行登陆。在台湾北部的清军只有四千人，分守各地，兵力单薄，既无海军的支援，防御工事又很薄弱，在这种敌强我弱的形势下，督办台湾军务（不久擢任台湾巡抚）的刘铭传采取了比较正确的抵抗方针，他一面招募台湾人民，组成士勇，协同清军作战，一面集中兵力，准备放弃基隆，扼守后路淡水，并预先拆毁了基隆煤矿。在法国优势兵力的进攻下，基隆经一度抵抗后，即行撤守。

10月3日，法军又在舰队火力的掩护下，在淡水登陆。淡水守军孙开华等分军三路，“距海数里，缘山而伏”①，台湾爱国艺人张李成率猎户五百人埋伏在海滨丛草中。法国侵略军登陆后，尚未立定脚跟，孙开华军奋起迎击，正在相持不下的时候，“张李成所将五百人者突出敌背，敌愕顾，我军前后夹击，士卒皆一以当百，短兵接，呼声动天地，法军乱，则反走其舰，我军乘胜纵击，大败之”②。台湾人民在淡水保卫战中表现了崇高的爱国精神和英勇的战斗作风，所以后来刘铭传说：“张李成阵斩水师统领封唐首级（按：封唐即Fon taine，为法舰拉加利桑呢亚号陆战队司令，在是役中被击毙），绅民皆道其首功”③。

淡水大捷严重打击了法国侵略者的嚣张气焰，侵略头子孤拔也不得不承认“这是最不合算的战役”④，“损失十分严重”⑤。另一个侵略军官说“这次的失败，使全舰队的人为之丧气”⑥。此后，法军虽数度蠢动，几次进攻台北，但都被清军和台湾民军所击退。法国侵略者企图占领台湾、要挟清政府的全盘战略计划，被中国人民所粉碎，它只能株守基隆，“任何的向前推进都没有用处，因为我们没有人，不能据守再取得的阵地”⑦。

---

①② 《刘壮肃公（铭传）奏议》，卷首，《书先壮肃公守台事》。
③ 《中法越南交涉资料》（下），《福建巡抚刘铭传奏折附片（光绪十一年）》。
④ 甘乃隆：《孤拔传》。
⑤ 《法国黄皮书》，《中国与东京事件》，第112号，《巴德诺致茹费理》。
⑥ 罗亚尔：《中法海战》，“四、华军淡水大捷”。
⑦ 同上书，“三、攻取基隆”。

在无可奈何之中，侵略者用海上封锁来威胁台湾军民。法国公使巴德诺说："台湾封锁，似有必要，盖可以防止中国援军的接济，且对于阻止我们失败的消息传播到中国去，亦属有益"①。所谓"封锁"就是海盗劫掠的代名词，法舰在海上"逢船即劫，见人即杀"②，据台南税务司的报告："众舰对民船横肆攻杀，遇之者无不立为炮火轰沉或焚毁"，"海上断樯碎船，漂浮不绝者累旬，凡遇法舰者尽遭毒手"③。法国侵略者的疯狂屠杀，除了再一次暴露自己的野蛮残忍的侵略本质以外，绝不能吓倒中国的人民；台湾军民团结一致，屹立在这座被"封锁"的孤岛上，钳制住大队法军。一个法国军官悲哀地说："我们好象是为中国军队所封锁"④，另一些侵略分子把它叫做"愁惨的封锁"。这种海盗式封锁一直持续到中法战争结束为止。

法国进犯和封锁台湾的收获是留在基隆的七百多座侵略军官兵的墓地，而法军的足迹却并没有走出基隆二十里之外，这个事实证明了只要动员人民起来坚决进行抵抗，帝国主义的侵略是可以击败的，坚船利炮的新式武器和封锁屠杀的野蛮手段不可能征服不甘屈服、坚决抵抗的人民群众。

法军在淡水受挫后，无力再发动大规模进犯，沿海战事出现相持的局面，直到 1885 年 2 月，我南洋五舰奉命援台，法国依仗海上优势，在中途邀截五舰，并再次对我沿海口岸发动攻击。

当台湾军情紧急时，清政府屡次命令南北洋舰队联合援台，但李鸿章和曾国荃借故拖延，后来因朝鲜发生"甲申政变"，北洋军舰奉命赴朝，救援台湾的就只剩下南洋的南琛、南瑞、开济、澄庆、驭远等五舰。磨磨蹭蹭地一直拖到 1885 年 1 月底，五舰在吴安康统率下方从上海启行，接着就在浙江海面上转了半个月圈子。孤拔亲率九艘军舰，在洋面到处搜索，企图将南洋五舰一网打尽。2 月 13 日，我舰和敌舰相遇，吴安康率南琛、南瑞、开济三艘快舰开足马

---

① 《法国黄皮书》，《中国与东京事件》，第 107 号，《巴德诺致茹费理》。

② 《中法越南交涉资料》（中上），《督办台湾防务刘铭传奏折附片（光绪十年十一月初九）》。

③ 《中国海关与中法战争》，226 页。

④ 罗亚尔：《中法海战》，"三、攻取基隆"。

力，逃到镇海口内，被撇下的速度迟缓的澄庆、驭远，就近躲到石浦（三门湾），后两舰管带自行将船凿沉。3 月 1 日，法舰又炮轰镇海，企图全部击毁我舰，浙江提督欧阳利见督率招宝山炮台守备吴杰与士兵周茂训等凭台回击①，重创法舰纽回利号，南琛、南瑞、开济亦发炮支援，双方展开激烈的炮战。法方以小艇偷袭，亦被炮台和陆上伏兵击退。至 3 月 5 日，法舰怏怏退去，它妄图消灭南洋三舰的计划被粉碎。据说，侵略头子孤拔在这次炮战中被击伤。

1885 年 3 月底，法军又侵占了澎湖。6 月 11 日，孤拔死于澎湖，这个双手沾满中越人民鲜血的侵略头子受到了应有的惩罚。

从 1884 年 8 月马尾海战到翌年 3 月法国侵占澎湖，在这半年海上战斗中，法国除在马尾使用卑鄙的偷袭手段而获得胜利外，它在其他各地到处碰壁，只落得损兵折将，并没有讨到多大的便宜。

四、镇南关、谅山大捷

中越边境战场的情况，也同样粉碎了帝国主义不可战胜的神话。事实证明，只要中国军队在比较正确的领导下团结一致，坚决抗敌，帝国主义的猖狂进攻就绝不能得逞。

法国侵略者一面进攻台湾的基隆和淡水，一面又在越北蠢动，分东西两路向我广西、云南边境进犯。东路侵略军由将军尼格里（De Negrier）指挥进犯我军在郎甲和船头的前沿阵地，企图夺取谅山，骚扰广西。1884 年 10 月上旬，郎甲和船头同时发生激战，我郎甲守军方友升部进行了“顽强的猛烈的抵抗”，并和敌军展开“最激剧的肉搏战”②，尼格里腿部受伤。最后我军撤出郎甲。

同时，船头发生了更加激烈的战斗，守军苏元春、陈嘉部“奋不顾身地激烈作战”③，在五昼夜中击退了敌军无数次进攻，法国前

---

① 镇海战役中，一般史书均以欧阳利见为首功。据沙孟海《镇海口开炮击退法舰事件有关史料的分析》（浙江史学会年会论文，油印本）称：此次奋勇发炮、击退法舰的实为吴杰，欧阳利见有冒功妒能之嫌，唯“海防之役，重在平时布置”（薛福成语），欧阳利见在战前布置防务，移设炮台，在战时发兵击退企图登陆之敌军，在此战役中应亦为有功之人。

② 黎贡德：《远征谅山》，“二、郎甲之战”。

③ 同上书，“三、船头之战”。

敌指挥官久威利埃（Guvellier）被击毙，苏元春赢得了“以孤军当强敌，允称强将”的美誉。后因郎甲方面我军已撤退，苏元春亦主动撤出船头。

郎甲、船头战役，我军再一次表现了英勇战斗精神。法军攻势受挫，损失惨重，在将近四个月的时间内无力发动进攻。

当郎甲、船头酣战之际，西路侵略军集结在红河上游的宣光城内，尚未及出动。10月初，刘永福部和滇军岑毓英部即主动出师，把法军围困在宣光城。从此以后，一直到第二年3月初，法军龟缩在宣光城内，岌岌不可终日。据截获的宣光法军求援书信和河内法国报纸称：

> 本处被华兵围困，其数甚众，日夜攻击，势在垂危。
>
> 设再迟七日，援兵不至，必俱死矣。
>
> 法人在越，不甚得手，所谓增兵者不过补阵亡病故之缺而已。四十日以来，法兵之受伤病故者已有二千名。现在法军第二队（按：即东路侵略军）驻守谅山，粮运艰难，未能得力。其在宣光之第一队（按：即西路侵略军）只可固守城池，冀不为华军攻陷已耳，目下情形如此……殊非法人之幸……不禁为之叹息。
>
> 华兵勇敢异常……法军毙命不少……正月十六、十七两日，法军死伤者约三百人，内兵官二十五人，另镇守宣光之法兵六百人，已有三分之二在阵死伤。①

法国人的这些自白，暴露了侵略军在宣光的狼狈相。假使滇军能和刘永福精诚团结，不难全歼宣光的敌军，可是岑毓英对刘永福打击排挤，斥刘永福“野性难驯”，滇军总兵丁槐也和刘永福水火不容，甚至还挑拨刘永福的部将黄守忠和刘闹矛盾。黑旗军的饷械弹药，绝大部分被扣留。据张之洞说：“刘无精械，洞解济颇多，或桂截，或冯截，或未到；饷五批，仅到两批”②。据唐景崧说：“关外

---

① 唐景崧：《请缨日记》，卷九，光绪十一年五月初三日。

② 《中法越南交涉资料》（中中），《两广总督张之洞电（光绪十一年二月十五日）》。

各军，均有皇皇不给之势，米粮军火，未有则忧无，既有则忧解……大炮绝少，攻城攻船均无其具。”① 前线将帅妒功忌能，倾轧排挤，真正抗敌的军队得不到补充给养，不能充分发挥战斗力，由于这样，宣光的法军才侥幸地避免了全军覆没的命运。

宣光的围攻战一直持续了将近四个月。1885 年 3 月初，法军 6 000人大举进援宣光。黑旗军先扼守在要隘左育，因陋就简地构筑工事，阻击优势法军的进攻。从 3 月 2 日起，两军展开激烈搏战。黑旗军用土办法筑成一个火药爆炸网，使法军每跨进一步都要付出巨大的伤亡代价。经过一昼夜激战，黑旗军“子弹将尽，屡请岑军救援，岑营按兵不动”②，不得不退出左育。黑旗军“勇敢无匹，败退时，仍以药筒、药包、石块、小刀掷击法人”③。是役，“法之官报载：援兵死者四百六十七，其中二十五均系员弁，大约不止此数，尚有土著之兵死者，法人从未计及，观河内医院受伤者之多，几无安置处，法之失利，已可概见”④。法人自己承认：“自东京开仗以来，罕有如此次救宣一战之难”⑤，《刘永福历史草》的作者也写道：“公自千百战斗以来，未有如此之大胜捷也”⑥。

由于岑毓英对刘永福的排挤、牵制，以致左育阻击阵地被突破。法国大队援军赶到宣光，挽救了宣光城内的被困法军，中国军士百余日血战之功，付与流水。黑旗军与滇军均后撤到顿关。但这时候，东战场在老将冯子材的领导下，捷报频传，获得了极其辉煌的战绩。

法国东路侵略军自从在郎甲、船头受挫之后，蛰伏近四个月。1885 年 2 月初，又纠集河内、北宁、海阳的兵力约一万人，倾巢出犯，其目的是夺取谅山、直叩中国西南的门户，造成“夺谅犯边”的声势，以迫使清政府屈服，并减轻西战场宣光的压力。清军在谅山、镇南关一带，共有军队五十余营，约二万五千人，兵力不为不厚。但主帅潘鼎新是李鸿章的心腹，一个十足的失败主义、逃跑主

① 唐景崧：《请缨日记》，卷六，光绪十年十一月初二日。

②⑥ 黄海安：《刘永福历史草》，“七、中法战争与刘永福”。

③④ 《译正月二十四日西人河内来信》，转引自唐景崧：《请缨日记》，卷九。

⑤ 《中法越南交涉资料》(中中)，《两广总督张之洞电（光绪十一年二月十五日)》。

义者。法军进攻前夕，前敌将领王德榜向他请示办法，他答复说："战亦违旨，退亦违旨，已电请总署示遵"①，闹得前敌将士无所适从。其实潘鼎新就是要战士们解除武装，赶紧向法国投降，他说过："一经见仗，败固不佳，胜亦从此多事"②。身为前敌主帅，公然说出这样无耻的话，前线军事还能有什么希望？

而且，广西边境的五十余营军队，派系复杂，各立门户，一直在闹摩擦，前敌将领王德榜（湘军）、苏元春（桂军）与杨玉科（原属滇军），虽在抗法斗争中立了功劳，但彼此互不服气，矛盾极深。王德榜军主动攻击丰谷，苏元春不去支援，因此王军战败；苏元春与法军相持于谷松，王德榜、杨玉科亦作壁上观，以致谷松失守。东战场就在潘鼎新的失败主义指导和苏、王、杨三军的互不合作下，连续失利。1885 年 2 月 12 日，法军尚离谅山 35 里以外，潘鼎新即放弃谅山，逃跑入关，"潘入关，即退幕府，旋退凭祥，又退海村，又退龙州，民大哗"③。他率领的装备精良的十营淮军，不战而溃，"大掠龙州，商民迁徙一空……游勇水陆肆掠，难民逃军蔽江而下，关内大震……南宁戒严"④。法国侵略军意外地发现："在谅山方面，丝毫无动静，城垣上一个兵的影子也看不见"⑤。投降主义者潘鼎新就这样拱手让出了谅山。

隔了十天，法军扑犯我镇南关，战火烧到了中国的领土上，潘鼎新早已逃之夭夭，只有提督杨玉科督率孤军在关前文渊阻击侵略军，杨玉科"犹冀潘公必来接应，奋不顾身，亲督将士，向前力战，誓以灭此"⑥。不料后援不继，孤军受困，杨玉科中炮牺牲，法国侵略军一窝蜂地拥进了镇南关，将镇南关上的设施焚毁净尽，又退驻谅山。

法军攻破了镇南关，气焰嚣张，不可一世。但是随着侵略军的

---

① 胡传钊：《盾墨留芬》，卷一，《王方伯来函》。

② 《清光绪朝中法交涉史料》，603 页，《广东转寄龙州潘鼎新来电（光绪十年五月二十三日）》。

③④ 无名氏：《克复谅山大略》。

⑤ 黎贡德：《远征谅山》，"七、进驻谅山"。

⑥ 杨汝翼：《杨武愍公讨法夷死事节略》。

每一步前进，它的泥足正在越陷越深，前线的力量对比在迅速地发生变化。一方面，法军倾巢出犯，跋涉远征，后援无继，供应困难。在进入山区之后，道路崎岖，交通不便，法军所依靠的重武器又不能发挥作用。这一点，前线的侵略军头子自己也认识得很清楚。当时，法国政府为了在谈判桌上加强压力，迫使清政府屈服，曾指示法军进扰广西龙州，侵略军一再拖延执行这个命令。远征军总司令波里也答复说："由于给养运输的困难，目前军事行动是不可能的"①。东路侵略军司令尼格里说："在我们现刻所处的地位，我们不应当取攻势"，"如果部长定要威胁龙州，照我的意思，我们是玩一种危险的把戏"②。

另一方面，中国军队并没有完全溃散，苏元春暂退入关，王德榜尚在镇南关外三十里之油隘，特别是冯子材在形势危急之际率领大批生力军赶到前线。冯子材以帮办广西军务的名义，坐镇镇南关，努力团结各军，训练士卒，布置防务，稳定秩序。前敌的指挥机构经过了一番重大的改组和调整，表现出坚决抗法的决心，因而得到中越人民和前线士兵的衷心欢迎和全力支持。法国侵略军面对的不再是失败主义的领导和矛盾重重的军队，而是一个决心抗敌、团结一致的崭新阵容了。

冯子材（1818—1903），广东钦州人，早年曾镇压过太平天国革命，后任广西提督，1883年受官僚们的排挤而退休回乡。这个老当益壮的爱国军人主张对法国侵略者"挞伐大张，以杜欲壑于日后"③。1884年，他在主战派彭玉麟、张之洞的支持下，募勇十八营，驰援广西，他在镇南关内十里的关前隘"筑长墙，掘濠据守"④，自己和王孝祺军当中路前敌；王德榜军驻油隘，为左翼；魏钢的鄂军在关西百里，防艽封，为右翼；苏元春、陈嘉、方友升等为后应。1885年3月21日，冯子材出法军不意，夜袭文渊，

① 黎贡德：《远征谅山》，"九、法军的困难情形"。

② 同上书，"十、尼格里给波里也的报告"。

③ 冯子材：《军牍集要》，卷九，《复张制帅书》。

④ 无名氏：《克复谅山大略》。

攻拔了法军的两个营垒，在前哨战中争取主动，赢得胜利，鼓舞了军心。

3月23日晨，漫天是浓密的大雾，法军司令尼格里在法政府屡令骚扰龙州的催促下，率全军分成三路闯进镇南关。中路直扑关前隘长墙，左右翼分别进攻东、西山头上的炮台。我军在既设阵地前奋勇阻击，官兵们表现了旺盛的战斗意志，“枪炮雨密，愈战愈厉”①，“炮声震天，远闻七八十里外，山谷皆鸣，枪弹积阵前，厚者至寸许，我军殊死战”②，激战一天，我东岭三炮台失守，幸苏元春、陈嘉等及时赶到支援，稳定了战局。第二天，法军又发动猛烈攻势，用密集炮火轰击我军阵地。中路法军以大队扑攻关前隘长墙。在这紧急关头，七十高龄的冯子材“以帕裹首，亦足草鞵，持矛大呼，跃出”③。战士们在冯子材英勇精神的鼓舞下，奋勇反冲锋，在长墙下和法军展开肉搏。被“官民诟病，各军轻侮”的淮军王孝祺部深受感动，也誓死力战，“王孝祺部将潘瀛率选锋袒臂裸体冲入敌阵，故所部勤军伤亡最多，陈嘉争东岭三垒，蒋宗汉继之，七上七下，陈嘉受四伤不退”④；“关外游勇越民千余人，闻冯亲出战，皆自来助战，伺隙邀击”⑤；王德榜的左翼军又截断了法军的退路，牵制了法军的大批预备队，并“夺其军火、饷银、驮马无数”⑥。猖狂不可一世的法国侵略军陷入了愤怒的中越军民的包围之中。两个法国侵略军官心惊胆战地写道：

> 中国军的号筒忿怒地响起“前进”的命令。从所有的堡垒，从所有的天边各处，烟云一般的敌人，展开旗帜跑来……如果战事不立时中止，惨祸怕就要来临了。⑦
>
> 在我们的脚下，敌人从地上的一切缝隙出来，手执短戟，开始了可怖的混战……所有官军和士兵都被围住、俘虏，敌人

---

① 冯子材：《军牍集要》，卷九。

②④ 《中法越南交涉资料》(中下)，《钦差办理广东防务彭玉麟等奏折(光绪十一年四月初二日)》。

③⑤⑥ 无名氏：《克复谅山大略》。

⑦ 黎贡德：《法军谅山惨败》，“二、Bang-Bo之战”。

由各方面射杀他们。①

另一个中国的记载中说：

> 法人前后受敌，乃败走。南方卑湿，春草方生，洋人革履滑，辄颠入草中，迫追兵，又不得正路，穷急哀呼相闻，我军战胜，气益猛，乘日光穷追……法人被杀急，则投枪降，去帽为叩首状，以手捍颈。②

以上情景就是法国侵略军在镇南关大战中的狼狈相。在这场激战中，法军被歼千余人。侵略军受到了致命的打击，狼狈溃退，逃出了镇南关。

3月25日，我军乘胜出关，克文渊，攻谅山，侵略军头子尼格里身负重伤，爱尔明如（Herbinger）代替了司令职务。在锐不可当的攻势面前，侵略军无法保持谅山的阵地了，爱尔明加承认："我从没有想到中国军有这么坚强的组织，打得这么好，现在谁都不能怀疑这事了。我们自后在谅山十分危急了，阵地再不能保守了"③。于是混乱的撤退开始了，13万银元丢到淇江里，大炮、弹药和各种辎重遗弃满地。在逃窜过程中风声鹤唳，士兵们连"煮咖啡的勇气都没有了"④。他们夹着尾巴，一直逃窜到郎甲。一个法国参谋懊丧地写道："我们于是在四十八小时之内，丧失了以十分艰苦的工作、并花不下五个月时间的预备所取得的果实"⑤。

就在镇南关大捷的同一天，黑旗军、滇军和越南义军在西战场也获得了重大胜利，粉碎了法军对临洮城的围攻。东、西战场上频获大捷，法方士气低落，我军斗志昂扬。东线我军进抵郎甲，西线我军直指兴化，侵略军惊慌失措，乱成一片。战场形势已全部改观。特别是在前线大捷的影响下，整个越北义军纷起，犹如黑云驱散以后露出了满天繁星，"越官黄廷经纠北宁等处义民，立

---

① 加尔新：《在侵略东京时期》，"四、［附录］谅山的退却与陆军中校爱尔明加的任务"。

② 李岳瑞：《春冰室野乘》，《甲申越南战事杂记》。

③ 黎贡德：《法军谅山惨败》，篇末注一。

④⑤ 同上书，"四、撤出谅山的狼狈情形"。

忠义五大团，建冯军旗号，自愿挑浆饭，作向导，随军助剿，或分道进攻。李扬材之弟在北宁城内，与冯约，俟郎甲破，即内应”①。“东至北宁、太原、河内，西至兴化、宁平、南定、山西，官民响应，助战供粮”②，“同心协力，收复越南大好河山”，中越人民郁积已久的反侵略怒火爆发出来了，侵略军脚底下的大地，已在剧烈地震荡。

镇南关、谅山大捷在法国国内也引起了轩然大波，法国人民群起抗议政府牺牲法国青年为垄断资本谋利益的殖民战争政策。从3月30日起，一群群“敌意的民众”，聚集在巴黎众议院门前示威，“几使巴黎闹成革命”③，“打倒茹费理”的呼声，响彻云霄。3月31日，侵略成性的茹费理内阁终于在中越人民铁拳的打击和法国人民的示威抗议声中垮台了。茹费理内阁的倒台显示了中国、越南和法国人民在黑暗年代里并肩战斗的伟大力量。

五、清政府在胜利形势下屈膝投降

在中国军队屡战屡捷、法国政府失败垮台的大好形势下，清朝政府突然在1885年4月7日颁发停战诏书。它竟然在胜利形势下丧心病狂地向法帝国主义屈膝投降了。

我们在前面说过，清朝政府一直沉溺在“调停”、“谈判”的大梦中。从中法战争爆发以来，战争和谈判不断地在交替进行，形成打打谈谈、谈谈打打的局面。由于清政府迷信“调停”，遂招致了马尾的惨败。但马尾战后，幕后的“调停”更加活跃，北京和巴黎之间，通过许多条线路，在相互探询政治价钱。第一条线是通过美国驻华公使杨约翰和美国的国务院，杨约翰曾几次到总理衙门，替法国政府做说客；第二条线是通过德国人德璀琳，他频频往来于北京、上海之间，给留居在上海的法国公使巴德诺牵针引线；第三条线是通过赫德、金登干和英国财阀伦道尔（S. Rendell）、英国外交大臣

① 无名氏：《克复谅山大略》。

② 《张之洞全集》，电牍，《致福州左中棠、杨制台，江宁曾宫保、武昌卞制台》。

③ 加尔新：《在侵略东京时期》，“四、[附录] 谅山的退却与陆军中校爱尔明加的任务”。

葛兰维尔，直接和茹费理接触。这三条线分别代表美、德、英三国企图结束中国抗法斗争的努力。清政府和法国侵略者讨价还价的焦点集中在三个问题上，即《天津简明条约》、赔款、担保。法国坚持完全批准李鸿章和福禄诺所订的《天津简明条约》，清政府则要求酌量修改；法国要求得到赔款，如果得不到赔款，则要求在若干年内占据基隆，作为“担保”，清政府不同意赔款或担保。调停一直延续了三个多月。到12月初，眼看双方尚无妥协之望，调停暂时中断。当时英国首相格兰斯顿指示赫德说：“再向法国多啰嗦，是不明智的，不如等它看到更大的困难，或中国多拿出些蛋摆在我的篮子里再说”①。

从调停过程中可以看到，妥协投降几乎已是清政府的既定政策，僵持之点是在什么条件下投降。这个争端既然暂时不能够在谈判桌上用口舌求得解决，就只好移到战场上用武力来解决。法国侵略军进攻谅山，并企图骚扰广西的龙州，无非是要从清政府手里多挤出几个蛋来，并不表明它有多大的战争实力；清政府命令前线进行抵抗，无非是争取更合适的投降条件，并不表明它有抵抗到底的决心。所以紧接着镇南关、谅山大捷之后的突然议和，不是什么偶然的、意外的事件，它不过是全部调停活动和清政府投降主义政策的势所必至的结果。

由于三点分歧而僵持、停顿的“调停”，仅仅中断了一个月。到1885年1月，赫德借中国海关供应船“飞虎”号被法舰扣留一事，和茹费理直接建立了联系，秘派金登干到巴黎，进行秘密勾当。在这次调停活动中，赫德极力争取把这笔政治交易独揽在手里，以便加强自己对清政府的控制，他抱怨从前的调停活动之所以失败是“厨子太多打翻了汤”②。清政府满足了他的要求，调停活动从多线联系归并到以赫德为中介的单线联系，甚至李鸿章也被撇在一边。赫德得意洋洋地说：“目前的谈判，完全在我手里，我要求保守秘密，并不受干预，我自守秘密，总理衙门也如此，皇帝已有旨，令

① 《中国海关与中法战争》，67页。

② 同上书，143页。

津、沪、闽、粤各方停止谈判，以免妨碍我的行动”①。

赫德的调停活动实质上就是帮助法国从清政府那里多搞下几个蛋来。赫德的办法是“偷”、“挤”和“换”。2月间，赫德通过金登干向茹费理进言，可以不明提占据基隆作为担保的条款，以保全清政府的面子，但是可以在清政府的默许下，继续留在基隆，把撤军日期长期拖延下去，“虽然‘保证’的字样，已经故意避免，但是第三款实际上已提供保证”②。茹费理非常欣赏赫德的这个主意。于是在清政府的默契下，法军得以在停战协定生效后仍占领着基隆。赫德把“担保”这一个蛋偷偷地搁在篮子里，形成僵持的第一个难题解决了。

几乎和“偷蛋”同时，赫德又利用战场形势，向清政府“挤蛋”。2月下旬，谅山、镇南关因潘鼎新逃跑而失守，同时援助台湾的南洋五舰也被法舰追击，清政府惶惶不安，赫德赶紧抓住时机，进行威胁恐吓，要求清廷全盘接受李鸿章和福禄诺所订《天津简明条约》。前线的不利形势使得清廷不敢再坚持“酌改”的要求。据翁同龢在2月26日的日记中说：“赫德友人（指金登干）昨日回信，茹费理云，若照津约，此外更无一事增添……商之醇邸（指奕𫍽），邸已首肯”③。靠着军事进攻的帮助，赫德的“挤蛋”又成功了。2月28日，赫德电告巴黎“中国方面允准1884年5月天津条约”。第二个僵持的难点，又以法国得到满足而告解决。于是中、法之间的谈判正式开始，金登干代表清朝政府，法国外交部政务司司长毕乐（A. Billot）代表法国政府，在巴黎正式磋商和约的条款。

还有第三个“赔款”的蛋，赫德使用“偷梁换柱”的手法，同样使法国得到了满足。当茹费理已有把握得到前两个蛋之后，曾经表示：“如果条约内任何赔偿都不规定的话，我想法国舆论是不能接受的，应该坚持商务上的真实利益”④。赫德在茹费理的暗示下，“提议以商务的利益代替赔偿”⑤，这一点立即为茹费理所接受。他

① 《中国海关与中法战争》，81页。
② 同上书，83页。
③ 《翁同龢日记》，光绪十一年正月十一日。
④ 《法国黄皮书》，《中国与东京事件》，第178号，《茹费理的意见书》。
⑤ 同上书，《中国与东京事件》，第180号，《茹费理致巴德诺》。

在3月12日致赫德的照会里正式“要求在中国建设铁路的专权”①。这样第三个僵持之点也解决了，“赔偿”的蛋换成了“建设铁路专权”的蛋落进了赫德的篮子里。

就像英国首相早已预料的那样，清朝政府在赫德施展了“偷、挤、换”的手法以后，终于拿出了足够的蛋，清政府与法国政府之间的一切争执，以法国要求的全部满足而获得解决。3月下旬，谈判已进入了对于条约文字的细节修改，这时，镇南关、谅山大捷的消息传来了。从浴血抗法的前线军民看来，清政府的屈膝投降当然是突然的意外；而从乞降已有眉目的清政府看来，前线军民流血牺牲所换来的辉煌战绩，同样是突然的，甚至是多余的。清政府一刻也没有动摇投降的决心，甚至也丝毫没有考虑利用胜利的形势争取较好的议和条件。李鸿章催促清廷“当借谅山一胜之威，与缔和约”②。慈禧太后“只是想起给他带到家里来的不愉快的庞大战争消费，只是想起那些使她不舒服的事情。因此，她从来就没有想到要撤回条约，而是比过去更加急迫地要立刻签订和批准这个条约”③。至于装扮成和事佬的赫德更急电金登干迅速签订停战协定，他说：“一个星期的耽延，也许会使我们三个月以来不断努力和耐心所取得的成就完全搁浅”④。于是中法之间的停战协定便在1885年4月4日匆匆签订。这样中法战争就在中国取得巨大胜利、法国处在军事失败和政治混乱的时候，以清政府接受丧权辱国的条约而告结束。

当清政府的停战令传达到前线，广大爱国官兵无不义愤填膺。冯子材说：“去岁上谕，议和者诛，请上折诛议和之人，士气可奋，法可除，越可复，后患可免”⑤。王德榜说：“破虏可期，忽奉电传谕旨停战……举军拔剑斫地，恨恨连声”⑥。主战派彭玉麟、张之洞

① 《法国黄皮书》，《中国与东京事件》，第183号，《照会》。

② 罗惇曧：《中法兵事本末》。

③ 麦克耐尔：《现代中国历史选读》，485页。

④ 《中国海关与中法战争》，98页。

⑤ 《张之洞全集》。

⑥ 胡传钊：《盾墨留芬》，卷八，《王方伯来函》。

等抗疏力争，清廷的答复是："如期停战撤兵，倘有违误，唯该督是问"①。腐朽的清政府决定卖国到底，决不回头，"不许黄龙成痛饮，古今一辙使人哀"②。它出卖了大好的胜利形势，扼杀了正在蓬勃发展的抗法斗争。

4月下旬，李鸿章和法国代表巴德诺在天津拟订条约细则。事实上，李鸿章不过"随同画诺而已"③，主持人仍是赫德。1885年6月9日，中法《越南条约》签订。条约的主要内容是：(1) 清政府承认法国对越南的保护权，法越之间所订条约，清政府不得干预，也不许派兵到越北；(2) 法国取得在我国西南通商的特权，中国在保胜以上及谅山以北开辟两个通商口岸，法国商品进入云南、广西所纳税款较其他通商口岸关税减轻十分之四；(3) 法国在中国取得铁路修筑权，条约规定"日后中国酌拟创造铁路时，中国自向法国业此之人商办，其招募人工，法国无不尽力襄助"。在这个条约中，法国并吞越南并打开中国西南门户的侵略野心全部得到实现。

剩下的一桩棘手事就是黑旗军的安置问题。这一支与越南人民并肩苦斗十余年的英勇队伍是各方面反动派的眼中之钉。不但法帝国主义对它抱刻骨仇恨，所有中国的投降派都极端仇视黑旗军，张之洞说："总署恶刘，北洋恶刘，岑帅恶刘"。法帝国主义恐怕刘永福不肯退出保胜，竭力对清政府施加压力，清政府也恐怕"刘一日不离越，中国海防一日不能结局"。从4月到6月间，清廷连下九道谕旨，迫胁刘永福入关，张之洞、唐景崧等也以同情黑旗军的面目出现，积极执行诱骗刘永福入关的政策。最后，在抗法斗争中英勇坚决、立下光辉功绩的刘永福抵挡不住中外反动派的压力和软硬兼施、四面八方的包围，于1885年9月率部众三千人入关回国。清廷给刘永福一个南澳镇总兵的官职，至于黑旗军战士则一再被裁减，只剩下三百人。然而刘永福的部众仍旧保持着英雄本色，就是这支

① 《中法越南交涉资料》(中下)，《军机处寄两广总督张之洞电旨(光绪十一年二月二十五日)》。

② 彭玉麟：《羊城军中有感二首》。

③ 胡传钊：《盾墨留芬》，卷八，《张彭两帅致北洋大臣电》。

遭到清政府排挤打击的军队，在十年后的中日甲午战争中，坚守台湾，抵抗日本侵略者，再一次为祖国立下光荣的战功。

中越人民的抗法斗争因清政府的投降而失败，其后果是越南的沦亡和中国西南边疆门户的被打开。但是英勇的人民不可能被征服、被杀绝，在中法停战以后，“越地宣光、太原、高平、谅山等省，内外交讧，烽火相属，无日不与他族（指法国殖民者）相角”①。1885年越南全境掀起了由越南封建阶级领导的文绅起义；1887年又爆发了黄花探所领导的农民抗法起义，这次起义坚持27年之久，充分表现了越南农民反法斗争的伟大坚强精神；20世纪初又爆发了越南资产阶级的抗法革命斗争。越南全国各地“无处不有揭竿斩木，与法人捐生，久者几二十年，近者亦一二载，有与法人憝战死者；有为法人拿捕以死者；有为法人招诱不屈而死者；有阳为法官阴结义党，为法人所觉以死者；有愤极填胸，自寻死法而死者”。越南人民的抗法斗争像一团永远扑不灭的烈火，在熊熊地燃烧。

在中法战争以后，越南人民和中国人民继续并肩携手，为反抗共同的敌人而进行斗争。当黑旗军返国时，许多军官、战士，如黄俊芳、谢炳安、韦高魁等仍留在越南，与越南人民一起，坚持抗法斗争。文绅起义中的领袖很多和中国有密切关系，如阮善述、宋维新均曾流亡中国，后来越南的资产阶级革命家潘佩珠和孙中山、梁启超均有密切的联系。同时越南人民对中国革命也给予兄弟般的援助，孙中山先生的革命活动得到越南爱国志士的大力支援，并曾在河内设立革命起义的指挥机关。一直到两国共产党诞生以后，在无产阶级国际主义的基础上更加强了中越人民的伟大团结。帝国主义虽然猖狂一时，但是觉悟而团结起来的人民力量是不可战胜的。殖民主义的统治必将被一扫而光。

六、中法战争的失败原因和历史意义

1883—1885年的中法战争是法国侵略越南和中国的一次肮脏战

---

① 马丕瑶：《马中丞遗集》，奏稿，卷三，《边防届满请奖折》。

争，是当时法国政治、经济各种矛盾发展所导致的必然结果。中国人民为了抵抗外来的侵略、奴役，和越南人民并肩携手，进行了英勇不屈的斗争。

可以清楚地看到：这次战争并没有在战场上被打败，而是在谈判桌上被打败。战争失败的原因并不在军事方面，而是在政治方面。

从军事方面说，法国虽然是个强大的资本—帝国主义国家，但它在欧洲有强邻德国的对峙，在海外有英国的竞争，在国内有工人阶级的斗争，在亚、非有殖民地人民的反抗，它处在四面楚歌之中，人力物力军力财力均感不足，根本经受不住一次长期的战争。而且，它远隔重洋，侵略越南和中国，由于本身力量虚弱，供应线又漫长，存在着一系列严重的困难。它只能派出有限的一点军队，这一点军队在中越人民反抗怒涛面前是无能为力的，它不可能单纯用军事力量来征服团结抗法的中越人民，这在两年的战争过程中已经得到充分证明。法国侵略军先在越北战场遭到黑旗军的屡次痛击，继而在台湾碰到中国军民的坚强抵抗，最后在镇南关、谅山一败涂地，几乎全军覆没。法帝国主义在军事上处处碰壁，束手无策。

中越人民的伟大团结和英勇斗争创造了一次又一次的胜利纪录，造成了有利的形势，但是要利用有利形势，取得胜利果实，必须有一个坚定而强有力的政治领导，中法战争的最后失败，就是由于没有这样一个政治领导。

清朝政府勉强地充当了中法战争的领导者，但它无力胜任领导责任，不愿坚持斗争，不敢取得胜利，终于在中途出卖了人民，葬送了这次斗争。

清朝之政府所以还担任着领导，是由于当时人民的反帝自发斗争还没有形成一个全国的中心；是由于清朝政府在某些方面和某种程度上，和法帝国主义存在着矛盾；是由于其他帝国主义和法帝国主义也存在着一定的矛盾；是由于广大中国人民一致要求反抗法国的侵略。作为全国性政权的清朝朝廷从自己的利益着想，不肯全盘接受法国的侵略要求；德、英等帝国主义也不反对清朝做出抵抗的假姿态，以免法国要求过奢，妨碍到自己的侵略利益；特别是中国人民高涨的抗法情绪，更迫使清政府不敢立即向侵略者屈膝投降。由于清政府的地位、利益，由于各种力量的对比关系，清政府勉强充当了自己不愿充当也无力充当的抗法领导角色。

但是，清政府已经是一个半殖民地性质的政权，它的存在离不开帝国主义的支持，它和帝国主义之间的矛盾已是次要的、暂时的，它和帝国主义之间的一致却是主要的、长远的。清政府和帝国主义之间绝不会因为次要的、暂时的矛盾而破坏了主要的、长远的一致。李鸿章说过："但使交战一二年后，亦须议和了局"①，主和派正是从自己和帝国主义之间主要的、长远的方面立论，来打动朝廷，捐弃次要的、暂时的矛盾，向法帝国主义屈膝投降。

至于其他帝国主义国家，虽然不希望法国获得过多的利益，破坏了列强在远东和中国的力量均衡，但是法国的侵略战争同样给他们提供了一个利用法国军事力量以榨取中国人民的好机会，他们绝不愿意中国进行坚决的、长期的真正抵抗。帝国主义列强之间在争夺利益时有尖锐的矛盾，而当他们对付人民的反抗时又有共同的利害关系，必然站在同一个立场上。中法战争中五花八门的"调停"，实质上就是列强帮助法国、结束人民反抗和共同掠夺中国的努力，深受帝国主义列强支配的清政府不可能根本违拗列强的意志，不可能拒绝阴险的"调停"。因此，由清政府领导的中法战争，不可能坚持到底，不可能不是中途而废。

中法战争如果继续下去，如果进行到底，无疑会出现更大的胜利局面。这个胜利意味着什么？意味着人民反帝力量的发展和革命情绪的高涨。这不仅是法帝国主义的惨败，而且也是其他帝国主义和清朝政府等一切反动派的惨败，一切反动派绝不允许出现这种噩梦似的可怕结局，绝不允许战争长期继续下去。幕后调停的操纵者赫德说："中国如果真能打到底的话，它会赢的！但不幸的是我所能据以行事的是中国一定不会打到底，因此我必须用任何方法把它拖住"②。

---

① 《李鸿章全集》，译署函稿，卷一六，《陈美使劝和》。

② 《中国海关与中法战争》，187页。

总之，对帝国主义的依赖和对人民力量的敌视，这是清朝反动政府的基本立场，再加上它在政治上、军事上的黑暗、腐败，各个派系矛盾重重，倾轧排挤，以及许许多多官僚将领愚蠢无能、胆怯怕死，这一切因素的综合构成了清政府失败主义和投降主义领导政策的全部基础。它过分地夸大敌人的力量，对战争前途悲观失望，毫无信心；在战争中或则一触即溃，或则望风逃跑；它匆匆忙忙地要结束战争，寄希望于调停、谈判；终至不惜抛弃胜利形势，不惜出卖前线军民，不惜牺牲国家主权，来换取屈辱的投降。法帝国主义正是利用中国在政治方面没有正确、坚强领导的弱点，采取军事和政治进攻相辅而行的方针，造成又打又谈的局面，迫使和引诱清政府就范，通过清政府的手，摧毁了伟大的人民抗法斗争。没有正确而强有力的政治领导，这是中法战争失败的原因。浴血奋战、英勇抗法的前线军民为此抱终天之恨，世世代代的中国人民温习这一页历史，也不能不痛定思痛，悲与愤俱。

中法战争失败了，但人民的鲜血并没有白流。中越人民在战场上一次又一次痛击侵略者，创造了辉煌的战绩。侵略者面对坚强、大无畏的人民群众而心惊胆落。据曾纪泽的信中说："法人每谈及刘渊亭（即刘永福），群目为奇男子，以为不可轻敌"，"但经此番军务之后，西人之谈及中国者，已不敢如从前之轻侮"①。中国人民的伟大抗法战争粉碎了法国的侵略如意算盘，打乱了它的侵略步骤，延缓了中国的半殖民地化过程。

中法战争也充分暴露了清政府腐朽卖国的本质。这次战争和两次鸦片战争不同，两次鸦片战争时，清政府是和资本主义侵略者初次交手，它还可以用措手不及、缺乏准备等一套鬼话来解释失败的原因。现在的情况怎样呢？时间过去了几十年，清政府在镇压太平天国革命之后，一直在大吹大擂它的"中兴之业"和"赫赫武功"，洋务派一直在鼓吹据说能与列强争雄的"洋务自强"。中法战争使统治阶级手里的王牌像肥皂泡一样地幻灭了。"中兴"变成了"中落"，

① 欧阳利见：《金鸡谈》，卷一四，《附曾袭侯复书副函》。

“武功”变成了“逃跑”，“自强”变成了“投降”。这一场大失败揭露了装腔作势的各种牛鬼蛇神，使它们原形毕露，无所遁迹。北宁的黄桂兰统率着装备精良的淮系军队，马尾的舰队是湘系几十年的洋务结晶，结果怎样呢？在北宁是不战而溃，在马尾是一战即溃，还有李鸿章的嫡派潘鼎新，根本没有和敌军照面，就望风而逃，溃不成军。在抗法斗争中战功卓著的既不是湘淮“名将”，也不是南北洋“劲旅”，反倒是屡受排挤、装备简陋的刘永福的黑旗军和冯子材的地方部队，这是多么辛辣的嘲讽！这是多么无情的揭露！吓唬人民的湘淮“名将”的怯懦相暴露无遗，洋务富强要政的纸糊房子也塌下了半边。人民中的反抗斗争在加强，先进分子中的怀疑和不满在增长，这样腐败的政府，怎能保卫国家免受外来侵略？这种枝枝节节的洋务新政，怎能使国家真正富强起来？在中法战争以前，人们以为当国家大难临头时，那些湘淮“名将”也许还能拔刀一战，洋务新政也许是一剂挽救贫弱的良方妙药。事实完全粉碎了这种幻想，战败以后，湘淮“名将”的作用没有多少人挂在口头上了，像李鸿章已经成了“国人皆曰可杀”的过街老鼠。对洋务新政的批评也愈来愈多，愈来愈深。对清政府幻想的破灭，有利于人民的觉醒，有利于革命的发展，这是一件莫大的好事。

当然，中法战争以后，中国人民并没有立即找到一条解放自己的光明大道，相反，斗争的前途更加崎岖曲折，荆棘丛生。农民群众的反抗斗争仍停留在自发、分散状态，从农民自身中间不可能产生新型的坚强的政治领导，先进知识分子的怀疑和不满，仅仅促使他们徒劳无功地去更多更大地变革朝政。在中国政治舞台上发挥巨大作用的仍只有地主和农民，社会经济的进程还没有达到把新兴阶级推上历史前台的阶段，客观矛盾的发展还没有显示出解放斗争新道路的清晰轮廓。在中法战争以后的十年间，人民仍在黑暗和无边的苦难中摸索。

中国革命要摸索到正确道路需要花费整整一个历史时期。在走上正确道路以前，总是旧的幻想破灭了，新的幻想又产生；一个失败刚过去，另一个失败又来临。这是不可避免的历史必然。但中国人民正是在无数次幻想的破灭和无数次斗争的失败中成长起来的。就像毛泽东主席在论及近百年解放运动时所说："各种内外反对力量虽给了解放运动以严重挫折，同时却锻炼了中国人民"①。中法战争是失败了，在当时社会条件下，它不失败也是不可能的。但中国人民显示了保卫祖国的革命决心和抗击侵略者的伟大力量，并且在战争中、在政治上得到了锻炼，它使一切革命者受到启发和教育。在伟大中国革命走向胜利的全部历史中，它是一座不可磨灭的、重要的里程碑。

① 《毛泽东选集》，第2卷，439页。

第八章　外国侵略下中国自然经济的逐步解体、中国近代工业的产生和新阶级的出现

第一节　外国资本主义经济侵略的深入

一、19世纪后半期中国对外贸易的发展趋势

经过第一次和第二次鸦片战争，外国侵略势力在中国设立商埠、开辟租界、控制海关税则和海关行政，并获得了领事裁判权，内河航行权，内地通商、游历、传教权，以及片面最惠国条款，等等。这一系列侵略特权为大量外国商品输入中国开辟了通畅的道路。在太平天国革命期间，革命势力控制着富庶的长江下游，外国侵略活动还受到一定的限制，那时候，中国进出口贸易大体上尚能保持平衡，中国商品出口总值甚至还略为超过外国商品入口总值。但是，随着革命运动的被镇压和外国侵略特权的继续扩大，对外贸易方面的这种状况终于发生了变化，中国对外贸易在数量方面的优势终于被打破了。

以下，“19世纪后期输出入货物价值比较图”以及“19世纪70—90年代进出口商品价值简表”可以显示本时期对外贸易的发展趋势。

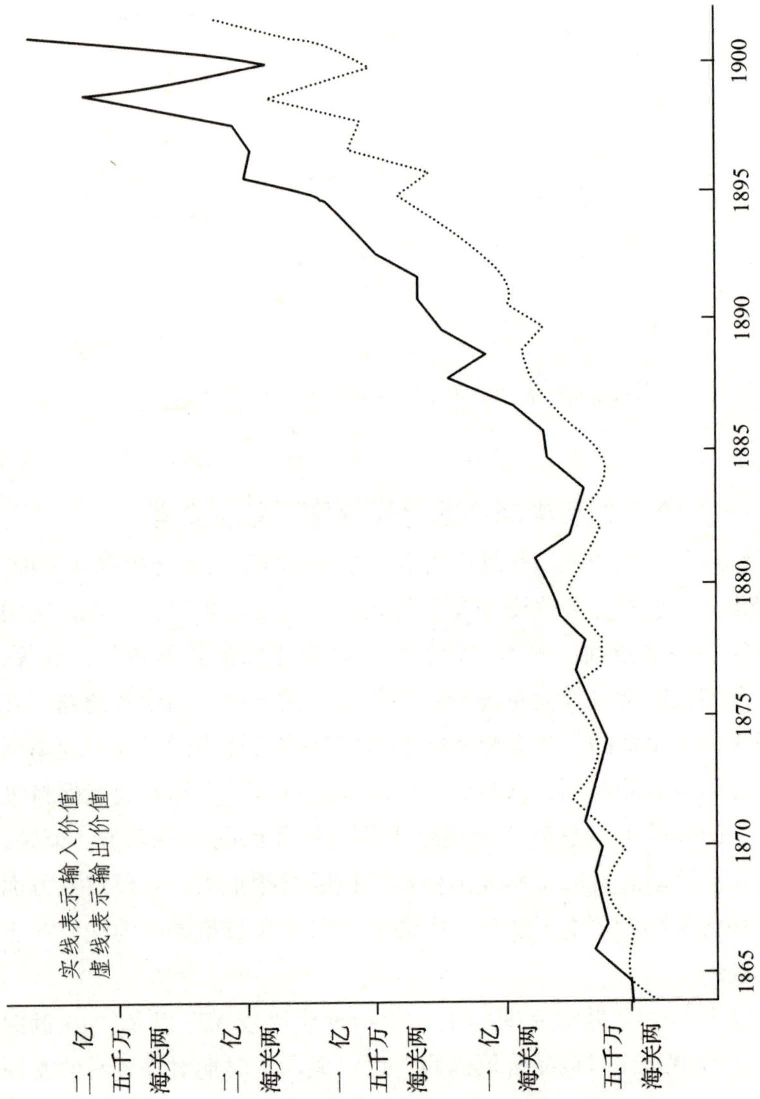

19世纪后期输出入货物价值比较图

19 世纪 70—90 年代进出口商品价值简表①

（单位：万海关两）

年　份	进出口总值	进口总值	出口总值	出超或入超
1871（同治十年）	13 695	7 010	6 685	入超　325
1876（光绪二年）	15 112	7 027	8 085	出超 1 058
1881（光绪七年）	16 336	9 191	7 145	入超 2 046
1886（光绪十二年）	16 469	8 748	7 721	入超 1 027
1891（光绪十七年）	23 495	13 400	10 095	入超 3 305
1896（光绪廿二年）	33 367	20 259	13 108	入超 7 151
1901（光绪廿七年）	43 796	26 830	16 966	入超 9 864

从以上的图表中，我们可以看出些什么情况呢？

首先在进出口贸易的总值上，比之鸦片战争以前有了很大的增加。据普立查特的统计（Eout H. Pr. tchaid），在 1830—1833 年间，欧美各国对华贸易的总值为 2 263 万余两②，至 1871 年增至上简表所示的 13 695 万两，40 年间增长至原来的 6 倍多。至 1901 年增至上列简表所示的 43 796 万两，70 年间增长至原来的近 20 倍。这个情况显示了中国正在迅速地卷进世界贸易的旋涡中，变为国际资本主义推销商品和取得原料的场所。

这里应该指出两点：第一，尽管这个期间中国进出口总值猛烈地增加，但是一直到 1901 年贸易总值也还只有四亿多两，以全国人口平均每人只分摊不到一个海关两，这和世界其他国家比较起来（包括先进的资本主义国家和许多殖民地国家）几乎是处在最末位，这说明中国的经济情况是十分落后的，商品市场还并不发达；第二，这个期间进出口贸易表现在银两的数字上虽然增加甚大，但是还应该考虑到从 70 年代以后银价长期连续跌落的影响③，由于银价的跌落，进出口贸易表现在银两数字上就增长得格外迅速，而实际进出口商品却并没有增长得这样多。中国货币以白银为本位，帝国主义

---

① 图表数字来自杨端六、侯厚培：《六十五年中国国际贸易统计》。本节中对外贸易的数字除特别注明者外，均来自该书。

② 转引自《中国近代经济统计资料选辑》，4～5 页。

③ 1871 年白银一两值美金 1.58 元，至 1901 年白银一两只值美金 0.72 元，30 年内银价跌落了 54%。

利用银价跌落的机会，对中国大肆掠夺，30 年内使中国通货丧失了一半以上的国际汇兑价值。

其次，我们再分别考察出口总值和进口总值的增加。30 年间年出口总值增加 154%，年进口总值增加 283%，进出口数字都有很大的增加，而进口的数字增加尤其迅速。在 70 年代进出口数字还是平衡的，自 1871 年至 1876 年的 5 年间，对外贸易都是出超，但是后来外国商品的输入越来越多，势若决堤，中国从出超变入超，而入超数字年年增加，从 1877 年（光绪三年）开始，中国一直是入超国，到 1901 年入超已将突破一亿两大关，这种对外贸易的劣势一直延续到 1949 年全国解放为止，计连续入超达 72 年之久。

19 世纪 70 年代在我国对外贸易史上是具有重要意义的转折时期。从那时候起，中国农民革命运动进入低潮，世界资本主义正开始向帝国主义过渡，外国资本主义的侵略一步一步地加深，侵略的手段也更加完备，1869 年苏伊士运河正式通航，1871 年中国和英国伦敦之间建立了电讯联系，这一切大大地缩短了中国和欧美国家间的地理距离，中外航线上汽船的数目也大大增加，逐步排斥了帆船而占绝对优势。外国资本主义正是利用了中国国内革命低潮的机会，利用科学技术的进步和流通的发展，对中国展开了巨大的贸易攻势，从此中国对外贸易的逆差就成为不可抗拒的历史趋势。

从 1871 年至 1900 年共有 30 年①，假使把这 30 年划分成两个阶段，在前一个 15 年内（1871—1885），出超共 5 年②，入超共 10 年，出入相抵，15 年内共入超 6 221 万两，平均每年入超 414 万两。在这一阶段内，外国商品所占的优势还很微弱，正像当时一个英国作家所说："中国在经济上的自给自足，曾经是最可怕的障碍物，这一障碍物直到现在（1884 年），在我们工商业扩张的过程中，我们还是碰到"③。而且外国商品输入方面的微弱优势主要还是依靠鸦片贸易而

① 这里所以从 1871 年开始，除了考虑 70 年代在中国对外贸易史上的重要性之外，还由于从这时候起中国对外贸易统计数字比较精确，70 年代以前，由于统计方法上的缺点和银两单位的不统一，数字的可靠程度较差。

② 出超 5 年是指 1872、1873、1874、1875 和 1876 年。

③ 沙健：《中英贸易及外交》，转引自里默：《中国对外贸易》，15 页。

获得的。如以1879年为例，该年鸦片输入共值3 650万两①，若以该年外国商品入口净值8 222万两计之，则鸦片输入约占进口总值的44%，这是一个十分惊人的数字。假使把鸦片除外，最主要的进口商品是纺织品，1879年纺织品进口总值为2 770万两，而该年从中国出口的丝、茶价值就有6 164万两，丝茶的出口值超过进口纺织品总值一倍有余。所以，外国侵略者假使不是依靠了可耻的鸦片贸易，他们在贸易上还是处在劣势地位的。

在后一个15年内（1886—1900）情况就大大不同了。当时世界资本主义已经过渡到帝国主义阶段，资本主义国家的生产力空前发展，在中国的各种侵略特权更加扩大，外国商品大量向中国倾销。所以，这15年内，中国的对外贸易每年都是入超，入超的数字逐年增加，15年内入超总数共达55 806万两，平均每年入超约3 720万两，相当于前一个15年平均值的近9倍。

在后一个15年内，机器制造品的重要性更为突显了，这个对外贸易上的深刻变化，显示出自给自足的中国封建经济已经抗拒不住外国资本主义商品的洪流，中国社会一天比一天更深地陷入半殖民地的地位。

以下再考察中国对外贸易在各国间的分配，可以清楚地显示19世纪后期各国在华经济势力的消长。

从下表可以看出：在70年代之初，英国几乎独占了对华贸易，英国本土及其殖民地印度的贸易额占中国对华贸易总额的59%，而香港的贸易也有一大部分是属于英国的；美国的贸易少于英国很多，但高于其他国家，占第二位；其他地区或国家的直接贸易是微不足道的。当时英国的伦敦是中国对外贸易的重要分配中心，中国的进出口商品很多是从伦敦转运的。在以后，其他国家在华的经济势力逐渐发展，19世纪末20世纪初形势就发生了变化，中国对英国本土的贸易跌落到11.3%，对日本和美国的贸易额都在迅速上升，已和英国并驾齐驱，对欧洲大陆国家的比例也上升到10.5%，这主要是

① 这个数字根据海关的报告，走私的鸦片尚未计算在内。如加上从香港走私到大陆的鸦片，则该年鸦片输入约值4 500万两。参见里默：《中国对外贸易》，42页。

因为对德国、法国、比利时、意大利等国的直接贸易有所增长了。在这时香港在对外贸易上的重要性十分明显，经过香港转运的商品占43.8%。以上的发展趋势，表明英国在华贸易垄断的时代正在过去，许多新兴帝国主义在中国展开了剧烈的贸易竞争，这种贸易竞争和19世纪末的投资竞争、划分势力范围竞争联系在一起，形成帝国主义争夺和宰割中国的狂热潮流。

中国对外贸易在各国间的分配及比例简表

单位：百万海关两

	1871		1881		1891		1901	
	贸易额	比例	贸易额	比例	贸易额	比例	贸易额	比例
英国	61.9	45.2%	46.4	28.4%	43.3	18.3%	49.7	11.3%
印度	18.9	13.8%	27.3	16.7%	14.0	6.0%	32.0	7.4%
香港	33.9	24.8%	48.8	29.9%	105.8	45.0%	191.7	43.8%
美国	10.8	7.9%	13.5	8.3%	16.7	7.1%	40.1	9.1%
日本	3.0	2.2%	5.5	3.4%	11.5	4.9%	49.4	11.3%
俄国	1.1	0.8%	3.6	2.2%	5.5	2.3%	4.3	1.1%
欧洲大陆	3.8	2.8%	12.2	7.5%	19.2	8.1%	46.3	10.5%
东南亚	2.3	1.7%	3.5	2.1%	4.7	2.0%	10.8	2.5%
其他	1.2	0.9%	2.5	1.5%	14.8	6.3%	13.1	3.0%
总额	136.9	100%	163.3	100%	235.5	100%	437.9	100%

我们尚可从另一个角度来考虑对外贸易方面的变化，这就是进出口船只的吨位和国别，这方面的情形如下表所示：

进出口船只吨数、国别简表

	1871		1881		1891		1901	
	百万吨	比例	百万吨	比例	百万吨	比例	百万吨	比例
美国	3.2	43.2%	0.2	1.2%	0.1	0.4%	0.9	1.9%
日本	无		0.2	1.2%	0.5	1.8%	5.5	11.4%
中国	无		4.7	28.3%	6.6	23.8%	6.4	13.2%
德国	0.4	5.4%	0.7	4.2%	1.9	6.9%	7.5	15.5%
英国	3.3	44.6%	10.3	62.0%	17.4	62.8%	26.1	53.9%
其他	0.5	6.8%	0.5	3.0%	1.2	4.3%	2.0	4.1%
总数	7.4		16.6		27.7		48.4	

从上列简表可以看出：在这期间进出口船只的增长也是十分迅速的，30年间船只吨数从700余万吨增至4 800余万吨，几乎增加6

倍，这个趋势是和中国对外贸易的发展相适应的。帝国主义之间争夺贸易的竞争和争夺航运权的竞争也是密切联系着的，在这场竞争中，英国稳稳地占着优势，它的商船经常占中国领海中商船吨数的一半以上。美国船只在华航行的历史也是很早的，70 年代它和英国平分着在中国海洋航运的权利，由于南北战争的爆发，美国北部商船损毁极多，它在中国经营的旗昌洋行的轮船也卖给了中国轮船招商局，再加上以后和西班牙在太平洋岛屿的战争，这一切因素使得美国商船在中国领海暂时地丧失了作用。另外两个新兴帝国主义国家——日本和德国在争夺船运权的竞争中显示了不可忽视的实力，这是和两个国家内部的经济发展和对外扩张的趋势一致的。至于中国在自己领海内所能保持的航运权利是极为可怜的，在轮船招商局开办之后中国方能保持一点点微弱的权利，但进展极慢，和外国商船相比，真是瞠乎其后。航运权利方面的分配趋势也反映了半殖民地国家的特点。

二、对外贸易中的几项主要商品

外国输入中国的主要商品是棉纱和棉布。在第一次鸦片战争之后，洋纱洋布的输入已逐渐增加，开始和中国的手工纺织品进行竞争。19 世纪下半期，纱布的输入迅速上升，其趋势如下页附图所示。

19 世纪下半期，洋布输入始终保持很大数量，80 年代以前每年输入的总值达一两千万两。80 年代以后，输入数量更是大幅度地上升。19 世纪末，每年输入总值徘徊在 4 000 万两以上。在棉布市场上，美国货和英国货平分秋色，粗布方面美国货占绝对优势，细布及杂类布方面英国货占统治地位；华北和东北是美国布的主要销场，华中和华南则又为英国布所独占。① 这种均势一直保持到 20 世纪初，那时候日本粗布异军突起，代替了美国货在中国粗布市场上的优势。

① 参阅严中平：《中国棉纺织史稿》，87～91 页。

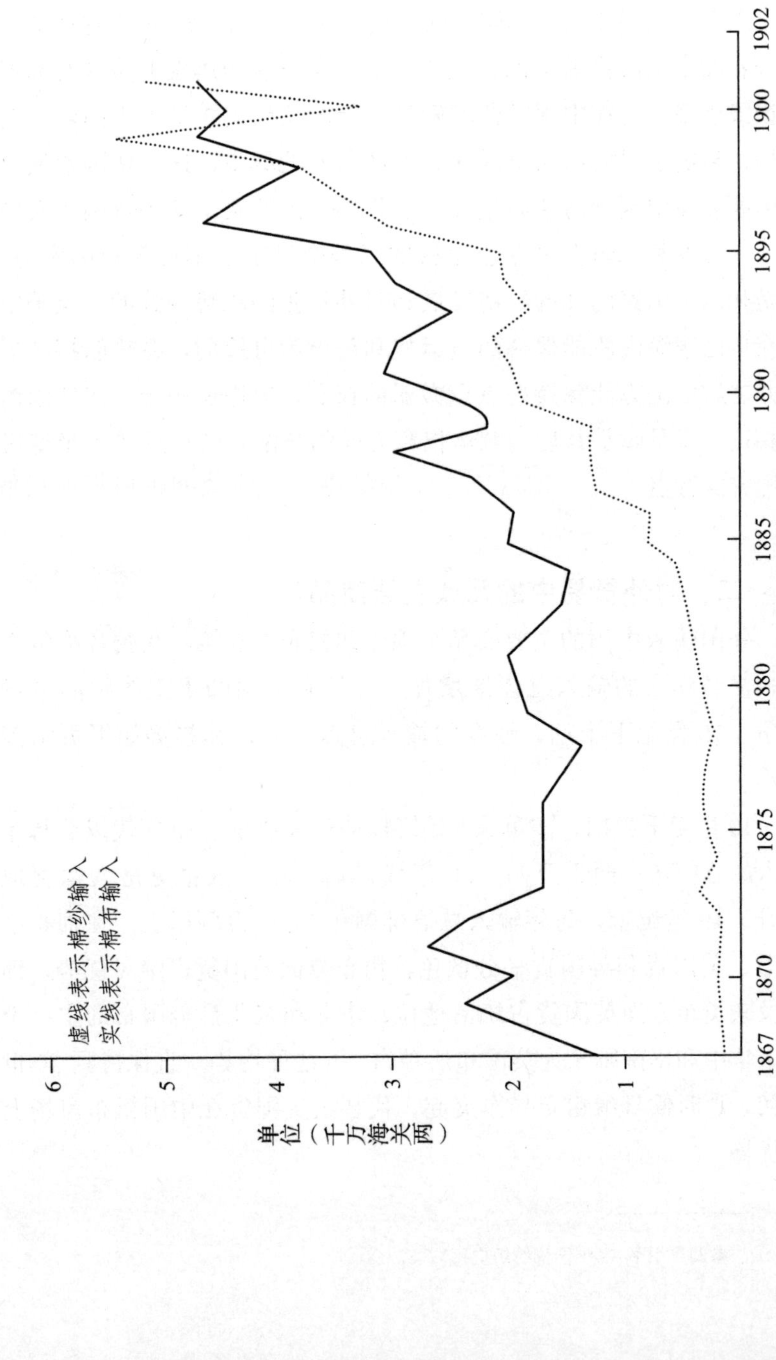

19世纪后期棉纱棉布输入价值示意图

洋纱在早期贸易中尚不占主要地位。19 世纪 80 年代以前，每年输入值只有一二百万两，主要是英国纱。但 80 年代以后，印度棉纱大量进入中国市场，其势汹涌，不可遏抑。1897 年洋纱输入总值达 2 000 万两，1895 年更上升到 5 000 余万两的高峰，孟买生产的纱充斥于中国各地。当时正是印度纺纱业狂热地进行扩充的时期，很多印度纱厂忽视国内市场，专向中国倾销，印度纱全国输出总量中有 90%左右都是销售到中国来的。中国市场上需要的是 24 支以下各级粗纱，印度棉纱正好投合这个需要，所以印度的孟买纱长期执中国棉纱市场的牛耳。一直到 19 世纪末，日本急起直追，千方百计地向中国倾销其过剩棉纱，才能在华北和东北地区夺取印度棉纱的地盘。

19 世纪末，洋纱洋布两项输入的总值已达一亿海关两，是进口商品的最大宗。纱布输入对中国自然经济发生了深刻的分解作用，将在下一节内叙述。

另一项值得注意的进口商品是煤油，70 年代初进口煤油仅值十余万两，至 1901 年激增至 1 729 万两，增加一百数十倍，是进口商品中增加最快的一项。另外两个奇怪的现象是：中国号称以农立国，但每年仍从国外输入粮食，以大米言，80 年代中叶之前，常年入口约数十万担，以后入口渐增，1895 年是大米入口的最高峰，该年输入 1 000 余万担，值 1 500 多万海关两。中国的瓷器是历史上悠久的手工艺品，是传统的出口品，但近代制瓷业江河日下，19 世纪末常年出口的窑业产品仅值 100 多万两，而进口值却达 800 万至 1 000 余万两之多。至于生产资料的进口数字，一直是微乎其微的，在 1894 年中日甲午战争以前，每年输入机器的总值不到 100 万两，甲午战争之后虽稍有增加，但仍只徘徊于一二百万两上下，在整个进口贸易中所占比重约在 5‰左右。① 由此可见，帝国主义的对华贸易主要是以输入其过剩商品为主，并不能给中国提供多少工业设备。

在进口货物中还有一种特殊的商品就是鸦片。鸦片不仅帮助外

---

① 自 1895 年至 1900 年的六年间，外货输入中国总值达 22 亿两，而这六年内输入机器仅值 1 100 万两，此类机器不包括交通器材和金属品。

国资产阶级打开了中国的门户，而且又帮助他们在初期对华贸易中维持收支平衡，保障了侵略者特殊的地位和大量的利润。19 世纪下半期鸦片输入的量与值如下表所示。

19 世纪后期鸦片输入量值简表①

年　份	1876	1881	1886	1891	1896	1901
数量（单位：担）			67 801	77 445	48 799	44 940
价值（单位：万两）	2 801	3 759	2 498	2 833	2 865	3 293

在考察这个时期的鸦片贸易时应注意到以下三点。

第一，上表所列数字是表现于海关账目上的数字，事实上大家都知道，鸦片的走私贸易一直是十分猖獗的，假使加上走私的鸦片，那么数字必然还要大大增加。据汕头海关的《贸易报告》说："广东省沿海的大量走私贸易，是众所周知的事实。从香港开到汕头的轮船上的中国旅客、水手、茶房及船上其他雇员常常私带鸦片入境，并且以种种方法欺骗海关。常常发现模仿得完全和外国货一样的炼乳、饼干、肉类、火柴、罐头等，有着原封未动的商标，密密封好，而且重量也非常近似，但里面装的都是鸦片。在开着鲜花的花盆里，在表面盖上咖喱洋葱或其它气味很大的菜筐里，在细心挖空了的竹扫帚里，都曾发现过鸦片。而最多的场合是旅客把鸦片藏在宽松的衣服里面，他们的两臂下很容易夹带半个公班土，如果不被查出，他们就可以偷漏大约三两银子（海关两）的海关进口税及内地税。"②

第二，鸦片在早期贸易中占首屈一指的重要地位，1876 年和 1881 年鸦片输入价值在全部进口值中约占 40%，以后逐渐下降，1886 年约占 28%，1891 年约占 21%，1896 年约占 14%，1901 年约占 13%，鸦片贸易的相对比重虽在下降，但绝对数字并未减少，在上列的表内 1901 年的输入值尚超过 1876 年的输入值。

第三，应该提到，鸦片输入的相对比重虽在下降，但这个时期鸦片流毒却十分猖獗，这是由于封建官吏和地主为了增加税收和地租，广泛地鼓励内地种植鸦片的缘故。从前鸦片只有从国外输入一个来源，

① 黄炎培、沈琦：《四十五年来中国之对外贸易统计》，见申报馆编：《最近之五十年》。

② 《贸易报告》(1881 年)，汕头，4 页。

现在有了内地种植的另一个来源，而且内地种植鸦片的规模十分惊人，据统计：全国在1900年出产鸦片37.6万担①，这个数目超过该年外国鸦片输入数7.5倍，种植鸦片最盛的是四川、云南、陕西、山西、贵州、甘肃等省。② 种植鸦片，对于国家和人民危害之大是尽人皆知，无用多说。推原祸首，始作俑者当然是那批无耻的外国鸦片贩子，而内地的广泛种植又应当归罪于中国的腐败官吏和贪婪地主们，种植鸦片对他们来说是一桩有利可图的勾当。张之洞就明白招认："罂粟之所以不能禁者，一由于上官之禁弛不一，朝令夕更；一由于官吏之视为利源，图收亩税"③。正因为有大利在焉，所以所谓禁烟的命令只是一纸具文。光绪初年有一个故事，"山西巡抚鲍源深请禁栽种罂粟，出省阅兵，各州县先期拔去驿路两旁罂粟一二亩，改种禾麦，相传为笑"④。这真是令人啼笑皆非的笑话！不过鲍源深还不是最坏的官僚，总算出了禁令，也巡阅了一番，还拔了"一二亩"罂粟，而其他官僚军阀公开设立了禁烟局、戒烟所，暗中却大规模地贩烟运毒，这种挂羊头卖狗肉的勾当在旧中国实在太普遍了。

在中国的出口商品中，茶和丝占最重要的地位。1871年茶和丝的出口价值合计达6 000万两，占该年出口货总量的92%。当时除了丝茶以外，中国其他出口商品的数量是微不足道的。后来，随着中国自然经济的逐渐分解，农产品日益卷入商品流通中，大豆、棉花、花生、皮革等的出口渐渐增加，丝茶出口值的相对比重逐步下降，到19世纪末，大约下降到占出口货总值的50%，但丝茶合计起来，仍为出口货的最大宗。19世纪下半期丝茶出口价值和发展趋势如附图所示。

---

① 参见马士：《支那帝国的贸易与行政》。

② 据记载：四川东部"无处不种罂粟，自楚入蜀，沿江市集卖鸦片烟者，十室之中不啻六七。若荒江野渚，草屋数间，售杂物以应客舟者，则更比户青灯矣"（何嗣焜：《存悔斋文稿》，《入蜀记程》，15页）。云南昆明附近"暮春天气，罂粟盛开，满野缤纷，目遇成色"（包家吉：《滇游日记》，25页，见《小方壶斋舆地丛钞》，第七帙）。又贵州开州一带"开垦之地，半种泽烟"（陈惟彦：《宦游遇记》，卷上，1页，《开州到任察看地方情形禀牍》，见徐建生编：《疆本常丛编》）。山西的情形是"晋民好种罂粟，最盛者二十余厅州县，其余多少不等，几于无县无之，旷土伤农，以致亩无栖粮，家无贮粟"（《张之洞全集》，奏稿，卷五，《禁种罂粟片》）。

③ 《张之洞全集》，奏稿，卷三，《禁种罂粟片》。

④ 《光绪朝东华录》，光绪三年四月丁亥，郭嵩焘奏。

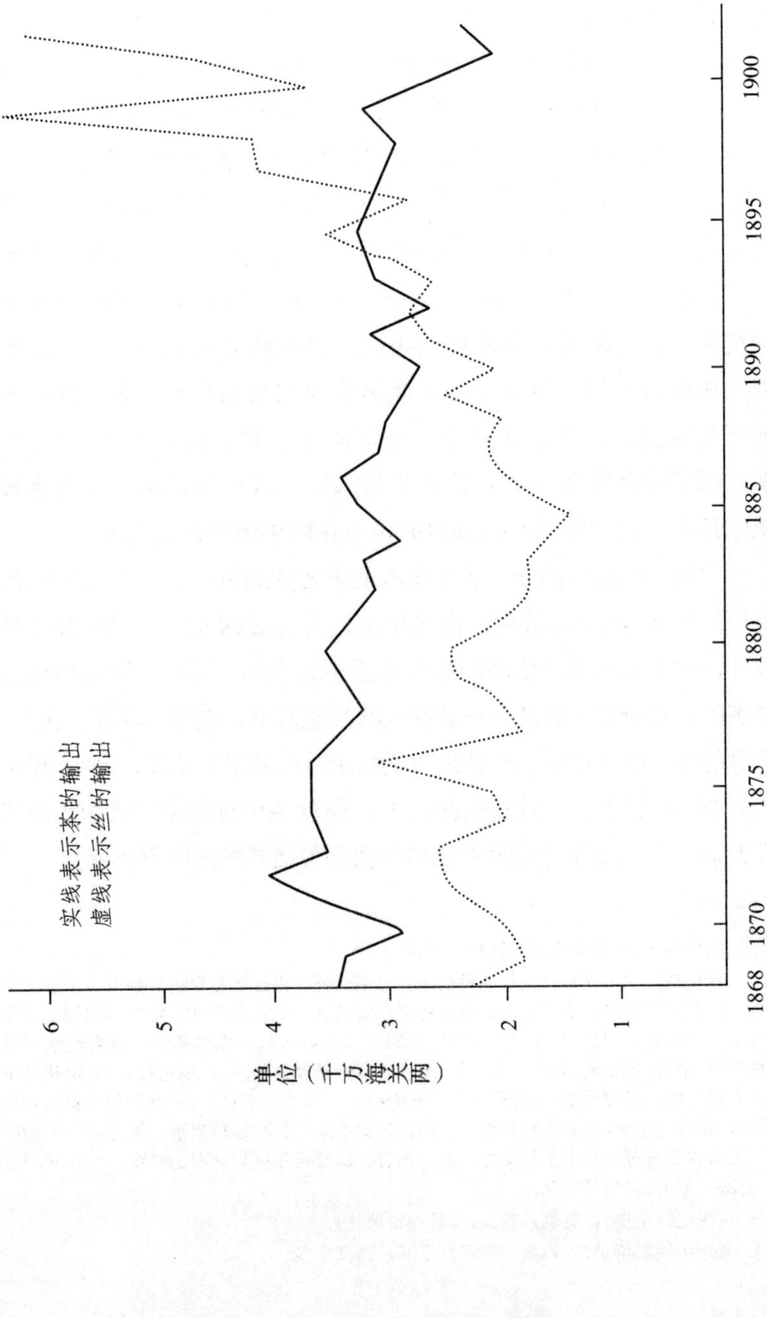

19世纪后期丝茶输出价值示意图

我国丝茶贸易的历史，是帝国主义压迫和剥削中国人民的一部惨痛的历史。我国本来是著名的出产丝茶的国家，在早期中国的丝茶几乎供应了世界市场的全部需要，但以后印度、锡兰的茶和日本的丝急起直追，中国的丝茶贸易受到洋商操纵和排挤，遂至一蹶不振。

这个时期中国茶叶在国外市场上的失败最为惨重，如以1876年至1897年间中国茶和印度、锡兰茶输入英国的情况来看，1876年中国茶为14 900万磅，占85%以上，印度、锡兰茶为2 500余万磅，不足15%，当时中国茶在英国市场上独执牛耳。但是到1897年，输入英国的中国茶降落到3 500万磅，占13%，印度、锡兰茶为22 000万磅，占87%。20年间中国茶和印、锡茶在世界市场上的地位，恰恰来了一个对换，中国茶遭到了彻底的失败。①

中国茶为什么失败得这样惨？这里再一次可以看到资本主义经济打击半殖民地经济、机器生产打击土法生产的典型。印度和锡兰的茶都是英国资本家经营的大茶园生产，不但可以充分利用印度和锡兰人民的廉价劳动力，而且在栽植和焙制方面可以利用机器和各种科学方法，发挥资本主义大生产的竞争能力。就像《北华捷报》所说："印度制茶较中国优越的地方，在于机器胜过手工，中国的小农生产是不能与印度的大茶园竞争的，前者正为后者所排挤。控制着伦敦茶叶市场的，正是这些资本充足的大茶园，它们具有改良的机器以及最好的焙制的技术。在中国，如湖北山区拥有两三亩地的小茶农是不能和他们竞争的"②。中国的茶叶由于生产规模的狭小、分散，生产技术上的墨守成规，资金短绌，不能和消费者直接交易等等原因，当然就竞争不过印度、锡兰的英国资本主义大茶园。而且反动腐朽的清朝政府不但不奖励和扶植茶叶生产，反而落井下石，对于茶农和茶商征收苛捐杂税，"印度锡兰之茶，其出口税全免完纳。日本则每百斤不过完洋一元。中国则不然，每茶百斤须纳库平银二两五钱，又加厘捐及各项捐款甚巨"③。据

---

① 参见倚剑生：《中外大事记》，商业，第七，《茶市衰旺比较表》。

② 《北华捷报》，1887年10月27日。

③ 求自强斋主人：《皇朝经济文编》，卷四五，项文端：《丝茶烟布合论》。

1901年的估计，茶叶的厘金和出口税加起来，约占茶叶价值的40%[①]，清朝政府这种竭泽而渔的做法是加速中国茶在世界市场上失败的重要原因。

中国茶叶生产者都是分散的农民，不能够直接拿到国际市场上出售，首先要把茶叶卖给茶商，运往通商口岸，又转售于外国商人，再由外国商人将茶叶装载出国。中间环节既多，中间剥削自然就十分厉害，特别是外国商人更是穷凶极恶。中国茶商都没有雄厚的资本，收购茶叶要靠贷款，而钱庄贷款利率很高，不能拖欠过多，外国商人正是利用这个弱点，进行操纵，"洋人洞知华商资本之不足，华人心志之不齐，每届丝茶上市为欲取先予之计，视来货不旺，故抬价值；视已群聚，则又故作观望，相持久之，则华商之心虚胆怯者急思脱手，必有自愿跌价者矣。迨市货既空，则又故抬其价以抬之。如此几经播弄，华商悉堕其术中，洋商心计本工，加以通事买办之嗾导，不肖市侩之输情，深识华人之情伪，故张弛操纵之间，不至尽倾华商之血本不止"[②]。由于外国商人操纵茶叶市场，中国许多茶庄亏折倒闭[③]，许多茶商倾家荡产[④]。这些损失归根到底都转嫁到了植茶的小农身上，引起茶叶生产的衰退和茶农的破产，弄得"山户终岁勤动，不获一饭之饱"[⑤]，"人多不以茶为正项生理，有田者归耕，无田者以砍柴为活"[⑥]。在帝国主义和封建主义的压迫下，具有悠久传统的我国植茶事业就这样被残酷地扼杀。

中国丝所经历的道路几乎和茶叶如出一辙，茶叶的竞争对手是在印度、锡兰经营大茶园的英国资本家，而丝绸碰到的劲敌则是日

① 参见里默：《中国对外贸易》，100页。

② 求自强斋主人：《皇朝经济文编》，卷四九，高霖：《整顿丝茶策》。

③ 据光绪二十四年三月《农学报》第29期载九江情形，"往年茶庄林立，或五六十家，三四十家不等，尔来仅存十余家，今年各茶商来者更属寥寥，仅四五家耳"。又《皇朝经济文编》卷四九载："近年以来，各处茶客之亏折者，无不盈千累万，说者谓价由西人所定……故西人有意为难，使居奇不售，不但折本，恐更失机"。

④ 据欧阳昱《见闻琐录》后集卷二："二十年来，以业茶起家者，十仅一二；以业茶破家者，十有八九"。

⑤ 《访察茶叶情形文件》，24页，《附汉口茶叶公所呈报茶市情形节略》。

⑥ 同上书，106页。

本资本家。由于日本资本主义比较后起，所以 19 世纪后半期竞争的威力还不很显著，中国的生丝出口仍在上升，至 1899 年而达到高峰。到 20 世纪初竞争逐渐剧烈，日本的生丝和丝织品终于在国际市场上代替了中国的地位。一个外国学者评论说："在中国，养蚕是由千万农民及其家属小规模地进行的。丝商行会的方法之任何改变，会碰到很大的困难，他们所关怀的乃是蚕茧和生丝的买卖。在整个时期内，要他们改革显得很困难。但他们不是真正的阻力。事实毋宁是中国政府不会、也许不能采取日本政府很成功地采取的行动"①。与此相反，日本政府千方百计发展机器缫丝，"在明治二十二年底（1889 年），约达全部生丝生产额的 40%，迨至明治二十七年（1894 年）竟占了 70%"②。"日本丝本质上既不优于华丝，也不能与华丝比美，然而自从国际贸易开展以来，其出口已增加了 10 倍。这完全是因为日本迅速地采用了一切西方科学关于改良育蚕的知识，以及西方工艺为制造精美产品而设计的一切发明。在这些措施方面，日本政府曾予以倡导"③。

从以上所述纱布茶丝的对外贸易发展的情况，可以看出帝国主义是怎样挟其高度发展的生产力对中国人民进行了敲骨吸髓的剥削。没有独立自主的政权，没有近代工业的发展，我们就只能沦为帝国主义的奴隶、牛马。我们不但不能够在纱布等工业品市场上抵抗帝国主义的进攻，而且连具有深厚传统的丝茶市场也完全被人家所控制，我们在一切方面都只能任凭宰割，"人为刀俎，我为鱼肉"。所以实现民族独立和国家工业化是中国人民长期以来梦寐以求的理想。

三、甲午战前外国资本主义在中国的投资

中日甲午战争以前，外国资本主义对中国经济侵略的主要形式是商品的输出，在那时，资本的输出还不占主要地位。但是，就在大量商品倾注到中国来的同时，外国在华的投资活动已经开始，并

---

① 里默：《中国对外贸易》，104 页。

② 野吕荣太郎：《日本资本主义发展史》，227 页。

③ 《贸易报告》，324 页，上海，1882—1891。

且有了相当的发展。据统计，在甲午战争以前，外国在华的投资总额已达二亿至三亿美元。①

这里所说的“投资”，是指帝国主义在中国所控制的一切可以进行剥削剩余价值的资本，不管其来源是从外国输入的资本，还是从中国剥削积累的资本；也不管属于外国政府所有，还是属于资本家个人或集团所有。帝国主义在旧中国的投资大体上包括五个部分：商业和航运业投资，房地产投资，借款（主要是给清朝政府的借款），银行投资，工业投资。此外还有教会及其附属事业的财产。

对商业和航运业的投资，在帝国主义对中国投资的整个历史上一直占着极其重要的地位，在早期尤其如此。为了推销商品和收购原料，外国侵略者很早就在中国设立庞大的商业机构。经营进出口贸易的洋行、商店，遍布于各个通商口岸。19 世纪 70 年代初，外国在华所设行号约有 350 家②，至 1899 年增至 930 家左右。③ 甲午战前外国在华的商业投资估计应不低于 4 000 万美元。

外国在华洋行较大的有怡和、旗昌、宝顺等，怡和洋行是英人渣甸和孖地臣所创办，在中国各口岸均有分支机构，起初经营鸦片贸易。林则徐在广州焚毁鸦片二万箱，其中七千箱即属怡和所有。以后又投资于航运、保险、地产、缫丝、棉纺等行业。旗昌洋行是美商罗基尔与亚来当所创设，起初亦进行鸦片贸易，后又做轮运、缫丝、焙茶、榨糖等，至 1891 年歇业，它是当时美国在华最大的企业。宝顺洋行创办人是英商颠地，他是著名的鸦片贩子，以后又经营布纱丝棉等生意，规模巨大，是洋行中的巨擘。

为了推销商品，外国侵略者在中国沿海沿江拥有大量的运载手段——船舶。不但中国的外洋航运被外国所独占，就是中国沿海和

---

① 参见吴承明：《帝国主义在旧中国的投资》，35 页。

② 参见雷麦：《外人在华投资》，183 页。

③ 据雷麦《外人在华投资》263 页称：“1899 年英国在华行号共计 401 家……占外国行号总数的 43%”，则该年外国行号总数应为 930 家左右。

内河航运也在帝国主义的控制之下。甲午战争前夕，行走于沿海和内河的轮船总吨位中，四分之三以上是外国轮船，中国轮船的吨位还不到四分之一。像英国太古轮船公司（设于1872年）和怡和轮船公司（设于1877年），都拥有大批船舶和码头、仓库、房产等，其资产十分庞大。在19世纪末，仅英帝国主义在中国的航运业投资即达1 000万美元之多。

帝国主义的房地产投资是“无本求利”和“一本万利”的投机生意，这种生意从租界开辟以后就日趋活跃起来。甲午战前，外国资本主义在中国的九个口岸开辟了13处租界①，掠夺了大量土地。又不断越界筑路，扩大租界的面积。租界内的地产大部分在外国房地产公司或企业、私人的手中。据雷麦估计：1902年上海租界内的地产约有三分之二为外国人所有。②由于租界商业的日益繁盛，土地价格连年上升，房地产投机事业十分兴旺，外国侵略分子在这桩投机事业中所获得的利润是惊人的。当第一次鸦片战争后侵略者开始在上海开辟租界、攫取土地时，每亩仅付给原业主押租一万五千文（合白银10两），至1866年，南京路一带土地每亩涨至银60两，1882年涨至银2 750两，至1927年竟涨至每亩20万两。由于利润特别高，侵略者一直把房地产视为重要的投资对象，在19世纪末，仅上海的租界内，帝国主义的房地产投资额即达3 700万美元。

资本主义列强在中国的另一项重要投资是对清朝政府的借款。政府借款具有经济掠夺和政治控制的双重意义，是列强侵略殖民地落后国家的重要手段。外国侵略者通过对清朝政府的借款，不但可以攫取优厚的利息，还可以进一步控制清朝政府，使它更加屈从于自己的要求。清朝政府的第一笔外债是在1853—1854年间由苏松太道吴健彰向上海洋商借贷的，借款数目不详，其用途是镇压上海小

---

① 这13处租界包括上海英、美、法租界3处（1863年英美租界合并为公共租界）；广州英、法租界2处；天津英、法租界2处；以及厦门英租界，福州英租界，镇江英租界，汉口英租界，九江英租界，芜湖英租界。

② 参见雷麦：《外人在华投资》，260页。

刀会起义。一直到甲午战争以前，清政府共向外国举债 43 次，借款总数 4 592 万两（库平银），其中用于镇压太平天国、捻军、少数民族及其起义的军费达 983 万两，用于收复新疆的军费1 075 万两（指左宗棠举借的第四、五、六次西征借款），用于中法战争时期军费的 1 447 万两（指 1883 至 1885 年间的广东海防借款、福建海防借款、滇桂借款、援台借款等），用于颐和园和三海工程的 450 万两（指 1886 年南海工程借款，1887 年三海工程借款和 1885 年神机营借款的半数），其他则用于河工、铁路、轮船招商局、湖北织布局等零星项目。①

借款的绝大部分都充作军事费用，一般从哪个国家借得款项，哪个国家就可以得到军事订货，而且借款大多有关税收入作切实担保，借期很短，利率却特别高，一般都在年息一分左右，有的高达年息一分五厘（当时外国银行对洋商垫支或贷借的利息率，一般不超过五厘），是典型的高利贷。再加上经手人还要从中渔利，提取回扣，外国银行又以烂板银元付款，所以清政府所得无几而所偿极大。如从 1866 年到 1883 年为筹措西征军饷而借款六次，共计 1 595 万两，伦敦发行的债息是年息八厘，汇丰银行加到年息一分，中国的经手人胡光墉报销年息一分五厘，层层加码，朘削不穷。不久清政府即偿还这笔借款，共付出本息银二千余万两，曾纪泽说："胡雪岩（即胡光墉）之代借洋款，洋人得息八厘，而胡道报一分五厘。奸商谋利，病民蠹国，虽籍没其资产，科以汉奸之罪，殆不为枉"②。从这里可以窥知当时借款黑幕之一斑。

银行是资本主义列强在华投资的又一个重要项目。早在鸦片战争以后不久，英国为了扩大对华贸易，开始在中国设立金融机构，1848 年英国东方银行（总行初在印度孟买，后迁伦敦）在上海设立了分行，称丽如银行。1854 年和 1857 年，英国有利银行与麦加利银行（总行均在伦敦）亦在中国各通商口岸设立分行。这些银行主要经营国际汇划与存放款业务，并和中国的钱庄发生信用关系，为在

① 借款详细情形可参阅徐义生编：《中国近代外债史统计资料》。

② 曾纪泽：《使西日记》，卷二，光绪五年十月二日条。

中国推销商品和购买原料的进出口贸易服务。

1867年英国汇丰银行成立，资本为港币500万元，总行设于香港，分行遍布上海、汉口、天津、北京等地。汇丰银行的成立是外国银行资本势力深入中国的契机，以前英国各银行的活动主要以印度为中心，在中国不过是附带营业，汇丰银行则是专门对中国进行经济活动的金融机构。和汇丰几乎同时成立的尚有英国的呵加剌、汇隆、汇川等银行和法国的法兰西银行（1863年）、德国的德意志银行（1872年），但这些银行不久都闭歇，只有汇丰银行的营业一直蒸蒸日上。1870年汇丰的存款仅800余万元，放款与贴现仅600余万元，至1890年存款增至9 000余万元，放款与贴现增至6 000余万元。它还在中国发行纸币，放出贷款，实际上已执中国金融界之牛耳。甲午战争以前，清朝政府向外国举债4 600万两，其中3 000余万两即是由汇丰银行借给的，约占清政府外债总数的66%。所以1896年盛宣怀说："各国通商以来……英、法、德、俄、日本之银行乃推行来华，攘我大利……如汇丰之设已三十余年，气势既盛，根底已深，不特洋商款项往来"，网罗净尽，"中行决不能分其杯羹，即华商大宗贸易，亦与西行相交日久，信之素笃"①。可见汇丰银行的经济力量已根深蒂固，早就控制了中国的金融市场和对外贸易。

80年代末，随着帝国主义对中国争夺的加紧，各国的银行资本势力进一步进入中国，纷纷在中国设立机构，彼此间展开尖锐的斗争。1889年德国在上海设立德华银行；1890年和1892年，英国又在上海先后设立惠通银行和中华汇理银行；1893年日本的横滨正金银行在中国设立分行；1894年法国东方汇理银行在香港设立分行；1895年俄国设立华俄道胜银行；美国也早在1887年就酝酿成立中美银行，但未成事实。至于中国自己的第一个银行——中国通商银行，则迟至1896年方才出现。

甲午战前，外国银行主要为进出口贸易服务，为了推销商品和

① 盛宣怀：《愚斋存稿》，卷二，《筹办中国通商银行次第开设情形折》。

掠夺原料的方便，外国银行和中国的旧式金融机构相沟通，并使它逐渐变成自己的附庸。当时，钱庄的洋厘银拆①和汇划制度②处在外国银行的控制之下，钱庄的庄票③也在外国银行的支持下得以流通。旧式的钱庄只有仰赖资力雄厚的外国银行的鼻息才能够苟延生存。而钱庄遍布各地城乡，联系的面极为广泛，在当时经济生活中占着重要的地位，外国银行就利用钱庄为中介，在中国各地调拨资金，扩大贸易，顺利地达到其经济侵略的目的。

外国资本主义在中国的工业投资也早在甲午战前就已开始，不过那时候投资的数目还不大，远远比不上甲午战后的情形，而且外资设厂条约上并无规定，是蔑视中国主权的非法行为。中国官吏们知道这一点，也发生过一系列争执，但只要所设工厂不直接妨碍自己的利益，中国官吏一般都听之任之，不加干涉，像李鸿章居然还经常去参观外国工厂，加以鼓励和赞扬，甚至给外资工厂大批订货（如修造船舶）。甲午战前，外资所设工厂大多是与进出口贸易有关的船舶修造业、原料加工业和租界公用事业，目的是为推销商品和购买原料的方便，这反映了当时资本主义列强的经济活动尚以商品输出为主要特征。根据偏低的估计：甲午战前外国在华的工业投资总额已达 2 800 万元④，而且投资的数目在不断上升，投资的范围在迅速扩大，外国对华资本输出的趋势日益暴露得明显了。

甲午战前外国在华工业投资的发展大体上可以分成三个阶段。第一个阶段包括 40 年代和 50 年代的 20 年，外国资本主要集中在船

---

① “洋厘”是指银元拆合“九八规元”的市价。当时中国的货币制度十分混乱，通行各种银元、银两和纸币，上海市场普遍使用银元和二七宝银，而计账单位则采用“九八规元”（九八规元 1 两值标准银 0.98 两），一切贸易支付均须折合成九八规元计算。银元和九八规元有一个拆合的比率，即称“洋厘”。“洋厘”由于外国垄断现银以及对银元供求的季节性波动而时有涨落。“银拆”即钱业同行之间拆借银款的利息率。

② “汇划制度”是钱庄业同行之间的票据交换制度，用以划拨和清算企业间的往来款项。

③ “庄票”是钱庄发出的信用纸据，用以代替现银，作为支付手段，分即期和远期两种，即期庄票见票即付现银，远期一般亦在十天以内，这种庄票可在市场上流通。

④ 参见孙毓棠编：《中国近代工业史资料》，第 1 辑，上册，247 页。孙毓棠所列甲午战前的外资工厂共 103 个，但据陈真等编《中国近代工业史资料》第 2 辑，还可补充 25 个，故孙毓棠估计的投资额是偏低的。

舶修造业中；第二个阶段包括60年代和70年代的20年，外国资本在船舶修造业中突飞猛进，同时又扩大到原料加工工业的领域；第三个阶段包括从1880年到1894年的15年，外国资本又在缫丝业、其他轻工业和租界公用事业中得到迅速的发展。

在第一阶段中，外国资本主义以1843年上海墨海书馆和1845年广州柯拜船坞为嚆矢，开始了在中国的投资活动。到1859年为止，一共设立了16个企业①，其中有7个是修船厂，有4个是印刷所，还有面包厂、制药厂、乐器厂、打包公司等。鸦片战争后，进出口贸易迅速发展，大批船只行走于远洋以及中国的沿海、内河，修造船舶的事业就是适应这种形势而首先发展起来，它完全为外国资本主义在华推销商品和掠夺原料服务。这一阶段的外资工厂，大多因陋就简地搞起来，资本额还不大，其中规模最大的要算1858年设立的上海船坞公司，资本为22万两。当时的外国投资在性质上尚是进出口贸易的附庸，在规模上大多是小型的工厂。

60年代以后，外国在华的工业投资逐步上升，在第二个阶段（1860—1879）的20年间，新设工厂达56个。② 船舶修造业仍一马当先，发展最快，新设立的造船厂共有13个，营业十分兴旺，而且出现了像上海祥生船厂（1862年）及香港黄埔船坞公司这样的大厂，后者的资本初为24万元，1870年增至100万元。这个阶段内，船舶修造业中的竞争和兼并十分剧烈，资本迅速地集中，最后导致了几个大船厂对造船事业的垄断局面。如香港黄埔船坞公司成立后，陆续吞并了五个船厂，独霸于华南。《香港史》上写道："此时期船舶修造业发展的特征是尖锐的竞争，而以香港黄埔船坞公司的胜利为终结"③。

此外，为出口原料进行加工的工厂也开始出现，并迅速发展。这个阶段内开设的这一类工厂有17个，几乎占开设工厂总数的三分

---

① 据孙毓棠所列是14个，据陈真等所列可以补充2个。由于资料缺乏，这个数字还是不很完全的。

② 据孙毓棠所列举的是44个，据陈真等所列举，可以补充12个。

③ 《香港史》，565页，转引自孙毓棠编：《中国近代工业史资料》，第1辑，上册，9页。

之一，包括制茶、缫丝、制糖、面粉、樟脑等加工企业。其中发展最快的是俄国人在汉口、九江等地设立的砖茶厂，这些砖茶厂最初设在湖北的崇阳、羊楼峒、羊楼司等产茶地区，后迁汉口，逐步扩大，每厂资本达数十万元。“使用最新式的机器，造茶砖与茶饼，并设有电灯发电厂，本地有数千工人依此为生”①。机制砖茶质量好，成本低，便于运输，逐渐排挤了中国原来的手工制茶。1869 年，从汉口运出的机制砖茶共 73 758 担，运出的手工制砖茶共 62 760 担，机制砖茶已经取得了优势。

在第二个阶段中，外国在中国创办了不少资本达数十万元和百万元的大型工厂，但无论船舶修造业还是原料加工工业都是为推销商品、购买原料服务的，从投资的性质来看，它们是进出口贸易的附庸。

值得注意的是外国资本家的经济要求正在日益发展，他们千方百计地在寻觅扩大投资范围的途径。早在 50 年代，英国和美国都曾觊觎台湾基隆煤矿的开采权②，但被清朝政府所拒绝。60 年代，扩大投资范围的努力达到了高潮，外国侵略者力图取得开采煤矿、修筑铁路以及架设电线的特权。1862 年和 1863 年，英国的柏卓安、美国的朋贝勒曾在北京郊区调查勘探煤矿蕴藏；1863 年上海 27 家洋商联名向江苏巡抚李鸿章要求修筑上海到苏州间的铁路；1864 年英国铁路专家斯蒂芬生来到中国，提出一个联结中国和印度的庞大铁路计划，同年，美国政府指示其驻华公使，把太平洋电报线路“插入你所驻在的富庶帝国之内”；1865 年，英商杜兰德在北京宣武门外擅自铺设一条“示范性”的小铁路（不久被清政府勒令拆除），同年赫

---

① 《海关十年报告》，转引自孙毓棠编：《中国近代工业史资料》，第 1 辑，上册，55 页。

② 1890 年，香港总督文翰为要取得基隆煤矿的开采权，“连日在港与高人私议，福建港口亏折甚多，思换台湾作为港口”（《咸丰朝筹办夷务始末》，卷二，23 页，《上谕》）。1854 年，美国远东舰队司令贝勒命令亚勃特上校的军舰开往基隆，侦察基隆的矿藏，后来亚勃特报告：“已经发现了八个或十个极其广大和富有价值的煤区，各该区的煤都显得很纯净优良”，“如果归一个美国的矿产公司掌握，其价值将不可估量”。贝勒司令根据这个报告，做出如下结论：“无疑的，只要付给普通的购买费，我们就可以在岛上获得土地及重要特权的让与，包括煤矿的开采权利在内……一个兴旺的美国居留地就可以很快地建立起来”。见《甲午战争以前美国侵略台湾的资料辑要》，载《近代史资料》，1954（3）。

德写《局外旁观论》，劝说清政府允许外资在中国采煤、筑路和架线；第二年威妥玛写《新议论略》，重复赫德的建议；1867 年，两个美国流氓闯到烟台，企图开采煤矿，但没有成功；1870 年，李希霍芬在中国调查矿藏物产，他跑了很多地方，写了非常详尽的报告，同时，英美资本家支持丹麦大北公司，取得在中国沿海设置海底电线的特权，接着，一个庞大的联结中国、印度和日本的电线通讯网也在规划中，一个美国资本家兴高采烈地说道："这一段电线的利润，将比世界上任何其他同距离的电线所能获致的利润为大"①。《字林西报》则宣称："开发（中国）矿业资源的前景，在本年度已经吸引了特别的注意……美国驻北京的新公使是一个一向特别注意矿业的人，我们希望……他能推动他的同僚们，共同催促清政府早日撤除矿禁……我们也有权逼迫中国向世界贡出其矿业资源"②。大规模的投资活动已经紧锣密鼓地打起了前奏曲，外国资本家迫不及待地跃跃欲试。

但是在 60 年代，外国对华投资大发展的客观条件还没有完全成熟。一方面，外国资本主义正处在走向帝国主义的前夜，一部分金融资本家固然急于要开辟海外投资场所，而大部分商业和工业资本家的目光尚专注于输出商品和掠夺原料的利益；另一方面，当时中国的农民运动尚未过去，而反洋教斗争方兴未艾，中国人民对外国侵略的强烈反抗不能不使侵略者和清朝政府有所顾虑。所以，在 1868 年修约交涉中，英国把采煤、筑路、架线等投资要求提出，清朝政府不敢完全接受③，侵略者由于自身的经济发展状况并考虑到在中国大规模投资所可能激起的反抗，也不敢强迫清朝政府全盘接受，这样，喧嚷一时的扩大投资范围的要求暂时延耽下来。

由于客观形势的制约，在第二个阶段中的外国投资主要仍限于船舶修造和原料加工的领域内，但侵略者时刻没有放弃扩大投资的企图。1876 年 1 月，怡和洋行为了运输进出口商品，在吴淞口到上海之间兴建了一条小铁路。"怡和洋行想偷偷摸摸地搞下去，名义上

---

① 《美国外交档案》，转引自卿汝楫：《美国侵华史》，第 2 卷，121 页。

② 字林西报馆：《中国之回顾》，1868—1872。

③ 关于修约交涉可参阅本书第六章。

购买从上海到吴淞间的土地，作为建筑马路之用，但真正的目的是购定了土地，并筑好路基后，就敷设铁轨”①。在筑路工程开始后，清政府屡次抗议，怡和洋行置之不理。1876 年 6 月该路正式通车，8 月间因火车辗死乡民，引起群众反抗，“骚乱不断的威胁着铁路，为防止事态更趋复杂，经英国公使威妥玛指示，铁路暂时停止通行”②。后来这条铁路由清政府以 28.5 万两的高价收买拆毁。这个事件表现了外国资产阶级对中国主权的粗暴侵犯。

历史跨进 80 年代，以自由竞争为主的国际资本主义正向以垄断为主的帝国主义过渡，列强国内的金融资本势力大大地发展起来，向殖民地落后国家输出资本的要求日益迫切，工业投资的数字正在增长。侵略者想尽种种办法，企图突破清政府的限制，扩大其投资的范围。1881 年和 1882 年是投资历史上的一段黄金时代，随后因中法战争的影响而一度停滞，但 90 年代初外国投资又重新活跃起来。从 1880 年到 1894 年的 15 年中，外资在华设厂 57 个③。其中船舶修造业中已经形成祥生、耶松和香港黄埔船坞公司三家垄断的局面，砖茶业则仍被俄国商人所独占。此外，缫丝业、其他轻工业和租界中的公用事业也发展很快。

在这个阶段中，外国资本以在缫丝业中获得的进展为最大。早在 60 年代，已有外国商人置车试缫，但并未成功。1878 年美商再度试缫，1881 年就在上海开办旗昌丝厂（1891 年法商接办，改名宝昌丝厂），该厂拥有缫机 400 车，工人 1 100 人。此后，公平（英商 1882 年）、怡和（英商 1882 年）、纶昌（英商 1891 年）、乾康（美商 1891 年）、信昌（法商 1893 年）、瑞纶（德商 1894 年）纷纷设立，到 1894 年时，外商丝厂的资产估计达 382 万两。缫丝业是继船舶修造业和制茶业以后第三个被外国资本突破的重要工业领域。由于雄厚的外国资本的侵入，中国手工缫丝业受到极大的打击，遂至一蹶不振。改良主义思想家陈炽说：“中国出口之丝，每包百斤，仅值三

① 肯德：《中国铁路发展史》，11 页。
② 同上书，15 页。
③ 据孙毓棠所列举是 45 个，据陈真等所列举可以补充 12 个。

百余金。上海所设各厂，购中国蚕茧，以机器缫之，每包值七百余金，高下悬殊……致大利渐为外人所夺”①。

在这个阶段中，外国资本势力还千方百计地扩大到与进出口贸易无关的其他轻工业部门中，如造纸、肥皂、纸烟、火柴、玻璃、印刷、制冰、木器、制药等等。这类企业规模一般尚不大，每厂资本大多只有几万元，少数达十万以至几十万元。但是，企业的数量很多，而且这项投资的目的完全是为了剥削中国的廉价劳动力和掠夺中国的原料，它所制造的商品专门销售于中国市场，从投资的性质上说，它已脱离了对进出口贸易的依附关系，成为独立的海外投资。

此外，80 年代以后租界中的公用事业发展也很快。早在 60 年代，上海租界中已有英国和法国的“自来火房”，供应煤气，但规模还不大。英国自来火行最初资本为 5 万两，1886 年才增至 20 万两，法国自来火行最初资本 3.8 万两，后增至 5 万两。1881 年上海自来水公司成立，次年上海电光公司成立，1890 年天津煤气公司成立，其中上海自来水公司的营业最为兴旺，最初资本 40 万两，至 1894 年资本增加到 66.5 万两。

由于世界资本主义经济的发展，列强对华资本输出的要求更加迫切地提到日程上来。但这时候，外资在华设厂仍是非法的，所有的条约并无允许外国在华投资设厂的规定，清朝官僚们由于要保持自己开设的工业企业的经济效益，也在一定程度上反对外国资本的侵入，反对外商在华设厂，而外国侵略者则力图扫除投资道路上的政治障碍，扩大投资的数量和范围。在 80 年代以后，这场限制和反限制的斗争愈演愈烈，经济利益的冲突表现为一系列的政治外交纠纷。1882 年美国丰泰洋行经理魏特摩等准备在上海建立纺纱厂，这不但是蔑视中国主权的行为，而且对正在筹备中的上海织布局是一个重要的竞争威胁，和李鸿章奏准的上海织布局“十年专利”的规定发生抵触，清政府禁止丰泰纱厂的成立。美国公使杨约翰蛮横地提出抗议，认为“目前的争执，不仅关系上海的一项企业，事实是

① 陈炽：《续富国策》，卷一，12 页。

影响了中国人民与西方国家人民（实指西方资本家——引者）间一切商业和企业关系的基础”①。北京的公使团在杨约翰的策动下，对清政府联合施加压力。他们以 1858 年中法《天津条约》第七款有准许法国人在通商口岸“居住、贸易、工作”的字样，硬说“工作”就是开设工厂，这显然是牵强附会的曲解。清政府用釜底抽薪的办法，因别的案件逮捕了丰泰洋行的两个买办，这个纱厂的筹备才不得不停止。此后，侵略者除了继续向清政府进行纠缠之外，还采用其他办法扩大投资，有的是偷偷摸摸地盖起工厂来，造成既成事实，有的用借款方式，使资本势力渗透入中国人的企业中，有的贿赂中国官吏，私下获得投资的特许。1884 年，美国参赞何天爵曾承揽津通铁路借款 2 000 万两，后因这条铁路遭到很多人反对而暂缓修筑，故借款亦未成事实。同年汇丰银行给山东招元、平度金矿贷款 18 万两，这是外国金融资本侵入矿业的先声。法国则觊觎垄断中国的铁路修筑权，在中法战争后订立的条约中规定：“若中国酌拟修造铁路时，中国自向法国业此之人商办”，这是预先为垄断铁路权利准备借口。中法战争以后，修建铁路的呼声日益高涨，列强的活动更为频繁。英国已捷足先登，控制了唐胥铁路的修建工程；德国急起直追，借中德谈判洋药（鸦片）新章的机会，要求清政府以德商承办中国铁路，结果英德两国平分秋色，在 1887 年的津沽铁路借款中，英国怡和洋行获份额 63.7 万两，德国华泰银行获份额 43.7 万两。后来在 1891 年关东铁路动工兴建时，清政府拟向德国所支持的奥地利资本家借款 30 万两，又引起法国垂涎三尺，法国抓住中法条约作根据，硬说法商有承办中国铁路的优先特权，指责清政府把铁路权利让与别国是“违反条约”的行为，德国则根据“利益均沾”的条款，反唇相讥，反对法国垄断中国铁路利益。清政府不但丧失了利益和主权，而且处在被两面夹攻的尴尬地位。这场纠纷延续了很久，最后清政府让法商承办一部分铁路器材，纠纷才告解决。

外国资本向采矿业的渗透扩张也越来越加紧。1888 年几个外国

---

① 《美国外交档案》，转引自卿汝楫：《美国侵华史》，第 2 卷，177 页。

流氓在汉奸的引导下进入海南岛，企图在这里采矿，并已得到广东巡抚批准，后因海南岛人民坚决反对，才没有成为事实。1889 年，官办的台湾基隆煤矿连年亏损，要把该矿卖给英商范嘉士，后因总理衙门的反对而作罢；贵州青谿铁矿则向德国泰来洋行举债 30 万两，后也因该矿停办而未成。1891 年，外商通过劣绅毕兆麟向庆亲王奕劻等行贿，取得开采东北矿产的特权。1892 年法商雷达利和中国奸商钟毓灵私立合同，垄断四川省的石油开采权。所有这些事件，都表明了外国资本正在千方百计地企图打入中国的采矿业中。

至于工业制造方面，外国的船舶修造厂、制茶厂、缫丝厂一个又一个地建立起来，清政府以阿 Q 精神自嘲自解，一面声称“外人无权在华开设工厂”，一面又补充说：“如果他们开设工厂，他们工厂的产品，必须出口，不得在中国市场销售”。这不啻是给外资设厂开了一个方便的后门。1888 年日本大阪纺绩会社拟在上海设立轧花厂，这和上海织布局的利益又发生了矛盾，清政府出面干涉。日本驻华公使盐田三郎认为：“不管上海道台如何反对，即速安装机器，着手制造，如此则对纺绩会社亦大有利。若中国官吏表示异议，我方则无妨再缓缓从长与之理论也”①。这种狡猾的做法使得怯弱怕事的清政府面对着既成事实而无可奈何。英商祥生厂经理格兰特也仿效这个做法，悄悄设立轧花厂，清政府两次照会禁阻，“该洋厂不但原设轧机十六具未遵停辍，现复添设新式轧机二十具”②。1889 年怡和洋行亦踵起仿行，设立轧花厂。侵略者为扩张投资利益不择手段，清朝政府的禁令一再遭到破坏和蹂躏。

一直到中日甲午战争时，投资和反投资的斗争仍在继续。清朝政府不敢把反对投资的立场坚持到底，它的态度一天一天在软下去。1893 年，英商美查运进榨油机器，设立肥皂厂，清政府禁阻无效，只好“通融放行，免致饶舌”③。1894 年，怡和洋行运进纺纱机器二

① 《盐田三郎致日本外务大臣大限重信函》，转引自孙毓棠编：《中国近代工业史资料》，第 1 辑，上册，91 页。

② 《申报》，1889 年 11 月 7 日，转引自孙毓棠编：《中国近代工业史资料》，第 1 辑，上册，96 页。

③ 《李鸿章全集》，电稿，卷一五，《寄上海聂道》。

万锭，上海英国领事声称要“大开厂房”，与纺纱业利害攸关的一批官吏绅商大起恐慌，要求清政府禁止纺纱机器进口。清政府内部就分成了“通融”和“禁阻”两派，李鸿章认为“国有军务（按：当时正在甲午战争期间），不可得罪洋商”，主张“暂予通融”①，张之洞则认为“此乃商务所关，条约分明，与兵事绝不相涉”，主张“严行禁阻”，但为照顾怡和洋行的利益，已经运到的机器，“该纺织绅商愿出价购之”②。但怡和洋行不肯让步，坚持要在上海设厂。这次交涉正进行得难解难分之际，《马关条约》恰在这时候签订画押了，条约规定了外商在中国设厂制造的特权，纱机进口的纠纷也就以完全有利于怡和洋行的结局而自然地解决。

甲午战前的三十年间，清政府为了自己的利益，在一定的程度上试图遏阻外资的侵入，但是清政府建筑的这座堤坝是十分薄弱的，经受不住日益汹涌的外国资本力量的冲击，在外国资本力量的长期浸灌下，这条堤坝上已经出现了许多缺口，势必有完全被冲垮的一天。果然，在甲午战争中，列强借日本侵略军队的炮火，一举摧毁了这座堤坝。《马关条约》中外资设厂权的规定实现了各个侵略国家夙夜追求的目标，宣告了长期以来投资和反投资斗争的终结。从此以后，外国资本滔滔汩汩，泛滥于中国，而中国幼弱的民族资本主义经济，也就不可避免地要惨遭灭顶之灾。

第二节 外国侵略下的中国农业

一、近代农村的阶级关系和土地兼并

外国的商品和资本汹涌地流入中国，对中国产生了怎样的影响？中国的社会经济起了哪些具体的变化？中国近代经济的发展情况如何？以下我们先从农业说起。

---

① 《张之洞全集》，电牍，卷二一，《盛道来电》。
② 同上书，电牍，卷二一，《致总署》。

中国是一个农业国，拥有广大的农村和众多的农业人口。农业是国民经济的主要部门，农业生产的丰收决定其他经济部门的发展，而且农村关系的变化也是一切政治变动的基础。因此，研究近代中国的农业经济和农村关系是一项极其重要的任务，是我们据以理解近代历史发展变化的一把钥匙。

关于 19 世纪下半期农业情况的资料十分缺乏，既找不到确切可靠的农业统计数字，也找不到经过深入调查研究而记载下来的材料。现在所能看到的，只是片断的、模糊的、不很确切而又一鳞半爪的记录，精密的研究工作确实是很难着手的。在这里只能就这些不完备的资料，尝试着勾画一个粗糙大略的轮廓，努力去说明农业经济和农村关系的几个方面。由于资料的缺乏，不能不把叙述的时间稍稍拉长，叙述的时间范围大体上是从太平天国革命失败以后一直到辛亥革命前夕，将近有半个世纪之久。

这里，首先举出陆保善所编《望都县乡土图说》（光绪三十年，即 1905 年）中的一项资料作为叙述的起点。

直隶望都县十一村的土地占有情况（1905 年）①

村别	户数	耕地面积（亩）	占有情况
东关村	100^{+}	$1\,000^{-}$	富者 100 亩，3 户。
水磨村	90^{+}	1 000	富者 100 余亩，贫者 3～5 亩，无地者 10 余户。
北高岑	100^{+}	300^{+}	上户 100 余亩，1～2 户；中户 30～40 亩，60 余户；下户 0.8～5 亩，40 余户。
野场村	100^{+}	$1\,000^{+}$	500 亩者 1 户，100 余亩者 1～2 户。
侯陀村	100^{-1}	900^{-1}	富者 100 余亩，1～2 户；贫者 0.8～1 亩，100 余户。
唐会村	70^{+}	$1\,000^{+}$	富者 100 余亩，1～2 户。
南陶丘村	70～80	1 400～1 500	上户 140～150 亩，3 户；中户 60～80 亩，8～9 户；下户 20～30 亩；余皆贫民。
小辛庄	90^{-}	1 100～1 200	富者不满 100 亩，10 亩以下户占 70%。
张庄村	300^{+}	$4\,000^{+}$	首户 300 亩，次 30～40 亩，无地户甚多。
十里铺	78	$1\,100^{+}$	上户 100 余亩，2 户；中户 30 余亩，4～5 户；下户 8～10 亩。
大辛庄	100^{-}	$3\,000^{+}$	富者 100 余亩，1～2 户；其余 3～80 亩不等。

① 转引自李文治编：《中国近代农业史资料》，第 1 辑，662 页。

上表中所列户数和地亩数虽失之笼统，但大体上可以看出农村中贫富两极的情形。一方面少数“富者”、“上户”，每户占有 100 亩至 500 亩的土地；另一方面，大多数农民每户只占数亩或者不到一亩土地，甚至还有不少的无地户，他们完全没有土地。约略计算起来，各村的“富者”、“上户”大约只占农村总户数的 3%，但他们所占土地在 30%～70%上下。其中如野场村，100 亩以上的地主只有 2～3 户，占全村户数 2%～3%，而占地近 700 亩，占全村土地 70%；另如南陶丘村，上户与中户合计为 11～12 户（这里所谓“中户”当是指小地主、富农，大概也包括一部分较富裕的中农），约占全村户数 15%，而占地面积竟达千亩之多，几占全村面积的 90%。这两个村是 11 个村庄中土地集中最为严重的例子。

按照占有土地的多少，把农户作一个分类，可以清楚地看出农村中阶级构成的阶梯。以下以山东省章丘县东矾硫村和溜川县栗家庄的情形作为例子，这两个例子所反映的时间，一是在 1906 年，一是在 1904 年。

山东省两个村的农户分类表①

占有土地亩数	60～600	30～60	15～30	<15
章丘东矾硫村各类农户数	7	4	63	46
溜川栗家庄各类农户数	4	2	17	57
两村合计各类农户数	11	6	80	103

这两个村的农户中间，有 103 户是没有土地或只有 15 亩以下土地，他们共占两村农户总数的 51.5%，这类农户土地太少或没有土地，不足以维持最低的生活水平，他们不得不向地主租入一部分土地，或者不得不在地主富农的田场上做雇工，他们是属于贫农和雇农阶层。另外，这两个村中，有 17 户占有 30～600 亩土地，占两村农户总数的 8.5%，他们占有土地很多，显然不是自己耕种，而是把它租给贫苦农民，或者雇工耕种，他们依靠剥削农民的劳动果实而生活，是属于地主阶级和富农。以上两个村的统计数字，可以说是全国农村关系的一个近似的缩影。在这个数字的背后是尖锐深刻的

① 景甦、罗仑：《清代山东经营地主底社会性质》，54、69 页。

阶级对立，一小撮人因占有大量土地而过着奢侈腐化的寄生生活，大部分人则因失去土地而挣扎在饥饿死亡线上。

我们再举出一件在广大地区进行普查而得来的资料，以便进一步考察农村中的阶级构成。

光绪朝山东41县193村阶级构成表①　　单位：户

地区	总户数	农民			富农（雇长工1～3人）	地主		其他
		雇农	佃农	自耕农		雇长工4人以上	出租土地40亩以上	
济南周村区	11 789	1 553	1 159	7 626	408	117	182	744
		13.2%	9.8%	64.7%	3.5%	1.0%	1.5%	6.3%
运河区	3 234	506	381	1 998	158	18	73	100
		15.6%	11.8%	61.8%	4.9%	0.6%	2.3%	3.1%
鲁北区	4 809	1 532	528	2 501	180	38	6	24
		31.9%	11.0%	52.0%	3.7%	0.8%	0.1%	0.5%
山东半岛区	3 883	509	829	2 288	163	31	44	19
		13.1%	21.3%	58.9%	4.2%	0.8%	1.1%	0.5%
鲁西—鲁南区	2 766	321	828	1 180	178	78	180	1
		11.6%	29.9%	42.7%	6.4%	2.8%	6.5%	
	26 481	4 421	3 725	15 593	1 087	282	485	888
		16.7%	14.1%	58.9%	4.1%	1.1%	1.8%	3.4%

上表虽然没有各阶级占有土地的数字，但是农村的阶级构成大体上是清楚的。其中的雇农是指完全受雇于人的农村长工和短工，其中的佃农是指租佃地主土地耕种的，这两部分人自己都没有土地，是最贫苦的农民，完全受地主富农的剥削。他们共占农村总户数的30.8%。其中的自耕农，可以分成两类人，第一类人只有极少的土地，不得不做临时的短工或租佃一部分土地，他们同样受帝国主义和地主富农的严重剥削，也是属于贫农阶级的。（原统计表没有把这

① 本表根据景甦、罗仑《清代山东经营地主底社会性质》一书所附资料复制而成，原资料为197村，但其中4村的统计数字不完全，故予剔除。表中之“济南周村区”系指历城、章丘、长丘、邹平、泰安、新泰、肥城、平阴、益都、淄川等10县80个村；“运河区”系指夏津、堂邑、聊城、汶上、东平等5县24个村；“鲁北区”系指利津、滨县、惠民、蒲台、博兴、临邑、临淄等7县38个村；“山东半岛区”系指昌邑、掖县、蓬莱、福山、栖霞、招远、莱阳、胶县、平度等9县28个村；“鲁西—鲁南区”系指冠县、范县、莘县、菏泽、郯城、费县、沂水、诸城、安丘、邹县等10县23个村。

一部分人分出来，造成在分析上的缺陷）这一类人占有稍多一点土地，一般不剥削别人，属于中农。假使把雇农、佃农和一部分穷苦自耕农合计起来，他们的户数一定要大大超过农村总户数的一半以上。例如，我们看直隶望都 11 村的情形就是如此。这 11 村中的小辛庄，占地 10 亩以下的农户即占 70%，十里铺的 78 个农户中占地 30 亩以上的仅 7 户，其他都是占地 10 亩以下的“下户”。在 19 世纪后期的中国农村中，有半数以上的农户是无地户和缺地户，他们构成农村阶级关系中的一端。

构成农村阶级关系的另一端的是地主和富农。根据上表看来，出租土地 40 亩以上的地主占农村总户数 1.8%，雇长工 4 人以上的地主占 1.1%，地主阶级占农村总户数的 2.9%，另外雇长工 1～3 人的富农占 4.1%，地主和富农合计共占农村总户数的 7.0%。这一小撮地主富农占有的土地很多，他们剥削别人的劳动果实，过着腐朽的寄生生活。

地主阶级通过什么手段来占有大量土地？他们兼并到手的土地有多大的数量？我们根据一些片断的资料，试作简单的叙述分析。

地主阶级兼并土地的手段大体上有两种，一种是“蚕食”，一种是“鲸吞”。所谓“蚕食”，就是地主阶级拿剥削农民所得财富的一部分购置新的土地，表面上看来这是一种买卖关系，获得土地的地主处在买的一方，失去土地的农民处在卖的一方，地主为获得土地而付出了货币，农民因失去土地而得到了货币，在旧社会这被认为是公平合理的交易。其实，在所谓“公平合理”之下掩盖着不公平、不合理的劫掠和窃夺，因为构成地主财富的主要来源是地租，而地租就是农民剩余生产物的转换形态，在既定的封建生产关系之下，农民不得不把剩余生产物（有时候还包括一部分必要生产物）以地租形式交给地主，而地主即以这一部分剩余生产物来进一步购置土地和剥夺农民，地主用来购买土地的钱就是农民的血汗钱。在旧社会里，农民辛勤劳动的果实不但要被地主阶级夺去，而且会成为地主进一步剥夺农民的手段，会成为农民新的灾难的根源。在这里，作为买者的地主获得了新的土地，获得了可以扩大其剥削量的物质生产资料，而他所付出的不过是农民的劳动成果，仅仅因为不合理的社会制度，所以地主得以无偿地窃夺别人的劳动成果；作为卖者的农民，他所失去的是土地，是赖以苟延残喘的唯一生命线，他所得到的却是自己原先的剩余生产物，不过这部分剩余生产物已经以地租形态落入了地主的腰囊。表面上公平买卖的土地兼并，其实就是这样与强盗窃贼的行径无异。

地主阶级通过这种买卖方式兼并土地，当然也要依靠政治力量来帮忙，但在这里起主要作用的是经济力量，只要某一个地主拥有的土地数量在提供该地主自家的消费挥霍之后尚有剩余时，该地主就具有兼并的力量和可能。但是兼并的进行并不单单决定于地主阶级的经济实力，而且也以农民抗拒兼并的力量为转移，农民持有的一小块土地，是他在现实世界的险恶风涛中聊以托身立命的支柱，他保护这一小块土地，就像是保护自己的生命一样，非到万不得已，他绝不会轻易出卖自己的土地。因此抵抗兼并正是农民阶级性格的一个特征，地主和农民之间兼并和反兼并的斗争一直在长期反复地进行。农民的经济力量是非常薄弱的，任何突发事件都足以摧毁他们的全部家产，天灾、战祸、疾病等等偶然因素，对于小农经济来说却是具有必然性的毁灭力量。地主阶级利用农民小经济所不能避免的各种灾难侵袭，进行日积月累的“蚕食”，一小块一小块地买进土地，一年一年地积聚起财富，像滚雪球一样，土地和财产越积越多，他们的兼并能力也越积越大。不过，通过这种“蚕食”方式，需要经过相当长的时间才能够兼并得大量土地，并且兼并来的土地也不容易连成一大片。例如，山东章丘县东矾硫村太和堂李姓地主，共有土地 515.5 亩，其中有 472 亩在本村，43.5 亩在外村。这些土地是从 1761 年（乾隆二十六年）到 1905 年（光绪三十一年）的一百多年中分 104 批陆续兼并来的。① 又如山东淄川县栗家庄树荆堂毕姓地主有土地 900 亩，这些土地是“经过四辈子才积累起来的。雍正年间只有三十多亩土地，乾隆年间在毕来涟的经营下积累到一百

① 参见景甦、罗仑：《清代山东经营地主底社会性质》，51～53 页。

余亩。嘉庆年间，其子毕宁玠扩展到三百余亩。树荆堂主要经营人毕远蓉（宁玠子）继祖父和父亲之后积累土地达九百亩”①。另一个例子是直隶滦县开平镇利合堂刘姓地主，他在1880年至1922年的四十多年间共兼并了土地4 983亩，这是兼并速度很快的一个例子，但他是在四十多年间分422批买进的这些土地②，因此也还可算是“蚕食”的方式。

地主阶级兼并土地除了有“蚕食”的方式之外，还有“鲸吞”的方式。在实际的兼并过程中，“蚕食”和“鲸吞”往往是相伴而行、交互为用的。所谓“鲸吞”，就是地主在一个短时间内大规模地集中土地，一次可以并吞数百上千亩。在这里，单靠经济上的优势自然是不够的，必须用暴力打破农民对兼并的抗拒，因此政治力量就起着决定的作用。“鲸吞”的方式也是多种多样的，有的是利用特权压低地价、强行收买；有的是勾结官府，伪造文据，霸占地产；也有的以开荒为名，圈占大批土地，强迫农民佃种。总之，种种方式都离不开政治力量的支持。在这种兼并方式下，公平买卖的遮羞布也被抛弃在旁边了，剩下的只是赤裸裸的掠夺。以下可以举出几件鲸吞土地的典型事例。

1893年，山东利津知县钱镛以迁移灾民为名，“将临海逼近素无业主被潮之地，安插灾民，而以离海稍远素有业主淤出可耕之田，大半夺为已有，尽租与殷实之家，利其租税，居为奇货……民未种地，先索税租，每亩制钱二千余文及千余文不等，通共约计二万余千，尽饱私囊……所领藩库银二万余两，本为灾民购房买牛之用，乃稍稍与民，其余尽以肥己”③，以“二万余千文”来计算，至少掠夺了一万数千亩土地，一个小小的知县可以这样为非作歹，其他达官显宦的作为更可想见。广东东莞县有沙田三万数千亩，“该县绅士（按：为首的人是东莞大地主黎家崧）倡立明伦堂名目，筑围收租。其中有官筑屯田，该绅等承佃交租者；亦有官屯变价，该绅等交价

① 景甦、罗仑：《清代山东经营地主底社会性质》，69页。

② 参见李文治编：《中国近代农业史资料》，第1辑，199页。

③ 《光绪朝东华录》，光绪十九年十一月庚寅，王会英奏。

承领者；亦有向为民业，该绅等出价买受者，甚至恃势抑价强买占耕者，亦复有之；亦有民间田亩，投托该绅等代为出名，使佃产不敢违抗，他人不敢与争。统名之曰明伦堂沙田，而其完租并非一致。必由三五劣绅素能鱼肉乡里、人所畏惮者，管理其事。该绅等从中侵蚀，无所不为"①。黎家崧等不但霸占民间产业，而且侵蚀政府土地，真可算是一条极其厉害的地头蛇。又如天津小站本来是一片荒地，光绪年间由淮军士兵开垦六万亩稻田，该处水利条件很好，收获极佳。但不久达官贵人就来光顾了，士兵们辛勤开垦的成果悉被鲸吞。而其中天津道张建勋一人即兼并三万余亩。② 还有像黑龙江土地局长周孝义，在 1906 年至 1910 年间圈占了肇东东南松花江以北沃土 50 方哩，据为己有。③ 像这种利用职权、恣意横行、霸占土地、侵吞产业的无法无天行为，在旧社会里是屡见不鲜的。

有两种人在兼并土地过程中特别活跃。一种人是在镇压太平天国农民革命中掠夺致富的湘淮军将领以及其他官僚军阀，他们利用政治特权，在各地广置良田美宅。政治上的新贵即是经济上的暴发户，例如湘淮军诸将领，其土地财产之巨极为惊人。据后来有人调查：

> 合肥东乡李氏兄弟（指李鸿章、李瀚章等兄弟六人），西乡周（指周盛传、周盛波）、刘（指刘铭传）、唐（指唐殿奎、唐定奎）、张（指张树声、张树珊）诸望族，所置田亩究有多少，不但外人不知，即其内中人，所知恐亦不尽不实。且田地向无丈量，粮赋极为混乱……据东乡佃户所称：李氏田地当占全乡三分之二，为数约在五十万亩以上。李瀚章、李鸿章兄弟六人，每人平均约有十万亩，其在外县者更无论矣。④

李鸿章一家短时间内积聚起 50 万亩的巨大田产，如果不是依靠"鲸吞"式的掠夺，当然是不可能的。湘军将领在兼并土地方面也并不

---

① 《光绪朝东华录》，光绪十五年十一月戊申，张之洞奏。

② 参见甘厚兹辑：《北洋公牍类纂续编》，卷二〇，《直隶营田局禀复核议张道筹拟营田办法文并批》。

③ 参见陈翰笙：《现代中国的土地问题》，见冯和法编：《中国农村经济论》，220 页。

④ 郭汉鸣、洪瑞坚：《安徽省土地分配与租佃制度》，48 页，1936。

落后。如曾国荃“每克一名城，奏一凯战，必请假还家一次，颇以求田问舍自晦”①，他一人兼并到的土地就有 6 000 亩。② 1906 年湘乡曾氏在洞庭湖东南一次就圈占了淤地 6 万亩。③ 另一湘军将领郭松林“出军中资获置田宅十余万……复治宅省城……侈于姬妾”④。当时的湖南省完全是豺狼世界，“诸将帅还者，挥霍煊赫，所过倾动，良田甲第期月而办”⑤。还有一个姓方的统领“领着一部分军队，镇压了太平天国的革命之后，就到了郎溪。看见这一带地方好，就剥削士兵劳动力修筑了永新圩。该圩有田二千八百亩，至今方家仍独占二千亩”⑥。

当时全国有多少最大的地主？他们集中了多少土地？我们虽无全面的资料，但大略也可以指出一些人来。例如苏北地区“一家姓陈的据说拥有四十万亩土地，在湖北和安徽都有他的地产。另有一个姓杨的，有地三十万亩。至于有地四万亩至七万亩的人，为数也很多”⑦。山东莱州和直隶武清各有 10 万亩的大地主一至二人⑧，军机大臣孙毓汶在山东济宁本籍有地 3 万亩⑨，四川万县某地主拥有 3 000英亩土地（合计将近 2 万市亩）。有的地主每年有 7 万两银子的收入。⑩ 1884 年候选道王海把坐落在北京附近的旗地 17 900 余亩捐给义学，此项地产每年可收租 1 100 余万文。⑪ 1891 年广西右江道张汝梅把湖田、草地共 11 400 亩捐给义学，此项田产值钱 3 000 万文，每年可收租 300 万文。⑫ 王海和张汝梅捐出的田产都有一万数千亩，自己保留在手里的当然更要超过这个数目。又如镇压回民起义发家的董福祥“治塞上名田，连亘百余里，牛羊驴马橐驼以万计，岁入

---

① 曾纪芬：《崇德老人自订年谱》，3 页。
② 参见徐珂：《康居笔记》，87 页。
③ 参见《时报》，1906 年 2 月 8 日。
④ 王闿运等：《湘潭县志》，182 页，光绪十四年刊。
⑤ 同上书，186 页。
⑥ 华东军政委员会土地改革委员会编：《地主罪恶种种》。
⑦ 《英国皇家亚洲学会中国分会会报》，卷 23，《镇江英国领事何克逊汉姆的报告》。
⑧ 参见上书，卷 23，《牧师李提摩太的报告》。
⑨ 参见景甦、罗崙：《清代山东经营地主底社会性质》，93 页。
⑩ 参见莫里逊：《中国纪游》，31 页，1902。
⑪ 参见周家楣：《期不负斋全集》，政书六，《职官捐置义学租产派员经理片》。
⑫ 参见《光绪朝东华录》，光绪十七年三月戊子，马丕瑶奏。

三百万。大起第宅，后房妇女数十人”①。台湾大地主林维源，单他所经营的大茶园中就有茶树 89 万余株。② 此外，据在辽宁 23 个县的调查，拥有 7 万亩土地的地主有 1 户，拥有万亩以上土地的地主有 5 户，拥有 3 000 亩以上土地的地主有 87 户。③ 以上这些资料虽然很不完整，但对于近代中国大地主们田地之多、财产之巨也可以豹窥一斑了。

除了湘、淮军将领和其他官僚地主之外，参加土地兼并的另一种人是外国的传教士和资本家，他们凭借特权，在各地巧取豪夺，占有着大片土地，如 1886 年芜湖西北的鹤儿山曾被人盗卖于法国天主教堂。④ 1903 年美国教士李立生和施道格强购河南信阳州之山场两处，一处长二里、宽三里，另一处长宽各三里。⑤ 自 1898 年至 1902 年五年间，德国人在青岛附近兼并土地达 14 000 多亩。⑥ 1904 年俄国传教士在遵化购地 140 顷，并勒逼居民一律迁徙。⑦ 1906 年，湖北道员陈锦奎以地 6 万亩私售给德法两国。⑧ 1894 年，法国传教士华德脱用 24 吊钱的低价在山东费县购买了一座山头，以后又陆续霸占了塔山等十个山头，扩展土地面积 15 000 余亩，在这里经营林场，开辟果园，砌筑鱼池，每年获利无数。⑨ 辛亥革命前，汪康年说：“近闻自南中来者，言徐州府南城一教堂，北城一教堂，咸放账与人，须以地作押，往往期满则地入教堂，地方官亦绝不过问”⑩。像徐州教堂放债夺地的事例，在全国各地是屡见不鲜的。帝国主义的大规模夺地常常发生在所谓“教案”之后，以赔偿损失为名，进行勒索掠夺。如八国联军侵华后，外国侵略者在华北、内蒙古一带的掠夺，

---

① 李希圣：《庚子国变记》。
② 参见《农学报》，第 22 册，陈寿彭译：《台湾茶业说》。
③ 参见《奉天全省农业统计调查报告书》，第二期第一册，15～21 页。
④ 参见鲍实等：《芜湖县志》，卷三，2 页，1919。
⑤ 参见《东方杂志》，第四年第四期，33 页，光绪三十三年四月。
⑥ 参见袁荣叟：《胶澳志》，卷九，13 页，1929。
⑦ 参见《阁抄汇编》，光绪三十年十二月，《华北杂志》，卷一，《详志盗卖官地案》。
⑧ 参见《新民丛报》，四年九号，79 页。
⑨ 参见《中国近代建筑史》，12 页，稿本。
⑩ 《汪穰卿遗著》，卷七，23 页，《杂说》。

其规模十分惊人，如在宁夏三圣宫掠夺土地数百里，垦田 50 万亩，每年获租 40 万元①，在河套掠地 2 090 顷②，在内蒙古呼图滩掠地宽长约各 300 华里，每年收租 60 余万元。③ 又如直隶清苑县“庚子拳案，赔款为数甚巨。独清苑用地田准抵，东南乡田几去三分之一”④。据说内蒙古的“每一个教堂各领有蒙地数百千顷，筑室耕田，自成都邑，仿佛一个个的小独立国，做事自然偏于强横”⑤。外国侵略者在各地兼并土地，是当时十分普遍的现象。他们自己也承认：“教中神父于择地建堂诸事，皆极精能，且善于治生，广置田宅，经营蕃息，川至云兴。其中办事之人，皆理财能手，佃田赁屋，概凭大道生财”⑥。

由于湘淮军将领和帝国主义分子的鲸吞土地，所以近代土地兼并之风十分强烈，兼并的手段也格外残酷。一般在野的地主仗其雄厚财力，进行蚕食式的兼并，农民还可以压低自己的生活水平，紧紧守着小块土地，进行一定程度的抵抗。至于湘淮军将领和帝国主义分子就不同了，他们不但有雄厚的经济力量，而且有无上的政治权力，他们集中土地既可以通过压价购买，也可以用欺压讹诈手段无偿地夺取，良田沃产，唾手可得，方便得像探囊取物一样。而农民群众则处在无保障的地位，他们除了揭竿而起、进行武装反抗之外，没有别的出路。

二、近代农村中的剥削形式和剥削率

以下再看看农村中的各种剥削形式和沉重的剥削率。

在广大农村中存在着租佃剥削的形式、雇佣剥削的形式以及表面上独立的小自耕农，各种剥削形式错综复杂地结合在一起。譬如说一个农民可能自己占有很少土地，他在自己占有的一小块土地上耕作，这样，他一方面是个表面上独立的小自耕农；但同时他又向

① 参见陈赓雅：《西北视察记》，上册，108 页。
② 参见廖北骏：《绥远志略》，179 页，1937。
③ 参见李铭侯：《绥远之垦务》，载《农业周报》，三卷三期，73 页。
④ 罗正钧：《劬盦官书拾存》，卷四，10 页。
⑤ 顾颉刚：《王同春开发河套记》，11 页。
⑥ 宓克著，严复译：《支那教案论》，上海南洋公学译书院铅印本。

地主租入一部分土地，或者受地主的雇用，在地主的土地上当长工或短工，这样，他另一方面又是个租佃农民和雇农。从全国广大农村的情形看，租佃关系是一种主要的普遍的形式，自耕农和雇农虽然数量也不少，但从某种意义上说，只是租佃农民的补充。农民对地主阶级主要是交纳实物地租，地租一般占生产物的50%以上。以下是1888年英国皇家亚洲学会中国分会的调查。

全国十六个地区剥削形式和剥削率简表①

1888 年

地区	租佃、自耕和雇佣的百分比	地租形式	剥削率
苏北	租佃占70%或80%，有雇农。	分租制（实物租）	30%～40%
苏南	自耕占90%，有雇农。		
浙江仁和绍兴	自耕和租佃无确切比例，自耕亦常租入几亩土地，雇工经营的土地约占20%。	收谷租或米租，从不收钱租	50%
浙江杭州	自耕占40%～50%，其余为租佃，雇工很多。		三分之一
江西	调查的15户，7户是佃农，8户是自耕农和自耕兼佃农，雇农较少。	按实物收租	50%
湖北广济	自耕占10%～30%，有雇工。	稻田按实物收租 旱田一律纳钱租	五分之二或三分之二
广东汕头	四分之三的农民或多或少佃种别人土地，雇农较少。	实物租	50%
福建福州	租佃占50%，自耕占50%，有雇农。	收物租，有时折成货币	50%
云南（太和）	自耕占80%，其余为租佃，有雇农。	实物地租	地租大米三斗或二斗
贵州贵阳	自耕占多数，有雇农。	实物地租	50%
直隶武清	佃农占30%，自耕农占70%，其中15%为雇工耕种。	钱租占45% 物租占55%	物租租率30%～50%
山东莱州	佃农40%，自耕农占60%，其中50%为雇工耕种。	物租占75% 钱租占25%	物租租率30%～50%
山东益都	佃种地占土地10%，有雇农。	实物地租	50%
山西	大部分自耕并租佃一部分土地，雇农很少。	交物租或钱租	
甘肃宁夏	自耕占70%，有雇农。	一般按货币收租，也有实物租	货币租每亩1 700文，物租租率50%
东三省	自耕多，租佃几乎没有。	实物地租为主	三分之一至七分之三

① 参见李文治编：《中国近代农业史资料》，第1辑，629～653页。

从以上简表中可以看出：

第一，租佃剥削关系占着重要的地位。表中租佃农户占半数或半数以上的地区有 6 处（苏北、杭州、江西、广济、汕头、福州），自耕农民占多数的地区有 8 处（苏南、云南、贵阳、武清、莱州、益都、甘肃宁夏、东三省），其他两处比例不能确定。但表中所列自耕农实际上包含着大部分自耕兼佃雇的农民（即半自耕农），这部分农民也处在租佃剥削关系或雇佣剥削关系之下，而且以上的调查统计中显然有过高地估计自耕农的倾向，如苏南地区，表中称自耕占 90%，这是仅指太平天国革命后镇江一隅之地的情形。苏南广大地区的情形实际上并不是这样，有人说："吴民佃者十九，自昔已然"①，可见苏南地区的租佃关系也是非常普遍的。又如在表中东三省地区几乎没有租佃，这也不符合实际情况，据 1909 年奉天农业试验场的调查，自耕农是最多的地区（如西来之小钮河围）也只占农户总数的 75%，其余 5%为租佃农，20%为半自耕农。其他自耕农较少的地区（如承德东场村）只占 25%，而租佃农占 45%，半自耕农占 30%。② 可见就是在东三省，租佃关系仍是占主要的地位。

从上表中也可看出：经济愈是发展的地区，农村分化愈是明显，农民愈是更多地失去土地，所以租佃关系占着明显的优势（如苏、浙、赣、鄂、粤、闽等省）。而边远地区经济分化尚不十分剧烈，所以自耕农比较多（如云南、贵州、直隶、甘肃、宁夏、东三省）。

第二，实物地租在各地均占统治地位，货币地租所占比例很小。有些边远地区商品经济并不发达，反倒存在货币地租，这实际上并不是经济发展的标志，而是新开垦的荒地上的特殊的地租形式。如宁夏、甘肃的情形就是如此。实物地租是多种多样的，有米租（以白米交纳）、谷租（以稻谷交纳）、分租（地主按比例分配农产品）、议租（秋收时议定租额）、硬租（硬性规定租额）、软租（秋收时酌议租额）等等。货币地租很少，有的所谓"钱租"也不过是一种货币折租制，即租额以实物计算，而纳租时，按照市场价格折纳货币。如苏州地区

---

① 陶煦：《租核》，5 页。

② 参见《奉天全省农业统计调查报告书》，第一期第三册，1～5 页。

“私租竟有一石五斗之额……最可异者，纳租收钱而不收米，不收米而故昂其米之价，必以市价一石二三斗或一石四五斗之钱作一石算，名曰折价”①。这种货币折租制是一种特殊的形态，在近代农村中相当流行，它一方面反映了商品货币关系的发达，农民生产物的很大部分必须交换货币；另一方面也反映了地主阶级的穷凶极恶，它利用不稳定的市场价格上下其手，对农民加紧剥削。

有人对旧中国农业中的资本主义因素估计较高，其重要原因之一是他们把货币地租和货币折租混淆不分，而且他们又把货币地租简单地当做资本主义地租，这显然是不对的。列宁曾经指出：“必须严格地区分货币地租和资本主义地租：后者是以农业中的资本家和雇佣工人为前提的，前者是以依附农民为前提的。资本主义地租是扣除了企业利润余下的一部分额外价值，而货币地租是农民交给地主的全部剩余产品的价格。”②

中国近代地租的封建主义性质是非常鲜明的，为了进一步考察这个问题，我们可以从以下几个方面进行分析。

第一个方面是看看近代中国的农业生产力水平和佃农所交纳的地租量，看看他们在那样低下的生产力水平下，交纳地租以后，是否尚能得到像列宁所说的“企业利润”。以下例子是光绪初年苏州一个佃耕 10 亩土地的农民的简单收支数字。这个材料见于陶煦所著《租核》一书中，该农民一年的收支数字是：

收入共 61 000 文，其中包括：

春季收获折钱 9 000 文

秋季收获折钱 43 200 文

稻谷折钱 8 800 文

支出共 60 600 文，其中包括：

工资 10 800 文

工食折钱 22 400 文

农具折钱 800 文

① 陶煦：《租核》。

② 《列宁全集》，第 3 卷，145 页，北京，人民出版社，1959。

肥料折钱 5 000 文

地租折钱 21 600 文

余 400 文

这个经济决算表里，其支出部分有两类，一类是生产资料的支出，即农具和肥料，折钱共 5 800 文，这一类支出在生产过程中转移于新的生产物中，可用符号 C 来代表（相当于不变资本部分），另一类是维持劳动者生活的支出，即工资和工食，折钱共 33 200 文，可用符号 V 来代表（相当于可变资本部分）。生产者创造的产品，不但能够补偿上述两项支出，而且还能够创造一个余额，即总收入61 000 文扣除 C 和 V，尚余 22 000 文，这是剩余劳动部分，可以用符号 m 来代表。这样，我们就立即可以看出如下几点情形：

(1) 农业有机构成极低，V 占全部生产费用的 85%（33 200/39 000），而 C 只占全部生产费用的 15%（5 800/39 000）。这就是说：生产费用的绝大部分用于维持劳动力的再生产，而生产工具、肥料的支出并不占重要地位，农业生产力的水平十分低下，农业劳动完全靠人工进行。

(2) 农业剩余劳动率极低，剩余劳动率乃是剩余劳动收入对于必要劳动支出的比例关系。用公式来表示：

$$m'（剩余劳动率）=\frac{m}{V}$$

也就是 $m'=22\,000/33\,200=66\%$。按照这个剩余劳动率，一个农业劳动力创造的财富大概只能养活一个半人（包括自己在内），可见农业生产是非常落后的。

(3) 剩余劳动部分只有 22 000 文，而地租却要交纳 21 600 文，交纳地租以后的净余只有 400 文，在这里，地租已把全部剩余劳动吸收干净，并没有所谓“利润”留在佃农的手里了。马克思说：“货币地租，在它的纯粹形态上，是和劳动地租和生产物地租一样，不代表利润以上的余额。依照概念，它会把利润吸收掉”①。苏州这个

① 马克思：《资本论》，第 3 卷，1041 页，北京，人民出版社，1953。

佃农的情形，正和马克思所说的一样，即使把这个场合的地租看做真正的货币地租，那么这种货币地租也不是资本主义地租，它并不是超过利润以上的剩余价值，而是剩余生产物的全部，它具有封建主义地租固有的贪婪性，要把萌芽中的利润全部吞噬掉。在这种情况下，“不是利润成为地租的限制，而是地租反过来成为利润的限制”①。

第二个方面还可以看看近代土地价格和地租之间的关系。

我们知道：商品的价值决定于生产它的社会必要劳动时间，而商品的价格则是商品价值的货币表现。但是土地作为商品来说，是一种特殊的商品，因为土地不是人类劳动的产物，它本身没有价值可言，所以也没有由价值决定的价格。但是土地仍有购买价格，这是因为在私有制社会中对土地的私有垄断而产生的。地主阶级把土地据为已有，排斥别人耕种这块土地的权利。别人为了取得耕种权，就必须向地主交付一笔封建的贡纳，这就是地租的由来。在资本主义社会中，土地的购买价格是由地租决定的。土地价格等于这样一笔钱，如果把这笔钱存入银行里，它的利息就等于从该块土地所得到的地租，因此，土地价格就是资本化的地租。马克思说：“在英国，土地的购买价格，总是依照多少年购买（years' purchase）来计算。这不过是地租资本化的别一种表现。其实，那并不是土地的购买价格，而是土地所提供的地租的购买价格，依照普通的利息率来计算”②。因此在资本主义社会中，土地价格总是和地租成正比，而跟利息率成反比，地租越高，土地价格就越高。

但是在半封建半殖民地的中国社会中（指 19 世纪末、20 世纪初），不仅尚未形成统一的利息率，而且土地价格和地租的关系表现出背离的趋势，地价较低的劣等土地，地租倒是相对的高昂，农民佃耕劣等土地而要付出相对高昂的地租，这个事实就说明了近代中国地租剥削带有超经济的强制的性质。以下可以举出几个例子来说明。

① 马克思：《资本论》，第 3 卷，1042 页。

② 同上书，第 3 卷，813 页。

山东莱州①：

土地类别	地价	地租	地租占地价百分比
上等地	150 两	2.66 两	1.8%
中等地	40 两	2.00 两	5%
下等地	10 两	1.50 两	15%

直隶武清②：

土地类别	地价	地租	地租占地价百分比
上等地	10 两	0.6 两	6%
中等地	5 两	0.5 两	10%
下等地	3 两	0.3 两	10%

热河承德③：

土地类别	地价	地租	地租占地价百分比
上等地	27 元	1.3 元	4.8%
中等地	17.2 元	1.2 元	7.0%
下等地	10.5 元	1.0 元	10.0%

奉天辽阳④：

土地类别	地价	地租	地租占地价百分比
上等地	32.7 元	2.55 元	7.8%
中等地	27.3 元	2.25 元	8.2%
下等地	19.3 元	2.05 元	10.6%

以上四例，上等地的地租量均多于中等地，中等地均多于下等地，这是因为上等地比中等地，中等地比下等地，土地的肥沃程度和地理位置更加优越，能够提供一个更高的级差地租量，这种情况决定了地租量的差异。但是当我们看一看地租和土地价格的关系时，就发现一种不正常的趋势，地价越高，地租占地价的百分比却愈小，也就是说地租剥削率就愈小；地价越低，地租占地价的百分比却愈大，也就是说地租剥削率愈高。因此，一个农民越是在条件恶劣的土地上工作，他所受的剥削就越是苛重。我们知道：最贫苦的农民都是在下等地上耕作的，他们不租用上等地，并不是因为经济上不合算，而是地主阶级不肯轻易地把上等地租给他们，农民们由于穷

①② 参见《英国皇家亚洲学会中国分会会报》，卷 23，《牧师李提摩太的报告》。

③④ 参见《奉天全省农业统计调查报告书》，第一期，39～41 页。

困而不得不在劣等地上工作，这多少是带有超经济强制的性质。他们落在贫穷圈里的越多，被迫忍受更重剥削而去租种劣等地的也就越多。地主阶级正是利用劣等土地最残酷地剥削穷苦农民。广大的农民的穷困，他们土地生产条件的恶劣，生产技术的简陋以及剩余的劳动量小到极可怜的程度，这一切被地主们看成是用来加重剥削的因素。地价和地租相背离的这个特征，包含着农民们无限的辛酸和灾难，也表明了近代地租浓厚的封建主义的性质。

第三个方面还可以考察一下当时租佃关系中的超经济强制力量。这种力量是地主阶级从独立经营的农民那里勒索地租的手段，它是封建生产关系体系的不可缺少的属性，正像列宁所指出的："农民对地主的人身依附是这种经济制度的条件。如果地主没有直接支配农民个人的权利，他就不可能强迫那些得到份地而自行经营的人来为他们做工。所以，正如马克思在阐述这种经济制度时所说的……必须实行'超经济的强制'"。"这种强制可能有各种各样的形式和不同的程度，从农奴地位起，一直到农民有不完全的等级权利为止。"①

在半殖民地半封建的中国，维系封建土地所有制的超经济强制表现为五花八门的形式，有时候直接表现在地主老爷们的棍棒鞭子上，有时候曲折地反映在契约和法律条文中，有时候地权和政权公开结合，封建政府直接采用从行政到军事的各种措施，来保障地主阶级的利益。

在各种大田庄中（从盛行于华北的皇庄、官庄一直到各地大官僚的庄园），地主阶级对佃农的人身奴役是非常显著的。后人调查合肥李鸿章和其他淮系官僚的庄园："所有封建规模，历历在目……每个邸第，所占面积大者数百亩，小者亦百数十亩，邸第外围先凿壕沟，沟内筑高墙如圩寨，佃户环居于内……圩子内有碉堡、炮台、内花园、外花园、藏书楼、秘密走廊等设备。所住佃户，或兼卫士，或兼炮手，或兼轿夫，或兼其他徭役，完全为佃奴性质。地主对佃户婚丧等事有权过问，并有刑罚权，俨如古代领主之对农奴"②。

至于地主阶级逼租虐佃的罪恶更是骇人听闻。如北方的旗地上，

---

① 《列宁全集》，第3卷，158～161页。

② 郭汉鸣、洪瑞坚：《安徽省之土地分配与租佃制度》，47页。

“严刑比追，血手狼藉。各佃户中有弃家逃避而地亩荒芜者，有情愿每亩出钱若干推与他人承佃认租而无人敢去应者，愁苦情形，目不忍睹”①。南方的情形也是一样，如江苏金匮举人张倬堂“薄有恒产，其待佃户其虐，凡积欠者，私加非刑，以两大藤栲笆，实人于中，笆口故有四耳，两笆共八耳，相合牢缚，抛置厅事，家人共为地毬戏，东西南北随意踢滚，人在其中，哭声不顾也。有老佃所亏甚微，张尽拔其须，其暴如此”②。像张卓堂这样的恶霸地主，在旧中国到处都有，他们把佃户当做奴隶牛马一样，欺凌压榨，草菅人命。地主阶级的背后有着整个庞大的封建上层建筑的支持，封建政权把保护地主阶级对农民的剥削列为自己的重要职责，《大清律例》规定：“至有奸顽佃户掩欠租课，欺慢田主者，杖八十，所欠之租，照数追给田主”③。这条法律规定，在实际执行中更是变本加厉，如苏州“遇有佃户欠租，无不送官追比，击其臀复枷其颈，或三日一比，或五日一比。比时或笞八百，或笞一千，惟业田者之所欲。每至冬间，三县门头左右缧绁而荷校者以数百计”④。那些衙门里的官吏胥役也视追租为鱼肉乡民的绝大利薮，穷凶极恶，为虎作伥：“一值冬令，县署之隶役，有田者赴乡征租，则每姓挟此辈二三人偕行，名曰差船，乡人见者皆胆落……一不如欲，则掌责鞭挞犹可也，甚者絷两足以倒悬于船唇，或褫裳袄拘之铁索，以冻饿于风雪之中……往往一差船至乡，则乡中之力不能完租者争赴县，甘死杖下”，“或田主以隶役行刑不力，倍给之钱，至有一板见血等名目，俾佃农血肉飞流，畏刑伏罪，虽衣具尽而质田器，田器尽而卖黄犊，物用皆尽而鬻子女，亦必如其欲而后止也”⑤。这是苏州的情形，其他地方也可以想见。总之，地主阶级利用超经济的强制，作为取得地租的手段，他们和官僚勾结在一起，狼狈为奸，他们对农民残酷迫害的罪恶是擢发难数、罄竹难书的。

---

① 《李鸿章全集》，奏稿，卷四三，《量减旗租经征处分》。

② 邹弢：《三借庐笔谈》，卷八，4 页，《虐佃之报》。

③ 《大清律例》，卷二七，26 页。

④ 《申报》，1877 年 1 月 23 日。

⑤ 陶煦：《租核》，12 页及 2～3 页。

三、近代农村中的雇佣关系

以上从地租与利润的关系、地租与地价的关系以及超经济强制等三方面分析了租佃关系的封建主义性质。以下进而考虑农村中的雇佣关系。

毫无疑问，在中国农村中很早就有关于雇佣劳动的记载。特别是在19世纪下半叶，农村雇佣关系日益增多。雇佣劳动是资本主义的起点和基石，近代中国农村中的雇佣关系在某些地区已带有资本主义的色彩。

但是不能够把问题过分简单化，不能够摭拾几个“雇佣”字眼就立即得出资本主义已经高度发展的结论。重要的是分析雇佣关系发展的趋势，看看它是在什么样的条件下产生，具有什么特点，它可能的发展前途是什么。

近代中国的雇佣关系具有极其浓厚的封建性质，但也稍微带有资本主义自由雇佣的一些特点。或者可以说：它是处于转变期中的一种经济关系，“资本主义经济不能一下子产生，徭役经济不能一下子消灭。因此，唯一可能的经济制度只能是一种既包括徭役制度特点又包括资本主义制度特点的过渡的制度”①。近代中国雇佣关系普遍到什么程度，我们暂时还缺乏全面的材料，但从本章前列“全国十六个地区剥削形式和剥削率简表”可以看出，雇农在全国范围内虽占少数，但农业雇佣的形式却相当普遍地存在。可以指出的是浙江仁和、绍兴一带雇工经营的土地为20%②，直隶武清雇工经营的土地为15%。③ 我们在“光绪朝山东41县193村阶级构成表”里还可以看到：该地区的雇农约占农村人口总数的16.7%。也有一些地区，雇农的百分比很高，如山东莱州雇工耕种的百分比占50%④，湖北巴陵县“十分其力而佣工居其五”⑤，直隶望都赤灰村“以佣力糊口者实居其半”⑥。

---

① 《列宁全集》，第3卷，162页。

② 参见《英国皇家亚洲学会中国分会会报》，卷23，《杭州牧师约翰生的报告》。

③④ 参见上书，卷23，《牧师李提摩太的报告》。

⑤ 杜贵墀等：《巴陵县志》，卷一三，《田赋上》，2页，光绪十七年。

⑥ 陆保善：《望都县乡土图说》，西路，61页。

近代农村雇佣关系的增多是和商品经济之日益深入农村有很大关系的，农民越来越深地被卷入商品货币关系的网络，农民越来越多地失去土地和生产资料，他们剩下的谋生手段就只有出卖自己的劳动力，所以雇佣关系的增多显示了农村封建自然经济逐渐解体的趋势，旧事物已经衰落腐朽，但是新事物却来不及生长发展，由于资本主义在城市工业中尚处在刚刚发生的幼年阶段，它还没有转入到农业的领域。在农村里，封建的剥削仍然是根深蒂固，因此出现了农业雇佣劳动者和封建地主相对立的独特的形势。在这种场合，封建地主之所以能雇佣，并不在于他们有资本和机器，并不在于他们有物化了的劳动，而是在于他们有较多和较好的土地，在于他们垄断了自然资源。在缺乏资本和机器的条件下，地主阶级雇工经营的结果，也并没有促成大农业的出现，相反，农业耕作和经营仍保持着分散细小的中世纪形式。因此中国近代农村中显然渗透着浓厚的封建主义剥削的色彩。

近代农业雇佣具有多种多样的形式，按照受雇佣时间的长短和受雇佣地区的远近，可以分成如下的几种。

第一种是劳动者在本村或附近地区当长工。在这种雇佣形式下，劳动者一般已从土地和生产资料中游离出来，成了一无所有的农村无产者。但是这种农村无产者，在人身上是不自由的，本地千丝万缕的封建宗法关系会紧紧地把他们束缚起来，使这种雇佣关系变形为奴仆或亲属依附的关系。在这里，地主不单单以雇主的资格出现，而且他又是长工们的家长、人身监护者；他不单单可以在一定时间内使用长工们的劳动力，而且可以长期地支配长工们的人格。从劳动性质来说，这种长工不仅从事农业劳动，而且从事家庭服役性的劳动；从工作强度和给酬形式说，雇主有任意决定的权利，雇主对长工的雇佣关系被说成是一种“恩养”关系；从法律地位说，雇主与某些雇农之间存在着“主仆名分”关系，这就是清朝法典中的所谓“雇工人”等级。“雇工人”的地位和奴仆相似，雇主与“雇工人”在法律上是不平等的，如果雇主侵犯了“雇工人”，可以免罪或减罪；反之，如果“雇工人”侵犯了雇主，便要加等治罪。至于什么样的雇佣关系存在“主仆名分”，哪些雇农算做“雇工人”，其重要的标准之一就是受雇年限的长短。受雇年限越是长的劳动者，就有更多的可能与雇主存在“主仆名分”关系。从以上情形可以看出：在本地当长工的雇佣劳动者，虽然他们失去了土地和生产资料，除双手之外身无长物，但是他们却和雇主结成了人身隶属关系，他们不是脱离了封建牢笼而可以自由飞翔的鸟，他们并没有获得多少人身自由，这种雇佣关系明显地带有浓厚的封建主义特征。

第二种是劳动者在本村或附近地区短期受雇，做农忙时的短工。在这种情形下，雇主与被雇者一般是没有人身隶属关系的，雇佣的劳动者有较多的人身自由。在清朝法律中，所谓“随时短雇，受值无多”者，并不划入“雇工人”等级，而是划入“凡人”等级，在法律上“凡人”是和雇主平等的。在雇佣手续上，长工受雇，一般要请人作保，而短工受雇的手续就较为简单，农忙季节有些地方有短工市场，光绪末年山东的情形是：“短工市有五六十人者，有一千多人者，一般在二百人左右”①。雇主和被雇者议妥工价，即可上工。从这些地方来看，短工比长工更接近于自由雇佣，但是农村短工大多不像长工那样完全失去了土地或生产资料，当短工的人一般是持有少量土地和生产资料的半自耕农和佃农，他们是在耕作自己小块土地之余，暂时地受雇于人的。据光绪末年山东 47 县 141 村短工家庭主要生活来源的调查，完全依靠当短工作为生活来源的只有 5 个村，只占全部调查地区的 3.5%。② 绝大部分短工都有自己的小块土地，或者从地主那里租来小块土地，也有不少短工兼做小手工业、小商贩，他们从事农忙短工，不过是作为一种副业活动。而且短工通常都是带着自己的农具在地主土地上劳动：“短工带着小型农具到短工市上待佣，以及使用自己的小型农具在地主土地上劳动，这却是极为普遍的现象。光绪年间，章丘旧军镇短工市上的一千多短工，

① 景甦、罗仑：《清代山东经营地主底社会性质》，124 页。

② 参见上书，附录三，《光绪朝山东 47 县 141 村雇工情况一览表》。

淄川王村镇短工市上的七八百短工，都是带着小型农具到市上待佣的”①。从这些情形看，绝大多数的农村短工是占有一部分土地和少量工具的贫农阶层，他们还不是一无所有的农村无产者。

第三种是劳动者赴远地当农业短工，如江苏省“每逢秋稼登场，必有江北泰兴人过江作工，代替农人打稻，土人呼之为沙包头”②，“秋月忙工，常郡（常州）素有江北人承充”③。湖南巴陵县“农民世业难以自给，多营生于湖北，故监利、沔阳、江陵、潜江四邑，土工、农工、染工、酒工，巴陵人不下数万，春往冬归，亦贫民之利计也”④。又如张家口一带“劳动力来自他方。例如目前打禾的人，走一个地点，又一个地点，到一个村，又一个村，从南到北，逐渐推进”⑤。

这一种流动于外地当农业短工的劳动者比起前两种人（近地长工和近地短工）更接近于资本主义的雇佣关系，因为一方面他们不在本地受雇，也不在固定地区受固定地主的雇佣，这样就有更多的可能摆脱当地封建附属关系，他们比起前两种农业雇佣劳动者享有更加充分的人身自由，列宁在《俄国资本主义底发展》中曾经把“农民外出工艺”看做“从半自由的劳动逃向自由的劳动”；另一方面，这种外出雇工比较在近地受雇的农民更接近无产者的地位，他们即使在家乡有一点土地，这些土地也少得实在可怜，已使他们无所留恋，不可能把他们束缚在本乡本土。他们从经济落后地区涌向经济先进地区（如从苏北流向苏南、从浙东山区流向浙西平原），从人口稠密地区涌向人口稀少地区（如从直隶、山东流向东北，从山西、陕西流向内蒙古），他们既不受人身的约束，又不受土地的约束，就像从笼子里逃出来的鸟一样，到处飞翔，寻找工作的机会。从这个意义上来说，他们最有可能成为依靠出卖自己劳动力过活的无产阶级。但是这种情形还仅仅构成了向无产阶级转化的可能性，可能性能否实现，破产外出的农民是否会成为真正的无产阶级，还要取

① 景甦、罗仑：《清代山东经营地主底社会性质》，164页。
② 《益闻录》，第162号，1886年11月13日。
③ 窦镇山：《宦吴禀牍》，85页，《武进沙洲被灾查勘办理情形》。
④ 杜贵墀等：《巴陵县志》，卷五二，6页。
⑤ 李希霍芬：《旅华日记》，卷下，133页。

决于社会的另一端是否已经积聚起可以雇佣他们的资本力量。19 世纪下半期，中国社会上资本主义经济是十分微弱的，至于流转到农业中去的资本更是微不足道。假使说当时沿海几个大城市刚刚露出一线微弱的资本主义曙光，那么，广大农村依然是沉睡在封建主义的昏昏长夜里。因此，尽管在社会的一端正在大量地形成可能转化为农业雇佣工人的队伍，而社会的另一端却并没有相应地积累起一笔农业资本。一直到 19 世纪末，中国还没有一个资本主义性质的农场。那些“外出作业”的农民们“自由”觅食的天地是非常狭窄的，因破产而“外出作业”的农民越多，社会上的失业队伍也就越庞大，这就是近代中国“游民问题”的根源。

遇到水旱灾荒，又有大量贫农破产和大量雇农被辞退，“游民”又照例会成为震撼社会秩序的因素和引发起义斗争的触媒。例如光绪初年山西亢旱，“无业贫民，专以佣工度日，值此粮少价昂、自顾不遑之际，更无承雇之人，咸皆领赈为主，即以省垣粥厂计之，每日就食者尚不下一万五六千人”①。“省北各处，地瘠民贫”，本境不足以资民生活，“全赖出外佣作，乃连年亢旱、无人雇工，贫苦益觉无聊……数日之间，号召无赖游手及饥民约二十余人，焚劫乡村”②，类似的情形可以说是举不胜举。所以外出就雇的农民事实上和饥民、游民以及统治阶段所称的“无赖盗匪”并没有不可逾越的界限，而他们转化成为农民雇佣工人的机会却是微乎其微的。

从对以上三类人的分析可以看出，当时封建自然经济虽已渐趋解体，农业雇佣现象虽在日益增多，但这种雇佣关系仍带着浓厚的封建剥削的性质。

这里应该简单地说一说 20 世纪初期开始出现的农场。从 1901 年张謇创办通海垦牧公司起，一直到 1911 年辛亥革命时止，向清政府登记的农场共有 171 个。这些农场的全部已交资本只有 635 万元③，这个数目在中国农业经济中简直是沧海一粟。其中有些农场

---

① 《曾国荃全集》，奏议，卷一〇。
② 同上书，奏议，卷八。
③ 参见《民国元年第一次农商统计表》，200～206 页。

虽然稍带资本主义色彩，但基本的剥削关系仍然是封建主义的。拿较先进的通海垦牧公司来说，这个公司在1904年拥有土地8 104亩，其中以封建租佃方式出租的有7 816亩，占全部土地的96%；雇佣农业工人耕耘的只有288亩，占全部土地的4%。至1910年该公司共有土地30 413亩，其中招佃出租的27 392亩，占90%；雇工耕种的3 021亩，占10%。① 其招佃出租土地的地租除小熟租可以算是货币地租外，其大熟地租则“收沟草一石外，棉豆杂粮均视收成丰歉，公司得四，佃人得六”②，仍是停留在实物地租阶段。这个公司的资金大部分花费在排水、筑堤、修筑方面，只有小部分用于改良棉种。至于购置农业机器始终停留在纸面上空谈，实际并未做到。该公司《奖劝各佃章程》中说：“东西各国，凡大农事业皆合公司为主，法甚详备，本公司力薄异处，不能一一仿行”③。所谓“力薄”，就是资本力量的微弱，所谓“异处”，就是处在顽固的封建主义环境中。公司创办人虽然希望学习欧美国家的榜样，采用资本主义的经营方式，但是资本力量的限制和封建环境的束缚使他们不能不倒退回去，而以封建租佃方式来经营其绝大部分的土地。当工业资本刚刚发生、封建势力依然很强大、用封建方式经营土地尚有大利可图的时候，资本是不会流转到农业中去的，剥削者不愿意也不可能很快地抛弃封建剥削方式。封建主义顽强地盘踞在农村里，阻碍农业的进步和国家的富强，因此，推翻封建主义是中国近代史上主要课题之一。

四、农村手工业的破产和农产品商品化

在前面各题中已经论述了中国近代农村关系的前资本主义性质，但这并不是说在鸦片战争以后，中国农村的一切方面都和从前一样。不！情况并不是这样。帝国主义的侵略和中国城市工业的发展给农业经济带来了极为深刻的影响，这个影响表现为自给自足的农村经济正在趋于瓦解，表现为农业日益卷入到商品经济的旋涡中。

毛泽东主席对封建中国的经济有一段论述。他说：“自给自足的

---

①②③ 《通海垦牧公司开办十年之历史》，第三章。

自然经济占主要地位。农民不但生产自己需要的农产品，而且生产自己需要的大部分手工业品。地主和贵族对于从农民剥削来的地租，也主要地是自己享用，而不是用于交换，那时虽有交换的发展，但是在整个经济中不起决定的作用。”①

毛主席描述的这种自给自足的自然经济，是中国封建社会的基础，在它的上面耸立着整个庞大的封建王朝殿堂。这个基础是如此的深厚，如此的牢固，它经受了两千多年历史长流的冲刷侵蚀却并未损坏。战争烽火、水旱灾荒以及地主阶级的残酷剥削，造成了人民的无穷灾难，造成了文化的历次浩劫，但这种经济结构基本上仍保存下来。封建王朝的殿堂一次又一次被摧毁，但在旧的基础上一次又一次被构筑修复，依然是旧的性质，依然是旧的样式。在这种经济基础上面，历史的脚步在逡巡徘徊，表现出相对的停滞不前。

19世纪下半期，由外国资产阶级入侵而掀起的历史风暴，在性质上、规模上、影响上和封建自然经济以前所遭遇的一切风暴不可同日而语。“资产阶级既然把一切生产工具迅速改进，并且使交通工具极其便利，于是就把一切民族甚至最野蛮的都卷入文明的漩涡里了。它那商品的低廉价格，就是它用来摧毁一切万里长城、征服野蛮人最顽强的仇外心理的重炮。它迫使一切民族都在惟恐灭亡的忧惧之下采用资产阶级的生产方式，在自己那里推行所谓文明制度，就是说，变成资产者。简短些说，它按照自己的形象，为自己创造出一个世界”②。

在这场风暴中，封建经济的基石被侵蚀，农村正在经历前所未有的巨大变化。变化从洋纱洋布的输入而开其端。从19世纪60年代起，印度纱、英国纱、美国纱、日本纱相继输入中国，日增月盛，势如江河之决堤。据海关统计，1868年全国进口洋纱还只有5.4万担，到1894年达116.2万担，增加20倍。在中国市场上，洋纱和土纱之间的竞争逐渐达到白热化的程度。外国资本家利用机器生产的优越和科学技术的进步，不断减少生产成本，使洋纱的市场价格不断下降。中国的农民手工业者虽然勤俭刻苦，尽量压低自己的生活水平，使土纱的

① 《毛泽东选集》，第2卷，618页。

② 《马克思恩格斯全集》，第4卷，470页。

生产成本降到最低限度，但是仍然不能抵抗资本主义机器生产的排挤。1868年洋纱之进口价格为每担银29两，至1894年已降至每担银18两。墨守着古老手工生产方式的中国土纱，当然没有跌价争销的可能。眼见进口的洋纱越来越多，滔滔汩汩，充斥市场，而中国的土纱生产日趋萎缩。外国资本家又从控制中国的原料入手，故意抬高棉花价格，减少印度棉花对中国的输入，并吸收中国的原棉外运。中国农村的纺织业，既因洋纱纱价低廉而推销不了土纱产品，又因原棉昂贵而购买不了纺纱原料，它在成品销售和原料供应两个方面受到了外国资本主义的剪刀式夹攻。于是，原有的纺纱事业遂一蹶不振，外国的机制棉纱逐渐占领了中国的市场。80年代，一个英国官吏洋洋得意地说道："棉纱线消费的巨大增加是一个值得注意的重要现象。不仅上海附近地区如此，全中国也都如此。在每一个村庄里都有英国棉线出售，每一个商店的货架上都可看到英国棉线"①。

在这种剪刀式的夹攻下，中国兼营纺织业的农家，不得不放弃纺纱，转而购买洋纱来织布。中国几千年历史上一直强固地结合在一起的纺纱业和织布业发生了分化，纺和织逐渐脱离。自给自足的经济体系上，开始出现了一个无法堵塞的缺口，这个缺口将导致整个经济体系的土崩瓦解。

19世纪末期，中国农村中购买洋纱来织土布的现象已很普遍。以下可以举出若干例证。

福建厦门（1896年）："本处用印度棉纱所织之土布，于台湾甚为畅销，故印度棉纱进口，因而大加增长"②。

云南蒙自（1893年）："本省购用洋纱织布者，年多一年矣"③。

江苏南通（1895年）："近日洋纱内灌，通海乡人，利其匀细，转相购买，参织土布，每年消耗四十余万金"④。

江西九江（1895年）："内地人民尽用洋棉纱织成土布款式，取

---

① 《美国驻华领事商务报告书》（1882年），226页，上海。

② 《光绪二十二年厦门口华洋贸易情形论略》，见《通商各关华洋贸易总册》，下卷，55页。

③ 《光绪十九年蒙自口华洋贸易情形论略》，见《通商各关华洋贸易总册》，下卷，115页。

④ 《张之洞全集》，奏稿，卷二六，《通海设立纱丝厂请免税厘片》。

其工省，而价亦较土棉纱为廉”①。

江苏徐州，山东济宁、兖州、沂州，河南开封、归德（1892年）：“北方各处之人，俱购洋棉纱自织”②。

直隶天津（1890年）：“天津进口英印棉纱日增，因北省妇女用此纺织，年复一年，更臻纯熟，且价亦甚廉，故销流日广耳”③。

以上所引的资料，表明了购用洋纱来织土布已成为很普遍的现象，旧有的手工业纺纱业一落千丈，土纺和土织在分离，洋纺和土织特殊地结合。在旧纺织业的这个改组过程中，包含着无数的辛酸血泪。一般农家被排挤出纺纱领域，他们不仅减少了收入，而且不得不依赖进口洋纱来维持自己的织布副业。他们日深一日地被掩进市场交换关系中，不能不忍受帝国主义日甚一日的剥削。还有许多依赖纺织为生的独立小生产者，更被强制地剥夺了谋生手段，完全陷于贫困饥寒的绝望中。

大批的农民手工业者从纺纱领域转到了织布领域，但是这里也并不是他们可以安身立命的乐土。在织布业中，由于近代织机所能代替的劳动力价值远不如近代纺机那样大④，所以洋布对土布的排挤没有像在棉纱方面那样迅速、顺利，但是织布领域内的斗争仍是十分激烈的，其激烈的程度甚至还超过在纺纱领域中的斗争。这是因为：第一，洋布进口增长的速度虽然比不上洋纱，但进口的绝对数字是一直领先的（19世纪末，进口洋纱总值一度超过了洋布，但20世纪初，进口洋布又急剧增加，超过洋纱），所以外国棉布始终是进口货的最大宗，有力地控制着中国市场；第二，当中国劳动人民从纺纱领域中被排挤出来，他们还有一条防线可以退守，还可以购买洋纱来织土布，但是他们从织布领域中再被排挤出来，就真正地走投无路了。他们只得拼命压低自己的生活水平，以低于价值的价格出卖其产品，艰苦地守在织布业这条退无可退的防线上。不用说，在这场力量悬殊

① 《光绪二十一年九江口华洋贸易情形论略》，见《通商各关华洋贸易总册》，下卷，36页。

② 《通商各关华洋贸易总册》，下卷，64页。

③ 同上书，下卷，55页。

④ 一个机器纺纱工人的出纱能力高于手工纺纱工人80倍，而一个机器织布工人的出布能力仅高于手工业织布的4倍，参见严中平：《中国棉纺织史稿》，267页。

的竞争中，亿万劳动人民的境况十分悲惨，连牛马的生活都不如。

开始是旧式纺纱的垮台，纺和织分离了，随后是旧式织布业的垮台，耕和织又分离了。其他经济领域中的情形也和纺业、织业相仿佛，洋铁和土铁、洋煤和土煤、洋油和土制植物油、洋瓷和土瓷、洋糖和土糖，无一不在展开激烈的生死攸关的竞争。在世界资本主义潮流的冲击下，既耕既织的小天地崩塌下来，曾经长期载负着封建上层建筑的经济基石在瓦解，历史开始变换脚步、转移方向。一切都像恩格斯在1847年早已说过的那样：

"由于机器劳动不断降低工业品的价格，以前世界各国的手工工场制度或以手工业劳动为基础的工业制度，完全被摧毁。那些一向或多或少和历史发展不相称、工业尚停留在手工工场阶段的半野蛮国家，现在已经被迫脱离了它们的闭关自守状态。这些国家开始购买比较便宜的英国商品，把本国的手工工场工人置于死地。因此，那些几千年来没有进步的国家，例如印度，都已经进行了完全的改革，甚至中国现在也正走向改革。事情已经发展到这样的地步：今天英国发明的新机器，一年以后就会夺去中国成百万工人的饭碗。这样，大工业便把世界各国人民互相联系起来，把所有地方性的小市场联合成为一个世界市场，到处为文明和进步准备好地盘，使各文明国家里发生的一切必然影响到其余各国"①。

五、农产品的商品化

洋纱洋布排挤土纱土布，机器制造品排挤手工制造品，为自己需要而生产的农民家庭手工业逐渐衰落，这是鸦片战争以后中国农村经济发生变化的一个方面。此外，由于工厂的陆续开设，由于城市的发展以及城市人口的增长，由于通往国际市场道路的打通，对于农业唤起了新的需要，需要农业为对外贸易和城市工业提供原料和粮食，长期处在闭塞、停滞状态的农村被搅动起来，农产品在迅速地商品化。

农产品的商品化首先表现在商品粮食的增加。据海关统计，太

---

① 《马克思恩格斯全集》，第4卷，361页。

平天国革命以后，上海一口输出的粮食，历年增加。60年代每年输出米谷仅十余万担，70年代增至二三百万担以上，80年代增至三四百万担以上。天津是粮食进口港，60年代进口米谷仅十余万担，70年代增至一百万担左右，80年代末增至二百万担以上，粮食的长距离调运愈来愈频繁了。全国各地形成了几个粮食集散的中心，如无锡，“米行大小凡百余家，一年交易额达四五百万担”①；如芜湖，“粤客之在芜贩米者，源源不竭”②，19世纪和20世纪初出口数多至五百余万担，少亦三四百万担③；如天津，“地处冲繁，商贾辐辏，米粮行店不下数百家”④。这些城市都成了大规模的粮食市场，它通过曲折复杂的线路和广大农户联系起来，农民生产的粮食日益超越狭小市集的范围，在广阔的市场上流转起来。19世纪末，估计全国的商品粮食可能高达250亿斤，其中供应城镇人口的粮食达130亿斤，供应经济作物区人口的粮食为100亿斤，用于酿酒、制酱、上浆者20亿斤，这些粮食都要通过市场交易，才能到达消费者之手。如果按每百斤粮食价格为银1两计算，国内市场上流通的粮食约值银2.5亿两。

农产品的商品化也表现在经济作物的进一步发展，几个重要的经济作物区正在形成。江浙一带，普遍推广蚕桑事业，如无锡“荒田隙地，尽栽桑树”⑤，如江宁“耕耘之外，多以种桑饲蚕为务”⑥，如常熟“近年西乡讲求蚕业，桑田顿盛”⑦，如安吉“家皆饲蚕，桑独茂”⑧，如长兴“农桑并重，而湖俗之桑，利厚于农”⑨。19世纪末，全国生丝出口量16 000担，国内销售量20 000担，共38 000担。这些生丝均须经市场交易，如按每担生丝值银3两计，全国生丝每年的市场

---

① 日本外务省：《清国事情》（下），67页。
② 《申报》，1884年12月20日。
③ 参见鲍实等：《芜湖县志》，卷三五，1页，1919。
④ 《李鸿章全集》，奏稿，卷七九，《查获运粮无弊折》。
⑤ 《申报》，1880年6月21日。
⑥ 《申报》，1881年5月26日。
⑦ 庞鸿文等：《常昭合志稿》，光绪三十年，卷四六，5页，光绪三十年刊。
⑧ 张行孚等：《安吉县志》，卷八，29页，同治三十年刊。
⑨ 丁宝书等：《长兴县志》，卷八，1页，同治十三年刊。

交易量达 11 000 万两。江浙地区除蚕桑之外，棉作物也有所发展，如上海“有田六千八百五十二亩，棉田居其七”①，如松江、太仓、南通、海门的棉花“除行销本省外，盛行南北洋各路”②。福建、安徽、湖南、湖北是重要的产茶区。如福建省“自各国通商之初，番舶云集，商民偶沾其利，遂至争相慕效，漫山遍野，愈种愈多”③。如安徽建德“为产茶之区，绿叶青芽，芳香遍地……浮梁巨贾，获利颇多”④。

华北平原也形成了许多植棉据点，如直隶之栾城、藁城“丰年可收三千余万斤，歉年可收一千六百万斤左右”⑤；山东之临清“农产统以木棉为大宗”⑥；河南之安阳、邓县、洛阳、通许、商水、孟县“收数多至七百余万斤，少亦二三百万斤”⑦。此外落花生的种植也是日盛一日，如直隶深州“光绪十年后，花生之利始兴……其岁入过于种谷”⑧；如青岛在宣统年间每年出口花生“将及一万四千余吨，价值约在一千五百万元左右”⑨。

除此以外，广东发展了蔗糖和蚕桑业，东北广泛地种植大豆，长江流域和河南、甘肃有许多烟叶基地，江西是苧麻的产地。在新的刺激下，各个地区按照自然条件和传统习惯，发展了自己的经济作物。墨守成规的自然经济的单调性开始被商业性农业形式的多样化代替了，农民群众日益依赖于城市、日益依赖于国际市场。在半殖民地半封建社会条件下，农产品的商品化并没有给农民带来多少好处，相反，他们除了原有的封建地租的沉重负担之外，现在又增加了新的剥削。农民在市场上购买日用品，又在市场上出卖农产品，一买一卖，不得不忍受帝国主义和中介商人的残酷剥削。

---

① 张宗坚：《种植实验说》，见《农学丛书》，一集，1 页，光绪二十四年。

② 《张之洞全集》，奏稿，卷二七，《筹设商务局片》。

③ 卞宝第：《卞制军政书》，卷四。

④ 《益闻录》，267 号，1883 年 6 月 27 日。

⑤ 农工商部：《棉业图说》，卷三，《中国棉业现情考略》，1 页，宣统二年。

⑥ 《山东全省劝业公所报告书》，《农务科文牍》，25 页。

⑦ 农工商部：《棉业图说》，卷三。

⑧ 吴汝纶：《深州风土记》，卷二一，光绪二十六年。

⑨ 《山东全省劝业公所报告书》，《农务科文牍》，6 页。

六、自然灾害对农业的危害

由于个体农民生产水平的低下，我国在农业上一直要“靠天吃饭”，水、旱、虫、风、霜、雪、潮、沙、雹、碱等各种自然灾害，严重地影响着农业收成。在半殖民地半封建社会里，由于战乱不已，水利失修，树木滥伐，生态破坏，更大大地加深了自然灾害的严重性。所以，这些自然灾害实质上也是社会性的灾害。

据黄河和长江流域12个省的统计①，在70年代初，受灾州县还只有一百多个，70年代末增至二三百个，80年代增至四百个以上，以后直到辛亥革命前夕，这12个省每年经常有四百个以上的州县处在各种自然灾害之中。半殖民地愈是深化，自然灾害的侵袭就愈加严重。有时是洪水滔滔、汪洋一片，有时是禾麦枯槁、赤地千里，也有时飞蝗蔽空、流民遍野，人民处在笔墨难以形容的苦难中。

最严重的灾荒，发生在光绪初年（70年代末），北方连年缺雨，旱情日益扩大，至1877年和1878年，即光绪三年丁丑和光绪四年戊寅，干旱达到了顶峰，即所谓“丁戊奇荒”。其中山西的旱灾特别严重，1877年奉旨视察灾情的阎敬铭说：“成灾州县已有八十余邑之多，待赈饥民计逾五六百万之众……往来二三千里，目之所见，皆系鹄面鸠形；耳之所闻，无非男啼女哭。冬令北风怒号，林谷冰冻……彻旦久饥，更复何从度活。甚至枯骸塞途，绕车而过。残喘呼救，望地而僵”②。山西巡抚曾国荃说：“古人形容饥民，轻则曰菜色，重者曰鹄面鸠形，均尚未能逼肖。”“以今日观之，直无异于地狱之变相”③。从这些官僚们的话，可以想见当年的惨状。由于连年干旱，许多州县几乎颗粒无收，积贮全空。民间以树皮草根为食，日久，连树皮草根亦不可得，“乃掘观音白泥以充饥。然而，不数日间，泥性发胀，腹破肠摧，同归于尽”④。昔日繁华的城镇，富庶的村庄，饿殍遍地，十室九空，甚至出现了人相食的惨相。据当年《申报》的报导：洪洞县城

---

① 这些省份包括：直隶、山东、河南、山西、陕西、甘肃、江苏、浙江、安徽、江西、湖北、湖南。详见李文治编：《中国近代农业史资料》，第1辑，720、733页。

② 《光绪朝东华录》，光绪三年十二月丙戌，阎敬铭奏。

③ 《曾国荃全集》，书札，卷一一，《致刘岘帅》。

④ 同上书，书札，卷五。

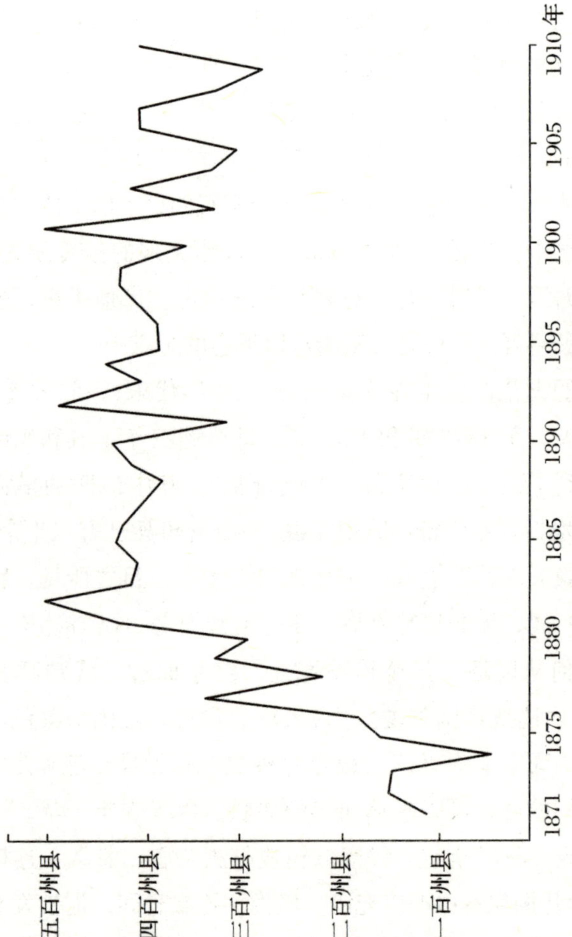

黄河、长江流域十二省受灾州县数目示意图

内饿死4 000人；师村350家，饿死400多人，全家饿死100多家；北杜村300家，全家饿死290家，现在20多人；曹家庄200家，饿死400多人，全家饿死60家；冯张庄230家，现在20来人，别的全家都饿死了。兖陵县城内饿死三四万；木梳店300家，饿死五六百人；义店120多家，饿死了六分。绛州城内大约1 800家，饿死2 500人，全家饿死60家。蒲州府万泉县、猗氏县两县，饿死者一半，“吃人肉者平常耳”。屯留县城外七村内饿死11 800人，全家饿死626家，“王家庄一人杀吃人肉，人见之将他拉到社内，口袋中查出死人两手”，他说已经吃了八个人，活杀吃了一个，有一女年12岁活杀吃了。又有一家常卖人肉火烧，有一子将他活杀吃了。太原府城内饿死者两万有余。①

读了这些凄惨可怖的报导，令人毛骨悚然，不寒而栗。

河南的灾情也极为严重。当时赴河南赈灾的袁保恒说：全省报灾者87厅州县，待赈饥民不下五六百万。“弥望平原，尽成赤地。饥民则鸠形鹄立，不忍入目。其逃者十百为群，冲犯朔风，相属于道，时有僵踣……其未逃者阻辙攀辕，涕泣求赈。每过城镇乡市，辄拥臣等不得前行……饿殍于途者，遗骸在地，荒僻处所，甚至为犬鸟残食，形体不全”②。《申报》也有一篇关于河南灾情的报导：

> 一入归德府界，即见流民络绎，或哀泣于道途，或僵卧于风雪，极目荒凉，不堪言状……其地非特树皮草根，剥掘殆尽，甚至新死之人，饥民亦争相残食……即如汴城（开封）虽设粥厂，日食一粥，已集饥民七八万人，每日拥挤及冻馁僵仆而死者数十人，鸠形鹄面，累累路侧，有非流民图所能曲绘者。目前风雪交加而冻毙者更无数之可稽。所死之人，并无棺木，随处掘一大坑，无论男女，尸骸俱堆积其中。夜深呼号乞食，闻者酸心，见者落泪。汴城灾象如是，其余可想而知。③

① 参见《山西饥民单》，载《申报》，1878年4月。
② 袁保恒：《文诚公集》，奏议，卷六，《陈明河南赈务情形并请筹备巨款折》。
③ 《申报》，1878年1月。

其他直隶、山东、陕西、安徽、川北各处，旱灾亦极为严重，如四川北部有这样的记载："丁丑岁（光绪三年，1877）川之北亦旱，而巴（中）、南（江）、通（江）三州县尤甚……赤地数百里，千亩焚槁，颗粒乏登，米价腾踊，日甚一日，而贫民遂有乏食之惨矣。蔬糠既竭，继以草木……更复啖谷中泥土，俗曰神仙面……登高四望，比户萧条，炊烟断缕，鸡犬绝声。服鸩、投缳、堕岩、赴涧，轻视其身者，日闻于野。父弃其子，兄弃其弟，夫弃其妻，号哭于路途，转徙于沟壑者，耳目不忍听睹"①。

大灾之后，必有大疫。接踵而来的是各种传染病，无数劫后残黎，逃过了饥饿，又难逃瘟疫，被疾病夺去了生命。估计全国在这场持续的旱灾中死亡不啻数千万人。时任山西巡抚的曾国荃也叹息说："茫茫浩劫，亘古未闻。历观二十一史所载，灾荒无此惨酷"②。

"丁戊奇荒"是中国近代史上一场惨绝人寰的悲剧。这表明：脆弱的小农经济，在凶猛暴虐、突如其来的天灾面前毫无防卫的能力。再加上近代半殖民地半封建的经济和政治制度下，政府腐败，无力赈济，亿万无助的人民遂陷入无边苦海，后世的中国人应该牢记这段刻骨铭心的惨痛记忆。

1887年（光绪十三年）全国许多地方又发生严重的水灾。永定河于春秋两季接连漫决，上游地区"连遭大雨，河流增涨，边外诸山之水，又同时大发，奔腾汇注，汹涌异常"③，下游一片泽国。据李鸿章称：直隶受灾57州县。又潮白河在通州溃决，香河、宝坻首当其冲，损失严重。山东境内黄河决口，又有蝗虫肆虐。尤其在八九月间河南郑州黄河决口，河督成孚贪污巨款，误工殃民，水情紧急时，尚偃卧家中。"十一日工次已报大险，该督尚以此日例不到工，藉词避忌"，"迟至十日之久，危在顷刻之间，万夫失色，号呼震天，各卫身家，咸思效命，无如河干之上，曾无一束之秸，一撮之土，束手待溃，徒唤奈何"④。这

---

① 《通江县志》。

② 《曾国荃全集》，书札。

③ 《光绪朝东华录》，光绪十三年七月，李鸿章奏。

④ 《录副档》，光绪十三年九月，高钊中等奏。

次郑州河决，灾情十分严重。河南被水待赈饥民一百八九十万，黄水奔流，淹及安徽、江苏等地，“三省地面约二三十州县尽在洪流巨浸之中，田庐人口，漂没无算，而里下河一带富庶之区，适当其冲，行见粮盐俱坏，江淮交病”①。安徽被水11州县即有待赈灾民327万。

水旱灾荒的形成固然是由于气候的原因，但统治阶级也要负很大责任，上面谈到的成孚身为河督，只知捞钱，不顾河工民命，即是一例。又如1884年9月（光绪十年八月）郑州杨桥河决，本来河堤上“才一灌洞耳！当事者利其漫溢。益河工自古为利薮，以决愈大，请帑愈多，便历年置不治，遂成大工”②。腐败的官僚们为了有利可图，故意养痈为害，以便领取帑银，多得大笔治河经费，以便中饱私囊。1887年（光绪十三年）河决，朝野震动，清廷以“郑工”为名，大开捐输，公然卖官鬻爵，而郑州决口，并不去努力堵塞，直到第二年秋天，郑工才勉强合龙。这场罕见的大水灾是腐败官僚们利欲熏心、玩忽民命的一个典型。

第三节　中国近代工业的产生

一、中国近代工业的早期发展

中国近代化企业的出现，以1861年曾国藩创办的“安庆内军械所”为嚆矢，一直到1894年底，历时34年，这34年大致上可以分为三个时期。

1. 第一个时期（1861—1871）

从1861年（咸丰十一年）到1871年（同治十年），是中国近代工业产生的第一期，共11年。这11年中所创办的工业是清一色的军事工业，而且是清一色的官办工业。

军事工业的出现和政治局势密切相关。一方面当时清朝军队正

① 《录副档》，光绪十三年八月刘恩溥折。

② 顾廷龙：《吴窸斋先生年谱》，173页。

在和太平军进行激烈的战斗，地主阶级迫切需要改进自己的武器，以便更有效地镇压人民；另一方面，外国侵略者在两次鸦片战争中炫耀了自己"坚船利炮"，并在战后引诱清朝政府和自己合作，纷纷向清政府赠送、供应武器，以作为合作的钓饵。在这种形势下，一部分地主官僚开始仿造外国的枪炮轮船。这种军事工业实际上是中外反动势力相互勾结起来镇压人民的产物，充满着血腥的气味。

1861 年由曾国藩创办的"安庆内军械所"是仿制西式武器的第一个工厂，这个工厂的工程制造是由中国的知名科学家华蘅芳、徐寿等主持的，规模很小。1865 年制成"黄鹄"号轮船，曾国藩长子曾纪泽参加了试航，"在不足十四小时间逆水行二百二十五华里，回程顺行八小时"。这是由中国人自行研制、并以手工劳动为主建造的第一艘机动轮船。除主轴、锅炉以及汽缸配件所用铁料购自外国，其他材料、零配件均为自制。后来曾国藩说："同治元二年间，驻扎安庆，设局制造洋器，全用汉人，未雇洋匠，虽造成一小轮船，而行驶迟钝，不甚得法"①。1863 年初，曾国藩派遣容闳携银 6.8 万两，赴美国购买机器，以便进一步扩大军火生产的规模。就在这时候，李鸿章在上海创办了一个洋炮局，由英国医官马格里（Sir H. Macartney）主持局务，制造枪弹炮弹。以后洋炮局随着军事胜利而逐步扩充。到 1864 年，李鸿章已经设立了"炸弹三局"，一个由马格里主持，一个由副将韩殿甲主持，一个由苏松太道丁日昌主持。

这些军火工厂规模虽然还不大，但是在镇压太平天国的战争中却发挥了不小的作用。薛福成曾经这样说："西洋诸国火器精利，亘古无匹，中国初不知购习，闻见渐洽……又采用委员丁日昌条议，益购机器、募洋师，设局制造，颇渐窥西人奥窔。而淮军各营，皆颇自练洋枪队助军锋，所用开花炮，大者可攻城，小者以击贼阵、破贼垒，遂能下姑苏，拔常州，连克嘉湖诸郡。设非借助利器，殆不能若是勍且捷也"②。曾国藩、李鸿章正是从战争中认识了洋枪洋

① 《曾国藩全集》，奏稿，卷二七，《新造轮船折》。

② 薛福成：《庸庵文续编》，卷下，《书合肥伯相李公用兵平吴》。

炮的威力，把制造枪炮看成“御侮之资、自强之本”①。因此，镇压太平天国革命的战争刚刚结束，就忙忙碌碌地开办起一批规模更大的军火工厂来。

中国第一个大型的军火工厂是1865年李鸿章在上海创设的江南制造局。同年他又在南京开办金陵制造局。第二年（1866年），左宗棠在福州设立福州船政局，第三年（1867年）崇厚又在天津设立天津机器局。“沪、宁、闽、津”四局规模都是比较大的，是清朝政府军事工业的骨干。此外，在60年代开设的尚有西安机器局（1869年左宗棠开办）和福建机器局（1869年英桂开办），但规模都比较小。

2. 第二个时期（1872—1883）

从1872年（同治十一年）到1883年（光绪九年）是中国近代工业产生的第二期，共12年。所以拿1872年作为工业发展的界标，因为这一年有两件重要的事：一件是陈启源在广东南海创设了继昌隆缫丝厂，这是目前所能查到的第一个中国商办机器工厂；另一件是轮船招商局的成立，这是官督商办形式的开始出现。这两个企业虽然还只是小型加工企业和新式交通运输企业，严格地说来，第二阶段内创办的许多企业，都还没有真正跨入工业制造的领域，但是它们的出现，打破了前阶段清一色的官办军事工业的局面，毕竟象征着工业方面的一个进步。

这一阶段创办的企业可以分成四个类型。

第一个类型是官办军事工业，这是前一阶段狂热地制造武器的继续。其中有1872年左宗棠开办的兰州机器局、岑毓英开办的云南机器局、1874年瑞麟开办的广州机器局、1875年丁宝桢开办的四川机器局、1881年吴大澂开办的吉林机器局以及1883年醇亲王奕谭开办的北京神机营机器局。在这些企业中，只有神机营机器局规模稍大，据说基本建设费达100万两。② 但这个厂的寿命很短，只存在了七年多。1890年冬，一把大火把该厂全部烧光，以后再也没有恢复

① 《李鸿章全集》，奏稿，卷九，《置办外国铁厂机器折》。

② 据1883年7月20日《捷报》称：“为建筑厂房已经花了二十万两银子……花在机器上的银子则比这笔钱要多四倍”。

起来。其他都是各省创办的小型兵工厂，常年经费不过几万两，远远赶不上前一个时期“沪、宁、闽、津”四局的规模。在前一期，清朝官僚有一种观念，把制造武器看做“自强”的根本，所以不惜动用大量财力投入这个事业。可是几年来的事实证明：制造出来的武器质量低劣，而且代价很高，还不如从外国购买现成的武器。所以“洋务”活动的重点略有转移，从自制改为购买，几个已有的大型兵工厂仍勉强维持生产，但很少大事扩充。新建的许多军火厂都是各省地方官吏为了镇压人民起义、扩充自己实力，或者为了应付边界的局部事件而开设的，这种小型兵工厂主要只生产子弹火药，规模很小，经费很少，效率很差。

第二个类型是官督商办的交通电信事业，也就是轮船招商局和各地电报局。

1872 年轮船招商局的成立是我国新式交通运输事业的发轫。招商局由于得到清政府的大力扶植，发展较快，甲午战前已拥有资本 200 万两，而且带有垄断性，在相当长的时期内，并无第二家中国自办的轮船公司出现（外国轮船公司除外），只有 1881 年黎兆棠等组织了一个肇兴公司，开辟国际航线，但是不到三年就亏折倒闭。

中国的电报事业开始于 1879 年李鸿章架设的从天津到大沽口之间的电线，1881 年又建成天津到上海的电线。电报事业完全是适应清政府统治的需要而出现的，所谓“中国创办电报，南北洋消息往来，瞬息互答，实于军务洋务，大有裨助”①。所以创办完全动用政府款项，架线工程告竣后才改为官督商办，由盛宣怀主持。

1882 年后又陆续架设东南沿海电线、长江陆路电线以及东北电线，由于电线工程简易，花钱不多，而在政治军事上又十分重要，所以政府的态度很积极，工程进展也较快。据李鸿章在 1889 年说：“中国电报创造未及十年，现已东至东三省，南至山东、河南、江苏、闽、浙、两广，缘江而上，至皖、鄂，入川、黔，以至云南之极边，东与桂边相接，腹地旁推交通，几于无省不有”②。90 年代

① 《李鸿章全集》，奏稿，卷四四，《创办电线报销折》。

② 同上书，奏稿，卷六六，《拟办山陕商线片》。

初，西北的电线也架设起来，甲午战争前已架设至乌鲁木齐。

第三个类型是采矿业。在中国工业发生时期，采矿业处于比较领先的地位。清政府因制造枪炮，行驶轮船，急需得到燃料和原料，在一定程度上开放矿业，招揽投资，所以出现了较多的采矿业。从1872年到1883年，可以查考得出来的新式矿场共达18个，包括煤、铁、铜、金、银、石油等矿，创业资本共计达400万两。其中规模较大的有基隆煤矿、开平煤矿、湖北荆门煤矿、江苏利国驿铁矿、热河三山银矿、山东平度招远金矿、直隶顺德铜矿等。80年代初，从表面上看来，矿业投资已蔚为风气，实际上当时还缺乏发展采矿业的社会条件，很多人本无投资的愿望和力量，不过把它当做买空卖空的投机生意，因此，抢购股票之风大盛，而主持矿务的人或者存心骗取股金，或者为客观条件所限，往往挂了一个矿务公司的空招牌，耗费很多资金，实际上并未进行开采，等到市场波动，银根紧缩，就立即发生危机。1883年上海发生矿务风潮①，影响所及，钱庄商铺，倒闭很多，再加上丝茶业衰败和中法战争的影响，刚刚露头的工业活动转入停滞状态。

第四种类型是轻工业。其中以缫丝厂最为突出，但规模都很小。到1881年为止，广东南海已有11家商办机器缫丝厂，每厂只有几万元资本。1881年成立的上海公和永缫丝厂，创业资本仅14万元，已经算是规模最大的了。截至1883年，缫丝业的投资估计为50万两左右。除了缫丝厂以外，还有一些其他的工厂，如织呢厂、面粉厂、豆饼厂、印刷厂、机器修配厂等，但这些企业只是个别地出现，其中除官办的兰州织呢局以外，规模都很小。

---

① 据1883年11月1日《字林沪报》记载这次风潮的原委说："自去岁矿务及各公司大兴招股份，忽然搁起银数百万两，而支绌情形乃昭然显露矣。当各矿举办之初，不过暂借富商之力，众擎易举，原期大有利于国家；不谓市廛奸侩特开售卖股票之风，以致举国若狂，纳股者非富家藏窖之银，乃市肆流通之宝，而害遂不可胜言矣……乃今所收股银，大抵皆钱庄汇划之银，平时存放与人，有收回之日，一入各公司股份，永无可提之日矣。初时争先恐后，贪得无厌者，原冀得股之后，股票骤涨，即得出脱，岂知未能大涨，而人心不足，稍有盈余，必图大获，乃久之而盈余且不可得矣，又久之而如本以售亦无人问矣。将左支右绌，东移西撮之银，以易此无用纸券，一旦债主催逼，无地容身，为伙者亏空店本，为东者累及他人，倒闭纷纷，逋逃累累，而市面不可问矣。"以上转引自《上海钱庄史料》，50～51页。

这个时期的工业比前一时期在两个方面有所进展。一方面是出现了生产民用品的企业，军事工业相对地退居次要地位。另一方面是出现了商办、官督商办企业，官办企业亦退居次要地位。但是应该指出：进展是微小的，这些企业虽然生产了民用品（或像交通、电信，可以提供民用服务），可是实际上，它们仍然是由于官方需要而开办起来的，产品大多为政府收购，很少供应一般人民的需用。例如大型的基隆和开平煤矿，开采的煤大部分供应各军火工厂的需要，基隆煤矿更是直接由福州船政局投资建立，成为船政局的一个附属单位。其他铜矿、银矿的开采也莫不是为了生产军火、鼓铸货币的需要。轮船招商局的出现也是为了解决政府的漕粮运输，所谓“无事时可运官粮客货，有事时装载援兵军火”①，电报事业则是为了传达官方的命令、情报，连李鸿章也说：“溯自电报创设以来，实在功效，在官者多，在商者少”②。在清政府洋务派官僚看来，这些企业都是维持统治的不可缺少的工具。只有缫丝业和官方没有什么关系，但是它和外国又有密切关系，缫丝业的出现是和丝的出口需要的增长相适应的，它为出口的丝进行加工，产品主要运销到外国。所以这个时期的企业虽然开始突破了单纯生产军火的局面，但实际上，其产品和服务对象主要仍不是一般的民用。

从企业的内部关系来说，单纯官办虽已退居次要地位，但是这些企业并没有一步跨入商办的阶段，当时只有规模很小的缫丝业等是纯粹的商办企业，轮船局、电报局都是官督商办，18 个新式矿场中有 4 个官办，13 个是官商合办或官督商办，只有 1 个是商办。总的来说，官和商合作，这是本阶段企业的主要形式。估计官办、官督商办、官商合办的企业投资数约有 800 万两（军火工业的投资不计），占这个时期全部企业投资总数 90％以上，而单纯商办的企业投资约为 70 多万两，不到 10％。

3. 第三个时期（1884—1894）

自从 1883 年矿业和丝茶业风潮以后，又经历中法战争的多事之

---

① 《李鸿章全集》，奏稿，卷二五，《轮船招商局请奖折》。

② 同上书，奏稿，卷五三，《电资拨抵垫款折》。

秋，整个工业活动呈衰退趋势，1887年以后始有起色。从1884年（光绪十年）到1894（光绪二十年）的11年间，工业有了很大的变化。一方面上个时期已经出现的缫丝、采矿、交通电讯、军火等四类企业，有的发展较快，有的陷于停滞；另一方面，除了已有的四类企业之外，又出现了纺织、炼钢、铁路等新企业。

在上个时期就已出现的四类企业中发展较快的是缫丝业。11年内仅广东顺德一地就开设了32家小型缫丝厂，资本总额近100万元，工人达16 000人。上海一带的缫丝厂发展的劲头更要猛些，建立了好几个中型缫丝厂，资本额每个都在10万或20万元以上。

1894年张之洞说："近十年来，上海、广东等处商人，多有仿照西法，用机器缫丝者……专售外洋，行销颇旺"①。估计这一阶段内全国机器缫丝的创业投资约有二百数十万两，比上一阶段增长四倍以上。

波动最剧烈的是采矿业，一方面上一阶段所设的矿场，除开平煤矿以外，全都处在衰败状态，有的已经亏折倒闭，有的是业务不振，气息奄奄，呈现一片萧条凄惨的局面；另一方面由于客观需要的增长和洋务派官僚的促使，新矿场纷纷设立，后继的投资者接踵而来。这一时期内，可以查考到的新开矿场有15个，其中较大的有1886年潘霨设立的贵州青谿铁厂（官办），1887年在唐炯主持下云南铜矿开始采用机器（官督商办），1889年李鸿章请设的黑龙江漠河金矿（官督商办），1890年张之洞开设的湖北大冶铁矿（官办）等。不能查考出来的小矿场可能也不少。② 估计这个时期采矿业中创业资本可能达300万两。

交通电讯方面，原有的招商局和电报局都带有一定的垄断性，只此一家，别无分店。1884年到1894年间，电报业务发展很快，线路已遍布全国；轮船招商局的营业也有起色，每年盈利一二十万两，

① 《张之洞全集》，奏议，卷三五，《开设缫丝局片》。

② 如1888年4月7日《捷报》记载，张之洞在广州设立矿务局，"发给开矿执照，不到几个星期，禀请开采的即有五十起之多。向阿梅已创办了两个矿业公司，每个公司资本十万两，并且又准在从化开采一个铁矿与银矿，和阳山的一个金矿……向阿梅经营的大屿山银矿已于三月二十八日正式开工"。这50起采矿情况如何，目前尚难于调查清楚。

算是招商局整个历史上的“黄金时代”。

处于相对衰退的军火工业，旧有的工厂生产趋于萎缩，新的兵工厂只添设两个，一个是1885年刘铭传设立的台湾机器局，另一个是1890年张之洞设立的湖北枪炮厂。

以上是缫丝、采矿、交通电讯和军火四大类企业的情况，但是这个时期比起第二个时期来增加了其他新类型的企业，包括轻重工业和铁路等，严格地说来，到这个时期中国才真正跨入了工业制造的领域。

轻工业方面，在上一个时期除缫丝厂以外也有个别的面粉厂（如1878年天津贻来牟磨坊）、制茶厂（据说1875年福州有三个茶厂）、造纸厂（1882广州造纸厂）出现，这些企业虽然在个别工序上采用了机器，但规模很小，有的仅雇用十几个人，而且存在的时间也很短。只有在1890年初上海织布局建成之后，中国才出现了规模较大的轻工业。接着，各地的纱布厂相继兴起，1891年有上海华新纺织新局（唐松岩开办），1892年有湖北织布官局（张之洞开办），1893年有重庆纱厂（黎庶昌筹办，未成），1894年有上海华盛纱厂（盛宣怀开办）、裕源纱厂（朱鸿度开办）、大纯纱厂（盛某开设）、宁波通久源纱厂（严信厚开办）。据1894年李鸿章说：“除设立华盛作为总厂之外，另在上海及宁波、镇江等处，招集华商，分设十厂，官督商办……上海华盛总厂及华新、大纯、裕源数厂，现已购机建厂，先行开办，其余各厂，亦经陆续措置，商情尚行勇跃”①。90年代之初，纱布业投资确实颇有繁荣气象。估计到甲午战争时，投资总计约有400万两。

除了领先发展的棉纺织业之外，像火柴、轧花、印刷、面粉、制茶、制糖、造纸等行业也有一定程度的发展，其中较著名的如杨宗濂等创办的天津自来火公司（1886年）、卢干臣创办的重庆枝昌火柴厂（1889年）以及上海燮昌火柴厂（1890年）、严信厚创办的通久源轧花厂（1887年）、李鸿章投资的上海伦章造纸厂（1891年）等。

---

① 《李鸿章全集》，奏稿，卷七八，《推广机器织局折》。

第三个时期的特点之一就是轻工业（尤其是纺织业）开始得到较多的发展，世界资本主义的发展本来都是从轻工业开始的，中国的情形也并不例外，但中国也有自己的特殊性。在前两个时期，军事工业和采矿业似乎走在头里，这个特点，和封建统治阶级求“强”、求“富”的政治目的是分不开的。统治阶级为了制造枪炮武装，孤立地发展了军事工业和采矿业。但这两类企业没有整个工业体系的支持，犹如无源之水、无根之木，它不能不日益枯萎下去。中国早期的军事工业从开始就染上瘫痪症，一直停滞不前；采矿业也是亏折闭歇，呈现一片惨相。几十年之间这两种企业都没有什么明显的成绩。转来转去，到 90 年代初还是转到了棉纺织业这条路上，但时间已经太晚了，接着就发生了中日甲午战争，战后外国获得了在华设厂的法定权利，刚刚露头的纺织工业挨了当头一棒。甲午战后许多外资纱厂纷纷建立，中国纱厂陆续遭到吞并，纺织业发展的一线希望亦告幻灭。

第三个时期的另外几类新企业有铸币、铁路和炼钢。

铸币完全是官办企业。自从外国输入大批银元和清政府在太平天国革命时期滥铸劣质大钱以来，币制大乱。市场上制钱短缺，而各式各样的银元、庄票以及外国银行发行的钞票泛滥成灾。对于紊如乱丝的货币制度，清政府也想加以整顿，但它不是从改革旧货币入手，却一心一意要恢复过时了的制钱，企图多多造出制钱来抵制银元、钞票。1888 年李鸿章想要用外国机器造中国制钱，以五万两建立一个小型造钱厂，附设天津机器局内。但是外国制钱机器只能制造平板。钱币中间没有方孔，不合中国制钱型式，只得“另添打眼梃杆，由钱模正中穿透，始能撞出钱孔，地位殊窄，撞力过大，梃杆上下与钱模互相磨触，最易伤损，每日每座机器模撞修换数次及十数次不等。人工既费，成数亦少”①。据李鸿章说：每造制钱 1 000文，所花成本费达 2 237 文。很显然，这种蚀本生意是干不下去的，因此开工几个月即告停歇。李鸿章歇手不干了，张之洞却

① 《李鸿章全集》，奏稿，卷六三，《请停机器铸钱折》。

硬着头皮要干下去，1889年他在广州设立机器造钱厂。由于统治阶级需要维持旧制钱，这项赔本生意也就一直维持下去。不过在1890年，广东所铸的制钱已由原重一钱减到八分。

张之洞在铸钱的同时，又开办银元铸造，清政府本来不同意铸造这种外国样式的银元，经张之洞一再力争，方允准试办。1890年铸成重量七钱二分六的银元及各种银辅币，这是中国自铸银元的开始。广东铸币局的投资共46万两。

关系国计民生的铁路事业也在80年代开始出现。本来外国侵略者为了推销商品，老早就试图在中国修建铁路，但一直为清政府所坚决拒绝。1880年刘铭传上疏请开铁路，引起清政府内洋务派和顽固派之间的一场大争论，这个争论一直延续十年之久，洋务派的意见占了上风，修筑铁路才列为清政府的国策。

中国第一条自造的铁路是1880年直隶开平煤矿为运煤需要而筑造的，从唐山到胥各庄，共长15里。为了避免顽固派的反对，最初只能用马骡等牲口拉着煤车在铁轨上行走，不敢使用机车去拉。1887年李鸿章把开平煤矿的运煤铁路从胥各庄一直往西南展筑到芦台，解决了运煤的困难，同时成立了中国铁路公司，拟集股100万两，以便进一步建筑铁路。1888年又展筑到天津。李鸿章还想把这条铁路一步一步地引到北京去，建议兴修津通路（天津到通州），顽固派竭力反对这个计划，引起关于铁路问题的最后一场争论，结果李鸿章的计划被修正，拟另从卢沟桥筑路至汉口，津通铁路停修。但是卢汉铁路工程浩大，一时无法开工，而李鸿章又不甘心计划失败，既然铁路不能往西南发展到北京去，就干脆掉过头来往东北发展，一直到中日甲午战争时，这条铁路刚刚伸出山海关外。

台湾巡抚刘铭传也进行了同样的努力。原来计划招商集股修造一条贯通全台南北的铁路，从基隆经台北、新竹、彰化到台南。1887年铁路开始修筑，在修筑过程中因招不到商股，只好改为官办。当时清政府的财政捉襟见肘，要让它拿出大批钱财来完成这种巨大工程是不可能的。1893年这条铁路从基隆筑至新竹（约为全路长的四分之一）即告停顿，据后任台湾巡抚邵友濂报销，该路建筑用费为129

万余两。

铁路的兴起又带动了炼钢的兴起。当修筑卢汉铁路的决策确定以后，清政府把这个任务交给张之洞，并把张从两广总督调任湖广总督，来督修这条铁路。这条铁路长达三千里，工程浩大，资金、技术、材料都有问题。张之洞提出一个“先轨后路”的办法，由户部每年拨款 200 万两，先开设一个炼钢厂，自己轧制钢轨，再用自制钢轨筑路，这个建议被清政府采纳。1890 年张之洞就开始建造汉阳铁厂，至 1893 年全厂落成，这是中国早期新式炼钢厂中最大的一个。在汉阳铁厂之前，贵州巡抚潘霨在 1886 年设立了一个青谿铁厂，备有炼钢的贝色麻炉，资金 30 万两，但因招股不足，不久即停办。此外，江南制造局和天津机器局也都在 90 年代初添置炼钢设备，规模较小，产品主要是供本厂制造武器的需要。

第三个时期的工业比起第二个时期来也有一些进展。第一，在第二个时期内估计全部投资不到八百万两，在第三个时期内估计为二千多万两，约增长一倍半；第二，第三个时期内出现了真正名副其实的生产民用品的轻工业，如纺织、火柴等，也出现了铁路和炼钢等大规模的工程建设，工业的类型越来越多，发展工业成为越来越迫切的社会要求；第三，官办、官商合办、官督商办虽然仍是本阶段工业的主要形式，但是可以看到，商办的中小型企业正在逐渐增多，就是在官和商合作的企业里，经营方式也逐渐有所转变，企业的营利目的被进一步强调起来，有一些名为官督商办的企业，实际上完全是由私人投资和私人管理的。

以上是从 19 世纪 60 年代到 90 年代初中国机器工业发展的简单情况。

二、若干重要工矿企业介绍

为了进一步了解当时工业发展的情况，以下选择中国工业产生初期的 12 个重要企业略作介绍。

1. 江南制造局

江南制造局是中国自办的时间最早、规模较大的一个军火工厂。

60 年代初，当李鸿章刚刚镇压了太平天国革命以后，准备进一步扩大军火生产时，有海关通事唐国华，扦手陆灿、秦吉，因案革究，纳贿赎罪，出资四万两购买了一个破旧的美商旗记铁厂，献给李鸿章。1865 年李鸿章拿这个厂做基础，把原由丁日昌、韩殿甲主持的两个小军火厂合并在内。后来容闳从美国购买来的机器也并入此厂，成立了“江南制造局”。1867 年在上海城南高昌庙建立新厂址，并附设翻译馆、广方言馆等。该厂大权掌握在外国人手里，主要的工程师是英国人彭他（T. Bunt）和柯尼施（N. E. Colnish）。中国工人最多达三千人。江南制造局的经费来源是清政府指拨的江海关二成洋税，每年约五六十万两左右，生产的军火主要由清政府调拨，不作为商品出卖。由于常年经费有定额，工厂没有内部积累，所以该厂建立后数十年间不可能进行很大扩充，只有在中日甲午战争前夕，由于军火需要的增加，清政府才拨款 40 万两，添设了炼钢厂、无烟火药厂和栗色火药厂。

江南制造厂的产品十分复杂，既生产枪炮、火药、子弹、铜引，又制造轮船、水雷。所造枪炮的种类五花八门，有各种前膛枪、快利枪、毛瑟枪、马梯尼式、士乃得式、开花生铁炮、来福炮、田鸡炮、克虏伯炮、乌理治炮、阿姆斯特朗炮等等。江南制造局的规模似乎不小，但是产品种类复杂，机器设备就不能充分利用。有时刚刚购到制造某一类型枪支的机器，可是两江总督忽然命令改制另一类型的枪支，机器就要闲置起来，所以生产效率非常低。张之洞说：“上海局虽较大，惟所造枪弹、炮弹、水雷、火药及修理轮船，门类颇多而不专一，并无专造快枪之机器，故每一月出枪不过一百余支，亦无陆路过山炮之机器。至大炮则一年或出一尊两尊不等”①。产品的质量如何呢？据张之洞说局制之炮“炮身不长，机器不灵，施放过迟，一点钟止能放七八炮。徒贪弹重药多之力，殊少及远放捷之功”②，“沪局所造无烟药，迭经臣考察，制炼尚未能纯净得法……其栗色炮药一种，久经前北洋大臣考验，不适于用，此时亦

① 《张之洞全集》，奏议，卷三八，《筹办江南善后事宜折》。

② 同上书，奏议，卷三六，《整顿南洋炮台兵轮片》。

不宜造”①。至于所造的枪支，因容易走火，军队都不肯使用，大批枪支堆存在仓库里，如同废物，1890 年仅局制林明敦中针枪一项，工厂自己仓库里就堆存着万余杆，另外南京还堆存着数千杆。②

江南制造局前期还造了八艘轮船，成绩并不理想，“这些小船只能供沿海岸巡缉之用，太平年月无用，战争起时是废物”③。1885 年后轮船制造索性停止，改为修理。但是“办理之员类皆无师自学，以致承修船支，工缓价昂。近年以来（按：时为 1905 年），商船裹足不前，兵轮反入洋坞修理”④。修理业务也是山穷水绝。1905 年，江南制造局不得不改变经营，专门生产武器，仍是官办，另设江南船坞，专门修造船舶，仿照商办经营。

江南制造局是中国最早的、也是规模最大的一个工厂，清朝政府的投资不为不多、用力不为不大，但是成绩非常坏，这是当时许多官办工业共同的命运。拿江南制造局来说，经营管理的腐败是典型的，工厂的管理机构庞大，重重叠叠的机构像衙门一样，设有总办、会办、提调、委员、帮办、司事、匠目等名色，白白养活着一批冗员，所谓“坐食者三之二”⑤。至于贪污、贿赂、盗窃之风，十分严重。该厂半数以上的经费是用来购买原料燃料的，于是明扣暗扣、贱货贵值、以少报多、以无作有，种种弊端层出不穷。所以张之洞说：“沪局近二十年，人人皆视为金穴铜山，有弊无利。”⑥

2. 金陵制造局

1865 年李鸿章把前由马格里主持的“苏州洋炮局”迁到南京，在雨花台建新厂，名为“金陵制造局”。该厂主要制造各种大炮、抬枪及弹药，常年经费 10 万两，后增至 15 万两，由江南各类驻军军

---

① 《张之洞全集》，奏议，卷六二，《会筹江南制造局移设新厂办法折》。

② 参见《两江总督曾批刘麟祥禀请改造林明敦中针枪添配活盖》，转引自魏允恭：《江南制造局说》，卷三，66 页。

③ 《捷报》，卷一〇，505 页。

④ 《周馥全集》，奏稿，卷三。

⑤ 《论制造局》，载《中外日报》，1904 年 6 月。

⑥ 《张之洞全集》，书札，卷四，16 页，《致鹿滋轩》。

需项下拨给。它的经费较沪、闽、津三局要少，所以不要说扩充厂务，连正常的生产也难以维持。刘坤一说：金陵制造局机器、熟铁两厂所用的锅炉，“系同治初年安设，迄今二十余载，终年运用，锅炉愈烧愈薄，链补已多，汽机愈用愈旧，旋转无劲，屡经修理，仍属此修彼坏，后经曾国荃、刘坤一等扩充，稍具规模”①。机器设备虽然得到更新，但生产的枪炮很落后。据英人贝思福在1898年所见，金陵机器局“机器是现代的、头等的，但用来制造过时的、无用的军需物品。他们正在大量地制造一种小炮，只能放射一磅重的炮弹”②。据1899年刘坤一报告该厂的生产能力：“宁局每年可造后膛抬枪一百八十支，两磅后膛炮四十八尊，一磅子快炮十六尊，各项炮弹六万五千八百颗，抬枪自来火子弹五万粒，毛瑟枪子弹八万一千五百粒”③。

对于金陵制造局的发展来说，重要的阻碍还在于外国顾问的蛮横和无能的经营管理。工厂最初由英国人马格里独揽大权，他本是一个军医，对工程管理是外行。他在这里待了十年之久，建立了一套野蛮的家长式统治，任意鞭笞虐待工人，辱骂和排挤中国的官吏员司，非法建立一个私人的武装卫队，任意挥霍金钱，制造出来的大炮却是不能使用的废物。1875年该局为大沽要塞承造六尊大炮，当着李鸿章的面试放，“然旋放旋裂”，六尊大炮，“毁者竟居其五，僚属咸请止放，以免第六尊之自杀”④。事故发生后，引起舆论之抨击，李鸿章不得不把马格里撤换掉。

3. 福州船政局

当曾国藩、李鸿章等大事军火制造的时候，左宗棠于1866年在闽江口马尾山下建造“福州船政局”，专门制造轮船，并附设前后学堂。该厂早期工程全由法国人日意格和德克碑主持，“洋匠”多达五十余人，中国工人约有两千多。

该厂自从诞生之后也步履艰难。本来要在五年内成船16艘，预

---

① 《刘坤一遗集》，奏疏，卷二六，《金陵机器局更换锅炉片》。
② 贝思福：《中国之瓜分》。
③ 《刘坤一遗集》，电奏，卷一。
④ 甘作霖：《江南制造局之简史》，载《东方杂志》，第一一卷。

计用费二百数十万两，但是直到1872年只造成9艘木质小船，而用款已达340万两，于是舆论大哗。内阁学士宋晋倡议“制造轮船，浪费太重，请暂行停止”，统治阶级内部经过一场争吵以后，决定仍把船局办下去。到1874年，又陆续成船6艘，而用款累计已达536万两。这些船只的质量很差。据外国报纸说：“造成的十五条船，十条安静地停泊在船厂对面江边；有些除了试航外从未下过海；有几条到过厦门，两三条曾试航过上海或更北……福州船厂在以往几年不过只是个大玩具而已，看看很漂亮，但完全无用；同时不要忘掉它对福建一省的摧残，为了它，这一省的苛税变得十分沉重”①。

日意格是个税务司，对造船本来是外行，他骗取了清朝政府的大量钱财，弄来一些陈旧的机器、原料，请来一帮很不高明的“洋匠”，因此造价昂贵，质量低劣，造出来的都是样式陈旧、不堪使用的船只。②

1874年后，日意格等“告退”。船政局在技术上完全依靠本国的工人和船政学堂学生③，业务稍有起色。自1875年到1897年陆续成船21艘，技术上有进步，船身从木质改为铁质，轮机从立式改为卧式，载重从几百吨增加到千余吨和两千数百吨，并有巡海快船、钢甲兵舰、穹甲舰、浅水舰等各种式样。可见当时中国造船事业离开了“洋匠”也是可以独立进行的。

但是技术上的某些进步并不能改变整个船政局衰败没落的命运，清政府本来规定每年给船政局拨款84万两，但是清政府自己处在风雨飘摇之中，财政竭蹶，税款短绌，因此船政局的经费很少付足过，

① 《北华捷报》，1874年3月5日。

② 郑观应说：“中国造船，无论木铁钢铜等料，无不购诸外洋，纵使价不居奇，而运载有费、行用有费、奸商之染指有费，其成本已视外国悬殊，况且良窳难辨，应为何料，购自何厂，皆唯洋匠是听，去取迁就，安能保其无它。或购矣而未尽适用，或用矣而只图美观，非独浪费，更恐误事。况出洋绘图，督造试验，无一不资于洋匠，艺未必皆精，工未必皆勤，而月薪动以数百金计。工料如此，无怪造船之费，每昂于购船，而得力反逊于所购之船也”。《盛世危言》，卷五，《船政》。

③ 当时主持造船的中国工程师有吴德章、李寿田、魏瀚、陈兆翱、李廉臣、郑清濂等，都是船政学堂的毕业学生。

平均每年拿到的经费要打个对折，只有 40 多万两，有的年头只能拿到 20 万两。就在这笔已经大大打了折扣的经费中，清政府在财政困难的时候还要动动念头。如 1879 年清政府就以“晋豫待赈孔急”为名要求将轮船机器各局用款暂提十分之五办赈。① 经费这样五折六扣，开支却十分浩大，除了维持船厂的生产之外，已造成的轮船的养护修理、工薪、煤炭也要由船政局来开销，它多造一条船，就要多开销一笔养船费，因此生产资金越来越少，再加上官吏们贪污挥霍，所谓“京外传喧，船政局乾修极多极厚，或每年数千金，少亦数百金”②。1885 年御史殷如璋称该局“历任大臣收用员绅为数过多，薪水津贴等项需款太巨……以致造船经费不能统归实用”③。在这样层层剥削之下，造船业务怎能不奄奄待毙，船政局只好缩小生产规模，屡次裁减工人，几乎要寿终正寝。就像张佩纶所说，“积三年之费，不能成一新式快船，为时愈久，所费愈昂。船政几不能自立”④。幸亏南洋和广东委托该局代造 9 艘船只，依靠这笔船价，方得苟延一息。但是，船政局“乾修多，经费少，所造之船，工料不免偷减，由是各省需用轮船，多向外洋订购，中国船政局每欲承揽一二只而不可得”⑤，所以后来连代造轮船的生意也捞不着了。

1896 年清政府再一次聘请法国人杜业尔任船政局监督，大权又落到外国侵略者的手里。杜业尔蛮横跋扈，较日意格等尤甚。局务完全由他一人把持，中国人根本不能过问。1902 年秋，他擅自和法国公司签订造船合同，合同内竟公然写明“制造责任由杜业尔独任，所有工料一切均归杜包办。成船后有无弊病，有无短绌，有无逾限，杜向公司自理，与船政无涉”⑥。他一手遮天，船政局沦为他手下的一个并无权力的办事机构。杜业尔管局七年，只造了一艘小拖船和三艘鱼雷艇，他和四个“洋匠”每年却要支领 35 万法郎的高薪（合

① 参见《沈葆桢政书》，卷七，《筹议海防经费并机器局未便停工折》。

② 《刘坤一遗集》，书牍，卷六，《复黎兆棠》。

③ 《洋务运动》（五），320 页。

④ 张佩纶：《涧于集》，奏议，卷四，《筹办船政事宜折》。

⑤ 《刘坤一遗集》，奏疏，卷二四，《整顿船政铁厂片》。

⑥ 《中外日报》，1903 年 12 月 20 日。

银 10 万两)。最后，聘约期满，杜业尔还讹诈船政局欠他料银薪俸等 100 万两，又在厂里赖了两年，不肯离开。

综计福州船政局从 1866 年开办起，到 1907 年为止，历时四十余年，共用银 1 921 万两，投资不为不大。但它好像染上了不可救药的瘫痪症，经费左支右绌，业务每况愈下。这是在帝国主义和封建主义统治下一切新式工业的必然命运。

4. 天津机器局

汉族地主阶级在南方纷纷设厂制造武器，那些满族亲贵们也不甘落后。1867 年在总理衙门的催促下，三口通商大臣崇厚设立了天津机器局。1870 年李鸿章任直隶总督，把这个工厂接收过来，并大事扩充。

该厂分两个部分，东局设于贾家沽，西局设于海光寺，共有二千数百名工人，最初由丹麦领事密妥士（英国籍）主持厂务，常年经费约 40 万两。该厂并附设水雷、水师、电报等学堂。李鸿章把这个由他亲自照管的兵工厂称为“洋军火之总汇”，它生产各种炮、枪和火药子弹、水雷，附带生产电线、电机、船只。中法战争中向各省供应大批军火，当时忙忙碌碌地“添购物料，加做夜工，制造军火”①。中法战后，清政府建立北洋海军，该局又为战舰和海口供应枪炮弹药，成为淮军和北洋海军的军械库，数十年内耗资千万两。至 1900 年八国联军入侵天津，彻底破坏了这个军工厂。此后天津机器局“久已鞠为茂草，扫地无存”。

李鸿章接办天津机器局后，有六年的报销清单（包括 1870、1871 以及 1874 到 1877 年)。这六年共开支经费 132 万两，用来购买机器的只有 9.8 万两，只占总支出的 7%强，而购买料物有 67 万两，占总支出的一半以上，半数以上的经费都在“购料”名义下，落入外国军火资本家以及本国贪官污吏的腰包。在员工薪俸中，少数洋员薪俸高达 10.4 万两，中国官吏员司的薪俸达 7.5 万两，而两千数百名工人的工资只有 20.7 万两，工人的剩余劳动力完全被洋员和官僚们所占有。天津机器局的这篇账目，大体上可以代表官办军火工

① 《清户部档抄本》，103 页。

业和其他官办工业的情况。

5. 轮船招商局

1872年由李鸿章奏请设立。其奏折中说："各省在沪殷商，或置轮船，或挟资本，向各口装载贸易，俱依附洋商名下，若由官设立商局招徕，则各省所有轮船股东，必渐归并官局。"① 最初聘朱其昂、朱其诏兄弟经理其事。朱氏为江苏宝山县富商，世业沙船，"自家即有沙船，其亲友更多"②，且与洋商熟悉。但招募商股不很理想。李鸿章又邀在上海的大买办唐廷枢为总办，另一大买办徐润与朱氏兄弟、盛宣怀等为会办，重新开张。唐氏等提出，局务"归商办理"、"各事均按买卖常规"，也就是要求抛弃官办企业的旧习，按照市场规则运作。这样，轮船招商局就成为近代中国第一个官督商办的企业。

该局创办时，反对者甚众，谤议纷纷。李鸿章对开办轮船招商局的态度极为坚决，力排众议。他说："兹欲创办华商轮船，为目前海运尚小，为中国数千百年国体、商情、财源、兵势开拓地步，我辈若不破群议而为之，并世而生，后我而起者，岂复有此识力？"③"中国内河，任人横行，独不令华商展足耶？日本尚自有轮船六七十只，我独无之，成何局面？"④ 在李鸿章的坚决主张和大力扶植下，轮船招商局得以成立。

招商局开办后，购置船只，建立码头仓库，开辟航线，渐成局面。外国轮船公司怡和、太古、旗昌等竞跌运价，招揽客货，进行倾挤。但招商局有政府做靠山，借用官帑，承运漕粮，营业仍有起色，并于1876年以230万两巨款购买了美商旗昌轮船公司的产业，包括轮船16艘（招商局原有轮船11艘）及各口岸之码头仓库，大事扩充。但购买旗昌的资金依赖官府借款100万两和洋人借款100万两，因此债台高筑，利息负担每年二三十万两，也带来了负面影响。

---

① 《李鸿章全集》，奏稿，卷二〇，《试办招商轮船折》。

② 同上书，朋僚函稿，卷一二，《复何筱宋制军》。

③ 同上书，朋僚函稿，卷一二，《复张振轩制军》。

④ 同上书，朋僚函稿，卷一二，《复孙竹堂观察》。

轮船招商局的业务虽然有所发展，有较多利润，资产日增，80年代和90年代每年水脚收入常在200万两左右，但每年背着利息包袱而又经营不善，用人太滥，经营者挪用局款，营私舞弊，层出不穷，大受舆论指责，屡次遭到弹劾。1877年据董儁翰揭露，“该局出入之数，每月竟须赔银至五六万两之多……各上司暨官亲幕友以及同寅故旧，纷纷荐人，函牍盈尺……所荐之人无非为图谋薪水起见，求其能谙练办公者，十不获一。甚至官员中亦有挂名应差、身居隔省、每月支领薪水者”①。1880年据王先谦揭发：朱其昂用高价购买了很多旧船，连年沉没，因而亏折甚巨，购买旗昌时，唐廷枢、盛宣怀拿贬值到50两一张的旗昌股票，充作100两，因而侵吞大批款项。② 1885年据马良的调查：“各局船栈，人浮于事……‘总’之缺，向归总办分派，非唐即徐，间用他姓，则须打通关节，与局中有力者分做，即暗地分财之谓也。此种人品，一得‘总’，便引用亲朋至二三十之多……该处司董以局船为己有，专装私货……每船到埠，不准早开，以局董私货未及配载，有停至五六天者，为费不赀……某仅承揽四船油漆，而衣食美好，拟于素封。又每年用煤四十余万金，价值斤两省耗之数甚巨，但凭各船各栈报单而已……账目之弊……患在公私混乱，挪欠自如，唐总办欠六七万，徐欠二万余，各司董所欠不等……更有以烂贱股票押取局银至三十余万之多者……以致局无现银，去年九月几乎倒闭”③。1910年据汪康年说：该局“历来之总办，何一非挟巨力之大官乎？各船之买办，何一非某巨公之私人乎？盖不特其私人而已，其私人之私人亦靡不充满其间……最可笑者，尝有一年，总办至七八人，人吸万金以去而莫之过问也”④。从以上不同时间、不同人们的议论中，可以想见招商局的腐败状况。这个中国自办的第一个新式航运事业，虽然具备了借官款、运漕粮等有利条件，但由于主持局务的官僚们多方朘削，它也不可能得到长足的进展。

---

① 《洋务运动》（六），19页。

② 参见上书，38页。

③ 马良：《改革招商局建议》，见《洋务运动》（六），125～126页。

④ 汪康年：《汪穰卿遗著》，卷四，《驳招商局为纯粹商办论》。

6. 台湾基隆煤矿

基隆在很早以前就是煤炭产地，当地有不少煤窑。自从台湾淡水开港和福州船政局成立后，煤炭需要量大增，基隆的小煤窑也大大发展，所谓“船政局既设，民间私采，几不可遏禁”①。但是煤炭产量仍远远不能满足需要，小煤窑“人工过贵，民洞本属无多，一届农忙，半皆停歇，闲时开采，所出亦微”②。福州船政局为了解决燃料问题，决定用机器采煤。1875 年清廷同时批准试办磁州和台湾煤矿。于是开始勘探、购机、凿井，聘用英国矿师翟萨等 14 人，雇用工人约一千人。1878 年开始出煤，至 1881 年产煤量增至 54 000 吨。由于官办企业的腐败经营，所以煤的产量虽在增加，而煤矿仍连年亏损，一年要亏折 10 万两以上，究竟为什么亏本？那是很难搞清楚的。1885 年台湾巡抚刘铭传说：“据先后送呈月报，核计用度与销售煤价，均属有盈无绌，不知亏折何由？”又说“平日办矿滥支，弊端百出，若彻底查究，自开局以来，经手作弊人员，办不胜办，既经锡珍等查覆奏结，自应毋庸追究”③。官办企业的通例就是这样，账目虚假混乱，出了问题就包庇了事。

由于严重的贪污，再加上中法战争时为防法国侵略军掠夺煤矿炸毁了矿井，此后基隆矿务一直处于瘫痪状态。忽而改成商办、忽而又改官办，但都因资本不足，产量锐减，亏折累累，90 年代初，八口老煤井枯竭，又无钱另开新井，采矿完全停顿。到中日甲午战争后，这个煤矿同整个台湾被日本侵略者掠夺了过去。

7. 直隶开平煤矿

1876 年李鸿章命唐廷枢等创办，1878 年正式开局，1881 年开始出煤。90 年代又增开林西矿。该矿在洋务派举办的各种事业中算是“佼佼者”。至 1895 年，年产煤约 60 万吨，职员工人约 17 000 人，一年可得利润 3%～5%。④

---

① 《淡水厅志》，卷四二，13 页，同治十年刊本。

② 《刘铭传奏议》，卷八，《遵旨饬商退办煤矿折》。

③ 同上书，卷八，《何维楷办矿片》。

④ 参见徐润：《徐愚斋自叙年谱》，76 页。

开平煤矿开办以来碰到两个困难，一个困难是资金缺乏，另一个困难是运输不便。原来的计划是招股80万两，要使采煤炼铁一气呵成，显然这笔资金要兼办煤铁矿是远远不够用的。到1880年股金只收到30万两，而基本建设费已达40万两，只好放弃炼铁的打算。① 但是即使专办煤矿，经费也短缺很多，到1887年已用款200万两②，矿务才有所好转，能够略有盈余。这80万资金和200万用款之间的巨大差额怎样解决呢？主要是依靠借贷。这个矿是洋务派的重要企业，因此有借贷官款的有利条件。据说它“自直隶省总督衙门借款240 000两，自民间借款450 000两，加上出煤以来三年售煤所得价值320 000余两，用以开支”③。这样依靠借贷度日，负担上沉重的利息，情形十分狼狈。所以，“在最初十年中，始终未能分付股息”④。

煤的运输也是矿局成败攸关的重要问题，原来计划要筑100里运煤铁路，但这个计划因顽固派的反对而被放弃，只建成了从唐山到胥各庄一段，约15里长的铁路，从胥各庄起开挖一条70里长的运河到达芦台，再由芦台转运到海口，单是挖河、筑路、购地就花了很多钱，工程也拖延很久，“成本既重，煤价亦因之而昂”⑤。铁路虽建，运河虽开成，但并没有彻底解决运输问题，因为一段陆运，一段水运，驳载极繁，开平“煤质松软，运河运输显然不宜”⑥。再加上运河时常淤塞，冬季又要冰冻，所以运输一直是主管当局极感头痛的问题，直到1888年唐山到天津的铁路竣工，开平煤矿的运输问题才告解决。

90年代开平煤矿的营业日益好转，1895年该矿年产煤35万吨，情况已不错。1896年新建林西煤井开始出煤，采煤量扶摇直上。1898年产煤73万吨，1899年产煤81万吨，拥有运煤的轮船、火车

---

① 据李鸿章于1881年奏称：“因招股遽难足额，熔铁炉厂成本过巨，非精于铁工者不能位置合宜，遂先专力煤矿”。见《李鸿章全集》，奏稿，卷四〇，《直境开办矿务折》。

② 参见《李鸿章全集》，海署函稿，卷三，《综论饷源并山东热河各矿》。

③④ 日本东亚同文会：《支那经济全书》，第10辑，630页。

⑤ 唐廷枢：《开平煤矿情形恳乞奏请援照台湾之例减轻出口税由》，见《开平矿务创办章程案据汇编》，60页。

⑥ 《英领事商务报告》(1882年)，《开平煤矿记》。

和各口岸的码头、煤栈，且煤质优良，适合炼焦之用，十分畅销。产煤成本亦低廉，每吨煤的海岸价格不到 2 元，而市场价为 5 元，获利丰厚。1898 年和 1899 年两年合计，盈利银 100 万两。

企业本身固然大有起色，而帝国主义眈眈而视，阴谋剥夺开平矿。1900 年八国联军之役，英军占领开平，竟拘捕了该矿督办张翼。开平的英国工程师胡华（H. Hoover）与李鸿章的顾问德璀琳阴谋策划，逼胁张翼签署“保矿手据”，委托德璀琳代理该矿总办之权，德璀琳竟把该矿私自售卖给英国墨林公司，墨林公司又转卖给英法比财团东方辛迪加。出卖的产业包括唐山、林西、胥各庄三个煤矿，二十多万亩土地，一条运煤运河，八处码头，六艘运煤的轮船以及热河的金矿、银矿和开平附设的水泥厂、煤栈、房屋等。名义上是购买，实际上外国人没有出什么钱，他们拿到的股票大部分是不交股金的虚股，“而中国人所得者最多不到其应得的百分之四十四”①。开平煤矿就这样被掠夺，成了外国人的产业。后来，张翼在清政府督促下赴伦敦最高法院控诉，亦败诉而回。时任直隶总督、北洋大臣的袁世凯乃另组滦州煤矿，与开平竞争。不久，两矿又合并而成开滦煤矿。

8. 兰州织呢局

西北是盛产羊毛的地方，左宗棠进军西北，久驻在这里，为了解决军队的被服供应，筹划开设一个织呢厂。1877 年左宗棠委托买办胡光墉向上海德商泰来洋行订购一批织呢机器，并聘用德国技师、工匠、翻译等 13 人。1880 年机器运到兰州，开始建厂。该厂是官办工业，共用经费约 30 万两，都是从军费中挪用的。

织呢局的命运十分坎坷。1881 年初工厂刚刚建成，1883 年即停办。停办的原因是很复杂的，一个新式工厂的建立并不是装几部机器、请两个“洋匠”就万事大吉了，它涉及各方面的条件，当时的官僚们是不可能理解这些的。拿织呢来说：“第一，当时交通极为不便，左宗棠把这个织呢局孤零零地摆在兰州，造成运输上的极端困难，光是把

---

① 魏子初编：《帝国主义与开滦煤矿》。

机器运到兰州就费了九牛二虎之力，机器共装四千箱，从上海用轮船运到汉口，再改用木船从汉水过到老河口，再用牲口、民夫从陆路背运到兰州。平常的木船装不下，定做才可以装得下的……大半不能不加以改造，村落不能过只得拆让。通过山中峡道，两面碰壁时，等候削去一层石壁再走”①。甚至“有些机器重，而且难运，所以锅炉得拆散了一块块地运”②。这批机器足足运了一年，才到达兰州，这些机器价值不到 12 万两，而运输保险费高达 7.3 万两。在这样困难的运输条件下，要大批制造呢布，把它销售出去，显然是很困难的。

西北虽然有优质的羊毛，但必须经过加工漂染，织呢局却缺乏这套设备，而且水源不足，开掘的井水带有咸味，因而影响到羊毛质量。“一百斤羊毛中，只有十斤能织上等呢，二十斤能织次等呢，五十斤只能织床毯，这种床毯在内地几乎无人使用，剩余的二十斤完全无用，全是杂毛和垃圾”③。据后来的工人们说：该局“产品不如麻包袋”④，这种产品当然不会有销路，所以该局业务一直处于衰疲状态。

9. 上海织布局

上海织布局的筹备很早就开始了。1876 年李鸿章曾令魏温云在上海招商办纺织厂，后来没有成功。1878 年李鸿章又令彭汝琮、郑观应等招股筹办，初议集股 50 万两。据彭汝琮对李鸿章说“集股至此数已有把握，所以不致麻烦督宪”⑤。不料彭汝琮唱的是空城计。据郑观应说，招股的事“自始至终未见实际，但以招股望之他人共事者”，甚至“每至需款紧要，无论巨细，事事责成。自冬至今，皆于捉襟见肘之时，为剜肉补疮之计，甚至房租食用，亦须代措”⑥。在这种情形下，

---

① 秦翰才：《左文襄公在西北》，199 页。

② 1881 年 1 月 3 日《大清国》周刊，转引自孙毓棠编：《中国近代工业史资料》，第 1 辑，下册，898 页。

③ 孙毓棠编：《中国近代工业史资料》，第 1 辑，下册，899 页。

④ 《兰州织呢局调查材料》，转引自陈真编：《中国近代工业史资料》，第 3 辑，274 页，1959。

⑤ 李鸿章：《筹建机器织布局折》。

⑥ 《曾国荃全集》，奏议，卷三一。

搭起的班子只好散伙。1879年李鸿章派龚寿图等另组班子，拟招股40万两（后又增添10万两），聘请美国工程师丹科主持建厂工程。1880年李鸿章为该厂奏准十年专利和减免税厘。但是这个新班子，也是一阵空锣鼓。该厂实收到股本现银352 800两。除了支付购办机器等项成本209 000两之外，其余147 200两都变成一堆收不回来的股票和借纸押据。建厂工程完全停顿，甚至"洋匠羁留日久，购存外洋机器及应付薪资，延不付价，势将兴讼"①。1887年织布局只得再度改组，由龚彝图接办，重订章程，续招新股，老股一百两规定要再交三十两，方换发一百两之新股票。工厂还没有盖起来，这个厂已亏折30%。1890年该厂方有部分机器开始生产。从筹备到生产，历时12年，其全部工程则拖到1891年尚未竣工，真可以算得上是"千呼万唤始出来，犹抱琵琶半遮面"。

织布局共有纱锭2.7万个，布机300台②，未开工时资本已耗尽，它的流动资金是东挪西凑来的，1891年即由李鸿章拨借官款40万两，其余向企业、钱庄和私人的借款也不少。幸亏当时纺织业利润很高，看来工厂还有发展前途。该厂每日能出平纹布、斜纹布五六百匹，销路甚畅，因此李鸿章兴高采烈，准备添置机器，大事扩充。不料1893年10月清花车间忽然失火，蔓烧全厂，外国侵略者隔岸观火，不让租界中的水龙去救火，结果一个刚刚建成的大工厂竟烧成一片瓦砾堆。事后清理，损失官款265 390两，股金554 900两，其他借款存款220 000两。

上海织布局焚毁后，李鸿章认为纺织业利益丰厚，"此事断难中止，亦难统图，应仍在上海另设机器纺织总局，筹集款项，官督商办，以为提倡，并厘订章程，号召华商，多设分厂，以资推广"③，令盛宣怀着手恢复。盛另起炉灶，于1894年设立华盛纱厂，资本80万两，纱锭7万个，布机750台。至于上海织布局中

---

① 《曾国荃全集》，奏议，卷三一，《查复织布局务疏》。

② 此数目据1893年10月20日《捷报》所载与马建忠在《富民说》中所说，另据徐蔚南《上海织布局的始末》，该厂有纱锭35 000个，布机530台。

③ 《翁同龢日记》，光绪十九年三月二十五日。

官款的损失，规定“悉归以后商办各厂按每出纱一包提捐银一两，陆续归交”①。那些新建纱厂大多是商办的，跟织布局素无瓜葛，当上海织布局被焚时，许多纱厂还没有出世，却已被统治者预先派定要负担这场火灾的损失，这是封建统治者对民营纺织业无理勒索的又一个例证。华盛纱厂筹建工作很顺利，很短时间内集资已达100万两，购纱机6.4万锭，织机750张。但华盛的资金几乎全由盛宣怀控制，成为盛氏一人的私产。

10. 黑龙江漠河金矿

漠河在我国东北的极边，北隔大河和俄国毗邻，南靠大兴安岭。该地在1861年始露金苗，1877年俄国人在此盗掘金矿得利，以后到这里来掘矿的人越来越多。除中国人外，还有大批外国人，其中包括俄国人以及英、法、德、美、朝鲜人。后聚集益众，至数万人。其中以外国人居十分之六，中国人居十分之四，彼外国大小商人，如蝇赴膻，漠河沟内俨然一大重镇，如典当、俱乐部、大餐馆、大客栈、单间澡堂、走兽圈、马戏场皆备焉，大杂货商店有150余家②，甚至立会社、举总管、建立武装、私设刑具，其中掌握实际权力的是俄国的资本家和流氓。中国境内的漠河成了一个“化外王国”，糊里糊涂的清政府还蒙在鼓里，直到1885年才发觉边境上发生的侵犯领土、主权的严重不法行为，当即由黑龙江将军恭镗率兵入漠河，外国资本家和流氓抗拒不过，纷纷逃走。

在旧矿的基础上，1887年李鸿章奏请设立漠河金厂，派李金镛为总办，资本银20万两。清政府把开采漠河金矿视作巩固边防的一个措施，所以20万两资本中有13万两由官方垫借（其中由李鸿章作保借商银10万两，由恭镗借拨库银3万两），商股只有6万余两。矿局的设施也带有强烈的政治、军事色彩，如矿局总办有与俄国便宜交涉的权力、矿局自募兵勇等等，名义上是官督商办企业，实际上类似清政府的一个边政机构，“开厂后，招回流民数千，募练护矿防勇一营，并于漠河口各处建造房屋，广辟平旷之地，设法垦种，

① 《李鸿章全集》，奏稿，卷七八，《推广机器织布局折》。

② 参见《漠河金矿沿革记略》，1918。

屯牧并兴，以绝域穷荒，人迹罕到之地，兵民辐辏，商贾繁兴，屹然为边陲重镇”①。所以漠河金矿的开采对于巩固和开发东北边疆是有积极意义的。

漠河金矿开办初期颇为兴旺。1890年至1892年的三年内，共得金砂6.2万余两，除局用开支及归还官款外，所得余利，以5%作为利润，分发给股商，30%充黑龙江省兵饷，20%作为办事官吏的花红，以后产金量更逐年增加。但是在帝国主义觊觎和封建政府的管理下，好景没有维持多久，八国联军战争中，俄军侵入东北，强占了金矿，直到1906年始得归还，但矿场已被糟蹋得不成样子了。

11. 湖北织布官局

两广总督张之洞鉴于洋纱布价廉销广，利润丰厚，准备在广州建立纱布厂。1888年向英国订购布机千台，纱锭三万余个，原先计划官商合办，但“成本甚重，商股既不易集，库款支绌，官本亦属难筹”②。结果张之洞的念头打到赌博场上，给广东“闱姓”③ 派捐，规定1889年捐40万两，1890年捐56万两，作为该厂购机、建厂及生产的经费。不料1889年张之洞调任湖广总督，继任两广总督李瀚章对这一套洋玩意儿不感兴趣，于是这个尚未开始建设的工厂只好随张之洞从广州搬到武昌。李瀚章继任后只付给第一批闱姓捐银40万，第二批56万措勒不付。这时布局已动工，需款急如星火，经张之洞屡次请求，函电交驰，李瀚章始则一文不给，继则允借款16万两，利息6厘，还要延至收齐闱姓捐后方能付款；又继则把山西存放在广东的生息银20万，转存布局，年息9厘；最后又由广东向英商汇丰银行代借10万，年息5厘。可是经费还是不够用，又陆续借用湖北善举款20万两，质当捐8万两，并向铁政局、枪炮局及各商号借款不一，背负起一身高利贷。1892年工厂建成，投入生产，布局至此方有转机。但张之洞这时正在建设汉阳铁厂

① 《李鸿章全集》，奏稿，卷七五，《漠河金厂请奖折》。

② 《张之洞全集》，奏议，卷一九，《粤省订购织布机器移鄂筹办折》。

③ “闱姓”是当时盛行于广东的一种赌博，用参加科举考试者的姓来猜赌，以猜中多少为输赢。

和湖北枪炮厂，这两个厂的经费更是竭蹶不堪，张之洞主张把布局的盈利拿来弥补铁厂和枪炮厂的不足，使三厂“联为一气，通盘筹划，随时斟酌，互相协助”①。从此织布局又走上倒霉的道路，仿佛把盈利填送进一个无底洞，自己没有内部积累来清偿欠款，反倒要给铁厂、枪炮厂垫支大宗款项。到1902年实在维持不下去，只得将布局连同张之洞陆续创办的纱局、麻局、丝局，一起出租给应昌公司承办。

张之洞开工厂的秘诀是“举债度日”。织布局尚未建成，他看到湖北一带农民都购买洋纱，自己织布，洋纱销路日益广阔，因此想另外单搞一个纺纱厂，可是资金毫无着落，张之洞计划用官商合办和借债的办法来筹集资金。1893年他用分期付款方式向英国订购机器，欠款部分按7厘起息，又通过盛宣怀之手向上海商人借款10万两。纺纱厂规模很大，订购纱锭90 700个，分南北两厂。同时募集了一部分商股，但这部分商股并没有用来清偿机器价款或作建厂用途，据1894年张之洞说：“目前机器尚未运到，所收股票之款，即可暂借拨充铁局枪炮局之用”②。这个尚未出世的纺纱厂，和织布官局走上了同一条倒霉的路上去，大批款项被铁厂和枪炮厂所占用。

机器既已订购，股金借给了铁厂和枪炮局，真不知道这个工厂怎么办下去。忽然张之洞调署两江总督，于是工厂又跟他来了一次大搬家，原来要装备南厂的四万多纱锭先搬到南京又搬到上海，张之洞想在上海找几个愿意投资的阔佬，但这桩合伙生意始终没有做成，不久张之洞又回湖北任。这批机器“搁置于上海杨树浦滩上席棚之内，上雨旁风，历时五年，机底机箱压陷入土者二三尺”③，还有一个准备安装机器的“洋匠”，也闲住上海五年之久，支领月薪400两，无所事事，此外运费、地租、栈租费、保险费、利息等等，浪费不赀，最后这批机器由张謇承领去创办了大生纱厂。

至于留在武昌的北厂，虽在1897年建成，但大权由官独揽，资

① 《张之洞全集》，奏议，卷二一，《豫筹铁局成本折》。

② 同上书，奏议，卷三五，《增设纺纱厂折》。

③ 张謇：《张季子九录》，《实业录》，卷四。

金又被挪到汉阳铁厂去，于是股商请求官方增资 20 万两，张之洞不允，干脆收回官办，经费则到处借钱拖账。据《端方署邸残档》① 的记载，该厂共向江苏、湖北 12 个衙门拖借 108 万两的巨款，纱局既负债累累，要付很高的利息，而且经营不善，浪费严重，到 1902 年不得已同布局一起租了出去。

12. 汉阳铁厂

19 世纪 80 年代，清朝统治阶级内部发生了一场修建铁路的争论，奕譞、李鸿章等主张修建津通铁路（从天津到通州）；另一部分官僚反对修建铁路。后来张之洞修正李鸿章的意见，建议修建卢汉铁路（从卢沟桥到汉口），但是建筑这样一条长达三千里的铁路，经济和技术方面都有很多困难，不能立即动手，于是张之洞又提出先积款开矿，炼钢轧轨，然后再开工筑路的办法。清政府采纳这个建议，把张之洞从两广总督调任湖广总督，负责炼钢轧轨作为筑路的准备。张之洞原来想在广东搞一个炼钢厂，已经订购了机器，随着张的调任，工厂也搬到湖北来。1890 年在汉阳建厂，聘"洋匠"贺伯生、白乃等四十余人。1894 年工厂初步落成，并开始出铁，基本建设费共 568 万两②，是当时远东首屈一指的大型钢铁联合企业。创办这样复杂的大型企业，本来就存在着一系列经济问题、技术问题和管理问题，这些问题在封建官僚手里，不但得不到合理的解决，反而愈弄愈严重，变成了一堆致命的死疙瘩。

汉阳铁厂创办初期碰到了哪些问题？它怎样变成了致命的"死症"？

第一个问题是厂址的选择。一个大型钢铁厂本来应该建立在煤铁产地的附近，这在今天是基本建设中的常识问题，但是封建官僚完全缺乏这种常识。张之洞本来想在广东建厂，后来糊里糊涂把工厂带到湖北，他只有产铁炼钢的空洞愿望，根本没有考虑矿藏在哪里。幸好湖北有一个丰富的大冶铁矿，当时有人主张在大冶的黄石

---

① 转引自汪敬虞编：《中国近代工业史资料》，第 2 辑，上册，572 页。

② 用款数系截至 1896 年为止。据《张之洞全集》，奏议，卷四七，《查明炼铁厂用款咨部立案折》。

港建厂，但张之洞坚决反对，他的理由是工厂离自己的总督衙门太远，放心不下，他说："厂在省外（指武汉以外），实缺大员，无一能到厂者，岁縻巨款，谁其信之？若设在省（指武汉），督抚司道，皆可常往阅视，局务皆可与闻，既可放心，亦易报销。"① 为了让张之洞能够像守财奴守钱箱一样，紧守在工厂旁边，只好牺牲较好的厂址，在汉阳建厂。从大冶到汉阳有二百多里路程，每天要从大冶矿地搬运约上百吨铁矿砂、石灰石到汉阳的工厂，这在当时运输条件下并不是一件轻而易举的事情，从此汉阳铁厂永远背起巨额运费的包袱，影响了产品的成本，所以刘坤一说"出铁矿之大冶与汉阳之铁政局，相距甚远，运脚太贵以致铁值太昂"②。而且汉阳地势低空，易被水淹，在这里建厂，就必须把全厂的地基填高一丈，还要加高汉水的堤岸，仅厂基填土一项，就耗费一百多万两，占全部基本建设费的20%。这都是厂址选择不当所带来的浪费。

第二个问题是燃料的供应。冶炼钢铁，需用大量焦煤，汉阳铁厂筹建时根本没有考虑到哪里去弄到这批焦煤。等到铁厂工程开始，才想到这个问题，于是派了几十批人，跑遍了湖北、湖南、江西的各府州县，去寻找煤矿，甚至远到四川、陕西、贵州等省，正是"踏破铁鞋无觅处"，始终找不到合适的煤矿，无可奈何只得在湖北大冶的王山石和江夏马鞍山乱刨一气，不料王山石矿忽然冒出大水，无法抽干，只好放弃；马鞍山虽然挖出了煤，却不知怎样炼焦，"又悬赏征求炼焦之法，掘地为坎，终日营营"③。闹腾了很久，又发现"马鞍山煤质磺多灰多，取制焦炭，不宜熔炼"④。这两个煤矿白白耗费了大量的人力、资金和时间，毫无成效。汉阳铁厂在燃料问题上走进了一条死胡同。

等到汉阳铁厂建成，还无法解决焦煤的供应，只好远到唐山去购买开平焦煤，从唐山海运到上海，然后又从长江中运到汉阳。我

---

① 《张之洞全集》，电稿，卷一四，《致盛道》。

② 《刘坤一遗集》，奏疏，卷二四，《整顿船政铁厂片》。

③ 叶景葵：《卷庵书跋》，54页。

④ 《张之洞全集》，牍稿，卷一二。

们知道：一个大型钢铁企业的焦煤消耗量极大，化铁炉开工以后是不能停火的，当时开平煤矿的产量虽然不小，但它供应很多工厂、轮船的需要，不可能保证汉阳铁厂的经常需要。而且经过长途运输，焦煤价格昂贵，一吨焦煤值银 17 两，炼铁一吨就要消耗 1.1 吨焦煤，而当时每吨铁价不过 20 两，也就是说，铁的价格刚刚能抵上所耗燃料的费用。因此汉阳铁厂的两个大化铁炉，无法同时开工，只有一个勉强开炉，掺用一半焦煤，一半土煤，结果“火力不足，几致铁液融结不流，炉座受损”。所以开工不到 5 个月，又干脆停工。一直到后来在江西萍乡找到优质煤，煤矿建成，燃料供应得到保证，铁厂的机器才能够正常地运转。

为了燃料问题，汉阳铁厂走了许多弯路，花了许多冤钱，等到燃料问题解决，接着又碰到了第三个问题，这就是机器性能和矿质不宜。当时炼钢有两种方法：一种是使用贝色麻炉的酸法炼钢，适宜于冶炼含磷少的铁矿；一种是使用马丁炉的碱法炼钢，适宜于冶炼含磷多的铁矿。机器设备的购置应当视铁矿的性质而定，大冶矿质极佳，唯含磷多，应该使用马丁炉。但张之洞订购这套机器是在两广总督任内，那时候他还不知道铁矿在什么地方，当承造机器的英国工厂询问铁矿是什么性质以及需要什么炉式，张之洞答复说，“以中国之大，何所不有，岂必先览煤铁而后购机炉？但照英国所用者购办一分可耳”①。英国资本家碰到这个糊涂主顾，乐得敷衍省事，随便弄来两个大型贝色麻炉。这一来使汉阳铁厂大吃苦头，轧出来的钢轨含磷太多，容易脆裂，铁路公司拒绝购用。为什么钢脆裂，这个问题很久没有弄清楚，后来把矿石样品拿到伦敦去化验，才知道当初购买的这套机器的性能和矿质不适应，因此必须把旧机器废弃，重新购置新机器。后来，汉冶萍公司的一个经理回顾这段历史说：“花去十余年之光阴，耗尽千余万之成本，方若夜行之烛。回首思之，真笑谈也。”②

厂址问题、燃料问题、机器问题已经把铁厂挤得焦头烂额，另

① 张赞宸：《萍乡煤矿节略》，见《中国十大矿调查记》，第三篇。

② 叶景葵：《卷庵书跋》，54 页。

外又加上第四个问题，就是经费的不足。清政府原来从铁路经费中拨出200万两作为铁厂的经费，当初张之洞大拍胸脯，保证“将二百万拨归鄂省，此外即不再请部款，其余不足之款，洞当竭力筹划”①。但是建厂工程开始不久，200万已经大手大脚地花光了，张之洞只好施展出强派硬借的本领，从湖北、江南筹防局、湖北织布官局、湖北枪炮厂以及商店票号，借来大批的钱，弄得债台高筑，等到工厂初步建成，欠债已达300余万两。

工厂建成以后，还要投一笔周转资金，机器才能够转动，这时已经罗掘俱穷，告贷无门，陷入了进退维谷的境地，要开工生产吧，既缺乏周转资本，又没有焦煤；要停工不生产吧，每年要偿还债务，而且工厂仍要支付维持费和工资，到哪里去张罗这笔钱？所以张之洞急得喊叫：“若炉久不开，每月徒有工费而无出货，成何事体？每月总需七八万金，以后用款无从罗掘，以前久债无从筹还。鄙人实无颜再向朝廷请款，亦无词以谢谤者之口，是死症矣。”②

封建官僚后来想出了一条通过招商承办而把工厂出卖给帝国主义的办法。当时恰好盛宣怀在甲午战争中采购军火舞弊，被人揭发出来，盛急欲得一个大官僚的庇护，张之洞给盛宣怀压下了这个贪污案件，交换条件是盛宣怀把铁厂接过去。张之洞给人的信中说：“盛之为人，海内皆知之，我公知之，晚亦深知之。特以铁厂一事，户部必不发款，至于今日，罗掘俱穷，再无生机，故不得已而与盛议之，非此无从得解脱之法”。把一个大包袱推出去，这是张之洞的办法。

试想汉阳铁厂的一堆死疙瘩，盛宣怀又有什么办法来解开，他唯一的本领就是出卖铁厂的利益，以换取外国的贷款。他先后向德国、比利时、日本借入大批款项，其中向日本借款尤多，条件是把大冶的铁矿砂永远按极低的价格卖给日本。从此这个大型的钢铁联合企业沦为日本钢铁公司的原料供应地，日本钢铁业用中国的铁矿砂喂饱长肥起来。汉阳铁厂创办以后的40年中，一共采掘铁矿砂

---

① 《张之洞全集》，电牍，卷一三，《致海署》。

② 《抄本张之洞电稿》，光绪二十一年六月初四日，《致蔡锡勇》。

1 200万吨，铁厂自用的只有 340 万吨，其余 860 万吨全部运往日本。日本资本家从这里捞到很多的利润，据第一次世界大战时的统计，日本对汉冶萍（即汉阳铁厂）的债权为 2 000 万两，而历年从廉价铁矿砂中获得的纯利已达 4 500 万两。

第四节　中国早期工业发展中的几个问题

一、旧式手工业和近代工业的联系

中国近代工业是在什么样的基础上发生发展的？它和中国封建末期的资本主义萌芽有什么联系？鸦片战争以前即已存在的手工业曾否跃进到机器工业？这些是研究近代工业时首先会碰到的问题。

曾经有这样一种观点，认为在鸦片战争以前，中国资本主义萌芽已经达到了很高的水平，明清之际的生产事业，“除了技术不发展的情况以外，一切资本主义的生产方式所需要的物质条件都具备着”，按照这样的观点，那么当机器传入中国，把机器和新技术应用到生产事业上理应不会有多大的困难，中国社会并不需要经历严重的改组就可以适应机器生产了。但是近代的历史事实却并非如此。事实是：当机器生产移植到中国之后，它和中国封建社会结构发生了严重的矛盾，这种矛盾表现在经济生活中，也表现在政治、文化生活中，资本主义经济为打通自己的前进道路而经历了很多斗争。由于帝国主义和封建主义的强大，资本主义经济始终没有发展成为主导的经济形态，中国不能不一步一步地沦为半殖民地半封建社会。这个情况对于过高地估计资本主义萌芽，是一个生动有力的反驳。认为明清之际已具备了“一切资本主义的生产方式所需要的物质条件”的论点，是和近代经济状况和革命实践脱节的。

中国封建末期社会经济和手工业发展的水平还不具备自行跨入机器生产阶段的充足条件，甚至在很多部门中，机器工业也并不是由原来的手工业直接发展来的。事情尽管这样，但中国近代机器工业的产生并不是和原有的资本主义萌芽无关的。马克思主义辩证法告诉我们：任何事物发展变化的基础都根源于该事物的内部，内部原因是事物发展的第一位原因，外部原因在某种情况下可以起非常重大的影响，但是这种影响只有在事物发展的内在根据已经具备了的时候，才有可能发挥出来。“外因是变化的条件，内因是变化的根据，外因通过内因而起作用”①。这个马克思主义的原理同样适用于中国旧式手工业向近代机器工业的跃进。中国封建社会末期，社会经济和手工业生产所达到的水平是中国近代机器工业由以产生的基础和出发点，抛弃了这个基础和出发点，近代机器工业的出现就会成为不可理解的事情。譬如说，中国封建末期的社会经济和手工业生产水平假使不是那个样子，而是发展得更高一些，那么以后的机器工业也许会出现得更早些，碰到的困难更少些。反之，从前的社会经济和手工业生产水平假使更加落后，那么近代的机器工业也许会出现得更晚、碰到的困难更多。外国的侵略可以改变中国经济发展进程的方向和速度，但是不可能一刀斩断这个进程。中国近代工业某些特点的形成，可以而且也必须从以往经济发展的情况找到解释，把近代机器工业看成和原来的资本主义萌芽绝无关系，是一种割裂历史的观点。

那么，近代机器工业和以往的经济发展之间究竟存在着什么样的联系？由于内部原因和外部原因的交错作用，情况是十分复杂的，概括起来有以下三种情况：

第一种情况是原有的手工业直接转化为机器工业，如缫丝业和某些初级的加工工业，但这种情况是少数。

第二种情况是原有的手工业没有直接转化为机器工业，但为机器工业的产生准备了条件，如采矿、航运等。

第三种情况是机器工业和原来的手工业之间并没有什么联系，但机器工业的出现仍是被整个中国社会发展的行程所决定，如纺织、炼钢、铁路、电报等等。

---

① 《毛泽东选集》，第1卷，291页。

以下分别对这三种情况作些说明。

第一种情况，在某些行业中，原来的手工业已发展到较高的水平，如缫丝业，在鸦片战争以后又受到了外力的刺激，一方面缫丝机器传进了中国，另一方面丝的出口数量迅速增长，这就为缫丝业的进一步发展提供了技术条件和市场条件。19 世纪 70 年代初，广东地区的缫丝业领先进入机器生产的阶段，据记载：1872 年广东南海人陈启源在南海的简村创立了继昌隆缫丝厂，开始使用蒸汽动力和传动装置，从此新式缫丝工业在珠江三角洲就迅速地生长起来。到 1882 年，广东南海有机器缫丝厂 11 家，1894 年广东顺德有机器缫丝厂 35 家，到 1901 年顺德的机器缫丝厂已发展到 200 家以上。这些缫丝厂规模虽不大，但数量之多，确实很可观。为什么在南海和顺德这片地区内很快冒出这样多的小型机器缫丝厂呢？因为这片地区在历史上是产丝的中心，本来就有很多缫丝和织丝的手工工场或作坊。据一个外国人 1833 年的记载，南海佛山镇附近受雇织丝的男女工人有 1.7 万人。① 80 年代之初南海知县这样说："卑县江浦、九江、西樵一带机工不下万余人，又与省城佛山、顺德、三水等处机匠联为一行"②，又说："西樵一带机工至三四万人"③。可见这个地方缫丝织丝手工业具有相当发达的基础。那些小型机器缫丝厂正是在原来手工业的基础上发展起来的，否则就不会在一片地区内很快地出现这样多的小型工厂，这是手工工场直接转化为机器工厂的典型例子。

机器缫丝工业的出现是原来缫丝手工业的一个发展，同时又是对原来缫丝手工业的一个否定。原来手工业缫丝的操作称为"手经"，生产品是七里丝。1872 年陈启源从国外归来，模仿法国式的缫丝机器，创用蒸汽机，被人称为"鬼经"。机器缫丝的劳动生产率比手工业缫丝提高 10 倍，"每一女工可抵十余人之工作"④，生产品是厂丝，厂丝粗细均匀，富于弹性，丝色洁净，它比起手工生产的七

---

① 参见《中国文库》，第二卷，第七号，305～306 页。

②④ 徐赓陛：《不慊斋漫存》，卷六，《学堂乡滋事情形第一禀》。

③ 同上书，卷六，《学堂乡滋事情形第二禀》。

里丝来有很多优点。因此机器缫丝出现之后，手工缫丝开始进入衰微过程。从广州一地丝的出口数量来说，1882—1883 年度，共出口丝 9 556 担，其中七里丝占 87%（8 302 担），厂丝占 13%（1 254 担）；但是到 1894—1895 年度，出口总数 20 338 担，七里丝下降到只占 10%（2 159 担），而厂丝已占 90%（18 179 担）。[①] 这是新工业从旧工业中发生、并在否定旧工业中得到发展的一个辩证过程。

新的工业从旧的工业中产生，当然它在很多方面依然保留着旧的痕迹。广东的机器缫丝厂规模很小，资金很少，机器设备简单，雇工却很多，这些方面是和手工工场很相近的。如从 1881 年至 1894 年，顺德的 35 个机器缫丝厂共有资金 105 万元，平均每厂资金 3 万元，共雇工 17 300 人，平均每厂不到 500 人。这就是说每投资 60 元即要雇工一人。[②] 它的资本有机构成是非常低的，工厂只有很少很简单的机器设备，据 20 世纪初期的价格，机器的最主要部分锅炉不过 7 000 元，引擎不过 1 400 元。它和手工缫丝工场在投资上相差不多，许多重要操作过程仍是使用手工劳动。

广东的缫丝业所以能够从手工业飞跃到机器生产，决定于内部基础和外部条件。因为缫丝是中国旧式手工业中较为发达的一个行业，而当时的机器缫丝并不需要复杂的机械装备，也不需要投入大量资金。这就是说，中国手工缫丝业的基础和当时机器缫丝发展水平之间的距离并不是很大的，一般的手工工场有可能跨越这段距离而跃升为小型的机器工厂，这是缫丝业得以跃进到机器工业的内在的原因。

外在的原因在这里也起了十分重要的作用，这就是鸦片战争后丝的出口数量迅速增加以及机器和新技术的传入中国，没有这个市

① 这里的厂丝实际包括仿厂丝在内。仿厂丝仍是手工缫制的，不过手摇机器略加改进，丝经已有拣选分类，所谓“复设小机器，每人一具，携归家自经”（宣统《南海县志》，卷二六，56 页）。这实际上仍是分散的个体手工劳动。当时存在的三种产品：七里丝、厂丝和仿厂丝，反映着从手工生产到机器生产的复杂序列，即存在着手工工场、机器工厂以及在机器工业影响下的已经改进了技术的手工生产。

② 缫丝业中资本有机构成的低下，可以拿上海织布局的情况作比较，上海织布局的资本额 50 万两，雇工 800，每投资 625 两雇工一人。

场条件和技术条件，缫丝业的飞跃也是不能够完成的。当内在的根据和外在的条件都已具备，缫丝业的飞跃就成为“水到渠成”的必然趋势。个别首先采用机器的手工业主大大提高了自己工厂的劳动生产率，提高了资本对劳动的剥削率，因而也大大增加了自己的利润，就像马克思所说，“采用改良生产方式的资本家，比同业的其他资本家，可以在劳动日中，占有一个较大的部分，作为剩余劳动了”①。其他的手工业主们也就不能不陆续地采用机器生产，否则他们就只能得到很少利润，甚至完全得不到利润，他们的事业也就会逐渐萎缩以致被淘汰。所谓“一般从事丝业者知土经之不足恃，乃相率开办丝厂”②。手工业主采用机器并不是由于其他动机，他们只是为了追求利润才会对采用机器发生兴趣，他们的活动处在价值法则和竞争法则的支配下，一旦内部和外部的条件都已成熟，资本主义的客观法则便会强制地发挥作用，推动着从手工业到机器工业的飞跃过程。

但是外部条件是很复杂的，有有利于飞跃的条件，也有不利于飞跃的条件。不利于飞跃的条件主要是指来自帝国主义和封建主义的阻挠。拿江浙的缫丝手工业来说，它的发展水平并不比广东低，同样它也具有外部条件的有利方面（市场扩大和机器传入），但是这里的机器缫丝比广东出现得晚些，这是因为帝国主义很早就在上海设立了规模较大的机器缫丝厂③，中国一般的小工业主经受不起外资的竞争和压力。

就拿广东缫丝业来说，虽然没有遇到剧烈的竞争，但仍有不利的外部条件，这主要是来自封建地方官吏的阻挠。1881年南海学堂乡曾经发生一次缫丝手工业工人的暴动，这次暴动的原因是缫丝业的不景气和手工业工人生活的贫困，而斗争的目标却指向了缫丝机器。这种误把一定的生产工具当做剥削根源而加以反对的情况，在

---

① 马克思：《资本论》，第1卷，379页。

② 许衍灼：《中国工艺沿革史略》，39页。

③ 1861年怡和洋行在上海试行机器缫丝，1866年法商亦试办缫丝局，1878年后旗昌、公平、怡和等丝厂相继出现。

世界工业的早期历史上是常有的事情。暴动从捣毁学堂乡的裕昌厚机器缫丝厂开始，发展到拥众数千人的武装斗争。当地官吏怎样来处理这件事呢？一方面是严厉镇压暴动，派出了大批军队，逮捕手工业工人领袖冯亚敬等加以杀害，另一方面勒令机器工厂停止营业，“取到各店永不复开结状，勒将前项机器依限自行变价”①。南海境内刚刚露头的机器缫丝遂告消歇②，隔了一段时间之后才逐渐恢复。

从以上缫丝业的情况可以看到，在从手工业跃进到机器工业的过程中，内部和外部条件表现出很错综复杂的作用。手工业之能否完成这个飞跃取决于两个关键，其中一个关键便是它本身的基础，假使手工业的基础较好，它和该行业中机器生产的水平相差不太远，那就容易完成这个飞跃；反之，假使手工业的基础较差，它和机器生产水平相距过远，那就不易于完成这个飞跃。因此近代机器工业和旧的手工业之间并不是没有联系的，割断了这种联系，抛开了手工业的基础，那就不可能理解近代机器工业产生的许多特点。

从手工业直接转化到机器工业的例子在其他行业中也有。较早的如浙江宁波的轧花业，原来是使用手摇机和足踏机的手工工场或作坊。1887年，有人集合资本5万元，从日本购买了蒸汽机和新式的轧花机，建立了机器轧花厂，厂名“通久”。这个小型机器轧花厂建立时，据说是“改修了旧厂房使适合新厂之用”③，大概也是在手工工场的基础上发展起来的。1894年这个工厂又扩大投资30万两，成为一个规模较大的新式纺纱厂，即宁波通久源纱厂。另一个较早的例子是汉阳的周恒顺机器厂，该厂在19世纪60年代只是一个小型的炉冶坊。大约中日甲午战争前后，在该厂主人周仲萱的擘划下，

---

① 徐赓陛：《不慊斋漫存》，卷六，《学堂乡滋事情形第二禀》。

② 据饶信梅《广东蚕丝业之过去与现在》说：陈启源创办的第一个继昌隆缫丝厂，本设于南海简村，“未几，被视为异端，该厂遂于光绪七年关闭（按：即学堂乡暴动的那一年）。惟陈氏志不少衰，移厂澳门，改称为复和隆丝厂。三年后得政府之许可，乃复在简村继续经营”（《国际贸易导报》，第一卷第七号）。是则继昌隆缫丝厂亦受暴动波及，被勒令停业。

③ 《海关十年报告》（1882—1891），381页。

"从原有的手工业的基础，不断地改造，不断地采用现代翻砂技术与装置近代工作机……它的制器，从简单的轧花机、茶砖机进步到制翻砂的各种机器。到了光绪三十一年，该厂已扩充了两次，已有一个20匹马力的蒸汽原动机和一批好的工作机"①。不过，这种从手工业直接转化到机器工业的例子，在甲午战争以前尚不多见，通久轧花厂和周恒顺机器厂的情况也缺乏详尽的记载。到了甲午战争以后，特别是进入20世纪后，手工业直接转化到机器工业的事例才渐渐增多起来，如榨油业、碾米业、采矿业等等。

手工业能不能跃进到近代机器工业的另一个关键是外部的阻碍力量，如外国势力的竞争和打击、本国封建势力的阻挠以及苛捐杂税等等，这些外部力量处处压抑着新工业的发生、发展，在不同时间、不同地区、不同行业、不同企业单位，外部阻力的形式、大小也表现得不一样。某些行业原来的基础虽然较好，但是碰到的外部阻力极大，因此旧的手工业不能向机器工业直接转化，而发生了迂回曲折的过渡。这就是我们所要讲的手工业和机器工业之间关系的第二种情况。

第二种情况是原有的手工业没有直接转化为机器工业，但为机器工业的产生准备了条件，如航运业和采矿业。

中国的沿海航运事业也在很早就发展到较高的水平，沿海各地"沙"、"卫"、"宁"各个船帮拥有十数万工人和大量的船只、资金，从它原有的基础来说是和缫丝业相类似的。但是鸦片战后各船帮并未转化成新式的轮船公司。这主要是因为来自帝国主义的阻力极大。当时帝国主义的怡和、太古、旗昌等轮船公司垄断了中国的沿海航运，不允许中国商人插足其间，连得到官方大力支持的轮船招商局也几乎站不住脚，更不用说一般的商人了。在航运业中所碰到的外部阻力远比缫丝业中要大得多，因此旧式船帮不可能完成这个转化。

旧式船帮并没有完成转化，但它和新式轮船公司并不是绝无联系的。上海的买办和沙船商人很早也有购买轮船、向新式航运转变

---

① 怀度：《中国经济内幕》，87页。

的意见和尝试，但是他们不敢用中国商人的名义，而是借用外国洋行的招牌，以避免外国的竞争和封建势力的干涉。李鸿章说，“各省在沪殷商或买轮船，或挟资本，向各口装载贸易，俱依附洋商名下”①，又说，“近来华商附搭洋轮，亦有殷实沙户在内”②。像著名买办唐廷枢就有轮船往来于上海、香港③，另一买办徐润也有轮船航行于上海、日本之间。

到70年代初轮船招商局酝酿成立，李鸿章就把那些依附于帝国主义的买办、商人拉到了自己的身边。唐廷枢、徐润后来都当过轮船招商局的总办。招商局的发起人之一朱其昂，更是出身于沙船帮，承办海运已十余年，李鸿章说，“朱守自家即有沙船，其亲友更多”④。大概通过朱其昂的关系，招商局所招股金中间即有沙船帮的资金在内。在当时外部阻力很强的情况下，中国商人很难独立地投资于新式企业，他们必须找外国侵略者或者找封建政府作为靠山，这就形成了中国早期工业发展中的畸形特点。

采矿业的情况也是如此，中国旧式采矿本来是比较发达的，但旧式采矿直接转化为新式采矿的事例也很少，这主要是由于封建势力的阻挠。封建地主阶级溺于风水迷信之说而且畏惧矿工起义，对开矿夙抱戒心，控制特别严格，就像郭嵩焘所说，“中国言地学者最重山脉，争执甚坚，而人心之忮刻，百出不穷，士绅有势力者则嫉忌加甚，故凡矿户自治其私，亦皆习而安之，一闻有集股开办，万目睽睽，必不能容，悉力倾之而后已”⑤。在这种强大阻力面前，一般的小矿主自然不能够采用机器，旧式矿场也就难于向新式矿场推进。

当时开办的大批新矿场虽然不是从旧式矿场直接转化来的，但是旧矿场在以下几方面为新矿场准备了条件。

---

① 《李鸿章全集》，奏稿，卷二〇，《试办招商轮船局》。

② 同上书，函稿，卷一二，《复何筱宋制军》。

③ 据郑观应《盛世危言续编》复张君弼士书云：唐廷枢，在港集股银10万元，先租两船往来港沪。

④ 《李鸿章全集》，函稿，卷一二，《复何筱宋制军》。

⑤ 郭嵩焘：《养知书屋文集》，卷一三，《与友人论仿行西法》。

第一，提供了矿址。采矿业的发展必须有勘探先行，查明矿藏的地点、质量和丰度。中国早期的新式采矿业却几乎没有什么勘探的准备，主要就是利用旧的矿址，在旧矿井附近甚至就在旧矿井的基础上，采用机器来开采。例如福州船政局创设初期，一部分煤取自于台湾的小煤窑，后来船政局索性吞并了这些小煤窑，投资购买机器，建立了中国第一个新式煤矿——基隆煤矿。另一个大型新式煤矿——直隶开平煤矿也和小煤窑有密切关系，开平附近的小煤窑本来很多，"该处煤井乃明代开起，遍地皆有旧址，现在开挖者亦有数十处"①。筹建开平煤矿时到这里来考察的唐廷枢、杨嘉善、安特生的报告中，都详细地谈到当地土法采煤的生产经营状况和技术状况。唐廷枢的报告中还提到，"其煤井均系民业，已弃旧井，无不乐意出售"②，可见开平煤矿的部分矿井是在"已弃旧井"的基础上开凿的。其他矿场也和基隆、开平的情况相类似。③

第二，提供了技术和经验。新式矿场虽然在某些工序上采用了机器，但在其他许多方面继承了旧矿场的技术和经验。这是因为早期的新式矿业资本很少，不可能购买大批机器，全面采用新技术，而雇用技术熟练的旧矿工，工资又十分低下，这样新式矿场就不能不接受旧矿场的技术而因陋就简地搞起来。新矿场采用的机器大多是用来排泄矿中积水的抽水机器（积水问题是旧式矿业中不能彻底解决的问题），其他工序大多接受土经验采用手工操作④，有时候土

---

①② 唐廷枢：《察勘开平煤铁矿务并呈条陈情形节略》。

③ 如磁州煤矿也是在旧式矿场的基础上建立的。《直隶磁州矿务集股启》（光绪二十二年）说："查得磁州之彭城镇煤井甚多，考验矿脉亦甚畅旺，虽然开采于前，第以工巨费繁，全资人力，出煤未旺，本重利轻……吴家堡地方煤井十有二口，皆为柴姓世业，煤质本佳，实困乏于资斧，辍办多年。若竟任其弃置，则徒遗美利，旁咨舆情，允以继办为宜，但将井水吸净，仍得依然出煤。"又1887年8月2日（光绪十三年六月十三日）《申报》载山东淄川铅矿的情形："昔年民间私挖，颇获厚利，因酿成命案，地方官始下令禁止。现由外国矿师前往踏勘，当经矿师勘得淄州所属黑木沟等处铅铁甚多，非仅质美而且矿线甚长，择定正脉开挖，自必取之无尽。"以上转引自《中国近代工业史资料》，第1辑，下册，567、688页。

④ 如山东峄县煤矿："卑局机器只能抽出深水，其他工作毕用工人"（朱采：《清芬阁集》，卷八，《禀丁宫保论峄县煤矿地方官禀陈失实》）。又直隶临城煤矿"用土法开井，机器抽水"（丁文江：《外资矿业史资料》，9页）。又江苏利国驿煤矿"用土法取煤，以机器提水，复得峄县煤师韩象坤任之"（胡碧：《灌叟撮记》）。

法采矿比机器采矿在经济上更要合算些，因此有的机器采矿营业不振，反而倒退一步，改用土法开采。① 可见新式矿场并不是把旧矿场的生产技术一下子都抛弃了，它是在对旧技术、旧经验的否定和继承之中发展了自己。

第三，提供了资金。有的旧式矿场矿主曾经投资于新式矿业，或者以矿场的生产资料作价入股。如山东峄县煤矿“望族绅耆，殷实行户，亦皆入资搭股”②，这里所谓“殷实行户”大概是包括当地的小煤窑主。又如热河三山银矿，早在 1853 年，即有人用土法开采，后此矿由赵姓、孙姓两人承办，1881 年又由倪中兴接办。买办和洋务派官僚李文跃、朱其诏、唐廷枢等觊觎这个好矿，朱其诏“欲以二万金购矿，倪不之允，朱君商之热河道，当将银矿查封。时招商局员亦赴热河收矿，于是两造互争，各不相下。旋有人从中调处，三家合伙同开：招商局出银一万两为一股，倪姓出房屋木柴合银一万两为一股，朱君出银五千两为半股，以后得到，按股均分”③。李文跃、朱其诏和唐廷枢等的这场多边争夺，记载纷纭，莫名究竟。但从这里可以看出：热河三山银矿基本上是从旧式矿场发展起来的，不过，洋务派依仗政治势力插手进来，夺取了旧矿主的矿权，旧矿的矿场和生产资料后来均折价成为新矿投资的一部分。

以上是就航运和采矿来看新旧企业之间的关系。这两类行业中，旧式企业虽然没有直接跃升为近代的新式企业，但是新旧企业之间是明显地存在着联系的。

除了缫丝、航运、采矿以外，早期工业中尚有纺织、火柴、电报、铁路、炼钢等部门，这些部门属于第三类情况，它们和旧式企业之间没有或很少联系。其中像火柴、铁路、电报等是帝国主义侵入中国以后带来的新行业，中国古代并没有这种行业，这些原来缺

---

① 徐润《徐愚斋自叙年谱》76 页称：热河三山银矿本为朱其诏所办，“以西法开采，用西人十二名，办理五年，接手又易二人，均未得法，赔累四十余万。自润经理始裁改西法，转为土法，办已四年，幸尚不至亏耗……前人泥于西法，用土人不过五六百名，自改土法之后，三山约养活三千余人”。

② 朱采：《清芬阁集》，卷八，《禀丁宫保论峄县煤矿地方官禀陈失实》。

③ 《益闻录》，1883 年 3 月 10 日。

门的行业当然只能从头开始。

另外像纺织和炼钢，在我国封建社会末期，棉纺织业还停留在家庭手工业阶段，炼钢作坊也陈旧落后，这些手工业的基础很薄弱，比起经历了产业革命而大大发展了的外国纺织厂、炼钢厂，相去不啻天壤。一般手工业主不可能一步登天，把简陋的手工作坊和工场转变成规模巨大、技术先进的大纺织厂和大钢铁厂。恰恰相反，由于这些小手工业和外国的大纺织厂、大钢铁厂生产同样的产品，行销于同一个市场，外国的机制商品很快就排挤了中国的手工制造品。因此，这些小手工业所面临的不是什么进一步向大工业转化的问题，而是在外国商品竞争下滞销、破产、重组、歇业的问题。

尽管如此，小手工业的滞销、破产、重组、歇业却又成为在这个行业中采用资本主义机器生产的契机。拿棉纺织业为例，在中国封建社会里，棉纺织业是一个最广大最主要的手工业部门，农耕和纺纱、织布密切地结合在一起，形成强固而停滞的自给自足经济体系，妨碍着纺织业的分工、独立和进步。鸦片战争以后，廉价的外国纱布大量输入中国，手工纺织受到致命的打击。先是手工纺纱业被挤垮，农民和手工业者不得不放弃纺纱，反而购买洋纱来织布，以后是手工织布业也遇到了危机，农民和手工业者又不得不放弃织布，购买洋布做衣服。在外国资本的侵略下，耕、纺和织这三者强固地结合着的经济体系逐步地分离了。这个分离过程带来了亿万人民的贫困、饥饿和死亡，是中国农民和手工业者的一部辛酸血泪史，却又使纺织业突破了自给体系的壁垒而取得了商品生产的性质。当一向自纺自织者不得不购买棉纱来织布或购买棉布做衣服时，纺织业中的资本主义机器生产才具备了必要的条件。资本主义发生发展的过程也就是农民、手工业者贫困、破产的过程。中国的第一批近代纺纱工厂就是在19世纪下半期农民手工业者贫困破产、不得不购买洋纱来织布的历史背景下建立起来的。在某种意义上说，纺织手工业仍然同近代纺织工业存在着内在联系，不过，近代纺织工厂不是从原来的纺织手工业直接发展而来的，而是以纺织手工业的破产和改组作为前提而产生、发展的。

总之，观察鸦片战争以后经济的变迁状况，可以辨认出中国旧式手工业的去脉和近代工业的来龙，两者之间存在着一定的联系。帝国主义的侵略是中国历史上前所未有的狂暴风飙，它严重地摧残了中国原有的手工业。但无论如何，它不可能完全阻塞中国经济的发展道路，也不可能完全割断中国经济前后的联系。中国近代工业有少数是从旧式手工业直接转化而来的，另一部分是凭借旧式手工业所提供的一些条件而建立的，还有一大部分是在旧式手工业破产的废墟上从头开始的。中国社会经济的基础以及在外国侵略下中国社会自身的变化，是产生中国近代工业的第一位原因。鸦片战争以后，处在剧烈变动中的中国社会既唤起了对近代工业的迫切需要，又提供了近代工业滋生的必要条件——市场的需求、资金的积累、机器和技术的提供、原材料供应以及无产阶级的出现，如果没有中国社会自身变动发展这个内部的原因，那么外国的机器技术即使再先进些，也不可能被中国所接受，近代工业也就不会产生。

二、近代工业发展的阻力

中国近代工业发生发展过程中遇到了来自企业外部的重重阻力，妨碍了工业的正常发生和正常发展。这些阻力主要是帝国主义的竞争、兼并和阻挠，繁重的捐税负担，封建势力的干涉和禁止等等，这一切都说明了帝国主义和封建主义是中国资本主义发展的主要障碍。

外国资本主义侵入中国，一方面虽然促进了中国资本主义的发生发展，但是还有另一个方面，这就是帝国主义勾结中国封建势力压迫中国资本主义的发展。中国资本主义和帝国主义之间形成了很复杂的关系，一方面是依赖的关系，另一方面又是矛盾的关系。

中国近代工业对外国的依赖表现在机器设备和技术方面、原料燃料的供应方面和产品市场方面。首先，中国近代工业的机器设备绝大部分是从外国购买来的，复杂的大机器是如此，简单的小机器也是先从国外购入，然后逐步仿制。① 很多工矿企业都聘用“洋

① 如轧花机来自日本，缫丝机仿效法国。

匠”，有的工厂中聘用“洋匠”数十人之多，成为企业开支中的一笔沉重负担。① 其次，很大部分的原材料和燃料都是进口的，钢铁和高级原材料当然不用说，就是最普通的东西也要进口，如砖瓦②、木料③、煤炭④、火柴梗⑤、棉花⑥等。有些工厂表面上看起来规模很大，实际上是把进口的原材料拼凑成件，几乎成了外国在华的一个装配工厂。如天津机器局在 1870、1871 以及 1874 至 1877 年（共六年）支出经费 132 万两，其中购买机器约 10 万两，支付“洋匠”薪金约 10 万两，购买原料燃料 67 万两，这三项经费大多是落到外国人手里去的，共计 87 万两，占该厂全部经费的 66%。可见开设这个军火工厂对外国的依赖程度⑦，各方面都离不开外国的支持。此外缫丝、制茶等近代工业的产生是由丝的出口增长所引起的，它的产品是供应国外市场需要的，都严重地依赖国外市场。

中国近代工业在很多方面要依赖帝国主义，同时又跟帝国主义存在着矛盾。当时，外国资本主义向中国倾销大量的商品并在中国开设工厂，弱小的中国工业面临着强大对手的竞争，因此在某些工业部门，中国工业迟迟不能向近代化企业转化；在另一些部门，机器工业虽然出现了，但一直站不稳脚跟。我们在前面曾经提到基础颇厚的沙船业，这个行业在外国轮船公司的竞争下，不但不能向近代轮运业发展，而且几乎完全归于澌灭。李鸿章说从前天津、宁河

---

① 如福州船政局有法国“洋匠”50 人，汉阳铁厂有英、比、德籍“洋匠”40 余人。“洋匠”中除正式工程师外，还包括工头、制图员以及为“洋匠”服务的医生等。“洋匠”均领取高额工资，如 1895 年汉阳铁厂 41 个“洋匠”年薪达 15 万两。

② 如张之洞称：汉阳铁厂用砖“皆系洋制……数万里换船转运，破损尤多，动须补购”。《张之洞全集》，奏议，卷三三，《预筹铁厂成本折》。

③ 如沈葆桢称：福州船政局所购之“花旗木及香港所购之暹罗木先后附舶而来”。《沈葆桢政书》，卷四，《造船开工日期并船厂情形折》。

④ 各厂所用煤炭，大多是日本煤和英国煤。

⑤ 据《上海今昔观》，11 页，上海火柴业“所用的木料和其他原料都需购运进口”。

⑥ 中国纺纱工厂常购用印度和美国棉花纺纱。

⑦ 其他军火工厂的情况和天津机器局类似。如江南制造局 1867—1895 年间共支出经费 1 734 万两，其中购买机器 110 万两，购买原料燃料 853 万两，两项占总支出的 56%。又福州船政局 1866—1874 年共支出经费 536 万两，单是“洋匠”的薪金、路费、赏恤和住宅建筑费即达 100 万两，占总支出的 19%。

两县共有海船七百余艘，“乃自天津通商以后，各国火轮夹板等船，装多驶速，日渐增添，内地海船生意多被占夺，十年之间，拆卖大半，现存不过二百只……殷实者八九荡产，中下之户更不堪问”①。又据沈葆桢说，上海沙船从前有三四千号，近则十不及一。② 又如中国过去的钢铁业也有一定的规模，但自从外国大量输入钢铁以来，土铁土钢在价格、质量上均难以竞争，故钢铁业日益衰落，就像李鸿章所说，“外洋铁价较贱，中土铁价较昂，又粗硬不适于用，以致内地铁商，十散其九”③。其他如制瓷、纺织、制糖、制茶等行业中的情形也大体如此，在这些行业中，中国近代化企业很难产生和正常地发展。

近代企业即使在一些部门产生了，但在外国的竞争下也很难立足。例如轮船招商局成立后立即遭到外国轮船公司的跌价竞争，几乎关门大吉。又如制茶业方面，俄国很早在汉口、九江、福州等地开设茶厂，福州的中国商人购入英国机器，设立三厂，与俄商竞争，结果是一败涂地，“至光绪十七年后，三厂相继停歇”④。又如李鸿章投资的上海伦章造纸厂，“由于原料昂贵，与日本纸的竞争，业务难以改进，此厂已濒于停业”⑤。还有火柴业的竞争也很激烈，1893 年重庆的聚昌火柴厂刚开张，英商怡和洋行立即贩运几十箱火柴到重庆来竞争，聚昌火柴厂请求地方官扣留这批火柴，这桩官司打到北京总理衙门，总理衙门的意见是“只能不许华人在该处再开，不能禁止洋商贩运贸易”⑥，本来是为了禁止外国竞争而引起的这场官司，结果却是禁止中国人再开设火柴厂，其自弃利权，一至于此。还有纺纱业方面，中国工厂亦完全居于劣势，据张之洞说，“洋纱最精，有四十号者，而华棉绒短纱粗，以机器纺之，仅能纺至十六号止，以故不能与洋纱洋布敌”⑦。

① 《李鸿章全集》，奏稿，卷二〇，《海船苦累变通办理折》。
② 参见《沈葆桢政书》，奏稿，卷六，《江苏厘源日竭拨款日增折》。
③ 《李鸿章全集》，奏稿，卷一九，《筹议制造轮船未可裁撤折》。
④ 刘锦藻：《清朝续文献通考》，卷三八五，《实业三》。
⑤ 《海关十年报告》(1882—1891)。
⑥ 《李鸿章全集》，译署函稿，卷二〇，《致总署论重庆自来火专利》。
⑦ 张之洞：《劝学篇》，《农工商学第九》。

外国商品之所以能在竞争中压倒中国商品，是由于它在捐税负担上获得了保障。如拿洋煤和土煤相比，“洋煤每吨税银五分，土煤每担税银四分，合之一吨实六钱七分二厘，若加复进口半税，已合每吨银一两有奇，盈绌悬殊至二十倍之多”①。又 1894 年御史杨晨奏言，“税章每洋布价值百两抽税五两，机器局布约加二两五钱。至于民间土货则逢关纳税，遇卡完厘，其数尚不止此”②。关税本来是保护本国工业使不受外国打击的一个有力武器，但是中国关税的税率和行政把持在外国侵略者的手里，反而成为扼杀中国民族工业的工具。腐朽的清政府太阿倒持，授人以柄，贻下了束缚中国工业发展的无穷祸患。

除了竞争以外，外国侵略者还公开兼并中国工厂或把资金渗入中国企业内，进行控制。如上海有个华商的制冰厂，外国资本家视为眼中之钉，一定要拔掉它，他们在报纸上造谣诬蔑说这个工厂生产的冰如何如何地脏，如何如何地不合卫生，结果这家制冰厂的信誉大受打击，无法立足，只好以 6 500 两的低价售给一家外国制冰厂。

外国资本以贷款方式渗入中国企业的情形更是屡见不鲜。如中法战前，轮船招商局“以沪地产向天祥、怡和等洋行押款七十四万三千余两”，战后又“以局产向汇丰银行抵借英国三十万镑”③。1891 年湖北织布官局，由广东善后局先行代借汇丰银行银 10 万两。④ 山东平度招远金矿“先后息借汇丰银行银十八万两”⑤，后来营业不振，借款不能偿还，该矿被“查封备抵”。又直隶石门煤矿曾向德商礼和洋行借款 3 万两，加上连年利息，至 1890 年债务达 6 万两，结果“该矿的全部存煤被没收，预备平价移交给礼和洋行，以清偿债款”⑥。中国工矿企业由于资本缺乏，常向外国借债，结果遭

---

① 《李鸿章全集》，奏稿，卷四〇，《请减出口煤税片》。

② 刘岳云：《农曹案规》，30 页。

③ 《国营招商局七十五周年纪念刊》，3 页。

④ 参见《抄本督楚公牍》，《饬局派员赴汉口汇丰银行点验粤汇银两存储》。

⑤ 李秉衡：《李忠节公奏议》，卷一〇，《奏山东历办矿务并无成效现拟封禁以靖地方》。

⑥ 参见《捷报》，1891 年 2 月 20 日，转引自孙毓棠编：《中国近代工业史资料》，第 1 辑，上册，223 页。

受重利盘剥，欠下沉重的债务，这是一种饮鸩止渴的办法。

外国侵略分子还对中国工业进行各种刁难讹诈。上海织布局筹备期间："英美商人闻之大惊，恐利权见夺，乃集资千万镑，将请人设法阻其事。乃逡巡十年，始渐设立于上海，英美商人觇之，见局厂崇闳，而管事人既非夙习此事者，机器亦不研求，且多旧式，于是相与大笑，不以为意"①。大冶铁矿开采时，德国政府忽然跑出来，声称大冶铁矿是德国人发现，开采权应该属于德国。中国土地上的矿藏，矿权反要归德国人，这分明是强盗的逻辑。经过再三交涉，"遂与德国订约：凡以后铁矿采掘及铁钢敷设一切器具，皆须购自德国，技师则独聘德国人"②。这种阻碍破坏、刁难讹诈的事例，屡见不鲜，中国的工商业者们只能忍气吞声，在气焰嚣张的侵略者的隙缝里勉维生存。

除了帝国主义之外，封建势力是中国资本主义发展的另一个严重阻碍，这种阻碍集中地反映在国家政权对于民族工商业的关系方面。

建立在封建基础上的清朝政权，长时期以来奉行重农轻商的政策。从地主阶级的立场而言，农业是它的生存基础，是财富的最主要的来源，工商业不过是生活中的补充和点缀，这种在封建经济基础上产生的制度、政策和思想观念，历经长期衍变而成为根深蒂固的传统，刚刚诞生的中国近代工业，不能不面临这个强大封建传统的压抑。

清朝政权压抑工商业的政策突出地表现在厘金制度上。厘金制度出现于太平天国革命时期，战后更进一步得到发展，它是半殖民地半封建社会的一种特殊的税收制度，是封建政权对于新式工商业的残酷专横的勒索。厘金制度的弊害不仅在于它的税率极高，更重要的是它的恣意性和不规定性，它既没有确定的征税地点和统一的税率，又没有明确的征税范围和法定的纳税手续，在这些方面征税的官吏可以随便决定，他们愿意在哪里征税就可以在哪里征税，愿

---

① 徐珂：《清稗类抄》，第17册，46页。

② 《政艺通报》，光绪三十三年，下编，《艺学文编》，卷四。

意征多少就可以征多少。这种制度成了培植贪污勒索的肥沃土壤，工商业者处在完全受人摆布、得不到丝毫保障的地位，它是束缚中国工业发展的严重桎梏。

拿征税地点来说，货物通过关卡要交纳厘金，但是全国有多少厘卡？都设在什么地方？并无明确规定，地方官吏可以随意增减。像饿狼一样的官吏们，设卡自然不厌其多，于是各地厘卡林立。同治初年苏北里下河地区有厘卡百余处①，湖北一省有厘卡 140 处。②清朝政府表面上也三令五申，令各省裁撤厘卡，实际却越裁越多。如 1894 年上谕称："各省局卡林立，贻累商民，迭经谕令设法裁并，不啻至再三，各该督抚自应遵照办理……各省现设局卡，仍复不少，江西厘局多至七十余处，需索留难，虚靡滥耗，弊端百出，亟应再加申禁，著江西巡抚……核实删并……将裁定数目迅速覆奏。"③ 这样一个看似雷厉风行的命令事实上不但没有贯彻，而且江西厘卡仍在继续添设，十年以后，竟增加到 130 个。④

至于厘金税率起税点和征收范围也没有统一的规定⑤，它的办法有点像包税制，政府按历年征收的数目规定一个比较数字，责成厘金局征收，厘金局的官吏则竭力搜刮，收足了这个数字之外，还要搜刮数倍于此数的钱来孝敬上司和装进自己的腰包，就像汪康年所说，"厘税之内，上得其一而下得其九。此九成中官才二三耳，司事颇得其三四，而巡丁则得其五六"⑥。所以各省厘金差使是头等肥缺，官场中有"署一年州县缺不如当一年厘局差"⑦ 之谚，至于捐税范围更是

---

① 参见刘锦藻：《清朝续文献通考》，8042 页。

② 参见上书，8046 页。

③ 《光绪朝东华录》，光绪二十年六月，总 3428 页。

④ 1904 年《阁钞汇编》称"江西一省厘局之多至有一百三十余所，为各省之所未有"。

⑤ 汪康年《商战论》说："今厘卡如织，一水之地而抽厘十余次，验票又十余次……有始仅值百抽五者，继至十抽三四……尤可异者，一国之中而各省之章程不一，一省之中而各局之章程又不一，一国而前后之章程又不一。至于以若干起税，皆无一定之章。"转引自《皇朝经世文三编》，卷三〇。

⑥ 汪康年：《商战论》，转引自《皇朝经世文三编》，卷三〇。

⑦ 《光绪朝东华录》，光绪五年十二月，刘曾奏，总 851 页。

苛细已极，几乎任何通过厘卡的东西都要上税，“虽一巾一扇一鞋一袜亦捐”①。殷兆镛弹劾李鸿章，说李鸿章征收厘金的范围甚至还包括“茶棚桌子，赌场桌子、点心，剃头担，粪担”等等。② 厘金制度的弊端和对工商业的危害，确实是罄竹难书，所以有人愤慨地说，“商民由富而贫，由贫而至于赤贫，皆由厘金累之”③。

封建主义对工商业的迫害不仅仅表现在封建国家的税收政策方面，而且还表现在直接对工商业的禁止、限制、干涉等方面。在当时那种思想保守、风气闭塞的环境里，设一个工厂、筑一条铁路、开一个矿场，处处和封建观念、习惯相抵触，因此会招来无穷尽的阻碍和责难。大体上愈是内地偏僻闭塞的地方，这种阻力就愈大，所以初期的大多数工厂都开设在租界或通商口岸。这一方面是由于工厂在机器、技术原料、燃料、市场等方面要依赖外国，一方面也是由于要避免地方封建势力的干涉。但是像采矿、铁路、轮船、电报等是没有办法只限制在通商口岸的，所以在这几种行业内，封建顽固势力的干扰尤其突出。

封建顽固派阻碍工矿企业的办法是各种各样的。第一种是直接禁止，像镇江句容的矿山案就是个典型的例子。早在1868年盐商何至华在此买山一区，准备采煤，不久被地方士绅驱逐。1869年又有人申请在此采煤，被曾国藩所阻。1873年上海商人魏镛等向李鸿章请求在此采矿，当时南京、镇江两府的秀才正在考试，“闻此消息讹言日起，人心惶惶”④，纷纷起来反对，于是只好停止。后来有一个姓王的商人和盛宣怀都曾来此作采矿试探，也是碰了一鼻子灰。李鸿章、沈葆桢等是把开矿看做国家的“富强大业”的，在这种情况下也不敢得罪地方士绅们，沈葆桢给镇江大绅士李承霖的复信说：“此事之可行与否，总以绅民向背为进止，若众情不以为可，虽黄金布地，无所用之。”⑤ 该地官府士绅防微杜渐，立下了许多碑文，永

---

① 郑观应：《盛世危言》，卷一〇，《厘捐》。
② 参见《李鸿章全集》，奏稿，卷九，《复奏殷兆镛等条陈江苏厘捐》。
③ 张廷骧：《不远复斋见闻杂志》，卷六，《陶公三疏》。
④ 韩弼元：《翠岩堂诗文钞》，卷一，《公致两江制府书》。
⑤ 沈葆桢：《复李承霖函》。

禁开矿碑文称，“如有不法棍徒再敢煽惑开矿，或被访闻，定即提案照例严办，决不姑宽”。从此以后，该处长时期成为一片被封禁的园地，工商业者不可能进行活动。

在另外一些场合，封建统治者需要工商业者帮忙，不可能完全禁绝工商业活动，他们常是小心翼翼地对付这个既可怕又缺少不得的工商业“异端”，从各方面限制它，让它在一个不会危及封建统治的框框里勉维生存。像台湾基隆的土煤窑就是一个例子，福州船政局成立以后，煤的需要量很大，不能不取给于土法开采的矿场，于是基隆的土煤窑有蒸蒸日上之势，所谓“船政局既设，民间私采几不可复禁”①。1870年闽浙总督英桂派人作了调查，划定采矿区，树立界牌，禁止在界外开采，又规定煤井以70洞为限（当时正在开采者有69洞），不准再增添，投资者只许本地人，“身家庐墓在此，联结充保填给执照”，雇工“只准淡辖距洞五十里内人，每洞不得过二十名，煤户具结保之”②。在这样的限制束缚之下，土煤窑哪里还能进一步发展。不久福州船政局索性自己投资采煤，建立了基隆煤矿，而且所有土煤窑“概令封闭停工，不准再行采取。一切煤矿，日后均归官办”③。后来官办基隆煤矿并没有办出成绩，船政局用煤仍需依靠土煤窑，所以土煤窑并未完全禁绝，但在封建势力多方摧残限制之下，也是奄奄一息，没有什么生机了。

封建势力横暴地禁止、限制工商业活动的事例在各地方各行业中普遍存在。例如有一个武举人李福明在北京东便门外开设一个小型机器面粉厂，被都察院勒令禁止，李福明本人被扣上“实属异常刁狡”、“不安本分之徒”的罪名交刑部治罪。④ 还有一个大商人何崐山在广州创议开办自来水公司，他的计划虽然得到几百户商家的支持，但当地士绅认为“有伤风水”，出来大泼冷水，于是这个计划

① 《淡水厅志》，卷四，213页。

② 同上书，卷四，215页。

③ 《申报》，1877年10月24日，转引自孙毓棠编：《中国近代工业史资料》，第1辑，下册，578页。

④ 参见《光绪朝东华录》，光绪廿一年二月上谕，总3551页。

成为泡影。① 当时社会上这种固结不解的顽固守旧风气，确实具有很大势力，很多官僚绅士“睹电竿而伤心，闻铁路则掩耳”②，就是清政府的命令和洋务派的活动也常遭他们的白眼相加。③ 中法战争后，清政府曾经命令各省督抚在所属境内举办矿务，也遭到各地的消极抵抗。如陕甘总督谭钟麟答复：“以机器取之，则百年之利，十年可尽，而十年之外，民奚赖焉”④；陕西巡抚鹿传霖答复：“若勉强开采，势必徒耗巨资，得不偿失”⑤；四川总督丁宝桢说：本省“实难觅可以开采之处”⑥；护理广西巡抚李秉衡说：“开采既多窒碍，不如停办为宜”⑦。清政府的这道采矿命令就这样被地方官吏们束之高阁了。

综上所述，中国近代工业所碰到的外部阻力如此之大，而原来手工业的基础又如此之薄，无怪乎近代工业的诞生会成为迟缓痛苦的难产过程。这些突破了千难万阻而刚刚诞生的近代工矿企业，由于受到内部条件的强力制约而在自己身上留下了特殊的烙印，这就是官的势力打入企业内部，和商的势力形成既合作又对峙的局面。这种特殊关系和一般国家中资本主义发展的情况很不相同。中国早期的资本主义经济循着官办、官督商办这一非常特殊的道路蹒跚前进。

三、官办军事工业的性质及其内在矛盾

在早期的工矿企业中有三种并存的形式，第一种是官办企业，第二种是商办企业，第三种是官督商办企业。

---

① 参见《捷报》，1883年1月10日、4月27日，转引自孙毓棠编：《中国近代工业史资料》，第1辑，下册，1022页。

② 光绪十五年一月十四日奕䜣奏，转引自《洋务运动》（六），233页。

③ 如1877年李鸿章说：“目下虽煤矿已有成效，武穴池州均甫开局，魏温云亦在宝庆衡州等处试采煤铁，但官绅禁用洋法机器，终不得放手为之”。（《李鸿章全集》，朋僚函稿，卷一七，《复郭筠仙星使》）

④ 光绪十一年六月初七日谭钟麟奏，转引自《洋务运动》（七），368页。

⑤ 光绪十一年九月廿八日鹿传霖片，转引自《洋务运动》（七），369页。

⑥ 光绪十一年十一月初三日丁宝桢奏，转引自《洋务运动》（七），375页。

⑦ 光绪十二年二月二十八日李秉衡片，转引自《洋务运动》（七），375页。

官办企业是指国家进行投资、国家派员管理的企业，其中有两类不同情形：一类是企业不进行商品生产，不参加市场交换，它的全部资金的来源是国家的拨款，如官办军火工业都属于这一类；另外一类是企业从事商品生产，参加市场交换，国家只有第一次拨款，作为企业的基本建设费用和第一次生产资金，但是以后每年的生产资金，国家不再拨款，而要依靠企业本身的运转，像张之洞所办湖北纱布丝麻四官局即属于这一类企业。

商办企业是私人进行投资、私人自行管理的企业。不管企业的创办者的出身如何，不管他是不是政府的官吏（甚至是很高级的官僚），创办这个企业均属于私人活动。政权仅作为企业外部的一种力量和该企业发生关系，并不是企业内部的组成力量，如缫丝、火柴、面粉等初级加工工业和小型轻工业大多是这种形式。

官督商办企业介于官办企业和商办企业之间，是官和商的联合形式。在当时的文献里有各种名称，有所谓“官督商办”、“官商合办”、“官办商销”、“官办商倡”、“以商助官”等等，其实归纳起来都可以算作官督商办。① 在这种企业内，政权力量一般是进入了企业的内部在以下几个方面和企业发生关系：第一方面是给企业以借款，所谓“酌借官帑以助商力之不足”；第二个方面是给企业以免税减税优待，所谓“减轻厘税，以恤商艰”；第三个方面是收购企业的产品，像云南铜矿的“放本自行采煤，收铜以供鼓铸”；第四个方面是政府分沾企业的利润，即所谓“提取余利，报充饷银”；第五个方面是政府派员驻厂。在官督商办的企业中，政府不仅作为企业的外部力量出现，而且它在资金、税捐、市场、利润、管理等多方面和企业发生了关系，因此它可以直接过问企业的内部事务，成为企业内部的一个组成力量。当然，在这种官督商办形式中，政府和企业

① “官商合办”形式在当时口头上很流行。但严格说来，甲午战争以前并没有出现官商各有投资进行合办的企业，因为当时的清政府并没有以一个资本家身份来举办工业的愿望和办法。在很多场合，清朝政府只是借给企业资金，以借贷人的身份出现，而不是企业的投资者。有一些官僚曾经热衷于“官商合办”（如张之洞），但是他在企业中实行的封建措施违反商人的意愿，因此张之洞所办“湖北纺纱官局”中的商股不久即退出，该局仍成为官办企业。

的关系也有密切和疏远的区别，有些企业和政治、军事有直接关系，往往由政府的洋务派官僚发起倡办，以后再招集商股，它跟政府的关系特别密切，如轮船招商局、漠河金矿等；另一些企业由私人发起创办，为了取得政府的支持，成为官督商办，政权力量在不同程度上渗入了企业内部，如上海织布局等；也有一些企业，完全由私人创办经营，并没有和政府发生多少联系，但仅仅为了求得政府允许其存在，只得让政府和官僚势力插入一脚，也挂上官督商办的招牌，如甲午战前的大纯、裕源等纱厂，这些企业名义上是官督商办，实际上却是商办企业的性质。所以，虽然都叫官督商办的企业，实际的差别却是很大的。

以下谈谈三个问题：第一是官办军事工业的性质及其内在矛盾，第二是官督商办形式普遍流行的社会原因，第三是官督商办形式对资本主义的阻碍作用。

官办军事工业究竟是什么性质？它是封建性的企业还是资本主义企业？这是当前学术界争论颇多的一个问题。我认为：官办军事工业的性质比较复杂，它是封建主义和资本主义的特殊混合体。从资本的循环和增殖过程来考察，这种企业突出地显现了非资本主义性质的一面①，它所生产的船只、枪炮、弹药，不以商品形式参加市场交换，而由政府直接调拨给军队，它的生产经费全部由国库开支，这种情形是以往封建官营工业经营方式的继续。清政府开办这些企业，不是作为追求利润的资本家姿态出现的，它所关心的是军火产品的使用价值，不是其交换价值。在这里资本主义的价值规律、竞争规律、追求利润规律等等基本上不发生作用。马克思说，资本家“不仅要生产一个使用价值，并且要生产一个商品，不仅要生产使用价值，并且要生产价值，不仅要生产价值，

① 根据马克思著名的资本循环的公式，资本家首先是用货币资本去购买表现于商品形式的劳动力和生产资料，以进行生产，这时货币资本转变为生产资本。然后在生产进行中，原来的生产资本被消耗，新的商品被生产出来，新的商品中包含着由原来生产资本中所转移过来的价值以及由工人创造的剩余价值，这时生产资本又转变为商品资本，最后新的商品拿到市场上出售，换回货币，商品资本又复原为货币资本。但新的货币资本的数量已经增大，包含着工人新创造的剩余价值在内，资本在这个循环过程中实现了增殖。至于官办军事工业中并没有这个完整的循环过程。

并且要生产剩余价值”①。又说“资本主义生产的最显明的特质之一，是这个事情：一方面，生产资本的构成要素，必须由商品市场来，不绝由这种市场更新，并当作商品购买；另一方面劳动过程的生产物，则当作商品由劳动过程出来，必须不绝当作商品售卖”②。但是官办军事工业的生产品恰恰不是当做商品售卖的，恰恰缺少这个“资本主义生产的最显明的特质之一”。

但是仅仅根据上述这一点，还不能够判断企业的性质。因为，从官营军事工业的内部关系看，它是在机器生产下使用雇佣劳动的企业。企业中的工人以出卖自己劳动力为生，是中国早期的工业无产阶级。工厂的产品虽不以商品形式出卖，而工人的劳动力却以商品形式购买。当然，作为企业主的清朝政府必定会给工人们加上种种封建束缚，但这一点并没有改变军事工业中工人们的无产阶级身份，封建政府主要只能按照劳动力的价值规律来雇用工人。李鸿章说，天津机器局的工人很多是从上海、广东的外国工厂中雇来的，“该局所雇华匠……若减停制造，量予半价，在彼不足自赡，势仍散归洋厂”。曾国荃说，金陵机器局中“工匠工食，向以技艺之短长，定工食之多寡”③。可见这些企业中的工人基本上是自由的雇佣劳动者，并且按照不同的技术熟练程度而领取工资。很显然，在判断企业性质的时候，是不应该把企业的内部关系、把生产者的身份排除在视野之外的。很难设想，团聚了一大批产业无产阶级的企业，其性质竟是一个单纯的封建性企业。

这样，在我们面前就出现了一种“二律背反”的矛盾。从资本的循环过程看，从企业的非商品生产看，官办军事工业并不是资本主义企业；但是从企业的剥削关系看，从工人的雇佣身份看，官办军事工业应该是资本主义企业。两个相互排斥的命题都有其正确性。

这个矛盾只有放在历史辩证发展的过程中才能得到理解。世界上一切事物既然都处在永恒不断的发展过程中，而从旧事物到新事

---

① 马克思：《资本论》，第1卷，203页。

② 同上书，第2卷，119页。

③ 《曾国荃全集》，书札，卷一九，38页，《复潘伟帅》。

物的发展形式是多种多样的，有些事物一下子就改变了自己的质态，也有些事物逐渐地、部分地改变着自己，一步步地完成飞跃和转化。在后一种渐进性的飞跃转化过程中，可能会出现若干特殊的过渡形式，这种过渡形式既残留着某些旧的质态，也萌生了某些新的质态，官营工业就是介于新旧之间的这种过渡形式，它从封建的官营工业脱胎，包含着某些旧质态（非商品生产），它处在中国资本主义诞生的时期，已经萌生了某些新质态（大机器生产下的雇佣劳动）。它是封建官营企业和资本主义企业之间的中间形式，是封建主义和资本主义的特殊混合体。

这种过渡形式的企业，其内部生产关系和生产力的性质是不相适应的，因此企业不可能兴旺，甚至不可能有暂时的稳定。它如果不改变非商品生产的特点，就必然会被一系列矛盾所压倒，导致企业的瘫痪和解体。所有官办军事工业的命运都证明了这一点。

资本主义机器工业的存在和发展，主要是通过内部的积累，但是官办军事工业非商品生产的特点完全堵塞了内部的积累来源，这是它生产关系和生产力矛盾的第一个表现。军火产品既不拿到市场上出卖，企业就不能通过产品的出售收回其预付资本和获得剩余价值，这样也就没有资本的周转和资本的积累可言。企业不是依靠自身的运转进行简单再生产和扩大再生产，它的产品全部被政府所吸收，它的运转又是靠政府的拨款来维持，此外就没有经费可以用来维修机器、更新设备、改进技术、扩建工厂。胡燏棻曾经对官办军事工业作了这样的评论："厂系官办，一切工料资本，每岁均有定额，即有自出心裁，思创一器者，而所需成本，苦于无以报销。且外洋一器之成，如别色麻之钢，克鹿卜之炮，或法经数易，或事更数手，成本费数十万金，然后享无穷之利，垂久大之业。"① 但是官办军事工业的非商品生产的特点完全堵塞了积蓄来源，限制了工厂的进一步发展。所以胡燏棻的结论是："中国欲借官厂制器，虽百年亦终无起色。"

维持机器的正常运转、进行连续的稳定的生产是资本主义机器

---

① 胡燏棻：《变法自强疏》，见《皇朝经世文新编》，卷一，《通论》，23页。

工业存在和发展的一个必要条件，而官营军事工业的拨款制度完全排除了正常生产的可能性，这是其生产关系与生产力矛盾的又一个表现。企业既然靠清政府的拨款来维持，它的命运就完全和封建国家的国库密切地联结在一起，在清朝政府财政十分拮据的情况下，每年的定额经费常常不能付足。例如福州船政局每年定额经费 84 万两，其中包括闽海关年拨 60 万两，福建茶税内年拨 24 万两。但是由于福建的关税、茶税经常短收，这就致使拨给福州船政局的经费也经常打折扣，有时福州船政局一年得到的拨款只有二十多万两。到 1885 年为止，闽海关历年积欠拨款已达 254 万两，因此船政局常常停工待款，甚至“积三年之费，不能成一新式快船”①。由于没有生产经费，机器运转不起来，就只得缩减生产，裁撤工人，福州船政局就是这样常年地陷于瘫痪状况中。

资本主义机器工业存在和发展的另一个必要条件是不断地改善经营管理，而官营军事工业却不负自身的盈亏责任，因而缺乏改善经营管理的动力。在一般资本主义企业中，资本家为了追求利润，不得不改进管理，讲求效率。即使在贪污浪费很严重的官督商办企业里，企业的盈亏状况总还是衡量其经营管理和工作效率的尺度。而官营军事工业根本没有独立的核算，它不追求利润，也无所谓盈亏。企业经营得好，它的产品全部被政府吸收；企业经营腐败，它也照样得到政府拨款，可以维持下来。企业自身既没有改进管理、提高效能的动力，也没有衡量经营状况的尺度，这就是贪污浪费和各种腐败作风产生的根源。清朝末年有人描写官办工业的经营管理状况：

> 购料则价不尽实，工作则时多废弛，材料则任便作践，成货则或致盗窃，出售则价或分肥，即不然，用人或碍于情面而多冗员，办事则恇于请托而多迁就，以乱章为圆到，以姑息养私恩。甚或苞苴公行，干俸累累……似此种种弊窦，层层朘削，安有不赔累倒闭者哉。②

① 张佩纶：《涧于集》，奏议，卷四，《筹办船政事宜折》。

② 《直隶工艺志初编》，丛录下，《郭春畬对问》，15 页。

总之，官办军事工业中存在着种种落后的制度和办法，生产力和生产关系极不适应，从而严重地束缚着企业的发展，这是清政府以一个封建主身份占有这些企业的必然结果，这种情况一天不改变，官办企业就一天没有前途和出路。

清朝政府为镇压人民革命而开办了许多军火工厂，并在这些工厂中沿用了官营工业的一套制度、办法，这些工厂给清朝军队制造杀人武器，加强了清朝政府的镇压职能，它在巩固封建统治、反对人民革命中发挥了重要作用。尽管这样，这些工厂还带来了超出清朝政府预期的另一些后果。首先是在这些企业里出现了一批雇佣工人，他们是集结在大机器生产下的一批早期的无产阶级；清朝政府为镇压革命而制造枪炮，却没有想到自己同时也在“制造”颠覆整个旧社会的革命力量。其次，这些工厂都是使用机器生产，都从外国学习了近代的科学技术，并造就了一批技术工人和近代知识分子，这些工厂的出现使科学技术的传播成为必然。最后，军事工业的出现刺激了其他部门。如近代采矿业的出现是为了给军事工业提供原料燃料的，轮船招商局的成立是和福州船政局的养船有关的，汉阳铁厂的开办是为了制钢轨、造军械。近代工业各个部门好像是处在连锁反应中的一系列环节，由此及彼，相需相因，互激互荡，依次发生，而军事工业则是其中最先被拉动的一环。

四、官督商办形式普遍流行的原因

官办军事工业的性质和作用已如上述，我们再来看看官督商办这种形式。官督商办是封建政府和私人资本之间一种特殊的结合，它在早期工业史上是十分流行的形式。为什么出现这种形式？这种形式曾经起了什么作用？这进一步的发展前途怎样？

官督商办形式的盛行首先是由于清朝政府和官僚们对新式工业控制的意愿和贪欲，或者说：当时的工业利润就是吸引这批封建吸血鬼的原因。但如果进一步问，为什么官僚们控制新式工业的意愿和贪欲得以实现？这就不能不涉及中国近代工业诞生时期广阔的社会历史背景，不能不涉及当时工矿企业产生和发展中所碰到的一连串困难和阻力。正是在这样的历史基地上，官僚们利用中国工业产生时期的种种困难，打入工业内部，使自己的意愿和贪欲得到了最大限度的满足。

我们在前面已经考察了早期工业发展所碰到的外部阻力，其中主要是帝国主义的竞争、兼并，封建主义的干涉、阻挠以及海关和厘金的束缚等等。这些阻力的存在表明当时还缺乏资本主义能够正常地诞生和顺利地发展的社会条件，帝国主义和封建主义是挡在工业发展道路上的两只凶猛的拦路虎，要创办任何一个企业，总会碰到前面列举的那些困难，总会碰到帝国主义和封建主义的阻碍。为了要使企业开始运转并维持存在，就必须抗拒这些外部阻力，在一定程度上克服这些困难。

个别企业靠它自身的力量几乎不可能抗拒和克服外来的阻力。即使是一个有地位的官僚所创建的企业，仅仅依靠这个官僚个人的权势和影响，也很难克服强大的社会阻力。早期的企业不但规模很小，力量很弱，而且每个企业都是个别地出现，分散地存在，企业之间尚未构成一股联合的力量，每个企业要能创办起来和存在下去，就必须从企业的外部找到奥援、找到靠山。试问这个工业襁褓儿能在当时社会上找到什么力量作为自己的奥援和靠山呢？除了帝国主义和封建主义这两只压抑工业发展的拦路虎之外，它是找不到其他现成的社会力量的。长期以来中国是一个封建专制主义国家，政权是至高无上的权力机构，它的影响渗透到社会生活的各个方面，它不仅执行着政治和军事方面的职能，而且它的触角伸展到各个生产部门以及文化、教育、公益事业等等方面，它像一个幽灵一样到处踯躅，到处显露出无与匹敌的权威姿态，除了新侵入的外国侵略者之外，社会的每一角落都没有任何势力或机构，可以分享政府的权力和威望，在这种情形下，新式工业为了对付外部压力，仍必须利用和依靠政权的力量，它除了跪倒在这只拦路虎面前，乞求其宽容之外，就没有其他的出路，这就是官督商办流行的原因。这里应该附带提到一种例外的情形，有些企业投资者不是从封建政权那里找荫庇，而是从外国侵略者那里找倚靠，他们开设的企业挂起外国字号，任用外国人经理，向外国政府注册，也有些人干脆投资到外国工厂里，在这种情况下，虽然依附的主体不一样，但同样说明企业离开外力支持就不能够存在下去，当时社会上还缺乏资本主义独立活动的条件。

中国近代工业所碰到的外部阻力是从帝国主义和封建主义方面来的。为了克服和缓和这种阻力，近代工业又必须依赖于帝国主义和封建主义，“解铃还须系铃人”，这是一个历史的矛盾，而“官督商办”就是这个历史矛盾的产物。官僚们控制新式工业的意愿和贪欲也由于这个历史矛盾而获得了实现的根据。从商的方面来说，它只有躲在封建政权的荫蔽所里才能够避开很多自己无力抗拒的压迫；从官（政府）的方面来说，它的传统政策虽然是和新式工业对立的，但是正在急剧变化着的形势，又迫使自己不能不在一定程度上利用私人的工业投资。譬如说：清朝政府要训练一支军队，开办了军火工厂，为了维持军火工厂的生产，需要供应钢铁、煤炭，需要新式的运输业。这样，轮船招商局应运而生。但刚刚诞生的招商局遇到外商的压力，外国轮船公司跌价竞争，抢夺客货，招商局船少本薄、又无运输管理的经验，初逢大敌，其命运岌岌可危，朝不谋夕，几乎中途夭折，但后来的结果，招商局并没有关门垮台，它毕竟熬过了难关，顶住了外国轮船公司的排挤和竞争，甚至还并吞了美国的旗昌轮船公司。那么，它是怎样抗拒住这样巨大的压力呢？第一，它依靠运输漕粮。清朝政府每年从南方运到北京来的这批漕粮为数极大，招商局作为官督商办之局，每年承运漕粮的半数以上，收入十分可观，如某年招商局承运江浙漕米 53 万石，运费收入即达 30 万两，有这笔生意可做，所以不怕跌价竞争；第二，依靠政府贷款，招商局的资本 100 万两，直到 1877 年只收到股金 73 万两，以这样微薄资力，是不可能和外国轮船公司竞争的，但是招商局在李鸿章的庇荫下，借用大批官款，到 1877 年为止共借官款 190 万两，借款数目达到自己资金的 3 倍，正是由于这个缘故，招商局得以周转扩充而游刃有余。所以沈葆桢说：“以商本而论，似未足以济事，而该局所以尚能支持者，则以漕粮水脚稍补跌价之亏，而北洋又酌拨官币以济之也。”① 李鸿章则说：“承运各省漕粮，为商局命脉所系，现在局船揽载商货，为洋船挤跌，动辄亏赔，非多运漕粮，以羡余补不足，万难持久。”② 将近二十年后，总理衙门追述当年情形，也说，“该局所以能自立者实赖官为维持，故虽怡和太古多方倾挤，该局犹能支柱。盖岁运苏浙漕米，又带免二成税课，皆该局独擅之利。其于江西两湖漕米，则代买代运，尤操奇赢”③。由此可见轮船招商局对于封建政权依赖到什么程度！

像轮船招商局的情形，在当时其他行业中也是相当普遍的。可以说，规模稍大一点的企业一般都通过这条官商合作的特殊道路，才能够求得生存和发展，它们之间的差别只有政府对企业支持的方式和程度各有不同而已。

政府支持企业的一种普遍方式是减轻税捐。苛捐杂税本来是封建政权强加在工商业身上的负担，也是限制工商业发展的一个有力措施。现在封建政权为了加强自己的统治而要利用某些近代工业，最方便的办法就是减轻捐税，这对封建政府来说只是举手投足之劳，而身受减税优待的企业却不啻久旱逢雨，得到了超生。拿煤矿业说，当时洋煤每吨税银只五分，土煤每吨税银六钱七分二厘，相差达十余倍，不谈其他生产和经营的条件，只就纳税而言，土煤就不能和洋煤进行竞争，所以使用机器采矿，建立大型的矿场，重要的前提之一，就是要请求政府减税，基隆和开平的煤，都是减轻到每吨税银一钱。假使得不到政府的减税优待，任何大矿场都是不可能开办的。其他企业中的情况也类似，如官督商办的上海织布局，其优待办法是，“如在上海本地零星销售，应照中国通例，免完税厘；如由上海远运内地及分运通商他口转入内地，应照洋布花色，均在上海新关，完一正税，概免内地沿途税厘，以示体恤”④。

政府对企业的贷款也是一种支持的形式。我们知道：一般资本

① 光绪二年十一月二十七日两江总督沈葆桢奏。

② 《李鸿章全集》，奏稿，卷三〇，《海运官物统归商局片》。

③ 《光绪朝东华录》，光绪二十一年十二月庚寅，总理各国事务衙门奏。

④ 《李鸿章全集》，奏稿，卷四三，《试办织布局折》。

主义国家的企业资金，除了一部分是集股得来的企业自有资本之外，一般还有从银行借来的借入资本，依靠这笔借入资本，企业才能够运转裕如，顺利地进行生产。但是当中国工业产生的初期，根本还没有自己的银行，当然无从得到借入资本，以为挹注。在这个时候，清朝政府对某些官督商办企业起了信贷机构的作用，如我们在前面所说：1877 年时轮船招商局自有资本仅 73 万两，而从政府得来的借入资本达 190 万两；开平煤矿从政府得来的借入资本有 24 万两；上海织布局也得到政府的大量借款，在上海织布局被焚时尚欠官款 26.5 万两。特别像电报局，最初由政府发起，从天津到上海的第一条电报线路的架设经费 15.8 万两，也完全由淮军饷项中开支，等到津沪电线工程告竣，才由盛宣怀招商承办。开办的最初几年内，电报局只交还了官款 8 万两，其他都以政府拍发电报的费用划抵。为了养护线路，沿线设立讯房，驻守兵士，每年经费 1.1 万两，还有聘用“洋匠”，招收学生，第一年内所用的经费，统归清政府开支。由此可见，电报局和清政府的关系是何等密切。像电报局这种企业，“绵亘数省，地段甚长”，“线短报稀，取资有限”，的确是“非官为保护，并为津贴不可”①。

从以上所说的种种情况，可见官督商办形式的出现和流行并不是偶然的，它是一个特定时代的产物。那时候，帝国主义和封建主义的势力阻碍着新事物的成长，整个中国的天空中阴云密布，近代工业不能在和煦的阳光下正常地诞生和发育。它只能躲进封建政府给支架起来的简陋的荫蔽所里，在阴暗霉变之中畸形地生长。应该指出：官和商的“合作”虽然在一定时期内和某种程度上缓和了外部的压力，使企业得以苟延生存，但这种“合作”形式使得官的势力插入了企业的内部，必然要带来许多灾难性的后果，给企业贻祸于无穷。官对商的支持是次要的、暂时的、有条件的，而官对商的剥削却是主要的、经常的、无条件的，在所有官督商办企业中，清政府是绝对的权威，政府所派来的官僚们总是居于发号施令的地位，

① 《李鸿章全集》，奏稿，卷四四，《创办电线报销折》。

把持着企业的管理大权，一般投资人根本无权过问企业的事务。在企业内部，代表封建主义的“官”和代表资本主义的“商”处在尖锐的对立中，“官”的势力总是完全压倒“商”的势力。这种合作类似马和骑马人的“合作”，对于马来说，除了偶然能咀嚼一点干草以外，只能常年供人驱遣，并不断领受骑马人狠重的鞭子而已。所以在起初，官督商办也引起一些人的幻想，以为这种合作也许可以使企业得到保障，而实行的结果却只能给官僚们开辟一条贪污弄权、营私发财的新捷径，不可能使企业真正地发展起来。到后来一般投资者都裹足不前，谁也不愿意跳进这个无边的苦海里去。从根本上说，清朝政权不可能成为资本主义的保护人，官督商办也不能成为保障新式企业、积聚民族资本的有效形式。中国资本主义几乎在官督商办这条死胡同里徬徨了二十余年，结果是证明了“此路不通”。

五、官督商办形式对资本主义的阻碍作用

官督商办给企业带来了什么困难？它怎样阻碍着资本主义的进一步发展？

首先，官与商的“合作”，不可能是平等互利的关系，政府对企业的任何支持不会白白地给予，它一定要取回优厚的报偿，今天的支持往往就是明天进行勒索的根据。拿政府的借款来说，对于企业未尝不可救一时之急，可是这笔借款实际上是笔高利贷，年利约在一分左右，不管企业的盈亏，这笔借款连同利息一定要按期清偿，因此企业借到了官款就要以官利的形式分年偿还给政府。如黑龙江漠河金矿“以十成之三呈交黑龙江将军衙门，报充军饷”①。又如直隶临城煤矿“每年颇余利，以十成之一报效海防经费”②。1899年后轮船招商局也有拨盈余二成“以资饷需”的规定。③ 政府这笔借款在企业盈利的情况下还要提成分红。

---

① 《李鸿章全集》，奏稿，卷六一，《漠河金矿章程折》。

② 丁文江：《外资矿业史资料》，9页。

③ 参见盛宣怀：《愚斋存稿》，卷三，6页。

那么，企业如果亏损又怎么办呢？这笔借款当然不负亏损的责任，分毫不容短欠，所谓“商本容有亏耗之时，官款从无准销之例”①。政府追回借款的办法更是穷凶极恶、闻所未闻。例如上海织布局被大火烧得精光，拖欠官款 26.5 万两，无力偿还。这笔官款就摊派到别家企业的身上，根据李鸿章的命令，以后各纱厂，“每出纱一色，捐银一两”②，用来偿还上海织布局所欠的官款。“城门失火，殃及池鱼”，那些和上海织布局风马牛不相关的纱厂，硬被拉来赔垫这笔亏损。这笔借款既要领取官利，又要分沾红利，即使企业倒闭，欠款无着，清政府也会想出种种办法，追回借款，它比高利贷资本的作用更为恶劣。企业借用了官款，等于是饮鸩止渴，必然贻患无穷。

企业借用官款、承运官货者得到减税免税优待，这种特殊待遇出自清朝朝廷的“浩荡恩典”，企业就必须承担名目苛烦的封建纳贡义务。“军需”、“河工”、“赈灾”，以至太后的“万寿”、皇帝的“大婚”，企业都要无偿地贡献大批银两，作为报效。如 1894 年西太后六十寿辰，开平煤矿“以董事会和股东名义报效三万两”③，轮船招商局报效五万五千余两。④ 山东平度金矿开办时，即规定“酌提成头，为地方创办书院、建立善会、添设义学等项善举之用”⑤。光绪初年清政府命令轮船招商局运输直晋赈米，多而且急，局船不敷调用，由局代雇洋商轮船，赔贴水脚盘剥等费。⑥ 据 1916 年郑观应说，招商局无偿“报效”的总数“自开办以来计银一百三十余万两”⑦，这个数目约占当时资本额的三分之一（辛亥革命前夕，招商局的资本额为 400 万两）。

---

① 郑观应：《盛世危言后编》，《禀北洋通商大臣李鸿章爵相订立织布机器合同》。

② 《新辑时务汇通》，卷八三，《李鸿章批盛宣怀禀文》。

③ 《捷报》，1894 年 4 月 6 日，转引自孙毓棠编：《中国近代工业史资料》，第 1 辑，下册，662 页。

④ 参见《国营招商局七十五周年纪念刊》，55 页。

⑤ 《东省矿务公文》，载《申报》，1887 年 3 月 16 日。

⑥ 参见《李鸿章全集》，奏稿，卷四〇。

⑦ 《股东签注户部章程》，4 页。

永无止境的封建勒索使得许多官督商办企业亏折不堪，营业奄奄一息，电报局就是这样一个典型的例子。电报局的开办固然得到了清政府的很大支持，但以后清政府勒索“孝敬”，规定头等官报概不收费，而且优先送发。这项“孝敬”把电报局拖到毁灭的边缘，因为官方电报大多是骈四俪六、洋洋洒洒的长篇文章，打电报不用花钱，各衙门里的拟稿师爷们充分地发挥说废话的才能，于是“各省官报日繁，动辄数百言，均列头等。甚至停搁商报，夜以继日，仅传发及半”①。电报线路全被官方所占用，商报则无法拍发，甚至“三四等商报全行回绝，即或抽暇代寄，亦不能按定时刻，甚至捺搁一二日，而寄电之人不惜报资，无非求速，既难限定时刻，遂至裹足不前”②，于是电报生意大多被英国和丹麦的电报公司抢去。1886年上海、福州、厦门、香港四处中国电报局招揽到2.3万元生意，而英、丹电报公司却招揽到12.5万元生意，可见电报局对政府的“孝敬”，严重地妨碍了正常业务的开展，几乎把电报局完全拖垮。

在官督商办的形式下，清朝政权不仅作为一个外部力量对企业进行种种勒索，而且它作为内部力量决定着企业的人事制度、财务管理和营业方针。清朝政府给企业派来一批总办、督办、会办和帮办，掌握着经营管理大权。这批人都是官场的老爷，对于奉迎挥霍、吹牛拍马、贪污舞弊、弄虚作假都是十足的行家，至于工程技术、生产管理则一窍不通。在总办、督办、会办、帮办的周围，还有一大批兄弟叔侄、小舅子、师爷长随一类的混混儿，安插在企业的各级机构中，形成一个无孔不入的吸血网，把企业缠绕得奄奄一息。许多人总结初期工业失败的原因，无不集矢于这种腐败的人事制度。如郑观应说，企业中的总办“由大宪之札饬，不问其胜任与否，只求品级较高，大宪合意即可充当。所以各局总办，道员居多，迨至关防劄副次第到手，即全以官派行之：位尊而权重，得以专擅其事，假公济私；其下位卑而权轻，相率听命，不敢多言。公司得有盈余，

---

① 《李鸿章全集》，奏稿，卷六〇，《电局官报请给半资折》。

② 同上书，奏稿，卷五三，《电资拨抵垫款折》。

地方官莫不索其报效，越俎代谋……是以数十年来，获利者鲜，亏累者多也”①。又如俞赞说，这些工厂的主管人“其来也不过循情面，倚声势，大率纨绔居多。其人本不知稼穑之艰，焉知大体，惟好为排场，任其挥霍……况委札甫下，荐书纷来，用人若干，薪水若干，花红若干，姑勿论事之成否，而出款已不可数计矣。无底之壑，终必匮乏，不待智者而知其必败也”②。又有一个英国调查团叙述他们所看到的情况说：“在中国人经营的工厂里，都可看到一个令人惊异的情况，就是：每部门都有一些衣服华丽而懒惰的士绅，各处偃息，或专心钻研经书……他们是主管官吏们的朋友，虽然对于工作一无所知……但是他们都领薪水，当监督、稽察与上司，并有相称的好听名衔。这些装饰门面的指挥者们，得自由地来往出入，他们唯一要按时去做的工作，只有领月薪一项而已……机器没有人看护，坏了没有人管，监督们就在做文章，工人们没有得到充分的照顾和适当的待遇，在大多数的事情上账目不清，所以经理方面绝对不知道每星期的生产总额”③。

大权既然操纵在封建官僚们手中，企业必然染上封建官场不可救药的种种恶疾，使得生产、财务和管理各方面一团混乱，效率极低，贪污公行，浪费严重。轮船招商局的贪污腐败是尽人皆知的，唐廷枢、盛宣怀、徐润等，有的任意挪用局款，去做地产投机生意；有的借购买船舶物料的机会，分沾巨额佣金；有的用局产擅自向外国洋行抵押借款；有的以私人行号的名义拖欠大量运费。招商局的账目是一堆永远无法清理的乱丝。④

又如湖北的王三石煤矿，连创办者张之洞也说，该矿“滥用司事，巧立名目，浮支薪资，局丁、巡丁、县差重复开支”，其贪污浪费情况“实堪骇异”、“离奇已极”⑤。总之企业管理的腐败和官督商办影影不离形，是官督商办的必然产物。一个外国人这样说：“改革的

---

① 郑观应：《盛世危言》，卷五，《商务二》。

② 俞赞：《恤商论》，见陈忠倚编：《皇朝经世文三编》，卷三一。

③ 高斯特：《中国在进步中》，转引自《洋务运动》（八），426页。

④ 关于招商局贪污腐败情况可参阅本章第三节：“二、若干重要工矿企业介绍”。

⑤ 张之洞：《抄本督楚公牍》。

措施常常会堵塞某些人的财路，这些人的亲戚故旧盘踞在局里，结党营私贪污中饱……每一步改革只要是一碰到这些人的钱袋，就会开罪他们，激起他们敌意批评”①。

综上所述，官督商办虽然对企业也有一定的庇荫作用，可是它的流毒深远，如附骨之疽，不可拔除。“名为保商实害商，官督商办势如虎”②，这是非常中肯的定评。在官督商办企业中，得其利的是那些有权有势的洋务派官僚，而蒙其害的总是一般的商人。洋务派官僚在企业中往往有其双重身份，一方面他是政府指派来的总办或督办，另一方面又是企业的股东，在这双重身份的掩护下，他们可以凭借职权，假公济私，所以几十年官督商办的结果，中国工业并没有多大进展，而那些洋务派的官僚们却都一个个成了大富翁。像后来的大资本家盛宣怀就是靠“官督商办”而起家发迹的，有人说，“盛氏当我国未立商部，未定商律，举朝大臣不识商法之时，乘时巧窃，规占诸权，以为己有。所揽利权，可谓极亘古全球所未有，自铁厂、电报、轮船、铁路、丝厂、纱矿、煤矿，皆足笼全国之大利”③。所以官督商办对于特定的洋务派集团来说是积累资金的最好形式，至于一般商人缺乏政治靠山，他们不可能分沾什么便宜，只得在洋务派官僚的淫威下忍气吞声地乞讨生活。所谓“商民虽经入股，不啻途人，即岁终分利，亦无非仰他人鼻息，而局费之当裁与否，司事之当用与否，皆不得过问。虽年终议事，亦仿泰西之例，而股商与总办，分隔云泥，亦第君所曰可，据亦曰可，君所曰否，据亦曰否耳”④。

官督商办把官和商两种对立的力量糅合在一个企业里，两者之间的矛盾不可避免地愈演愈烈。商人唯一的对抗办法是不肯投资或退出股金，所以官督商办工厂常常招不到股金，即使招到股金以后商人要求退股的事例也屡见不鲜。如云南铜矿于 1884 年拟招商股

---

① 1887 年 8 月 25 日摩斯致卡特莱特函，见符华格：《中国早期的工业化》，144 页。

② 郑观应：《罗浮待鹤山人诗草》，卷二。

③ 汪康年：《汪穰卿先生遗文》，书牍辑存，《上政府说帖》。

④ 陈忠倚编：《皇朝经世文三编》，卷二六。

100 万两，招了 3 年，只有 7 万两。黑龙江漠河金矿原拟集股 20 万两，结果只招到 6 万余两。湖北纺纱官局本来是官商合办，各出资 30 万两，但局务全被“官”所控制，商人希望改变办法，呈递章程四条，“仍以官为保护，商为经理为请”，张之洞认为商人们“但欲官助商人之资，而不欲官问商人所办之事。似此用款无定，成见难融，是官商合办之局诸多窒碍”①。最后商人只得退股，该厂成为官办工厂。又如台湾铁路最初是官督商办，已集股 70 万两，动工不久，官商之间矛盾重重，“各商禀请归官自办”②，这条铁路也成了官办事业。所以官督商办在中国工业发展的初期虽然盛极一时，但到甲午战争时，官商矛盾日益尖锐，官督商办的流弊日见其深，各方面抨击的言论也日见其多，官督商办几乎成了众矢之的。几十年的实践证明：这种形式并不能促进中国工业的发展。甲午战争以后官督商办工业相对减少，商办工厂遂得以在这个缝隙中缓慢地生长。

第五节 中国资产阶级和无产阶级的产生

一、一部分商人、地主和官僚向资产阶级转化

中国资本主义的产生和发展，固然是遭到了万千种阻难，经历了漫长的时间，但是无论如何，新的经济因素总算是诞生了，而且在缓慢地、曲折地成长中，因而在阶级结构上也开始了具有重大意义的新变化，中国社会上出现了新的阶级，这就是资产阶级和无产阶级。

在封建社会里，地主阶级和农民阶级是社会的基本阶级，两千多年的中国历史主要就是地主和农民两军对战的历史，一切阶层、集团、派系都从这两大对立阵营派生出来，或者附属于两大阵营中的一个。

① 《张之洞全集》，牍稿，卷二，《札纺纱局改归官办》。

② 光绪十四年十月十六日台湾巡抚刘铭传奏，转引自《洋务运动》（六），198 页。

鸦片战争以后，外国资产阶级的势力插入中国，它不但培养了一批中国的买办商人，而且和原来的地主阶级逐步地结合起来，促使其买办化。这样，中外反动势力结成了一个强大的阵营，阻碍着中国社会的进步。在近代历史的早期，站在这个反动阵营的对立方面的，仍只有农民一个阶级。鸦片战争、太平天国革命、各兄弟民族的多次起义以及反洋教斗争，基本上都是农民阶级的孤军奋战。一个阵营强大，其中有武装到牙齿的外国资本主义侵略者和根深蒂固地统治着中国的封建地主阶级；一个阵营弱小，只有分散的、无组织的农民群众。这就是近代早期革命斗争不能不归于失败的根本原因。

外国资产阶级侵入中国不可避免地刺激起中国资本主义的发展，中国的资产阶级和无产阶级呱呱坠地了。就像毛泽东所说："帝国主义的侵略刺激了中国的社会经济，使它发生了变化，造成了帝国主义的对立物——造成了中国的民族工业，造成了中国的民族资产阶级，而特别是造成了在帝国主义直接经营的企业中、在官僚资本的企业中、在民族资产阶级的企业中做工的中国的无产阶级。"①

这个后果是出乎外国资本主义侵略者的意料的，它为自己制造了一个对立物，一支强大的社会力量。好像传说中的那个狼狈的巫师，用神奇的巫术从地底下召唤来一个巨人，但后来却没有本领去制服他、驱逐他。

"中国的资产阶级和无产阶级，作为两个特殊的社会阶级来看，它们是新产生的，它们是中国历史上没有过的阶级。它们从封建社会脱胎而来，构成了新的社会阶级。它们是两个互相关联又互相对立的阶级，它们是中国旧社会（封建社会）产出的双生子。"② 这两个阶级和帝国主义、封建主义的矛盾成为新的从来没有过的推进中国社会的动力，这两个阶级带动全国人民，掀起了一次又一次伟大革命风暴，使中国历史改变了原来的面貌。

---

① 《毛泽东选集》，第4卷，1488页。

② 同上书，第2卷，621页。

中国资产阶级的前身是封建社会里的一部分商人、地主和官僚，其中买办商人和洋务派官僚尤为重要，这些买办和官僚往往又是拥有良田基业的地主，他们投资于新式工业，利用超经济手段，利用暴力，逐步地向资产阶级转化。资产阶级发家史就是一部欺诈和掠夺的历史，正像马克思所说，“资本就是从头到脚，每个毛孔都流着血和肮脏的东西”①。

洋务运动中投资于近代工业的官僚、买办、工商业者可以举出以下一些代表人物：

盛宣怀（1844—1914），江苏武进人、字杏荪，号愚斋。出身官僚家庭，父盛康，曾官湖北盐法道，注重经世致用之学，编《皇朝经世文续编》。1870年盛宣怀入李鸿章幕，李保为知府、道员。盛为人精明，办事干练，深受李鸿章器重。1873年成立轮船招商局，李鸿章命盛为会办，并管漕运与揽载。当招商局兼并美商旗昌轮船公司时，盛宣怀面谒两江总督沈葆桢，得沈之助，借拨官帑，方成其事。购并旗昌后，招商局的轮船大增，业务有所发展。1880年盛被人弹劾，得李鸿章的庇护，称其“勤明干练，讲求吏治，熟悉洋情……洵属有用之才”②，免于罪责。后奉命办理电报，盛宣怀雇请丹麦工程师兴工架设。1881年津沪电线开通，设电报局于天津，盛宣怀任总办，又筹建全国电报线路，19世纪末，全国各省均接通电线。李鸿章为盛宣怀请奖称：“今线路绵亘万数千里，京外军谋要政，瞬息可通，成效昭著，其功实不可泯。”③ 1892年盛宣怀调补天津海关道兼津海关监督，“管理直隶中外交涉事件并新钞两关税务以及钤辖海防兵弁”，成为李鸿章北洋集团办理内政、外交、经济、军事的大管家。1893年盛宣怀在上海开设华盛纱厂，纱锭6.5万枚，布机750张，为当时中国最大的纺织厂。

甲午战争失败后，有人参劾盛宣怀“采买军米，侵蚀浮冒”，盛

① 马克思：《资本论》，第1卷，961页。

② 《李鸿章全集》，卷三一，42页。

③ 同上书，卷五四，52页。

祸将不测。时湖广总督张之洞开办汉阳铁厂，亏损累累，张邀请盛宣怀接办铁厂，代他弥补亏空，而自己保护盛宣怀可免查究。盛同意接办铁厂，以承修卢汉铁路为条件，组织铁路公司，自任督办，并将汉阳铁厂改为商办。为了取得借贷资本，以挹注铁厂、铁路、纱厂、轮船、电报资金的周转，盛宣怀又奏请开设中国通商银行，盛任督办。

1900 年八国联军之役，盛宣怀协助南方诸总督李鸿章、张之洞、刘坤一等与列强议定，上海租界由各国保护，南方各省由督抚保护，两不相扰，即“东南互保”。事后，慈禧太后当面褒奖盛宣怀“非汝等力保东南，恐无今日”①，还曾对荣禄说：“今日看来，盛宣怀是不可少之人”②。

盛宣怀办理洋务事业，深知如果没有能够适应洋务需要的各种新式人才，将一事无成。1895 年他在取得直隶总督王文韶的支持下，于天津创设北洋大学堂（今天津大学前身），1896 年又在上海创设南洋公学（今上海交通大学前身），这是中国自己创设的最早的近代大学。

盛宣怀在 19 世纪末 20 世纪初总揽中国的轮船、铁路、电报、纺织、炼钢、银行、教育事业，从一个不第秀才跃升为垄断全国利权的大官僚和经济巨子。他一方面干了很多中国人从未干过的事业，有功于国家的近代化，另一方面他办理各种事业，利用权力，通过巧取豪夺的手段积累了巨额财富。当轮船招商局以巨款收购旗昌时，他在银每两中抽取花红五厘。在创办华盛纱厂时，以“旧股贬值”谋得利益。在修筑卢汉铁路时，借比利时款项，从中获得巨额佣金。盛宣怀的发家史是中国官僚转化为资产阶级的典型。

唐廷枢（1832—1892），广东香山人，字景星。早年与容闳等就读于香港教会学校，娴熟英语。毕业后在香港政府中担任翻译。1858 年进入外国人把持的中国海关中工作。1861 年任英商怡和洋行

①② 盛宣怀：《愚斋存稿初刊》，附录，《盛宣怀行状》。

买办，协助洋行收购茶叶，参与淮盐运销，并走私鸦片。他受过系统的西方教育，又熟悉中外商情，为人勤敏能干，深受洋商信任。1871年，洋行老板查账时发现唐有私自挪用洋行款项之事，因唐多年来勤劳任职，多有贡献，故未加深究。

唐廷枢逐渐积累了资财，自行投资于丝茶贸易、轮船运输及钱庄，成为上海口岸重要的华人投资者。李鸿章创办轮船招商局，欲招富商入股，经盛宣怀推荐，邀唐廷枢入局，委以总办之职。唐"随带资本并南浔轮船入局营运"①。招商局成立后，洋商多方排挤，唐廷枢为防洋商渗透侵夺，厘定招商局章程，规定股票"不准滚与洋人"，股票及息折均编号，填写姓名籍贯，"以杜洋人借名"，规定商总商董由选举产生，业务"照买卖常规"办理。在唐廷枢的主持下，轮船招商局"转运日广，船舶日多"②。

1875年唐廷枢奉派至厦门，协助与丹麦公司谈判建架电报线事宜。由于他熟悉外情，认真负责，谈判多次，将福州至厦门段的电报线从外国人手中收归官办。又曾随李鸿章赴烟台谈判英人马嘉理被杀案件，签订《中英烟台条约》。唐折冲樽俎，颇显露其外交才能，李鸿章称赞他"堪备各国使臣"。

李鸿章又派唐廷枢开办直隶开平煤矿，唐募集资金，勘探矿藏，购买机器，聘请矿师，于1878年设立开平矿务局，用西法采煤。为了运煤的需要，在芦台和胥各庄之间开挖运煤河道，又筑铁路从胥各庄通向矿井。煤矿建成，出煤渐旺，大有起色，但礼部侍郎祁世长以煤矿邻近"陵寝重地"奏请停止开采。唐廷枢在李鸿章的支持下，上书奏陈煤矿的地理位置，并绘图说明，据理力争。经过许多波折，得以照常运行。开平煤矿是我国早期企业中经营得较好的一个。唐廷枢致力于航运业、矿冶业，为中国的早期经济建设做出了贡献。

徐润（1838—1911），广东香山人，字润立，雨之，别号愚斋，家境贫寒，早年随其伯父在上海宝顺洋行当买办，为洋行收购丝茶，并推销布匹、鸦片，积有资财，与人合伙开设丝茶行、钱庄。1868

---

① 《教会新报》，1873年6月28日。

② 《汇报》，1874年8月14日。

年，他脱离宝顺洋行，结束了买办生涯，开设宝源祥茶栈，以独立商人的身份经营茶叶贸易。李鸿章创办轮船招商局，为了招徕资金，邀唐廷枢为总办，徐润为会办。时美商旗昌公司拟邀徐润为总买办，徐润宁肯就招商局会办，辞谢了旗昌的邀请。徐润入局颇有贡献，早期招商局资本200万两中，由徐润经手招来的约有一半左右。他又力主购并旗昌的轮船，积极添置轮船，扩建码头、栈房，增强招商局的实力。中法战争前夕，他的个人资财已达340万两，仅房地产一项，每月收入12万两，徐润成为上海的著名富商。

但徐润事业的摊子铺得太大，1883年，上海发生金融危机，时徐润对外欠款200余万两，无法清偿，资金周转不灵，不得已以全部资产交债权人处理抵偿。又因资金短缺，曾挪用招商局款项16万两。盛宣怀与徐润有隙，向李鸿章告发，说徐润管理局务“弊窦滋生，几难收拾”。徐被罢免，离开轮船招商局。但徐润仍是有影响的巨商，1901年袁世凯任北洋大臣，把盛宣怀赶出招商局，又把徐润请了回来，初为会办，后升总办。1907年，因徐办理财务“失算良多”，被袁世凯免职，徐润从此完全脱离了招商局。

郑观应（1842—1922），广东香山人，号陶斋，出身于读书门第，父亲是塾师。郑观应早年应童子试不第，赴上海学习经商，后由同乡友人徐润介绍进入宝顺洋行，充任买办，后宝顺洋行歇业，郑自己出资做轮船航运、茶叶与盐务生意。

1873年英商太古洋行创办轮船公司，郑观应应邀参加筹备。因他文化修养高，熟谙洋情，又勤劳干练，被委任为轮船公司总办，由于经营有方，太古获得厚利。郑观应热爱祖国，看到帝国主义对中国的经济侵略，想用自己积攒的钱财和学习的知识报效祖国。1882年，他辞去太古轮船公司总理之职，去轮船招商局工作，任会办。又投资开发煤矿，筹办上海织布局，并与盛宣怀集资开采山东登莱青诸矿藏和辽宁锦州等处的矿藏。他具有与外国资本家争利权的思想，自言“初则学商战于外人，继则与外人商战”①。

① 郑观应：《复考察商务大臣张弼士侍郎》，见《盛世危言》，后编，卷八。

1884年中法战争中，郑观应受粤东防务大臣彭玉麟的邀请，赴前线参加抗法斗争，他奔走安南、缅甸、新加坡等地侦探敌情，联络华侨，反对法国，又曾协助台湾筹办防务。1892年回招商局工作，整顿招商局内部，添设轮船、码头，与太古、怡和等外商轮船公司订立齐价合同。他提出不少改进经营的建议，以加强招商局的竞争力。以后又协助盛宣怀经营汉阳铁厂，任该厂总办。

郑观应不仅是一位企业家，也是近代著名的改良主义思想家。他所著《盛世危言》一书，风行一时，是19世纪后期中国人学习现代化的一部启蒙教科书。

杨宗濂，江苏无锡人。1862年入李鸿章幕，随李镇压太平军与捻军，积功至道员。他和李鸿章是亲家，70年代，管理湖北新关，有人说他“管关八年，家资巨万”①。后随台湾巡抚刘铭传总办台湾省的洋务商务，筹建台湾铁路。1891年，他和买办吴懋鼎及淮军将领周盛波合股开设天津自来火厂，“以市侩其行”被人参劾。又李鸿章派他接办上海织布局，因织布局资本不足，请求李鸿章拨借绥巩局银十余万两，不久织布局被焚毁。甲午战争后，又在无锡创办业勤纱厂，“先后向苏省借领积谷公款十万两，筹招存款四万两，并自措行本二万元，厂事始克成立”②。该厂初时，业务蒸蒸日上。据《捷报》称：“由于该厂25 000纱锭的生产能力有限，而需求有加无已，杨道台还打算在现正建筑的厂房中再装置纱锭15 000枚。在上海的无锡人说，这个纱厂的盛况是少有的，在富有效率的经营之下，该厂股息最少将为25%”③。

严信厚（1828—1906），浙江慈溪人，字筱舫。早年在上海宝成银楼供职，后由富商胡光墉荐与李鸿章，李当时正与捻军作战，严信厚办理淮军的饷械转运，颇为得力，李保荐他任候补道，督销直隶长芦盐务，“十余年间，积资以巨万计”④。

---

① 《杨耦舫行状》。

② 邓承修：《语冰阁奏议》，《缕陈鄂省弊端折》。

③ 《捷报》，1897年5月28日。

④ 《商埠志》，543页。

此后，严投资近代工业，1886 年他在宁波创办通久源机器轧花厂，使用机器轧去棉花子，资金 5 万两，使用蒸汽机，雇工三四百人，并聘用日本技师，使轧花业跃升为机器生产。1896 年又招股 45 万两，设立通久源纱厂，购纱锭 11 048 枚，织布机 400 余台。通久源纱厂初期发展很顺利。当时报纸称："宁郡通久源纱厂，开设有年，生意也畅，现在添设纺织机器"。该厂建立被外国人认为是"最值得注意的事"，"一只大烟囱耸立在那里，和城市的宝塔一样惹人注意，强大的机器还在安装，前途充满希望"，"这样的纱厂将成为与洋布为敌的有力竞争者"①。

1902 年上海华商为抵制外国商人的排挤倾害，在上海组织商会，以联络商情、互相帮助，严信厚被举为上海商会的第一任会长。

经元善（1840—1903），浙江上虞人，字莲珊，出身于绅商家庭，其父经纬在上海经商，40 年代已积资 40 万金。经元善幼读经史，尤好王阳明之学。17 岁奉父命学商，经营仁元钱庄，甚获成功，成为沪上知名富商，曾组织上海商人进行救灾助赈活动，得清廷嘉奖。1880 年李鸿章邀经元善筹建上海织布局，经元善力主商办，因与织布局中官方代表意见不合，退出布局。李鸿章委他为电报局上海分局总办，他努力整顿局务，改变因友邀友、辗转集股的办法，公开招募股金，选拔精通业务的人员参加工作，延长营业时间，降低发报收费，使电报局扭亏为盈，报费年收入增加 20 倍。1890 年张之洞邀经元善赴湖北参与湖北织布局之筹办工作，他提出很多建议，希望将布局办成有效益的"商办"工厂，但张之洞主张官办，不接受他的建议，经元善只得辞职回沪。

戊戌变法后，慈禧太后阴谋废黜光绪帝，立溥儁为大阿哥，准备"立储"。经元善闻讯联络 1 231 名旅沪绅商与维新人士，联名通电，反对"立储"，主张仍由光绪亲政，全国闻风响应。慈禧太后在舆论压力和外国反对声中不得不取消废立。但经元善因此被通缉，家财也被抄没，只得避难于澳门。

---

① 《捷报》，1894 年 11 月 16 日、1895 年 4 月 26 日。

陈启源（约1825—约1905），广东南海人，字芷馨，出生于农桑世家，少年时读书，在村中教授私塾。中年后赴越南投奔其兄华侨陈启枢。兄弟俩经营绸缎杂货，业务发达，颇有余财。

陈启源的家庭种桑养蚕，一直以传统的土法缫丝。他在越南看到法国用机器缫丝，质量远胜于家乡的土丝，因携资回国，于1873年在广东南海西樵乡开设继昌隆缫丝厂，仿效法国缫丝之法，这是中国近代第一家民族资本的企业。但该厂未向外国购买机器，亦未聘请外国技师，而是因陋就简，仿制法国机器，并将旧轮船上的蒸汽机拆下改装。工人多为邻舍妇女，资本银仅为7 000两。由于机器缫丝提高了劳动生产率和产品质量，售价较土丝高出三分之一，开厂之后，“期年而获重利”①。

但当年中国的风气闭塞，陈启源的机器缫丝厂受到当地人和顽固派的反对，土法缫丝手工业行会纠集千余人捣毁工厂，陈启源不得不一度迁往澳门居住，三年后才重回故乡。随着时间的推移，资本主义发展已成不可阻遏之势，珠江三角洲的机器缫丝厂迅速兴起。1881年已有10家，至90年代更如雨后春笋，仅顺德县即有机器缫丝厂20多家，陈启源创导鼓舞之功，实不可没。

黄佐卿（1839—1902），浙江吴兴人，幼年读书，初通英文，在上海开设祥记丝栈，与各洋行往来，经营七里丝生意，后任英商公和洋行买办。1881年黄佐卿投资开设公和永缫丝厂，向法国购买缫丝车100部以及锅炉、引擎、吸水机等。以后增资至24万两，雇工850人，又开设裕晋纱厂，纱锭15 000枚。张之洞曾邀聘其子黄晋荃办理湖北缫丝局，说黄佐卿“家道殷实，综核精明，久居上海，其家开设缫丝厂有年，且在汉口设有丝行，情形颇为熟悉”②。

1896年江浙养蚕区普遍发生蚕病，缫丝业大受影响。黄佐卿将纱厂、丝厂出盘给英商，自己租赁丝厂，继续经营，仍无起色。1902年黄的企业全被日本三井洋行所并吞。黄佐卿死时，美国传教士李佳林致函《字林西报》：“请允许我哀悼上海一位杰出的中国商

① 何炳坤：《续修南海县志》，卷二六。

② 《张之洞全集》，奏议，卷三五，《开设缫丝局片》。

人的逝世，他的名字是黄佐卿……他在从苏州到上海的旅途中因染霍乱而死。他是丝业公所的一个领袖，是采用机器缫丝和棉织机器的最早和最热心的人物之一。”①

叶澄衷（1840—1899），浙江慈溪人（后迁镇海），家庭贫寒，14岁离家至上海谋生，“棹一扁舟，往来江中，就番舶以贸有无”②，稍稍攒钱后，开设老顺记商号，经营五金零件。由于叶恪守信用，上海华洋商人均乐与之交往。时美孚石油公司在中国推销煤油，委托叶澄衷经理其事。叶澄衷独揽下煤油经销权，他积极开拓市场，建立销售网点，利市百倍。又利用外商的信用与资本，从事各种经济活动，投资开设钱庄、票号，遍及全国各通商口岸，最盛时达108家。每家钱庄资金不多，“多无过五万，少则二万余”，由于有外国银行的放款，钱庄可以做数十倍于其资本的生意，“放账竟多至数百万”③。盛宣怀创办中国通商银行，请叶澄衷任总董。1890年叶澄衷在上海设立燮昌火柴厂，资本银20万两，又在汉口设分厂，资本银30万两。火柴销路日畅，获利甚丰。

叶澄衷热心公益事业，多次出巨资赈助各省灾民，又创办义学、牛痘局和其他慈善事业。他捐资兴办我国第一所私立的新式学校“澄衷学堂”，该校开学时，清廷御赐“启蒙种德”匾额，以为奖励。

祝大椿（1855—1926），江苏无锡人，字兰舫。17岁至上海学徒，1885年开设源昌商号，经销煤铁以及五金零件。1888年创设上海第一家机器碾米厂——源昌碾米厂，又购置轮船从事航运。1900年与人合资开办华兴面粉厂，获利颇丰。此时，祝大椿进入英商怡和洋行，充任买办。

20世纪初，祝大椿投资范围日益扩大，创办源昌缫丝厂（1904年）、龙章造纸厂（1904年）、怡和源打包厂（1906年）、公益纱厂（1906年），“投在房地产上的资本也是很多的，并且握有许多本国主要银行的股票”④，成为上海经济界名人。祝大椿创业维艰，深知帝国

① 《字林西报》，1902年7月16日。

② 《张文襄公幕府纪闻》。

③ 《上海钱庄史料》，49页。

④ 《商埠志》，548页。

主义和封建主义的压迫，故在 1905 年上海反美运动中积极奔走，代表工商界签名拒售美货。民国以后，祝大椿又呼吁政府减免厘金税收，以纾民族工商业之困。

清末，清朝为奖励实业，规定凡投资设立工厂“逾二百万元者加二品顶戴，祝大椿资产尚不足此数，为了猎取二品顶戴，把源昌号谎报为源昌机器五金工厂，以商业资本混充工业资本，引起后人误解。长期以来历史学界误认该厂为中国历史上最早、资本最多的民族工业。经过调查，已证明其不实”。

吴懋鼎（1850—1928），江苏吴县人，又名荫柏。最初在上海汇丰银行当副买办，后调天津当买办。他是直隶总督李鸿章与汇丰银行沟通的桥梁，1894 年李鸿章派他当关内外铁路局督办，“任职三年，办事甚为干练。卸任时，甚为路局洋员工程师所称道”①。以后，他创办了天津织呢厂、天津电灯公司、新记地产公司，“并且是香港、上海、天津等地许多英国公司的股东”②。

戊戌变法中吴懋鼎支持维新派，与康、梁有交往。他建议在全国各地建立商会，被任命为农工商局督办。变法失败，吴懋鼎被撤职，逃往英国使馆避难。

张振勋（1841—1916），广东大埔人，字弼士，出生于乡村塾师家庭。17 岁赴印尼雅加达打工，后略有积蓄，领地垦荒，成为富有的农业资本家。以后事业更加发展，兼营航运业，开设酒行，投资锡矿、药材、银行，替荷兰当局承包税捐，成为南洋华侨中的巨富。

清政府重视张振勋在南洋的地位，1894 年任命他为驻新加坡总领事，他开始回国办实业。同年在烟台开办张裕酿酒公司，投资 100 万元，以后又扩充至 300 万元，生产各种葡萄酒和白兰地，这是中国最早的西法酿酒厂。他重视调查研究，讲究经济效益，他设酒厂于烟台，对当地的气候、土质、葡萄品种、栽种技术、酿酒工序进行调查，提出改良方法，故张裕酿酒厂的产品质优而价廉，可与进

---

①② 《商埠志》，754 页。

口的洋酒匹敌。

张振勋还曾投资于国内的铁路、织布、银矿、垦牧和保险公司，并积极招徕华侨回国投资，是一位爱国的华侨实业家。

周廷弼（1852—1923），江苏无锡人。先世以铁业起家。1878年周在上海开设升昌五金煤铁号，国内各口岸以至日本的长崎均有分号。后又投资于缫丝业，除蒸汽机从国外购置，其他机器“共有九十六架，皆由该绅指示工匠，自行配置。所需工料，视购自洋商者，价值约可省百分之十五，而功用与洋制无异”①。可见他是一位出身手工业者家庭而又懂得机器构造的资本家。他“在无锡南乡出资巨万，开辟市廛，名曰周新镇，据致众商，百货咸备”②。20世纪初，他共有工厂7所、资本银50万元，是手工业主成长为近代企业家的典型。

以上这些人物是甲午战争以前就已开始投资于新式工业的著名企业家。这些人，往往总是官僚、买办、地主一身而三任的人物。像总揽轮船、电报、铁路、钢铁、纺织、银行于一身的盛宣怀，本人官至邮传部尚书，同时又是个大地主，辛亥革命后他的一部分土地被革命政府所没收，仅江宁、上海、宝山三个县内被没收的土地即达80宗。另一个官僚聂缉椝担任过上海道，聂氏的田产也极多，从1905年起，他家在洞庭湖畔领垦湖田达5万亩，建立起一个封建大庄园。那些出身买办的人也和官府声气相通，他们在生意场中以外国经纪人的身份出现，而在官场中又以捐班官吏的身份出现。如张之洞说：“查上海情形，华洋错处，官商杂居，所有富绅巨贾，大率捐有二三品职官虚衔，或兼充各省局差，意气甚盛，平日与上海道分庭抗礼，厅县更不待言”③，至于其他出身的人，像黄佐卿、叶澄衷虽非正式买办，但和外国的关系很密切，张振勋则是清政府的外交官，后来升为太常寺卿。总之，第一批投资于工业的人好像是挖掘了三个窟穴的“狡兔”，第一个窟穴通向帝国主义，第二个窟穴通向清朝政府，第三个窟穴通向农村的土地。有了“三窟”，他们才

①② 《政艺通报》，光绪三十一年，下编，《艺术通辑》，卷一。

③ 《张之洞全集》，奏议，卷三七，《江苏办理捐借尚无扰累折》。

能够得到设备、原料、技术、经验、资金和权力，才能得到创办工业所必需的一切。

这些人一旦投资于新式工业，他们就和那些纯粹的官僚、买办、地主有了不完全相同的利益，因而也就开始形成不同的性格和不同的主张。他们的经济活动本来是在清政府的批准下进行的，但政府的制度、法令和苛捐杂税又往往是发展企业的阻碍，在很多守旧派官僚的眼睛里，这些经济活动是投机射利的行为，是为缙绅先生所不齿的，所以盛宣怀、杨宗濂、唐廷枢、徐润等人都和官场有密切关系，但同时又是弹章山积，被很多官僚控告指责得体无完肤。至于那些和政府关系较疏远的工业投资人，虽然他们照例用金钱捐买了官衔，得以跻身于官场，但是他们所能捐买的不过是道员以下的中级官衔，在政府的决策机构里是根本没有地位的。

这些投资人和帝国主义有十分密切的联系，企业的机器来自外国，工厂设计、机器运转、生产管理都直接依靠或间接借鉴于外国，甚至原料来源、商品销售、资金积累也要依靠外国的支持，但同时，他们的企业又碰到外口商品的竞争和排挤，他们在极端沉闷窒息的气氛中活动，得不到正常发展的充足条件。

这样，他们一旦投资于新式工业，就开始进入一种微妙的社会关系中，一方面由于自己的出身和企业活动的需要，他们和帝国主义、封建主义保持着千丝万缕的联系；另一方面，由于企业的正常发展遭到阻碍，他们和帝国主义、封建主义之间又存在着矛盾。

应当指出，这些工业投资人虽然正在向资产阶级转化，但在甲午战争以前，他们尚没有正式形成一个新的阶级。在当时，新式工业还处在极其微弱的开始阶段，其经济力量和政治影响还没有进一步表现出来。从那些投资人来说，他们当时的主要身份还是官僚、买办或地主，工业投资不过是他们整个事业中的一部分。由于他们已经向工业作了投资的尝试，因此开始具备了资产阶级的特殊利益和特殊需要。但他们同时在官场升迁、商业行情和田地产业方面有更大的利益和更大的需要，后一种利益和需要，几乎掩盖住了前一种利益和需要。因此，在这第一批工业投资人身上，资产阶级的性格并不是一下子就表现得很鲜明、很强烈的。

但是，历史在缓慢地前进。到了19世纪末、20世纪初，工业进一步发展，投资工业的人越来越多，原来投资人的产业也逐步扩充。资产阶级的利益和需要表现得日益鲜明、日益强烈，并且上升成为社会生活中的重要力量。

资产阶级在以后的发展过程中循着几条不同的道路。

一部分工业投资人完全投靠帝国主义，并和封建政权进一步结合，他们以经济和政治的巨大力量，垄断了银行、铁路、矿山等国民经济的命脉，成为大资产阶级。

大部分工业投资人并没有前一种人那样难得的机缘。他们和帝国主义、封建主义处在不近不远、若即若离的关系中，他们的企业可能发展得相当可观，但并不能控制国民经济命脉，这就成为中国的民族资产阶级。

还有更多的人，他们和新式企业并没有直接关系，但却处在资本主义的经济影响、政治影响和思想影响之下。他们中间有的拥有一点资本、一点工具或一点土地（城市里的手工业主、小商人和农村自耕农），有的拥有一点知识和技能（知识分子），他们开始在形成一个广大的小资产阶级。他们中间少数人可能爬升进统治阶级的殿堂里去，但绝大多数人处在贫困和恐惧之中，他们的普遍命运是破产、失业、被抛进无产阶级的队伍。

大资产阶级、民族资产阶级、小资产阶级，这一切都是工业发展的新产物。他们正在束装披挂，即将登上中国的历史舞台，而随同他们一起出场的，还有一支更加重要、更加宏伟的力量，这就是中国的无产阶级。

二、中国工人阶级的产生

除了一部分商人、地主和官僚向资产阶级转化以外，一部分农民和手工业者也转化成为无产阶级。

中国资产阶级和无产阶级是旧社会产出的双生子，“但是，中国无产阶级的发生和发展，不但是伴随中国民族资产阶级的发生和发展而来，而且是伴随帝国主义在中国直接地经营企业而来。所以中国无产阶级的很大一部分较之中国资产阶级的年龄和资格更老些，因而它的社会力量和社会基础也更广大些”①。中国无产阶级，不但作为中国资产阶级的否定力量而出现，而且也作为帝国主义和中国封建主义的否定力量而出现，即它的出现和发展，不仅会在以后消灭中国资产阶级的经济基础——资本主义的所有制，而且它首先要消灭帝国主义在中国的势力，结束封建主义对中国的统治。

中国无产阶级为求得自身的彻底解放，就必须彻底解放全中国各族的人民，必须首先推翻帝国主义和封建主义的统治。伟大的反帝、反封建的历史任务不可避免地落在中国无产阶级的肩上。

远在《南京条约》规定的割让香港和五口通商以后，上海、广州、香港等地就出现了外国侵略分子开设的工厂，如船舶修造厂、铁厂、印刷厂、缫丝厂、轮船公司等等。在这些外国企业中，开始出现了中国最早的产业工人。60 年代，香港、黄埔、上海等地已经集中了一批工人，1863 年的一个记载写道，“船舶修理业已经吸引了很多的本地居民到黄埔沿岸来了”②。70 年代初期，香港的黄埔船坞公司在黄埔各船坞的工人估计将近 1 000 人，后来它在香港雇佣的工人平均为 2 500 人，“旺季则多至四千五百人”③。上海的耶松船厂和祥生船厂工人的数目估计也各达两千数百人。

随着外国在华企业的增设，中国无产阶级也在进一步发展。19 世纪 60 年代以后，清朝政府创办了许多军火厂、造船厂，在这些工厂中也出现了具有先进生产技术并以出卖自己劳动力为主的雇佣工人。据 1865 年沈葆桢称，福州船政局内工人已有两三千人，他们各有专业，学习外国的生产技术，分工极为细密，“随同洋人学习者，若锯木之匠、造船之匠、冷铁之匠、铸铁之匠、刻模之匠、铸铜之

① 《毛泽东选集》，第 2 卷，621 页。

② 威廉：《中华商务指南》，157 页，1863 年刊。

③ 《商埠志》，198 页。

匠、水缸之匠、翻沙之匠、车床之匠、钳工之匠，其因营造各厂而招者，若斲木之匠、版筑之匠、锤石之匠、攻皮之匠，共二三千人”①。官营工业里的工人，按照技术水平的高低而领取工资，像曾国荃所说，金陵机器局中“工匠工食，向以技艺之短长，定工食之多寡”②。他们显然是在大机器生产下具有一定劳动技能的产业工人。

到1894年为止，中国的工人究竟有多少人？目前尚无确切统计。有人估计1894年以前在中外工厂、矿场中工作的工人数目约有九万至十万人，其中外国工厂中约有三万四千人，清政府军事工业约有一万人左右，官营的炼铁和纺织工业中约有五六千人，矿业工人约有一万六千至二万人，民营工业中约有二万七千人。③这个估计有以下几个方面少估或漏估了，因而是偏低的。第一个方面是民营的缫丝工厂。据另一种估计，广东全省在19世纪末的缫丝工人当在十三四万人之间，至少也有六七万人④，而前一种估计只有九千五百人，显然是失之过少了。第二个方面，中国当时已筑成津榆铁路和台湾铁路的一段。中国的电报线已四通八达，纵横全国，沿海和沿江的轮船运输更极为发展，而估计工人数目时没有把铁路工人、电信工人、海运工人估计在内。第三个方面，原估计没有把香港、澳门的工人包括在内（原估计对香港地区只包括香港黄埔船坞公司一个企业的工人数三千五百人），特别是香港，当时是帝国主义一个重要的投资场所，集中的工人数目一定是可观的。由于这三方面以及其他的少估和漏估，1894年全国工人的数目绝不止十万人，可能是在二十万人以上。

中国无产阶级的分布是很不平衡的。从地区来说，绝大部分分布在上海、广州（包括其附近的顺德、南海等县）、汉口、天津和香港等大城市中，一小部分分布在各个矿山和交通码头上。从行业来

---

① 《沈葆桢政书》，卷四，《机器到工已齐并船厂现在情形折》。

② 《曾国荃全集》，书札，卷一九，38页，《复潘伟帅》。

③ 这个估计是孙毓棠在1957年所作。见孙毓棠编：《中国近代工业史资料》，第1辑，下册，“第五章，近代工业工人”。

④ 这个估计是汪敬虞在1962年所作。见《关于继昌隆缫丝厂的若干史料及值得研究的几个问题》，载《学术研究》，1962（6）。

说，数目最多的是缫丝工人，其次是采矿工人、船舶修造工人、棉纺织工人、军事工业工人以及海员和铁路工人，这几个行业中都集中了上万以至数万工人。从工厂来说，如上海祥生、耶松商船厂，香港黄埔船坞公司，清政府的“沪、闽、宁、津、鄂”五大军用工厂，汉阳铁厂，湖北纱、布两局，上海的若干外资缫丝厂，上海织布局和华盛纱厂，招商局，怡和、太古等轮船公司，以及基隆、开平、漠河、大冶、马鞍山等著名矿场，莫不拥有千名以上的工人，有的工厂里工人多至四五千人。

中国无产阶级的人数在全国总人口中虽然只占很小的比例，但它集中在若干城市、若干行业、若干工厂里。它的集中性是其他阶级不能与之比拟的优点之一。由于它在先进的生产方式之下，集中在一起，逐步锻炼成坚强的组织性和纪律性，因此，它在革命斗争中能够显示出巨大的威力。

中国无产阶级身受帝国主义、封建主义和资本主义三重压迫，生活极端痛苦。据1880年《上海机器织布局招商集股章程》称：“中国人工每工不过二三百文（约合一角八分至二角七分），外国自七角半至一元，工价之悬殊几乎过半。”① 事实上许多工厂的工资低于每日二角，如1881年上海祥生船厂普通工人的工资每日自一角七分至二角，上海缫丝厂工人每日工资为一角六分，湖北织布官局工人的每日工资更低到只有一角二分，至于粗工杂工的收入更少得可怜，重庆火柴厂糊火柴盒的女工，每天只能得到五分至六分钱。一个外国人带着惊讶的神气说：“这些本地工人的工资非常低微，从欧洲人听起来有些可笑。一个工人平均得不到五个便士（约合一角九分），被雇儿童从八岁到十三岁不等，工资则不及该数之半，人们要问：一个人一星期两个半先令怎能够生活？”②

工人们不但工资很少，而且工作时间极长，日出而作，日入尚不得息，一般每天工作11小时，有的工作13小时。那个惊讶中国工人工资微薄的外国人说：“工厂日夜工作，因此必须分两班，每班

① 《申报》，1880年10月13日。

② 高斯特：《中国在进步中》，“一、新工业和新中国工人”。

工作十一小时。但是日班休息一小时吃午饭。夜里是毫无休息的，工人只在有机会时吃他们所需要的一点儿点心”①。

工厂一般都雇佣很多女工和童工，李鸿章在致海军衙门的信中说：“鸿章曩在上海，亲见旗昌、怡和各洋行皆设有机器缫丝局，募千百华人妇女于其中，工贱而丝极美”。张之洞创办的湖北织布局中雇佣的“多系幼童”，他们的工资更加低微。缫丝厂、纺织厂、火柴厂几乎全都是女工童工，甚至有些重工业和矿场也利用女工、童工的廉价劳动力，如江南制造局的各车间里有幼童一百数十人；开平煤矿的《煤窑要略》中就有“窑内作工幼童，自有工人带作”② 的规定；像宁波通久源轧花厂的机器“竟由一些年方八岁的童工操管”③。

当时工人的工作条件十分恶劣，根本谈不上劳动保证，工人的健康备受摧残。湖北织布官局的英籍总监工德金生说，工人们“瘦到只有一些皮包着骨头，五十人里面也找不出一个体格康健的人”④。英国海军军官寿尔说福州船政局的工人住宅“是最悲惨的寓所”⑤。工人们在难以想象的恶劣条件下工作、生活、居住，他们的死亡率极高，1877 年有人记载，基隆煤矿的工人开始工作不久“便一个个死掉了”⑥，“以往两年死亡率之高，已使得人们畏惧而离开此地”⑦。

至于各工厂的工伤事故，也是层出不穷。1875 年江南制造局发生爆炸事故，“但闻霹雳一声，势如山崩地裂，连人带屋，冲入云霄，登时烧毁房屋数间，工匠三人亦皆炸为飞灰”⑧；1882 年天津机器局的研药铁器久未润油，磨热生火，因而爆炸，“药房轰去一座，一研药人轰至半空坠下，其右手及右足之半皆已失去，头亦击去其半，惨不忍睹”⑨；1893 年上海织布局被焚，两千女工几乎被烧死，

---

① 高斯特：《中国在进步中》，“一、新工业和新中国工人”。

② 《开平煤矿创办章程案据汇编》，41 页。

③ 《捷报》，1888 年 7 月 13 日。

④ 《捷报》，1893 年 11 月 3 日。

⑤ 寿尔：《田凫号航行记》，“一、福州船政局”。

⑥ 《海关关册》，1877 年分，下篇，166 页。

⑦ 同上书，1878 年分，下篇，219 页。

⑧ 《申报》，1775 年 6 月 22 日。

⑨ 《益闻录》，1882 年 4 月 1 日。

当火起时，“啼哭盈途，奔避不暇……是晚有人来寻儿媳，或言母亲不见者，究未知道避于何处”①；同年，开平煤矿发生坑道坍塌事故，“压在里面的有五十个工人……今晚听说有十个尸体已被掘了出来，可能还有三十几个人被埋在里面，大约都已死掉了”②。像这种悲惨的事故，在当时各个工厂、矿山中经常发生，工人的生命安全丝毫没有保障。

工人们不仅工资微薄，劳动日长、工作条件恶劣，而且还遭受许多封建性压迫与束缚，和奴隶的处境相仿。有的工厂规定工人不得自由离厂，如江南制造局创设时，李鸿章规定“工匠不令随意去留”③；有的矿场规定工人要有连环保，如 1887 年湖北兴山县矿务章程中规定：“招募砂丁，无论本地他乡，皆当连环互结，开具花名清册，注明籍贯，由兴山城局备办火印腰牌，发交各厂，分发砂丁，方准到厂”④；有的矿场里，设置公堂、刑具，俨如衙门，随便审讯、责罚工人，如开平煤矿创办的时候，唐廷枢请求在矿场设置刑具，李鸿章批示：“具有寻常酗酒斗殴，聚赌行窃等犯，准暂由吴守炽昌（即李鸿章所派督查开平矿务的知府吴炽昌）就近督查审讯，量予枷责发落”⑤；寻常小事情尚且如此，遇到鼓动罢工的大事情就更不得了，所以 1895 年初“金陵制造局工匠有人在局前鼓噪……查获为首滋事之甲、乙二人……严鞫……各责军棍一百下，荷以头号巨枷”⑥；工人们还要受把头的监督和封建行会的束缚，如开平煤矿的《煤井规条》中规定：“窖里作工之人，当作工时候，若无把头执照，不许出窖”⑦，又如上海祥生船厂中的工人“要把工资收入的百分之二十交纳给行会”⑧。在帝国主义企业里工作的工人，情况更为

① 《益闻录》，1893 年 10 月 25 日。
② 《捷报》，1893 年 5 月 19 日。
③ 《李鸿章全集》，奏稿，卷九，《置办外国铁厂机器折》。
④ 《皇朝经世文新编》，矿务，卷二，5 页。
⑤ 《开平矿务创办章程案据汇编》，79 页。
⑥ 《申报》，1895 年 3 月 28 日。
⑦ 《开平矿务创办章程案据汇编》，44 页。
⑧ 《捷报》，1879 年 1 月 20 日。

严重，如郑观应所说，“华人受雇洋行及充洋船水手，往往借端扣减工资，甚或殴辱毙命”①。从以上这些情况看来，工人们的人身自由和生命安全都是没有保障的。

三、中国工人阶级的早期斗争

由于中国无产阶级所处社会地位之低和所受切身痛苦之深，因此它在斗争中从来就是最英勇、最坚决的。早在19世纪50年代，广州就出现了最早的中国搬运工人的组织，称为“广州打包工人联合会”，1858年英法侵略军占领广州，香港的市政工人和运输工人两万多人曾举行罢工，回到广东来，给外国侵略者以沉重的打击。江南制造局本在上海洋泾浜，不久即迁高昌庙，据李鸿章说迁移的原因是“洋泾浜习俗繁华，游艺者易于失志，厂中工匠繁多，时有与洋人口角生事，均不相宜”②。1868年上海耶松船厂工人为反对外国资本家降低工资而举行罢工。此后外商船厂中的罢工斗争连续不断，如1879年耶松船厂的洋人和工头克扣工资，工人们罢工反抗；同年上海祥生船厂的外国资本家克扣工资并殴辱工人，也引起工人的罢工。据侵略者自己说，工人们在罢工斗争中“表示极坚定的立场”，纵然搞到“倾家荡产，当尽押绝”也要“坚持到最后胜利”③。

1884年中法战争中，香港工人举行了一次空前规模的大罢工，这次罢工显示了中国工人阶级坚决的反帝意志和伟大的团结精神，在中国职工运动史上留下了辉煌的一页。

罢工的导火线是1884年9月3日起，有在中法战争中受伤的法国炮舰华路加号、铁甲舰伽利沙尼尔号和水雷艇阿特兰特号先后驶入香港船坞修理，中国工人拒绝修理这些屠杀中国人民的敌国战舰，举行罢工，并且“有图谋焚毁之意”，吓得法舰匆忙地逃离船坞。而香港的英国殖民地当局，竟派兵驻扎船坞，企图对罢工的工人进行镇压。

---

① 郑观应：《盛世危言》，卷二，《交涉》。

② 《李鸿章全集》，奏稿，卷九，《置办外国铁厂机器折》。

③ 转引自汪敬虞：《谈谈中国第一代产业工人的斗争》，载《人民日报》，1962年2月21日。

船坞工人们的爱国行动首先得到香港搬运工人、划艇工人和海员的支持。9 月 18 日，“法国人在港购煤，令小工挑运上船，而小工皆哗然散去”①，“屡以重价招工，而挑夫无一往者”②，“法船上岸买牛羊，民艇不载”，“法商船到，民艇不起货”③，还有“法公司轮船之往来香港东洋者，其中司火华工，现亦不愿执役，悉数走散”④。

香港的英国殖民当局用高压手段对付罢工工人，无理逮捕了 11 名拒运法货的民艇工人，又撤销了许多民艇的执照。这种蛮横手段激起了工人们更大的愤慨，罢工斗争进一步扩大。10 月 3 日，工人群众举行了一次大规模的示威，参加示威的除船厂工人、民艇工人、搬运工人外，尚有米厂工人、屠宰工人、轿工、车工。英国殖民当局派出大批警察，全副武装，向手无寸铁的工人群众开枪射击，当场有一个工人被打死，很多工人受伤，还有四十多个工人被逮捕。

但是工人阶级并没有被吓倒、被压服，10 月 5 日东区的码头工人又计划举行示威，10 月 7 日九龙的搬运工人起而响应，以舞龙为名，到油麻地示威，各行业各阶层人民纷纷要求释放被捕工人。当时在广州出版的《述报》记载：“无论商贾役夫，亦义切同仇，近闻法人在港购煤甚急，遍觅港中存煤，多属华人之货，法人虽出重价，而华人亦不肯售与敌人，即彼别有所购，亦乏工役搬运，盖挑夫盘艇，均已联行，誓不为法役，查有华商某向交法国邮船煤斤者，现亦退约，有到门而问者，无不麾之使去。”⑤

这次香港工人的罢工斗争，从 1884 年 9 月 3 日一直坚持到 10 月 7 日，历时 35 天，使繁华的香港陷于瘫痪，“街道车声几绝”，“闭门扃户，俨如度岁”⑥。香港工人们的英勇斗争给法国侵略者及其帮凶以沉重的打击，是香港“自开港以来实罕见之事”⑦，结果香

---

①④ 转引自汪敬虞：《谈谈中国第一代产业工人的斗争》，载《人民日报》，1962 年 2 月 21 日。

②⑤⑥⑦ 方汉奇辑：《1884 年香港人民的反帝斗争》，载《近代史资料》，1957 (6)。

③ 两广总督张之洞电，转引自《中法战争》(五)，37 页。

港的英国殖民当局不得不低下头来，“还所罚钱，放所拘人……听华民不装法货”①。

这次罢工斗争显示了刚刚诞生的中国工人阶级在反对帝国主义斗争中的伟大力量。10月12日广州《述报》得出结论说：“我国有此民心，法虽凶暴，其奈之何哉！”9月20日上海《申报》也指出，这是“人心团结之表现”，并号召全国人民“以香港华工之心为心”。的确，这次罢工不但支援了当时反抗法国侵略的战争，而且也给以后的反帝斗争极大的鼓舞，其影响是十分深远的。

随着工业的发展和工人数量的增多，各地的罢工事件日益频繁，工人们在斗争中也得到了愈来愈多的锻炼。1890，江南制造局总办为了加紧剥削，延长工人的工作时间，全厂两千工人团结一致，举行罢工，当“锅炉里烧起了蒸汽，汽笛发出了鸣声，机器开动了，没有一个工人敢走进大门去工作”②。1891年开平煤矿中的外国侵略分子，恃势欺压工人，引起工人们的公愤，罢工好几天。煤矿中的外国顾问坚持要逮捕工人领袖，但矿局的官僚们为工人团结力量所震慑，不敢仓促处理，外国技师以“集体离厂”作要挟。一家外国报纸报导：“广东人（按：指一些工龄较长的工人领袖）在矿地已能使工人们都听从他们的话，而不听从外国技师工匠，他们发现矿厂上没有外国人时，一切工作也进行得很好。”③ 1895年汉阳铁厂的官僚无理笞责工人，工人们罢工抗议，张之洞派200名军队到厂镇压，仍无效果，后来厂方将两个笞责工人的官僚“严行申饬”，并允诺以后“不得擅用刑责”④，工人始停止罢工。从这些事例中可见工人阶级的团结力量正在增长，他们在斗争中已经迫使中外反动势力不得不做出某些让步。

当然，一直到1919年五四运动，中国无产阶级方才以一个独立的阶级力量出现在政治舞台上，在此之前还是当做资产阶级和小资

---

① 两广总督张之洞电，转引自《中法战争》（五），38页。

② 《捷报》，1890年9月5日。

③ 《捷报》，1891年4月24日。

④ 《抄本张之洞电稿》，光绪二十一年四月初三日，《恽祖翼致张之洞电》。

产阶级的追随者参加革命的。当时，工人的斗争除前述的1884年香港的大罢工外，一般说来，规模还是较小的，只局限在一个工厂的范围内，但是工人群众在一次又一次的自发斗争中正在积蓄力量，提高觉悟。由于中国资产阶级太软弱，资产阶级不可能完成民主革命的任务，这个任务以后只能由无产阶级担当起来。粉碎旧社会、创建新世界的责任落在了无产阶级的身上。

第九章　中国人民反侵略斗争的继续，早期的资产阶级改良主义思想、学术和文化的发展

第一节　中法战争后的外交交涉和西藏人民的抗英斗争

从1874年到1885年间，列强对中国和中国的近邻国家进行了一连串疯狂的掠夺。这十多年时间内，中外关系一直处在战争状态（1874年日本的侵台战争，1883—1885年中法战争）或备战状态中（1875—1876年中英马嘉理案交涉、1879—1881年中俄伊犁交涉、1882年和1884年中国和日本在朝鲜的冲突）。通过这一连串的掠夺，英国侵略势力已在我国的长江流域植下深厚的根基，并且它的侵略脚步穿过了印度、缅甸而跨入了云南、西藏和新疆；新兴的日本则吞并了琉球，插足入朝鲜，正在策划对中国的大规模进攻；法国已占领了整个越南，虎视眈眈地注目于中国西南各省；还有沙皇俄国，舒展起两翼扑向了新疆和东北。广大、富庶但却落后的中国抵挡不住许多侵略者穷凶极恶的进攻，已经被折磨得体无完肤。

1885年中法战争以后，列强的第一次掠夺狂潮已经过去了。帝国主义在中国形成了新的均势，它们在各自消化其掠夺得来的果实，中国人民和帝国主义之间发生全面战争的危机暂时缓和下来。

但是帝国主义对中国的侵略一天也没有停止过。中法战后的十年间，外国侵略者仍用各种方式不断在扩张自己的势力，中国人民

和外国侵略者之间、外国侵略者彼此之间的斗争仍在时松时紧地进行。

在这十多年中，朝鲜问题正在逐步演变成富有爆炸性的一种紧迫局面。朝鲜人民正在英勇地抵抗外国侵略势力，日本、英国、美国、俄国、德国，没有一个不是想染指其间，在这里充满了错综复杂的矛盾。朝鲜人民面临着亡国的威胁。朝鲜的存亡直接关系着中国的安危，中国人民对朝鲜的危急形势不能不表示深切的焦虑。

中法战争所遗留下来的问题也在紧张地进行交涉中，1886 年 4 月签订了《中法越南边界通商章程》，1887 年 6 月又签订了《中法续议商务专条》。这些条约规定：开龙州、蒙自、蛮耗为通商口岸，法国可在龙州、蒙自派驻领事；法国商品由越南运入中国，税率较沿海口岸减少五分之一，法商由陆路运出中国土货，税率减少三分之一（在《中法续议商务专条》中又将进出口税率减低十分之四）；法国船只可沿内河运货入中国，除交纳少量船钞外，一概免税；并规定中国南方和西南各省如让与其他国家特权和利益时，“法国无庸再议，无不一体照办”。通过这些条约，法国侵略势力已深深地楔入广西和云南。

中法战争刚刚结束，英国又对缅甸发动了武装侵略，俘获缅王，占领缅都，宣布缅甸为英国的殖民地。英国为诱使清政府承认它对缅甸的统治权，和清政府举行了一系列谈判，1886 年 7 月签订了《中英缅甸条约》五款。以后中国和英国又着手勘定中缅两国的边界，由于英国抱着侵略野心，故意制造纠纷，把中缅边界问题搅得十分复杂，长期未能彻底解决。到新中国成立和缅甸独立以后，中缅两国本着平等互利和友好协商的精神，才圆满地解决了历史上遗留下来的边界问题。

在这十多年中间，英国还通过关于香港走私鸦片的谈判，葡萄牙则通过永驻澳门的谈判，不断地扩大其侵略势力。特别是由于英国侵略者的武装入侵西藏，激起了中国人民轰轰烈烈的一场抗英战争。

以下先从禁止香港走私鸦片的谈判说起。

一、取缔香港走私鸦片的谈判

香港，这块祖国的领土自从被英国掠夺去以后，已成了英国侵华的重要基地。在战争时期，它是帝国主义的军事转运站；在和平时期，它是侵略分子贩毒走私、藏垢纳污的渊薮，特别是这里的鸦片走私活动，从香港开埠以来一直是十分猖獗的。[①] 清朝政府为了抵制鸦片走私，增加财政收入，于1867年开始派遣缉私巡船在邻近香港的中国海面游弋。1871年又在汲水门、长洲、佛头洲、九龙城内以及澳门的马溜洲、前山六处设立关卡，缉私征税，这些关卡受粤海关监督管辖。

这一切是清政府在中国的领土和领海上行使自己的主权，完全是正当的行为。但这些正当措施触犯了英国鸦片贩子和香港英国当局的利益，他们咆哮如雷，蛮横地指责清政府“干涉”了香港的贸易，“封锁”了香港，要求清政府撤除巡船和关卡。

以后英国侵略者就玩弄各种手段，威胁和诱骗清政府撤除缉私措施。总税务司赫德曾要求把港澳附近的缉私措施置于自己的控制之下，但广州地方当局只肯在巡船和关卡上任用少数“洋员”，并没有把缉私权力交出去，赫德的阴险企图并未实现。1876年中英订立《烟台条约》，英国以鸦片税厘并征、厘金征收数目由中国各省酌定为诱饵，换取中国方面取消缉私措施和让出其他特权。这个协议已订立在条约中，但英国鸦片贩子们觉得所占便宜不大，所以群起反对，英国政府顺从鸦片贩子们的意愿，自食其言，拒绝批准《烟台条约》。又经过长期谈判，1885年《烟台条约》中仍规定鸦片税厘并征，但取消了鸦片厘金由各省酌定的办法，改为每百斤鸦片完纳正税30两，厘金80两，英国鸦片贩子的侵略意愿才得到了满足。这个条约还附带规定：“派员查禁香港至中国偷漏之事”，名义上是“查禁偷漏”，实际上却是要拔除掉中国在港澳附近的巡船和关卡。

---

① 当时香港走私贸易的猖獗，是众所周知的。据阿礼国（英国驻华公使）在1868年的信件中说：“这两个殖民地（香港和澳门）在它们的沿海都保持着或通过它们而保持着大量走私贸易。它们的官员全然不作任何努力来加以制止，致予中国税收以极大损失，这件事情是确凿有据、世所共知、毫无问题的”。

1886年中英双方成立了一个调查香港走私活动的委员会，四名成员中倒有三名是英国人（赫德和邵友濂代表清政府、天津领事白利南和香港陪审官鲁塞尔代表英政府），1886年9月11日双方缔结了《管理香港洋药事宜章程》。章程作如下规定：除香港当局特准包揽鸦片的公司以外，他人不得进口、出口或私存不足一箱之鸦片（即不准拆零售卖）；鸦片商人须将鸦片之到口、拨载、起岸、运栈移动、存贮、复出口等一切动态报告包揽鸦片的公司，以便稽核管理，防止走私偷运。但为了执行上述规定，英方提出如下的交换条件：清政府应和澳门商订，对澳门的走私鸦片实行同样办法，由总税务司在中国九龙地方设立新关，并征鸦片税厘（每百斤鸦片征银110两）；"华船往来香港者，其货物应纳之税厘，不得较往来澳门之数加多"①。

英国侵略者在这里搞弄了什么把戏？究竟是谁得到了最大的好处？可以说，这个章程把一切利益都让给了英国侵略者。英国表面上说是帮助中国禁绝走私鸦片，协同清政府执行鸦片的税厘并征，但实际上，它却勒索到了许多特权：第一是在香港英国当局庇护下的洋药包揽公司，取得了垄断鸦片贸易的合法权利；第二是英国诱使清政府把香港周围的巡船关卡从粤海关监督的管辖下，转移到海关总税务司英人赫德的管辖下，从而拔除了长期以来英国商人的眼中之钉；第三是赫德的权力得到大大的扩充，它完全排挤了残存下来的传统的粤海关监督，第一次在非通商口岸行使征税权力，并且开始掠夺了代征厘金的特权；第四是章程中规定对往来香港华船征税的变更大大巩固了香港的地位，因为原来进出澳门的船货是按国内货物征税的，进出香港的同类船货却按照洋货征税，这样在征税待遇上使澳门比香港占有优势，这个章程的规定完全扭转了对香港的不利局面，加强了香港作为货物转运站的地位。可见英国侵略者在玩弄所谓禁绝香港走私鸦片的把戏中得到了多么大的好处！那么，香港的走私鸦片是否真正禁绝了呢？不！事情远不是这样的。问题

① 《管理香港洋药事宜章程》的原文见《中国海关与中葡里斯本草约》，8页。

在于香港英国当局的很大一部分财政收入来自鸦片包揽公司，而鸦片包揽公司的利润又主要依靠鸦片走私，这就决定了香港当局对鸦片走私必然要采取纵容和鼓励的政策。在香港当局庇护下的鸦片包揽公司“充分利用着他这种种的特权。他从新加坡输入煎制的听装鸦片，不但供应殖民地（指香港）的消费，而且还供应轮船向广州和西江各口走私。他利用煎制为名从殖民地管制下的存货中所提出的生鸦片，差不多全部都走私到中国。据承认，甚至据香港政府的一位负责官员承认：鸦片包税人为使他的专利能有利可图，就非把分配给他提取的生鸦片总数的百分之七十五顺利走私到中国不可”①。在章程签订以后，鸦片走私仍十分猖獗，不过从前那种分散零碎的走私活动，现在都由香港当局控制起来，并加以支持。1898年九龙关的洋税务司义理尔坦白承认：“这样一种保证（指禁绝走私鸦片的保证）已经存在有十年之久了。可是，殖民地政府（指香港英国当局）不但没有实行这项保证，而且相反的，竟自存心凭靠鸦片包税人那种行有成效的走私活动为他们最重要税收项目之一。一个堂堂的英国殖民地政府，事实上就是多半靠着掠刮它的邻近友邦的中国以为生的”②。

这就是英国侵略者玩弄的“禁绝走私鸦片”的假戏法，多么的可耻而狡诈！但是它的狡诈还不仅仅表现于上述的一切，在这套戏法中，英国还诱骗昏庸腐朽的清朝政府出让领土主权，以换取葡萄牙对英国的让步，这就是关于澳门问题的交涉。

二、《中葡里斯本草约》的谈判

《管理香港洋药事宜章程》中有一项对澳门走私鸦片实施同样办法的规定。于是在章程签订以前的一个月，赫德便跑到澳门会见葡萄牙总督罗沙（Roza，Thomazde Souza）要求进行“合作”。这对于葡萄牙殖民者来说是对中国进行敲诈勒索的天赐良机。

早在16世纪中叶，葡萄牙人就以贿赂和诈骗的手段，入据澳

①② 莱特：《中国关税沿革史》，307页。

门，实行殖民统治。但中国历届政府仍在澳门派设官员，每年征收租银，并没有放弃澳门的领土权。第一次鸦片战争以后，葡萄牙乘清政府战败的时机，提出了豁免租金、扩展界址等侵略性要求，被清政府拒绝。1849年，葡萄牙殖民者非法封闭了在澳门的粤海关的办公处，驱逐了中国官员，并拒不交纳地租。此后，他们更得寸进尺，擅自扩大澳门的留居地界，越界筑路，甚至反客为主，向留居地界以外的各村各岛强征地租。澳门人民对葡萄牙殖民者进行了多次的斗争，19世纪80年代，沙岗、新桥、龙田、塔石等七村人民，坚决反对葡萄牙殖民者非法的"按户收租"，当时，"众情汹汹，各怀愤懑"，把勒收地租的葡萄牙人赶走。澳门人民以英勇的斗争反击了葡萄牙殖民者在中国领土上的非法行为。

腐朽的清朝政府虽然没有给葡萄牙殖民者以有力的制裁，但它并未放弃澳门的领土主权，并未承认葡萄牙人占领澳门的权利。连英国公使威妥玛也说："中国从来没有放弃过它对澳门领土的权利主张"①。葡萄牙殖民者多次逼迫清政府承认澳门归葡萄牙所有，但都被清政府所拒绝。

在1886年管理香港鸦片的谈判中，英国从自己的利益出发，要求澳门实行同样的管理鸦片的办法。为了使葡萄牙接受这个办法，英国侵略分子赫德竟居心险恶地慷他人之慨，答应以澳门正式让与葡萄牙作为补偿。1886年8月10日，赫德和葡萄牙驻澳总督罗沙这两个外国人竟然拟定了一个出让中国领土澳门的协定草案，这个草案成为此后中葡里斯本谈判的依据。

清朝政府为了早日实现鸦片的税厘并征，指望从肮脏的鸦片贸易中多收一点点税款，竟任凭帝国主义随心所欲地玩弄摆布，不惜出卖中国的领土和主权。1886年11月，清政府派赫德的副手英国人金登干（G. D. Camplell）赴里斯本和葡萄牙政府进行谈判。

于是外交史上一幕荒唐可笑的丑剧上演了，谈判的双方都是外国人，一方是葡萄牙外交大臣巴罗果美（Henrique de Barosgomees），

① 转引自莱特：《中国关税沿革史》，345页。

而另一方是赫德的助手金登干，赫德和金登干的背后还有英国外交副大臣庞斯德和英国驻葡公使彼德，谈判的主题却是中国的澳门。不！这并不是中葡之间的外交谈判，而只是英葡之间的分赃会议，会议结果对中国所造成的损失是在意料之中的。谈判过程中当然也有讨价还价和相互争辩，甚至还出现过僵持局面（如关于割让拱北和撤除澳门周围关卡的争论），但这一切不过是摆摆样子给清政府看的，以表示赫德和金登干给清政府办事是颇为出力的。实际上，英葡两国侵略者早已有了默契，谈判尚未开始几乎就已经决定了谈判的结局，中国方面自然是丧失领土、主权，英葡两国则进行瓜分，各得其所。1887 年 3 月 26 日，金登干与葡萄牙政府签订了《中葡里斯本草约》，内容有四条：（1）订立一个包括“最惠国条款”的条约；（2）葡萄牙人永驻、治理澳门和它的附属地；（3）未经中国同意，葡萄牙不得将澳门让与他国；（4）澳门对于鸦片征税事宜应仿照香港办法办理。不久以后，葡萄牙前驻澳门总督罗沙来到中国，和总理衙门谈判签订正式条约。在谈判中，罗沙利用草约中“附属地”的含糊措辞，尽量扩大澳门的附属地范围，总理衙门也感到葡萄牙的勒索太过分了，“附属地反倒比澳门大！馒头比蒸笼还大，怎样能行”①，谈判一度陷于停顿。但赫德竭力给葡萄牙帮忙，他给金登干的信中说：“总理衙门不肯有所举动，我们不便强迫，以免谈判整个失败，只有连哄带骗，下种以后顺其自然，慢慢让它开花结果”②。好一个连哄带骗，昏庸的清朝官僚果然走入圈套。1887 年 12 月，中葡双方在北京签订了正式条约，除肯定了里斯本草约的内容外，葡萄牙还获得了其他特权。

英国玩弄的这套戏法，变来变去，把中国的领土澳门变成了葡萄牙的“永驻、治理”地，葡萄牙殖民者真是喜出望外。本来葡萄牙对澳门主权的觊觎已非一日，但它是个小国，无力强迫清政府割让澳门，只是依靠英国的帮助，它才能达到这个侵略目的。葡萄牙政府为了表示对赫德的感谢，于 1888 年授赫德以十字勋章。

---

① 《中国海关与中葡里斯本草约》，93 页。

② 同上书，95 页。

当然，英国并不是白白地出力帮忙，它在这套戏法中捞取的利益也是极大的。首先，它争取到葡萄牙的“合作”，在澳门推行1886年管理香港鸦片章程中的规定，这就加强了香港的地位。其次，葡萄牙曾提出撤除澳门周围关卡的要求，随后葡萄牙对英国让步，关卡仍保留，但这些原由粤海关监督控制的关卡改归总税务司赫德管理，赫德又一次扩大了自己的权力范围。这个狡诈的侵略老手得意洋洋地说：“总的来说，我们业已胜利。现在我已将各通商口岸往来香港和澳门的民船贸易，从粤海关监督的掌握中抢了过来，置于税务司们的管辖之下”①。

英国和葡萄牙侵略者狼狈为奸，掠夺了中国的领土和主权，却美其名曰：帮助中国缉私增税。大家都知道，英国香港当局是走私漏税犯的纵容者和包庇者，如今它大发善心，居然口口声声“缉私增税”，这种“贼帮捉贼”的虚伪姿态真是令人作呕。事实上，中国在自己领土和领海上“缉私增税，是正当的权利，何尝要这些走私漏税犯的帮助？总理衙门的官僚们也都知道”，中国大可不必别人帮忙而自办洋药税厘并征，“甚至连赫德也承认，不必需香港、澳门的合作，即可有力地对付走私”。清朝政府既然知道“不必别人帮忙”，而仍然以领土、主权为代价，来取得不必要的“帮忙”，这除了证明清朝政府的昏庸糊涂以外，也证明了它的对外依赖性已发展到如此严重的程度，以致没有帝国主义的许可，它就不敢执行任何属于主权范围以内的独立措施了。

英国和葡萄牙侵略者狼狈为奸，他们的侵略欲望如愿以偿，可恨反动腐朽的清政府为了在鸦片贸易中多收一点税款，竟不惜大量地出卖中国的领土、主权！

当时，清政府中一部分官僚、特别是广东地方官僚反对里斯本草约，因为港澳周围六个关卡的常税和厘金，向归广东地方官吏支配，现在这些关卡改归税务司管辖，断绝了这些官僚的一条重要财源。这些官僚从本身利益出发，不得不起而反对英、葡侵略者的阴

① 《中国海关与中葡里斯本草约》，89页。

谋，他们指出：港澳的关卡、巡船、税厘征收统归外国税务司办理，这是英国“干预税厘内政，掠夺中国主权”的侵略行为，其结果造成外国税务司“坚踞不移之势”，广东省的关卡咽喉“全归洋人掌握”，“后患不可胜言”①。可是清朝政府认为，这次交涉既迎合了帝国主义的意愿，又可以从鸦片税厘并收中多得到一点财政收入，因此任何劝告都成了耳边风，它反而指斥广东的官僚们说：“海军创始，筹饷万难，有此办法，冀可岁增巨款……此举非但与各省税厘无涉，并与广东税厘无损，所不便者不过厂员利薮一空，未免浮言耸动耳。该督等于朝廷全局通筹之意毫无体察，辄挟持偏见，故作危词”，“事关筹饷大局，特旨允行，又与外洋交涉，断不能朝令夕改，该督等接奉此旨，当凛遵办理，所有该六厂补抽税厘章程，即日交付两税司，毋准再有延误，致干重咎”②。这个一向以因循、犹豫、畏葸为特点的清朝政府，在出卖国家领土、主权方面却一反常态，表现得多么爽快、多么坚决啊！

第二节　19世纪70年代到90年代的反洋教运动

一、70年代和中法战争时期的反洋教运动

当历史进入19世纪70年代以后，帝国主义和中华民族之间的矛盾成为社会的主要矛盾。这时候，阶级斗争主要表现为两种具体形式：一种形式是由清朝政府主持参加的政治斗争和军事斗争，如历次外交交涉和中法战争；另一种形式就是以人民群众为主体的反洋教运动。

1870年天津人民的反洋教斗争被中外反动势力镇压下去了，但引起斗争的矛盾根源并没有消失，恰恰相反，矛盾在日益激化。从70年代起，帝国主义掀起了对中国进行贸易掠夺的狂潮，大批农民

① 《清季外交史料》，卷七〇，22～25页。

② 同上书，卷七〇，25页。

和手工业者陷入了破产失业的绝境；同时，帝国主义又加紧了对中国的政治和军事侵略，沿海和边疆出现了连续的紧张形势。日本侵占台湾、中英马嘉理案件的纠纷、中俄伊犁交涉以及中国的邻邦朝鲜受侵略、越南被进攻，帝国主义这一系列的野蛮侵略，在爱国的中华儿女的心里一次又一次地抛下仇恨和革命的火种。反洋教运动的各种力量在酝酿、在集结，斗争的火焰随时随地在燃烧、在爆发。

70 年代中期，在长江流域的安徽和四川掀起了巨大的反洋教浪潮。随后由于帝国主义对东南沿海和西南边疆侵略的加紧，斗争的中心逐渐向东南和西南地区转移，中法战争前夕和中法战争期间，闽、浙、两广、云南和山东的反教活动此伏彼起，连续不断，和中法之间的政治、军事斗争相互配合、相互呼应。中法战争以后，运动转入内地，90 年代初，在长江全线和热河一带爆发了大规模的武装起义。反洋教运动的波涛翻滚咆哮，奔腾不息，一浪高过一浪，形成 19 世纪下半期中国人民革命斗争的壮观。

在 1870 年天津教案以后的五六年间，反洋教运动的长河正轻波荡漾地流经一个比较平静的阶段。当时，福建的古田、长乐、延平、福清，广东的琼山、龙川，直隶的霸州、广平，江西的抚州、九江，四川的黔江，都发生了零星的风潮。1876 年，一股强大的潜流突然喷射出来，冲破了表层的平静。在安徽的皖南各县和四川江北厅周围爆发了大规模的反洋教斗争。

皖南的斗争最先在建平县发生，该县欧村教徒黄之绅等平日仗势欺人，包揽词讼，强奸妇女，无恶不作，人民恨之入骨。1876 年该地发生偷剪辫案件，教徒白会清是剪辫的主犯，群众怀疑剪辫出于教堂的主使。有一天，农民阮光福、安定三在田侧闲谈剪辫的事，谓与教堂有关，黄之绅路过这里，把阮、安辱骂一顿。当天晚间，黄之绅率领无赖教徒，把阮、安二人绑至教堂，严刑毒打，阮光福、安定三当场毙命。人民的怒火再也压制不住了，7 月 13 日晨，群众 800 人拥到欧村教堂，烧毁教堂，作恶多端的黄之绅死在群众的拳头下。建平的斗争立即波及宣城、宁国和广德一带，各地人民纷纷起来，砸毁教堂，并且发生了群众和教徒之间的武装械斗，皖南大片地区陷入反洋教斗争的炽热火海里。斗争发生后，侵略者照例对清政府进行勒索，要求惩凶赔偿，清政府也照例屈辱投降。结果，群众胡秀山、陈士柯等被斩首，并赔偿银三万三千余两。

在皖南教案发生的同时，四川也爆发了大规模的反洋教斗争。自从1869年酉阳教会残杀人民数百人之后，民教之间结下了血海深仇，教会用洋枪大炮武装无赖教徒，任意捕杀群众，斗争不可避免地愈演愈烈。1873年，黔江人民殴毙了强欲入境传教的法国教士余克林，这是四川大规模反教风潮的前奏。1875年南充的团民和营山的考生分别捣毁了该地的教堂。1876年邻水县无赖教徒王同兴纠集党羽乘夜抢劫，杀害了团民三人，全县人民义愤填膺，"互相联络，偶言逐杀"，拆掉了教堂和教民的许多房屋。这个斗争影响到重庆的江北厅，4月间，江北厅乡民与教徒们展开了武装斗争，"枪炮震地，旗戈遮日……喊杀连天，声若雷霆"，"合邑教堂尽塌，各场医馆尽毁"①，人民还进据县城，发号施令，处决了一批罪大恶极的教徒。不久，涪州人民也"效江北打教之风"，数千群众"头裹红布巾，扬旗鸣炮，拥至州城"②，焚毁了全县的教堂，驱逐了为非作歹的教徒。四川这场反洋教运动发展成为群众的武装斗争，教会的侵略势力受到严重的打击。事后，清政府迫于压力，强迫群众赔偿教会损失8万两。

自从皖南和江北厅教案以后，反洋教运动的中心逐渐向东南沿海地区转移。1878年英国传教士在福州乌石山侵占公地、建造楼房，被人民群起拆毁，同年福建的福清，广东的海丰、陆丰和鹤山先后发生人民与教徒的械斗和人民砸毁教堂事件。1879年，福建延平又发生了驱逐美国传教士的斗争。

延平的斗争起因于美国传教士以开设书店为名，租地建屋，"原议不作教堂，群情始帖"，后来却挂出"福音堂"招牌，强欲传教。延平人民"众心汹汹，遍贴告白"③，酝酿进行抵制。恰巧一群小孩在福音堂前游耍，美国传教士嫌孩子吵闹，不但高声斥骂，而且

① 《丁宝桢奏稿》，卷一四。

② 王文杰：《中国近世史上的教案》，66页。

③ 《清季教案史料》，144页。

"施放洋枪"，打伤了一个行路人。于是数百群众包围了行凶的教士，教士狼狈逃奔衙门躲避，被群众用石头、木棍打伤。事情发生后，美国领事捏造事实故意扩大事态，把开枪凶手说成是受难者。他向清政府威胁，"此案重大，当用非常重法以制之，方为合宜……非照此了案，则不为妥切"①。清政府竭力迁就侵略者，地方士绅也惧怕外国势力，渐渐声销迹敛，只有下层人民继续坚持斗争。他们张贴告白，揭露外国侵略者"诡计多端，存心叵测"，"谋我中国"，"起洋楼于海口，隐占要关；设教堂于冲途，显招爪牙"，号召人民共起抵抗，建议每户派一人，共集四万八千人，前往福州进行请愿，请愿不成，则实行武装反抗，"俾得延郡一方，不致洋人杂处在土"②。延平人民的斗争因清政府的镇压而流产了，但它表明人民群众具有用武装来反对帝国主义侵略的决心，同时这次斗争也是东南沿海反洋教运动进一步高涨的信号。

从70年代的反洋教运动中可以看到，帝国主义和中国反动派的镇压、分化政策，并没有阻挡住人民反侵略潮流的发展。爱国的革命的中国人民越过艰难险阻，在荆天棘地中昂首前进。在60年代，曾经有一批大官僚和地方豪绅参加了反侵略阵线，但是他们没有而且也不可能坚持到底，他们被帝国主义压服和软化了，逐渐退出了运动。70年代后斗争的主力剩下了下层的贫苦人民（当时也还有一些小地主和知识分子参加运动），但是人民把斗争的旗子举得更高了，运动扩展到更广大的地区，而且采取了更高的斗争形式。运动不仅在某个孤立的地点倏起倏落地发生，而且在连成一片的宽广地区内，出现了相互支持的大规模斗争，皖南和江北厅的斗争就带有这个明显的特点。而且，运动并没有停留在毁教堂、逐教士的简单形式上，由于教会势力用武装压制人民，人民也认识到武装起来的必要性，特别像四川江北厅的斗争已接近于武装起义的形式。在斗争中，人民的觉悟程度在逐步提高，他们不仅认识到外国侵略势力是自己的死敌，而且也开始认识到中国封建势力的帮凶作用，延平

① 《清季教案史料》，158页。

② 同上书，159页。

人民的告白中指出，官吏们“反代鬼子作事情”，指出士绅们“不知大义，一味巴结，官说是则应是，非则应非，皆洋人驱使”，号召群众“不受洋人荼毒，亦不受官长欺凌”①。当然，70年代的反洋教运动没有先进阶级领导，仍然停留在单纯排外主义的阶段，因而必然会失败。但是人民用鲜血换得了可贵的经验教训，他们反对帝国主义的决心日益增强，他们的组织力量、斗争形式和觉悟程度日益提高，反洋教运动正在向更大的规模、更高的水平挺进。

19世纪80年代初，法国对越南的侵略日益加紧，它企图以越南为跳板，打入中国的西南边疆。中越交界地区和南中国的海上，弥漫着浓密的战云，中越人民和法帝国主义之间的矛盾成为主要的矛盾。

法国政府自称是天主教的保护者，它一贯利用天主教徒作为侵略殖民地落后国家的别动队。法国侵略锋芒指向哪里，哪里的天主教徒就积极活跃起来。当法国远征军侵入越北，它的宗教别动队就在中国西南边疆和东南沿海蠢蠢思动，图谋配合法军的进攻。早在1881年广西人民就警觉到这一点，他们指出：“法人诡计多端，已占据越南滨海各省。复在该国北圻各省建楼设堂，势将吞并全越，逼处内地。凡建教堂之处，多系招集匪人，不欲里邻过问，现欲于南（指南宁）、太（指太平）等处建堂传教，必将里外勾通，蚕蚀为害，不可不防”②。从1880年至1882年间，广东清远、花县、大埔，广西南宁、梧州多次爆发反洋教风潮。1883年5月，正当中法战争的前夕，云南浪穹等地发生了大规模的反洋教斗争，揭开了战争时期海疆和边疆各地反洋教热潮的序幕。

浪穹的反洋教斗争起因于该县长营教堂法国传教士张若望等的罪恶兽行。张若望等“平日横入民家，逼勒入教，又估买木料，建造经堂，有不从者即殴辱之，其甚者将无论已未入教之妇女，计诱药迷，污辱强霸，民间积怨已深”③。乡民余秋和文大顺的妻子被张

① 《清季教案史料》，158页。
② 见《清光绪朝中法交涉史料》，卷二。
③ 岑毓英：《岑公奏稿》，卷一九。

若望霸占，余秋、文大顺到教堂索妻，反被殴打身死。又乡民吴大发的表侄女、妻子、女儿都被抢入教堂，吴大发前往教堂理论，教徒们说："奉教人不怕官管"，还指责吴大发"吵闹经堂"，将吴吊打一顿。教会的无耻兽行激起了群众的义愤，1883 年 5 月初，吴大发再去教堂索人，乡民随同前往，张若望等先"从墙穴开枪"，又率无赖教徒，"各执洋枪刀矛，开门出斗"①，愤怒的人民奋起打死了这群豺狼，并烧毁了长营教堂。"维时永平县、蒙化厅所辖之地，甘庄、漾濞等处，凡被教民扰害之人，亦相继群起报复"②。清朝政府不但不支持受害人民的正义斗争，反而恐怕因此而妨碍自己与法国侵略者的妥协，命令云贵总督岑毓英"务将滋事首要各犯，悉数拿获，按律治罪。现值法越寻衅之时，出此重案，尤应及早妥办，免生枝节，不得稍涉迁延徇隐"③。结果，吴大发等六人反被充军杖徒，还赔银五万两。

1883 年冬，法国侵略军向驻在越北的越南军队和中国军队发动进攻，中法战争爆发。同时，法国军舰也在我国东南沿海窥伺挑衅，法国传教士们以为征服中国并彻底奴役中国人民的时机已经到来，他们更加猖狂地进行侦察、破坏活动。广西上思州的三所教堂，徒党繁多，平日行踪已极诡秘，"近则遣人四探，添修栈房，勾引匪人，执持军器，出入无忌，不服盘查。本月（光绪九年十二月）初五日，有教士马若望、周绍良来自钦灵，辎重甚多，并不许人过问，形迹愈觉可疑"，"且传闻教士富于道有阴带悍匪、赴援河城（指援助河内法军）之语"④；浙江定海有两个法教士跑到戒严区普慈寺内进行侦察，"询藏放火药处所，又向各处查探隘卡，行踪诡秘，形迹可疑，且民间传言，教堂运炮多尊，倘法船抵口，后路空虚，即便森城等语"⑤，甚至教堂内公开进行军事操练，"每日纠教民二百，在天主堂内操演，枪声远震"⑥。宁波的教堂内也"藏炮伏奸"，法

①②③　岑毓英：《岑公奏稿》，卷一九。

④　《清光绪朝中法交涉史料》，卷一一，《广西巡抚徐延旭奏教堂勾匪滋事、法人窥犯北宁折》。

⑤　薛福成：《浙东筹防录》，卷一，上，18 页。

⑥　同上书，卷一，下，13 页。

国主教宣称“要呼召法船到甬”①；广西的法国教士纠集无赖教徒二三百人，窜至广东的北海，“系为法人召往越地助乱”②。教会在各地的阴谋活动构成了对我国安全的严重威胁。清廷畏法如虎，对于这些阴谋活动不但不敢过问，反而再三强调保护各国“官商教民”，威胁人民如果“妄生事端”，立即“严拿正法”。但是中国人民决不能坐视法国传教士破坏前线抗战和危害后方秩序的侵略活动，尽管清朝政府多方压制阻挠，群众仍奋起斗争。广西上思州教堂纠集的匪徒，因“民心浮动”而“概行搬避”，浙江定海、宁波的传教士因“民情汹汹”而“分别迁徙”，广东北海因有“练勇镇慑”，企图接应法军的教徒均“闻风散去”。在群众的监督和压力下，传教士的阴谋活动未能得逞。

在战争时期，沿海各地人民还对教会侵略势力进行了直接打击。1884 年浙江温州人民“将教堂六所拆毁”③；福建龙岩人民驱逐传教士，订立反教条规，相约不准“交通外匪”，不准“趋入异端邪教”，指出“我圣上被奸兽花言巧语，许条件，岂能容我等乎”④，还成立了龙岩州新捐平夷灭番局，号召以武力抵抗侵略者；福建晋江县地方的帆船 14 艘被法舰掠夺，“深沪人大愤，以詹天注通洋，齐攻之。故教会不得已将所有堂具，迁往永宁”⑤。英美等国由于助法为恶，也遭到人民的打击，福州将军穆图善电奏：福州“众怒法久，将迁及他国，别酿衅端”，“民骤私约，闻炮即焚南台洋行，并祸各国，已连骂英美国人，恐酿他祸”⑥。至于广东境内的反侵略斗争更开展得如火如荼，1883 年 9 月发生了著名的广州沙面事件，海关的英国扦手无故枪杀一个中国幼童和两个中国人，葡萄牙警察又把一个中国人推落水中溺死，由此激起群众的公愤，人民起来焚烧了沙面的外国洋行、教堂、住房十余间，侵略者不但没有惩办凶手，英美法德四国反而向清政府勒索赔偿 29 万元。1884 年，随着法国对越南和

① 薛福成：《浙东筹防录》，卷一，下，13 页。

② 《张文襄公全集》，卷一一四，《批廉州府禀复北海遣散教民情形》。

③ 《清季外交史料》，卷四七，23 页，《英使巴夏礼致总署咨文》。

④ 《清季教案史料》，109 页。

⑤⑥ 《闽南中华基督教简史》，卷三，8 页。

中国军事进攻的加紧，广东全省的反教斗争如火燎原般地进一步蔓烧起来。张之洞说："自法攻闽后（指马尾海战后），众怒勃发，法堂颇有被损"①，如广州、潮州、揭阳、东莞、佛山等地都发生了驱逐教士、焚烧教堂的风潮。当时广东官吏们说："粤东义民，视凡法人，皆若仇敌，几欲尽与教士商民为难，即教民亦不使片刻在境，万众汹汹，各无异心"②，"其时人情汹汹，数百里内外，传书聚众，必欲得敌人而甘心，见有敌国之人，无论官商，敌国之物，无论钱货，誓不少留于境内"③。

沿海和沿边的这一系列反洋教斗争，主要是由法国的军事进攻和间谍活动所引起的，这些斗争是中法战争的一个有机组成部分，它严重地打击了侵略者的嚣张气焰，制止了敌人的阴谋破坏活动，有力地支援了战争，稳定了后方秩序。透过一层薄薄的宗教外衣，反洋教运动愈来愈鲜明地显现出政治色彩。美国公使杨约翰也承认："我相信，对于宗教宣传，没有其他国家比中国更宽大了"，为什么广州又有这么多反基督教的案件呢？"这原因是政治的，不是宗教的。当时的中国，正沉溺于一种仇恨的心理之中，即仇恨法国的心理"④。是的，中国人民的仇恨之火在燃烧，这种仇恨是被压迫者的正义的仇恨。人民的仇恨不仅针对法帝国主义，也针对包括杨约翰在内的一切侵略者，而且还针对着与侵略者狼狈为奸的清朝反动势力。在斗争中，人民进一步认识到清朝政府的反动腐朽本质，一个资产阶级历史学家描写当时广州人民的心理说："广州的暴民是中国最有复仇心的，他们有长久的记忆来滋养他们的仇恨……在本世纪里，这个城市曾经被英国兵进入并统治过。广州城内和四周有许多痛恨政府的人，首先恨它太无能或者太不可靠，不能把像海怪似的从洋上来的外国人再驱逐到海里去"⑤。从前，清朝政府镇压反洋教运动，说什么是为了维持"中外和好"，现在，清政府已和法国进入

---

① 《中法战争》（五），34页。

② 《张之洞全集》，卷一一二，《致总署》。

③ 同上书，卷九二，公牍七。

④ 《美国外交档案》，转引自卿汝楫：《美国侵华史》，卷二，597页。

⑤ 季南：《一八八〇年至一八八五年英国在华的外交》，转引自《中法战争》（五），15页。

交战状态，虚假的“和好”之花早被法帝国主义践踏在脚底下，而清政府仍然畏法如虎，不但不敢过问法国传教士的特务间谍活动，反而千方百计加以保护，这个政府再一次更加明显地暴露出自己是帝国主义的忠实走狗。

人民在斗争中又一次吸取了教训：武装到牙齿的侵略者必须用武装来反抗，在反抗侵略者的同时，也必须对侵略者的走狗进行打击！这样，中法战争以后的反洋教运动进入了一个更高的阶段，反对帝国主义和反对封建主义的武装斗争成为运动的主要形式。

二、90年代初长江流域的反洋教运动

中法战争以后，反洋教运动继续发展，运动的中心又从沿海向内地逐渐转移。到19世纪90年代初，在长江流域全线和热河一带再次涌现了澎湃的高潮。

这次高潮首先在川东掀起了第一个浪头。1886年，美国和英国教会在重庆的鹅项颈、丛树牌等形势要地建盖教堂。重庆人民向官府呈诉，要求加以制止，官府严词“批驳”了群众的要求。7月1日，重庆人民纷纷集合，自己动手拆毁了教堂，第二天外国传教士和恶霸教徒罗保之雇了一百多个打手，向在罗保之住宅前示威的群众大打出手，群众被打死11人，打伤22人。惨案发生后，重庆各阶层决心为死难者复仇，于是商人罢市，考生罢考，要求严惩凶犯。群众“聚集五十余团，约有三千人”①，到处打砸教堂，城内外教堂均被砸毁。7月下旬，群众与教会恶势力在白果树发生武装冲突，清朝军队站在教会方面，保护教堂。群众数千人驱走了清军，击溃教徒的顽抗，焚毁了白果树教堂。人民在反对教会侵略势力的同时，也打击了保护教会的清朝反动军队，反帝斗争和反封建斗争日益有合流之势。

---

① 《巴县旧档》，刘秉璋奏，转引自赵宗城：《对艾小惠〈重庆惨案〉一文的几点意见》，载《史学月刊》，1960（8）。

重庆的反洋教斗争立即得到附近各厅县的响应。江北、铜梁、合川、大足、南川、綦江都发生了逐教毁堂事件，“川东各属起团声言打教，其势汹汹”①，反洋教风暴席卷了广大地区，并向纵深发展，到1890年，余栋臣在大足县龙水镇揭橥反洋教斗争的义旗，把运动推进到一个新阶段。

龙水镇人民和教会势力的初次冲突，是在重庆反教运动的影响下发生的，经过一个反复斗争的过程，人民终于走上了武装起义的道路。

80年代初，法国天主教势力开始侵入龙水镇，教会在这里并吞良田1 200亩，招收了一批无赖教徒，为非作歹，人民积忿已久。1886年该镇有一教堂落成，7月20日（旧历六月十九日）正值灵官庙会，重庆反教运动的消息在此时传来，人民赴新教堂参观，被教徒阻拦，“初相口角，继以斗殴，一时讹言大起……群情愤激，蜂拥至天主堂，立将教堂焚毁，夷为平地”②。事后，清政府勒令群众赔银1.5万两，重修教堂。第二年的灵官会期，重修的教堂竣工，龙水镇人民痛恨教会势力的专横，再度拆毁教堂，清政府又勒赔银两，第三次修盖教堂。

侵略者坚持要在龙水镇立脚生根，龙水镇人民则决心要驱除侵略势力，从1886年以来，斗争在反复进行，而且一浪高过一浪。1890年8月初，又值灵官会期，教堂第三次落成。清朝官吏派兵把守，如临大敌，无赖教徒王槐之等气焰嚣张，“纠集百余人，声言缉捕捣毁教堂徒党，置之重典”③。结果在教堂前发生冲突，教徒们杀死平民蒋兴顺，并焚烧民房。被激怒的群众集合起来，攻打教堂，第三次把教堂拆毁。事后，法国主教强逼大足知县交出打教“主犯”，知县以莫须有的罪名缉拿蒋赞臣，称蒋是三次打教堂的主使人，蒋赞臣就逃到表弟余栋臣家中避难。

余栋臣是住在龙水镇附近西山下的农民，平日务农，农闲兼作挑煤工人。西山一带有土煤窑、石灰厂和小纸厂，聚集着一批工人

---

① 《李鸿章全集》，电稿，卷七，《寄芜湖送新任川督刘》。

②③ 《余栋臣与四川农民反帝运动》，载《近代史资料》，1955（4），32页。

和挑夫。余栋臣“膂力过人”，“有胆略，喜为人雪不平，然不肯轻侮人”①，在工人挑夫中享有很高的威信。龙水镇先后三次的反教风潮，余栋臣都参加在内。蒋赞臣逃到余家后，余、蒋即和余的兄弟余翠坪、余海坪以及李尚儒、李玉亭、唐翠屏等12人歃血为盟②，密议进一步开展斗争。1890年8月8日，余栋臣率领工人、挑夫百余人攻入龙水镇，杀无赖教徒12人，并焚烧教徒房屋，没收教徒财产，散发反教檄文。檄文中严厉斥责教会的罪行，“使司铎而钻衙门，颠倒事非，贾保正以作心腹，别有阴谋”，“无法无天，自恶自毒”，并指出这次斗争的正义性，“军令为严，民人安堵”，“其各秋毫无犯，俨若夏雨时行”③。龙水镇人民的反教斗争，经过了一个曲折反复的过程，终于堂堂正正地树起了武装斗争的义旗。

余栋臣反洋教武装队伍的人数愈来愈多，声势日益扩大，附近马跑场、强家坝的群众也起而响应，“数百里汹汹骚动”④。清政府先派重庆知府王增文到大足，企图软化余栋臣，“栋臣不期，仍率众仇视教民如故”⑤。清政府采取镇压与分化双管齐下的办法，一面派桂天培率军进抵龙水镇（不久桂擢任大足知县），一面又拉拢当地地主阶级，由大地主蒋礼堂等组织团练，成立安民局，诱胁群众退出余栋臣的队伍。桂天培的告示内称：“此番官兵到县，专为缉匪安民，所有从前附近打教之人，或受人欺凌，或被匪诱胁，一概予以自新”⑥。1890年冬，清军进攻余栋臣部，“互有损伤，卒弗能屈”⑦。但清政府毒辣的分化政策起了作用，许多人退出反洋教队伍，余栋臣等撤离龙水镇，在西山中潜伏，经常和清军发生战斗。

① 《余栋臣与四川农民反帝运动》，载《近代史资料》，1955（4），27页。

② 有的记载说余栋臣等在1890年时已是哥老会员（如《余栋臣与四川农民反帝运动》），但据四川大学历史系调查，余栋臣参加哥老会是在1898年再次起义时，见《1886至1898的四川大足教案始末》，载《四川大学学报》，1956（1）。此处暂用后者之说。

③⑥ 转引自《1886至1898的四川大足教案始末》，载《四川大学学报》，1956（1）。

④ 《清史稿》，列传，卷七七，《张华奎传》。

⑤ 《余栋臣与四川农民反帝运动》，载《近代史资料》，1955（4），28页。

⑦ 《近代史资料》，1955（4），33页。

1892年9月，余栋臣部与桂天培清军遭遇，余“麾众出场，架列大炮抬枪，骂阵抵拒”①，10月余栋臣退至十箭场，桂天培军与绅团合力围攻，余部奋力抵抗，“开放炮，密如雨下”，清军伤亡六十余人，桂天培右膀也被击伤。但余栋臣部人数很少，武器废劣，也受到很大损失，余翠坪被俘牺牲，余栋臣突围避匿，余海坪、蒋赞臣等投降。余栋臣初次的反洋教起义被镇压下去，但斗争的火苗并没有熄灭。龙水镇人民经受了一次武装起义的洗礼，取得了一定的战斗经验，到1898年，帝国主义和中华民族的矛盾进一步激化，余栋臣被清政府俘获，龙水镇人民再一次投入战斗，劫救余栋臣，掀起了规模更大的反教起义。

余栋臣在四川高举义旗以后不到一年，长江中下游也掀起了反洋教的巨大风潮。风潮先从江苏的扬州和安徽的芜湖发生，其后扩及长江两岸，范围极广、声势极大，尤以苏南和湖北最为炽烈。斗争的高潮是在1891年的春季至秋季，但余波荡漾，一直延续到1893年。

这次反洋教风潮的发生、发展和以湖南为中心的反洋教宣传有关。

60年代以来的许多次反洋教斗争中，已经出现了一种宣传品——揭帖。它类似传单的形式，一般均出自地主阶级文人之手，其内容当然混杂着不少封建迷信成分，对于帝国主义侵略和教会的实质不可能有深刻的科学认识。但是这种宣传品揭露了外国传教士的罪恶行为，号召群众起来斗争，它在一定程度上表达了中国人民反侵略的正义要求和坚定决心。在历次重大的反洋教斗争中，反教揭帖到处传扬，成为鼓舞和推动斗争的有力工具。所以张之洞说：“近来各省闹教之由，实由匿名揭帖，最为祸首”②。

随着斗争的深入发展，反洋教宣传品的内容和形式都有了一定的提高。其内容除了单纯揭露宗教侵略之外，还联系到帝国主义的经济、政治侵略；其表达形式开始突破简单的规约条文，摆脱佶屈

① 《光绪朝东华录》，十八年十月丙子，刘秉璋奏。

② 《张之襄公全集》，卷一三六，11页。

聱牙的文字，出现了生动通俗的歌谣和寓意鲜明的图画。① 19 世纪 90 年代初，这一类宣传品从湖南散发到各地，书名有《齐心拼命》、《谨遵圣谕辟邪》、《谨遵圣谕辟邪全图》、《鬼教该死》、《棘手文章》、《擎天柱》、《灭鬼歌》、《禀天主邪教》、《天猪叫》等。这些宣传品大多是湖南宁乡退职道员周汉的手笔，周汉虽是个封建官吏，但反对外国宗教侵略的意志颇坚决，他“编成歌谣图画极多，刻字铺不肯代刻，乃自教其诸子皆可刻字，专刻诋洋教之书，刷印数十万，托人各省分散”②。这些宣传品不胫而走，无远弗届，甚至传布到甘肃、新疆等地，受到广大群众的热烈欢迎，湘鄂两省传周之歌谣者，“十人而九”③。其中《鬼教该死》一书便印行了 80 万册。帝国主义一再压迫清政府禁止反教宣传，清朝官吏“查禁不遗余力”，但“旧本甫焰，新本旋出”，“以故劝禁俱穷，湘省官吏更无可如何”④。后来清政府索性对周汉直接进行迫害，以“痰迷心疾，迹类疯狂”的罪名将周汉长期拘押起来，反教宣传品的版片也被销毁。

反洋教宣传品广泛传布，恰如暴风雨前翩翩飞翔的海燕，预示着一场重大的战斗即将开始。1891 年 4 月，江苏扬州发生了群众围攻教堂的事件。5 月，安徽芜湖的教会育婴堂强抱民家幼孩，家长到堂要求领回幼孩，教士坚持不许，引起人民愤慨，群集堂前。芜湖知县率兵前往弹压，但无法制止愤怒的群众，一时“人如蚁聚，内外夹攻，不逾时四面火起，烈焰冲天，呼声动地”⑤，教士们从后门

① 由于清政府严厉查禁，这些宣传品的原本现在仍未发现。今根据口头流传的某些片段，加以摘录，以见其内容的大概。如其中一首歌说：“中华素称礼义邦，国泰民安都尊敬，自从鬼子到中华，富强害得成贫困。不独通商传教人，假名游历数不尽，甲想夺我筑路权，乙想矿产齐吞并。鬼子心比虎狼凶，合力驱除须鼓劲，果然万众一条心，包管中华能致胜”。又一首歌说：“睁眼看，鬼子们，狼心狗胆。借邪教，欺骗我，一般良民。说他是，上帝爷，独生爱子。把中国，不当人，任意欺凌。尤可恶，有一些，贪官污吏。媚外人，欺己国，秀士良民。更可叹，居然有，一班痞棍。拜奉他，猪羊鬼，作子充孙。三顶拐，上衙门，冲进撞出。辱祖先，毁圣道，败灭人伦。引强徒，窥向我，廊房财宝。三分人，七分鬼，丧惑人心”。转引自《湖南历史资料》，1958（4），39、40 页。

② 《张之洞全集》，电牍，卷一五，33 页。

③ 同上书，电牍，卷一六，3 页。

④ 同上书，电牍，卷一五，33 页。

⑤ 《益闻录》，第 1066 号，第 13 册，217 页，转引自李时岳：《近代中国反洋教运动》，65 页。

逃匿。接着，群众又拥到海关，海关外国职员持枪向群众射击，发生格斗。后来，清朝的三艘兵舰在长江中发炮轰击，群众才渐渐散去。

芜湖的反教斗争，迅速地影响到其他地方。6月，江苏的丹阳、无锡、金匮、阳湖、江阴、如皋先后发生逐教士、焚教堂的风潮，各属教堂，接连被毁，整个苏南地区“亦复谣言四起，并有张贴揭帖情事”①。此外，安徽的安庆育婴堂遭到群众包围，和州的教会学堂被人民拆毁，江西的吴城镇、大姑塘镇也发生民教冲突，甚至“官吏督兵弹压，不料兵士反戈相向，与官为难”②。

长江下游的风潮向西扩展，波及湖北省。1891年夏季，湖北接连发生重要的“教案”。6月间，有一个无赖教徒肩挑四名幼孩，经湖北武穴送往九江的育婴堂，其中一个幼孩因饥饿乏食致死，武穴人民起而干预，将教徒扭送官府，官府反袒护教徒，群众怒不可抑，群起烧毁武穴教堂，并打死了一个英国传教士和一个英籍海关职员。到9月间，宜昌教堂拐骗游姓幼孩，家长前往索领，群众也到教堂查问，一个美国教士竟开枪行凶，打伤平民一人，群情激愤，打伤了教士四人，焚毁了教堂英领事署和教士住宅；同时，门州的外国教士和无赖教徒，向群众逼勒钱财，群众起来反抗，打毁了教士的坐轿；德安府也发生殴打外国侵略分子的事件。一系列反洋教案件，层见叠出，张之洞说：“湖北民情不静，处处与教堂洋人相龃龉，自近年揭帖之风大炽，动思生衅”③，“武汉两岸，洋街洋堂，人人自危”④。湖北反教斗争的余波一直延续未绝，1892年襄阳谷城一带，传言外国教士在饮水中放毒，一时“民心惶扰”，会党“乘机啸聚”⑤，教会在杨岗、茨河所置房屋产业，均被焚毁；1893年，瑞典传教士梅宝善、乐传道强欲在麻城传教，与乡民争吵，教士雇用一批保镖，将乡民四人捆缚绑架，群众向教士索人，梅宝善和

① 《刘坤一遗集》，第2册，698页。

② 《益闻录》，第1074号，第13册，266页，转引自李时岳：《近代中国反洋教运动》，66页。

③ 《张文襄公奏稿》，卷二一，《办结麻城教案折》。

④ 同上书，卷一三五，《致总署》。

⑤ 同上书，卷一一七。

乐传道爬到屋上，用瓦片向人群乱掷，群众奋起打死了这两个不法教士。

从1891年春季以来，长江流域沉浸在酣热的战斗中。上自四川，中及湖北，下至江苏，斗争以连锁反应式展开，那一次小暴动触发起这一次大暴动，这一次大暴动又引起无数次小暴动。长江全线数千里，反洋教斗争的角声响彻云霄。总理衙门说："本年四、五月间，长江上下游一带，公匪聚众，滋扰教堂，竟有一县焚烧数次者"①。美国公使田贝向美国国务院报告："恐惧笼罩着整个中国，在若干通商口岸，进行反抗外人的起义，正在预谋中"②，"我们惧怕……没有一个城市是安全的，上海也包括在内"③。外国侵略者再一次领略了中国人民反侵略斗争的巨大威力，在内地的传教士、洋商纷纷逃到上海租界内，侵略者甚至认为"设在扬子江流域内而远离大的中心城市的天主教教会的恶运是注定了的"④。

长江流域反教斗争中的一个鲜明特点，就是下层秘密结社哥老会成为组织斗争的核心力量。清廷上谕中说："近来江苏、安徽、湖北、江西等省，屡有焚毁教堂之事。其拒捕逞凶、抢劫衙署等案，更层见叠出。半由会匪从中主谋，游手之徒相率附和，以致愈聚愈多，动成巨案。犯事以后，四散逃逸，真犯十不获一"⑤。薛福成说："此次焚毁教堂，殴毙教士，传闻系哥老会匪，散布揭帖，激发众怒。事起则率党纵火，事毕则潜踪四散"⑥。侵略分子也说："秘密的会社是这些骚乱的根本原因。该项会社以长江流域为最多，他们都是反对外国人的，他们同时也是中国官吏所最恐惧的对象"⑦。反洋教运动的长河奔流了三十年之久，终于和传统的下层秘密结社合流在一起，它的组织力和战斗力大大地提高，武装斗争发展成为普遍的形式，在以后的十年中造成了怒潮迭起、波澜无穷的战斗场

---

① 刘锦藻：《清朝续文献通考》，卷三五一，《外交一五》，10947页。

②⑦ 《美国外交档案》，转引自卿汝楫：《美国侵华史》，第2卷，600页。

③ 同上书，转引自卿汝楫：《美国侵华史》，第2卷，602页。

④ 转引自马士：《中华帝国对外关系史》，第2卷，456页。

⑤ 《光绪朝东华录》，总2915页，光绪十七年六月戊戌，上谕。

⑥ 薛福成：《庸庵海外文编》，卷一，《附陈处置哥老会匪片》。

面；而源流久远的各种下层秘密结社也在反洋教斗争中经受了洗礼，显露出反帝国主义的革命色彩。“反清复明”一类的旧口号，逐渐代之以“驱教”、“灭洋”一类的新口号。

清朝政府对反洋教斗争和下层秘密结社残酷屠杀，不遗余力。帝国主义也直接出兵镇压，在 1891 年长江流域反教高潮期间，“所有外国在华可以出动的炮舰都出动完了”①。但是“野火烧不尽，春风吹又生”，人民的斗争此伏彼起，旋息旋兴，中外反动势力多方镇压，防不胜防。

中国人民的反洋教运动经历了长期的发展，现在正向新高峰前进，爱国反帝的力量正在集结和进一步准备，中国人民和帝国主义强盗之间的一场短兵相接的大战斗是不可避免的。1900 年的义和团反帝运动就是这场长期斗争走向高潮的表现。

三、1891 年热河金丹道的反洋教起义

长江两岸的反教怒涛汹涌未息，塞北又卷起一场武装斗争的大风暴。1891 年冬，在热河的朝阳、赤峰、建昌、平泉等地，秘密结社金丹道和在理教发动了一场反帝国主义和反封建主义的起义。起义军虽然只坚持了四十天即告失败，但它控制的地区十分广阔，声势极为浩大，而且起义地点是在北京、盛京（沈阳）与热河行宫（承德）之间，清廷把这里视为“根本之地”，平日间满蒙军队分隘戍守，警备森严，一旦风暴猝起，所有防御设施彻底垮台，不能不使清朝政府心惊胆落，恐惧万分。

在热河一带，封建剥削本来就十分严重。土地、牧场、山林全部被蒙古王公所占有，蒙汉劳动人民的生活非常痛苦。蒙古王公平时“勒增汉民租价，侵夺人家生产”，“府中人不免倚势，致百余里中无人不怨”②。有时，群众误入封禁的山林樵采，被王公府的巡差拿获，十无一生，百般拷打，“所用之刑，尤骇听闻”③。金丹道起

---

① 《美国外交档案》，转引自卿汝楫：《美国侵华史》，第 2 卷，601 页。

② 徐润：《徐愚斋自叙年谱》，63 页。

③ 《朝阳县志》，18 页，转引自《近代东北人民革命运动史》，65 页。

义军领袖之一齐保山的胞弟和胞侄，就是“在黑山私砍柴草，被蒙古旗拿获，惩办身死”①。这里的清朝统治机构又极端腐朽，各级官吏贪污成瘾，勒索无厌。“各任热河都统，多以卖官为生活，于是各县官贪婪尤甚”②。例如，承德府知府启绍，诞妄浮夸，贪婪益著，“横索所属州县赃款，盈千累万”③；朝阳知县廖伦明，“在官赋诗饮酒，不理民事，并屡向富民借贷，债款甚多”；建昌知县章奏凯“庸懦无能，居心巧诈”；平泉知州文卜年“著名巧滑，遇事巧于文饰”④。这些评语都是皇帝的上谕中“赐给”该地官吏们的。蒙汉人民在这些贪狠专横的豺狼们的统治之下，真是如处在水深火热之中。

19世纪下半期，外国侵略势力渗入热河地区。到了1899年，热河以东的内蒙古地区已建立教堂158所，另设中小学堂93所，育婴堂6所，有外国传教士23人，教徒9 000人。这批无恶不作的教士和教徒，霸占田产，强抢民女，包揽词讼，鱼肉良民，更无比地加深了人民的苦难，后来李鸿章奏报起义的原因说：“此次贼匪突起，皆由金丹、在理两教，与入天主教之民素不相能”⑤，叶志超也说起义军“以仇杀天主堂为名”⑥。这里，阶级矛盾和民族矛盾错综复杂地交织在一起，正是在这个条件下，金丹道和在理教承担了起义组织者的任务。

金丹道和在理教都是下层秘密结社。在理教是白莲教的一个支派，以天津为中心，盛行于河北、山西、内蒙古、东北一带。它的成员极为广泛，“民间从其教者约十之六七，皆有身家恒业，大率手艺力役之人较多，农商次之，读书之人，亦间有与焉”⑦，但由于流传日久和成员复杂，这个组织正在蜕化中。它的宗旨是“以戒人吸烟酒为事”⑧，“凡百烟酒，皆悬为厉禁，犯者即叛教”⑨，把戒烟禁酒

---

① 《光绪朝东华续录》，总3043页，光绪十七年十二月戊戌，定安、裕禄奏。

② 转引自《近代东北人民革命运动》，65页。

③ 《德宗实录》，卷三〇三，6页，转引自《近代东北人民革命运动史》，65页。

④ 《光绪朝东华录》，总3065页，光绪十七年十二月戊午，李鸿章、奎斌奏。

⑤ 《李鸿章全集》，奏稿，卷七三，《添队剿办朝阳匪党折》。

⑥ 《光绪朝东华录》，总3050页，光绪十七年十二月，叶志超奏。

⑦⑧ 《李鸿章全集》，奏稿，卷四七，《在理教请免查办折》。

⑨ 徐珂：《清稗类钞》，第15册，54页。

作为最高的教规，这就使在理教原有的抗清色彩逐渐消退，成为一个一般性的宗教团体。但也因为这样，在理教在统治阶级眼睛里成了一个没有危险性的组织，所谓“与白莲等教聚众为非者迥然不同”①，从而争取到了一定合法活动的权利，能够在京城附近的一次大起义中扮演一个配角。

至于这次起义的主角金丹道则是属于道教的系统。它的某些宗旨颇和在理教相类似，但传布地区较窄，迷信成分较多，而反清色彩则更为浓厚，“其教当初是劝人吃斋行善，故土人亦称学好者，例不食烟酒，名以学教诱人，实以烧香聚众，近则一月一聚，其关东山东等人则一年一聚，自称金丹道……久怀叵测”②。金丹道尚保持着“学法术、抗大清、兴真主”③ 的口号，其首领是杨悦春和李国珍，在热河拥有大量信徒，“所有汉人尽被杨逆煽惑，诱入其教”④。

1891年11月初，各地金丹道领袖在朝阳县杨家弯子（杨悦春家）集会，准备起义。11月14日，起义军数百人攻入朝阳，焚烧县衙，劫放狱囚。接着挥戈北指，攻破北敖汉旗贝子府全歼满蒙军队。11月17日，建昌县所属二十家子的在理教徒因天主教堂向各铺借粮并殴人致死，起而报复，焚烧当地教堂，并攻入平泉州城，“共烧教堂大小六十八间”⑤。于是朝阳、建昌、平泉、赤峰一带，义军纷起，“初起不过数百人，数日之间已至数千”⑥，“起事不过数旬，已分股至数十，集众至数万”⑦。金丹道领袖杨悦春称“开国府总大教师”，李国珍称“扫北武圣人”，其下有王、侯、元帅、军师等职位，军队以青、黄、白、红、黑五色旗帜为号。杨悦春以朝阳县北敖汉旗贝子府为中心，其下分成小部队活动，一支以齐保山为首，东进辽宁，转战于新立屯、朝北营子；一支以张尽先为首，踞守于黑城

① 《李鸿章全集》，奏稿，卷四七，《在理教请免查办折》。

② 徐润：《徐愚斋自叙年谱》，62页。

③ 《凌源琐记》，转引自《近代东北人民革命运动史》，60页。

④ 徐润：《徐愚斋自叙年谱》，62页。

⑤ 《光绪朝东华录》，总3063页，光绪十七年十二月戊午，李鸿章、奎斌奏。

⑥ 《李鸿章全集》，奏稿，卷七三，《援剿朝阳匪党》。

⑦ 同上书，奏稿，卷七三，《添派马队会剿朝阳教匪》。

子；一支以刘怀、赵金贵、王廷照为首盘旋于朝阳、建昌间之榆树林子、叶柏寿、毛家窝铺一带；一支以佟杰、傅连信为首出没于建昌以南、长城北侧之叨尔登、汤道河等地；一支以郭万昌为首，活动于朝阳以东桃花吐一带。李国珍军共有四五千人，以赤峰县北乌丹城为中心，接连八十余里，立二十余营，按八卦方向，各立名目，每营二三百人或一二百人，“俱听李国珍号令”①，赤峰县“数十里内村镇均被占据”，县城“被围紧急”②。到11月底，起义军已控制了方圆数千里的广大土地。

起义军都是贫苦人民，他们打击外国教堂、蒙古王公和清朝官吏，保护人民的利益。连清朝官吏也说：起义军“于人民则但图裹胁，且称相从入教，则从此不受蒙古欺侮。愚民无知畏害，以致被其诱胁者甚多”③，“附近居民投入贼党，以求保护身家，官军至则为民，官军去则仍从贼”④。正因为他们的斗争是正义的，得到群众的热烈拥护，所以在很短时间内，起义队伍得以很快发展，但是起义军缺乏组织性和战斗经验，他们本身存在着难以克服的弱点。

首先，各地人民虽在金丹道、在理教的组织号召下，同时发动起义，但他们的力量仍是分散的，行动仍是凌乱的，大股千余人，小股数百人，分别活动，各自为战，没有统一的指挥，也缺乏相互间的支援，这样就给敌人提供了各个击破的机会。

其次，当装备精良的清军大队发动围攻时，起义军错误地采取了阵地防御的作战方针，与拥有强大火力的敌人硬拼硬打。事实上，起义军的防御工事只是当铺和烧酒店的几间瓦房和几堵土墙，他们的武器都是刀矛棍棒之类，顶多只有几杆鸟枪。在这种劣势条件下实行阵地防御，反而给敌人造成捕捉主力、集中打击的机会，使自己遭到重大的伤亡。

由于起义地点靠近清朝北洋军队的驻地，又由于清军有电报、

---

① 《光绪朝东华录》，总3047页，光绪十七年十二月辛丑，叶志超奏。

②④ 《李鸿章全集》，奏稿，卷七三，《添派马队会剿朝阳教匪折》。

③ 《光绪朝东华录》，总3022页，光绪十七年十二月丁丑，定安、裕禄奏。

铁路等通讯运输手段，所以几天之内，大队清军就赶到了起义地区。清军叶志超部自南向北，进攻平泉、建昌、赤峰等地，奉军丰陞阿部自东向西，直扑朝阳，此外还有宣化防兵、蒙古军和地方团练协同作战。清朝军队依靠洋枪洋炮的火力优势，大肆烧杀，一路上“积尸遍野”、“血污满地”。起义军“枪炮无多”，几乎赤手空拳地奋战，每个村庄、每个市镇都进行顽强的抵抗，给清军以重大的打击，但起义军在敌人炽烈的炮火下，牺牲也很严重。经过将近一个月的血战，清军终于闯到起义军的据点贝子府、乌丹城一带。12月15日，乌丹城失陷，李国珍被俘遇害。贝子府外围据点的起义军“被围八九日，人众食少，粮食缺乏”，“火器亦属无多”，但仍“凭墙死守”，“前扑后进、抵死不退”①，高度发挥了英勇的战斗精神。清军用过山炮密集轰击，贝子府陷入一片火海中。12月18日，清军攻破贝子府，起义军誓与阵地共存亡，纷纷“投井”、“跳墙”，“死者不计其数”，起义军领袖杨悦春等均被俘牺牲。

在这次短促而激烈的战斗中，清朝政府大规模地动用了新式军备，来保护帝国主义和自己的利益。最精锐的淮军和奉军全部调到了第一线，美国公使田贝高兴地说：“那些可怜的农民，以鸟枪为武器，是敌不过握有最新式的洋枪装备和受过西式训练的李鸿章部队的……据估计，已经有二万多叛民倒下来了”②。以“海防”、“自强”为名，经营数十年之久的“练兵”、“制器”，从来没有在反侵略战争中使用过，却在这次对内大屠杀中发挥了可耻的作用。李鸿章还自我吹嘘“热河贼匪皆系亡命犷悍，若非枪炮快利，子药应手”，断不能以少击众，克日剿灭③，“征调防营，及臣指示各将士剿办机宜，均赖电报迅速、相机立应，早奏肤功。中国向来用兵未有如此次之神速者”④。在他看来，洋务设施的最大作用就是“神速”地绞杀人民革命。热河的这次战斗清楚地证明了统治阶级洋务设施的反

① 作战经过见《光绪朝东华录》十七年十一、十二月叶志超和安定、裕禄的奏报。
② 《美国外交档案》，转引自卿汝楫：《美国侵华史》，第2卷，605页。
③ 参见《李鸿章全集》，奏稿，卷七四，《奏保张士珩片》。
④ 同上书，奏稿，卷七四，《京沪电报请奖折》。

动本质。

但是人民的力量不可能被斩尽被杀绝，任何新式武器都抑制不住方兴未艾的人民革命运动的前进。1894 年中日甲午战争以后，民族危机空前加剧，在新的条件下，反洋教斗争继续发展，并且跨进一个更高的阶段，出现了中国近代史上第二次革命高潮——义和团运动。

第三节 中法战后的清朝统治阶级

一、关于修筑铁路的争论

在 1894 年中日战争以前的三十年内，洋务派和顽固派一直在不休地进行争论，开始是在制造船炮和开设同文馆问题上，后来是在采掘煤铁、架设电线、购买铁甲舰问题上。到了 80 年代，争论又转到修建铁路问题上，争论双方都以巩固旧的封建统治为目的，并不涉及政治改革的领域，但是随着这些争论而来的改革措施，却在缓慢地导致争论双方都不愿意看到的社会关系的新变化。历史就是这样严峻而无情，顽固派纵然人多势众，他们的喊叫声似乎压倒了一切，但这究竟是绝望中的喊叫，在历史潮流的冲击下，他们不得不退却，封建主义盘踞了两千多年的坚固阵地，正在一个又一个地失去。

建筑铁路可以使资本主义通过几条铁路干线而把千丝万缕的网络伸入广大内地，这意味着封建经济的进一步解体。顽固派不能坐视这个重要阵地再被突破，因而进行了最激烈最持久的抵抗。而洋务派则日益意识到铁路的重要性，为了发挥在各地方零散地建立起来的工厂、矿场、企业的经济效果，为了把分散的军事力量联结成一个庞大的整体，他们决心打破顽固派的反抗，把铁路逐段地修建起来。至于帝国主义更是迫不及待地希望修建铁路，因为铁路运输可以促使商品无限地扩张和迅速地流转，铁路事业可以吸收帝国主义国家内大量的过剩资本，而且通过纵横交错的铁路网，还可以便利地控制中国的政治和经济。在铁路建筑的蓝图上，外国资产阶级看到了利润滚滚而来的动人的明天，就像列宁所说，“他们已经把这种建筑事业变成压迫附属国（殖民地加半殖民地）里占全世界人口半数以上的十亿民众和‘文明’国里资本的雇佣奴隶的工具”①。

早在太平天国革命的后期，外国侵略者就已经提出了建筑铁路的要求，1863年上海的27家洋行要求李鸿章允许他们建筑上海到苏州之间的铁路，次年英国斯蒂芬生（M. Stephenson）来到中国，拟订了一个联结北京、天津、上海、南京、武汉、广州各城市的铁路网规划，这面笼罩全中国的侵略之网，通过一条跨越云贵高原的干线而和印度连接起来。不过，这个时候外国侵略者实现其野心的时机尚未成熟，清政府拒绝了这些要求。当时清政府的洋务活动几乎还没有开始，全体清朝官僚——甚至包括李鸿章在内都不清楚建筑铁路会带给自己什么样的好处，因此他们还不愿意接受这只从西方飞来的“不祥之鸟”。

历史的急剧发展使得事情很快地改观。十几年以后，建筑铁路这件事从帝国主义和中国官吏之间的争执，转变成为中国官吏的内部争执了。经过一个阶段的洋务活动之后，洋务派官僚日益明显地看到了铁路建筑的必要，他们越来越多地在私底下议论它，说到它的种种利益，开始非正式地建议，提出这样和那样的设想。当顽固派继续在朝廷里大走红运的时候，他们的建议和设想一再碰壁。②到了1880年，中俄为伊犁问题而屡开谈判，东北和西北的边防突然紧张，铁路在调兵运饷方面的军事价值更为明显。同时，正在发展的开平煤矿，为了把堆存的煤运输出来，一再要求修建运煤的铁路，于是铁路问题被推到议事日程上来了。

1880年底，淮系将领刘铭传上书，正式建议修建铁路，他的建

① 列宁：《帝国主义是资本主义的最高阶段》，法文版和德文版序言。

② 据李鸿章说：“自同治十三年海防议起，鸿章即沥陈煤铁矿必须开挖，电线铁路必应仿设……廷臣会议皆不置可否，王孝凤、于莲舫（指顽固派王家璧、于凌辰）独痛诋之，曾记是年冬底赴京叩谒梓官、谒晤恭邸（指恭亲王奕䜣）极陈铁路利益，请先试造清江至京，以便南北转输，邸意亦以为然，谓无人敢主持，复请其乘闲为两宫言之。梁谓两宫亦不能定此大计，从此遂绝口不谈矣”。见《李鸿章全集》，朋僚函稿，卷一七，《复郭筠仙星使》。

议是：以北京为中心，修造四条铁路干线，一通苏北之清江浦，一通汉口，一通沈阳，一通甘肃，并主张向外国借款，先建清江浦一线。刘铭传的着眼点首先仍在军事方面，他说："铁路之利于漕务、赈务、商务、矿务，以及行旅、厘损者不可殚述，而于用兵一道，尤为急不可缓之图"，"若铁路造成……防边防海，转运枪炮，朝发夕至……十八省合为一气，一兵可抵十数兵之用，将来兵权、饷权，俱在朝廷，内重外轻，不为疆臣所率制矣"①。紧接在这个建议之后，顽固派群起反对，于是铁路问题成了尖锐、突出的政治问题，洋务派和顽固派在这个问题上争论了整整十年。

事实上，当时中国社会已处在一个巨大的变化过程中，这就是封建经济的逐步解体和资本主义的逐步发展。很明显，修建铁路将是促进这个变化的最重要的一项经济措施，承认或者不承认社会生活的巨大变化，这是争论双方的基本分野。在无情的历史现实面前，洋务派不得不承认社会生活在某些方面必须变化，他们还认为，在社会经济变化了的新的条件下，反动的政治统治不但可以保持下来，而且还会得到加强，洋务派持这种观点来看待行轮船、开工厂、设学校等等，同样也用这种观点来看待铁路的修建，既然洋务派利益日益和新式企业紧密地联系起来，他们就自然而然地把铁路的修建当做势所必至、理所当然的好事情。像李鸿章就极力渲染、夸大铁路的经济利益和政治、军事价值，鼓吹铁路对于"国计、军政、京师、民生、转运、邮政、矿务、轮船、行旅"的九大利②，甚至说："但自开煤铁矿与火车路，则万国缩伏，三军必皆踊跃"③，"倘海多铁舰、陆有铁路，此乃真实声威，外人断不敢轻于称兵恫喝"④。洋务派这时迷信铁路到了极点，几乎把铁路当做能治百病的神物。

可是在顽固派眼前所展现的，却是一幅完全不同的、阴惨惨的图画。他们的心目中，一个封闭着的自给自足的农业经济是最好不

① 《刘壮肃公奏议》，卷二，《俄事人都折》。

② 参见《李鸿章全集》，奏稿，卷三九，《妥议铁路事宜折》。

③ 同上书，朋僚函稿，卷一二，26页，《复丁雨生中丞》。

④ 同上书，译署函稿，卷一四，25页，《论法兵渐进兼陈铁舰铁路之利》。

过的理想社会。在这个小天地里，地主阶级有足够的力量和手段来维持剥削农民的权利。轮船啦，工厂啦，电线啦，这些闻所未闻的怪物，正在改变着一切，自己的剥削权利日益受到侵犯，自己的地位正在削弱，这实在是飞来横祸。现在竟还有人建议修造铁路，使生活样式更大规模地发生变化，加速并加重这场临头的大祸。他们不能理解那些洋务派同僚为什么赞成这场灾难性的变化，又怎样把这场变化和旧利益、旧观念调和起来。他们提出种种质问和反驳：假使铁路修筑起来，内地车夫船工，全部歇业，“饥寒迫而盗贼兴”怎么办？火车行走如雨骤风驰，势不能在内地密布的厘金关卡面前等候查捐，必将“尽夺内地税厘”，怎么办？铁路固然便于运兵，但是敌人亦可利用铁路，“袭邑攻城，随其所指，俄顷即至”，怎么办？天地生财，只有此数，铁路并不能生产粮食，不过是便于递送，“此盈则彼缩，彼盈则此缩”，“统一家言之，则毫末殊未有增”，试问有什么好处？中国风俗，“以俭为宝，商贾所不到，嗜欲无由生”，铁路通行，只能助长奢侈之心，耗费有用之财，试问这又有什么好处？有人还提出，铁路所经之处，平毁坟墓，尸骨暴于荒野，有亏于孝道；火车行驶，电掣风驰，必至“拥挤磕碰，伤人坏物”，有碍于治安；建造铁路，开山塞水，“龙王之宫，河伯之宅，名山大川，神斯凭焉，倘骤加焚凿，山川之神不安，即旱潦之灾易召”，有妨于风水。这些五花八门的反对意见，表明了地主阶级维护其原有利益的自私心理以及他们在落后闭塞社会中所养成的愚昧无知。但是在反对派的意见中，也有一部分意见是因反对借用外国款项，反对侵略者掠夺中国铁路权益，而连带地反对铁路的修建，这种意见虽然只是对外国侵略势力消极无效的反抗，但总算还有一点自卫的意义。

反对派暂时造成了浩大的声势，压倒了主张筑路的少数派，清朝政府没有批准刘铭传的建议。

但是洋务派并不理睬反对派的叫喊，他们采取了“笑骂由他笑骂，铁路我自筑之”的态度。1881 年开平矿务局已筑成唐山到胥各庄之间 15 里长的运煤铁路，1887 年又组织了中国铁路公司，将唐胥路展筑至津沽，同时刘铭传也在开始修筑台湾铁路。

唐山铁路和台湾铁路，一在矿区，一在边疆，反对的阻力比较小，修筑较为顺利。但是为了充分发挥铁路的效益，不可避免地要把它修建到通都大邑。1884 年海军衙门根据李鸿章的意见，奏请展修天津到通州间的铁路。被视为洪水猛兽的铁路，现在就要筑到北京城附近来了，这不啻在顽固派中间投掷了一枚挑战的炸弹。御史余联沅首先奏陈修路的五大害，接着许多官僚，包括一些高级的大学士、尚书在内，纷纷上书反对，反对派的论据主要是怕铁路“资敌、扰民、失业”，他们还假借人民的名义，说天津百姓反对铁路，“呈诉有二三百起之多”，当时刚好北京发生地震，皇宫里贞度门、太和门失火，顽固派添油加醋，说发生地震是由于铁路伤了地脉，皇宫失火则是上天的示警，反对派动员一切力量，使用所有的论据，掀起了反对修筑津通铁路的一场轩然大波。①

但这个时候，却和十年前反对刘铭传建议的情形有了很大的不同，这就是后党的转而支持修筑铁路。在以往，后党一直是最有力量的顽固派，反对任何改革，可是当奕䜣集团垮台、后党独揽中枢大权以后，他们的态度就发生了明显的转变。事实证明：顽固派是一群“顽而不固”的家伙，当帝国主义的赌注从奕䜣集团的桌面上拿走完全转押到后党的桌面上来之后，后党就软化了，他们进一步向帝国主义靠拢，对帝国主义阿谀奉迎，较奕䜣集团有过之而无不及。顽固派和洋务派的界限逐渐在泯灭，北洋集团对军机处、总理衙门的牢骚、抱怨大大减少了，李鸿章和奕譞之间信使往还，馈礼不绝，1886 年李鸿章邀请奕譞和李莲英检阅海军，对后党大灌迷汤，不久又同意停止扩充北洋海军，将海军经费移充颐和园的修建经费，奕譞的一个“管事家人”张翼也被李鸿章提拔为开平煤矿的总办，帝国主义和李鸿章又给西太后贡献一段小铁路，铺设在中南海内，贡献几艘小火轮，游弋在昆明湖中。这些奉承手段，换来的是后党的被“感化”，从此以后，李鸿章的洋务措施得到后党的大力支持。

当唐胥铁路展筑到津沽时，奕譞就说：“窃查铁路之议，历有年

① 反对派的议论可参见《洋务运动》(六)，140～246 页。

所。毁誉纷纭，莫衷一是。臣奕譞向亦习闻陈言，尝持偏论，自经前岁战事，复亲历北洋海口，始悉局外空谈与局中实济，判然两途"①。其后修建津通路也是李鸿章借奕譞的名义提出来的，所以在津通铁路的争执中，后党公开地站在李鸿章一边，奕譞说："夫津通之路……外助海路之需，内备征兵入卫之用，一举两益，所关非浅。乃议者不察底蕴，不相匡助，或信道听途说，或竟凭空结撰，连章论列，上渎天听"②，并且指斥反对派"空言盈廷，查无实策……局内创一事则群相阻挠，制一械则群讥糜费……锢习不化，相率若狂……驯至动辄聚讼，颠倒是非，疆吏寒心，戎行解体"。你看，这个十多年以前的老顽固派，现在完全改变了口吻，成了一个多么坚决的洋务派。奕譞甚至还提出一个解决分歧的一劳永逸的办法，就是把反对铁路的顽固派"派往海疆，随从督抚学习办事，或交出使大臣出洋游历"，"见闻既广，心思自充"，"阅时既久，风气日开"，"党同伐异之习已化，斯众擎易举之效可期"③，这也就是说：要让顽固派跟自己一样，到帝国主义和洋务派的感化院里去受"感化"一番。

由于后党态度的转变，争论得以平息下去。为了不致过分刺激反对派的感情，津通铁路暂时缓修，而首先修筑张之洞提出的卢汉铁路（卢沟桥到汉口），铁路修筑被列为清朝的重要国策。

持续十年之久的铁路争论虽然结束了，但事情仍停留在"决而不行"的阶段。卢汉铁路线路很长，工程艰巨，清朝政府又舍不得拿出大批经费来，同时这条铁路由李鸿章、张之洞共同负责，李鸿章对于铁路改线和张之洞的插手十分不满。1890年春，李鸿章以朝鲜问题紧张和俄国兴修西伯利亚铁路为理由，主张修筑东三省铁路，加强东北的防务，这个意见又得到奕譞的完全支持。于是修建卢汉路的每年200万两铁路经费又挪用到东三省铁路上。卢汉路方面，

---

① 《光绪朝东华录》，光绪十三年二月庚辰，总理海军事务衙门奏。

② 光绪十五年一月十四日总理海军事务衙门军机大臣会奏，转引自《洋务运动》（六），226页。

③ 光绪十五年一月十四日总理海军事务奕譞奏，转引自《洋务运动》（六），232、233页。

除张之洞举办了一个汉阳铁厂，炼钢轧轨，作为筑路的准备以外，由于经费无着，正式的筑路工程根本没有开始。东三省铁路方面，虽然抢到了每年200万路款，但1893年和1894两年的路款，被慈禧太后提用于六十大寿的庆典，由于缺少经费，工程进展迟缓，费了四年时间（到中日甲午战争时），铁路只从唐山展筑到山海关外的中后所，刚刚跨进东北40英里，距离原定终点长春尚迢迢两千里之远。

二、顽固派和洋务派的合流，张之洞集团的兴起

应该指出，后党支持铁路的修建并不是孤立的偶然发生的事情，它是清朝官场和整个上层社会对于洋务活动的态度发生改变的一个明显标志。

大约70年代末，王韬曾经说过如下的一段话："咸丰初元，国家方讳言洋务，若于官场言及之，必以为其人非丧心病狂，必不至是，以是虽有其说而不敢质之于人。不谓不及十年而其局大变也，今则几于人人皆知洋务矣。凡属洋务人员，例可获优缺，擢高官，而每为上游所器重，侧席谘求。其在同僚中，亦以识洋务为荣，嚣嚣然自鸣得意，于是钻营奔竞，几以洋务为终南捷径。其能识英国语言文字者，俯视一切，无不自命为治国之能员，救时之良相，一若中国事事无足当意者。而附声吠影绪流，从而嘘其焰，自惜不能置身在洋务中，而得躬逢其盛也。噫嘻！是何一变至是也！"①

王韬的这一段话，如实地概括了19世纪下半期洋务派势力和影响的扩展，也是反映了清朝政权正在迅速地发生变化。当王韬写这段话的时候，变化仍在继续中。再隔十多年后，也就是到中日甲午战争前夕，我们几乎已经找不到顽固派和洋务派分歧的痕迹。

当60年代第一个洋务集团——奕䜣集团出现在政治舞台上的时候，我们看到了来自四面八方的反对，顽固派诅咒它，后党打击它，

① 王韬：《弢园文录外编》，卷二，《洋务上》。

地方实力派牵制它，奕䜣集团在一片反对声中，权力日削，声望日减，它丧失了帝国主义鹰犬所应起的控制和欺骗作用。奕䜣集团的垮台，固然有种种因素，它的买办性在当时官场中过分的鲜明，这也是它不得人心的重要因素。

70年代，规模更大、买办性更浓厚的李鸿章北洋军团身居要津，北洋集团也遭到各种激烈的攻击，就像李鸿章所说："数十年来日在谣诼之中"，但它毕竟不像奕䜣集团因孤立、无权而不敢行动。在李鸿章的手上，洋务措施在一桩一桩举办，卖国活动在一件一件进行。李鸿章集团所以能比较容易地排除障碍，主要是清朝整个官场的态度在转变，各个官僚派系虽然由于自身的利益而反对李鸿章，但在帝国主义的压力和诱惑下，又不能不向李鸿章这个老牌卖国贼的举动看齐。1880年李鸿章高兴地写道：闻都中人士"近日讲求洋务者多，亦不甚以为纰缪"①，他由于整个官僚界正在步武自己的后尘而感到欣慰。

作为李鸿章主要政敌的湘系官僚（包括曾国荃、曾纪泽的湘系和左宗棠的老湘系）实质上是和李鸿章亦步亦趋，并没有根本的区别。曾国荃这样说过："今日而图治安，舍洋务无可讲者"②；中法战争时，曾国荃写信给李鸿章，极力赞成李的投降路线，他说："目下事势，万不容再有轩然大波之起"，"早从公言，岂有今日之事"③。湘系官僚和北洋集团一样，在力求适应帝国主义的需要，不过因为左宗棠长期在西北，曾国荃一度脱职家居，曾纪泽则出仕较迟，这三个人在中法战后不久又相继死去，所以没有形成像北洋集团那样具有广泛影响的洋务派。湘系的事业随后由刘坤一以顽固派面目出现。70年代初，他"力拒李伯相（按：即李鸿章）开采开平煤矿之议"④，又称"电线铁路，变化为夷，鄙见迂疏，期期以为不可"⑤。曾几何时，同一个刘坤一却站到了自己从前所反对的立场上

① 《李鸿章全集》，朋僚函稿，卷一九，40页，《复张幼樵侍讲》。
② 《曾国荃全集》，戈札，卷一五，28页，《复郭筠仙》。
③ 同上书，戈札，卷一八，9、10页，《复李中堂》。
④ 《刘坤一遗集》，戈牍，1819页，《复涂朗轩》。
⑤ 同上书，戈牍，1764页，《复杨石泉》。

去，1893 年他说："中国理财之术亦已水尽山穷，欲图富强，唯有开采煤铁一策"①。在欧风美雨的洗礼下，这个"顽而不固"的老官僚后来变成了一个相当重要的洋务派头子。

在所有洋务派集团中，影响足以和北洋集团相颉颃的是中法战后兴起的张之洞集团。

张之洞（1837——1909），直隶南皮人，进士出身。早年投身"清流"，以攻讦时政、沽名钓誉成为"清流"的重要代表②，不久，当权派对"清流"拉拢分化，张之洞是拉拢的重要对象。1881 年升任山西巡抚，后任两广总督、湖广总督，他在湖北做官近二十年，形成长红流域一个最重要的洋务集团。

张之洞在政治舞台上是一个全能演员，能够扮演各种角色，慷慨激昂的英雄或低声下气的奴才，文采风流的学士或杀人不眨眼的屠夫，他善于适应政治风云的变幻，看风转舵，两面三刀。他既是"直声动天下"的清流名士，又是权倾中南的封疆大吏；他出钱津贴过改良派，翻过脸来又把改良派送上刑场；他在纸面上声色俱厉地讨伐帝国主义，暗地里却对帝国主义频送秋波。总之他是一个狡诈多变、善于投机取巧的典型官僚。当时有人给他的评价是："谋国似忠，任事似勇，秉性似刚，运筹似远，实则志大而言夸，力小而任重，色厉而内荏，有初而鲜终，徒博虚名，无裨实用……坚僻自是，措置纷更……方今中外诸臣，章奏之工，议论之侈，无有过于张之洞者，作事之乖，设心之巧，亦无有过于张之洞者"③。

假使和李鸿章的北洋集团相比较，张之洞集团有以下几个特点。

第一，北洋集团和张之洞集团的背后都有帝国主义做靠山，李鸿章最初依附英国，随后转向德国，最后投靠俄国，反映着英、德、俄在华北地区和中央政权中的力量消长。张之洞开始和英国、德国的关系比较密切，后来和英国、日本进行勾搭，反映着长江流域帝

---

① 《刘坤一遗集》，戈牍，2046 页。
② 参阅本书第七章。
③ 《嘉定长白二先生奏议》，徐致祥：《纠劾疆臣辜恩负职折》。

国主义的势力对比。张之洞集团和北洋集团一样，都是帝国主义在中国培养起来的代理人。

第二，北洋集团以淮系军人和沿海买办为基础，既有军权又有财权，实力强大。张之洞集团则以官僚、地主为班底，以买办做羽翼，它的封建性较多。在他手下，有王之春、恽祖翼一类的圆滑官僚，有蔡锡勇、赵凤昌一类的买办式人物，也有梁鼎芬那样的顽固冬烘。张之洞的实力远不如李鸿章，但他标榜“文治”，到处建立书院，刻印书籍，拉拢封建知识分子，还会装腔作势发表一些类似“爱国”、“进步”的言论，具有很大的欺骗性。所以戊戌变法时，资产阶级改良派会错把他当成自己的同路了。

第三，北洋集团的事业，总揽军事、经济和外交，尤以建立军事实力为主。张之洞集团并未掌握军权和外交权，它的主要事业均在经济方面，它所办的工厂企业也仅局限于湖北一地。比起李鸿章来，他更多地倾向于官办企业。他创办的企业中，封建盲目性很大，资金很多是勒索挪借来的，企业没有事先的计划，基本建设和生产过程极端紊乱，造成严重的贪污浪费。所以有人说他“探访本地富家暨寄籍流寓者，家有厚赀，则抵瑕寻隙，借端罚捐……所罚之款，恣意挥霍，虽未必入己，而取之尽锱铢，用之如泥砂。名曰办公，实则……中饱于不肖吏之囊”①。

以上所述顽固派和洋务派的合流以及张之洞集团的踵起，都表明了帝国主义在控制中国政权和培植代理人方面，正在取得日益显著的进展，帝国主义除了施加政治、军事压力和进行物质引诱以外，在精神领域也加紧进攻，以迫使官僚、地主就范。用传教士的话来说：“首先取得了当权人物的信任，一切就会容易发展”②。因此，他们对官僚士大夫施展了毒辣的“攻心战术”，在这种战术前面，顽固派思想上的防御逐渐解体，满装着封建儒家经典的脑袋里，所谓“基督教文明”的影响，正在迅速增长。1891年，帝国主义分子所办的广学会，计划把自己的出版物送到一万七千多中国官僚和知识分

① 《嘉定长白二先生奏议》，徐致祥：《纠劾疆臣辜恩负职折》。

② 广学会编：《没有更迅速的道路》，序言。

子的手上。① 从这种计划可以看出这个攻心战的庞大规模的一斑。广学会还说："当时本会所发行之万国公报……各省督抚向本会订购数百份乃至数千份，分发各该省重要官吏阅读……光绪帝、李鸿章、张之洞等感受其影响……以故当时来会请教之人，有朝中之各尚书、各省之督抚及绅学各界之人士"②。

顽固派逐渐转向洋务派，李鸿章集团又正在靠拢后党，这些政治现象证明了曾经激烈冲突的统治阶级内部各派系都是一丘之貉，他们在最根本的问题上并没有分歧，所以到一定时候，可以而且必定会合流为一。但是帝国主义在中国的矛盾以及封建制度的日益腐败，又使得统治阶级不可能修补好自己身上的千孔百疮，这种派系斗争缓和下去了，那一种派系斗争又会发生，它像附骨之疽一样随着统治阶级的存在而永远存在着。1887 年，光绪皇帝亲政，他不愿意永远像婴儿一样躺在后党监护下的柔软的摇篮里，他希望像所有成年人一样地思索和行动，他希望得到皇帝的尊严和权力，于是一部分不满现状的官僚士大夫逐渐集结到皇帝的旗子下，帝党和后党开始了争夺权力的斗争，到了戊戌变法时期，这个宫廷斗争和政治上新与旧的斗争错综地结合在一起，形成了更加复杂的斗争形势。

第四节　早期的资产阶级改良主义思想

一、资产阶级改良主义思想的先驱——冯桂芬

在 19 世纪的后半期，中国社会上开始出现了一股进步的思想潮流。这种思想潮流从封建的旧思潮中逐渐分化出来，又和封建的旧思想相对立，这就是中国近代的资产阶级改良主义思想。

资产阶级改良主义思想是中国近代经济和政治发展的产物。帝国主义的侵略和封建主义的压迫，阻碍着中国的进步，使中国一步

① 参见卿汝楫：《美国侵华史》，第 2 卷，296 页，

② 广学会编：《广学会五十周年纪念》，8 页，1937。

一步地走上了半殖民地半封建社会。这时候，从封建地主和买办商人出身的一部分知识分子，抱着救国救民的愿望，向西方国家学习先进的思想，企图改变中国的落后和被奴役地位，企图发展资本主义。他们成为中国资产阶级最早的代言人。但是中国资本主义经济从来是十分软弱的，在早期尤其如此，它仿佛是压在帝国主义、封建主义顽石下的一丛幼弱的柔草，因此它在思想上的代表也不能不表现出这个特点。改良主义思想家虽然发表过不少进步的、爱国的言论，但其中也包含许多落后、反动的糟粕和不符合实际的幻想。他们在很多根本问题上，没有也不可能和帝国主义、封建主义划清界限，他们不相信群众的革命斗争，甚至害怕群众、害怕革命，而把自己主张的实现，寄托、希望于帝国主义的同情和封建统治者的自行开放。当改良主义者的变法主张触犯当权者利益时，当权者一加反攻，软弱的改良主义者便弃甲曳兵，败下阵来。在中国近代史上，资产阶级改良主义思想虽然起过启蒙的作用，但历史证明：这种思想不可能拯救中国的危亡，不可能使中国富强起来。

中国近代资产阶级改良主义思想在 19 世纪末发展到了自己的顶峰，在政治上促成了戊戌变法运动。

当历史跨入 20 世纪，随着资产阶级革命思潮的发生、发展，改良主义者拼命反对新兴的革命潮流，它的进步性逐渐消失，并且走向了它的反面，终于和帝国主义的奴化思想、地主阶级的复古思想完全合流，成为一股麻痹人民革命意志的反动逆流。

近代改良主义的先驱，可以追溯到龚自珍、林则徐、魏源等人，这些人是鸦片战争前后进步的、爱国的地主、官僚，是封建中国初次和资本主义侵略者接触时的先进人物。他们批判了封建旧制度的种种腐朽、不合理现象，坚决主张抵抗外国的侵略，并初步提出了学习西方的主张。他们的思想对以后的改良主义思想家起了极重要的影响。

在龚自珍、林则徐、魏源等人之后，紧跟着而来的是农民阶级和地主阶级之间一场空前剧烈的大搏斗，是封建制度固有矛盾在外国侵略刺激下的总爆发。19 世纪 50、60 年代，全国处在革命和战争的暴风雨中，农民和地主在政治上、思想上形成壁垒分明的对立双方。

地主阶级和知识分子的全部精力几乎都用在反对农民革命的肮脏事业上，林则徐等人思想中爱国的、进步的因素并没有得到进一步的发展。

大约在第二次鸦片战争及其以后的十多年间，帝国主义和中华民族的矛盾逐渐上升，农民革命运动逐渐低落，林则徐等人的思想才开始得到少数地主知识分子的微弱反响。当时出现了一批眼光比较敏锐的地主阶级改革派，如冯桂芬、赵烈文、薛福成等人，而冯桂芬是当时较突出的代表。

冯桂芬（1809—1874），江苏吴县人，地主家庭出身。1840 年榜眼，曾任广西乡试主考，詹事府右中允等职，后来因受当权派的排挤而弃职家居。他是一个不得志的中级官僚。当太平军攻克苏常地区时，冯避居上海，主持中外会防局，不久又在李鸿章幕中帮办军务，他一生的政治立场完全站在清政府方面。他有名的著作《校邠庐抗议》就是 1860 年避居上海时所写。

作为地主阶级改革派的冯桂芬，他的思想具有一个很大的特色，这就是对封建制度进行了多方面的揭露和批判。他在《校邠庐抗议》的自序中举出“奉军国则民力竭、养兵勇则国力又竭”、“文臣不知兵、武士不晓亭”、“倍微无艺”、“运道阻、天庾空”、“水利塞、稻田少、民受其饥”、“科目不得人”、“期功陌路、富贵贫贱不相恤”、“民隐不上达”、“俸薄官贪”、“则例猥琐、案牍繁多”、“夷患不已”、“器用若窳”等等旧制度的腐朽没落现象。《校邠庐抗议》一书对这些腐朽现象进行了有力的抨击。它针对不可救药的封建主义痼疾，作了详尽细致的诊断。其中一些激烈的抨击封建旧制度的言论[①]招致了某些当权派的嫉视。连他的朋友吴云为冯桂芬另一著作《显志堂稿》作序时也说：“先生悲悯在抱，愤时嫉俗之心，时流露于笔墨

① 例如，冯桂芬在谈到封建官场的腐败情形时说：“外官自督从至典史，某缺肥、岁赢若干，某缺瘠、岁赔若干，所谓肥瘠者，皆陋规之属，扬扬然习于人口不以为怪，骤闻之几疑官名为市肆之名。”（《校邠庐抗议》，《厚养廉议》）又说：“今天正之乱谁为之，亦官为甚，而吏视官为甚，顾氏炎武谓养百万虎狼于民间者是也。”（同上书，《易吏胥议》）他又揭发河务衙门的腐败说：“两河岁修五百万，实用不过十之一二耳，其余皆河督以至兵夫，瓜剖而豆分之。闻驯谨河员常以十之三亦工，贪冒者递减，甚有非税险不使一钱者……此河督以下一切官弁兵丁之必宜全裁者也。”（同上书，《汰冗员议》）

间，故立言稍微。”

鸦片战前的龚自珍同样是个“愤世嫉俗”的思想家，他锋利的笔锋撞击在封建制度的顽石上，往往闪耀出光辉的火花。冯桂芬在某种意义上说是继承了龚自珍的传统。但是龚自珍生活在鸦片战争前夕，封建制度的脓疮还没有全部揭开，他只能从大处落墨，预言式地宣告变革的必不可免。而冯桂芬的《校邠庐抗议》成于太平天国革命的后期，阶级斗争和民族斗争的无情现实搅动了停滞的封建主义污水池，使得沉积在底层的一切渣滓污秽全部浮到表面上，冯桂芬已经有可能进行实际的观察，所以他对于封建主义病象描述得更加详细、具体而切实。

但是冯桂芬对黑暗腐朽现实的抨击，仍无非是从保卫封建制度的立场出发。他不过是要求改善旧制度的某些方面，以便更有效地镇压农民革命，企图回复到一个“内可以荡平区宇，外可以雄长瀛寰”① 的封建鼎盛局面。他虽然说过“夷务第一，剿贼次之”② 的话，但实际上，他在上海主持中外会防局，竭力勾结外国侵略者，把镇压太平天国革命当做首要的任务。反动的政治立场蒙蔽了冯桂芬的视野，他不可能更加深刻地观察社会的矛盾，他所提出的治疗中国社会的方案基本上也没有超出地主阶级思想的范围。

和魏源一样，冯桂芬也提出变法和学习西方的主张，他的变法原则是：“以中国之伦常名教为原本，辅以诸国富强之术”③，这个原则和洋务派官僚并没有什么区别。他所说的“富强之术”仍只是“坚船利炮”，但比起魏源来，他更着重“自造自修自用”，他不仅主张采用外国的武器，而且强调学习制造武器的方法。他说：“能造能修能用，则我之利器也，不能造不能修不能用，则仍人之利器也。利器在人手，以之转漕而一日可令我饥饿，以之运盐一日可令我食淡，以之涉江海一日可令我复溺，仓卒有隙，幡然倒戈，舟中敌国，遂为实事”④。

---

①④　冯桂芬：《校邠庐抗议》，《制洋器议》。

②　同上书，《善驭夷议》。

③　同上书，《采西学议》。

为了学习制造枪炮船只的本领，冯桂芬比他的前辈们更加重视西方科学技术的成就，他说：外国的“算学、重学、视学、光学、化学皆得格物至理，舆地书备列百国山川阨塞、风土物产，多中人所不及”①。他一方面主张设立翻译馆，从通晓外国语言文字入手，学习“历算之学，格物之理，制器尚象之法”，另一方面主张以举人、进士的地位来奖励武器制造，所谓“重其事，尊其选，特设一科以待能查”②。冯桂芬在武器制造以外也提到经济发展的主张，他说：“闻西人现用地动新术，与天行密合，是可资以授时……闻西人海港刷沙，其法甚捷……是可资以行水。又如农具织具，百工所需，多用机轮，用力少而成功多，是可资以治生。其他凡有益于国计民生者皆是”③。但这种主张在他的全部言论中并不占主要地位。在冯桂芬看来，只要掌握了一些西方科学技术和制造船炮的本领，再加上他臆想的一些复古的方法，就可以解决中国的问题，使封建制度的痼疾霍然痊愈。他说：“始则师而法之，继则比而齐之，终则驾而上之，自强之道，实在乎是”④。

当一种全新的事物突然出现时，在最初一刻人们往往只能瞥见它最特出的某些方面，从这些方面出发，人们的认识逐渐地深化，经历一个过程才能够对新事物达到完整的认识。中国人对西方社会的认识正是这样走过来的。在19世纪60年代，中国的地主知识分子通过对外战争的失败而承认了西方武器的锐利，并进而初步承认了西方社会科学技术和生产力的某些成就，但是他们还没有认识到生长起这些力量的西方社会制度的性质，还没有认识到武器、生产力、科学技术和一定社会制度的必然联系。因此，他们丝毫也没有想到西方社会制度方面还有哪些东西值得学习和借鉴。这是60年代中国地主阶级改革派的普遍想法，冯桂芬就是这样的代表人物。

我们说冯桂芬是一个地主阶级的改革派，这并不否认他对后来资产阶级改良主义所起的开辟道路的作用。冯桂芬对封建社会各种

---

①③　冯桂芬：《校邠庐抗议》，《采西学议》。

②④　同上书，《制洋器议》。

黑暗腐朽现象的揭露，给改良主义者极大的启发。立新必须破旧，后来改良主义思想家抨击旧制度的锋芒所向仍大多是《校邠庐抗议》中所已经指出的那些腐朽现象，改良主义思想家以后对西方社会制度所达到的认识高度，也还是魏源、冯桂芬等认识的深化和发展，不过，在改良主义的认识中，已经注入了发展资本主义的新内容。从思想发展的过程来说，包括龚自珍、林则徐、魏源、冯桂芬等在内的地主阶级改革派正是资产阶级改良派的前身，而冯桂芬的思想则是从前者转化到后者的一个中间站。

二、资产阶级改良主义思想的产生和初步发展——薛福成、马建忠、王韬、何启、郑观应、陈炽、陈虬

《校邠庐抗议》一书发表后的十多年间，中国社会经历了极大的变化。太平天国、捻军和各民族的革命斗争已经结束，国内阶级矛盾退居次要地位，资本主义国家的经济侵略和政治侵略日益深入，从 70 年代中叶起，对外贸易的入超赤字直线上升，中国社会经济面临着一场空前浩劫。同时，中国的邻邦和边疆也遭到侵略者的宰割和武装入侵，形势是非常紧迫的。在外国的猖狂侵略下，国家和民族的命运将是怎样？如何能够使祖国在强敌环视中继续生存？如何能够使衰弱、落后的中国富强起来？这是占满了所有先进知识分子脑海的当代首要问题。

魏源、冯桂芬等曾经以为：只要学习外国武器和某些科学技术，就足够解决中国的问题。但是 60 年代洋务派开设军火工业和同文馆的实际成绩，证明了这种主张并不能改变中国的衰弱落后状态，从资本主义西方移植过来的这些工业和教育机构，在封建主义的土壤上迅速地变了形，成为封建官僚们贪污浪费和实行专横统治的小王国，除了挥霍大量资金以外，不能指望这些机构制造出足以抵抗侵略的武器和培养出真正的专门人才。这一点是连清朝政府和李鸿章都并不否认的。

1874 年底，李鸿章在海防争论中提出所谓“变法”主张，封建官僚把洋务活动从军事领域推广到了经济、教育领域，这是洋务历

史上的主要转折点。在这同时，一些知识分子和下级官僚也在“变法”的口号下提出种种主张，他们在魏源、冯桂芬所已达到的水平上继续前进。其著名代表有薛福成、马建忠、王韬等人，他们是中国资产阶级的第一批代言人。初期的资产阶级代言人在很多方面和洋务派官僚十分接近，很难清楚地判明两者之间的界限。

薛福成（1838—1894），江苏无锡人，副贡出身。1865 年入曾国藩幕，后又入李鸿章幕。1889 年任出使英法意比四国大臣。他的著作有《庸庵十种》，其中《庸庵文编》和《筹洋刍议》是反映他前期（中法战前）思想的重要作品，《庸庵海外文编》、《出使日记》和《出使日记续刻》是反映他后期（中法战后）思想的重要作品。

马建忠（1844—1990），江苏丹徒人。法国留学生，长期在李鸿章幕中工作。曾任轮船招商局和上海织布局总办，其重要著作有《适可斋记言》。

王韬(1827—1897)，江苏吴县人，1862 年曾向太平天国苏州守将刘肇均上书，提供进攻上海的策略，被清政府发觉通缉，他在英国人的庇护下躲到香港。后来曾游历各国，获得了许多新知识。1874 年他在香港创办《循环日报》，宣传变法自强。1884 年后回到上海居住。他的著作极多，在政治思想方面的重要作品有《弢园文录外编》、《弢园尺牍》和《弢园尺牍续钞》等。

薛福成和马建忠都是李鸿章的幕僚，都是洋务活动的重要策划人。在中法战争以前，他们的思想基本上没有超出洋务派思想的范围，但中法战争以后，他们的思想有了一定的发展，表现出更多的资本主义倾向。王韬和洋务派没有很深的关系，他的著作中表现了较多的批判洋务活动的倾向，提出了更加积极的主张。但是王韬的思想著作绝大部分写成于中法战争之前，当时，实际生活还没有证实洋务活动的完全无效，王韬也不可能更多突破洋务活动的总范围而开辟另一条新道路。

在中法战争前薛福成、马建忠和王韬的思想里，“变法”和“学习西方”的范围已经大大地扩展了。他们不仅仅主张学习西方的船坚炮利和声光化电，并且主张设工厂、开矿山、行轮船、筑铁路以及学习西方教育、商务、法律和政治制度的某些方面。① 魏源、冯桂芬等前一辈思想家对于西方文明的认识是失之狭隘，他们只是在重重遮掩的封建帷幕的缝隙中，瞥见了西方国家船坚炮利的一面。到了70年代，外国的侵略日益深入，中国和外国的接触日益频繁，封建帷幕上已撕破了无数缺口，透过这些缺口，知识分子隐约地窥到了资本主义世界的全景，其中特别唤起深刻印象的，就是像神话般地发展了的生产力，知识分子们对于西方的生产力叹为观止，并且也注意到和这种生产力相适应的经济基础和上层建筑。这些思想家排除了前辈思想家所具有的狭隘性，要求在广阔的规模上向西方学习。

但在那时候，知识分子对资本主义文明并没有达到一个总体的认识。西方国家生产力和社会制度的各种表象杂乱无章地浮现在他们的头脑中。他们误认为各种表象是孤立地生长着的，可以简单地移植到中国来，他们并未认识到各种表象都是整个资本主义链条中互相关系着的各个环节。因此，他们的变法方案同样是杂乱无章地罗列着许多具体措施，并且生硬地把它和中国封建社会的旧基础结合起来。薛福成说："我国家集百王之法，其行之而无弊者虽万世不变可也"，"今诚取西人器数之学，以卫吾尧舜禹汤文武周孔之道，俾西人不敢蔑视中华，是乃所谓用夏变夷者也"②。这种言论还是和

---

① 如薛福成说："西洋诸国恃智力以相竞，我中国与之并峙，商政矿务宜筹也，不变则彼富而我贫，考工制器宜精也，不变则彼巧而我拙，火轮、舟车、电报宜也，不变则彼捷而我迟，约章之利病，使才之优绌，兵制阵法之变化宜讲也，不变则彼协而我孤彼坚而我脆。"（薛福成：《筹洋议》，《变法》）马建忠说："忠此次来欧一载有余，初到之时，以为欧洲各国富强，专在制造之精，兵纪之严。及披其律例，考其文事，而知其讲富者以护商会为本，求强者以得民心为要。护商会而赋税可加，则盖藏自足；得民心则忠爱倍切，而敌忾可期。他如学校建而智士日多，议院立而下情上达。其制造、军旅、水师诸大端，皆其末焉者也。"（马建忠：《适可斋记言》，卷二，《上李伯相言出洋工课书》）王韬说："中西同有舟而彼则以轮船，中西同有车而彼则以火车，中西同有驿递而彼则以电音，中西同有火器而彼之枪炮独精，中西同有备御而彼之炮台水雷独擅其胜，中西同有陆兵水师而彼之兵法独长，其他则彼之所考察为我之所未知，彼之所讲求为我知所不及，如是者直不可以偻指数。设我中国至此时而不一变，安能埒于欧洲诸大国，而与之比权量力也哉！"（王韬《弢园文录外编》，卷一，《变法中》）

② 薛福成：《筹洋刍议》，《变法》。

魏源、冯桂芬以及洋务派官僚如出一辙的。

和杂乱的措施相伴随的是杂乱的步骤，在 70 年代知识分子那里，许多具体措施并列在一起，根本问题和次要问题混淆不清。变法应该从哪里入手？他们并没有提出明确的答复。尽管王韬一再批评洋务活动的杂乱无章，本末倒置，他说："盖洋务之要，首在借法自强，非由练兵士、整边防、讲火器、制舟舰，以竭其长，终不能与泰西诸国并驾而齐驱。顾此其外焉者也，所谓末也，至内焉者，仍当由我中国之政治，所谓本也"。但是什么是"本"呢？王韬含含糊糊地答复："其大者亦惟是肃官常、端士习、厚风俗、正人心而已"①。毫无疑问，封建社会的"官常、士习、风俗、人心"是应当彻底改变的。但怎样才能改变这一切呢？在应该提出具体措施和具体步骤的地方，他恰恰停止了下来，他无力提出改变这一切的明确方案。

有些时候，王韬看来有跨进一步的趋势。他说"天下何从政？得民心而已"②，"治民之大者，在上下之交不至于隔阂"③。从这里出发，他认为西方国家的君主立宪制度可以使"上下相通，民隐得以上达，君惠亦得以下逮，都俞吁咈，犹有中国三代以上之遗意焉"④。但是王韬对西方政治制度的赞美并没有导致他积极地提出在中国实行君主立宪制的主张。在更多的时候，他重又陷入各种复杂表象的迷宫。在他看来首要的问题是人才，而不是制度。他一再强调"自强尤以得人为先"⑤，"贤才在上则国治，贤才在下则国乱"⑥，"今日我国之急务，其先在治民，其次在治兵，而总其纲领，则在储才"⑦。当然，培养人才是已经提到日程上的课题，但如果把这一点放到改变封建政治制度之上，当做挽救中国的首要任务，那就是一种幻想。王韬批评洋务派把军事问题提到首位是本末倒置，这是完

① 王韬：《弢园文录外编》，卷二，《洋务下》。

②③ 同上书，卷一，《重民中》。

④ 同上书，卷一，《重民下》。

⑤ 同上书，卷三，《设领事》。

⑥ 同上书，卷一，《原才》。

⑦ 王韬：《弢园尺牍》，《代上丁大中》。

全正确的，而他自己则同样也陷入本末倒置的覆辙。

薛福成和马建忠表现出另一种倾向。在他们杂乱的主张中比较强调“通商”的方面，薛福成说：“西人之谋富强也，以工商为先，耕战植其基，工商扩其用”①，马建忠的前期著作也一再强调保护商会、发展贸易、减轻商税、修筑铁路等等。但是在薛福成、马建忠的早期思想中，发展资本主义不过是巩固封建政治的一种手段，他们暂时还没有把重商思想进一步贯彻。

19世纪70年代的中国，正处在全面地接触资本主义外国的初期。五彩缤纷的西方世界突然显现在前面，使中国的知识界目迷神眩，应接不暇。知识分子们基本上还停留在直观认识的感性阶段上，他们学习和熟悉西方世界的一切，把它介绍到中国来，他们反对顽固的封建保守派，热烈鼓吹变法，并且丰富、扩大了变法的内容和范围，这是他们的功绩。但是他们认识不到资本主义的各种内在联系，分辨不清变法措施的主次先后。如果说，魏源、冯桂芬的变法偏重在船坚炮利，失之狭隘的话，那么70年代知识分子的变法，虽然克服了前辈的狭隘，却带来了另一个弱点，这就是：百废俱举，头绪纷繁，失之于庞杂。他们虽然也接触到通商制度、议会政治这一类重要问题，但却淹没在大量接近洋务派言论的汪洋大海中，并没有显示突出的锋芒和光彩。

在70年代，中国资本主义工业刚刚诞生，洋务活动仍有很大的欺骗作用，封建的政治制度和经济制度还没有呈现需要立即改变的紧迫性，资产阶级性的变法要求已在酝酿，但还没有尖锐地、全面地提上日程。在这样的历史条件下，知识分子的所谓“变法”措施仍不能不是杂乱无章、枝枝节节和本末倒置的。可以说，这些措施基本上并没有超出洋务活动的范围。

要从庞杂纷繁的主张中找到出路，单单依靠思想家们的主观逻辑显然是不够的。正是资本主义经济的发展和民族危机的加深，才能够使主要问题突现出来，才能够扫除思想家头脑里的模糊性，才

① 薛福成：《筹洋刍议》，《商政》。

能够使资产阶级的变法要求更加明确化。客观的社会行程为主观思维不断地开辟着前进的道路。在80年代的中法战争以后，一批先进思想家在客观形势的推动下，从70年代所达到的思想高度出发，继续向前迈进，成为真正的资产阶级改良主义者。

中法战争以后，清朝政府用对外投降的巨大代价，换得帝国主义的支持，统治局面出现了相对的平静。但是，在这种不稳固的平静之下，正在酝酿、翻滚着更大的波涛。一方面新兴的日本，奉行着对外扩张政策，气焰日益嚣张，时刻有破坏远东力量均势的可能；另一方面，中国对外贸易江河日下，弄得国穷财竭，民不聊生。在险恶的形势下，中国的资本主义机器工业开始生长起来，但又不能顺利地发展。李鸿章的洋务活动像纸糊的房屋一样，在中法战争中塌下了半边。某些先进的知识分子产生了怀疑、彷徨和不满，他们开始从洋务集团中游离出来，批评洋务活动，进一步表达了资产阶级性的改革要求，形成了严格意义上的资产阶级改良主义思想。其代表人物除了在70年代提到过的薛福成、马建忠以外，还有何启、郑观应、陈炽、陈虬等人。

何启，生卒年不详，广东南海人，香港律师。从1887年到1900年，他和胡礼垣合作写成了许多鼓吹变法论文，集为《新政真诠》。郑观应（1841—1920），广东香山人，出身于太古轮船公司的买办，后参加李鸿章洋务集团，经办其轮船局、电报局、织布局等企业。他早期著作有《救时揭要》、《易言》等，1892年他对早期著作大加修订，出版了《盛世危言》。陈炽（？—1899），江西瑞金人，在北京任低级的官职，大约在1893年写成《庸书》。陈虬，生卒年和籍贯不详，大概是长期任幕友工作，1893年刊行了《治平通议》。

中法战争以后的先进知识分子，开始从“洋务自强”的迷梦中逐渐清醒过来。推行二十多年的洋务措施为什么没有成效？在五光十色的西方世界中究竟哪些东西是立国的根本？中国的富强措施应该从何入手？知识分子们对这些问题进行进一步思考，他们开始突破洋务派的牢笼，并走向其对立的方面。在70年代，还只有像王韬这样的个别思想家偶尔表现了批评洋务的倾向，而1887年何启所写的《曾论书后》就系统地驳斥了洋务派头子曾纪泽，粉碎了那种依靠船坚炮利就可以振兴中国的欺骗性言论。在这以后的所有先进知识分子都不同程度地表现出批评洋务的姿态。①

王韬在批判洋务派本末倒置的时候，提出“结民之心，作民之气”的主张，但是他并没有切实地答复怎样才能够“结民之心，作民之气”，因此他的变法主张是空泛而不可捉摸的。80年代的知识分子同样批判洋务派本末倒置，但比王韬大大地跃进了一步，他们提出西方国家君民共主的议会政治和重商的经济制度才是救国的根本、变法的主干，才是推动一切改革而使中国臻于富强的正确途径。郑观应这样写道：“中华而终自安卑弱，不欲富国强兵为天下之望国也，则亦已耳。苟欲安内攘外，君国子民持公法以永保太平之局，其必自设立议院始矣”②。陈炽这样写道：“富国强兵，非商曷倚……此救时之急务，制敌之先机”③，“制国用者必出于商，而商务之盛衰，必系国家之轻重，虽百世可知矣”④。尽管各个思想家的变法方案存在着很多次要分歧，尽管他们都提到军事、教育、外交、法制等各方面纷纭复杂的改革措施，但是他们变法主张的重点几乎全都放在重商和实现君民共主的政治制度上。⑤ 重商和君民共主成为80年代先进知识界的主要特色。他们摒弃了把船坚炮利当做唯一富强手段的地主阶级改革派的思想，克服了魏源、冯桂芬的思想狭隘性，

---

① 如陈炽批评洋务派的学习外国是“弃其菁英而取其糟粕，遗其大体而袭其皮毛”（《庸书》，内外篇自序）；又说：“今之言洋务者，动曰讲求公法，整顿海防，制器练兵，购船造炮，自以为当务之急，而不知皆缓图也”。（《庸书》外篇，卷上，《商部》）郑观应说：“六十年来，万国通商，中外汲汲。然言维新，言守旧，言洋务，言海防，或是古而非今，或逐末而忘本，求其洞见本原，深明大略者，有几人哉！”（《盛事危言》初刊自序）

② 郑观应：《盛事危言》，初编，卷一，《议院》。

③④ 陈炽：《庸书》，外篇，卷上，《商部》。

⑤ 例如陈虬说：“泰西富强之道，在有议政院以通上下之情，而他皆所末。”（陈虬《治平通议》，卷六，《上东抚张宫保书》）陈炽说：议院是“英美各邦所以强兵富国、纵横四海之根源”（《庸书》外篇，《卷下议院》）。薛福成（后期）说：“西洋各邦，立国规模，以议院为最良”（《出使日记》，卷二，光绪十六年七月二十一日条）。薛福成又说：“欧洲立国，以商务为本，富国强兵，全藉于商”（《出使日记》），卷三，光绪十六年八月初九四条）。马建忠说：“治国以富强为本，而求强以致富为先”，他认为：“西方国家无不以通商致富，尝居其邦而考其求富之源，一以通商为准”（《适可斋记言》，卷一，《富民说》）。

又在五光十色的西方资本主义文明中找到变法自强的枢纽，克服了70年代知识界的思想庞杂性。他们多方面地发挥自己的主张，形成了资产阶级改良主义者改造旧中国的比较系统的方案。

三、改良主义的“君民共主”说

为了进一步了解资产阶级改良主义思想的内容，以下对君民共主说和重商思想作一些简单的分析。

资产阶级改良主义者的所谓“君民共主”究竟是怎样的政治制度呢?

薛福成这样说：“西洋各邦，立国规模，以议院为最良。然如美国则民权过重，法国则叫嚣之气过重，其斟酌适中者，惟英、德两国之制，颇称尽善”①。当时思想家全都认为英国、德国式的君主立宪制度是最完美的制度。从王韬一直到何启、郑观应、陈炽、陈虬等都用不同的语言，表达了和薛福成完全相同的思想。

对于这些正在从地主阶级中分化出来的知识分子来说，美国和法国式的民主共和制度还是一种不能接受的“怪物”，还是必须坚决加以抵制的洪水猛兽。他们认为：民主共和“权偏于下”（郑观应语），“权不一而志不齐”（薛福成语），甚至误认为资产阶级的民主共和制“政柄在贫贱之愚民”，实行这种制度的必然后果就是政治上的混乱和分裂。他们受君主专制的传统思想的束缚是这样地牢固，以致无法想象没有皇帝怎能有一种正常的政治秩序。在他们设计的政治方案中，“皇帝”仍是一个至高无上的权威，仍是一个必不可少的主导核心。在他们眼睛里，西方国家君主立宪制度中不无遗憾的一点就是君权过轻②，他们甚至把提高皇帝的权力和威信，当做变

① 薛福成：《出使日记》，卷二，光绪十六年七月二十一日条。

② 陈炽说：“君为臣纲，古有明训，西人倡自主之说，置君如弈棋。其贤者尚守前规，不肖者人思自取。若巴西诸国，彼此相攻，大乱方滋，隐忧未艾。此无君臣之伦者不足以致太平也。”（《庸书》外篇，卷下，《审机》）薛福成说：“西洋各国……所设上下议院，亦合古之刑尝与众之共意。惟流弊所滋，间有一二权臣武将，觊窃魁柄，要结众心，潜设异谋，迫令其君退位……此其君臣一伦，稍违圣人之道者也。”（《出使日记》，卷五，光绪十六年十二月初十日条）

法的一个目的。像陈炽就这样说过：实行议会制度之后，“合君民为一体，通上下为一心……民气日舒，君威亦日振”①。

资产阶级改良主义者并不摒弃皇帝的权力，但是客观实际又迫使他们不得不提出对皇帝权力会发生限制作用的“君民共主”的主张。这是因为客观实际已经暴露了专制政治的不可争辩的腐朽性，各种黑暗、腐朽现象首先表现为君主专制权力的不合理。整个躯体的病变常常在某一部分集中地表现出来，在当时，皇帝的专制权力就是这样一个集中地表现了全身病变的最突出的部分。

在君主专制的森严等级下，一小撮昏庸卖国的统治者高高在上，把广大劳动人民践踏在脚底下，甚至许多中小地主和新兴资产阶级也处于完全无权的地位，而这样一个对内作威作福的专制政权，在对外战争中却屡战屡败，只能以出卖国家主权来取得帝国主义的支持，社会的腐败和黑暗在君主专制制度上得到了最淋漓尽致的表现，每一个新的历史事变似乎都在给这种制度宣判死刑。

我们说，中国落后和贫弱的根源在于帝国主义的侵略和封建主义的压迫，但当时的思想家们还不可能这样从本质上认识问题，他们只能抓住复杂的历史链条中某个最突出的环节，把它当做根本的原因。他们宣布：中国落后和贫弱是由于君民之间不正常的政治关系，这种不正常的政治关系可以归结为皇帝和包括地主、商人在内的老百姓之间隔阂太深，他们以为这是腐败的政治的根源，也是中国繁荣富强的主要障碍。这种言论从冯桂芬那里就已经听到过，冯桂芬说：“上与下不宜狎，狎则主权不尊，太阿倒持而乱生，上与下又不宜隔，隔则民隐不闻”②。这种言论在王韬那里得到了发挥，他说：“治民之大者，在上下之交不至于隔阂……勿以民为弱，民盖至弱而不可犯也；勿以民为贱，民盖至贱而不可虐也；勿以民为愚，民盖至愚而不可欺也。夫能与民同其利者，民必与上同其忧；与民共其乐者，民必与上同其忧”③。这种言论在何启那里表现得更加尖

---

① 陈炽：《庸书》，外篇，卷下，《议院》。

② 冯桂芬：《校邠庐抗议》，《复陈诗议》。

③ 王韬：《弢园文录外编》，卷一，《重民中》。

锐，他说："今者中国政则有私而无公也，令则有偏而无平也。庶民如子而君上洶之，不啻如奴贱也，官吏如虎而君上纵上，不啻如鹰犬也"，"豺狼之噬人也，犹有饱时，而官府之私束，无时可饱"①。

当然，改良主义思想家对君主专制权力的愤恨，并没有导致他们去推翻这个制度。恰恰相反，他们认为：制度本身是完美的，是无罪的，只是某些偶然的、外在的因素造成了"君民隔"，只要去掉这些因素，消除隔阂，问题就解决了。在这里，君主专制制度本身仍然得到宽大的原谅，得到充分的尊重，在思想家们看来，自己的任务并不是要推翻这种制度，而是要使它纯洁，使它巩固。他们要求至尊无上的皇帝重视民瘼，广开言路，倾诚纳谏，以达到政治清明、国泰民安的局面。这种政治主张并不是新鲜的，我们在封建的传统政治教条中就不止一次地碰到过。当封建社会矛盾尖锐化的时候，总会有人用"民贵君轻"、"君民一心"等封建理论来提醒最高统治者，要求统治者设法缓和阶级矛盾。资产阶级改良主义者也是这样，他们为了要给封建的君主专制制度修缺补漏而求助于一种必然要限制专制权力的资产阶级议会制度，当他们正好在偏离专制政治的轨道时，却宣称只有自己的脚步才是分毫不差地踩在这条轨道上的，他们认为：借用西方的议会制度不过是修缺补漏的手段，不过是消除君民隔阂的一种具体措施，这不但无悖于圣贤之道，而且是圣贤之道的实现和贯彻。在这些思想家的手里，封建的统治教条被悄悄地注入了新的内容，资产阶级的政治理论在旧的思想形式中获得了表现。

每一种思想原理，都只能和自己时代的历史发展状况相适应。早期的改良主义思想还得不到当代社会有力的支持，它不能不尽量去迎合传统的政治教条，在这种情况下，议会制度的意义被大大地缩小了，议会制度的作用也被大大地削弱。在西方资产阶级君主立宪的国家里，议会具有权力机构的外貌，它表面上决定着国家的大政方针（当然它实际上也只是资产阶级的统治工具），而中国早期改

① 何启、胡礼垣：《新政真诠》，初编，《曾论书后》。

良主义政治方案里的议会，则连这种庄严外貌和表面权力都消失了。改良主义思想家在搬取西方的议会制度时，无不主张“斟酌变通”。经过斟酌变通以后的议会政治，大概有以下几种情形。

第一种情形是把议会制度和科举制度结合在一起，像何启在《新政论议》中提出的办法：县议员在秀才中选出，府议员在举人中选出，省议员在进士中选出，省议员每年一次集中到北京开会，“军国大政，其权虽出于君上，而度支转饷，其议先询诸民”①。

第二种情形是把议会制度和乡官制度结合在一起，像陈炽提出的办法：每乡举乡官二人，“其年必足三十岁，其产必及一千金。然后出示晓谕，置匭通衢，期以三月，择保人多者用之”②。议员的任期为二年，有薪俸和办公机构，定期开会，大政决狱，则聚面咨之，但“贪婪专复者，官得随时撤之”③。

第三种情形是干脆把议会制度和官僚制度融为一体，像汤震提出的办法：由四品以上的高级官僚组成上议院，由军机处管理；由四品以下的中下级官吏组成下议院，由都察院管理。国家大政由两院议员讨论其利害得失，由宰相识其同异之多寡，上之天子，请如所议行。④

这三种方案的具体办法各有千秋，但基本精神却大体一致。这些思想家所设计的议会，不过是皇帝的一个扩大了的咨询机关，而不是权力机关，议员们都是官僚、准官僚或地主豪绅。皇帝应该更多地俯顺“民情”，但专制的权力却是不可动摇的，西方国家中所谓三权分立和议会的“独立”外观是没有的。在这里，议会赤裸裸地表现为皇帝的仆从、专制政治的点缀。

早期的资产阶级改良主义对议会制度的片面理解是由当时经济状况和阶级关系所决定的。既然在经济领域中资本主义十分微弱，封建经济占着绝对的统治，既然资产阶级还刚刚产生，说不上和封建阶级进行多少有力的对抗，那么资产阶级的政治要求也只能夹杂在大量的封建言论中，不可能更加尖锐、更加明确地表述出来。

---

①　何启、胡礼垣：《新政真诠》，二编，《新政论议》。

②③　陈炽：《庸书》，内篇，卷上，《乡官》。

④　参见汤震：《危言》，卷一，《议院》。

但是无论如何，实现议会政治是符合当时历史发展要求的，它有利于资产阶级挤到政权中去，它必然要逐步限制和削弱专制皇帝的权力。改良主义者虽然竭力把自己的主张和封建专制的传统教条调和起来，但这种调和不能够维持很久。议会政治的理论一经出现，它必然会随着资产阶级的成长而发展，它的进一步发展又必然会导致对于封建君主制度的批判和否定。当然，对于谨小慎微的资产阶级改良主义者来说，他们始终站在君主立宪的旗子下，不敢再前进一步，进一步批判和否定君主专制制度的任务是由资产阶级革命派继起完成的。

四、改良主义的“重商”思想

除了“君民共主”的议会政治之外，改良主义者还提出了“重商”思想，宣称“商”是富国强兵的另一个关键。陈炽说：“商务盛衰之枢，即邦国兴亡之券也”①，薛福成、郑观应都说：“握四民之纲者，商也”②。这种思想和封建顽固派“重农轻商”、“崇本抑末”的论调是直接对立的。

改良主义者所说的“商”包括了以对外贸易为中心的整个国民经济的广泛领域。70年代以后，外国商品大量输入中国，对外贸易的入超成了当代最突出的经济问题。改良主义思想家们没有一个不是力图挽救这种江河日下的入超劣势，堵塞对外贸易的严重漏卮，他们的经济主张自然而然地偏重在对外贸易方面。他们跟西方国家资本主义发展初期的重商主义学派很相近，从流通过程中的表面现象出发，来理解当代的经济生活和自己的经济任务。这些思想家以为，财富就是货币的积累，而流通就是实现财富增长的源泉。他们的许多经济主张归结到一点上就是力求扭转对外贸易的巨大逆差，使金银不致外流，以保持国内的货币贮藏。马建忠说：西方国家“无不以通商致富。尝居其邦而考其求富之源，一以通商为准。通商而出口货溢于进口者利，通商而出口货等于进口者亦利，通商而进

---

① 陈炽：《庸书》，外篇，卷上，《公司》。

② 薛福成：《庸庵海外文编》，卷三，《英吉利用商务辟荒地说》。

口货溢于出口者不利……欲中国之富，莫若使出口货多，进口货少。出口货多，则已散之财可复聚；进口货少，则未散之财不复散。其或散而未易聚也，莫若采取矿山自有之财”①。正是从发展对外贸易和获得货币财富出发，马建忠提出了整顿丝茶贸易、提倡纺织事业、开采金银矿山的一整套所谓“富民”的措施。

早期改良主义者对经济的实际运动只停留在表面观察上。在他们那里，资本主义生产方式的特征，仅仅在货币资本循环的形态上被表示出来，资本增值的过程被认为是货币自身的活动，而生产只是货币自身增值的条件。发展生产的要求附属于发展对外贸易和取得货币财富的要求之下。这种观点是商品经济正在迅速扩展、而资本主义工业生产尚未建立的那个社会发展阶段的产物。

尽管改良主义者对资本主义生产的本质并无深刻认识，但他们的经济思想具有明显的爱国、进步的性质。它要求发展本国的经济，保护民族工商业，和帝国主义进行经济竞争。他们提出“商战”的口号，甚至把抵抗外国经济侵略的重要性放在抵抗外国的军事侵略之上。郑观应曾指出帝国主义侵略的各种形式，除了军事侵略之外，着重指出其经济侵略和文化侵略，他写道：“洋人之到中华，不远数万里。统计十余国，不外通商、传教两端。通商则渐夺华人之利权，并侵中国之地；传教则侦探华人之情事，欲服华人之心，阳托修和，阴存觊觎”②。“彼之谋我，噬膏血匪噬皮毛，攻资财不攻兵阵……迨至精华销竭，已成枯腊，则举之如发蒙耳。故兵之并吞，祸人易觉，商之掊克，敝国无形。我之商务一日不兴，则彼之贪谋亦一日不辍……吾故得以一言断之曰：习兵战不如习商战”③。改良主义思想家认识到当时的中外通商是帝国主义侵略的一种形式，并且认识到经济侵略的严重危害，这不能不说是一个进步，他们那种以发展对外贸易为中心的重商思想，正是包含着抵制外国经济侵略的积极意义。

早期改良主义者的重商思想，以发展对外贸易为中心，但并非

---

① 马建忠：《适可斋记言》，卷一，《富民说》。

② 郑观应：《盛世危言》，二编，卷二，《传教》。

③ 同上书，初编，卷三，《商战》。

仅仅停留在这一点上。为了发展对外贸易，就必须建立机器工业，发展生产；就必须提倡科学技术，奖励创造发明；就必须发展交通运输事业，修筑铁路；就必须减轻商税，实行保护工商业的政策。所以改良主义者所说的“商”，有时候只指商业流通领域，有时候却泛指除农业以外的一切国民经济领域。他们认为商业是整个国民经济的枢纽，但也并不否认工业生产的重要性，商业是发展工业生产的前提，而工业又是商业发展的保证。郑观应说：“若有商无工，纵令地不爱宝，十八省物产日丰，徒弃己利以资彼用而已”①。也就是说：工业不发展，自己丰富的资源就只能成为资本主义列强的掠夺对象。所以他们提出要“以工翼商”（郑观应语），“工实居商之先”（薛福成语），以及“商之本在农，商之源在矿，商之体用在工”（陈炽语）等等。这些改良主义者对于国民经济各部门错综复杂的相互联系当然还缺乏透彻的了解，但他们正在摸索前进，他们的思想正在从狭隘经验中解脱出来，他们的注意力从流通的领域日益转向生产的领域。

早期改良主义的重商思想还很重视国家政权对经济的干涉作用，他们希望政府减轻赋税，奖励制造贸易，保护工商。陈炽建议：“宜仿泰西各国，增设商部，管以大臣，并立商律、商情、商平、商税四司公任其事”②。郑观应建议，在六部之外，特设商部，重要城市设立商务局，各地设商务公所，其任务是：研究种植、制造、贩运、销售，“重订税则，厘正捐章”，“凡有所求，力为保护”，以及讲授商学、研究商情、刊印商报等等。他们幻想封建政府会来帮助资产阶级发展经济。的确，当时社会上封建的经济和政治势力占着绝对统治，幼弱的资本主义经济依靠自身的力量是无法生存和得到发展的，它离开了政权的荫庇简直就寸步难移，这是产生改良主义者指望由政权来干预和促进经济发展的幻想的客观基础。改良主义者的全部言论和一切主张都是讲给统治者听的，都是为了开导那些花岗岩石脑袋的顽固派，使他们信服和执行进步的经济政策。

对于封建统治者来说，为了巩固自己的统治，也可以在一定程

① 郑观应：《盛世危言》，初编，卷三，《商战》。

② 陈炽：《庸书》，外篇，卷上，《商部》。

度上容纳某些“有益无害”的资本主义新事物，甚至洋务派对工厂、矿山、铁路、轮船还表现了很大的兴趣，这种表面的假象更加强了改良主义者关于政权干预经济的幻想。但是从根本上说，封建政权不可能促进社会经济的发展，而只会阻碍这种发展：呼吁多年的废除厘金制度的要求，不但没有实现，苛捐杂税反而变本加厉；改订关税受到帝国主义的反对，清朝政权不敢也无权实施；设立商部、颁布商律、体恤商情的建议如石沉大海，毫无反响；政府的微薄贷款，被洋务派把持，成为某些企业的专利，一般企业不能问津；洋务派开办的企业，取得对某个经济部门的封建垄断特权，窒息了经济的进一步发展，而那些企业本身又是洋务派官僚营私舞弊发横财的利薮。无数事实都证明了现存政权与资本主义经济格格不入的本质。这里，一方面资本主义经济亟待政权的扶植，没有这种扶植，经济的发展、甚至一个企业的创办都变得非常艰难而几乎不可能；另一方面，恰恰是政权的干预造成了经济的严重阻碍，这种专横的干预堵塞了经济进一步发展的通道。这个客观的矛盾造成了改良主义经济思想的严重混乱，改良主义者关于政权于预经济的论点中包含着很大的矛盾，表达得前后极不一贯。

许多改良主义思想家都发表过赞成官办和官督商办企业的言论。如王韬说：“近日所有的井矿公司，弊窦丛滋，请皆一切罢之，而悉由国家发出帑金，自行开掘，责以成效。但使总办得人，纲举目张，所出必有可观”①。又说：“最要者莫如官商相为表里，其名虽归商办，其实则官为之维持保护”②。郑观应说：“开矿之事，似宜商办而官为护持”③，“全恃官力，则巨费难筹；兼集商资，则众擎易举。然全归商办，则土棍或至阻挠，兼倚官威，则吏役又多需索。必官督商办，各有责成……则上下相维，二弊俱去”④。陈炽说：“商办非，官办亦非也。然则奈何？曰：考之于古则增设矿人，参之于今则官督商办”⑤。

① 王韬：《弢园尺牍续钞》，《拟上当事书》。

② 同上书，卷一〇，《代上广州府冯太守书》。

③ 郑观应：《盛世危言》，初编，卷六，《船政》。

④ 同上书，初编，卷五，《开矿》。

⑤ 陈炽：《庸书》，外篇，卷上，《矿人》。

他们的这些言论指明了事情的一个方面，即：单纯依靠商人个人的努力，是不可能使企业创办和发展起来的，在这里需要政权的干预。改良主义的经济思想反映了这个客观事实，表现了对封建统治者的幻想。

但是几乎是同一些改良主义者在另外的场合却完全改变了语调，变成了官办和官督商办的反对者。同一个王韬又说："若开掘煤铁五金诸矿，皆许民间自立公司，视其所出繁旺与否计分征抽，而不使官吏得掣其肘"①。同一个郑观应又说："我国创一厂、设一局，动称官办。既有督，又有总，更有会办、提调诸名目，岁用正款以数百万计。其中浮支冒领，供挥霍者不少，肥私橐者尤多……今欲扩充商务，当力矫其弊，不用官办而用商办"②。郑观应的诗里甚至说："名为保商实剥商，官督商办势如虎"③。这些言论指明了事情的另一个方面，即清朝政权压制资本主义的本质，在这个政权的干预下，社会经济不可能得到发展。改良主义的经济思想也反映了这个客观事实，表现了对封建统治者的幻想的破灭。

改良主义者时而这样主张，时而又那样主张，这种思想矛盾反映了客观历史的矛盾，也只有在历史的进一步发展中才能得到解决。大约到中日甲午战争的前夕，资本主义有了初步发展，社会风气有了些改变，发展经济成为社会普遍的迫切的需求，资本家的创业条件越来越成熟，私人企业成批地出现，而那些官办、官督商办企业却奄奄一息，极不景气，企业离开政权直接干预的趋势日益明显。在这样的时候，先进思想家也从政权干预经济的陈旧观念中解脱出来。甲午战争后，何启说过这样一段话："不问何事，一闻官督，则商民必不敢办"，"今铁路之议其名曰官督商办，是民之事而主之以官也，是于不宜合谋者而使之合谋也，不宜合而合之，虽在君民最洽之邦……亦戛戛乎其难"④。后来梁启超更明确地宣称："中国商务之不兴，虽谓李鸿章官督商办主义为之厉阶可也"⑤。思想家们从失败中

① 王韬：《弢园文录外编》，卷一，《重民中》。

② 郑观应：《盛世危言》，新编，卷八，《纺织》。

③ 郑观应：《罗浮待鹤山人诗草》，卷二。

④ 何启，胡礼垣：《新政真诠》，三编，《新政始基》。

⑤ 梁启超：《李鸿章》，"第六章，洋务时代之李鸿章"。

吸取了教训，模糊地感到官（封建政权）和民（资本家）的不同本质，认识到官与民难于在经济上进行合作。他们抛弃了要求政权直接干预经济的幻想，反而强烈要求封建政权从经济各部门实行撤退，甚至要求把一直被政权所垄断的军事工业也交给商人来办。“让商人们放手干罢！不要有丝毫的拘束”，这是甲午战后带有自由主义特色的经济格言。思想家们把发展经济的希望，从依靠国家干预转向依靠资产阶级自身，依靠这个阶级的成长和团结，当时思想界关于组织股份公司、成立商会的热烈讨论正是在这个背景中发生的。资产阶级改良主义者的经济思想随着历史的发展、随着资产阶级的成长而在一步一步地摸索前进。

五、早期资产阶级改良主义思想的一些特点

资产阶级改良主义的“君民共主”说和“重商”思想，俱如上述，总括起来，早期改良主义思想具有以下几个特点：

第一，改良主义者鼓吹变法，主张向西方学习以适应正在变革的客观形势，反对封建顽固派抱残守缺的保守思想。①

第二，改良主义者的变法主张和御侮图强的目的结合在一起，具有爱国主义的色彩。当民族危机严重的时候，大部分改良主义思想家主张抵抗外国的侵略，反对洋务派丧权卖国的投降主义政策。②

第三，改良主义者的变法以议会政治和重商思想为中心，直接

① 所有的改良主义者都鼓吹变法，反对顽固派。如何启说：“当今之世而不变今之法……亦无以决疑征信，大得于民。”（《新政真诠》初稿，《曾论书后》）如陈炽说：“惟兼东西法而后古今之变局不能挠”。（《庸书》，外篇，卷上，《西法》）如王韬说：“孔子而处于今日亦不得不一变。”（《弢园文录外编》，卷一，《变法上》）

② 改良主义思想家对帝国主义的认识虽然在很多地方是十分模糊的，但他们和洋务派有很大的不同，在民族危机严重的关头，他们一般都属于主战派。如中法战争时，王韬说：“我国讲求武备，整顿边防，仿效西法，已二十余年矣！非出于一战，则果可用与否，未由见之。今者薄海臣民，忠义奋发，设非一战，则何以作士气？何以振人心？何以兴人才？一战不胜则再战，再战不胜则三战，但持之以坚忍不拔之志，则豪杰之士，必闻风兴起。岂独制法人而已哉！将见欧洲诸雄国胥畏之矣。”（《弢园尺牍续钞》，《与伍秩庸观察》）郑观应写的诗也讥刺洋务派投降主义的外交和失败主义的军事。其中说：“堪叹羁縻先议款，那知边牧又扬尘”，“魏绛和戎原下策，杜陵诸将鸣不平”，“三军指顾沉波国，廿载经营付海宫”（《罗浮待鹤山人诗草》，《次彭宫保师海南军次秋兴二十四章原韵》）。

体现了资产阶级政治和经济发展的要求，比魏源、冯桂芬等地主阶级改革派大大跨进了一步。

第四，改良主义者只承认渐变，不承认突变。他们的变法路线是自上而下地实行改良，把希望寄托在个别统治阶级的大人物身上，对下层劳动人民抱着恐惧以至敌视的态度，这是他们和资产阶级革命派的一个重要区别。①

应该说，甲午战争以前改良主义者的变法主张已经相当细致和相当具体，大致上，戊戌变法时期的新政措施也并没有更多地超越出这个范围。早期改良主义思想家提出了一套变法的具体方案，为戊戌变法运动做了重要的准备，这是他们的历史功绩。

但是早期改良主义者和戊戌时代的思想家比较起来，在理论上和实践上表现出时代的局限性。

从理论上说，早期改良主义的变法方案几乎都是各种具体措施的简单拼凑，缺乏理论的说明。这些思想家们过分地注意当前具体问题，忙忙碌碌地设计应急措施，对理论极为冷淡，他们既没有介绍过西方的哲学和各种社会学说，也不大理睬中国传统的儒家学说。也许他们以为这些抽象的理论、学说和当前实际比较起来，过分空泛而玄虚，不能立竿见影地解决具体问题。他们满足于经验范围内的知识，在思想史上，他们是一群站在洼地上的矮子。正因为这一点，他们在宣传变法和反对顽固派的斗争中就显得论据不足，甲午战前的思想家大多利用洋务派“中学为体，西学为用”的陈腐论调，宣称自己的变法主张，不但不是改变封建主义的根本，而恰恰是要保卫它②，甚至他们中间还普遍地流行着一种奇怪的论点，说西方国家的科学技术、舟

① 所有的改良主义者都只承认逐渐的量变，如王韬说：“天时有寒暑而不能骤更，火炭有冷暖而不能立异，则变亦非一时之所能也，要之在人而已矣！尽人事以体天心，则请决之以百年”（《弢园文录外编》，卷一，《变法》），这不过是在某个统治者推动下自上而下地实行改革。王韬说：“移风易俗之权，操之自上，而与民渐渍于无形，转移于不觉”（同上书），陈炽说：“天下之治乱安危，定于人主之意向而已矣”（《庸书》内外篇自序），所以他们的一切努力都是为了要说服某个统治者，采纳自己的变法主张。

② 如薛福成说：“今诚取西人器数之学，以卫吾尧舜禹汤文武周孔之道，俾西人不敢蔑视中华，是乃所谓用夏变夷者也。”（《筹洋刍议》，《变法》）郑观应说：“中学其本也，西学其末也，主以中学，辅以西学，知其缓急，审其变通，操纵刚柔，洞达政体，教学之效，其在兹乎！”（《盛世危言》，初编，卷一，《西学》）

车枪炮以及政治、法律、天文、历数，都是中国古代圣人的发明创造，自从秦始皇焚书坑儒以来，这些东西在中国都失传了，反而流传到西方国家去，西方资本主义文明都是中国古圣先贤的遗产①，因此学习西方就是恢复古圣先贤的发明创造。思想家们振振有词地说："以中国本有之学，还之于中国，是犹取之外厩，纳之内厩，尚鳃鳃焉谓西人之学，中国所未有乃必归美于西人。西人能读中国书者，不将揶揄之乎？"② "知彼物之本属乎我，则无庸显立异同，知西法之本出乎中，则无俟概行拒绝"③。他们用这种肤浅而牵强的办法，在封建主义的传统理论中为自己的变法主张寻找合法根据。正像马克思所说："一切已死的先辈们的传统，像梦魔一样纠缠着活人的头脑。当人们好像只是在忙于改造自己和周围的事物并创造前所未闻的事物时，恰好在这种革命危机时代，他们战战兢兢地请出亡灵来给他们以帮助，借用它们的名字、战斗口号和衣服，以便穿着这种久受崇教的服装，用这种借来的语言，演出世界历史的新场面"④。

理论方面的局限带来了实践活动方面的局限，既然一切改革仅仅是为了恢复古已有之的旧东西，既然统治阶级中的个别大人物已被认定是变法的唯一执行人，那么这场改革也就被误认为是轻而易举的事情，无须经过残酷的斗争。早期改良主义者只限于著书立说，缺少积极主动的行动精神，从来不关心去促成变法胜利所必需的各项条件。他们既没有动员群众的理论，又没有实现变法的组织手段和斗争手段，他们是一些"纯粹的思想家"，而且还是在狭隘经验知

---

① 资本主义文明源出于中国，是当时知识界普遍流行的见解。例如郑观应说："星气之占，始于臾区；勾股之学，始于隶首；地图之学，始于髀盖；九章之术，始于周礼。不仅此也，浑天之制，昉于玑衡，则测量有自来矣；公输子削木人为御，墨翟刻木鸢而飞，武侯作木牛流马，则机器有自来矣；秋官象胥，郑注译官，则翻译有自来矣；阳燧取明火于日，方诸取明水于月，则格物有自来矣。"（《盛世危言》，初编，卷一，《西学》）。如薛福成说："墨子一书，导西学之先甚多"，又说：西方的议院制度和股份公司都和淮南子、管子的宗旨相合。（《出使日记》，卷五，光绪十六年十月下旬各条）

② 郑观应：《盛世危言》，初编，卷一，《西学》。

③ 陈炽：《庸书》，内篇，卷上，《自强》。

④ 马克思：《路易·波拿巴的雾月十八日》，见《马克思恩格斯全集》，第8卷，121页。

识范围内的思想家。

社会在迅速前进，变法维新成了当前的行动课题。历史要求在一定程度上克服早期改良主义者的局限性，要求人们积极行动起来，并给变法运动以理论的说明，这个任务落在康有为等一批先进思想家的肩上。

关于康有为的理论和政治实践，我们将在之后详细地论述它。在这里只指出：康有为很早就已开始活动，但是他所走的是与早期改良主义者很不相同的道路，他早年既没有到过外国，也不懂西方的语言文字，他接收西方知识完全是靠翻译过来的书籍和早期改良主义者的介绍，是通过一条间接的途径，因此他对西方资本主义的了解是很不完善的，甚至还不如那些前辈思想家。

但是，这一点并不妨碍康有为把改良主义思想发展到登峰造极的高度。他更多地致力于学术和理论领域，早年习程朱理学，贯串经史，其后皈依今文学派，上接龚自珍、魏源的传统，并遍观西方书籍和佛学书籍，超越了早期改良主义者狭隘的经验知识范围。1884 年康有为著成《人类公理》一书，包含了大同理想的萌芽，1888 年第一次上书变法，开布衣上书的先例，其后又讲学万木草堂，团聚一批变法的骨干，写成《新学伪经考》、《孔子改制考》，为变法运动做了理论上的准备。康有为的理论和实践活动正是继承了早期改良主义者的事业，在一定程度上克服了先辈们的局限，大力地推动了戊戌变法运动的到来。

第五节　19 世纪下半期的学术和文化

19 世纪下半期的中国正处在封建社会趋于崩解、半殖民地半封建秩序逐渐形成的时期，社会的一切方面在动荡、变化之中。经济方面，由于帝国主义的侵略使原来的自给自足的封建经济体系受到了极大的破坏，中国的资本主义机器工业开始产生了。政治方面，帝国主义列强对中国邻邦和本土进行了疯狂的掠夺，相应地在中国激起了反侵略爱国主义的潮流，出现了一系列的反洋教斗争和几次较大规模的反侵略战争（其中包括1884年的中法战争，1888年西藏人民的反英战争，1894年的中日战争、1900年的义和团运动）。政治、经济方面的这个剧烈变化在文化思想方面得到了相应的反映。

19世纪下半期中国文化思潮发展的总趋势是和政治经济的发展趋势相适应的。当时文化的各个领域，如哲学、经济学、政治学、历史学、科学、文学、艺术都发生了错综复杂的变化。这个变化的特点是：旧的封建主义文化走上了没落衰败的道路，它不但不能够适应社会生活的新变化和新要求，而且它凭借着几千年深厚的传统积累，顽固地维护着旧基础，抗拒着新事物。在当时以复古主义、烦琐主义和形式主义为特点的封建旧文化仍然占着统治地位，并且开始逐步和帝国主义的奴化思想结合，形成文化思想方面的巨大逆流。当时，资产阶级的新文化已经开始生长，它从中国古代文化和西方资本主义文化中吸收了许多有用的素材和思想观点，但同时也夹杂着许多封建毒素和奴化思想在内。资产阶级新文化在和旧文化不断斗争中成长起来，但同时又和旧文化有着千丝万缕的联系。一直到19世纪末，新文化的影响和势力还是不大的，它在文化的各个领域内尚未能占领巩固的阵地。同时，随着阶级斗争和民族斗争的激化，随着资本主义经济的发展，在农民和城市下层人民中兴起了反帝反封建的思潮和各种形式的文艺创作，这种直接导源于人民群众中的文艺创作带有鲜明的现实主义倾向，具有丰富多彩的表达形式。它成为我国优秀文化遗产中的一个重要部分。

作为意识形态的文化，其领域是十分广阔的，文化各个领域的发展又具有相对的独立性，因此，一个时代的文化变革必然是错综复杂的。以下，我们从两个方面来考察19世纪下半期的文化发展。这两个方面是：（1）经学方面，宋学的复起和宋学、汉学的合流；（2）科学的发展。①

---

① 原稿此处列有作者拟加论述的第三个方面，即“文学艺术中的现实主义潮流和民间文艺的兴起”，但下文中未及论述，故此次出版时予以删除。

一、19 世纪下半期的经学和史学

经学是封建时代文化思想的一个主要领域，经学研究从来就是包罗一切学科并凌驾其上的。例如《易经》的研究常常包括了哲学和数学，《书经》的研究常常包括了政治学、地理学，《诗经》的研究常常包括了文学，《三礼》的研究常常包括了政治学、教育学和风俗学，《春秋》的研究常常包括了历史学。就是有关文字声韵的《说文》研究，有关草木鸟兽虫龟的《尔雅》研究也都在经学的范围之内。因此，经学几乎是无所不包的。著名的经学家也往往是涉猎各种学科，以淹博通贯自诩，所谓“一物不知，儒者之耻”。这种情况正是封建时代科学尚在幼稚阶段、科学的分类研究还未十分发展的反映。由于经学的范围非常广泛，所以要研究封建时代的文化思想，总是离不开对当时经学研究情况的考察。

而且，封建时代的经学是统治阶级最主要的思想武器，它具有凛然不可侵犯的尊严，其他各类学科在某种意义上说都处在派生的、附庸的地位。某个时期经学研究的趋向和风气总是权威地影响着整个文化学术界，一切文化学术流派及其代表人物的评价也总是以当代的经学理想为依归。因此，考察封建时代的文化思想的发展趋势，就必须要把当时经学研究的发展趋势弄清楚。

那么，清朝，特别是鸦片战争以后的晚清，经学研究的情形怎样呢？

19 世纪末著名的经学家皮锡瑞曾经概括地指出清朝三百年间经学研究变化的梗概。他说：

> 国朝经学凡三变。国初汉学方萌芽，皆以宋学为根抵，不分门户，各取所长，是为汉宋兼采之学。乾隆以后，许郑之学大明，治宋学者已少，说经皆主实证，不空谈义理，是为专门汉学。嘉道以后，又由许郑之学导源而上，易宗虞氏以求孟义，书宗伏生、欧阳、夏侯，诗宗鲁齐韩三家，春秋宗公羲二传。汉十四博士今文说自魏晋沦亡千余年，至今日而复明，实能述优董之遗文，寻武宣之绝轨。是为西汉今文之学。①

① 皮锡瑞：《经学历史》，《经学复盛时代》。

以上皮锡瑞所说的“宋学”实际上是宋明理学的总称，所说的“国初”（即清初）“汉宋兼采之学”是指以黄宗羲、顾亭林为代表的学术派别，黄、顾之学是脱胎于宋明理学的，黄宗羲是王阳明学派的最后殿军，梁启超说他是“王学的修正者”①。顾炎武是“辩陆王之非，以朱子为宗”②。不过，他们处在明清之际的变革时代，都想矫正宋学“束书不观、游谈无根”的毛病，所以他们虽脱胎于宋学，而又在很多根本方面批判了宋学，开拓了清代学术界的新面貌。黄宗羲说：“明人讲学，袭语录之糟粕，不以六经为根抵，束书而从事于游谈”③，他反对这种风气，所以凡是他的学生，必须“穷经读史”，拿经史学来经世致用。顾炎武则提出“古今安得别有所谓理学者，经学即理学也。自有舍经学以言理学者，而邪说以起”④。他们研究经学的方法是“综名核实”，贵创造、重证据，反对宋明理学的抽象、空洞和主观武断。这种学术潮流是对清朝利用程朱理学进行思想统治的一种反抗，但是黄宗羲和顾炎武还没有像以后汉学家那样完全走到只搞考据的狭隘道路上去，所以完全站在汉学家立场上的江藩说：黄宗羲、顾炎武“两家之学，皆深入宋儒之室，但以汉学为不可废耳。多骑墙之见，依违之言，安真知灼见者哉”⑤。江藩是有意贬抑黄、顾二家学说的价值，他的评论并不公正，但由此可以看出，清初的学术思想还处在从宋学到汉学的过渡时期，这就是皮锡瑞所说的“国初”“汉宋兼采之学”。

真正的汉学体系是从三惠开始确立的。三惠是指惠周惕、惠士奇、惠栋祖孙三世，他们注释经书都以汉朝人的观点为根据，汉以后的学说一概摒弃，章太炎称“其学好博而尊闻”，“笃于尊信，缀次古义，鲜下亡见”⑥。这是汉学中的“吴派”（惠氏为吴县人），这一派的学者有沈彤、江声、钱大昕、王鸣盛、余箫客等。稍后有徽

---

① 梁启超：《中国近三百年学术史》，《王阳明学派之余波及其修正》。

②⑤ 江藩：《汉学师承记》，卷八。

③ 全祖望：《鲒埼亭集》，卷一一，《梨洲先生神道碑》。

④ 同上书，卷一二，《亭林先生神道表》。

⑥ 章太炎：《訄书》，《清儒第十二》。

州戴震又把反理学的思想推进一步，他说："古人之学在行事，在通民之欲，体民之情，故学成而民赖以生。后儒冥心求理，其绳以理严于商韩之法，故学成而民情不知，天下自此多迂儒，及其责民也，民莫能辩，彼方自以为理得，而天下受其害者众也"。"酷吏以法杀人，后儒以理杀人"①。

戴震治学严密而有条理，研究经学主张从字义以求词意，从词意以求经义，章太炎称其"综形名、任裁断"，分析条理皆缜密严瑮，"上溯古义而断以己之律令，与苏州诸学殊然（指吴派）"②。这是汉学中的"皖派"，这一派的学者有金榜、程瑶田、凌廷堪、卢文弨、段玉裁、王念孙、王引之等。清朝的汉学就是乾、嘉时代"吴派"和"皖派"的总称。

汉学家的研究方法包含着不少科学的因素，他们对古代经典的爬梳整理也做了一些有益的贡献。但是由于社会条件的限制，他们的研究范围局限于古代经书的章句字义，很少引申发挥（个别汉学家如戴震、焦循、凌延堪等例外）。其末流陷入烦琐主义，所谓"忘本逐末，曼衍支离"，被讥为"拾骨之学"（焦循语）。

我们在本书第一册提到：到了19世纪由于阶级斗争的尖锐，统治阶级需要一种更有力的思想武器来对付农民起义，所以宋学又有复起的趋势。19世纪初，有一个宋学先生方东树写了一本《汉学商兑》，把汉学家骂得一文不值，汉宋两家的斗争非常激烈。但是这个斗争是属于统治阶级内部的争论，宋学固然有统治阶级的大力扶持，就是汉学由于脱离了现实生活，只去钻古书堆，也逐渐蜕化为统治阶级的点缀品了。到这个时候，一部分知识分子开始走上"今文学派"的道路。关于今文学派的兴起，我们在第一册中已简略地谈到了。

以下，我们再来看看鸦片战争和太平天国以后经学研究的变化情形。

太平天国革命失败以后，经学界一个明显的特点就是宋学的卷

① 戴震：《戴东原集》，卷九。

② 章太炎：《訄书》，《清儒第十二》。

土重来。湘军代表人物曾国藩是以宋学来标榜其事业的，所以在他的幕下集合了一大批宋学家。所谓“湘军甫克金陵，公卿慕儒术者多伪托宋学以投时尚，博声誉”①。朝廷里也起用了倭仁、吴廷栋、李棠阶等讲宋学的大臣。宋学在政治和军事力量的支持下，逐渐得势。

当时的宋学是一种非常反动的学说，它是以支离破碎的客观唯心主义来为等级制度和地主经济辩护的封建说教。曾国藩写的《顺性命之理论》，以及几篇给刘蓉（也是当时宋学家，在湘军中，官至巡抚）的书信比较集中地表露了其哲学观点。曾国藩认为：天地之间有仁义之气，这里所说的“气”，并不是物质的，不同于一般古代哲学家所说的“气”。因为曾国藩把“气”看做抽象的、先天的东西，他说仁义之气“自其初而言之，太和絪缊，流行而不息，人也物也，圣人也，常人也，始所得者钧耳。人得其全，物得其偏，圣人者既得其全而其气质又最清且厚”②。这样一来，本来是产生于封建主义经济基础之上的抽象的仁义观念，被说成为先天的、第一性的“仁义之气”，那么，这种仁义观念也就不能不永恒存在下去，而人一生下来所得的“仁义之气”又有清浊厚薄的差别，因此一部分人理应是统治别人的“圣人”，而大部分人活该是被统治的“常人”，封建等级制度也就应该“万古长青、永垂不朽”。所以曾国藩把“学”干脆归结到“剖仁义之差等而缕晰之，举好恶之当于仁义孝而力卒之”，换句话说封建教育的任务就是要人们承认和服从森严的“仁义”的等级，用一切力量来捍卫“仁义”的等级。所谓“亲有杀，贤有等，或相倍蓰，或相什佰，或相千万，如此其不齐也。不知其分而妄施焉，过乎仁，其流为墨；过乎义，其流为杨。生于心，害于政，其极皆可以乱天下，不至率兽食人不止”③。曾国藩的这段议论很明显地暴露了他的宇宙观和社会观的反动本质。

曾国藩的历史观、社会观是宣扬个人作用的最腐朽的唯心主义

① 支伟成：《清代朴学大师列传》，256页。

②③ 《曾国藩全集》，文集，《答刘孟容》。

观点。他说："风俗之厚薄奚自乎？自乎一二人之心之所向而已。民之生庸弱者职职皆是也，是一二贤且智者则众人君之而受命焉，尤智者所君尤众焉。此一二人者之心向义，则众人与之赴义。一二人者之心向利，则众人与之赴利"①。又说："天之生斯人也，上智者不常，下愚者亦不常，扰扰万众，大率皆中材耳，导之东而东，导之西而西，习于善而善，习于恶而恶，其始憧焉无所知识，未几而骋嗜欲，逐众好，渐长渐贯，而成自然"②。在曾国藩的眼睛里，历史就是由一两个"贤且智者"创造的，群众都是历史上被动的、消极的因素。所以他建议清朝政府应该把"贤且智者"提拔到"当路在势"的地位，以使发挥"转移习俗而陶铸一世之人"的作用。很显然，宋学家的这种观点正是太平天国革命中地主阶级和农民群众尖锐对立的一种反映，正是汉族的地方性的封建势力抬头、并要求巩固封建秩序的一种反映。

反动宋学依靠政治和军事力量的支持，表面上看来，声势似乎不小。但是，当时已处在封建社会的崩解时代，人民革命力量正在成长，还有外国资本主义对中国封建制度正在起着一种严重的侵蚀作用，当时的形势恰像李鸿章所说是"三千余年来一大变局"。而宋学则是在 11 世纪北宋王朝适应当时封建中央专制制度的发展而产生的学说，这种学说根本不可能应付近代社会的"大变局"，因此当时公卿大臣虽然不遗余力地宣扬宋学，但是当发生了政治、经济或军事方面的现实问题时，宋学家们只会搬弄几句封建教条，完全暴露了他们的蒙昧无知和无能为力。

在这种情况下，统治阶级不能够简单地恢复陈旧的宋学，他们需要改造宋学，使它具有更大的欺骗和束缚作用。这样，在太平天国革命失败以后，封建的学术思想界就出现了一股宋学和汉学合流的趋势。在鸦片战争以前宋学和汉学原是相互对立的两个学派，伟大的太平天国革命把统治阶级内部的矛盾推到极其次要的地位，革命的雄壮声音淹没了宋学、汉学之间吱吱喳喳的争吵，这两个基本

① 《曾国藩全集》，文集，《原才》。

② 同上书，箴言，《书院记》。

上都为封建制度服务的学术派别面临着农民革命的威胁，发现彼此原来是同命运的"一家人"，于是在维护封建制度和古代经典的共同基础上，它们之间的分歧逐渐缩小，仇恨逐渐消解，终于融合成为一体。

翻阅19世纪中叶的若干学术作品，调和汉宋的言论几乎是俯拾皆是。虽然其中也有一些人猛烈地攻击汉学，如曾国藩①、陈澧②、朱一新③等，但是他们在抽象空泛地谈说性命义理的宋学中找不到足以笼络人心、维系旧制度的有效武器，所以他们虽攻击汉学而最后又不得不借助于汉学，所谓"攻汉而复归于汉"，这正是当时学术风气的一个特点。例如曾国藩提倡"义理、考据、词章，三者不可偏废"④。陈澧主张："由汉唐注疏以明义理而有益有用，由宋儒义理归于读书而有本有原"⑤。朱一新则说："故汉学必以宋学为归宿，斯无乾嘉诸儒支离琐碎之患，宋学必以汉学为始基，斯无明末诸儒放诞之弊"⑥。可以说，19世纪下半期，已经没有什么纯粹的汉学家，也没有什么纯粹的宋学家，研究经学的都是汉宋兼采、亦汉亦宋的人了。

在汉学与宋学融合的逆流中，一向带有进步色彩的今文学也暂

---

① 曾国藩说："嘉道之际，学者承乾隆季年之流风，袭为一种破碎之学。辨物析名，梳文栉字，刺经典一二字，解说或至数千万言，繁称杂引，游衍而不得所归，张己伐物，专诋古人之隙。或取孔孟书中心性仁义之文，一切变更古训，而别创一义，群流和附，坚不可易。有宋诸儒周程张朱之书，为世大诟，间有涉于其说者，则举世相与笑讥唾辱，以为彼博闻之不能，亦逃之性理空虚之域，以自盖其鄙陋不肖者而已矣。"（《曾国藩全集》，文集，卷一，《朱慎甫遗书序》）

② 陈澧说："今人只讲训诂考据，而不求其义理，遂至于终年读许多书，而做人办事，全无长进，此真与不读书者等耳。"（陈澧：《东塾遗稿抄本》，转引自《岭南学报》，二卷三期）

③ 朱一新说："乾嘉诸老，逐末忘本，曼衍支离，甚且恣肆无忌者诚为经学之蠹。"（《佩弦斋杂存》，卷下，《复王子裳》）又说："西河东原，记丑而博，言伪而辨。申受于庭，析言破律，乱名改作，圣人复起，恐皆不免于两亲之诛。"（《父存》，卷上，按：西河、东原、申受、于庭指毛奇龄、戴震、刘逢禄、宋翔凤四人）

④ 这本来是桐城派姚鼎的主张，曾国藩发挥姚氏的主张，见《曾国藩全集》，文集，《欧阳生文集序》。

⑤ 陈澧：《东塾遗稿抄本》。

⑥ 朱一新：《佩弦斋杂存》，卷下，《复傅敏生》。

时失去了它的光泽。许多今文学家惧怕并憎恨农民革命，因而缓和了他们对封建制度的尖锐攻击，像魏源、王闿运、邵懿辰、戴望等今文经学家都曾积极和统治者合作，以反对农民革命。在阶级斗争的高潮中，统治阶级内部矛盾大大地缩小了，一个日本人对当时的今文学作了这样的评语："虽说今文学的大义微言，是怎样怎样，不过反复述那琐屑的小义粗言而已"①。一直到19世纪80年代以后，康有为等借今文经学提出资产阶级改良主义的主张，这才使今文学摆脱时代的逆流而再度显现出光芒。

在汉学和宋学合流中，有两个特点被反动顽固派突出地加以利用：一个是复古主义，一个是烦琐主义。

"尧步而禹趋"，"言必称三代"。这种厚古薄今的特点原本是封建知识界的一般风气，但到19世纪下半期而变本加厉起来。由于阶级的本能，封建知识界的顽固分子憎恨一切新事物，他们把机器技术看做"雕虫小技"、"奇技淫巧"，把资本主义文明看做"离经叛道"，把工商业的发展看做"本末倒置"、"上下交征"。总之，他们是用封建的老皇历来计算近代的新日子，感到日子越过越不对头，于是不能不缅怀"三代之盛德，五帝之遗风"，这种复古主义正是没落阶级思想情绪的一种表现形式。如当时的有名经学家俞樾就担心学习西方文化会抛弃了中国古代圣贤的"大道"。他说：

> 愚窃惟事势，有可大尤者三……
>
> 一曰孔子之道将废也……自汉唐至今，二千余年，虽学术不同，门户或异，其推本孔子之教则一也。今士大夫读孔子之书，而所孜孜讲求者则在外国之学。京师首善之地，建立馆舍，号召生徒，甚者选吾国之秀民至海外受业焉。岂吾中国礼、乐、诗、书不足为学乎？海外之书译行于中国者日以增益，推论微助，创造新奇，诚可愕可喜，而视孔子之书，反觉乎淡而无奇闻。彼中人或讥吾孔子能守旧章而不能出新法。如此议论，汉

① 本田成之：《中国经学史》，309页。

唐以来，未之前闻，风会迁流，不知其所几极，故曰孔子之将废也。①

俞樾是一个学识渊博的人，头脑也比较开通，他的议论尚且如此，其他的人更可想而知。另一个经学家王先谦的议论就更加荒诞了，他说："商之末，奇技淫巧，风尚日新。周公以制作之圣而居于上位，顾独屏斥奇袤，观于废奇肱之飞车，用意深远，使中国数千年保守纯朴，以迄于今，公之教也"②。顽固派王先谦反对使用机器，却风马牛不相干地把"古之圣人"周公抬出来，作为反对机器的老祖宗，可见当时封建士大夫中复古主义之毒是多么的深！

当时学术界的另一风尚是烦琐主义，烦琐主义和复古主义一样，实质上是没落阶级畏惧新事物、不敢面对现实的反映。所谓"舍本而逐末，见树而不见株"，这本来是乾嘉汉学的通病。到了19世纪下半期，封建知识分子为了逃避现实，愈来愈深地钻到牛角尖里去，以寻求一片自我陶醉的小天地，所以烦琐的风气也就愈来愈严重。李慈铭说："嘉庆以后之为学者，知经之注疏不能遍观也，于是讲尔雅、讲说文，知史之正杂不能遍观也，于是讲金石、讲目录，志已偷矣。道光以后，其风愈下，尔雅说文不能读而宋版矣，金石目录不能而讲古器矣。至于今日，则诋郭璞为不学，许君为蔑古，偶得一模糊之归暂，亦未尝读也，瞥见一误字，以为足补经注矣。间购一缺折之赝器，亦未尝辨也，随摸刻划，以为足傲汉儒矣。金石则欧赵何所说，王洪何足道，不暇详也，但取黄小松小蓬莱阁金石文字数册。而恶金石萃编繁重，以为无足观矣。目录则晁陈何所受，焦黄何所承，不及问也，但取钱遵王读书敏求记一书，而厌四库提要之浩博，以为不胜诘矣。若而人者，便足抗衡公卿，傲睨人物，游谈废务，奔竞取名；然已为铁中之铮铮，庸中之佼佼，可不痛乎"③。

---

① 俞樾：《宾萌集》，卷六，《三大厦论》。
② 王先谦：《虚受堂文集》，卷六，《西被考略序》。
③ 李慈铭：《越缦堂读书记》，1283页。

复古主义和烦琐主义，这是当时学术界的两股歪风，跟这种歪风相适应，有许多人提倡读经，特别是封建礼教的经典——三礼——最受重视。曾国藩称“先王之道，所谓修己治人，经纬万汇者何归乎？亦日礼而已矣”①。他推崇秦蕙田的《五礼通考》是一部“体大思精”的伟著，把这部书当做宣扬礼教的根据。他的《圣哲画像记》中被列为“圣哲”的清朝人只有顾（炎武）、秦（蕙田）、姚（鼐）、王（念孙）四人，顾炎武治学介于汉宋之间，曾国藩抬出这块招牌来加以利用。王念孙是小学大师，在烦琐的学风下，他也被列为“圣哲”了。姚鼐以桐城文派的领袖而兼宗宋学，是曾国藩瓣香顶礼的偶像。至于秦蕙田则是一个不学无术的大官僚，《五礼通考》实成于戴震之手，秦蕙田不过是出资刊刻，曾国藩为了“扶翼礼教”，不能不借重这部说礼的大书，可是戴震在别的书中②有许多攻击宋学、贬抑礼教的言论，不合曾国藩的胃口，因此曾国藩只好生拉硬扯地把“圣哲”的大帽子给跟他同一鼻孔出气的秦蕙田戴上。

汉、宋融合而形成的复古、烦琐、读经、崇礼的风气是 19 世纪下半期的强大逆流，它统治着知识界，窒息人们的自由思想，妨碍人们去寻找真理、追求光明，当时即使是先进的知识分子也不能避免这种反动风气的熏染，如康有为在戊戌变法以前，曾用考据的形式写了《新学伪经考》、《孔子改制考》等鼓吹变法的宣传品，而且把自己的变法主张托之于“古圣人”孔子，这一方面固然是改良主义者以顽固派之矛攻顽固派之盾的一个办法，另一方面也说明当时学术逆流的强大，许多知识分子通过这个时代的炼狱而在思想上留下了许多致命的弱点。复古主义和烦琐主义一直影响到 20 世纪的学术界。

历史上从来没有任何学派能够像马克思主义者那样地尊重古代的文化遗产。马克思主义者对待古代文化遗产的根本方针是“厚今薄古”，“古为今用”。我们继承历史遗产的目的是为了今天和明天，是为了创造光辉灿烂的无产阶级新文化；是为了“指导当前的伟大

---

① 《曾国藩全集》，文集，《圣哲画像记》。

② 如《原善》、《孟子字义疏证》。

运动”。我们继承历史遗产的方法是“批判的总结”，历史上遗留下来的文化成果大多是通过旧时代剥削阶级知识分子所创造出来的，因此，从根本上说，它就不能不包含着历史的和阶级的偏见，这一切我们必须抛弃，这也就需要有“取其精华，弃其糟粕”的批判工作。对于历史上出现过的一切学派，应该从错综复杂的社会基础、阶级关系中探究其产生和发展的条件，分辨其精华和糟粕，指明其影响和作用。我们在前面指出：19 世纪下半期的汉学和宋学都是反动的潮流，这是因为在那样动荡不安的时代里，在那样阶级斗争和民族斗争的高潮中，在那样国家和民族的危急关头，这些知识分子不去研究和探索生活中所提出来的重大问题，高谈“读经”、“崇礼”，顽抗时代的潮流，或者耗尽精力钻在古书堆里，搭起一个与世隔绝的小天地，这正是地主阶级垂死挣扎和没落情绪的表现。曾国藩之流正好利用这一点，推波助澜，使复古和烦琐之风泛滥一时。

但是我们并不简单地否定一切，对于那些虽受时代逆流的沾染，但尚能孜孜矻矻，勤奋钻研，因而在一定的学术领域内做出一些成绩的学者，我们是很尊重的。马克思主义者对待从前的学术派别，一方面是严肃地指明其世界观和方法论方面的局限，指明其错误的根源和危害性，另一方面是从来也不忘记吸取和保存其中的有用部分，只要是从前的学者真正做出了贡献，哪怕是一丝一毫的贡献，在今天也不会被抹杀。19 世纪下半期的学者，像孙诒让（仲容）、俞樾（曲园）、刘文淇、杨守敬、李慈铭、陈澧、廖平等，他们当然存在着浓厚的地主阶级意识和时代偏见，但是他们在校释、疏注古籍方面做了一些工作，这些工作对我们今后仍有一定的用处。

19 世纪下半期学术界较为特出的一项工作是疏注经籍，做出了几本大部头的新疏（注是解释经文的，疏是解释经文和注文的）。旧的十三经注疏成于汉至南宋间，大部分是魏晋至初唐的作品，体现封建社会中期的学术精神，其中不少作品还夹杂着佛学和玄学的成分①，而且当时校勘、辨伪、训诂之学还没有发达，对于一些伪书②、古

① 如王弼的《周易注》；何晏的《论语集解》。

② 如《伪古文尚书孔安国传》，系东晋时梅赜所伪造。

字的音义以及错乱的章节字句都弄不清楚。18 世纪专门考据之学发展，重视个别的、零碎的研究，对于经文中的字音字义、错乱章句有了比较切实的了解。19 世纪的学者们在前人的基础上着手改造旧注疏，往往以几十年的时间写成洋洋百万言的大书，这些书的贡献大多是在校勘和训诂方面，校勘是根据各种版本的书籍，或者根据其他的证据校正古书中的错字、漏字、衍字以及颠倒错乱的章句，训诂就是从文字学、声韵学入手对古书逐字逐句地求得确切的解释。这都是研究古书的初步工作，当然谈不到对古代典籍做出全面的分析和评价，但却是科学地研究古代典籍必须具备的基础，清朝的学者在这方面的工作很出色。19 世纪下半期著作的新疏很多，今举出两种作为代表。

(1) 孙诒让的《周礼正义》。

《周礼》这部书是今古文争讼的焦点之一，古文学家坚信这部书是周公的著作，今文学家则称其为"六国阴谋之书"(何休语)。孙诒让完全是从古文学家的立场来疏注这部书。《周礼》从来没有详细的注疏，孙氏"博采汉、唐、宋以来，迄于乾、嘉诸经儒旧诂，参互证绎"①，历时二十余年，至 1899 年成书，共 80 卷。孙氏注疏《周礼》，是受到西方资本主义文明的刺激，在"崇礼"和"复古"的外衣下鼓吹变法主张，企图把资本主义文化和中国古代文化糅合起来。他说："中国开化四千年，而文化之盛，莫尚于周。故周礼一经，政治之精详，与今泰东西各国所以致富强者，若会符契。然则华盛顿、拿破伦、卢梭、斯密亚丹之伦所经营而讲贯，今人所指为西政之最新者，吾二千年前旧政已发其端"②。甚至他把资本主义的物质文明一一与《周礼》相比较，认为"举凡西人物质之文明，科学之惊人，我国二千年前之载籍，已纤悉毕载，惜汉唐宋诸儒，未及备究耳"③。

孙诒让认为：凡是西方的资本主义文明，中国都是"古已有之"。这种论点当然很牵强附会。这说明孙氏本人所沾染的复古气

---

①② 孙诒让：《周礼正义序》。

③ 张寿贤：《孙仲容先生学术概论》，见《清儒学术讨论集》，第 1 集，下，70 页。

味是很浓厚的。但也应该指出，孙氏的“复古”主张和一般顽固守旧分子有所不同，他在思想上同情维新运动，主张改变现状，学习西方的文化。但在时代逆流的影响下，他竭尽力量，援引古代经典，来证明变法的合理性，这和当时今文学家康有为托名孔子改制而鼓吹变法的精神，实殊途而同归。孙诒让不像康有为，他在政治活动方面无所表现，《周礼正义》和稍后写的《周礼政要》虽然富有变法主张，但政治影响并不大，孙诒让的贡献完全是在学术方面，他总算把两千年来争讼不休的《周礼》切实整理了一番，在校勘、训诂方面付出了辛勤劳动。章太炎称誉此书是“古今言周礼者莫能先也”。孙氏此书，虽有若干自己的见解，但大部分篇幅是胪列从前经学家的旧说，繁称博引，像一部大类书，内容极烦琐。

（2）刘文淇祖孙的《春秋左氏传旧注疏证》。

《左氏春秋》本有西晋杜预的《集解》，但杜氏多援引前人的解说，而不注明出处，有剽窃的嫌疑，学术态度不严肃，而且杜预为了迎合司马贴（西晋文帝），往往随意解释经文而为司马氏篡魏作辩护，清代学者对杜氏《集解》批评很多。1828 年，刘文淇和刘宝楠、梅植之、包慎言、柳兴恩、陈立一起在南京应省试，大家商量给十三经做一套新的注疏，刘文淇担任《左传》，先写成长编数十巨册，他的儿子刘毓崧、孙子刘寿曾根据长编写成《疏证》，但一直没有最后定稿，经过 20 世纪上半期的社会大动荡，原稿相传已散失，一直到新中国成立以后，中国科学院历史研究所第一、二所资料室觅得原稿，经过整理，于 1959 年出版，这部书假使从刘文淇草创长编算起①，历时一百余年，方才成稿。但在反动统治时代，这种书不但不能出版，而且几乎不能保存下来，只有在今天的新中国，刘氏三世的辛勤劳动才受到了应有的尊重。

刘氏《疏证》的特点是否定了杜预《集解》的权威地位。杜预《集解》一直被认为是解释左传的依据，刘文淇等敢于攻击杜预，这

---

① 据说刘文淇的长编写了 40 年，刘氏死于 1854 年，则开始编写长编当在 19 世纪初。

不能不说是经学研究的一种进步现象，但刘氏毕竟有很大的局限，他们虽攻击杜预，但对汉代的贾逵佩服得五体投地。攻杜而复归到服贾，跳来跳去，仍旧没有离开封建主义的老圈子。

除了以上两种新疏外，其他著名的新疏尚有刘宝楠、刘恭冕父子的《论语正义》（写成于1865年），胡培翚的《仪礼正义》（约写成于1849年），陈立的《公羊义疏》（约写成于40年代），陈奂的《诗毛氏传疏》（写成于1840年），简朝亮的《尚书集注述疏》，皮锡瑞的《孝经义疏》等。这些新疏在校勘、训诂方面一般都超过旧疏。

除了新疏以外，还有一些考辨经籍的著作，其中以俞樾的《群经平议》、《诸子平议》、《古书疑义举例》为最有名。俞樾很崇拜乾、嘉学派中王念孙、王引之父子。所以他仿照王氏《经义述闻》的体裁撰成《群经平议》，仿照王氏《读书杂志》的体裁撰成《诸子平议》，又根据前人和自己阅读古书的经验，对古书中字句篇章的错乱衍缺举出八十八条公例，写成《古书疑义举例》，总结出校勘和训诂方面的若干规律。他的学生章太炎评论他“治群经不如《述闻》，谛《诸子》乃与《杂志》抗衡，及为《古书疑义举例》，辎察鰓理，疏纱比昔，牙角财见。紬为科条。五寸之矩，极巧以工，尽天下之方，视《经传释词》益恢廓矣”①。

19世纪下半期的学术界，研究的范围在逐渐扩大，除了考释经籍之外，对于先秦诸子、西北地理、蒙古史以及金石学都开始重视起来。研究先秦诸子书的除上述俞樾的《诸子平议》之外，当以孙诒让《墨子间诂》为代表。

《墨子间诂》写成于1883年，《墨子》这本书，两千多年来被视为邪说，没有人专门注释和传习，而且字义古奥、错乱很多，难于读通。到19世纪初，考据学发展，方才有人稍稍注意到它，如汪中、毕沅、孙星衍、张惠言、卢文弨都有片段的考释。19世纪下半期，西方资本主义文化传入中国，《墨子》书中的逻辑学部分和自然科学部分受到人们注意，研究《墨子》的人多起来了。孙诒让以毕

① 《太炎文录》，卷二，《俞先生传》。

沅的注释为主，采集各家的研究成果，对《墨子》作了一次全面的整理，使此书能够初步读通。俞樾称孙氏的成绩是“整纷剔蠹，脉摘无遗，旁行之文，尽还旧观，讹夺之处，咸秩无紊，盖自有墨子以来，未有此书也”①。章太炎则说：“集众说、下己意，神情迥明，文可讽诵，自墨子废二千岁，儒术孤行，至是较著”②。以后研究《墨子》的，在句读训诂方面大多以此书为根据。

西北地理和蒙古史的研究发端于19世纪之初，由于清朝经康熙、雍正、乾隆三朝的极盛时期，在蒙古、新疆、西藏屡次用兵，这些边疆地区和内地的关系日益紧密，彼此之间的经济、文化交流也日益频繁，有些学者在现实生活的推动下逐渐注意起边疆的历史和地理。19世纪初有徐松遣戍伊犁，把自己所经历的山川要隘，所听到的建置沿革，编成《新疆事略》和《西域水道记》等书，这是近代研究西北地理的最早的著作。19世纪中叶，张穆著《蒙古游牧记》16卷，记述元亡以后蒙古各部落的地理和沿革，何秋涛著《朔方备乘》80卷，叙述范围东至西伯利亚，西至欧洲，对历代西北边事记载很详细，开创了后代西北地理学和元史学的风气。19世纪下半期，资本主义列强从四面八方侵入中国，边疆问题成为全国人民关心的首要问题，但边疆问题的研究却逐渐转移到历史方面。当时学者们“厚古薄今”的气味很浓厚，他们不去进一步深入研究边疆的现实问题，却把《元朝秘史》和《圣武亲征录》等书捧为至宝，再加上从西方传来了许多关于蒙古史的新材料，于是介绍新史料和企图用新史料改造旧元史的学者纷纷出现，如李文田校注《元朝秘史》，洪钧采用西方史料写成《元史译文证补》。屠寄编《蒙兀儿史记》，对于成吉思汗所征服的诸部落和西域诸汗国记述特别详细。20世纪初又有柯绍忞写成257卷《新元史》，完成了改造旧元史的工作。近代西北地理的研究是由现实生活的需要而促成的，由于研究工作结合了现实的需要，所以发展较快，而且取得了一定的成绩。可惜这个良好的学风后来完全转移到了历史方面，虽然由此而兴起

① 俞樾：《墨子间诂序》。

② 《太炎文录》，卷二，《孙诒让传》。

了蒙古史的研究，但毕竟又重新走上了厚古薄今和烦琐考据的绝路上去。当19世纪90年代中俄交涉帕米尔疆界问题的时候，西北地理和蒙古史的著名学者洪钧担任出使俄国大臣，他竟把中国的大块领土毫不经心地划在俄国的领域内，因此造成外交上的严重不利，丧失了许多领土。洪钧枉有一肚皮的边疆知识，可是在现实的划界问题上是个道地的糊涂虫，由此也可见那种“学术与政治无关”的主张和烦琐考据风气真是贻祸无穷。

19世纪末和20世纪初还开辟了若干新的学术领域，比较突出的是甲骨、金石、汉简、敦煌、明清档案的研究，不过这些学术部门发展主要是在20世纪。还有近代最有名的两个大学者章太炎和王国维，都将在本书最后一册中介绍。

二、19世纪下半期的科学和技术

19世纪中国的科学技术也有所发展，作为基础科学的数学在这时占着领先的地位，其他像化学、物理学、地理学则是作为数学的附庸而开始生长。当时有不少汉学家都兼攻数学，用考据的方法致力于数学的研究。

数学的领先发展是由几个因素所促成：

第一，18世纪编辑《四库全书》时，中国古代的数学书籍陆续传布[①]，推动了数学研究的发展。如著名的汉学家戴震曾经在《永乐大典》中辑录了许多古代真经，孔广森、李锐则致力于宋元算书的注释的研讨，焦循以数学注释《易经》，提出了一些新的见解。在整理遗产的基础上，数学研究有了一定的发展。

第二，19世纪中叶，西方数学被大量地有系统地介绍到中国，代数、几何、三角、微积分都有了较完整的译本，中算家跨进了研讨世界性数学问题的阶段。

---

① 古代算书的整理传布是指算经十书（《九章算术》、《周髀算经》、《海岛算经》、《孙子算经》、《五曹算经》、《张丘建算经》、《夏侯阳算经》、《缉古算经》、《五经算术》、《数术记遗》）、李治的《测圆海镜》和《益古演段》、杨辉的《杨辉算法》、朱世杰的《四元玉鉴》和《算学启蒙》等大多散失不全，19世纪下半期有许多数学书从《永乐大典》中辑出。

第三，由于外国侵略者用巨舰大炮侵入中国以及中国机器工业的产生，在中国知识阶层中，数学和其他科学、技术的研究被提到一定的重要地位，当时甚至有一种“数学救国论”、“格致救国论”，就像陈维祺所说：“格致之学，本西人所最精，又有代微积重诸术以资其推测之用而增益其坚忍之性，于是一切天文历法、测绘、制造，大而军国、小而市廛以及化电光气种种新学，争奇竞胜于寰海七万里中，骎骎乎其未有艾……方今国家幅员之广，艺能之士日出，斗量车载而不可数计，使人人于经史之外，父以此教子 ，兄以此勉弟，童而习之，以底于成，以算学为初基，以格致为究竟，上焉者达乎道，下焉者成乎器，岂非富强之道，尽在是哉”①。这种把科学凌驾于一切之上的论调当然是错误的幻想，但是在那个时候，封建统治者极端贱视科学，少数知识分子抱着爱国热忱，希望追赶世界强国而致力于科学事业，他们的希望在反动统治之下虽然不可能实现，可是他们的努力多少推动了中国科学、技术方面的进步。

19世纪中叶以后，专攻或兼攻数学的人很不少，其中较早的如罗士琳（1774—1853），创作《四元玉鉴细草二十四卷》，历时12年，又校刻《算学启蒙》，于整理宋元古算极为努力。又如，项名达（1789—1850）、戴煦（1805—1860）的椭圆求周术，用简单的算法计算出椭圆周的长度，邹伯奇（1819—1869）、夏鸾翔（1823—1864）的开乘方捷术的方法与牛顿二项式定理相似，李善兰（1811—1882）的《垛积比类》和华蘅芳的《积较术》都详细论证了级数问题。由于对数的系统传入，在学者中间引起了“对数热”，当时论述对数的著作有几十种。邹伯奇曾根据对数表创造出对数尺，“为算器增新制，为算术开捷径，画数于两尺 ，相并而伸缩之，使原有两数相对，则今有数，即对所求数”②。此外，李善兰、徐有壬的圆率解析法，项名达、夏鸾翔的曲线论，保其寿的论纵横图也都有一定的成就。

应该提到当时在翻译数学书籍、介绍西方自然科学方面特别有

---

① 陈维祺：《中西算学大成序》，转引自《清儒学案》，卷一七九，《融斋学案附》。

② 诸可宝：《畴人传》，三篇，卷五。

贡献的李善兰和华蘅芳。李善兰字壬叔，浙江海宁人，是一个落第秀才。曾经跟随经学家陈奂读经，他素来喜欢宋元古算，所以后来就专攻数学。咸丰初年，他在上海墨海书馆和英国传教士伟烈亚力、艾约瑟、威廉臣等一起从事翻译，同治初年又曾在安庆曾国藩幕府中工作。后来，李善兰又在北京同文馆担任算学总教习，一直到1882年逝世为止。他的著作有《则古昔齐算学》，共13种。翻译的书籍有欧几里得《几何原本》13卷，续增2卷（此书有明朝徐光启的译本，但是只译了前6卷）；又译胡威立著《重学》20卷（重学即力学），附《曲线说》3卷；罗密士著《代微积拾级》18卷（即代数、微分、积分）；《谈天》18卷；《植物学》8卷。

华蘅芳（1833—1902），字若汀。江苏无锡人。幼时就喜欢学习数学，和同乡徐寿常在一起进行研讨。60年代初，徐寿为曾国藩制造"黄鹄"号轮船，华蘅芳参加了轮船的设计工作。后来又和徐寿参加江南制造局的翻译馆，专门翻译西方的数学和地质学书籍。其著作有《行素轩算学》，译有《金石识别》、《代数术》、《微积溯源》、《三角数理》等。

除了数学的著作和翻译之外，其他西方国家的物理学、化学、工艺技术、生物学、医学、天文学等知识也被系统地介绍进中国来，例如1880年江南制造局翻译馆已刊的译书共98部，其中就有算学测量（22部）、汽机（7部）、化学（5部）、地理（8部）、医学（2部）、工艺（13部）、水陆兵法（15部）、新闻纸（6部）。①从这个目录就可以看出：在19世纪80年代以前，西方的自然科学和技术是中国某些先进知识分子致力学习的对象。西方的坚船利炮一方面轰开了中国的大门，外国侵略者因之而能够横行中国，而另一方面，也震醒了某些先进知识分子的头脑，使他们开始认识到自然科学的价值，这些知识分子改变了攻习八股括帖的读书方向，献身于自然科学，这可以说是中国知识界觉醒的新阶段。但同时也应该指出：一直到19世纪80年代为止，中国知识界的注意力较多

---

① 参见傅兰雅：《江南制造总局翻译西书事略》，载于1880年《格致汇编》，转引自张静庐：《中国近代出版史料》，初编。

地放在自然科学方面，他们希望在坚船利炮、铁路开矿方面赶上西方，但还没有发现西方社会科学中所蕴藏的财富，他们还并不具有改革社会政治的迫切感。所以在上引 1880 年的译书目录中，西方政治、经济、历史、法律的书籍竟然完全是空白。从注意自然科学转而注意社会科学，这是社会思潮的一个巨大转变，这个转变要到戊戌变法前夕才显得明朗化。在某种意义上说，19 世纪下半期少数先进知识分子的致力于自然科学乃是中国知识分子向西方学习的一个阶梯，它为中国知识界进一步的思想转变提供了一个出发点。

除了上述在数学方面译书很多的李善兰、华蘅芳之外，徐寿及其子建寅在介绍西方化学和物理方面也是有一定贡献的。

徐寿（1818—1884），号雪村，江苏无锡人，年轻时应过秀才考试，后来认为八股文没有用处，转而研究格致之学，特别擅长于化学和制器。徐寿是一个自行探索并且喜欢动手实验的科学家，曾经制造过指南针、象限仪，仿制过墨西哥银元。后来他在上海得到一本《博物新编》，和华蘅芳共同研习，根据书中所载的方法，做了许多试验（如三棱镜试验、抛物线试验），他的科学知识就在这样努力摸索和不断试验中逐渐提高。他在生活方面也和一般封建知识分子不同而贯彻着科学精神，别人称他“婚嫁丧葬，概不用阴阳择日之法……治丧不用僧道忏醮以及乐工鼓吹，营葬不用堪舆家言，居恒与人谈议，所有五行生克之说，理气肤浅之言，绝口不道，总以实事实证，引进后学”①。1862 年徐寿在安庆军械所和华蘅芳等合作制造“黄鹄”号轮船，“推求动理，测算汽机，蘅芳之力为多；造器制机，皆出寿手制”②。这是我国自造的第一艘轮船。1867 年与华蘅芳同入江南制造局之翻译馆，一面从事造船工程，一面从事于化学和汽机方面的翻译。当时一些洋务派大官僚听见徐寿的名望很高，都想招他入幕，徐寿“以译书行世较专治一事影响于社会尤大，辞之”③。他

---

① 程培芳：《徐雪村先生传》，见闵尔昌：《碑传集补》，卷四三。

② 《清史稿》，艺术传四，《徐寿传》。

③ 《锡金四哲事实汇存》，转引自来新夏：《关于中国近代化学家徐寿的生平》，载《光明日报》，1957 年 8 月 15 日。

翻译的书有数百卷之多，较著名的有《汽机发轫》、《化学鉴原》等。他的译作影响颇大，据说日本曾经派“柳原前光等赴局（指江南制造局）考访，购载寿译本以归，今日本所译化学名词，大率仍袭寿本者为多”。

徐寿的第二子徐建寅也是当时有名的科学家，少时曾经跟随父亲参加“黄鹄”号轮船的制造，徐寿造船时“苦无法程，日夜凝想，建寅累出奇思佐之”①。后又帮助父亲在上海造船译书。1874年进入天津制造局，试制强水成功，比从外国购买强水价廉三分之一。1875年担任山东机器局总办，局内设计制造，不用外国工程师，完全由徐建寅负责。“徐建寅胸有成算，亲操规削，一个足抵洋匠数名，犹复估料程工，力求撙节，综核精密，人不能欺，故一切皆归实用，不稍虚糜”②。不久担任出使德国的参赞，周游欧洲各国，开始注意到资本主义国家的议会制度，著有《欧游杂录》、《德国议会章程》等书，归国后又担任金陵机器局会办、福建船政局提调等职。徐建寅搞了一辈子科学技术，但是国家却一天比一天更衰弱，他所工作过的几个企业，也在洋务派的把持下一天天地瘫痪下去，大概这时他已觉悟到政治的清明是科学发展的前提，所以积极参加了戊戌变法运动，授三品卿衔，督办农工商局新政。变法运动不久失败，建寅被销衔撤差，去湖北仍从事科学技术工作。1901年在湖北火药厂试制无烟火药，配药时引起爆炸，建寅不幸被炸死。

除徐氏父子之外，邹代钧之地图测绘和赵元益之医学研究也都有一定的贡献。邹代钧，湖北新化人，一生从事测绘地图，所作中外舆图有七百余幅之多。他融会中外的制图方法，首重比例尺。他认为“以尺量地，尺有差，地亦随之而差，以地定尺，地有准，尺亦随之而准”③。根据这个道理，他参考米图尺而制成中国舆地尺，用来作为绘制地图的标准尺。后来又创立舆地学会，倡导地理学的研究，他的代表作有《中外舆地全图》68幅。

---

① 钱基博：《徐寿传》，见闵尔昌：《碑传集补》，卷四三。

② 《丁宝桢遗集》，奏稿，卷一二，《机器局置器造船、规模大备折》。

③ 邹永修：《邹征君传》，见闵尔昌：《碑传集补》，卷四三。

赵元益，江苏新阳人，与华蘅芳为表亲，幼时就和华蘅芳等一起研习数学格致之理，但他特别擅长医术。后来在上海制造局翻译书，专门担任数学和医学书籍的翻译。他很提倡中西医的合作，认为“吾国医方得西国之医理而益可证明之，沟通中西之学说，医道庶几其中兴也”。他所翻译的医学书，有《儒门医学》、《西药大成》、《内科理法》等。

另外，由于19世纪60年代以后，中国开始有了机器工业，因此在厂矿企业中涌现出一批科学技术人才，在反动统治下从事工程技术的人都被看成是“贱役”，他们的才能不但不能够得到充分的发挥，而且他们的姓名、事迹也都埋没不彰。以下就史料中零散所见，介绍他们中间的一些杰出的人才。

赖长，广东人，是左宗棠老湘军内的一个下级军官，曾经参加过镇压太平天国革命。1870年奉命筹办福州机器局，试造后膛熟铁炮二门，后膛熟铁枪十杆，“其式样精巧，与洋枪炮无异”①，1873年调去甘肃，主持兰州制造局的局务，能仿制德国枪炮，改制旧式劈山炮。据说俄国官吏索思诺福斯齐参观了兰州制造局，十分称赞，“惟诧铁质精莹，意必西洋购来，比告以系土产，以为大奇，其于赖镇（即赖长，当时已升为总兵，故称赖镇）则数数目之”②。1877年，赖长又自出新意，制成一架水轮织呢机，并织成一段绒片，直接促成左宗棠开办兰州织呢局。此外兰州城内饮水困难，赖长创制了一种名为吸水龙的抽水机器，把黄河的水引入市内的饮和池，挹清池内，供居民汲用。

曾昭吉，湖南人，是个小官吏，曾在山东协助徐建寅办理山东机器局。刚到山东的时候，巡抚丁宝桢要试试他的本领，给他一支最新式的亨利马氏呢枪，问他能不能仿制，丁宝桢以为这一下一定难倒了曾昭吉，不料曾昭吉在两个月之内竟仿制一百二十余杆。“相对演放，其及远与马氏呢等，而出声之响，入靶之劲，似有过之”，购买马氏呢枪，每杆需银二十四两六钱，不能短少分

①《同治朝筹办夷务始末》，卷七七，38页。

②《左宗棠全集》，书牍，卷二二，《致杨石泉》。

毫，“今曾昭吉所造，每杆仅计价银十两有零，较之购买外洋者，已省银十四两数钱，而精利相敌”①，这样一来，使丁宝桢也不得不惊叹其“心思精妙”了。1880年丁宝桢又调他到四川，筹办四川机器局。四川缺乏煤炭，不能供应机器局的大量需要，曾昭吉苦心钻研几个月，制成水力发动机，“其用水仅三五寸而即可以敌二十四马力之锅炉，日可省煤一千数百斤，合计每年约可省煤银四千余两”②。曾昭吉的确是个杰出的技术革新家，可惜他的才能只能为洋务派的军火工业服务，而且这些工厂寿命都不长，曾昭吉以后的情况也无从查考。

温子绍，广东的一个富绅，1873年主持广州机器局。据说他“资性聪明，深谙西法，所有制造枪炮以及火箭水雷等项，无不合用。其格林炮一项，灵巧不让外洋而价值则减大半，是以直隶各省纷纷来粤购办”。1880年清朝廷内“海防”呼声日高，广东筹议购买外国的蚊子船，可是购买一艘蚊子船连同来华运费、保险费等需要十五六万两银子以上，清朝政府财政困难，拿不起这笔钱，温子绍提出仿制计划，船身不用钢板，改用木质，经过一年多施工，造成一艘蚊子船，船长十二丈四尺，马力二百匹，造船工料银三万三千余两，比从外国购买便宜四五倍，这笔钱完全是温子绍自己拿出来捐献的。造成的船和从外国购买的船一起试验，据两广总督张树声说：“虽外洋所制，机器较多，通体纯钢，与木壳有异，而温子绍仿造之船，价值悬殊，规模行驶迟速亦能不甚相悬，洵足以资备御”③。在工程技术条件十分幼稚的情况下，温子绍用极少的成本创制这样大的兵船，确实是难能可贵的。

许启邦，民族资本经营的上海均昌船厂（亦名发昌船厂）的总机司，他在80年代先后制造成许多艘轮船，许启邦担任设计绘样并亲率中国工人施工。1882年造成“犀照”号，船长56呎，马力120匹，是代芜湖关道所造；1883年造成“兆昌”号，船长7丈，供招

---

① 《丁宝桢遗集》，奏稿，卷一二。

② 《刘坤一遗集》，奏疏，卷一四。

③ 《张树声奏议》，卷五，《绅士捐造蚊子船工竣，验收合用》。

商局用；同时又陆续造成两艘（不知其船名、船长与马力）。同年又代芜湖关道造成第五号船“江练”号，船长 9 丈，马力 150 匹。1884 年又为淮军将领刘铭传制造一艘游艇，名“淮庆”号，船长 80 尺，船身都用铁肋铁板。1887 年，在山东办理黄河工程的道员魏温云到上海筹办挖河机器，魏温云也是一个“熟于机器，夙娴制造之法”的技术家，由于黄河水流湍急，泥沙极多，和其他河道不一样，所以魏温云根据黄河的特点，苦心钻研，绘制成平底双轮刷沙机器船的图样，和均昌船厂的技师、工人合作，造成“泰通”号挖泥船，船长 70 尺，一小时可行 30 里。当时的报纸上说：该船“平底则不致搁浅，双轮则驶行倍速，随带刷沙机器，终日飞行，不假风力，更觉灵便。不但为中国所未见，即外洋亦所罕闻，实创千百年未有之奇”①。

何德顺，宁波人，上海广德昌机器造船厂的资本家。1889 年有周德标、周德明设计一种八桨炮船，由何德顺制成一艘“先锋”号。船长六丈五尺，内设暗轮机器，每小时可行 30 里。若缺乏煤斤时，可以使篷或划桨。该船质量极好，当时被誉为“华人仿造轮船以来，此船实为首屈一指”②。第二年，何德顺又造成“义济”、“仁济”二船，这两艘船“机器不用煤火，而雇四人推轮而行，随推随驶……每一点钟能行二十余里”③。

---

① 《申报》，1887 年 8 月 11 日。
② 《中国近代工业史资料》，第 1 辑，下册，1033 页。
③ 《益闻录》，1890 年 10 月 29 日。

第十章　中日甲午战争

第一节　东亚的国际形势和列强对朝鲜的侵略

一、沙俄向东亚扩张和日本资本主义的发展

19世纪90年代，世界资本主义向帝国主义的过渡已将近完成，列强瓜分殖民地和争夺霸权的斗争更加激烈。非洲大陆快要瓜分完毕了，近东和中东的争夺也暂时告一段落，于是，宰割中国、朝鲜及其他尚处于半独立地位的国家便成了帝国主义侵略日程表上的主要课题。国际上风云变幻，远东地区正在酝酿着战争的大风暴。正像列宁所指出："在金融资本时代，在世界上其它地方已经瓜分完毕的时候，争夺这些半独立国的斗争一定会特别尖锐起来"①。

沙皇俄国在国际政治舞台上始终表现出最贪婪、最野蛮的强盗本性。80年代以后，俄国已完成了对中亚地区的征服，但在土耳其和中东方面，它的侵略野心却因英国的竞争而未能全部得逞，于是它的视线转向了远东，企图从这里寻找猎物，取得补偿。它在西伯利亚和远东地区大力扩充军备，制造枪炮舰船，屯贮战争物资，陈兵于中俄边界，在黑龙江以北和乌苏里江以东，"设屯置戍"，"十里八里之间，村堡相望，洋枪队兵，梭巡不绝"②。原设在庙街（尼古拉耶夫斯克）的海军基地移到了海参崴，积极扩充力量，并派遣大批军政谍报人员进入中国和朝鲜，进行渗透和刺探。

俄国政府为了向远东扩张，于1891年兴工修筑西伯利亚铁路，

---

① 列宁：《帝国主义是资本主义的最高阶段》，见《列宁选集》，第2卷，802页。

② 徐宗亮：《黑龙江述略》，卷六。

从乌拉尔山麓的车里雅宾斯克穿越荒芜广阔的西伯利亚，沿着中国北部和东北的边界线，迤逦东走，到达太平洋海岸的海参崴。铁路全长 7 500 公里，施工十年多，耗资 10 亿卢布（原计划 3.5 亿卢布），里程之长，规模之大，是世界铁路建筑史上的空前之举。俄国国内经济困难，财政匮乏，本来没有力量和资金来修建这样漫长的铁路。开工的第一年还只能拿出 100 万卢布的修建费。但这时它和法国正越来越靠近，成立了法俄军事同盟，法国资本源源地流入俄国。法国拉拢俄国以便从背后牵制德、奥、意集团，而俄国则利用法国的力量来和英国在亚洲争衡。1892 年，沙皇任命维特为交通大臣（后调任财政大臣）。俄国政府在法国金融资本力量的支持下，全力以赴修筑西伯利亚铁路，要在完成远东战略部署的时间上抢在前面。俄国统治阶级把西伯利亚铁路视作争霸远东和太平洋地区的关键，俄国外交大臣格尔思说：俄国政府“把西伯利亚铁路的修筑看作俄国最重要的问题”①；财政大臣维特说：西伯利亚铁路的修筑“开始了人类历史之新时代”，“它不仅替俄国商业而且替世界商业开辟了新途径与新眼界”，使俄国在东亚和太平洋“在欧洲一切国家之前占着重要的优势”，铁路又能“以必需品供给俄国舰队，并在东方海口中造成它的坚固的支点”，“因此，此路修通后，该舰队即可相当地加强，而遇到欧洲或东亚发生政治纠纷的时候，它就有很大的作用了，它能够控制太平洋上一切国际商业运动”②。

修筑西伯利亚铁路的一个重要目的就是侵略中国。外国的评论者说：“俄人之地势已包中国东西北界，铁路若成，必为中国之患”③。事实上，西伯利亚铁路修筑的第三年（1893 年），沙皇亚历山大三世的教父巴德玛耶夫就给政府上了一个条陈，建议西伯利亚铁路从贝加尔湖向南筑一条支线，经过中国蒙古地区，深入中国领土近两千公里，到达兰州。由俄国在这里组织反清暴动，暴动以后，

① 罗曼诺夫：《帝俄侵略满洲史》，41 页，上海，商务印书馆，1937。

② 同上书，44～47 页。

③ 《崔国因出使日记》，卷六，49 页。

就由这些民族（指蒙、藏、汉族）之绅商名流向俄国呈一自愿的请求书，以求收容他们作为俄国臣民。① 这一恶毒的侵华阴谋深得沙皇赞许，维特则誉之为“新观点”、“很重要的见解”。政府借给200万卢布，成立了“巴德玛耶夫商务公司”，以推动和执行这一想入非非的阴谋计划。

除了俄国以外，新起的日本也是一个野心勃勃的侵略者。它正在全力以赴地发展经济和军事力量，为并吞朝鲜、入侵中国做准备。一位日本的历史学家写道：“日本的资本主义在一登场的时候，它就扮演了帝国主义国家的角色，同样地努力对外侵略领土。从它自己还受着外国不平等条约痛苦的时候起，它就挤到近邻的国家去，把它身受过的同样的痛苦，加于邻国，求得了它自身的发展”②。

80年代以后，日本的资本主义迅速发展，煤产量从1874年的22万吨增至1892年的300余万吨，纱锭数目从1882年的4万锭增至1892年的38万锭，铁路里程从1872年的17里增至1894年的2 000里。日本早期的工业有许多是用国库资金建立的军事工业、矿山和交通运输业，以后又转让给特权商人，“具有以人民的税款帮助大商业资本家转化为产业资本家的内容，在政治上则是为了使他们成为政府的支柱”③。三井在财政金融和纺织工业领域得到政府的特许权，三菱垄断了航运业，住友、川崎在矿业方面获得优惠，以后都发展成为日本的财阀。

日本的资本主义在迅速发展，而劳动人民的生活极为贫困，国内市场十分狭小。农民并没有得到土地，而且租税繁重，高利贷横行，物价高涨，工人的工资很低，工时很长。日本广大的工农大众为反对地主资产阶级的剥削展开了激烈的斗争，国内矛盾十分尖锐。日本的统治阶级为了加强统治、摆脱危机并转移群众的视线，在国内加强以天皇为核心的军事专制体制，在国外则执行“八纮一宇”的扩张主义路线，逐渐变成一个封建的军事的帝国主义国家。1872

① 参见罗曼诺夫：《帝俄侵略满洲史》，48页。

② 守屋典郎：《日本资本主义发展史》，23页，世界知识社版。

③ 井上清、铃木正四：《日本近代史》，50页，杨辉译，北京，商务印书馆，1959。

年，日本实行义务兵役制，建立了近代化的常备军。1874 年制定陆军省官制，规定陆相只能由将级军官担任。1878 年设立参谋本部，直属于天皇，权力与行政机关平行，政府无权过问参谋本部的任务，参谋本部却可以通过陆军省干涉政务，军部势力越来越膨胀。

80 年代以后，日本国内掀起了争取制宪的斗争，出现了地主资产阶级的政党。1882 年伊藤博文赴欧美考察，向德、奥帝国学习宪法。1885 年改革官制，设立内阁，伊藤博文出任内阁总理大臣。1889 年颁布了《大日本帝国宪法》。这部宪法是贵族大地主和大资产阶级相互妥协的产物，反映了作为封建的军事的帝国主义国家阶级关系的实质。宪法规定：国家的主权属于天皇，天皇神圣不可侵犯，内阁和军部各自对天皇负责，不对议会负责；议会的权力很小，只有纳税 15 元以上、年龄在 25 岁以上的男子才有选举权；宪法虽然在形式上也规定人民有言论、集会、结社、通信、出版的自由，但实际上只保证了大地主资产阶级的特权，人民并没有得到民主自由权利，1890 年第一次选举议会时，只有 1%的居民参加了选举，广大劳动群众被排斥在国家政治生活之外。

日本是亚洲唯一一个发展起来资本主义的国家。它和朝鲜、中国一衣带水，经济上文化上有密切的联系。日本人民和中朝两国的劳动人民在历史上结成了悠久的友谊。但是，日本走上资本主义道路以后，它的统治者却奉行对外侵略的国策，矛头首先指向邻近的朝鲜和中国。从明治维新以后，日本一直在扩军备战，对朝鲜、中国虎视眈眈，侵略活动从未放松过。1880 年，日军阀头子山县有朋写了一篇《邻邦兵备论》，以中国为假想的敌人，鼓吹把对外侵略作为国家的最高目标，要求国内军事、政治、经济、文化的发展都服从这一目标，即使财政赤字直线上升，内外债台高筑，也要牺牲一切，扩充军备，准备对中国作战。中日甲午战争爆发以前，日本已建立陆军 7 个师团（包括近卫师团），约 12 万人，此外有预备役 25 万人，海军有舰艇 28 艘，约 58 000 吨。① 日本军阀、财阀处心积虑

---

① 参见仲小路彰：《日清战争》上，74～78 页。

为对华战争做了长期准备。一个西方作家写道："日本人图谋控制中国由来已久，这有一张非常详细的地图为证，它包括朝鲜、满洲和北直隶湾沿岸这一大片地区，标有所有的道路、山丘的轮廓等种种细节。这张地图想必使地球上最善于钻研的种族做了好多年秘密测量工作，才为日本参谋部在1895年的战争中用上。该图的一份复本当时为本文作者获得，目前仍属鄙人所有，它足以证明入侵中国蓄谋已久"①。

这样，沙俄势力的膨胀和日本资本主义的兴起正在改变着东亚地区国际间力量的对比，朝鲜和中国处在日益动荡之中。

二、日本和其他资本主义列强侵入朝鲜

朝鲜半岛背靠着富饶广阔的亚洲大陆，面向着浩瀚无边的太平洋，三千里如锦的江山是良好市场和原料供应地，又是俄国南进太平洋和日本、美国西侵中国所必争的战略要地。19世纪下半期，朝鲜和中国一样，沦为半殖民地和殖民地，帝国主义国家争先恐后地扑向朝鲜，进行残酷的剥削和激烈的争夺。

美国对朝鲜垂涎已久。早在1866年，美国人帕雷顿等24人乘武装舰船"舍门将军"号，闯入朝鲜大同江，驶至平壤附近，炮轰朝鲜商船，抢劫粮食金银，杀伤平民十余人。朝鲜人民奋起自卫，烧毁了海盗船只，歼灭了这伙匪徒。

同年，法国的7艘军舰和600名水兵在海军上将罗兹的率领下，以保护传教为名，入侵朝鲜，袭击江华岛。朝鲜军民进行了英勇的抵抗，法舰被迫撤退。

1868年，另一个美国人詹金斯与德人、法人合谋，在驻上海的美国领事的支持下，纠集130名匪徒，潜入朝鲜，盗掘朝鲜国王祖父南延君的坟墓，"企图获得他们意想中埋藏在这些坟墓里的黄金或其它宝物，或者把这些尸体运走，借以勒索赎金，或是，据他们自

① 波纳尔的文章，载于1904年3月号《十九世纪及以后》，转引自丹涅特：《罗斯福和日俄战争》，147页。

己扬言：借劫持这些尸体来随心所欲地要挟朝鲜宫廷肯和他们各自的政府谈判商约”①。他们的卑劣行径被朝鲜人民察觉，遭到了狠狠打击，这伙盗墓贼狼狈逃窜。

沙俄也早已对朝鲜抱有侵略野心，希望得到向太平洋南进的据点。1869年，俄国炮艇侵入朝鲜海岸，肆无忌惮地进行侦察活动，要求“通商”并在朝鲜居住，也被朝鲜军民驱逐。

1871年，美国驻华公使镂斐迪和太平洋舰队司令罗吉斯率领五艘军舰和一千多名美军，大举进攻朝鲜，企图用武力强迫朝鲜接受不平等条约，开埠通商。朝鲜军民不屈不挠，浴血战斗，再一次痛击入侵者，美军被迫撤退。连镂斐迪也不能不承认：“朝鲜人以必死的决心斗争，他们的勇敢是世所罕见的，从来没有一个民族能够超过他们”②。

朝鲜人民的英勇抗战，一次又一次地把侵略者驱出国土，但帝国主义不甘心罢手。1868年，英、法、美曾酝酿组织一支侵略联军，以几个大国的联合力量迫使朝鲜屈服，但由于列强之间尔诈我虞，矛盾重重，这一侵略计划没有成为事实。到了70年代下半期，刚刚走上资本主义道路的日本竟赤膊上阵，充当了为列强打开朝鲜门户的急先锋。

在明治维新一年多以后，日本国内的“征韩论”即甚嚣尘上。在日本统治阶级中，以参议西乡隆盛为首的急进派主张立即进攻朝鲜，他们希望以对外侵略战争来消弭旧士族势力和军队对维新改革的不满。他们说：“方今维新告成，四方不得志者皆英气勃勃，蠢焉思动，若移植之于半岛（指朝鲜——引者），既可避内乱，又可拓国利于海外，洵一举两得之策也”③。但政府内以岩仓具视、木户孝允为代表的缓进派认为：国内改革刚刚开始，对外作战准备未足，需要积蓄力量，等待时机。两派的争论导致了维新政府的分裂，结果缓进派胜利，大规模的侵朝战争暂时推迟。其实，无论急进派或缓进派，对于侵略朝鲜和中国这一大目标是完全一致的，仅在发动侵

① 马士：《中华帝国对外关系史》，第3卷，4页。
② 同上书，第3卷，6页。
③ 森山茂语：《玄洋社史》，37页。

略的时间和步骤上有分歧。①

日本侵略朝鲜后的下一步目标就是侵略中国。它在侵略朝鲜时的最大顾虑就是朝鲜人民的坚强抵抗和中国对朝鲜的援助。中朝两国山水相连，唇齿相依，当时都处在帝国主义的侵略下，风雨同舟，患难与共。朝鲜是中国的屏障，中国是朝鲜的后方。朝鲜人民对侵略者的反抗斗争就是对中国的最大支援。中国人民从道义方面或从国家安危方面考虑，都不能坐视帝国主义吞并和灭亡朝鲜。

当时中国和朝鲜之间存在着“宗主国”与“藩属国”的名义。应当指出：这种宗藩关系是封建时代国际间不平等关系的表现，反映了封建大国对中小国家的压迫。我们反对历史上一切大国主义，包括中国历史上封建统治阶级的大国主义在内。但到 19 世纪下半期，中国自身已变成了半殖民地半封建社会，宗藩关系已成历史上残留的空名。近代史上中国进行的援越和援朝战争是帝国主义的侵略引起的，中国人民基于道义责任和自卫需要，不能不拿起武器，支援友邻国家。这是正义的民族解放战争，而不是像有些人所说的“争夺藩属”。至于徒具名义的“宗藩”关系确实也曾在近代外交史上热闹了一阵，那也只是出于帝国主义侵略的需要。有一些国家，如英、俄、德，在中国具有相当势力，企图通过控制中国去控制朝鲜，因而唆使和支持清朝统治者去加强宗藩关系，以达到他们自己的侵略目的；而另一些国家，如日本、美国，当时在中国的政治影响很小，不可能从“宗藩关系”中捞到好处，因此把“宗藩关系”作为攻击的口实，以分裂中朝两国相互支援的关系，达到各个击破、分别宰割朝鲜和中国的目的。

1875 年，日本政府在朝鲜开始采取重大的侵略行动，它借口日舰云扬号遭到了朝鲜的攻击，派遣士兵数千人，舰船六艘，入侵朝鲜。为了试探中国的态度，日本驻华公使森有礼向中国总理衙门递

---

① 例如木户孝允于 1869 年致大村永敏书简中说：“韩国之事，可借以确立皇国之国体。以今日宇内之情势推之，在东洋大发光辉，当以此为始”。（转引自东亚同文会编：《对华回忆录》，10 页）

送节略，声言已派“全权办理大臣往问朝鲜政府心意所在”，总理衙门答复：“中国之于朝鲜，固不强预其政事”，希望日本停止派兵，“两国所属邦土，不相侵越”。森有礼即扬言：中国既不干预朝鲜内政外交，“由是观之，朝鲜是一独立之国，而贵国谓之属国者，徒空名耳”，“凡是起于朝鲜、日本间者，于清国与日本国条约上无所关系”①。其目的是吓唬清朝政府，牵制中国援助朝鲜。

这时，日军已在朝鲜江华岛登陆，胁迫朝鲜政府签订《江华条约》。条约规定：开放釜山、仁川、元山为对日通商口岸，日本人可在朝鲜自由贸易，享有领事裁判权，日本货物免纳关税。这是朝鲜近代史上的第一个不平等条约。条约特别载明：“朝鲜国为自主之邦”，这当然并不意味着日本侵略者真正把朝鲜当做独立国家，而不过是离间中朝关系、牵制中国支援朝鲜并为下一步侵略行动做准备的手段而已。

《江华条约》的签订正在帝国主义列强力图侵入朝鲜的时候，因此，这一条约也为帝国主义蜂拥而入敞开了大门。但是，其他帝国主义国家侵入朝鲜的方式略有不同，它们当时已可以在相当程度上控制中国的政治，因而利用了中国和朝鲜之间的“宗藩关系”，威胁、引诱清政府劝说朝鲜向帝国主义开放。1879 年，总理衙门奏称：“近日威妥玛（英国驻华公使）等来臣衙门，亦以为朝鲜若不与各国交通，必为琉球之续”②。1881 年，威妥玛又要求“拟请由中国礼部行知该国（指朝鲜），准西洋有约各国遣员到朝鲜查看通商情形，再与定约”③。1879 年 3 月德国公使巴兰德的信中也说道：“我告诉他们不下二十次，阻止日本企图夺取朝鲜的最好方法是使那个国家开放对外国的贸易。他们，尤其是李鸿章完全同意”④。

实际主持清政府军事和外交的李鸿章抱着“以夷制夷”的幻想，

---

① 《清光绪朝中日交涉史料》，第一件，《日本国节略》；第二件，《日本国照会》。

② 同上书，第三十四件，《总理各国事务衙门奏拟劝朝鲜交聘各国片》。

③ 同上书，第七十一件，《总理各国事务衙门奏朝鲜宜联络外交变通旧制折》。

④ 兰谱雷：《巴夏礼爵士传》，卷二，285 页，伦敦，1894。

认为把许多帝国主义国家请进朝鲜，使之互相牵制，就可以防止某一国家独吞朝鲜，李鸿章写信给朝鲜太师李裕元说："宜用以敌制敌之策，次第与泰西各国立约，藉以牵制日本"，"遇一国有侵占无礼之事，尽可邀集有约各国，公议其非，鸣鼓而攻，庶日本不致悍然无忌……即所以备御俄人之策亦莫先于此矣"①。在李鸿章的劝诱敦促下，朝鲜 1882 年与美国订约，1883 年与英国、德国订约，1884 年与俄国、意大利订约，1886 年与法国订约，朝鲜变成了世界帝国主义群起掠夺的目标和公开冲突的场所。

英勇的朝鲜人民不能忍受被侵略、被宰割的命运，1882 年，汉城的士兵举行了反对日本侵略和本国封建压迫的起义，史称"壬午兵变"。虎视眈眈的日本人以起义士兵焚烧日使馆、杀伤日人为借口，派了大批军队和战舰侵入朝鲜。同时，野心家大院君李昰应（朝鲜国王的生父）也利用时机，以"清君侧"为名，挟持国王，进行政变，局势极为混乱而危险。清政府为了防止日本出兵，迅速稳定局面，派吴长庆率兵入朝抢在日军的头里逮捕了李昰应，恢复了朝鲜国王的权力。这时日军已麇聚于仁川，但其军力、财力还不够充实，不能和中国开战，因此逼迫朝鲜政府签订《仁川条约》，勒索 55 万元及其他特权了事。

这时，朝鲜有一批出身上层家庭的青年，有志于改革朝鲜政治，组织开化党。日本侵略者包藏祸心，把他们当做可资利用的工具，竭力欺骗拉拢他们，引他们走向歧途。1884 年发生了中法战争，日本趁中国缠身战争、无力东顾之机，由驻朝公使竹添进一郎率领日兵和开化党人发动政变，杀害朝鲜大臣，占领王宫，劫持国王。在竹添的操纵下，开化党人组织新内阁，史称"甲申政变"。在朝鲜官员和群众的要求下，清提督吴兆有、帮办袁世凯率领驻汉城的清兵，进入王宫，要求日兵撤退。日本首先开枪，发生了战斗，日兵战败，清军拦回了被劫持到宫外的阴颜国王，竹添等狼狈逃窜。朝鲜军民对这些侵略豺狼痛恨已极，据日方记载，当日兵逃跑时，"韩之兵

① 薛福成：《庸庵文外编》，卷三，《代李伯相三答朝鲜国相李裕元书》。

民，或放枪、或飞矢、或投瓦石，四面相迫”，“每至十字路及横斜道处，即见篝火熊熊，迨我兵过，每由路旁或屋内，向我发枪或投掷瓦砾”①。

竹添进一郎以日政府公使的身份亲自出马，赤膊上阵，发动政变，这种在国际交往史上罕见的公开侵略行为完全出于日本政府的意旨。后来，竹添在书信中说：“余承井上外务卿之内训，与金玉均、朴泳孝诸民谋改革朝鲜之内政，并详述其方法与顺序”②。这是不打自招地供认了日本政府是制造和操纵政变的罪魁。

甲申政变以失败告终，日本政府还不死心，派外务卿井上馨率兵至朝鲜，企图大动干戈，清政府也派出援军，做了准备。日方考虑自己的兵力不能战胜，乃向朝鲜政府勒索恤金，强迫签订《汉城条约》。在谈判中，井上馨做贼心虚，蛮横地不准讨论甲申事变的原委和责任，却要求处决了十几个朝鲜的爱国者。

1885 年，日本又派伊藤博文到天津与李鸿章谈判，签订《天津条约》，规定中日两国从朝鲜撤兵，但以后朝鲜发生“变乱”，中日两国如要派兵到朝鲜，必须互相行文知照。这一条款不啻承认了日本有派兵侵入朝鲜的权利，成为后来甲午战争时日本发动武装侵略的根据。

三、朝鲜成为东亚矛盾的焦点

甲申政变以后，东亚的政治形势日益复杂而紧张，帝国主义对朝鲜的争夺越来越激烈。英、俄是这一地区最强大的帝国主义势力，英俄矛盾支配和影响着其他许多矛盾。

1885 年，英俄在阿富汗对峙，几乎发生了战争。俄国舰队集结于海参崴，准备在太平洋上英国的势力范围内采取行动，英国先发制人，占领朝鲜巨文岛。该岛扼对马海峡、济州海峡的门户，适当俄舰南下的要道。英国照会中声称：“迩来俄国东下之势，一泻千里，直奔太平洋岸而摩朝鲜王国之垒……我英国感于利害，因预取

① 《朝鲜京城事变始末书》，见《明治文化全集》，第 6 卷，《外交篇》。

② 渡边修二郎：《东邦关系》，135 页。

此岛为海军根据地，以备他日之缓急”①。经朝鲜政府再三交涉，英国才撤出巨文岛。

英国和俄国都企图利用中朝之间的“宗藩关系”，通过控制中国去控制朝鲜。英国竭力撺掇清政府加强宗藩关系，甚至罪恶地教唆清政府以宗主国名义并吞朝鲜。据李鸿章于 1888 年的信函中说：“驻俄英使出示该外部抄文，欲请告知各国，韩地为俄垂涎，望中国锐意挞伐，收入版图，英国甚喜”②。把持着中国海关大权的英国人赫德也说：“我个人的私见是：如果中国公开地、彻底地将朝鲜合并，它就做得聪明了”③。

显然，英国在华的势力最大。清政府如果加强对朝鲜的宗藩关系，就意味着加强英国在朝鲜的势力。英国的打算是要清政府为它火中取栗。清政府虽然不敢公然并吞朝鲜，但却以宗主国资格派袁世凯和一批外国人去控制朝鲜的海关、外交、财政。这些外国人都由赫德选派（如穆麟德、墨理贤、史纳机等），赫德实际上是朝鲜海关的太上皇。他还不满足，向李鸿章提议由自己独揽朝鲜的税务大权。他说：“若由该国（朝鲜）之外部，请其廷旨，行文委派本总税司（指赫德自己）一体总理其通商各口岸之税务，似与体制更为相符，于该国亦觉壮观”④。朝鲜政府向中国借债，在英帝国主义分子看来也是加强英国势力的机会。赫德的亲信墨理贤（任朝鲜海关税务司）写信给赫德说：“如果是向中国政府借，这岂不是您（指赫德）通过李中堂或总理衙门使朝鲜人承认您控制海关的最好机会吗？”⑤ 赫德相信：利用落后的“宗藩关系”，把朝鲜和中国捆绑在一起，这是一箭双雕的最方便的侵略途径，他洋洋得意地声称：“我不相信朝鲜会溜过我们的手指”⑥。

沙俄也企图利用中朝之间的历史关系，因为如果拉拢住清政府，

---

① 转引自渡边修二郎：《东邦关系》，326 页。

② 《清光绪朝中日交涉史料》，第五九五件，《李鸿章复总署信》。

③ 《赫德致墨理贤》，转引自马士：《中华帝国对外关系史》，第 3 卷，18 页。

④ 《李鸿章全集》，译署函稿，卷一九，《赫总税司面递节略》。

⑤ 《中国海关与中日战争》，26 页。

⑥ 《赫德等关于朝鲜事情书函》，孙瑞芹译：《赫德致墨理贤》，1889 年 2 月 19 日。

借用“宗主国”的名义，它就能更有效地对抗英国，渗入朝鲜。1886年俄国代理驻华公使拉德仁斯基和李鸿章进行多次谈判，要拉清政府共同“保护”朝鲜。拉德仁斯基所拟三条建议中规定，朝鲜政治的变动，要由“中俄两国或由彼此政府，或由彼此驻韩大员公同商定办法”①，这明显地表露了俄国企图通过清政府以控制朝鲜的侵略野心，这一建议被清政府拒绝。由于沙俄对清政府政策的影响还没有达到随心所欲的程度，它也常常采取贿赂手段，收买朝鲜官员和清政府派驻朝鲜的人员，来为俄国利益效劳。如：由英人赫德遴选并以清政府名义派驻朝鲜管理海关及协办外交的穆麟德（德国人）就被俄国重金收买，穆麟德擅自与俄国订立密约，乞求俄国保护朝鲜，由俄国训练朝鲜军队。朝鲜政府不承认这一密约，俄使大肆咆哮，声称：“贵国教师必用俄人乃已，贵国虽欲不用，亦不可得”②，暴露了恐吓、讹诈的流氓嘴脸。由于中国的反对以及英国、日本的牵制，俄国几次诱迫朝鲜订立密约，均未得逞。

日本随着国内资本主义的发展，侵略朝鲜的欲望也越来越迫切。但是，它一手炮制的甲申事变由于中朝军民的抵抗而失败了，又怵于英俄两大势力的竞争、牵制，暂时不敢再进行冒险，它拼命加强军备，等待着局势的变化。1887年谷干城子爵的一段话，表述了日本的态度，他说：“我国拥有坚强之战舰二十艘，精兵十万人，当可争衡东洋，示西方列强以一坚强阵容。于其时，英俄间如有战争，俄国可联我以制英，英国亦可与我结盟而败俄”③。日本最担心俄国势力的扩张，至于老大而贫弱的中国在日本帝国主义分子眼里是不堪一击的。④

---

① 《李鸿章全集》，译署函稿，卷一八，《译俄使续交改订照会内三条》，光绪十二年九月九日。

② 《清光绪朝中日交涉史料》，第三九〇件。

③ 转引自马士、宓亨利：《远东国际关系史》，上册，362页。

④ 据中国驻日公使徐承祖探知，1885年底日本黑田清隆认为中国整顿军备，几年后日本势必不敌，主张“宜在此一二年中速取朝鲜，与中国一战”。伊藤博文与井上馨反对黑田的意见，伊藤说：“中国以时文取文，弓矢取武，所取非所用，稍为变更，则言官群参之。虽此时外面于水陆各军俱似整顿，以我来看，皆是空言”。井上也说：“中国之不足，人人皆知，无烦多论”。伊藤与井上都主张积蓄力量，扩充海军，等待发动侵略战争的时机。见《清光绪朝中日交涉史料》，第四五二件，《日人朝比奈密探各事清册》。

当俄韩密约之说甚嚣尘上之际，日本非常害怕俄国抢先并吞朝鲜，竟完全改变了否认中朝之间“宗藩关系”的态度，又别有用心地教唆清朝政府在朝鲜充分行使“宗主权”。据李鸿章说：“日本相臣伊藤博文向为韩事来津会议，每言朝鲜久为我（指中国）藩属。嗣榎本公使并述伊藤之意，欲我管理朝鲜外交内政”①。日本外务卿井上馨还向李鸿章建议八条办法：第一条为“李中堂与井上伯爵密议朝鲜外务主意办法，既定之后，由李中堂饬令朝鲜照办，务使其办到”；第三条为“……（朝鲜）国王如有擢用重臣，无论如何，必先与李中堂相商，中堂再与井上伯爵斟酌”②。显然，日本为了在列强的重重矛盾中扩展势力，从否认中朝之间的宗藩关系转而又企图利用这一关系，把清政府推到前台，自己则在幕后牵线，以控制朝鲜的内政外交，这一用心险恶的建议遭到清政府拒绝。日本对中朝“宗藩关系”的态度变化无常，出尔反尔，这都以日本自身的侵略利益为转移。

美国、德国、法国也蜂拥进入朝鲜。美国的政策是扶植日本，共同侵略中国和朝鲜，美国人德尼由井上馨推荐给李鸿章派往朝鲜担任外署协办，他赴任之前，去东京拜谢井上，表示要在朝鲜实行“对日政府最有利的政策”③。曾经帮助日人侵略中国台湾的美国流氓李仙得也在日本政府的直接引荐下当了朝鲜的内务协办。美国的军官、商人、传教士接踵来到汉城，朝鲜的军队由美国军官训练，美国财阀准备给朝鲜贷款，在朝鲜开矿，“美国在汉城的势力就这样轻而易举地驾乎一切国家之上”④。美国也竭力扶植日本，以对抗英俄。1887 年一家日本报纸对美国的政策感恩戴德，肉麻地说：“当我们想到：我们的成功和我们得以达到现在的值得骄傲的地位，都是由于美国，我们不能不对美国怀着特别深切的重视和尊敬。但是，美国人民使我们感觉可爱……在于他们对我们的待遇”⑤。

---

① 《李鸿章全集》，译署函稿，卷一九，《论朝借款》。

② 同上书，译署函稿，卷一七，《日本公使榎本武扬抄呈外务井上函》。

③ 苏联科学院通报《历史与哲学丛刊》七卷三号所引 1890 年俄驻日公使雪维奇报告书。

④ 丹涅特：《美国人在东亚》，405 页。

⑤ 魁特：《美日外交关系史》，第 2 卷，240 页。

德国和法国也插手朝鲜，德商世昌洋行一度是朝鲜政府最大的债主，法国也提出给朝鲜政府借款200万元的建议。这样，中日甲午战争以前的朝鲜已成了东亚矛盾的焦点。

面临着共同的帝国主义的侵略，中国和朝鲜加强联系、通力合作是必要而正当的自卫措施。但是，清朝政府不是从根本上谋求改革政治，加强经济和军事力量，反而把希望寄托于帝国主义，相信帝国主义不侵略朝鲜的口头保证，相信帝国主义之间的相互牵制可以维持朝鲜现状、实现持久和平。李鸿章一会儿指望联英以制俄日，说“他日俄、日若欲分占，我仍可暗结英以合力谋拒，是在钧署与驻英公使随时操纵而联络之，所谓不战而屈人者也”①；一会儿又指望联俄以制日本，说“韩虽可虑，有俄在旁，日断不遽生心。我当一意联络俄人，使不侵占韩地，则日亦必缩手”②。这种在帝国主义之间危险地玩弄平衡的政策只能使矛盾更加复杂而尖锐，只能助长列强的野心而加速战争的爆发。

清朝反动政府在帝国主义的唆使下，还图谋加强所谓“宗主国”地位，对朝鲜内政外交进行干预，实际上只能被帝国主义所利用，对帝国主义有利。而清政府派驻朝鲜的交涉通商大臣袁世凯又飞扬跋扈，以太上皇自居，引起朝鲜政府和人民的不满。清政府的反动路线和愚蠢做法只能削弱中朝两国在反对帝国主义斗争中的共同合作。

日本在列强对峙的形势下竭力在加强实力，并且运用外交手段以造成有利于自己的局面。它紧密地依靠着美国，又在英俄两大势力之间装扮成无害的小伙伴，既争取英国的支持，又要博得沙俄的欢心。这时候，日本正和英国交涉改约，即修改在明治维新以前外国强加于日本的不平等条约，主要是废除协定关税、领事裁判权和外人在日本的租地权，这本来是日本摆脱外来束缚，争取关税、司法自主的正义要求，改约交涉经日本历届政府近二十年的努力，尚未成功。但日本政府竟把改约交涉当做争取英国支持自己侵略中朝

---

① 《李鸿章全集》，译署函稿，卷一七，19页，《论花鸟山电线》。

② 同上书，海军函稿，卷二，14页，《论俄日窥韩》。

两国的筹码，不惜向英国大幅度地出让主权，而英国也乐意拉拢远东这个新起的小伙计，以抵制俄国。“英国一向做较弱的强国的朋友，是为了把较强的强国削弱到不足以危害英国的程度……它同日本联络就是为了对付俄国人在东亚海面有威胁性的实力增长”①。这样，英日两国出于各自的需要而逐步靠拢，英国默许日本有采取侵略行动的自由，而日本也削减要求，向英国退让，抢在发动战争之前完成了英日改约交涉。1894 年 7 月 16 日，即日本在半岛海面对中国发动突然袭击的前七天，英日在伦敦结束谈判，缔结了新条约。日本政府接受 60 种商品仍保持协定关税，领事裁判权的废止推迟 5 年，外国人仍保持在日本的租地权利，“因这个战争的需要，所以（日本）政府不能完全收回关税权以影响英国的经济利益”②。在新条约签字的仪式上，英国外相祝词说：“这个条约的性质对日本来说，比打败中国的大军还有利!”③

俄国也很想并吞朝鲜，不过，当时西伯利亚铁路兴筑不久，它的军事准备尚未完成，又由于受英国的牵制，不便贸然动手。在相互对峙和监视着的各种势力之间，它宁肯让日本带头动手，打开缺口。俄国以为：中朝两国抵抗日本的战争将相持很久，必定会出现鹬蚌相争、渔翁得利的局面。它既低估了日本的力量和野心，也没料到清朝政府缺乏抵抗意志而一败涂地的结局。所以，它一开始就对日本的武力侵略方针表示赞许，1888 年，沙俄政府讨论东亚问题特别会议的文件中说：“目下，东京对朝鲜的看法是完全符合我们的利益的”，“日本的政策的此种方针与我们的看法完全符合，我们应该竭力支持东京内阁的此一方针”④。当时恩格斯指出：“我认为：中日战争是把日本作为工具的俄国政府挑拨起来的”⑤。一些评论家也看清了俄日勾结的关系，他们说：“（日本）所以敢于欺中国者，

① 克瓦弗利格：《1774—1914 年俄国的扩张政策》，转引自《列宁全集》，第 39 卷，766 页。

② 井上清等：《日本近代史》，91 页。

③ 同上书，92 页。

④ 《红档杂志有关中国交涉史料选译》，137、132 页。

⑤ 《马克思恩格斯全集》，第 39 卷，285 页。

以恃俄国为助”，“借朝鲜以一试之，而俄国闻此，正中下怀，遂与日本合谋以逞，俄人为其暗，日本为其明”①。

这样，日本利用了英俄矛盾，使英俄两大势力站到了自己的一边，国际上的顾虑消除了，发动侵略战争的时机逐渐成熟，现在只需要一个开衅的借口，而对于侵略成性的帝国主义来说，从来都不会找不到一个开衅借口。

第二节　日本发动对朝鲜和中国的侵略战争

一、日本为发动侵略中、朝的战争而制造衅端

1894年初，朝鲜爆发了东学党起义，这是朝鲜农民反抗帝国主义侵略和封建压迫的革命运动。东学党是朝鲜民间的秘密组织，创始于19世纪60年代，在农民和下层群众中传布很广。“东学”这个名称显示了它是和基督教“西学”相对立的组织。1894年初，朝鲜南部全罗道人民反对官府横征暴敛，在东学党的领导下发动起义，占领古阜郡城。他们提出“除暴救民”、“逐灭洋倭”、“内斩贪虐之官吏，外逐横暴之强敌”等口号，得到广大群众的拥护。1894年5月初，起义军在古阜郡黄土岘战斗中，打败朝鲜官军，力量更加发展，各地纷起响应，朝鲜的南三道（全罗、忠清、庆尚）都处在起义军的影响下。朝鲜政府派洪启薰为招讨使，率兵一千名前往镇压。5月下旬，起义军又在坪洞击败官军，乘胜攻克重要城市全州。朝鲜统治者惊慌失措，向清政府告急。6月1日（光绪二十年四月二十八日），朝鲜外务督办赵秉稷奉命会晤袁世凯，要求清政府派兵协助镇压起义。6月3日，朝鲜政府递送了求援文书。

日本帝国主义时刻在注视中朝两国的政治动态。东学党起义爆发，它认为有机可乘，派遣一批浪人以“天佑侠”的名义打入朝鲜起义军内部，企图操纵利用。朝鲜政府请求清政府出兵，在日本看

① 陈忠倚编：《皇朝经世文三编》，卷七八，《论俄国助中》。

来正是一个制造衅端、发动战争的好机会，它不怀好意地竭力怂恿清政府出兵。驻朝日使馆的译员对袁世凯说："匪久扰，大损商务，诸多可虑，韩人必不能了，愈久愈难办。贵政府何不速代韩戡乱……我政府必无他意"①。日本驻朝代理公使杉村濬也向袁世凯表示："盼华速代戡乱"②。一向倨傲自大的袁世凯在日本的鼓动下力主派兵，他给李鸿章的电报中说："其（朝鲜）内乱不能自了，求华代戡，自为上国体面，未便固却"③。反动而昏庸的清朝政府出于对朝鲜起义人民的仇视，又得到了日本政府"必无他意"的保证，决定派兵赴朝。先派太原镇总兵聂士成率部800人自塘沽乘轮出发，于6月8日抵达朝鲜的牙山，又由直隶提督叶志超率706人续至牙山（后又续到援兵1 800人）。

清政府仓促派兵赴朝，完全堕入了日本帝国主义的圈套。日本自信在军事上已做好准备，足以打败中国，国际形势也对自己有利，正处心积虑要发动大战。清军被引到朝鲜，不但给日本以向朝鲜大批派兵的借口，而且恰好使日本可以在它自己所选择的地点挑起战端。因此，在朝鲜向清政府请求出兵的第二天，即6月2日，日本内阁开会，决定也向朝鲜派兵。会后即进行动员，调动军舰，着手组织派往朝鲜的首批侵略军。日本驻朝公使大鸟圭介正休假回国，奉命住在八重山号战舰上等待，一俟清军出发，立即率兵赴朝，抢先占领战略要地。

6月7日，中国驻日公使汪凤藻奉政府之命，按照《天津条约》的规定，将中国派兵赴朝的决定通知日本，日本政府故意挑剔中国照会中有"保护属邦"字样，声称："帝国政府未曾承认朝鲜为贵国属邦"。同日，日本驻华公使小村寿太郎奉日本政府之命，通知清政府："朝鲜国现发生变乱，事件重大，我国有派兵必要，因此，帝国政府拟派兵若干"④。

6月9日，即聂士成的先遣部队到达牙山的第二天，大鸟圭介在

①③ 《李鸿章全集》，电稿，卷一五，33页，《寄译署》，光绪二十年四月二十八日午刻。

② 同上书，电稿，卷一五，34页，《寄译署》，光绪二十年五月初一日巳刻。

④ 《日本帝国会议志》，第2卷，转引自《中日战争》（七），14页。

大批日舰的护送下到达朝鲜仁川港，立即带领陆战队 400 人，不顾朝鲜政府的劝阻和抗议，抢先进入汉城。从 6 月 12 日起，由少将大岛义昌所率首批日本侵略军第九混成旅团八千余人陆续来到了仁川，第五师团也整装待命。日本国内组成以天皇为首的大本营，进一步征召军队，租用商轮，准备弹药粮秣。日本帝国主义的战争机器已全速转动起来。

为了继续麻痹清政府，争取向朝鲜抢运军队和弹药给养，日本政府仍玩弄欺骗手法。在军刀簇拥下强行进入汉城的大鸟圭介竟装出一副爱好和平的姿态对袁世凯说：日军赴朝仅为保护侨民和使馆，“待事定，即全撤，必不久留”，“我年逾六十，讵愿生事”，“我二人即约定，我除八百外尽阻之，尔亦电止华加兵，我二人在此必可推诚商办”①。日本首相伊藤也向中国公使保证：“俟乱定，彼此撤兵”②。大鸟和伊藤的“事定撤兵”的保证完全是分文不值的欺骗。当时，日本的一个外交官却较为坦率地道破了自己政府的野心，他说：“在我们不拘用什么手段达到我们的目的以前，我们决不能，也不会再离开朝鲜”③。

事态的发展完全出乎清朝政府的意料。朝鲜政府只向清政府求援，未向日本求援，日军为什么大批涌向朝鲜？东学党起义军已转入南部山区，战斗趋于平静，日军为什么占领千里以外朝鲜的京城？日政府声称“护侨”，为什么竟出动全部舰队和以师团、旅团编制的大军？日本的侵略意图岂不已经昭然若揭？但是，昏昏然的清朝政府害怕发生战争，仍在自欺欺人，宁可相信日本的廉价保证，进行各种外交努力，幻想中日军队一起从朝鲜撤退。为了向侵略者表示“善意”，停止一切军事调动，已抵朝鲜的军队驻在牙山不动，准备续派的军队留在塘沽，停止出发。李鸿章说：“倭性浮动，若我再整兵厚集，适启其狡逞之谋，因疑必战，殊非伐谋上计”④。又打电报

---

① 《李鸿章全集》，电稿，卷一五，36 页，《寄译署》，光绪二十年五月初二日午刻。

② 同上书，电稿，卷一五，41 页，《寄朝鲜袁道》，光绪二十年五月十一日午刻。

③ 转引自马士：《中华帝国对外关系史》，第 3 卷，31 页。

④ 《李鸿章全集》，电稿，卷一五，44 页，《寄译署》，光绪二十年五月十五日卯刻。

给袁世凯、叶志超："我宜处以镇静，若各调兵，徒自扰也"①，"当坚忍约束，以待后命"②。一味委屈退让，不做军事部署。

日本已顺利地按照预谋，把清军诱至牙山，并以优势兵力占领了仁川、汉城，隔断了清军与本国的陆路联系，使在朝鲜的清军困守绝地，处于劣势。日本向中国挑战的决心已无可动摇，问题是选择一个什么借口发起攻击，而在国际上尽量不刺激其他帝国主义，以免引起干涉，就像日本外务大臣陆奥宗光所说："我国政府在外交上虽常处于被动的地位，但一旦有事，在军事上却完全要先发制人"，"必须把事态严格地局限在中日两国之间，应极力避免和第三国发生纠葛"，"目前既无迫切的原因，又无表面上的适当借口，双方还不可能开战。因此，要想使这种内外形势发生变化，除去实施一种外交策略使局势改观以外，实在没有其他方法"③。

6月14日，日本内阁举行会议，内阁总理大臣伊藤博文提出"改革朝鲜政治"的题目，建议由中日两国派出委员，共同调查和改革朝鲜的财政、内政和军事，并决定"不问中国政府之商议成否，非观其结果如何，决不撤回目下在朝鲜之军队，又若中国政府不赞同日本提案时，日本政府须以独力担任，使朝鲜政府行前述之改革"④。

这分明是借题生文，在"护侨"的名义下，日本已出兵占领了朝鲜的战略要地，在军事上居于主动地位，但是用"护侨"这个老题目，下面的文章就不好做了，只有改换题目，提出"改革朝鲜政治"这一中国方面不能同意的新题目，才能进一步把中国逼入绝境，促使两国关系破裂，制造战争的借口。陆奥宗光说："对于改革朝鲜内政，我最初就认为除了政治上的需要外，是没有其他用意的……所谓朝鲜内政的改革毕竟不过为打开中日两国间难以解决的僵局而筹划出来的一项政策"，"如果中国政府拒绝我国提案，不问其理由如何……由此可断定中日两国的冲突终将不可避免，不得不实行最后

① 《李鸿章全集》，电稿，卷一五，37页，《复朝鲜袁道》，光绪二十年五月初七日申刻。

② 同上书，电稿，卷一五，44页，《复叶军门》，光绪二十年五月十五日午刻。

③ 陆奥宗光：《蹇蹇录》，11、21页。

④ 转引自王信忠：《中日甲午战争之外交背景》，176页。

之决心。这个决心，帝国政府在最初向朝鲜出兵时业已决定。事到如今，就更无丝毫犹豫之理”①。

6月16日，陆奥宗光将“中日共同改革朝鲜政治”的提议通知清政府。21日，清政府予以拒绝，但委婉地答复：“日本政府对朝鲜谋善后之策，其意虽善，然宜使朝鲜自行厘革。中国尚不干预其内政，日本最初承认朝鲜为自主国，更无干预其内政之权”②。并要求根据中日《天津条约》，两国从朝鲜同时撤兵。

清政府的答复早在日本政府意料之中，因此，日本政府立即于6月22日发出强硬照会，意在促使两国关系迅速破裂，照会中声称：“帝国政府为谋朝鲜之安宁静谧计，实有施行种种计划之必要……假令贵国政府所见不同，帝国政府亦决不能撤回现驻朝鲜之军队”③。陆奥称此照会是“对中国的第一次绝交书”。

日本政府发出这一强硬照会之后，即抛开中国，毫无顾忌地动手宰割朝鲜。6月26日，大鸟圭介觐见朝鲜国王，要求改革朝鲜政府，随后又抛出《改革纲要》五条，包括改革官制、财政、法律、军事、教育等各个方面，严词催逼，限期执行。这时的汉城、仁川，日军麇聚，“大鸟日日促急，事势甚危，民心骚动，都城几空”④。朝鲜政府在日本的军事压力下，不得不虚与委蛇，朝鲜国王下了罪己诏，承认朝鲜政治有改革的必要，又委派了改革委员，以应付日方，拖延时间，暗中密电清政府告急，“速图设法，以解急迫”⑤。

这样，朝鲜的形势急转直下，日本政府按照预谋，设下圈套，步步紧逼，向中国和朝鲜无理挑衅，朝中两国再也没有退避的余地了，战争有一触即发之势。这时，日本的唯一顾虑是英国、俄国和其他列强究竟抱有什么态度。

二、俄、英的“调停”

日本只有在得到俄、英和其他列强的支持或默许下，才敢发动

---

① 陆奥宗光：《蹇蹇录》，29、23页。

②③ 《近代日鲜关系之研究》，下卷，第27章。

④⑤ 《李鸿章全集》，电稿，卷一六，《寄译署》，光绪二十年六月初六日巳刻。

对中朝的侵略战争。因此，它一面摆设圈套，制造衅端，穷凶极恶地威逼中朝两国，一面把眼睛盯着各国的动向，小心谨慎地博取列强的谅解和欢心，避免引起别国的干涉，就像陆奥所说："正当欧美列强注视我国政府将对朝鲜施行何种计划之际，如果我国稍有失误，势必陷于四面楚歌的险境"①。

清朝政府非常害怕和帝国主义国家发生战争，这年又是慈禧太后的六十岁生日（1894年11月7日，即光绪二十年十月十日），正在大举筹备庆祝，不愿因战争而使庆典减色，在和日本交涉共同撤兵失败以后，它仍然抱着保持和平的幻想，把希望寄托于帝国主义的干涉。这时，英国公使欧格讷和俄国公使喀西尼先后路过天津，李鸿章即请英俄两国出面调停。英国公使最初态度消极，而俄国公使却一口应承，大拍胸脯。李鸿章说："俄使过津，极愿两国撤兵，昨已电俄京七百余字，请饬驻日使力劝，如不听，则俄必从事于后"②。"喀（西尼）谓：俄韩近邻，亦断不容日妄行干预"③。以后俄国参赞又表示："俄皇已电谕驻日俄使转致日廷，勒令与中国商同撤兵，俟撤后再会议善后办法。如日不遵办，电告俄廷，恐须用压服之法"④。看起来，俄国仿佛决心主持正义，抱打不平，不惜用一切手段制止日本的侵略。李鸿章感到大为宽心，对俄国的调停深信不疑。

事实上，俄国所关心的只是自己在东亚的侵略利益。在它看来：中日两国发生战争，结果将是两败俱伤，会给自己造成扩张的好机会，因此，俄国政府采取两面派态度，坐山观虎斗，静待局势的发展。它当着中国的面，装得义愤填膺，声称要"压服"日本，欺骗和麻痹清政府；而对着日本又眉来眼去，相互调情，对日本表示"友谊"和"信任"。所以陆奥宗光说："当时俄国的举动，从外表看来，实难捉摸，有时像与中国友好，有时又像与日本友好"⑤。俄国外交大臣解释这一政策说："帝国政府所遵循的目标是：不为远东敌

---

① 陆奥宗光：《蹇蹇录》，30页。

② 《李鸿章全集》，电稿，卷一五，48页，《寄译署》。

③ 同上书，电稿，卷一五，49页，《寄译署》。

④ 同上书，电稿，卷一五，52页，《寄译署》。

⑤ 陆奥宗光：《蹇蹇录》，109页。

对双方任何一国的一面之词所乘，也不被他们牵累而对此局势有偏袒的看法。类似的行动方式不仅有失我们的尊严，甚至可以限制我们将来的行动的自由”①。

6月底，俄国以“友谊态度”，口头和书面“劝告”日本从朝鲜撤兵，同时，在东京和彼得堡多次进行外交接触。这是俄国试探日本的意图，并暗示日本不得侵犯俄国的利益。日本政府早已摸清俄国的态度，对俄国干涉已没有真正的严重的顾虑。一个英国历史学家写道：“俄国从许多理由说来，是日本当然的盟国，日本久已试探俄国的意见”，又说：“（日本）信赖俄国在这次战争中的援助，他们虽未得到俄国的保证，但肯定俄国侧面行动的危险是很小的”②。因此，日本政府于7月2日照会俄国，拒绝从朝鲜撤兵的“劝告”，但措辞非常委婉，为了进一步安抚俄国，照会中说：“帝国政府向该国（指朝鲜）派遣军队，对目前形势实属不得已之举，决无侵略领土之意……帝国政府对于俄国政府友谊的劝告深表谢意，同时希望俄国政府本着两国政府间现存之信义及友谊，对此保证给予充分信任”③。这个答复保证自己不侵略朝鲜领土，实际上就是承认俄国将来有插足朝鲜的权利，请求俄国政府在自己侵略中朝的道路上开绿灯。俄国对日本的保证表示“甚为满意”。为了再次提醒日本不得触犯俄国的利益，后来俄国又照会日本：“未悉日本政府现今对朝鲜究欲提出何种要求？不论任何要求，如果违背朝鲜以独立政府资格与各国间所缔结之条约时，俄国政府决不能认为有效。为了避免将来不必要的纠纷，兹从友谊上再提请日本政府注意”④。

这样，俄国的调停变成了俄日之间的一场交易，日本保证不侵犯俄国利益，俄国则默许日本发动侵略。开始时声称要“压服”日本、与中国“彼此同心力持”的俄国政府来了个大转弯，它答复李鸿章说：“俄只能以友谊力劝日撤兵……但未便用兵力强勒日人，至

---

①《红档杂志有关中国交涉史料选择》，67页，《外交大臣致驻北京公使函》（1894年8月8日）。

② 约瑟夫：《列强对华外交》，48页。

③ 陆奥宗光：《蹇蹇录》，39页。

④ 同上书，40页。

朝鲜内政应革与否，俄亦不愿预闻”①，“我劝既无益，须由贵政府另筹良策”②。至此，李鸿章依赖俄国调停的幻想，像肥皂泡一样破灭了。

俄国的调停失败，李鸿章还不死心，又一头扎进英国调停中去。英国当时正在拉拢日本，根本谈不上要援助中朝两国，不过，它一是担心自己在东亚的巨大商业利益将因中日战争而蒙受损失，二是害怕俄国独占了“调停”将使俄国的影响上升，因此，英公使欧格讷也来兜售英国调停，频繁地出入总理衙门。李鸿章向天津英领事请求：“（英国）速令水师提督带十余铁快舰，径赴横滨……责其（日本）以重兵压韩无礼，扰乱东方商务，与英大有关系，勒令撤兵，再议善后，谅倭必遵。而英与中倭交情尤显，此好机会，勿任俄著先鞭”③。这既是卑躬屈节的乞求，又是异想天开的梦呓。

英国的调停成为对中国的又一次骗局。日本一面不拒绝英国调停，答应和中国直接谈判，一面已在朝鲜动手，天天威逼朝鲜政府接受改革政治的要求，而清政府还对英国调停寄予莫大希望。7 月 9 日，在英国的撮合下，日本公使小村寿太郎至总理衙门和庆亲王奕劻会谈。清政府为了避免与日本冲突，表示让步，答应日本先前提出的中日两国共同改革朝鲜政治的要求，但希望两国先从朝鲜撤兵。日本与中国直接谈判，本来只是敷衍英国，这时又突然中止谈判，并于 7 月 16 日发出照会，强词夺理地指责清政府要求两国先从朝鲜撤兵是“有意滋事”，“嗣后因此即有不测之变，我政府不任其责”④。陆奥称这个照会是对中国的“第二次绝交书”。他还坦白地承认自己蓄意破坏谈判的阴谋：“英国公使的调停归于失败，反而可使我国在将来的行动上渐得自由，值得可喜。而且朝鲜近来的局势已经十分紧张，不容因中日两国之会商而拖延时日，莫如乘此机会与中国断绝关系为上策”⑤。

---

① 《李鸿章全集》，电稿，卷一六，12 页，《寄译署》。

② 同上书，电稿，卷一六，21 页，《寄译署》

③ 《清光绪朝中日交涉史料》，第一〇五三件，《北洋大臣来电一》。

④ 同上书，第一一五五件，《日本使臣小村照会》。

⑤ 陆奥宗光：《蹇蹇录》，42 页。

俄英调停，相继成为画饼，清政府的希望落空，焦急彷徨，束手无策，而日本得以放手地执行既定的侵略步骤。日本政府命令在汉城的大鸟圭介："目前有采取断然处置之必要，只要在不招致外间过分非难的范围内，不妨利用任何借口，立即开始实际行动"①。7月19日和20日，大鸟向朝鲜政府提出最后通牒，要求：（1）由日军架设汉城、釜山间的军用电线；（2）朝鲜政府为日军修建兵营；（3）朝鲜政府应下令驱逐驻在牙山的清军；（4）废除朝鲜和中国之间的一切条约。此项最后通牒限于7月22日以前答复。

日本侵略者的刀尖已经对准中朝两国，形势如千钧一发，面临民族危机的严重关头，中国统治阶级内部发生了分化。主战派的势力抬头，对李鸿章一味依赖国际调停的路线表示不满。7月1日上谕中说："现在倭焰愈炽，朝鲜受其迫胁，事甚岌岌，他国劝阻，亦徒托之空言，将有决裂之势"②，命令李鸿章预筹战守，勿稍大意；第二天又询问李鸿章北洋海陆军的实力；7月11日，又拨银300万两作为备战经费。日本在朝鲜越是得寸进尺，咄咄逼人，中国国内主战的浪潮也愈见高涨。官僚们纷纷起来反对李鸿章。御史张仲炘请求朝廷：严旨责成李鸿章，令其一意主战，"尤须令其打破谜团，勿恃局外之调停"③。侍读学士文廷式主张增派援军，实力抵御，认为"英人喜倭之改制，引为己类，俄人之欲得朝鲜，尤甚于倭。此次三国出而调处，其无实心求益于我，较然可知也"，并抨击李鸿章"立功之始，藉资洋人，故终身以洋人为可恃……故一有变端，彷徨而罔知所措"④。礼部右侍郎志锐弹劾李鸿章"一味因循玩误"，"专恃外国公使从中调处"，使日本在军事上居于主动，"彼则着着占先，我则面面受制"，指责丁汝昌、叶志超懦怯畏缩，不孚众望，有"败叶残丁"之诮，请朝廷速饬李鸿章"厚集兵力，分驻高境，克期进发，迅赴事机"⑤。7月14日，李鸿章根据叶志超的要求，拟将牙山

---

① 陆奥宗光：《蹇蹇录》，34页。

② 《清光绪朝中日交涉史料》，第一〇五一件，《军机处寄北洋大臣李鸿章上谕》。

③ 同上书，第一一三〇件，《张仲炘奏藩属阽危敌人叵测亟宜破除成见折》。

④ 同上书，第一一三二件，《文廷式奏朝鲜事机危迫条陈应办事宜折》。

⑤ 同上书，第一一六九件，《志锐奏倭人谋占朝鲜事机危急请速决大计折》。

清军撤回，清廷不准，命令李鸿章“和议恐不足恃，亟应速筹战备……毋致落人后着”①。7月16日，翁同龢、李鸿藻与军机处、总理衙门会商，催促李鸿章“派出各军，迅速前进，勿稍延缓”，但仍“不明言与倭失和，稍留余地，以观动静”②。在日本的步步进逼和主战派的压力下，连很不愿意和日本开战的慈禧太后表面上也不能不改变态度，暂时同意抵抗。据翁同龢7月16日（旧历六月十四日）的日记中说：“余与高阳（指李鸿藻）皆主添兵，调东三省及旅顺兵速赴朝鲜。上（指光绪）意一力主战，并传懿旨（慈禧太后命令）亦主战”③。在清政府的命令下，李鸿章仓促备战，分水陆两路向朝鲜派兵。陆路渡鸭绿江，赴平壤，水路渡海，接应牙山清军。

直到甲午战争爆发时，帝国主义的调停骗局一直没有停止。俄国曾提出中日俄三国共同改革朝鲜政治的建议，想浑水摸鱼，乘机插手，遭到英国的反对，英使警告清政府“闻有中日俄三国会议之说，俄国与议一节，恐怕不行”④。而英国在中日直接交涉失败后，还在对清政府施加压力，要清政府再作让步。清政府无可奈何，接受日本要求，答应在撤兵之前与日本议定改革朝鲜政治，但日本蓄意和中国开战，立即提高价钱，声称：“朝鲜问题今已大有进展，局势决非昔日可比，日本政府已不能依据先前与中国约定会商之条件”⑤，完全堵死了谈判的途径。为了讨好英国，日本又声明：“承认上海为英国利益之中心”，“不在该地及其附近作战”⑥。英国得到了这一保证，也就放手让日本采取行动，自己已经站到高地上了，让落水者自行沉没罢！

除了俄国、英国以外，还有五花八门的所谓“列强联合调停”，美国、法国、德国、意大利都扮演了帮凶和骗子的角色。美国是公

---

① 《清光绪朝中日交涉史料》，第一一四七件，《军机处密寄北洋大臣李鸿章上谕》。

② 同上书，第一一七二件，《户部尚书翁同龢等复陈会议朝鲜之事折》。

③ 《翁同龢日记》，第33册，58页，甲午六月十四日。

④ 《清光绪朝中日交涉史料》，第一一四八件，《总理各国事务衙门与英使欧格讷问答片》。

⑤ 陆奥宗光：《蹇蹇录》，44页。

⑥ 同上书，46页。

开袒护日本的，国务卿格莱汉表示："本政府绝不愿与任何国家联合干涉，即是对日本仅作友谊性的劝告亦不愿做"①。法、德两国公使表面上高唱"解决中日两国争端"，"维持东亚和平"，在和陆奥宗光私下会见时却告诉日本："为使中国从过去的迷梦中觉醒过来，到底非有人给以当头一棒不可"②。这样，清政府所信赖的"列强调停"终于走进了一条死胡同。

列强调停无效，日本对朝鲜政府最后通牒的限期已到。7月23日，大批日军冲进朝鲜王宫，打死王宫卫队，劫持朝鲜国王和官员，解除朝鲜军队的武装，并胁迫朝鲜国王的生父大院君李昰应出来执政。日本政府按既定步骤，完成了对朝鲜的侵略，接着就要对孤悬在牙山绝地的中国军队下毒手了。

三、中日甲午战争的性质和李鸿章的投降主义路线

朝鲜的事态发展充分说明了日本帝国主义对朝中两国的侵略是有计划、有步骤的预谋。帝国主义的本性就是侵略，就是战争，不对殖民地半殖民地进行侵略和战争，它连一天也活不下去。中日甲午战争是刚刚挤进帝国主义行列的日本掠夺朝鲜、中国的战争，朝中两国为反对外来侵略，为保卫国家独立和领土完整，不得不奋起抵抗。

但是，有人不正确地解释甲午战争的起因和性质，他们说：甲午战争是"中日两个帝国主义的战争"，把战争起因归于"中日两国争夺朝鲜"，或者说"中日出兵朝鲜而迎头相撞"等等。这是不公正的颠倒是非的说法。

日本在明治维新以后，经过了二三十年，由于国内资本主义的发展和阶级矛盾的激化，迫切需要对外扩张，掠夺殖民地。而当时帝国主义列强对中国的共同侵略要求以及他们在东亚相互牵制的力量配置又助长了日本的野心，这是甲午战争爆发的原因。而朝鲜和

① 《美国外交档案》，1894年附录一，38页，转引自卿汝楫：《美国侵华史》，第2卷，198页。

② 陆奥宗光：《蹇蹇录》，49页。

中国都是半殖民地半封建国家，是帝国主义掠夺的对象，长期的历史联系和当前的共同命运使朝中两国紧密地支援合作，就像狂风恶浪中紧相依傍着的两艘危舟。把当时的中朝关系和日朝关系等量齐观，是不正确的看法。评论一切国际战争，首先要认清战争双方的社会性质及进行战争的阶级所处的政治地位。列宁指出："中心问题应该是把民族区分为压迫民族和被压迫民族"①，不能够把侵略者和被侵略者混在一起，各打五十大板。

日本在朝鲜无理挑起战端，蓄意侵略中国，而清政府却从来没有想和日本打仗，它缺乏抵抗外来侵略的物质准备和思想准备。当战火即将燃起时，以李鸿章为代表的清政府仍在到处磕头作揖，乞求谈判和调停。这里既不是什么"争夺朝鲜"，也不是什么"迎头相撞"，而是中朝两国被日本帝国主义逼入绝境，国家、民族处在存亡绝续的关头，朝中人民的抗日战争是正义的自卫战争。

清政府迟迟不敢自卫反击，这典型地反映了半殖民地半封建政权腐朽懦弱的性格。当时驻在牙山的清军只有1 500人，日军已增至15 000人，前线将领再三要求增派援兵，占领要隘，李鸿章坚决反对。他说："多兵逼处，易生事"；"我再多调，日亦必添调，将作何收场耶！"②"俄在日议正紧，略忍耐，必有区处"③；"现在与日商，未便遽添大军，致生疑沮"④。直到开战前五天，李鸿章还打电报给叶志超，说："我不先与开仗，彼谅不动手，此万国公例，谁先开战，即谁理绌，切记勿忘，汝勿性急"⑤。真是昏昏然如在梦中。李鸿章正是极端害怕和日本"相撞"，处处退让，结果不但没有避免战争，反而使牙山的中国军队株守危地，得不到增援，又不作战斗部署，军事上处于被动挨打的不利地位。

在帝国主义横行霸道的时代里，弱肉强食是一条规律。谁落后，谁软弱，谁就要挨打。谁害怕战争，谁一味退让，战争就首先落到

① 《列宁全集》，第21卷，388页。

② 《李鸿章全集》，电稿，卷一五，49页，《复译署》。

③ 同上书，电稿，卷一五，54页，《寄译署》。

④ 同上书，电稿，卷一六，16页，《寄译署》。

⑤ 同上书，电稿，卷一六，25页，《复叶提督》。

谁的头上。被侵略人民和帝国主义之间没有什么“迎头相撞”的问题，帝国主义是必定要侵略弱国的。只有揭露和反击帝国主义的侵略步骤，进行针锋相对的斗争，才有可能制止帝国主义的侵略。

贫弱国家避免帝国主义侵略的唯一途径是增强抵抗的力量和坚定抵抗的意志，这二者又取决于进步的政治制度和路线。李鸿章搞了三十年“洋务”，标榜“富国强兵”的口号，他虽然开办了工厂，修筑了铁路，建立了海军，但受到顽固势力的阻碍，在政治上由于自身的局限畏首畏尾无所更张，所建立的企业也由于帝国主义、封建主义的阻力而迟缓不前，弊端重重，所谓“力图富强”成了装点门面的空话。结果是：国家越来越贫弱，政治越来越腐败，军队越来越怯弱，既无抵抗侵略的实力，又无抵抗侵略的意志。李鸿章在中日甲午战争爆发时的所作所为，正是由半殖民地半封建国家的政治和军事特性所决定的。

在甲午战争中，国际调停十分活跃。这种调停都出于各个帝国主义自身的利益，又反映了帝国主义相互之间错综复杂的矛盾。它不但没有使中国避免战争，反而麻痹了清政府，给中国带来了灾难。所谓“国际调停”，实际上是帝国主义对中国的欺骗，是拿中国做交易。当然，帝国主义之间确实存在着严重的矛盾，被压迫国家和被压迫民族可以而且应当利用这种矛盾去反对帝国主义的侵略。但是，利用帝国主义之间的矛盾必先自力更生，谋求自身的进步，加强自身的力量，明确斗争的目标，认清国际的形势而不去信赖帝国主义的花言巧语。一个力量软弱、意志涣散、行动盲目、迷信外国的政府是不可能利用帝国主义之间的矛盾的，相反，它只能把国家和民族拖入绝境，成为帝国主义彼此争夺和相互交易的俎上之肉。

四、日本对中国突然袭击，中日甲午战争的爆发

1894 年 7 月下旬，清政府派兵分两路前往朝鲜，主力部队一万数千人渡鸭绿江，赴平壤。另 2 500 人从大沽越海，赴牙山，接应叶志超军。清政府租用英国商轮飞鲸、爱仁、高升三船，分载 2 500 人出发，战舰济运、广乙以及教练船威远护航，运输船操江载运枪炮

器械随行。这时，日舰经常在朝鲜海面巡弋，大战有一触即发之势。这批援军渡海赴牙山，有一定的冒险性，丁汝昌请求出动全部北洋舰队接应护航。舰队已升火起锚，待命即发，李鸿章却大发雷霆，他认为：列强还在继续调停，战争不会很快发生，丁汝昌的举动是多事惹祸，他复电申斥丁汝昌说："吾用汝不着，候日俄启衅，令汝观战以长胆识"①。北洋舰队遂停止出动。

日本处心积虑侵略中国，早在中国布置了庞大的间谍网。据上海道报告："倭人在沪向设有日清研究所，约七八十人。五月以前，陆续散去，闻多改作华装及僧服者分赴北京、津、烟、江、浙、蜀、鄂、闽、台各处"②。天津是李鸿章的驻地，外交交涉和军事指挥的中心，也是日本间谍活动最猖獗的地方。驻天津的日本领事每天"派奸细二三十，分赴各营各处侦探，并有改装剃发者"③。一些要害部门，如电报局、军械所，都混进了日本间谍。清政府连起码的保密制度和常识都没有，李鸿章的往来机密文电全都落入日本间谍之手。因此，日本侵略者对清政府的意图和部署了如指掌。中国军队分路援朝的消息及出发日期，很快被日本间谍探知。④ 日本政府不顾当时中日两国并未交战，竟出动战舰，在朝鲜海面进行搜索拦截，"且给予命令，谓该湾附近如有优势的清国军舰驻泊，可由我方进而攻击"⑤。于是，一场惨祸落到了这批中国援军身上。

7月24日，在济远、广乙、威远的护送下，飞鲸、爱仁两轮抵牙山，一千数百名士兵和辎重连夜驳运上岸。这时已有大批日舰来袭的传言，威远是木制小船，用于教练，不能作战，先从牙山回国。7月25日晨，济远和广乙驶至牙山口外的丰岛海面，日舰第一游击队吉野、秋津洲、浪速三舰突然来袭，发炮轰击，这是中日甲午战争首先打响的第一炮。据中国的记载："七点半，将出汉江，望见倭

---

① 《普天忠愤集》，卷五，《牙山战事纪实》。

② 《张之洞全集》，电牍，二十年七月十八日《刘制台来电》。

③ 《清光绪朝中日交涉史料》，第一二六七件，《北洋大臣来电五》。

④ 一说日本间谍石川五一买通李鸿章外甥张士珩（天津军械局总办）所用书办刘芬得到这个情报；另一说由日本间谍买通电报局人员，泄露出兵日期。

⑤ 田保桥洁：《近代日支鲜关系之研究》，233页。

船三艘，旋转取势而来……驶近一万码左右，急听倭督船先发号炮一声，倭三船遂炮声并起，均向济远轰发”①。据日本浪速舰舰长东乡平八郎日记称：“午前七时二十分，在丰岛海面上，远远望见清国军舰济远号和广乙号，即时下战斗命令”②。

事后日本政府为推卸战争责任，声称济远号首先发炮轰击日舰，因而发生战争，这是值不得一驳的谰言。证诸日本在战前的部署、海军司令官的命令以及交战时双方的记载，丰岛海战是日本蓄意进行的突然袭击，日舰首先发炮挑衅也是不容抵赖的事实。日本学者也承认：“总之，开战之责任，实在日本舰队。当时，日本政府称济远首先开炮而起战端，努力将开战责任转嫁清国政府，盖欲将‘日本处于被动地位’之观念向各国宣传也”③。

吉野、秋津洲、浪速都是日本的精锐战舰，排水量在3 000吨和4 000吨以上，速率每时19和23里，三舰共有炮70余门，济远只有2 300吨，时速15里，炮数11门，广乙则仅为1 000吨的小船，双方力量悬殊。开战不久，广乙中炮受伤，即遁逃，后来在朝鲜海滩搁浅，管带（即舰长）林国祥等竟放火烧船，登岸逃跑。济远和三日舰作战，望台和前炮台被击毁，死伤40人，不敌而退，退走时还挂起了白旗和日本旗。吉野紧追不舍。济远船上的士兵对日寇的无理挑衅十分愤慨，炮手王国成站在15厘米口径的尾炮旁大呼：“何人助我运子？”水手李士茂挺身而出。炮弹上膛，向吉野瞄准，连发数炮，吉野以为济远已受重伤，不能还击，正鼓足马力追赶，一心一意要俘获济远，炮弹飞来，第一发“中其望台下，该船火药炮子震裂”，第二发“中其船头，火起水进”，又一发“中其船身，船便倾侧”④。吉野受伤，停止追赶。

不幸的是搭载着一千名左右清军的高升号商轮和运输船操江恰恰在这时驶至丰岛海面，成了日舰的猎获物。秋津洲截住了操江，将其劫持而去，浪速截住了高升号，露出黑黝黝的炮口对准

---

①④　《普天忠愤集》，卷五，《牙山战事纪实》。

②　《东乡平八郎击沉高升号日记》。

③　田保桥洁：《近代日支鲜关系之研究》，236页。

了这艘非武装船只，迫令其投降。船上的中国将领和士兵临危不惧，“他们宁愿死，决不服从日本人的命令”，“他们愿意快快地打，而不愿投降”①。高升号的英国船长要求日舰让高升号驶回大沽。因为中日两国并未宣战，而且高升号是英国船，按照国际公法，没有在两国交战以前俘获第三国船只的道理，“即使已宣战，这也是个公平合理的请求”②。但是蛮横的日本帝国主义并不跟你讲什么“公法”，悍然施放鱼雷大炮，向没有抵抗手段的一千名清军进行屠杀，高升号立即沉没，士兵们跳入小艇或沉落海中，他们表现了中华民族的英勇精神，宁死不屈，视死如归，“知道没有机会游水求生，勇敢地还击”③。残忍的日本侵略军向着小艇上和海里的中国士兵进行射击，据高升号上的幸存者德国人汉纳根和其他人说：“我看一只日本小船，满载武装兵士，我以为他们是要来拯救我们的，但悲伤得很，我是想错了，他们向垂沉的船上的人开炮”④，“高升号沉后，有一只炮舰对他的小船及在水中游的人放枪，子弹落在水中好像下雨”⑤，“日本人从船桅上向水里游的人射击……三只小船满载了人，离开高升，但日人打沉了两只”⑥。

帝国主义侈谈“信义”、“人道”、“国际公法”，丰岛袭击和高升号事件充分暴露了它口是心非、表里不一、野蛮残酷的真面目。当时，列强的调停还在进行，中日并未开战，日本甚至还保证：“若无别项缘故，倭兵不先开仗”⑦。但事实说明：相信这种调停和保证就要大吃苦头。当日本政府获悉清政府向牙山派兵的机密情报后，悍然出动军舰邀击，大肆屠杀没有抵抗手段的中国士兵，背信弃义，惨无人道，践踏公法，日本帝国主义用自己的卑鄙行径给中国人民上了一课。帝国主义行动的准则是唯利是图和唯力是视。什么时间、什么地点、什么方式能占得便宜，它总是毫不犹豫地行动起来，不

① 佛拉迪米尔：《中日战争》，366页，附录，《高升号船长高惠悌证词》，伦敦，1896年。

②③④ 同上书，357页，附录，《汉纳根证词》。

⑤ 同上书，《董阿新证词》。

⑥ 同上书，《王桂芬证词》。

⑦ 《清光绪朝中日交涉史料》，第一〇四八件，《北洋大臣来电二》。

惜采取最野蛮、最残酷、最卑劣的手段。在战争史上，一方发动突然袭击，利用对方丧失警惕、没有提防的机会，给对方以严重打击，往往能带来军事上的好处。因此，帝国主义发动的战争，总是在一连串令人眼花缭乱的“谈判”、“调停”的烟幕中，突然地爆发。被压迫国家和被压迫民族在任何时候都要提高警惕、做好准备，反击帝国主义的突然袭击，而不能为“谈判”、“调停”和表面缓和所麻痹。

帝国主义是一丘之貉，同样都唯利是图、唯力是视。当帝国主义相互矛盾时，他们可以装扮出同情中国、主持正义和公法的样子，但当帝国主义的相互交易达成，就立即勾结起来，狼狈为奸，什么“信义”、“人道”、“公法”都抛到九霄云外。丰岛海战的时候，英使欧格讷还在假惺惺欺骗清政府：“现在英俄之外，又约德、法、意三国同办此事，合力逼着日本讲理，谅亦不敢不从”①。高升号被无理击沉，李鸿章梦想英国一定会挺身而出，他说：“高升系怡和商船，租与我用，上挂英旗，日敢无故击沉，英人必不答应”②。但是，日本政府抢在头里，向英国卑词厚礼、赔罪道歉，赔偿损失，甚至准备将浪速舰长撤职。英国大受奉承，它的要求得到了满足，特别是日本政府保证不侵犯上海附近的英国利益，于是，英国袖手旁观，“理”也不讲了，“法”也变了样。英国的几个国际法“权威”甚至跳出来为日本辩护，连篇累牍地论证“不宣而战”的合法性，说什么：“不宣而战虽然是不好的惯例，然而过去多少世纪以来，许多国家就是这样干的，不能因为不久以前有少数较好的宣战惯例而排斥不宣而战的做法”③，“（中日之间）已经存在着战争状态。虽然没有宣战，但只要一方采取敌对行动，战争就是合法地开始了，这是普通的常识，而且已被英国、美国的法庭所确认”④。

---

① 《清光绪朝中日交涉史料》，第一二三〇件，《军机处奏录呈总理各国事务衙门与英使欧格讷问答片》。

② 《李鸿章全集》，电稿，卷一六，32页，《寄译署》。

③ Takahashi：《中日战争期间的国际法》，38页，《威斯特莱克教授致泰晤士报编辑的信件》。

④ 同上书，41页，《霍兰德教授致泰晤士报编辑的信件》。

7 月 25 日，即日舰在丰岛海面发动突然袭击的同一天，日军四千余人在大岛义昌率领下从汉城压向牙山，准备出其不意地吃掉清军。牙山僻处海边，军事上不宜防守。清军已在前一天由聂士成率领抢占了牙山西北四十里的要隘成欢驿，在此筑垒设防。聂士成向叶志超建议："海道已梗，援军断难飞渡，牙山绝地不可守。公州背山面江，天生形胜，宜驰往据之，战而胜，公为后援，不胜犹可绕道而出。此间战事当率各营竭力防御，相机进止"①。叶志超遂率五百人前往公州。

7 月 28 日，日军逼近成欢驿。清军武备学生于光炘、周宪章等于夜间冒雨探明了日军进兵的情况，率数十人埋伏于日军必经之路安城渡的小桥旁。7 月 29 日凌晨，日军气势汹汹地进至安城渡，其前锋部队"渡河桥，我军骤放排枪，毙敌数十。时夜色苍茫，敌猝遇伏，遽引退，桥小人众，拥挤坠水溺死者甚众"②。日军先锋官松崎大尉"欲试行突击，挥剑登堤时，飞来一弹贯穿头部而死"③。于光炘等本来约好其他清军将领，乘势齐发，给日军以沉重的打击，但战斗打响以后，怯懦的其他将领"莫利前进，观望不即行"④，失去了反攻的时机。日军惊魂稍定，重整旗鼓，蜂拥反扑。日军左翼又从东侧包抄清军营垒，双方展开了激战，于光炘等英勇抗击，终因寡不敌众，力竭牺牲，至早晨，清军营垒失守，聂士成率军撤退。原计划叶志超据守公州险要，接应聂军，但叶胆小如鼠，害怕日军追击，竟弃公州逃跑，聂士成追上叶军以后，只好随同撤退，向东绕道，避开日军，奔往平壤。

1894 年 8 月 1 日（光绪二十年七月初一），中日正式宣战。清光绪帝的宣战诏书中历数了朝鲜问题和中日冲突的由来，指出日本"乘我不备，在牙山口外海面，开炮轰击，伤我运船"，"不遵条约，不守公法，任意鸱张，专行诡计，衅开自彼，公论昭然"⑤，正确地说明了发生战争的原因和中国的自卫立场；日本天皇的宣战诏书中

①② 聂士成：《东征日记》。

③ 《日清战争实记》，见《中日战争》（一），226 页。

④ 姚锡光：《东方兵事纪略》，《援朝篇第二》。

⑤ 王芸生：《六十年来之中国与日本》，第 2 卷，78 页。

强词夺理地进行辩解，用种种美妙的词句把自己装扮起来，什么“不违反国际公法”呀，“不可与外国失和”呀，“使朝鲜永免祸乱”呀，“维持东洋全局之和平”呀①，一派花言巧语，其实，它的所作所为，恰恰是南辕北辙，反其道而行之。

第三节　中日甲午战争（1894年8月至11月）

一、平壤战斗

中日宣战以后，双方频繁地进行军事调动。日本利于速战速决，它虽然很早就对这场战争做了准备，但究竟国家小，资本主义发展的时间短，没有充足的人力、物力进行长期战争。并且，国际形势变幻无常，随时可能发生列强的干涉，战争越拖得长，对它就越是不利，它渴望迅速地取得战争的决定性胜利。因此，它拟定的第一个作战方案是：立即与中国海军进行决战，一举全歼中国海军，取得制海权；陆军随即渡海在渤海湾登陆，指望在1894年内直捣京津，结束战争。这当然是个一厢情愿的计划。中国的海军有北洋、南洋、福建、广东四支，力量总和超过日本②，日本不可能很快取得制海权，也就不可能把大批陆军运来中国大陆作战。所以，连日本政府也承认第一个作战方案难以实现。日本拟定的第二个作战方案是：在不能取得制海权的情况下，陆军主力在朝鲜作战，确保占领朝鲜。甚至日本还估计到自己的海军可能被击败，在这一情况下，则采取第三个作战方案，固守日本本土，反击清军登陆，并在朝鲜

---

① 参见田保桥洁：《日清战役外交史之研究》，321页。

② 1894年时，中日两国舰船数目，各种记载略有差异。据劳灵逊说：“如果将中国和日本的舰队作一比较，我们可以得出结论：中国更有可能在海上战胜。1894年时，日本共有三十二艘战舰，二十三艘雷艇……中日海军最大的区别在于日本舰队是统一的，而中国则分成北洋、南洋、福建、广东四大支。1894年，这四支舰队共有六十五艘大船和四十三艘雷艇。其中以李鸿章的北洋舰队为最强。单是这支舰队的实力即和日本相等。”见劳灵逊：《中国发展海军的努力（1839—1895）》，168页，哈佛大学出版社，1967。

以少数部队作牵制性攻击。

日本动员了全国的人力、物力，投入侵略战争。海军编成联合舰队，进出于朝、中海面，伊东祐亨任司令官；陆军以第五师团和第三师团组成第一军，派往朝鲜，军界元老、枢密院议长山县有朋任第一军司令官。8月13日颁布紧急敕令，8月15日公布军事公债条例，募集5 000万日元充作军费。日本的军国主义分子竭力煽起战争的狂热气氛，报纸上充满了“义战”、“圣战”的叫嚣。当时一个驻日外国使节写道：“日本的武士道精神在高涨，并推动着政府的行动”，“官吏减低了薪金，给军队捐献各种礼物和金钱，政府建立了专门机构以募集和分配千万元捐献品。日本人自认为是朝鲜的保护者，以为只要一次简单的军事行动就能占领北京。他们甚至在考虑中国支付的百万元的赔款将作什么用途。他们在大做沙文主义的白日梦”①。和这种战争狂热形成对照的是日本劳动人民的态度，他们被拖进了战争，只能蒙受灾难，因此强烈地反对这场侵略战争。一些有正义感的日本人士写道：“无论怎样回想当时的情形，我们也没有对战争深切关心的感觉”②。“战争只是为了满足富贵的安逸者的掠夺。他们奴役着贫贱的劳动者，并使他们失业”，“贫乏社会阶层有责任反对仅为少数人而去流血、受苦的战争”③。

清政府对战争完全缺乏准备，没有统一的、明确的战略部署。掌握军政大权的慈禧太后和李鸿章都害怕战争。慈禧太后一心一意要欢度她的六十寿辰。李鸿章把淮军和北洋舰队视作自己的私产，竭力避免作战，以免遭受损失。其他地方督抚也袖手旁观，但愿战火不要烧到自己的辖境内。另外，光绪皇帝、翁同龢以及一批中下级官吏则反对投降，主张抵抗。他们虽无实权，但今天写奏折，明天上弹章，制造舆论，并在一定限度内可以发布上谕，给主和派施加压力。甲午战争就在这种复杂而纷乱的政治环境中开始。

1894年7月下旬，卫汝贵部盛军6 000人，马玉崑部毅军2 000

---

① 伦森编：《达尼森日本通讯》，21、24页，东京，1967。

② 藤村道生：《日清战争》，108页。

③ 藤村道生：《日清战争》。

人，左宝贵部奉军 3 500 人、丰陞阿部奉天练军 1 500 人出发赴朝，从陆路开往平壤。清政府上谕指示："克期进发，直指汉城"。但李鸿章和一些前敌将领，磨磨蹭蹭，逗留不进，强调困难，要求增兵添饷。他们说："目前只能坚扎平壤，扼据形胜……步步稳慎，乃可图功"①，用"稳慎"的招牌掩饰惧敌怯战的心理。前敌四军中，左宝贵、马玉崑两军有一定的战斗力，卫汝贵军人数最多，装备最齐，号称淮军的嫡系精锐，但纪律和战斗力最差。卫汝贵本人是一个腐化老朽的怕死鬼。军队出发的时候，卫汝贵领得饷银 20 万两，"竟扣出八万两，由天津票号汇寄家中"②。他的老婆写信给他："君起家戎行，致位统帅。家既饶于财，宜自颐养，且春秋高，望善自为计，勿当前敌"③。他率领的军队由于克扣军饷太多，士兵不服，军纪荡然。李鸿章去电申斥："闻盛军在平壤，兵勇不服，惊闹数次，连夕自乱，互相践踏……独汝所部，狼狈至此，远近传说，骇人听闻……吾颜面声名何在？"④ 又说："卫受恩深重，此行甚不做脸，真无一点天良矣"⑤。丰陞阿的练军人数最少，战斗力很弱。"土人笑其不禁磕碰，戏呼为鸭蛋兵"⑥。后来，从牙山败退的叶志超军绕道到平壤，叶大吹牛皮，说自己如何如何打了胜仗，清政府不查察虚实，传旨嘉奖，赏银二万两，还命叶志超总统平壤各军。叶不管军务，终日花天酒地，"素知平壤歌妓久冠全球，遂心醉之，日夜在中军帐狎妓宴乐。营哨将弁，尤而效之，明目张胆，宿娼营中，无复以军务为意者"⑦。叶志超这个逃跑将军当了平壤前线各军的统帅，这就不能不加速战争的失败。

中国的海军同样也没有统一而明确的战略部署。全国海军分成四支，由于地方主义、分散主义的思想习气作祟，除了北洋舰队和

---

① 《清光绪朝中日交涉史料》，第一四〇九件，《北洋大臣来电》。
② 同上书，第一七六三件，《军机处寄湖南巡抚吴大徵上谕》。
③ 罗惇曧：《中日兵事本末》。
④ 《李鸿章全集》，电稿，卷一七，11 页，《寄平壤卫统领》。
⑤ 同上书，电稿，卷一七，30 页，《寄义州叶提督卫镇》。
⑥ 易顺鼎：《盾墨拾余》，卷五，《魂北魂东杂记》。
⑦ 许寅辉：《客韩笔记》。

广东的几艘小战舰以外，南洋、福建的全部舰只和广东的大部分舰只都没有参战，仿佛这场战争与南方的官吏们无干。清政府命令南洋三舰南瑞、开济、寰泰（分别为 2 200 吨、2 150 吨、1 450 吨）北上助战，南洋大臣刘坤一推诿说："东南各省为财赋重地，日人刻刻注意，饷源所在，必须格外严防。若派三船赴北，不特此间炮台，势成失策，且长江五省门户，更足启敌窥伺……各船实难相离"①。因此，日本实际上对付的仅是一支北洋舰队。以北洋舰队而论，提督丁汝昌名为舰队的最高统帅，却没有独立的指挥权，事无大小都要请示北洋大臣李鸿章。丁汝昌又是陆军出身，不懂现代海军。下面一批管带（舰长）大多是福建学堂出身，到欧洲留过学，形成一个有势力的福建帮。平日"操练尽弛，自左右翼总兵以下，争挈眷陆居。军士去船以嬉，每北洋封冻，海军岁例巡南洋，率淫赌于香港、上海，识者早忧之"②。有些将领的脑子里充满失败主义思想，害怕对外作战。"议论间，皆以夷人之船坚炮利、兵法森严为言，一若必不可胜，必不能胜者"③。

自丰岛海战失利，李鸿章为了保船避战，又给北洋舰队划定了活动范围，不得超越威海卫至鸭绿江口一线以东，这就是把整个朝鲜海面全部拱手让给了日本海军。当时，朝鲜半岛上正在酝酿着大战。日本的军队、枪炮、弹药、粮秣、器械、马匹都要渡海输送，完全依靠海运。中国舰队有很多出击的机会，机动地袭击日方的运输线，给敌以沉重打击。但是，李鸿章的消极避战思想使北洋舰队丧失了良好的战机。

自宣战以后一个半月，前线反而惊人地沉寂。日本海军频繁地出动，寻找决战的机会。而北洋舰队躲在威海卫和旅顺，匿伏不出，只偶尔在近海作些巡逻。日舰来战不得，遂改变战略，放弃年内在渤海湾登陆的作战方案，选择以平壤作为决战战场，自 8 月中旬后，大量向朝鲜增兵。

9 月初，日军分四路进攻平壤。大岛义昌少将率第九混成旅团

---

① 《清光绪朝中日交涉史料》，第一七〇九件，《南洋大臣来电》。

② 姚锡光：《东方兵事纪略》，卷四，《海军篇第七》。

③ 孔广德辑：《普天忠愤集》，卷七，张秉铨：《北洋海军失利情形》。

3 600人为先锋，正面进攻平壤的东南；野津道贯中将率第五师团5 400人继进，攻击平壤的西面；立见尚文少将率2 400人，组成朔宁支队，由侧翼攻平壤东北；佐藤大佐率第三师团的4 700人，从元山登陆，抄袭平壤北路。其全部战斗兵员16 000人，约定9月15日会攻平壤。日军的作战计划有三个严重弱点：第一是它的兵力与清军约略相等，四路出动，兵力分散，各路距离很遥远，有被逐个击破的危险；第二是由于未掌握制海权，它的着陆点放在较安全的朝鲜半岛南端的釜山和西海岸元山，运输线漫长，随时有被切断的可能；第三，更为重要的是朝鲜人民痛恨日本侵略军，热烈欢迎中国军队，“王师至，欢呼夹道，为时盛暑，争献茶浆，饷我军士”①，朝鲜的猎户也组织起来，到平壤参战，而日军所至，除干粮外，无所得食，“以一匙之盐供数日”②。朝鲜南部的东学党起义军，袭击日军的后方，与平壤的中国军队相呼应。据日本驻朝公使井上馨说：东学党“切断我军用电线，袭击兵站部”，“与华兵相呼应”，“攻击我兵”③。但是，尽管存在着许多有利的因素，清政府和清朝将领由于政治、军事上的腐败，不可能利用这些有利因素，团结朝鲜人民，运用正确的战略，去战胜日本侵略者。相反，15 000名清军，“墨守城垣，附郭而屯”④，摆出被动挨打的姿态，坐待日军分路合围。

9月13日，日军逐步逼近平壤，战斗首先在东南打响，日军大岛旅团猛攻大同江畔的清军营垒，马玉崑部奋起抵抗，遏制了日军的攻势。据中国方面的记载：“倭人死伤山积，弹丸尽，伏地无策”⑤。据日方记载，清军“激烈应战，不遗余力”，“敌兵亦善战，敌垒终未得拔”，“甚至指挥的士官悉数战死”，“闻名的勇士，亦稍形缩色，眼看一军要总崩溃”⑥。但清军的其他战线已失利，日军从北面突入平壤城。因此，东南战线的抵抗最后也失败。

平壤北路是日军的主攻方向，集中了元山支队、朔宁支队7 000

---

①④⑤ 姚锡光：《东方兵事纪略》，《援朝篇第二》。

② 梁启超：《李鸿章》，第七章。

③ 伊藤博文：《秘书类纂》，《井上关于朝鲜改革至难的报告》。

⑥ 《日清战争实记》，见《中日战争》(一)，236～237页。

人的兵力，分进合击。清军探知日军将至，派三营军队扼守平壤以北的顺安一带，以作屏障。9 月 13 日，日军行至。战斗刚刚打响，“忽闻帅（指叶志超）令，火速回城。无奈拔队而归”。日军抢占了平壤以北的山地，使平壤要隘牡丹台和玄武门暴露在日军的炮火之下。“朝鲜兵恨叶帅刺骨，谓十二之晚，若不令金营回城，日兵不得上山；日兵不上山，我军安能败北？”① 这时，前线的战斗正酣，身为统帅的叶志超躲在城里，六神无主，想要逃走。左宝贵既痛心，又愤恨，再三劝说挽留，还派了亲兵守着叶志超，以防他私自逃跑。

9 月 15 日凌晨，北路的激战开始，日军先以大炮轰击清军的五个营垒，继以密集冲锋。清军英勇迎战，左宝贵全付戎装，身先士卒，每个营垒都进行了激烈争夺。敌军集中了优势兵力，猛烈攻击，五个营垒相继失守。战斗迫近到牡丹台、玄武门，左宝贵已中枪受伤，誓死不退，力疾指挥，不幸中炮阵亡。清军失去了这一勇敢的指挥者，战线遂崩溃，日军抢占了玄武门。叶志超急忙在城中竖起白旗，要求投降。日军经过激战，需要休整，暂时停战。这天夜间，叶志超命令全军弃城逃跑。当时，大雨如注，四面昏黑，清军狼狈北窜，队伍大乱，军需物资全部丢弃。日军向逃跑的队伍射击，清军伤亡极大。叶志超在逃跑中既不收容逃兵，整理队伍，又不择地防守，抗击追兵，五天内狂奔五百余里，一直逃过了鸭绿江。

二、黄海战斗

平壤战斗后的两天，即 1894 年 9 月 17 日（光绪二十年八月十八日），中国北洋舰队和日本舰队在鸭绿江口外的黄海中爆发了一场悲壮激烈的战斗。

由于平壤的军情紧急，清政府向鸭绿江边运送援军，命北洋舰队护航。9 月 12 日，满载士兵的五艘轮船从大连湾驶至鸭绿江口的大东沟，北洋舰队全部出动。护航任务完成后，北洋舰队正准备返航旅顺，日本侦知消息，于 9 月 17 日开到大东沟外，抱着歼灭中国

① 蔡尔康等编：《中东战纪本末》，卷四。

海军的狂妄计划，逼清舰进行决战。

这天早晨八点多，北洋舰队正忙于返航的准备，忽然，南方的万顷碧波之上出现淡淡的黑烟柱，清军很快侦明有大批日舰来袭，丁汝昌立即发布信旗，令诸舰列阵驶出应战。

大东沟外，中国战舰共有14艘，即定远、镇远、来远、经远、靖远、致远、济远、超勇、扬威、广甲、平远、广丙以及镇中、镇南两炮艇和四艘鱼雷艇。但由于仓促整队，平远、广丙及两炮艇、四雷艇没有来得及列阵参战，实际投入战斗的为10艘，共31 000吨。日本军舰12艘，全部投入战斗，共38 000吨。日舰在数量上占优势。更重要的是，中国军舰较旧，而且吨位、航速、战斗力参差不齐。其中，定远、镇远二舰排水量各为7 400吨，大大超过了日舰，唯舰龄已12年。其余各舰大多是两三千吨，最弱的超勇、扬威、广丙只有一千多吨。日舰较新，4 000吨以上的有5舰，3 000吨以上的有4舰。从航速看，日本最快的吉野，每小时达22海里，其他舰只大多为16～19海里。中国舰只的速度，除靖远、致远可达18海里，其他的只有十四五海里。而且日舰装备的速射炮很多，发射快、火力强，在同一时间内可以射出三倍于中国军舰射出的炮弹，这一点在黄海战斗中被证明是很重要的。中国军舰的优点是重炮多，炮弹大，舰身的装甲厚，特别是定远、镇远二巨舰在战斗中发挥了骨干作用。

中日舰队相遇，日舰以吉野、高千穗、秋津洲、浪速四艘精锐的快速战舰为前锋，旗舰松岛率领千代田、严岛、桥立、比睿、扶桑等舰组成本队，排成鱼贯纵列式，依次前进，最弱小的西京丸、赤城掩蔽在本队的左舷侧。联合舰队司令海军中将伊东祐亨在松岛舰上指挥作战，海军军令部长、海军中将桦山资纪乘坐西京丸观战。中国军舰排成雁行横列式迎战，定远、镇远居中，定远的左面是靖远、致远、广甲、济远，镇远的右面是来远、经远、超勇、扬威。海军提督丁汝昌乘坐旗舰定远督战。

日本舰队的阵式，以四艘快速舰作为进攻主力，并且始终以舷侧炮应战，充分利用了快速舰的机动灵活性和一舷齐射的速射炮威力；但是它殿后的几艘弱舰没有强舰的掩护，易受攻击，这是它的弱点。中国舰队是遭到突然袭击而仓促整队的，安排成雁行横列式是为了使定远、镇远两巨舰突出在中央的前方，利用舰首的重炮掩护整个舰队，同时又使全部战舰可以迅速地接近敌舰，以便发挥全队的炮火威力。但是这种横列阵式只能利用舰首炮在较狭窄的扇面范围内进行射击，不能充分发挥全舰、特别是两舷的火力。而且，它把速度不同的船只错综混合地编在一起，大大限制了其中某些快速舰（靖远和致远舰）的运动速度，削弱了主动进攻的能力，以致整个舰队始终处在不利的防御地位。①

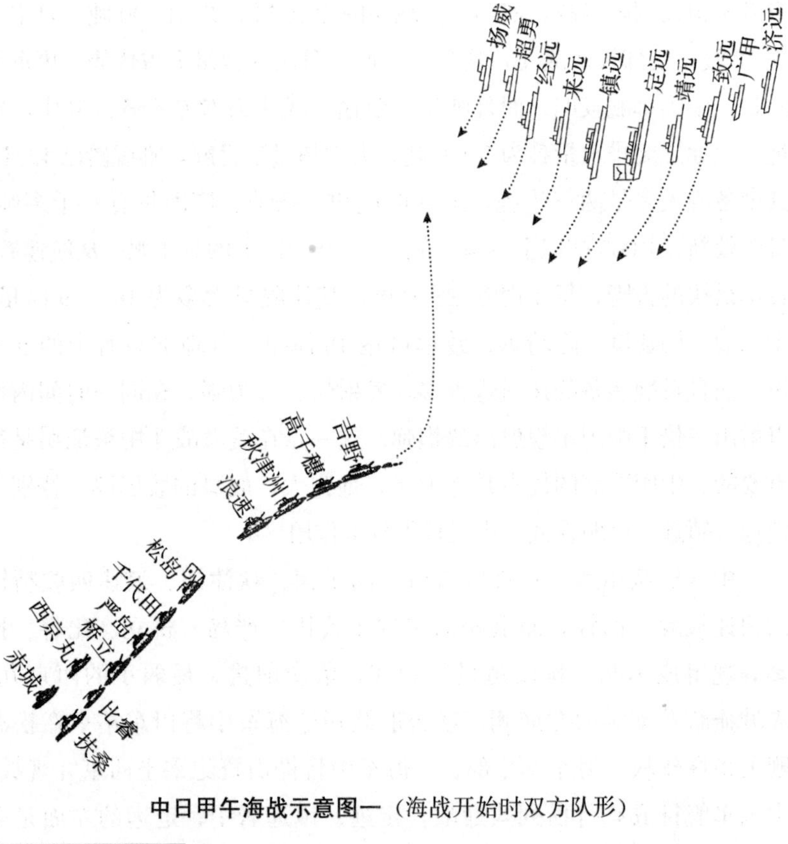

中日甲午海战示意图一（海战开始时双方队形）

① 关于中国舰队列阵的得失有各种不同意见。参与这次海战的英国预备役海军少尉泰莱说：北洋舰队事前议定分段纵列阵式，临战时，总兵刘步蟾胆小怕死，擅自改成横列式，使自己的座舰定远居中，以避炮火。但据丁汝昌战后报告："各船均以船头抵御，冀以大炮得力。"（《李鸿章全集》，奏稿，卷七九，《大东沟战状折》）则横列阵式是根据中国舰首炮大的特点而采用的。又当时英国海军中将斐利曼特尔曾在东亚海上观察了中日海军战斗的全过程，他的意见是"定、镇两大船居中督率，此不得谓之错也"（见《中东战纪本末》）。因此，横列阵式或纵列阵式实是当时战术上的意见分歧，并非刘步蟾胆小避敌的安排。

9月17日中午12时50分，双方舰队相距5 300米，炮战开始。日方吉野等先锋四舰以将近两倍于中舰的速度横越中舰队列的前面，绕攻我右翼的超勇、扬威两弱舰，旗舰松岛率本队继进。一时炮声大作，海面上波涛汹涌，硝烟迷漫。我旗舰定远的桅楼一开战就被轰塌，丁汝昌等坠楼受伤，舰队失去号令，不能指挥。日本先锋四舰接近我舰队右翼，相距约两千米，定远和镇远发挥巨炮威力，在较远的距离内一一命中敌舰，吉野的右舷甲板爆炸，高千穗后部中弹，弹片飞入弹药室，秋津洲连中五炮，浪速水线下部被击中，海水灌入，四舰死伤27人。但我超勇、扬威陷入敌舰的交叉火力网内，熊熊起火，不久，超勇首先倾覆。这时，日本舰队松岛、千代田、严岛、桥立在炮火互击下越过我定、镇二舰的舰首，但殿后的比睿、扶桑、西京丸、赤城未跟上本队各舰，被我舰队拦腰截断，陷入我方火力网中。我炮猛烈轰击，敌舰升起熊熊大火，负伤惨重。比睿陷于定远、靖远、致远的包围中。“舰头、帆樯、索具大部分破坏，大樯摧折，军旗被击落”，顿时死伤34人，赤城“蒸汽管毁坏，速度大减。一弹在前部上甲板爆炸，前炮供不上弹药”①，舰长坂本少佐等十余人立时被击毙。第一个回合的战斗经过了一个多小时，双方都集中火力，攻击对方的弱舰，互有杀伤。

下午2时许，日本殿后四舰十分危急，比睿已不能行驶，发出“离队”信号，向西南方向飘浮。西京丸揭起“比睿、赤城危急”的信号，日本先锋四舰紧急向左回旋，加速返回援救；日舰本队也越过中国舰队的右翼，向右回旋。中国方面，因旗舰定远的桅楼已坍塌，传令系统损坏，无法发令指挥，诸舰各自为战，陷入包围圈中，形势不利。

我定、镇、靖、致诸舰紧紧追蹑逃跑中的西京丸、赤城，大东沟内的平远、广丙和四艘鱼雷艇也赶来助战，鱼雷艇发射三枚鱼雷，可惜均未击中，两枚掠过西京丸的左舷，一枚掠过其舰底。这时，日先锋四舰已赶到，西京丸、赤城幸免沉没。

---

① 仲小路彰：《日清战争》，上册，224、226页。

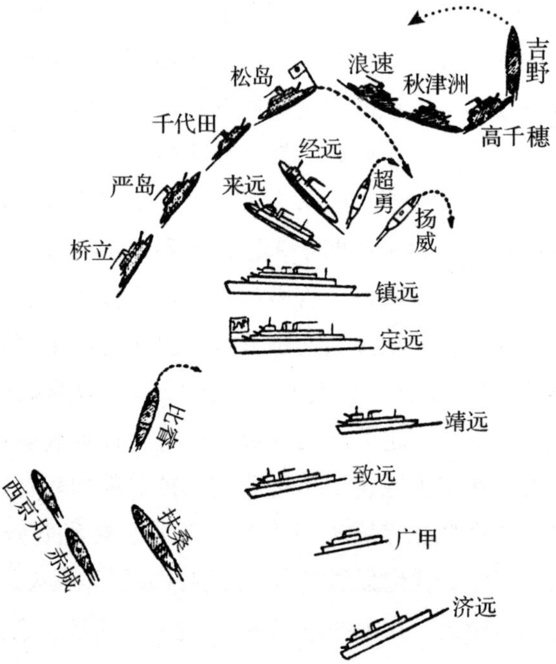

中日甲午海战示意图二（交战后双方队形）

大部分中国军舰都沉着应战，发挥了勇敢顽强的战斗作风，据英国顾问泰莱说：中国“炮术甚佳”，“可称善战”，“众士兵凌厉振奋，毫无恐惧之态”，“呈欣欣之色者，大率为水手”，“统观全体，就战德而论，船面士弁及机械室职员皆极优良”①。据另一美国顾问麦吉芬说：“华人亦意气奋迅，大抵日人皆不能比”，“诸官皆能各司其事，不露恇怯之态，甚属可恃，水手亦甚得力”②。

中国舰队的弱点是：战斗开始即失去指挥，队形紊乱，各舰不能配合支援。日舰虽有四艘被击散，但前锋四舰和本队四舰仍保持整齐的队形，“我伤其一船，即有二三船飞集救之，我一船受伤，余船未能即救，而日已飞集二三船环而攻之”③。另一严重弱点是缺乏炮弹，定远、镇远有十寸口径的巨炮，射程远、威力大，但一共只

① 泰莱：《甲午中日海战见闻记》（张荫麟译）。

②③ 《中东战纪本末》，卷七，《美麦吉芬游戏语录》。

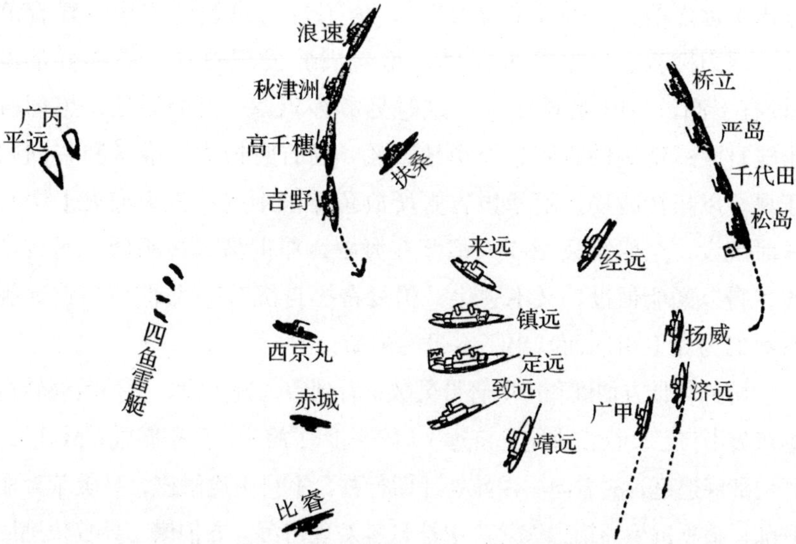

中日甲午海战示意图三（日舰钳形攻击）

有炮弹三发，定远有一发，镇远有二发，其中一发曾击中敌旗舰松岛，使其严重瘫痪，可惜“华军中殊少巨弹，不能击日船而使遽沉”①。而且，中国炮的种类、型式不一，有大有小，有德国制、英国制、法国制，炮弹的种类、型号、大小也五花八门，往往“弹子与枪炮针孔不对，枘凿不入，临时不适于用”②。特别严重的是主管生产炮弹的官吏贪污舞弊，有不少炮弹中未装火药，装的是煤灰或泥沙，“故弹中敌船而不能裂”③。所以一个外国作家评论说：“中国人在鸭绿江上是可以得胜的，假使他们的炮弹不是实着泥沙。这不是海军提督的过错，而是军需局的坏蛋官吏的罪恶”④。

敌舰的速射炮迅速地吞吐着火舌，密集的弹雨倾泻在我方战舰上，优势已被日舰掌握。勇往直前的致远舰中弹很多，全船大火，像一条负了伤的火龙，仍酣战不退，“阵云缭乱中，气象猛鸷，独冠全军”⑤。“敌忽以鱼雷快船直攻定远，尚未驶到，致远开足轮机，

---

①③　《中东战纪本末》，卷七，《美麦吉芬游戎语录》。

②　《普天忠愤集》，卷七，张秉铨：《北洋海军失利情形》。

④　《肯宁咸乙未威海卫战事外纪》。

⑤　同上书，《英水师提督斐利曼特而水师提督语录》。

驶出定远之前，即将来船攻沉”①，为了自己旗舰的安全，冒着危险，竭力援救。致远管带邓世昌抱着满腔爱国热忱，平常就常说“设有不测，与日舰同沉”②，这时见敌势猖獗，万分激愤，想伺机击毁日舰最精锐的吉野，奋勇地鼓轮，向吉野撞去，准备和它同归于尽，以扭转战局。不幸被吉野所放鱼雷击中（一说为炮火击中），顿时沉没，全船官兵250人都落在海中，邓世昌“被溺后，遇救出水，自以阖船俱没，义不独生，仍复奋掷自沉”③。邓世昌和致远舰官兵们为保卫祖国而献出了宝贵的生命。

济远管带方伯谦和广甲管带吴敬荣看到致远舰沉没，害怕敌舰转过炮口轰击自己，慌忙逃跑。济远一口气逃回了旅顺；广甲舰脱离战斗后，恐怕敌舰追赶，靠着海岸浅滩处迂回行驶，不料中途触礁，吴敬荣弃船登陆，狼狈逃生。第二天，广甲被日舰发现击沉。方伯谦、吴敬荣逃回旅顺，清廷以其“临阵退缩”将方伯谦正法，吴敬荣革职留任。

战局愈来愈恶化，敌舰把火力集中到经远舰上，经远管带林永升浴血奋战，予敌重创，但不幸中弹牺牲，全船大火，由于缺乏消防措施和各舰的相互支援，最后，船也沉没。中国参战的十艘军舰，四沉两逃，只剩下定、镇、来、靖四舰以及后来赶到的战斗力较弱的平远、广丙还在坚持战斗。

但是，中国的海军将士们并没有气馁，他们在邓世昌、林永升等英勇战斗精神的鼓舞下，奋力作战，越战越勇，使日本方面付出了惨重的代价。赤城、比睿和西京丸已脱离队伍，暂时不知去向，战斗结束后，日舰才发现它们瘫痪在远处海面上。据日本联合舰队司令伊东祐亨及其他人说：“西京丸舵已轰断，舟中观战之大吏（指军令部长桦山资纪）几被华军连船擒去”，“丸中人如已赴法场，重邀恩赦者然”；“比睿舰既受隔于华舰，如将罹腰斩之刑，其火光熊熊也，则又将焚尸矣。赤城舰亦备受荼毒，而善于熬刑，故不死”④。其他

① 《李鸿章全集》，奏稿，卷七九，《大东沟战状折》。

②④ 《中东战纪本末》，卷四，《大东沟海战》。

③ 《清光绪朝中日交涉史料》，第一七三八件，《李鸿章奏请优恤大东沟海军阵亡各员折》。

如最精锐的吉野“受伤尤剧，惟修整后，尚可使用”。还有日方的旗舰松岛，为我舰火力所萃，镇远的一发巨弹，击中松岛，附近恰好有待发射的炮弹，因此爆炸，“霹雳一声，船舳倾斜了五度，冒上白烟，四顾黯淡，炮台指挥官海军大尉志摩清直以下，死伤达一百余人，死尸山积，血流满船，而且火灾大作”①。松岛舰完全失去了指挥和作战的能力，靠着其他舰船的护持，没有沉入海底。以后，松岛即退出战舰序列，“送入船坞，不但舱面之物，扫荡无存，并验明护炮之铁甲亦遭华弹击碎”②，修理良非易事。

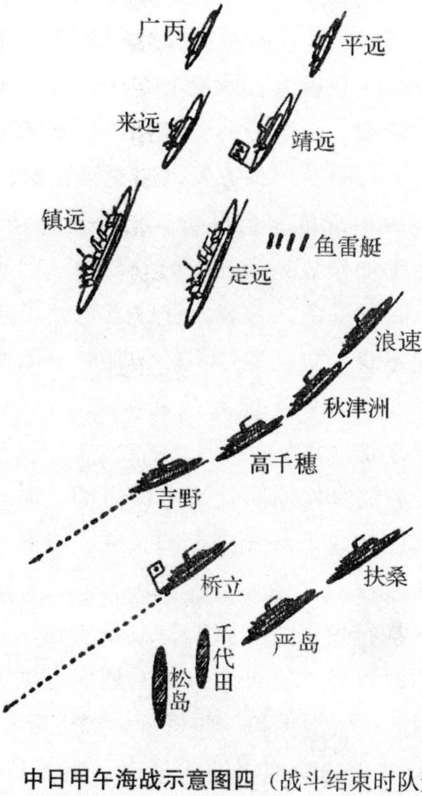

中日甲午海战示意图四（战斗结束时队形图）

这时，红日已经西斜，万顷碧波上烟雾浓密，炮声隆隆，双方负伤的船只上火光熊熊，黑烟滚滚。敌方先锋四舰仍在环攻我定远、

---

① 《日清战争实记》，见《中日战争》（一），241 页。

② 《中东战纪本末》，卷四，《大东沟海战》。

镇远。这两艘铁甲舰各中敌弹二百余发，它们紧紧靠在一起，像两个巨人，巍然屹立在枪林弹雨中。战斗已进入最后阶段，双方的大炮还在轰隆隆地怒吼。靖远见定远桅楼坍毁，不能号令指挥，就主动升旗集队，负了重伤的来远以及平远、广丙集合到旗下，时间已到下午 5 时 30 分，日舰伤亡惨重，精疲力竭，不能再战。旗舰松岛已瘫痪，就由桥立舰代行升旗收兵。气壮山河的一场大海战结束了，中国军舰驶回旅顺，日舰也在苍茫暮色中向西南方向退去。

这次海战进行了四个半小时，结果中国失去五舰（致远、经远、超勇、扬威、广甲），战斗失利。失利的原因从战术方面说大体可以指出以下几点：第一，封建统治阶级挥霍海军经费，在八年之内没有购置新舰，所以我舰在数量上、质量上均居劣势，还有中国在战前已有购置速射炮的计划，由于经费被挪用，计划未实现，因而严重地削弱了我方的火力；第二，日方发动突然袭击时，已排列成主动的进攻队形，我舰被迫应战，仓促整队，处于被动地位，平远、广丙和雷艇到后来才参加作战；第三，炮战开始，定远的桅楼被轰毁，不能号令全军，队形混乱，各舰无法联系，处于各自为战的状态；第四，我方炮弹奇缺，而且型号不一，临时不能使用，或者中无火药，虽然命中率很高，但不能致敌舰于死命；第五，方伯谦、吴敬荣临阵脱逃，我方战斗力大为削弱。

产生这些作战失利的具体原因并不是偶然的、孤立的，而是由清政府反动的政治制度和政治路线决定的。这一或那一具体原因从不同的方面反映了清政权的奢侈浪费、贪污腐败，置国家、民族的安危于不顾以及对外执行投降主义路线，战备废弛，训练不精等等反动腐朽性。这样的政权根本不可能有成效地保卫国家主权，抵御外来侵略。但是中国的广大士兵和一些将领，忠勇奋发，斗志昂扬，不因稍挫而沮丧，给来犯的敌舰以迎头痛击，艰苦地支撑到最后，使日舰付出极惨重的代价，粉碎了敌人“聚歼清舰于黄海中”的狂妄计划。

黄海大战中，中国海军的英勇战斗事迹将长存史册，他们的爱国主义精神将永垂不朽！

三、主战、主和两派的斗争和清政府求降

战火即将蔓烧过鸭绿江，日益严重的民族危机正在深刻地改变中国各种社会力量的相互关系。抵抗还是投降，这是摆在中国各个阶级、各种政治派系面前必须回答的大问题。

广大的劳动人民坚决要求抵抗日本的侵略，他们是反对帝国主义侵略的主力军。劳动人民在政治上虽处于无权地位，不可能直接改变和决定清政府的路线、政策，但是，他们中间蕴藏着巨大的力量，他们要求抵抗侵略的潮流有力地推动着抗日斗争的发展，鼓舞和影响着各阶级各派系的态度。

以慈禧太后、李鸿章为首的当权派一心妥协求和，他们不愿和日本开战，日本的屠刀已经架在中国人的脖子上，他们却一刻也没有放弃投降的念头。政治上的投降主义必然表现为军事上的失败主义、逃跑主义，而战场上节节溃逃、一败涂地又反过来变成了他们所谓打不过日本、只能屈服投降的理由。

在反侵略战争的影响下，统治阶级内部也产生了剧烈的分化，地主阶级中一部分不当权的官僚、知识分子，甚至包括一些高级官僚在内，受到日本侵略的威胁和人民抗战力量的推动，转向了抗日，他们组成了地主阶级中的主战派。主战派拥护光绪帝，反对投降派，得到许多人的赞同，他们的阵营逐步扩大，影响逐步增强。

光绪帝（1871—1908）名载湉，是道光帝的孙子、同治帝的堂弟，父亲是醇亲王奕譞，母亲叶赫那拉氏是慈禧太后的妹妹。同治帝死后无子，慈禧太后选中了当时只有四岁的小孩子载湉继承帝位，以便由自己长期掌管大权。到了光绪帝长大成人，慈禧太后不得不在名义上“归政”于光绪，而实际上仍把持着最高权力。光绪“虽有亲裁大政之名而无其实，一切用人行政皆仍出西后之手，内之则宦官李莲英，外之则军机大臣孙毓汶，皆西后最得力之人，把持朝权，视皇上如虚器”①。光绪帝及其周围的官僚时刻希望改变自己的无权地位，这一场帝党后党的宫廷斗争正在悄悄地展开。中日甲午

① 梁启超：《戊戌政变记》，第二篇第二章，“光绪二十年以来废立隐课”。

战争的爆发给帝党带来了机会，他们举着“主战”的旗号，力图扩大自己的影响，并对主和的后党施加压力。

平壤和黄海战败后，帝党官僚鼓动舆论，追究战败责任。他们的矛头指向李鸿章集团和太后集团，要求处决不战而逃的卫汝贵、叶志超、方伯谦。李鸿章本人和他的儿子李经芳、女婿张佩纶、外甥张士珩以及心腹盛宣怀、袁世凯无不遭到严厉的抨击。主战派还指出：慈禧的爪牙孙毓汶“力排众议，迎合北洋”，“秉政十年，专权自恣，在廷卿贰无不受其牢笼，各省督抚待其一书，至有相传为‘小圣旨’之说者”①，提议停止慈禧庆寿中最铺张浪费的“点景”，要求处置太后的 4 000 两存银。主战派官僚和知识分子的犀利抨击，使投降派丑态毕露，极为狼狈，在一定程度上牵制了投降派不能立即向日本投降，这是有一定积极意义的。

但是，主战派地主官僚同样属于腐朽没落的封建阶级，他们不敢依靠人民，并没有挽救败局的力量，也提不出反对侵略的正确政略和战略。战争初起，他们主张与日本决战，速战速胜，甚至要求渡海进攻日本的本土，暴露了他们急躁轻敌、脱离实际、不了解中日军事力量对比的真实情况；后来又高唱“联英伐日”，对帝国主义同样抱有幻想；最后，战败的消息接踵传来，他们中间的不少人束手无策，灰心丧气。“向之主战者，乃始目瞪舌娇，神丧胆落，不敢出一语，偶蒙顾问，惟顿首流涕，相持嚎哭而已”②。不少曾经主战的官僚只得偃旗息鼓，改变态度，和投降派同流合污，一起投降。

平壤和黄海战斗失败戳穿了李鸿章三十年来大吹特吹的“求富”、“求强”的肥皂泡，全国人民和主战派官吏对于这个长期盘踞要津、丧师失律的洋务派集团无不切齿痛恨，在舆论的压力下，清政府不得不于 9 月 17 日下令处分李鸿章，拔去三眼花翎，褫去黄马褂。李鸿章集团从权力的顶点一落千丈。

9 月 19 日，李鸿章上了一个《据实陈奏军情》的奏折，把战败的原因归结于双方武器悬殊，宣扬唯武器论。他说：“行军制胜，海

① 《清光绪朝中日交涉史料》，第一三九四件，《志锐奏参孙毓汶折》。

② 《谭嗣同全集》，《报贝元徵》。

战惟恃船炮，陆战惟恃枪炮，稍有优绌，则利钝悬殊”，因此，平壤与黄海战败，“固由众寡之不敌，亦由器械之相悬，并非战阵之不力”①。这种辩解是没有道理的。武器的优劣固然对战争胜负会有重要影响，但并非决定胜负的唯一因素。事实上，清朝政府面对日本咄咄逼人的凶焰，惧敌如虎，一味退让，军事上不作布置，处处被动，而一些将领如叶志超、卫汝贵、方伯谦等贪生怕死，不战而逃，这种缺乏斗志、一意避战的指导方针，和军队中畏葸怯战的风气，是导致甲午战争失败的主要原因。如果拿武器来说，日本方面虽占优势，但差距并不很大，如果不是路线指导的错误，中国方面有足够的武器和物资，进行长期抵抗。据记载：平壤战败时，中国在平壤“军储甚厚”，被日本缴获的有大炮 48 尊，枪支万余杆，米谷 57 万斤，金币 12 箱，其他武器、物资不计其数。不是缺少武器、物资，而是这些武器、物资掌握在什么人的手里，这才是问题的关键。所以李鸿章把战争失败的原因归之于武器的“利钝悬殊”，是掩盖事实真相的欺人之谈，当时就有人指出：“中国竭数十年之精力，萃二十省之精华，始得壮其军容，备兹利器。乃一旦邻邦衅启，竟致不能抵御，悉数委之敌人，藉寇兵而赍盗粮，能不痛恨于败军之懦将哉”②。不是武器不足，而是失败主义的军事指导把武器送给了敌人。

既然武器不如人家，战争必定失败，停战求和就是唯一的出路。李鸿章把自己的惧敌怯战、乞求妥协吹嘘为明智的先见。他说：“臣久历患难，略知时务，夙夜焦思，实虑兵连祸结，一发难收”，“审度彼此利钝，尤不敢掉以轻心”，并责骂主战派“轻视东洋小国，以为不足深忧”。据他说：战争的前途上充满着不可克服的困难，辽东、直隶“处处空虚”，“招募新营，必须数月精练，征调外省，多属零星凑集，且有兵尤须有械”，“非仓猝所能集事”。在他看来，继续抵抗是走不通的死路，妥协才是唯一的生路。宣扬唯武器论必然要走向投降主义。

① 《李鸿章全集》，奏稿，卷七八，《据实陈奏军情折》。

② 《中东战纪本末》，卷四，《日人劫获品》。

一心乞求妥协的李鸿章希望抢在日本的第二次打击到来以前赶快讲好妥协的价钱，实现停战。李鸿章放出消息："朝鲜已被日本占据，俄廷不甚喜欢，欲劝日本急流勇退，勿再妄兴甲兵"①，第二天又向清政府报告："喀使（指俄国驻华公使喀西尼）三四日内来津……俄廷初意不改，不愿倭得韩地"②。李鸿章仍然死抱住俄国这根救命稻草，希望通过俄国调停，结束战争。

慈禧太后眼看着战争的发展不但要冲掉自己六十岁生日的庆典，并且也威胁到自己的地位、权力，急于要结束这场大煞风景的抗日卫国战争。9 月 27 日，她召见主战派翁同龢等，命翁前往天津，通知李鸿章，乘喀西尼路过天津，愿意在 1886 年李鸿章与拉德仁斯基谈过的中俄共同保护朝鲜的三条密约的基础上，商请俄国调停。显然，慈禧太后很希望赶快停战投降，但主战的舆论妨碍了投降活动，因此，她要把主战派翁同龢拉下水，让翁去传递调停的消息，以减少阻力，分担责任。9 月 30 日，翁同龢在慈禧的催逼下至天津，与李鸿章会面。李大弹失败主义的老调，说"奉天兵不足恃，又鞭长莫及，此事（指战事）真无把握"，竭力主张依靠俄国干涉，说"俄廷深忌倭占朝鲜，中国若守十二年所议之约（指 1886 年李与拉德仁斯基商谈过的条约），俄亦不改前意"，"若能发一专使与商，则中俄之交固，必出为讲说"，"必能保俄不占东三省"③。

李鸿章对俄国调停的热望，仍是一厢情愿的空想。俄国的既定策略是坐山观虎斗，在平壤和黄海战后，俄国见日本的力量未可轻视，正在拉拢日本。比利时驻日公使达尼森写道："在黄海大战以后，俄国的态度更加亲日，想拉日本对抗英国。俄国驻东京的武官沃加克在日本祝捷的盛大宴会上为日军取得胜利和未来的战果而热烈地干杯"，"这几天报纸上猜测会出现日本、法国和俄国新的三角同盟的可能性"④。在俄日接近的气氛中，俄国当然不会出头妨碍日

---

① 《清光绪朝中日交涉史料》，第一六五五件，《北洋大臣来电三》。

② 同上书，第一六六五件，《北洋大臣来电四》。

③ 《翁同龢日记》，光绪二十年九月十六日。

④ 伦森编：《达尼森通讯》，32 页，1894 年 9 月 29 日信件。

本的军事行动。所以 10 月 12 日俄使喀西尼路过天津，李鸿章苦苦央求俄国出来干涉，喀西尼哼哼哈哈地答复："今昔时势已殊"，"目前宜暂守局外之例"①。李鸿章最为重视的这条议和渠道起不了作用。

真是"病急乱投医"。在李鸿章央求俄国调停时，总理衙门又通过英使欧格讷、赫德，乞求英国调停。赫德向伦敦发去的密电中说："有人倡议中俄联盟，英国政府面对着这种局势，打算怎么办？时机迫切，刻不容缓。如英国方面不能阻止日军登陆，中国必将毫无保留地投入俄国的怀抱"②。

英国一面支持日本，一面又担心中日战争的扩大必然要损害自己在华的商业利益，并且会把清政府驱入俄国的怀抱，因此，希望以牺牲中国为基础，结束这场战争。10 月 6 日英国政府向俄、法、美、德建议，在中国赔偿日本军费和列强保证朝鲜独立的条件下进行联合调停。于是五国调停之说甚嚣尘上。

帝国主义武装侵略中国为的是迫使清政府接受不平等条约，攫取经济、政治利益，而当时的中国还没有出现能够拒绝诱降、抗战到底的领导核心，因此，每一次侵略战争都必定以中国政府的妥协和出卖主权告终。清政府外战外行，畏敌如虎，愿意向帝国主义屈服，但是能不能实现妥协，并非仅仅决定于清政府的妥协意愿，还要取决于以下几个因素：第一，清政府内部的主和派足以压服主战派，才能排除妥协的障碍；第二，日本的军事胜利足以保证它攫夺到充分的利益，它才会接受妥协；第三，其他帝国主义同意和支持清政府向日本妥协。

1894 年 10 月初，英国建议五国调停的时候，这三个基本因素尚未完全具备。议和条件提出之后，清政府内部主战、主和的争论很激烈，慈禧和奕䜣、奕劻、孙毓汶、徐用仪都主张妥协求和，翰林院文廷式、张謇等 38 人联名上书，反对议和："道路传闻，以为有赔款割地之举，朘生民有限之脂膏，蹙祖宗世传之基业，度圣明在

① 《李鸿章全集》，译著函稿，卷二〇，《与俄国喀使问答节略》。

② 《中国海关与中日战争》，58 页，1894 年 9 月 30 日赫德致金登干电。

上，必不肯出此下策”①。主战的舆论在一定程度上牵制了和谈，但慈禧有左右大局的势力，主战派官僚不可能阻止投降活动。翁同龢日记中说：“昨日（公历 10 月 13 日）英使欧格讷到署议各国保护事，限即日定议，飞促恭邸到署，议至亥正散。日本索兵费，至是发露矣。邸既入此言，孙、徐汹汹，以为不如此不能保陪都、护山陵。余与李公（指李鸿藻）谓英使不应要挟催逼，何不称上意不允以折之？俟俄使到再商，孙、徐不可……余等见皇太后，指陈欧使可恶，且所索究竟多少，如不可从，终归于战……论款事语极长，然天意已定，似不能回矣”②。

清政府虽有求降之想而日政府尚无受降之意。日本的贪欲很大，企图割占辽东、台湾，不满足于清政府赔款。当时，日本军国主义分子沉浸在战争的狂热中，“对于将来的胜利已没有丝毫怀疑，余下的只是我旭日旗何时进入北京城的问题。一般气氛，称心快意，欢欣若狂，凯歌之声，到处可闻……充分暴露出以为可以横行世界，任何希望皆可达到，任何命令都能执行的傲慢气概”③。英国政府向日本提出在赔偿军费和朝鲜独立的基础上进行调停的建议后，日本政府经过反复商议和缜密考虑，于 10 月 23 日答复说：“帝国政府十分感谢英皇陛下政府提出了关于停止中日战争建议的友好动机。但直至今日，战争的胜利常属于日军方面，然帝国政府认为：在战争的现阶段，尚未达到足以保证在谈判上得到的结果，因此，帝国政府暂时不能表示有关停战条件的公开意见”④。

在国际上，帝国主义各怀鬼胎，五国调停也不可能实现。美国政府拒绝参加调停，美国驻华公使田贝说：“应该听任战争进行下去……要使这个国家（指中国）能够与世界和洽，非武力不行”⑤，美国的军方报纸说：“东方的战争将为有利的目的服务。美国人对在

---

① 《清光绪朝中日交涉史料》，第一七三九件，《文廷式等奏请密连英德以御倭人折》。
② 《翁同龢日记》，光绪二十年九月十六日。
③ 陆奥宗光：《蹇蹇录》，90 页。
④ 同上书，106 页。
⑤ 转引自魁特：《美日外交关系史》，第 2 卷，490 页。

华商务的真实情况将大开眼界”①。德国则认为：“列国在此时干涉，看来似尚嫌早”②。法国不肯明确表态。俄国推托说，参加联合调停，需待沙皇的裁决，而裁决迟迟没有做出。美、德、法、俄，或则反对，或则观望，英国的建议搁浅。此后，英国也收回了五国调停的建议，英首相洛斯勃雷“倾向于德国之见解，即干涉尚嫌过早，将得不到日本的采纳，因此，他愿暂时放弃干涉之意”③。

这样，战争仍进行下去，列强继续观望。日本要竭力取得更大的军事胜利才打算议和；而清政府也必须进一步削弱主战派的势力，才能放手地卖国求和。

四、日军窜渡鸭绿江和慈禧祝寿

日本政府认为：只有把战火引向中国境内，才能吓倒清朝统治者，在谈判桌上勒索最大的利益。因此，它正忙于准备大规模入侵中国的东北。它的作战计划是分兵两路：第一军由第三和第五师团组成，陆军大将山县有朋任司令官，从朝鲜向北渡鸭绿江，向部署在江北的清军主力部队进攻；第二军由第一师团全部和第二、第六师团之一部组成，陆军大将大山岩任司令官，准备在辽东半岛登陆，进攻北洋海军的基地旅顺口。

日本已出动了四个师团的兵力，在当时条件下，这样大规模的渡海作战有很多困难，最大的问题是后勤运输。早在1894年9月底，第一军已从平壤北进，但朝鲜人民逃避一空，夫役和运输工具严重不足，粮秣弹药堆积如山，道路为之阻塞。快要到达鸭绿江边的先锋部队不得不返回来担任运输任务，直到10月中旬，运输线路才稍稍疏通，第一军才能整队北进。

日本的第二军从国内宇品港出发，先到朝鲜的大同江口，再驶往辽东半岛，迂回渡海，在敌前登陆，困难更大，中国北洋舰队保存着相当实力，停泊在旅顺和威海卫，近在咫尺，随时有出击的可能。但是，李鸿章的战略似乎故意在帮日本侵略者的忙，他命令北

① 《美国海陆军军报》，1894年12月1日编辑部社论。
② 《德国外交文件有关中国交涉史料选译》，第1卷，3页。
③ 同上书，第1卷，4页。

洋舰队不得开出渤海湾作战。因此，日军的海上航线畅通无阻，得以确保安全。当时有人愤怒地说："海军自东沟一战，匿影潜踪，抑若天壤无此一军，不知是何肺腑"①。

鸭绿江边的清军笨拙地采取阵地防御的战略，近二万五千名军队沿江摆成一字长蛇阵，从江口的大东沟、安东直摆到长甸、宽甸，绵延几百里。这些军队，有的刚从平壤战败撤回，有的新从旅顺调来，有的是东北的地方部队。他们虽然大多是李鸿章招募训练的，但各有主将，派系林立，不相统属。清政府任命老资格的四川提督宋庆为前敌统帅，"宋庆武人，能战，无调度，非大将材，且诸将骤禀节度，多不悦，故诸军毕集，仍散漫无纪"②。至于各营的将领大多是既贪财、又惜命，"承平日久，买田园，起第宅，左狡童，右艳妾，酒色声妓、金玉锦绣、狗马玩好"③，腐朽的习气已经渗进这些将领的骨髓，怎能指望他们有效地抵抗日军的侵略？

1894年10月下旬，日军准备已毕，同时向鸭绿江边和辽东半岛发起进攻。其第一军部署在鸭绿江南岸，10月24日，佐藤支队先在鸭绿江上游水口镇渡江，作试探性攻击，少数日军擎枪探水，在水浅处徒涉过江。清军依克唐阿部一触即溃，日军占领了江北安平河附近高地。当夜，日军在义州以北的江面上架设三座浮桥，25日早晨，第三师团大规模渡江，进攻目标对准九连城左侧虎山（虎耳山）的清军阵地。在虎山防守的马金叙部竭力防御，"日军迭次猛扑，皆为我退，自晨至午，三进三退"④，日军包围了虎山阵地。宋庆、聂士成、马玉崑等渡叆河增援，以步骑冲锋，但未能打破日军的包围，虎山守军人数很少，不得已突围撤退。

其他防地上的清军皆不战而溃。依克唐阿军向宽甸逃跑，误入一条死山沟里，欲逃无路，受到日军截击，损失很大；刘盛休的铭军驻在九连城，战斗激烈时，"屡唤不出，仅在濠垒放枪"⑤，还发炮

---

① 朱采：《清芬阁集》，卷四，《致赵渭卿观察书》。

② 姚锡光：《东方兵事纪略》，《奉东篇第三》。

③ 《普天忠愤集》，卷八，朱照：《上张香涛制府条陈平倭事宜书》。

④ 于云峰等：《安东县志》，卷八，《甲午战事轶闻》。

⑤ 于荫霖：《悚斋遗书》，日记，卷三，光绪二十年十一月初八日。

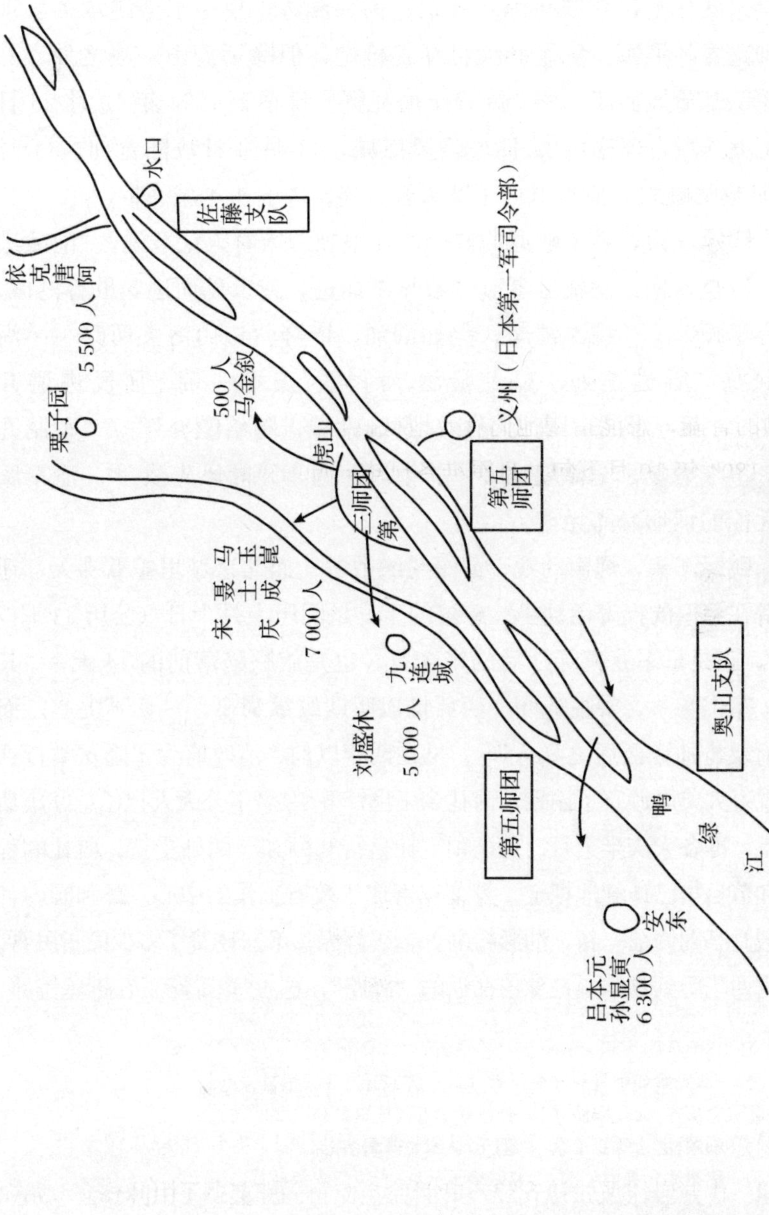
水口
佐藤支队
依克唐阿
5 500 人
栗子园
500 人
马金叙
虎山
义州（日本第一军司令部）
第五师团
第三师团
宋庆
聂士成
马玉昆
7 000 人
九连城
刘盛休
5 000 人
第五师团
奥山支队
鸭
绿
江
安东
吕本元
孙显寅
6 300 人

日军渡鸭绿江示意图

误伤了守在虎山的清军；吕本元、孙显寅率领盛军守在安东一带，这支部队是卫汝贵旧部，自从平壤战败后，未经整顿改编，将懦兵骄，不能作战，“见敌即溃，遇物即掳，毫无顾忌”①，日军迫近，甚至未放一枪，弃城向岫岩逃走。鸭绿江边，集中了李鸿章多年训练和购置的淮军、练军和大批洋式枪炮，但除了虎山一战之外，其他军队都望风而溃，整个战线土崩瓦解。日军于1894年10月26日攻陷九连城、安东，29日攻陷凤凰城，11月3日攻陷宽甸，11月18日攻陷岫岩，清军退守于摩天岭、连山关、析木城一带。

鸭绿江边，清军败退的情形非常狼狈。当时人记载说：“前敌逃兵，纷至沓来，动辄滋事”，“或见贼而逃，或未见而逃，虽有枪械，均弃不顾”②，“逃军溃卒，势如潮涌，皆奔营口山海关两路……沿途肆扰，所过之处，鸡犬骚然，海城、盖平一带，居民逃避几空”③，“兵杂将器，毫无纪律，索饷索械，随给随弃”④，“军制冗杂，事权纷歧，纪律废弛……非望风而逃，即闻风先溃”⑤。清军腐朽无能的情形暴露无遗。

鸭绿江头，炮声动地，清军纷纷败逃，而北京城里笙歌沸天，还陶醉在慈禧的祝寿活动中。慈禧的生日是阴历十月十日（公历11月7日），正是日军渡鸭绿江后的半个月，也是旅顺陷落前的14天，“其时，军书旁午，警报迭闻。西后惟以听戏纵欲为事，一切不关心，而政府及将帅皆西后之私人”⑥。早在两年以前，清政府为了隆重举行这次祝寿大典而颁布了谕旨，由礼亲王世铎等12名王公大人担任总办庆典大臣，准备大庆半个月。慈禧预定在皇宫和颐和园两处受贺，典礼的程序和节目早已详细地拟定，筹备祝寿成了政府工作的中心。颐和园内各处殿堂亭阁修缮一新，油彩粉画，金碧辉煌，不知耗费了多少民脂民膏。皇宫西华门到颐和园是慈禧往返的“跸路”，这40里跸路正在拆屋铺路，

① 《清光绪朝中日交涉史料》，第一九〇四件，《宋提督来电》。

② 徐庆璋：《辽阳防守日记》，载《近代史资料》，1962（3）。

③ 易顺鼎：《盾墨拾余》，卷五，《魂北魂东杂记》。

④ 沈祖宪、吴陶生编：《容庵弟子记》，光绪二十年七月。

⑤ 《袁世凯致李鸿藻禀牍》。

⑥ 梁启超：《戊戌政变记》，第二篇第二章。

大兴土木，路上分设60段“点景”，每段“点景”建造各种样式的彩棚、经棚、戏台、香台、牌楼、亭座，张灯结彩，所费不赀。60段“点景”共耗费银120余万两；颐和园内，因庆典而置办的乘轿、桌椅、衣饰、仪仗、灯盏、围屏等杂物也耗费136万两。① 扎一座彩棚一般需用绸缎1.5万匹、而仁寿殿、宁寿宫两处的大彩棚共用绸缎6万匹。祝寿的经费挪用了大量的国库经费，又令王公大臣、将军、督抚和大商人“报效”，公开公布的报效定额是120万两，私下报效的更多，至于官僚们作为祝寿贡礼而搜刮来的金玉财货、奇珍异宝更不计其数。

据后来清政府公布、显然已大打了折扣的祝寿开支账目，“光绪二十年恭逢皇太后万寿庆典，各衙门承办工程、差务等项，共需银五百四十一万六千一百七十九两五钱六分二厘三毫……均据各衙门照数领讫”②。可是，甲午战争开始时，清政府只勉强掏出了300万两银子的军费。两相对比，可见清朝最高统治者只顾自己奢侈享乐，置国家、民族的安危于脑后。

有些官吏对战争期间大肆铺张祝寿很看不过去，帝党官吏集中的南书房、上书房人员上书请求停止“点景”，这触动了慈禧的心疼处，大扫了她的兴头。她恨得咬牙切齿，说：“今日令吾不欢者，吾亦将令彼终身不欢”③。可是强敌入境，迫于舆论，慈禧不得不稍稍降低祝寿的规格，下令“所有庆辰典礼，著仍在宫中举行，其颐和园受贺事宜，即行停办”④，“一切点景，俱暂停办，工程已立架油饰者，不再添彩绌”，“灯盏陈设等均收好，俟来年补祝”⑤。

尽管战争很紧张，祝寿仍是清政府的头等大事。且看日军渡鸭绿江并在辽东半岛登陆以后王公大臣们都在干什么，据《翁同龢日记》说：

九月二十一日（公历10月19日，日军渡江前六天），“昨日内奏事处口传奉旨：‘所有应进皇太后六旬万寿贡物之王大臣以及外省各大臣等，均著于本月二十五日呈进，其蒙古王公等于二十六日呈

---

① 《皇太后万寿庆典档》，寿字一号，故宫博物院明清档案部藏。

② 《户部奏恭办庆典款项全数劄放折》，光绪二十年十二月初十日，军机处档。

③ 转引自王云生：《六十年来之中国与日本》，第2卷，222页。

④ 朱寿朋：《光绪朝东华录》，第3册，总3465页，光绪二十年八月庚午。

⑤ 《翁同龢日记》，光绪二十年九月十五日。

进，俱入福华门，钦此。’于是群议纷纷，即枢臣亦欲进矣。”

九月二十二日，“枢廷诸君仍进贡物，初犹秘之。既询得，乃与高阳（李鸿藻）、樵野（张荫桓）同访立豫甫（立山），托其代办，每人如意九枝，大缎九联，并匣及黄签黄折一切小费，皆托之”。

九月二十五日，“偕两邸四枢及李公花衣至瀛秀门外五间房，云是照料贡物。今日进贡之内阁、六部及将军督抚咸集”。

九月二十六日，“奉懿旨：此次呈进贡物之王公大臣各赏福字一、寿字如意一、蟒袍一、尺头二”。

九月二十八日（公历10月26日，日军渡鸭绿江之第二天），“是日，恭邸、礼邸各有起，恭奏前敌情形，礼则犹商量庆典，几及一时始下，申正二刻始散，腹枵气沮矣。”

十月初二日，“是日辰初，皇太后乘金辇出蕉园门、三座门、北长街，入西华门，由协和门至锡庆门降辇（蕉园、锡庆皆有彩殿，北长街皆有点景）……跪候过起，济济焉盛典哉”。

十月初三日，“今日所言，皆系庆典，时事如此，令人嗟诧”。

十月初九日（公历11月6日，金州失陷，旅大告急），“午初二刻，诣宁寿宫听戏……听戏三日，诸事停搁”。

十月初十日（公历11月7日，慈禧生日），“同诣皇极门外敬竢……皇太后御皇极殿，先宣表，上捧表入宁寿门，授内侍，退出门，率群臣三跪九叩……巳正二刻，入座听戏，刻许遂退……大连告警”。

十月十一日，“巳正，入座听戏，叩头毕，即退，实坐不能安也。方略馆饭，再诣听戏处，适盘赏，乃谢赏，三叩而出”。

十月十二日，“皇极殿宴近支王公，上亲进舞，卯正三刻入宴”。

十月十五日，“美使田贝、俄使喀希尼、英使欧格讷、德使绅珂、法使施阿兰、比使陆弥业、瑞典使柏固、日（日斯巴尼亚）使梁威哩均觐见，递贺书于文华殿，由中阶入，东阶出”。

十月十七日，“辰初至咸安宫恭俟，皇太后乘辇还西苑，骑驾具备，和声乐导，从宫各执如意，大学士、尚书、侍郎自西华门排至栅栏，南向，亦手捧如意跪迎。毕，交笔政以如意送庆典处，奏事处口传赏收”。

十月十七日（公历 11 月 14 日），慈禧回颐和园，祝寿庆典结束。这天，是旅顺陷落的前七天，日本侵略军在鸭绿江边和辽东半岛正在获得重大的军事胜利成果。

五、旅顺口陷落

在日军第一军窜渡鸭绿江的同时，其第二军也在辽东半岛登陆，向旅顺口进行攻击。

旅顺口是渤海湾的门户，北洋海军的基地，背山面海，军港被陆地环抱，港深而口窄，形势十分险要。1880 年李鸿章开始在这里修筑军事设施，经营十余年，耗银一千数百万两。其正面临海，有黄金山、老虎尾、威远、馒头山诸炮台，安置各种口径的大炮七十余门，紧守港口，敌舰不可能正面接近口门。旅顺背后的山峦上，有椅子山、案子山、松树山、二龙山等炮台，亦有大炮数十门，居高临下，成半月形，防护着旅顺后路。军港内有海军提督署、大船坞、兵营、厂房、仓库、水雷营等，平时驻军一万余人。旅顺口东北的大连湾是重要商港，也有炮台工事和驻军数千人。从陆地进入旅大地区，必须经过金州通道，金州南北近海，陆地通道很狭窄，大部队不易通过。从天然地势、防御工事以及兵力、装备来说，旅顺口可说是坚固难拔的堡垒，足可和任何来犯的强敌展开一场有声有色的鏖战，“西人谓以数百兵守之，粮食苟足，三年不能破”①。

日军不在海上正面进攻，也不在金州的狭窄通道上登陆，而在金州东北三四百里的花园口登陆，远道取势，抄袭旅顺的后方。但日军的登陆行动仍是十分复杂而困难，数十艘征用的商轮、大批驳船在联合舰队的护航下，从日本宇品港出发，到朝鲜大同江口，又从这里奔袭花园口，路程远、时间长、运载量大，登陆时要由驳船多次往返运输，既怕中国海军出击，又怕中国陆军反攻，据日本史籍中说：“此处（指花园口）海岸甚为险要，潮水涨落时水位升降很大，如果敌方固守，登陆将极为困难，必然要受到重大损失”②。可

① 梁启超：《李鸿章》，第七章。

② 仲小路彰：《日清战争》，上册，113 页。

是，花园口要地竟没有一名清军防守，躲在旅大的一万几千名清军对日军的行动不闻不问，北洋舰队匿伏港内，不敢出击，据说丁汝昌跑到天津，“请以海军全力援旅顺，决死战，鸿章詈之，‘汝善在威海守汝数只船勿失，余非汝事也’”①。只有当地人民奋起用农具木棍抗击日军，当日军占领花园口附近的貔子窝时，有800名农民英勇地袭击了侵略军的军营，给敌军以打击。

日本侵略军和夫役有三万余人，连同大批枪炮、弹药、粮秣、器材、马匹分批登陆，从10月24日到11月2日，共10天才完成登陆和作战准备。11月2日，日军向金州进攻。

原来守卫旅大的清军已大批开往鸭绿江边，防务大多由临时雇募的士兵接替。这些新兵“或招市井游民，或杂以僧丐，或年力就衰，或吸食鸦片”②，未经训练，没有纪律，也无作战的经验和勇气，“将不得人，兵不娴器，以极精极贵之枪炮，付诸毫未练习之勇丁，仓卒临敌，手忙足乱，或出队而错带子弹，或临时而忘记用法”③。驻在旅大的将领有姜桂题、程允和、张光前、黄仕林、赵怀业和徐邦道（后来又有卫汝成），他们之间互不服气，矛盾很深，只直属李鸿章指挥，李千里隔海，实际也指挥不了，由旅顺的营务处道员龚照屿代表李鸿章节制旅顺诸军，龚照屿“贪鄙庸劣”，不足为用。旅顺要塞交给这样一些将领和军队，战局的结果是不难预料的。

日军攻金州，金州副都统连顺只有500名士兵，向各处告急，时程之伟率山西军援旅大，已到复州，与金州近在咫尺，但程怕死不进，“连催七次，该军竟在复州逗留”④。旅大诸将接到李鸿章不许出援的如下电报命令：“汝等只守营盘，来路多设地雷埋伏，并无守城之责。旅顺兵单，同一吃紧，岂能分拨过湾，可谓胆小糊涂”⑤。因此也不肯出兵。只有正定镇总兵、拱卫军统领徐邦道主张速援金州，“徐邦道谓，金州失则旅顺不可守，请速分兵往逆之，顾

---

① 姚锡光：《东方兵事纪略》，《海军篇第七》。

② 《普天忠愤集》，卷七，余虎恩：《上刘岘帅书》。

③ 李本方：《颐园书牍》，卷上，《致徐剑农军门》。

④ 《光绪朝中日交涉史料》，第二〇六九件，《裕禄奏报金州失守大概情形折》。

⑤ 《李鸿章全集》，电稿，卷一八，《寄大连湾赵统领》。

旅顺后路，时驻旅顺凡六统领，新旧三十余营，莫之应，邦道自率所部行”①。驻守大连的赵怀业军，“部将数人请往御，怀业不许，云：我奉中堂令，守炮台，不与后路战事，汝辈欲往鼻子窝拒敌，须请令方可”②。少数士兵不理睬这一混账命令，携带武器，自动去支援徐邦道军。

11 月 2 日，日军前锋向金州进攻，路过落凤沟，当地群众组织“红枪帮”，沿路埋伏，突然出击，打死了十多名日军，但群众人数少，只有原始的武器，被围困在沟中，他们坚持战斗，阻挡日军前进，直到最后牺牲。这时，徐邦道率领二千余清军从旅顺赶到金州以东的大和尚山，筑垒固地，徐军人数不多，但营垒严整，士气旺盛。日军正面进攻，不能得逞，乃分兵由复州道路，包抄徐军的左翼，徐军腹背受攻，寡不敌众，退往金州。11 月 6 日晨，日军第一师团向金州猛扑，“清军之步兵、炮军集中于东面、北面的城墙上，挺立于炮火硝烟之中，殊死奋战，金州城的攻防战达到最高潮”③。日军以四个联队的兵力，在三十门火炮的掩护下反复攻击，最后，工兵炸塌了北面城墙，冲入城内，金州失守，徐邦道等从西门撤退。金州战斗激烈时，乞援于防守大连的赵怀业“屡催图应”，连顺与徐邦道“至于跪泣”④，而赵却“于大连湾码头自督勇丁运行李什物渡海作逃计”⑤。11 月 8 日，日军进攻大连湾，赵怀业逃往旅顺，守军三千数百人溃散，日军不战而占领了大连湾。

日军攻占大连湾后，又休整十天。这时，旅顺口的清军有一万余人，却不战自乱，将领们六神无主，一个个只想逃命。金州失陷的第二天，节制旅顺全军的龚照屿坐着鱼雷艇携带家眷细软逃往烟台，队伍大乱，水雷营军官上行下效，把电线割断抢走，乱兵们抢劫仓库、工厂，进而抢劫街市店铺，龚照屿逃到烟台，又转赴天津，连李鸿章也觉得龚太不像样子了，命令他返回旅顺。清政府希望固守旅顺，临

①②⑤　姚锡光：《东方兵事纪略》，《金旅篇第四》。

③　仲小路彰：《日清战争》，下册，15 页。

④　《清光绪朝中日交涉史料》，第二一一三件，《张仲炘参提督赵怀业等丧师误国请查明正法片》。

时命姜桂题统一指挥旅顺各军，“桂题庸才，无能为”，“诸将互观望，莫利前击敌”①。清廷又命宋庆、唐仁廉的部队向辽东半岛南进，从金州入援旅顺，宋、唐等始终徘徊于金州以北，不敢南进，只有徐邦道一军敢于抵抗，“金州之陷也，徐邦道率残卒奔回旅顺，至是愤甚，以部众新创，寡弱不足用，固请于桂题，欲增兵与倭争后路，不许；乃请给饷械，桂题许之，令至军库自择，邦道率其残卒行”②。

11月18日上午，日军骑兵搜索大队近千人扬长进抵旅顺以北的土城子，徐邦道军在这里埋伏，以轻骑诱敌来攻，日军以为这是少数部队的拦截，气焰嚣张地追赶。突然，中国军队从四面八方出现，展开激战。据日方记载：“我（指日军）以散开的两中队骑兵竭力抵御，敌军（指清军）人多势众，勇猛前进，战至上午十一点，已迫近至二三百米，我军弹药告竭，陷入危机”③。这时，日军的后续部队步兵第三联队赶来增援，把骑兵队拖出重围，向东北逃窜，徐邦道紧追不舍，当地群众和留在旅顺的一些士兵也赶来助战，日军步兵联队和骑兵大队又被包围，形势危急。“战斗愈趋激烈，彼我死伤累累。正午，清军炮兵的两门大炮出现于东北山岗上进行轰击，步兵骑兵又迫近我军左翼猛烈进攻，丸井少佐（步兵联队长）见形势不支，先命第三中队撤出阵地，随即第二和第四中队也向双台沟南高地撤退，骑兵在两侧随同退却”④。恰好日军另一队部队赶到，在清军侧面发起攻击，掩护日军退却，第三联队和骑兵大队才幸免覆没。

土城子的战斗证明：只要将领敢战，指挥得宜，中国军队是可以打退日军大部队的进攻的。可是，敢于战斗的只有徐邦道一人，人数仅二千余，而且连续作战，得不到补充休整，军中没有营帐锅灶，旅顺口的后勤供应已完全瘫痪，激战一天，连一杯水、一口饭也吃喝不上，战斗结束，不得不赶回旅顺去吃饭休息。就这样，土城子又被日军乘虚占领。

11月21日，日军进攻旅顺后路的炮台群，清军将领大多脚底揩油，逃之夭夭。黄仕林逃得最快，11月19日“已满载辎重预为登舟

①② 姚锡光：《东方兵事纪略》，《金旅篇第四》。

③ 仲小路彰：《日清战争》，下册，32页。

④ 同上书，下册，34页。

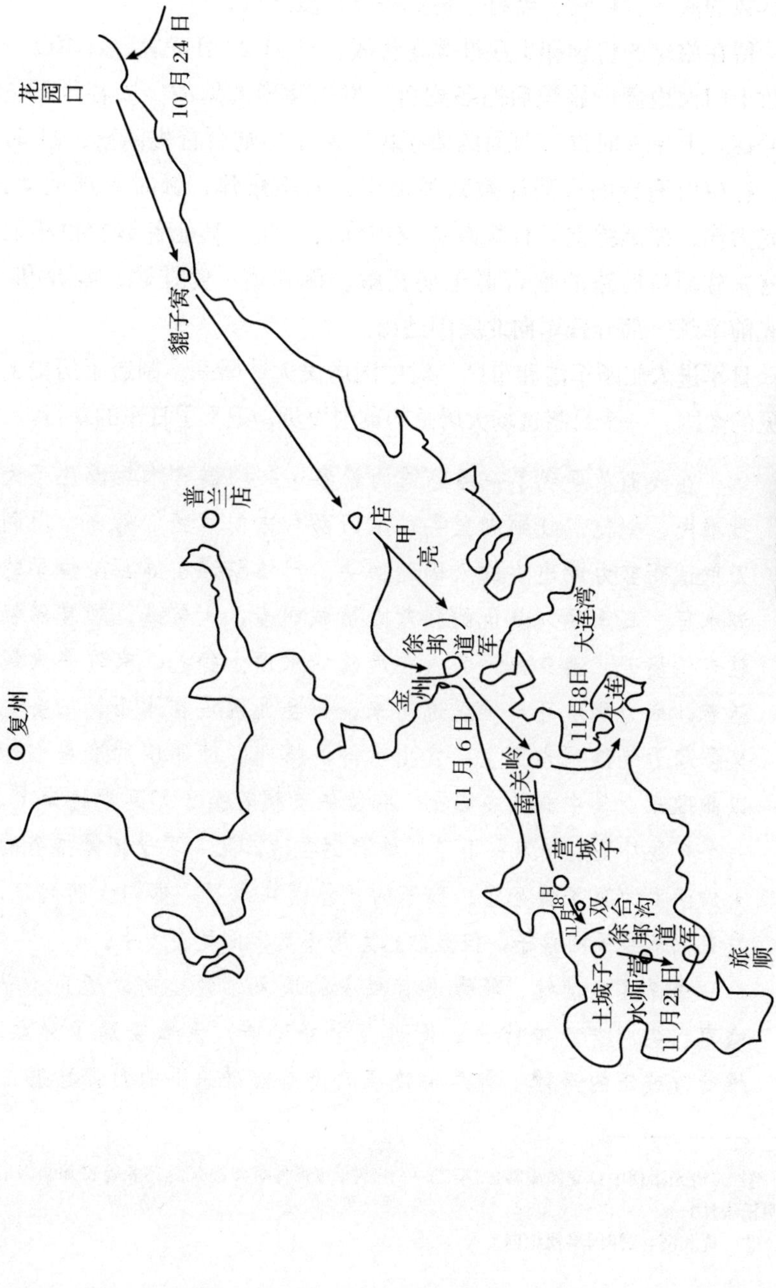
花园口
10月24日
貔子窝
普兰店
复州
亮甲店
徐邦道军
金州
大连湾
11月6日
11月8日
大连
南关岭
营城子
11月18日
双台沟
徐邦道军
土城子
水师营
11月21日
旅顺

日军攻陷旅顺口示意图

避之计"①，赵怀业躲在旅顺市内，后来也渡海逃走，龚照屿"便帽絮袍，偕卫汝成遁，舟小风浪作，四日始达烟台。卫易装作船户遁，龚匿不登岸"②。他们罪恶地把一万几千名清军、大批老百姓以及不计其数的武器、粮食、器材、物资丢弃在旅顺口。

留在旅顺的将领和士兵继续在作战。11 月 21 日凌晨，日军以一百数十门大炮轰击旅顺后路各炮台，发生猛烈的炮战。接着日军包抄冲锋，上午 8 时许，西面的椅子山、案子山炮台首先陷落；11 时许，松树山炮台的火药库被敌弹命中，发生爆炸，顿时天摇地动，火光大作，黑烟腾空，日军乘势攻占炮台。此后其他各炮台也相继陷落，旅顺口后路的炮台群土崩瓦解。徐邦道、姜桂题、程允和、张光前率领一部分残军向北突围逃出。

日军进入旅顺军港和市区，对中国居民大肆屠杀，制造了历史上罕见的惨剧。一个目睹这场大屠杀的英国海员，记下了日军的暴行：

> 在我面前展现了一幅恐怖的景象……一群日本兵围住了大批难民，把他们赶到湖里去，从四面八方向难民们射击，用刺刀把试图努力冲出去的人驱逐回去。尸体漂浮在鲜血染红了的湖水里。日本兵以复仇的狂欢心情喊叫着、大笑着，观赏着牺牲者的痛苦。满身血污的人在动荡的水面上挣扎，有许多人还活着，竭力想从死尸堆里逃出来，一会儿沉没在水下，一会儿又使尽力气浮到水面上，发出可怜的惨叫。而周围的魔鬼们却以此取乐。其中有许多妇女，有位妇女抱着孩子爬到湖边岸上，一个日兵坏蛋用刺刀一下子把她戳倒在地，又一下子把她抱着的大约两岁的孩子戳死了。孩子的尸体落在水里，那妇女爬起来，发疯似地要抢回孩子，但显然已力竭不支，倒毙在水中。
>
> 屠杀还在继续，丝毫没有减少的迹象。到处响着枪声、呼喊声、尖叫声、呻吟声，街道上十分恐怖，大地染满了鲜血，堆着被残害的尸体。有几条狭窄的街道被屠杀下的尸体堵塞住

---

① 《清光绪朝中日交涉史料》，第二一一三件，《张仲炘参提督赵怀业等丧师误国请查明正法片》。

② 曹和济：《津门奉使纪闻》。

了，死者大多数是市镇居民。

(作者走进一所房屋）地板上堆满了男人、女人和小孩的尸体，紊乱地混杂在一起，他们是在这里避难而惨遭杀害的。脑袋被割下了，血淋淋地挂在木柜的一排钉子上……木柜的下部还有一个几个月的婴儿的尸体被用一块尖铁器钉在上面。地板上积着两三英寸厚的血污，还有被残害的尸体的内脏，和脑袋一起砍下来的手臂、大腿，丢得满地都是。人们的眼前还从来没有出现过像这所房子里那样恐怖和暴虐的景象。①

经过日本侵略军的大屠杀，原来很繁华的旅顺市内只剩下 36 人，这些人是日军为了让他们掩埋尸体而被留下来的。

第四节　中日甲午战争（1894 年 11 月至 1895 年 4 月）

一、主和派对主战派官吏的压制

旅顺口陷落前后，清政府内帝后两党的斗争十分激烈。后党和淮系集团迫切希望结束战争，向日本乞和，以便保存他们眼看在瓦解中的军队，挽救自己的权力；而帝党则打着主战的旗子，期待在对外战争中出现接管政权、军权的机会，使自己变成当权派。

“可怜肉食辈，日日望休兵”。求降活动就像前线的败讯一样，有增无已。11 月 3 日，总理衙门召见英、俄、美、德、法五国公使，恳求他们再出来调停。但是，德国仍拒绝进行调停，俄国的态度含糊暧昧，英国因 10 月间联合调停的建议刚刚失败而不愿出头，美国不肯参与任何列强的联合行动，他们指点清政府可以同日本政府直接接触。在列强的指点下，清政府派张荫桓赴天津和李鸿章密商。鉴于日本不愿意让列强插手，而清政府又不好贸然派地位高的官员去日本求和，于是决定先派德国人德璀琳赴日本打通谈判的渠道，

① 詹姆士·艾伦：《在龙旗下》，80、84、93 页，伦敦，1898。

探询投降的条件。11 月 20 日，德璀琳携带李鸿章给伊藤博文的照会和私人信件从天津出发。12 月中，德璀琳抵达日本，可是日本政府并不愿和德璀琳接触，以免过早地泄露停战议和的条件，并且，这时候美国已开始单独地秘密活动，撮合中日和谈，帮着日本压迫清政府屈服。日本宁肯得到美国的帮助也不愿与德璀琳接触。美国为了要包办中日间的议和谈判，对德璀琳赴日感到不快，也要求清政府召回德璀琳。这样，清政府的求和又碰了壁。

帝党和后党不同，向着相反的方向活动。他们反对议和，主张抵抗下去，希望在战争中提高自己的威望和权力。11 月 2 日，在帝党的要求下，设立了督办军务处，起用废黜已久的恭亲王奕䜣为督办，庆亲王奕劻为帮办，翁同龢、李鸿藻、荣禄、长麟为会办。翁、李和长麟都是帝党，督办军务处成为帝党和后党混合的班子。第二天又补授翁、李、刚毅为军机大臣。军机处和督办军务处是政治和军事的最高领导机构，帝党在里面得到了更大的发言权，势力似乎扩大了。但实际上，前线的军队大多属淮系，只听李鸿章指挥，慈禧太后仍是最高的主宰。在督办军务处和军机处内，慈禧有意把自己的心腹奕劻、荣禄、刚毅塞进去，显然是为了防止帝党的权力过大。至于奕䜣，以前曾和慈禧有矛盾，但他是个老洋务派，又为人圆滑，投闲已久，并无实权，在和战问题上完全和慈禧、李鸿章一个鼻孔出气，在权力斗争中他胆小怕事，明哲保身，在两党斗争中最多只能起一起缓和调解的作用。

在主战舆论的高涨声中，帝党计划招募和组织自己的军队，名义上是要抵抗日军，实际上是要改变后党和淮系集团执掌军权的局面。德国顾问汉纳根提出了募练 10 万新军的建议，“军制悉照德国良法，一统帅主之，一其号令，一其军械，一其阵法……大帅用一洋员为之军师，各营统将亦各延一洋员为之教习”①。按照这个建议，要聘请德国教练 2 000 人，耗军费几千万两。翁同龢等竭力主张实现这一计划，希望依靠德国的支持建立自己的武装，后党则

① 《清光绪朝中日交涉史料》，第一九七六件，《汉纳根条陈节略》。

拼命阻挠、反对。据荣禄说，“日前，常熟（指翁同龢）欲令洋人汉纳根练兵十万，岁费饷银三千万，所有中国练军均可裁撤……鄙人大不以为然，为争之……鄙人与常熟几至不堪，始暂作罢议。及至次早，上（指光绪）谓必须交汉纳根练兵十万，不准有人拦阻，并谕不准鄙人掣肘”，荣禄恨得咬牙切齿，大骂“常熟奸狡性成，真有人不可思议者”，“常熟则仍作伪君子，刻与其共事，几于无日不因公事争执”①。兵权是他们的命根子，两党的斗争十分激烈。后来，后党勉强同意练兵，但派了李鸿章的心腹胡燏棻会同汉纳根筹办练兵，以牵制和监视帝党，并且将练兵的数目削减为 3 万人。据翁同龢说：“赴督办处，两邸（指奕䜣、奕劻）皆集，议洋队事，仲华（指荣禄）力争不可，乃发电致胡臬（指胡燏棻），谓三万最妙，至多不过五万，非余意也”②。练兵虽然按照削减了的数目开始筹备，但胡燏棻在筹备过程中找茬拆台，强调种种困难，又告发汉纳根“似欲多购船械，为牟利起见”③。日军已经打进中国，练兵本来就是远水救不了近火，而兵还未练，德国先来插手，后党帝党扭打成一团，各省督抚对于训练新军、裁减旧军也抵制反对。此项练兵计划长期停留在纸面上，翁同龢说：“此事全系胡燏棻簧鼓中变”④。汉纳根说：“事垂成矣，更不料疆臣心大不惬，似疑皇上独揽兵权，而分隶各省之兵必渐将解散也者，遂各巧构似之言，荧惑圣听，无奈概作罢论”⑤。甲午战争后，汉纳根已离开中国，胡燏棻调去搞铁道，由袁世凯接替此项练兵任务，成为袁世凯小站练兵的起点。

帝党另一个希望是利用湘系集团，对抗后党和淮系集团。李鸿章因旅顺口失陷而被革职留任，并摘去顶戴，遭到舆论界连珠炮似的弹劾抨击，帝党希望由湘系代替淮系主持军事，召两江总督刘坤

① 《荣禄致鹿传霖便条》，见《中日战争》（四），576 页。

② 《翁同龢日记》，光绪二十年十月十七日。

③ 《清光绪朝中日交涉史料》，第二〇五〇件，《胡燏棻奏统筹洋员汉纳根呈请招募洋将练兵添船购械各节折》。

④ 《翁同龢日记》，光绪二十年十一月二十日。

⑤ 蔡尔康译编：《中东战纪本末》，《德汉纳根军门语录》。

一进京，任刘为钦差大臣，又以湖南巡抚吴大澂和提督宋庆为帮办大臣，征调和扩充湘系的军队。帝党对湘系期望很殷切，文廷式吹嘘刘坤一“忠诚鲠亮，条理秩然”①，“湘军锐士，万众一心……但当专倚畀以一诸将视听”②。可是，刘坤一是个老于世故的军阀、官僚，而且“年老多病，兼有嗜好，日吸鸦片二三两，惟于午、未、申三时始能勉强起来办事”③。他不敢也无力取代李鸿章，挑起抗日的重任。山海关内外调集的军队不少，但都是临时招募凑数，既无训练、又缺枪械，有名无实，而且军队内部派系林立，各自为政，就是湘系的军队也是派中有派，刘坤一并不能真正统一指挥这些军队。他一直赖在北京，不肯出发。1895 年 1 月，他迟迟出京，又在天津过了旧历新年，才慢腾腾地前往山海关。刘坤一出京时，慈禧太后在他身上下了工夫，亲自召见他说：“近日外间如安维峻辈言日本事，皇帝主战，我主和，我已归政，犹把持万几，使皇帝不得施展，此语从何而来？直欺我年老欲离间我母子也！皇帝大婚，余钱二百万存宫中，会李鸿章请发赈，并平日撙节所有与之；而外人说我要钱，书诸史册，后世谓我为何如人？”这是警告刘坤一不可支持帝党，又装模作样，一把眼泪、一把鼻涕地自我表白：“皇帝四岁入宫，一饮一食，我自料量，所坐床褥，亲覆视之，至今犹然。我之苦心，外人何能知道？”“时太后言下自伤，泪落如洗，巾拭未曾少辍”，又对刘坤一笼络一番，表示关心和信任，说“宗社有灵，生尔公忠体国之人，俾辅朝廷，天必祚尔福寿”，“关上风雪极大，衣裘之属，宜令多备”④。在激烈的反侵略斗争、主和主战的路线斗争以及微妙复杂的宫廷斗争中，刘坤一采取了观望趋避的官场惯技，既不敢迅赴前敌，抵御日寇，也不敢在帝后党的斗争中明确表态，所以，帝党对他很失望。文廷式曾经吹捧过刘坤一和湘军，后来却说：“刘坤一驻山海关，一日讹言倭兵至，坤一惧而三徙，其怯谬如此，

① 《清光绪朝中日交涉史料》，第二二四二件，《文廷式奏请饬令刘坤一驻扎天津整饬军务折》。

② 同上书，第三三一九件，《文廷式奏贼情险诈请申天威以作士气折》。

③ 同上书，第二六四八件，《端良奏刘坤一衰病恇怯嗜好甚深请饬查办折》。

④ 刘侃：《犊鼻山房小稿》，卷八，《北征纪略》。

举国望湘军若岁，至是乃知其不足恃”①。

1894年冬，抵抗日本的军事斗争、和战两派的路线斗争以及帝党后的宫廷斗争，三者错综复杂地纠缠在一起。前线战局的变化促进了内部斗争的激化，而内部斗争的胜负又影响了战争的发展。对于后党来说，只有迅速停战，才能防止帝党势力进一步扩大；而为了实现停战，又必须反击举着主战旗号的帝党，扫清议和道路上的障碍。在自己祝寿期间，慈禧太后暂时静观不动，但她眼睛盯着帝党，怒火中烧，拳头举起，祝寿过去，便要动手了。

首先是进行舆论准备。11月中，沈阳管理皇室陵墓的官员上奏，请求停战议和，理由是怕日军占领陵墓，挖掘清朝的祖坟。他们说："东边为龙脉所在，天下安危，实系于此"，"窃虑倭人乘虚占据陵寝重地，上惊列祖列宗在天之灵"，"历代贤圣之君，每为和戎和番之举，不肯频事兵革"②。在全国抗战声中这种别出心裁的胡言乱语实际上是投降派的舆论准备。11月26日，慈禧采取突然袭击的手段，撇开了光绪，召见军机大臣，把清政府内司空见惯的卖官鬻爵作为罪状，指摘光绪的两个妃子，"谓瑾、珍二妃有祈请干预种种劣迹"，即著缮旨"降为贵人"③，军机大臣询问皇帝是不是知道这样处理，慈禧竟说："皇帝意正尔"。这是慈禧显示其威权的一手。她并不跟你争论和战或权力的问题，而是以封建家长的资格出来处理家务。瑾妃、珍妃的哥哥是志锐，老师是文廷式，都是帝党的中坚人物。惩治二妃就是打击帝党，二妃不但被革去妃号，而且褫衣廷杖，使帝党蒙受了耻辱。接着，慈禧又顺藤摸瓜，说二妃"种种骄纵，肆无忌惮，因及珍位下内监高万枝诸多不法"④，高万枝交内务府扑杀，志锐被充军到乌里雅苏台，文廷式后来也称病逃出北京。

上书房和南书房是官吏陪侍皇帝读书的地方，也是帝党集中的

---

① 文廷式：《闻尘偶记》。

② 《清光绪朝中日交涉史料》，第一九八九件，《陵寝总管联瑞等来电》。

③ 《翁同龢日记》，光绪二十年十月二十九日。

④ 同上书，光绪二十年十一月二日。

两个机构，慈禧也没有轻易放过。11 月 30 日“慈谕严历周匝……次命撤满汉书房”①，目的是切断光绪和帝党官吏的联系。帝党遭到突然袭击，既怨恨害怕，又无力反抗，央求奕䜣出面调解。慈禧以母后的威权，一举打乱了帝党的阵脚，使帝党惊惶慑服，于是乘势收篷，下令只撤满书房，保留下汉书房，留下一点余地。同时又召见帝党首领翁同龢，施展一打一拉的手法，“论人才贤否及志锐举动荒唐，又回溯同治年事”，在慈禧软硬兼施的手腕下，翁同龢表示屈服，感激涕零，“臣不禁泪下如縻，慈颜亦为之戚惨。复褒奖数十语，大略谓‘汝信实可靠’”②。狠狠地打你一巴掌，又说几句空话，奖励安慰你，这是慈禧进行统治的一贯手法。

政府内和社会上的主战舆论是对日投降的障碍，使后党深感头痛。在惩治了瑾、珍二妃以后，慈禧已经发出不祥的警告：“言者杂遝，如昨论孙某（指弹劾孙毓汶），语涉狂诞，事定当将此事整顿”③。12 月，有个御史安维峻上了一道措辞激烈的奏折，反对议和，矛头指向淮系和后党，其中说：“中外臣民无不切齿痛恨，欲食李鸿章之肉，而又谓和议出自皇太后，太监李莲英实左右之。此等市井之谈，臣未敢深信，何者？皇太后既归政皇上，若仍遇事牵制，将何以上对祖宗，下对天下臣民”④。这段话公开点出投降派的总后台就是慈禧，揭露了内幕，打中了要害，慈禧勃然大怒，一定要惩治安维峻，杀鸡给猴看，指责安维峻“肆口妄言，毫无忌惮，若不严行惩办，恐开离间之端。安维峻著即革职，发往军台效力赎罪，以示儆戒，原折著掷还”，谕旨中又说：“向来联衔封奏，必有言责者方准列名，此外部院各官，均由堂官代奏。乃近来竟有一二人领衔，纠集不应具折之员，至数十人之多，殊乖定制。以后再有似此呈递者，定将列名之员，概行惩处”。慈禧想借着安维峻事件打击和窒息主战舆论，但全国反投降的呼声不是高压手段所能平息下去的，全国人民和中下级的官吏、知识分子中的不满和愤慨情绪在潜滋暗

①③　《翁同龢日记》，光绪二十年十一月初二日。

②　同上书，光绪二十年十一月初十日。

④　《光绪朝东华录》，3515 页，光绪二十年十二月甲辰。

长，它在一定的条件下必然会爆发，而且将越出帝后两党斗争的狭小范围，成为有各个阶级参加的广泛的政治运动。

二、清政府使节张荫桓、邵友濂求和被拒

后党官僚们一面打击主战派、帝党，一面正加紧向日本求和。奕䜣屡次恳求美国从中调停。当战争在辽东扩大，日军连续占领了中国的一些城镇，美国就认为：战争再继续下去，可能会引起其他帝国主义的干涉，对日本不利，也对美国在华的利益不利，因此，应该乘日本军事胜利的势头，诱迫清政府进行谈判，早日结束战争。美国国务卿格莱锡告诉日本驻美国公使栗野说："日本应当结束战争了。如果日本连续打中国，把中国打垮，英法德俄等强国将以维持秩序为名，瓜分中国"①。1894 年 11 月 6 日，美国政府训令驻日公使谭恩给日本政府致送照会说："若战争延长，无法节制日本海陆军进攻时，与东方局势有利害关系的欧洲列强，难免不向日本提出不利于日本将来安宁和幸福之要求，以促成战争的结束。美国总统对日本一向怀有最深笃的善意。若为东方和平，在不损害中日两国双方的名誉下尽力调停时，未悉日本政府是否同意，请予答复"②。日本政府虽嫌军事胜利还不够，议和时机尚过早，但考虑到"中日战争不能无限期延长下去，媾和谈判的时机迟早必会成熟，那时对于第三国的公然调停虽无必要，但若有某一国从中周旋，特别是能成为一个互相交换意见的中介是非常便利的，而担当这个中介的当然没有比美国更为合适的了"③。因此，日本政府在 11 月 17 日对美国的公开答复中虽然说议和的时机还未成熟，但私底下，日本外务大臣陆奥宗光告诉美国公使谭恩说："将来中国如果愿意开始媾和谈判，而美国也愿意为彼我周旋交换双方意见的便利时，我国政府深愿倚赖美国政府的厚谊"④。日本政府把调停的权利预先许诺给了美国。

11 月下旬，事态的发展十分迅速。21 日，旅顺口陷落，清政府

① 转引自舒意勒尔：《格莱锡生平》。

②③④ 陆奥宗光：《蹇蹇录》，111 页。

更迫切地要求投降。美国驻北京公使田贝描写了奕䜣请求美国调停的狼狈情形："恭亲王号泣地说：'难道就没有办法可以停止这一可怕的战争吗？'"① 11 月 22 日，田贝通过谭恩，把清政府的议和要求告知日本。这时，日本的军事行动已出现许多困难，国际干涉的苗头也越来越明显。26 日，日本政府表示同意由中日双方派遣全权代表，进行谈判。此后两个月内，美国驻中日两国的公使田贝和谭恩牵动着一条黑线，一头拴住诚惶诚恐地要求停战的清政府，一头接通气势汹汹地敲诈勒索的日本政府，开始了紧张的逼降、诱降和劝降活动。

日本侵略者的贪欲很大，陆军部要夺取辽东半岛；海军部要并吞台湾、澎湖；财政部提出了 10 亿两的庞大赔款数字；改进和革新党叫嚷："我国必须有瓜分四百余州的决心，届时应将山东、江苏、福建、广东四省划入我国版图"；自由党声言："应使中国割让吉林、奉天、黑龙江三省及台湾并缔结中日通商条约，其条件应超过中国与欧洲各国所订的条约"②。一片蝉噪蛙鸣，充分暴露了日本帝国主义暴发户的无餍贪心，就像陆奥宗光供认的那样，"中国的割让唯欲其大，发扬帝国的光辉唯欲其多"③。

在列强环伺下，日本要从中国掠夺大片土地和大量特权，不能单单依靠军事力量，还必须施展狡狯的外交手段。日本政府确定：对中国的态度必须格外严酷，摆出战胜国的威风，事事挑剔凌辱，使清政府畏威慑服，唯命是从；而在议和条件上先要保密，不到适当时机，不明言投降的条件，一旦拿出条件，要逼迫清政府立即接受，不容进行谈判，以免过多的媾和条件泄露出去引起列强干涉，这就是陆奥所说："我国绝不泄露要求的条件，将问题严格局限在中日两国之间，使第三国在事前绝无插足的余地"，"媾和条约方案也深藏未露。在时机尚未成熟时，决不轻易示人"④。因此，当清政府得知日本同意举行会谈后，又通过田贝向日本询问停战议和的条件。12 月 2 日日本气势汹汹地答复："请求停止战争一事不是日本国而是

① 魁特：《美日外交关系史》，第 2 卷，495 页。

②③ 陆奥宗光：《蹇蹇录》，116 页。

④ 同上书，117、118 页。

中国……只有具备相当资格的两国大臣被任命为全权委员相会以后，日本国方能宣布媾和条件，若中国对此不能允诺，则迄今所谈之事不得不予终止”①。

清政府碰了一鼻子灰，只得接受日本的要求，先不问媾和条件，只派遣全权代表，但希望以上海为谈判地点。日本反对在上海谈判，坚持谈判地点必须在日本国内，并要求清政府立即告知全权代表的姓名、官职。12月20日，清廷告知日本派总理衙门大臣、户部左侍郎张荫桓和兵部右侍郎、署湖南巡抚邵友濂为全权委员，前往日本议和，希望日本迅速任命谈判代表，告知谈判的具代日期和地点，并决定休战日期。12月26日和31日，日本答复：指定以广岛为谈判地点，谈判将在中国代表到达广岛后48小时以内开始。“至于休战条件，纵使日本国政府许诺休战，亦在两国全权委员会商后，始能明言”。又说：“日本政府认为没有必要预先将其全权委员的姓名、官职通知中国政府”②。总之，日本政府骄横傲慢，气势凌人，故意侮辱清政府，连中国政府座船悬挂中国国旗的权利也被剥夺，只有经日本官吏检查座船以后，才准许挂中国国旗。

在这段逼降、诱降、求降过程中，中日两国政府之间的函电往来全部通过美国驻北京和东京的使馆，日本政府事事挑剔，独断专行，在任何问题上“只有我说了算”，不容清政府有置喙的余地。而美国驻华公使田贝推波助澜，从旁劝诱威逼，清政府稍有迟疑，田贝就威胁说：“中国办事无果决之才，恐难成事，且待日军夺取北京，然后再议”③。清政府在日美两国的威逼摆布下，忍气吞声地接受了日本政府的全部无理要求。田贝洋洋得意地自语：“中国方面惟一的希望是不惜任何代价求和……在它的这一无可救药的灾难下，它以孩童似的信赖来信赖我们”。又说：总理衙门的大臣们“很直率地表示，希望我担任并指导全部和谈事宜”④，直到清政府的议和谈

① 《秘书类纂》，田中敬义编：《中日媾和记录》，附件第四号。

② 同上书，附件第八号、第十号。

③ 《清光绪朝中日交涉史料》，第二二三二件，《北洋大臣来电一》。

④ 魁特：《美日外交关系史》，第2卷，501、503页。

判代表前往日本，美国仍不放松控制操纵。田贝推荐了美国的前任国务卿科士达为中国代表团的顾问，科士达是个亲日派，他当了中国代表团的顾问，对日本有利。因此，陆奥宗光高兴地发表声明："我对科士达先生之来是很满意的，他是我个人的朋友，他做了顾问后，那么，我们的行动就受不到像我们单独同中国会谈在方法上是不正常及迟延的那种限制。科士达先生是一位人格无可指摘的、有经验的外交家，他的出席将加速会议的进行"①。

中国人民和一些主战派官吏坚决反对美国导演下对日求降的丑剧。当议和代表张荫桓、邵友濂路过上海时，上海人民发出愤怒的抗议，"匿名揭帖，遍布通衢，肆口诋諆，互相传播……人心思奋，具见同仇敌忾之诚"②。主战派官吏也奏称："今贼势日逼，则和事万无可讲，应特旨撤使臣回京，示天下以必战之意"③。但清政府求和心切，不顾全国的反对，甘受日本的种种侮辱而决心投降。

1895年1月31日，张荫桓、邵友濂等到达日本指定的谈判地点广岛。同一天，日本政府任命内阁总理大臣伊藤博文、外务大臣陆奥宗光为议和全权委员，求降丑剧仿佛就要正式开场了。可是，日本政府还认为谈判时机没有成熟，并不真正想举行会谈。一个原因是：当时日军已在山东登陆，进攻威海卫，企图歼灭北洋海军。显然，把谈判推迟到这一军事胜利以后，对日本更为有利，就像科士达所说："日方已经派出一支军队去攻袭威海卫炮台，击毁或捕捉在那里避难的中国海军的剩余部分，当着使臣在广岛举行会议时，在该炮台正进行着激烈的战争。无疑，日本人感到这一仗胜利结束后，他们可以处于一个较优越的地位来签订和约"④。

另一个原因是：日本政府已拟定赔款、割地等十分苛酷的媾和条件，它认为张荫桓、邵友濂名望不高，官职太小，不能承担重大

①④　科士达：《外交回忆录》，《第一次中国议和使节到日本》。

②　《清光绪朝中日交涉史料》，第二六三六件，《张荫桓等奏请饬下关内外统兵大员实力防剿勿以议和意存观望折》。

③　同上书，第二三一九件，《文廷式奏贼情险诈请申天威以作士气折》。

的责任，因此决心关闭谈判的大门，迫使清政府另派谈判代表。

双方谈判代表会见的前夕，伊藤对陆奥说："详细观察目前国内外形势，不能不说媾和的时机尚未成熟……我们与中国使节会晤之日，如不明察他们的才能和权限，绝不可轻易开始媾和谈判"，经两人密商后，"决定第一步先查阅他们（指中国议和代表）携带的全权委任的形式如何，如有不符国际公法一般惯例的规定，在未进入正式媾和谈判之前，即拒绝与之继续谈判，宣布此次谈判失败。这样，就可在不暴露我国媾和条件下使谈判破裂"①。

1895年2月1日和2日，中日双方谈判代表会晤，交换全权证书。张荫桓、邵友濂拿出清政府的国书和光绪皇帝任命张、邵为全权委员的诏谕，伊藤和陆奥按照他们事先商定的步骤，吹毛求疵，指摘中国谈判代表的"全权不足"，清政府国书中明明有"全权大臣"字样，张荫桓又说明自己有权"商议条款便宜画诺"，但日方强词夺理说：国书是一种"信任状"，而"不是国际法上的所谓全权委任"，还倒打一耙，反说清政府"并非诚心讲和"，因此拒绝举行谈判。并且，在正式会谈中，冷嘲热讽，百般奚落，故意侮辱中国政府及其谈判代表，说什么"从来中国与世界各国几乎完全背道而驰……外交上应负之责任往往不自顾及。中国常以孤立不羁、猜疑刻薄为政"，"中国意中并无诚实修睦之心"②，"阁下等藐视国际法上的惯例"，"主要的全权委任竟如此渺茫不可捉摸，是绝对不能加以宽贷容忍的"③。张荫桓说，可以按日方要求的样式，由清政府补发"全权委任状"，希望允许中国代表团在广岛停留几天，以等待清政府补寄证件。伊藤、陆奥粗暴地拒绝说："本市因是大本营所在地，不许无故使敌国的使臣在此驻留。阁下等若能准备好，希望明天或后天由此地出发"，"阁下等除了从速起程以外，似无他途"。就这样，会谈宣告破裂，中国政府的谈判代表被撵出广岛。

---

① 陆奥宗光：《蹇蹇录》，121～122页。

② 同上书，124页。

③ 《秘书类纂》，《中国媾和使节会谈记要》。

会谈破裂后，伊藤留下中国谈判代表团的译员伍廷芳作私人谈话，公然指名要由奕䜣或李鸿章这样老资格的当权派前来日本求降。伊藤说："其爵位名望愈高，对谈判愈为有利……例如任命如恭亲王或李中堂者担当此项任务，最为适宜"。日本对中国竭尽了压迫凌辱的能事，连中国的谈判代表也要由它来指定，可见它的气焰多么嚣张猖狂！

三、海城争夺战

日本帝国主义在战场上或谈判中凶焰万丈，不可一世，但是，它进行的是非正义的侵略战争，遭到了中国和日本两国人民的反对和世界舆论的谴责。日本资本主义发展的时间又不很久，国家小、力量弱，随着战争继续下去，人民的反对力量逐渐增长，日本的战争力量逐渐削弱，它在军事上、政治上、经济上碰到了越来越多的困难。

首先，日本侵占了中国的大片土地，中国的各阶级各阶层纷起反抗。当日军攻陷岫岩，当地煤矿工人组织起抗日武装，痛击入侵者："岫岩州东南之桂花岭，其地有复来社，居民皆习淘煤，俗呼为'煤黑'，连村数十，自练乡团，贼来犯之，乡团极力堵御，以抬枪毙贼无算。自十月中旬至下旬，相持甚久，贼不敢轻进"①。"近日团练日增，贼势渐减。闻岫界桂花岭团练官兵，打死倭贼不少"②。夹皮沟的金矿工人是又一支抗日劲旅，他们平时被统治者称为"金匪"，日本入侵，金矿工人五百人组成"敌忾军"，在韩登举（韩效忠之孙，亦称韩边外）的率领下奔赴前线，"与诸军御日军于海城"③，"敌忾军"英勇善战，多次重创日军，因此，"韩边外之名为敌所畏"④。辽阳一带的许多猎户在李樾的率领下也自动投入抗日救国战争，当时人称赞说："辽阳打牲手，枪法灵便，彼（指日军）一有所损，则委而不攻"⑤。还有

---

①④　易顺鼎：《盾墨拾余》，卷五，《魂北魂东杂记》。

②　徐庆璋：《辽阳防守日记》，载《近代史资料》，1962（3）。

③　张相文：《南园丛稿》，卷五，《韩边外志》，3页。

⑤　《清光绪朝中日交涉史料》，第三〇七〇件，《郎中延熙等呈文》。

辽阳以南吉洞峪的农民组成的团练，是很有名的抗日武装，日军多次进犯辽阳，吉洞峪团练在韩家岭一带进行阻截，打退了日寇的进攻，保障了辽阳的安全，清朝官吏说："吉洞峪民团屡歼狂寇"①，"连日在吉洞峪接仗获胜，贼颇畏却"②。

日军越是猖狂地向前推进，群众的抗日斗争就越是蓬勃开展。据史籍记载："辽阳并凤、岫、海、新交界，周围七八百里，无民不团"③，"查辽、凤团练，约有数万，颇能助兵剿贼"④。群众的抗日武装，武器装备很差，只有抬枪、鸟铳和刀矛锄镢，但他们勇敢顽强，"壮夫老弱，死战不降"⑤，"于冰雪严寒之际，复能连次接仗，迭挫贼锋，并能阵斩贼目，甚为奋勇可嘉"⑥。群众又熟悉地形，采取了机动灵活的游击战术，"昼张旗帜，夜燃火把，出没往来，虚实兼用"，日军大部队到来，就转移潜伏，日军用大炮轰击"许久，林烟石火而众无恙"⑦。由于群众抗日武装的活跃，日军被阻滞在辽阳以西和以南，直到战争结束，未能再向前推进。事实说明：这种群众性的游击战争是抗击入侵强敌的最有效的途径，如果得到正确的政治和思想领导，更加严密地组织起来，就能使侵略军陷于人民战争的汪洋大海而遭到灭顶之灾。

在日本国内，由于战争的巨大消耗，经济受到严重破坏而出现了萧条。1894 年 11 月，农业生产比战前减少 13%，工业生产减少 51%，商业减少 31%，运输业减少 17%，国民经济各部门比战前减少 30%以上。⑧ 日本的军事费用依靠募集国内公债来支撑，但公债不能接连举借，财政已告匮竭；日本政府正在向帝国主义乞求借款，据清政府驻英公使的报告："闻倭兵伤亡甚多，不仅苦于战，且冻馁难耐。现倭在英借债，汇丰密告"⑨。日本的劳动人民和中小工商业

---

① 《张之洞全集》，电牍，《周守来电》，光绪廿一年二月十四日到。
②④ 徐庆璋：《辽阳防守日记》，载《近代史资料》，1962 (3)。
③ 《清季外交史料》，卷一〇九，5 页。
⑤ 同上书，卷一〇六，25 页。
⑥ 《清光绪朝中日交涉史料》，第二四九九件，《盛京将军来电》。
⑦ 白永贞等：《辽阳县志》，卷二一，《吉洞峪乡团御日军》。
⑧ 参见进修太郎：《日清战争与经济社会》。
⑨ 《清光绪朝中日交涉史料》，第二一七五件，《出使龚大臣来电》。

首先受到战争的损害，厌战反战情绪正在潜滋暗长。经日本内务省检查过的《国民之友》发表了一篇社论，题为《预防民心的反动》，其中说：

> 现在人心的高昂与战争开始时很不相同，主要是以个人私利为目标，没有世界的远大目标。个人向往的只是战争中得利，可是希望还丝毫没有达到，不景气的损失却已来临，因此又厌恶战争，祈求战争早日结束。现在，工商业者的心中，叹息不景气的同时还在叹息征清之师，这种情绪正在萌芽……如果陶醉于胜利，谁能担保工商业者和农民们心中的秘密不会一旦掀起反动的大波呢！①

由于中国军民坚持抵抗以及日本国内厌战、反战情绪增长，再加上我国东北气候严寒，日军深入内地，战线和补给线拉长，日本帝国主义碰到了越来越大的困难。在攻陷旅顺口以后，日本政府内对于下一步军事行动产生了严重分歧，以第一军司令官山县有朋为首的死硬派军人，主张不顾一切地乘胜推进，在沈阳一带作战，并在山海关以南登陆。伊藤博文和参谋次长川上操六等反对山县的意见，认为在东北内地作战和山海关登陆，困难很大，战争时间会拖长，不如另辟战场，在山东半岛登陆，这里气候较暖，在沿海作战，增援和补给较易，又有威海卫和北洋海军这样绝好的攻击目标，费力较少，作战时间较短，可以获得较大的战果，对清政府造成重大压力，以迫使它投降。因此，日本政府摒弃了山县的意见，决定将旅顺口的第二军转到山东登陆。这一作战计划正在拟定中，不料，以军界权威自居的山县有朋坚持己见，违背大本营的决策，于 12 月初向海城方向进攻，企图一举侵入沈阳地区。在山县的指挥下，第一军所属第三师团担任进攻任务，由岫岩西进；第五师团则收缩战线，防守凤凰城、安东等占领区，支援第三师团的进攻。

---

① 转引自藤村道生：《日清战争》，110 页。

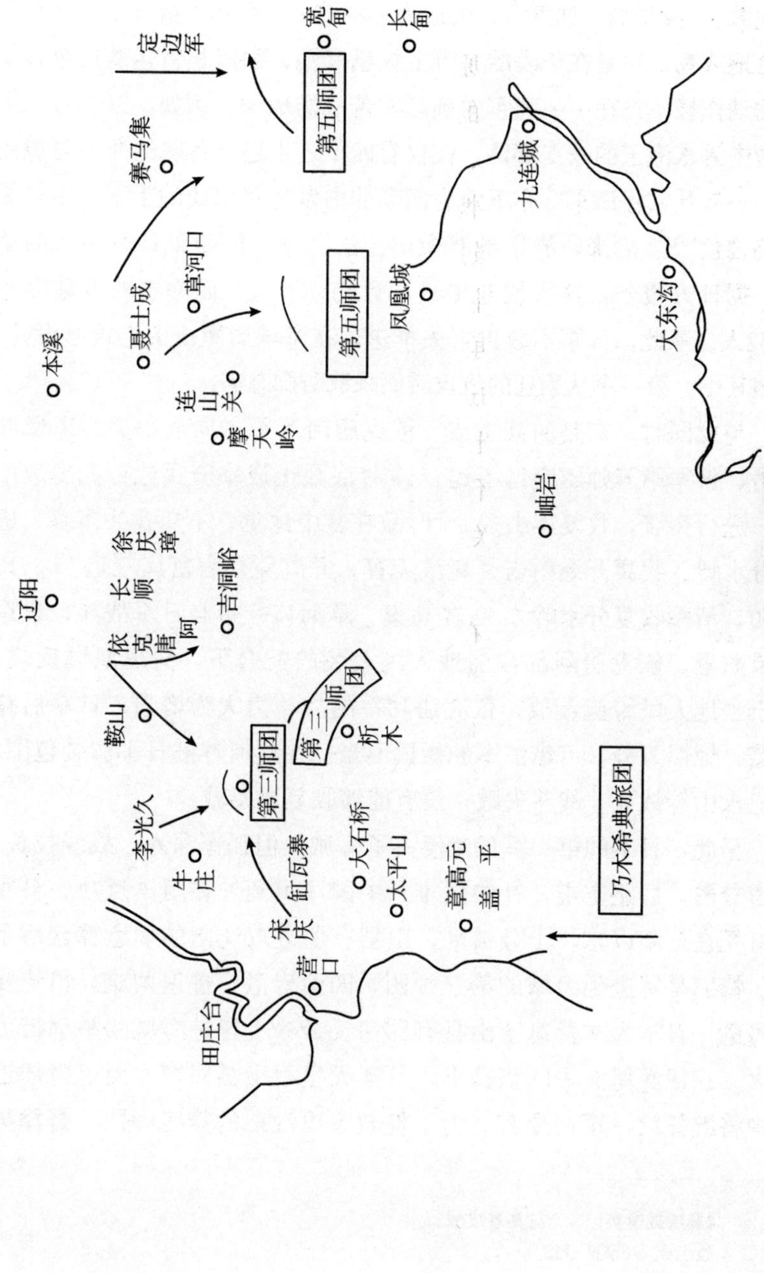
辽阳
本溪
鞍山
依克唐阿
长顺
徐庆璋
吉洞峪
聂士成
草河口
赛马集
定边军
宽甸
长甸
第五师团
第五师团
连山关
摩天岭
凤凰城
九连城
大东沟
岫岩
李光久
牛庄
第三师团
第三师团
析木
缸瓦寨
大石桥
太平山
宋庆
营口
田庄台
章高元
盖平
乃木希典旅团

辽东战场示意图

12月12日，日军第三师团攻占析木城，13日又攻占海城。12月19日，日军在海城以西缸瓦寨碰到宋庆等所率中国军队最强韧的反抗。在零下二十多度的冰天地雪地之中，两军展开激烈搏战，据日方的记载："彼我炮声如轰雷，天地为之震撼……我兵（指日军）没有可据之地或物，只是在茫漠的原野上纵横奔驰，加以积雪达两尺余，军队的动作极不自在……我军的确站在苦战的地位。例如：以一百二十名袭击香水泡子的一支部队，仅仅有四十名生还，各队的死伤可想而知……敌兵（指清军）亦不愧为闻名的白发将军宋庆的手下，不轻露屈挠之色"①。后来，清军虽然撤出了缸瓦寨，但给予日军极大的杀伤，据日方报告：这次战斗中日军死伤408人，而冻伤的人数多达1 052人。从此，日军不敢再冒失推进，在海城周围山头上筑垒设防，龟缩其中，第一军从猖狂的进攻转而采取防御态势。

与此同时，东路的聂士成、依克唐阿等军也向连山关、凤凰城出击，日军第五师团应付不遑。11月底聂士成率骑兵数百人出敌不意，进行突袭，收复连山关。"时敌在梦中惊觉，不知我兵多寡，逃窜分水岭。我兵开炮射击，毙敌无算，并阵毙倭官富岗三造"②。12月初，清军收复分水岭，在赛马集、草河口一带与日军战斗，日军节节败退，依克唐阿部在当地人民武装的配合下，向凤凰城反攻，由于当地人民纷起参战，依克唐阿军的战斗力大为增强，日军后路被袭，惊惶万分。可惜清军的指挥不当，在叆河畔被日军偷袭包围，侍卫永山等战死，战斗失败，没有能够收复凤凰城。

至此，日本的第一军虽然侵占了海城，但孤军深入，战线拉长，兵力分散，后路空虚，补给困难。中国军民到处在阻击反攻，日军被钉死在辽阳以东，十分被动，山县有朋进攻沈阳的如意算盘落了空。特别是冒进到海城的第三师团，四面皆敌，进退两难，情势岌岌可危。日本大本营对于山县有朋违反命令、冒进海城的举动极为恼火，在伊藤博文等的坚持下，日本天皇召山县回国，而以野津道贯中将继任第一军司令官。为了挽救突出敌前的第三师团，野津再

---

① 《日清战争实记》，《缸瓦寨之战》。

② 聂士成：《东征日记》。

三要求增援，日本不得已只好从原定用于山东登陆的第二军中抽调一个混成旅团，由乃木希典少将率领，从旅顺北进，以支援海城，这就不能不影响和推迟在山东登陆作战的计划。

1895年1月10日，乃木希典旅团进攻盖平，清军章高元部进行抵抗，章军人数较少，但战斗很英勇，提督杨寿山等力战牺牲。日军虽然抢占了盖平城，但付出了重大的代价。中国军民在近代化战斗中正在逐步地学习杀敌制胜的本领。一个西方作家写道：

> 在盖平战斗中，中国的战术远远胜过以前任何次战斗……军队守卫在河流的北岸，对着进攻的日军排列成二千米长的火力线，又利用河流来阻滞暴露在火力线下的敌人。他们放弃了摇旗呐喊的笨拙习惯，在远距离时不浪费子弹，敌军接近到四五百米时才射击。还有一个重要的战术改进，即日军向某地冲锋时，时而卧倒在地，时而爬起前进，以前中国军队不管敌军卧地或前进总是不停地放枪。但盖平战斗中，只在日军爬起前进时中国军队才开枪。由于这些战术方面的改进，日军损失很大，在三小时的战斗中死伤309人。①

日本的第一军攻占海城，第二军又占了盖平，两支军队虽然取得了联络，但伤亡很大，加上气候严寒，运输困难，日军的处境并没有根本改善。中国军民活跃于海城周围。1895年1月16日至2月22日，清军四次反攻海城，争夺极为激烈。中国方面投入的兵力有韩边外的敌忾营、李樾的猎户民军、朝鲜族的抗日武装、辽阳团练以及宋庆、长顺、依克唐阿、徐邦道、李光久的部队。日军在海城郊外欢喜山、双龙山、亮甲山、唐王山构筑了坚固的防御线，凭借堡垒大炮，负隅顽抗。中国军民发扬了英勇战斗的精神，在零下三十度的气候下连续作战，沉重地打击了日本侵略军。特别是鸭绿江畔的定边军和民团，趁着海城大战的机会，配合作战，屡败日寇，1895年2月底收复了宽甸、长甸，严重地威胁了日军的后路。"倭人阻河为守，瑷水以东无倭人踪迹"②。

---

① 拂拉迪米尔：《中日战争》，267页。

② 姚锡光：《东方兵事纪略》，《奉东篇第三》。

日军在辽东战场上的被动态势是必然要出现的。中国幅员辽阔，人口众多。日本侵略者以有限的兵力侵略中国，入侵越深，占地越广，分兵把守，战线拉长，兵力越来越不足，这就给中国军民造成了有利的反攻机会。但应当指出，腐朽的清政府不但不能利用有利的反攻机会，使战局逆转，而且也并未正确地理解整个战争的态势。日军侵占海城，清政府惊慌失措，担心日军北攻沈阳和西渡辽河，威胁京津地区，严令前线将领限期收复海城。在长达两个多月的反攻海城战斗中（自 1894 年 12 月 19 日缸瓦寨战斗至 1895 年 2 月 22 日第四次反攻海城），前线军民浴血奋战，前仆后继，予敌以重大打击，他们的英勇精神可歌可泣，但是，在清朝高级指挥者的脑子里只知道阵地战、攻坚战，日军在海城坚固设防，“大炮林立”，而清军和民军枪械不齐，有的只有刀矛锄镢，全军只有四门炮，而且缺乏战斗训练，组织不严密，各支部队不能密切配合，把这样的部队和民军贸然投入攻坚战斗，结果遭到了巨大牺牲而海城仍未能攻克。近代的战争历史再三证明：在敌强我弱的反对帝国主义的自卫战争中，人民爱国武装应该采取游击战和运动战为主的战略战术，充分发挥自己的有利因素，积聚力量，积累战果，在战争中锻炼、壮大自己，以取得最后胜利。

四、威海卫陷落和北洋海军的覆灭

当中日两军在辽东海城激烈争夺的时候，山东半岛的战斗也打响了。日本政府由于原定用于山东作战的日本第二军的一大部分兵力（包括第一师团全部和第六师团一部）用于支援海城，被拖在辽东，只好从国内抽调第二师团，加上第六师团的一部分，共 25 000 人，仍名为第二军，由大山岩指挥，选定在山东荣成县的龙须岛登陆，远道取势，避开正面，从后路进攻威海卫。这时，日本全国的常备军六个师团已有五个派来中国作战，战争进行了半年，日本猖狂的进攻势头快成强弩之末了。

1895 年 1 月 20 日，日军在 25 艘军舰的护航下，在龙须岛登陆。山东的海岸线很长，清军分散守卫登州、烟台、威海、荣成、胶州湾等处，守备力量很薄弱，“零星屯戍，不足成军。且军械不预具，率配以旧土枪及故前膛来福枪，将驱向敌，饷亦寡薄，士气阻退”①。日军登陆时，人数很少的守岸清军用小炮打沉了两艘日军登陆船艇，但在日舰大炮的猛烈射击下，清军败退。当天，日军抢占了荣成县城。

日军分三批登陆，延续了五天。当时北洋舰队近在威海卫，如果及时出来，乘日军大批船只挤在海岸边等待登陆之际，发动进攻，当能予日军以重大打击，但是李鸿章事先告诫丁汝昌：“不得出大洋浪战，致有损失”②。海军顾问英国人马格禄和一些怯懦将领，只想躲在军港里，也不肯出击，说什么战舰“依辅炮台，以收夹击之效”③，错过了良好的战机。其实，北洋舰队尚有定远、镇远、靖远、来远、济远、平远、广丙 7 艘战舰以及 6 艘炮艇、13 艘鱼雷艇，还有相当的战斗力；日战舰名为 25 艘，“其旧制渐朽废不中用者十之七，新制坚利者十之三”④。主动出击，奋勇决战，远胜于躲在军港里，听任日军顺利地登陆、合围，最后全部被歼灭。

1 月 25 日，日军从荣成分两路西进，第二师团为南路军，由师团长佐久间中将率领，沿着荣成至烟台的大道；第六师团为北路军，由师团长黑木中将率领，沿着荣成至威海卫大道，齐头并进。日本军舰则沿着海岸线行驶，作为掩护。

威海卫和旅顺口隔海对峙，是渤海湾和京津地区的门户。其地群山环绕，海港的南北两岸如两臂伸入海中，构成半圆形，刘公岛和较小的黄岛、日岛横列其前，把口门分成东西两口，形成天然的屏障，威海卫城在海港的西岸。1887 年，清政府在这里建军港，刘公岛、日岛上的炮台紧护着口门，南岸有南帮炮台（包括赵北咀、鹿角咀、龙庙咀三座海岸炮台），北岸有北帮炮台（包括北山咀、黄泥沟、祭祀台三座海岸炮台），均安装威力强大的海岸炮。弱点是后路虽有陆路炮台，但无坚固工事，容易被突破。威海卫军港是北洋舰

① 姚锡光：《东方兵事纪略》，《山东篇第六》。

② 《李鸿章全集》，电稿，卷一九，1 页，《寄威海丁提督、戴道、刘镇、张镇》。

③ 同上书，电稿，卷一九，38 页，《寄译署》。

④ 袁昶：《于湖文录》，文五。

队的停泊场所，平时驻有 5 000 名陆军，战争爆发后，临时增募至8 000人。军港的附近地区还有山东的各种部队 10 000 人。人数不少，但战斗力很弱。日军占领荣成，山东河防营溃退，只有孙万龄率领的嵩武军一千余人在白马集、桥头集打了几次阻击战，但其他部队不能有效地配合，日军蜂拥而上，孙军孤军作战，不得不向后撤退。

1895 年 1 月 30 日，日军分路进攻南帮炮台，其北路军进攻摩天岭、杨峰岭、百尺崖等处，正面夺取炮台，其南路军进攻南、北虎口和凤林集，切断清军的退路，日舰则从海上发炮，配合轰击。防守南帮炮台的巩军分统刘超佩是个胆小鬼，老早就打逃跑的主意，军事上未作布置，李鸿章骂他“系糊涂懒惰之人”①，“枪炮子弹均少……足见汝毫无筹划，安心要走”②。日军尚未到来，他就捏称迎战受伤，丢下了炮台和三千士兵，渡海逃往刘公岛。但是，下层官兵痛恨日本侵略军，虽已失指挥，仍人自为战，坚守阵地，摩天岭、杨峰岭、凤林集、百尺崖的争夺十分激烈，日军伤亡很严重，北路军的左翼队司令官大寺安纯少将在摩天岭战斗中被击毙。据日方记载：“我军立即进逼垒下，敌发大炮防战，我军亦放山炮应战。两军战正酣，山动谷鸣，地轴为倾。敌兵在垒下豫设地雷，我兵误蹈其上，爆然燃炸，黑烟冲天，我兵势稍沮”③。清军据守的每一个孤立的山头都使日军付出巨大的代价，许多山头上清军亦战至最后一人。最后，南帮炮台的后路要隘全部被日军占领。

南帮三炮台（赵北咀、鹿角咀、龙庙咀）有海岸炮十余尊，威力很大，其中赵北咀炮台前有 28 公分口径的巨炮二尊，但只能向海面发射，不能向后路发射。摩天岭、百尺崖失守，南帮三炮台没有近射武器和防护工事，眼看威力巨大的海岸炮即将落入敌手，敌人就可用以轰击躲在军港里的北洋舰队，后果不堪设想。战前，丁汝昌考虑到了这一点，已动手拆除最难防守的龙庙咀炮台，但守炮台的陆军统领戴宗骞坚不同意，向李鸿章控告，李鸿章将丁汝昌大骂

---

① 《李鸿章全集》，电稿，卷一九，4 页，《寄丁提督、戴道》。

② 同上书，电稿，卷一九，42 页，《复刘镇》。

③ 《日清战争实记》，《威海卫陷落，北洋舰队全灭》。

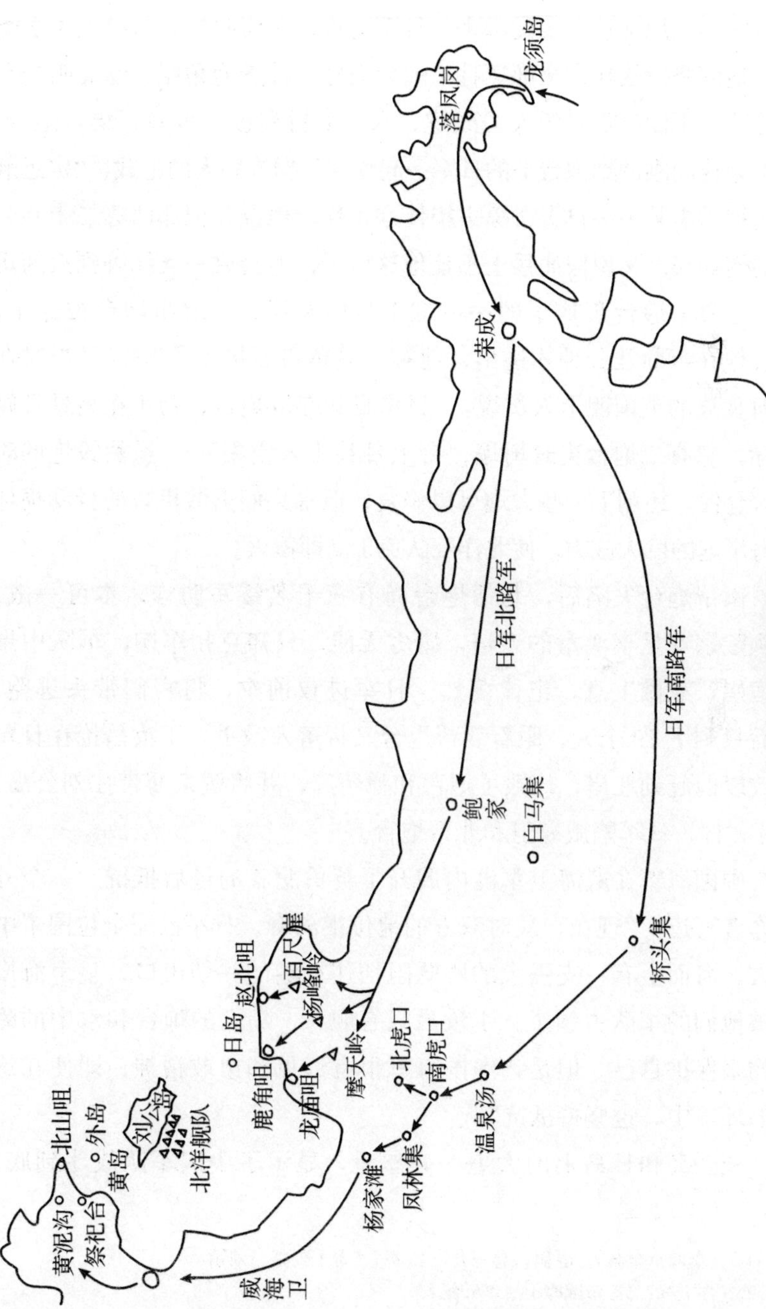
龙须岛
落凤岗
荣成
日军北路军
日军南路军
鲍家
白马集
桥头集
百尺崖
赵北咀
杨峰岭
日岛
北虎口
南虎口
摩天岭
鹿角咀
龙庙咀
温泉汤
凤林集
杨家滩
北山咀
外岛
刘公岛
北洋舰队
黄岛
黄泥沟
祭祀台
威海卫

威海卫形势示意图

一顿："丁系戴罪图功之员，乃胆小张皇如是，无能已极"①。结果，已拆除的大炮又重新装配起来。日军进攻，龙庙咀炮台只有四十名炮兵，他们坚持战斗，全部牺牲，炮台失守，接着鹿角咀、赵北咀炮台也沦陷。丁汝昌临时派人去毁炮，水手们冒着极大危险，爬入炮台，把大炮连同刚冲到炮台上的日军一起炸掉。据外国人的记载："定远舰的主炮手李某……自告奋勇去担任这工作，他说要把那两尊二十八公分的炮炸碎。又说假如兵士不让他这样干，他会放一支线香到火药房去，把整个炮台轰炸了的……三十号的早晨，赵北咀炮台被炸了，而且他在事前几分钟才逃出，他被一只鱼雷艇接走了"②。又当时在外海观战的英国舰上人员说："目击日兵夺取炮台，乃正在高悬日旗之际，忽有二炮台突时坍塌，台上日兵飞入空中"③。虽然毁炮的时间太仓促，还剩下一些大炮可以修复，但水兵们勇敢机智的行动损坏了海岸炮的巨大威力，使北洋舰队免于立即覆灭。

南帮炮台失陷后，北帮炮台尚有三千名绥军防守，本可一战。统领戴宗骞是李鸿章的亲信，庸劣无能，只知克扣军饷，军队中聚赌宿娼，兼做生意，纪律荡然。日军进攻前夕，将官们带头逃跑，最后只剩下19个人，眼看北帮炮台又将落入敌手，丁汝昌抢在日军进攻以前赶到北岸，炸毁了炮台和弹药库，并将戴宗骞带往刘公岛。2月3日，日军陷威海卫和北帮炮台。

中国海军在威海卫军港内展开了英勇悲壮的最后抵抗。一个外国作者写道："现在，敌对双方的地位很离奇。日军已完全包围了中国人，海面上有一支强大的舰队阻挡住军港的一切出口，整个海岸都被他们的军队占领了。丁汝昌只有舰只、岛上的炮台和水中的障碍物来保护自己。但是，中国海军很有远见和勇敢精神，即使在绝望的环境中，也坚持抵抗"④。

刘公岛和日岛上的大炮一齐怒吼，显示了中国军队战斗到底、

① 《李鸿章全集》，电稿，卷一九，45页，《寄丁提督、刘镇》。

② 肯宁咸：《乙未威海卫战事外纪》。

③ 《中东战纪本末》，《朝警记八，威海卫陆战》。

④ 佛拉迪米尔：《中日战争》，285页。

宁死不屈的决心。日舰在海面巡弋，封锁了港口，但慑于北洋舰队炮火的威力，不能进入军港，只好彻夜修复南帮炮台，从山头上居高临下，连续向军港中的中国舰船射击。被困的舰船也毫不示弱，发炮还击。海水被掀起一根根直升百丈的水柱，隆隆不绝的炮声震得山鸣谷应。中国的水兵和炮兵一个个斗志昂扬，只有一些胆怯的将领耷拉着脑袋，垂头丧气。“船员皆奋跃欲战而轻其将官之不尔也”，彼等愿于应战，“此无可疑者。惟彼等与将官之间嫌隙甚深”①。有一个目击当时炮战的外国顾问写日岛炮台的情形：

> 从战争开始到停止，日岛当着南岸三炮台的炮火，地阱炮升起来后，更成了那三炮台的标的。这些炮并没有附着镜子，所以升炮的人一定要到炮台上面去，结果这人在受对方炮击，这是很危险的职任；可是那些年轻的水兵仍旧坚守着这些炮，奋勇发放。一次，三个水兵守着一个炮，冒着凶猛的轰击，汤玛斯（炮台上的外国顾问）叫他们放弃这炮，他们都反对。其中有一个因炮弹爆发，颈上、腿上和臂上三处受了伤，可是一等伤处裹好，他仍旧坚决地回到他的职守，只手助战。②

日军见海岸炮击不足以使中国军舰屈服，又开始用鱼雷艇偷袭，先破坏了东口门的水下障碍物，露出一个可容鱼雷艇通过的缺口。2月5日凌晨，月落天黑，10艘鱼雷艇潜入军港内，向我舰发射鱼雷，击中了定远舰，我舰开炮还击，展开一场搏战。日鱼雷艇两艘被击沉，两艘受伤。我定远舰亦受重伤，后来自行炸沉。2月6日，又有5艘鱼雷艇进行偷袭，我舰来远、威远和宝筏被击沉。

2月7日，日舰逼近东口门挑战，丁汝昌率舰队抵御，并令鱼雷艇主动出击。水雷营管带王平胆小怕死，不但不执行命令，反而乘双方舰只在东口门鏖战时，率领13艘鱼雷艇从西口门逃跑，被日舰追及，雷艇和大部分人员可耻地被俘获。

2月9日，日舰又至东口门袭击，丁汝昌亲登靖远迎战。日军从

---

① 泰莱：《中日甲午海战见闻记》。

② 肯宁咸：《乙未威海卫战事外纪》。

南帮炮台发炮，靖远被击中沉没，丁汝昌被水兵们救上了小船。

时间一天天地过去了。中国舰船日日夜夜在日舰进攻、海岸炮台轰击以及鱼雷艇偷袭之下，舰只日益损耗，弹药粮食也将用尽，天天盼望着陆上援军夺回南北帮炮台，解救危急。可是，从鱼雷艇上逃出的卑鄙将领跑到烟台谎报军港已失陷，北洋舰队已全军覆没。同时，山东清军正在向内地逃窜，根本没有援救威海的任何行动。

丁汝昌得到情报，知援兵无望，势难久守，命令舰船突围。可是海军副提督英人马格禄、德国顾问瑞乃尔、美国顾问浩威和一些怕死的官吏将领，坚决不同意，而主张献出军舰、炮台，向日本投降乞命。刘公岛上，由一些"洋员"带头，向抵抗派施加压力，"在岛诸洋员，请姑许乞降"，"兵轮管带不欲战者，复交煽其间"①。"有陆军教习瑞乃尔者，特谒汝昌，言事势至此，徒多杀生无益也，请以船械让敌，兵民尚可保全。汝昌毅然拒之，谓必至船没人尽而后已"②。丁汝昌为防止洋员和投降派将领把战舰献给日本，下令炸沉威力最大的镇远舰。这些洋员和投降派害怕毁坏了乞降的礼物，日本侵略者会生气，竟拒不执行命令，甚至收买了一些兵痞流氓，持刀威胁丁汝昌，迫他赶快下令投降。丁汝昌在他们的包围之中，不能执行统帅的权力，于2月12日拂晓服毒殉国。先后自杀的还有总兵刘步蟾（定远舰管带）、张文宣（刘公岛护军统领）、杨用霖（镇远舰代理管带）等。

丁汝昌刚刚死去，洋员和投降派就肆无忌惮地活动起来，他们在道员牛昶昞的住所开会，策划投降，由美国顾问浩威起草了投降书，冒用丁汝昌的名义，向日本乞降。日本侵略军靠着他们的帮助开进港内，占领了刘公岛。留在军港中的镇远、济远、平远、广丙以及炮舰、练舰、运输舰和大批枪炮物资都拱手送给了敌人，李鸿章多年经营并大事吹嘘的北洋舰队就这样全军覆没了。

五、牛庄战斗

日军侵占威海卫以后，又腾出手来，转向辽东战场，谋求打破

---

① 姚锡光：《东方兵事纪略》，《海军篇第七》。

② 《晨园漫录》，三。

对海城的包围，解除第三师团的危境，把清军推过辽河以西。它出动了第一、第三、第五师团，使用了从开战以来最大的兵力，原死守在海城的第三师团得到了增援，作为中路军，目标指向辽阳、牛庄；又抽调第五师团的部分兵力，作为右翼，进攻辽阳以东；原第二军的第一师团，全部从旅大地区北上，集中于盖平，作为左翼，向营口窜犯。当时，清军宋庆部4万人在海城、营口之间，依克唐阿、长顺部2万人在海城、辽阳之间。吴大澂率领的湘军各部也陆续到达，在海城、牛庄之间。清军人数不少，但军队内派系很多，缺乏统一的指挥调遣，不能配合作战，许多将领贪生怕死，虐待士兵，平时争功扣饷，战时观望退避，军队未经训练，组织松懈，纪律废弛，甚至缺衣少食，所以各路清军会攻海城已多日，始终未能奏效。

日军部署完毕，现在，在辽东蛰伏多日的这条毒蛇又要出洞了。1895年2月24日，日军左翼首先发动，第一师团1.2万人向大平山进攻，窥伺营口，宋庆军进行抵抗，经过激烈战斗后，大平山失陷。接着，2月28日，第一军司令官野津大将亲自率领第三师团，从海城倾巢而出，沿着海城、辽阳的大道向北攻击前进，这时，日军右翼第五师团也在辽阳东南配合进攻，辽阳告急。依克唐阿、长顺驻在海城以北，本应阻击日军第三师团的北进，但依、长二军却借口回援辽阳，竟自撤出防地，也不通知在海城以西的魏光焘、李光久。结果，日军乘虚而入，抢占鞍山，又突然西向，于3月4日分路压向牛庄，切断魏光焘、李光久军的后路。

牛庄是海城通向辽河以西的要地，又是繁华的商埠。魏光焘、李光久听到日军迂回抄袭牛庄的消息，慌慌张张地率领5 000名湘军从海城前线撤退，乱糟糟地拥进牛庄，恰好陷入了日军的包围之中。魏、李二人弃军逃命，被围的士兵和下级军官和日军进行激烈的巷战，“前贼纷来，枪炮雨密，贼又从两旁拥出，与我军竟莫能辨。血战竟日，各街口皆被贼纵火，断我军出路”①，“战斗开始于上午九点钟，日本人碰到了激烈的抵抗。中国人建造了厚的土墙，打通了房

① 易顺鼎：《盾墨拾余》，卷五，《魂北魂东杂记》，《二月初八日牛庄之失》。

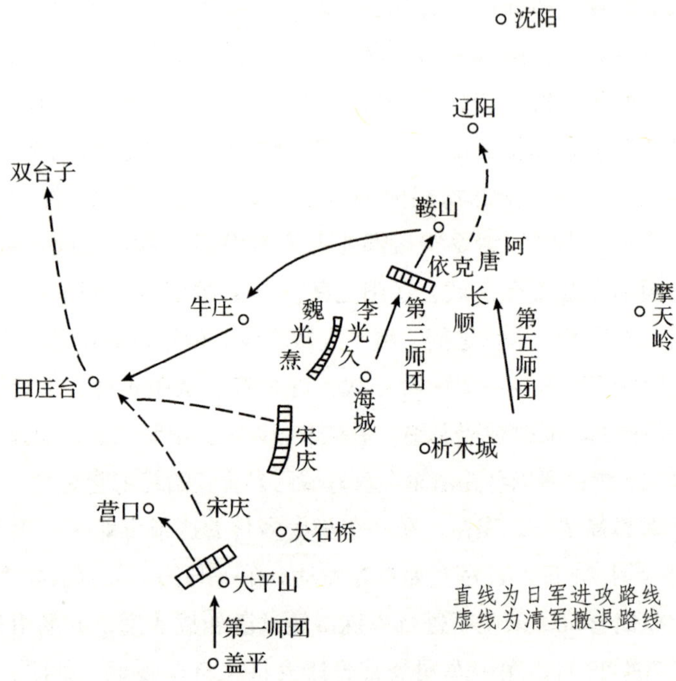

牛庄战斗示意图

屋，他们有小炮和无烟火药。有一队日军通过一片空旷地，遭到雨雹似的子弹的扫射……日军不得不逐屋进行殊死的争夺，因而受到严重的损失，战斗继续到夜间，深夜十一点钟还听到枪声”①。被围的清军几乎全部战死，牛庄于 3 月 4 日夜失守。

接着，日军左翼从大平山向营口攻击，宋庆先期撤退，营口兵力单薄，3 月 7 日被日军攻陷。

清军的前线指挥机构设在田庄台，负有调度全军责任的帮办军务大臣、湖南巡抚吴大澂驻在这里，吴是个只会吟诗作赋、玩弄古董的封建文人，根本不懂军事，却自以为韬略盖世，文武全才，平日吹牛皮，瞎指挥，行为近于疯癫。“出关之时，所载服物器皿牲杀之具，伎巧狗马之戏，随行百余车驼，每日必奏夷乐侑食，引诸狎客酣饮，凡佞谀吴大澂得其欢心者，悉委营差，全不以军事

---

① 佛拉迪米尔：《中日战争》，316 页。

为意”①。他还特别相信算命相面、风水迷信，军营里事事求神问卦，闹得乌烟瘴气。他给人的电信中大吹什么：“月内当有捷音”，“十日内军威必振”，“海城三日内必克”，“拟数日内密约一日会攻海城，嘱赵謩代择吉日”②，可是，真打起仗来，他是个不战先逃的脓包，“闻炮响而辄奔，吴大澂至不知下落，久之乃从破屋寻出之”③。牛庄失守，他已从田庄台逃往双台子，又逃往石山站（今锦州东）。1895 年 3 月 9 日，日军渡浑河，攻田庄台，主帅已经逃跑，士兵们失去指挥，但仍人自为战，奋勇抵抗。据日方的报告说：“敌兵（指清军）殊死奋战，我军亦应战极烈。彼我炮声如百雷齐发……我军从三面闯入城中，杀人无算……敌兵退守民家，我军后来放火烧之，火焰冲天，终夜不熄，田庄台一市全归乌有”④。

牛庄和田庄台之战是中日甲午战争在大陆上进行的最后一次战役。在以前的历次战役中，李鸿章多年训练的淮军屡败，不堪一击，许多人把幻想寄托于湘军，而这最后一次战役又表明了老牌子的湘军在对外战争中同样是不能寄予希望的。清军在关内外集中了四百余营、二十多万军队，人数不为不多，下层士兵和人民群众坚决抵抗日本的侵略，“壮夫老弱，死战不降”⑤，战斗意志不为不坚，但并没能挽救战败的局面。中国这样一个地域广大、人口众多的国家败于很小的日本之手，这不能不引起全中国以至全世界的震惊。中国广大人民和爱国人士痛心疾首，义愤填膺，他们检讨战争失败的原因，对政府和军队里的弊病陋习提出强烈的抨击。有的认为：清军临时雇募，仓猝入伍，既无训练，又无纪律，因此屡战屡败；有的认为：将领们暮气甚深，贪生怕死，昏庸懦怯，不战先逃，应予严惩；有的要求加强统一指挥，消除军队中的各自为政和派系摩擦；有的要求整顿后勤机构，改进枪炮弹药的供应，取缔贪污浮冒，提高工作效率；也有的进一步要求改变科举制度，提倡开矿筑路，鼓吹政治革新，学习西方文明。总之，

---

①③　《清光绪朝中日交涉史料》，第二八四六件，《钟德祥奏参宋庆吴大澂片》。

②　吴大澂：《吴窓斋中丞电稿》。

④　《日清战争实记》，《田庄台之战》。

⑤　《清季外交史料》，卷一〇六，25 页。

战争揭开了长期被掩盖着的脓疮，人们都大吃一惊，不得不痛苦地面对腐败的现实，“经此创巨痛深，乃始屏弃一切，专精致思，当馈而忘食，既寝而累兴，绕屋彷徨，未知所出”①。过去，挂着富强招牌的洋务新政一下子坍塌净尽，故步自封、坐井观天、夜郎自大的“天朝上国”里掀起了强大的风暴，这是件好事情。列宁说：“战争虽然会引起种种灾祸和苦难，但它也会带来相当大的好处：它无情地暴露、揭穿和破坏人类制度中许多腐朽、衰颓和垂死的东西”②。

在近百年反帝反封建的历史上，中国人民不断地摸索前进，经历了许多次斗争的失败，而甲午战争的失败是给中国人民上的很重要的一课，政府和军队里黑暗腐化、弊窦丛生，现状必须根本改变，连最反动保守的分子也不能心安理得地重弹天下太平、一切照旧的老调子了。但是，在战争中暴露的、似乎一目了然的弊病不是偶然的，而有其隐蔽的深刻的根源，这些弊病是清朝政权这一腐朽机体上的必然产物，个别的将领可以撤换，制度的某些环节可以调整，这样或那样的漏洞可以堵塞，但是半殖民地半封建的清朝政权的反动性和腐朽性却不可能改变，因此从这个有毒的根株上生出来的弊病不可能根除。改变制度的某些环节必然要触及制度的根本。杀掉了怕死鬼卫汝贵、方伯谦，仍然有叶志超、龚照屿、刘超佩、吴大澂等更多的怕死鬼，表面上的弊病是可以改正的，而机体的腐烂却不可救药。

当然，中国人民不可能一下子找到救国的方案，黑暗远未到达尽头，前途还有更严重的苦难和挫折。但是甲午战争的失败促使人民群众和爱国志士进一步觉醒。梁启超说：“吾国四千余年大梦之唤醒，实自甲午战败、割台湾、偿四百兆以后始也”③。谭嗣同说：“苟非牛庄一溃，中国之昏梦，将终天地无少苏”④。现在，沉沉大梦正被惊醒，变革之风微微吹起，历史的潮流是不可抗拒的，甲午

---

① 《谭嗣同全集》，297 页，《上欧阳瓣姜师书》二。

② 《列宁选集》，第 2 卷，615 页。

③ 梁启超：《戊戌政变记》，1 页。

④ 《谭嗣同全集》，62 页，《仁学》卷下。

战争的失败成了中国人民批判现实、要求变革、继续斗争、摸索前进的新起点。

第五节　中日议和与《马关条约》的签订

一、中日议和前夕的列强态度

张荫桓、邵友濂赴日求和被拒，于1895后2月初归国，这时，中日战争和国际关系的形势正在迅速演变，日本方面越来越希望和中国议和。

从战争形势说，日军在山东半岛迅速进展，2月中攻陷了威海卫军港，中国的北洋舰队全被消灭，日本在半年时间内夺取了旅顺口、威海卫和辽东的大片土地，已持有向清政府讹诈勒索的筹码。战争再进行下去，日本的困难更大了，已感到穷于应付。据陆奥宗光说："当时，我国的征华军队都属全国的精锐部队，现在完全驻扎在辽东半岛；我强大舰队亦都派往澎湖列岛，国内的海陆军备不仅几成空虚，而且从去年以来经过长期战斗的舰队以及人员、军需等，均告疲劳缺乏"①。据俄国驻日本使馆的情报说："（日本）所有军舰的锅炉经过十个月连续不断使用的结果，已经破坏到这样程度，以致船只的最起码速度都无法维持，所有船只都急待整修和更换锅炉"②。日本侵略者经不起长期战争的消耗，需要暂停喘息，进行谈判，用外交手段来确保和扩大侵华战争的果实。

从国际形势说，帝国主义列强为日本迅速取得的军事胜利而感到吃惊。再加上日本拒绝张、邵求和，不透露媾和条件，增加了一些国家的疑虑。英、俄、美、德、法五个帝国主义国家中，美国一贯站在日本一边，支持日本对中国提出的任何苛刻条件；法国跟随俄国，因为它在欧洲需要俄国支持；英国和俄国的利益和愿望正相

---

①　陆奥宗光：《蹇蹇录》，158页。

②　希特罗渥致罗拔诺夫，1895年5月10日，转引自福森科：《瓜分中国的斗争和美国的门户开放政策》，26页。

反，各怀鬼胎，一方面竞相向日本讨好，希望把这一新兴的军事强国拉到自己一边，一方面又担心日本的军事胜利太快，野心太大，其媾和条件可能损害自己的利益；德国则站在英俄之间，观望投机，盼望着战争的结局会给自己带来掠夺的好机会。

俄国在中日战争中一直抱着“坐山观虎斗”的政策。日本越是得胜，俄国就越倾向日本。1894 年底到 1895 年 2 月间，俄国向日本频送秋波，竭力要拉日本做朋友，驻日公使希特罗渥和日本外务大臣陆奥宗光屡次密谈。希特罗渥说：“俄国皇帝闻中日两国将要召开媾和谈判，甚为欣喜，俄国切望早日解决中日战争”，“日俄两国政府之间互相交换意见，将有利于预防其他各国之干涉，俄国为了日本的利益，一定尽力周旋”，甚至还教唆日本夺取中国的领土台湾，说“日本要求割让台湾，俄国对此毫无异义”①。在日本看来，自己和俄国在侵略中国和朝鲜问题上已有协议，俄国不至于在中日缔约时出头作梗。日本驻德公使青木秘密地告诉德国首相说：“上月底（1895 年 2 月底）他的政府和俄国政府交换了熟商的意见，其结果，日本将接受俄国的朝鲜完全独立的要求，交换条件是，俄国保证在和谈中支援日本取得赔款、领土割让及重新调整中日间商务关系”②。

但是帝国主义之间从来是尔虞我诈，彼此不可能真正地信任。俄国一面在拉日本、答应支持日本；一面又对日本的崛起感到忧虑，害怕日本不买账，径自闯进自己的势力圈，而自己又无力制服日本。1895 年 2 月 1 日，俄国政府召开讨论远东问题的特别会议，决定加强太平洋舰队的力量，考虑先占领朝鲜或中国的一部分作为预防措施，还不惜与宿敌英国联系，取得谅解，“如果日本政府和中国缔结和约时所提出的要求侵犯我国的重要利益，则对日本施以共同压力”③。

① 陆奥宗光：《蹇蹇录》，171、172 页。

② 《德国外交文件有关中国交涉史料选译》，第 1 卷，14 页，《帝国首相何伦洛熙公爵奏皇帝威廉二世》，1895 年 3 月 19 日。

③ 《红档杂志有关中国交涉史料选译》，148 页。

英国也抱着两面态度，一面担心日本的野心太大，一面也希望拉拢日本。“英国政治家们在中日两国之间实行干涉的意图是同日本对华野心的大小成正比的。如果日本的要求包括某种形式的对华的保护权在内，他们便主张欧洲的联合行动”①。当时英国外交大臣已向德国打招呼，希望在进行干涉时得到德国的帮助。但如果日本所提条件不触犯英国的利益，那么英国宁肯站在日本一边而牺牲中国。当时的英国报纸上写道：“只要日本有节制地利用它的胜利，我们便没有理由同它争吵”②，“在未来的许多年里，日本不会对我们有害。我们无需反对它在太平洋上的海军力量，无疑的它会威胁和震惊俄国，但这不干我们的事，倘若他们高兴的话，让日本和俄国去一决胜负罢！”③

德国早想趁火打劫，乘中日战争之机，在中国攫取一块地盘，它正在舟山、台湾、澎湖、胶州湾四个地区作选择。但单靠自己的力量，它不可能打破东亚的均势，插足中国，因此，希望在英俄对立中寻找机会，或者和俄国联合。德国首相何伦洛熙公爵给德皇威廉二世的报告中说：“不论列强间利益如何冲突，干涉是可能发生的……为德国利益起见，将不犹豫地及坚决地加入”，“英国似乎迫切地祈求我们参加，以与俄法相平衡，无论如何，它将在某种程度下迁就我们的愿望”。威廉二世为了强调应在英俄之间观望取利的政策，特别加上边注：“我们必须竭力抬高我们的身价”④。

中国在中日战争中失败得很惨，古老而庞大的封建国家正在解体，各帝国主义鹰瞵虎视，蠢蠢欲动，准备扑向前来，争夺肥肉。

日本政府觉察到了列强的态度，害怕国际干涉将使掠夺到手的赃物化为乌有。陆奥宗光说：“欧洲的形势已经逐渐露出不稳的情景，以前经我政府决定的‘将事态局限于中日两国之间，使第三国无干涉余地’的方针，恐有不能长久维持之虞”，“我认为不如设法

① 约瑟夫：《列强对华外交》，60页。

② 英国《蓓尔梅多公报》，1895年2月22日。

③ 转引自伯尔考维茨：《英国通和中国外交部》，213页。

④ 《德国外交文件有关中国交涉史料选译》，第1卷，16、17页，《帝国首相何伦洛熙公爵奏皇帝威廉二世》，1895年3月19日。

诱使中国政府早日再派媾和使臣，速行停止战争”①。

二、李鸿章赴日议和

1895年2月8日，日本通过美国使馆声明，清政府若派出有名望的全权大臣，任何时候均可进行谈判，这实际上是要求李鸿章出来谈判，当张荫桓、邵友濂求和被拒后，伊藤博文已把这个要求告诉清政府官员。为了使谈判迅速进行，避免国际干涉，日本政府又于2月16日、19日两次通知清政府，派出的全权大臣必须有商谈朝鲜“独立”、赔款、割地、签订商约的四项权力，否则，“虽再度派遣媾和使前来亦全属无益”②。

张、邵被拒和威海卫的陷落使清政府官僚们忧虑恐慌，焦灼无策。日本发出了诱降信号，指定中国全权大臣的人选和条件，清政府一一照办，任命李鸿章为议和全权大臣，谕旨中说：“日本来文，隐有所指，朝廷深维至计，此时全权之任，亦更无出该大臣之右者。李鸿章著赏还翎顶，开复革留处分，并赏还黄马褂，作为头等全权大臣，与日本商定和约”③，并召李鸿章到北京听训，所遗直隶总督、北洋大臣之职由王文韶代理。

李鸿章一直主张向日本求和停战。在前线军已一败涂地的情况下，也只有议和乞降才能保持清朝的统治。但是日本的议和条件一定是很苛刻的，尤以割让领土责任重大，最容易激起舆论的反对，只有事前得到慈禧、光绪的授权，王公大臣们的赞同，各帝国主义国家的支持，他才能去进行谈判，签订包括割地在内的苛刻条约。

2月21日，李鸿章到达北京，向慈禧、光绪请训，和大官僚们商讨、辩论，又奔走于各国使馆，向外国寻求帮助，请教谈判的方针。

帝国主义为了拉拢日本，宁肯牺牲中国。它们一致赞成派李鸿章去谈判，“各西人闻中堂奉命，咸额手为然”④。李鸿章恳求各国

---

① 陆奥宗光：《蹇蹇录》，129页。
② 《秘书类纂》，《中日媾和记录》，附件第三十六号。
③ 《李鸿章全集》，奏稿，卷七九，《军机大臣密寄》。
④ 《清光绪朝中日交涉史料》，第二六一二件，《李鸿章来电二》。

相助，使日本放宽议和条件，各国支支吾吾，设辞推托。英国说："赴倭后，各国知倭索项，自有商酌，否则倭有以藉口肆行，各国难以干预"①；俄国说："此时倭未说明情节，颇难劝解"②；美国则帮着日本，对李鸿章施加压力，美国公使田贝说："我告诉李鸿章，他必须以一笔巨大的军费赔偿日本。在他没有离开北京之前，他应该让慈禧太后及光绪帝作心理上的准备，准备作重大的牺牲"③。

李鸿章还特别就割让领土一事向外国征求意见。他不是考虑割地严重地损害中国领土完整和国家主权，会使千百万人流离失所，沦为亡国奴，却担心会惹恼英俄等国。他说："日电非有商让土地之权……允之，北则碍俄，南则碍英法，顷商各使，电知本国"④。帝国主义从原则上支持日本割取中国的领土。李鸿章在得到外国同意以后说："连日为土地事，与各使商论，皆谓非此不能结局"⑤。他正是以此为根据去压服主战派的反对，英俄都支持割地，但又不愿意让日本闯到自己的势力圈内，英国希望日本北进，占领中国的东北，俄国希望日本南下，侵吞中国的东南，彼此嫉忌，各怀鬼胎，要把祸水泼向对方。

为了达到割地求和的目的，李鸿章伙同一些主和派在朝廷会议上演出双簧。李鸿章故意制造紧张空气，高唱"割地之说，不敢担承"，"割地不可行，议不成则归耳"⑥，以谈判必定破裂来吓唬丧魂失魄的王公大臣们。一些主和派就装着劝说李鸿章以大局为重，"勿畏人言"⑦。"孙（毓汶）徐（用仪）怵以危语，意在撮合"⑧。这出双簧戏的基调是"必欲以割地为了局"⑨。

慈禧是主和派的总后台，不惜一切代价地要求议和。因为议和

---

① 《清光绪朝中日交涉史料》，第二七〇九件，《出使大臣龚照瑗来电》。
② 同上书，第二六六一件，《出使许大臣来电》。
③ 魁特：《美日外交关系史》，第2卷，527页。
④ 《李鸿章全集》，电稿，卷二〇，18页，《寄驻英俄龚许二使》。
⑤ 同上书，电稿，卷二〇，19页，《复张侍郎》。
⑥⑧ 《翁同龢日记》，光绪二十一年正月二十八日。
⑦ 《李鸿章全集》，电稿，卷二〇，18页。
⑨ 《翁同龢日记》，光绪二十一年正月三十日。

是否成功，关系到她的宝座能否坐稳。但她知道割地是十分敏感的问题，会引起舆论谴责，万人唾骂。她宁肯躲在幕后操纵一切，犯不上亲自出面去承担割地的责任。李鸿章来京请训之前，她就装病说："今日强起，肝气作疼，左体不舒，筋起作块"①，干脆不和大臣见面。当然，她割地求和的心里话，可以由奕䜣和她的心腹奕劻、孙毓汶、徐用仪替她说出。

主战派官吏极其软弱，既无力量，又没有主意，只能一步一步地被主和派牵着鼻子走。光绪第一次召见李鸿章还反对割地，"商让土地一层，上令坚拒"②，但以后几次召见，不敢再有所主张。翁同龢原来反对议和，这时已退到"偿胜于割"的防线上，说："但得办到不割地，则多偿当努力"③，这就是说，议和乞降同意了，赔款也同意了，但宁肯多赔钱，希望不要割地。这条防线被主和派一攻即垮，孙毓汶、徐用仪当场抢白他一顿，说"不应割地，便不能开办"④。李鸿章也将了他一军，要翁同龢一起去谈判，吓得翁同龢推辞不遑："若余曾办过洋务，此行必不辞，今以生手办重事，胡可哉！"⑤

清政府内割地求和的方针已成定局，但谁也不肯承担这一责任。军机处和总理衙门往皇帝身上推，皇帝又往太后身上推，"与枢（军机处）、译（总理各国事务衙门）商，不敢担。上（指光绪）意俟长春（指慈禧）大安，禀商酌定"⑥。慈禧明明主张割地求和，却装出一副不愿轻弃国土的爱国者面孔，把求和割地说成是光绪的主张："李鸿章所奏，恭邸所陈，大拂慈圣之意，曰：'任汝为之，毋以启予也'"⑦。光绪不甘心独担割地的臭名，又把皮球踢过去，两天后，他对大臣们说："汝等宜奏东朝（指慈禧），定使臣之权"。慈禧索性给予闭门羹，"奏事太监传：慈体昨日肝气发，臂疼腹泻，不能见，一切遵上（指光绪）旨可也"⑧。割地求和是慈禧幕后决定的，但表面上不由自己来批准。这时，日本已决定以马关为谈判地点，时

---

①《翁同龢日记》，光绪二十一年正月十七日。

②⑥　《李鸿章全集》，电稿，卷二〇，18页，《复张侍郎》。

③④⑤　《翁同龢日记》，光绪二十一年正月二十八日。

⑦《翁同龢日记》光绪二十一年二月初二日。

⑧　同上书，光绪二十一年二月初四日。

间紧迫，不容拖延，帝党官僚在日本催逼、慈禧捉弄、主和派围攻之下，“神丧胆落，不敢出一语。偶蒙顾问，惟顿首流涕，相持嚎哭而已”①。最后，由恭亲王奕䜣出面，说是奉光绪的面谕，授李鸿章以割地议和之权。主和派制伏了主战派，慈禧割地求和的卖国主张胜利了，她却装得仿佛是违反自己的心愿而屈从了光绪的主张。

议和有望，天下太平！主和派一片欢腾，振振有词地高唱投降有理。李鸿章引古证今地说：“中国让地，固难轻以与人。至于戎狄窥边，古所恒有。唐弃河湟之地，而无损于宪武之中兴，宋有辽夏之侵，而不失为仁英之全盛。征以西国近事，普法之战，迭为胜负，即互有割让疆场之事，一彼一此，但能力图自强之计，原不嫌暂屈以求伸”②。一些王公大臣们也说：“现在勉就和局，所最注意者惟在让地一节，若驳斥不允，则都城之危，即在指顾。以今日情势而论，宗社为重，边檄为轻，利害相悬，无烦数计”③。历史上干出丧权辱国、赔款割地的一切投降派都会寻找一些歪理为自己作辩护，这样，就可以更加肆无忌惮，大胆放手地出卖祖国的一切。

李鸿章得到赔款割地的授权以后，于3月6日出京。1895年3月15日，李鸿章带着随员仆从135人，其中有他的儿子李经方以及参赞罗丰禄、马建忠、伍廷芳等，还有花15万美元聘请的美国顾问科士达，乘坐德商公义号和礼裕号轮船，从大沽出口，驶往日本。

三、中日马关谈判

1895年3月19日，李鸿章一行到达日本山口县之马关（即下关）。日本全权大臣伊藤博文和陆奥宗光亦至马关。3月20日下午2时30分，双方在马关春帆楼开始会谈。

第一次会议上，双方先审阅和交换全权证书。然后，中国方面

---

① 《谭嗣同全集》，421页，《思纬壹壹堂短书——报贝元徵》。

② 《李鸿章全集》，奏稿，卷七九，《预筹赴东议约情形折》。

③ 姚锡光：《东方兵事纪略》，《议款篇第八》。

要求“两国之陆海军立即一律休战，以为商议和约条款之地步”，“伊藤略思片刻，答曰此事明日作复”①。接着，李鸿章和伊藤进行闲谈，达数小时之久。李鸿章说：“贵国兵将，悉照西法，训练甚精，各项政治，日新月盛”，“贵大臣办事有效，整理一切，足征才大心细”，日本天皇“宵旰勤劳，不胜钦仰”②。日本侵略中国，屠杀中国人民，蹂躏中国土地，李鸿章却说“中国人虽有多数怨恨日本，但我对日友多感荷”③，还说什么中日两国是“天然同盟”，“日本有不弱于欧洲各国之学术知识，中国有天然不竭之富源，如两国将来能相互合作，则对抗欧洲列强，亦非至难之事”④。这种论调，无非是投合日本所好，早露出一副殷勤献媚的样子。第一次会议就这样结束。

中国提出停战要求，日本不肯轻易允许。它相信：保持战争压力更易迫使清政府屈服，但谈判期间停止战争是国际惯例，日方没有正当理由拒绝休战，因此想出了很恶毒的对策。陆奥宗光供认：“此时他们提出休战要求，实亦无可奈何，如加拒绝，又恐违反各国普通之惯例，因而决定提出严厉的条件，使其无法接受，自动撤回休战的要求”⑤。

第二次会议于3月21日下午2时30分举行。日方拿出准备好的书面答复，提出实现休战的四项条件：（1）日本占领大沽、天津、山海关；（2）上述各处的中国军队须将一切军器、军需品移交给日本；（3）天津、山海关之间的铁路，由日本支配管理；（4）中国政府负担休战期间日本的军事费用。这是骇人听闻的讹诈勒索。日本进攻中国8个月，所占土地并不比山海关至天津大许多，重要性更不能相比，它借休战之机竟要夺取比8个月战争所得还要重大的果实。而且天津是北京的门户，把天津拱手让给日本，无异是以首都作质。中国方面当然不能接受这种休战条件。李鸿章“默读此项备忘录后，似甚惊惶，面为改色，口中连呼‘过苛过苛’”⑥。

①②　《中东战纪本末》，卷五，《马关条约商订始末》，《问答节略》。

③④　陆奥宗光：《蹇蹇录》，132页。

⑤⑥　同上书，133页。

这样的休战条件，已无谈判的余地，但李鸿章仍乞求日本放宽条件，说什么“三处皆系直隶所辖，如此于我脸面有关（按：李鸿章是直隶总督）”啦，“今既到如此地步……须为中国预留体面”啦！伊藤博文骄横傲慢，寸步不让，说“国事与交情两不相涉”，“议及停战，必须有险要为质”①。李鸿章无可奈何，只好要求不谈休战，先谈媾和，请日方出示媾和条件。伊藤却蛮横地要求中国方面必须撤回休战提议，在今后的谈判中不准再提出休战要求，“中国使臣如不先撤回休战问题，我国不能提出媾和条件”②。李鸿章请求考虑一星期后答复，伊藤限期三天。会议上，日方代表气势汹汹，无理凌逼，凶焰万丈。

第三次会议于 3 月 24 日下午 3 时举行。李鸿章用电报向清政府请示之后，对日本的休战条件提出书面答复，表示“万难允诺，殊为遗憾”，“但本大臣之尽心议和初衷，毫不有所减退”③，要求日方出示媾和的条件。伊藤答应在明天会议上可以提出媾和条件，为了使中国方面迅速接受条件，伊藤说：“和款一事，两国人民盼望甚殷，愈速愈妙，万不能如平时议事延宕”④。这不祥地预示了日方将不允许中国方面对媾和条约多作讨论。伊藤又流露出吞并我国领土台湾的野心，说：“我国之兵，现往攻台湾，不知台湾之民如何?”“贵国如将台湾送与别国，别国必将笑纳也”⑤。会议结束时，双方约定翌日上午举行第四次会议。

当天散会后，李鸿章从会场春帆楼返回寓所引接寺。路上，突然有日本浪人小山丰太郎从人丛中窜到李的轿前，以手枪狙击，子弹击中李鸿章的眼镜，打中左眼下的颧部，李当场昏厥，刺客被捕，谈判遂发生曲折。这个刺杀案件是一桩查不清的公案，至少也是日本政府在国内煽起反华、仇华的歇斯底里狂热的结果。但据日本法庭审判，说小山丰太郎行刺的动机是因为李鸿章破坏了东方和平，这显然是胡说八道。最终小山被判处无期徒刑了事。

---

①④⑤　《中东战纪本末》，卷五，《马关条约商订始末》，《问答节略》。

②　陆奥宗光：《蹇蹇录》，133 页。

③　《秘书类纂》，《中日媾和记录》，附件第五十一号。

刺杀案不免使日本政府感到有点狼狈，它害怕国际舆论的谴责，又怕谈判因而延搁，列强趁机干涉，因此假惺惺地表示接受中国方面的休战建议，撤销所提的休战条件。日本侵略者宣扬这次休战是日本对中国表示“宽大”，其实，这是日本政府在李鸿章遇刺后经缜密考虑而采取的最有利于自己的措施，目的是要安抚和引诱清政府继续谈判，迅速缔结条约，避免国际干涉。连陆奥宗光也承认：“内外形势，已至不许继续交战的时机。若李鸿章以负伤作借口，中途归国，对日本国民的行为痛加非难，巧诱欧美各国，要求它们再度居中周旋，至少不难博得欧洲二三强国的同情。而在此时，如一度引出欧洲列强的干涉，我国对中国的要求，亦将陷于不得不大为让步的地步”①。这是日本侵略者的担心所在，是它同意休战的真正原因。

3月30日，中日缔结休战条约，规定在奉天、直隶、山东休战；休战期二十一天，至1895年4月20日为止。这一休战条约不包括其他省区。事实上，在牛庄战斗后，战局转入沉寂，日军并没有于近期内在大陆上发动进攻的打算，所以陆奥说：“实战期尚在两三星期以后”②。日军进攻矛头当时正转向澎湖、台湾。3月23日，日军已在澎湖登陆，25日攻占澎湖城。日军有意不把台澎地区包括进休战条约，因此，休战条约对日本计划中的军事进攻实际上毫无妨碍。

李鸿章对日本虚伪的停战姿态感激涕零，就在停战条约签订的这天，即3月30日，他写信给伊藤，表示自己虽然负伤，但也要把谈判继续下去，请求伊藤出示媾和条件，甚至提出“拟于寓内布置会议处所，俾本大臣不至负伤外出受风，仍可与贵大臣会议一切”③。日本侵略者见李鸿章求和心切，自然感到高兴。它拟定下一步的方针是：提出媾和条件以后，尽量施加压力，压迫中国接受，时间越快越好，不许进行详细讨论，以免拖延太久，引起国际干涉。4月1日，日本提出“媾和条约案”。陆奥宗光面告李经方，必须于

① 陆奥宗光：《蹇蹇录》，137页。

② 同上书，138页。

③ 《中东战纪本末》，卷五，《马关条约商订始末》，《使相徂东公牍》。

四日内答复。“媾和条约案”的主要内容如下：

（1）朝鲜“独立自主”。

（2）中国割让辽东半岛、台湾、澎湖。

（3）赔款银三亿两。

（4）日本取得通商特权：其中包括开辟北京等七个通商口岸、内河航行、设厂制造、减免税金、以日本货币交税、借用内地货栈、疏浚黄浦江等。

（5）为保证条约之实现，日军暂时占领奉天府，清政府负担日本占领军的费用。

日本提出的“媾和条约案”不但十分苛酷，而且项目繁多。李鸿章立即电告清政府，清政府也来不及仔细研究，主战派大臣反对割让土地，“力陈台不可弃”，主和派大臣则声势汹汹，“言‘战’字不能再提”①。正相持不决，转瞬之间，四天的限期已到。4 月 5 日，李鸿章答复日方，提出了一个长篇说帖，除朝鲜“独立”无异议外，说割地太广，中国人民势必“饮恨含冤，日思报复，两国子子孙孙永成仇敌”；赔款太多，中国财力短绌，不能负担，“非大加删减不可”；至于通商条目，琐屑繁多，一时来不及周密考虑，“中国既有可以照准之处，亦即有必加更改之处”，希望中日两国“订一周密完善永远和睦之约章”，“庶东方两大国百姓日后永远和睦，彼此相安，福泽绵长”②。

帝国主义的外交，以实力为后盾，有力就是有理。尽管弱者据理陈词，娓娓动听，但强者不认你的理。日本方面对李鸿章的长篇说帖感到很不耐烦，陆奥认为：“如果我方对此泛泛的概论，一开论驳之端，彼方亦必有再三反驳的余地，如此往复论辩，必然成为‘跟着狂人乱跑’的局面”，“与其在空洞的理论上和他们哓哓不休，还不如在事实面前使他们就范”③；伊藤也认为：“对彼书中所云，可不作答辩……可单刀直入，以杜绝斤斤于枝叶之争论”④。

---

① 《翁同龢日记》，光绪二十一年三月初十日。

② 《中东战纪本末》，卷五，《马关条约商订始末》，《使相徂东公牍》。

③ 陆奥宗光：《蹇蹇录》，146 页。

④ 《秘书类纂》，《中日媾和记录》，附件第六十六号。

4月6日，日本答复说：李的长篇说帖是一种“陈情书”，“不过缕述大清帝国之国内情形……不能视为回复我国政府所具条约之意……大清帝国国内之情节如何，当兹议和之时，固不必具论”，要求中国方面对“媾和条约案”作明确表态，“或全案，或按条，可否之处，即予明复”①。

为了增加压力，伊藤又于4月8日邀李经方谈话，勒令“明日，即9日为期，对我方提案提出可否之明确答复”。李经方要求就赔款、割地两项再进行当面讨论，伊藤蛮横地拒绝，声称“中国使臣对我提案只能答复能否全部接受，或逐条表示意见”。伊藤还粗暴地威胁说：“日本为战胜者，中国为战败者”，“若不幸此次谈判破裂，则我一声令下，将有六七十艘运输船只，搭载增派之大军，舳舻相接，陆续开往战地。如此，北京的安危亦有不忍言者。如再进一步言之，谈判一旦破裂，中国全权大臣离开此地，能否再安然出入北京城门，恐亦不能保证”②。

李鸿章不敢违误伊藤指定的答复期限，他匆匆忙忙地搞了一个修正案，于4月9日交给日方。大体内容是：割让辽东之安东、宽甸、凤凰城、岫岩四厅州县及澎湖列岛；赔款一万万两；中日另订商约，以中国与西方各国现行约章为本。李鸿章知道：日本决不会接受这个修正案，甚至，他连要求跟日方讨论这个修正案的勇气也没有。提出修正案的同一天，他就急电清政府，要求授权自己，能应允更多的赔款、割地。他的电报中说：“倘彼犹不足意，始终坚持，届时能否允添，乞预密示。否则只有罢议而归，停战展期已绝望”③。作为议和全权大臣的李鸿章，根本不能和日本进行真正的谈判。

日本所提“媾和条约案”本来就是漫天要价，连它自己也并未想全部兑现。陆奥说：“其实，我方最初的提案，本来是作为会谈的基础而提出的，并不是毫无修改的余地”④。日本怕的是拖延时间，久则生变。当时，“媾和条约案”已泄露出来，各国报纸的议论渐

① 《中东战纪本末》，卷五，《马关条约商订始末》，《使相徂东公牍》。

② 陆奥宗光：《蹇蹇录》，147页。

③ 《李鸿章全集》，电稿，卷二〇，34页，《寄译署》。

④ 陆奥宗光：《蹇蹇录》，149页。

多，为了使清政府迅速接受条约，日本方面除了挥舞大棒，将压力加到最大限度外，又添加一点胡萝卜，假作让步，以诱骗谈判对手。这时，李鸿章的伤势渐愈，4 月 10 日下午 4 点钟，双方举行第四次会议，伊藤博文装模作样地拿出日方的修正案，声称已将媾和条件减到最低限度。大体内容是：割地，在辽东略微减少，但仍要割占自鸭绿江下游至凤凰城、海城、营口一线以南及台湾、澎湖的全部；赔款减至银二亿两；通商口岸，自七处减为重庆、沙市、苏州、杭州四处。伊藤也承认这个修正案较原案"所减有限"，却又不容中方再作讨论，声称"但有允、不允两句话而已"①。李鸿章还苦苦哀求，说什么"譬如养子，既欲其长，又不喂乳，其子不死何待？"被伊藤抢白说："中国岂可与孩提并论"②。最后，伊藤限令必须于四日内对日本修正案做出接受与否的答复。

会议后，伊藤又不断加压，4 月 11 日和 13 日，两次致函李鸿章，声言：日方的修正案"乃最终的条件"，"无论至何时候，亦不允再加讨论"，如果中国方面拒不接受，"则日本帝国全权大臣对因此所生之后果，有权利肯定的说不负一切责任"，"请阁下勿认为今日可儌幸得到日方允诺的媾和条件，至后日亦仍可得允诺"③。

伊藤的此类虚声恫吓，竟吓倒了李鸿章，他不敢针锋相对，据理驳斥，十万火急地电促清政府："伊藤昨呈所改约款，实系末尾尽头办法，务祈四日内切实回复"，"昨面谈，语已决绝，今又来此函，似是哀的美敦书"，"若议不合，必至决裂……恐非即与订约不可"④。清政府的当权派都是软骨虫，慌忙命令李鸿章接受条约，电谕说："倘事至无再商，应由该大臣一面电闻，一面即与定约"，"如竟无可商改，即遵前旨，与之定约"⑤。甚至，接受不平等条约也少不了外国主子的准许，德国人德璀琳代表李鸿章向帝国主义探询意见之后也电告李鸿章"拟请哀的美敦期前签约，赫总税司（指赫德）亦同此意"⑥。

---

①② 《中东战纪本末》，卷五，《马关条约商订始末》，《续问答节略》。

③ 《秘书类纂》，《中日媾和记录》，附件第七十一号、第七十三号。

④ 《李鸿章全集》，电稿，卷二〇，38、39 页，《寄译署》。

⑤ 同上书，电稿，卷二〇，《译署来电》。

⑥ 同上书，电稿，卷二〇，36 页，《天津德税务司来电》。

4月15日下午2时30分，中日双方举行第五次会议。李鸿章已没有勇气在大问题上进行争辩，仅在计算赔款利息、割让台湾时间以及交换条约期限等枝节问题上，哀求日方稍稍宽容。但伊藤如饿狼扑食，毫不放松，赔款必须计算利息，台湾必须在两个月内交割，条约必须在20天内批准。李鸿章说："贵国何必急急，台湾已是口中之物"，伊藤早露出一副馋涎欲滴的贪婪相，回答说："尚未下咽，饥甚！"①

第五次会议，以全盘接受日本的侵略条件结束。陆奥宗光洋洋得意地说道："会见的时间虽长，散会时已到上灯时间，而其结果，他（指李鸿章）唯有完全接受我方的要求"②。

1895后4月17日（光绪二十一年三月二十三日）上午召开第六次会议，举行条约的签署仪式。当天下午，李鸿章一行离日回国，李躲在天津，称病告假，派伍廷芳和美国顾问科士达带着《马关条约》进京，要求清政府迅速批准，以便在5月8日的规定限期内于烟台与日本使者互换批准了的条约文本。

四、《马关条约》的签订

中日《马关条约》是日本掠夺中国的不平等条约，是帝国主义强加在中国人民身上的又一沉重枷锁。条约共21款，主要内容如下：

（1）条约规定：朝鲜"独立自主"。所谓"独立自主"是幌子，实际上是让朝鲜受日本帝国主义的任意宰割。从此，日本对朝鲜的吞并步步加紧，并和帝俄发生了激烈的冲突，成为爆发日俄战争的一个重要原因。直到1910年，日本灭亡了朝鲜，把朝鲜完全纳入自己的版图。

（2）条约规定：将中国的辽东半岛和台湾、澎湖割让给日本。这里是中国各族人民世世代代生息繁衍、辛勤开发的土地，面积广大，人口众多，物产丰富。日本侵略者对中国的这些膏腴之地梦寐以求，但是中国人民不甘心当亡国奴，随之而来的人民反抗怒潮汹

① 《中东战纪本末》，卷五，《马关条约商订始末》，《续问答节略》。
② 陆奥宗光：《蹇蹇录》，153页。

涌澎湃，永未停息。台湾从1895年被日本强行割占，经过中国人民50年的斗争，至1945年抗日战争后复归祖国的怀抱。台湾人民心向祖国，帝国主义分割台湾的阴谋永远不能得逞！

日本的另一攫取目标是辽东半岛，但因此而引起了早想染指中国东北的沙俄帝国主义的嫉妒。《马关条约》刚刚签署，俄国纠合了德国、法国进行干涉，强迫日本把刚刚吞到嘴里而尚未下咽的辽东半岛吐出来。“日本外交家们在促进他们的国家的声威、权势和野心方面都获得了成功。不过，他们不久就要面临着因和约条款而产生的一个新的局势——列强的干涉”①。

（3）条约规定：中国赔款白银2亿两，六个月内先交5 000万两，又过六个月再交5 000万两，余款可在七年内偿清；计算利息五厘，如在三年内将赔款全部偿清，则免计利息。这是一笔很巨大的数目，达到第一次鸦片战争后中英《南京条约》赔款数目的十几倍，第二次鸦片战争后《天津条约》、《北京条约》对英法两国赔款总和的近15倍。清政府当时全年财政收入不过8 000万两，从哪里去筹措2亿两赔款呢？不得已只好向帝国主义乞贷，从此债台高筑，中国的各项税收与主权抵押与人，国家愈来愈贫困，“从今欲壑成无底，括尽金缯债不停”，而日本帝国主义大发了战争横财，日本政界财政头子井上伯爵说：“得到这笔赔款以前，在日本的财政机关中，上亿日元的款项连提也没有人提过，收入至多到过八千万日元。所以想到有三亿五千万日元（即二亿两）涌进国内，无论政府或私人都产生了一种无限富有的感觉”②。此后，日本用中国的赔款扩充军备，建造舰船，兴办实业，开始了所谓“战后规划”。陆军人数扩充了一倍，海军舰艇的吨位扩充了三倍，工商业也迅速发展。日本的资本主义和军国主义吸吮了中国人民的鲜血而恶性膨胀起来。

（4）条约又规定：中国开放沙市、重庆、苏州、杭州为通商口岸，日本在中国取得范围广泛的政治、经济特权。为了具体规定这些特权，1895年底，中日双方在北京进一步举行谈判，中方代表初

① 菲立浦·约瑟夫：《列强对华外交》，96页。

② 转引自波波夫：《日本的经济》，23页。

为李鸿章，后为张荫桓；日方代表为林董，至1896年7月签订《中日通商行船条约》29款。日本取得在中国通商口岸居留营业、开设工厂、租地建房、租栈存货以及内河航行、内地游历、减免税课、雇用仆役、领事裁判权、最惠国待遇等等。

在《中日通商行船条约》的谈判过程中，日本得寸进尺，竟要求日本在华所设工厂的产品全免税课，经长期谈判，结果还是中国吃亏，允许日本在天津、上海、厦门、汉口四地设立日本租界，以换取向日厂产品征税的权利，“但其税饷不得比中国臣民所纳加多”①。《马关条约》和《中日通商行船条约》中的此项条款彻底地毁坏了中国经济的堤防。在此之前，帝国主义虽然已在中国开设工厂，但并无条约保证，外资在华设厂是非法的。现在，日本取得了在华设厂的特权，其他列强按照最惠国条款取得同样的特权，从此，外国的过剩资本大量涌入中国，如滔滔洪水，泛滥成灾，淹没了幼小的中国民族工业。“从资本主义国家同中国签订的不平等条约看来，这在原则上是一项新的条款。这一条款第一次为日本提供了帝国主义时代所特有的不仅通过贸易，而且通过向中国输入资本来剥削清帝国的条件。不言而喻，日本根据最惠国待遇从中国夺取的一切经济特权，也自动地适用于同中国订有不平等条约的其它列强”②。

许多欧美帝国主义分子为《马关条约》的签订而兴高采烈。美国驻上海领事佑尼干说：“《马关条约》把中国的大门打开得比任何时期都大，并为文明的新势力找到了合法的途径”③。英国的资产阶级作家说：“尽管日本在华贸易是较为不重要的，它却提出了广泛的通商利益的要求，这些通商利益正是英国商人们渴望已久、而至今仍未能获得的。如果它获得这些利益，英国人根据他们的最惠国地位，也将获得这些利益……英国商人或许较日本人自己将获得更多的利益”④。

---

① 《中日公立文凭》，光绪二十二年九月十三日。

② 纳罗奇尼茨基等：《远东国际关系史》，第1卷，233页。

③ 《北美评论》，1896年10月，444页。

④ 菲立浦·约瑟夫：《列强对华外交》，85页。

中日甲午战争以签订割地赔款、丧权辱国的《马关条约》而结束。中国更深地陷入殖民地半殖民地的地位，东亚的力量对比也骤然发生了变化，帝国主义列强趁着中国战败都想为自己捞取领土和特权，中国面临着崩溃和被瓜分的危机。一些资产阶级历史学家评论说："甲午中日战争是中国近代史上的一个转折点的标志，从那次事件以后，中国便一蹶不振，战争的失败把它拖得筋疲力尽，世界各国也就立即乘虚而入"①，"马关条约有极大的意义……它在日本向中国的推进中标志着一个重要的早期阶段……它成为欧洲国家向中国提出要求的机会，这些要求威胁着要把帝国早日瓜分掉"②。

五、俄、德、法三国干涉还辽

还在中日两国在马关进行谈判期间，帝国主义列强密切地注视着远东局势的发展，进行种种推测和估量。

老大的中国被新起的日本打败了，"中国一次又一次挨打的地方虽然只是庞大帝国边缘上的一小点，可是事实上，蛋壳已经打碎了"③。在帝国主义的心目中，中国能否作为一个国家继续存在下去已成了问题。谈判的结果将是什么？眼看着肢解和争夺中国的机会正在到来，列强都在等待窥测，要趁火打劫，为自己掠夺一份。

帝国主义可能通过两种方式来掠夺中国：一种方式是所谓"补偿"，即步日本的后尘，也从清政府那里强行夺取领土和特权；另一种方式是所谓"干涉"，即以帮助中国为名，迫使日本吐出一部分战利品，并从感恩的清政府那里获取"酬劳"。两种方式都是掠夺中国的领土和主权，前者是立即群起瓜分中国，后者是暂时把中国保留一段，等自己力量更加强大时再进行瓜分。

在一定时期，帝国主义对中国采取何种掠夺方式是以中国国内情况和国际的力量对比而定。中日战争结束时，瓜分中国的信号已经升起，列强都在认真地考虑"补偿"的方式，甚至选择了"补偿"

① 莱特：《中国关税沿革史》，348页。

② 赖德烈：《中国近代史》，87页。

③ 马士：《中华帝国对外关系史》，第3卷，54页。

的具体目标。沙俄提出了抢占中国东北的一部分和朝鲜巨济岛的方案，“俄国将要坚持为自己取得补偿，这是可以肯定地预料到的。这个补偿之重要，与俄国东亚利益因日本插足于大陆而受到之威胁成正比例”①。英国觊觎着舟山群岛，这块地方虽不大，但地位重要，可以大大强固英国在中国沿海和长江流域的霸权。德国大使向英国外交大臣金伯雷询问英国愿意取得什么“补偿”时，金伯雷对地图瞧了一眼，微笑说：他能够从地图上看到这里所需要的那块虽则是不十分重要的地方。德国大使写道：“我几乎毫不怀疑他系指舟山而言”②。德国则心神不定，不知道该夺取哪处军港为好。3 月 11 日德国外交大臣要求海军大臣说明，“在有关列强或将利用机会以补偿方式占领中国个别地点或土地”时，德国应该选择哪些目标。4 月 17 日，海军大臣提出了三个可供选择的方案：（1）舟山和厦门；（2）胶州湾和大鹏湾；（3）莞岛（在朝鲜）和澎湖。③ 法国的眼睛盯着台湾、澎湖和华南地区，“希望开放中国南方各省供法国贸易，在那里取得有利的承租权，并把中国与东京的边界作有利于法国的修改”④。

帝国主义贪心无餍，渴望瓜分中国，但感到自己力量虚弱、彼此之间又矛盾倾轧，真正要瓜分中国，它们又都感到力不从心，既怕中国人民的反抗，又怕列强争夺，因此，一面在选择目标，进行准备；一面又疑神疑鬼，顾虑重重。英国的在华利益最大，担心列强蜂拥齐上，会打烂自己的坛坛罐罐；俄国担心自己无力强占东北，陆军大臣万诺夫斯基在研究怎样取得“补偿”的会议上忧心忡忡地说：“我们应当考虑到，在西伯利亚铁路未完成以前占领满洲的一部分是有困难的”⑤；德国、美国则担心自己在东亚尚无强大军队，在

① 《德国外交文件有关中国交涉史料选译》，第 1 卷，23 页，《德外交大臣致驻英大使电（1895 年 4 月 6 日）》。

② 同上书，第 1 卷，24 页，《德国驻英大使哈慈菲尔德伯爵电（1895 年 4 月 6 日）》。

③ 参见上书，87～92 页，《外交大臣和海军大臣来往函件》。

④ 纳罗奇尼茨基等：《远东国际关系史》，第 1 卷，235 页。

⑤ 《红档杂志有关中国交涉史料选译》，144 页，《1895 年 2 月 1 日特别会议记录》。

瓜分中国时不免会落在后头，德国希望："在未能保证自己享有和它的大国地位相称的份额以前，最好是拖延这个问题"①。这样，由于帝国主义的力量不足和互相矛盾，决定了它们对华政策的演变，瓜分中国一度被提上日程，而又被推迟了，"补偿"的方式被"干涉"的方式所代替。赫德当时就说："事情看上去再糟也没有了！中国已经瘫痪，而西方国家正在彼此监视，一方面大家害怕，惟恐一动即将群起乱抢；另一方面也有意让这局面拖下去，乘机下手分肥"②。

到了 1895 年 4 月初，中日双方将正在谈判中的《马关条经》的主要条款分别透露给各帝国主义。谜底揭晓了，结果是英国大大高兴而俄国极为懊丧。中日战争期间，英俄竞相拉拢日本，媾和的条件表明：日本选择了英国。日本要求割占辽东半岛，毫无顾忌地闯进了俄国的势力圈，并且又在通商特权方面为英国争得许多好处。英国感到心满意足，乐意坐观俄日之间迎头相撞，英国外交大臣表示："辽东的割让将威胁俄国的利益"，而"英国的利益主要集中在上海及其附近"。4 月 8 日，英国内阁决议："英国在东亚的利益没有因日本的议和条款而损害到足以有理由来实行干涉的程度"③。

沙俄既生气，又着急，它渴望从日本手里把辽东半岛抢过来，但是，日本已赢得英、美支持，单靠沙俄的力量，不足与日、英、美三国抗衡。俄国内部出现了意见分歧，4 月 11 日讨论东亚问题的特别会议上，海军元帅亚历山德罗维支大公认为："必须与日本保持良好关系"，"假使我们卷入战争，无疑英国会站在日本方面……我们的海军足以对付日本，但不足以对付英国"。但财政大臣维特等坚持："日本占领南满，对我们将是威胁"，"在我们有必要重划阿穆尔疆界时，将使我们非常困难"，"我们不能容许日本占领南满"，"如果有战争的必要，我们就坚决行动……这样我们就成为中国的救星，中国会尊重我们的效劳，因而会同意用和平方式修改我们的国界"④。

---

① 菲立浦·约瑟夫：《列强对华外交》，89 页。

② 《中国海关与中日战争》，83 页，《赫德致金登干（1895 年 2 月 17 日）》。

③ 菲立浦·约瑟夫：《列强对华外交》，91 页。

④ 《红档杂志有关中国交涉史料选译》，153～158 页，《1895 年 4 月 11 日特别会议记录》。

这时候，德国的态度对于沙俄的政策方向起了决定性的作用。德国突然积极起来，大力支持俄国对日本进行干涉。德国一直想在英、俄相持的局面中，俟机投身于一方，以便从中取利，它看到英国静观不动，而俄国又无力单独行动，这是自己出头露面的好机会，它决定支持俄国。这样做的好处，可以使俄国的力量转移到东亚，而减轻自己在欧洲受法俄腹背围逼的压力，又可以伺机在中国取得垂涎已久的军港。德皇威廉二世正在喧嚷臭名昭彰的“黄祸论”，他宣称：“朕为黄祸论者”。宣扬“黄祸论”的目的是为了瓜分中国，侵略亚洲，转移欧洲人民革命的视线，同时也是为了把俄国引向东方。威廉二世在他的公文批语中说道：“在这件事件上支持俄国的问题，是为了尽可能地大大减轻我们东部边境上的压力……把俄国引向它的真正的使命所在的地方，这也是符合我们的利益的。”“关于如果我们保持和平，俄国则保证我们的东部边境的诺言，是具有重大价值的。我们对这项诺言的感激，最好表现于在东方联合前进！”①

4月中，俄、德、法三国在紧张地磋商。在俄、德决定要干涉的情况下，法国也不能不跟上，“法国政府为了向俄国证明俄法同盟的价值就必须干涉。不然，俄法两国的关系将被削弱”②。帝国主义之间纵横捭阖，各为自己的利益而施展拉拢、排挤的诡计，国际间的力量组合变幻无定。俄国把德、法两个世仇纠集在一起，去反对昨天自己还在与之调情的日本，就像马克思和恩格斯指出的：“如所周知，俄国的对外政策是丝毫也不考虑通常意义上的原则的……时而附和这一边，时而附和那一边”③，“因此，只要善于利用相互冲突的利益，就能保证俄国在从事任何外交活动时取得强大的甚至是绝对强大的盟友的支持”④。

1895年4月23日，俄、德、法三国向日本递送备忘录，要求日

① 转引自菲立浦·约瑟夫：《列强对华外交》，94页、95页。

② 同上书，102页。

③ 《马克思恩格斯全集》，第15卷，192页。

④ 同上书，第22卷，23页。

本放弃占领中国辽东半岛。三国干涉“来势猛烈险恶，表现出旁若无人的威胁姿态。当时碇泊在日本各港口的俄国军舰，接到在二十四小时以内作好随时出航的准备命令，各军舰均不分昼夜升火待发，禁止船员上岸，战事大有一触即发之势。同时在海参崴又紧急征召后备兵……现役和后备兵员总共已集结五万人，并且作好随时出动的准备”①。陶醉在胜利欢乐中的日本军国主义者如迅雷击顶，乱成一团，急忙向英、美求救。但是，俄国已使德、法站在自己一边，英、美不敢冒与三国为敌的风险。英国答称：“英国对日本虽有友谊，而俄、德、法三国也是英国的友邦”，美国答称：“在与局外中立不相矛盾的范围内，可以协助日本”②，都无可奈何而委婉拒绝了日本的请求。

日本经过了8个月的对华战争，“军队疲劳，舰只损坏，物资匮乏，不仅对三国联合的海军无法应付，即单独对抗俄国舰队，亦无把握”③。除了乖乖地屈服之外，别无他法。4月30日，日本答复俄、德、法三国，应允退出金州以北地区，但哀求三国准许自己占领辽东半岛之南端包括旅大在内的地区。俄国自然不肯让日本盘踞在旅顺口，再次向日本施加压力。日本政府只好全盘接受三国的要求。5月4日，日本内阁决议：“根据俄、德、法三国政府之友谊劝告，约定放弃对辽东半岛之永久占领”④。

在帝国主义统治的世界中，总是“大鱼吃小鱼，小鱼吃虾米”。日本对强大的三国干涉只能忍气吞声地完全屈服，但对软弱的中国仍要敲骨吸髓地尽情榨取。日本的方针是：“对俄、德、法三国完全让步，但对中国一步不让”⑤，它要求中国再拿出一笔数目巨大的“赎辽费”。此后，归还辽东半岛问题完全由俄、德、法三国包办决定，中日两国不过是接受三国决定而已。而三国之间又各有打算，同床异梦，法国觊觎台湾、澎湖，德国表示反对，德国又为了不过

---

① 陆奥宗光：《蹇蹇录》，184页。
② 同上书，162页。
③ 同上书，158页。
④ 同上书，166页。
⑤ 同上书，165页。

分得罪日本，帮着日本向中国勒索尽可能多的“赎辽费”。三国之间进行了长期的争执和磋商，1895 年 10 月间，三国达成折中协议，“赎辽费”定为银 3 000 万两，付清后三个月内日军全部撤出辽东半岛；台湾海峡开放为国际公共航路；日本不得将台、澎转让给其他国家。

俄、德、法三国干涉还辽是帝国主义在中国分赃争夺的一幕丑剧，中国不过是他们的嘴边之肉。在干涉的背后，三国都抱着不可告人的肮脏目的，它们之间已在协商吞并中国的土地。就在三国干涉发生的第三天，即 4 月 26 日，德皇威廉二世写信给沙皇尼古拉二世说：“正像我将乐意地帮助你解决日后俄国欲并吞部分领土的问题，我希望你也能同意德国在不妨碍你的某个地点上取得一个海港”，尼古拉二世当即表示，“对陛下欲于东亚取得领土一点，他绝没有任何反对”①。中国是唯一的牺牲者，白白地多赔了白银 3 000 万两，名义上是收回了辽东，实际上只是暂时看管，等待着俄国在方便的时候伸手摘取而已，而俄国的野心还远远不止是夺取辽东半岛，它要并吞几乎半个中国。据 1898 年 1 月 4 日俄国驻柏林大使奥斯登萨根伯爵对德国外交大臣布洛夫说：中国的东北、新疆、直隶是“俄国自中日和约签订以来即主张是属于它的势力范围”②。俄国的野心多么巨大！老牌的帝国主义分子赫德在评论三国干涉时倒还比较坦率，他说：“这种种外交阴谋，并不是有爱于中国，而是某些国家虎视眈眈，在为自己谋取掳获品”③。

六、台湾军民反对日本占领的斗争

当中国国内知悉《马关条约》的内容后，奔走相告，舆论大哗。人民义愤填膺，抨击清朝政府割地赔款、出卖国家主权的罪行。东北人民知道割让辽东，提出要结寨固守，保卫乡土，各处街头，出现揭帖、图画，知识分子口诛笔伐，用诗歌散文谴责日本的野蛮侵

① 《德国外交文件有关中国交涉史料选译》，第 1 卷，94 页，注二。
② 同上书，第 1 卷，215 页，《外交大臣布洛夫的记录（1898 年 1 月 4 日）》。
③ 《中国海关与中日战争》，86 页，《赫德致金登干（1895 年 4 月 22 日）》。

略和清廷的腐败辱国。当时，各省举人正赴北京会试，纷纷上书，反对议和，“察院门外，车马阗溢，冠衽杂遝，言论谤积者，殆无虚晷焉”①。广东举人康有为、梁启超等联合十八省举人 1 300 人在北京宣南之松筠庵集会，起草奏折，提出“拒和、迁都、变法、练兵”四项主张，这就是有名的“公车上书”。其他各级官吏和知识分子反对和议者甚众，“近日都下，人情汹惧，奔走骇汗，转相告语，谓所有条款，皆扼我之吭，制我之命，阻我自强之路，绝我规复之机，古今所未有，华夷所未闻”②。社会舆论一片沸腾。主战的帝党不愿批准《马关条约》，光绪帝说：“台割则天下人心皆去，朕何以为天下主”③，而主和派后党力言今日局面不可与日本再战，坚决反对废约。

《马关条约》的内容传到台湾，全台震惊，人们奔走相告，聚哭于市，捶胸泣血，鸣锣罢市。人民群众和官绅士卒，均无比愤慨，一场波澜壮阔的反对割让台湾的运动迅速兴起。以进士丘逢甲为首的台湾绅士上书清廷，慷慨陈词，“臣等桑梓之地，义与存亡，愿与抚臣誓死守御，设战而不胜，请俟臣等死后再言割地”。

1895 年 5 月 2 日清廷批准《马关条约》。5 月 8 日中日两国代表在烟台互换约文。接着日本晋升军令部长桦山资纪为大将，并任台湾总督，率领水陆大军赴台接收，清政府亦派李鸿章之子李经方办理交割事宜。台湾沦亡，急如燃眉。台湾绅民决心依靠自己的力量，抗日保台。5 月 15 日丘逢甲等致电清廷：“台湾属倭，万民不服。迭请唐抚院代奏台民下情，而事难挽回，如赤子之失父母，悲惨曷极！伏查台湾为朝廷弃地，百姓无依，唯有死守，据为岛国，遥戴皇灵，为南洋屏蔽”④。5 月 25 日，台湾民主国成立，原巡抚唐景崧被举为总统，黑旗军刘永福为大将军，更改官制，制定国旗，改年号为永清。

---

① 沪上哀时老人未还民：《公车上书记》。

② 《清光绪朝中日交涉史料》，第二九八八件，《侍讲张仁黻等奏和议要挟难堪请饬廷臣会议折》。

③ 《翁同龢日记》，光绪二十一年三月二十九日。

④ 《清季外交史料》，卷一一二，18 页。

台湾民主国是台湾人民应变救急的非常措施，是为抵抗日本占领而建立的抗日政权。它明确标举“誓不从倭”、“遥戴皇清”的宗旨，在号召和组织台湾人民抗日斗争中发挥了重大作用。

时台湾守军仅刘永福所部3万人，而饷械缺乏。日本桦山资纪统率下有北白川宫能久亲王的精锐部队近卫师团1.5万人，后又续派乃木希典中将的第二师团3万人以及由海军中将有地品之久和少将东乡平八郎率领的军舰11艘大举来犯。5月29日，日军攻基隆。6月3日，大雨如注，日军冲入基隆市街，发生激烈巷战。一名日本随军记者写道：“我军虽集中射击，而守军却岿然不动。风雨愈急，日近黄昏，枪炮声与风雨声相合，相当凄厉可怕，真不知何时才能攻占”①。但终因敌众我寡，基隆失守。日军又冒雨抢占狮球岭，向台北进攻。

台北吃紧，唐景崧闻前线失利，手足无措，藏匿于德国洋行内，随后奔沪尾，乘轮逃回大陆，由台湾官绅主持的“台湾民主国”遂告落幕。日军乘台北空虚，于6月7日拂晓进入台北，占领全城，桦山资纪在台北成立总督府，开始了对台湾长达50年之久的殖民统治。

但台湾全境的反占领斗争方兴未艾。时各地义军纷起，日军所到之处，步步遇到顽强的抵抗，所谓“村妇助磨刀，耕农自裹粮”②。日本侵略者曾哀叹：“举凡新竹、台北间一带土地，若说它山河草木全是土匪，也未为不可”③。著名的义军领袖有吴汤兴、徐骧、姜绍祖、胡嘉猷、江国辉、苏力、简成功、简精华等。义军成员主要是农民及失散的士兵，而刘永福的黑旗军大队驻守台南，分兵驰援台北、台中，与台湾人民一起，坚决抵抗来犯的日军。

6月日军进攻新竹，吴汤兴、徐骧所部义军英勇抗击。吴汤兴军“多山民，善狙击，弹无虚发，日军仆者相继，遂大败退”④，徐骧

① 《日清战争实记》，第31编，18页。
② 洪弃父：《台湾沦陷纪哀》。
③ 大槻正秋：《台湾征讨史》，80页。
④ 洪弃父：《台湾战纪》。

军作战时得到当地民众支持，“三角涌、三峡庄一带人民群起相应，四面包裹，杀声连天。日本大佐樱井氏一队六十名覆没”①。但敌军兵多势众，在得到增援后继续猛攻。义军饷械俱缺，未经训练，浴血奋战五天后撤退，给日军以重大杀伤。6月23日新竹失陷。

新竹失守后，义军仍云集此地，准备反攻，夺回新竹。副将杨载云率所募新楚军二营来会。新竹城外展开了激烈战斗，大小二十战，时间一个多月。义军虽未能夺回新竹，但阻滞了日军向南方的进攻。反攻期间，义军英勇顽强，给日本侵略军重大的打击。例如6月18日安平之战，胡嘉猷率义军三百人，以竹丛为掩蔽，抵抗来犯之敌。日军久攻不下，只得抬着伤兵退回，三天后又增调大批人马，再攻安平，义军以旧式大炮应战，坚守不动。日军筋疲力尽，炮弹耗竭，又无功而返。战斗中，义军得到当地人民的大力支援，故能抵御大批日军。一个日本人写道：“不论何时，只要我军一被打败，附近村民便立刻变成我们的敌人。每个人甚至年轻妇女都拿起武器来，一面呼喊着，一面投入战斗。我们的对手非常顽强，丝毫不怕死，他们隐蔽在村舍里，当一所房子被大炮摧毁，他们就镇静地转移到另一所房子里去，等一有机会就发动进攻。不仅台北的情况是这样，而且整个新竹的四郊也是这样，新竹的村民是以顽强和勇敢著称的”②。

日军陆续增援，8月初日军已在新竹集结2万军队，故而义军反攻新竹的战斗未能成功，陆续退往台中。

时日本第二师团在乃木希典中将的率领下已从旅顺运来台湾增援，北白川宫能久亲王遂率近卫师团1.5万人悉师南侵，由新竹进犯彰义，吴彭年的黑旗军在安隘大甲溪设下埋伏，待日军半渡时出击。日军出乎意料，纷纷落水。徐骧所率义军又突出夹攻，日军首尾难顾，狼狈逃窜，伤亡惨重。这是义军和黑旗军并肩作战的一次辉煌胜利。日军又增兵进攻，吴彭年、徐骧、吴汤兴等退至彰化，在八卦山组织抵抗。8月28日，日军从山谷僻径上山，受到义军和

① 洪弃父：《台湾战纪》。

② 竹越与三郎：《台湾统治志》（英译本），88页。

黑旗军的包围，血战终日，日军战死千人，抛尸满野，旅团长山根信成少将亦被击毙。此役，义军的牺牲亦甚重大，吴彭年身受重伤，不肯退下火线，以身殉国，吴汤兴也身中敌炮，战死山下。徐骧率部下数十人退入深山之中。

9月中，日本再次增兵，成立“南进司令部”，由台湾副总督高岛丙之助中将出任指挥，纠集4万大军，倾巢而出。其中北白川宫能久亲王率领的近卫师团1.5万人由彰化经嘉义南下台南，第二师团之第四混成旅团1.5万人由伏见贞爱少将率领进攻台南之侧面，第二师团之第三混成旅团1.2万人由山口素臣少将率领，在枋寮登陆，掮台南之后背。海军吉野、秋津洲、济远等战舰游弋海面，发炮助攻。

10月黑旗军王德标部增援前线，一路埋设地雷，诱敌深入，至雷区，“各处火线并发，敌出不意，轰及千人，死数百人”①，北白川宫能久亲王亦被炸伤，不久毙命。

此时，台南的黑旗军和义军已处于三面包围之中，在台南以北20公里之曾文溪阻击日军。时士卒饥疲，饷械不继。刘永福手下能战之军不足10营5 000人，“局贮军械惟云者士得枪二千数百支，毛瑟枪数十支，林明敦枪数百支，余土枪土药，半遭湿蒸，不堪用”②。日军集中全力，攻打曾文溪，“炮火大发，马步齐出”。黑旗军与义军四面受敌，但他们大义凛然，宁死不屈。战斗激烈时，徐骧振臂高呼：“大丈夫为国捐躯，死而无憾！”不幸为炮弹所中，壮烈牺牲，同时殉国的有黑旗军总兵柏正材。

曾文溪失守，台南危急。刘永福与义子刘成良驻守安平炮台，时外援已绝，精锐尽丧，10月19日日军大举进攻安平炮台，守军奋勇抵御，毙敌数十人，终因众寡悬殊，刘永福等撤退，乘坐英国轮船，退回厦门。日军进占台南，历时5个月的台湾抗日斗争告一段落。

台南失陷一周后，日本首任台湾总督桦山资纪发出布告，宣称

---

① 洪弃父：《台湾战纪》。

② 姚锡光：《东方兵事纪略》。

“台湾全岛已全部平定”。但不久黑旗军余部林大北在宜兰揭起抗日义旗，以“驱逐倭奴，恢复中华”为号召，打响了全台沦陷后反抗日本殖民统治的第一枪。各路义军，纷起响应，使侵台日军疲于奔命，应付不遑。

台湾军民的抗日斗争从 1895 年 6 月延至 10 月，日军竭尽全力，出动了七八万人之多（其中士兵 5 万余人，夫役 2.6 万余人），死亡官兵 4 800 人，包括陆军中将北白川宫能久亲王、陆军少将山根信成，负伤 2.7 万人，伤亡人数比在整个甲午战争中多出近一倍。台湾军民，以一隅之地，孤军作战，力抗强敌，在中国人民反侵略斗争史上谱写了光辉的一页。

原第一册后记

这本书是我根据在中国人民大学授课的讲稿扩编而成的。编写时曾经参考了社会上公开发行的各种著作、论文和资料集，本书中未能一一详举，在这里谨对这些作品的编著人表示深切的谢意。

这本书的编写也得到了中国人民大学中国历史教研室近代史组潘喆、杨遵道、林敦奎、刘美珍等同志的帮助。其中关于捻军、石达开入川和太平天国后期的土地情况等部分曾经参考了刘美珍同志所写的论文和笔记（尚未发表的）。

由于我的水平所限，书中是有许多错误和缺陷的。我期望读者们和专家们对本书提出严格的批评。

戴逸

1958 年 7 月

后　记

1954年，我开始在中国人民大学中国历史教研室给历史研究班讲授中国近代史课程。当时，在全国范围内研究中国近代史的人很少，研究成果更少，只有范文澜先生的《中国近代史》和胡绳先生的《帝国主义和中国政治》可以作为教材使用。范、胡两位先生是马克思主义历史学的开创者，他们的著作是我们后学者的范本。其他还有郭廷以、蒋廷黻、罗尔纲、陈恭禄、李鼎声、李剑农等先生，他们对近代史也有精深的研究，其各项专题的研究也是很珍贵的参考书，但可惜当时尚无一本全面系统而简明的近代史教材可供历史专业的学生和研究生阅读。我在给历史研究班授课的过程中写了一个较简单、粗陋，适合口头讲述的中国近代史讲义，并想把它扩充成较全面、较详细的教材。

1955年，我一面授课一面在讲义基础上写作《中国近代史稿》(第一册)。写一本书面教材同口头授课有很大不同，其难度要大得多。首先，近代史涉及的范围十分广阔，在解放初期讲近代史时间有限，主要着重政治史的讲授，其他经济、文化、军事斗争、民族等方面有的略而不讲，有的一带而过，无须征引较多史料，也无暇作更多分析与思考。书面教材则应该更加系统和全面地谈经济基础和上层建筑的各个方面。其次，书面教材必须征引史料，保证史料的原始出处正确无误。而中国近代史的史料浩如烟海，当年整理和出版的成果极少。如果没有一定的目标和时间控制，便会陷入渺茫无际的史料海洋之中，时间荒废，而收获有限。最后，口头讲述脱口而出，不需修饰语句，说错了话也可以当时纠正，而书面教材黑字写在白纸上，不能更改，必须字斟句酌，力求无误并通顺流畅。

正因为这样，我在课堂上关于两次鸦片战争与太平天国只讲了

30多个小时（当然，备课的时间不计在内），而把这些内容写成《中国近代史稿》第一册却几近40万字，且花了两年半时间，至1958年由人民出版社出版。

我接着续写第二册，内容包括“洋务运动”、“中法战争”、“中日甲午战争”，遇到的困难更多更大了。因为当时正值反右派斗争之后，政治运动连续不断。学术界批判尚钺，批判胡华，批判罗尔纲，批判孙祚民，批判刘节，直至批判吴晗，一浪高过一浪，运动繁多，不可胜数。

我对这些运动和批判惶惑不解，但幸运的是每次运动都未触及我个人，幸免挨整挨批，但不得不参加各种各样的会议，下工厂去农村，研究和写作的时间大大减少了。同时第二册涉及比较敏感的政治问题，许多问题反复考虑，迟迟不敢下笔。所以直到1964年我才写好洋务运动至甲午战争部分，本应付梓，当时正值“以阶级斗争为纲”的时代，顾虑到有些问题会触犯禁区，前车之鉴，不敢以身试“法”，宁肯束之高阁，只印了内部油印稿，未曾正式公开出版。

当时编纂大型清史的任务已提上日程。1966年秋，周扬同志召开中宣部部长会议，决定成立清史编纂委员会，任命中国人民大学常务副校长郭影秋为编委会主任，成员有关山复、刘导生、尹达、刘大年、佟冬、戴逸，并在中国人民大学内设清史研究所，承担编纂任务。这一任务传达不久，对吴晗同志《海瑞罢官》的批判就揭开了序幕，编纂清史的任务并未进行，我个人续写《中国近代史稿》的工作也完全中断。在“文化大革命”后期，我虽然抽时间阅读和积累了戊戌变法、义和团运动的资料，为续写《中国近代史稿》做准备，但此后中国人民大学成立了清史研究小组，我的任务有所变动，从研究晚清史转而研究前清史，无暇去修改和补齐已写好的稿子，更无暇去研究戊戌变法和义和团，我青年时代想写一部《中国近代史》的愿望遂成泡影。

现在重印的《中国近代史稿》第一册，原由人民出版社1958年初版，写于半个世纪之前。第二册则是一个尚未修改完成的稿本，写于四十多年前。几十年来新的史料和研究成果大量出版，我当年写作时的孤陋寡闻也就凸显出来。现在我的精力和时间已不允许回头来修改四十多年前的旧作，我将它深藏箧中，未曾问世。这次在同事和学生们的劝说下，在中国人民大学出版社的盛情邀约下，将旧稿付梓，我已没有可能将旧稿修改、补正，只是供研究者聊作参考，因此谬误、遗漏之处一定不少，敬希同行们教正，不胜感谢之至。

戴逸

2007 年 9 月

图书在版编目（CIP）数据

中国近代史稿/戴逸著. —北京：中国人民大学出版社，2018.1
（戴逸文集）
ISBN 978-7-300-25202-5

Ⅰ.①中… Ⅱ.①戴… Ⅲ.①中国历史-近代史 Ⅳ.①K25

中国版本图书馆 CIP 数据核字（2017）第 298819 号

北京市社会科学理论著作出版基金重点资助项目

戴逸文集
中国近代史稿
Zhongguo Jindai Shigao

出版发行	中国人民大学出版社		
社　　址	北京中关村大街 31 号	**邮政编码**	100080
电　　话	010－62511242（总编室）		010－62511770（质管部）
	010－82501766（邮购部）		010－62514148（门市部）
	010－62515195（发行公司）		010－62515275（盗版举报）
网　　址	http://www.crup.com.cn		
	http://www.ttrnet.com(人大教研网)		
经　　销	新华书店		
印　　刷	北京宏伟双华印刷有限公司		
规　　格	160 mm×230 mm　16 开本	**版　　次**	2018 年 1 月第 1 版
印　　张	67 插页 4	**印　　次**	2018 年 1 月第 1 次印刷
字　　数	931 000	**定　　价**	229.00 元
